本书由暨南大学“211 工程”项目“传媒产业与新闻传播研究”暨“教育部特色专业新闻学”重点资助出版

新中国
新闻传播60年长编

1949—2009

上

XINZHONGGUO XINWEN CHUANBO
LIUSHINIAN CHANGBIAN

刘家林 著

暨南大學出版社
JINAN UNIVERSITY PRESS
中国·广州

图书在版编目（CIP）数据

新中国新闻传播60年长编（1949—2009）（上）/刘家林著.—广州：暨南大学出版社，2010.10
ISBN 978-7-81135-682-3

Ⅰ.①新… Ⅱ.①刘… Ⅲ.①新闻事业—概况—中国 Ⅳ.①G219.2

中国版本图书馆CIP数据核字（2010）第208393号

出版发行：暨南大学出版社

地　址：中国广州暨南大学
电　话：总编室（8620）85221601
营销部（8620）85225284　85228291　85228292（邮购）
传　真：（8620）85221583（办公室）　85223774（营销部）
邮　编：510630
网　址：http：//www.jnupress.com　http：//press.jnu.edu.cn

排　版：广州市铧建商务服务有限公司
印　刷：佛山市浩文彩色印刷有限公司

开　本：787mm×1092mm　1/16
印　张：47
字　数：1212千
版　次：2010年10月第1版
印　次：2010年10月第1次

上下册总定价：198.00元（精装）

目 录

绪　论

时光荏苒，岁月峥嵘，从1949年中华人民共和国成立到2009年，新中国新闻传播事业已走过了60年的历程。把这60年放在历史的长河中去体认和评估，我们会惊奇地发现：这是一个波澜壮阔的年代，这又是一个天翻地覆的年代；“这是一个风雪交加的年代，这又是一个晨光初展的年代；这是一个腥风血雨的年代，这又是一个英豪辈出的年代；这是一个充满朝气的年代，这又是一个积习难移的年代”①；这是一个腾飞、崛起、创造奇迹的年代，这又是一个充满活力、生机、希望和拥有远大前程、美好未来的年代。回首60年的历程，我们会打心坎里感到新中国新闻传播业已经发生了非常广泛、深刻的变化，而且将来还会发生更加广泛、深刻的变化。反思60年的历程，我们会看到我国的新闻传播业走过了多么曲折、艰辛的路程，留下了深深的足印，斑斑可考。60年里，无论是长期积累起来的丰富经验、培养形成的宝贵传统，还是失误、灾难、沉痛的教训，以及蹒跚而行的弯路，且无论是正面的，还是负面的，到今天，这些都已成为历史回馈和补偿给我们的一笔无比丰厚、宝贵的精神财富。60年过去了，我们无怨无悔，我们庆幸我们是新中国的新闻传播业者和新闻传播学人，我们经历了多么丰富、曲折和色彩斑斓的人生。60年过去了，我们的国家、我们的民族、我们的人民、我们的党更加成熟、理性和自信，更加充满朝气、活力与创新精神。让我们以博大的胸襟、全球化的视野，反思、审视新中国新闻传播业60年的历史，并从中吸取经验、教训和智慧，探索新闻传播业在今后少走弯路、健康发展的规律。面对新世纪，开创新未来。基于以上理念，著者不揣谫陋，不自量力，单枪匹马，积十年之功，奋力拼搏，撰著这部《新中国新闻传播60年长编（1949—2009）》。

开宗明义，谨将写作宗旨、遵循原则及体例发凡、框架结构揭橥、胪列如下，聊供阅者垂察。

一、树立“大新闻传播史观”，力求开拓与创新，力求对旧的框架和研究范式有所突破，不断拓展新闻传播史研究的空间和领域

当代新闻传播史的研究，主要包括新闻传播业发展史、新闻体制及制度发展史、新闻传播思想及观念史三个有机组成部分，而不限于单一的新闻业史（主要是报业史）研究。另外，摒弃偏见，与时并进，对新媒体发展史的追踪研究，也是拙著一大亮点。

早在1978年12月13日，邓小平同志在中央工作会议闭幕会上作了题为《解放思想，实事求是，团结一致向前看》的讲话，这个讲话的中心思想是：“一个党、一个国家、一个民族如果一切从本本出发，思想僵化，迷信盛行，那它就不能前进，它的生机就停止了，就要亡党亡国。”“干革命，搞建设，都要有一批勇于思考、勇于探索、勇于创新的

闯将。”[②]邓小平这段论“思考”、“探索”、“创新”的名言，著者奉之为圭臬，并贯穿于整个当代新闻传播史的研究中。

二、矢志不渝地坚持辩证唯物主义与历史唯物主义的立场和方法，用历史的、发展的观点来看问题，来审视历史

60年来，新闻传播业界、学界走过很多弯路，犯过很多错误，但也取得过辉煌的成就，成绩是主要的。一方面要防止盲目肯定一切的态度，另一方面要防止全盘否定的“虚无主义”的抬头，尤其要反对目前比较流行的一种所谓“后现代主义”、“解构主义”的极右思潮。评述历史事件和历史人物时，多一些冷静的、客观的、理性的分析，尽量少一些片面性、绝对化和情绪化的宣泄，尤其重视对具有中国特色的新闻传播模式的研究。

三、说真话，不说假话；说实话，不说套话

继承和发扬中国历史上史家“书法不隐”的“实录”精神；“董狐直笔”，不虚美，不隐恶，美恶不掩，还历史以本来面目；实事求是，不“曲学以阿世”。[③]

四、打牢基础，资料工作最重要

广泛、全面地搜集资料，尤其是重视大量占有第一手原始材料，防止人云亦云，甚至以讹传讹，这是能否写出一部真实、客观、全面、翔实的当代新闻传播史的关键所在。论从史出，让事实说话，让材料说话；从材料中总结规律，从材料中提炼精华。明、清之际大学问家顾炎武云：做学问、写文章、写书要“采铜于山”，即从矿山开采原始的铜矿石，经过洪炉鼓铸、提炼，才能炼出精铜来。如果把古旧的铜钱打碎来炼铜，这样不仅炼不出好铜，甚至连古人的传世之宝也毁了。也即是说：写文章不掌握第一手材料，只是东抄西抄，东拼西凑，改头换面，这样写不出好文章，也毁了人家的著作。总之，要酿花成蜜，不可毁钱为铜（“懔毁钱为铜之戒，竭酿花为蜜之能”）[④]。现代著名史家陈垣云：史家搜集资料要全面、广泛、深入，要“竭泽而渔”。傅斯年亦云：上穷碧落下黄泉，动手动脚找材料。以上三位学人说的都是至理名言，故著者在材料搜集方面下力尤深。

五、“辨章学术，考镜源流”[⑤]是本书一大特色

大凡每一项新闻传播业务的改进与创新，每一种新闻传播观点、学说的提出，每一体制、制度及团体、组织、机构的沿革，著者都将下一番考据工夫，对其来龙去脉和影响所及，尽可能精详，使人“由委溯源”。

六、“专题研究”及“案例研究”为拙著又一特色

“专题研究”具有“专”、“深”的特点，故有助于学术研究；“案例研究”实用性

强，故有利于教学工作。另外，拙著尤为重视全面、系统地反映60年来新中国新闻传播事业发展变化的面貌。

七、关于断代、分期与时段划分

分期及时段的划分，既要考虑新闻传播业自身的发展规律，又要考虑新闻传播业在各个历史阶段往往与当时的政治、经济、文化乃至国际大环境都有密切的关系。因此，在分期新中国新闻传播史时，必须与新中国历史发展的大背景结合起来考量。

唐代史学家刘知几认为：良史须兼"才"、"学"、"识"三长，而尤重"史识"。[⑥]"学"者，指占有丰富的资料，尤其是第一手材料，有丰厚的史料积累和储备，所谓"史料精熟"也；"识"者，有眼光，有见地，看得深，看得远，看得透，所谓"选材精当"也；"才"者，文笔优美，表述生动畅达，所谓"文笔精妙"也。[⑦]清代桐城派古文家也标榜治学严谨，主张义理、考据、辞章三者兼重，三者相济，完美结合，不可偏废，"依义理以求善，借考据以求真，托辞章以求美"[⑧]。

以上是对史家、史著的最高要求，也是史家、史著的最高境界。著者虽不能至，心向往之。是为序。

注　释

①夏衍：《风雨故乡情——〈廖沫沙的风雨岁月〉代序》，载陈海云、司徒伟智著：《廖沫沙的风雨岁月》，北京十月文艺出版社，1991年版，第1页。

②邓小平：《解放思想，实事求是，团结一致向前看》，载《邓小平文选》（第二卷），人民出版社，1994年版，第142页。

③春秋战国之际晋国之良史董狐，"书法不隐"，秉笔直书，事见《左传·宣公二年》，详见《左传》《十三经注疏》本第1984页；齐国之太史兄弟以及南史氏，忠实记录历史事实，不惜以身相殉，事见《左传·襄公二十五年》，详见《左传》《十三经注疏》本第1982页；《史记》一二一卷《辕固生传》："（公孙弘）侧目而视固（辕固生），固曰：'公孙子务正学以言，无曲学以阿世。'"

④顾炎武《与人书》："尝谓今人纂辑之书，正如今人之铸钱。古人采铜于山，今人则买旧钱，名之曰废铜，以充鼓铸而已。所铸之钱既已粗恶，而又将古人传世之宝舂剉碎散，不存于后，岂不两失之乎？承问《日知录》又成几卷，盖期之以废铜，而某自别来一载，早夜诵读，反复寻究，仅得十余条，然庶几采山之铜也。"（见清·顾炎武：《顾亭林诗文集》，中华书局，1983年版，第39页）

⑤章学诚《校雠通义·叙》："叙曰：校雠之义，盖自刘向父子。部次条别，将以辨章学术，考镜源流，非深明于道术精微，群言得失之故者，不足语此。"（见中华书局"丛书集成初编"版）

⑥《新唐书》第一三二卷《刘子玄传》："刘子玄名知几，以玄宗讳嫌，故以字行"，"子玄领国史且三十年，官虽徙，职常如旧。礼部尚书郑惟忠尝问：'自古文士多，史才少，何耶?'对曰：'史有三长：才、学、识，世罕兼之，故史者少。夫有学无才，犹愚贾操金，不能货殖；有才无学，犹巧匠无楩楠斧斤，弗能成室。善恶必书，使骄君贼臣知惧，此为无可加者。'时以为笃论。"

⑦冯友兰《中国哲学简史·作者自序》："历稽载籍，良史必有三长：才，学，识。学者，史料精熟也；识者，选材精当也；才者，文笔精妙也。"（新世界出版社，2004年版）

⑧桐城派古文大家姚鼐《述庵文钞序》云："余尝论学问之事有三端焉，曰义理也，考证也，文章也，是三者苟善用之，则足以相济；苟不善者用之，则或至于相害。"（见"四部丛刊"本《惜抱轩诗文集·惜抱轩文集四》"序"）

第一章　新中国成立初期的新闻传播业
（1948年—1957年4月）

概　论

对于这部当代中国新闻传播业史的起点，著者特将它定在1948年。

1948年5月间，中共中央从陕北延安迁移到河北平山县西柏坡，历时一年零两个月（1947年3月18日中共中央撤离延安，1948年5月26日毛泽东到达西柏坡）、行程4 000余华里。此后的10个月里，党中央在这里运筹帷幄，指挥三大战役，规划创立新中国的蓝图，还在这里制定了有关新中国新闻传播业发展前途的、带纲领性的重要文件《中共中央关于新解放城市中中外报刊通讯社的处理办法》（一九四八年十一月八日）。在此期间，党中央的舆论宣传喉舌新华社、新华广播电台也随中央迁到西柏坡。1948年6月15日，《人民日报》在平山县里庄村创办，毛泽东专门为它题写报头。

1948年秋冬之际到1949年初，中共中央指挥中国人民解放军同国民党军队进行了历时4个月零19天的“三大战役”战略决战。[①]经过三大战役，歼灭和改编国民党军队154万余人，基本上摧毁了国民党赖以维持其反动统治的主要军事力量，奠定了人民解放战争在全国胜利的牢固基础。

1949年3月23日至25日，中共中央及其所属机关陆续离开西柏坡，前往北平。抵达后驻北平香山一带。

1949年10月1日，新中国成立。经过28年艰苦卓绝的奋斗，中国共产党带领全国各族人民，“消灭了蒋介石的八百万军队，推翻了国民党反动政府，建立中华人民共和国”[②]，从此开辟了中国历史的新纪元，也揭开了中国新闻传播业史的崭新篇章。

从1949年至1956年的7年时间，可分为两段：新中国成立后的头三年，即从1949年至1952年间，是建立政权、巩固政权、整治社会环境、恢复国民经济的时期；从1953年至1956年的4年间，是实行“三大改造”，即进行对农业、手工业和资本主义工商业的社会主义改造时期，实现了从新民主主义向社会主义的转变。在这7年时间里，中国的政治、经济、文化、军事、外交都发生了极为深刻的变化。在这样的大背景下，新闻传播业的生态环境也发生了重大变化。这一时期，新闻传播业有如下一些特点：

（1）从1949年起，中国共产党的地位发生根本的转变，成为执政党，掌握了各种资源。党的办报活动，由早期的非法办报变为合法办报，由早期的地下办报变成了公开办报，由抗日根据地及解放区时期在山沟沟、在农村办报，变成了在大城市办报，从此开始不断探索在城市办报的路子和经验。

（2）在短短的几年间，新中国新闻传播业网络基本形成。这个网络从中央到地方，覆盖全国。它主要包括以新华社、中国新闻社为主的新闻通讯网，以中央人民广播电台为主，包括各省、市台的广播网，以人民日报为龙头，包括各省、市党委机关报的党报网。从此，党报取得了在新闻传播业界的统治地位及垄断、独占地位。

（3）1949 年以后不久，私营、民营报刊电台在中国内地消亡，退出了历史舞台。个人办报、同仁办报成为历史陈迹。

（4）由于缺少办社会主义新闻事业的经验，从 1953 年起，我国新闻界掀起了学习苏联新闻工作经验的热潮。这其中有成功经验，也有深刻教训。

（5）1956 年 4、5 月间，在社会主义改造基本完成的大好形势下，为准备“八大”的召开，毛泽东作了《论十大关系》的报告，全面论述“十大问题”（“十大关系”），总结我国的经验，反思苏联的教训，并提出“百花齐放、百家争鸣”的方针；5 月 26 日，中共中央宣传部部长陆定一作了题为《百家齐放，百家争鸣》的报告，代表中央向科学文化界详细阐述了党的这条方针。刘少奇也在这一年 5、6 月间，跟新华社、中央广播事业局负责同志谈话三次。在这样的形势下，《人民日报》及各省市报纸进行了一系列改革，取得了初步的成果。但不久由于政治形势的大局发生变化，改革夭折。

这一时期，有关报刊业的历年统计数据如下［据大型文献性资料综合期刊《新华月报》第一卷第一期（创刊号）所载“全国报纸杂志初步调查表”统计］：1949 年初，全国有报纸 263 种，其中华北区 41 种、东北区 47 种、西北区 13 种、华中区 30 种、华东区 64 种、琼崖区 5 种、部队报纸 63 种；全国有杂志 164 种，其中华北区 21 种、东北区 18 种、西北区 10 种、华中区 52 种、华东区 63 种。③另据陆定一、邓拓记载，1950 年，我国报纸种数为 382 种。④1951 年有报纸 477 种，发行总数 532 万份，其中，“地区：中南一一二种，华东一一〇，华北九一，东北六二，西北四九，西南四九，内蒙四。类别：普通一五〇，工人一三一，农民三三，青少年三四，兄弟民族文字一七，外文一〇，学生五八，其他四四。发行迅增：去年（1950 年——引者注）一月全国三二〇种，二六一万份。年底，三八二——三六五万”；“上半年五十家已有三十四家盈余，《新疆日报》八月份余银元十二万三千余；内蒙古，少亏。加强管理，减低成本，改善设备，提高质量，主要加强内容”；“《人民日报》发行三十一万八千份”。⑤

1952 年全国报纸减少为 271 种，主要原因是“一九五〇年有三百八十二种。一九五二年整顿了一次，因为从国民党那里接收了很多报纸，有的一个县就有几种，经过整顿，减少了很多，还剩下二百七十一种，减少了一百一十一种。一九五三年又经过一次整顿，那时中央宣传部曾发过一个取消一些地方报纸的指示（实行调整和计划发行——引者注），以后就减到了二百五十八种。现在（1954 年——引者注）报纸的种数还是一九五三年的数字，没有增加”⑥。

1954 年的 258 种都是全国专区以上的报纸，“每期发行总量为八百万份”，“在这些报纸中，党的机关报有一百五十一种，工会的报纸有十七种，农民报纸有二十三种，青年和少年报纸有十七种，民主党派和其他团体的报纸有十五种，专业报纸有十四种，用少数民族文字出版的报纸有二十一种，俄语报纸有两种”⑦。

1955 年 285 种，每期平均印数 1 051 万份；1956 年 347 种，每期平均印数 1 333.8 万份。⑧

期刊方面：1949 年，全国杂志 257 种，每期总印数 2 000 万册；1950 年 295 种，每期总印数3 500万册；1951年302种，每期总印数1.77亿册；1952年354种，每期总印数2.04亿册；1953年295种，每期总印数1.72亿册；1954年304种，每期总印数2.05亿册；1955年370种，每期总印数2.88亿册；1956年484种，每期总印数3.53亿册。⑨

第一节　新中国成立初期党的新闻政策及私营新闻业的改造与消亡

一、制定《中共中央关于新解放城市中中外报刊通讯社的处理办法》

1947年底，刘、邓大军（晋冀鲁豫野战军）千里挺进大别山，揭开了人民解放军从战略防御到战略进攻的序幕。到1948年秋，人民解放战争进入全国胜利的决定性阶段。特别是经过辽沈、淮海、平津三大战役（1948年9月12日至1949年1月31日）后，东北、华北、华东、中南、华南、西南地区的许多重要的大中城市相继解放。到1949年底，全国解放的大中城市有60多个，其中在三大战役前后解放的著名大中城市有石家庄（1947年11月12日解放）、洛阳（1948年4月5日解放）、济南（1948年9月24日解放）、长春（1948年10月19日解放）、沈阳（1948年11月2日解放）、张家口（1948年12月23日解放）、天津（1949年1月15日解放）、北平（1949年1月31日解放）、南京（1949年4月23日解放）、杭州（1949年5月3日解放）、武汉（1949年5月16日至17日解放）、上海（1949年5月27日解放）、广州（1949年10月14日解放）、重庆（1949年11月30日解放）、成都（1949年12月27日解放）等，这为中国革命在全国的胜利奠定了基础。正是在这样的大背景下，在辽沈战役刚刚结束（1948年11月2日）、淮海战役已经打响（1948年11月6日）后的1948年11月8日，中共中央就向“各中央局、分局、前委，区党委及市委”发出《中共中央关于新解放城市中中外报刊通讯社的处理办法》（以下简称《处理办法》）。⑩这是中共中央在全国革命胜利的前夜，为新中国成立初如何处理新解放城市中旧有新闻事业而制定的一份系统、翔实、完备而又审慎的纲领性文件，有很强的可操作性，全面体现了党在当时的新闻政策，意义十分重大。

《处理办法》共六大条，概括起来可分为四个大的方面：

（一）对新解放城市旧有新闻事业的总体评估及基本方针、原则

《处理办法》一开始便对新解放区旧有新闻事业作了合乎当时实际的、中肯的总体评估：“我军现已解放许多大中城市，以后还要解放许多大中城市，这些城市中存在着大量的对城市人民生活有重大影响的报纸、刊物与通讯社，其中有少数对国际宣传极有影响，并与外交有关系的外国通讯社，外国人办的报纸、刊物，以及外国报纸、刊物与通讯社派驻中国的记者。这些新闻宣传工具绝大部分是反动派所掌握的，少数是中间性的，只有极少数是进步的。在许多城市中，则根本没有进步的和中间性的报纸刊物。”《处理办法》接着阐明了对城市旧有新闻事业的基本原则与方针：“报纸、刊物与通讯社是一定的阶级、党派与社会团体进行阶级斗争的一种工具，不是生产事业，故对于私营报纸、刊物与

通讯社一般不能采取对私营工商业同样的政策，除对极少数真正鼓励群众革命热情的进步报纸、刊物应扶助其复刊发行以外，对其他私营的报纸刊物与通讯社均不应采取鼓励政策。而且因为中国所谓私营的新闻宣传事业，绝大部分有反动的政治背景，对这些所谓私营报纸、刊物与通讯社，如采取毫无限制的放任政策，会使某些反动的政治势力容易获得公开地、合法地联系与影响群众的阵地，则对人民极为不利。但旧有报刊中也有少数中间性的和进步的，如不分青红皂白、轻率地一律取消，亦于人民不利。无限制地放任的政策和一律取消的政策，这两种政策均不符合共产党保护人民的言论出版自由和剥夺反人民的言论出版自由的原则。”以这种原则为指导方针，党规定对反动的新闻事业实行查明实据之后加以没收的政策，对进步的新闻事业予以保护与扶持，对中间性的新闻事业允许其依靠自己的力量继续出版；一切报刊、通讯社（包括党报和新华社），都应依法向人民政府登记。

（二）对旧有报纸、刊物及通讯社的具体处理办法

《处理办法》对新解放城市中旧有报纸、刊物及通讯社之处理，规定为：“（甲）凡属于国民党反动政府及其地方政府系统下的各机关、各反动党派（如国民党各个反动派系、青年党、民社党等）及反动军队的各级组织所出版及发行的报纸、刊物与通讯社，连同其一切设备与资财，应一律予以接收，并不得再以原名复刊或发稿。（乙）凡属于反对美帝国主义，反对国民党反动政府的民主党派及人民团体所办之报纸、刊物与通讯社，应予以保护，并令其依法向人民政府登记。如其间发生重要问题，应请示中央处理。（丙）凡私人经营或以私人名义与社会团体名义经营之报纸、刊物及通讯社，应分三类处理：①有明显而确实的反动政治背景，又曾进行系统的反动宣传，反对共产党、人民解放军与人民政府，拥护国民党反动统治者（例如上海《申报》、《新闻报》，天津及北平《益世报》等），应予没收。其反动政治背景一时无法弄清者，则应经过调查及法庭判决加以处理。②在相当长时期内，一贯保持进步态度，反对国民党统治，同情人民解放战争者，应予以保护，并令其依法向民主政府登记。③中间性的报纸、刊物与通讯社（不赞成国民党反动统治，也不拥护人民解放战争者）不得没收，亦不禁止其依靠自己力量继续出版，在出版时应令其登记。”“新解放城市中所有继续出版与新创刊之一切报纸、刊物与通讯社（包括共产党与人民政府之报纸、刊物、通讯社在内），应一律向当地政府登记，其在本决定达到前，已行出版者，亦须补行登记。一切报纸、刊物与通讯社在申请登记时，应一律报告其政治背景、经费来源，负责人姓名及其经营规模、发行数目、人员状况等。”“凡经政府登记许可出版之报纸、刊物与通讯社，民主政府对于它们实行事后审查制度。”“各地党委对党外人员和团体发行之报纸、刊物与通讯社，应主动地设法提高其政治水平，加强对它们的政治领导与思想领导”，“但对党外报纸、刊物与通讯社，除开上述登记、事后审查及各项命令外，不得采取不适当的行政办法去实现这种领导”。

（三）对旧有新闻工作人员的态度及处理办法

《处理办法》规定：“（甲）对于已经登记许可之旧有报纸、刊物、通讯社的新闻工作人员，除已指名撤换的反动分子外，一般采取争取、团结与改造的方针。应以我们党员及进步分子为领导，组织新闻团体进行学习，改进工作与生活等方式，加强对他们的领导。（乙）已被接收、没收及停刊之报纸、刊物、通讯社，对其工作人员之处理分别为：①反动者不用，其中特务分子应按一般特务分子处理。②明显的进步分子与确有学识的中间分

子留用，一般应先任用于次要工作和内勤工作，根据进步程度，逐步提升。③一般的编辑与记者，其比较容易改造者，应经过短期教育后分别留用，然亦不应轻易使其担任编辑与记者工作；其思想顽固，生活腐化不易改造者，应听其或助其转业。④技术人员（例如出版、经理、广播、电务等方面的技术人员）则按对待一般技术人员的方针办理。”

（四）对外国通讯社、外国记者及外国人所出版报纸、刊物的处理办法

《处理办法》规定：“（甲）外国通讯社非经中央许可不得在解放区发稿，并一律不得私设收发报台。（乙）外国记者停留解放区继续其记者业务者，应根据外交手续向人民民主政府请求许可，并不得私设收发报台，其发出之稿件，应受中央所指定之机关检查。（丙）外国人非经中央许可不得在解放区出版报纸与刊物，原已出版者亦须报告中央处理。”[11]

二、解放初对外国在华新闻业及机构采取的举措

1948年11月8日，《中共中央关于新解放城市中中外报刊通讯社的处理办法》颁布以后，很快就在全国刚刚解放的各大中城市贯彻实施。如在北平，从1949年2月下旬开始，停止有关外国通讯社及外国记者在华的新闻活动；7月间开始，正式取缔“美国新闻处”的在华活动。对外国私商主办的报刊，如上海的《字林西报》、《大美晚报》、《密勒氏评论报》则暂时准其继续出版。这些政策、规定的实施是符合当时形势的需要，以及人民利益、国家利益的需要的，也是与党中央当时制定的大的外交政策相一致、相配套的。新中国成立前夕，毛泽东、周恩来等中共领导人为即将成立的新中国制定了三大外交原则：①“一边倒”；②“另起炉灶”；③“打扫干净屋子再请客”。[12]后两者指不承认外国政府当时派驻中国的代表为正式的外交人员，不承认国民党政府同各国建立的旧的外交关系；对国民党政府同外国政府签订的一切条约和协定，重新审查处理；将帝国主义在中国的势力、特权及影响逐步取消、肃清，然后在互相尊重领土主权、平等互利的基础上同各国建立新的外交关系。停止外国记者在华活动、取缔外国新闻机构等举措，也是当时“打扫干净屋子”、“清理整顿”的重要内容之一。

【停止外国通讯社及外国记者在华的新闻活动】1949年1月间，华北最大的两座城市天津、北平相继解放。

1949年1月15日，天津解放。当天即宣告成立天津市军事管制委员会和天津市政府，黄克诚任军管会主任、黄敬任市长。

1949年1月31日，东北野战军和平解放古都北平，叶剑英任北平市市长。2月下旬，中国人民解放军北平市军事管制委员会通令停止所有在北平的外国通讯社和外国记者的活动。《通令》原文云：“由于目前军事时期的情况，所有外国通讯社及外国记者均不得在本市进行活动，所有外侨均不得在本市办报纸和杂志。为此，本会特通告现在在北平的美国新闻处，自即日起停止发布新闻稿的活动；各外国通讯社及外国报纸杂志的记者，自即日起停止采访新闻及拍发新闻电报的活动。望即遵照毋违。”[13]据新华社电讯报道，当时“在北平的外国记者有美国合众社的基昂（一作“季昂”——引者注），美国联合社的穆萨（一作“莫莎”——引者注），美国生活画报、时代杂志和自由周刊的步雅各，先驱论坛报的史蒂禄，天主教通讯社的霍根，美国基督教科学箴言报、纽约星报和英国伦敦每日

电讯报的卢百霜，美国纽约时报和北美报纸联盟的来琪瑛，美国民族周刊和加拿大明星周刊的罗德，荷兰路特报的罗德夫人，美国哈特福时报的哈丁，美国芝加哥报的鲍大可，英国甘史莱系报纸的温逊德，英国伦敦观察报的安伯生夫人，伦敦泰晤士报的路易逊，瑞士哈利克新报的鲍萨尔，瑞典斯托哥尔摩日报的倪斯初，法国新闻社的张麟申”，等等。他们中的一些人，如美国合众社记者季昂，美联社记者莫莎等就曾站在反动的立场，从刚解放的北平发出严重歪曲事实、污蔑北平的报道。⑭

当时的舆论对北平军管会及北平新政府的这一举措是完全赞同和大力支持的。关于新中国成立后，是否允许外国通讯社，尤其是帝国主义国家通讯社的存在，是否“放任帝国主义国家的通讯社自由采访，自由发稿，自由发报”，香港《华商报》在当时曾刊登过两篇重要文章进行讨论。一篇是 1949 年 2 月 20 日该报“星期增刊”《笔谈》专栏刊载的、署名“某内勤”写的《从北平美国记者的诬蔑想到将来的外国的通讯社》。文章先介绍：“美国合众社记者季昂和美联社记者莫莎，从解放后的北平发出污蔑北平——不，应该说是全中国人民的荒谬电讯。这事件已经引起了广大中国人民的愤怒，北平的新闻记者、大学教授、文艺作家、工人、职员、学生纷纷发表文章，要将这两个美帝国主义的造谣记者驱逐出境。”接着，作者写道：“我坚决主张，在新中国的新闻事业领域，绝对不容许蒋介石的殖民地政府一般的放任帝国主义思想侵略机关的外国通讯社继续存在。”“新闻是人民精神上思想上的每日的食粮”，“但这食粮必须有清洁、营养的质。新政府要有卫生机构来研究人民的食品，同样的新政府也有责任来管理人民的精神食粮，决不容许帝国主义者把毒药鸦片和春药偷偷地放进我们的精神食粮里去”。另一篇是 1949 年 2 月 27 日《华商报》“星期增刊”《笔谈》专栏刊载的署名“寒”写的《关于外国通讯社》，该文从中国新闻史的角度，更加深刻地揭露了一些外国通讯社与国民党“中央社”互相勾结，互相配合，反共反人民的手法和伎俩。文章云：

> 在过去几十年间，在目前的蒋管区内，帝国主义国家的通讯社控制着中国的新闻事业。不但中国报纸的国际新闻完全依靠外国通讯社供给，就是国内新闻也大量采用外电。至于中国问题的“国际宣传”，当然更非完全由外国通讯社一手包办不可。如果要办一种大型的日报，而不订购外国通讯社的电讯，好像是一件不可思议的事情。抗战前后，以迄于今，国民党反动宣传机关“中央社”曾以高价收买了外国通讯社（主要是美国的合众社、美联社，英国的路透社、法国的哈瓦斯社——战后改称法新社）的中文发稿权，以强化新闻统制。而在毒害中国人民、混淆国际视听这方面，自从作为帝国主义思想侵略机关的外国通讯社和国民党反动宣传机关的“中央社”结合以后，发挥了更大的作用。譬如说，外国电讯社有时反映了国际间对于中国问题的比较中立的看法，经过“中央社”的统制后，这些报导便成为“中央社”的“参考资料”（专供国民党军政长官参阅），永远不会再出现于报纸上和读者见面。又如外国通讯社利用其特殊的地位，对于国民党统治区内的若干情况，有时为了营业观点也会透露一些比较真实的消息，但“中央社”的编辑部把这些消息吞下去了。恰恰相反，外国通讯社所有反苏反共，符合帝国主义侵略政策及其利益的报道和看法，通过了“中央报”的发行网、通过了“中央社”的政治压力，可以成为国民党统治区内每一家报纸的重要的国际新闻。同时，所有对于中国人民有害的东西，从恶意歪曲到造谣污蔑，从渲染“中国的铁托”到“北平狐皮事件”，从描写“苏北难民的口

述”到“北平市民欢迎征服者”，从暗示“中共的铁幕”到“东南亚的威胁”等，正是今天在华外国通讯社所不断制造和夸张的“动人的新闻”，这也正是“中央社”所要求的东西。为帝国主义利益服务的外国通讯社，尤其是美国通讯社和为四大家族利益服务的“中央社”，在“新闻政策”上，在反苏反共反民主的方向上，是完全一致的。彼此互相配合，互相结托，在最近两三年间，在美帝进行侵华政策和国民党进行反动内战的过程中，美国通讯社实在尽了很大的力量。

《华商报》的这两篇文章都坚决主张取缔在我国境内发稿的帝国主义国家的通讯社，禁止其在华进行的不法新闻传播活动。

【取缔“美国新闻处”在华活动】1934年3月，美国政府为了宣传联邦政府的活动，成立了美国新闻处。当时这个机构规模很小，隶属于总统下面的全国紧急委员会。第二次世界大战全面爆发后，美国政府于1942年6月13日根据当时总统罗斯福所签署的法令，把这一机构改变成战时情报局所属的一个单位，使之成为一个对外宣传和搜集情报的机构。1945年“二战”结束后，战时情报局撤销，美国新闻处却继续存在。到1953年8月1日，美国新闻署成立。此后，凡美国在海外的一切宣传活动仍以“美国新闻处”名目出面，世界各地的美国新闻处往往成为美国驻当地大使馆或领事馆的一部分。

在直属总统领导的联邦一级机构中，美国新闻署是一个权威的、级别很高的机构，它在外交政策上受国务院领导，在其他方面与政府各部平行。新闻署长由总统任命，直接向总统报告工作。新闻署是一个庞大的机构，到1957年，其全部工作人员达12 624人，其中8 285名为外国籍雇员，1 415名为派赴国外工作的美国人，2 924人则在华盛顿的新闻署总部工作。该署以“美国新闻处”名义在78个国家设立了206个办事处，进行各种宣传活动和情报搜集工作。⑮

美国新闻处最早在中国开展活动，大约在抗战开始后的1940年前后。当时在中国的美国新闻上全称叫“战时美国新闻处”，其对外宣传的方式和开展的主要活动有发布新闻稿，办图书馆、阅览室，赠送报纸、杂志、书籍，放映电影，举行音乐会，举办艺术和工业展览，展出、张贴图片，等等。因此，有人称“美国新闻处”是美国政府的“文化统战单位”、外宣喉舌，这些评价是很恰当的。1942年2月24日，“美国之音”——美国一家私营广播公司经营的广播电台在纽约开播，不久为美国国务院赏识而加以接管。此后，美国新闻处又通过“美国之音”进行广播宣传。

抗战时期，驻中国的美国新闻处分别在重庆、桂林、昆明等地设立总处或分处。抗战胜利后，总处由重庆迁到上海，加上各地分处，共计有上海、重庆、北平、天津、成都、武汉、广州、昆明、沈阳、台湾十处，规模庞大。据当时美国合众社统计，到1948年，在中国各地的美国新闻处辖下的人员有2 800多人。

抗战时期，美国新闻处尚有些开明人士，对中国的民主运动，包括进步的学生运动，予以支持。而且他们《新闻资料》中所刊出的报道，正是缺乏新闻自由的国统区所难以见到的，故深受知识分子们的欢迎。那时美国新闻处的总处设在重庆，从属于美国驻华使馆及美军司令部，它除了经常刊出《新闻资料》外，还有不定时举办的图片展览。在当时，作为美国国务院一个部门的美国新闻处，在罗斯福总统的开明政策下，刊发出来的报道及举办的活动还是比较倾向于民主的。在重庆的美国新闻处规模很大，曾聘用过不少进步的中国新闻工作者，其中中文组组长是金仲华，还有刘尊棋、羊枣（杨潮）等（对他们的聘请都是征求过当时中共党组织意见的）。新闻处的其他部门还有一些中国的进步知识青年在里面工作。抗战时期，美国新闻处有两大宣传任务：一是揭露敌人（德、日法西斯）的残暴；二是宣传盟国的胜利和敌人的失败，鼓舞人民争取最后的胜利。

抗战胜利后，“随着杜鲁门的反动政策及美国蛮横的军人外交而来的，美国新闻处在战后是变了质的”。当时，较为开明的职员或负责人被调回去了，其立场随着美国国务院政策的改变而转移，报道内容是反共反苏的居多，对即将建立的人民政权采取仇视、诋毁的态度。有鉴于此，1949 年 7 月，人民政府暨各地军管会，下令美国新闻处等帝国主义国家在华设立的新闻宣传机构，一律停止活动，并予以取缔。⑯

三、新中国成立初对旧有新闻事业的处置办法与私营新闻业的最后消亡

【新中国成立初对旧有新闻事业的处置及几家著名大报的停刊】 从 1949 年初到 1949 年底，天津、北京、南京、上海、广州五大城市先后解放。与此同时，杭州、武汉、成都、重庆等城市也相继解放。各野战军部队进城后，由军事管制委员会按照《中共中央关于新解放城市中中外报刊通讯社的处理办法》（1948 年 11 月 8 日）（以下简称《处理办法》）来处理旧有的新闻事业。对旧有新闻事业，主要包括报纸（刊物）、通讯社与广播电台，《处理办法》主要规定有三条：①“凡属于国民党反动政府及地方政府系统下的各机关、各反动党派（如国民党各个反动派系、青年党、民社党等）及反动军队的各级组织所出版及发行的报纸、刊物及通讯社，连同一切设备与资财，应一律予以接收，并不得再以原名复刊或发稿”；②“凡属于反对美帝国主义，反对国民党反动政府的民主党派及人民团体所办之报纸、刊物与通讯社，应予以保护，并令其依法向人民政府登记”；③对私营或“以私人名义与社会团体名义经营之报纸、刊物及通讯社”，又分三类处理：①“有明显而确定的反动政治背景，又曾进行系统的反动宣传，反对共产党、人民解放军与人民政府，拥护国民党反动统治者（例如上海申报、新闻报、天津及北平益世报等），应予没收”；②“在相当长时期内，一贯坚持进步态度，反对国民党反动统治、同情人民解放战争者，应予以保护，并令其向民主政府依法登记”；③“中间性的报纸、刊物与通讯社（不赞成国民党反动统治，也不拥护人民解放战争者），不得没收，亦不禁止其依靠自己力量继续出版，在出版时应令其登记”。

除了报纸、刊物、通讯社外，旧有的新闻事业还包括一定数量的广播电台。其中，国民党政府及党部所办的广播电台，无论是其规模，还是其发射功率、影响力，在旧有广播电台中都占有很大的比重和绝对优势。因此，中共中央在 1948 年 11 月 20 日专门就新解放城市中原广播电台及其人员的处理，发出《对新解放城市中原有之广播电台及其人员的政策决定》（以下简称《决定》）。《决定》主要内容为：①各地要全部接收新解放城市中国民党党、政、军所办的广播电台，并利用其设备建立人民广播电台；对原有的广播从业人员区别不同情况，分别采取录用、培训或遣散的方法处理。②对于民营广播电台，一律归军管会统一管理，并区别情况进行处理：凡是由国民党或其某一派系所经营，查明有据，专门进行反共、反苏、反人民之宣传者，没收之；凡纯粹系私人经营者，则在军管会管理下，暂准其继续营业；外国资本或外国人经营之广播电台一律停止广播；私人经营之短波广播电台亦一律停止广播。③新中国之广播事业应归国家经营，禁止私人经营。

1949 年 1 月至 10 月，天津、北平、南京、上海、广州五大城市相继解放。各大城市

都先后按以上所列中共中央《处理办法》来处理旧有新闻事业。

天津：在上述五大城市中，天津最早解放，因此，天津在处理原有的新闻事业上可借鉴的经验不多。解放军入城后，曾通知全市所有报纸一律停刊，9家广播电台全部停播。在停刊的报纸中，首先接管并没收财产的有民国日报社（国民党机关报）、新时报社（国民党军队九十四军军部机关报）、工商日报社（国民党天津市委托苑宝璜军所办）、中华日报社（中统在津机关报）、工人日报社（国民党政府社会部所办）。稍后没收的是在我国北方有广泛影响的大报《益世报》。《益世报》于1915年10月1日（旧历乙卯年八月二十三日）在天津创刊，是民国时期罗马天主教会在中国出版的中文日报。该报由罗马教廷指派的天津教区副主教雷鸣远（比利时人，后加入中国籍）主持，并任董事长，刘浚卿任社长。初创时，该报支持袁世凯复辟帝制。"五四"前后，一度同情学生运动，曾聘周恩来为驻欧特派通讯员，撰写数十篇《旅欧通信》。"九·一八"事变后，罗隆基、钱端升被聘为社论主撰，强烈批评国民党当局的不抵抗政策。1937年7月天津沦陷，9月被迫停刊。1938年12月间，《益世报》由罗马教廷指派的南京教区总主教于斌在昆明复刊。1940年3月迁重庆出版，同年6月雷鸣远去世，于斌任该报董事长。抗战胜利后，1945年12月1日迁回天津复刊，刘豁轩任社长、王研石任总编辑。此阶段该报极力支持国民党政府，反对中国共产党。《益世报》曾先后出版北平版、西安版、上海版、南京版四大分版，是中国近现代具有广泛影响的全国性重要报纸之一，有人将其与《申报》、《大公报》、《民国日报》一起，并称为旧中国"四大报"。1949年1月13日，该报出至第10845号后，被令停刊。[17]

除以上报纸外，另有12家中文报纸也被通知停刊。其中有反动政治背景的6家：《真善美》、《中庸报》、《时事日报》、《中南日报》、《商务日报》、《大众晚报》。由私人经营，无显著政治背景的4家：《新生晚报》、《自由晚报》、《博陵日报》、《天津夜报》。还有在全国有广泛影响，经常刊载批评、揭露国民党统治文字的《大公报》也被通知停刊。《大公报》由英敛之创办，于1902年6月17日（清光绪二十八年五月十二日）在天津创刊，至1949年1月15日出至第16246号后被令停刊。此外，还有三家外文报《华北汉英报》、《俄文日报》、《英晚报》也被通知停刊。

中共中央对天津市军管会将所有报纸一律停刊的做法特发出电报，提出了批评："中央并未规定一切报纸一律停刊"，"你们命令一切报纸一律停刊的方法不合中央去年（1948年——引者注）11月8日的指示"。同时，指示他们："应按报纸性质属于进步、中间、反动等类采取分别对待办法。"特别是对天津《大公报》，中央在1949年1月18日的电报中指出："大公报拟从内部革命，加入外力，利用其原有财产班底发表宣言，改换名称，组成进步分子的报纸，使平津解放后除党报外有一党外的民主报纸配合。"[18]

在中央指出问题后，天津市军管会作了纠正，暂时准许《新生晚报》（日报，4开4版）、《博陵日报》（日报，4开4版）、《华北汉英报》（日报，8开2版）、俄文《新语报》等几家私营报纸登记后，继续出版。《大公报》也在地下党组织徐盈、杨刚等的帮助下，策划改组。1949年2月27日起，天津版《大公报》改组为《进步日报》出版。这是解放区新创刊的第一张民营报纸，由孟秋江任党组书记兼经理、张琴南任总编辑、徐盈任主笔。1953年1月1日，由上海《大公报》与天津《进步日报》合并为新的《大公报》，在天津出版，《进步日报》随之终刊。1956年10月1日，天津《大公报》迁北京出版。"文革"中的1966年9月14日，北京《大公报》被迫改名《前进报》。直至1966年12

月28日被迫停刊。[19]对于天津市军管会命令原有的广播电台全部停播的做法，中央基本予以认可。中共中央在1949年1月17日的电报中指出："广播事业，原则上应归国营。目前大城市中私人经营的广播电台，虽可允其暂时营业，但必先查明其背景，以免为潜伏的敌人所利用，在调查期间，应停止其营业。天津各私营广播电台，闻均有特务机关的背景，望予缜密调查，在获得确实结果后，再考虑是否准予复业。"后来批准恢复广播的仅"中行广播电台"一家，该台属中行股份有限公司，是一个主要广播广告的商业电台（到1950年，因抵债需要而出售给天津人民广播电台）。

北京：1948年底，北平市在临解放前夕，原有的报纸、通讯社和广播电台发生急剧变化，有的停止活动，有的散摊后负责人逃跑了。据统计：1948年1月，北平市有大小报纸176家、通讯社65家；到年底，报纸锐减至26家、通讯社20家、广播电台仅9家。

1949年1月1日，人民解放军北平区军事管制委员会在良乡成立，叶剑英为主任。负责新闻接管工作的有当时新华社总编辑范长江，还有袁勃、马健民、李庄、李千峰等。1949年1月31日，北平解放的当天，北平市军管会下属"文化接管委员会"随部队进城，立即接管了国民党中央广播事业局的北平广播电台，2月2日始用"北平新华广播电台"名称播音，同年12月5日，改称"北京市人民广播电台"。同一天，范长江等接管了北平王府井大街的国民党在北方的头号党报《华北日报》。其社长张明炜几天前已乘飞机逃离北平。《华北日报》社址遂成为中共中央华北局机关报《人民日报》社址，2月2日，《人民日报》北平版创刊。李庄等接管了在西长安街石碑胡同的原国民党中央社北平分社的资产。当时，中央社北平分社社长是丁履进，也在几天前乘飞机逃离北平。中央社北平分社资产交给新华社总社，随即成立新华社北平分社。[20]

到1949年3月间，军管会又接管和查封了一些属于国民党各派力量办的报纸和一些立场反动的报纸，如《导报》、《阵中日报》、《北平时报》、《中国时报》、《世界日报》、《新中国晚报》、《经世日报》等24家旧报。英文《时事日报》在2月初停办后亦被接管。此后一段时间，北平市尚在出版的报纸只有两家：一家是中共中央华北局机关报《人民日报》，该报于1949年3月25日迁到北平出版，8月改为中共中央机关报；一家是陈铭德、邓季惺办的《新民报》北平版，到1951年改为公私合营，1952年10月1日被改办为北京市委机关报《北京日报》。

广播电台的接管方面，在1949年2月，北平市的军中之声、七十二电台、胜利、北辰、华声5家敌台均被接管。中国、民生、军友三家广播电台以私营商业广播电台名义，被允许继续短期播音。到10月25日，这三家私营电台亦被查封。

上海：上海是我国近现代新闻事业的中心。据统计，新中国成立前夕上海有大小报纸70多家，外埠报社办事处10多家、通讯社80多家、广播电台50多座、期刊数以百计。[21]

在上海解放前夕，军管会属下"文教管理委员会"（简称"文管会"）就成立了。"文管会"主任由军管会主任陈毅兼任，副主任有钱俊瑞、夏衍、范长江、恽逸群等。1949年5月27日，上海解放。随部队进入市区的上海军管会下属"文管会"新闻出版部马上深入调查研究，摸清情况，根据中共中央《处理办法》（1948年11月8日）中的有关原则、精神，对上海地区旧有新闻事业采取区别对待的政策，分别采用不同的方法来处理。

对国民党党、政、军、特、宪及各派系所创办的或控制的报刊、电台和通讯社一律没收、接管。报纸如《中央日报》（上海版）、《和平日报》、《东南日报》（上海版）、《前线日报》、《时事新报》、《金融日报》、《自由论坛》等，通讯社如国民党中央通讯社上海分社，广播电台如上海广播电台等，一律实行接管，或立即查封，没收其资产，归国家所有，其资产及设备用于开办人民的新闻事业。对青年党机关报《中华时报》也一并实行没收政策。

对私人经营或以私人名义经营，而被国民党派系控制的新闻机构也采取停刊的措施，如对《申报》、《新闻报》的处理就是属于此种情况的典型案例。《申报》是中国近现代历史最悠久、影响最大的报纸之一。该报创刊于1872年4月30日（清同治十一年三月二十三日）。在抗战胜利后，被国民党C. C. 派接管，于1945年11月22日复刊。1946年5月，国民党强行投资《申报》，加入所谓“官股”，事实上将《申报》攫为国民党的官报。1949年5月27日出至第25600号后被令停刊。5月28日，申报馆改出中共中央华东局机关报《解放日报》。《新闻报》是影响仅次于《申报》的上海第二大报。该报创刊于1893年2月17日（清光绪十九年正月初一）。抗战胜利后，同《申报》一样，也被国民党“劫收”，同样被国民党当局加入“官股”，成为国民党的宣传工具。1949年5月，《新闻报》与《申报》同时停刊。同年6月29日，改组出版《新闻日报》，第一任社长金仲华，总编辑刘思慕。1960年5月31日出版最后一期后，《新闻日报》并入《解放日报》。有一部分人员分流，调入其他新闻单位，如当时调入《新民晚报》工作的就有《新闻日报》原编委冯英子等。

另外，对几家著名的进步私营报如《大公报》（上海版）、《文汇报》、《新民报晚刊》等，支持其继续出版。对英商办的英文报《字林西报》也允许其继续出版。《字林西报》（*North China Daily News*）是英商在上海创办的英文日报，由字林洋行出版。其1864年7月创刊，1951年3月31日自动停止出版。

上海在解放前夕，有广播电台45家，其中公营电台22家，都是由国民党党、政、军、宪、警、特机关所主办，私营电台23家。对国民党系统所办的原公营广播电台，一律令其停止播音，其财产予以没收。如5月27日，作为国民党宣传机关的旧“上海广播电台”被接收，其房屋设备用来办上海人民广播电台，当天晚上就开始播音，转播北平新华广播电台的新闻与评论。而对私营广播电台的财产，则像对待其他民族资产阶级的财产一样，予以保护，在审查登记后，仍准其继续播音。

南京：1949年4月23日，南京解放。翌日，周恩来在中南海接见并宴请准备南下工作的党内外文化新闻界知名人士，如范长江、石西民等。周恩来代表党中央宣布，把中共具有光荣历史的两张党报《解放日报》和《新华日报》的报名保留下来，分别放在上海和南京两大城市，并让范长江去上海筹建《解放日报》、石西民去南京筹办《新华日报》。27日起，石西民以军管会军代表身份负责接收国民党的《中央日报》、中央通讯社和中央广播电台，在地下党组织和广大职工的协助下，接收工作顺利完成。在接收国民党《中央日报》的基础上，1949年4月30日中共南京市委机关报《新华日报》创刊，石西民任首任社长；在接收中央社的基础上，成立了新华社南京分社，石西民兼任社长；在接收中央广播电台的基础上，1949年5月1日南京人民广播电台开始播音。该台是当时全国功率最强大的人民无线广播电台，台长仍由石西民兼任。[22]

《中央日报》是南京国民政府时期国民党中央机关报。该报于1928年2月1日创刊于上海，1929年2月迁至南京出版。抗战初期的1937年12月13日，因南京沦陷而停刊。1938年3月在长沙复刊，同年9月1日迁重庆出版。抗战胜利后于1945年9月1日迁南京复刊，直至1949年4月24日出版第7503号后在南京停刊。该报在中国内地前后出版21年多时间，是当时中国最重要的官方报纸。[23]

除将国民党官办新闻事业一律取缔停办外，当时南京市委请示中央，打算将以前被国民党封闭的比较进步的5家私营报纸复刊。中央回电云："大城市中除党报外视情况需要再办一两家或若干家非党进步的报纸（以联系更广泛的社会阶层），根据平津经验是有利的（这些非党报纸有党员在内工作当然更好），但报纸种数不宜过多，以免纸张、人力、销路在各报发生困难"；"通讯社原则上应归国营，除新华社外，无需鼓励成立其他的通讯社"（5月9日电报）。[24]据此精神，军管会批准南京私营报纸《新民报》与《南京人报》复刊出版。《新民报》南京版于1948年7月8日被国民党政府当局勒令永久停刊，南京解放后不久复刊。《南京人报》于1936年4月8日创刊于南京，是一份日出4开一张的小型报，由张恨水、张友鸾创办并分别任正、副社长，张友鸾还兼总编辑。1937年11月27日南京沦陷前停刊。抗战胜利后于1946年4月8日在南京复刊，由张友鸾任总经理，郑拾风任总编。[25]1949年2月2日，《南京人报》被国民党特务捣毁报社营业部而被迫停刊，南京解放后于1949年7月7日复刊。1952年4月最后一次停刊，张友鸾被邀聘到北京人民文学出版社，从事古籍整理出版工作。

到1952年10月，中央决定撤销苏南、苏北两个行政区，与南京市合并，成立江苏省，《苏北日报》（1945年5月1日创刊）、《苏南日报》（1949年5月6日创刊）和南京《新华日报》三张党报随之合并，出版江苏省委机关报《新华日报》。1953年1月1日，在江苏省人民政府成立同时，苏南人民广播电台（1951年4月开播）、苏北人民广播电台（1951年3月开播）合并，正式成立江苏人民广播电台。从1953年直至1978年底，江苏省台和南京市台两块牌子，一套机构。

广州：1949年10月14日广州解放。一批来自老解放区、随军南下的宣传新闻干部如曾彦修、王匡、曾文获、吴楚等与从香港《华商报》撤回内地的一些新闻工作者如杨奇等，在人民解放军广州市军事管制委员会领导下，于10月21日接管了国民党在广州光复中路的中央日报社、广卫路的中央通讯社广州分社，以及中央广播电台和其他一些反动的报馆。《中央日报》从1949年4月至10月间一度在广州出版。1949年2月，国民党中央党部和行政院从南京迁至广州；同年4月，国民党"总统府"也迁来广州；继而，平、津、沪、宁、闽、赣等地南逃的国民党军政要员、残兵败将、军统中统特务机关也大量麇集至此。他们以原广东省政府的机关报《广东日报》（1948年5月创刊）为班底，创办了广州《中央日报》，作为国民党中央党部的机关报，社长由国民党中宣部部长陶希圣兼任。1949年10月14日广州解放后，国民党政府又迁往重庆，继续负隅顽抗。1949年10月23日，即广州解放后的第9天，中共中央华南分局机关报《南方日报》在光复中路原中央日报社社址创刊。该报是广州市军管会登记"第一号"的报纸，由华南分局统战部副部长饶彰风兼任社长，杨奇为副社长，曾彦修为总编。[26]

【新中国成立前夕，《华商报》关于"私人办报"及"民间报纸"出路问题展开讨论】1949年初，即新中国成立前夕，香港《华商报》曾邀请当时在港的内地文化界、新闻界精英人士就新中国成立后容不容许"私人办报"、"民间报"能否存在，以及如何处置外国通讯社等问题，在报纸上展开了两次大讨论。一次是1949年元月间，一次是当年2月间。

1949年1月1日，《华商报》在当天"元旦增刊""第十页"首载刘尊棋的文章《新中国的一个抉择——财主的新闻自由？还是民主的新闻自由?》。该文认为：全国解放后，要想有“新闻自由”、要想“使新闻自由这个一切自由的钥匙掌握在人民大众的手里，而不控制在少数人的手里”，就必须实行“新闻事业的国有化和社会化”。作者认为新中国的办报模式主要有两种：一种是“由政府代表国家办的报纸”，即“国营报”；一种是由“由人民合法的政治、社会、职工、农民、文化、妇女、宗教等团体经营他们自己的报纸”，即“社团报”。“国营和社团（经）营的新闻事业同时并存”，不再容许私人办报。

到1949年1月16日（星期日），《华商报》推出“星期增刊”《笔谈》第一期，首载李卫明《新闻自由与私人办报——与刘尊棋先生商榷新中国应否容许私人办报?》一文。该文与刘文唱反调，认为应容许私人办报、“容许‘办得好，于社会有益’的私营报纸的存在，绝不会把新中国的新闻事业带上英美式的前途”。因此，国营、公营和私营的报纸可以相辅相成，并行不悖。

到了2月6日（星期日）的《华商报》“星期增刊”《笔谈》第4期特辟“新中国新闻政策讨论特辑”，所刊登的四篇文章中，有两篇赞成“应该容许私人办报”，两篇是反对的。其中，署名“趋阳”的文章《新中国的办报问题》认为：“这个即将建立起来的人民共和国，是以中共为领导、工农为主体的国家，基本上是代表工农利益的国家。由于这样的性质，就决定只有国有化的新闻事业才符合广大人民利益。这就是说，私人办报大致上已经失去了与广大人民利益相一致的联系了，已没有容许存在的必要了。”另一篇文章署名“铎”（赵超构的笔名），长2 600多字，题目是《新国家与新报纸》。该文首先批评了“英美人人可以办报”而实际只有“财主能办报”的虚伪新闻自由。“真的新闻自由与新中国未来要保证的新闻自由是怎样的呢？第一，要承认所有自由是有阶级性的，新民主主义的政治就标明是工农领导的和知识分子、民族资本家的联盟政权，因而也只有这些成分的国民自由能被保证。封建余孽官僚豪门卖国贼们的自由，在这里不仅不应受保障，并且还应肃清出去。第二，我们要承认天下决无大公无私的新闻事业，一切新闻事业都偏向于其阶级性，报纸的好坏只决定他的主张倾向在当时当地是否进步，是否与进步势力和大多数人的利益一致。根据这两点推断，干脆可以说，未来新中国所应保障的新闻自由，就只能运用于新民主政治所容许其参加的那些成分人民所办的报纸……为未来新政权容许其参加建设新中国的人民，即使以个人资格办报，也应该受许可。”赵超构在对私人办报作了基本肯定之后，又探讨了将来新中国几种性质的报纸共存的形态及最终的发展趋势：“国营报，社团报，私营报，在开头可以平行存在，但不是平行发展的。私人办的报纸，逐渐的集体化，由集体化而社团化，或由集体化而接受国家的扶植而国营化，都是可能的，而且必要的。”此后的中国私营新闻业基本上按这个路子发展。

【新中国成立初期党对私营新闻业的政策及私营新闻业的最后消亡】据夏衍晚年回忆往事时说：早在1945年至1946年间，周恩来在重庆召集过一次文化界、新闻界人士的座谈会，“谈过将来胜利后，可不可以有民间报。周总理和大家都认为，既然是新民主主义阶段，自然可以有民间报”[27]。

新中国成立以后，还要不要私营报纸或民办报纸呢？中央的态度很明确：应当允许办。当时，天津市委在1949年1月14日的请示电报中说：“我们在天津除办一天津日报作为市委机关报外，拟办一以民间面目出现的报纸。任务：（一）以民间面目拥护党的主张与宣传党的主张。（二）善意地提出建议与某种程度的批评。（三）与其他报纸、杂志作思想斗争。”后来，中央在给天津市委、给南京市委的电报中都肯定了在城市中办少量私营报纸的必要（见本节前述）。只是在数量上要严格控制，一般一个城市办 1 至 2 家即可，“不宜太多”，以免在纸张及办报人员、报纸销路上与公营报纸发生竞争。后来，中央在给成都市委的电文中又重申：“在成都这样的城市，有一种进步的和原来有基础的党外报纸或小报或晚报是有益的。”由于认识到有少量私营报纸存在的必要，党在新中国成立初期对私营报业实行了扶助政策。1949 年 11 月 30 日，中宣部致电华东局宣传部：“私营报纸及公私合营报纸，在现阶段，有其一定的必要，故应有条件予以扶助。”并要华东局宣传部扶助上海《大公报》，“拨给适当数目纸张，作为公股投入该报”。各大城市也采取了若干措施，改善私营报纸的困难处境。[28]新中国成立初期，正是在这样的政策环境下，不少在旧中国有很大影响的进步报纸如上海的《大公报》、《文汇报》、《新民报晚刊》，武汉的《大刚报》，南京的《新民报》、《南京人报》等纷纷复刊。因此，到新中国成立初期，在一个短时期内曾出现一个公营、私营及公私合营并存的报业新格局。据国家新闻总署 1950 年 2 月 28 日的不完全统计，当时全国共有报纸 281 家，其中私营报纸至少为 55 家（一说 58 家），包括华东区 24 家，华北区 10 家，中南区 7 家，西南区 2 家，西北区 3 家，东北区 2 家，华侨私营报纸 7 家。[29]全国城市中以上海的私营报纸最多，共有 14 家（包括 3 家俄文报，2 家英文报）。

以上这种情况存在的时间短暂。不久，由于销量急剧下降，广告收入少，经营难以维持，私营报纸停刊的越来越多。据统计：1950 年 3 月，全国私营报纸 58 家，到 6 月底减为 43 家，到 11 月底为 39 家，到 12 月底为 34 家，至 1951 年 4 月底为 31 家，到 8 月下旬就只剩下 25 家了。[30]

此后，私营报经营困难的状况一直未能得到扭转，而且进一步恶化。当时上海的《新民报晚刊》就是比较有代表性的典型个案。50 年代初（1951—1952），作为全国唯一的一张晚报，《新民报晚刊》发行量从刚解放时的一万几千份下降为六千多份，最少时仅三千份左右。处境艰难，经营惨淡。这是当时私营报业普遍存在的窘况，其主要原因是：①整个办报大环境发生了重大变化。党报及公营报纸的绝对优势及统治地位的形成，使私营报纸逐渐被边缘化和失去了生存空间。私营报纸在政治待遇、工作条件方面与党的机关报不可同日而语，出现私营报纸采访新闻时遇到重重阻力，各地政府机关基本上不愿接受私营报记者的采访等情况。社会上也普遍不认同私营报。②经济上的原因。新中国成立初期，生产及经济尚未恢复，物价飞涨，广大城市市民生活困难，读报人减少，报纸销量急剧下降；广告很少，报社资金枯竭，经济拮据，报纸运营难以为继。大部分私营报不盈反亏，且亏损严重。以上海《大公报》为例，据当时主持其事的李纯青回忆：“1949 年 7 月，我返回上海大公报接替杨刚工作。解放初期，上海大公报销售 16 万份，由于种种原因，包括当时的环境变迁，条件不同，销量逐年减少，1952 年落到 63 000 份。广告收入大减，四年后为 4 年前的 40%。到 1952 年 10 月止，上海大公报累计赔损 4 158 374 151 元（旧币 10 000 元相当后来新币的一元——引者注），按 1955 年改发人民币计算，亏蚀 40 多万元，大约 20 万美元。大公报财力薄弱，事实上在 1951 年已经发不出薪水，买不进纸张，只好向人民政府告贷。”[31]③发行上的原因。以上海《新民晚报》为例，作为当时上海唯一的一份晚报，发行渠道主要靠报贩零售。“逢到刮风下雨，就会大大影响报贩的积极性。一到夏天，不少报贩纷纷改售棒冰，对晚报的发行又是一大打击。再加上政治运动频仍，报纸必须紧紧配合宣传，版面内容单调，不受读者欢迎，发行最惨的一天，跌到二千七百份。”对此，当时《新民报晚刊》总编辑程大千经常叹息：“晚报最娇嫩，风吹一半，雨打全无。天一热，一根棒冰就把我们打倒了！”[32]在这种情况下，私营新闻出版业开始实行比其他任何行业都要早的公私合营政策，以寻找生存出路。最早的如《大公报》，在1950年7月就开始实行公私合营（只是当时没有正式公开和对外宣布）。此后不久，武汉的《大刚报》，重庆的《大公报》，上海的《文汇报》、《新民报晚刊》等都先后实行公私合营。公私合营后，报社内或成立党组，或派党员领导进编委会，如《大公报》党组由孟秋江主持。《大公报》于1951年9月实行公私合营后，由中共武汉市委宣传部部长李尔重兼任社长。1952年1月1日改组为《新武汉报》出版，成为武汉市委机关报；1953年1月，再改名为《长江日报》，成为中共中央中南局机关报。《文汇报》于1953年1月实行公私合营，实行社长负责制，社长徐铸成（兼总编辑）、副社长严宝礼（兼管理部主任）、市新闻协会党组书记陈虞孙等则担任社委、编委。《新民报晚刊》也于1953年1月实行公私合营，由赵超构任社长，蒋文杰任总编辑、党支部书记。重庆《大公报》则早在1951年12月12日就准备实行公私合营，之后改名《重庆日报》，成为重庆市委机关报。上海《大公报》于1953年初正式宣布公私合营后迁到天津，与天津《进步日报》合并，仍以天津《大公报》名义出版，从此走上坦途。到1953年初，所有私营报纸都变为公私合营报纸，继而成为公营报纸。与此同时，全国的私营广播电台也先后实行公私合营。解放初，全国民营广播电台（解放后称“私营广播电台”）仅存30余家，其中三分之二集中在上海，约有23家，北京、天津约有10来家。到1952年底，中央广播事业局宣布：全国34家私营广播电台全部改造完毕，从而实现全国（不包括港澳台地区）所有广播电台一律由国家经营。

从1952年底到1953年初，我国的私营及民营新闻业基本上转变为公有制。从此，私营、民营新闻业及“同人办报”、“文人办报”模式在中国内地终于落下帷幕，退出历史舞台，直至最后消亡。[33]

第二节　新中国新闻传播业网络的初步形成

一、新闻通讯业网络的形成

【新华社的历史功绩】在新中国所有的新闻机构中，数新华社的历史最久。它与党报及人民广播事业的关系最密切，甚至可以说早期的中央党报及广播电台都是附属于它的。新华社的前身是1931年11月7日创办的“红色中华通讯社”（简称“红中社”）。11月7日，中华苏维埃第一次全国工农兵代表大会在中央革命根据地的中心——瑞金召开，当天“红中社”便以CSR（“中华苏维埃无线电广播”的英文缩写，后一直被新华社沿用到1956年为止）为呼号，开始对外新闻电讯广播。

1931年12月11日，中华苏维埃共和国临时政府机关报《红色中华报》也在瑞金创刊，它和红中社同一个机构，同一套人马，开始了“报社一家”的历史。

1937年1月29日，《红色中华报》改名为《新中华报》，红中社也改名为新华通讯社（简称“新华社”），第一任社长是博古，工作人员有20多人。此时，报、社仍为一家。

到了1939年初，由于业务发展，新华社与新中华报分开，各自成为独立的新闻机构。

新华社社长向仲华，全社有30多人。1941年5月16日，根据中央决定，新华社主办的《今日新闻》与《新中华报》合并，改出党中央机关报《解放日报》。当时，新华社与《解放日报》都由以博古为首的《解放日报》编辑委员会领导，博古既是解放日报社社长，又兼新华社社长。“这时是以‘报’为中心，‘社’是附属于‘报’的。”[34]这时，在延安城外清凉山的窑洞里，新华社从20多人发展到100多人，逐步形成一个遍布各抗日根据地的新闻传播与新闻宣传系统。

1940年12月30日，中国共产党创建的第一座广播电台——“延安新华广播电台”开始播音，呼号为XNCR。当时又是社、台一家。延安台的广播稿都由新华社新成立的广播科（后改为口播部）提供。广播科长是李伍，编辑有陈笑雨、王唯真等人，女播音员徐瑞璋、姚雯、肖岩、孙茜等都是由新华社选派的。

1943年春，延安台暂停播音。1945年8月中旬，延安台恢复播音。新华社编辑科为此专门成立口播组，负责编写延安台的广播稿，口播组长为杨述。到了1946年5月，新华社调整机构，为加强广播电台力量，将原编辑科的口头广播部（口播组）扩大为语言广播部（简称“口播部”）。此外，新华社不仅为延安台提供稿件，就连原属于军委三局负责管理的延安台播音和机务工作，也都划归新华社电务处统一管理。当时新华社社长是廖承志[35]，口播部由温济泽负责。由于国民党军队进犯延安，1947年3月18日，党中央主动撤出延安，延安新华广播电台改名为陕北新华广播电台，仍由新华社语言广播部负责工作，温济泽任主任，新华社副总编辑梅益领导陕北台工作。

1947年3月14日，《解放日报》与新华社一起撤出延安。3月27日，《解放日报》在出版了第2130期后停刊，报社大部分工作人员转入新华社总社。从此时开始到1949年6月间，新华社“一身三任”，即集通讯社、广播电台和中央党报工作于一身，发挥了极其重要的作用。1948年5月，新华社总社由太行山区转移到河北平山县西柏坡一带，和先随中央由陕北转移来的新华社小分队会合。

新华总社抵达平山县后，中央任命胡乔木为新华社总编辑。同时，为了进一步加强对业务工作的领导，总社成立了编委会，掌握报道方针，处理编辑业务，领导各总分社（总分社下还有许多分社），胡乔木任编委会主任。编委会下设主管编辑部的第一编委会（由胡乔木负责）和主管广播部的第二编委会（由廖承志负责）。从1948年5月起，特别是10月以后，中央为加强对新华社编辑业务的集中领导，并为了严格训练新华社的主要干部，决定抽调两个编委会的部分编委和有关编辑部门的一些干部共20余人，组成了一个精干的总编辑室性质的小编辑部，从陈家峪搬到西柏坡胡乔木住的小院里办公，以便党中央领导同志毛泽东、周恩来、刘少奇就近直接领导。小编辑部的成员主要有范长江、陈克寒、石西民、梅益、吴冷西、朱穆之、黄操良、方实、王飞、丁树奇、赵棣生、吴玉森、许诺、刘祖春、田林、王宗一、左荧、曾彦修、温济泽、廖盖隆、余宗彦、沈建图、陈龙等。西柏坡的这个小编辑部在党中央、毛泽东的直接领导下工作了半年多时间，直到1949年3月新华社迁入北平为止。[36]

1949年3月25日，新华社总社随党中央迁到北平西郊香山，新中国成立后迁到北京国会街26号（现宣武门西大街57号）。陕北新华广播电台则迁到北平西长安街，改名为“北平新华广播电台”，对全国广播。6月5日，中央决定将新华社的广播部扩充为中央广播事业管理处，管理并领导全国的广播事业。从此，广播电台成为独立的宣传机构。到1949年12月5日，北平新华广播电台正式定名为“中央人民广播电台”。同年8月1日，中央又决定将华北局的机关报《人民日报》（1948年6月5日创刊）升格为党中央的机关报，向全国扩大发行。至此，新华社结束了它“一身三任”的历史，集中力量发展通讯社业务，走上了专业化、专门化的发展道路，并向国家通讯社的目标迈进。

在解放战争时期，新华社获得空前大发展。到1948年10月，新华社总社工作人员就有800多人。分支机构则有总分社5个、部队分社10个（部队分社下还有支社）、地方独立分社5个，而且这些分支机构人员的编制大部分在地方和部队。[37]

新华社在解放战争时期的大发展与社长廖承志有着密切的关系，“他是新华社历史上功绩卓著的社长之一”[38]。早在长征途中的1935年冬天，当时被张国焘关押在红四军“保卫局”的廖承志就曾帮红中社翻译过英文、日文电讯，为长征途中的“新闻电台”做了很多工作。1936年12月，廖承志到达陕北保安，被正式分配到红中社工作，专门负责翻译外国电讯。1937年1月，红中社随党中央由保安迁到延安，并改名为新华社。此后，廖承志不仅一人承担全部外电的翻译工作，而且还负责编写新华社广播稿的任务，工作量大，任务繁重。1936年12月到1937年4月，廖承志被调到《解放》周刊工作，他在那里工作了3个多月时间。

1946年7月到1949年6月，廖承志担任了3年的新华社社长职务。在他担任社长期间，新华社从一百多人发展到八百多人，社址变动四次，在艰苦的战争环境中，廖承志坚决按党中央指示办新华社，使新华社获得空前大发展。1949年6月5日，党中央决定将新华社口语广播部分离出来，扩充为中央广播事业管理处，处长由廖承志担任，由他负责管理全国的广播事业。[39]

【新华社在新中国成立初期的全面调整和发展】1949年3月，新华社迁到北平（北京），6月24日，中央任命胡乔木为新华社社长兼总编辑[40]。

中华人民共和国成立后，新华社开始成为新中国的国家通讯社。为此，党中央和国家有关部门对新华社的组织机构、领导体制进行了全面的调整和改革。鉴于战争年代新华社各总分社、分社、支社在工作上以地方为主，组织上受地方负责机关支配，以致形成地方性、分散性、各自为政的状况，中共中央于1950年3月28日发出《关于改新华社为统一集中的国家通讯社的指示》，其中指出：

“使新华社成为统一的集中的国家通讯社的条件现已成熟。过去新华社的各总分社、分社、支社是带有浓厚的地方性的，他们在工作上是以地方为主，组织上是受地方负责机关的支配。这种分散性，在战争与地区被分割的条件下是正确的和必要的。但现在全国已基本解放，这种分散性已不需要，而且已成一种落后和有害的现象。现在新华社所需要的是强有力的统一和集中。今后新华社的各总分社、分社和支社，除向总社发稿和印发总社的稿件外，不应再单独对外发稿；其所有人员，应全部交新华社统一调度与供给，但在执行这一改变后，各地方党的和政府的领导机关对新华社在各地的机关和工作人员的领导和监督责任，不应有丝毫减弱，在政治上、思想上和生活上仍应该负责领导，在工作上仍应给予帮助和监督。”

在中共中央这一精神的指导下，新华社的主管机关——中央人民政府新闻总署在1950年4月5日召开的第八次署务会议上通过了《关于统一新华通讯社组织和工作的决定》，其中指出：

“现在中国大陆解放战争已基本结束，统一全国的中央人民政府业已成立，我国已与许多国家建立了外交关系，加之邮电交通在全国范围内已恢复正常，新华社必须从组织上、工作上完全统一起来，彻底改变分散的情况，加强对全国和全世界的报道工作，俾能充分发挥其为国家通讯社的作用，真正成为代表国家发布新闻的机关。”[41]

上述指示与决定贯彻实行后，新华社从组织系统和领导体制上完成了集中统一，所有分社和工作人员完全受总社领导、指挥和调遣，各地支社全部撤销；部队分社除三野及正在进行解放西藏报道任务的部队分社暂时保留以外，其余军队分社均合并到各省地方分社；华南和山东总分社分别改为广东分社、山东分社，天津、北京成立总社直属分社。与此同时，新华社各地总分社、分社的人事编制和财务管理完全与地方所有机关分离脱钩。所有分支机构的人员完全由总社调动和任免，所有分社的财务完全纳入新华社的财政系统。1950 年 7 月，新华社总社也对总社机构进行了调整和改进，改组了社委会和编委会。社委会的职能是讨论和决定全社的业务方针和工作计划，编委会是整个新华社的政治领导中心。另外，总编室的职能也得到了加强。

到 1950 年 11 月 20 日，新华社第一次全国社务会议在北京召开，标志着新华社改组为一个集中统一的国家通讯社的任务基本完成。会上，社长陈克寒[42]、总编辑吴冷西、秘书长谢冰岩都作了报告，参加会议的总社和分社负责人比较全面地总结和交流了建立完全集中统一的新华社的经验，并制定了进一步改革的措施。

1951 年 12 月 19 日，新华社又召开第二次全国社务会议，总编辑吴冷西作了《进一步建设国家通讯社》的报告，提出了“新华社应成为全国消息总汇”的要求。

在业务建设方面，为了提高记者的业务能力，培养记者严谨、细心的工作作风，新华社曾采用群众运动方式，前后两次开展“练笔运动”及“消灭错误”运动，以消灭稿件编辑工作中存在的事实错误、文法错误、文字错误、校对不精、粗心大意和文字冗长等现象。第一次从 1951 年 2 月中旬到 5 月中旬，前后三个月时间。第二次在 1954 年，从 5 月到 7 月，前后两个月时间。这两次活动收到了较好的效果，在全国产生了广泛影响。1954 年 9 月 14 日起，新华社还开办过新闻写作学习班，这是新华社第一次在全社范围内进行有计划、有组织的学习。学习分三个单元：①有关新闻报道的基本知识；②关于采访和写作中的一些重要问题；③关于语法的基本知识。

这时，新华社的人员规模及组织规模逐年扩大。1949 年 10 月，新华社有工作人员 810 人，到 1952 年增加到 2 002 人。与此同时，在原有的国内新闻部、国际新闻部、采访部、外文翻译部、参考消息编辑部、中译科等基础上，1952 年又设置了新闻摄影部。从此，新华社担负起向国内和国外发布文字新闻和图片新闻的双重任务。

新中国成立初期，新华社的社办刊物有较大发展，先后出版有《参考消息》、《参考资料》、《内部参考》、《新华社电讯稿》、《新闻业务》、《新闻图片》、《摄影业务》、《新华社新闻稿》等十多种刊物。

从新中国成立到 1952 年前后，“新华社成为集中统一的国家通讯社，拥有 2 000 多人的队伍，遍布全国的分社记者网”，这为 1957 至 1964 年间建设世界性通讯社打下了坚实的基础[43]。

到 20 世纪末，新华社工作人员超过 8 000 人，实现了建立世界性通讯社的目标，并跻身世界四大通讯社的行列。

吴冷西生平：吴冷西（1919—2002），原名吴仕占，1919 年出生，广东新会古井镇文楼村人。1937 年离开广州奔赴延安，进入抗日军政大学学习。1938 年 4 月加入中国共产党。1939 年 9 月调入中共中央宣传部任编审科科员和党中央机关刊物《解放》编辑。1949 年调到毛泽东身边编辑《时事丛书》。1941 年调到中共中央机关报《解放日报》任国际部主任。1946 年起在新华社工作。

新中国成立后，1948年10月吴冷西担任新华社总编辑。1951年12月起，任新华社社长。1957年6月任《人民日报》总编辑（社长邓拓）兼新华社社长。1964年7月又兼任中共中央宣传部副部长。在“文化大革命”期间，他数度遭受“四人帮”的残酷迫害。

粉碎“四人帮”后，吴冷西参加负责筹建毛泽东著作编辑出版委员会的临时领导小组，1977年任中共中央毛泽东著作编辑出版委员会办公室副主任、党委副书记。1980年4月后曾任广东省委书记、中央文献研究室副主任。1982年4月任广播电视部部长、党组书记等职。他还曾担任中华全国新闻工作者协会主席团主席和第二、三、四届理事会主席，中国广播电视学会会长等职。1988年离休后任全国记协名誉主席和中国广播电视学会名誉会长。2002年6月16日在北京逝世，终年83岁。

【“中国新闻社”的创办及其对外报道】中国新闻社（简称“中新社”）于1952年9月14日在北京成立，10月1日起发稿。该社是由新闻界著名人士和归侨界知名人士创办，为海外华侨、港澳同胞、台湾同胞和外籍华人服务的非官方通讯社。

新中国成立初期，全世界海外华侨有两千多万人，其中大多数旅居于东南亚的印度尼西亚、马来西亚、新加坡、菲律宾、泰国、缅甸等国家和地区。据1953年统计，当时全世界的华侨报纸共计97家，且大部分集中在东南亚地区。

新中国成立初期，广大华侨欢欣鼓舞，迫切期望了解新中国的新情况、新变化。而“台湾当局”及帝国主义国家，为了挑拨离间广大华侨同祖国以及东南亚国家同新中国的关系，便利用其传播工具，对新中国进行充满偏见和敌意的舆论宣传，这样，华侨就比较难以获得关于新中国的真实、客观信息。“当时的华侨报纸中，能够比较正确地报道祖国情况的只占少数，这些报纸在稿源方面存在困难；多数报纸由于对新中国缺乏了解，同时也（由于）受到当地政府环境的限制，有关祖国的报道很少，或者是被歪曲的，影响了华侨对祖国的正确了解。”[44]

因此，为了扭转这种不利局面，我国新闻界和归侨中的一些知名人士认为，为了满足广大华侨了解新中国的迫切要求，同时也为了揭露当时“台湾当局”和帝国主义国家对新中国的种种造谣、污蔑及颠倒黑白的宣传及报道，有必要成立一个专门向海外华文报刊供稿的通讯社，向广大华侨及时、准确、全面地介绍新中国。筹备之初，正式定名为“中国新闻社”。发起组织中新社的有金仲华、萨空了、胡愈之、王芸生、顾执中、王纪元、刘尊棋、洪丝丝等，并由他们中的33人组成中国新闻社理事会，金仲华任首任社长，具体业务负责人为张琨，后为张帆。

中新社于1952年9月中旬开始建立机构，并得到了中国共产党和国家各有关部门尤其是新华社的大力支持。开始时，它的编辑机构就附设在新华社内，叫“华侨广播组”（后改为“华侨广播部”），对外用中新社名义。9月22日开始试稿。在10月1日新中国成立三周年庆典时，正式开始以“中国新闻广播电台”的呼号，向海外近百家华侨报纸广播华文口语记录新闻，并航寄通讯稿。随后陆续增加了提供专稿和图片等业务，还同时向海外航寄新闻稿《中国新闻》（日刊）。在报道内容及题材方面，主要根据华侨爱国统一战线的基本方针和政策，报道祖国政治、经济、文教、卫生等方面的建设成就和闽粤侨乡的情况，以促进爱国华侨的大团结。到1957年3月16日，“华侨广播编辑部”才脱离新华社，自成为独立的中国新闻社。它的规模和业务日益发展，后来陆续增设了第一专稿部（向已建交的国家发专稿）、第二专稿部（向未建交国家发专稿）、图片部、电影部、报刊部、资料室等业务部门，成立了总编室，机构逐渐健全、完善。同时，在广东、福建、上海设有分社，在广西、云南设有记者站，在香港设有办事处。全社工作人员由最初的40来人，迅速增加到1957年的300多人。

1957至1966年，是中新社业务大发展时期。

十年“文革”期间，中新社国内分支机构全部撤销，除口语广播纪录新闻外，其他各项业务基本停止。1975年5月，口语广播也被取消，改用电传播发新闻。1978年秋，中新社才恢复原有机构。此后业务有了很大发展，建立起技术先进的通讯网络，同海内外和港澳台地区的160多家华文报刊、电台、电视台建立了业务联系，成为在海外华侨、华人社区及港澳台新闻界中较有影响的通讯社。到2001年，中新社发展为在国内设有22个分支机构，其中有4个分社，面向海内外200多家华文媒体和新闻机构，拥有500多名工作人员的大社。在几十年的发展历程中，中新社发挥了自己“独特的作用”，成为“我国新闻战线的奇兵”（邓颖超、廖承志语）[45]。

中新社首任社长金仲华生平：金仲华（1907—1968），著名报刊工作者、国际问题评论家，1907年4月1日出生于浙江桐乡。青年时代致力于新文化运动。1934年创办《世界知识》杂志，任主编。1935年任生活书店编辑部主任，同年参加《大众生活》编辑工作。1936年任《永生》杂志主编。同年5月赴香港，参加《生活日报》编辑工作；8月回沪，参加编辑《生活星期刊》；11月后，因邹韬奋被捕，接任《生活星期刊》主编兼发行人。抗战爆发后，先后在上海、武汉等地协助邹韬奋编辑《抗战》三日刊与《全民抗战》三日刊。1938年秋赴香港，任《星岛日报》总编辑。1941年5月，任邹韬奋主编的《大众生活》（香港版）编委。新中国成立后，先后任华东军政委员会委员、中国新闻工作者协会副主席、上海市副市长、上海市政协副主席等职。1950年曾代表中国新闻界出席世界和平大会，并先后担任中国新闻社首任社长，《新闻日报》、《中国建设》杂志、新中国成立后《文汇报》首任社长、总编辑等职。1968年4月3日因受林彪、“四人帮”迫害，在上海逝世。

二、党报系统网络的形成

（一）中央级党报的创办

【新中国成立前后《人民日报》的创办及其人事变动】早在新中国成立前夕，中共中央机关报《人民日报》就诞生了，而其渊源还得从晋冀鲁豫解放区时期的《人民日报》说起。

1946年3、4月间，晋冀鲁豫中央局成立后，即筹划创建机关报。5月15日，中共晋冀鲁豫中央局机关报《人民日报》创刊，毛泽东题写了报名。中央局宣传部副部长张磐石任社长兼总编辑，安岗任副总编辑。社址设在邯郸市内，后来迁到太行山区的武安一带。

1948年春，晋冀鲁豫解放区和晋察冀解放区合并，成立中共中央华北局和华北人民政府。1948年6月15日，晋冀鲁豫中央局机关报《人民日报》与《晋察冀日报》（1940年11月7日创办）合并为中共中央华北局机关报《人民日报》，毛泽东第二次为报纸题写了报名。创刊号报眉署“中华民国三十七年六月十五日创刊”，头版头条首载“社论”《华北解放区的当前任务——代创刊词》，接载消息《华北解放区正式组成》。华北版《人民日报》社址设在平山县的里庄村，张磐石、安岗等仍分别担任正、副总编辑。

1949年1月31日，北平和平解放。3月15日，华北局《人民日报》迁到北平王府井大街前原国民党《华北日报》旧址出版，该处也是由范长江主办的《人民日报》北平版的所在地。社长兼总编辑仍是张磐石，副总编辑为王亢之、袁勃、安岗等。

1949年8月1日起，华北局《人民日报》升格为中共中央机关报（未重排期号）；10月，中华人民共和国成立后，《人民日报》同时又兼为中央人民政府机关报，由胡乔木兼任党中央机关报《人民日报》首任社长（1949.8—1949.12），副社长张磐石，第一任总编辑邓拓。

1949年底，张磐石调华北局工作。1950年1月，中央任命范长江接替胡乔木，担任人民日报社社长，邓拓任副社长兼总编辑，安岗仍任副总编辑。胡乔木虽然不再担任人民日报社社长，但仍受中央书记处委托，继续领导人民日报社的工作。

1952年春，"三反"运动后，范长江调科学院工作，他负责人民日报社工作两年多时间；安岗也在此时调去中国人民大学。此后，由邓拓先后担任《人民日报》总编辑、社长，前后达9年时间。在邓拓之后，吴冷西担任《人民日报》总编辑也是9年时间。[46][47]

20世纪50年代初，人民日报社社址在王府井大街前原国民党《华北日报》所在地旧址，是一所京城的平房大院。[48]

到了20世纪70年代末，人民日报社"从车水马龙的王府井大街搬到东郊金台西路原北京机械学院旧址，是个占地三百亩的大院"[49]。

《人民日报》创始人张磐石生平：张磐石，山西寿阳县人，1905年5月出生。太原第一师范学院毕业后曾留学日本，1932年在北平参加革命，同年加入中国共产党。他曾任北平左翼社会科学家联盟党团书记、北平左翼社会科学家联盟党团书记、北平左翼文化总联盟党团书记、河北省委文委书记、天津市委宣传部代部长。抗日战争时期，历任太行文化教育出版社编辑部长、华北《新华日报》丛书编辑部长，《冀南日报》总编辑，太行区委宣传部长。解放战争开始后，任中共晋冀鲁豫中央局宣传部副部长。1946年由他主持创办晋冀鲁豫中央局机关报《人民日报》并兼任社长。1948年6月，任中共中央华北局宣传部副部长，兼中共华北局机关报《人民日报》社长。1949年8月，中共中央决定将华北局《人民日报》改为中共中央机关报，张磐石任社长。新中国成立后，历任华北局宣传部长兼新华社华北总分社社长等职。1954年调任中央宣传部副部长，先后分管宣传和教育工作。"文革"中遭到迫害。1979年任林业部副部长。1982年退居二线。2000年6月22日在北京逝世，享年95岁。

【新中国成立初期《人民日报》的发展】1949年3月，华北局机关报《人民日报》由平山县迁到北平。同年8月1日改为中共中央机关报，报社工作仍由社长张磐石和于1949年8月到任的总编辑邓拓负责。1949年底，张磐石调中共中央华北局工作，范长江接任社长，邓拓仍担任总编辑，安岗任副总编辑。从新中国成立到1952年底，这一时期是《人民日报》初步奠定坚实基础的重要时期。据李庄回忆：当时社长范长江"城市新闻工作经验丰富，魄力大，'甩得开'，强调新闻工作者应该成为社会活动家，自己率先作出样子。邓拓同志1949年8月从北平市委宣传部长任内来报社任副社长兼总编辑。邓学识广博，大笔如椽，综揽编辑工作"。副总编辑安岗也为《人民日报》的初期发展作出了贡献。[50]

1952年底，范长江调到国家科委工作，安岗调中国人民大学工作，副总编由胡绩伟接任。胡从1952年10月调到人民日报社，与邓拓前后共事6年多。后历任《人民日报》副总编辑、总编辑、社长（1977年1月至1983年11月）职务，直至1983年11月正式辞职[51]。

从新中国成立到1951年，是《人民日报》的转型期。《人民日报》原是一张地方报纸，长期在华北农村根据地出版。从农村到首都，从战争到和平，从地方报到党中央机关报，是极大的转变。这一时期，《人民日报》的工作还是比较困难的，主要表现在两大方面：一是人手少，二是缺乏在城市办报的经验。据李庄回忆：当时的社长张磐石和稍后几个月到报社的总编辑邓拓都是老革命，他们虽然有长期在农村根据地领导和主持新闻工作的丰富经验，但未在城市办过报纸。"随报社进城的多数30岁上下的业务骨干——组长、副组长（当时的"组"即后来的"部"）以上负责人袁勃、安岗、王友唐、郭渭、萧风、江横（董谦）、贺笠、李庄、田流、金沙、萧航、林韦、李亚群、华君武、杜波等人，更无在城市办报的经验，没有见过这么大的世面。""我们最大的弱点是缺乏在城市办报的经验"，"不熟悉工人、市民、工商业者、知识分子，直至街道胡同、门牌号码。长期'只此一家'惯了，从无多家报纸竞争的习惯和观念"。[52]

张磐石主持时期，尤其是范长江、邓拓担任社长、总编辑时期，人民日报主要抓住了以下几方面的工作：

(1) 勇于探索，深入调查研究；联系实际，深入实际，摸索在城市办报，尤其在城市办全国性大型中央党报的经验。范、邓内外分工，各有侧重，同副总编辑安岗一起，首先抓"联系实际"，树立大局意识，了解中央意图。针对当时报纸对实际情况首先是宏观情况了解甚少的缺点，经中央批准，分派各个编委、组长联系中央各部，直至列席党组会议，熟悉领导意图，及时组织报道。范长江本人联系中央财经委员会，在中财委设一办公室，同主任陈云、副主任薄一波等同志随时接触，亲自采写新闻和评论。另外，大胆地把骨干记者"撒"出去，派到各大区、大城市采访。鉴于当时反映全国各大区、大城市宏观情况稿件少的状况，范、邓发起"大转变"，除留少部分同志坚持编辑工作外，抽调30多名业务骨干，包括部分编委，深入实际，分赴全国各地采访。开始有人担心这样会影响报纸的正常出版，但不久，大量反映各地情况的鲜活稿子纷纷发到了报社，充实了版面内容。

(2) 抓队伍建设，报社老同志回忆时称之为"两次大会师"。"第一次会师"是指新中国成立初，党中央和北京市委鉴于人民日报社人手紧缺的情况，陆续为报社输送了一些原在平津等城市工作、学习的新闻工作者和青年学生（一般都是共产党员或与党有联系的进步青年），如谭文瑞、陆超祺、袁先禄、方成、高集、陈继仁、艾铁民、郭龙春、王英芳、黄岳军、石新华、曹孔瑞、钟立群、徐长荣、孙乃、赵近宇、冯仲、寿孝鹤等同志。还有一些是从城市到解放区不久又回城工作的，如王若水、王青、林洪、林日析、陈柏生、王金凤、陈迹、程光锐、黄植、江夏等人。"第二次会师"在1952、1953年间，当时"全国撤销大行政区，各区党报有的停刊，有的转为省报。中央决定利用这个机会为人民日报补充干部。中央一位领导同志形象地说：要'下狠手'，'拔尖'，把能调的干部都调来。从北往南数，东北区调来王揖、陈竣、沙英、聂眉初、林聿时、常工、王惠平、江溪等十一人，张沛、顾雷等同志稍晚一些也调来了；西北区调来胡绩伟、张潮、马沛文、裴达、袁良等九人；中南区调来林钢、萧彦、冯之丹、曹葆铭、吕建中、孙祖年等三十一人；华东区调来田钟洛、廖胡今、季音、钦本立、刘时平、凌建华、钱提辛、沈同蘅等三十三人；西南区调来钟林、傅真、纪希晨、范荣康、崔筱桐等九人。加上先在报社工作的进城干部（基本上是华北的干部），以及从其他单位个别调来的干部，真是五湖四海，遍及全国六大区。当时兄弟报纸有的同志说：‘人民日报集中了全国新闻界的精华’”[53]。

经过这两次具有历史意义的大“会师”，人民日报奠定了日后几十年发展的人才“班底”。据统计，“全报社包括工厂工人在内的三百六十六人中，编辑记者和资料人员一百一十二个人，里里外外，一个人要顶几个人用”[54]。以后，这其中的绝大部分人有的成为一代名记者、名评论家、名编辑，有的成为中央及全国各地媒体的领军人及“操盘手”。

（3）不断更新观念，联系实际，深入群众，不断改进业务。这方面又包括以下一些举措：①1951年3月5日，中宣部和人民日报社共同发出了一个关于在全国各地设立《人民日报》特约记者的通知。这些特约记者，包括地方党报的一些负责人、各地党委政策研究室的一些工作人员，以及一些善于写报告文学的作家等。1951年4月，范长江又提出构想：在各省市设立记者站，形成记者网；在各省市建立发行站，形成发行网。与此同时，构建报社的通讯员网络，到1951年前后，已有近万名通讯员。②树立“时效性”意识，强调“时效”观念和竞争意识。“过去在根据地办报，时间观念相当淡薄，这是根据地经济文化落后、交通通讯阻塞等多种原因造成的。进城以后，情况变化，新闻不讲时效的现象更加不能容忍。”[55]特别是一些重要会议、专访和某些突发事件的报道，要及时采访，尽快见报。③扩大报道范围。最初，《人民日报》的报道局限于北京市，之后扩大到华北，再扩大到全国。④严把质量关，重视提高编采人员的业务水平，培养准确、严谨的工作作风。新中国成立初，《人民日报》版面上由于马虎大意，校对不精，往往出现技术性错误，造成很坏的政治影响。如把“中央人民政府主席”错成“中央人民政府委员会主席”，把镇压反革命政策中的“可杀可不杀者不杀”错成“可杀可不杀者杀”。如此之类，造成严重政治事故，曾受到中央领导的严厉批评[56]。1950年5月间，著名语言学家吕叔湘对报纸上发表的一些文件、文章的文法和语文修辞提出了批评。邓拓马上写了一篇评论，对吕叔湘的批评表示欢迎，并请他专门向编辑部人员讲语法修辞课，还在报纸上发表系列文章。“为了便于吕叔湘同志研究稿件中的毛病，他（邓拓）还特地把没有发表的稿件送去，供他撰写语法修辞文章的参考。吕叔湘同志有关语法修辞的文章，对改进文风起了很好的作用。”[57]

由于改革和创新，《人民日报》很快发展成为全国规模、影响力及发行量最大的报纸。其发行量1949年为9万多份，1950年达17万份，1955年为71万份，1956将近90万份，并向国外发行。自1951年1月起，该报还先后在上海、武汉、西安、广州、成都、昆明、哈尔滨、乌鲁木齐、南昌等地出版航空版。经过30年的发展，即到1986年时，《人民日报》改版后日出对开8版，“日发行量最高时曾达800万份”，成为中国当代第一大报。[58]

【新中国成立前夕创办最早的晚报——《人民晚报》】1949年5月1日，由中共中央华北局机关报《人民日报》创办的一份晚报《人民晚报》创刊，到7月31日停刊，共出报91期。《人民晚报》办的时间虽然不长，却是新中国成立前夕由共产党直接创办的第一家晚报，为党在城市办报，尤其是办城市晚报，做了有益的尝试和探索，积累了经验。

《人民晚报》是由时任华北局《人民日报》副总编辑安岗同志提议并主持创办的，此外，参与创办的还有李亚群与程捷等。具体负责晚报编辑部工作的是当时华北局《人民日报》记者肖航。

为什么要办《人民晚报》？怎么样办好《人民晚报》？《人民日报》迁到北平不久，

"报社领导感受到，除日报外，还应有一个具有辅助作用的晚报。这个晚报同日报有所分工，它的内容要轻松些，长篇大论的东西要少，要更贴近人民的日常生活。也就是说，要多报道社会新闻，并解答人们在生活中遇到的、不知应如何解决的问题。北平刚刚解放，新旧事物在交替，旧文化与旧生活怎样转变成新文化与新生活，这是晚报应着重报道的"[59]。这就是当时《人民晚报》的办报思路。

《人民晚报》每日出版4开4版一张，属小报性质。竖排，正文为6号字。其版面内容大致如下：一版、四版为新闻版，二版为思想、文化版，三版为读者来信版，各版并未标明名称。整个版面内容丰富多彩，共设有近80个栏目，尤以二、三版栏目最多。文章体裁多样，形式活泼。具体分析，一版、四版新闻版，主要刊登时政新闻、国际新闻及社会新闻和教育新闻等。新闻版从体裁来看，刊发了大量的消息，也曾刊登过好几篇篇幅较长的通讯，如《江南通讯》、《浙江通讯：访问蒋介石老窝——溪口》、《无锡通讯——小上海的狂欢》等。此外，还刊登有漫画、短评、言论、读者来信等小栏目，如《北平街头》、《学校生活》、《体育消息》、《平津今日行情》等。二版刊登大量的文艺报道、文学作品以及文化知识类的文章，形式多样。有诗歌、故事、小说连载，还有小品文，影、剧评论，以及木刻、漫画、连环画等作品。三版主要用来刊登读者来信，以及解答读者提出的各种问题，并刊登大量的文化、知识性文章，融知识性、趣味性、娱乐性于一体。

《人民晚报》的发行则由《人民日报》发行部承担，实际上是《人民日报》的子报和补充。

《人民晚报》还有一个特点是，该报一创刊就重视刊登广告。广告内容五花八门，主要是一般的医药广告和娱乐广告。其招登广告的广告词云，"（晚报）份数多、销路广、登广告、有力量"，合辙押韵，很有冲击力。

《人民晚报》出版后，产生了较大的影响力，据李庄回忆："当时党报对社会生活的影响，似乎仅次于政府法令。人民日报社出版过短期《人民晚报》，4开4版，主要报道北平的经济和社会生活。晚报的《街头巡礼》栏，登载超短型新闻、评论，内容多为社会小镜头和'三言两语'的批评建议。有一天登了一条百把字的新闻，从节约电力角度，提醒不要滥用霓虹灯。当时霓虹灯本来少得可怜，经此一提，第二天一个都没有了。我住东单附近，同一位交通警察熟了（当时原交通警察一般都留用），说起些事，他说：'好厉害，你们报纸比布告（指解放前旧政府的布告）还管事。'"[60]

1949年8月1日，华北局机关报《人民日报》升格为中共中央机关报。由于当时人手少，再加上报社还要抽调采编人员随军南下，这样，采编人手就更缺了。在这种情况下，为了集中精力，全力以赴办好中共中央机关报《人民日报》，只好在7月31日将《人民晚报》停刊。

《人民晚报》是党在新中国成立初期创办的最早的晚报，但还不是党办的最早的晚报。党办的最早的晚报当是抗战时期在香港办的《华商报》。该报是由当时八路军驻香港办事处主任廖承志及当时在香港的邹韬奋、范长江、夏衍、乔冠华、金仲华、半枣（杨潮）、恽逸群等人，根据中共中央南方局及周恩来的指示办起来的。鉴于当时特殊的环境，决定请香港华比银行的"买办"（华人经理）邓文田（廖承志的表妹夫邓文钊的哥哥），作为报纸的"法人代表"，向香港政府申请注册，于1941年4月8日创刊。该报每日出一张，对开4版，每日在《华商报》报名下署"晚刊"二字，并注明"每日下午五时出版"。廖承志同志有在农村抗日根据地办《红色中华》及《新中华报》的经验，却没有在大城市办报的经验，而范长江、金仲华等人都有丰富的城市办报经验。为了适应新的办报环境（香港是城市，且是国际大都市）和读者对象（市民）的变化，《华商报》的版面内容除重视国际、国内新闻与社会新闻外，还重视长篇连载与副刊。《华商报》一创刊就开始在二版连载邹韬奋的《抗战以来》长篇回忆录，三版连载茅盾的《如是我见我闻》长篇通讯，四版连载黄达才的《今日的香港》、千家驹的《抗战以来的经济》、范长江的《祖国十年》等。副刊《灯塔》也办得非常精彩。《华商报》（晚刊）从1941年4月8日创刊，到1941年12月12日停刊，共出249号。抗战胜利后，《华商报》（日刊）于1946年1月4日复刊，直至1949年10月15日停刊。除延安《解放日报》、重庆《新华日报》外，《华商报》是党在抗战时期办得最好的报纸。

《华商报》（晚刊）之后，党还在上海办过两份城市晚报。1945年10月10日，在党组织的支持下，夏衍曾在上海创刊《建国日报》（晚刊）。1946年4月15日，他又在上海创办了《联合晚报》。它们出版的时间都很短，先后被国民党当局以种种借口勒令停刊。

（二）地方党报网络的形成

（1）六大中央局党委机关报的创办。

在新中国成立前后，东北、华北、华东、中南、西南、西北六大行政区中央局的机关报纷纷创刊，以后大都于1954年各大行区撤销后转为所在省委机关报，它们是：

①《东北日报》（1945年11月1日至1954年8月31日）。该报为中共中央东北局机关报，最初创刊于山海关，为4开4版小型报。后多次随军转移，先后在本溪、长春等地出版，1946年5月28日进入哈尔滨。辽沈战役结束后，于1948年12月12日由哈尔滨迁到沈阳，日出对开4版一张。当时，报上刊登的随军记者刘白羽、华山等采写的大量战地通讯以及华君武的漫画，深受读者的喜爱和欢迎。[61]“50年代初期，宣传重点转向经济建设，集中报道鞍山钢铁基地及东北地区和全国的经济建设成就。它的经济报道经验为全国各报所借鉴。1953年底发行数达31万份，居全国大区报纸的首位。”[62]

历任社长有李常菁、廖井丹、李荒，总编辑有李荒、王揖、张沛、殷参。许多著名记者和作家如华山、刘白羽、华君武、穆青、严文井等都曾在该报工作过。

②《人民日报》（1946年5月15日至1949年7月31日）。该报先是中共中央晋冀鲁豫分局机关报，后为华北局的机关报。最初创刊于河北邯郸，先后迁到武安、涉县、平山县、北平等地出版。为对开一张，负责人有张磐石、吴敏、安岗（详见前述）。

③《长江日报》（1949年5月23日至1952年12月31日，1953年1月1日至1954年）。该报最初为武汉市军管会及中共中央华中局机关报，不久改为中共中央中南局机关报。[63]1949年5月16日，汉口解放。一周后（1949年5月23日），在接管国民党《武汉日报》（属国民党中宣部）与《新湖北日报》（属国民党湖北省政府）的基础上，《长江日报》创刊，毛泽东为报纸取名并题写报头。初为4开一张，后扩大为对开一张半6版。最初由原郑州中原局（到武汉后改为华中局）机关报《中原日报》干部张铁夫、黎辛带领部分《中原日报》工作人员随军到武汉后创办。创刊一周后，由随军南下的原东北局东北日报社社长廖井丹担任长江日报社社长，陈楚任副社长兼总编辑。中南局宣传部副部长熊复也曾担任社长。该报于1952年12月31日终刊。[64]紧接着第二天，即1953年1月1日，中共武汉市委机关报《新武汉报》马上改名《长江日报》出版。[65]它不仅仍然是中共武汉市委机关报，还是中共中央中南局机关报，直到1954年行政大区撤销为止。此后，

《长江日报》一直是武汉市委机关报，1961年5月1日改名为《武汉晚报》出版，到1966年12月30日停刊。“文革”中，《长江日报》多次停刊、复刊，情况复杂。20世纪50年代初的《长江日报》主要报道中南地区经济建设和各项中心工作，以及人民群众的生活、生产情况。尤其是“马铁丁”主持撰写的《思想杂谈》专栏，是当时《长江日报》副刊中最具特色的栏目，深受读者的欢迎，影响很大。[66]

创刊之初的前《长江日报》总发行量为2万份，到1952年年底终刊时发行量达8万份。

④《群众日报》（1948年1月10日至1954年10月15日）。该报为中共中央西北局机关报，在西安创刊。1952年底与《陕西日报》合并，成为西北局兼陕西省委的机关报。它的前身是1940年3月25日创刊于陕甘宁边区延安的《边区群众报》。《边区群众报》是一张4开4版的周报，社长周文，主编胡绩伟（1952年10月调《人民日报》工作）。1948年1月10日改名《群众日报》，成为中共中央西北局机关报，社长张稼夫，总编胡绩伟。《群众日报》继承了《边区群众报》通俗易懂、生动活泼、密切联系群众的优良作风，1949年5月底迁到刚解放的西安出版。1954年10月16日改名《陕西日报》出版，最高发行量达12万份。[67]

⑤《解放日报》（1949年5月28日至1954年11月30日）。该报为中共中央华东局兼上海市委机关报，是在接管《申报》的基础上创办起来的。1949年5月27日，上海解放，《申报》在出版当天最后一期报纸（第25600号）后停刊，结束了它77年的悠久历史。第二天，即5月28日，《解放日报》在汉口路老《申报》原址创刊，日出对开一张，报名是沿用中共中央机关报、原延安《解放日报》的报名。据石西民回忆：“在全国解放前夕，党中央决定将《解放日报》（因自卫战争中党中央撤出延安而停刊）……这个有光荣历史的报名，用于解放后中国最大、最有革命光荣历史的上海市。将在国内国外有很大影响的《新华日报》的报名用在原国民党统治中心的南京市。这一精神，我是从周恩来同志1949年4月底（南京刚刚解放）某日，招待一批知名文化界人士的谈话和宴会上，听周恩来同志宣布的。当时被邀请的人都是马上要南下去上海、南京工作的文化界人士。”看来，当时将《解放日报》、《新华日报》两个报名同时放在上海、南京，是党中央的决定。[68]

1954年12月1日起，华东局撤销，《解放日报》改为中共上海市委机关报。《解放日报》初创时，第一任社长是范长江，恽逸群任副社长兼副总编辑。创刊半年后，范长江调离报社，由恽逸群任社长兼总编辑（1949年11月至1951年10月）。恽逸群在《解放日报》前后工作两年半时间，为创办初期的《解放日报》作出了重要贡献。1951年冬，恽逸群因将报社供应股闲置资金投资失误，遭当时华东局有关上级领导过火的错误处理，被开除出党。解放日报社长由时任华东新闻出版局副局长的张春桥接任，并兼总编辑。1955年2月，《解放日报》改社长制为总编辑负责制。同年8月，张春桥离任，原副社长、副总编辑杨永直提任总编辑，副总编辑由冯岗、王维（1956年8月离任）担任。《解放日报》在50年代的发行量：1954年的发行量约为14.5万份，1955年平均期发数为13.2万份，1956年平均期发数16万多份，到1957年平均期发数近17.3万份。[69]

⑥《新华日报》（重庆）（1949年12月10日至1954年8月31日）。该报为中共中央西南局机关报。[70]

1949年11月30日，蒋介石仓皇逃离重庆，当天重庆解放。在接管国民党《中央日报》的旧址及设备10天后，便出版了《新华日报》。廖井丹、常芝青先后任社长，高丽生、钟林、袁毓明相继任正副总编辑。该报出至1954年8月31日因大行政区撤销而停刊，共出版1 628期。

（2）29个省、市、自治区党委机关报的创办。

1949年前后，全国绝大部分省会城市先后解放。这样，中共省（市）、自治区一级的党委机关报便纷纷创刊。1951年1月1日，中共中央发布《关于在全党建立对人民群众的宣传网的决定》。到20世纪50年代中期，全国30多个省（市）、自治区中，除台湾省外，有29个先后创刊了省（市）、自治区级党委机关报，形成了庞大、系统的省级党报网络，它们是：

①《大众日报》(1939年1月1日创刊)。该报为中共山东省委机关报，是我国创办最早的省级党报。1939年1月1日在沂水县城西边王庄创刊，原为中共中央山东分局、华东局机关报。1949年4月1日，由解放区农村迁入济南市出版，成为中共中央山东分局机关报兼中共济南市委机关报。日出对开一张半，共6版，后改为对开4版一张。1955年1月，山东分局撤销，山东省委成立，该报遂成为山东省委机关报。

②《吉林日报》。该报为中共吉林省委机关报，其前身为中共吉林特别支部于1945年10月10日在吉林市创刊的《人民日报》，4开4版。1947年3月1日改名《吉林日报》，1948年3月1日迁到蛟河县城出版，3月15日又迁回吉林市出版。1949年6月1日改名《吉林工农报》，1950年2月1日恢复原名《吉林日报》。1954年9月1日迁到新省会长春市，与《长春日报》合并，由4开4版改为对开4版一大张，其第一任社长李之白。

③《内蒙古日报》(1948年1月1日创刊)。该报为中共内蒙古自治区委员会机关报。内蒙古自治区成立于1947年5月1日，是中国最早实行民族区域自治的地区，自治区人民政府在乌兰浩特市（王爷庙）。《内蒙古日报》的前身是《内蒙自治报》，于1947年9月1日创刊。1948年1月1日在乌兰浩特市（王爷庙）改为《内蒙古日报》出版，日出对开4版一张，用蒙、汉两种文字出版，是中国共产党在全国少数民族地区创办最早的省一级报纸。1950年1月，报纸随自治区党委和人民政府机关迁到张家口市出版，同时在乌兰浩特继续出版“东部版”。1952年10月，报社又随自治区党、政机关，从张家口迁到西部地区绥远省会归绥市（今呼和浩特市），和当时绥远省的《绥远日报》一度出联合版，一张报纸两个报头。1954年3月，绥远省建制撤销，并入内蒙古自治区。与此同时，《绥远日报》也并入《内蒙古日报》，“集两报人才、物力于一报，开始了《内蒙古日报》的新阶段”。“两报合并初，全社职工共656名”，规模很大。社长勇夫（蒙古族）原是《内蒙古周报》及《内蒙自治报》的创始人，1948年1月，《内蒙古日报》在《内蒙自治报》的基础上创刊，勇夫继续担任社长，直至1956年。[71]

④《天津日报》(1949年1月17日创刊)。该报为中共天津市委机关报。1949年1月15日天津解放，两天后，在接管利用旧《民国日报》的基础上创刊《天津日报》，日出对开4版一张。毛泽东题写报名。第一任社长黄松龄，总编辑朱九思。

⑤《山西日报》(1949年4月26日创刊)。该报为中共山西省委机关报。1949年4月24日太原解放，两天后，太原市委机关报《山西日报》创刊；9月1日，改为中共山西省委机关报，日出对开4版一张。毛泽东于1949年初和1965年9月两次为其题写报名。社址先在太原桥头街75号，后移至海子边24号。[72]史纪言为第一任社长兼总编辑。

⑥《新华日报》（南京）（1949年4月30日创刊）。该报为中共江苏省委机关报。

1949年4月23日，南京解放。4月30日，中共南京市委机关报《新华日报》创刊。和上海《解放日报》一样，这是经过党中央批准，将革命战争年代在国内外有重大影响和优良传统的《新华日报》报名交给新办的党报沿用。石西民任第一任社长，兼新华社南京分社社长，南京人民广播电台台长。[73]1952年10月，苏南、苏北、南京三个行政区合并为江苏省。11月1日起，原中共南京市委机关报《新华日报》与《苏南日报》和《苏北日报》合并，改为中共江苏省委机关报。该报日出对开4版一张，社长徐进、副社长吴镇。

⑦《浙江日报》（1949年5月9日创刊）。该报为中共浙江省委机关报。1949年5月3日，浙江省会杭州解放，《东南日报》被接管。6天后，利用原《东南日报》旧址及设备，创办了中共浙江省委机关报《浙江日报》，日出对开4版一张。第一任社长陈冰，总编辑于冠西。

⑧《河南日报》（1949年6月1日创刊）。该报为中共河南省委机关报。1948年10月23日，开封第二次解放。1949年6月1日，由原中共开封市委机关报《开封日报》和原中共豫西区党委机关报《豫西日报》合并成《河南日报》，日出对开4版一张。1954年10月1日随河南省委迁移到郑州市出版。第一任社长兼总编辑于大申。

⑨《黑龙江日报》（1949年6月1日创刊）。该报为中共黑龙江省委机关报。原黑龙江省和嫩江省合并为黑龙江省时，由《新黑龙江报》（1945年12月1日创刊）、《嫩江新报》和《齐市新闻》合并后改名而成。先在嫩江省省会齐齐哈尔市出版，后迁至哈尔滨。1954年8月1日，原松江省委的《松江日报》也并入《黑龙江日报》。第一任社长侯野烽。

⑩《江西日报》（1949年6月7日创刊）。该报为中共江西省委机关报。1949年5月22日，南昌解放；6月7日，中共江西省委机关报《江西日报》在南昌创刊。第一任社长兼总编辑莫循。

⑪《湖北日报》（1949年7月1日创刊）。该报为中共湖北省委机关报。1949年5月16日，汉口解放。由原解放区的《江汉日报》和《鄂豫报》合并组成《湖北日报》，并接管原国民党汉口市党部机关报《华中日报》，以汉口江汉路的旧址为社址。《湖北日报》出版10天后（7月10日），中共中央华中局决定由华中局机关报《长江日报》兼湖北省委机关报，《湖北日报》改为《湖北农民》报出版。1950年6月1日又改《湖北农民》报为《湖北日报》出版，日出对开4版一张。第一任负责人陈冷。[74]

⑫《河北日报》（1949年8月1日创刊）。该报为中共河北省委机关报。1948年11月22日保定解放。1948年底，在河北饶阳北官庄编辑出版的《冀中导报》改名冀中《河北日报》。1949年元旦，冀中《河北日报》迁入保定，与《冀南日报》、《冀东日报》合并为《河北日报》出版。同年8月1日，河北省成立，《河北日报》遂成为河北省委机关报。1950年元旦起，由4开4版一张改为对开4版一大张。该报后迁至石家庄。创刊初期社长朱子强，副社长董东，总编辑翟向东。“典型报道是该报一大特色。从50年代起，被誉为‘社会主义之花’的耿长锁合作社、‘三条驴腿’起家的‘穷棒子社’、‘万里千担一亩田’的当代愚公沙石峪等，都是在该报不断深入报道，而后闻名全国的。”[75]此后，该报办的《杂文报》也比较有名。

⑬《新湖南报》（1949年8月15日创刊）。该报为中共湖南省委机关报。1949年8月4日，长沙市和平解放。在接管利用原国民党《中央日报（长沙版）》、《国民日报》、《湖南日报》的资产和设备后，8月15日《新湖南报》在长沙创刊。日出对开4版一张。第

一任社长李锐（1949—1952）。在毛泽东提议下，1964 年 10 月 1 日改名为《湖南日报》出版。毛泽东题写了报头。“50 年代初，组织‘李四喜思想讨论’引导土地改革后翻身农民走农业互助合作道路，影响及于全国。”[76]

⑭《福建日报》（1949 年 8 月 25 日创刊）。该报为中共福建省委机关报。1949 年 8 月 17 日福州解放。1949 年夏，由解放区胶东《大众日报》部分人员组成筹办《福建日报》小组，吸收华东随军南下服务团学生 50 余人，接管利用原《中央日报（福建版）》的物资设备而创刊了《福建日报》，日出对开 4 版一张。第一任社长杨西光。

⑮《甘肃日报》（1949 年 9 月 1 日创刊）。该报为中共甘肃省委机关报。1949 年 8 月 26 日兰州解放，6 天后《甘肃日报》创刊，日出对开 4 版。创刊时报头由彭德怀题写，后改用毛泽东题写的报头。第一任社长由军管会新闻处处长阮迪民兼任。

⑯《青海日报》（1949 年 10 月 20 日创刊）。该报为中共青海省委机关报。1949 年 9 月 5 日西宁市解放，10 月 20 日《青海日报》出版。该报是在原中国人民解放军一军政治部编印出版的对开半张报纸《新闻》（共出 33 期）的基础上创刊的。1949 年 11 月，毛泽东为该报题写了报头。该报初为 4 开 4 版一张，1952 年 9 月改为对开 2 版。1954 年元旦改为对开 4 版。第一任主要负责人午人。

1951 年 1 月 16 日，中共青海省委还创刊了另一份省委机关报《青海藏文报》。该报初期为 4 开 4 版的旬刊，采用藏汉文字对照方式，以藏文为主，是我国当代第一份省级藏文报纸。1952 年，该报改为周刊；1956 年，改为五日刊的对开 4 版。1978 年，《青海藏文报》改为周二刊并全部使用藏文出版，成为藏族及通晓藏文字读者的良师益友。[77]

⑰《南方日报》（1949 年 10 月 23 日创刊）。该报初为中共中央华南分局机关报。1949 年 11 月 6 日，广东省人民政府成立，确定《南方日报》同时为省政府机关报。1955 年 7 月 1 日，华南分局撤销后，广东省委成立，《南方日报》遂成为中共广东省委机关报。以后，《南方日报》发展成为我国发行量与规模最大的省级党报。

《南方日报》的创办与香港《华商报》有密切关系。1949 年 10 月 14 日，广州解放。党在香港办的《华商报》翌日（15 日）出版最后一期，即“新第一千三百五十三号”后停刊。[78]该报 60 多名采编、经营管理及发行骨干当即取道东江游击区回广州和广东游击区新闻工作者、南下新闻干部们会合，组成了筹办《南方日报》的基本队伍。这支队伍起点高、素质好：原《华商报》的同志，有丰富的在大城市办报的经验，游击区及南下部队新闻工作者们有深入基层、深入一线、吃苦耐劳、艰苦朴素的好传统、好作风，两方面的人紧密团结在一起，相得益彰。“在《南方日报》创刊的头几年，《华商报》人员与南下人员保持着大致五比一”的比例。[79]

1949 年 10 月 21 日，南方日报首批工作人员进驻接管广州光复中路 48 号原国民党《中央日报》报馆及印刷厂，筹备《南方日报》出版工作。10 月 23 日，《南方日报》创刊，其时为广州解放后的第 9 天。从版面上看，该报起初日出对开 4 版一大张。1949 年 12 月 1 日起，日出对开 6 版一张半。1951 年 2 月 1 日又恢复出对开 4 版一大张。在人事方面，1949 年 10 月下旬创刊后，实行社长负责制，由中共中央华南分局统战部副部长、原香港《华商报》主要负责人饶彰风兼任《南方日报》第一任社长，原《华商报》代总编辑杨奇任副社长，随军南下的曾彦修任总编辑（1949 年 12 月中，曾彦修调任华南分局宣传部副部长；到 1950 年 1 月 25 日，由赵冬垠任总编辑）。[80]1952 年 7 月王匡任社长。1953 年 7 月，陈冷任《南方日报》代社长。1954 年 12 月 16 日，华南分局宣传部部长王匡宣布：华南分局任命黄文俞为南方日报第一副社长、代社长。从1955年3月起，为了执行中共中央关于改进报纸工作的决议和中共中央华南分局的决定，《南方日报》由社长负责制改为总编辑负责制；4月9日，中共中央华南分局任命黄文俞为《南方日报》总编辑。1955年7月1日，中共中央华南分局撤销，中共广东省委成立，《南方日报》遂成为广东省委机关报。[81]《南方日报》社址凡5迁：①1949年10月下旬创刊时，社址在广州光复中路48号原国民党《中央日报》报馆；②1950年5月1日，《南方日报》迁至沙面复兴路42号办公；③1954年1月29日，报社又迁到广州西堤新基路37号新建的办公大楼办公（1954年1月29日至1968年8月31日）；④1969年1月18日，"广东省革命委员会核心小组"决定将南方日报社撤迁到广州市东风路729号广东工学院内，7月15日前搬迁完毕（1969年至1989年7月1日，前后20年）；⑤1983年7月28日，广东省委办公厅发出《关于解决南方日报社址和广东工学院校址问题纪要》的通知，重新选定南方日报社社址在广州大道。旋鸠工兴建，1989年7月1日搬迁完毕。从此，《南方日报》从广东工学院迁至广州大道中289号新址办公至今。[82]

⑱《宁夏日报》（1949年11月11日创刊）。该报为中共宁夏省委机关报。1949年9月23日，银川解放，次日即出《宁夏电讯报》。同年11月11日，在省会银川市又创办《宁夏日报》，日出对开4版一张。1954年8月，《宁夏日报》随宁夏省建制撤销而停刊。1958年8月1日复刊，成为新成立的中共宁夏回族自治区党委机关报。第一任副社长兼总编辑张源。

⑲《新黔日报》（1949年11月28日创刊）。该报为中共贵州省委机关报。1949年11月15日，贵阳解放。在接管利用原国民党办的《贵州日报》、《中央日报（贵阳版）》和中央通讯社设备的基础上，创办了《新黔日报》，日出对开4版一张。刘子毅任社长，王立山任副社长。1957年1月1日改名为《贵州日报》出版。

⑳《广西日报》（1949年12月3日创刊）。该报为中共广西壮族自治区党委机关报。1949年11月22日，桂林解放。在接管利用原国民党办的《广西日报》和《中央日报（桂林版）》的基础上，创办新的《广西日报》，日出对开4版一张，第一任社长史乃展。1950年1月22日，《广西日报》随省党政机构迁往省会南宁市出版。1958年3月15日，广西壮族自治区成立，该报遂成为中共广西壮族自治区委员会的机关报。

㉑《新疆日报》（1949年12月6日创刊）。该报为中共新疆维吾尔自治区委员会机关报。1949年9月26日，新疆和平解放。在接管原《新疆日报》的基础上创办人民的《新疆日报》汉文版。该报于1949年12月6日在乌鲁木齐创刊，毛泽东题写了报名。该报负责人邓力群。1950年元旦起，同时出版维吾尔文版和哈萨克文版，同年8月1日又出版蒙古文版，4种文版均日出对开4版一张。1955年10月1日，新疆维吾尔自治区成立，此后，该报遂成为自治区党委机关报。

㉒《云南日报》（1950年3月4日创刊）。该报为中共云南省委机关报。1949年12月9日，云南全省和平解放。云南昆明市原地下党组织接管了几家国民党办的报纸后，出版《云南人民日报》。不久，《北平解放报》一部分人员随军南下到昆明，充实《云南人民日报》采编力量，改出《云南日报》，日出对开4版一张。第一任社长、总编辑袁勃。

㉓《安徽日报》（1952年6月1日创刊）。该报为中共安徽省委机关报。1949年1月21日，合肥解放。1949年4月，江淮解放区党委创办的《江淮日报》（1948年6月创刊）迁至合肥，5月1日与中共合肥市委机关报《新合肥报》合并为皖北区党委机关报《皖北

日报》。1951年底，皖北、皖南两个行政区组建安徽省，《皖南日报》与《皖北日报》在合肥出联合版。1952年6月1日正式合并，创办安徽省委机关报《安徽日报》，日出对开4版一张。第一任负责人李彬。

㉔《四川日报》（1952年9月1日创刊）。该报为中共四川省委机关报。“随着解放初期设置的川东、川南、川西、川北四个行署合并成立四川省建制后，原各地区党委的《川东报》、《川西日报》、《川南日报》、《川北日报》四报合并，在成都市创办省委机关报《四川日报》。对开四版一张。”[83]第一任社长兼总编辑杜心源。1954年，重庆新华日报社部分人员并入；1955年9月后，《西康日报》（1950年8月1日创刊于雅安市）并入。

㉕《北京日报》（1952年10月1日创刊）。该报为中共北京市委机关报。1949年3月15日，中共北平市委创刊出版机关报《北平解放报》，后来该报因抽调大批编辑记者随军南下、支援云南等省办报而停刊。1951年4月1日，北京市委收购私营报纸《新民报（北平版）》，改版试办5个月。1952年10月1日，正式创办市委机关报《北京日报》，日出对开4版一张。首任社长范瑾，副社长兼总编辑周游。1966年9月被迫停刊，1967年4月复刊。该报在20世纪50至60年代期间，关于天桥商场提高服务质量、南韩继农业生产大队持续增产的通讯报道，以及张百发、李瑞环、倪志福等先进人物的报道，影响深远。

㉖《辽宁日报》（1954年9月1日创刊）。该报为中共辽宁省委机关报。1954年，东北局大行政区撤销，辽东省和辽西省也随之撤销，合并为辽宁省。原中共辽西省委和中共辽东省委机关报均停刊。原东北局在沈阳创办的机关报《东北日报》也于1954年8月31日停刊，9月1日改为《辽宁日报》在沈阳出版，成为辽宁省委机关报，日出对开4版一张，总编辑殷参。其后，该报重视抓一版头条，在全国颇有影响。

㉗《陕西日报》（1954年10月16日创刊）。该报为中共陕西省委机关报。《陕西日报》早在1950年7月1日就在西安创刊。该报1952年底停刊后，即自1953年起，中共中央西北局机关报《群众日报》兼为中共陕西省委机关报。1954年西北局撤销，10月16日，《群众日报》改名《陕西日报》出版。

㉘《解放日报》（1954年12月改为上海市委机关报）。该报为上海《解放日报》早在1949年5月28日便创刊，当时是中共中央华东局机关报兼中共上海市委机关报，日出对开4版一张。1954年华东局撤销，12月间，《解放日报》遂成为上海市委机关报。

㉙《西藏日报》（藏、汉文版，1956年4月22日同时创刊）。该报为中共西藏自治区委机关报。《西藏日报》的创办，经过了一个较长时间的酝酿期和萌芽期。1951年5月23日，西藏和平解放。1951年7月26日，由川入藏的中国人民解放军18军进藏先遣支队在进军途中创办了《新闻简讯》，为蜡纸油印小报。1951年9月9日，18军先遣支队抵达拉萨，《新闻简讯》依然坚持出版。10月26日，张国华军长和谭冠三政委率18军主力进驻拉萨，该报遂停刊，共出33期。同年8月28日，由青海入藏的西北进藏部队（18军独立支队）在进军西藏之初也创办了一份油印小报《草原新闻》。1951年12月1日，即西北人民解放军举行拉萨入城仪式的历史时刻，《草原新闻》在报道了这一重要新闻后，宣布终刊。

1952年1月1日（一说1951年11月12日），在原《新闻简讯》的基础上，以新华社名义出版油印报纸《新华电讯》（12月，改为由西藏工委宣传部领导）。1952年10月1日，《新华电讯》又改名为《新闻简讯》出版。1955年3月9日，国务院第七次会议通过

《关于成立西藏自治区筹备委员会的决定》，油印小报《新闻简讯》显然不能适应形势发展的需要。1956 年 2 月 18 日，西藏工委常委会作出关于在《新闻简讯》基础上创办《西藏日报》的决定。1956 年 4 月 22 日，《西藏日报》藏、汉文版两份报纸与西藏自治区筹委会在同一天诞生。藏文版报名由达赖喇嘛·丹增嘉措题写，汉文版报名则暂用《鲁迅日记》中的手书集字而成。由庄坤任总编辑、严蒙为副总编辑，西藏地方政府派出雪·顿珠才让、班禅堪布厅派出德夏·顿珠多吉担任副总编辑。《西藏日报》是西藏第一张正式的省级日报，是世界上规模最大的藏文报纸，也是西藏第一份现代报纸。它的创办，揭开了西藏新闻传播业的新篇章。

1959 年 4 月，中央平息西藏上层反动集团发动的武装叛乱后，西藏工委改组了《西藏日报》，将原《西藏日报》报头下刊署的“自治区筹委会机关报”字样取消，原四方面副总编辑中，除工委派出的正副总编辑予以保留外，其余自然免职。由于达赖叛逃国外，《西藏日报》便换下了他题写的报头。经过整顿，《西藏日报》由原来的“统战报纸”，确定为中共西藏工委的机关报，并重新建立了采编队伍。[84]

1965 年 9 月 9 日西藏自治区建立，《西藏日报》遂正式成为中共西藏自治区党委机关报。[85]

三、几份在全国有影响力的报刊的创办

除党报网络外，在新中国成立前后及 50 年代初期，民主党派、全国总工会、中国共产主义青年团中央、中国少年先锋队，乃至中共中央军事委员会等团体、单位和部门都在北京办起了自己的机关报，后都发展成为在全国有广泛而重大影响力的报纸。与此同时，在北京、上海等地，也有好几家在解放前很有影响力的报纸或复刊，或经过整顿重新出版。

（一）新创办的几家报纸

【《光明日报》】（1949 年 6 月 16 日在北平创刊）该报由中国民主同盟（简称“民盟”）主办，章伯钧任社长，胡愈之任总编辑，林仲易任总经理。“民盟”中央常务委员沈钧儒题写报头。创刊号头版首载“发刊辞”《团结一致建设民主新中国》。《光明日报》是在接管成舍我《世界日报》的基础上创办起来的。

1949 年 2 月 25 日，北京市军管会接管世界日报社——北平西长安街 32 号。[86]随后不久即开始筹备《光明日报》的创刊。据当时参与其事的人回忆：“《光明日报》筹备工作，进行得相当仓促。5 月 9 日成立社务筹备委员会，接收原《世界日报》的房屋和印刷厂。编辑部在石附马大街，是一个小四合院，有十来间平房。印刷厂很简陋，用平板机印刷，铸字房字模不全，缺字则临时刻字应急。总管理处在西长安街，是一栋二层小楼（后因拓宽西长安街，此楼被拆除）。编辑部开始不足二十人，是临时从四面八方集合到一起来的。如何办好《光明日报》这样一张新型的报纸，大家都没有经验，对工作环境也不熟悉。但是任务所在，《光明日报》就在 6 月 16 日出版了。”[87]《光明日报》早期的印刷设备很简陋，“1949 年 6 月创刊时，使用接管自《世界日报》的十台对开平板机。1950 年后的春夏，才由当时的上级主管部门出版总署拨来一台轮转机，这台轮转机系于上海解放时接管自《时事新报》，它在该报已使用三十年。在本报（《光明日报》——引者注），直

到1966年调出为止，使用了十六七年。然而就是这台老掉了牙的旧轮转机，在工人同志（特别是随机同来的上海工会同志）的团结奋斗、细心照护下，不仅印出了受到读者称赞的清晰报纸，还挖掘了降低成本的潜力，为前期《光明日报》立下了汗马功劳。”[88]

在版面内容上，《光明日报》创办时主要以知识分子为读者对象，除刊登国内外重大新闻以外，着重报道文化、教育、科学界的动态、成就和经验等。“50年代初期的知识分子的思想改造，成为报纸一个时期的重要报道内容。1953年1月，《光明日报》在改为由各民主党派、全国工商联联合主办以后，又增强了统一战线方面的报道内容，并陆续创办《史学》、《文字改革》、《文学遗产》、《哲学》、《教育研究》、《经济学》等专刊，为知识分子提供了学术研究和争鸣的重要园地。”与此同时（1953年1月），中共中央还专门发出《关于重视运用光明日报和大公报的通知》。《通知》指出：原中国民主同盟的机关报《光明日报》（1949年6月16日在北京创刊）已改为由各民主党派共同主办的报纸。上海《大公报》已和天津《进步日报》合并，以《大公报》名义在天津出版。按照中央的意见，重新确定了编辑方针：《光明日报》除仍保持各民主党派机关报的特点，报道各民主党派的工作和学习外，确定以报道和讨论文化教育工作问题为主；《大公报》除加强国际问题的报道外，确定以报道和讨论财政经济问题特别是公私关系和劳资关系为主。《光明日报》为国营报纸，《大公报》实际上是公私合营报纸。《通知》要求：各级党委要领导和督促各有关部门重视运用这两份报纸，各地邮局要很好地进行推销工作，不得有所歧视。[89]1955年1月1日，《光明日报》在全国报界率先改竖排为横排。在它的示范倡导和带动下，北京、上海等城市的大报如《人民日报》、《解放日报》等也都在1956年1月1日起实行文字横排。1957年“反右”运动以后，报纸仍由各民主党派、全国工商联联合主办，但行政上和业务上则归中共中央统战部和宣传部主管，仍以文教卫为主要报道内容。“文革”开始后，《光明日报》一度归《红旗》杂志领导。“文革”期间，《光明日报》是首都少数几家没有停刊的报纸之一，成为除《人民日报》之外的全国第二大报。

在人事方面，《光明日报》创刊的第一任社长是章伯钧，第一任总编辑胡愈之，秘书长萨空了。1950年7月11日，总编辑胡愈之辞职，调任出版总署署长，民盟中央派邵宗汉继任总编辑职务。1954年10月26日，总编辑邵宗汉调任外交部新闻司副司长，由常芝青继任总编辑，高丽生任副总编辑，同年，光明日报社成立中共党组。1957年4月1日，总编辑常芝青调职。报社党组撤销，储安平继任总编辑。1957年4月间，整风运动开始。6月2日，总编辑储安平在统战部举办的“鸣放”座谈会上作了“党天下”的发言（全文在该报刊出）。6月8日，“反右”运动开始，储安平遭到批判后提出辞职。11月12日，社长章伯钧、总编辑储安平双双被免职。杨明轩任报社社长，陈此生任副社长兼总编辑，穆欣、高天任副总编辑。[90]

【《工人日报》】（1949年7月15日创刊于北平）该报为中华全国总工会主办的综合性报纸，以全国职工和工会工作者为主要读者对象，初为4开版，后扩为对开4版一张。三年中发行量由2.5万份逐渐上升到6万份、12万份。到20世纪80年代后期，日发行量达220万份（1988年），成为有全国影响力的大报。创刊时第一任社长王春，总编辑冯诗云。该报主要版面内容为“宣传报道全国工交、财贸、农林、文教、卫生等各行各业、各条战线的情况，报道先进的生产经验；表扬工作的创造性劳动和报道工人中涌现的先进模范人物事迹，每年报道先进人物400—500个；维护广大职工的正当权益，替工人说话，为工人办事，反映他们的疾苦、愿望和心声，每年收到群众来信14万—15万件，发表来信1 000多件，报道工会建设，交流工会工作经验”。《工人日报》在“文化大革命”中的1966年12月31日停刊，1978年10月6日恢复出版，仍然日出对开一张。

【《中国青年报》】（1951年4月27日在北京创刊）该报为中国新民主主义青年团（1957年5月改为“中国共产主义青年团”）团中央主办，后来发展成为一份有广泛影响的全国性青年报纸及综合性大报。1951年1月9日，《中国青年报》出版试刊第一期。在创刊前三个月时间里，共试刊12期。4月27日正式出版创刊号：头版首载毛泽东大幅照片一帧，接载中国新民主主义青年团中央委员会《关于出版〈中国青年报〉的决定》一文，还发表了社论《世界学生团结起来保卫和平——庆祝国际学生联合会执行委员会会议开幕》。初创时的《中国青年报》对开4版一张，报头横排，题文竖排；周二刊，每星期二、五出版。创刊号发行65 000份。社址在北京正义路3号，即青年团中央机关院内。第一任社长、总编辑由团中央宣传部部长杨述兼任（1951年4月至1951年9月），继任社长和总编辑为陈绪宗、张黎群。1954年4月1日，《中国青年报》改为周三刊；1956年1月1日起改为对开4版日报（星期日无报）。改版前，“团中央书记胡耀邦于1955年11月4日在中国青年报社作报告。他就《中国青年报》改为日刊问题谈到，要办好报纸，必须了解已经变化了的形势的特点，思想要紧跟着时代前进，共产主义者最反对的就是思想凝固、僵化和停滞。他要求报社同志甩开顾虑，勇于独创，使改日刊后的《中国青年报》内容新、规模新、技巧新、文风新、版面新”。同年“12月3日，《中国青年报》社长兼总编辑张黎群在报社全体职工会上作改版动员报告，号召‘做一个生气勃勃的青年报人’”[91]。这些观点对日后《中国青年报》的发展与创新，影响很大。初期发行量：1951年平均期发16万份，1955年发行50万份。“文化大革命”开始后，1966年8月20日至1978年10月6日停刊12年多时间。1978年10月7日，《中国青年报》正式复刊，周三刊，对开4版一张。次年发行量突破200万份，成为当时中国发行量最大的报纸之一。1989年1月起出日报，1993年起扩版为对开8版两张。

从版面内容看，20世纪50年代的《中国青年报》以典型报道及先进模范人物事迹报道为其鲜明特色，影响巨大。例如，它曾热情讴歌朝鲜战争中英勇牺牲的黄继光、邱少云等青年英雄，突出报道了创造先进操作法的青岛纺织女工郝建秀、一年完成4年工作量的鞍钢青工王崇伦，以及张百发、李瑞环、倪志福等青年劳模的事迹。在1959年至1961年国家三年经济困难时期，它又积极报道了为挽救国家财产奋不顾身的向秀丽、带头回乡建设新农村的知识青年典型邢燕子。1963年以后，《中国青年报》又集中宣传报道了雷锋、王杰、欧阳海等青年典型人物的感人事迹。1978年10月复刊以后，它又大力报道了“文革”中张志新等与“四人帮”斗争的事迹。全国科学大会提出为“四化”攀登科学高峰后，它又连续报道了杨乐、张广厚等一批刻苦攻关的科技精英。在新时期，《中国青年报》永不满足、勇于探索，不断有新的改革创新举措，成为一份充满活力、具有鲜明时代特色的报纸。

【《中国少年报》】（1951年11月5日创刊于北京）该报为中国少年先锋队队报，由共青团中央主办。该报主要读者对象是小学高年级及初中一、二年级学生。其前身是1949年9月共青团中央创办的《中国儿童》杂志，出版6期后改为《中国少年儿童》，1951年11月5日正式改为《中国少年报》。周报，4开4版1张。出至1966年8月17日停刊，1978年11月1日复刊，仍为4开版。

《中国少年报》在全国少年儿童中有广泛的影响，创刊之初每期发行9万份，同年底发行24万份，1955年达180万份。20世纪80年代期发行量300万份左右（1988年），是当时发行量最大的报纸之一。

【《解放军报》】（1956年1月1日创刊于北京）该报为中共中央军委机关报，也是中国人民解放军的军报，由解放军总政治部领导编辑出版。初为隔日刊，1958年1月1日改为周六刊，1967年8月1日起改为日报出版。

解放初期，解放军军队系统各大军区都办有大量的报刊，据统计，1951年有1 000多种，经过调整，到1952年有335种，1953年再调整为95种，1955年为55种（其中报纸22种，刊物23种）。由于种类繁多，分工不明，重叠杂乱，力量分散，1953年政治部宣传部专此成立报刊处，加强对军队各级报刊的指导和管理。1955年，进行第三次军队报刊调整。经过调整，省军区、兵团、师和团办报刊相继停办，大军区办的报纸力量加强。从1954年起，军委总政治部就开始着手筹备出版全军军报，到1955年大体就绪，试刊三个月，共出试刊号26期。1956年元旦，《解放军报》正式创刊，铅印对开4版，双日刊。早期面向部队发行，主要读者对象是排级以上干部。1978年1月1日起，向国内外公开发行。日发行量一度达到80万份（1988年）。第一任总编辑欧阳文。[92]

（二）复刊及重新出版的几家有广泛影响的旧报纸

【《大公报》】《大公报》是我国近、现代有重大深远影响的著名民间报纸，由英敛之于1902年6月17日创刊于天津。从1948年11月起，《大公报》的四大分版（上海版《大公报》、天津版《大公报》、重庆版《大公报》、香港版《大公报》）开始发生重大变化。

《大公报》四大分版中，最早发生变化的是香港版《大公报》。1948年9月，《大公报》驻美特派员、中共秘密党员杨刚为迎接全中国解放，由美国飞抵香港，后回上海，转赴解放区。杨刚与《大公报》著名记者、社评委员李纯青同为中共秘密党员。这时，他们为了争取王芸生离沪转港赴解放区，为《大公报》转变立场，迎接全国解放，做了许多深入细致的工作。11月5日，《大公报》总编辑王芸生假托赴台湾参观游览，离沪飞台，并于8日由台飞抵香港，拟赴解放区参加由中共主持召开的新政治协商会议。王芸生到香港后，香港版《大公报》于11月10日发表社评《和平无望》，声明转变拥蒋立场，靠拢人民。自此至1949年2月，香港版《大公报》在王芸生的亲自主持下，发表了一系列文章，揭露、抨击国民党政府统治的昏聩、腐败。在《大公报》四大分版中，香港版《大公报》抗战胜利后最晚复刊，但最早转变立场。[93]

1949年1月15日，天津解放。1月14日，天津《大公报》出最后一期报纸。2月27日，天津版《大公报》经天津市军管会批准，改组后更名《进步日报》出版，杨刚在“发刊号”上发表了《进步日报同人宣言》，对新记《大公报》进行了严正的“大批判”，反映出那一时代的文章风格。《进步日报》名义上是私营企业，完全自主经营，故经济上自负盈亏，不领取任何方面的补助和津贴。但报社内建有党组，孟秋江任党组书记，是一张在党组织领导下的新型民营报纸。初办时由宦乡任总编，徐盈任经理，不久，由张琴南任总编辑，孟秋江任经理。1952年12月31日，《进步日报》和上海《大公报》合并，于1953年元旦复名为《大公报》，在天津出版。

1949年5月25日，上海解放。王芸生等从解放区赶回上海。6月17日，上海版《大公报》发表社评《大公报新生宣言》，宣布报纸归人民所有，《大公报》走向新生。《大公报新生宣言》用较大篇幅反省了大公报的历史："大公报有将近五十年的历史，创办于清末开明贵族之手，民国初年曾落入安福系政客的掌握，一九二六年大革命开始之年续刊"；"大公报虽然始终穿着'民间''独立'的外衣，实际是与蒋政权发生着血肉因缘的。大公报始终维持着一种改良主义者的面貌，它在中上层社会中曾有一定影响，即由于此"；"在过去二十几年的人民革命浪潮中，大公报虽然不断若隐若现的表露着某些进步的姿态，而细加分析，在每个大阶段，它基本上都站在反动方面"；"当人民革命浪潮已把反动势力震荡得摇摇欲坠之时，大公报又提倡所谓'自由主义'、'中间路线'，以自别于反动统治阶级"。社评宣布："当此重大时代，在新民主主义的中国，大公报是具有政治与文化两重机能的私营企业"；"今后大公报的方向是新民主主义的，是走向社会主义的"，"今后的大公报将特别着重于照顾进步知识分子及民族工商界的利益，并努力反映这两个阶级的意见，在毛泽东主席的旗帜下，大踏步走向新民主主义国家的建设!"上海版《大公报》总经理曹谷冰，总编辑王芸生，副总编辑李纯青、杨刚，副总经理金诚夫、李子宽，发行量最高时达8万份。

1949年5月27日，重庆版《大公报》被重庆国民党警备司令部派出的大批特务、军警包围。他们以"泄露军事机密"和"通共"为由，逮捕了编辑主任顾建平。同年9月17日，国民党当局派彭革陈筹劫重庆版《大公报》，将经理王文彬赶走，出版伪《大公报》。重庆解放后，重庆版《大公报》于1951年12月12日宣布公私合营，改名为《重庆日报》出版，后成为重庆市委机关报。[94]

1953年1月1日，上海版《大公报》北迁，与天津《进步日报》合并，在天津出版全国性的《大公报》。社长王芸生，副社长孟秋江、李纯青。1956年10月1日开始，天津《大公报》又迁至北京出版发行，它是一份专门报道经济、财贸新闻和国际新闻的全国性报纸。1966年5月下旬，"文化大革命"开始，如火如荼，北京《大公报》在劫难免。6月11日，陈伯达指示解放军总政治部派遣3人工作组进驻报社，"参加'文革'工作"。《大公报》社长王芸生、副总编辑孔昭恺等党外人士立即"靠边站"了。1966年9月5日至7日的北京《大公报》上，连续3天刊登《本报改名和改刊启事》云："本报根据红卫兵和革命群众以及广大读者的要求和建议，并经上级批准，决定9月15日改出《前进报》。"9月10日，《大公报》又刊登《启事》云："《大公报》今日终刊。《前进报》已定于本月15日创刊。"从此结束了《大公报》在中国内地前后出版64年多的历史（1902.6.17—1966.9.10）。香港《大公报》仍在继续出版。《前进报》从1966年9月15日创刊，至12月26日停刊，只存活了103天。[95]

【《文汇报》】《文汇报》也是旧中国著名的民营报纸。《文汇报》在旧中国两起两落。《文汇报》于1938年1月25日创刊于上海，创办人为严宝礼等。由于《大公报》负责人胡政之以李子宽、费彝民等人名义，向《文汇报》报投资一万元，因此，由《大公报》派徐铸成担任《文汇报》主笔（报馆编辑部实际负责人），王文彬担任《文汇报》采访部主任（王不久即离开）。到1939年5月18日，《文汇报》因此前刊登该报记者邵伯南（红叶）采写的多篇揭露日寇、汉奸暴行的新闻，而遭日本驻沪总领事馆串通英国驻沪总领事、由英国驻上海领事勒令停刊两星期（停刊两周期满后并未复刊）。抗战时期，《文汇报》共出版477号，发行了一年零九个多月。

抗战胜利后，《文汇报》在人力缺乏、经费支绌的情况下于1945年8月18日在上海复刊，日出8开2版报纸一张。以"号外"形式出版19天后，于9月6日改版，改出对开4版一大张。复刊初期的4个多月里，《文汇报》站在国民党的立场，对中共及其领导的军队、解放区进行颠倒黑白、混淆是非的报道，导致发行量不断下跌。1946年初，报纸改版，由中共上海地下党组织推荐宦乡担任总编辑。当年4月，原《文汇报》编辑部负责人徐铸成又回到报社担任总主笔。到1947年5月24日，《文汇报》因此前报道学潮及民主运动而遭国民党政府的淞沪警备司令部勒令停刊。

1949年5月27日，上海解放。在上海市军管会（文化教育管理委员会，副主任范长江）的大力支持下，《文汇报》于6月21日第二次正式复刊，当天编号为1087号，与1947年5月24日被国民党政府勒令停刊时的1086号相衔接。复刊前，从6月18日至20日，出试刊三期，未公开发行。此后，《文汇报》由私营转为公私合营直至公营。社长金仲华，总编辑徐铸成。解放初它的发行量为2.8万份，1955年增至18万份。1956年4月28日，《文汇报》在第二次复刊出版六年零十个月、共计3 404期后停刊。报社迁到北京，改为由中华人民共和国教育部主办的《教师报》。

1956年5月1日，《教师报》在北京创刊，徐铸成任总编辑。1956年7月间，中共中央宣传部准备恢复上海《文汇报》的出版。9月，原赴京《文汇报》大部分人员返沪（《教师报》继续出版）。1956年10月1日，上海《文汇报》第三次复刊，当天编号为3405号。当天刊登的复刊社论《敬告读者》揭橥编辑方针云："将翔实地报道国内外的重大新闻，特别着重报道文化、科学、教育各方面的新闻"；"将以一定的篇幅作为'百家争鸣'的论坛"；"将设有多种副刊专栏，从多方面满足读者的要求"；"将继续学习各方优点，保持自己的风格"，等等。报社新领导班子：社长兼总编辑徐铸成，副社长严宝礼、柯灵，副总编辑钦本立、柯灵（兼）、刘火子、郭根、浦熙修、唐海。[96]

【《新民报》及《新民报晚刊》】《新民报》是我国现代著名的民营报纸，1929年9月9日创刊于南京，由陈铭德、吴竹似、刘正华等创办，社长陈铭德，总编辑初为吴竹似，后为张友鸾。《新民报》是在前期得到四川地方实力派军阀刘湘的经济支持（两千元开办费）才办起来的。从创刊到1938年刘湘去世，该报和刘湘一直关系密切。同时，该报也接受国民党政府有关当局的津贴。初创时，日出4开一小张，第二年出对开一大张，1936年改为对开两张。起初规模很小，全社总共十五六个人，发行2 000多份。1937年6月20日改组为南京新民报社有限公司，董事长为国民党中央通讯社社长萧同兹，陈铭德任总经理，邓季惺任经理、协理，罗承烈为总主笔，总编辑赵纯继。1937年11月，日军逼近南京。11月7日，《新民报》停刊，西迁重庆。1938年1月15日在重庆复刊。1941年11月1日曾出重庆版晚刊。赵纯继、方奈何先后主编日报，崔心一、陈翰伯主编晚报。各部门重要骨干有张恨水、张友鸾、张慧剑、赵超构等人。1943年建立成都分馆，邓季惺任经理，赵纯继任总编辑。同年6月18日创刊成都版晚刊。1945年2月1日成都版日报创刊。成、渝两社由总主笔罗承烈统一领导。当时成、渝两地四版总发行量达10万份，成为抗战时大后方发行最多的报纸。

抗战胜利后，报团总管理处迁回南京（成都、重庆两社仍保留），于1946年元旦恢复出版南京《新民报晚刊》，同年10月10日又复刊日报，总编辑曹仲英。南京《新民报》成为报团总馆，统一领导各地分馆，包括重庆分馆、成都分馆，以及后来的上海分馆、北平分馆。1946年4月4日北平《新民报》（日报）创刊，主持人张恨水。同年5月1日，上海版《新民报晚刊》创刊，总主笔赵超构。至此，《新民报》在全国形成五社八版的格局，成为在全国有影响力的"新民报系"和报业集团。

正当“新民报系”事业蒸蒸日上、蓬勃发展之时，1947年5月25日，上海版晚报被国民党当局勒令停刊，后被国民党当局接办复刊（1947年7月30日复刊，“总编辑”王健民于1949年5月上海解放时逃到台湾）；1948年7月8日，南京总馆被封闭。在全国解放前夕，成都、重庆版亦相继受到干涉、迫害、查封或控制。

新中国成立前后，《新民报》各地分版次第复刊。由于大局形势的变化及报业生态环境的改变，私营报纸生存条件十分艰难。到1950年4月间，《新民报》成都分馆、《新民报》南京总馆先后关闭，南京《新民报》的少数人员调至上海《新民报》工作。《新民报》重庆分馆亦于1952年1月自行停刊。北平版《新民报》在1952年4月由中共北京市委收购，收购后仍以《新民报》的名义出版了半年。到当年10月1日改出北京市委机关报《北京日报》，原北京新民报社部分人员参加《北京日报》工作，邓季惺被聘为顾问。[97]上海《新民报晚刊》于1953年初实行公私合营，并组建新的编委会，以取代解放初期的过渡性机构“社务委员会”，由赵超构任社长，蒋文杰任总编辑兼党支部书记。名义上，陈铭德、邓季惺被聘为顾问，陈铭德还被聘为副社长，实际上他们已没有任何权利了，他们持有的“私股每年都有一定数目的定息，但陈邓夫妇从未领取，报社也把他们视同陌路了”。“公私合营之后，陈铭德、邓季惺分别被任命为北京市城市服务局副局长和民政局副局长”。至此“《新民报》五社八版，只剩上海版一线单传，上海《新民报》晚刊后（1958年4月——引者注）易名为《新民晚报》，出版至今”[98]。

在20世纪50年代初（1951—1952）新中国成立初期，由于整个政治、经济大环境的影响，上海《新民报晚刊》一度举步维艰，报纸在经济上陷入困境。期发行量从解放时的一万几千份下降到六千来份，最少时仅三千份左右。1953年实行公私合营后，情况略有好转。从版面上看，《新民报晚刊》原是一张对开大报。1953年进行第一次改版，改出4开一张。到了1956年，由于社会主义改造的基本完成、“双百”方针的提出和党的知识分子政策的调整，整个形势发生了很大的变化。在1956年的一年之中，社长兼总编辑赵超构（原党员总编辑蒋文杰在1955年底被上海市调到市委宣传部工作）筹划了对《新民报晚刊》的两次改版。一次是1956年初春，当时中央还未提出“百花齐放，百家争鸣”的方针，改版只是“小手小脚的尝试”，“形式上改得多、内容上改得少，办报思想上不敢突破”。“6月以后，‘双百’方针的文件下达，赵超构从思想上打破清规戒律，敢于鸣放了，党的方针开始落实到版面上。从这个时候起，地方新闻、社会新闻和文化新闻，花色品种，大大增加，副刊和其余各版都有改进”，从而大大增强了报纸的“可读性”。[99]

在1957年5月31日的总结报告中，赵超构将这次的改版经验总结、概括为《新民报（晚刊）》的著名口号：“短些、短些、再短些，广些、广些、再广些，软些、软些、再软些。”

经过1956年的改版，《新民报晚刊》从新中国成立初期几千份的发行量激增到13万份。到了60年代，《新民晚报》期发行量30多万份。1982年元旦复刊后，日出4开一张半，不久改出4开两张。复刊后又多次改版，发行量增加到178万份。到1988年，其期发行量一度近190万份。在当时出现的“晚报热”中，居于全国一百几十家晚报的榜首。[100]

【《新闻日报》】《新闻日报》的前身是《新闻报》。该报于“清光绪十九年癸巳正月初一（公历1893年2月17日）”创刊于上海，是旧中国影响力、规模仅次于《申报》的第二大报。《新闻报》是一份商业及财经类报纸，以工商界人士为主要读者对象。最初由英国人丹福士等人创办，1899年11月后由美国人福开森主办。在抗日战争时期太平洋战争爆发后，与《申报》一起沦为日伪的宣传工具。抗战胜利后，《新闻报》与《申报》一样，被国民党当局参入所谓“官股”，由C. C. 派系所控制，进行反共反人民的宣传。钱新之任董事长、程沧波任社长兼言论部总主笔，詹文浒任总经理，赵敏恒任总编辑，吕光为经理（后兼发行人）。

1949年5月27日，上海解放，被国民党把持了3年多时间的《新闻报》与《申报》同时停刊，并由军管会接管。同年6月29日，《新闻报》改组为《新闻日报》复刊，同时成立临时管理委员会，主持工作，由恽逸群兼任主任委员、金仲华担任第一任社长兼总主笔，总编辑张春桥（后由刘思慕接替），总经理许彦飞。其日发行量达13万份，这在当时算是相当大的发行量了。《新闻日报》在关于上海对私营工商业的社会主义改造的宣传中，以及恢复生产、繁荣经济的宣传中，起过比较重要的作用。后因社会主义改造的任务已经完成，上海市委决定：《新闻日报》于1965年5月31日终刊。6月1日起，其资产及人员一起并入《解放日报》。[101]

四、广播网的建立

（一）中央广播管理机构的成立：从“中央广播事业管理处”到“广播事业局”

【解放区人民广播事业的发展】1940年12月30日，“延安新华广播电台”简称“延安台”开始播音，呼号为XNCR，发射功率300瓦。当时，“延安新华广播电台”是新华社的语言广播科。“延安台”的开播，宣告了人民广播事业的诞生。此后，由于发射功率太弱，广播发射机和其他设备经常发生故障，播音处于试播阶段，时播时停。到1943年春，由于大型电子管烧坏后，无法得到配件更换，被迫停播。1945年8月中旬，抗战胜利后，延安台再度试播。1945年9月11日，“延安台”正式重新开播（当天出版的延安《解放日报》报道了“延安台”从即日起开始播音的消息）。

在延安台恢复广播前后，党在其他解放区也建立了一批广播电台。其中，较著名的有：1945年8月20日，东北解放区的第一座广播电台——哈尔滨广播电台开播。1945年8月24日，中共晋察冀解放区利用接管的日伪张家口放送局的设备建立的“张家口新华广播电台”开始试播，26日正式开播。该台发射功率较大，发射电力为1 500瓦，除播放自办节目外，还转播延安新华广播电台的节目，扩大了“延安台”的影响。1946年9月1日，中共晋冀鲁豫解放区利用缴获的无线电通信设备建立“邯郸新华广播电台”，并在涉县沙河村开始播音（1948年冬改为陕北新华广播电台的转播台）。1946年9月23日，东北新华广播电台在佳木斯开始播音，后迁至哈尔滨、沈阳播音。据统计，到1947年9月初，解放区共建立了十座规模较大的广播电台。其中，东北有七座：①东北台（1946年9月23日开播）；②哈尔滨台（1945年8月20日开播）；③长春台（1946年4月24日开播）；④安东台（1945年10月在安东，即丹东，开始播音）；⑤吉林台（1945年11月21日在吉林市开播，曾一度转移到延吉播音）；⑥大连台（1946年1月16日开播）；⑦齐齐哈尔台（1946年5月1日开始播音，7月15日改名西满台，1947年恢复原名）。华北主要有三座：①陕北台（延安新华广播电台在1947年3月撤出延安后，从1947年3月21日起改名“陕北新华广播电台”）；②晋察冀台（其前身为张家口新华广播电台。由于国民党军队进犯张家口，该台转移到晋察冀解放区的阜平山区，于1947年元旦以“晋察冀新华广播电台”名义开播，至1948年5月停办）；③邯郸台（1946年9月1日在河北省涉县沙河村开播，1948年冬停办节目，改为陕北新华广播电台的转播台）。

【中央广播事业管理处的成立】1949年3月25日，新华社总社随中共中央从平山县西柏坡迁入北平；陕北新华广播电台同时迁入，改名为北平新华广播电台，向全国广播，同时用英语向国外广播。原“北平新华广播电台”改名为北平人民广播电台，向北平市播音。为了适应全国广播事业迅速发展的需要，中共中央决定成立专门的机构，以加强这方面的管理。1949年6月5日，中共中央发出《关于扩建中央广播事业管理处的通知》：“为了适应广播事业日趋扩大的需要，中央已决定将原新华总社的口头广播部，扩充为中央广播事业管理处，管理并领导全国广播事业。以廖承志同志（时任中央宣传部副部长——引者注）任处长，李强同志任副处长。中央广播事业管理处与新华总社为平行组织，同受中央宣传部的领导”；“以后各中央局所属的广播电台，应受各该中央局宣传部与中央广播事业管理处之两方面领导”。[102]管理处设管理委员会，作为党委负责制下的领导机构，由七人组成。管理处下设办公厅、北平新华广播电台、编辑部、工程部、联络部。李强兼任工程部部长，梅益任编辑部长，徐迈进任办公厅主任，温济泽任联络部长。从此，党的广播事业结束了它依附于新华社8年多的历史（延安及陕北新华广播电台从1940年底到1949年3月进北平以前，其行政及业务都由新华社领导，是新华社的一个部门），开始独立发展。中央广播事业管理处与新华社成为平行的组织机构，同受中央宣传部领导。当时，这个处管辖并领导全国近五十座广播电台。

1949年6月30日，中央广播事业管理处对各地广播电台实行暂行管理办法，其中规定各地所设的广播电台一律统称“某地人民广播电台”。

【中央广播事业局】1949年10月1日，受中央宣传部直接领导的中央广播事业管理处改组为“中央广播事业局”。它既是新闻宣传机关，又是广播事业管理机构。1949年11月1日，中央人民政府新闻总署成立，中央广播事业局划归新闻总署领导。1952年2月12日，政务院第114次政务会议正式撤销新闻总署后，中央广播事业局改由政务院文化教育委员会领导，宣传业务则由中宣部领导。

中央广播事业局首任局长为李强，梅益、徐迈进任副局长，李强兼任总工程师。该局的职责和任务是：①领导全国各地的人民广播电台；②直接领导中央人民广播电台对国内和对国外（呼号为“北京广播电台”）的广播；③普及人民广播事业，推行中心城市的有线广播建设；④指导和管理各地私营广播电台；⑤培养和训练广播事业干部（据1949年11月29日广播事业局第一次局务会议的决定）。50年代初，中央广播事业局做了大量卓有成效的工作。1950年2月27日，国家新闻总署召开京津新闻工作会议，规定广播电台及广播宣传应担负三项职责：①发布新闻、传达政令；②社会教育；③文化娱乐。这是对广播功能的第一次比较全面的概括，成为后来广播系统在相当长时间里一直贯彻的“三大任务”。1950年全国共有各级人民广播电台65座，总发射功率272千瓦。1952年完成对分散在7个大城市的33座私营广播电台的社会主义改造，全部改由国家经营。从此，私营广播电台在我国大陆地区消亡。这一时期，初步建成了以中央人民广播电台为中心的四级广播电台，大力建设与发展基层收音站、建立并推广农村有线广播站，形成中央—各省、市—地市、县、区乡村的广播宣传网络。此外，从20世纪50年代初期到60年代中期的“文革”前夕，中央广播事业局曾先后在北京组织、主持召开了9次全国广播工作会议，对新中国广播事业的发展产生过很大影响。其中第一次全国广播工作会议于1952

年12月1日至12月11日在北京召开，与会人员有中央广播事业局有关负责同志，各大行政区、省、自治区、直辖市广播电台台长，五个广播器材厂厂长，一部分编辑、记者、工程师、播音员和十七个县的广播收音员，共计176人。第二次全国广播工作会议于1954年11月8日至11月20日召开，与会人员118人。第三次会议于1955年12月15日至12月22日召开。第四次会议于1956年7月25日至8月16日召开。第五次会议于1958年4月7日至4月18日召开。第六次会议于1959年2月23日至3月3日召开。第七次会议于1960年3月1日至3月15日召开。第八次会议于1964年4月3日至4月21日召开。第九次会议于1966年3月20日至4月9日召开。其后中断了14年，第十次全国广播工作会议于1980年10月7日至10月18日在北京召开。[103]

从人事和规模上看，到1950年7月，中央广播事业局有职工524人。1952年2月新闻总署撤销后，广播事业局由政务院文化教育委员会领导，宣传业务由中宣部领导。9月，梅益任局长，徐迈进、温济泽任副局长。1954年11月，广播事业局改由国务院第二办公室领导，宣传业务仍由中宣部领导。到1959年，广播事业局有职工6 660人。到“文革”前夕的1966年初，广播事业局有职工8 083人。1967年12月12日，中央广播事业局实行军管。1976年10月粉碎“四人帮”后，耿飚到中央广播事业局领导工作，后由张香山负责领导工作。到1979年，广播事业局有职工人数达13 572人，主要机构及所辖单位有：办公室、总编室、干部司、机关党委、保卫部、无线电管理总处、基建管理总处、工业管理总处、地方广播管理处、器材处、技术处、计划财务处，以及中央人民广播电台、中国国际广播电台、中央电视台、广播文工团、中国唱片社等。1982年5月4日，中央广播事业局撤销，成立广播电视部，任命吴冷西为中华人民共和国广播电视部部长、党组书记。1985年5月，艾知生任部长、党组书记。到1985年，广播电视部共有职工17 707人，成为规模庞大的机构。[104]

（二）以中央人民广播电台为中心的广播网的形成

【中央人民广播电台】中央人民广播电台的前身是1940年12月30日开播的延安新华广播电台，1943年春停播，1945年11日恢复播音。从1947年3月至1948年5月的一年多时间里，延安台曾经历过三次战略转移：1947年3月中旬，蒋介石、胡宗南军队进犯延安，延安新华广播电台迁到瓦窑堡播音，并改名为“陕北新华广播电台”；1947年3月30日起，陕北台转移到河北涉县播音；1948年5月23日又迁移到晋察冀解放区的河北平山县西柏坡附近继续播音。1949年3月25日，陕北新华广播电台随中共中央进入北平，改名为北平新华广播电台，对全国广播。1949年12月5日，改名为“中央人民广播电台”，成为中华人民共和国的国家广播电台。起初，只办一套节目，每天广播13小时。“发布新闻，传达政令”是中央人民广播电台的首要任务。20世纪50年代初，中央人民广播电台相继开办了《新闻和报纸摘要》、《各地人民广播电台联播节目》两个在全国影响最大、听众最多的广播新闻品牌节目，全国各省、市广播电台和县广播站都要在固定时间转播这两个重要新闻节目。其中，《新闻和报纸摘要》（简称《新闻报摘》）创办于1950年4月16日，当时定名为《首都报纸摘要节目》，目的是扩大新闻来源，增大中央台新闻节目的信息量。1955年4月4日，改称《中央报纸摘要节目》，同年7月4日又易名为《新闻与报纸摘要》，以后一度改名为《新闻和中央报纸摘要》，60年代初又更名为《新闻和首都报纸摘要》，直至1967年1月26日正式定名为《新闻和报纸摘要》节目，一直沿用至今。《各地人民广播电台联播节目》（简称《联播节目》）开办于1951年5月1日，初办时，名为《全国各地人民广播电台联播节目》，1955年7月4日改为现名。《各地人民广播电台联播节目》是一个30分钟的新闻节目，从1968年11月25日起开始在每天晚上8点至8点30分播出，几十年犹不变。1963年至“文化大革命”开始前，是《联播节目》的黄金时期，它是广大听众了解国内重大新闻的非常重要的渠道。以后，由于电视的冲击，中央台《联播节目》听众大幅度减少。[105]

此外，中央人民广播电台从1950年5月22日起开始用藏语播音，这是中央台开办的第一种少数民族语言广播。后来陆续开办蒙古语、朝鲜语、维吾尔语等少数民族语言节目。从1954年8月15日起，中央人民广播电台开始对台湾广播，1981年元旦，开播由徐曼主持的著名对台广播节目《空中之友》。

【各大区、省、自治区、直辖市广播电台的相继创办】新中国成立初期的广播事业是在解放区广播事业的基础上逐步发展起来的。1945年8月抗战胜利后，延安新华广播电台恢复播音。1947年3月至1948年5月间，延安台经过三次转移，更名为“陕北新华广播电台”，成为解放区广播事业的中心。当时创办的各解放区广播电台都要转播它的节目。与此同时，1945年8月23日，八路军晋察冀军区的部队解放了我国北方重要城市张家口，随即接管了该市的原日伪“蒙疆放送局”和它东南郊的宁远发射台，8月24日改名为“张家口新华广播电台”开播。该台是继“延安新华广播电台”之后，在关内解放区建立的第二座广播电台，以后成为“延安台”的重要转播台。

在东北解放区，1946年前后，在接管日伪放送局设备的基础上，东北各解放区都建立了最早的一批广播电台，例如东北台（1946年9月23日以“东北新华广播电台”名义在佳木斯开播；于1948年迁至哈尔滨，5月28日正式播音）、吉林台（1945年11月21日在吉林市开播，后一度转移至延吉；1948年3月18日迁回吉林后播音）、齐齐哈尔台（1946年5月1日利用原国民党的广播电台设备开播）、牡丹江台（1947年8月15日开播）、安东台（1945年11月7日接管原日伪放送局设备开播；后一度停播，于1947年6月10日恢复播音）、延吉台（1945年8月开播）、承德台（1946年7月7日开播，是接收原锦州日伪放送局设备办起来的）。到1948年7月7日，东北地区各解放区的广播电台台长联席会议一致同意“东北新华广播电台”为东北地区的广播电台总台，统一领导和管理（包括供给）东北地区的广播电台。该台在播出自制广播节目的同时，转播陕北新华广播电台的节目。1950年4月15日，“东北新华广播电台”改名为“东北人民广播电台”在沈阳开播，成为东北局的广播电台。1954年8月31日，该台随东北行政区撤销而停播，在该台人员、设备的基础上，创建了辽宁人民广播电台。

新中国成立初期，全国划分为华北、东北、西北、华东、中南、西南六大行政区，每个大行政区（华北除外）都建立了本区的广播电台：

①东北人民广播电台。该台创办最早，详情见上。

②华东人民广播电台。该台创办的时间也较早，于1948年9月12日在山东解放区临朐县的程家庄试播，12月20日正式播音。当时的名称是“华东新华广播电台”，除转播陕北台节目外，也自播有关华东地区的新闻节目。1949年5月迁到上海市，在接管国民党上海广播电台后，成立了“华东人民广播电台”，于1950年4月1日开播，成为华东局的广播电台。1954年12月31日，该台随华东行政区的撤销而停播。

③中南人民广播电台。该台于1950年5月1日在武汉开播，其前身是1949年2月中

共中央中原局在郑州建立的“中原新华广播电台”（1949年2月13日开播，3月1日正式播音）。1949年5月16日武汉解放，中原新华广播电台的工作人员随部队进入武汉，在接收国民党的“汉口广播电台”后，于5月19日以“汉口新华广播电台”呼号开播。1950年改名为“中南人民广播电台”，成为中南局的广播电台。1953年4月30日随中南行政区撤销而停播。

④西南人民广播电台。该台于1950年5月1日在重庆开播，1954年9月5日随西南行政区撤销而停播。

⑤西北人民广播电台。该台于1950年9月1日在西安开播。其前身是1949年1月5日在延安开播的“西北新华广播电台”。同年6月，该台迁西安后，曾先后以“西安新华广播电台”（6月6日）、“西安人民广播电台”（7月1日）的名称播音。1954年9月10日随西北行政区的撤销而停播，其人员、设备并入陕西人民广播电台。

从1949年起，全国各地省（包括自治区、直辖市）级广播电台也相继建立起来。到1952年底，中国大陆人民广播电台的座数由1949年底的49座增加到72座，[106]除西藏外，各省、自治区、直辖市都有了自己的广播电台。1959年，西藏的广播电台也建立起来。至此，全国29个省、自治区、直辖市都有了自己的广播电台。它们是：

①北京人民广播电台。其前身是“北平新华广播电台”，于1949年2月2日开播，系在接管国民党北平广播电台设备的基础上建立的。同年3月25日，陕北新华广播电台（中央人民广播电台的前身）由平山县迁至北平，改名为“北平新华广播电台”，成为全国性的中央台。原面向北平市广播的“北平新华广播电台”遂改名为“北平人民广播电台”，同年9月1日改名“北平新华广播电台第二台”，后又改名为“北京市新华广播电台第二台”，1951年3月11日正式改名为“北京人民广播电台”。

②天津人民广播电台。其前身是“天津新华广播电台”，1949年1月15日开始播音，系在接管国民党天津广播电台设备的基础上而建立的。该台当时由天津日报社委会领导，社委会下设广播部。同年4月从报社分离出来独立发展，5月18日改为“天津人民广播电台”。

③河北人民广播电台。其前身是“保定人民广播电台”，于1949年5月筹建，9月1日开播。1951年4月1日起，改为“河北人民广播电台”。

④山西人民广播电台。其前身是“太原新华广播电台”，1949年4月25日开播，系在接管原国民党广播电台设备的基础上建立起来的。同年6月改名为“太原人民广播电台”，1950年12月20日定名“山西人民广播电台”。

⑤内蒙古人民广播电台。其前身是“乌兰浩特人民广播电台”，1950年11月1日开播。1951年内蒙古自治区首府迁往张家口市，乌兰浩特台迁到海拉尔市，改称“内蒙古广播电台第二台”。1954年，绥远省划归内蒙古自治区后，将原绥远省省会归绥改名呼和浩特，并定为自治区首府。原内蒙古人民广播电台第二台及绥远人民广播电台遂改名为“内蒙古人民广播电台”，于1954年3月6日开始播音。

⑥辽宁人民广播电台。其前身是较早创办的“东北人民广播电台”。1954年8月，东北大行政区撤销，并将辽东、辽西两省恢复为辽宁省。此时，以东北人民广播电台为基础，合并辽东、辽西人民广播电台的部分人员，组建了“辽宁人民广播电台”，于1954年9月1日正式播音。

⑦吉林人民广播电台。其前身是“吉林广播电台”，1945年11月21日开播，系中共

吉林市党组织在苏联红军移交的原日伪“吉林放送局”设备的基础上建立起来的。1946年2月，改称“吉林新华广播电台”。同年5月，部队转移，该台随军撤离吉林市。1948年3月9日，吉林市重获解放，恢复“吉林新华广播电台”呼号，于3月18日正式播音。1949年5月1日改称“吉林人民广播电台”。1954年9月，随省会迁移至长春播音。

⑧黑龙江人民广播电台。1954年8月1日在哈尔滨开始播音。1954年7月，松江省和黑龙江省合并为黑龙江省，省会设在哈尔滨。原设在齐齐哈尔的黑龙江人民广播电台（1951年3月20日开播）迁至哈尔滨，与原设在哈尔滨的松江人民广播电台（1951年3月15日开播）合并组成新的“黑龙江人民广播电台”，于1954年8月1日开播。

⑨上海人民广播电台。1949年5月27日开播，其前身是1948年创建于山东解放区的“华东新华广播电台”。1949年5月27日，上海市区全部解放后，华东新华广播电台随军进城，接管国民党上海广播电台设备建立“上海人民广播电台”。同年9月1日，该台同时承担对华东地区广播的任务。1950年4月1日，另成立“华东人民广播电台”，负责华东地区的广播宣传任务。上海台成为专门面对上海市的广播电台。

⑩江苏人民广播电台。1953年1月1日在南京开播。该台是以南京人民广播电台（1949年5月19日开播）为基础，合并苏南人民广播电台（1949年9月1日在无锡开播）和苏北人民广播电台（1950年6月25日在扬州开播）而建立的，于1953年元旦江苏省政府正式成立之日开播。

⑪浙江人民广播电台。1949年5月25日，在接管国民党浙江广播电台设备的基础上建立的“浙江新华广播电台”在杭州开播。同年6月9日改称“杭州人民广播电台”，1951年改为“浙江人民广播电台”。

⑫安徽人民广播电台。1952年6月1日在合肥开播。该台是由皖北人民广播电台（1950年6月5日在合肥开播）和皖南人民广播电台（1951年4月20日在芜湖开播）合并而建立的。

⑬福建人民广播电台。1949年8月24日在福州开播，当时称“福州人民广播电台”，是在按管国民党福建广播电台设备的基础上建立起来的。1951年9月28日，福州人民广播电台改名为“福建人民广播电台”。

⑭江西人民广播电台。1949年5月25日在南昌开播，当时称“南昌新华广播电台”，也是在接管国民党江西广播电台设备的基础上建立的。同年6月3日改称“南昌人民广播电台”，1951年1月更名为“江西人民广播电台”。

⑮山东人民广播电台。其前身是1948年11月8日开播的“济南特别市新华广播电台”。该台是在接管国民党山东广播电台设备的基础上建立的。1949年6月13日改名为“济南新华广播电台”，6月20日改名为“济南人民广播电台”。1950年4月，该台改为省台兼市台。1950年10月27日以“山东人民广播电台”名义开始试播，11月8日正式播音。

⑯河南人民广播电台。1950年7月在当时的河南省会开封开始筹建，同年9月15日试播，1951年元旦正式开播，1954年10月迁到新省会郑州继续播音。

⑰湖北人民广播电台。1953年5月1日在武汉开始播音。其前身是武汉新华广播电台和中南人民广播电台。武汉新华广播电台是由中共中央中原局（后改称华中局）在接管国民党广播设备的基础上建立的，于1949年5月23日在汉口开播，同年9月1日改名为“武汉人民广播电台”。中南人民广播电台则于1950年5月1日开播，与武汉台两台合

署办公，是中南局的广播电台。1953年中南行政区撤销后，以中南台为基础建立湖北人民广播电台，同时将武汉人民广播电台交由武汉市领导。

⑱湖南人民广播电台。1949年11月7日在长沙开始播音，当时称“长沙人民广播电台”，1950年11月1日改为“湖南人民广播电台”。

⑲广东人民广播电台。1949年10月20日在广州（沙面）开播，当时称“广州人民广播电台”，是在接管国民党广州广播电台设备的基础上建立起来的。1950年6月16日，广州台分为两个台，一台为广东人民广播电台，面向全省广播；二台为广州人民广播电台，面向广州市广播。两台合署办公，一套机构，两个台名。

⑳广西人民广播电台。其前身是“南宁人民广播电台”，1950年2月在南宁筹建，5月1日开始播音。同年11月15日改为“广西人民广播电台”。

㉑四川人民广播电台。1952年10月1日在成都开播。该台前身是1950年创建的“成都人民广播电台”和1951年创建的“川西人民广播电台”。1952年8月，随着四个行政区的合并，以川西人民广播电台为基础，合并川南、川北人民广播电台，组建成四川人民广播电台。同年10月1日正式开播。1954年9月和1955年10月，西南人民广播电台和西康人民广播电台相继撤销，两台的部分编辑和技术人员先后充实到四川台。

㉒贵州人民广播电台。1950年1月1日在贵阳开始播音，当时称“贵阳人民广播电台”。该台是在接管国民党贵州广播电台设备的基础上建立的。1951年6月改名为“贵州人民广播电台”。

㉓云南人民广播电台。1950年3月4日在昆明开播，当时称“昆明人民广播电台”，是在接管国民党昆明广播电台设备的基础上建立起来的。1951年3月23日改为“云南人民广播电台”。

㉔陕西人民广播电台。1953年2月10日正式成立。其前身是1949年1月5日在延安开播的“西北新华广播电台”。1949年5月2日，西安解放，西北新华广播电台迁到西安，6月1日在西安播音，6月6日改名为“西安新华广播电台”。7月1日，又改名为“西安人民广播电台”。1950年9月1日起，再改名为“西北人民广播电台”，成为西北局领导的广播电台。同一天，主要面向西安市的“西安人民广播电台”也开始播音。当时两台一套机构办公，办两套节目。1953年2月10日，陕西人民广播电台开播。1954年西北大行政区撤销，西安市改为陕西省省会城市，西北人民广播电台也于同年9月停播，其人员、设备与西安人民广播电台一起并入陕西人民广播电台。省、市台合署办公，分别使用陕西人民广播电台和西安人民广播电台的呼号播音。

㉕甘肃人民广播电台。1949年8月26日，兰州解放，兰州军管会代表立即派出军代表，在地下党组织的协助下，接管了国民党兰州广播电台。经过紧张筹备，1949年9月7日，兰州人民广播电台正式开播。1951年4月1日起，改名为“甘肃人民广播电台”。

㉖青海人民广播电台。1949年9月14日在西宁开播，是在接管国民党青海广播电台设备的基础上办起来的，当时称“西宁人民广播电台”，1951年4月1日起改为“青海人民广播电台”。

㉗宁夏人民广播电台。1951年7月1日在银川开播。1954年11月，宁夏省建制撤销，其县、市并入甘肃省（其盟、旗并入内蒙古自治区），该台随之改为甘肃人民广播电台的转播台。1958年10月，以原宁夏省行政区域为基础成立宁夏回族自治区，宁夏人民广播电台重新组建，于10月15日恢复播音。

㉘新疆人民广播电台。1949 年 12 月 21 日在迪化（今乌鲁木齐）开始播音，当时的汉语呼号为“迪化人民广播电台”，维吾尔语呼号为“乌鲁木齐广播电台”。1951 年 3 月 20 日，改名为“新疆省人民广播电台”，呼号为“新疆人民广播电台”。1955 年 10 月，新疆省撤销，成立新疆维吾尔自治区。1956 年 1 月 1 日，新疆台又改名为“新疆维吾尔自治区人民广播电台”，呼号仍为“新疆人民广播电台”。

㉙西藏人民广播电台。1959 年 1 月 1 日在拉萨开始播音。该台是在拉萨有线广播站基础上筹建起来的。[107]

（三）广播收音网的形成与农村有线广播站的广泛建立

【广播收音站的广泛建立】新中国成立初期及 20 世纪 50 年代前期，中共中央、政务院（“政务院”系“中华人民共和国中央人民政府政务院”的简称，1954 年后改为“国务院”）、新闻总署都非常重视广播事业，重视在全国建立广泛的广播收音网。

1950 年 3 月 29 日至 4 月 16 日，由新闻总署主持召开的全国新闻工作会议在北京举行。会议讨论了人民广播工作，并形成决议，决定在全国迅速建立广播收音网。4 月 22 日，中央人民政府政务院根据这次会议的讨论和决议，批准了新闻总署《关于建立广播收音网的决定》，这是新中国成立后第一个由政府公布的有关无线电广播的政令。当天，中央人民广播电台特此发表广播评论《拥护新闻总署关于建立广播收音网的决定》。4 月 23 日《人民日报》予以刊载。《决定》指出：“无线电广播事业是群众性宣传教育的最有力的工具之一，在我国目前交通不便，文盲众多，报纸不足的条件下，作用更为重大。”《决定》要求全国各县市人民政府、人民解放军各级政治机关，以及其他机关、团体、工厂、学校均应设置或酌情设置专职或兼职收音员。其任务是收听或记录中央和地方人民广播电台广播的新闻、政令或其他重要内容，向群众介绍和预告广播节目，组织群众收听重要的广播节目，还可以将记录下来的重要新闻、政令和节目要点编成小报或墙报，广为发行和张贴。所有收音员均应向地方或中央广播电台登记，并按月报告工作情况和听众意见。为贯彻实施上述决定，中央广播事业局于 4 月 26 日专门给各地方人民广播电台发出了有关通知。

1951 年 1 月 1 日，中共中央发布关于在全党建立对人民群众的宣传网的决定，要求在党的每个支部设立宣传员、在党的各级领导机关设立报告员，“收听和传布人民广播”。4 月 4 日，中共中央又发出《关于应着重利用广播和收音网推动工作的指示》。4 月 16 日，中国人民革命军事委员会总政治部也发出《关于建立部队广播及广播收音网的指示》，《指示》提出：①总政治部将在中央人民广播电台举办定时部队广播节目，一级军区政治部等可在当地人民广播电台举办部队广播节目；②在部队团以上单位建立和健全广播收音网，设置专职或兼职收音员。4 月 23 日，《人民日报》发表社论《必须重视广播》。社论列举新闻总署《关于建立广播收音网的决定》与一年来广播事业发展的有关情况，并要求各级领导机关重视利用无线电广播，用它来“推动工作，教育人民”。

1951 年 9 月 12 日，政务院新闻总署、中华全国总工会联合发布《关于在全国工厂矿山企业中建立广播收音网的决定》。9 月 13 日，《人民日报》刊载了这一决定。同一天，《人民日报》发表社论《大力开展工人中的广播工作》。

据统计，到 1952 年底，全国建立起县区的收音站达 23 721 个，有 4 万多名收音员活跃在广大城乡。“星罗棋布的收音站、廉价的矿石收音机和其他各种收音机使广播深入机关、学校、工矿企业、城市街道、农村院户、部队营房。人民群众收听广播的积极性很高，这对宣传党的方针、政策，活跃人民文化生活起了重要作用。”[108]

1955年3月29日，国务院又发布《关于在农业、畜牧业、渔业生产合作社重点建立收音站的指示》和《关于在边远省份和少数民族地区建立收音站的通知》。《指示》和《通知》的内容主要有：①为加强对农业的社会主义改造的宣传，普及时事政治和生产技术的知识，预防恶劣天气和潮汛对农、牧、副业的损害，以及部分解决农民对文化娱乐的要求，有必要在全国一部分组织比较巩固和农户较多的农、牧、渔业生产合作社建立收音站；②为加强对边远省份和少数民族地区人民群众的爱国主义教育和政策时事宣传，预防恶劣天气对农、畜牧业的损害，以及部分满足农、牧民对文化娱乐的要求，特拨出1 500部收音机，在云南、贵州、西康、甘肃、青海、新疆、广西、海南和内蒙古自治区建立收音站。这样，边远省份及偏远的少数民族地区也能收听到中央台及地方台的广播了。

关于中央政府及各级组织为何如此重视广播事业、重视在全国范围内广泛建立收音网，熊复当年曾作过十分精彩的解释和分析："人民政府为什么这样重视广播事业，重视在全国建立广播收音网呢？道理很简单，无线电广播是最现代的、有力的宣传工具。就对群众进行政治鼓动来讲，它就是每天召开的'千百万人的群众大会'；就对群众传达政令、指导群众行动来讲，它就是'没有距离的报纸'；就对群众进行一般文化教育来讲，它就是'不要课堂的学校'；就使群众获得正当的社会娱乐来讲，它就是'不花钱买票的戏院'。""无线电广播这个工具，就其影响范围的广大，传播时间的迅速，也就是空间的广度和时间的速度来说，有它的特殊作用。特别是在我国这样土地辽阔、人口众多，而又交通不便、文化落后的情形下，它的作用就更重大。在这些方面，无线电广播的作用是任何其他新闻工具如报纸所不能代替的。”[109]

【广大农村有线广播站的广泛建立】所谓"有线广播"是指通过导线或光导纤维传输广播节目信号。据考证：1876年有线电话诞生，为有线广播的诞生打下了技术基础。1893年，在匈牙利的布达佩斯就有人成功进行了有线广播试验。到1924年，苏联开始在各地开办有线广播，德、法等西欧国家也利用电话网传送广播节目。有线广播既可以转播无线电台的广播节目，又可以自办节目。我国农村曾在很长一段时期内广泛采用有线广播，这最早开始于20世纪50年代初。

1952年4月1日，全国第一座农村有线广播站——吉林省九台县广播站建成并播音，它是新中国成立初期第一个在收音站的基础上通过电话线把广播送往农村的县级有线广播站。该站利用电话线路定时广播，在各村、学校、文化站、供销社等公共场所普遍设置广播喇叭，直接向农民广播。不久，"九台经验"被迅速推广到全国。许多县的收音站扩充为有线广播站，在电杆或屋顶甚至村民家中架设广播喇叭，方便群众收听，使广播真正进入千家万户。

1955年7月1日，江苏省无锡市有线广播站开始播音，成为我国第一个既有无线广播电台，又有有线广播站的城市。同年8月25日，全国农村有线广播工作座谈会在北京举行，确定了多数省份应采取"重点示范、分批发展"的方针。同年9月20日，中央广播事业局发出关于两年内在全国有条件的省、自治区逐步建设有线广播的指示。同年10月11日，毛泽东同志在党的七届六中全会上提出要"发展农村广播网"。12月30日，《人民日报》专此发表社论《发展农村广播网》。1955年12月中旬，第三次全国广播工作会议进一步讨论和确定了发展农村广播网的方针：依靠群众、利用现有设备、分期发展、逐步正规，先到村、社，后到院、户。为了进一步发展和规范农村有线广播的建设，1956年4月，邮电部、中央广播事业局联合颁发了《利用县内电话线路建立农村有线广播网暂行规则》。

据统计，到1955年底，全国共有县广播网站326座、中小城镇广播站719座，工矿企业小型广播站4 680个，部队小型广播站750个。全国有县、区、乡收音站11 000多个，农、林、牧、渔合作社收音站17 764个，边远少数民族地区收音站1 500个，解放军收音站2万多个。到1956年，县（市）级广播站1 458个，有线广播喇叭50.6万只。[110]基本上形成了覆盖全国绝大部分农村地区的有线广播网络。

（四）对外广播的开展

对外广播亦称“国际广播”，是“以国外听众为对象的广播宣传”。[111]

“中国国际广播电台”是我国专门从事对国外宣传及传播的国家广播电台，其前身是滥觞于1947年9月11日开播的陕北新华广播电台的英语广播节目。当时正是解放战争进入大反攻的关键时刻，设在太行山下河北省涉县沙河村、尚属于新华社口播部的“陕北新华广播电台”开始每天增加20分钟的英语广播节目。因此，“陕北台”英语广播节目的开播标志着党中央直接领导下的对外广播及传播的开始，“9月11日”便成为我国广播界公认的“中国人民对外广播”的诞生纪念日。当时广播用的发射机是用缴获国民党的一台美制无线电导航电台改装成的，功率只有1 000瓦。口播部主任是温济泽，英语编辑负责人是沈建图，第一个英语播音员是魏琳，当时23岁。当天开播时将一张旧唱片——意大利歌剧《阿依达》中的《凯旋进行曲》作为广播的开始曲。正式播出的第一篇英语广播稿《开播的话》简明扼要地阐明了创办英语广播的目的和意义：“今天，9月11日，我们开始播送新办的英语新闻节目”，“我们要通过这个电台在上海时间每晚八点四十分即二十点四十分向讲英语的世界各地播送有关中国时事的简明真实的报道，因为我们相信这样的材料是不容易从其他地方得到的。我们准备向听众们报道中国正在前进——全人类五分之一的人民正在克服一切障碍走向新的民主生活，这将对今后世界发展的道路发生深刻的影响”。[112]

实际在此之前，在延安播音时的“延安新华广播电台”早在1941年12月3日就开始进行日语广播。当时正处于抗日战争期间，中共中央很重视瓦解日军及对日军进行心理战的工作。为此，中共中央委派八路军总政治部主任王稼祥同志领导筹备日语广播工作，具体工作由总政治部敌工部负责。选稿任务由当时在延安的日共领导人野坂参三负责，先后担任编辑的有刘思、王文庶和张纪明，由来华的日本女青年原清子（原清志，后加入中国籍）负责日语播音。每星期五的17时至17时30分广播一次。半年后就停播了。[113]另外，抗战胜利后，中共在晋察冀解放区接管日伪张家口放送局的设备建立的“张家口新华广播电台”（1945年8月24日开播）在1946年7月15日也开始开办英语新闻广播节目。与此同时，东北新华广播电台也曾办过英语和日语广播节目。但是，这些台的发射功率都很小，开办时间也短，旋起旋辍，无法让国外听众收听到，影响很小，故不能算真正的对外广播。

1949年3月，陕北新华广播电台随新华社总社从河北平山县迁到北平，改名为“北平新华广播电台”。进入北平不久，对外广播节目于1949年6月20日增设了第二种外语广播——日语广播。1950年4月1日，根据对外广播发展的需要，外语广播部分在组织机构上与对国内广播分开，中央广播事业局专门成立了以左漠野、张纪明为领导的“国际广播编辑部”，负责对外广播的编辑、播音工作，规模有40多人。从此，我国的对外广播事业开始了正规化、健康、快速大发展。1950年4月10日起，正式开始用印度尼西亚语、越南语、泰国语、缅甸语播音。这四种语种同原有的英语、日语一起，用“北京广播电台”（英语名称Beijing Radio）的新呼号播出。与此同时，还开办了对海外华侨的汉语普通话及广州话、潮州话、厦门话和客家话四种方言的广播。1950年7月1日还开始用朝鲜语广播。对外广播时间每天累计达11小时。

从20世纪50年代初期开始到60年代中期，是我国对外广播事业的大发展时期。在此期间，我国政府投资建立了一些大功率发射台，聘请了一批外国专家，培养出一批外语干部，形成了一支高质素的对外广播的编、采、译、播及节目制作队伍。到1966年“文化大革命”前夕，我国对外广播已拥有27种语言的节目，电波可传播到世界大部分地区。

一直到1978年5月1日，我国对外广播的机构“国际广播编辑部”才正式定名为“中国国际广播电台”，但对国外广播仍用“北京广播电台”的呼号。

到1982年，中国国际广播电台每天用38种外语及汉语普通话和4种方言（广州话、潮州话、客家话、厦门话）对全世界广播。每天播音时间累计达十多个小时。

到1987年，中国国际广播电台的规模已达1 400多人。其广播语种和播音时间仅次于苏联和美国，居世界第三位。[114]

第三节　新中国成立初期新闻传播业的管理与经营

一、新闻总署的成立及其工作

1949年10月19日，中央人民政府委员会举行第三次会议，任命郭沫若为政务院副总理，兼文化教育委员会主任、科学院院长，胡乔木为新闻总署署长，胡愈之为出版总署署长。10月21日，政务院文化教育委员会成立。11月1日，新闻总署正式成立，受政务院文化教育委员会领导，胡乔木（原新华通讯社社长兼人民日报社社长）任署长，范长江（原上海解放日报社社长）、萨空了（光明日报秘书长）任副署长。新闻总署的职能是负责领导全国的新闻事业，管理国家的一些新闻机构。新闻总署机关直属单位有：一厅（新闻总署办公厅）、一社（新华通讯社）、三局（广播事业局、国际新闻局、新闻摄影局）、一校（北京新闻学校）。新闻总署系统的规模有工作人员1 600余人，学生280人。

新闻总署成立后，有领导、有计划地贯彻执行中共中央和中央人民政府有关新闻事业的政策、法令、法规和指示，主持召开全国性新闻工作会议，调整、规划新闻事业的发展，指导、研究新闻事业的经营管理和业务改革。具体而言，它主要进行了下列工作：为中共中央和中央人民政府起草和制定了一系列管理新闻事业的政策、条例和法规；与邮电部联合公布《关于邮电局发行报纸暂行办法》（1950年2月）；公布《关于建立广播收音网的决定》（1950年4月14日）、《关于改进报纸工作的决定》（1950年4月23日）；通过《关于统一新华通讯社组织和工作的决定》（1950年4月25日）；与出版总署共同拟订

《关于各级新闻出版机关的任务与组织暂行规定（草案）》（1950 年 5 月 30 日）。与此同时，新闻总署还主持召开过两次重要的新闻工作会议：一次是 1949 年 12 月 17 日至 26 日召开的全国报纸经理会议，一次是 1950 年 3 月 29 日至 4 月 16 日召开的全国新闻工作会议。这两次会议在当时产生过重大影响。

到 1952 年，我国新闻事业体制及报业结构发生了重大变化：全国所有的广播电台基本上都变为公营及国营广播电台，所有通讯社都被取缔，只容许新华通讯社一家存在。从此以后，不容许私人经营广播电台及通讯社。"所有私营报纸都变为公私合营（后来又逐渐退还私股），继而成为公营报纸，实现了凡报纸皆党报的一统局面。这也许构成了作为整个国家新闻事业管理机构的新闻总署在这一年被撤销的原因之一。因为既然都是党报，就只要党管新闻事业就行了。新中国成立初期有'新民主主义新闻事业'、'人民的新闻事业'的说法，这以后凡提新闻事业，皆称'党的新闻事业'。"[115]因此，1952 年 8 月 7 日，经政务院第 114 次会议决定，正式撤销新闻总署。接着，各大行政区新闻出版局，各省、市新闻出版处也随之撤销。新闻总署下属新华社改由政务院文化教育委员会（简称"文教委员会"）直接领导，国际新闻局改为外文出版社。此后，在相当长的时期内，全国新闻事业由中共中央宣传部负责领导，各地党的宣传部门也逐步代替政府部门主管新闻事业及新闻宣传工作。可以说，"1952 年 8 月"是我国现、当代新闻事业的转折点。也可以说，1949 年 11 月成立新闻总署，是中央出于"党政分开"的长远考虑，开始建立新的新闻传播业管理体制。1952 年 8 月新闻总署撤销后，新闻传播业管理体制又恢复到战争时期"党政合一"的状态。直到 35 年后的 1987 年 1 月 13 日，国务院发出通知，决定撤销原国家出版局，重建"中华人民共和国新闻出版署"，作为国务院下属的对报刊进行行政管理的专门机构，中国新闻传播业管理体制再次实行"党政分开"，杜导正出任第一任"新闻出版署"署长。2000 年 1 月，"新闻出版署"升格为正部级单位，名称改为"新闻出版总署"，由石宗源出任"新闻出版总署"署长[116]。

二、建章立制——新闻出版业管理规章、法规的制定与颁行

1949 年 9 月 21 日至 30 日，中国人民政治协商会议在北平正式举行。会议一致通过了具有新中国准宪法性质的《中国人民政治协商会议共同纲领》。其中第 5 条规定："中华人民共和国人民有思想、言论、出版、集会、结社、通讯、人身、居住、迁徙、宗教信仰及游行示威的自由权。"第 49 条规定："保护报道真实新闻的自由。禁止利用新闻以进行诽谤，破坏国家人民的利益和煽动世界战争。发展人民广播事业。发展人民出版事业，并注重出版有益于人民的通俗书报。"

1954 年 9 月 15 日至 28 日，中华人民共和国第一届全国人民代表大会第一次会议在北京举行。大会通过了我国第一部社会主义性质的宪法——《中华人民共和国宪法》。其中第 87 条规定："中华人民共和国公民有言论、出版、集会、结社、游行、示威的自由。国家供给必需的物质上的便利，以保证公民享受这些自由。"《共同纲领》和《宪法》中的这些条文是保障新中国新闻事业健康稳步发展、维护人民群众言论出版自由的总纲。

依据以上总纲，新中国成立初期及 20 世纪 50 年代中期，中央人民政府、政务院及其所属部门新闻总署等有关机构，制定了一系列管理新闻出版业的规章制度及单行法规，如：

在规章制度方面，根据政务院指示，1949年11月11日新闻总署作出《关于报纸采用新华社电讯的规定》，即全国大报必须采用新华社“通稿”。《规定》要求“一般大报对新华社所发表的各种有特别重要性的稿件，如政府公告、外交文书、社论和重大的政治外交新闻等，不得节删。通俗报和小型报对于最重要的公告亦不得节删，但可附加通俗解释。对其他文件，在必须改写时，可以改写，但改写后不得用原有文告，或新华社电讯名义”[117]。

1950年5月30日，新闻总署和出版总署联合作出《关于各级新闻出版机关与组织暂行规定（草稿）》，对新中国各级新闻出版行政主管机关的职能、行为进行规范。《规定（草案）》指出：“各级新闻出版行政机关（大行政区设新闻出版局，或分设新闻与出版两局，重要省市设新闻出版处，一般省市有必要时设新闻出版室）的任务，主要为新闻与出版行政的管理……不负担其他新闻出版的业务工作，其具体职责如下：

（1）传达与执行各级人民政府关于新闻出版的政策与法令；

（2）办理新闻出版事业机关及报刊发行与广播频率、输出力、时间等的登记及对当地报纸、刊物、图书及出版、发行、印刷机关进行调查统计工作，并分向中央人民政府新闻总署与出版总署提出报告；

（3）对有关新闻出版的合法权益（如版权著作权等）的保障事项及对有害于人民的报刊、书籍、广播节目等的取缔事项；

（4）组织关于报刊、书籍的批评介绍工作，以收推进新闻、出版工作之效；

（5）适应记者、编辑、著作家和其他新闻出版工作者的需要，组织关于实际工作情况与政策的各种报告与座谈，及记者招待会等；

（6）发布同级政府必须统一发布的地方性公告性新闻；

（7）审核各公营报纸及广播台的预算、决算等事宜；

（8）执行新闻、出版用纸的补贴分配事宜；

（9）协助审查当地新华书店出版书稿；

（10）用事后审查及抽查方法，审查当地出版或经售的书刊与本地区播送的广播节目，及国外进口的报纸与书刊。”[118]

在单项法规方面，新闻总署于1950年公布了《全国报纸杂志登记暂行办法（草案）》。《暂行办法（草案）》共计12条，从报刊的出版登记到违法惩处条例，一应俱全。其中规定：各地凡出版报纸杂志（包括公营和私营的），必须一律实行申请登记，经过地方新闻出版管理机构初审并转呈新闻总署核定，取得登记证后，始准出版发行。《暂行办法（草案）》第9条明确规定了报刊必须遵守下列四项要求：①须遵守共同纲领，拥护人民民主事业；②须遵守各级人民政府的政策法令；③须保守国家的国防、外交、财政、公安等有关机密事项；④须报道真实新闻，并禁止利用新闻进行诽谤、破坏国家与人民的利益和煽动世界战争的言论和记载。《暂行办法（草案）》还提出：凡违反各项规定者，由各级新闻出版机构按照情节轻重分别给予警告、教育、定期停刊或终刊的处分。如有涉及刑事案件行为者，则由人民法院依法处理。这一《暂行办法（草案）》[119]是新中国第一个全国性新闻传播业登记法规，也是新中国成立初期报纸、杂志出版管理所依据的主要法规。

《管理书刊出版业、印刷业、发行业暂行条例》、《期刊登记暂行办法》皆于1952年8月16日由中央人民政府政务院公布。其中，《管理书刊出版业、印刷业、发行业暂行条例》规定：凡公营、公私合营、私营的书刊出版业、印刷业、发行业，均应按规定手续向当地行政出版机关申请核准营业，取得营业许可证后，再凭证另向当地工商行政管理机关申请登记。凡经营书刊出版业、印刷业、发行业者，不得印发违反中国人民政治协商会议《共同纲领》及政府法令之书刊，不得承印或发售政府明令禁止出版发行之各种书刊。《期刊登记暂行办法》则规定：各种期刊的发行均应按规定手续实行申请登记，经过受理的出版行政机关呈报上级机关核准并发给登记证后，始得出版发行。

《中共中央关于报纸和期刊的创办、停办或改刊手续办理的几项规定》（1956 年 2 月公布）作出了全国从中央到地方各级各类报纸期刊的创办、停办或改刊（包括改变刊名、刊期、刊张等）手续办理的几项规定，并重新明确了各级部门的审批权限。

此外，在其他法规中，也有涉及新闻传播业活动的条文，如《保守国家机密暂行条例》（1951 年 6 月 8 日由中央人民政府政务院公布）第 11 条规定："凡有关国家政策的新闻、论文、资料的公布或报道，属于政务范围者，由中央人民政府政务院统一规定发布办法；属于军事范围者，由中央人民政府人民革命军事委员会统一规定发布办法。""凡报刊公布、电台广播的新闻、论文、资料等，内容均不得涉及国家机密。各通讯社、报馆、广播电台、出版机关均应订立发布新闻、论文、资料的保密审查办法。"第 13 条规定，凡有下列行为之一者，以反革命论罪，依惩治反革命条例惩处之：①出卖国家机密于国内外敌人者；②故意泄露国家机密于国内外敌人者；③出卖国家机密于国内外奸商者。这一《条例》是新闻机构和新闻从业人员为保守国家机密必须遵循的准则。《中华人民共和国惩治反革命条例》（1951 年 2 月由中央人民政府公布）规定：凡"进行反革命宣传鼓动、制造和散布谣言者"，应以反革命罪惩处。

还有，中共中央于 1950 年 4 月 19 日作出的《关于在报纸刊物上展开批评和自我批评的决定》（1950 年 4 月 21 日由新华社播发，22 日《人民日报》一版显著位置刊登），也带有新闻法规的性质。《决定》要求"吸引人民群众在报纸刊物上公开地批评我们工作中的缺点和错误，并教育党员，特别是党的干部在报纸刊物上作关于这些缺点和错误的自我批评"，并重申"在一切公开的场所，在人民群众中，特别在报纸刊物上展开对我们工作中一切错误和缺点的批评和自我批评"。同时，也要"教育报纸刊物的编辑人员、记者、通讯员和人民群众去区别正确的批评和破坏性的批评。我们所提倡的批评，乃是人民群众（首先是工人农民）以促进和巩固国家建设事业为目的的、有原则性的、有建设性的、与人为善的批评，而不是为着反对人民民主制度和共同纲领、为着破坏纪律和领导、为着打击人民群众前进的信心和热情，造成悲观失望情绪和散漫分裂状态的那种破坏性的批评。报纸刊物的编辑人员、记者、通讯员和读报组应当欢迎和引导正确的批评而反对破坏性的批评"。此外，为了保障在报纸刊物上的批评与自我批评得以顺利而有效地进行，防止对批评者实行"打击、报复与嘲笑"，或"置之不理、限制发表"，中共中央在《决定》中特规定了甲、乙、丙、丁四项办法，要求"各级党委与党报工作者切实地加以执行"。

三、报纸"企业化经营"方针的第一次提出与报刊"邮发合一"体制的建立

新中国成立初期，新诞生的人民共和国所面临的国内外形势是极其严峻而复杂的。在国际形势方面，当时的国际环境是十分险恶的。帝国主义国家特别是美帝国主义不甘心其在中国的失败，对新中国在政治上采取不承认政策，在经济上进行封锁禁运，在军事上实

行包围，并支持国民党反动派的残余势力进行破坏和捣乱，企图把新生的人民政权扼杀在摇篮之中。在国内形势方面，全国解放初期的经济形势十分严峻。由于旧中国经济本来就极其落后，再加上8年的日本帝国主义发动的侵华战争和4年国民党反动派发动的反人民的内战，更使国民经济遭到严重破坏。到全国解放初期，国家财政经济仍十分困难，通货膨胀，物价高涨，失业人口大量存在，国民经济及工农业生产尚处在恢复之中。这样的经济大环境必然影响新闻传播业的生存和发展。由于生产、交通和教育尚处在恢复之中，再加上外贸受封锁的影响，导致印报纸张供应紧俏，纸价昂贵，这就严重影响报纸的经营成本（当时纸价一般占报纸总成本的70%）；又由于读者购买力下降和报纸读者范围的日益缩小，导致报纸发行面不广、发行量严重下降；再加上多数报纸经营不善、管理不当，因而各地报纸普遍发生“严重的赔耗现象”，如《人民日报》等16家报纸，每年赔耗达5 000万斤小米（约合现在500万人民币），这在当时可不是个小数目。正是在这样的背景下，新中国成立初期，国家新闻总署于1949年12月17日至26日在北京召开了“全国报纸经理会议”，着重研究改善报纸的经营管理，决定采取两大措施：一是报纸必须采取和贯彻“企业化”经营的方针；二是报纸的发行，实行“邮（递）发（行）合一”的方针。中央政府对这次会议非常重视，在会议进程中，中央人民政府财政部部长薄一波、副部长戎子和到会报告了当前的财政情况，中华全国总工会副主席李立三报告了工厂管理及工会工作。

“企业化经营”就是要求全国报纸，特别是公营报纸，转变依赖供给制及国家补贴的思想，“把报社真正作为生产事业来经营，逐步实行经济核算制”；适当多登广告，精简机构、厉行节约；实行成本核算，尽量降低成本；扭转亏损、“赔耗”局面，争取全部或大部分自给。

【报纸贯彻、实行“企业化经营”方针的八大措施】1949年12月26日，全国报纸经理会议作出《全国报纸经理会议决议》。《决议》全面、系统地提出了报纸贯彻实行“企业化经营”方针的八大具体措施，内容包括公、私营报纸必须采取“企业化”方针、白报纸纸张的供给与价格、报纸的定价、报纸的发行、广告的刊登、报社人员的整编与精简、报社的会计工作与成本核算、报社的民主化管理等。这是新中国成立后第一次全面地提出报纸的经营管理问题。当时中共中央对这个问题非常重视，仅仅过了4天，就于12月30日批转了中央人民政府新闻总署党组《关于全国报纸经理会议的报告》（简称《报告》），批准了《全国报纸经理会议的决议》（简称《决议》）[120]。

新闻总署在批转的《报告》中特别指出：条件好的公营报纸应争取自给，办法是报纸定价不低于纸张成本，多登有益的广告；报纸发行逐步交邮局统一办理，以减少发行上的开支与损失；健全会计制度，消灭浪费，缩减冗员。凡是实行上述办法后仍不能自给的报纸，均由政府新闻行政部门与财政部门在审核报社预算后，实行定期、定额的补贴制度，废除许多地方报纸“予取予求”的单纯报销制度，以减少国家财政的损失。[121]

《全国报纸经理会议决议》（1949年12月26日通过）是新中国成立伊始制定的一份关于报业经营管理的纲领性文件，原文如下：

“一九四九年全国民主报社的经营，一般是有成绩的。它们都克服了战争时期各种物质困难，使大量的报纸到达了广大读者的手中。但是由于生产交通和教育还在恢复过程中，物价（特别是纸价，一般占报纸总成本百分之七十）上涨，读者的购买力和读者范围都受到了限制，以致全国公营与私营报纸的发行都还不够广，而且发生了严重的赔耗现象。而部分报纸分工不甚合理和多数报纸经营不善，则加重了这种赔耗。人民政府对于报纸因纸张供给和纸价昂贵所造成的困难，已决定由全国文化用纸管理委员会统筹解决。报社方面必须努力加强与读者的联系，改善报纸间的分工和克服经营中的不合理现象。本会议在研究了全国公私营报纸经营的基本情况以后，特作如下决定：

一、全国一切公私营报纸的经营，必须采取与贯彻企业化的方针。公营报纸必须把报社真正作为生产事业来经营，逐步实行经济核算制。私营报纸亦须在已有基础上进一步改善经营方法。条件较好的公营报纸应争取全部或大部自给，条件较差者亦应在政府定期定额的补贴下，争取最大可能的自给程度。公营报纸的预算，应逐月或逐季由所属人民政府的新闻行政部门和财政部门共同审核。

二、拥护人民政府发展本国造纸工业，统筹外纸进口及对文化用纸适当低价配售的政策。各报应尽量首先采用国产纸，并对纸张消耗力求节约。

三、报纸实收价格，一般应以稍高于纸张成本为原则。不应高抬价格，妨碍广大读者的购买。在配纸实行以后，在农村经济还未完全恢复时期，农村报纸的价格应在不低于配售纸价的原则下，稍低于城市报纸的价格。

四、报纸发行工作，应学习苏联及我东北、山东的经验，逐步地全部移交邮政局办理。各报可按具体情况与各地邮局签订发行合同。在邮局尚不能担负报纸发行任务的地区，各报应大力改进发行工作，力求报纸发行面的扩大，批发折扣一般应不低于七折。对于读者的优待，应当着重于优待读报组、集体订阅户和热心推广订阅的订户，而逐步改变现在的单纯注意成分的办法。赠送、交换、存报都应力求节约。报费以预收为原则。

五、广告在目前的城市报纸上是必要的。城市报纸应当以适当地位主动地刊登有益于国计民生的广告，以推进生产和文化事业，并服务于人民群众的日常需要，同时也由此增加报社的财政收入。但报社应当审核广告内容，并适当地限制广告篇幅。对大城市中的私营广告社应以适当方法加以领导。

六、公营报纸的编制应本企业化方针，根据具体情况，拟订适当标准。对于冗员和不能参加报纸工作的家属，应分别送入学校或另行分配工作。工作人员费用应与事业费用同样作为报纸成本计算。暂时不能安置的人员应作特别预算，不应列在企业预算之中。在实行薪水制的单位中，无论公私营报社，工资应保持一般水平，不应过高，免使报社不能维持。

七、实行企业化必须作好会计工作。公营报纸必须首先清理资产，规定材料消耗标准，逐步统一会计科目，实行成本计算，并建立各种必要的报表制度。

八、报社的管理应注意民主化。以整个报社为单位的工会应当普遍组织，以利发扬报社职工的积极性。”（据新华社北京 1949 年 12 月 31 日电）[122]

1950 年起，华北地区 16 家公私营报纸和其他区 17 家主要的公私营报纸开始按照《全国报纸经理会议决议》的方针，实行企业化经营：整编臃肿机构，厉行精简节约，印刷厂实行民主化管理、努力提高工作效率，大力推广发行，尽量多登广告。由于采取了这些措施和办法，使过去存在着的严重亏损、“赔耗”现象有了明显改善。到 1950 年 7、8 月间，有些报纸如北京的《人民日报》、《新民报》（私营）等，华北的《天津日报》、《河北日报》、《进步日报》（私营）等，东北的《东北日报》等，华东的山东《大众日报》、上海《新闻日报》等，中南的《长江日报》等报纸，都开始做到基本自给而略有盈余，有些报纸甚至做到“全部自给而有盈余”。但另一方面，有些报纸仍然存在严重亏损现象，如华东地区上海的《解放日报》（包括《劳动报》、《青年报》），1950年上半年亏损30多亿元（当时旧币一万元相当于现在人民币一元，30多亿即30多万元），南京《新华日报》8个月亏损近5亿元，《浙江日报》7个月亏损2.2亿元，《大公报》7个月亏损超过16.55亿元，北京的《工人日报》在1950年上半年亏损超过3.13亿元，《光明日报》8个月亏损超过4.12亿元，等等。1950年9月，《中共中央宣传部关于报纸实行企业化经营情况的通报》中，对导致这种状况的原因曾作了深入剖析。《通报》认为："有些报社的工作同志还不了解和不重视企业化的方针，他们认为报纸是文化事业，不能当作生产事业来经营，甚至个别报社的工作同志还残留着'赔多少向公家报销多少'的错误思想；他们缺乏精打细算的经济核算观念，报价太低，编制与费用太大，不力求增加收入减少支出，对报纸的发行工作没有足够的重视和当作一种组织群众工作而用大力来开展。以上这些现象应当坚决克服。希望你们检查一下各报的经营情况，批判各种错误观点，督促各报切实执行企业化经营方针，已自给者做到自养（以盈余来减低报价，扩大发行，帮助发展下级小报等）。未自给者应向已自给者参观学习，尽量使省级以上的报纸在一九五一年中消灭赔耗数字，做到自给自养。"[123]万分遗憾的是，"企业化经营"的方针在后来并未坚持下来，到1952年秋，随着新闻总署的撤销，战争年代共产主义式的"大包干"供给制及单纯报销制又恢复了。报纸重新开始吃"大锅饭"，根本不求经济效益，办报完全依赖国家财政拨款。这种状况延续了近30年，直至1978年底才开始改变。1978年12月，党中央召开了具有伟大历史意义的十一届三中全会。从此，全国各行各业全面开始改革。1978年末，《人民日报》等首都8家报纸联合起来向财政部递交了报告，要求新闻单位试行"事业单位，企业化管理"的经营方针，即报社可以从事一些有经济收入的经营活动，以弥补国家财政拨款的不足。这一报告获得了批准，从此中国新闻传播业又真正开始了"企业化经营"之路。

【"邮发合一"发行体制的建立】1950年3月起，"邮发合一"的发行体制开始在我国新闻业界实行。

新中国成立前，我国报纸的发行、销售除极少数靠自办发行外，绝大多数报纸基本上由私营的报社包销及报贩零售。到抗日战争时期及解放战争时期，中共领导的各个解放区，如东北、山东等地解放区，就开始利用邮政系统发行报刊。如1939年山东解放区在敌后创办了《大众日报》，起初报纸的发行工作主要靠报社自己做，往往要冒着危险通过敌人的封锁线，用肩挑、背背、毛驴驮，千辛万苦地把报纸送到解放区和敌占区。1943年，《大众日报》的发行部门和山东战时邮局以及中共党内交通合作，实行"邮（局）、交（通）、发（发行部）"三位一体的发行方式。由战时邮局的局长兼任报社发行部部长，"战邮局"发行科也就是报社发行部。这一发行方式后来推广开来，"在鲁中、鲁南、胶东、滨海、渤海各个战略区也都出版报纸，也实行'邮、交、发合一'"[124]。

新中国成立后的1949年底，全国报纸经理会议和全国邮政会议先后作出决定：由邮电部门承担报纸、杂志的发行，全国各地邮局将报纸刊物发行作为主要业务之一。1950年2月15日，政务院正式批准邮电部和新闻总署共同制定的《关于邮电局发行报纸暂行办法》，正式确定了我国报刊发行的体制——"邮（递）发（行）合一"。1950年2月13日，人民日报社最先与邮政局签订协议：自3月1日起，《人民日报》全部交由北京市邮政局发行。随后，各地各级党报也相继将其发行工作交给邮政部门办理，由邮局做好报纸收订、发运和投递工作。到1950年底，全国邮局接办发行的报纸已达140种，每期发行数达230万份。到1956年，全国邮局发行的报纸多达1 236种，期发行数达1 537.8万份。[125]“邮发合一”的发行机制在新中国成立初期及以后很长一段时期内，对我国党报党刊的发行曾起到极其重要的作用。由于邮政部门的“邮路”系统历史悠久，体系完备，具有点多、线长、面广的特点。其网点星罗棋布，遍布各地；路网四通八达，利用火车、水运、公路运输邮件。在没有公用交通工具的地方，也有自办邮路，因地制宜地使用各种运输工具，如在有道路可走的地方，使用牛、马、驴、骡；没有道路的地方，邮递员就人背肩扛，踩出一条邮路，联系千家万户。这是其他任何部门都不具备的优越条件。除此之外，邮政还有一套从中央到地方全国统一的业务处理制度和管理制度，包括推行预订、预收制度，统一发行费率制度，降低报刊定价制度等。[126]据统计，到1950年10月间，全国有各级邮局3 102个，有邮务所、邮亭、邮站、代办所等23 159所。另据时任邮电部部长朱学范的报告介绍，当时全国邮局共计有工作人员5.3万余人，其他的发行机构有2万余人[127]。

由于实行了“邮发合一”的机制，我国城市报纸的发行面、发行范围得到扩大，发行量迅速增长。特别是广大偏远农村、基层也能看到报纸了，从而改变了报纸只能在城市里推销的局面。据统计，从1950年3月开始实行“邮发合一”，“到1954年，农村的报纸发行量就占当时全国发行量的53%”。到1985年，全国邮局发行的报刊达3 629种，比1980年的1 831种增加了一倍；1985年的期发份数33 096万份，比1980年的16 821万份也增加了将近一倍”。[128]从1953年到1985年，我国“邮发合一”制度持续了32年之久，对我国新闻事业的发展作出了重大贡献。但到后期，也出现了一些问题。因此，到1985年，《洛阳日报》为了降低成本，扩大发行量，第一个冲破邮发旧体制，在全国报纸中率先自办发行。到1987年3月，全国非邮发报纸达503种[129]。1988年，首家自办发行的省级党报——《天津日报》也自办发行。到1998年已有近千家报纸自办发行，我国报纸单一的“邮发合一”体制终于被彻底打破。

四、全国新闻工作会议的召开及胡乔木报告要点

1950年3月29日至4月16日，新闻总署在北京主持召开全国新闻工作会议，这是新中国成立后召开的第一次全国新闻工作会议，也是为新中国新闻事业谋发展的一次重要会议。会议首先由新闻总署署长胡乔木作了重要报告，接着，与会人员对全国新闻工作的主要问题进行了讨论和研究。根据中央指示精神及胡乔木报告的主要内容和会议讨论意见，新闻总署向全国连续发布了关于新闻事业的三个重要决定，即《关于建立广播收音网的决定》（1950年4月14日）、《关于统一新华通讯社组织和工作的决定》（1950年4月25日）、《关于改进报纸工作的决定》（1950年5月1日）。[130]会议期间还举办了全国报纸展览，为此，《人民日报》于4月24日发表了题为《历史的见证——记全国报纸展览会》的通讯。中央党政领导人对这次会议非常重视，毛泽东、朱德等在中南海颐年堂接见了全体会议代表，毛泽东发表了讲话。

【胡乔木《报告》要点】胡乔木在3月29日的报告中，主要谈了两个大问题：一是“改进报纸工作问题”，二是“新华社机构和工作的统一问题”。关于“改进报纸工作问题”，胡乔木说：“从哪些方面去改进呢？主要从以下三个方面：一是联系实际；二是联系群众；三是批评与自我批评。”具体改进措施包括：①报纸要“改善与领导机关的关

系”；②报纸要“改善与群众的联系”；③报纸要加强“评论工作”；④报纸要编好副刊，用副刊来“调剂读者的兴趣”；⑤要在报纸上开展“批评与自我批评”。“在进行批评的时候，当然同我们整个的报纸工作一样，应该采取严肃负责的态度。”“批评如果加以不正确的使用，就会出种种毛病，就会在群众中制造一种失望的情绪，制造黑暗的感觉。批评如果产生这种影响，就是错误的。批评应该是建设性的、积极的、指明出路的、与人为善的。”报告中的这些重要观点和精神，旋即写进新闻总署《关于改进报纸工作的决议》（1950年5月1日）中。

关于新华社工作，胡乔木说：“新华社现在已在全国范围内担负起每天供给国内外重要新闻的巨大任务”，“为着要担负这样浩大的任务，新华社在机构上和工作上都需要统一，需要把过去一直到现在还继续存在着的分散状态加以改变。这种分散状态同新华社的历史、产生的背景、产生的条件是分不开的”。在战争期间，全国许多根据地和解放区都有新华社的分支机构，这些分支机构并不是由新华社派出的人员组织起来的，而是各个地方在分散的游击战争状态下面各自分头组织起来的。这些组织绝大部分受地方的管理和支配，用相当大部分的时间做地方的工作，“在很长时期中，各个地方的新华社组织在实际上是各个地方报社的采访组织”。新华社的各个地方组织基本上是各自为战，互不通声气，处于“战争所造成的分离”与分隔的状态。全国解放后，新华社要建设成国家的通讯社，就“必须心无二用，全心全意做这个工作”，就必须集中优势资源，在组织上、工作上完全统一起来，所有人员全部交新华社总社统一调度和供给。但同时，“新华社的工作应该和本地报纸工作分开而又取得密切的联系与合作。新华社和各地的报纸应该建立一种互相援助、互相利用、互相建议的关系。报纸利用新华社的稿件，新华社也需要利用这些报纸的稿件”。“报社的记者，应该给新华社记者以采访的援助。”报告中这些重要的观点和精神，后来都写进了新闻总署《关于统一新华通讯社组织和工作的决定》（1950年4月25日）中。这是新中国成立初对新华社管理工作的一次重大改革，理顺了各种关系，为日后新华社的大发展奠定了基础[13]。

胡乔木生平：胡乔木（1912—1992），中国共产党和政府对新闻事业及理论宣传工作的主要领导人之一，著名的理论家、政论家，曾任报刊主编。其本名胡鼎新，“乔木”是笔名，江苏盐城人，清华大学、浙江大学肄业，1930年在北平（今北京）加入中国共产主义青年团，1932年在盐城加入中国共产党。在北平工作期间，任青年团市委委员、宣传部长。1931年“九·一八”事变后，在北平从事抗日救亡运动，并主编革命报刊，是《北方青年》的撰稿人。1935年至1937年在上海参加左翼文化运动的组织领导工作，并主编革命小报和刊物。1937年5月到延安，任中共中央青年工作委员会委员，曾主编《中国青年》。1941年2月起，任毛泽东秘书、中共中央政治局秘书，后成为中共党内“第一支笔”。在此期间，曾为延安《解放日报》、重庆《新华日报》和新华社撰写评论和新闻，发表有《短些，再短些！》、《人人都要学会写新闻》等新闻学论文。1945年参与起草《关于若干历史问题的决议》重要文件。1948年4月到西柏坡后，任新华通讯社总编辑和社长。新中国成立后，曾任新华社社长（1949年10月1日至10月19日）、新闻总署署长（1949年11月至1952年8月）。1950年至1954年任中共中央宣传部副部长兼秘书长。1951年“七一”前夕，《人民日报》发表胡乔本写的《中国共产党的三十年》，第一次全面、系统地总结、叙述了中共的历史，被公认是中共党史的奠基之作。1954年任中共中央副秘书长，参与起草了第一部《中华人民共和国宪法》（1954年）。1956年当选为中共第八届中央委员、中央书记处候补书记，当年负责起草了研究国际问题的重要文章《再论无产阶级专政的历史经验》（1956年12月29日以“《人民日报》编辑部文章”名义发表）。1975年后，任国务院政治研究室主要负责人，协助邓小平进行治理、整顿工作。1977年组建中国社会科学院并任院长，后任顾问、名誉院长，同时任毛泽东著作编辑出版委员会办公室主任、中共中央党史研究室主任。1980年当选为中共中央书记处书记，1982年当选为中共第二届中央政治局委员。在此期间，主持起草了中国共产党中央委员会《关于建国以来党的若干历史问题的决议》（1981年6月27日中共第十一届中央委员会第六次全体会议一致通过）。这是一篇十分重要的历史文献，"标志着党的指导思想上胜利地完成了拨乱反正的历史任务"。

胡乔木的重要著作有《中国共产党的三十年》、《胡乔木文集》、《关于人道主义和异化问题》、《人比月亮更美丽》等。1992年9月28日胡乔木在北京逝世，终年81岁。

第四节　20世纪50年代初及中期新闻宣传报道的内容分析

一、开国盛典的报道宣传

新中国的筹备工作在1949年6月即开始进行。6月15日至19日，新政治协商会议筹备会首次会议在北平召开。参加这次会议的包括中国共产党和各民主党派、各人民团体、各界民主人士、国内少数民族、海外华侨等，共134名代表。会议通过了《新政治协商会议筹备会组织条例》，选出了筹备会常务委员会，推选毛泽东为主任，周恩来、李济深、沈钧儒、郭沫若、陈叔通等为副主任。9月21日至30日，中国人民政治协商会议第一届全体会议在北平举行，662名代表参加了会议。毛泽东在开幕词中宣布："占人类总数四分之一的中国人从此站立起来了。"会议选举产生了中华人民共和国的中央人民政府成员，选举毛泽东为中央人民政府主席，任命周恩来为国家政务院总理，决定了共和国国徽、国旗图案，决定定都北平、改称北京；通过了起临时宪法作用的《中国人民政治协商会议共同纲领》和《中华人民共和国中央人民政府组织法》。这次会议是中华人民共和国的开国盛典。第二天，即10月1日，首都北京30万军民在天安门广场隆重举行开国大典。

新中国成立的宣传报道，主要是从1949年9月下旬第一次政协会议召开，到10月初中华人民共和国中央人民政府宣告成立期间进行的。当时新华社、中央人民广播电台、人民日报社、中央新闻摄影部门及全国各地的广播电台、报刊等，第一次大规模协同作战，发挥各自优势，及时、准确、真实、生动地报道了开国盛典的全过程。其声势浩大，前所未有；规模空前，影响深远。

新华通讯社在这次重大新闻报道宣传战役中，充分发挥了国家通讯社的职能，在全国新闻界关于开国盛典的报道中起到了组织、领导及新闻中心的作用。1949年9月14日，新华社总社向全国各地报纸、通讯社、广播电台发出指示："为使中华人民共和国开国立业的大事，在全国人民中留下深刻的印象，在中国人民政治协商会议开会前后，全国各地报纸、通讯社、广播电台均应以这个会议为宣传中心，进行系统的、有力的宣传。因此，全国各大城市（包括大连在内）各省会的报纸均应派遣记者到北平采访中国人民政治协商会议的新闻通讯，寄发各报纸发表。如来不及派出记者或已有人员在平者，可指定在平人员代理。各报指派的记者可径到北平新的政治协调会议筹备会新闻处宦乡先生处报到。"[132]

1949年9月21日19点整，中国人民政治协商会议第一次全体会议在北平隆重开幕。新华社在20点30分就经由北平新华广播电台以“新华社9月21日北平电”电头播发了人民政协开幕消息。同时，新华社还播发了电讯供全国和海外报刊采用。新华社电讯的导语中开宗明义地写道：“中国人民所渴望的中华人民共和国开国盛典——中国人民政治协商会议，已于今日下午七时在北平开幕。”导语准确地揭示了中国人民政治协商会议的重要意义——开国盛典。

9月22日，《人民日报》等全国许多已经解放的各大城市的报刊都刊登了这条电讯稿，也都依据这一导语，把政协开幕视为开国盛典。[133]21日21点15分，播出毛泽东在政协会上致开幕词的讲话录音：“占人类总数四分之一的中国人从此站立起来了。”这一震撼人心的声音顿时传遍了五洲四海。

9月23日，新华社总社又向其全国各总分社、各分社转发了华东总分社关于人民政协和新中国诞生的报道提示（1949年9月21日），并进行了周密的部署与安排：“报道可分为三个步骤：第一，人民政协开幕时，各地（特别是京、沪、杭、闽）分社要迅速报道各地报纸的祝贺社论、评论等文章，各界代表性人物的谈话，各人民团体贺电等，要综合压缩，尽早发出，愈快愈好。第二，人民政协会议过程中，将要讨论和通过中央人民政府组织法、共同政治纲领、宣言等。我们要报道各地的反映，各地重大的庆祝活动（如开庆祝会）等。第三，中央人民政府成立以后，要报道中央人民政府如何开始领导全国人民，肃清残敌与进行新中国的伟大建设工程。所以，我们要做连续报道的打算（可能持续一个多月）。”[134]

为了保证报道的严肃性和准确性，开国盛典的新闻采写及发布由新华社统一负责，各地新闻媒体统一采用新华社的通稿。9月29日，新华社播发社论《中国人民对全世界的庄严宣告》。社论宣布：“中国人民政治协商会议今天全体会议一致通过决议，由即将成立的中央人民政府致电联合国大会，声明中华人民共和国业已成立，中国人民政治协商会议所选举之中央人民政府为唯一能够代表中国人民的政府。”9月30日，政协会议闭幕。新华社播发消息，报道会议通过了《中国人民政治协商会议共同纲领》、《中华人民共和国中央人民政府组织法》，选举毛泽东为中华人民共和国中央人民政府主席等重大新闻。10月1日下午2时，毛泽东在中南海勤政殿主持召开中央人民政府委员会第一次会议，宣告中央人民政府成立。随后，毛泽东与中央人民政府委员会全体委员分别乘车驶向天安门，参加开国大典。下午3点钟，开国大典隆重举行。新华社记者李普记录下这一盛大的具有历史意义的经典场面：

“新华社北京1949年10月1日电　中华人民共和国毛泽东主席今日在新中国首都宣布中华人民共和国中央人民政府成立。这是在北京庆祝中华人民共和国中央政府成立的典礼上宣布的。典礼在北京天安门举行，参加这个典礼的有中国人民政协全体代表和首都各工厂职工、各学校师生、各机关人员、市民、近郊农民和城防部队共三十万人。主席台设在天安门城楼上，面对着列满群众和飘扬着红旗的人民广场。当毛泽东主席在主席台上出现时，全场沸腾着欢呼和掌声。”.“下午三时，中央人民政府委员会秘书长林伯渠宣布典礼开始……毛主席宣读了中央人民政府公告。”“毛主席宣读公告毕，阅兵式开始。”“欢呼着的群众在阅兵式完毕后开始游行……当游行的队伍都已有秩序地一一走出会场时，已是晚间九点二十五分。举着红灯游行的群众像火龙似地穿过全城，使新的首都沉浸在狂欢里直到深夜。”[135]

人民广播事业在这次报道中也充分发挥了广播的优势，在每天晚上的各地电台联播节目时间里，北平新华广播电台就先后播出了毛泽东、朱德、李济深、沈钧儒、郭沫若、陈叔通、陈嘉庚等人的现场讲话录音，对政协会议筹备会进行了充分报道。9 月 27 日，政协会议一致通过决议：改“北平”为“北京”，以北京为中华人民共和国的首都。当天晚上，“北平新华广播电台”正式以“北京新华广播电台”呼号播音。新华社的电讯稿的电头也改为“新华社北京 × 年 × 月 × 日电”。对 10 月 1 日的开国大典，北京新华广播电台作了周密的部署：在天安门城楼的西边设立广播岗位，梅益亲临现场指挥，李伍负责机务，胡若木、杨兆麟负责撰稿，齐越和丁一岚负责播音。从当天下午 3 时整开始，一直到晚上 9 点 25 分结束，开国盛典现场广播持续了近 6 个半小时。全国各地人民广播电台同时联合转播，这是我国人民广播事业史上第一次大规模的全国实况广播。[136]齐越、丁一岚两人轮流向听众描述大典的现场盛况，报道国家领导人在天安门城楼上的活动，介绍受检阅部队和游行队伍的组成情况。现场音响效果转播加上播音员的精彩解说，使这场史无前例的开国大典广播报道获得圆满成功，为以后我国广播界进行重大活动的现场转播积累了经验。

《人民日报》在这次开国大典的报道中表现也非常出色。为了“及时、准确、集中、突出”地报道好这次大典，《人民日报》编委会从采访、编辑、印刷、发行各个环节都作了周密部署和细致安排，组成了以著名记者李庄为首的 24 人的报道班子。9 月 22 日，《人民日报》第一版上半版以通栏大标题全文发表毛泽东在政协会上的开幕词和他的半身照片，第二版在醒目位置刊发新华社报道的政协开幕的消息，并配发社论《旧中国灭亡了，新中国诞生了!》，同时还刊出该报记者采写的政协会议系列现场特写专稿的第一篇《“中国人从此站起来了”》（由《人民日报》记者李庄采写）。此后，这类通讯特写专稿每日一篇，共发 8 篇，从多侧面、多角度真切地报道了政协会议的情况。《人民日报》第 15 版还特编《中国人民政协代表访问记》专栏，刊载人物专访。短短十余天，这一专栏就发表了 54 篇专访。从 9 月 24 日起，《人民日报》又开始相继刊登代表们在会上的发言，前后共 95 篇。[137]10 月 1 日起，《人民日报》增加两版篇幅，共出 8 版，并于 10 月 1 日当天发表重要社论《中华人民共和国万岁》。10 月 2 日，《人民日报》开始大规模报道开国大典的消息。当天报纸第一版用纵贯 11 栏的大字标题刊“新华社北京 1949 年 10 月 1 日电”：双行主题《中华人民共和国中央人民政府成立　毛泽东主席宣读中央人民政府公告》、肩题《首都三十万人齐集天安门广场隆重举行庆祝典礼》、副题《朱总司令检阅海陆空军宣读人民解放军总部命令》，同时配发天安门广场第一次升起新中国国旗——五星红旗的照片，还配发社论《不可战胜的人民国家》。这篇社论针对联合国大会通过诬蔑中国人民和不承认中华人民共和国的所谓“决议”，重申中华人民共和国中央人民政府是中国的唯一合法政府，斥责了联合国的错误做法。与此同时，全国各地报纸一致转载新华社的通稿及重要专电、《人民日报》的重要社论及专稿。许多报纸还派出记者赴北京采写大批各具特色的本报专电专稿，如上海《大公报》著名女记者、该报主要领导人之一的杨刚在《大公报》上发表了激情洋溢的通讯《毛主席和我们在一起》（载于 1949 年 10 月 6 日上海《大公报》）。

同是报道开国大典，与李普的《开国大典》不同，杨刚的这篇文章有自己的鲜明特色。一是激情洋溢，感情充沛。如文章一开头写道，“亲爱的上海兄弟姐妹们：我必须把这篇通讯直接写给你们，才能够把这一次首都人民庆祝中央人民政府成立大会上的一切尽可能真实地传达给你们。说尽可能真实是容易的，要做到，可是很难。因为10月1日这一天是太伟大，太丰富了”。二是主线清晰、层次分明，中心突出。文章首先是对天安门广场入场群众规模的描写，接着是对广场排列的群众队伍方阵的描写，再接着是对天安门城楼上领袖人物的描写、对阅兵式的描写、对游行队伍的描写，最后“镜头”聚焦毛泽东，用浓墨重彩描绘领袖形象，凸显“毛主席一直是和人民在一起”的深刻主题。三是具有强烈的现场感。这是通过典型的语言描写、细节描写、宏伟现场的描写反映出来的。如对参加典礼的上海市市长陈毅的描写：“昨天（10月1日），陈市长望着天安门前红旗的大海激动地说：‘看了这，总算是此生不虚了！’”如对典礼现场的描写：“按照预定程序，（毛）主席亲自升起了中华人民共和国的五星红旗！这是通过电流来操纵的。城楼上有一个电钮开关，按相反方向写好了‘升’‘降’二字。主席把电钮拨向‘升’字，我们的红旗就顺了旗杆自己向上飞升。主席看着旗子说‘升得好！’”“接着礼炮惊天动地地震响起来。每一炮所发出的巨大震响，据说都是由五十四尊大炮同时发出来的。这五十四尊炮的数目据说是用以代表政协五十四个单位。五十四尊炮同时发出二十八响礼炮，那声音真是山摇地动，象征着全国人民坚强而雄伟的团结力量。”“转眼就是阅兵了……四个师以连为单位，列成方阵，由东而西，缓缓入场，一个接着一个地从主席台下白玉桥边走过去。队伍的服装、颜色、队形、行动完全整齐一致。每一个方阵都像一个人一样行动。甚至于连马队里所有马的腿脚都是一出一进完全一致的。所有成排的坦克、大炮、汽车，都是比齐了一字形地前进，绝无任何参差……当阅兵进行的时候，整个人山人海、红旗飘扬的广场屏息无声，只有军乐队奏着《人民解放军进行曲》，雄壮的乐声和整齐的步伐声配合，在大地上动荡。”接着写广场上的游行队伍：“当广场上的人民队伍分队出发时，已经开始黄昏。星星点点、灯笼火把接二连三地燃了起来，很快，整个广场在夜色中透明了，并且颤耀着红的星星，黄的星星，紫红的，大红的，金黄的，橙黄的，愈向夜，广场愈益像大地自身活了一样，遍地灯笼火把颤颤跳荡……队伍分东西两个方向向外出动。……蜿蜿蜒蜒，交互环绕，像一幅巨大的活动的织锦，各按各的方向走出会场，丝毫也不发生混淆或者紊乱的状态。”最后重点写毛泽东：“毛主席一直是和人民在一起的。从下午三点到晚上十点，主席一直是站在城楼边上盯着眼睛望着下面的群众。他的脸上时而庄严，时而微笑，他的手几乎一直是高举着，向群众有力而迅速地摆动，时时刻刻听见他向着群众高呼，这是一种人民共同的呼声。他的半个身子时常是伸出栏杆外面去举手招呼群众。”“广场上川流不息的群众……一面呼着口号，一面走到面对城楼的时候，就要站住，更高地呼喊。当他们呼喊‘毛主席万岁’的时候，主席就从播音器里高呼：‘同志们万岁！’”“主席温厚而慈祥的手在空中摇动不停，累了，便另换一只手，他的全身凝聚着力量，他的脸上发出庄严而慈祥的光辉。有人害怕主席会疲倦，但主席丝毫不觉得，放了椅子在他背后，他也不肯坐下去……”

此外，许多摄影记者及摄影工作者也投入了记录开国大典历史性场面的报道中。当时大会筹备处新闻处（处长宦乡）摄影科、新华社及各大军区政治部办的画报社（如东北军区办的《东北画报》、华北军区办的《华北画报》等）都派出精兵强将参加政协和开国大典的报道工作，如林扬、陈正青、侯波、杨振亚、吴群、孟昭瑞、高粮、石少华、罗光达、陈勃等。在这次摄影报道战役中，陈正青的成果最多，他拍摄的照片《开国大典》是划时代的经典性历史照片，在全国影响巨大。据有关资料记载，陈正青，“湖南长沙人，是一位在战火中锻炼成长起来的摄影家。他19岁就离家投奔中国工农红军，20岁入党，开国之年32岁。北平解放后，他作为《东北画报》的特派摄影记者长驻北平采访。不久，被选调参加政治协商会议和开国大典的采访。在当时有幸担负这一光荣任务的青年记者中，陈正青年岁最长，参加革命最早，摄影经验丰富，使用的摄影装备较为精良，大家公推他担负摄影的主力：主要人物的活动、会议上的一些重要场面，尽可能让他多拍。陈正青果然不负众望，开足马力，为历史留下了许多极为珍贵的镜头，如政协会议上的《毛泽东当选中华人民共和国中央人民政府主席》、《会场挂起第一面新国旗——五星红旗》、《天安门广场举行人民英雄纪念碑奠基礼，毛主席首先执锹破土》；如开国大典上的《毛主席在天安门城楼上庄严宣告中华人民共和国的成立》（即《开国大典》）、《朱总司令在开国大典上发布进军命令》等。”据统计，从政协会议到开国大典，摄影记者们共拍摄了16 000多张照片，平均每个记者拍了1 000张。在此期间，大会新闻处共发新闻照片175幅，其中陈正青一人的作品就占了总发稿量的近三分之一，达56幅之多。事后，这些开国大典摄影工作者们还编辑出版了好几本具有历史价值的摄影作品集：一是以政协大会新闻处名义选辑制作的《中国人民政治协商会议第一届全体会议摄影》，选印7幅四寸照片，赠送给每位与会代表作为纪念。二是以大会秘书处名义编辑的《中国人民协商会议第一届全体会议纪念刊》，12开精装，收入照片827幅，包括政协会议、首都风光和开国大典，全面记录了新中国的诞生过程，是新中国出版的第一部大型摄影作品集。另外还编辑出版了《“新中国画库”第一种——开国大典》摄影集（48开本，共40页，华北画报社提供资料）、《华北画报·开国大典》（专题画报，华北画报社出版）两本画册。[133]

二、朝鲜战争中的军事报道宣传与战地通讯名篇

1950年6月25日，朝鲜内战爆发。6月27日，美国悍然决定派出海军和空军入侵朝鲜领海、领空，同时命令其第七舰队向台湾海峡出动，武装侵占我国领土台湾，阻挠我中国人民解放军解放台湾的既定部署。7月7日，在苏联缺席的情况下，美国操纵联合国安理会通过成立“联合国军司令部”。9月15日，美国纠集15个仆从国家军队，在朝鲜仁川登陆，并不顾我国政府的一再警告，把战火烧到鸭绿江边。10月1日，朝鲜政府向中国政府提出请求中国出兵支援。10月8日，毛泽东发布组织中国人民志愿军的命令，任命彭德怀为中国人民志愿军司令员兼政治委员。10月19日起，中国人民志愿军第一支入朝部队开始渡过鸭绿江，入朝作战。到1953年7月27日，朝鲜停战协定在板门店正式签字。至此，历时三年零一个月的朝鲜战争结束。

在朝鲜战争期间，全国新闻战线紧密配合“抗美援朝，保家卫国”运动，组织开展新闻报道及宣传活动。他们积极宣传朝鲜战争的重大意义，动员全国人民支援战争，使“抗美援朝，保家卫国”的口号家喻户晓，深入人心，使爱国主义、国际主义教育贯穿始终；他们深入前线，冒着炮火硝烟，出生入死，采访报道中国人民志愿军浴血奋战、可歌可泣的英雄事迹，在军事报道上取得了一系列丰硕成果，积累了宝贵经验。

【新华社的军事报道宣传】中国新闻界关于朝鲜战争的军事报道宣传早在第一支中国人民志愿军跨过鸭绿江大桥时就开始了。1950年10月中旬，志愿军赴朝作战伊始，新华社就派出陈伯坚、杜麟、李耐因、徐熊四人随军入朝，这是国内大新闻机构最早派赴入朝的一批记者。10月下旬，他们向总社发回了第一批报道。其中，李耐因采写的通讯《站在战斗最前列的人》是一篇报道志愿军中共产党员英雄群体的感人之作，作者用饱蘸深

情的笔触写道：“在每一次战斗中，那些冲在最前面的人，许多就是中国共产党的党员们。”“中国共产党员们愈是在最危难的时候，就愈是显示了共产主义者的无畏的英雄气概”，“站在战斗的最前列，成为战斗中的光辉的旗帜”。“在艰苦的大进军中，是谁背的东西最重，身上除了自己的东西以外，还有战友的枪支和米袋？是谁在艰苦的行军之后先让别人休息，自己还在忙来忙去？是谁在频繁的战斗中，在粮菜供应不及的时候，坚持维护纪律，忍着饥饿，带领着战友爬上山去挖野菜？如果你留意一下，你会发现，他们极大多数是中国共产党的党员。”[139]在派出第一批记者后不久，新华社又增调阎吾、尤璐、路云等记者入朝采访。与此同时，富有战地拍摄经验的随军记者吕相友也跟随第一批入朝志愿军渡江到朝鲜采访。作为军摄影组组长，他和其他三位记者一起深入前线，“在敌机日夜轰炸下，在漫天的烽火中”，冒着生命危险，拍下“志愿军和（朝鲜）人民军在敌后松林中会师的照片、志愿军在寒风袭人的屋檐下睡觉的照片、志愿军冒着生命危险在战火中抢救朝鲜妈妈和儿童的照片，反映了中朝人民的战斗友谊和严守群众纪律的感人情景。这些照片被全国许多报刊和杂志广泛采用”[140]。

1950年年底，志愿军入朝作战公开后，新华社、人民日报、东北日报等新闻单位又纷纷派记者赴朝采访报道。1951年1月，新华社中国人民志愿军总分社在朝鲜前线成立，社长由志愿军政治部宣传部副部长李唯一兼任，副社长普金。1951年6月，新华社特派记者华山从朝鲜前线返回，向总社汇报了志愿军总分社的困难。总社决定加强志愿军总分社的工作，又从总社和各分社抽调30多人增援志愿军总分社。此外，在朝鲜战争爆发前，新华社就在平壤建立了平壤分社（1949年9月21日建立），这是新华社在新中国成立前夕建立的最早一批驻外（包括国外及海外）分社之一。[141]

1949年9月28日，平壤分社向总社发回第一条消息《朝鲜人民欢迎中国人民政治协商会议召开》。因此朝鲜战争期间，新华社在朝鲜共有两个分社，另外还有一批特派记者，其采访阵容强大。新华社对上甘岭战役的报道最为出色。上甘岭战役于1952年10月下旬开始，到12月下旬结束。在此期间，新华社志愿军总分社共发回总部稿件60篇，总社采用54篇（新闻37篇、通讯17篇）。在这次战役报道中产生了许多优秀的新闻通讯作品，如郑大藩的《伟大的战士邱少云》（载1952年12月4日《人民日报》头版）、石峰、王玉章的《马特洛索夫式的英雄黄继光》（载1952年12月21日《人民日报》头版）、《新华社记者评述朝鲜战场的新胜利》、《志愿军上甘岭作战部队战后整顿工作即将完成》、《三十三天中击落击伤敌机二〇八架》、《我军二十四个勇士在上甘岭以东全歼守敌一个加强排》、《上甘岭前线的炮兵英雄们》、《上甘岭对空作战的胜利》、《新年前夕在上甘岭阵地上》、《医生和伤员》等。“这次报道除了战报、军事述评和综合性的战斗通讯外，还有步兵、炮兵、高射炮兵、通讯兵、后勤工作、医务工作、朝鲜人民、敌军俘虏等方面的新闻通讯，多方面反映了上甘岭战役的面貌。”[142]这些报道见报后，在人民群众和部队指战员中起了很大的鼓舞和教育作用，邱少云、黄继光、罗盛教等英雄人物的爱国主义、国际主义和革命英雄主义的精神品质，成为亿万人民学习的榜样。另外，总分社记者阎吾及一大批新华社记者冒着枪林弹雨、炮火硝烟，随部队在前线采访，发回了大量有广泛影响的作品，在《人民日报》等报纸上发表，也在志愿军部队报纸《志愿军》报等军队报纸上发表。新华社特派记者华山三次到朝鲜采访，也写了一些有影响的通讯，如《清川江畔》（1951年12月）、《阵地春节散记》（1952年3月）等。[143]

新华社有关朝鲜战争的报道，特别是对上甘岭战役的报道，在如何进行战争及战役报道、如何进行英雄人物及典型人物的报道方面，进行了可贵的探索和尝试，取得了一些宝贵的经验，同时也反映出一些问题。例如：①关于上甘岭战役报道方面，读者反馈意见认为："这次上甘岭战役报道，对必要的背景交代不够，以致有些读者认为上甘岭是山不是村子，只知道这次打仗的地方共有多少面积，不知道上甘岭的地形怎样；也不知道上甘岭在军事上有何价值，在这个地区过去曾经打过哪些仗。在今后的战役报道中，要注意交代背景。""在一个战役的全过程中，对前线非战役地区的战斗，需作适当的报道，以使读者看到朝鲜战场的全面动态。"②关于英雄人物的报道方面，写死的英雄多，写活的英雄少。总社认为："我们应当报道有代表性的已经光荣牺牲了的英雄人物，同时，需要更多地写活着的英雄人物。过去我们报道的英雄人物是死的多，活的少。读者看了关于罗盛教、黄继光等英雄事迹的报道以后说：'他太英勇了，太可爱了！可惜他死了！'读者要求我们多报道活的英雄。"同时，"为使读者深刻地记住英雄人物的形象，并使这一英雄人物区别（于）那一英雄人物，在我们的报道中需要简洁而又生动地描绘英雄的面貌和性格"，写出英雄的个性来。"此外，我们的英雄应具有我国民族的色彩并发扬我国民族英雄的传统。今后写代表性的英雄人物，不要在他的名字上冠以'马特洛索夫式'等形容词。"③关于新闻报道真实性问题。在上甘岭战役报道中，影响最大的是报道邱少云和黄继光的两篇通讯，"正因为如此，所以读者对两篇通讯的阅读也特别仔细，并提出了一些意见。读者问：'邱少云同志被烈火烧了二十分钟，他的爆破筒为什么不爆炸呢？冲锋枪为什么不烧毁呢？''黄继光同志已经壮烈地牺牲了，他在牺牲前没有机会和任何人说一句话。因此，在他冲向敌人火力点直到牺牲的心理过程，别人是只能揣测，而不可能真正知道的。'前一个问题如果不是报道失实的话，那就是由于对情节交代不清楚；后一个问题是由于作者没有区别新闻报道和文艺作品的不同而产生的。"概括以上读者的意见，主要涉及英雄人物报道及典型报道中两个重要问题：一是在报道中怎样才能真实表现英雄人物在牺牲前的心理活动、"思想情绪"；二是在报道中怎样才能保证"某些战斗情节"的真实性。新华社总社在总结经验及教训时认为："新闻记者在新闻报道中可以对战斗英雄临终时的思想情绪，作合情合理的有根据的想象，但是只能用客观的手法表现出来，不能把记者自己的想象当作死者自身的感受和想法来表现"；"黄继光和易才学的某些战斗情节，由于新闻的报道不够真实，在后来发表两篇写他们的通讯时作了两次更正。新闻报道失实，更正是完全必要的"，"今后我们每篇新闻通讯必须做到不因时间仓促而忽视报道的真实性（如情节一时弄不清楚，宁可慢一点），否则便会在宣传上受到损失，降低国家通讯社的威信"[144]。

【《人民日报》的报道宣传】《人民日报》对朝鲜战争的报道也很早就开始了。到1950年12月4日，《人民日报》在第五版首辟《抗美援朝》专栏，专门刊登战地通讯：早在1950年6月26日，《人民日报》收到朝鲜半岛发生战事的消息，27日就作了很大篇幅的重点报道。7月中旬，受社长范长江的指派，《人民日报》特派记者李庄，与当时在北京的法国《人道报》记者马尼安（法共中央委员）、英国《工人日报》记者魏宁顿（英共党员）三人组成一个采访团，奔赴朝鲜前线。这是当时第一个到朝鲜采访的国际记者团。7月21日，《人民日报》第一版首次发表署名"本报朝鲜战地特派记者李庄"从朝鲜发回的战地通讯：《美丽的山河　勇敢的人民》。到9月中旬止，共发回12篇通讯。李庄第一次到朝鲜工作了一个多月，他随朝鲜人民军主力采访，深入前线和后方。1950年11月8日，《人民日报》第一次公开报道中国人民志愿军入朝作战的新闻。12月中旬，

《人民日报》又派出实力雄厚的7人记者团赴朝采访，他们是李庄、田流、林韦、谭文瑞、陆超祺、姚力文、张荣安等。对于李庄来说，这是他第二次入朝采访。作为名记者，李庄具有勤奋、刻苦、敏捷的素质，是倚马可待之才。第二次入朝采访途经丹东时，李庄在丹东的伤兵医院里采访了在医院疗伤的志愿军某炮兵连指导员张忠。根据张的一段亲身经历，写成了通讯《复仇的火焰》。该文从采访到写作完稿，只用了5个小时。稿件随即发回《人民日报》，社长范长江立即编辑处理，第二天，即1950年12月20日，在《人民日报》上发表出来。到朝鲜后，作为随军记者，李庄和陆超祺两人跟随著名的志愿军38军采访。38军是个有光荣传统的老部队，原属第四野战军第一纵队，是“四野”著名的“铁拳头”，在解放东北的历次战斗中立下了赫赫战功。李庄于1951年2月采写的通讯《被人们欢呼‘万岁’的部队》，热情讴歌了38军在朝鲜战场上对朝鲜人民及祖国人民的伟大贡献、英雄气概及牺牲精神。李庄与陆超祺两人合写的战地通讯《光辉的阻击战》、《我们打出去》，以及纪实文学作品《战斗十日》（曾在《新观察》杂志连载）等作品，发表后产生了广泛影响。[145]

与李庄等同时在38军采访的还有《人民日报》特派战地特约记者、作家魏巍。他后来写出了著名的经典名篇、特写式报告文学作品《谁是最可爱的人》（写于“1951年4月1日深夜”）。该文最早于1951年4月11日刊登在《人民日报》头版社论位置，紧接着由中央人民广播电台连续广播，一时洛阳纸贵，“最可爱的人”成为中国人民志愿军的代名词。周恩来总理称赞这篇作品“感动了千百万读者，鼓舞了前方的战士”。总之，在三年多的朝鲜战争报道中，《人民日报》及全国报刊发表了数以千计的新闻作品，其中用得最多的是战地通讯和报告文学这两种体裁。由于当时战争环境下，交通阻断，通讯不便，对时效性要求很高的消息、电讯难以及时传递，因此，战地通讯与报告文学这两种报道方式得以广泛运用。当时产生的名篇佳作中，除了上述经典名作外，还有《不朽的杨根思英雄排》（新华社记者采写）、《马特洛索夫式的英雄黄继光》（新华社记者石峰、王玉章采写）[146]、《伟大的战士邱少云》（新华社记者郑大藩采写，新华社1952年12月3日电）、《不朽的国际主义战士罗盛教》（新华社记者采写）、《朝鲜军民撤退汉城时秩序井然》（新华社记者阎吾采写）、《鸭绿江凯歌》（新华社记者徐熊采写，载1958年10月27日《人民日报》）、《依依惜别的深情》（魏巍采写）等。

三、50年代历次运动中的报道宣传

（一）新中国成立初期“土改”、“镇反”、“三反”、“五反”运动的报道宣传

新中国成立初期，与朝鲜战争同时（1950—1953），国内先后开展了土地改革、镇压反革命、“三反”、“五反”运动。新华社、《人民日报》以及各级党报都做了大量新闻报道。通过这些新闻报道，一方面发布中央的各项政策、决定、法令、法规，如《中华人民共和国土地改革法》、《中华人民共和国惩治反革命条例》等；另一方面全面反映运动的进展情况，刊登各地执行中央政策中出现的问题，交流各地执行政策的经验和教训，揭发和批评不正确的倾向，及时纠正执行政策中出现的偏差，充分发挥了党报党刊的指导性功能。

【关于“土改”、“镇反”运动的报道宣传】1950年6月中旬，土地改革运动开始。6月28日，中央人民政府第八次会议讨论并通过了《中华人民共和国土地改革法》（于30

日公布)。该法规定:“废除地主阶级封建剥削的土地所有制,实行农民的土地所有制,借以解放农村生产力,发展农业生产,为新中国的工业化开辟道路。”6月30日,《人民日报》全文发表刘少奇在人民政协全国委员会第二次会议上所作的《关于土地改革问题的报告》,对土改中的政策性问题作了说明。刘少奇在《报告》中指出:占农村人口10%的地主富农却占有农村土地的70%至80%,而占农村人口90%的雇农、贫农、中农及其他人民耕种着农村90%的土地,却总共只占有农村土地的20%,以致终年辛苦劳作,不得温饱。“这种情况如不改变,中国人民革命的胜利就不能巩固,农村生产力就不能解放,新中国的工业化就没有实现的可能,人民就不能得到革命胜利的基本的果实。”此后,《人民日报》又连续刊登“土改”的有关文件及社论,宣传“土改”法规,使“土改”运动在有三亿一千万人口的新解放区有计划、有步骤地开展起来。

1950年6月间,朝鲜战争爆发,这时国内残存的国民党军政人员、特务、土匪、恶霸,以及反动会、道、门头子等反动势力,认为时机已到,蠢蠢欲动,妄图颠覆新生的人民政权。特别是当年10月10日以后,即以美国为首的联合国军越过三八线大举进攻、进占朝鲜以后,国内这些反动势力更加猖狂,兴风作浪。他们杀人纵火、抢劫,残害人民,扰乱社会治安,破坏交通及公共设施,甚至组织、举行武装暴动,企图一举推翻新生的人民政权。这是坏事,也是好事。党中央决定及时利用朝鲜战争的这个机会,开展“镇压反革命”及“清匪反霸”的运动。1950年6月间,中共中央召开七届三中全会,毛泽东在会上作了报告。在发下来的书面报告中,他肯定了镇压反革命的必要性——“对一切土匪特务、恶霸及其他反革命分子都必须坚决肃清”。1950年7月24日,《人民日报》发表了《政务院和最高人民法院镇压反革命活动的指示》,并配发了短评《严惩反革命分子》,动员人民群众行动起来,开展“镇反”运动。短评指出:帝国主义派遣的特务,国民党军政残余势力、特务及四十万土匪,是人民群众和新政权的最大威胁,因此,“坚持肃清反革命分子,迅速建立与巩固革命秩序是各级人民政府当前的首要任务之一”。短评强调:对反革命案件的审理必须由政务院和最高法院规定的司法机关来办理,必须经过严格的批准手续和司法程序;审理案件时,应切实调查研究、认真研究案情,重事实、重证据,禁止刑讯逼供。1950年10月10日,中共中央也发出《关于镇压反革命活动的指示》。根据这一指示,各地党委广泛发动群众,开始在全国大规模地、全面地开展镇压反革命的运动。与此同时,中国人民解放军也进行了大规模的剿匪作战。“据1951年3月的统计,当年2月份1个月内,除东北地区外,全国5大行政区19家省级以上报纸刊发的有关镇压反革命的新闻、评论稿件共计450多篇。”[147]

尤其是《人民日报》,除首先刊发《中华人民共和国惩治反革命条例》外,还及时配发多篇解释性社论如《为什么必须坚决镇压反革命》等,宣传“镇反”的重要意义,阐述和贯彻中央关于“镇压与宽大相结合”的方针,以及根据罪行的轻重实行“杀”、“关”、“管”的处理方式。另外,新华社和《人民日报》还突出报道了以往不少重大历史案件中的凶手被缉拿归案、依法惩处的消息,“如李公朴、闻一多被暗杀案,南通惨案,重庆校场口血案,福建永安大狱案,‘二七’惨案中的主要凶手,以及杀害邓演达、刘胡兰的罪犯等,这些报道大快人心。”[148]到1952年底,“镇反”工作基本结束。到1953年,剿匪作战也结束了。

【关于“三反”、“五反”运动的报道宣传】所谓“三反”(反对贪污、反对浪费、反对官僚主义)运动,是指1952年开始的一场专门针对党政机关队伍及国家干部、国营企业中的领导者进行的运动；所谓“五反”（反对行贿、反对偷税漏税、反对盗骗国家财产、反对偷工减料、反对盗窃经济情报）运动，是指1952年初开始，党领导工人阶级在大中城市中，对资本主义工商业者及资本家进行的一场运动。到1952年6月间，“三反”、“五反”胜利结束。有些机关稍晚一些，但到当年11月前后也都结束了。

1951年底，由于在增产节约运动中揭发出大量贪污浪费现象，中共中央于12月1日作出了《关于实行精兵简政、增产节约、反对贪污、反对浪费和反对官僚主义的决定》。《决定》指出：“自从我们占领城市三年以来，严重的贪污案件不断发生，证明1949年春季党的（七届）二中全会严重地指出资产阶级对党的侵蚀的必然性和为防止克服这种巨大危险的必要性，是完全正确的，现在是全党动员切实执行这项决议的紧要时机了。再不切实执行这项决议，我们就会犯大错误。”一场规模浩大的“三反”运动就此拉开序幕。

1952年1月1日，毛泽东在元旦团拜会上号召：“我国全体人民和一切工作人员一致起来，大张旗鼓地、雷厉风行地开展一个大规模的反对贪污、反对浪费、反对官僚主义的斗争，将这些旧社会遗留下来的污毒洗干净!”1月4日，中共中央发出《关于立即限期发动群众开展“三反”斗争的指示》，“三反”运动正式开始。同一天，《人民日报》发表社论《在反贪污、反浪费、反官僚主义的伟大斗争中，发动群众的关键何在?》。这篇文章主要谈各级党政领导要充分认识“三反”运动的重大意义，要“领导负责，亲自动手”；指出“三反”搞不好，就有“亡党亡国亡身”的危险；指出手头不干净的领导干部要坦白交代，公开检讨，争取主动；对问题严重的，不管地位多高，资格多老，功劳多大，都要严肃处理，开除、撤职、法办，决不姑息。“毛泽东赞赏此文，一字未易，批示‘甚好，可即发表’。”[49]

1月26日，中共中央又发出《关于在城市中限期召开大规模的，坚决彻底的“五反”斗争的指示》，“五反”运动也大张旗鼓地开展起来。此后，“三反”、“五反”运动合二为一进行。在“三反”、“五反”运动开始时，新华社、人民日报等新闻单位广泛宣传了这次运动的重大意义、目的、政策以及进行的方法、步骤。在运动高潮中，又发表一系列社论及时纠偏，主张实事求是，防止扩大化及“逼供信”现象。与此同时，选择重大典型案件进行连续报道，充分揭露大贪污分子和不法资本家的严重罪行。尤其对原天津市地委书记、被捕前任石家庄市委副书记的刘青山，原天津地委副书记、被捕前任天津地委书记的张子善这两个大贪污犯的报道，影响巨大而广泛，轰动全国。

1951年11月，刘青山、张子善二犯的大贪污案就被揭发出来了。刘、张两人在抗日战争和解放战争中，为革命出生入死，都曾有过功劳，但在解放后的短短两三年的和平环境中，很快蜕化变质。他们利用职权，贪污公款达171.6 272亿元（旧币），用于他们秘密掌握的“机关生产”。他们还勾结奸商，投机倒把，使国家财产损失达21亿元（旧币）。他们生活腐化，大肆挥霍，奢侈堕落。12月4日，河北省委开除二人党籍并移交司法机关依法逮捕归案。1952年2月10日上午10点，在河北省会保定举行刘青山、张子善公审大会，到会的有21 800多人。河北省人民法院院长、临时法庭审判长当场宣布：判处两犯死刑，立即执行。第二天，《人民日报》、《河北日报》、《天津日报》等报均以醒目大字标题，在头版详细报道公审大会，并刊载现场照片。在之后的几天里，《人民日报》接连刊登多篇由河北省党政负责人写的总结、反省刘青山与张子善腐败堕落深刻教训的文章，包括省委副书记代表省委作的检讨，省长代表省政府作的检讨，省委书记妻子接收刘、张贿赂的检讨书等等。报社将这些人写的文章在《人民日报》上曝光，让反贪斗争公开化、透明化，以便人民群众行使民主监督的权利。这次对刘、张案件的报道声势大，影响也大，对犯罪分子起到了强大的威慑作用，对广大党政干部也起到了深刻的警示作用。通过报道，刘、张案成为反贪腐的经典案例。

此外，在“五反”运动中，《人民日报》还连载过该报记者林里采写的通讯，报道揭露重庆工商业界不法资本家组织“星四聚餐会”类聚会，如图书教育用品业的“星一集会”、盐业的“星二聚餐会”、液体燃料业的“星期聚餐会”、土产运输业的“联谊会”、印刷业的“星六茶话会”等。他们借“聚餐会”之名，定期集会，研究、策划施放“五毒”。尤其是组织比较严密的钢铁机器业的“星四聚餐会”，由12家厂商的头面人物组成，借聚餐联络感情、研究业务为名，实则策划“打进来”、“拉出去”的腐蚀国家干部的办法和手段，盗窃国家资财，交换窃取的经济情报。林里到重庆后，进行深入细致的采访和研究，根据最高人民检察署西南分署提供的材料，写出揭露“星四聚餐会”的通讯，用电讯报道稿的方式发回报社。《人民日报》收到稿件后，很快便在1952年2月21日头版显著位置刊登出来，醒目的标题是《从“星四聚餐会”的罪恶活动来看资产阶级对国家机关有组织有计划的进攻》。报社还连夜配写了社论《评“星四聚餐会”》，与长篇通讯一起登在当天的头版头条位置。中央人民广播电台也全文播出了通讯。随后，林里又接连写了四篇通讯，从各个角度揭露“星四聚餐会”的不法活动。这一报道顿时轰动全国。[150]

（二）50年代思想文化领域宣传报道中的严重失误和深刻教训

【对电影《武训传》的批判】1951年上半年，全国上下正处于土地改革、朝鲜战争、镇压反革命等各项政治运动的高潮中。5月20日，《人民日报》发表社论《应当重视电影〈武训传〉的讨论》。名曰“讨论”，实为“大批判”。该文措词严厉地批评了当时报刊上对武训及电影《武训传》的盲目赞扬。全国各地报刊也纷纷转载这篇文章并发表社论批判《武训传》，从而形成了新中国成立后文化思想战线上第一场轰轰烈烈、声势浩大的大批判运动。电影《武训传》是孙瑜根据历史人物武训行乞兴学的事迹而创作的一部人物传记影片。该片在新中国成立前的1948年夏天便由“国民政府国防部”中国制片厂在北京开拍，拍了三分之一后停拍，1949年1月又由上海昆仑公司买了摄制权后续拍，1950年底摄制编辑完成。1951年初在京、津、沪等城市公映后，各地报刊上纷纷发表赞扬文章。该片由孙瑜编导，赵丹主演。影片主人公武训排行老七，故名武七，绰号“豆沫”，清代道光年间山东堂邑（1956年划归聊城县）人，生于1838年，死于1896年。武训出身贫苦，年幼丧父，从小随母亲流浪讨饭。稍大又帮人做工，受尽欺侮。他认为穷人受苦受难的原因是由于不能上学读书，没有文化。因此，他要为穷孩子争取受教育的权利，立志行乞兴学。为了攒钱“兴义学”，讨得富人的施舍，武训卑躬屈膝。讨来的钱一分不花，委托地主放高利贷，以后又用放高利贷得来的利钱购置田产租给农民耕种收租。他就这样靠买田产收租、放债积资，前后累计达30年，兴办了三所“义学”，让穷人的孩子都能上学读书。后来，武训行乞兴学的事迹受到清廷的表彰，被赏以“黄马褂”，还建了牌坊，死后被封为“义学正”，赐名“训”。《武训传》详尽描述了武训为了积攒钱财，沿街学狗爬任人鞭骑、赤身露体让人拳打脚踢讨钱的故事。影片导演把这种卑躬屈膝的行为歌颂为“他的那一种个人的、苦行僧式的、到处下跪的……斗争方式不足为训”，但“他典型地表现了我们中华民族的勤劳、勇敢、智慧的崇高品质”。甚至在影片中，用农民起义反抗斗争的失败来反衬武训奴颜婢膝、“行乞兴学”的成功。电影放映后，各地报刊刊登大量文章，对影片大加赞扬，几个月中，此类文章竟有一两百篇之多。平心而论，这的确反映了新中国成立初期文学艺术界在文艺作品究竟应该歌颂谁这一方向问题上的严重思想混乱状况，应该进行公开的讨论和批评。1951年5月20日，《人民日报》以社论的形式发表了毛泽东写的《应当重视电影〈武训传〉的讨论》一文（1977年4月正式出版的《毛泽东选集》第五卷收入此文），严厉批评了对武训及《武训传》的盲目赞扬。文章尖锐地指出："像武训那样的人，处在清朝末年中国人民反对外国侵略者和反对国内的反动封建统治者的伟大斗争的时代，根本不去触动封建经济基础及其上层建筑的一根毫毛，反而狂热地宣传封建文化，并为了取得自己所没有的宣传封建文化的地位，就对反动的封建统治者竭尽奴颜婢膝的能事，这种丑恶的行为，难道是我们所应当歌颂的吗？向着人民群众歌颂这种丑恶的行为，甚至打出'为人民服务'的革命旗号来歌颂，甚至用革命的农民斗争的失败作为反衬来歌颂，这难道是我们所能够容忍的吗？承认或者容忍这种歌颂，就是承认或者容忍污蔑农民革命斗争、污蔑中国历史、污蔑中国民族的反动宣传为正当的宣传。"文章中还用统计表的形式列出歌颂武训、赞扬《武训传》的文章（"不完全目录"）共43篇：先列出43篇文章题目，接着注明48名作者、登载的报刊名称和刊登的日期。文章最后指出："特别值得注意的是，一些号称学得了马克思主义的共产党员，他们学得了社会发展史——历史唯物论，但是一遇到具体的历史事件、具体的历史人物（如武训）、具体的反历史的思想（如像电影《武训传》及其他关于武训的著作），就丧失了批判的能力，有些人竟向这种反动思想投降。资产阶级的反动思想侵入了战斗的共产党，这难道不是事实吗？"同日，《人民日报》《党的生活》栏目还发表《共产党员应当参加关于〈武训传〉的批判》一文，号召"对武训、《武训传》，以及有关武训各种赞扬文字的反动错误思想进行有系统的批判"。此后，批判武训及《武训传》的运动在全国范围内大张旗鼓地开展起来，并不断"升级"。到1951年7月23日，《人民日报》开始刊登《武训历史调查记》的重头文章。该文从7月23日起到28日，前后6天才连载完（1951年9月由人民出版社出版单行本）。全文分五部分，约4.5万字篇幅。《武训历史调查记》署名作者是"武训历史调查团"，其主要成员和执笔者为人民日报的袁水拍、中宣部的钟惦棐、文化部的李进（江清，其时任中宣部电影处处长）3人。此后不久，运动即告结束。据统计，从1951年5月下旬到8月中旬，《人民日报》先后登载关于批判武训、《武训传》、《武训画刊》（李士钊编、孙之儁绘）的稿件180多篇，体裁包括评论、论文、检讨、来信、调查报告等，其中不少是万言长篇大论。[151]

这次对《武训传》的讨论，名曰学术讨论，实为一场急风暴雨式的政治批判运动，为以后20多年中的历次运动树立了一个极坏的模式，即先是周密的组织、策划，接着是声势浩大的思想动员及组织上的"层层发动"，包括领导机关的号召和文化教育界的表态和动作，然后是"人人过关"的思想斗争，内容重复的、粗暴的、无限上纲的批判文章，被点名批判的报刊及个人的自我批评，有责任者的自觉或应付性的检讨……这种模式的最大特点是"以阶级斗争囊括一切社会现象，事先定调子，选靶子，通过组织发动，用政治批判代替学术争论，以预定结论定于一尊。以后对于红楼梦研究思想的批判，对胡适文艺思想的批判，对《海瑞罢官》的批判等，从运动的领导来说，大体上都是沿袭这个模式"[152]，最终导致报刊、广播到"文化大革命"时期沦为政治斗争的阵地、大批判的战场及阶级斗争的工具，一些人就是利用这些传播工具，发动、掀起一场又一场永无休止的政治运动。

【关于《红楼梦》研究和“胡适思想”的批判】 1954 年，随着党在过渡时期总路线的贯彻执行，为配合社会主义改造的进行，中共中央又普遍开展宣传唯物主义思想、批判资产阶级唯心主义思想的教育，在意识形态领域开展唯物主义对唯心主义的斗争。

报刊上这方面的宣传是从批判《红楼梦》研究工作中的资产阶级唯心主义观点开始的。

《红楼梦》是我国优秀古典文学名著之一。这部现实主义杰作自面世以来，在社会上引起强烈反响，许多人评论它、研究它，以后遂形成一门专门的学向——“红学”。“五四”运动以后，胡适发表了《红楼梦考证》，对《红楼梦》的最初版本、作者和作者的家世作了一些有益的考证，较之过去的“红学”前进了一大步，号称“新红学派”。俞平伯在胡适的影响下，也于 1922 年写了《红楼梦辨》，因此俞平伯也被称为“新红学派”著名人物之一。他继承胡适的研究方法，在《红楼梦辨》一书中，继续对《红楼梦》的作者、版本进行了一些必要的辨伪存真的考证，但也夹杂大量烦琐考证和在许多地方主观臆断、穿凿附会。他把《红楼梦》一书中的消极因素夸大为全书的主旨，认为《红楼梦》的基本观点是“色”、“空”，最终得出“《红楼梦》性质亦与中国式的闲书相似，不得入于近代文学之林”的结论，贬低和歪曲了《红楼梦》的主题思想及其社会意义。到了 1952 年 9 月，俞平伯把 1922 年出版的上述《红楼梦辨》加以修订，改名《红楼梦研究》一书面世。到 1954 年 3 月，俞平伯又在《新建设》杂志第 3 号上发表了一篇《红楼梦简论》的文章。当俞平伯的书和文章面世以后，1954 年 5 月 15 日，《文艺报》在《新书刊介绍》专栏推荐说：“《红楼梦研究》一书做了细密的考证、校勘，扫除了过去‘红学’的一切梦呓，这是很大的功绩。”

1954 年 9 月，青年作者李希凡、蓝翎投稿并附言给《文艺报》，对俞平伯的错误观点首先提出了批评，但没有得到《文艺报》编者的支持，文章未予发表。两位作者将文章转投其母校山东大学的《文史哲》，《文史哲》在 1954 年第 9 期发表了李希凡、蓝翎的《关于〈红楼梦简论〉及其他》。毛泽东看了两位青年的文章后，非常支持他们。为此，毛泽东于 1954 年 10 月 16 日给中共中央政治局的同志及其他有关同志写了《关于〈红楼梦〉研究的信》（原载《红旗》杂志 1967 年第 9 期，又见《毛泽东选集》第 5 卷第 134—135 页），信中尖锐批判了文艺界的“大人物”压制“小人物”的错误倾向，并指出：“事情是两个‘小人物’做起来的，而‘大人物’往往不注意，并往往加以阻拦，他们同资产阶级作家在唯心论方面讲统一战线，甘心做资产阶级的俘虏，这同影片《清宫秘史》和《武训传》放映时候的情形几乎是相同的。被人称为爱国主义影片实际是卖国主义影片的《清宫秘史》在全国放映以后，至今没有被批判。《武训传》虽然批判了，却至今没有引出教训，又出现了容忍俞平伯唯心论和阻拦‘小人物’的很有生气的批判文章的奇怪事情，这是值得我们注意的。”

10 月 18 日，《文艺报》的主管机关作协党组开会，迅速传达和学习毛泽东的信。《文艺报》一次又一次开会检讨反省。10 月 23 日，《人民日报》首先发表署名“钟洛”（田钟洛，即袁鹰）的《应该重视对〈红楼梦〉研究中的错误观点的批判》，旋即又发表《质问〈文艺报〉编者》。这两篇文章基本上体现了毛泽东信中的主要观点，“像重磅炮弹当即震动了文艺界”。从此，在全国各大报刊上开展一场批判学术领域资产阶级的斗争拉开了帷幕。随着批判的深入，斗争的主要锋芒便对准了胡适。1955 年 1 月，中共中央发出了《关于在干部和知识分子中组织宣传唯物主义思想批判唯心主义思想的演讲工作的通知》。党中央理论刊物《学习》杂志也于1955年第1期发表了《展开对胡适派资产阶级唯心论思想的批判》的重要评论和艾思奇写的《批判胡适的实用主义》的万言长文（《人民日报》在1955年1月22日节要改写刊登，题为《胡适实用主义哲学的反革命性和反科学性》）。这些文章除对胡适的实用主义在学术领域的毒害和影响大加挞伐外，对于胡适在新文化运动中的贡献、对他在学术界与教育界的影响，都未能作出历史的、客观的、全面公正的及恰如其分的评价。这种对文艺界的理论问题，通过发动群众的政治运动、通过报刊在全国大张旗鼓地展开批判的做法，不利于科学和文化事业的发展。有些批判文章动辄上纲上线，乱扣帽子；有的文章有实事求是，但无限上纲，言论偏激。特别是在批评中，只有批评方的自由，而没有被批评者反批评、辩解的自由，使学术界的民主风气荡然无存。

【对“胡风反革命集团”的批判斗争】胡风，湖北蕲春人，原名张光人，笔名谷非、高荒等，生于1902年，卒于1985年6月8日，终年83岁。他早年即接触新文学作品。1920年到武昌上中学，1923年改进南京东南大学附中读书，开始接受革命思想。“五卅”运动后，进北京大学预科读书；一年后改进清华大学英文系，仅数月即退学。1929年秋到日本东京庆应大学英文科读书，受到了日本当时蓬勃发展的普罗文学运动和苏联文学的影响，并参加了日本反战同盟和日本共产党。1933年春，因在留日学生中组织左翼抗日文化团体，同年7月被驱逐回上海，担任“左联”宣传部部长，数月后改任书记。1934年开始职业作家生活，以“胡风”、“谷非”、“高荒”的笔名发表文艺批评文章，并与鲁迅、冯雪峰有较为密切的交往，为中共党领导的左翼文艺运动作出了一定的贡献。

抗战爆发后，胡风于1937年9月在上海自费编辑出版《七月》杂志（周刊，在上海出版了3期），主编《七月诗丛》、《七月文丛》。1937年9月底离开上海，10月到武汉后，他将《七月》改为半月刊在汉口出版。

1945年1月，胡风在重庆出版了《希望》。《希望》第一期发表他写的《论主观》，引起了文化界的非议，这成为后来批判胡风的哲学思想及其文艺思想的导火索。在以上这些出版物中，曾发表了大量进步作家包括延安革命根据地作家的作品，在当时大后方的进步青年中有很大的影响。

新中国成立后到朝鲜战争期间，胡风又发表了一些反映新生活、新时代的作品，一直从事进步文艺活动。[153]

对胡风文艺思想的批判起源于1949年7月在北平举行的第一次全国文代会。这次大会是一次解放区革命作家和国统区进步作家会师的大会。会上，在周扬作了《解放区文艺工作报告》之后，茅盾上台作了《作国民党统治区文艺工作报告》，其中特别对胡风的文艺理论和编辑工作进行了不点名的批判。到1950年开始的全国文艺界整风中，一些读者给《文艺报》来信，又提出对胡风的文艺思想开展批判。

1952年6月8日，《人民日报》转载了原发表于5月25日武汉《长江日报》上舒芜写的《从头学习〈在延安文艺座谈会上的讲话〉》一文，并由胡乔木加了“编者按”，批判胡风文艺思想的错误。1953年1月30日，《人民日报》又转载《文艺报》发表过的文章《胡风的反马克思主义的文艺思想》。2月，《文艺报》又发表文章《现实主义的路，还是反现实主义的路?》，继续批判胡风的文艺思想。1954年3月至7月，胡风撰写了《关于解放以来的文艺实践情况的报告》（又称《三十万言书》）[154]，并“呈习仲勋同志转中央政治局、毛主席、刘副主席、周总理”。胡风在长篇报告中详细叙述了他的文艺观点和看法，反驳了论敌对他的批判和攻击，提出了他对文艺工作的建议。不久，中央建议中国作家协会交《文艺报》发表，并组织公开的讨论和批判。对胡风大规模的批判拉开了序幕。

从1955年5月中旬起，《人民日报》突然将对胡风文艺思想的批判升级为揭露粉碎“胡风反革命集团”的敌我政治斗争。5月13日、24日，6月10日，《人民日报》分三次刊登了《关于胡风反革命集团的材料》（主要是胡风给朋友信件的内容）。随后，又将这些材料汇编成册，毛泽东写了序言和二十多条按语，并在按语中下结论说：胡风等人是“一个暗藏在革命阵营的反革命派别，一个地下的独立王国”，“这个反革命派别和独立王国是以推翻中华人民共和国和恢复帝国主义国民党的统治服务的”。至此，对胡风的文艺思想的批判终于演变成从政治上、组织上“肃清胡风反革命集团”的运动，从而造成了一桩大冤案、错案。胡风及其“集团”成员全部成了阶下囚。有正式材料披露：定为“反革命集团成员的有78人，涉及者两千多人，实际株连者无以计算。更为严重的是，这次反“胡风反革命集团”运动的开展，又为“发动新的更为大规模的政治运动——反右派运动，埋下了伏笔”[155]。

“反胡风案”严重混淆了人民内部矛盾和敌我矛盾的界限，伤害了一些革命同志，造成了极其严重的后果，直至1980年9月，中共中央才对此案予以平反。

四、生产建设及经济领域方面的报道宣传

【党和政府主管机关对生产建设及经济方面报道宣传的高度重视】新中国成立初期，毛泽东就强调“新闻工作要为生产建设这个中心服务”。1949年3月，他《在中国共产党第七届中央委员会第二次全体会议上的报告》中指出：

“从我们接管城市的第一天起，我们的眼睛就要向着这个城市的生产事业的恢复和发展。务须避免盲目地乱抓乱碰，把中心工作忘记了，以至于占领一个城市好几个月，生产建设的工作还没上轨道，甚至许多工业陷入停顿状态，引起工人失业，工人生活降低，不满意共产党。这种状态是完全不能容许的。为了这一点，我们的同志必须用极大的努力去学习生产的技术和管理生产的方法，必须去学习同生产有密切联系的商业工作、银行工作和其他工作。只有将城市的生产恢复起来和发展起来了，将消费的城市变成生产的城市了，人民政权才能巩固起来。城市中其他的工作，例如党的组织工作、政权机关的工作……通讯社报纸广播电台的工作，都是围绕着生产建设这一中心工作并为这个中心工作服务的。”[156]

1950年5月初，国家新闻总署在京召开第一次全国新闻工作会议，在会上形成的三个决议中，有一个是《关于改进报纸工作的决定》（1950年5月1日）。《决定》指出：“适应全国逐步转入以生产建设为中心任务的情况，全国报纸应当用首要的篇幅来报道人民生产劳动的状况，宣传生产工作和经济财政管理工作中成功的经验和错误的教训，讨论解决这些工作中所遇到的各项困难的办法。报纸的新闻、通讯、评论、信箱、专门性的或一般性的副刊，都应当尽可能地服从于这个任务。在进行土地改革工作的地方，关于土地改革的报道和讨论也应当占据首要的地位。”[157]此后，生产建设及经济方面的报道占据报纸的大量篇幅，成为新闻工作的重点。

【新中国成立初期对恢复和发展国民经济的宣传报道】新中国成立初期，国家的首要任务是恢复国民经济。1950年6月6日至9日，中共七届二中全会在北京举行。会上，毛泽东作了《为争取国家财政经济状况的基本好转而斗争》的书面报告，并作了《不要

四面出击》的讲话。这些讲话等是党在国民经济恢复时期的行动纲领。

人民日报、新华社、中央人民广播电台紧密围绕恢复和发展国民经济这一中心任务，组织宣传报道。如宣传中央有关统一国家财政经济工作、调整工商业、增产节约等方针政策，以及各地执行这些政策的情况、问题和经验。《人民日报》全文刊登毛泽东在中共七届二中全会上的报告《为争取国家财政经济状况的基本好转而斗争》，并连续发表中央财经委员会负责人撰写的好几篇重要社论，如陈云的《为什么要统一国家财政经济工作》、薄一波的《税收在国家工作中的作用》、李立三的《学会管理企业》等。《人民日报》刊登这几篇社论后，新华社也及时广播，全国各地报纸转载，产生了很大影响。当时的人民日报社社长范长江率先示范，亲自联系中央财经委员会，在“中财委”设一办公室，进行“蹲点”式采访报道。他同中财委主任陈云、副主任薄一波等领导人随时接触，了解领导意图，列席相关会议，及时组织报道。“长江亲自写新闻、写评论，出手迅捷。”[158]

1952年底，在国民经济得到基本恢复和初步发展的基础上，党中央及时制定了过渡时期的总路线：要在一个相当长的时期内，基本上实现国家的社会主义工业化和对农业、手工业、资本主义工商业的社会主义改造（所谓“一化三改”）。根据党的过渡时期的总路线，我国着手有计划的、大规模的社会主义改造和建设。党和国家制订了第一个社会主义经济建设的五年计划。从1953年起，开始执行发展国民经济的第一个五年计划。从此，我国进入了有计划的大规模的经济建设时期。此后，对过渡时期总路线的第一个五年计划的宣传报道便成为新闻战线的基本任务。

【对国家重点工程及重大成就的宣传报道】“一五”计划期间，国家重点工程有156项。新闻媒体对重点工程建设的报道注重阐明每项建设工程在整个国民经济建设中的重大意义和作用，歌颂工人阶级和广大人民群众在工程建设中的奋斗精神和聪明才智。当时的重点工程，如鞍钢三大工程、宝成铁路、兰新铁路、鹰厦铁路、康藏公路、青藏公路、长春第一汽车制造厂、洛阳拖拉机制造厂、北京和郑州地区的15个棉纺厂、武汉长江大桥等，都得到过新闻媒体及时、充分的宣传报道。记者们深入实际、深入现场采访，写出了许多优秀的新闻作品。如《人民日报》记者安岗、陆灏等以报道鞍钢见称于时。新华社记者李峰采写的消息《我国第一根无缝钢管诞生》（新华社鞍山1953年10月27日电）、《无缝钢管厂已呈现一片竣工现象》等也在全国有较大影响。1957年，他还采写了通讯《七年比一百年——“算账”备忘录》、《胜利的数字、光荣的诗篇》，对“一五”计划作了全面、系统的综合报道，影响也很大。新华社记者采写的《玉门原油开始东运》（新华社西安1953年11月11日电）则及时报道了“西北玉门油矿生产的原油，从十一月份起开始源源东运，供应东北和华北的炼油厂炼制成成品油”的重大新闻。另外，新华社记者采写的著名消息、通讯还有《康藏高原出现一个新镇市》（新华社昌都1954年8月20日电）、《我国自制飞机成功》（新华社北京1954年9月28日电）、《康藏、青藏公路正式通车》（新华社拉萨1954年12月25日电）、《今日的上海市场》（新华社上海1955年2月20日电）、《“解放”牌汽车试制出来》（新华社长春1956年7月13日电）等。[159]1957年10月15日，武汉长江大桥建成通车，新华社记者冯健等人及时采写了消息《长江狂风巨浪　大桥车水马龙》（新华社武汉1957年10月16日电）。与此同时，也产生了一批从多种题材、多角度、多侧面反映社会主义建设时期人民群众精神风貌及时代变迁的名篇佳作，如由新华社记者集体采写的《当你们熟睡的时候》（新华社北京1956年7月21日电），新华社记者杨瑛、续磊采写的《“梁山伯”结婚了》（新华社上海1957年1月8日电），新华社记者集体采写的《1957 年的第一小时》（新华社 1957 年 1 月 1 日电），新华社记者采写的《上海的严寒》（新华社上海 1957 年 2 月 12 日电），《上海最后两辆人力车送交博物馆》（新华社上海 1956 年 2 月 25 日电）等。[160]

《人民日报》记者纪希晨、林里、商恺等也都写出了不少的优秀通讯作品。如纪希晨深入宝成铁路建设第一线，采写出了长篇通讯《从宝鸡到成都》，在 1956 年 8 月间的《人民日报》连载。在《从宝鸡到成都》的总题目下，又分为《渭河桥头》、《跨过秦岭》、《岭南水去江起潮》、《沿着嘉陵江》、《三省界上》、《大巴山下》、《剑门关外别有天》等单篇文章连载。纪希晨的这些通讯文笔极好，充分反映了筑路工人如何克服重重艰难险阻筑路、架桥、打穿隧道的情景，都是报道宝成铁路建设工程的名篇。[161]林里也是最早报道重点工程及经济建设的名记者之一。他曾报道过 4 个“新中国第一”：①新中国修建的第一条铁路——成渝铁路。成渝铁路 1950 年 6 月 15 日动工，1952 年建成通车。通车前夕，林里从北京飞到重庆，实地考察成渝铁路建设情况，参加了盛况空前的通车剪彩活动，把所见所闻写成《成渝铁路》的通讯，《人民日报》用一整版的篇幅刊登出来。②1952年盛夏，新中国建设的第一个港口——塘沽新港建设工程正进入高潮。林里深入工地，同建港工人一起生活了 70 天，写出了六七万字的通讯报道，同时又将这些通讯编辑成书出版，书名为《我们的塘沽新港》，是报道塘沽新港工程的力作。③1953 年，是我国第一个五年计划实施的第一年，位于吉林长春市的第一汽车制造厂正处在建设高潮中，林里赶赴汽车厂工地，深入一线采访，写出了一系列有关“一汽”建设的新闻报道。④1955年 10 月下旬，林里调到广州，主持人民日报广东记者站的工作。不久，他又深入广东农村基层，报道了“新中国第一个水稻千斤县——潮安县的丰产消息”[162]。《人民日报》记者商恺的系列通讯《旅行在鹰厦铁路上》则满腔热情地讴歌了筑路的铁道兵战士、筑路工人、工程技术人员等克服重重困难、忘我工作的革命精神，并提供了铁路沿线丰富的背景资料，可读性很强。[163]

这一时期，中央人民广播电台也充分发挥广播优势，积极宣传过渡时期总路线，宣传各地在经济建设中取得的成就和经验，以教育和鼓舞人民群众积极参加社会主义建设和社会主义改造。1953 年 12 月，中央人民广播电台举办了《过渡时期总路线宣传节目》，河北、浙江、安徽等地的广播电台也相继举办《过渡时期总路线讲座》节目。到 1955 年 10 月，中央人民广播电台举办了专题节目《第一个五年计划通俗讲话》。与此同时，为配合第一个五年计划的实施，重点报道工业生产建设，中央人民广播电台和不少的地方电台相继开办了《工业节目》。这一时期，中央人民广播电台和许多地方广播电台还开办了《对农村广播节目》或特别节目，如中央台的《对农村广播》（该节目始于 1954 年 4 月，1959 年 4 月停播，1966 年 1 月恢复）。

【对先进人物的宣传报道】宣传报道先进人物、先进经验，用榜样的力量激励群众、鼓舞群众，这是当时新闻媒体的一条重要的报道方针。在对经济建设中各条战线先进人物及模范人物的宣传报道方面，新华社、《人民日报》、中央人民广播电台、《工人日报》、《中国青年报》、《中国青年》杂志等中央级新闻媒体，以及《东北日报》等地方报纸，都作出了很大贡献。经过新闻媒体的广泛传播，大批先进人物、先进经验在全国产生了广泛、深远的影响。

新中国成立初期，为了激发广大农民建设社会主义的积极性和劳动热情，在广大农村以及全国范围内曾开展了声势浩大的爱国生产竞赛运动。1951 年，全国著名劳动模范李顺达领导的互助组向全国范围发起挑战，随即获得了广大农民的热烈响应，掀起了竞赛高潮，涌现出一大批劳动模范和先进人物。李顺达等劳动模范的事迹通过新闻媒体的传播，在全国几乎家喻户晓。又如黑龙江省肇源县县委书记任国栋带领全县人民夺取了1950年、1951年、1952年连续三年的农业大丰收，因而中央农业部授予肇源县“丰产县”的光荣称号、授予任国栋“爱国丰户模范工作者”的光荣称号。《人民日报》记者田流经过深入采访，写出了人物通讯《金星奖章获得者——任国栋》。文章发表后，引起了很大的反响，不少省还把它翻印出来，作为干部学习材料。

在城市中，为了恢复工业生产，在国营工业企业内部依靠工人阶级，进行民主改革和生产改革，也轰轰烈烈地开展起爱国生产竞赛运动。在运动中涌现出一大批工业战线的劳动模范及先进人物，如赵国有、马恒昌、苏长有、徐建春、李绍奎、王崇伦、孟泰等，他们的事迹经过新闻媒体的报道宣传，传遍了全国城乡，其中尤以王崇伦模范事迹的宣传报道规模最大，影响也最大。王崇伦是我国重工业基地东北鞍山钢铁公司机械总厂的青年工人，他8次改革生产工具，创新出万能工具胎，一再超额完成生产任务，几乎一年完成了四年多的工作量。1953年底到1954年，《东北日报》、《人民日报》、《工人日报》、《中国青年报》等权威报纸连续报道王崇伦的模范事迹，介绍推广他的成功经验。《人民日报》发表了作家魏巍写给王崇伦的一封信，赞扬他是“走在时间前面的人”。《人民日报》还发表社论，倡导学习王崇伦勇于革新创造和忘我劳动的精神，推动全国工业战线开展以技术革新为主要内容的竞赛热潮，促进第一个五年计划的完成。在诸多报道中，数陆灏采写的《王崇伦的故事》（载1954年2月8日《人民日报》）影响最大。另外，陆灏采写的《老孟泰》（载《中国青年》杂志1954年第18期）也是一篇成功的报道。[164]陆灏擅长采写人物通讯，善于挖掘出新闻人物丰富多彩的内心世界，真实、准确地表现那个时代的人物精神面貌。此外，萧殷采写的《孟泰仓库》也是一篇颇为感人的人物特写。[165]文章通过一个个精彩的细节描写，反映出“炼钢厂老英雄”孟泰那种勤俭节约、一心为公、爱厂如家，“处处为国家着想”的主人翁精神。

关于20世纪50年代经济新闻报道的不足之处，有学者认为：“强调国家的利益多，注意个人的利益少；介绍生产过程多，反映职工生活少；鼓励完成国家任务多，为职工的要求呼吁少。归根结底反映了一个问题：对于经济新闻报道的服务对象和作用问题不够明确，强调指导性、思想性，习惯于从领导角度看问题，指示、教训的口吻多，而很少从群众角度提问题，满足读者群众需要和兴趣的报道少。”[165]这个评价基本上是中肯的。这种在高度计划经济的历史条件下，且一直在“左”的思想指导下形成的居高临下，一味强调“指导性”、“教育性”，用指令性口吻写作的报道模式，到以后愈演愈烈。

第五节　1956年前后新闻界的改革与新闻学研究

一、报刊批评与舆论监督的开展

【中共中央对开展报刊批评的高度重视】1950年4月19日，中共中央作出《关于在报纸刊物上展开批评和自我批评的决定》（以下简称《决定》）。1950年4月22日，《人民日报》在头版显著位置发布这一《决定》。

《决定》指出：现在大陆上的战争已经结束，在取得全国胜利后，中国共产党已经领导着全国的政权，成为执政党，因此，我们工作中的缺点和错误很容易危害广大人民的利益，而由于政权领导者的地位，领导者威信的提高，就容易产生骄傲情绪及官僚主义作风，在党内党外拒绝批评、压制批评。基于以上原因，“中共中央特决定：在一切公开的场合，在人民群众中，特别在报纸刊物上展开对于我们工作中一切错误和缺点的批评与自我批评”。《决定》接着指出：“为了公开地并且在报纸刊物上正确地展开批评和自我批评，应当在党内和人民中进行两方面的教育”，使其充分认识报刊批评的重要意义及应采取的正确态度。第一，在党内，“要教育党员特别是干部认识：在报纸刊物上进行批评和自我批评，是为了巩固党与人民群众的联系、保障党和国家的民主化、加速社会进步的必要办法。使得人民群众能够自由地在报纸刊物上发表他们对于党和人民政府的批评和建议，纵然这些批评和建议并非完全成熟与完全正确，而他们也不会因此受到打击与嘲笑”，这是“提高人民群众的觉悟性和积极性，吸引人民群众踊跃参加国家建设事业”的重要步骤。“因此，党的各级领导机关和干部必须对于反映群众意见的批评采取热烈欢迎和坚决保护的革命态度，而反对对群众批评置之不理、限制发表和对批评者实行打击、报复与嘲笑的官僚主义态度。这在今天是主要的方面。”第二，在批评者方面，“要同时教育报纸刊物的编辑人员、记者、通讯员和人民群众去区别正确的批评和破坏性的批评。我们所提倡的批评，乃是人民群众（首先是工人农民）以促进和巩固国家建设事业为目的的、有原则性与建设性的、与人为善的批评，而不是为着反对人民民主制度和共同纲领、为着破坏纪律和领导、为着打击人民群众前进的信心和热情，造成悲观失望情绪和散漫分裂状态的那种破坏性的批评。报纸刊物的编辑人员、记者、通讯员和读报组，应当欢迎和引导正确的批评而反对破坏性的批评。对于这种破坏性的批评，特别是反革命分子破坏人民民主专政的言论，则是应该而且必须加以拒绝的”[167]。这一决定十分清楚地表明，全国胜利后，在中国共产党成为执政党的新形势面前，党的最高领导层头脑清醒，襟怀广阔，深谋远虑，他们自觉地、深刻地认识到，作为执政党，必须注意发扬民主、把自己置于亿万人民群众的舆论监督之下，必须动员和支持群众对党的组织和人民公仆实行严格的舆论监督。这是新中国成立初期，党建设民主政治的先声，是走向政治民主化的具有决定意义的第一步。

1950年5月1日，中央人民政府新闻总署在《关于改进报纸工作的决定》中，进一步重申了中共中央《关于在报纸刊物上展开批评和自我批评的决定》中的观点：“报纸对政府机关及其工作人员、经济组织及其工作人员的工作中的缺点和错误，应负批评的责任。这种批评应当是积极的，富于建设性的，实事求是的和与人为善的。报纸所发表的批评应当要求被批评者作适当的声明，以便向人民群众报告批评的结果。”“报纸应当用很大的注意来发表和答复读者的来信，特别是关于政府的工作、经济建设事业和其他社会生活的批评、建议和询问的信件。”[168]

1954年4月，毛泽东在对胡乔木等人的一次谈话中，对报纸上的批评问题提出了“实行‘开、好、管’的三字方针”。“开，就是要开展批评。不开展批评，害怕批评，压制批评，是不对的。”“好，就是开展得好。批评要正确，要对人民有利，不能乱批一阵。什么事应指名批评，什么事不应指名，要经过研究。”“管，就是要把这件事管起来。这是根本的关键。党委不管，批评就开展不起来，开也开不好。”[169]

此后过了3个月，党中央在召开七届四中全会（1954年2月6日至10日），揭露和批判高、饶反党阴谋活动后，又一次作出《关于改进报纸工作的决议》（1954年7月17日中央政治局通过）（以下简称《决议》），始终把报纸批评及舆论监督工作作为至关重要的大事来抓。《决议》共分六部分，其中第三部分2 000多字的篇幅全部谈报纸批评问题，指出："各级党委必须根据七届四中全会的决议积极地广泛地开展批评和自我批评，特别是自下而上的批评，不断地发扬人民群众的积极性和创造性，不断地揭发和克服党和国家工作中的缺点和错误，向一切离开和歪曲党的路线的现象作斗争"，而"报纸是党用来开展批评和自我批评的最尖锐的武器。为了广泛地开展批评和自我批评，各级党委应充分地和正确地利用报纸这一有力的武器"。接着总结了中央1950年4月19日《关于在报纸刊物上展开批评和自我批评的决定》发表后四年以来报刊批评工作的情况，指出了存在的问题："各地党委和党报编辑部虽然在这方面作了一些努力，取得了一定的成绩，但多数党委和报纸对于这一工作不是基本上进行得好，而是基本上进行得不好。主要原因是：党委对于领导和支持报纸开展批评和自我批评做得不够；党的一部分干部中存在着严重的骄傲情绪和压制批评的现象，缺乏对批评特别是劳动人民自下而上的批评的'热烈欢迎和坚决保护的革命态度'；报纸上发表的批评有一部分发生事实错误和态度不适当，甚至有些报纸曾发生过脱离党委领导的倾向。"然后，《决议》第三部分提出了改进报刊批评工作的办法，并再次重申了报刊批评的原则：①报刊上的批评材料"要想完全不被敌人利用是不可能的。在共产党已成为执政党的现在，如果以害怕被敌人利用为借口而拒绝在报纸上公开进行批评和自我批评，那是完全错误的。同时，鉴于目前的国际国内环境，在报纸上公开进行批评和自我批评时，又必须在政治上作周到的考虑，使人民所得的多，敌人能够利用的少，不作这样的考虑也是错误的"。②"党委和报纸编辑部要善于区别正确的批评和破坏性的批评，支持正确的批评，反对破坏性的批评"、"善于区别应当在报纸上发表的批评和只应在党内刊物和文件中进行的批评"。③在报刊上进行批评的时候，对批评对象要区别对待："对典型的坏人和对那些犯有严重错误而坚持不改正错误的分子，不只是应该进行批评，而且要进行无情的斗争，给以严重的打击和应有的制裁；而对于在工作中犯了一般性质的缺点和错误，或虽然犯了严重或比较严重的错误但是愿意改正并实行改正的同志，就应该采取同志的态度进行批评，以便大家团结起来，消灭这些缺点和错误。"④在报纸上发表的批评的事实必须经过认真的调查研究，做到实事求是。⑤被批评者要有反馈："被批评者对于自己的缺点和错误，必须进行诚恳的、深入的检讨，并采取改正错误或缺点的切实措施；对报纸上的批评认为不正确或有部分失实的，应当实事求是地加以解释，但是对于其中正确的部分，即使是只有百分之五，也必须虚心接受。""受批评者所在地区的党委机关报，必须转载上级党委机关报的批评稿件。""凡是对批评者施行打击报复或压制批评的，经过调查属实，不管他是什么人，不管他的职位多么高，应当受到应得的处分。"[170]

可以说，到1954年7月后，我国基本上在理论上初步形成了一套在报刊上进行批评和自我批评、进行舆论监督的机制。

【"黄逸峰事件"】"黄逸峰事件"是发生在1952年初的一起著名的压制批评、打击报复、抵制舆论监督的严重事件。

1951年12月3日的《人民日报》第二版下面《读者来信》专栏以《上海华东交通专科学校存在混乱现象》为题，发表了署名"上海华东交通专科学校一群学生"的一封

400多字的短信："编辑同志：我们华东交通专科学校在分科方面有一年制的交通运输管理科、土木工程科，有二年制的机械、土木两科和五年制的管理、土木、机械等科。我校的地址狭小，设备简陋，没有图书馆，没有实习工场，缺少供实验用的机器。但学校领导方面不去设法改善教学上的设备，却花了二十亿元（旧币，一万元为一元——引者注）人民币盖了一座大礼堂。在开学典礼时，并大肆铺张浪费……"

信中对学校在学制、教学设备以及建设开支等方面存在的问题提出了批评，但有些情况与事实有出入。来信发表后，时任华东军政委员会交通部部长兼党委书记，还兼任下属的上海华东交通专科学校校长的黄逸峰，立即布置该校校长办公室、青年团总支、党支部工作人员追查写信者，并组织职工、学生给《人民日报》写信，要求报社更正。12月8日晚，黄逸峰和交通部党组成员、公路局局长等人参加了由学校组织的校青年团及积极分子会议，黄逸峰在会上宣称写信者是"破坏分子"，并号召以"一群学生"的名义向《人民日报》写信者作坦白交代。会上，其他发言者也斥责写信者是"破坏校誉"、"诽谤学校"者。1952年2月，人民日报社给写信者来信，学校暗中侦察发现来信被一位名叫薛承风的福建籍同学取走了。3月，薛迫于压力，只得向学校承认《人民日报》刊发的信是他写的。到了4月16日，该校召开思想改造大会，对薛承风进行批判。根据事先布置，大会上有人高呼口号："开除薛承风学籍！"会后，薛被迫写了退学申请，但不愿离校。学校便两次给薛的家长去信，诈称薛"旧病复发，神经失常"，要求家长来校领回。面对校方巨大压力，薛又将在校所受打击迫害情形，再次写信告诉《人民日报》。报社将信转到中共中央华东局办公厅。华东局领导同志接信后组织检查组前去调查，黄逸峰以消极的态度对抗调查。检查组经过深入调查，终于查明问题，建议给黄逸峰以党内警告处分，并要求黄在《解放日报》作公开检讨，但遭到黄的拒绝。接着华东局又派组织部负责人到北京向中央汇报。毛泽东听到黄压制批评、打击报复的情况后，在一份材料上写下了"压制批评，轻则开除党籍，重则交人民公审"的批示。在这种情况下，华东局为执行党的纪律和贯彻中共中央《关于在报纸刊物上展开批评和自我批评的决定》，批准了华东局纪律检查委员会开除黄逸峰党籍的决定，并建议华东局行政委员会呈报中央人民政府，撤销黄逸峰的一切行政职务，同时还对其他相关人员处以留党察看、警告、劝告等处分。由于华东局交通部党组在《人民日报》刊发薛承风来信问题上支持黄逸峰的错误，1953年1月15日，中共中央华东局作出决定：撤销华东局交通部党组。上海《解放日报》于1月19日以一整版篇幅原原本本、详尽地报道了这一事件的来龙去脉，并刊登了《华东局纪律检查委员会关于华东交通专科学校压制学生批评事件对有关领导人员的处分决定》、《华东局开除反党分子黄逸峰党籍》及"建议撤销其所任华东局交通部长等一切行政职务"的决定。同时，还发表社论《严惩压制民主、欺骗组织的坏蛋分子，为提高党在大规模建设中的战斗力而斗争》。在当天同一版的左上方，还配发米谷画的一幅题名"欺上压下"的漫画，并转载了《人民日报》1951年12月3日发表的薛承风写的批评信原文。之后，从1953年1月19日至31日，《解放日报》连续在一、三版连篇累牍发表揭发黄逸峰、拥护华东局《决定》的有关新闻和读者来信，以及有关人员的检讨。《人民日报》则在1953年1月23日该报第三版转发了"《解放日报》编辑部"1月19日的文章《黄逸峰等压制批评、欺骗组织的事实经过》，并在一版刊发对黄逸峰事件的处理决定：开除黄的党籍、撤销华东局交通部党组。同时，当天的《人民日报》还配发社论《压制批评的人是党的死敌》。1月26日，《解放日报》一版又转载了《人民日报》这篇社论。《解放日报》关于这一事件的报道一直持续到4月份才告结束。

中共中央对有关黄逸峰事件的报道、评论极为重视，并发出《关于公布黄逸峰事件的通知》，要求“各地党报除对《人民日报》、《解放日报》有关黄逸峰的社论、文章、新闻及时转载外，并可根据当地实际情况，撰写社论或短论予以配合”，“并号召与组织当地干部、群众充分揭发此类事件。此类文章如认为必要，亦可在当地报纸同时发表”。[171]

《人民日报》、《解放日报》等党报关于“黄逸峰事件”的报道，轰动一时，在当时产生了广泛、深刻的影响。这一时期，各地党报刊登的关于批评与自我批评的文章明显增多，形成了20世纪50年代前期报纸批评及舆论监督的一次高潮。但是，这次宣传报道战役中，也暴露出明显的极“左”倾向，言论及措辞过激、过当，处置也过度、过“火”，采取“一棍子打死”的做法，没有给被批评者申辩的机会和“下台阶”的余地。[172]

【批评性报道与舆论监督的名篇佳作】1956年4月27日，《人民日报》在当天的第三版右上方显著位置，刊登了该报驻广东记者站记者林里用“小品文”形式写的批评报道《何副厅长养病记》。文章写的是广东省公安厅的一位何副厅长，小病大养，借养病之名，带着专职警卫、专职秘书、炊事员，还加一个科长，前呼后拥，“从二月初一，一直养病养到五月底”，从广州到上海，又从上海一直逛到南京、无锡、苏州、杭州，一路游山玩水，挥霍国家钱财，在群众中造成很坏影响。文章一开头写道：

“何副厅长病了，高血压，失眠。

据说，何副厅长的病很重。在广州治不好，必须到上海才行。

去上海之前，何副厅长身边有这样一些人：一个负责警卫和勤务工作的通讯员，一个负责读报和念文件的专职秘书，还有一个用公家钱雇来的女炊事员。

何副厅长迷恋于这种前呼后拥的生活，所以在去上海之前，就不能不做一番考虑。不带吧，这些人不在身边，似乎又有点冷清。”

“‘这样吧！’何副厅长终于做了决定，带一个热心服务的男秘书，加上那个不太漂亮，但还年轻的女炊事员，还有自己的老部下‘曹科长’。”“于是何副厅长领先，曹科长随后，热心服务的男秘书在左，不太漂亮，但还年轻的女炊事员在右，这支不大也不小的养病队伍，就在1955年的2月8日到了上海。”“何副厅长到上海后，住的是高级干部招待所，用了三个房间。”“何副厅长从二月初一直养病养到五月底。”随后，何副厅长又带着一行人按照医生开的“旅行药方”：“逛了南京逛无锡、逛了苏州逛杭州。”春天离开广州，夏天回到广州，“带回来的是一千二百多块钱的报销单据。人们替他计算了一下，光是这笔钱就可以买一万斤小米，分给普通人，足够二十七人吃一年。这还是在广东报账的，另有一些由当地报了账的费用还没有计算在内”。

这篇文章在《人民日报》发表后，《南方日报》很快转载，并发表评论和刊载省公安厅党组对该问题的检讨，以及对何的处理情况等。《何副厅长养病记》之所以能在《人民日报》发表，是与陶铸同志的大力支持分不开的。该文在发表前送当时的广东省委第一书记陶铸审定，陶铸坚决支持，批准将这篇批评党内高级领导干部的批评报道在《人民日报》上发表。陶铸同志大力支持党报记者开展批评报道的行为，在我国新闻界引起强烈反响。[173]

《北京有些单位正在“突击花钱”》也是20世纪50年代中期一篇很有影响的批评性报道：“新华社北京1956年11月22日电　新华社记者报道：在北京的某些机关、团体和企业到年终‘突击花钱’的现象，今年比往年更早地显露出来。”“往年，一进入12月，在北京的某些单位就忙碌起来，派许多采购员四处采购物资，想办法把预算中可以结余下来的钱全部花掉，不上缴给国家。”而“今年（1956年）”还不到12月，就有不少单位“不理睬财务管理部门提出的节约要求，自己做主行动起来”，已经购买的设备还积压着，但到年终又想方设法把预算中结余的钱全部花掉，“很快又派人到外地采购今后很长时期内都使用不上的设备”，造成设备的闲置、积压和资金的浪费。消息最后引述中央和北京市财政部门负责人的话说：“年终突击花钱的现象十分值得我们注意，如果每个单位都实事求是，本着节约的精神，把预算中用不完的钱结余下来上缴给国家，将是一笔可观的资金。如果错误地认为这既然是批准的预算，就可以随便花掉，那不但对国家建设将有不利的影响，同时还会造成市场上人为的紧张气氛。”[174]年终“突击花钱”一般发生在年底的12月份，但这篇消息“在事件尚未泛滥之前就及时敲响警钟，未雨绸缪”，引起社会的广泛关注和警觉，产生了良好的效果。这是一篇对社会性问题进行的批评性报道，起到了很好的舆论监督作用。

【关于批评性报道的两条规定及反思】20世纪50年代初期，中央广播事业局和中宣部曾先后就广播电台的批评性报道和党报的批评性报道，作出了两条重要的规定：一条是大行政区的广播电台，尤其是中央人民广播电台，不得进行批评性报道，另一条是“党报不得批评同级党委”。

1950年8月14日，中央广播事业局在对东北人民广播电台及各地人民广播电台所作的《关于广播台如何进行批评和自我批评工作的指示》中指出：

“在广播中如何进行批评与自我批评的工作：由于我们这一宣传工具——无线电广播，是个没有距离的报纸，传播得很广很远，同时我们用声音来宣传，不像有记录的文字，可以反复研究，有时人们只听到它的片断，而没有听到它的全篇，很可能被断章取义，产生适得其反的效果。因此我们提出以下的意见，希望你们斟酌当时当地的实际情形、恰如其分地进行这一工作。

（一）市台和矿区台，在广播中可以像报纸一样地进行批评与自我批评的工作。但所播的材料一定要保证真实性，并且要有建设性；播送批评性质的稿子时，最好将被批评者改正缺点错误和计划改进工作的稿子同时播送。

（二）省台不像市台一样，它的范围扩及全省，所以省台进行批评与自我批评工作时，只能选择结论性的和对省各级政府机关团体部队有普遍教育意义的播送，如果在确有必要批评到某一个人或某一个组织时，要与被批评者的检讨反省同时播送。在省台不应进行枝枝节节的批评。

（三）在进行具体的批评与自我批评这一工作上，大行政区台与中央台一般不是一个适当的武器。因为它的电波发射出去的范围可以远及国外，而向国外听众去播送我国人民内部的批评和自我批评，在大多数情形下是不适宜的。”[175]“不准在中央台上开展批评性报道”这一规定和禁区，直至30年后的1980年才告打破。1980年10月17日，中央台最早开始了对商业部长在丰泽园多吃多占行为的批评性报道。1983年2月9日，中央台在当天的重点新闻节目中，播出黑龙江省双城县双城堡火车站野蛮装卸、损坏47台洗衣机的报道。不久，又先后播出吉林北站扩建工程“扯皮”十年的批评性报道。1985年6月20日，中央台又播出评论《野蛮装卸何时休》（作者：白谦诚）。这些批评性报道在中央台播出后，产生了广泛而又强烈的社会反响。[176]

1953年3月，广西宜山地委领导下的《宜山农民报》因为在报纸上批评宜山地委，受到广西省委宣传部批评，并上报中宣部。中宣部很快给予“复示”。中宣部在《关于党报不得批评同级党委问题给广西省委宣传部的复示》中指出：

“关于《宜山农民报》在报纸上批评宜山地委一事，我们认为广西省委宣传部的意见是正确的。党报是党委会的机关报，党报编辑部无权以报纸与党委会对立。党报编辑部如有不同的意见，它可在自己权限内向党委会提出，必要时可向上级党委、上级党报直至中央提出，但不经请示不能擅自在报纸上批评党委会，或利用报纸来进行自己与党委会的争论，这是一种脱离党委领导的作法，也是一种严重的无组织无纪律现象。党委会如犯了错误，应由党委会用自己的名义在报纸上进行自我批评。……报纸编辑部即在上述情况下亦无权以报纸与党委会对立。这是党报在其和党委会的关系中必须遵循的原则。”[177]

“党报不得批评同级党委”这一规定，持续半个多世纪犹不改。20世纪80年代前后，我国新闻学界一些著名的新闻学者对这一规定提出了一些异议和很好的见解。甘惜分的《打破报纸的批评禁区》一文认为，报纸开展舆论监督有两个禁区：一是报纸不能批评同级党委，导致也不能批评领导个人，后来发展到不能批评同级党政机关任何有领导职务的人员；二是舆论监督批小不批大，只拍苍蝇，不打老虎。[178]童兵在《新闻批评和政治民主——对“党报不得批评同级党委”规定的反思》一文中则对我国“新闻批评”的演变历史作了深入的考察：50年代初及中期，我国的新闻批评曾开展得有声有色，但也出现了严重的失误，那就是“新闻批评目标的模糊”——由对国家政府机关及执政党的“报刊批评”、舆论监督，变成了对学术界一次又一次的“报刊批判”。到了1957年反“右”运动中，又把“1953年关于‘党报不得批评同级党委’的中宣部复示，进一步演变成为‘批评党的干部即反对党，批评党委的某个成员即反党’这样一个十分荒唐十分错误的公式”；“凡是批评某一级党委的缺点错误，甚至批评某一级党委成员的缺点错误，无不视为攻击社会主义”。到了十年动乱的“文革”中，报刊批评沦为“革命大批判”的武器，“新闻批评”成为“林彪、‘四人帮’利用党的‘左’倾思想制造的一个又一个整人运动”的工具，有鉴于此，“新闻批评同新闻改革、新闻事业的改革应该同步，同全社会的经济体制与政治体制改革应该同步。”“‘党报不得批评同级党委’的规定，要随着民主化进程的发展才能废除。”[179]

二、20世纪50年代新闻界全面学苏联的经验、教训与影响

新中国成立初期，在政治上对苏联“一边倒”（毛泽东：《论人民民主专政》）的情况下，我国新闻界也以苏联新闻界为榜样，广泛、全面、系统地引进他们办报刊、办广播、办通讯社的经验。1953年，毛泽东同志号召学习苏联社会主义建设的先进经验和先进的科学技术，建设社会主义新中国。从此，一度在全国范围内掀起了一个全面学习苏联的运动，我国新闻界也掀起了一个向苏联新闻界学习的热潮。特别是从1954年起，我国新闻界多次组织代表团到苏联的《真理报》、塔斯社和广播电台参观、访问、实习，同时还派遣留学生到莫斯科大学新闻系读书，请苏联专家到我国教学、指导工作。

【《人民日报》辟专版、专栏介绍苏联经验】首先是采取“拿来主义”。1950年1月4日，《人民日报》开始在其第五版一整版特辟《新闻工作》专刊。该刊系双周刊，起初每月1日、15日出刊，不久改为每月2日、16日出刊，后来改为不定期出版。该刊是介绍、引进和学习苏联新闻工作经验的第一个重要园地。创刊号《编者的话》宣称：在创建新

中国新闻事业中，我们有一个便利的条件，那就是“大量地利用”苏联的“丰富经验”。“本刊愿在介绍苏联新闻工作经验方面，作有系统的努力。”该专刊用绝大部分篇幅刊登译介列宁、斯大林论报刊和苏联新闻工作经验的文章近30篇（有时也刊登我国新闻界领导人的文章）。1950年秋，生活·读书·新知三联书店选辑《新闻工作》专刊上部分译文，增加一些新译文，编印出版《新闻工作丛书》小册子，计有《怎样领导党报》、《报纸编辑部的群众工作》等。1952年2月5日，《人民日报》第四版右下方又开辟了一个《苏联报刊论文摘要》专栏，专门刊载苏联报刊上的重要论文摘要。该专栏每期刊载两篇（或三篇）文章摘要，总字数两千字左右。对于开辟这个专栏的目的，“编者按”云：“为了使我国读者能及时地更多地了解各主要报纸、刊物上发表的各种重要论文，除在本报继续刊登这方面的长篇文章以外，我们决定在这里另辟《苏联报刊论文摘要》专栏。”该刊每一至两周刊出一次，直到1954年初才告结束。从1954年3月开始，《人民日报》还组织翻译并出版了一个内部刊物，名叫《真理报文选》。这是个32开本、每期篇幅五六千字的小型刊物，一般每周出两期，共出200多期。创办该刊的目的是为了配合报社内部学习《真理报》经验时参考，但其中有些好文章被领导同志选中，再公开发表在报纸上。该刊有段时期每期都要刊登《真理报》的版样，即把各版的编版情况及版样画出来，把每一条新闻的标题译出来。这样就能让编辑部的同志都可以看到《真理报》的面目，以供学习模仿。[180]此外，1954年至1955年间，人民出版社还翻译出版了《联共（布）中央直属高级党校新闻班讲义汇编》第一、二集和苏联国家政治书籍出版局编印的《布尔什维克报刊文集》，这些教材成为我国新闻工作者及大学新闻系学生的参考资料。

【“走出去”与“请进来”】 从1954年开始，我国新闻界多次派出代表团到苏联参观学习，又邀请苏联新闻代表团来中国介绍经验、指导工作。1954年1月初，应《真理报》邀请，由人民日报总编辑邓拓任团长的新中国第一个新闻工作者代表团赴苏参观、访问。代表团一行15人，其成员包括《人民日报》、《工人日报》、《北京日报》等首都报纸的负责人和几个大区报纸如上海《解放日报》（社长张春桥）等报的主要负责人，所有的人都是第一次访问苏联。[181]在苏联参观学习50多天后，代表团于3月3日回到北京。代表团成员先在《人民日报》等报上发表多篇关于谈学习收获、体会的文章，旋由人民出版社编辑出版《学习〈真理报〉的经验》一书（人民出版社，1955年出版）。1954年7月6日，以中央广播事业局副局长温济泽为团长的中央广播事业局代表团也去苏联学习、访问，前后历时两个多月。代表团回国后，也编印了《苏联广播经验》一书。[182]

1954年12月21日至1955年3月2日，新华社也组织了代表团对口访问塔斯社，团长由新华社副社长朱穆之担任。该团在苏联作了为期两个多月的参观访问和交流学习。访问结束后，访问团大部分同志回国，留下部分同志继续实习，时间最长的前后达8个多月，直至1955年8月归国。此后不久，同样也编印出版了《塔斯社工作经验》一书，比较系统地总结了塔斯社的经验。此外，新华社内部刊物《新闻业务》从1955年第2期起开辟《学习塔斯社工作经验》专栏，刊登了《一个编辑组是怎样工作的》、《苏联新闻的对外报道》、《新闻图片的编辑工作》3篇文章。1955年第3期起，《新闻业务》又辟《塔斯社记者工作经验介绍》专栏，刊登何微《访问塔斯社的印象和感想》、记者《塔斯社记者网的优越性》等文章5篇。1956年第1期又刊登邓岗《学习塔斯社培养干部工作的经验》、袁苓《在苏联学习的一些观感》等文章。直至1957年第11期，《新闻业务》还刊登这方面的回忆文章，如何微《温故而知新》等文章。总之，这一时期，《新闻业务》曾花费大量篇幅、历时3年多时间来比较系统、全面地介绍塔斯社在机制、业务等方面的工作经验。

此后，在1955、1956、1957年，我国新闻界又先后有3个“中国新闻工作者代表团”访问苏联，总人数达80多人。[183]

中国新闻界除组织代表团赴苏参观访问、实习外，在1954年前后，还多次派遣留学生到莫斯科大学新闻系学习。到1957年，在莫斯科大学新闻系学习的外国留学生共54人，其中中国留学生占了三分之一，达18人之多。[184]

除“走出去”外，我国新闻界还采用“请进来”的方式学苏联，如应中国新闻界的邀请来中国访问的苏联新闻界代表团有：1954年的《真理报》代表团，1955年的塔斯社代表团，1956年的苏联新闻工作者代表团等，总人数有50多人。苏联新闻界代表团在华期间所作的报告、座谈纪要也汇编成书出版。如最早来我国访问的苏联报刊工作者代表团20人应人民日报社的邀请，于1954年10月15日到达北京，11月21日离京回国。该团在华访问期间的报告、座谈记录等，由人民日报社编成《苏联报刊工作经验》一书出版。此外，从1954年起，中共中央党校也仿照苏共中央直属高级党校新闻班的做法，在校内办新闻班。中共中央党校新闻班第一期于1954年9月1日开学。新闻班前后办了三期，原定每期两年，第二期、第三期由于反“右”斗争，分别推迟半年和提前半年时间同时结业，新闻班也在1957年11月左右结束。当时参加新闻班的学员一般都是省报编委以上的业务干部、新华社和广播事业局的新闻干部，以及复旦大学新闻系、北京大学中文系新闻专业的部分青年教师，每期约30至50人。聘请苏联专家讲课，连讲义也是照抄照搬苏共中央直属高级党校新闻班的，人民出版社曾将讲义编成书出版，书名《苏联共产党中央直属高级党校新闻班讲义汇编》。其第二集（人民出版社，1955年出版）“中文出版说明”云：“收集在这本书里的，是苏联共产党中央直属高级党校新闻班的十二篇讲义的译文，其中除了4篇是论述报纸宣传报道方面的问题外，其余8篇都是关于报刊史方面的著作。同本书的第一集《联共（布）中央直属高级党校新闻班讲义汇编》一样，本书可供各地新闻工作干部和新闻学系学生学习之用。”

【收获与教训】新中国成立初期，由于我们缺乏在社会主义国家办新闻事业的经验，在当时向苏联“老大哥”学习和借鉴，是必要的，也是有益的。通过全面学习苏联新闻界工作经验，我国新闻界比较系统地了解了列宁、斯大林的办报思想、办报理念和苏联新闻工作的传统。同时，中国新闻界全面学习借鉴苏联新闻工作的业务经验和严谨作风，包括新闻的采访、写作、编辑、校对，以及经营管理和发行等，从而普遍提高了中国新闻界的整体业务水平，这是主要的收获。另一方面，在全面学习苏联经验的过程中，由于不顾国情、不看具体条件、不顾我国的实际情况，采取教条主义、形式主义的照抄照搬，盲目模仿，思想保守僵化，不敢越雷池一步，不敢创新和探索，严重束缚了自己的手脚和自主创新精神，阻碍了我国新闻事业的快速发展。从体制到经济模式、从内容到形式，苏联经验对我国新闻事业的影响主要表现在如下几方面：

（1）全面的计划经济模式。报纸经营统得过死，报纸每期出版张数、版数，报纸的定价都有严格规定，几十年不变。不承认市场，不承认报纸是商品，不注重成本核算，不重视刊登广告，头脑中没有竞争意识，媒体运作全依赖财政拨款。因此，经济效益、经营管理未曾得到足够的重视。

（2）内部管理实行的是准公务员制度、政府机关体制。媒体工作人员、从业人员的级别、待遇基本套用政府行政系列。

（3）发行渠道单一，完全由邮局垄断发行。报社自办发行几乎不可能，报纸基本上不上报摊，只有邮局有极少的零售。外埠发行主要通过铁路运输，不计成本，不讲时效。

（4）宣传功能过分强化，信息传播功能弱化。新闻观念上过分强调"新闻事业是阶级斗争的工具"、"宣传工具"，"新闻报道必须服从于政治斗争的要求"（见《新闻业务》1957 年第 11 期第 30 页），"要非常注意报纸的党性和对敌斗争观念"（见《新闻业务》1957 年第 11 期第 33 页），"报纸不仅是集体的宣传者和集体的鼓动者，而且还是集体的组织者"（列宁语）。

（5）不尊重读者和受众，奉行"灌输"理论。报纸版面严肃有余，活泼不足；言论社评高高在上，往往使用指令性、教化式的语言，动辄训人，严重脱离人民群众。尤其"在社论的写作上，盲目模仿《真理报》，不论有无必要，硬要每天必有一篇。于是《人民日报》和全国报纸都在为实现'每天一篇'而绞尽脑汁"[185]。关于国际新闻报道，也沿袭苏联作法，只登骂帝国主义的报道。对社会主义国家只报喜不报忧，对西方国家则只说不好的，不能够客观、真实地反映事实真相，采取封闭和愚民政策，引起读者的反感和对报纸的不信任。报道题材单调，内容缺少趣味性、娱乐性和可读性，脱离读者。

以上这些弊端曾对我国新闻界产生了长久的负面影响，其教训是深刻的。

三、报纸版面及内容的改革

【"竖"改"横"】 自古以来，我国汉字书写及汉文书籍的排版，以及后来的报刊的编排，都是从右至左、竖写竖排的，几千年来不变。

我国近代第一本采用新式标点符号、铅印横排的书是严复著的《英文汉诂》（用中文翻译的英文语法书），该书由商务印书馆于 1904 年（光绪三十年）出版。由于该书中有大量英文，故只得迁就英文而将中文一并横排，不是有意的改革。

到了"五四"时期，钱玄同是提倡汉字竖写改为横写、报刊竖排改为横排的第一人。在 1917 年出版的《新青年》第 3 卷 3 号上，刊载了钱玄同致陈独秀讨论译文的一封公开信。钱玄同在信中首次提出汉字"竖"改"横"的见解，并从人体生理学的角度生动有趣地说明汉字书写及排版"竖"改"横"的好处，他说："我固绝对主张汉文须改用左行横迤，如西文写法也。人目系左右相并，而非上下相重，试立室中，横视左右，甚为省力；若纵视上下，则一仰一俯，颇为费力。以此例彼，知看横行较易于直行。且右手写字，正自左至右，无论汉文西文，一字笔势，罕有自右自左看。然汉字右行，其法实拙。若从西文写法，自左至右，横迤而书，则无一不便，我极希望今后新教科书从小学起一律改用横写，不必限于算学、理化、唱歌教本也。"不久，钱玄同又写信给陈独秀，敦促他将《新青年》"从第 4 卷 1 号起，就改用横式"。此后，《新青年》便开始对其部分内容进行横排的尝试。"竖"改"横"在当时虽未广泛推广开来，但对后来的影响是极其深远的。

我国报纸版面彻底由竖排改为横排是从新中国成立后创刊的《光明日报》开始的。1954 年，《光明日报》、《中国语文》月刊及《语文知识》月刊开始倡议汉字书写、排版由左至右、横写横排。特别是《光明日报》身体力行，从 1954 年 3 月 17 日第三版的《文字改革》专栏（双周刊）第一期起，在新中国成立初期最早尝试报纸横排（此后，

《文字改革》专刊继续坚持横排），并提出“要采用简体字来排印书报”的建议。此后，《文字改革》专栏经常刊登文章，为“文字横排”造势。如1954年10月27日的《文字改革》专栏（第17期）就专门刊载了沙一穹《报纸更应该横排》、陈越《书籍横排是节约纸张、降低书价的有效办法》、罗甸华《尽量横写》、健中《汉字排写方式的混乱现象必须及早纠正》等鼓吹横排的重要文章。据统计，到“1954年第三季度，全国出版图书2 603种，其中直排的1 410种，占百分之54.2，横排的1 193种，占百分之45.8”；“全国杂志281种的统计，直排的130种，占百分之46.3，横排的137种，占百分之48.7，有直有横的14种，占百分之5”[186]。

1955年1月1日（第2003号）起，《光明日报》率先改革排版，除标题外全部实行横排，这是有史以来，我国第一张全部实行横排的中文报纸。该报当天二版左上角头条位置首载《为本报改成横排告读者》云：

> 本报从今天开始，改成横行编排。这是本报在形式上的一个重大改革的尝试。
>
> 我们认为现在中国报刊书籍的排版方式，应该跟着现代化的发展和它的需要而改变，应该跟着人们生活习惯的改变而改变。中国文字的横排横写，是发展的趋势。由直排改为横排后，在过去沿用直排形式的时候，常常出现着的文字和标题有直有横、上下左右没有一定标准的混乱现象就可完全消除。报纸横排后，将更便于读者阅读。当本报《文字改革》专栏发表了一些倡议书报改为横行编排的文章以后，引起了读者的广泛反应，许多读者建议本报早日实行。因此，我们决定这样做，并且把这件事情当作本报在形式上的一个重大改革。

当天二版还刊载胡愈之《中国文字横排横写是和人民的生活习惯相符合的》一文云：

> 横排横写是科学的，是合于人的生理要求的。人的眼睛的视线横看比直看为宽。人的两眼是横排的，横看时眼睛和头部转动小，看起来比较快而且省力；直看时眼睛和头部上下转动大，并且因为有上眼皮的压力，看起来比较吃力，容易疲劳（参看中国科学院郭沫若院长的讲话，见《中国语文》创刊号）。书写和排字也是横行更方便。此外横行可以提高纸张利用率，对于标题、插图、表格、算式等都容易处理。

大型综合性、资料性月刊《新华月报》1954年12月号及其以前各期均是竖排，从1955年元月号（总第63号）起，也改为横排。

在1955年10月全国文字改革会议期间，陈望道、张弓等79位代表提出《建议进一步大力推行图书、报刊横排和规定公文、函件一律横排、横写，以免横直并行，造成混乱》的议案。大会主席团接纳了这一建议，列入会议决议第六项，并经全体代表一致通过。

1955年12月30日，中华人民共和国文化部向全国出版界发出《关于推行汉文书籍、杂志横排的原则规定》的通知。通知中规定：自1956年起新发排的汉文书籍，除影印中国古籍以及少数有特殊原因不能或不宜横排者外，应该一律采用横排；今后新创刊的汉文杂志除特殊者外，也应该一律采用横排。

有人统计：到1956年1月1日，《人民日报》、《工人日报》、《大公报》、《中国青年报》、《中国少年报》等大报都改为横排。至此，16 种全国性的报纸已全部实行了横排。各省和各大城市的报纸如《北京日报》、《天津日报》、《解放日报》、《新华日报》（江苏)、《浙江日报》、《长江日报》、《湖北日报》、《江西日报》、《四川日报》、《重庆日报》、《云南日报》、《广西日报》、《河南日报》、《山西日报》、《陕西日报》、《青海日报》、《大众日报》、《青岛日报》、《福建日报》、《厦门日报》、《辽宁日报》、《沈阳日报》、《黑龙江日报》、《旅大日报》、《哈尔滨日报》等，也都从 1956 年起改为横排。从 1956 年 1 月份起，全国性的杂志有 24 种实行横排，其中包括《学习》、《新华社新闻稿》、《教学与研究》、《政法研究》、《历史研究》、《文物参考资料》、《中国青年》、《人民文学》、《解放军文艺》等著名刊物。在 1956 年 1 月份出版的全国性杂志，横排的就占 99%。“这么多的报刊打破历来的传统，改用横排版式，这是我国报刊形式的一项重大改革，也可以说是我国出版历史上一件大事。”[187]

【刊登社会新闻、探讨“社会新闻”】关于解放初期报纸版面内容及经营方面的整体印象，据夏衍回忆：“一九四九年春，我从香港回到北平、上海，看报就有些不习惯，出报迟，新闻单调，社论短评很少，还有一件使我很感奇怪的是报上看不到一条广告”；“报纸少，没有竞争”。[188]除此之外，就是新闻报道题材单调，报道面狭窄，缺乏社会新闻。新中国成立以后，从 20 世纪 50 年代初起，这种情况有所好转，报纸上开始出现了少量有特色的社会新闻。到 50 年代后期，社会新闻的报道面更加拓宽，涉及现实生活中的方方面面。这不仅活跃和丰富了报纸的版面内容，而且增强了报纸的趣味性和可读性。

新中国成立初期，《人民日报》记者高汾曾写过几篇很有特色的以社会新闻为题材的通讯，如《新社会把鬼变成人——记北京封闭妓院》（1950 年 11 月），报道了北京市妇女领导干部和市公安局总队队员共 2 400 多人，开展封闭妓院的行动：从晚上 8 时到次日黎明，将 1 200 多名妓女分别收容到妇女生产教养院。报道还描述了妓女们的悲惨身世，读后令人同情。文章最后写道：“人民政府集中了相当的人力物力，帮助她们真正从黑暗走向光明。”她写的另一篇通讯《从黑暗到黎明——记北京妓女改造工作》（1951 年 1 月）则是《新社会把鬼变成人》的后续报道，主要写对妓女的解放、改造和教育工作，包括培养她们的劳动习惯，帮助她们治疗疾病，尤其是性病，教她们识字学文化，树立自尊心，最终融入社会。高汾还写过一篇《臭水坑变成了美丽的新湖——记北京陶然亭、龙潭的疏浚工程》（1952 年 7 月）的通讯，报道的是陶然亭、龙潭一带环境整治工程，是一篇反映城市环境改善的清新之作。

到了 20 世纪 50 年代中后期，在“百花齐放”、“百家争鸣”方针的鼓舞下，记者们不断拓宽社会新闻的报道面，写出了不少的名篇佳作，如《当你们熟睡的时候》（刊登在 1956 年 7 月 21 日的《人民日报》上）就是其中的一篇代表作。这篇通讯是由新华社北京分社的记者集体采写的。文章一开头，作者就以饱含激情的笔触写道：“亲爱的读者，你知道吗？当你们熟睡的时候，全国有多少人为了你们幸福的生活和明天的工作，在通宵紧张地劳动着。看吧！下面就是在 18 日夜里北京很多夜间工作着的人们。”接下来，以“守候在孩子床边”、“为了明天的乘客”、“急救病人”、“黎明时的电报”、“通宵运蔬菜”、“拍《祝福》”、“洒扫全城”、“为了千万读者”、“夜宵”、“零点二十八分接婴儿”共 10 个小标题，分别现场描述了 18 日夜晚北京市各条战线值夜班的人们辛勤工作的感人情景：托儿所保育员在精心地看护着甜睡的孩子们；电车公司的检修工人、调车员、司机、售票员还在为明天的班车忙碌着；急救站的值班护士、救护车司机、大夫，做好了临床急救的一切准备；电报局灯火通明，报务室营业员在柜台等待交发电报的人，报务员们则在聚精会神地收发着电报；菜市场和副食店营业员正在整理蔬菜、食品，准备供应早市；电影制片厂“如同白昼的摄影棚里，导演、演员、摄影师及其他工作人员正在拍摄由鲁迅的小说改编的彩色影片《祝福》”；“深夜，清洁工人们驾驶的一百多辆汽车，穿行在全城的大街小巷，把八千多个垃圾站里的两千多公方垃圾，运到城外七个垃圾处理场”；人民日报社大楼内的夜班编辑、记者正在精心编稿，“两点五十九分，四部高速轮转机转动了……”；各家小吃店里，厨师正在为市民制作夜宵；到零点二十八分，北京医学院附属医院产院里，一个婴儿“哇”的一声诞生了……这篇文章见报后，获得社内外的一致好评，新华社总社专此向北京分社采写此稿的记者们致信祝贺慰勉：“你们选择的这个新鲜而有广泛兴趣的主题，在材料的挑选和安排上都表现了记者的创造性。整篇报道的内容和情节，从托儿所里那些甜蜜蜜的睡熟的孩子到那些刚生了孩子的年轻妈妈的微笑，就像有趣的电影纪录片一样，它生动地展现在读者的面前。”[189]

在1956年下半年，新华社上海分社的记者们也尝试着采写了一批反映社会生活的新闻作品。上海分社著名记者杨瑛说：“这些消息受到报纸和读者欢迎的程度，大大超出了我们的意料。这些消息有的被报纸作为花边新闻，有的连一向很少采用上海消息的省、市地方报纸也采用了。《四千多个遗失东西的人在上海领回了失物》一稿写出了上海社会的新风尚，《人民日报》采用时还写了编者评语。《恶媳妇逼死婆婆》一稿（有关部门对该案处理欠妥，我们准备连续报道）揭露了社会生活中有不尊敬老年人的不良风气，新闻发出后，我们收到很多远方读者的来信，要求严肃处理这一案件。《“梁山伯”结婚了》是我们今年发出的最受欢迎的消息之一，许多报纸竞相刊载。《大姐们的婚事》是写旧社会痛苦生活中错过了青春的中年女工现在建立了美满家庭，显示了工人在恋爱婚姻问题上新的道德观，这篇稿子也受到普遍的好评。《被旧社会遗弃的人》、《送迷途儿童回家》、《城市的眼睛》（写消防队瞭望哨的）、《上海处在百年少有的炎热中》、《上海发生龙卷风》、《上海提篮桥监狱的犯人减少了》等稿都开拓了新闻报道的新的领域。”“今年（1957年——引者注）二月初，上海滴水成冰，遇到了几十年来罕见的春寒，记者发了一条消息，借用诗人臧克家1947年写上海冬天的一首诗的开头两句‘前天一夜风雪，昨天八百童尸’对比地衬托出今年上海虽然奇寒，但街头上没有发现一个冻死的人。这难道不是最有力地歌颂了社会主义的优越性吗？《被旧社会遗弃的人》是写旧上海遗留下来的流氓、妓女、扒手，现在变成了真正的人。它并没有说新社会如何如何好，但人们读过之后，自然会得出这个结论。”[190]

在以上一批社会新闻作品中，有一篇文章见报后曾引起很大的争议，激起轩然大波。那是由杨瑛、续磊采写的《“梁山伯”结婚了》（新华社1957年1月8日电）一文引起的。该文写道：在银幕上饰演古代悲剧《梁山伯与祝英台》中两位主角的范瑞娟（饰梁山伯）和袁雪芬（饰祝英台）都已经建立起幸福的家庭，她们俩于“今年元旦结婚”了。另外，上海著名越剧演员徐玉兰、傅兰香等，解放后也都和自己心爱的人结了婚。这些在旧社会被人们称为“戏子”、低人一等的女演员，如今都过上了幸福生活。

这条消息发表后，受到了新闻界和读者的好评。《中国新闻》趁机特约范瑞娟写文章谈自己的终身大事，并以《我有了一个幸福的家庭》为题向海外发稿。香港《大公报》很快以《我的丈夫，我的蜜月》为题刊登出来。上海《解放日报》也于1957年3月24日二版右上方显著位置，原文转载《我的丈夫，我的蜜月》，并配发了范瑞娟和她爱人的半身合影照片。文章以第一人称口吻非常生动地描述了他们的婚礼、温馨的蜜月生活和她体贴的丈夫，以及“慈祥的婆婆”。文章转载后，读者却纷纷来信来电批评，达四百多件（次）。有个部队来信还以党委名义指责《解放日报》的办报方向出了问题，要“保卫党报”。中共上海市委第一书记柯庆施在杭州将此事向毛泽东汇报后，毛泽东说：“上海人口几百万，几百封信，不多嘛！报纸上总不能天天都是上甘岭，讲讲丈夫、蜜月也可以嘛！”至此，风波方平息。[191]

这反映出当时社会上存在着一股封闭、保守、落后的极“左”思潮，以及把社会新闻与黄色新闻、诲淫诲盗等同起来的认识误区。

这一时期，在地方报纸中，《新民报晚刊》刊登的社会新闻也是比较有特色的。社会新闻曾是《新民报》的传统产品和“拳头”产品。早在40年代重庆时期，《新民报》就曾刊载大量深受读者欢迎的社会新闻，内容及题材包括“生老病死，物价上涨和新鲜水果上市，平民踊跃为抗战献金和阔佬驱车过献金台而不屑一顾，徐悲鸿赠画为难童制寒衣和救亡义卖吴玉章购钢盔，迷信作怪害死妇婴和警察欺凌黄包车夫，老虎出没南温泉，恶鼠咬人，悬赏灭蝇等，但凡与市民生活有关，又能引起市民的阅读兴趣的，都去采访报道”[192]。到了1956年春，《新民报晚刊》进行版面及内容的改革时，又把社会新闻作为自己的主打产品之一。1957年春，《新民报晚刊》曾举行该报第一次“好新闻评奖”活动，评出好新闻稿10篇。其中，由张林岚采写的小特写《飞刀宋》因为扩大了报道面，写得非常生动、活泼、传神，而被评为特等奖。《飞刀宋》是这样写一个厨师的：“‘飞刀宋’，看了这个名字，你也许以为他是个古代传说中的猛将或是剑客之流的人吧，不，他是个厨师，他是国际饭店京菜厅的砧凳厨师。宋大鉴，这是他的真名字。他通常的工作只是切菜，先用他的刀子把那些要下锅的鸡鸭鱼肉切好，然后交给炉灶厨师烹饪。”“我们现在来到了飞刀宋的砧凳旁边。砧凳上堆积着飞刀宋的操作素材：嫩红色的鲜肉，活跳的虾和鱼，刚刚洗得白净的母鸡和桂花鸭，以及看上去好像还在生长着的青绿果蔬……它们都跃跃欲试似的，准备上砧凳去试试飞刀宋的飞刀。”“飞刀宋来了，他是个中等身材，脸色稍微有点苍白的山东人，不大说话，但两只善良的眼睛看人的时候，流露出了他的热情和谦和，好像总是在说：‘没有什么飞刀的，是这样，我不过是比较快些……’他拿过来一片浸透了的鱿鱼，轻轻提起菜刀，你说，我们看见了什么？……雪亮的刀锋在上下跳跃，刀子走得既快且匀，一眨眼，那片鱿鱼的两面都有了细密的交叉的刀纹，往手里一提，成了一张玲珑剔透的网！”[193]

在报纸上刊登社会新闻作品的同时，探讨、研究社会新闻及其写作规律的学术活动也热闹起来。当时的《新闻业务》杂志曾刊登过好几篇这类文章，如止戈的《具有新内容的社会新闻》（载《新闻业务》1957年第3期第25页）、葛韦的《〈梁山伯结婚〉的报道》（载《新闻业务》1957年第3期第26页）、杨瑛的《打开社会新闻的大门》（载《新闻业务》1957年第4期第12页）、宫策的《关于社会新闻》（载《新闻业务》1957年第4期第16页）、赵超构的《关于社会新闻的一些意见》（载《新闻业务》1957年第5期第18页），等等。其中，宫策的《关于社会新闻》是较早一篇比较全面、系统研究社会新闻的文章，其基本观点如下：

（1）什么是“社会新闻”？“这里所说的‘社会新闻’，一般是反映当前社会生活、社会事件、社会问题的新闻，是说明历史遗留下来的或新生的各种社会现象或自然现象的新闻，是反映社会意识和道德观念变化的新闻。一般来说，这种新闻都是反映了人民的社会生活，或者它同人民群众的生活是紧密相关的。因此，它有着广泛的社会兴趣，又总是很新鲜的。”

（2）社会新闻的具体内容包括十大方面：①“反映对旧社会的改造、反映新的社会面貌的新闻。”“它更多地是通过新旧社会生活的对比来说明我们社会的制度。例如，《被旧社会遗弃的人》、《野人的新生》、《上海把最后两辆人力车送交博物馆》（新华社上海1956年2月25日电——引者注）、《三轮车工人成了优秀的大学生》、《每逢佳节倍思亲》（报道天津市儿童教养院对流浪和被遗弃儿童的改造和教育）、《新过门的新娘子当选为集体农庄副主席》、《一个农村姑娘的嫁奁》，等等。这些新闻着重通过一些具体事例反映了社会制度的变化，反映了社会的新面貌、新气象，比较深刻地说明了社会主义制度的优越性，说明了社会的进步，既使读者感兴趣，也有深刻的教育意义。”②“反映人们日常社会生活的新闻”。“它更多地是反映了人们日常的、大量见到的生活实例，它更多地具有生活的气息和人情味。这方面比较典型的例子是《当你们熟睡的时候》，这篇稿子是以新鲜的主题，从一个侧面反映了社会生活的真实面貌，令读者很感兴趣。另外，还有许多从一点、一个方面来反映社会生活面貌的例子，如《送迷途儿童回家》、《城市的眼睛》（写防火瞭望哨的）、《上海公安机关帮助居民顺利寻找亲友》、《眼镜百年史》、《上海三十三个聋哑儿童学会说话》、《一斤多重的早产婴儿长大了》等。这样一些稿件所反映的事情，很多是生活中的一些普通的事情，由于能够抓住时机或选择新鲜的主题来报道，读者就感兴趣。”③“反映新的社会意识、新的道德观念成长变化的新闻。例如，《女学生虎口救小孩》、《四千多个遗失东西的人在上海领回了失物》、《农村里的新风尚》、《永丰乡青年形成孝敬父母的风气》、《青年团员丁阿仁痛打金钱豹》、《发生在马路上的故事》，等等。”④“反映自然景象和各地风光的新闻。如《洱海苍山脚下的蝶会》、《慕士塔格山的冰河》、《上海的严寒》（新华社上海1957年2月13日电——引者注）、《上海突然遭受龙卷风的袭击》、《美丽的边疆城镇——黑河》、《微山湖的冬天》、《美丽的兰州》以及其他一些报道城市风光的新闻、新城市建设的新闻、高山探险的新闻、日蚀和月蚀等各种自然现象的新闻。”“它可以开拓人们的眼界，给人们增加很多新的知识。”⑤“报道各地风俗习惯、风土人情的新闻。例如《端午节访汨罗江》、《广州的花市》、《祝福》（报道鲁迅故乡的春节情景）等。”⑥“报道人们所关心的社会人物的新闻，例如报道电影演员、戏剧演员、运动员等的生活和活动的新闻”，“像《‘梁山伯’结婚了》、《会见喜剧演员殷秀岑》就是一些好的稿子”。⑦“有关恋爱、婚姻、家庭等问题的报道，是社会新闻的主要内容之一。”⑧“有关人口问题方面的报道，是社会新闻中很新鲜、很有意义的报道内容。”⑨“揭发那些破坏社会生活秩序的坏人坏事、批判不良的社会风气和恶风陋俗的新闻，也应该属于社会新闻之一类。”⑩“报道社会生活中发生的某些奇异现象的新闻。”“及时报道社会上发生的各种奇异的现象，对于这些奇异的现象进行科学分析，说明道理，这不仅会给读者增加知识，进行唯物主义的教育，而且可以防止破坏分子利用各种奇异的社会和自然现象来造谣惑众，这种报道是必要的。”

（3）社会新闻的重要意义和它在整个新闻报道中所占的位置。其重要意义在于：①“由于社会新闻不是正面的宣传和说教，而是从生活的侧面迂回地来说服和教育读者，这样它就更容易为读者所接受，使读者印象很深，感染力很强。”②“由于社会新闻反映人民生活中一些共同性的社会问题，这些问题同人们的生活有紧密的联系，具有浓厚的人情味，因此它有着广泛的社会兴趣，是读者所欢迎的。”③“社会新闻能够产生一种舆论的力量、道德的力量，能够起一种潜移默化的教育作用。”④“社会新闻对祖国风光面貌的介绍，对各种奇异现象的揭露，可以使读者增加很多新的知识、增长阅历，熟悉生活。”此外，赵超构的《关于社会新闻的一些意见》也对社会新闻的“定义”及范围作了比较全面的阐述。

四、20 世纪 50 年代新华社的改革

【新华社新闻摄影部的成立及发展】新华社新闻摄影编辑部在 1952 年 4 月 1 日成立。它的前身是中央人民政府新闻总署领导下的新闻摄影局。1949 年 7 月，全国第一次文代会结束以后，当时担任中共中央宣传部副部长兼中央广播事业管理处处长的廖承志受中央委托，以东北画报社为基础，筹建中央新闻摄影机构。中华人民共和国成立后，在胡乔木为署长的中央人民政府新闻总署的领导下，正式设立了新闻摄影局。该局于 1950 年 4 月成立，局长由新闻总署副署长萨空了兼任。新闻摄影局的业务组织机构主要有：《人民画报》编辑部、新闻摄影处、摄影研究室、美术研究室。原东北画报社社长朱丹调任新闻摄影局秘书长，分工主管《人民画报》的工作；石少华从华北画报社调任新闻摄影局副秘书长，兼任新闻摄影处处长，负责新闻摄影报道和摄影研究室的工作；另一位副秘书长是从东北局调来的邵宇，负责美术研究室及局党委的工作。

新闻摄影局是新中国成立后中央人民政府的第一个新闻摄影机构，其任务有四项：①向国内、国外报刊发布新闻照片，向全国各大城市、工厂、矿山发行展览照片；②搜集和保存有价值的国家新闻照片资料；③出版《人民画报》，出版摄影和美术方面的优秀作品，如宣传画、明信片等；④负责组织和领导全国的摄影工作。

新闻摄影局成立两年后，情况有了新的变化。1952 年初，新闻总署撤销。由于全国各方面建设不断发展，全国各地对新闻照片的需求越来越迫切，中央根据这些新的情况和全国人民的需求，便决定将新闻摄影局的新闻摄影处、摄影研究室、图片经理部门划归新华通讯社，组成新华社的新闻摄影编辑部。另将原新闻摄影局所属的美术出版工作和《人民画报》分别划归人民美术出版社和外文出版社。1952 年 4 月 1 日，新华社新闻摄影部正式成立，这使新华社的业务更全面，新闻报道能力大大加强。在此之前，新华社只有文字报道，没有摄影报道。现在增加了图片业务，既发文字新闻，又发图片新闻，“文图并茂”，这是新华社事业发展和繁荣的良好开端。新闻摄影部成立时，委任石少华为摄影部主任，总社吴冷西分管摄影部工作（不久改由朱穆之分管，直到 1959 年）。摄影部的组织机构主要分采编、经理两大部门。采编部门负责摄影报道业务，经理部门负责照片生产、发行和财务等工作。采编部门设有国内新闻编辑组、国际新闻编辑组、中央新闻编辑组、展览照片编辑组、胶版编辑组、资料组等。经理部门设有黑白照片制作车间、彩色照片制作车间、胶版车间、摄影器材修制车间、器材保管组、发稿组、财务组等。此外，还设有研究室，主要任务是从摄影技术和理论上提高和培训记者、编辑和暗房工作人员的业务水平。

1952 年 4 月新华社摄影部成立后，就开始建立自己的系统，最初在全国各大行政区新华社总分社内设立摄影记者组；1956 年又在全国各省、市、自治区新华社分社内普遍设立摄影组，基本上形成了新华社的新闻摄影网。新华社编委会确定该部的主要任务是：在全世界搜集和发布有关中国和外国的政治、经济、文化以及其他一切能引起共同兴趣的

照片，使其成为“新闻图片总汇”。具体来说，新闻摄影部工作有四项：①向全国报纸、杂志发布新闻照片；②向国外发布新闻照片；③向全国供应新闻展览照片；④供给中央各有关部门到国外举办照片展览以及送礼和其他业务需要的照片。

新闻摄影部成立后，其规模在20世纪50年代中后期有了快速的发展。从新闻图片产量上看，1952年，其图片发行量是75万张，1958年达到830万张；从摄影记者的人数看，1952年仅27人，1959年8月份增加到179人；从技术和设备上看，在1952年以前没有传真设备，到50年代中期，基本建立了北京和上海、广州、武汉、福州、西安、重庆、沈阳、乌鲁木齐，北京和莫斯科、柏林、华沙、布加勒斯特、布达佩斯、布拉格、新德里、东京、斯德哥尔摩、旧金山之间的无线电图片传输网络，装备了轻便的传真设备。与此同时，新闻摄影部还增设了胶版和彩色照片工作。到50年代末，向国外发布新闻图片的国家增加到95个。

1953年3月，新闻摄影部召开第一次全国摄影报道会议。会议结束不久便出版了《摄影业务》月刊。

1953年12月，新闻摄影部召开第二次全国摄影报道会议。

1956年3月，新闻摄影部召开第三次全国摄影报道会议。

新华社新闻摄影部成立后，大大促进了我国新闻摄影事业的发展。[194]

【刘少奇对新华社工作的两次谈话指示】1956年5月28日、6月19日，刘少奇前后两次召集新华社负责同志作重要的谈话指示。他在第一次谈话中，对当时我国新闻界无条件地、全部照搬式地学习苏联的状况，提出了尖锐的批评。他说：

> 关于学习塔斯社，毛主席说，对苏联和人民民主国家的经验要有批判地接受，不能无条件地接受。不分好坏，不看条件，一律接受，一律学习，一律照办，就是教条主义，就是盲从，就是迷信。人家的东西，有的能照办，有的不能照办。不要把人家错误的东西搬过来。在我们同志中间要破除迷信，遇事要分析，要有批判，不要迷信，不要盲从。要有思考，要有创造性，要有独立性，才可以把事情办好。我们要去掉依赖性，增加独立性。依赖塔斯社是不好的。我们要建立自己的通讯事业，要把新华社办得比塔斯社好。无产阶级专政的历史只有这么久，无产阶级办世界性通讯社的历史也只有这么久，现在只有这么多的经验。我们要创造一些经验，做出好的榜样。我们新闻的报道学塔斯社的新闻格式，死板得很，毫不活泼。比如往年报道天安门游行，只是官样文章，公式化新闻。公报就是官僚主义形式。不顾时间、地点、条件，不顾读者的思想情绪，我只管发出去，你看也好，你不看也好。这是党八股，照格式写文章。这样的文章，小学生也可以写。我们不能学这种党八股。

在反对盲目学习塔斯社的同时，刘少奇主张向西方资产阶级通讯社学习。他又说：

> 要学习塔斯社，同时也要学习资产阶级通讯社。马克思曾经说过，对资产阶级的工厂要接收下来，对资产阶级的政治经验也要接收下来。外国记者强调他们的新闻报道是客观的、真实的、公正的报道；客观的、真实的、公正的报道是他们的口号。我们如果不敢强调客观的、真实的报道，只强调立场，那么，我们的报道就有主观主义，有片面性。如果这样做，就是下决心要片面性。新华社的报道，如果有了片面

性，就会丧失一切，对自己不利，对人民不利，就不能成为世界性通讯社。要学习资产阶级通讯社记者的报道技巧。他们善于运用客观的手法、巧妙的笔调，既报道了事实，又挖苦了我们，他们的立场站得很稳。人们从他们的新闻报道中能够看到一些真实的情况。新华社要成为世界性通讯社，新华社的新闻就必须是客观的、真实的、公正的、全面的，同时必须是有立场的。和其他通讯社相比，尽管观点不一样，但是新闻报道是客观的、真实的、公正的、全面的，这就能在世界上建立威信。[195]

在当时的政治环境下，刘少奇的这一番话充分反映出他宽广的胸襟、深远的眼光、豪迈的气魄和无畏的胆识，至今仍熠熠生辉。

刘少奇在第二次谈话中，就“关于建设世界性通讯社问题”、“关于新华社作为国内通讯社的任务”等进一步作了精辟的指示。他说：“新华社的报道要真实、生动、有趣味，文笔也要好。这样做了，他们就会建立起威信来的。”“你们要在全世界人民中建立起威信。对于没有成见的人，只要我们报道真实、公正，判断正确，就会建立起威信，不怕人家反对。即使资产阶级报纸不用你们的新闻，但他们的编辑如果也认为你们说得对，报道真实，那你们的任务也算完成了。”“你们要在尖锐的斗争中锻炼出几十个成名的记者，他们不造谣，讲真话，不仅对帝国主义讲真话，而且对共产党的错误也讲真话。”与此同时，刘少奇又指出：“我们的报道要真实，自然也要注意立场。”“总之，要有坚定的立场，同时还要有极大的狡猾，要有原则而又很灵活。”此外，他对新华社“过分强调官方身份”、强调官方色彩也作了重要指示：“新华社是官办还是民办？这不是主要问题。主要是不要时时强调自己是官办的。现在什么都变为官办，连农业合作社也成为官办的。所谓‘独立的’只是一种形式，实质是不变的。问题是不要老是强调自己的官方身份，更不要把自己束缚得死死的。”[196]

【1957 年初《参考消息》改版及扩大发行】1957 年 3 月 1 日起，《参考消息》从 32 开刊物型改为 4 开 4 版报纸形式出版，阅读范围扩大到县、科级以上党内外干部及在读的大专院校学生。当时，毛泽东曾就扩大发行《参考消息》及其重大意义作过多次重要而又精辟的谈话。他说：

“现在，我们决定扩大发行《参考消息》，从两千份扩大到四十万份，使党内党外都能看到。这是共产党替帝国主义出版报纸，连那些骂我们的反动言论也登。为什么要这样做呢？目的就是把毒草、把非马克思主义和反马克思主义的东西，摆在我们同志面前，摆在人民群众和民主人士面前，让他们受到锻炼。不要封锁起来，封锁起来反而危险。这一条我们跟苏联的做法不同。为什么要种牛痘？就是人为地把一种病毒放到人体里面去，实行‘细菌战’，跟你作斗争，使你的身体里头产生一种免疫力。发行《参考消息》以及出版其他反面教材，就是‘种牛痘’，增强干部和群众在政治上的免疫力。”[197]

“要见世面，要了解国际情况、了解敌人的情况。我们准备发行一个刊物《参考消息》，在座的大概都看到了。《参考消息》过去发两千份，现在准备扩大到三十万份，像一个大报纸。比如《大公报》，它是发行二十八万份，这个报纸发行比它大，有三十万份。由两千份扩大到三十万份，发到县一级，党内党外都可以看。”（摘自《在最高国务会议上的结束语》，1957 年 3 月 2 日）

“《参考消息》要总结一下，可再行扩大，变成天下独一无二的报纸。”（摘自对新华社、《人民日报》负责人的谈话，1957 年 5 月 17 日）

“要把《参考消息》的阅读范围扩大到全国的高等院校学生。让他们经常阅读《参考消息》，经常比较敌我两方面的宣传。让他们知道世界是复杂的，每个问题都有对立面，这样才能培养他们思考问题、判断问题的能力。”[18]（摘自北戴河会议后的一次谈话，1958年8月）

《参考消息》是一份具有光荣的革命历史传统和独特风格的参考资料型报纸。1931年11月7日，“红色中华通讯社”（简称“红中社”，即新华社的前身）成立。当时正值中华苏维埃第一次全国代表大会在江西瑞金召开，“红中社”就把红军无线电台抄收到的国民党中央社电讯，编成《无线电材料》、《每日电讯》油印分发给大会参考。这就是《参考消息》的最早起源。此后，“红中社”便组织了一部分人力，抄收外国和国民党通讯社的电讯，油印出版，为领导机关搜集信息，了解敌情服务，供红军高层领导决策时参考。“西安事变”和平解决后，1937年1月，红中社由陕西保安县迁到延安城内，改名新华社，继续编印出版这类电讯，供中央领导同志和中央机关参阅，每期印400份左右。1940年3月10日起，改油印为铅印，到1941年3月31日停刊。1942年12月1日起，正式改名《参考消息》复刊，由新华社与《解放日报》社合编，直至1947年3月撤出延安为止。1947年4月9日，新华社开始出版32开本油印的《参考消息》，阅读范围仍然是中央领导同志和中央机关部分人员。同年12月28日改为铅印，至1948年3月20日停刊。同年8月间在河北省平山县西柏坡复刊。1949年3月间随新华社总社迁至北平（今北京）出版。中华人民共和国成立后，新华社成为国家通讯社，信息来源大大扩大，《参考消息》内容也更加丰富了，除抄收世界各大通讯社的电讯、世界各大报的新闻及评论外，还选登港台地区报刊的材料。

新中国成立初期，《参考消息》发行量很少，订数只有1 964份，看《参考消息》是一种很高的政治待遇。新中国成立初期及50年代中期，《参考消息》的发行范围也还是很窄的，只有中央一级，省、市、军区及外交人员中的少数高层领导才有权阅读《参考消息》，连“中央机关中大多数司局级、处级干部都看不到《参考消息》”。50年代初，《参考消息》的发行增加到3 000份。[19]有关50年代前期《参考消息》发行范围、读者对象的详细具体情况，可见于《新华社发行〈参考消息〉范围的规定〈草案〉》（1955年1月21日）。全文如下：

根据一九五〇年新闻总署关于分发《参考消息》办法通知，结合目前实际情况，将阅读《参考消息》人员的范围重新规定如下：

一、中央一级

（一）中华人民共和国主席、副主席。

（二）全国人民代表大会常务委员会委员长、副委员长、秘书长、副秘书长、委员及所属各委主任委员。

（三）国务院总理、副总理、秘书长、副秘书长、各办公室正副主任、各直属机构负责人及所属各部、各委正副首长和部长助理。

（四）国防委员会副主席、委员。

（五）最高人民法院院长、副院长，最高人民检察院检察长、副检察长。

（六）中国共产党中央委员会委员、候补委员、秘书长、副秘书长、办公厅主任及所属各部、各委员会正副首长、正副秘书长。

（七）各民主党派主要负责人（具体名单由政协全国委员会秘书长提出）。

（八）各人民团体主要负责人。

（九）中国人民解放军各总部正副首长及其所属各部的正副部长。

各特种兵司令员、副司令员、政委、副政委、正副参谋长、政治部正副主任。

（十）其他相当于副部长一级以上的干部。

二、各省（相当于省的自治区）、市、军区

（十一）各省省长、副省长、中央直辖市市长、副市长，相当于省的民族自治区主要负责人。

（十二）中国共产党中央分局书记、副书记、宣传部长、各省委书记、副书记、宣传部长，中央直辖市市委书记、副书记、宣传部长。

（十三）中国人民解放军各大军区及各野战军司令员、副司令员，政委、副政委，正副参谋长，政治部正副主任、宣传部长、保卫部长及作战情报、敌工部门的负责同志。

各省军区正副司令员、正副政委、参谋长、政治部主任。

中国人民解放军海军基地司令员、政治委员、参谋长。

三、外交人员

（十四）中华人民共和国驻国外的各大使、公使。

（十五）各兄弟国家驻中国的大使、公使。

（十六）其他经各机关首长亲自审查认为业务上确属必须阅读，开具名单、职位并申述理由经本社社长批准的人员。

本规定自国务院批准之日起施行。[200]

从1957年3月1日起，《参考消息》开始扩大发行。到了1958年和1971年，中共中央又先后两次决定再度扩大《参考消息》的发行范围。直到1985年1月1日起，《参考消息》由“内部发行”改为面向全国普通公民发行，彻底放开限制。其详情缕述如下：

1956年苏共二十大和东欧“波兹兰事件”、“匈牙利事件”后，党中央为了让党内外干部开阔视野，更多地了解国际时事，特别是更多地了解“我们的敌人和朋友”的情况，以便使干部们在观察形势以及决策时，避免目光短浅、片面性和思想僵化，特在1956年12月18日发出通知，决定从1957年3月1日起，对《参考消息》实行改版，每日出4开4版报纸一张。报头系从当时刚刚出版的鲁迅手稿中找出“参”、“考”、“消”、“息”四个字，加以放大拼辑而成。阅读范围也从中央，省、市、自治区及各大军区、外交部等机关、部门高层领导，扩大到县、科级以上党内外干部。[201]到1958年9月10日，中共中央同意中央宣传部根据毛泽东指示提出的报告，再次把《参考消息》的发行范围进一步扩大到一般党政干部和大学生。[202]1971年，中央决定第三次扩大《参考消息》发行范围，规定党政机关干部、工矿企业、商业、文教部门的干部，军队排长以上、农村生产队以上干部都可订阅。

新时期党的十一届三中全会以后，从1985年1月1日起，《参考消息》全部放开，由“内部发行”改为“限国内发行”，也就是说，凡是中国境内的普通中国公民，都可订阅，从而彻底改变了长期以来人们把阅读《参考消息》看成是很高的政治待遇的现象，这也是我国党和政府在新时期开始逐步实行政治民主、信息公开的重大举措。到1986年6月

10日，《参考消息》以4开4版报纸形式发行至第一万期。其发行量一直居全国日报之首。据统计，早在1979年中越边境冲突发生时期，《参考消息》发行量首创950万份的最高纪录。进入20世纪80年代后，各种类型的报刊大量涌现，读者有了更多的选择余地，即便在这样的情况下，《参考消息》发行量仍保持在500万份左右，一直居于全国各类日报的前列。[203]

五、1956年《人民日报》的改版

【改版背景】1956年是一个极不平凡的年份，被毛泽东称为“多事之秋”[204]。在这一年里，国内外形势发生了许多重大变化，这包括政治、经济、文化及国际关系等方方面面的变化。

1956年，我国基本完成了对农业、手工业和资本主义工商业的社会主义改造，同时开始探索中国自己的建设社会主义的道路。

1956年是我国第一个五年计划（1953—1957）各项建设事业发展最快的一年。根据这一年的发展速度，第一个五年计划所确定的指标绝大多数都将提前完成，国民经济一片欣欣向荣的景象。

从1956年初开始，党中央就着重研究和解决加速社会主义建设的问题，提出了一系列有重大意义的新方针、决策和举措。同时，国际形势发生了一系列重大而深刻的变化，暴露出一些严重的矛盾和问题。

1956年1月14日至20日，中共中央召开关于知识分子问题的会议。周恩来在会上作了《关于知识分子问题的报告》。报告首次提出，知识分子已经成为我国各方面生活中的重要因素，他们中间的绝大部分已经是工人阶级的一部分，要充分调动知识分子建设社会主义的积极性。毛泽东在会议最后一天也讲了话，号召全党努力学习科学知识，同党外知识分子团结一致，为迅速赶上世界科学先进水平而奋斗。

2月14日至25日，苏联共产党在莫斯科举行第20次代表大会。大会期间，苏共中央书记赫鲁晓夫作了全盘否定斯大林的“秘密报告”。中共中央认为，全盘否定斯大林是不对的；同时认为苏共二十大在破除对斯大林的个人崇拜、揭露其错误的严重性方面，又具有一定的积极意义。因此，中共中央开始以苏共的错误为鉴戒，探索中国自己的建设社会主义的正确道路。为此，4月5日，《人民日报》发表根据中共中央政治局扩大会议的讨论写成的编辑部文章《关于无产阶级专政的历史经验》。与此同时，《人民日报》自身也开始重新评估“苏联经验”，反思学《真理报》的得失，酝酿改革和改版。

4月间，中共中央政治局先后找34个经济部门的领导人汇报、讨论问题，为“八大”的召开作准备。在这些讨论的基础上，毛泽东提出《论十大关系》的报告。该报告在4月25日召开的政治局扩大会议上进行了讨论。得到政治局赞同后，5月2日，毛泽东又向最高国务会议作了报告。报告以苏联经验为鉴戒，初步总结了我国社会主义建设的经验，指出要正确处理“十大关系”，调动一切积极因素，把我国建设成为一个强大国家。[205]

4月28日，毛泽东在中共中央政治局扩大会议上说，艺术问题上要“百花齐放”、学术问题上要“百家争鸣”，这应该成为我国发展科学、繁荣文学艺术的方针，这是“双百”方针的最早提出。5月2日，毛泽东在最高国务会议上又郑重宣布了这个方针。5月26日，中宣部举行报告会，部长陆定一代表党中央在怀仁堂向科学界和文化界作了题为

《百花齐放，百家争鸣》的报告，对“双百”方针作了全面、权威的阐释。此后，在“双百”方针的鼓舞下，人们的思想开始活跃起来，改革呼声日高。

5月28日、6月19日，刘少奇前后两次召集新华社负责同志作重要的谈话指示，对我国新闻界无条件地照抄照搬、全面学苏联的状况提出批评。

同年6月后，东欧发生一系列重大事件，如6月28日，波兰著名的工业城市波兹南发生骚乱事件，5万多工人上街游行。10月下旬，匈牙利布达佩斯大学生上街游行声援波兰人民，最终形成大规模的骚乱。史称“波兹南事件”、“匈牙利事件”。

9月15日至27日，中共“八大”在北京政协礼堂召开（此时，离1945年召开的中共“七大”已整整11年了）。大会指出：社会主义制度在我国已经基本建立起来，国内主要矛盾已经不再是无产阶级和资产阶级的矛盾，而是人民对经济文化迅速发展的需要同当前经济文化不能满足人民需要之间的矛盾。会议制定了要集中力量、大力发展社会生产力，尽可能迅速地实现国家的社会主义现代化的正确政治路线。

1956年《人民日报》的改版就是在以上大背景下开展起来的。

再从《人民日报》本身来看，到1956年，从新中国成立初期沿袭下来的，原来在老解放区办《解放日报》的那一套在战争环境下、以阶级斗争为主的办报方式、方法及办报模式和仅有的4个版的篇幅，已不能适应新的形势变化和新的时代要求。全盘照抄照搬苏联模式的那一套做法，出现了很多问题，产生了很多弊端。因此，如何在新的形势下、在新的时代办好《人民日报》，成为当务之急。可以说，1956年《人民日报》的改版是1942年延安《解放日报》改版精神上、传统上的继承、发展和超越。1942年4月1日开始的延安《解放日报》的改版，主要解决了党报“宣传上要以我为主”的问题，贯彻了毛泽东的“独立自主，自力更生”的思想原则。[209]改版前，由于教条主义的影响和缺乏在农村根据地办报的经验，延安《解放日报》每天刊登过量的来自外国通讯社的新闻，而对各抗日根据地的斗争和建设事业的报道则较少，被读者批评为外国通讯社的传声筒、“为别人当宣传员”。1956年《人民日报》的改版，却是为了实现党报从农村办报到城市办报、从战争时期办报到和平时期办报、从以阶级斗争为主到全面加速进行社会主义建设的转型，同时也是从延安《解放日报》到全面进行社会主义建设时期新《人民日报》的转型。

【改版前的酝酿和充分准备】1956年《人民日报》的改版，是在胡乔木代表党中央的指导下进行的。总编辑邓拓、副总编辑胡绩伟，以及副总编辑王揖、杨刚、黄操良，总编室主任陈浚等同志领导全社370多名采、编、印人员做了充分的准备工作。

《人民日报》要进行改版的设想是在1956年初春渐趋成熟的。到2、3月间，改版的事情经胡乔木直接请示毛泽东后定了下来。

1956年4月初，中央和《人民日报》编委会的改版决心已定，即开始缜密扎实、井然有序地进行改版筹备工作，为改版做充分的准备：

（一）编委会首先制订改版筹备工作的详细计划，成立改版工作领导班子

1956年4月2日，《人民日报》编委会讨论通过了《关于讨论改进〈人民日报〉工作的计划》。计划写道：“为了有效地从根本上改进《人民日报》的内容、形式和编辑部的组织领导工作，编委会决定立即发动全体同志广泛而深入地进行一次改进《人民日报》的工作的讨论，并根据讨论结果，制定改进工作的措施。”“这次讨论分为两个阶段进行，

第一阶段讨论改进《人民日报》的内容和形式。这一阶段从4月6日开始，准备进行2至3个月。第二阶段讨论改进编辑部的组织领导工作，这一阶段从5月底或6月初开始。”4月2日的编委会会议还决定成立在编委会直接领导下的改版“七人小组”。七人小组具有很大的权威性，它对整个改版工作实施具体的领导，其成员是张沛（张沛旋即出国，改由陈浚接替）、林聿时、李庆、金沙、汪琦、潘非、凌建华。七人小组下设一至两名工作人员，处理日常事务。编委会还决定，七人小组成立后立即行使职权，各部、各专门小组和个人提出的意见和建议都交给七人小组，由七人小组分类整理，分别提交编委会和相关部、组处理。编委会还决定在七人小组下成立八个专门问题研究小组，并确定了各组负责人及其成员，包括：①改进文章小组——袁水拍、沙英、马沛文、范荣康、蓝村。该组由袁水拍、沙英负责。②改进新闻小组——傅真、郭龙春、刘时平、刘群、钟立群。该组由傅真负责。③改进版面（包括标题）小组——凌建华、孙良田、陆超祺、陈勃伟、郭龙春、钟立群、艾铁民、胡道源。该组由凌建华负责。④加强文字加工和加快稿件处理小组——钟林、周擎宇、王若水、田钟洛、刘群。该组由钟林、周擎宇负责。⑤消灭版面错误小组——陈维仁、秦孝鹤、李琦、郝洁、阚甸义、李右。由陈维仁负责。⑥提高报纸印刷和制版质量小组——程庆丰、苍石、陈瑞卿、包振祺、吴天平、杜金良、吕士林、杜万里、魏星南。由程庆丰负责。⑦调查、研究国外报纸经验小组——钱湜辛、张千祥、曹孔瑞。由钱湜辛负责。⑧调查、研究国外报纸经验小组——胡骑、胡仲持、崔奇、谭文瑞、陈有为、刘竞。由胡骑、胡仲持负责。[207]七人领导小组的成立和八个专门问题研究小组的建立，使改版工作有了组织领导上的保证。

（二）充分讨论，找出存在的问题，提出改进的措施

为了保证这场大讨论的顺利进行，编委会要求“以各部、组、科为单位，每星期抽出8至10小时的时间进行（改版）酝酿、研究和讨论”。讨论分三个步骤进行：①从4月6日起，到5月12日的这五周中，就报纸内容及版面方面的各项问题进行广泛讨论，找出存在的问题，提出合理化建议。②从5月14日至6月2日，由编委会任命的七人小组将各方面的意见、建议汇总，再分别提交各部（组）处理，各部（组）要提出相应的改进工作的具体措施。③6月4日至16日，编委会研究、总结，提出全面改进报纸内容和版面的全盘规划。

（三）进行读者调查，广泛收集、听取和征求各方面的意见

1956年4月5日，七人小组根据编委会的意见，制订出《搜集读者对报纸意见的计划》，明确要求人民日报社各部（组）向中央组织部、中央宣传部、中央监察委员会、团中央，各省、市、自治区党委负责人和宣传部，中共中央高级党校的新闻班，人民大学、北京大学新闻专业，新华社，以及《光明日报》、《大公报》、《工人日报》、《中国青年报》、《解放军报》、《北京日报》6家报社征求意见。这次大规模的征求意见活动从4月9日开始，到5月5日基本结束。在近一个月的时间里，报社先后发出数百封征求意见的信函，编辑部在北京先后邀请各方面读者及新闻界人士进行了13场座谈会。后来，报社收回为改版建言献策的信件有300多件。

（四）借鉴、参考国内外报纸的有益经验

4月10日起，编辑部的专题组对国内外的著名报纸进行专题研究。其间，国内报纸

经验小组以新中国成立前的重庆《新华日报》，新中国成立后的《大公报》、《北京日报》、《工人日报》、《中国青年报》和上海《解放日报》、《辽宁日报》、《山西日报》、《新湖南报》等报为主，对以上报纸的内容、版面、新闻写作、评论写作进行分析研究。国外报纸经验小组则选出外国主要报纸40余种，由国际部10多名同志认真阅读，并译出标题、划出版面示意图，同时研究、分析外国报纸社论的写法、著名专栏作家和特约通讯员的风格特色、新闻报道的特点、小品文及各种评论的写作特点等。此外，还研究外国报纸的版面编排特点、其版面上国内新闻与国外新闻的比例、图片处理的特点等。4月20日，报社还举办了"国内外报纸展览会"，其中，展出的外国报纸就有苏联的《真理报》、美国的《纽约时报》、英国的《泰晤士报》、日本的《朝日新闻》等，通过观摩来研究他们的版面、内容及编排技巧。4月20日，国外报纸经验小组整理出一份国外报纸简介的资料，供改版参考；4月29日，国内报纸经验小组也撰写出一篇《解放前国内报纸的特点》的文章，刊登在《编辑部生活》上，供改版借鉴。5月15日，编委会向中央呈送第一份改版报告，提出7月1日改出8个版。5月17日，中共中央书记邓小平批复了报告，同意改版。从5月中、下旬起，《人民日报》总编辑邓拓、副总编辑胡绩伟等，又着手起草第二份《人民日报编辑委员会向中央的报告》。该报告在一个月的时间内经过多次讨论和修改，最后由邓拓定稿，于6月20日报送中央。这份报告较为全面地检查了报纸的严重缺点，并提出了改进措施。"报告"列举的报纸的缺点主要有：对党的政策宣传不及时，不系统；新闻少，并有很大的片面性；通讯内容贫乏，不能反映国内国际生活的现实；新闻限制过严，致使国内外许多重要消息在报纸上缺少反映，报喜不报忧的倾向比较严重；教条主义和党八股作风严重；没有不同意见的讨论；技术性错误太多。针对以上缺点，拟采取相应的改革措施：坚决克服教条主义和党八股习气，努力改进评论工作，提高评论质量，努力改进文风；增强思想学术问题的讨论，使各方面各种不同意见能够在《人民日报》上发表；增加新闻和通讯；加强编辑部工作，包括加强调查研究工作，扩大同群众的联系，密切与新华社的合作，尽力消灭版面及文字错误。[208]

报告中的主要观点后来都写进了改版社论《致读者》中，该报告在6月20日即上报中央。中央对《人民日报》的改版报告持慎重态度，直至改版一个月后的8月1日，才向全国各省、市、自治区党委批转了《人民日报》的报告，供各地党委所属的报纸在进行改革时参考。《中共中央批转〈人民日报〉编辑委员会向中央的报告》（1956年8月）批复文件，全文如下：

现将《人民日报》编辑委员会向中央的报告发给你们参考。中央批准这个报告，认为《人民日报》改进工作的办法是可行的。中央还希望各地党委所属的报纸也能够进行同样的检查，以改进报纸的工作。

为了便于今后在报纸上展开各种不同意见的讨论。《人民日报》应该强调它是党中央的机关报又是人民的报纸。过去有一种论调说："《人民日报》的一字一句都必须代表中央"，"报上发表的言论都必须完全正确，连读者来信也必须完全正确"。这些论调显然是不实际的，因为这不仅在事实上办不到，而且对于我们党的政治影响也不好。今后《人民日报》发表的文章，除了少数的中央负责同志的文章和少数的社论以外，一般可以不代表党中央的意见，而且可以允许一些作者在《人民日报》上发表同我们共产党人的见解相反的文章。这样做就会使思想界更加活跃，使马克思主义的真理愈辩愈明。各地党委今后也要强调地方党报是地方党委的机关报又是人民的报纸。我们党的各种报纸都是人民群众的报纸，它们应该发表党的指示，同时尽量反映人民群众的意见；如果片面强调它们是党的机关报，反而容易在宣传上处于被动地位。

《人民日报》和各地方报纸还应该尽量多登新闻，扩大报道的范围。新华通讯社发出的新闻，《人民日报》应该首先尽量采用。但是，各地方报纸收到新华社的国内外新闻，除了最重要的以外，不必完全同《人民日报》一样重复刊登，可以摘要改写，也可以不登，以便留出篇幅登载本地新闻。全国性的重大政治会议，如全国人民代表大会会议、政协全国委员会会议、党的全国代表大会等的发言，凡是决定公布的，《人民日报》必须一律发表全文，各地方报纸却不必全文发表，只要刊登发言的摘要，或者选登有关本地问题的个别代表的发言。其他如各民主党派的会议，青年、妇女的会议，工业、农业、商业、科学、文化、教育等各方面的会议，无论是全国性的或者是国际性的，《人民日报》和各地方报纸都只要选登有关这些会议的重要消息和重要决议，至于这些会议的报告和发言等应该由其他有关的全国性报纸分别发表。[209]

党中央的这一批复文件是指导1956年《人民日报》深化改版及全国各地地方党报改革的纲领性文献，至今仍有重要的参考价值和现实意义。

【改版“宣言”——《致读者》】1956年7月1日，《人民日报》改版。当天报纸的头版头条首载改版社论《致读者》。这篇社论最初由《人民日报》编辑部起草，胡乔木看后觉得不满意，遂由他本人亲自执笔写成，又经中央领导人审定，然后才公开发表的。[210]这篇《致读者》与1942年4月1日延安《解放日报》改版当天刊出、由博古亲自撰写的《致读者》，同为中共党报改革史上的经典之作。[211]

“七一”改版《致读者》一开头，便开宗明义地指出：“《人民日报》从今天起改出八个版。同时，在编辑工作上也有一些改变。我们愿意利用这个机会把这些改变谈一谈。”“《人民日报》是党的报纸，也是人民的报纸，从它创刊到现在，一直是为党和人民的利益服务的。”“我们的报纸名字叫做‘人民日报’，意思就是说它是人民的公共的武器、公共的财产。人民群众是它的主人。只有靠着人民群众，我们才能把报纸办好。”接着宣告了这次改版的三个努力方向：①“扩大报道范围”。尽量满足读者多方面的要求，扩大篇幅，多发新闻。②“开展自由讨论”。“报纸是社会的言论机关。在任何一个社会里，社会的成员不可能对于任何一个具体问题都抱有同一种见解。党的和人民的报纸有责任把社会的见解引向正确的道路，但是为了达到这个目的，不应该采取简单的、勉强的方法。”因此，“有许多问题需要在群众性的讨论中逐渐得到答案。有一部分问题甚至在一个时期的讨论以后暂时还不能得到确定的答案。有许多问题，虽然已经有了正确的答案，应该在群众中加以广泛的宣传，但是这种宣传并不排斥适当的有益的讨论”。③“改进文风”。“报纸是每天出版的，它每天都要用几万字去影响几百万读者，因此，报纸上的文字应该力求言之有物，言之成理，而且言之成章。”“在过去，我们的报纸上虽然也登过不少好文章，报纸上的文字虽然也逐渐有些进步，但是整个说来，生硬的、枯燥的、冗长的作品还是很多，空洞的、武断的党八股以及文理不通的现象也远没有绝迹。”要“尽量把文章写得有条理、有兴味，议论风生，文情并茂，万不要让读者看了想打瞌睡”。文章最后谈改版后版面的安排：报纸改出八个版以后，“第一版还是要闻，跟以前没有多大分别；第二、三版的内容是国内经济，大致第二版着重工业和交通，第三版着重农业和商业；第四版的内容是国内政治，包括党的生活，此外还有一栏首都新闻或者地方通讯；第五、六版是国际版；第七版是学术文化版；第八版上半是带文学性的副刊，下半是广告。原来的读者来信专页取消了，读者来信将分别登在各版上。当然，报纸的版面是很难一成不变的（例如今天的报纸第二、三版就都登了全国人民代表大会会议的文件），我们现在简单地介绍一下，只是为着让读者心中有个数罢了。”

【《人民日报》办报观念的转变及改版后版面、内容的重大变化】1956年7月开始的《人民日报》改版的一个极其重要的收获是办报观念的转变。50年代初，《人民日报》编辑部有一个不成文的流行说法，叫做“人民日报是办给县以上领导干部看的”。也就是说，《人民日报》是“官办官看”的。在改版中，编辑部成员树立了新的观念：《人民日报》是办给全国的人民群众看的，因此，它要满足广泛的各层次读者的需求。[212]

从1956年7月1日《人民日报》正式实行改版起，到1957年4月中旬改版中断，在9个多月时间里，《人民日报》版面及内容有以下一些重大变化：

（一）扩大了篇幅，增加了容量

在改版前，《人民日报》一般日出对开一张4版，偶尔也出6版（如6月24日、27日）、8版（如6月29日）。从1956年7月1日起，《人民日报》稳定为日出对开两张8版，篇幅及容量较前扩大了一倍。这在当时纸张紧缺的情况下是很不容易的，说明当时中央对《人民日报》改版、扩版的决心之大。1956年，全国的纸张供应非常紧张，据当时《人民日报》报道：“因为纸张供应紧张，连必须保证按时足量供应的中小学课本，今年也印得比往年迟（1956年7月4日《人民日报》头版头条社论《从各方面节约纸张》）。”

改版后的版面及内容：第一版仍然是国内外要闻版，头版头条如改版前一样，仍旧是每天刊登一篇“社论”，雷打不脱；一版右上角仍然是目录及导读性质的“内容提要”。第二、三、四版是国内新闻版。第五、六版是国际新闻版。第七版是学术文化版。第八版上半版是带文学性质的副刊版面，下半版是广告版面。

（二）扩大了报道范围，多发新闻；增加了经济报道的分量，压缩了会议新闻

首先是改进头版头条新闻。为适应国内经济建设及工业建设的需要，大大增加经济新闻及工业建设方面的新闻，据改版后头两个月（7月和8月）的统计，62篇头条新闻中，报道经济建设的有31篇。另外，文化教育的有6篇、有关人民生活的5篇、会议新闻2篇、公告性新闻4篇、涉外新闻14篇。报道工业建设的新闻也明显增多，包括对鞍钢“七座平炉投入生产”、长春第一汽车厂建成、克拉玛依油田投产、大冶铁矿区建设加速等重大工业建设项目的报道。这和改版前头版头条大多为政治新闻、会议新闻以及外交方面迎来送往性新闻相比，经济新闻及工业建设新闻占据了主导地位。而且报道面拓宽了，新闻短了，容量大了，新闻条目多了，标题也多了、更醒目了，观点突出了。不像以前标题少，篇幅长，重要观点都淹没在长篇大论中。

改版后，会议新闻明显减少。过去，会议新闻占新闻总量的50%以上，改版后采取减少和压缩一般会议报道的措施。据统计，7、8两月的头版头条只有两条是会议新闻，一条是“全国人大代表大会会议闭幕”，一条是“举行农村经济结合会议”。对会议新闻的处理也有改革，如人大会议闭幕新闻的报道没有发闭幕词，对农业经济会议也没有登与

会者冗长的名单和众多代表的大会发言。

（三）贯彻“百家争鸣”方针，开展自由讨论，多发社会言论

早在改版前的6月13日，《人民日报》就在当天二、三版发表陆定一《百花齐放，百家争鸣——一九五六年五月二十六日在怀仁堂的讲话》全文。文中，陆定一代表中央对“对百”方针作了系统的阐述和发挥：“我们所主张的‘百花齐放，百家争鸣’，是提倡在文学艺术工作和科学研究工作中有独立思考的自由，有辩论的自由，有创作和批评的自由，有发表自己的意见、坚持自己的意见和保留自己的意见的自由。”这篇重要文章发表后，全国文化、教育及科技界顿时活跃起来。改版后的7月2日，《人民日报》便在头版头条刊登消息《科学规划委员会组织六百多位科学家，讨论“百家争鸣”问题》，并在第七版发表组稿来的文章，讨论“百家争鸣”。7月5日，刊登李长之教授的文章《欣闻百家争鸣》。7月9日，《人民日报》在头版发表消息《学术刊物应有充分的学术讨论自由》，报道全国31家哲学、社会科学学术刊物的负责人在北京举行座谈会的情况。7月11日，《人民日报》又发表3篇文章。其中，马寅初《我也来谈百家争鸣》对高校中“学生上课抄笔记、下课对笔记、考试前背笔记”的现象提出批评，朱光潜《百家争鸣，定于一是》的文章认为“争鸣”结果要“定于一是”。朱文显然有失偏颇，然而既是一家之言，也予以刊登，供大家讨论。还有一篇的观点在当时算是比较“出格”的文章，也刊登在同一版面上，那就是唐钺的《谈百家争鸣》。文章认为：“要好好争鸣，我们就必须容许争论者说与马克思主义经典的词句显然不同，甚至相反的话——要紧的是马克思主义的观点和方法，而不在于马克思主义经典中的个别词句。列宁对马克思的社会主义不能在一个国家内胜利的那个理论提出不同的意见，是完全正确的。……归结一句话，我们不要一听到别人说与马克思主义的文章中词句不同的话，就把人家扣上唯心主义者的帽子。”这些观点在当时看来，是比较新颖的，作者也是比较大胆的。7月21日，《人民日报》又发表“本报评论员”文章《略论百家争鸣》，再次鼓励人们打消顾虑，积极参加“百家争鸣”。据统计，仅在1956年7月间，《人民日报》就发表与“百家争鸣”方针有关的消息和文章23篇。

（四）进一步加强报纸的批评性报道

改版后，由于版面扩大，批评性报道有了明显增加。据统计，1956年7月份共发表各类批评性稿件150篇（条），比6月份的批评稿件29篇（条）多出121篇（条）。1956年8月23日，《人民日报》在头版头条发表社论《郑殿章事件暴露了什么?》，该文是为当天刊登的批评性新闻稿而配发的评论。社论文笔尖锐，版面编排突出，严厉批评了沈阳市民政局优抚科有意刁难革命残疾军人郑殿章申请补发残疾证的严重官僚主义行为。

（五）坚持客观、公正、真实的报道原则，改变“报喜不报忧”的现状，反映事实真相

50年代初，《人民日报》在国际报道方面，几乎形成了一个不成文的规定，即对社会主义阵营国家的新闻报道一般都是“报喜不报忧”，尤其对东欧的几个社会主义国家更是如此。改版后，这种报道模式有了明显的变化。6月28日，波兰工业城市波兹南市的工人为要求提高工资、减低所得税举行罢工并上街游行，很快发展成为要求增加民主权利、反对苏联大国沙文主义的武装骚乱。7月1日，刚刚改版的《人民日报》便采取客观的态

度在当天第五版刊出波兰通讯社的报道《"波兹南事件"详细经过》，报道云："波兹南市在6月28日发生了严重骚动。""武装匪徒的目的显然是要挑起流血事件，他们进攻公安局，向公安局开枪、投掷纵火物。大楼受到好几处地方的机关枪扫射和手榴弹的袭击。""据6月29日的材料，由于挑衅事件，共有38人死亡，270人受伤。"7月12日，第五版又转载消息《波兰〈人民论坛报〉发表文章：对波兹南事件作出初步结论》，该文对暴乱发生的原因作了坦率而又中肯的分析："波兹南工人罢工行动的痛苦真相是不能不承认的，我们无产阶级国家和政府的官僚主义错误在很大程度上促成了这次罢工。"这种对社会主义国家所犯错误的公开批评，是在以前的报道中难以见到的。

到1956年10月间，"匈牙利事件"发生了。从10月23日开始到11月3日结束，该事件整整持续了10天时间，最后被平息。《人民日报》从10月27日起至11月10日止，采用比较客观的报道方式，对"匈牙利事件"进行了连续报道，在当时国内产生了重大影响。尤其11月10日第三版所载由周梅生、刘竞所写的综述性报道《"匈牙利事件"的起因和经过》一文，对事件经过报道最为详细："这次事件是在10月23日开始的。那一天，匈牙利首都布达佩斯的十多万青年学生和其他群众举行了大规模的集会和游行，要求匈牙利劳动人民党和政府扩大社会生活的民主化，加强国家的独立，并逐步改善全国人民的生活条件。"布达佩斯的群众性的和平游行很快就被早已乘机而起的"反革命"分子们利用，终于形成了反政府、反苏的"反革命"武装暴乱。文章还对事件发生的深层次原因作了很有见地的深刻剖析。

改版后的《人民日报》对"波兹南事件"、"匈牙利事件"及时而又客观真实的报道，充分满足了读者的信息需求，体现了对人民群众知情权的高度尊重，在读者中产生了重大影响。

（六）开始重视广告经营，扩大了广告版面

改版前，《人民日报》的广告经营意识是比较淡薄的，偶尔在第四版右下角登点文化广告，诸如电影院的影片放映、剧院剧目演出广告，中央人民广播电台的节目时刻表等。有时也零星登点小商品广告。广告版面仅方寸之地，火柴盒或肥皂盒般大小。7月1日改版后，开始扩大广告篇幅，在第八版下半版固定版面上专门刊载广告。有时广告多了，还将第七版下半版也辟为广告位置。不仅广告版面扩大了，广告的构成也发生了很大变化，除继续刊登大量的期刊、影剧院片名剧目类文化广告外，还刊登学校招生广告、首都机场航班时刻表，以及少量的商品广告等。商品主要包括汽车轮胎、油漆、收音机、自行车、鱼肝油、食品等。早在改版前的6月9日，《人民日报》就开始在当天第四版右下角刊登招揽广告业务的广告云："本报自七月一日起改为每日八个版后，将划出一定篇幅刊登电影、戏剧、书刊、工业产品和商业等方面的广告。各地机关、厂矿、商店如愿在本报刊登广告者，请与本报广告科联系。"

【改版的挫折及改革的中断】《人民日报》的改版引起了强烈的社会反响，编辑部收到了大量支持改版的读者来信。但遗憾的是到了1957年4月中旬，由于《人民日报》在刊登文章及版面处理上出现问题，终于引起两件意想不到的事情发生，最终导致改版中断、改革夭折。

第一件事是由《人民日报》刊登反冒进文章引起的。从1955年第四季度开始，党内主要领导人急于求成，急躁冒进，使"我国经济建设中出现了一股层层抬高数量指标和忽视综合平衡的冒进势头"，"1956年的经济社会发展，实际上存在着冒进和反冒进两种不同的指导思想"。[213]1955年底，毛泽东在为《中国农村的社会主义高潮》一书所写序言（1955年9月、12月）和为40多篇文章所写编者按中，[214]就要求批判"右倾保守思想"、反"反冒进"，扩大建设规模，加快建设速度。1956年1月，他又提出"多、快、好、省"的建设方针，接着督促制定了《农业发展纲要四十条》。这一系列言论及文件的中心思想是要"快"。在当时高度集中的政治体制下，"上有所好，下必甚焉"。1956年初，我国经济建设中明显出现了急于求成、急躁冒进的倾向，强调经济建设的高速度，强调人的主观能动性、人的干劲的伟大作用，基本建设拨款增多，市场供应紧张。对此，党内许多领导人尚能保持清醒的头脑。1956年5月，中央政治局接受了刘少奇、周恩来、陈云等人的正确意见，确定了既反对保守思想又反对冒进，即在综合平衡中稳步前进的国民经济建设的方针。政治局会议后，刘少奇请陆定一组织中宣部的同志为《人民日报》起草一篇贯彻中央决定的社论。这篇社论便由中宣部王宗一起草，完稿后，先后经陆定一、刘少奇、胡乔木修改定稿，题为《要反对保守主义，也要反对急躁情绪》。当时正在筹划《人民日报》改版的邓拓、胡绩伟便将该文刊登在1956年6月20日的《人民日报》头版头条显著位置。

该文发表前，在修改过程中，陆定一删掉了文中颂扬反保守主义的几句话，在"农村的扫盲工作中也是"后加入"急躁冒进"4个字。刘少奇也作了4处文字修改，都是加重语气，以揭示急于求成、急躁冒进的危害性。刘少奇改完后批示："主席审阅后交乔木办。"毛泽东接到此稿后，批了3个字："不看了。"胡乔木在修改时，又补充了几个急躁冒进的典型例子，其中包括毛泽东主张推广的双轮双铧犁："双轮双铧犁的计划定得太高，没有考虑到南方水田的条件，以致在南方许多地方大量积压。"文章还指出："急躁冒进所以成为严重的问题，是因为它不但是存在在下面的干部中，而且首先存在在上面各系统的领导干部中，下面的急躁冒进有很多就是上面逼出来的。"整篇文章用很大篇幅阐述了当时"急躁冒进"、"盲目冒进"思潮在农业方面、工业生产和建设方面，以及在以上各系统上、下领导中的种种表现。这是当时一篇反"冒进"的力作。文章发表后，引起主张批"右倾保守"思想、主张"大干快上"的毛泽东的极大不快，导致后来毛泽东对此多次批评和责难。

第二件事是《人民日报》没有及时宣传、报道最高国务会议和全国宣传工作会议。1957年2月27日，毛泽东在最高国务会议第十一次（扩大）会议上作了《关于正确处理人民内部矛盾的问题》的长篇重要讲话（当时决定这个讲话暂不发表，留请毛泽东本人修改后再发表）。[215]

1957年3月6日至13日，中共中央在北京召开有党外人士参加的全国宣传工作会议。在此期间的3月10日，毛泽东接见参加全国宣传工作会议的部分新闻出版工作者，在谈话中指出："在阶级消灭之前，不管报纸、刊物、广播、通讯社都有阶级性，都是为一定阶级服务的。资产阶级新闻自由是骗人的，完全客观的报道是没有的。"3月12日，毛泽东又在全国宣传工作会议上作了重要讲话，再次提出社会主义社会两类社会矛盾的学说，阐述了"百花齐放，百家争鸣"的方针和在我国政治生活中判断人们言论和行动的是非的六条政治标准等问题。毛泽东在讲话中还强调："我们国内革命时期的大规模的急风暴雨式的群众阶级斗争已经基本结束，但是还有阶级斗争，主要是在政治战线上和思想战线上的阶级斗争，而且还很尖锐。"[216]

《人民日报》当时由于种种考虑，没有对这两次重要会议作详细报道，更没有发社论。广播电台也因此没有广播。由于对这两次会议没有及时报道，终于引起一场大风波。1957年4月10日，刚从杭州视察回北京的毛泽东紧急召集陈伯达、胡乔木、周扬和《人民日报》总编辑邓拓，副总编辑胡绩伟、王揖、黄操良，编委林淡秋、袁水拍及理论部编辑王若水等人到他的住所开会。会上，毛泽东对人民日报这一时期的工作提出严厉的批评。声色俱厉的谈话从当天中午12时35分开始持续到下午5时10分，时间超过了4个半小时。谈话一开始，毛泽东表扬了由王若水执笔写的、发表在4月10日当天《人民日报》的社论《继续放手，贯彻“百花齐放、百家争鸣”的方针》，并当着在座者的面握着王若水的手说：“你写了好文章。”接着，毛泽东批评了邓拓，说他没有很好地宣传“双百方针”，并严厉批评他不是“政治家办报”[217]，而是“书生办报”、“死人办报”，“占着茅坑不拉屎”，甚至说：“我看你很像汉元帝，优柔寡断。你当了皇帝非亡国不可！”毛泽东还说：“看了今天的社论（指1957年4月10日《人民日报》社论《继续放手，贯彻“百花齐放、百家争鸣”的方针》——原引者注)，虽然发得晚了一些，总算对陈其通四人的文章表了态。

最高国务会议和宣传工作会议已经开过一个多月了，共产党的报纸没有声音。陈其通四人的文章发表以后，《人民日报》长期以来没有批评。你们按兵不动，反而让非党的报纸拿去了我们的旗帜整我们。过去我说你们是书生办报，不是政治家办报。不对，应当说是死人办报。你们到底是有动于衷，还是无动于衷？我看是无动于衷。你们多半是对中央的方针唱反调，是抵触、反对中央的方针，不赞成中央的方针的。

（邓拓解释说：过去中央曾有规定，党的会议不发消息，主席讲话未公布前，也不引用。我对这件事没有抓紧。）

中央什么时候有这个规定？最高国务会议发了消息，为什么不发社论？消息也只有两行。为什么把党的政策秘密起来？宣传会议不发消息是个错误。这次会议有党外人士参加，为什么也不发消息？党的报纸对党的政策要及时宣传。最高国务会议以后，《人民日报》没有声音，非党报纸在起领导作用，党报被动，党的领导也被动。党报在非党报面前丢脸。我在最高国务会议上的讲话目前还不能发表，但可以根据讲话的意思写文章。对党的政策的宣传，《人民日报》不是没有抓紧，而是没有抓。”

“写文章要联系当前政治，这篇社论和那篇《教育者必须受教育》的社论（这篇社论发表于1957年4月6日《人民日报》——原引者注）都没有提到最高国务会议和宣传工作会议，好像世界上没有发生这回事。中央开的很多会议你们都参加了，参加了会回去不写文章，这是白坐板凳。以后谁写文章，让谁来开会。

是不是邓拓会团结人，你们的意见都那么一致？几个副总编辑像铁板一块，不敢批评他，不敢起来革邓拓的命。有意见可以争论嘛，为什么不和邓拓争论？要民主集中，但内部可以争吵，拍桌子。你们只要不到马路上去闹，什么意见都可以讲。

（胡乔木解释说：人民日报曾经搞了个计划，组织过几篇文章，我因为没有把握，压下来了。这事不能全怪报社，我也有责任。）”

谈话即将结束时，毛泽东对当天谈话的内容作了归纳总结：

“一、报纸的宣传要联系当前政治，写按语，写社论，都要这样，如最高国务会议、宣传工作会议。

二、中央每一重要措施，报纸宣传都得有具体布置，看要写哪些评论、新闻和讨论文章。

三、要在现有条件下，努力改进工作，包括领导工作。编委会可以扩大一点。要改进编排和文风，文章要写得短些，通顺些，标题要醒目些，使读者爱看。

四、要吸收社外的人参加编辑工作，团结好报社以外的专家、学者、作者。七、八版（理论、文艺版）请了一些顾问，这办法很好。这两个版要有专门的编委会，请报社外的人参加，半独立性质。

五、将来可以考虑，中央调一个政治局委员到人民日报工作，从根本上解决领导问题。

六、公报等等肯定要登。已经出了八个版，也不要轻易减少，这牵涉很大，大家还要多写东西。”[218]

谈话结束以后，大家从毛泽东住所出来，心情十分沉重。邓拓承受的压力更大，但他忍辱负重，从全党工作的大局出发，要大家不要有什么负担，全部责任由他一人承担。

4月12日，胡乔木来到人民日报社，在编辑部全体人员大会上讲话，根据毛泽东的意见，对《人民日报》前一阶段工作进行了批评。4月22日，《人民日报》调整版面，原二、三版的经济版移至三、四版，原四版的国内政治版移到第二版。不变的是依然每天出报两张8版，依然每天头版头条刊登一篇社论。

到4月底，《人民日报》开始整风。5月里，遵照指示，《人民日报》刊登了大量的围绕整风而召开的各种座谈会上民主人士对党的工作提出的意见，以及个人谈话、议论、记者的专访文章等。实际上这是在执行“引蛇出洞，聚而歼之”的错误方针、“阳谋”手法，人为地造成了一场鼓励“批评”、“大鸣大放”的虚假繁荣和假象。

6月间，《人民日报》由鼓励“大鸣大放”转入全面“反击‘右派’”的斗争。过去曾在《人民日报》发表过文章的许多党内同志、民主人士都被打成“右派”，就是在《人民日报》编辑部内，到6月下旬划为“右派”的编辑、记者就有13人，此后，又添补17人，共计30人之多。[219]

经过“反右”斗争，《人民日报》改版原则遭到了全盘否定，又回到了改版前的老路上，报纸改版夭折，新闻改革中断，这在《人民日报》史上写下了极为沉重的一页。

1957年6月，毛泽东将吴冷西调到人民日报社任总编辑（同时兼新华社社长职务），邓拓改任社长，实际上是靠边站，不让他管事了。到1958年8月，中共中央批准邓拓辞去人民日报社社长职务，邓拓不久到北京市委担任文教书记。

六、1956年前后几份中央与地方大报的改革及改版

从1955年初起，从中央到地方的一些著名大报就开始着手酝酿改版与改革。有个别大报的改革、改版举措甚至比《人民日报》的改版还要早，如《光明日报》、《中国青年报》等。

1956年1月14日至20日，中共中央召开关于知识分子问题的会议，周恩来在会上作了《关于知识分子问题的报告》。报告首次提出：知识分子已经成为我们国家各方面生活中的重要因素，他们中间的绝大部分已经是工人阶级的一部分。4月28日，毛泽东在中共中央政治局扩大会议上说：艺术问题上的“百花齐放”，学术问题上的“百家争鸣”，应该成为我国发展科学、繁荣文学艺术的方针。5月26日，中共中央宣传部举行报告会，

由中宣部部长陆定一作了题为《百花齐放，百家争鸣》的讲话，对“双百”方针作了全面的阐述。由此，文化、教育、科技界及新闻界顿时活跃起来。到了7月间，由于《人民日报》的改版，更推动了全国报纸的改革。到8月间，中共中央批转的《人民日报》改版报告传达以后，中央一些大报，各省、市、自治区的省级党报，各地著名的地方报纸，也都纷纷加大了改版、改革的力度。其中，改版、改革影响比较大的报纸有《光明日报》、《中国青年报》、《解放军报》、《文汇报》、《新民晚报》等。

【《光明日报》】《光明日报》创刊于1949年6月16日，由中国民主同盟创办。1953年1月改由各民主党派和全国工商联联合主办。社长章伯钧，首任总编辑胡愈之（1949年6月16日至1950年7月11日），第二任总编辑邵宗汉（1950年7月11日至1954年10月26日），第三任总编辑常芝青（1954年10月26日至1957年4月1日），第四任总编辑储安平（1957年4月1日至11月12日，仅7个多月）。20世纪50年代的《光明日报》在当时是影响、规模仅次于《人民日报》的中国第二大报，“它的言论为国内外格外重视，它的社论往往为中央广播台及时播讲，也由外国通讯社转发，被认为这是中国非官方的舆论，有民间代表性的舆论”[20]。《光明日报》从创刊起，就以知识分子为主要读者对象，除刊登国内外重大新闻外，着重宣传报道文教、科技界的动态，在文教、科技界有广泛影响。

到1956年前后，《光明日报》创办了一系列富有特色、专业性强、学术气氛浓厚的学术专刊、专栏，形成了自己的最大特色及品牌优势。其中比较著名的专栏、专刊有：早在50年代初的1950年4月17日，由中国文字改革协会主编的《新语文》专刊创刊，该刊最早尝试采用横排方式。1953年4月30日，《史学》专刊创刊。其实，《史学》专刊早在1951年1月就创刊了，起初名为《史学周刊》，在天津《进步日报》刊出，1953年4月移至《光明日报》，改为双周刊刊出。1954年3月1日，著名的《文学遗产》专刊创刊；同年3月24日，《哲学》专刊创刊。1959年8月17日，《经济学》专刊创刊。至此，在《光明日报》的版面上，文、史、哲、经四大学科专刊俱全。这些专刊、专栏以后都成为《光明日报》的名牌专刊、专栏。此外，1954年3月，《文字改革》专刊创刊，周恩来总理题写刊头；同年4月1日，《教育研究》专刊创刊。1958年元旦，《光明日报》著名副刊《东风》创刊。1958年10月25日，《光明日报》在当日第四版下面、广告版面位置刊出《本报五种专刊停刊启事》云：“本报五种专刊（哲学、史学、文学遗产、文字改革、民族生活）因调整版面，决定自十一月起停刊。”同日，《读书》专刊出到第29期后也停刊。当时正在河南视察的毛泽东看到报上刊登的这条并不显眼的停刊广告时说：“我看《光明日报》就看这些专刊。”并要吴冷西转告《光明日报》，希望不要停刊。[21]11月10日，《光明日报》在当天的第三版又一次登出启事，宣布恢复刚刚停办的5种专刊，其中，11月9日（星期日）就恢复了《哲学》、《文学遗产》，11月10日起恢复《史学》。

1955年1月1日（第2003号）起，《光明日报》在全国报纸中率先实行版面横排，实现了除标题以外的全部文字的“竖”改“横”。一年以后的1956年1月1日起，《人民日报》、《工人日报》、《大公报》、《中国青年报》、《中国少年报》等大报才向《光明日报》学习，也都由竖排改为横排。1956年元月起，《光明日报》的版面办得非常活跃、精彩。1月30日，该报报道了中共中央召开的知识分子问题会议精神，为宣传这次会议精神，该报连续发表评论文章和知名人士写的文章。5月至7月，自毛泽东主席于5月2日最高国务会议上提出“百花齐放，百家争鸣”的方针后，《光明日报》迅即发表评论和一系列文章进行宣传，形成了一个高潮。

【《中国青年报》】《中国青年报》创刊于1951年4月27日，是当时“中国新民主主义青年团中央委员会机关报”。该报创刊时为周二刊，对开4版。1954年4月1日起改为周三刊（每星期二、四、六出版）。1956年1月3日（星期二）起，正式改版，改为周刊，即每星期二、三、四、五、六、日出版，星期一无报。改版前，团中央书记胡耀邦于1955年11月4日在中国青年报社作报告。他就《中国青年报》改版问题谈到：要办好报纸，必须了解已经变化了的形势的特点，思想要紧跟着时代前进，共产主义者最要反对的就是思想凝固、僵化和停滞。他要求报社同志甩开顾虑，勇于独创，使改出日刊后的《中国青年报》内容新、规模新、技巧新、文风新、版面新。1955年12月3日，中国青年报社社长兼总编辑张黎群在报社全体职工会上作改日刊的动员报告，号召报社员工“做一个生气勃勃的青年报人”，把《中国青年报》“办成为一个为广大工农兵青年所喜爱的富有战斗性的日报”。

1956年前后，《中国青年报》推出了一系列富有特色和创新意识的专栏、专刊，其中，比较著名的专栏、专刊有：①《青年文艺》专栏于1955年12月20日（星期二）（第577号）第三版开栏，每星期三第三版刊出。版面内容包括游记、黑板报选登、文艺动态、笑话、图画、民歌词曲、文艺知识、相声、长篇连载等。②《周末》专栏于1955年12月24日第三版创刊出版第一期（每逢星期六出版）。第一期刊登的文章有《怎么开好新年晚会》、《小辫的几种梳法》、歌曲《我村好地方》、《象棋残局欣赏》、《猜谜》、寓言《狗和猫》、照片《漂漂亮亮过新年》等。《周末》是当时国内报界最早创办的文化娱乐性副刊。③《辣椒》专栏创刊于1955年12月29日（星期四）第三版。该刊主要是受苏联《鳄鱼》杂志的启发办起来的，每两周出半版篇幅。第一期于星期四出版，第二期于1956年1月8日（星期日）出刊，以后都固定在隔周星期日出版。第一期主要刊登小品文及杂感。小品文有金怀瑾的《住手，不许滥宰耕牛！》、刁白的《玩弄计划的人们》，杂感有舒小兵的《不要老是荷花舞》，以及漫画《给保守主义者献对联》等，嗣后还连载《辣椒旅行记》、《讽刺喜剧》等。《辣椒》是50年代中期创刊的著名的讽刺性报纸副刊，它首开新中国成立以来讽刺文学的先河。它专门刊登随笔、杂文、小品文及漫画，图文并茂。它以反官僚主义、反腐败（“捉大虫”）为宗旨，以针砭时弊、批评社会现象为其特色，所刊作品集社会性、知识性和趣味性于一体，具有尖锐、泼辣的个性及幽默、生动的文风。早期的创办人舒展既是主编者，又是作者。他前后主编《辣椒》副刊长达21年时间，遂成为当代著名的杂文家。该刊由副总编钟沛璋主管。《辣椒》创刊后，影响很大。其他报纸纷纷仿效，也创办类似专刊，较有名的有《文汇报》的《文荟》专栏、《新晚报》的《灯下谈》专栏等。④《科学与卫生》专栏于1956年1月3日（星期二）创刊，每逢星期二出版，专门刊载科普知识与日常的生活经验及常识。⑤《青年战士》专栏于1956年1月13日（星期五）第三版创刊出版第一期。该刊系双周刊，每逢星期五出版，其读者对象专门针对人民解放军部队中的年轻战士。

1956年7月以后，《中国青年报》也学习《人民日报》的改版经验，继续改进版面和标题，并结合青年报纸的特色，写出了《加强报纸宣传艺术的研究》等业务探讨类文章。[222]

【《解放军报》的创刊】50年代中期，随着中国人民解放军军队现代化、正规化建设的迫切需要，中央军委准备创办一份全军性的报纸——《解放军报》。中央军委总政治部从1956年底就开始着手筹备，到1955年10月大体就绪，试版期三个月，共出试刊号26期。1956年1月1日（星期日），《解放军报》正式创刊出版第一号，由“中国人民解放军总政治部出版”。当天出铅印横排对开6版，以后每天出对开4版一张，周三刊，每周二、四、六出版，读者对象主要是军队中排级以上干部。

《解放军报》是中央军委的机关报，是中华人民共和国武装力量的喉舌，也是军队新闻宣传工作的重要阵地。1956年1月1日创刊号头版头条首载社论《运用报纸指导工作》，开宗明义说明其办报宗旨云：

“解放军报，经过三个月的试版，现在正式出版和读者见面了。这个报纸的任务归结起来有三个方面：第一是协助总部各领导机关加强对部队的高度集中统一的领导，使中央、国防部和总部各机关的领导意图更加迅速地、准确地，同时又是‘一竿子插到底’地传达到各个部队中去；并且帮助领导机关随时了解下情，发现和解决部队中所存在的问题。第二是多方面地介绍先进人物和先进经验，表扬部队官兵中对祖国社会主义建设和我军现代化建设的积极性和创造精神，批判和克服各种消极因素；同时交流各部队、军种、兵种、机关、学校的经验，使我军各个部分得以互通气息，互相学习，以适应我军现代化建设中诸兵种协同一致的需要。第三是帮助全体军官学习马克思列宁主义，学习党的路线政策，学习我军的战斗传统和苏联先进军事科学，学习各种科学文化知识，以提高军官的素质，保证部队战斗力的不断增强和建军作战任务的完成。”“很显然，报纸完满地执行这些任务，对于我军现代化建设是有极重大的意义的。因此，我们必须充分地重视运用报纸来指导部队的工作。”

1956年7月，《人民日报》改版后，《解放军报》也检查了创刊以来的一百多篇社论，努力改进文风，不断提高评论写作的水平。

从1958年1月1日（星期三）（第315号）起，《解放军报》改为日报，每天出对开一张4版，连星期天也照常出报。[223]

《解放军报》的创办人之一、第一任总编辑是欧阳文中将，他前后担任军报总编辑6年多时间。初期编委会由欧阳文、赵易亚、李希庚、邱岗、唐平铸、胡痴6人组成。

欧阳文生平：欧阳文（1912—2003），湖南省平江县人，原名桂生。1912年出生于一个农民家庭，1928年参加革命，1930年7月参加中国工农红军，1931年12月加入中国共产党。土地革命战争时期，历任红一方面军团总支书记，红三军团第三师政治部宣传员、油印股股长、宣传队长、俱乐部主任、师政治部主任等职。参加过长征。抗日战争时期，任八路军一一五师独立团政治处主任、独立旅政治部副主任、一一五师政治部秘书长、山东纵队第五旅政治部主任、胶东军区政治部副主任等职。解放战争时期，任东北人民自治军第三纵队政治委员，东北民主联军第四纵队副政治委员兼政治部主任，第四野战军第四十一军副政治委员、政治委员。新中国成立前夕，率部南下。新中国成立后的1951年2月，他担任四野四十一军政委兼广东省军区政委，1955年被授予中将军衔。1955年7月，调北京任《解放军报》第一任总编辑。为筹办军报，欧阳文一上任就先到《人民日报》等首都新闻单位，请教邓拓、吴冷西等办报大家，“向老大哥学习”，学习他们的办报经验。在军报白手起家的基础上，他还把苏军《红星报》全份报纸翻译两期，照原版式重排，以资借鉴。欧阳文等非常重视新闻信息采集的网络建设，早在1955年下半年的试刊阶段，《解放军报》便开始筹建通讯员网络，不久便建立起1 400多人的通讯网，来稿相当踊跃。1957年，他应邀访苏，又专程拜访了《红星报》编辑部。此外，当时苏联军队各军区、军兵种办的一些重要报社他也去参观过。欧阳文前后担任《解放军报》总编辑6年多时间，为该报早期的发展作出了贡献。1962年9月，调任西安军事电讯工程学院政委、院长。1979年10月后，历任第四机械工业部第十研究院党委书记、四机部副部长、电子工业部顾问等职。他还是第六、七届全国政协常委。2003年6月12日在北京病逝，享年92岁。[224]

【《文汇报》的第三次复刊及改革】《文汇报》在新中国成立前是一份有一定影响的综合性日报。该报于1938年1月25日创刊于“孤岛”时期的上海，由严宝礼等创办。[225]1939年5月18日被迫停刊。

抗日战争胜利后，《文汇报》旋即于1945年8月18日第一次复刊，以“号外”的形式出8开一张2版，一直持续到9月5日，共出“号外”19天。9月6日，《文汇报》改出4开一张2版，刊号“四七八号”，与“孤岛”时期停刊报纸相衔接。到1947年5月24日，《文汇报》发行到“一〇八六号”后被国民党政府的上海淞沪警备司令部勒令停刊。第一次复刊后，前后出版了一年零八个多月的时间。停刊后，报社内的中共地下党员和进步新闻工作者一部分去解放区参加革命，一部分到香港参加香港版《文汇报》的创刊工作。

1949年6月21日，即上海解放（5月27日）后的第25天，《文汇报》又在欢庆胜利的锣鼓声中第二次复刊，日出对开一张半6版。复刊初期的《文汇报》一直没有找准自己的读者定位。1951年发行量跌至历史最低点：一万两三千份。之后《文汇报》掀起“救报运动”，读者定位开始转向，由综合性报纸转为以中小学教师、大中学生为主要读者对象，侧重报道教育界新闻的专业报纸。与此同时，从1950年6月起，到1951年8月的一年零两个月的时间里，《文汇报》三次改版。1952年至1955年间，《文汇报》以每日出4开两张8版的小报形式出版。到了1955年春，中央拟将《文汇报》迁到北京，改为教育部的《教师报》发行。为了做好向《教师报》的过渡，1955年10月1日起，《文汇报》再次实行改版，由4开两小张8版形式又改回对开一大张4版的大报，并由竖排改为横排。这时的《文汇报》“完全按照苏联教师报的模式，从内容到形式，从版面编排、标题制作、新闻采访、言论制作到副刊的设置，几乎都与苏联教师报差不多，文汇报长期形成的传统特色至此荡然无存”[226]。到1956年4月28日，《文汇报》出至第3404号后宣告终刊。当天报纸头版头条刊登社论《终刊词》宣布：“《教师报》决定5月1日创刊，《文汇报》出版到这一期为止。亲爱的读者们！从今以后，我们要在教师报见面了！”从新中国成立后复刊至此，《文汇报》又出版了6年10个月。在《文汇报》停刊前后，其员工迁到北京改办《教师报》。1956年5月1日，《教师报》在北京出版。[227]

1956年10月1日，经中共中央批准，《文汇报》在停刊5个月之后第三次复刊。这时的《文汇报》充分汲取《人民日报》等的改版经验，认真总结自身前几次改版失败的教训，再次实行了全面的改版。改版后，该报每日出版对开一大张，以全新的面貌同读者见面。复刊当天发行即达24万份。10月1日《文汇报》第二版头条刊登由总编辑徐铸成撰写的复刊社论《敬告读者》，宣布该报今后的编辑方针云：①“文汇报一向是一张人民的报纸，是一张知识分子的报纸，一张人民的报纸，主要应该以事实说话，以每天发生的新闻反映现实，宣扬真理。”“翔实地报道国内外的重大新闻，特别着重报道文化、科学、教育各方面的新闻。”②“作为一张知识分子的报纸，必须从各方面满足知识分子的要求。知识分子是热爱祖国、热爱真理的。自从中共中央提出‘百家争鸣’的方针后，全国知识分子受到极大鼓舞，学术上自由讨论的空气日益浓厚，这是十分可喜的现象。在这方面，文汇报将以一定的篇幅作为‘百家争鸣’的论坛，并组织报道，反映各方面反映的问题，推动‘百家争鸣’”，“今后的文汇报有《笔会》、《彩色版》、《社会大学》、《教育生活》、《新闻窗》等副刊，有各种专栏，将从各方面满足读者的要求”。③“中国报纸有中国报纸的风格，文汇报也有它传统的风格，这是读者们所熟悉的”，“今后的文汇报，将继续学习各方优点，保持自己的风格，内容力求丰富多彩，形式力求活泼大方”。

改版后，从1956年10月至1957年春这一段时期内，《文汇报》的新闻报道、言论时评、版面安排、标题制作等都基本上体现了以上的编辑方针。复刊后的《文汇报》面目焕然一新：第一版是要闻版，当天国内外和本市最重要的新闻、最为读者关注的新闻都被推上第一版，而且每天一版都有一篇独家专访及自家采写的通讯，使一版成为名副其实的“新闻橱窗”。第二版是综合新闻版，除反映国内外文化、科学、教育、体育、出版、学术活动等方面的动态外，还刊登评论、通讯、特写、人物专访、专题文章，特别注重刊登知识分子的专访文章，充分报道知识分子的思想、工作、学习、生活等方面的动态，同时还在版面上经常开展各种问题的热烈讨论，为“百家争鸣”提供论坛。第三版是副刊及各种专刊版，其中，每天在三版刊出的《笔会》副刊占全版三分之二的版面，余下的三分之一为各类专刊，如《笔谈会》、《社会大学》、《读书札记》等。从1956年10月28日起，每逢星期日第三版又出“彩色版”副刊。整个第三版版面丰富多彩、雅俗共赏，尤其是《笔会》、“彩色版”副刊，寓知识性、趣味性、娱乐性于一体，形式多样、生动活泼。第四版是国际新闻版，《新闻窗》专刊就设在这一版。该刊除刊登新华社电讯稿外，还有独家的外报外刊材料选译，国内外新闻的解释性、资料性的背景材料等。此外，在编辑理念上，力求内容丰富多彩，形式活泼大方。重视独家新闻，突出专电、专讯、专访，力争新、短、多、广。对新华社的通稿、统发稿，除国内外重大要闻外，一般不登或精编压缩，而以刊登本报采写的专电、专讯、专访为主。该报评论有自己的风格，热情地为知识分子鼓与呼，议论知识分子最为关注的问题。时评讲求时效，对当天新闻及时评论；社论平均每三天一篇，打破了当时一些大报，包括《人民日报》每天一篇社论的做法。在版面编排上，《文汇报》敢于标新立异，在全国报纸中率先大胆采用八栏编排法，既使版面有了变化，生动活泼，又方便读者阅读，不致窜行。在标题上，把当时比较流行的一行题改变成中国传统的主、肩、副三行题，即俗称“楼梯式”标题。之前，全国报纸全盘学习苏联经验，版面格式完全仿效苏式报纸编排，每版一律都是三栏、横题横文，一统到底，版面呆板沉闷，缺少变化；在标题上将中国报纸传统的多行题都变成了清一色的一行长题。

从内容到形式，改版后变化最大的当是《笔会》副刊。《笔会》是《文汇报》的品牌副刊，于1946年7月1日创刊。当时《文汇报》共出八版，《笔会》位于第七版上半版。“笔会”二字为钱钟书所题。50年代初期《文汇报》复刊时，《笔会》一度从报纸版面上消失，而代之以《磁力》和《文化广场》副刊。1956年10月1日《文汇报》第三次复刊时，当天复刊的《笔会》占第三版一整版。“笔会”二字系采用鲁迅先生手迹（集字）。此后，《笔会》天天同读者见面。10月28日起，每逢星期日，第三版出“彩色版”副刊，其余几天，天天登《笔会》。《文汇报》第三次复刊后，《笔会》上发表了大量好文章。当时在“双百”方针的鼓舞下，一些解放前知名的知识分子纷纷复出，建言争鸣。素与知识分子联系紧密的《笔会》，精品迭出，佳作纷陈，巴金、傅雷、叶恭绰、阿英、伍蠡甫、张伯驹、吴祖光、夏枝巢、施蛰存、丰子恺等都在上面发表文章。在1956、1957年新闻改革期间，《文汇报》的《笔会》和《新民报晚刊》后来复刊的《夜光杯》，是上海地区报纸乃至全国报纸中最负盛名的两大名副刊。1957年3月全国宣传工作会议期间，毛泽东曾公开对《文汇报》总编辑徐铸成说：“你们的《文汇报》办得好，琴棋书画、梅兰竹菊、花鸟虫鱼，应有尽有，真是放得好！我下午起身，必先找你们的报纸看，然后看《人民日报》，有工夫再翻翻其他报纸。”（徐铸成《“阳谋”亲历记》）

《文汇报》的这次改革，从1956年10月到1957年6月，历时8个多月。此后，因反“右”风暴掀起而中途夭折。[228]

徐铸成生平：1956年至1957年间的《文汇报》改革是与总编辑徐铸成分不开的。徐铸成是中国现当代著名新闻记者、编辑、评论家及新闻学者。1907年6月24日出生于江苏宜兴县城一个清寒的教师家庭。1926年19岁时，借别人的文凭考入清华大学，就读半年后退学。1927年暑期，再次考入北平师范大学学习。同年年底，以半工半读形式进入国闻通讯社北平分社任记者，开始了新闻工作的生涯。1929年至1937年间，先后任天津《大公报》编辑，《大公报》驻汉口办事处主任、特派记者，上海《大公报》要闻版编辑等职。1938年1月起，参与创办上海《文汇报》，并担任该报总主笔。在日本侵略者的压力下，从1939年5月18日起，租界工部局、英国驻沪总领事勒令《文汇报》停刊。从1939年7月起，徐铸成改任《大公报》香港版编辑主任。太平洋战争爆发后，香港被日军占领，转任《大公报》桂林版总编辑、重庆《大公晚报》主编。抗战胜利后，上海《文汇报》于1945年8月复刊，徐铸成辞去《大公报》职务，于1946年5月重回《文汇报》任总主笔（时年39岁），直至1947年5月该报被国民党政府查封。在此期间，徐铸成与《文汇报》副总主编宦乡、陈虞孙及孟秋江、张锡昌等中共地下党员合作，在中国共产党的支持和影响下，将《文汇报》办成了一张反对内战，要求民主、和平的报纸，在国内外受到广大读者的欢迎。1948年5月，徐铸成再赴香港筹办香港版《文汇报》。1948年9月3日香港版《文汇报》创刊，他任总主笔兼总经理。1949年2月离港到北平，1949年6月任上海文汇报社社长兼总编辑，同年9月赴京参加第一届全国人民政治协商会议，1951年参加中国民主同盟。1956年《文汇报》迁到北京改出《教师报》，他任总编辑，不久回到上海仍主持在沪第三次恢复出版的《文汇报》编辑部工作。

在复刊后的《文汇报》工作期间，徐铸成于1957年3月底至5月初任中国新闻工作者代表团团长，率团访问苏联。回国不久，因在《人民日报》发表《文汇报的资产阶级方向应当批判》而被打成“右派”（1959年“摘帽”，1980年平反）。嗣后被迫离职，转到上海市出版局工作。“文革”结束以后，1979年起任中华全国新闻工作者协会理事。1981年后任文汇报社顾问、报史研究室主任，同时任复旦大学、厦门大学、兰州大学、武汉大学等高校新闻系兼职教授。在此期间（从1979年起）他潜心著述，发愤写作，在短短10年时间里写下了大量的论著。他在海内外结集出版的著作共计17种，约300万字，其中著名的有《报海旧闻》、《旧闻杂忆》（正、续、补三编）、《新闻丛谈》、《新闻艺术》、《徐铸成新闻评论选》、《杜月笙正传》、《哈同外传》、《报人张季鸾先生传》、《徐铸成回忆录》（“附录一”载徐铸成《“阳谋”亲历记》），等等。晚年的徐铸成生活充实，成果丰盈，“老树开新花”，成为著名的“旧闻记者”及新闻学者。

1991年12月23日，一代名报人徐铸成在上海家中猝然去世，享年85岁。[229]

【《新民报晚刊》在1956年的两次改版】上海《新民报晚刊》于1946年5月1日创刊。1953年初，该报实行公私合营，并组建新的编委会，以替代解放初期过渡性的行政机构“社务委员会”。编委会成员有赵超构、程大千、蒋文杰、梁维栋、钱谷风、张慧剑、唐云旌、欧阳文彬。由赵超构任社长，蒋文杰任总编辑、党支部书记。经组织安排，还增聘陈铭德为副社长、邓季惺为顾问（实际上，陈、邓此后都未再过问报社的事）。

1953年到1954年间，全国新闻界响应中央“向苏联老大哥学习”的号召，全面学习《真理报》、塔斯社的经验。《新民报晚刊》也有针对性地向苏联报纸学习，他们特地从中苏友好协会弄来一张当时出版的莫斯科市委和苏维埃机关报《莫斯科晚报》，将该报俄文版原文全部译成中文，作为版面改革参考。同时，在有关部门热心人士的协助下，编辑部还弄到一份《莫斯科晚报的工作经验》，供大家深入学习、参考。通过学习苏联报纸的经验，《新民报晚刊》版面有了一些改进。最明显的是第一版本市市政建设新闻多起来，并以“上海新事”的名目，特辟一栏，放在本市版头条位置，引起了读者的关注。同时，从1953年底起，晚刊还模仿《莫斯科晚报》每天刊登莫斯科的天气预报的做法，也在当天刊登上海市的天气预报。另外，报社还设立了“读者工作组”，专职处理读者来信，改变了过去由编委会办公室兼管读者来信的局面。“读者工作组”主要负责在报上编发每周一期的《读者来信》专栏，同时为市委、市政府有关领导编送《情况汇报》。读者工作组有时还把读者来信中发现的好题材和新闻线索提供给采编部门参考，有时也直接采访，或把有的问题放到版面上讨论。从1953年到1954年这一段时间里，《新民报晚刊》尽管作了一些改革，但由于当时全国报纸都开展文化思想及意识形态领域的批判、斗争，运动一个接一个，《新民报晚刊》也不例外，同样每天大量刊登一些批判文章及文艺界人士政治表态性文章，导致读者、专家都不爱看，再加上《新民报》原是一张对开的大型报，其晚刊在1952年底改出4开一张的小报形式后，版面编排和内容取材仍未脱尽大型报的风格，比较严肃，即办得不活，这也是导致读者不爱看，发行量上不去的重要原因之一。

到了1956年，《新民报晚刊》又进行了两次改版。第一次是“小改版”，时间在1956年初到6月间。当时“百花齐放、百家争鸣”方针尚未发表，改版只是为了应付销量下跌的局面，而不是从办报思想上彻底研究加以改进，所以只能说是“小改版”。这次改版在形式上的改变较多，内容上改变较少，办报思想不敢突破。当时晚刊在版面形式上的最大改进是它与《人民日报》、《解放日报》等大报一样，从1956年1月1日起，由此前的从右至左的竖排，改为从左至右的横排，并依然是每日出版6版，其中第五、六版均为副刊版。由于内容的改进较少，销量仍停留在两三万份。

6月以后，党中央提出的“百花齐放、百家争鸣”方针，以及党对知识分子政策的调整，极大地鼓舞了报社领导及全体采编人员。从此，有意识的改版工作开始进行，版面内容有了明显的变化：地方新闻和文化新闻花色品种大大增加；赵超构的个人时评专栏《随笔》移到一版要闻版；由张慧剑主持的可读性、知识性、趣味性都很强的《小树繁花阁笔记》栏目也从副刊版移到一版；以地方新闻和社会新闻为主的第四版，内容尤其丰富多彩；副刊之一的第五版改版后，面目一新，以独特的风格出现。其他各版的内容也都有一些改进。特别是在改版期间，社长赵超构提出著名的“短”、“广”、“软”（“短些，短些，再短些；广些，广些，再广些；软些，软些，再软些”）口号，在新闻界产生了深刻、广泛的影响。总之，在这一时期，党的“百花齐放、百家争鸣”方针切实、全面地贯彻、落实到了报社全体人员的思想上和报纸的版面上。改革版面，丰富人民群众的文化生活，为读者提供健康、有益的精神食粮，一时成为改版的宗旨。报纸的日发行量逐渐攀升，由三四万增加到七八万，直至年底的十三万份。

《新民报晚刊》的这次改版一直得到上海市委宣传部的大力支持。在1956年夏秋之间，晚报曾发生过一起“《小树繁花阁笔记》事件”。《小树繁花阁笔记》（以下简称《小树》）是由著名副刊主编、老报人、编委张慧剑（笔名“石珍”）个人主持的一个小专栏。该专栏原来放在副刊版，由于文章生动活泼，内容丰富多彩，可读性很强，后来便移到了本市新闻版。当时跑本市新闻的年轻记者的一些稿子发不出去，便迁怒于《小树》

小专栏，认为它侵占了新闻版面。他们要求把《小树》搬回副刊版去，理由是它虽然增强了新闻版的可读性，但它本身“内容庞杂”、没有多少新闻性。为此，年轻记者们“自恃有政治优势，是‘新生力量’”，看不起老报人，便贴出言词激烈的小字报，进行抗议，强烈要求报社领导作决定把《小树》从新闻版搬走。小字报张贴出去后，报社不少青年团员记者纷纷在上面签名，以示声援。到后来，反对《小树》的阵容变得越来越强大，使得张慧剑不安于位，要走人。《新民报晚刊》编辑部发生的“《小树繁花阁笔记》事件”后来由报社党组织反映到市委宣传部，部长石西民非常重视，召集了报社几个年轻的党、团员谈话，严厉批评了他们。石西民声色俱厉地说：“新民报是党交给赵超构办的，你们少去干涉他的事。你们端的是赵超构的饭碗，谁不想干，可以自己卷铺盖走路！”[230]

1957年5月31日，赵超构在《新民报晚刊》全社会上作了重要发言，对该报自1953年以来，尤其是1956年的新闻改革及改版工作作了全面、系统的总结，特别是对“短”、“广”、“软”口号作了详细的解释。他说，1956年《新民报晚刊》的改版主要有“六大收获”：“第一，是晚报的特点问题解决了。”经过1956年的改版和多年来的实践，“肯定晚报的三个特点是：时间性强，地方性强，文化娱乐性强”，“第二，初步克服了1956年以前的主观主义的办报思想”，开始重视读者、研究读者的口味。“过去我们是关门办报”，脱离群众。“去年（1956年——引者注）读者工作组和管理部门调查了读者成分、文化程度、读者的喜爱和对本报的意见，这时候我们才放下架子，丢开主观主义，从读者的角度、读者的生活出发，而不是从自己的主观愿望出发，这样才能把报纸办得使读者爱看。”“第三，适当地恢复了解放前新民报的传统。这个传统，过去我们一度把它全丢了，连有些好的东西也丢了。旧社会的报纸，如以《新民报》为代表的小型报的传统有许多东西值得我们继承发扬，像《小树繁花阁笔记》、游记，以至新闻标题都是。”“第四，解决了普及与提高的问题。”“第五，为干部还是为群众的问题也解决了——这就是个‘写给谁看’的问题。”“第六，报纸的风格问题解决了。”赵超构还在讲话中详细阐述了《新民报晚刊》的风格“短些”、“广些”、“软些”，云：

短些，短些，再短些，有话即长，无话即短，多登点短文章，少登些长文章，节约时间，便利群众。

广些，广些，再广些，就是说扩大报道面，体裁多样，内容多样，从言论批评到幽默漫画，从增产节约到家务事、儿女情，从科学知识到社会新闻，总之，从生活的各个侧面来反映上海的生活。

软些，软些，再软些。我们是比较地重视趣味，要求生动的。我们所谓软，指的是思想既要正确，又要把报纸弄得生动一些，通俗一些，把文章写得深入浅出，对读者亲切一些。不是不择手段的软，也不是片面追求趣味的软，只是反对老是板面孔教训读者的作风。我们要让报纸成为读者的知心朋友，把这张报办成春风满面，议论风生，雅俗共赏，有益有味，从少先队到文史馆的老前辈，从保姆同志到大学教授，都可以看得下去。总之，办报是在跟读者交知心朋友，过去那种板面孔，搬教条的路是不受欢迎的。因此，我们提出软些，软些，再软些。这就是新民报的特点和做法。也是新民报在“百花齐放”当中的“放”的方针。[231]

赵超构生平：赵超构是我国现当代著名新闻记者、报人、杂文家、新闻评论家及专栏作家。原名“景熹”，笔名“沙”、“林放”等，祖籍浙江省瑞安县嘉义乡（今属文成县龙川乡）。1910年5月4日出生于青田县南田区梧溪村（今属文成县）外祖母家。1912年随母去北京，在父亲住所度过两年。1917年，随家迁居瑞安县城郊屿头村。1924年至1928年间，先后就读于温州艺文中学、瓯海中学、省立十中。在此期间，接触到进步书刊，尤爱陈独秀、鲁迅、瞿秋白、邹韬奋、郭沫若、胡适等人的著作，参加过当时的“五卅”反帝爱国运动。1929年秋，曾短期偕友人去日本，游学东京、京都等地，学习日语。

1931年秋，赵超构考入上海中国公学大学部政经系。就读期间，不断地向多家报刊投稿。1934年4月，进南京由王公弢办的一份4开4版的小报《朝报》担任国际版编辑，不久升为主笔。先后以沙、驼、超、构、景、熹等笔名，逐日撰写时评。1937年8月11日，《朝报》在“8·13”抗战爆发前夕停刊，他奔赴武汉，以投稿为生。1938年5月赴重庆，7月加入在重庆复刊不久的《新民报》，任国际新闻编辑，不久升任主笔。1941年11月1日，重庆版《新民报晚刊》创刊，该报杂文式的时评小专栏《今日论语》也开栏。赵超构以“沙”为笔名，在该栏目上逐日发表几段每段只有两三百字的时事小言论（此专栏时间跨度长达七八年之久）。1943年6月18日，成都版《新民报晚刊》创刊，由赵超构主持的小言论专栏《未晚谈》也在该报副刊版“出师表”的头条位置开栏。此后，这一栏目长期由赵超构个人主持，直至他1992年逝世前终笔。《未晚谈》遂成为我国当代报纸言论的经典栏目。

1944年5月至7月间，当时年仅34岁的赵超构以《新民报》记者的身份，参加重庆“中外记者西北参观团”采访延安，受到毛泽东、朱德等中共领导人的接见，并在陕甘宁边区参观采访43天。回到重庆后，写成长篇通讯《延安一月》十余万言，分别在重庆、成都版《新民报》上连载数月，引起轰动。1944年10月由重庆新民报社首次出版单行本，1945年1月又由南京新民报社再版发行。《延安一月》出版后，读者反映强烈，认为它是继美国著名新闻记者斯诺《西行漫记》之后、由中国记者写的第一本反映延安风貌的力作。1945年8月底至9月间，毛泽东到重庆参加国共和谈期间，对潘梓年、章汉夫和夏衍说：“我看过《延安一月》，能在重庆这个地方发表这样的文章，作者的胆识是可贵的。”（夏衍：《〈未晚谈〉代序》）在9月下旬，受毛泽东的邀请，赵超构与毛泽东作竟日长谈，被毛泽东称为“自由主义者”。从此与毛泽东成为朋友，两人先后7次晤谈。[232]

1946年，赵超构自重庆赴上海，参与上海《新民报晚刊》的创刊工作，并先后担任该报总管理处副总主笔、总主笔兼总编辑，新中国成立后任社长。1956年，他率先提出新闻改革的诸多设想。针对当时《新民报晚刊》所面临的问题，为了增强晚报的“可读性”，赵超构提出了“短些，短些，再短些；广些，广些，再广些；软些，软些，再软些”的办报方针，使《新民报晚刊》面貌一新。这段时期的晚刊曾受到毛泽东的肯定和赞许：“你们的报纸搞得活泼，登些琴棋书画之类，我也爱看。”[233]与此同时，毛泽东还帮赵超构改进“短、广、软”口号。毛主席说：“报上的文章‘短些，短些，再短些’是对的，‘软些，软些，再软些’要考虑一下。不要太硬，太硬了人家不爱看，可以把软和硬两个东西统一起来。”[234]“但我也担心太软了不好，黄色的东西会出来，所以说两个‘软些’就行了。”[235]后来传达毛泽东指示时，概括为“软中有硬”。[236]

“文革”初期的1966年8月20日，《新民报晚刊》被迫停刊，赵超构被下放到奉贤县“五七”干校劳动。1972年调入上海人民出版社辞书编辑室工作，后任上海市出版局顾问，辞书出版社社长、副总编辑，《辞海》编辑委员会副主编等职务。1982年1月1日，停刊15年之久的《新民报晚刊》复刊，赵超构重任社长。他为复刊的《新民报晚刊》提出了“宣传政策、传播知识、移风易俗、丰富生活”的著名的十六字办报方针。在繁忙的领导岗位上，赵超构还恢复了原《新民报》副刊中的小言论栏目《未晚谈》，继续以“林放”的笔名几乎每天都在该栏目发表一篇时评。从1982年至1992年的整整10年间，写下了大量短小精悍、生动活泼、脍炙人口的评论佳作，这10年成为他一生中最辉煌的时期之一。1992年2月12日在上海病逝，享年82岁。[237]其一生中先后出版的重要文集有《延安一月》（重庆新民报社1944年10月出版，南京新民报社1945年再版）、《世象杂谈》（上海文化出版社，1984年出版）、《未晚谈》（1986年出版）、《未晚谈》（二编）（1990年出版）、《未晚谈》（三编）（上海书店出版社，1994年出版）、《林放杂文选》（1988年出版）、《赵超构文集》（总六卷）（文汇出版社，1999年出版），等等。

赵超构是我国当代晚报界的一面旗帜，以他的名字命名的“赵超构新闻奖”于2007年首次开评。2007年8月26日至29日，中国晚报工作者协会第22届年会在宁夏回族自治区的银川举行。参加这次由《银川晚报》承办的年会的全国各地晚报有130余家，创历届之最。本届年会颁发了全国晚报首届“赵超构新闻奖”，这是我国晚报界最高级别的奖项。

七、新中国新闻教育事业的初步发展

【对原有新闻教育机构的改造和调整】在新中国刚成立的前后几年间，为了培养大批的新闻业务人才，中共中央和中央人民政府对原有的新闻教育机构进行了全面的整顿和改造，根据不同性质及情况分别处理：凡国民党直属的党营新闻教育单位，如南京的国民党中央政治大学新闻系（1935年由马星野创办）等，连同该校一起，接管后停办；对于一般的新闻教育机构，则及时进行改造、整顿和调整。当时社会上一般的新闻教育机构主要有：北京地区著名的教会学校燕京大学的新闻系（1924年设立），上海地区著名的复旦大学的新闻系（1929年秋设立）、著名的教会学校圣约翰大学的新闻系（1920年9月创立，起初叫“报学系”）、著名的华侨大学暨南大学的新闻系（1946年8月创办）、由名记者顾执中创办的民治新闻专科学校（1928年12月创办）、中国新闻专科学校（1945年创办），苏州地区的社会教育学院新闻系（“国立”社会教育学院于1941年8月在四川璧山创办，到1945年9月由名报人俞颂华主持创设新闻系），[238]广州地区的国民大学新闻研究班等。对以上这些新闻系科的改造和整顿主要分为两个方面进行：一是在人事安排上，重组这些学校及其新闻学系的领导层，调入党的新闻工作者担任教职工，充实原有教师队伍并组织原有教师进行学习和思想改造，树立无产阶级的新闻观。二是在教学上，对新闻系专业课程逐步实行内容改革，取消原有的政治上反动的课程，开设马列主义政治理论课、组织学生参加政治活动。与此同时，在1952年全国高等院校统一进行院系调整前后，为了进一步加强党和政府对新闻教育事业的领导及有计划的发展，全国高等院校的新闻院系也进行了大调整。例如，上海的圣约翰大学新闻系、暨南大学新闻系、中国新闻专科学校、华东新闻学院（1949年7月创办）等先后并入复旦大学新闻系。北京的燕京大学新闻系合并到北京大学中国语言文学系，改设为编辑专业（后改称新闻专业）。苏州的社会教育学院新闻系早在1950年春即随该学院合并入无锡的苏南文化教育学院，原社教学院新闻系学生在1952年毕业后，该系便宣布结束，不再招生。重庆的南温泉私立新闻专科学校也于1950年底停办。上海民治新闻专科学校于1951年改名为民治新闻学校，继续由顾执中任校长。1952年院系调整时，民治新闻学校一部分并入复旦大学新闻系，一部分改为以招工农学生为对象的新民治新闻学校，直至1954年自行停止招生。经过这次大调整后，不仅使分散的新闻教育机构得到了合理的合并，教学资源得到了整合，教学管理力量更加充实，而且进一步修正和制订了比较切合实际的教学计划，教学质量得到很大的提高，规模也逐渐扩大。例如，上海解放初期，复旦大学新闻系第一任系主任由恽逸群兼任，1952年院系调整后，复旦大学新闻系由陈望道、王中负责，此时该系囊括了华东一带各新闻系的人才和设备，成为我国南方新闻教育的重镇。复旦新闻系明确规定其教学方针是：培养、训练具有相当丰富的文史知识、新闻理论知识、实际业务操作及语言文字使用能力等的人才；加强师资队伍的培养和进修，有计划地派教员到新闻单位从事新闻实际工作，保持新闻学界与新闻业界的紧密联系，并进一步建立与新闻单位定期交换干部的关系。到1956年，复旦新闻系已有350多名学生的规模。再如，新设置的北京大学中文系新闻专业由罗列、蒋荫恩负责，[239]当时该专业拥有了1924年即已成立的前燕京大学新闻系的师资、图书资料和新调入的一批教学力量，实力大大增强。从1952年到1955年的4年中，该专业一方面接收了燕京大学新闻系并入的3个年级的90余名学生，继续培养直至全部毕业、分配，另一方面又逐年招收新生，累计有250余人，此规模大约相当于原燕京大学新闻系在校生的3倍。

【高层次新闻培训学校的创办】在这一时期，党和政府还领导创办了一批新型的、高层次的新闻培训机构，学习时间有长有短，为新中国初期的新闻界培养了大批的干部和骨干，如：

华中新闻专科学校：该校原是中国共产党在解放区创办的第一所新闻培训学校，由华中分局机关报《新华日报》（华中版）主办，专门为解放区培养新闻干部。该校1946年2月成立于江苏省淮阴市，校长范长江、副校长包之静、教育长谢冰岩。学校分设编辑通讯、电务、经理三科，学制6个月。学校课程先由恽逸群讲授《新闻学概论》，接着由范长江讲授《人民的报纸》。第一期学员80余人，毕业后又筹办第二期，后因内战全面爆发而停止。1948年秋复校后，由恽逸群任校长，罗列任教育长，招生59人，学制半年。1948年4月，恽逸群曾将讲义《新闻学概论》修订补充后，改为《新闻学讲话》，由华中新华书店排印出版单行本。这本小册子在解放区曾多次翻印出版，影响很大，是解放区新闻干部业务学习的主要教材，也是解放区出现的一本比较系统全面的新闻学著作。华中新闻专科学校于1949年4月底迁到无锡，改称苏南新闻专科学校，招生达240人。1950年4月停办。

华东新闻学院：这是中共中央华东局在上海创办的新闻干部学校，1949年7月19日开办。当时该校的招生对象要求是大学毕业生和在校的新闻院校学生，先后招收过一期讲习班、两期研究班、一期专修科班，学员总计达828人。院长由当时《解放日报》副社长兼副总编辑恽逸群兼任，教务长王中。[240]该校于1951年12月并入复旦大学新闻系。

恽逸群生平：恽逸群，原名钥勋，字长安，笔名翊勋，从事新闻工作后改名逸群。1905年1月24日（清光绪甲辰年十二月十九日）出生于江苏省武进县（今常州市）上店镇寿山村。1926年7月北伐战争时期（21岁）加入中国共产党。1928年担任江苏武进县的中共县委书记。1932年进上海民营新声通讯社当记者，开始从事新闻工作。1935年至1936年，先后在上海《立报》担任编辑、主笔，在香港《生活日报》、《生活星期刊》（邹韬奋主办）任编辑。抗战时期，上海沦为“孤岛”后，奉命留在敌后，先后担任《大美晚报》编辑，《导报》与《译报》主笔、总编辑。1939年6月，在党组织的指派下，转移到香港，主持国际新闻社香港分社工作，兼任《二十世纪》杂志编辑。1941年12月太平洋战争爆发后，香港沦陷，他根据党的指示重返日伪统治下的上海，打入《新中国报》，用隐晦曲折的手法撰文批驳日伪宣传。抗战胜利后，奉命离开上海，进入苏北、山东解放区，先后担任新华社华中分社、新华日报（华中版）、大众日报、新民主报等新闻机构的领导工作。1949年全国解放，他重返上海，先后任新成立的解放日报社副社长兼副总编辑、社长兼总编辑，共两年半时间。与此同时，还兼任华东新闻学院院长、复旦大学新闻系主任等职。1952年因受上海市副市长潘汉年案的牵连，被逮捕入狱，遭关押坐牢10年半，1965年假释出狱。在1966年开始的“文化大革命”中，他又被“群众专政”，受尽折磨。其一生坎坷之遭遇，“非楮墨所能宣”（恽逸群与友人信中语）。1978年12月9日，因病在南京去世，终年74岁。1984年4月，彻底平反昭雪。遗著有《恽逸群文集》。[241]

北京新闻学校：1949年11月1日在北京创办，直属中央人民政府新闻总署。该校前身是新华社新闻训练班，于1948年9月在当时党中央所在地的河北省平山县西柏坡附近的白沟村举办第一期，主办人是梅益和张纪明。学员近30人，绝大部分是从河北正定的华北大学调来。学习时间为3个月，讲课人有廖承志、胡乔木、石西民、朱穆之、廖盖隆、梅益等。这一期的毕业生大部分留在新华社总社工作，少数分配到华北人民日报社。1949年3月间，新华社总社随同党中央进驻北平西郊香山，不久又开始筹备第二期新闻训练班。该班学习时间为两个月（6月20日至8月20日）。学员共51人，全部从华北大学调来。学员结业后，留下7人在训练班工作，其余都分到新华社总社工作。1949年8月下旬第二期训练班结束后，又着手开办第三期。这一期的学员都是从全国分设的9个考试区招考而来的大学毕业生（包括新闻系的毕业生），以及具有同等学历、掌握一门外国语的青年知识分子。到11月1日，中央人民政府宣告成立，同时决定原属新华社总社的新闻训练班改名为“北京新闻学校”，隶属新闻总署，由新闻总署副署长范长江兼任校长，原训练主任陈翰伯任副校长，校址仍在香山。北京新闻学校第一期的学习时间为7个多月，1950年5月毕业，有学员272人，分配到全国各地。第二期于1950年8月20日开学，到1951年7月底毕业，学习时间将近一年。初时共有学员236人，中途有不少学员参加朝鲜战争，到毕业时只剩下163人。新闻学校一、二两期毕业人数有500人以上。学员学习期间，同学校工作人员一样享受干部待遇，一律实行供给制。

中央宣传干部训练班：北京新闻学校第二期训练班结束后，即行停办。紧接着，又利用原有校舍和工作人员，由中共中央宣传部开办了几期宣传干部训练班。班主任由胡乔木兼任，胡绳任副班主任，陈翰伯任秘书长。该班开办时分甲、乙两班，分别培训由各地选调来的地、县两级党委宣传部部长和部分由国家统一分配到中央宣传部门的大学文科毕业生。该班从1951年10月15日开学，到1953年5月结束，为新中国成立初期党的新闻宣传部门培养了一批领导骨干。总之，从1948年到1953年间，新华社新闻训练班和北京新闻学校一共培训了七八百名新闻宣传干部。这些人后来都成了新中国各新闻单位的领导和骨干。[242]

中央马列主义学院新闻班（马列学院于1955年8月1日起改名为“中共中央直属高级党校”）：1954年7月17日，中共中央政治局通过了《中共中央关于改进报纸工作的决议》。《决议》共分六部分，其中第五部分云：“为了加强对新闻干部的培养和训练，中央责成马列学院设立新闻班，负责训练现有省（市）委机关报的总编辑、副总编辑、编委委员，省农民报的总编辑，省以上报纸的党员编辑组长和记者，及条件与此相当的新华通讯社的、广播电台的和出版机关的党员干部。”[243]根据中共中央的这一指示，马列学院设立了新闻班，专门负责培训《决议》规定级别的新闻干部。该新闻班学制两年。1954年9

月 1 日起，开办第一期，主要培训各地选送的省级党报编委以上的报纸工作人员和相同级别的新华社、广播电台方面的新闻工作人员，还聘有苏联专家讲课，并得到他们的大力支持。例如，莫斯科大学新闻系寄来了很多有参考价值的教学大纲、讲义和其他教学资料。1954 年和 1955 年，苏联党和政府还派遣基辅大学新闻系系主任斯洛保加维克、列宁格勒大学新闻系副教授阿力克赛来我国担任新闻教学工作。到 1957 年 11 月为止，中央党校新闻班共举办了三期，每期有学员 30 至 50 人，先后培训了 100 多名新闻单位的领导干部。

【中国人民大学新闻系的创办】中国人民大学创办于 1950 年，1955 年 4 月成立新闻系。人大新闻系是新中国成立后创办的第一个比较正规的大学新闻系，由首任系主任安岗负责筹建，当时的主要目的是培训在职的新闻干部。1954 年秋，胡乔木同志传达党中央的指示，要安岗到中国人民大学筹办新闻系。他说，在解放区，成仿吾同志在华北联大办过新闻系，李敷仁同志在延安大学办过新闻班，范长江同志在苏北办过新闻训练班。那时正在进行人民解放战争，都是短期培训，是向解放区的报纸输送新闻干部的，不可能较长期、较正规地培养新闻人才。现在，我们可以有条件，可以较长期和正规地培养我们自己的新闻人才了。

1955 年春，中国人民大学新闻系筹备处在北京东四六条人民大学本部开始办公。筹备处由安岗挂帅，还有一位从东北《工人报》调来的女同志，他们一起筹划教学方案、购置教学设备。在中宣部和人大校长吴玉章的支持、帮助下，从全国各地调来章南舍、鲁西良、华青禾、汪溪、秦明、黄河等行政和新闻、出版业务方面的教学骨干力量，组建了以何洛、汪金丁、赵沣等知名教授为负责人的中国古代汉语、现代文学、世界文学和外语等教研室。同时，人大校党委和校委还为新闻系配备了党总支、系办公室负责人。[244]

1955 年 8 月下旬，从全国各地考取到人大新闻系的第一期学生到北京海运仓人大新闻系办公室报到，9 月 1 日正式上课。第一年招收学生 90 人左右，全部是由北京和全国各地报社、通讯社、广播电台，以及出版部门保送、推荐的在职新闻工作人员，经过学校考试合格后录取的。学员带职带薪学习，享受干部待遇，当时叫“调干生”，学满 4 年后再回到原单位工作。第二年招生时，从 4 000 余名考生中录取 314 名，其中由新闻与出版专业部门保送应试的在职人员 164 人，自由报考的社会上具有一定实际工作经验的各行各业青年 150 人，学制分别实行 3 年制和 4 年制。从第三年起，开始逐渐招收应届高中毕业生。人大新闻系还办了一份供教学和实习用的报纸《新闻与出版》报（1956 年 10 月 15 日创刊），创刊初期，订阅量多达 10 至 12 万份，影响及于全国新闻出版界。同时，还办了印刷厂和剪报社。另外，还办了一份《汉语拼音报》。[245]到 1958 年，人大新闻系在校生达 1 000 人，全系教师 100 多人，成为当时我国规模最大的新闻系。

1958 年 6 月 21 日，北京大学中文系新闻专业（其前身为燕京大学新闻系）正式合并到人大新闻系。此时，安岗重返人民日报社担任副总编辑工作，系主任改由罗列担任。从 1959 年起，人大新闻系学制一度改为 5 年。在“文化大革命”中，“人大”停办新闻系后，新闻系教师编制于 1971 年划入北京大学中文系，北大中文系又成立了新闻专业。1978 年，“人大”复校，新闻系也随之复系；原人大新闻系教师又回到人大新闻系，北大中文系新闻专业遂停办。此后，新闻系规模不断扩大，1988 年 6 月建立“中国人民大学新闻学院”。

1958 年，在北大新闻专业与人大新闻系合并的同时，杭州大学、江西大学、南京大学也相继先后创办了新闻系或新闻专业，这又为我国新闻教育战线增添了生力军。

八、新闻学研究的开展及全国性新闻界行业组织的成立

【公开出版及内部印刷的新闻学书籍】从1948年底1949年初到1957年的8年间，我国新闻事业和新闻教育事业处于除旧立新的时期。这一时期，我国新闻学研究总体上也呈现出新的特点，打上了深深的时代烙印，主要表现在：①深受解放区新闻学研究及苏联新闻学研究的影响；②侧重于新闻业务的探讨，注重实操性，缺乏深层次的理论上的学理研究；③一度对一些正确的新闻学观点进行了错误的批判。据林德海主编的《中国新闻学书目大全》统计，[246]1949年新中国成立后至1959年的10年间，我国正式出版及内部印刷发行的新闻学类书籍、小册子，共计213种（册）。另外，再加上当时产生过较大影响，而《书目大全》未予收录的恽逸群的《新闻学讲话》（1948年12月出版）、王中的《新闻学原理大纲》（1956年的讲义，未正式出版），[247]这10年间的新闻学书籍总计达215种（册）。这些新闻学书籍的内容，大致可分为如下几大类：

（1）新闻院系及培训班编写的讲义、教材及教学参考资料。

新闻总署办公厅编译《联共（布）高级党校新闻班讲义选译》（新闻总署，1951年11月印行）；

《联共（布）高级党校新闻班讲义续编》（人民出版社编，1953年出版）；

《联共（布）中央直属高级党校新闻班讲义汇编》第一集（人民出版社编，1954年出版），第二集（1955年出版）；

中共中央直属高级党校新闻教研室编《社论范文选》（人民出版社，1955年出版）；

［苏］伊·尼·斯洛保加纽克著、中共中央高级党校新闻教研室译《苏共报刊史概要》（1956年编印）；

［苏］贝林斯基著、中国人民大学新闻系译《书刊编辑学教学大纲》（中国人民大学出版社，1956年出版）；

中央高级党校新闻班、中国人民大学新闻系、复旦大学新闻系编《中国现代革命报刊史讲义》（1955年编印）；

北京大学中文系新闻专业编印《中国现代报刊史讲义》（初稿）（1958年编印）；

中国人民大学新闻系报刊史教研室编《中国现代报刊史讲义》（中国人民大学，1959年印刷）；

中国人民大学新闻系新闻学教研室编《“报纸编辑”学习参考资料》（中国人民大学，1958年10月印刷）；

中国人民大学新闻系编辑教研室编《新闻采访讲义》（1959年印刷）；

中国人民大学新闻编《杂文写作参考资料》；

复旦大学新闻系写作教研室编《采访、写作、编辑》（1959年10月印刷）。

（2）有关新闻学的论著、译著及资料汇编。

中国人民大学新闻系编《马克思、恩格斯论报刊》；

《列宁的新闻学》（广州智源书局，1950年出版）；

陈笑雨《新闻杂谈》（武汉通俗图书出版社，1950年出版）；

戈扬《新闻采访与写作》（北京三联书店，1949年12月出版）；

戈扬《通讯与特写》（上海出版公司，1955年出版）；

黎政《怎样写新闻消息》（广州人间书屋，1951 年出版）；

沈联清《怎样写特写》（武汉通俗读物出版社，1952 年 8 月出版）；

毛松友《新闻摄影》（上海中华书局，1952 年出版）；

艾治平《谈通俗写作》（汉口中南人民文学艺术出版社，1953 年出版）；

《怎样进行经济宣传》（北京人民出版社，1954 年出版）；

［苏］葛烈勃涅夫等著、徐滨等译《报纸编辑部的群众工作》（北京三联书店，1950 年出版）；

《联共（布）关于报刊书籍的决议》（人民出版社译，1954 年出版）；

［苏］格列勃涅夫著、李龙牧译《报纸编辑部的群众工作》（北京三联书店，1954 年出版）；

［苏］洛基诺夫著、李龙牧译《报纸编辑部处理人民来信的工作》（北京三联书店，1955 年出版）；

［苏］特列齐雅柯娃著、李龙牧译《论党对报刊的领导》（北京三联书店，1955 年出版）；

新华通讯社译《各国通讯社介绍》（1957 年编印）；

［苏］沃尔契克著、伊南译《报纸的图片》（新闻摄影局，1950 年印刷）；

［苏］基斯沃夫讲授《怎样做好图片编辑和摄影工作》（人民日报编辑室编印，1955 年 7 月印刷）；

［苏］沃尔契克著、徐若木等译《怎样处理报刊图片》（商务印书馆，1959 年 9 月出版），等等。

（3）具有学术价值的专著。

戈公振《中国报学史》（北京三联书店，1955 年出版）；

邹韬奋《韬奋文集》（共三卷）（北京三联书店，1955 年出版）；

张静庐辑注《中国近代出版史料》和《中国现代出版史料》（共七卷，其中搜集了有关新闻事业的丰富史料）（中华书局，1957 年出版）；

中共中央马、恩、列、斯著作编译局研究室编《五四时期期刊介绍》（第 1—3 集）（人民出版社，1958 年 11 月至 1959 年 12 月出版），等等。

（4）“反右”期间专门批判所谓资产阶级办报路线和资产阶级新闻学观点的批判文章及资料汇编。

复旦大学新闻系编印《坚持社会主义办报路线，肃清资产阶级办报思想》（1957 年 9 月编印）；

安岗著《捍卫社会主义的新闻路线》（辽宁人民出版社，1957 年 12 月出版）；

中华全国新闻工作者协会研究所、中国人民大学新闻系编《批判文汇报的参考资料》（1—3 集）（1957 年编印）；

中国人民大学新闻系编印《关于研究新民报的材料》（1957 年 12 月编印）；

中华全国新闻工作者协会研究所、中国人民大学新闻系编《批判光明日报参考资料》（1957 年编印）；

《批评资产阶级新闻观点参考资料》（青海日报编辑部，1958 年编印）；

《批评王中反动的新闻理论》（上海人民出版社编，1958 年出版）；

中共浙江省委宣传处辑《彻底批判资产阶级的新闻路线》（浙江人民出版社，1958 年出版）；

邓拓《新闻战线上的社会主义革命》（邓拓1958年3月4日在中共中央直属机关俱乐部的报告）（中国青年出版社，1958年6月出版）（小册子）。

【新中国成立初期几部较有价值和影响的新闻学著作】恽逸群的《新闻学讲话》（增订本）：[248]恽逸群（1905—1978）是一位杰出的无产阶级新闻工作者。他从1932年（27岁时）8月在上海经友人介绍参加一家民营通讯社——新声通讯社当记者起，一直到新中国成立初期止，从事新闻工作二十余年。在长期的新闻活动中，他既在白区办过报，也在解放区办过报，积累了丰富的经验，这本《新闻学讲话》就是他长期从事新闻工作的经验结晶。该书是1946年2月初恽逸群在苏北解放区担任华中新闻学校校长时，为学员讲授新闻业务课的讲稿，曾刊载于《新华日报》（华中版）副刊《新闻工作》上。由于当时解放区有关新闻学的书籍太缺乏，《新闻学讲话》曾被解放区的好几家书店多次翻印，在解放区流传颇广，影响很大。到1948年春，恽逸群着手将《新闻学讲话》予以修订、增补，于1948年12月交由华中新华书店出版，后又收入《恽逸群文集》（江苏人民出版社，1986年出版）中。

该书是当时解放区出版的一本比较重要的新闻学论著，侧重于新闻业务的介绍，诸如新闻的采访、写作、传递和新闻的整理、编辑，以及报纸副刊的编辑、报纸的校对与发行和广告等，都有详细的讲述，是一本有很高实用价值的新闻业务著作。该书共分6讲19节，“目录”如下：

三、校对工作
四、报纸的发行
五、报纸的广告

戈扬的《新闻采访与写作》：[249]戈扬（1914—2009）是我国现代新闻界著名女记者。她在这本小册子中用通俗朴素的语言叙述了新闻采访与写作的全过程，对初涉新闻工作的人来说，不啻是一本切实可行的教科书。因此，该书出版后，受到读者的欢迎，在短短几个月中，连出三版，发行量达两万册。作者曾长期在解放区从事新闻工作，有丰富的实际经验，这本小册子是她在解放区多年新闻工作经验的总结。该小册子共17节、118面，篇幅在三万七千字左右，"目录"如下：

一、新闻在哪里
二、"新闻的嗅觉"从何而来
三、四、采访的计划性和机动性
五、组织采访
六、深入采访
七、采访的几种方法
八、一段有趣的对话
九、采访就是生活
十、怎样记载材料
十一、写新闻还是写通讯
十二、新闻的五要素
十三、新闻导语
十四、怎样处理会议新闻与通电
十五、综合报道
十六、典型报道
十七、新闻为什么写不短

陈笑雨的《新闻杂谈》：[250]该书收集了陈笑雨（1917—1966）在20世纪40年代末50年代初主持新华社中原总分社工作时写的关于新闻工作的总结、论文及探讨有关新闻业务的文章，共计6篇。写作时间有的在1949年6月间，有的在1950年5月间，反映了新中国成立初期中国共产党新闻工作中的某些动态和倾向。该书薄薄一册，仅58面，篇幅接近三万字。"目录"如下：

一、论新闻报道中的批评与表扬
二、新闻报道中的若干问题
三、论政治事件的报道
四、加强对实际工作的报道
五、报纸要有声音
六、新闻杂谈

《新闻杂谈》中有些观点颇为精辟，其论“报纸要有声音”云：

（一）报纸要有声音，报纸的声音首先表现在评论上……（报纸）应该发表意见的机会和可能随时都有。发表意见的形式各种各样（从社论到按语），发表意见的地方从报纸的第一版到第六版。加强报纸的评论是一个巨大的组织工作，应该吸收各种参加和领导实际工作的部门和人员来参加，并经常和他们取得联系，他们是希望利用报纸来发表意见的。因为报纸每天有几万份和读者见面，利用报纸去指导实际工作，既迅速又有效。另一方面报纸也需要他们来写稿。问题在于组织……单组织外来的稿件是不够的。报纸应有计划地培养几个写评论的能手，对于他们，要尽可能地解除他们的行政事务工作，给他们阅读必要的文件，参加必要的会议，有参加必要的社会活动之机会，他们的任务、唯一的任务就是写评论。这样的评论能力，不是一蹴而成的，要长期打算，舍得花本钱。

（二）报纸的声音也表现在群众来信上，因为“读者来信是一个无尽藏的源泉，从这个源泉里流溢出劳动群众本身的生动而有创造性的思想，依靠这种生气蓬勃的源泉，可以使我们的报纸丰富起来，可以使它成为富有生命的战斗的和有力量的报纸，可以帮助它胜利地完成集体的宣传者、鼓动者和组织者的任务”。……可以看到社会在如何变化，可以看到我们工作中的成绩，因此，加强了我们的信心，也看到我们的错误和缺点，需要我们警惕。……

（三）报纸的声音还表现在日常的新闻和通讯上。我们的新闻和通讯要加强批评和自我批评，加强战斗性。要像列宁所说的，报纸应该成为我们社会生活中的“红牌”和“黑牌”，好的上“红牌”，加以表扬，坏的上“黑牌”，加以批评。[251]

王中的《新闻学原理大纲》及其对新闻传播学的贡献：王中的《新闻学原理大纲》写作于1956年9月至1957年初。该《大纲》是一部未竟之作，当时只是作者个人把它作为讲课提纲和发言提纲来使用，并未正式发表和公开出版。“反右”斗争开始后，被当作供批判用的“靶子”，收入中宣部图书资料组编的《新闻界反右派斗争资料汇编》第二辑（1957年10月）。

关于《新闻学原理大纲》写作的背景，据王中当年的同事余家宏、丁淦林老师回忆：“王中于1950年秋到复旦大学任教授，刚来时讲过一个学期《新闻学概论》课，此后从1951年初至1955年底没有讲过新闻课程，作为新闻系代理系主任也没有抓具体工作，他的主要职务是复旦（大学）副教务长、校党委统战部部长。1956年1月，中共中央召开关于知识分子问题的会议，毛泽东在会上号召全党学习科学知识。一个‘向科学进军’的热潮在全国迅速出现，复旦校园里洋溢着研究气氛。在这种形势下，王中回到新闻系，‘蹲’下来主持系务。这时新闻系急需解决的主要问题是：①如何从‘学苏联’造成的沉闷局面中解脱出来？1954年至1955年，新闻系参照苏联的教学计划组织教学，采用苏联的新闻学的教学大纲与教材，还请了苏联专家来做学术报告。但是枯燥的内容和僵硬的形式，不受师生欢迎。教学中脱离实际的教条主义影响亟待清除。②如何跟上新闻改革的形势？1956年初，新闻改革的步伐开始加快，有的省报宣布改革。王中主张：报社一有动作，新闻系教师就能对它作理论分析，并预见它的发展趋向。而当时新闻系的科研尚停留在一般性的评报上，远远达不到这种要求。③如何提高师资水平？50年代初，新闻系的青年教师工作与学习的热情很高。但缺乏实践经验，研究理论的信心不足，从何着手的问题还有待解决。”[52]为了寻找解决上述问题的办法，王中开始了新闻学基础理论的探索。他找一些教师交谈，又到上海的新闻单位了解情况，还请人查阅外文书报搜集资料。

同年4月，“双百”方针确定；5月，中共中央副主席刘少奇分别同新华社、中央广播事业局负责人谈话，发表了对新闻工作的重要意见；7月1日，《人民日报》改版。这些对王中的新闻改革理论研究，起了极大的鼓舞和推动作用。在此前后，在王中的主持下，复旦新闻系最早创办了《新闻学译丛》（1956年3月创刊），这是当时全国唯一的一份介绍外国新闻业界动态及外国新闻学说的刊物。同时，还举办了中国报刊史料展览会，召开了有本系教师和上海新闻界人士参加的业界、学界结合起来的学术会议。同年7、8月间，他又率领新闻系部分教师赴无锡、南京、济南、青岛等地调研、考察，了解各地报纸改革的经验和存在的问题。回来后的9月间，他开始为学生讲授《新闻学概论》课，并撰写了《新闻学原理大纲》（初稿）。

《新闻学原理大纲》共有三个版本，现一并收入《王中文集》中。[53]第一个版本的《新闻学原理大纲》是名符其实的“大纲”（1956年9月7日征求意见稿）。该“大纲”篇幅不满1 000字，只是“大纲”的目录，共分十八章，从中可以看出王中的新闻思想脉络和该书的大体框架结构及所探讨问题的重点所在。目录如下：

第一章　概论
第二章　新闻事业产生的社会条件
第三章　政党与报刊，共产党的宣传鼓动原则
第四章　共产党及其他革命报刊的基本原则
第五章　中国报刊
第六章　新闻自由问题
第七章　出版法
第八章　报刊文章体裁
第九章　报纸群众工作
第十章　采访工作
第十一章　编辑工作
第十二章　资料工作
第十三章　出版与印刷
第十四章　发行
第十五章　广告
第十六章　读者调查
第十七章　报社组织机构与制度
第十八章　新闻教育与新闻学研究

这一版本的“大纲”虽然过于简略，但“体大思精”，为建立中国特色的新闻学设计了宏大、完备的理论框架。第二个版本的《新闻学原理大纲》是其前三章的讲课提纲，第三个版本的《新闻学原理大纲》则是王中在上海人民广播电台几次讲话（1957年1月24日至2月28日）的录音记录稿。第二、第三版两个版本的“大纲”互为补充，内容丰

富，思考深入，就新闻学原理及某些专题，作了振聋发聩的阐述，颇多创见。与此同时，王中还在1956年8月4日在南京《新华日报》召开的一次座谈会上作了题为《办报人要有读者观念》的发言（《王中文集》第3页）、1956年8月10日在《大众日报》编辑部全体干部会议上作了《报纸与读者的关系》的学术报告（《王中文集》第7页）、1957年1月22日在《解放日报》社业务学习座谈会上作了题为《新闻事业的发展规律和报纸的职能》的谈话（《王中文集》第113页）。在这些发言、谈话及报告中，王中发表了许多经过独立思考的创见，给人很深的启迪。遗憾的是，"反右"斗争开始后，1957年6月24日，由全国"记者协会"、北大中文系新闻专业、中国人民大学新闻系、复旦大学新闻系联合主持的第二次全国新闻工作座谈会在北京召开。在会上，王中的一系列新闻学观点受到极为粗暴、错误的批判。王中在会上的辩解也受到斥责，其本人也被要求回上海彻底交代。会后不久，王中被划为"右派"，受到撤销职务、开除党籍、降低待遇、留用察看的处分。20多年过去后，1979年1月，组织上为王中恢复了党籍、职务、职称和待遇。在新时期，他九死未悔，仍然坚持真理，勇于探索，又在新闻学研究领域开始了人生的第二次拼搏。在新创刊的《新闻大学》杂志上，他先后发表了《论新闻》（载《新闻大学》总第1期，1981年5月）、《论传播工具》（载《新闻大学》总第2期，1981年12月）、《论宣传》（载《新闻大学》总第3期，1982年5月）、《宣传艺术的魅力》（载《新闻大学》总第3期，1982年5月）、《论新闻事业的阶级性》（载《新闻大学》总第5期，1982年12月）等重要文章。王中以上的一系列新闻学论文，后全部收入《王中文集》中。其有关新闻学、传播学及宣传学的基本观点和精髓部分，主要有以下几个方面：

（1）报纸有两重性："宣传工具"与"商品"。

王中认为："报纸有两重性：一重是宣传工具，一重是商品，而且是在商品性的基础上发挥宣传工具的作用。商品就是要使人买后有用，改进报纸工作主要是解决如何把报纸变成为群众所需要的东西。报纸先要为群众所喜爱，然后才能发挥指导作用。"[254]"报纸是办给读者看的，人们要花5分钱才能看到报纸，人们出钱买的是商品，商品就应该为人民服务。"[255]

（2）党报的两重性及社会主义报纸的职能。

关于党报的两重性，他认为："中国共产党关于报纸的决议中提到，党报是党的报纸，也是人民的报纸，规定了党报的两重性"；"党报是党的宣传机关，也是党所领导的企业"；"党报和一般报纸一样，获得报纸必付一定代价，通过买卖关系到达宣传对象手中，它与标语、喊话不同"；"随着阶级斗争的结束、政党的结束，报纸将消失其作为阶级斗争工具的机关报的一面，而保存其'人民的报纸'的一面，是两重性消失一重保存一重，不是由阶级斗争工具转化为'人民的报纸'"。关于"社会主义报纸的职能"，他认为有五点："甲、供应新闻，阐明新闻。乙、组织舆论，辅助民主。丙、指导工作，指导生活。丁、培植道德，移风易俗。戊、增进知识，提高文化。""报纸不能发生法律等强制作用。报纸不能代替学校教育。"[256]

（3）反复强调"读者观念"、"读者需要"、"读者的阅读兴趣"。

王中在多次发言中强调："报纸要根据读者需要来办，这是办好报纸的根本问题。离开了读者的需要，只把报纸当作党的宣传武器，不把它当成读者要花5分钱购买的一种商品，报纸必然不会受读者欢迎的。"[257]"报纸是一定社会的产物，它决定于社会的需要，而不决定于办报人。谁要是违反了这个基本规律，就不能把报纸办好。""报纸的来源是多种多样的……是向着综合方向发展的”，“这就要求报纸内容丰富”；“报纸发展的基本原则是引导读者阅读，要求能够设法节省阅读精力和时间，能够吸引读者的阅读兴趣。最早报纸没有标题，以后按性质分类，最后才出现标题，这无非是要使读者阅读方便，看起来醒目。消息的写法，以前没有导语，以后才把新闻中最重要的东西放在开头，这也是为适应读者的需要”；“报纸应该追求时效，要求采访、写作、传递、编辑、印刷、发行等快”；“报纸要随着社会条件的变化而变化，要适应社会需要”。[258]因此，王中认为：“要经常地改进报纸，使之能适合读者和社会的需要，基本问题是要经常分析当时当地的社会现象。这就要求加强对读者的调查，根据社会的变化而自觉地改进报纸。”特别是要重视读者的“阅读兴趣”，“其实兴趣是一定社会历史条件下人们所受到的影响，因此有其必然的东西，我们就要找到这个东西来改进报纸”[259]。他举例说：“上海《解放日报》发表过一篇《我的丈夫，我的蜜月》，从而引起一些读者对报社的责难。听说报社收到几百封批评信，说这样的文章不能登在党报上，可以登在《新民晚报》上。可见党报架子在一些人们中有了根深蒂固的影响。好像我们共产党人都是清教徒，苦行僧，‘丈夫’、‘蜜月’是谈不得的，党报上刊载这种文章，好似‘尼姑思凡’，引来一阵责难。凭良心讲，那天我接到《解放日报》，第一眼就看上了这篇文章，而且一气读下去，至今并未中毒而亡！”[260]

（4）报纸既要为中心工作服务，又不能忽视对社会生活（民生新闻）的报道。

王中说：“报纸应该服务于中心工作，报纸通过新闻报道和言论来指导和推动党的中心工作，但这种中心工作的报道可以使它适合群众的需要。”“中心工作要好好报道，但也不能忽视社会生活的报道，如城市交通公共汽车，人们天天接触到它，报纸就不能不管。”他还从读者阅报的动机入手分析：“人为什么想看报？不但是为了做好工作，而且是为了更好地生活。”“报纸的作用，不完全在于指导人们工作，而且在于增加人民群众的知识，培养人民群众的生活兴趣。”办得好的地方报纸，一定是“生活气息、地方特色非常浓厚”的报纸。[261]

（5）反对“片面强调报纸是阶级斗争的工具”。

在“新闻事业起源”问题上，王中认为，“新闻事业是阶级斗争产物”的说法是错误的，“新闻事业是人类社会发展到一定历史阶段的必然产物”，不是阶级斗争的产物。[262]他尤其反对“片面地强调（报纸）是阶级斗争的工具，是政治宣传的工具，而不讲到也是人民的报纸，也不讲到社会上的人有需要新闻的一面，不谈这一面，我以为是有害的，就会有可能造成报纸脱离人民大众”[263]。

（6）对“大众传播”学引进的贡献。

1956年春，在王中的主持下，复旦大学新闻系创办了《新闻学译丛》内部学术刊物（1956年3月20日创刊，到1957年6月5日停刊，共出5期）。该刊以介绍外国新闻事业发展动态和新闻学术研究情况为主，成为该系教师交流研究心得与成果的园地。在这个刊物上，王中最早开始了对新兴的传播学的引进。王中在《新闻学原理大纲》（前三章讲课提纲）中，最早将 Mass Communication 译为“大众传播”。他说：“美、日将报纸、广播、电视等总称为大众传播（Mass Communication）（见《王中文集》第24页）。”有时他也译作“群众交通”（见《王中文集》第38页）。这都反映出王中的学术敏锐和与时俱进的开拓精神。

（7）对宣传学研究的贡献。

到了20世纪80年代，“宣传学”成为王中在新时期学术研究的新课题。他一方面对“宣传”进行学理上的研究，深入探讨了新闻与宣传的关系、政党宣传的性质、政党宣传的特点、政党宣传的方法和关键等问题，强调报纸有“供给新闻”和“进行宣传”两大功能，因此，“新闻工作者要懂得宣传学”[264]。另一方面，他又以开放的胸襟，采取“拿来主义”，深入剖析了一个有关宣传学的典型案例，即撰文介绍莎士比亚剧作《裘力斯·凯撒》中“勃鲁托斯和安东尼两个精通宣传艺术的鼓动家”唇枪舌剑辩论的情景，细密地分析了他们演说词中体现的宣传鼓动艺术，来作为我们从事宣传工作的借鉴。[265]

王中生平：王中（1914—1994），山东高密人，1914年6月17日出生。原名单勣（绩 jì），笔名张德功。1935年9月至1937年7月在青岛的山东大学外文系读书，期间曾积极参加“一二·九”学生爱国运动。抗战爆发后投笔从戎，于1938年1月加入中国共产党；同年3月，改名“王中”，到东北参加中共东北军工委从事抗日救亡宣传与“兵运”工作。1940年转移到山东抗日根据地，此后任中共中央山东分局宣传部主办的《大众月刊》编辑，中共中央山东分局机关报《大众日报》编辑部编委、通联部副部长、编辑部主任，新华社山东总分社编辑部主任等，《鲁中日报》、《农民报》总编辑，中共济南市委机关报《新民主报》编辑部主任等职。1949年5月随军南下，担任上海市军事管制委员会新闻室代表、秘书股长，参与上海市新闻机构、新闻专科学校的接管工作。1949年7月至1950年8月，担任华东新闻学院教务长。1950年8月调入复旦大学，历任校党委委员、统战部长、副教务长、教授、校政治理论教学委员会主任、新闻系代理系主任等职。1957年被错划为“右派分子”（后平反），他的新闻改革理论受到批判。1979年恢复其复旦大学新闻系系主任职务，兼任复旦大学分校校长。1981年和1984年，先后被聘为国务院学位委员会文科学科评议组成员、博士生导师，并担任上海市新闻学会副会长、中国新闻教育学会副会长等职。1994年10月28日逝世，终年81岁。其论著一并收入《王中文集》。[266]

【新闻学研究专栏及新闻学研究专业刊物的创办】这一时期，一批新闻专业刊物的创办，为新闻业务及新闻理论研究提供了园地。

《人民日报》副刊《新闻工作》及人大新闻系《新闻与出版》报、复旦新闻系《新闻学译丛》杂志的创办：①《人民日报》上的《新闻工作》副刊（双周刊），于1950年1月4日创刊，同年12月21日出至第26期后，与该报《图书评论》专栏合并，改出《书报评论》周刊。《新闻工作》副刊出版的目的是致力于总结我国新闻工作的经验，并着重译介苏联新闻工作的经验，以便为创建新中国人民的新闻事业提供借鉴和参考。该刊创刊时“编者的话”云：在创建中国人民新闻事业中，有一个便利的条件，这就是可以“大量地利用”“苏联的丰富的经验”，“本刊愿在介绍苏联新闻工作经验方面，作有系统的努力”。此后，这个副刊用绝大部分篇幅刊登译介列宁、斯大林论报刊和苏联新闻工作的文章。1950年秋由三联书店结集成册出版，有《怎样领导党报》、《报纸编辑部的群众工作》，等等。②由中国人民大学新闻系主办的《新闻与出版》报于1956年10月15日正式创刊（9月9日曾出过一期试刊号）。该报是一张铅印对开4版的大报形式，半个月出一期。创刊后，一直出到1957年12月25日（第30号）停刊，前后出版了将近一年零三个月的时间。中国人民大学校长吴玉章为该报创刊号撰写的“发刊辞”云：“《新闻与出版》是中国人民大学新闻系教学和实习用的报纸。中国人民大学新闻系的任务是培养和提高新闻与出版事业中的记者和编辑人才。”他要求“新闻系的教学工作，应该以马克思列宁主义的立场、观点和方法来总结我国有着悠久历史传统的新闻出版工作经验，认真研究中国和外国的新闻出版事业的现状，并通过科学研究来逐步解决目前在工作中存在的实际问题”。他还要求新闻系的学生在学习中，“要培养老老实实、实事求是的学习态度，反对骄傲自大、自以为是的作风”；养成“独立思考”的良好习惯，“使自己所学到的东西通过自己的独立思考加以融会贯通，从而提高自己的思想水平”；“其次，要经常磨炼自己的武器——笔”，勤于练笔，不断提高写作能力。《新闻与出版》报设有《评论》、《新闻动态》、《新闻讲座》、《新闻论坛》、《报刊史料介绍》、《报纸工作讨论》等栏目，总共发表了100多篇新闻方面的论文、经验总结和研究资料文章。③复旦大学新闻系资料室于1956年3月创办了《新闻学译丛》期刊。该刊于1956年3月20日出版第一期，第一期首载“编者的说明”云：“《新闻学译丛》是以介绍苏联、各人民民主国家和资本主义各国共产党、工人党和进步报刊的工作经验为目的的一个期刊，它可以作为各兄弟学校新闻系的教师和学生，以及新闻工作者、宣传鼓动干部进行研究与工作的参考读物。”《新闻学译丛》当年出了3期，1957年上半年又出版了2期，6月5日停刊，前后共出5期。该刊以介绍国外新闻学研究成果与动态为任务，主要编译、刊登介绍苏联及西方资本主义国家关于新闻工作及新闻学研究新动向方面的论文，这在当时是一种创举。特别值得一提的是，在该刊刊登的一篇名为《美国报纸的职能》的文章中，作者刘同舜和郑北渭首次将Mass Communication一词译为“群众思想交通”（“群众心理交通”、“群众交通”），将西方刚刚兴起的大众传播学理论介绍、引进到国内。这种密切关注、追踪世界学术前沿的精神是值得充分肯定的，可惜不久开始的“反右”斗争使大众传播学传入我国的进程中断。直至20多年后的1978年7月，《新闻学译丛》改名为《外国新闻事业资料》继续出版。在该刊第一期第10页刊载的、由郑北渭编译的《美国资产阶级新闻学：公众传播》（原作者：[美]华伦·K. 艾伦等）一文中，他又将Mass Communication译为“公众传播”，当时在我国新闻学界引起很大反响。

以上这些刊物都曾促进和推动了我国新闻学及传播学研究的开展。

《新闻业务》杂志的创办：在中国共产党的新闻事业史上，最早重视新闻业务研究的单位是新华社，最早创办新闻业务研究刊物的也是新华社。新华社历史上第一份探讨新闻业务的刊物，是“红中社”于1933年在瑞金油印出版的不定期刊物《工农通讯员》。当时，红中社发展了一两百个通讯员，建立起了一个比较完整的通讯员网。这本刊物的内容主要是向通讯员们提出报道要求和介绍采访写作方法，帮助他们提高业务水平，促进新闻报道质量的提高。红中社改名新华社后，成立了通讯部，并于1939年12月1日在延安又出版了油印本《通讯》，毛泽东还为《通讯》题写了刊名。[267]

1951年1月25日，新华社编印的内部刊物《新闻业务》（32开本）第一期出版（月刊，实为不定期出版）。该期首载新华社副总编辑朱穆之文章《介绍先进人物和先进经验》。此后一段时期，《新闻业务》成为当时唯一一份影响较大的新闻业务研究刊物。该刊从1956年10月出版的总第37期起改版，改为16开本月刊。刊登在这一期的“编者的话”指出，改版后的《新闻业务》仍然是内部刊物，将以系统地总结工作经验、研究新闻理论与实践为主，并力求内容多样化。除刊登有关新闻理论与实践的新闻论述、新闻业务问题讨论、新闻采编工作经验、编辑札记等以外，还要刊登一些国内外的新闻史料，著名的通讯社、报刊介绍等有关新闻知识的文章，并准备把一些世界性的通讯社逐一作连续的介绍，同时还刊登一些外国的，包括资本主义国家的关于新闻业务有价值的论著，以供大家研究资产阶级报道时参考。改为16开本月刊时，开始向全国新闻界公开征订、发行，成为最早创刊的、面向全国新闻界的新闻业务及新闻知识刊物。《新闻业务》从1958年9月出版的第60期开始，改为半月刊，刊登的“改版的话”云：“《新闻业务》改为半月刊以后，应该真正成为新华社编委会指导全社新闻报道工作，培养又红又专的无产阶级新闻工作者的有力工具，同时也要成为促进新华社和它所服务的对象（报纸和广播电台）之间加强联系的有效工具。”从1959年初开始，《新闻业务》再次改为月刊。由于筹备改版，1月份未能如期出版，便将原已付印的1959年第一期半月刊（总第68期）作为改版后月刊的第一期，改在2月出版。重新改为月刊的《新闻业务》出至1960年6月总第85号休刊。同年8月，新华社内部刊物《新闻业务》同中华全国新闻工作者协会（简称“中国记协”）机关刊物《新闻战线》合并，成为由人民日报、新华社、“中国记协”三家联合主办的新《新闻业务》半月刊出版。该刊社址由新华社迁出至“北京王府井大街117号人民日报社”。为此，新华社还向其各地分社发出通知：“各地分社：本社出版的《新闻业务》、记协出版的《新闻战线》都已停刊，由人民日报、新华社、记协合办《新闻业务》”；“《新闻业务》半月刊是内部发行的全国性刊物，主要介绍报纸和通讯社的业务经验，指导报纸和通讯社记者、编辑的业务工作”；“今后，各分社仍应向《新闻业务》及其增刊源源供稿，各分社的工作规划、总结、内部业务刊物、业务通报，仍应指定专人按时寄给《新闻业务》两份”。[268]《新闻业务》出到1966年5月因“文化大革命”开始而停刊。1981年7月，《新闻业务》又恢复出版，成为由新华社领导、新华社新闻研究所主办的刊物。到1986年第12期（总第157期）出版后，前后办了整整35年的《新闻业务》便与新华社主办的另外两份刊物《新闻摄影》、《新闻纵横》合并，改名为《中国记者》，于1987年1月出版第一期。[269]该刊仍是16开本月刊，每期内文64页。

《新闻战线》杂志的创办：1957年12月1日，中华全国新闻工作者协会创办的《新闻战线》出版，创刊号发表了短评“坚持新闻工作的党性原则”。该刊是16开本月刊，内容上强调理论与实践相结合，是新中国成立后创办的第一本规模较大、较正规的、面向全国新闻界公开发行的新闻学研究专业刊物。该刊在正式创刊之前，还曾以《新闻学研究》为刊名出过一期试刊号。[270]

《新闻战线》创刊号在《编后记》中阐明了办刊宗旨和读者对象：“《新闻战线》是全国新闻工作者自己的刊物，是大家研究新闻学理论、交流经验、探讨新闻业务问题的学习和争鸣园地。因此，它的发行对象是全国各报社、通讯社、广播电台的新闻工作人员。”当年负责筹办《新闻战线》的安岗同志后来回忆说：“当时设想，这本新闻刊物一月一期，首先是总结毛主席等老一辈无产阶级革命家提出的新闻思想，即共产党新闻工作的光荣传统。其次可以提供历史资料和新闻战线多方面的情况，给新闻学积累精神财富；记录党领导新闻工作的历史，从中得出新闻理论的科学结论。第三，反映新闻从业人员的成长，即如何提高政治和业务水平。总之，想通过这本刊物，把全国新闻界思想和实际的材料集拢起来，进行系统的分析和提高。在实践中形成观点，研讨中建成体系，积以时日，搞中国的新闻学。”[271]《新闻战线》出到1960年8月，与新华社主办的《新闻业务》合并，改出由人民日报、新华社、“中国记协”三家合办的新《新闻业务》半月刊，直至1965年5月（总74号）后停刊。1978年12月《新闻战线》复刊出版“一九七八年·第一期”，由人民日报社主办，月刊，16开本。该刊一复刊便投入揭批“四人帮”的斗争，刊登了“本刊评论员”的《新闻战线上的革命和反革命》、“本刊记者”的《揭露“四人帮”及其心腹炮制天安门事件报道的阴谋》等重要文章，以及赵超构的《毛主席教育了我》、罗真容的《宝贵的文献——介绍周恩来同志的旅欧通信》、柏生的《一个记者的幸福回忆》、解放军报社的《罗瑞卿同志和新闻工作》、陈漱渝的《鲁迅与报刊》、《外国新闻动态》等文章，内容充实丰富。到1988年，该刊期发行量达5万份，成为当时全国影响最大的一份新闻专业期刊。

【“中国记协”的筹备及正式成立】1957年3月，全国性新闻行业组织——“中华全国新闻工作者协会”（简称“中国记协”或“全国记协”）在北京成立。其前身是抗战初期在上海成立的“中国青年新闻记者协会”（简称“中国青记”）。

1937年抗战爆发以后，特别是“8·13”以后，上海地区的一些年轻的、进步的新闻工作者热血沸腾，积极投身于抗日战争的伟大斗争中，为民族解放而战。这时，正在上海代表党中央领导南方局党委工作的周恩来，十分重视抗日民族统一战线和新闻宣传工作。他为此专门会见了当时在上海负责党的文化和宣传工作的章汉夫、胡愈之、夏衍等同志，传达了党的指示：在抗战中，要广泛团结爱国的新闻工作者，把他们组织起来，结成强大的统一战线，为民族的解放贡献更大的力量。在周恩来的倡导和支持下，经胡愈之、夏衍、杨潮（羊枣）等酝酿、谋划，确定在新闻工作者比较集中的上海成立一个新闻工作者的统一战线组织，并推荐进步的、优秀的新闻工作者范长江、陈依非（陈同生）、杨潮、恽逸群等牵头负责这一组织的筹备工作。1937年11月4日下午，范长江、杨潮、夏衍、恽逸群、袁殊（碧泉）、邵宗汉、朱明等在一起商量，从当时的形势和实际情况考虑，决定将即将成立的新闻组织定名为“中国青年记者协会”。1937年11月8日晚7时，中国青年记者协会（简称“中国青记”）在上海南京饭店宣告成立。出席成立会的发起人有范长江、杨潮、恽逸群、邵宗汉、朱明等15人。会上通过了由范长江草拟的《简章》，推选范长江、恽逸群、杨潮、袁殊、朱明为总干事，夏衍、邵宗汉为候补干事。1938年3月30日，“中国青记”在汉口青年会二楼举行第一届代表大会。根据形势的变化和要求，“中国青记”改名为“中国青年新闻记者学会”。会上通过了大会宣言——《中国青年新闻记者学会成立宣言》，选举产生了扩大的领导机构，这次大会是我国新闻界首次举行的全国性大会。参加这次大会的有来自上海、武汉、长沙、广州、西安、成都、重庆、香港和南洋各地的代表，出席这次大会的知名人士有邵力子、于右任、曾虚白、陈博生、沈钧儒、阎宝航、张季鸾、王芸生、郭沫若、杜重远、邹韬奋、金仲华等，还有国际友人罗果夫（塔斯社）、爱泼斯坦、史沫特莱。会上，范长江致开幕词，邵力子、于右任、沈钧儒、阎宝航和爱泼斯坦都讲了话。大会选举范长江、钟期森、徐迈进三人为常务理事，朱明为秘书，具体负责会务工作。常务理事下设总务、组织、学术三个组织。“中国青记”总会还从1938年4月1日起，在汉口创办了《新闻记者》月刊（该刊迁重庆后又继续出版近3年时间），还召开学术讨论会，努力提高记者的素质；组织战地记者团，赴前线采访；建立“记者之家”，为记者们的工作、学习、生活提供方便。“中国青记”初创时只有数十人，后发展到1 000多人。创办时只有武汉、成都、长沙和上海4个分会，后增加到包括敌后抗日根据地在内的25个分会。“皖南事变”（1941年1月7日）后，“中国青记”总会于1941年4月被国民党重庆当局查封，在国统区的各地分会也先后被封，而在延安及敌后抗日根据地的分会则继续开展活动。

新中国诞生前夕，为适应全国新闻事业的蓬勃发展、新闻队伍日益壮大的形势，新闻界领导人和知名人士胡乔木、胡愈之、廖承志、范长江等，于1949年7月13日在北京发起中华全国新闻工作协会筹备会，这次会议实现了解放区和国统区新闻工作者的大会师。

筹备会上选举胡乔木任筹备会主任，胡愈之、廖承志任副主任，萨空了任秘书长、徐迈进任副秘书长。随后，筹备会同工人、青年、妇女等15个全国性人民群众团体及民主党派等一道，共同发起组织中国人民政治协商会议。筹备会选派代表胡乔木、金仲华、陈克寒、张磐石、邓拓、恽逸群、杨刚（女）、邵宗汉、徐迈进、刘尊棋、王芸生、赵超构12人及候补代表徐铸成、储安平2人，共计14人，作为新闻界代表参加政协会议。同年9月15日，筹备会被国际新闻工作者协会接纳为会员。

1954年9月24日，在北京成立了“中华全国新闻工作者联谊会”，会长邓拓，副会长吴冷西、梅益、金仲华、王芸生，秘书长由吴冷西兼任，副秘书长刘尊棋、高戈、温济泽、吴文焘、张纪明、李炳泉、张彦。该会的任务是：团结全国的新闻工作者，密切与世界各国正直的爱好和平的新闻工作者团结合作，共同为推进世界进步新闻事业、为世界持久和平而奋斗。为此，该会加大了中外新闻界交流的力度。据统计，仅1955年的一年中，外国来华的新闻（含广播）代表团有5个，共37人，我国出访的新闻（含广播）代表团11个，共48人。彼此通过接触与交流，建立了友谊，增进了相互之间的了解。

1957年3月14日至16日，在北京举行了中国新闻工作者第一次代表会议。在这次会议上，宣布正式成立“中华全国新闻工作者协会”（简称“中国记协”、“全国记协”）。这是新中国成立后成立的最重要的全国性新闻工作者行业组织，这个组织将继续它的前身——“中华全国新闻工作者联谊会”的工作，并进一步扩大它的活动范围。在这次会议上，代表们听取了中华全国新闻工作者联谊会会长邓拓关于联谊会的工作报告和1957年中华全国新闻工作者协会的工作计划。邓拓在报告中指出，今后中国新闻工作者协会的工作将采取内外兼顾的方针，除继续参加并扩大各项国际活动以外，还要加强国内新闻界的业务学习和经验交流，要创办全国性的业务刊物，召开全国性和地区性的各种业务报告会、座谈会，组织全国各地新闻出版单位间的相互参观学习等活动；协会要适当地注意新闻工作者的福利。

代表会议邀请了中共中央书记处候补书记胡乔木同志作了报告，报告中谈到了新闻工作者的修养问题和目前新闻工作中的一些思想及业务问题。

代表会议讨论并通过了中华全国新闻工作者协会章程，规定中华全国新闻工作者协会的宗旨和任务是：①团结全国新闻工作者，为我国的社会主义事业和世界持久和平服务；②保护正当的新闻采访、报道和传播的自由，反对诽谤、破坏国家和人民的利益及煽动世界战争的宣传；③帮助全国新闻工作者加强业务学习，交流工作经验，提高新闻工作者的思想和业务水平，并注意改进新闻工作者的福利；④同全世界爱好和平民主的正直的新闻工作者团结合作，为世界和平和人类进步事业共同奋斗。[272]

根据章程规定，代表大会选出了由65人组成的中华全国新闻工作者协会理事会，再由理事会推举出23人组成了常务理事会，处理协会的日常事务。会长邓拓，副会长王芸生、吴冷西、金仲华、范瑾、梅益（按姓氏笔画排序），秘书长王揖，副秘书长孙昭恺、李炳泉、周游、张彦、温济泽、卢鸣谷（按姓氏笔画排序），研究部长安岗，副部长孙昭恺，福利部长邓岗，副部长陈铭德、郭渭，国际联络部部长李炳泉。各省、市、自治区也先后建立了分会。[273]

1960年3月11日，中华全国新闻工作者协会第二次全国代表会议在北京举行。会议听取和讨论了中华全国新闻工作者协会理事会的工作报告，修改并通过了《中华全国新闻工作者协会章程》，选举产生了新的领导机构。理事会由98人组成，其中常务理事40

人。常务理事会推选吴冷西为协会主席，梅益、朱穆之、金仲华、王芸生为副主席，并设立了书记处，协助主席团领导协会的日常工作。王揖为第一书记，安岗、邓岗、李伍、周游、李炳泉为书记。“记协”全国代表会议通过的新《章程》规定，“中国记协”的任务是：推动全国新闻工作者学习、研究和交流经验，提高理论和业务水平，使新闻事业发挥组织、鼓舞、激励、批判、推动的作用；同世界各国新闻工作者团结合作，为持久和平和人类进步事业而奋斗。“中国记协”当时共有会员6万人。各省、市、自治区都相应成立了地方新闻工作者协会，即全国记协的各地分会。

“文化大革命”中，中国记协领导人遭到迫害，协会工作也于1968年被迫停顿。“文革”结束，特别是中共十一届三中全会以后，一些地方记协陆续恢复活动，中国记协也于1980年8月8日恢复工作。经过新闻界酝酿协商，组成过渡性的主席团，推选曾涛为主席团的执行主席，胡绩伟、张香山、华楠等为主席。书记处成员有王揖、吕梁、左漠野、邢方群、安文一、陈迹、佘世光等。[274]

注 释

①辽沈战役（1948年9月12日—11月2日）、淮海战役（1948年11月6日—1949年1月10日）、平津战役（1948年12月5日—1949年1月31日）。

②见中共中央文献研究室：《〈关于建国以来党的若干历史问题的决议〉注释本》，人民出版社，1985年版，第7页。

③据“全国报纸初步调查表”、“全国杂志初步调查表”统计数据，载《新华月报》第一卷第1期（创刊号）第320页。

④见1954年5月8日陆定一在第三次全国宣传工作会议上所作的《关于报纸工作的几个问题》的报告，载《陆定一文集》，人民出版社，1992年版，第453页。

⑤邓拓：《谈我们的报纸和报纸工作（纲要）》（1951年），载《邓拓全集》（第五卷），花城出版社，2002年版，第305页。

⑥见陆定一：《〈关于报纸工作的几个问题〉的报告》，载《陆定一文集》，人民出版社，1992年版，第453页。

⑦邓拓：《怎样改进报纸工作——在全国报纸工作会议上的发言》（1954年），载《邓拓全集》（第五卷），花城出版社，2002年版，第316页。

⑧见《1950年至1981年全国报纸出版统计》，载《中国新闻年鉴》（1982年卷）第527页。

⑨见《1949—1983年全国杂志、省级以上报纸出版统计》，载《中国出版年鉴》（1985年卷），商务印书馆，1985年版，第750页。

⑩《中共中央关于新解放城市中中外报刊通讯社的处理办法》全文载中央档案馆编《中共中央文件选集》（1948年）（第十七册），中共中央党校出版社，1992年版，第465页。

⑪以上引文俱见《中共中央关于新解放城市中中外报刊通讯社的处理办法》，载中央档案馆编《中共中央文件选集》（1948年）（第十七册），中共中央党校出版社，1992年版，第465页。

⑫参阅《胡乔木回忆毛泽东》，人民出版社，1994年版，第546页。

⑬转见1949年2月28日香港《华商报》头版消息《北平军管委会通令停止外国记者活动》。

⑭据新华社电讯：《北平军管委会通令停止外国记者活动》，载1949年2月28日香港《华商报》头版。

⑮盛树人：《美国谣言和情报的大本营——美国新闻署》，载《新闻业务》1957年第9期第35页。

⑯参阅沈逸：《美帝侵略的触角——美国新闻处》，载香港《华商报》1949年7月17日“第二页”；

“新华社北平二十二日电”：《任何外国在华非法特权、新中国政府有权取缔——新华社为停止美新闻处活动、严斥美帝对中国人民的污蔑》，载1949年7月24日香港《华商报》“第一页”。

⑰天津南开大学出版社、天津古籍出版社根据天津图书馆所藏《益世报》，于2004年8月出版全套影印本，共计136册，为8开精装本。

⑱以上引文分别见《中共中央对天津旧有报纸处理办法给天津市委的指示》（1949年1月19日）和《中共中央关于不要命令旧有报纸一律停刊给平津两市委的指示》（1949年1月18日），俱载中国社会科学院新闻研究所编：《中国共产党新闻工作文件汇编》（上卷），新华出版社，1980年版，第267—269页。

⑲《大公报》是我国近现代新闻史上有广泛深远影响的著名民办报纸，曾先后出版天津版、上海版、汉口版、重庆版、香港版、桂林版。其中：

天津版《大公报》于1902年6月17日创刊至1924年11月27日出至第8315号停刊；1926年9月1日复刊，至1937年8月4日停刊；1945年12月1日复刊，至1949年1月15日停刊，改名《进步日报》出版。

上海版《大公报》于1936年4月1日创刊，至1937年12月14日停刊；1945年12月1日复刊，至1952年12月31日停刊，迁到天津与《进步日报》合并为《大公报》天津版出版；1953年1月1日，《大公报》天津版复刊，日出一大张，1956年9月30日停刊，迁至北京永安路18号（后为273号）自建新址，继续出版；1956年10月1日，《大公报》北京版创刊，至1966年9月14日停刊。至此，《大公报》在中国内地出版时间长达65年4个月（香港版仍一直出版）。

汉口版《大公报》于1937年9月18日创刊，至1938年10月18日停刊。

重庆版《大公报》于1938年12月1日创刊，至1952年8月15日停刊。其间，于1949年9月18日至11月30日被国民党“劫收”，出伪《大公报》74天。

香港版《大公报》于1938年8月13日创刊，至1941年12月12日停刊。1948年3月15日复刊，至今仍在出版。

桂林版《大公报》于1941年3月15日创刊，至1944年9月12日停刊。

以上参阅张篷舟：《大公报大事记（1902—1966）》（初稿），载《新闻研究资料》，新华出版社，1981年版。

⑳北平军管会接管情况详见李庄：《人民日报风雨四十年》，人民日报出版社，1993年版，第64—69页、第70—74页；燕凌：《进城记》，载人民日报报史编辑组编：《人民日报回忆录（1948—1988）》，人民日报出版社，1988年版，第62页。

㉑见马光仁主编：《上海新闻史（1850—1949）》，复旦大学出版社，1996年版，第1008页。

㉒参阅姚北桦、王淮冰编：《报人生活杂忆——石西民新闻文集》，重庆出版社，1991年版，第250页。

㉓江苏古籍出版社、上海书店出版社于1994年将《中央日报》（大陆时期）影印合订为60册出版（抗战时期，由于受战争影响而在全国各地城市先后出版的《中央日报》分版，如长沙版、邵阳版、贵阳版、昆明版、成都版、永安版、屯溪版、梧州版等地方版未收入）。

㉔转引自孙旭培：《解放初期对旧新闻事业的接收和改造》，载《新闻研究资料》，中国社会科学出版社，1988年版，总第43辑第48—61页。

㉕见拾风：《“新闻记者笔饶谁!”——张友鸾在〈南京人报〉》，载《编辑记者一百人》，学林出版社，1985年版，第397页。

㉖见《从〈华商报〉到〈南方日报〉——关于创办华南分局机关报的准备工作》，载《南方日报》、广东《华商报》史学会合编：《华商报之路》，广东人民出版社，1995年版，第114页。

㉗新民晚报史编纂委员会编：《飞入寻常百姓家：新民报——新民晚报七十年史》，文汇出版社，2004年版，第160页。

㉘以上引文转引自孙旭培：《解放初期对旧新闻事业的接收和改造》，载《新闻研究资料》，中国社

会科学出版社，1988年版，总第43辑第58页。

㉙据《中国新闻年鉴（1988年）》，中国社会科学出版社，1988年版，第525页。

㉚参见孙旭培：《解放初期对旧新闻事业的接收和改造》，载《新闻研究资料》（总第43辑），中国社会科学出版社，1988年版，第61页。

㉛李纯青：《为评价大公报提供史实》，载周雨编：《大公报人忆旧》，中国文史出版社，1991年版，第304页。

㉜引文引自新民晚报史编纂委员会编：《飞入寻常百姓家：新民报——新民晚报七十年史》，文汇出版社，2004年版，第192页。

㉝曾宪明：《解放初期大陆私营报业消亡过程的历史考察》，载《新闻与传播研究》2002年第2期第71页。

㉞胡乔木：《解放日报与新华社工作》，载《胡乔木回忆毛泽东》，人民出版社，1994年版，第445—473页。

㉟1946年4月8日，解放日报社及新华社社长博古因飞机失事罹难。7月，廖承志调任新华社社长兼解放日报社社长。

㊱参阅胡乔木：《胡乔木回忆毛泽东》，人民出版社，1994年版，第464—465页。

㊲参阅张涛：《中华人民共和国新闻史》，经济日报出版社，1992年版，第46页。

㊳参阅刘云莱：《新华社史话》，新华出版社，1988年版，第15页。

㊴参阅刘云莱：《新华社史话》，新华出版社，1988年版，第152页。

㊵见胡乔木：《胡乔木回忆毛泽东》，人民出版社，1994年版，第466页。另注：1948年4、5月间，新华社总社由太行解放区涉县北上和“四大队”在平山县胜利会师后，党中央就任命胡乔木为新华社总编辑。

㊶参阅张涛：《中华人民共和国新闻史》，经济日报出版社，1992年版，第47页；刘云莱：《新华社史话》，新华出版社，1988年版，第161页。

㊷陈克寒（1917—1980），1949年11月至1952年8月任新华社社长。

㊸参阅吴冷西：《在世界性通讯社的征途上》，载新华社新闻研究所编、何东君主编：《历史的足迹——新华社70周年回忆文选（1931—2001）》，新华出版社，2001年版，第3页。

㊹柳钟：《中国新闻社的三十年》，载《中国新闻年鉴》（1983年卷），中国社会科学出版社，1983年版，第20页。

㊺以上参阅柳钟：《中国新闻社的三十年》（1982年），载《中国新闻年鉴》（1983年卷），中国社会科学出版社，1983年版，第20页；方汉奇：《中国新闻传播事业世纪回眸》，载2001年1月4日《中国新闻出版报》第三版。

㊻新中国成立初期到“文革”前夕人民日报社历任社长任期情况：

社长　张磐石　（1948.8—1949.8）；

社长　胡乔木　（1949.8—1949.12）；

社长　范长江　（1950.1—1952.10）；

总编辑、社长　邓拓　（1949.8—1958.9）（1949.8—1957.6总编辑；1957.6—1958.9社长）。

㊼以上参阅人民日报报史编辑组编：《人民日报回忆录（1948—1988）》，人民日报出版社，1988年版；李庄：《人民日报风雨四十年》，人民日报出版社，1993年版。

㊽《华北日报》是国民党在北方的头号大报，社长张明炜。该报是在日本投降后，接收日伪组织的《新民报》而办起来的。

㊾袁鹰：《邓拓逝世四十年祭》，载《炎黄春秋》2006年第5期第46—51页。

㊿见李庄：《我在人民日报四十年》，人民日报出版社，1990年版，第3页。

51胡绩伟：《“平生赢得豪情在”——纪念邓拓同志逝世二十周年》，胡绩伟：《新闻工作论说集》，工人出版社，1989年版，第60页。

52李庄：《四十年间三大事》，载人民日报报史编辑组编：《人民日报回忆录（1948—1988）》，人民日报出版社，1988年版，第50—52页。

53李庄：《四十年间三大事》，载人民日报报史编辑组编：《人民日报回忆录（1948—1988）》，人民日报出版社，1988年版，第50—54页。

54人民日报记者：《邓拓和人民日报》，载《邓拓散文》，人民日报出版社，1980年版，第188页“附录”。

55见李庄：《人民日报风雨四十年》，人民日报出版社，1993年版，第77页。

56见李庄：《人民日报风雨四十年》，人民日报出版社，1993年版，第124页。

57人民日报记者：《邓拓和人民日报》，载《邓拓散文》，人民日报出版社，1980年版，第188页“附录”。

58见甘惜分主编：《新闻学大辞典》，河南人民出版社，1993年版，第359页。

59陈家兴、苏凤兰：《党直接主办的第一家晚报——〈人民晚报〉》，载《新闻与传播研究》（季刊）2001年第1期。

60见李庄：《人民日报风雨四十年》，人民日报出版社，1993年版，第76页。

61戈军：《三年来的东北日报》（《东北日报》1945年11月1日创刊，至1948年11月1日为其创刊三周年），载1949年2月20日《华商报》“第三页”。

62见方汉奇主编：《中国新闻事业通史》（第三卷），中国人民大学出版社，1999年版，第5页。

631949年5月12日，中共中央决定建立华中局，12月改为中南局，林彪为第一任书记。

64黎辛：《〈长江日报〉是这样诞生的》，载《新文化史料》1999年第1期第49页。

651951年10月起，武汉市委书记张平化等内定公私合营《大刚报》为市委机关报。1952年1月1日，在《大刚报》基础上创刊《新武汉报》。李尔重任社长、陆天虹为第一副社长兼总编辑，曾卓为第二副社长兼副总编辑。《新武汉报》到1953年1月1日改为《长江日报》出版。详见长江日报社新闻史志编辑室：《武汉新闻史料》（内部资料）第一辑第30页所载《〈长江日报〉宣传报道内容简介》。

66“马铁丁”是从陈笑雨（笔名司马龙）、张铁夫、郭小川（笔名丁云）三人名字或笔名中各取一字组合而成的一个集体笔名，实际上是个写作小组。后由于三人工作变动，“马铁丁”成为陈笑雨一个人独用的笔名。1950年起，“马铁丁”在《长江日报》《思想杂谈》专栏发表了大量的杂文与时评，影响巨大。参阅马铁丁：《张弛集》，作家出版社，1959年版；马铁丁：《不登堂集》，上海文艺出版社，1962年版；《马铁丁杂文选》，人民日报出版社，1984年版；张铁夫：《张铁夫诗文集》（上、下册），北京出版社，2003年版。

67胡绩伟：《办一张人民群众喜闻乐见的报纸——回忆延安〈边区群众报〉》、《大众化工作的杰出开拓者——周文》，载胡绩伟：《新闻工作论说集》，工人出版社，1989年版，第22、48页。

68石西民：《关于〈新华日报〉放在南京出版的决定问题》（1986年9月26日于北京），载姚北桦、王淮冰编：《报人生活杂忆——石西民新闻文集》，重庆出版社，1991年版，第129页。

69参阅解放日报报史办公室编《解放日报、新闻日报报史资料》（内部资料，1997年1月印刷），宋军《恽逸群与〈解放日报〉创刊》、夏其言《“不为物移，不为己忧”的典范》、陈念云《学习恽逸群同志，把〈解放日报〉办得更好》等文，俱载陆炳炎主编：《恽逸群同志纪念文集》，上海三联书店，2005年版，第227、239、255页。

701949年11月23日，中共中央西南局成立于湖南常德，邓小平任第一任书记。

71参阅贾来宽、张玉岭、郭毅：《内蒙古新闻事业概况》，内蒙古大学出版社，1989年版，第62—64页、第83页。

72见《太原史》编委会编：《太原新闻史》，山西人民出版社，2000年版，第47—48页。

731949—1952年，石西民任新华日报社社长。1952年10月，南京市和苏北、苏南行政区合并，成立江苏省，石西民任省委常委兼宣传部长。1954年2月，石西民调往北京，任中共中央宣传部副秘书长。1955年5月调上海，先后任中共上海市委常委兼宣传部长、市委书记、中共华东局委员兼宣传部长，上海市政协副主席。详见姚北桦、王淮冰编：《报人生活杂忆——石西民新闻文集》，重庆出版社，1991年版，第240页载“石西民年表”。

⑭参阅《湖北日报创刊四十周年纪念文集》（内部资料）（1989年印刷）。

⑮见甘惜分主编：《新闻学大辞典》，河南人民出版社，1993年版，第363页“河北日报”条。

⑯见方汉奇主编：《中国新闻通史》（第三卷），中国人民大学出版社，1999年版，第9页。

⑰参阅益西拉姆：《西北地区少数民族大众传播与民族文化》，兰州大学出版社，2002年版，第56—57页。

⑱参阅1949年10月15日《华商报》终刊号；《南方日报》、广东《华商报》史学会编：《华商报史话》，广东人民出版社，1991年版，第10页。

⑲姚黎明：《难忘的“三连贯”——我在〈新华日报〉、〈华商报〉、〈南方日报〉的经历及所受教益琐记》，载《南方日报》、广东《华商报》史学会合编：《华商报史话》，广东人民出版社，1991年版，第44页。

⑳杨奇：《从〈华商报〉到〈南方日报〉——关于创办华南分局机关报的准备工作》，载《南方日报》、广东《华商报》史学会合编：《华商报之路》，广东人民出版社，1995年版，第114页。

㉑见广东省地方史志编辑委员会编：《广东省志·新闻志》，广东人民出版社，2000年版，第13页。

㉒见南方日报社史编辑小组编：《南方日报社史（1949—1989）》（内部出版，1992年）；南方日报报业集团编：《55·南方日报与广东》，南方日报出版社，2004年版。

㉓见方汉奇主编：《中国新闻事业通史》（第三卷），中国人民大学出版社，1999年版，第12页。

㉔参阅周德仓：《西藏新闻传播史》，中央民族大学出版社，2005年版，第132—161页。

㉕以上全国省会城市解放时间参阅各地旧报记载及“全国主要城市的解放时间”（表），载姚守中、王福年编：《党史名词解释》，四川人民出版社，1983年版，第188页；“全国主要城市解放日期简表”，载《半月谈》编辑部编：《时事资料手册》，1981年版，第181页。

㉖张友鸾等：《世界日报兴衰史》，重庆出版社，1982年版，第199—200页。

㉗引自孙承佩：《回忆初期的五年》，载《光明日报四十年》编辑小组编：《光明日报四十年》，光明日报出版社，1989年版，第15页。

㉘引自黄卓明：《一台老轮机的故事》，载《光明日报四十年》编辑小组编：《光明日报四十年》，光明日报出版社，1989年版，第100页。

㉙引自中国人民大学新闻系资料室编：《当代中国新闻事业编年（1949. 10—1981. 6）》（内部资料，1982年印刷）第29—30页。

㉚以上参阅《光明日报四十年》，光明日报出版社，1989年版。

㉛中国人民大学新闻系资料室编：《中国当代新闻事业编年》（内部资料）第50页。

㉜主要参阅黄河、张之华编著：《中国人民军队报刊史》，解放军出版社，1986年版，第278、296页。

㉝《大公报》四大分版在抗战胜利后纷纷复刊，上海版《大公报》于1945年11月1日复刊，由李子宽任沪馆经理、徐铸成任总编辑；天津版《大公报》于1945年12月1日复刊，曹谷冰任津馆经理、孔昭恺任编辑主任。1946年春，胡政之、王芸生相继由重庆回到上海，以沪馆为总馆。重庆版《大公报》继续出版，由王文彬任渝馆经理、顾建平任编辑主任。香港版《大公报》则迟至1948年3月15日才复刊，是由胡政之亲自至香港主持复刊的，这是他为自己准备的最后退路。港馆经理由费彝民担任、编辑主任杨历樵。

㉞主要参阅周雨编：《大公报人忆旧》，中国文史出版社，1991年版；方蒙等编：《〈大公报〉与现代中国——1926—1949年大事记实录》，重庆出版社，1993年版；吴廷俊：《新记〈大公报〉史稿》，武汉出版社，1994年版；王芝琛、刘自立编：《1949年以前的大公报》，山东画报出版社，2002年版；方汉奇：《〈大公报〉百年史（1902. 6. 17—2002. 6. 17）》，中国人民大学出版社，2004年版。

㉟吴葆：《北京〈大公报〉的停刊》，载《我与大公报》，上海复旦大学出版社，2002年版，第

422页。

⑯参阅文汇报报史研究室编写：《文汇报史略》（1938.1—1939.5）（1945.8—1947.5），文汇出版社，1988年版；文汇报报史研究室编写：《文汇报史略（1949.6—1966.5）》，文汇出版社，1997年版；文汇新民联合报业集团新闻研究所编：《文汇报六十年大事记（1938—1998）》（征求意见稿，2001年5月印刷）。

⑰新民晚报史编纂委员会编：《飞入寻常百姓家：新民报——新民晚报七十年史》，文汇出版社，2004年版，第204—205页。

⑱蒋丽萍、林伟平：《民间的回声：新民报创始人陈铭德、邓季惺传》，新世界出版社，2004年版，第310—311页。

⑲引文见新民晚报史编纂委员会编：《飞入寻常百姓家：新民报——新民晚报七十年史》，文汇出版社，2004年版，第245—246页。

⑩⓪以上参考陈铭德、邓季惺：《〈新民报〉二十年》，载全国政协《文史资料选辑》第63辑，1979年版；陈铭德、邓季惺等：《〈新民报〉春秋》，重庆出版社，1987年版；蒋丽萍、林伟平：《民间的回声：新民报创始人陈铭德、邓季惺传》，新世界出版社，2004年版；新民晚报史编纂委员会编：《飞入寻常百姓家：新民报——新民晚报七十年史》，文汇出版社，2004年版。

⑩①《新闻报》早期史参阅新闻报馆编印的《新闻报馆三十年纪念册（1893—1923）》（"民国十二年四月三版"，线装本内部资料）。

⑩②引自新华社新闻研究部编：《新华社文件资料选编》（第一辑）（1931—1949）（内部资料，1981年编）第242页。

⑩③《历次全国广播工作会议简介》，载《中国广播电视年鉴》（1986年卷）（首卷），中国广播电视出版社，1986年版，第643页。

⑩④据《中华人民共和国广播电视部》介绍文章，载《中国广播电视年鉴》（1986年卷）（首卷），中国广播电视出版社，1986年版，第675页。

⑩⑤参阅：《各地人民广播电台联播节目》、《新闻和报纸摘要》介绍文章，载《中国广播电视年鉴》（1986年卷）（首卷），中国广播电视出版社，1987年版，第395页。

⑩⑥据《中国广播电视事业统计资料（一）》，载赵玉明主编：《广播电视简明辞典》，中国广播电视出版社，1989年版，第419页"附录"。

⑩⑦主要参考《省、自治区、直辖市广播电台》，载《中国广播电视年鉴》（1986年卷）（首卷），中国广播电视出版社，1986年版，第715—727页；赵玉明主编：《广播电视简明辞典》（"中国广播电视事业"部分），中国广播电视出版社，1989年版，第205—236页。

⑩⑧乔云霞：《中国广播电视简史》，内蒙古人民出版社，2001年版，第15页。

⑩⑨熊复：《拿起最现代的宣传武器》（1950年5月27日），载《熊复文集》（第二卷）（1948—1951），红旗出版社，1983年版，第50页。

⑪⓪据《当代中国》丛书编辑部编：《当代中国的广播电视》（上），中国社会科学出版社，1987年版，第355、360页。

⑪①赵玉明主编：《广播电视简明辞典》，中国广播电视出版社，1989年版，第20页。

⑪②引自《当代中国的广播电视》（上），中国社会科学出版社，1987年版，第404页。

⑪③据黄达强主编：《中国国际广播回忆录》，中国国际广播出版社，1996年版；王崧主编：《国际广播人风采》，中国国际广播出版社，1996年版。

⑪④参阅吴志成：《对外广播三十五年》，载《中国新闻年鉴》（1983年卷）第24页；《中国人民对外广播事业创办40周年》，载《中国广播电视年鉴》（1988年卷）第204页；《中国国际广播电台38种外语广播情况简介》，载《中国广播电视年鉴》（1988年卷）第211页。

⑪⑤孙旭培：《解放初期对旧新闻事业的接收和改造》，载《新闻研究资料》（第43辑），中国社会科学出版社，1988年版，第48页。

⑯历届新闻总署、新闻出版署、新闻出版总署署长：胡乔木（1949年—1952年）；杜导正（1987年1月—1989年秋）；宋木文（1989年秋—1993年4月）；于友先（1993年5月—1999年12月）；石宗源（2000年1月—2005年11月）；龙新民（2005年12月—2007年4月）；柳斌杰（2007年4月—　）。

⑰载《中国共产党新闻工作文件汇编》（中），第31页。

⑱载《中国共产党新闻工作文件汇编》（中），第78—79页。

⑲载《中国共产党新闻工作文件汇编》（中），第11—12页。

⑳《全国报纸经理会议决议》（1949年12月26日）、《关于全国报纸经理会议的报告》（1949年12月30日），俱载《中国报刊发行史料》（第一辑），光明日报出版社，1987年版，第5页。

㉑《左传·僖公七年》："唯我知女，女专利而不厌，予取予求，不女疵瑕也。"予取予求：从我这里取，从我这里拿，后指任意索取。

㉒《全国报纸经理会议决议》，载《新华月报》（1950年2月15日出版）第一卷第四期第1000页。

㉓引自《中共中央宣传部关于报纸实行企业化经营情况的通报》，载中国社会科学院新闻研究所编：《中国共产党新闻工作文件汇编》（中），新华出版社，1980年版。

㉔刘选业、王永中：《中国邮政发行报纸概况》，载《中国新闻年鉴》（1982年卷），中国社会科学出版社，1982年版，第59页。

㉕据《历年报纸邮政发行情况表（1950—1957）》，载《中国新闻年鉴》（1982年卷），中国社会科学出版社，1982年版，第64页。

㉖参阅苏兆山编、吴睿轩审：《报刊发行》，人民邮电出版社，1991年版，第3—4页。

㉗引自沈鹤如《〈展望〉对"邮发合一"的经验》一文，原载1950年10月4日《人民日报》，转引自宋应离等编：《中国当代出版史料》（第二卷），大象出版社，1999年版，第228页。

㉘数据引自苏兆山编、吴睿轩审：《报刊发行》，人民邮电出版社，1991年版，第3—4页。

㉙据郑德海：《我国非邮发报纸发行情况》，载《中国新闻年鉴》（1988年卷），第35页。

㉚三个"决定"俱载《中国共产党新闻工作文件汇编》（中），新华出版社，1980年版。

㉛《中央人民政府新闻总署署长胡乔木在全国新闻工作会议上的报告》（1950年3月29日），载《中国共产党新闻工作文件汇编》（中），新华出版社，1980年版。

㉜引自新华社总社《各地报纸、通讯社、广播电台均应派人采访政治协商会议》1949年9月14日，载新华社新闻研究部编：《新华社文件资料选编（1931—1949）》（第一辑）（1981年内部出版）第315页。

㉝见《中华人民共和国开国盛典　中国人民政协开幕》，载《人民日报》1949年9月22日。

㉞引自新华社总社：《转发华东总分社关于人民政协和新中国诞生的报道提示》1949年9月23日，载新华社新闻研究部编：《新华社文件资料选编（1931—1946）》（第一辑）（1981年内部出版）第325页。

㉟这条消息《人民日报》以竖排形式刊登在1949年10月2日一版头条，引题"首都三十万人齐集天安门广场隆重举行庆祝典礼"，双行主标题"中华人民共和国中央人民政府成立　毛泽东主席宣读中央人民政府公告"，副题"朱总司令检阅海陆空军宣读人民解放军总部命令"。该文后来收入文集中时，标题改为"开国大典"。

㊱详见齐越：《献给祖国的声音》，中国广播电视出版社，1991年版，第33页。

㊲参阅方汉奇主编：《中国新闻通史》（第三卷），中国人民大学出版社，1999年版，第56—57页。

㊳以上引文及统计数据见周凤桥：《聚焦新中国的诞生——从历史照片〈开国大典〉说起》，载《中国记者》1999年第10期。

㊴见李耐因：《李耐因通讯评论选》，新华出版社，1990年版，第40页。

㊵引自吕相友：《回忆在朝鲜采访的日子》，载《新闻业务》1960年第7期第24页；吕相友：《化瞬间为永恒》，载全国新闻职称改革工作领导小组办公室编辑组编：《我的新闻生涯》（第一卷），中国新闻出版社，1988年版，第412页。

⑭在新中国成立前夕，新华社建立的最早一批驻外分社：新华社建立的第一个驻外（海外）机构是“新华社香港分社”，于1947年5月1日正式建立；新华社建立的第一个驻外国分社是驻捷克的布拉格分社，于1948年春正式建立，社长吴文焘，同年伦敦分社建立；平壤分社于1949年9月21日正式建立，社长丁雪松，特派记者刘桂梁。

⑭引自新华社总社：《对上甘岭战役报道的意见》（1953年2月9日），载新华社新闻研究部编《新华社文件资料选编（1949—1953）》（第二辑）（内部资料，1981年印刷）第366页。

⑭详见华山：《战地通讯选》，新华出版社，1986年版，第89、98页。

⑭以上引文俱引自新华社总社：《对上甘岭战役报道的意见》（1953年2月9日），载新华社新闻研究部编《新华社文件资料选编（1949—1953）》（第二辑）（内部资料，1981年印刷）第366页。

⑭李庄在朝鲜战争时期采写的大量作品，后来都收入他的专辑《新纪元集》中。见李庄：《新纪元集》（“朝鲜卫国战争和抗美援朝时期”作品），湖北人民出版社，1984年版，第297—418页。

⑭王玉章：《〈马特洛索夫式的英雄黄继光〉一稿采写经过》，载《新闻业务》1953年第17期。

⑭引自方汉奇主编：《中国新闻通史》（第三卷），中国人民大学出版社，1999年版，第76页。

⑭见方汉奇主编：《中国新闻通史》（第三卷），中国人民大学出版社，1999年版，第76—77页。

⑭转引自李庄：《新中国首次大张旗鼓反腐败》，载李庄：《人民日报风雨四十年》，人民日报出版社，1993年版，第136页。

⑮参见林里：《揭穿重庆“星四聚餐会”的真面目》，载林里：《我当记者五十年》，中央文献出版社，1997年版，第53页；李庄：《人民日报风雨四十年》，人民日报出版社，1993年版，第138页。

⑮参阅李庄：《评〈武训传〉——一种政治批判的开端》，载李庄：《人民日报风雨四十年》，人民日报出版社，1993年版，第129—135页；袁鹰：《〈武训传〉讨论——建国后第一场大批判》，载《炎黄春秋》2006年第3期第1页。

⑮引自李庄：《评〈武训传〉——一种政治批判的开端》，载李庄：《人民日报风雨四十年》，人民日报出版社，1993年版，第127—128页。

⑮以上参考胡风：《我的小传》，载《胡风回忆录》，人民出版社，1997年版，第420页“附录”；《胡风年表简编》，载梅志：《往事如烟——胡风沉冤录》，台北晓园出版公司，1990年版，第385页“附录”。

⑮见胡风：《胡风三十万言书》，湖北人民出版社，2003年出版。

⑮引自郑文林：《胡风与王实味冤案引出的同类教训》，载《炎黄春秋》2006年第2期。

⑮转引自毛泽东：《新闻工作要为生产建设这个中心服务》（1949年3月5日），载《毛泽东新闻工作文选》，新华出版社，1983年版，第164页。

⑮引自《中国共产党新闻工作文件汇编》（中），新华出版社，1980年版。

⑮李庄：《人民日报风雨四十年》，人民日报出版社，1993年版，第126页。

⑮以上作品详见郭超人主编：《国内新闻选（1949—1999）》，新华出版社，1999年版。

⑯以上作品详见南振中主编：《新华社70年新闻作品选集（1931—2001）》，新华出版社，2001年版。

⑯详见纪希晨：《从宝鸡到成都》，载纪希晨：《时代的足迹》，人民日报出版社，1985年版，第169页。

⑯详见林里：《我当记者五十年》（报道四个“新中国第一”），中央文献出版社，1997年版，第55页。

⑯详见商恺：《风雨鹰厦线》，载商恺：《大地笔踪》，湖北人民出版社，1984年版，第56页。

⑯以上两篇通讯后收入《陆灏新闻作品选》，文汇出版社，1990年版，第57、117页。

⑯载《经济建设通讯报告选》（第二集），人民文学出版社，1955年版。

⑯引自方汉奇主编：《中国新闻事业通史》（第三卷），中国人民大学出版社，1999年版，第88页。

⑯⑯《中共中央关于在报纸刊物上展开批评和自我批评的决定》（1950年4月19日）原载于《中

国共产党新闻工作文件汇编》（中），新华出版社，1980年版，第5页；又见新华社新闻研究所编：《新闻工作文献选编》，新华出版社，1990年版，第254页。

⑯《毛泽东新闻工作文选》，新华出版社，1983年版，第177页。

⑰《中共中央关于改进报纸工作的决议》（1954年7月17日中央政治局通过）原载于《中国共产党新闻工作文件汇编》（中），新华出版社，1980年版；又见新华社新闻研究所编：《新闻工作文献选编》，新华出版社，1990年版，第265页。

⑰引自《中共中央批转华东局关于公布黄逸峰事件的通知》（1953年1月），载中国社会科学院新闻研究所编：《中国共产党新闻工作文件汇编》（中），新华出版社，1980年版，第246页。

⑰黄逸峰是一名1925年就加入了共产党的老党员，在新中国成立前曾作过很多有益的革命工作，有较大贡献。“黄逸峰事件”后，他于1956年12月31日被批准重新入党。党的十一届三中全会后，他又以72岁高龄担任上海市社科院院长，1980年9月26日下午在上海交通大学作报告时突然倒在讲台上，翌日逝世（详见吴基民《中将、部长、教授——奇人黄逸峰》，载《上海滩》1990年第7期第2页）。

⑰参见林里：《在陶铸同志支持下诞生的》，载林里：《我当记者五十年》，中央文献出版社，1997年版，第64页。

⑰见颜雄主编：《百年新闻经典》（上册），湖南大学出版社，2000年版，第28页。

⑰引自《中央广播事业局关于广播电台如何进行批评与自我批评工作的指示》（1950年8月14日），载中国社会科学院新闻研究所编：《中国共产党新闻工作文件汇编》（中），新华出版社，1980年版，第93页。

⑰参见罗弘道：《谈谈新闻广播中的批评性报道》，载《中国广播电视年鉴》（1986年卷），中国广播电视出版社，1986年版，第279页。

⑰《中宣部关于党报不得批评同级党委问题给广西省委宣传部的复示》（1953年3月），载中国社会科学院新闻研究所编：《中国共产党新闻工作文件汇编》（中），新华出版社，1980年版，第279页。

⑰参见甘惜分：《一个新闻学者的自白》，香港未名出版社，2005年版，第202页。

⑰引自童兵：《新闻批评和政治民主——对“党报不得批评同级党委”规定的反思》，载首都新闻学会秘书处编：《新闻学论文集》，人民日报出版社，1988年版，第55页。

⑱参考王英秀：《谈谈学习苏联办报经验》，载人民日报报史编辑部编：《人民日报回忆录（1948—1988）》，人民日报出版社，1988年版，第96页。

⑱张沛：《访问真理报的回忆片断》，载《新闻业务》1957年第11期第3页。

⑱参见左荧：《苏联广播是我们学习的榜样》，载《新闻业务》1957年第11期第9页。

⑱参见中国新闻工作者协会国际联络部：《中苏新闻工作者的友好往来》，载《新闻业务》1957年第11期第23页。

⑱参见莫斯科大学新闻系中国留学生赵水福：《莫斯科大学——我们终身职业的培育地》，载《新闻业务》1957年第11期第35页。

⑱方汉奇主编：《中国新闻事业通史》（第三卷），中国人民大学出版社，1999年版，第167页。

⑱引自胡愈之：《中国文字横排横写是和人民的生活习惯相符合的》，载1955年1月1日《光明日报》第二版。

⑱陈越：《汉字排写方式的改革基本完成》，原载1956年6月20日《光明日报》。

⑱见夏衍为人民日报评论部编的《今日谈》（二）评论集所作《代序》，人民日报出版社，1983年版。

⑱引自新华社总社：《祝贺〈当你们熟睡的时候〉的作者们》（1956年7月24日），载新华社新闻研究所编：《新华社文件资料选编（1953—1956）》（第三辑）（内部资料）第574页。

⑲杨瑛：《打开社会新闻的大门》，载《新闻业务》1957年第4期第12页。

⑲参见解放日报报史办公室编：《解放日报、新闻日报报史资料》（内部资料，1997年印刷）第320

页；《〈我的丈夫，我的蜜月〉引起的风波》，载1987年11月10日解放日报社出版的《报刊文摘》，转见于丁世义编著：《中国社会新闻选评》，中国工人出版社，1992年版，第87—95页；成鸿昌、越娟萍编著：《漫谈社会新闻》，新华出版社，1994年版。

⑲²引自新民晚报史编纂委员会编：《飞入寻常百姓家：新民报——新民晚报七十年史》，文汇出版社，2004年版，第51页。

⑲³引自新民晚报史编纂委员会编：《飞入寻常百姓家：新民报——新民晚报七十年史》，文汇出版社，2004年版，第260—261页。

⑲⁴参阅石少华：《新华社新闻摄影部十年》，载《新闻业务》1959年9、10期合刊（10月24日出版）第5页；石少华：《新闻摄影部的建立经过》，载新华社新闻研究所编：《新华社回忆录》（二），新华出版社，1991年版，第222页。

⑲⁵引自《刘少奇同志对新华社工作的第一次指示》（1956年5月28日），载新华社新闻研究部编：《新华社文件资料选编（1953—1956）》（第三辑）（1981年内部出版）第417页。

⑲⁶引自《刘少奇同志对新华社工作的第二次指示》（1956年6月19日），载新华社新闻研究部编：《新华社文件资料选编（1953—1956）》（第三辑）（1981年内部出版）第431页。

⑲⁷毛泽东：《在省市自治区党委书记会议上的讲话》（1月27日的讲话），载《毛泽东选集》（第五卷），人民出版社，1977年版，第349页。

⑲⁸以上三段毛泽东同志的语录均引自《毛泽东同志谈〈参考消息〉》，载《新闻业务》1986年第6期第8页。

⑲⁹参见新华社：《关于修正〈参考消息〉发行范围规定及出版〈参考消息摘要〉给国务院的报告》，载新华社新闻研究部编：《新华社文件资料选编（1953—1956）》（第三辑）（内部资料，1981年编）第350页。

⑳⁰原载新华社新闻研究部编：《新华社文件资料选编（1953—1956）》（第三辑）（内部资料，1981年编）第351页。

⑳¹“通知”见新华社新闻研究部编：《新华社文件资料选编（1953—1956）》（第四辑）（内部资料，1981年编）第445页。

⑳²详见新华社新闻研究部编：《新华社文件资料选编（1957—1961）》（第四辑）（内部资料，1987年编）第220页。

⑳³参阅陆定一：《祝〈参考消息〉一万期》，陈亮：《一份独特的报纸——〈参考消息〉》，载《新闻业务》1986年第6期第8—9页。

⑳⁴《毛泽东传》（上卷），中央文献出版社，2003年版，第601页。

⑳⁵关于《论十大关系》：1956年4月25日和5月2日，毛泽东先后在由他主持召开的中央政治局扩大会议和最高国务会议上发表了《论十大关系》的重要讲话。考虑到当时的国内外形势，讲话内容只在高中级干部中传达。20年后的1976年12月26日，这篇文章才首次在《人民日报》公开发表，开始引起研究者的注意。后收入《毛泽东选集》第五卷（人民出版社，1977年版）中。它初步总结了我国社会主义建设的经验，提出了探索适合我国国情的社会主义建设道路的任务，后成为邓小平建设有中国特色社会主义理论的思想渊源。

⑳⁶胡乔木：《关于〈解放日报〉和新华社工作》（1991年12月21日），载胡乔木：《胡乔木回忆毛泽东》（增订本），人民出版社，2003年版。

⑳⁷参阅钱江：《〈人民日报〉1956年的改版》，载《新闻研究资料》（总第43辑），中国社会科学出版社，1988年版，第1页。

⑳⁸参阅李庄：《四十年间三大事》，载人民日报报史编辑组编：《人民日报回忆录（1948—1988）》，人民日报出版社，1988年版，第50页。

⑳⁹《中共中央批转〈人民日报〉编辑委员会向中央的报告》，载中国社会科学院新闻研究所编：《中国共产党新闻工作文件汇编》（中）（1950—1956），新华出版社，1980年版，第483—484页。

⑩《致读者》（1956年7月1日《人民日报》社论），又载《胡乔木文集》（第一卷），人民出版社，1992年版，第480页。

⑪延安《解放日报》1942年4月1日改版社论《致读者》，由博古执笔，经过毛泽东等人修改后发表，故又载吴葆朴等编：《博古文选·年谱》，当代中国出版社，1997年版，第304页。

⑫参阅钱江：《〈人民日报〉1956年的改版》，载《新闻研究资料》（总第43辑），中国社会科学出版社，1988年版，第22页。

⑬见薄一波《若干重大决策与事件的回顾》（上卷），人民出版社，1997年版，第539页。

⑭载《毛泽东选集》（第五卷），人民出版社，1977年版，第225—259页。

⑮《关于正确处理人民内部矛盾的问题》后于1957年6月19日在《人民日报》上发表，收入《毛泽东选集》（第五卷），人民出版社，1977年版，第363—402页。

⑯后收入《毛泽东选集》（第五卷）第403页。

⑰关于"政治家办报"：1956年4月毛泽东提出"政治家办报"后，到1959年6月，毛泽东对吴冷西谈话中再次强调："新闻工作，要看是政治家办，还是书生办。有些人是书生，最大的缺点是多谋寡断"、"搞新闻工作，要政治家办报"。详见《要政治家办报》（1959年6月），载《毛泽东新闻工作文选》，新华出版社，1983年版，第215页。

⑱以上谈话内容详见"毛泽东同人民日报负责人等谈话记录"（1957年4月10日），转引自中共中央文献研究室编，逄先知、金冲及主编：《毛泽东传（1949—1976）》（上），中央文献出版社，2003年版，第664—668页；又见吴冷西：《忆毛主席——我亲身经历的若干重大历史事件片断》，新华出版社，1995年版，第41—44页。

⑲李庄：《整风引发的暴风疾雨》，载李庄：《人民日报风雨四十年》，人民日报出版社，1993年版，第213页。

⑳于友：《记首任总编辑胡愈之》，载《光明日报四十年》，光明日报出版社，1989年版，第21页。

㉑见《光明日报四十年》，光明日报出版社，1989年版，第356页。

㉒1966年"文化大革命"开始后，《中国青年报》在当年8月19日（星期五）出版到第3293号后，从20日起便停刊了（1966年8月20日—1978年10月6日）。1978年10月7日，《中国青年报》在停刊12年多以后复刊。复刊后为周三刊，每逢星期二、四、六出版对开4版一张。

㉓1987年元月一日起，《解放军报》在其创刊30年之际，向国内外公开发行。当天该报头版头条载"本报编辑部文章"《敬告读者》宣布："创刊于1956年元旦的《解放军报》，迄今逾'而立之年'。经过三十多年的风风雨雨，军报由武装力量内部发行转而面向全国（面向国内外公开发行——引者注），这对于军报本身是个划时期的开端，在人民军队编年史上也是件大事。"1987年1月1日以后的《解放军报》依然是每日对开4版一张（不登广告）。星期日也照常出版。1995年元月一日（星期日）起，《解放军报》开始实行扩版，当天共出两张8个版，以后周一至周六每天出报两张8个版、周日出4个版。1999年，军委批准再次扩版：每周两天为12个版、三天为8个版，周六、周日为4个版。

㉔主要参考：2003年6月26日《解放军报》头版所载新华社消息《欧阳文同志逝世》，2003年6月23日《解放军报》第6版载杨子才《悼欧阳文将军》；楚汜：《他将永载军报史册第一章——怀念〈解放军报〉首任总编辑欧阳文》，载《军事记者》2003年第8期（总第511期）。

㉕"孤岛"时期是指自上海淞沪会战后沦陷（1937年11月12日）到太平洋战争爆发（1941年12月8日）期间的上海租界。

㉖文汇报报史研究室编：《文汇报史略（1949. 6—1966. 5）》，文汇出版社，1997年版，第53页。

㉗1956年5月1日，由教育部和中国教育工会全国委员会同主办的《教师报》创刊，至1958年7月8日后停办，共发行228期。1983年7月7日复刊，更名为《中国教育报》。

㉘参阅文汇报报史研究室编：《文汇报史略（1938. 1—1939. 5）、（1945. 8—1947. 5）》，文汇出版社，1988年版；文汇报报史研究室编：《文汇报史略（1949. 6—1966. 5）》，文汇出版社，1997年版。

㉙以上主要参阅赵超构：《永别了，铸成同志》，载《文汇报》1992年1月9日第五版，另见徐铸成：《徐铸成回忆录》，三联书店，1998年版。

㉚引自新民晚报史编纂委员会编：《飞入寻常百姓家：新民报——新民晚报七十年史》，文汇出版社，2004年版，第227页。

㉛引自赵超构：《〈新民晚报〉1953年以来的工作总结》，载赵超构：《赵超构文集》（第六卷）（总六卷），文汇出版社，1999年版，第498—510页。

㉜详见赵超构：《毛主席教育了我》，载《新闻战线》1978年第1期第19页。

㉝见毛泽东：《同新闻出版界代表的谈话》（1957年3月10日），载《毛泽东新闻工作文选》，新华出版社，1983年版，第188页。

㉞见《毛泽东新闻工作文选》第190页。

㉟见吴冷西：《忆毛主席——我亲身经历的若干重大历史事件片断》，新华出版社，1995年版，第34页。

㊱见《办晚报要在晚字上做文章——赵超构同志答〈新闻战线〉记者问》，原载《新闻战线》，又载《新闻晚报之友》（内部刊物）（1984年9月15日出版）第57期。

㊲以上部分参阅晁鸥（赵贯东）：《赵超构生平简谱》，载《赵超构文集》（第六卷），文汇出版社，1999年版，第617页“附录二”；张林岚：《赵超构传》，文汇出版社，1999年版；《追思杰出的新闻工作者赵超构》，载《新闻研究资料》第2期（总第57辑），中国社会科学出版社，1992年版，第111页。

㊳社会教育学院于1946年夏迁到苏州拙政园。1947年10月俞颂华逝世后，该校新闻系系主任由马荫良继任。

㊴详见罗列：《诚挚的敬意　深深的缅怀》：“1953年（1952年——引者注）全国大学院系调整，北京大学接办了燕京大学的新闻系，原来华东局是决定恽逸群同志前去工作的，后因故改派我去。”载《恽逸群同志纪念文集》，上海三联书店，2005年版，第234页。

㊵参阅王中：《我心中的传奇人物——忆恽逸群同志》，载《恽逸群同志纪念文集》，上海三联书店，2005年版，第203页。

㊶参阅顾雪雍：《恽逸群》，人民日报出版社，1997年版；《恽逸群同志纪念文集》，上海三联书店，2005年出版。

㊷陈翰伯、许诺：《建国初期的“北京新闻学校”》，载新华社新闻研究所编：《新华社回忆录》（二），新华出版社，1991年版，第330页。

㊸引自《中共中央关于改进报纸工作的决议》，载《中国共产党新闻工作文件汇编》（中），新华出版社，1980年版，第327页。

㊹以上参阅安岗：《乔木同志要我办新闻系——回忆40年前办新闻系》，载经济日报社编：《安岗新闻工作60年》，经济日报出版社，1997年版，第537页；蒋曙晨、齐志文：《走中国社会主义新闻教育的路》，载经济日报社：《安岗新闻工作60年》，经济日报出版社，1997年版，第199页。

㊺以上参阅张之华：《建国初期新闻教育与新闻学研究概述》，载《新闻研究资料》第2期（总第57辑），中国社会科学出版社，1992年版，第169页。

㊻林德海主编：《中国新闻学书目大全》（1903—1987），新华出版社，1989年版。

㊼王中的《新闻学原理大纲》系1956年编的讲义，未正式出版，1957年1月王中在上海人民广播电台作讲座时录音。“反右”后，《新闻学原理大纲》被收入中宣部图书资料室编的《新闻界反右派斗争资料汇编》第2辑（1957年10月印刷）中，后又收入赵凯主编：《王中文集》，复旦大学出版社，2004年版，第37—112页。

㊽恽逸群：《新闻学讲话》（增订本），华中新华书店，1948年版；后收入江苏省社会科学院《恽逸群文集》编选组编：《恽逸群文集》，江苏人民出版社，1986年版，第253—304页。

㊾戈扬：《新闻采访与写作》，三联书店，1950年1月第一版、1950年4月第三版。

㊿陈笑雨:《新闻杂谈》,武汉通俗图书出版社,1950年版。

[251]摘自陈笑雨:《新闻杂谈》,武汉通俗图书社出版,1950年版,第32—37页。

[252]余家宏、丁淦林:《王中研究新闻学的经过与贡献》,载赵凯主编:《王中文集》,复旦大学出版社,2004年版,第399页"附录"。

[253]俱载赵凯主编:《王中文集》,复旦大学出版社,2004年版,第12—36页。

[254]王中:《新闻事业的发展规律和报纸的职能》(1957年1月22日在解放日报社业务学习座谈会上的谈话),引自赵凯主编:《王中文集》,复旦大学出版社,2004年版,第16页。

[255]王中:《办报人要有读者观念》(1956年8月4日在南京《新华日报》一次座谈会上的发言记录),引自赵凯主编:《王中文集》,复旦大学出版社,2004年版,第6页。

[256]王中:《新闻学原理大纲》(前三章讲课提纲),引自赵凯主编:《王中文集》,复旦大学出版社,2004年版,第34—35页。

[257]王中:《办报人要有读者观念》,(1956年8月4日),引自赵凯主编:《王中文集》,复旦大学出版社,2004年版,第4页。

[258][259]王中:《新闻事业的发展规律和报纸的职能》(1957年1月22日),引自赵凯主编:《王中文集》,复旦大学出版社,2004年版,第13—14页。

[260]王中:《上海新闻界的争鸣》(1957年5月16日在全国新闻工作座谈会上的发言),引自赵凯主编:《王中文集》,复旦大学出版社,2004年版,第115页。

[261]王中:《办报人要有读者观念》,引自赵凯主编:《王中文集》,复旦大学出版社,2004年版,第4—6页。

[262]王中:《新闻学原理大纲》(前三章讲课提纲),引自赵凯主编:《王中文集》,复旦大学出版社,2004年版,第30页。

[263]王中:《新闻学原理大纲》(在上海人民广播电台的讲话录音记录,1957年),引自赵凯主编:《王中文集》,复旦大学出版社,2004年版,第99页。

[264]见王中《论宣传》,原载《新闻大学》总第3期(1982年5月),后收入赵凯主编:《王中文集》,复旦大学出版社,2004年版,第243页。

[265]详见王中《宣传艺术的魅力——读莎士比亚的〈裘力斯·凯撒〉》,原载《新闻大学》总第3期(1982年5月),后收入赵凯主编:《王中文集》,复旦大学出版社,2004年版,第256页。

[266]赵凯主编:《王中文集》,复旦大学出版社,2004年版。

[267]德金:《第一份新闻业务刊物出版》,载《新闻业务研究》2002年第1期。

[268]见新华社总社:《全社来办〈新闻业务〉》,载新华社新闻研究所编:《新华社文件资料选编(1957—1961)》(第四辑)(内部资料,1987年编)第530页。

[269]另参见《新闻业务》1986年第12期所载"编者的话"。

[270]参阅李梦莲:《我的几点感想》(1997年6月),载万仕同主编:《〈新闻战线〉文革·理论卷》,人民日报出版社,1997年版,第491页。

[271]引自安岗:《四十年回顾——祝〈新闻战线〉四十周年》(1997年5月),载经济日报出版社编:《安岗新闻工作60年》,经济日报出版社,1997年版,第534页。

[272]据《中国新闻工作者代表会议》,载《新闻业务》1957年第4期第15页。

[273]以上名单见《新闻业务》1957年第4期第15页所载《中国新闻工作代表会议》、第35页所载《中华全国新闻工作者协会工作人员名单》。

[274]以上部分参考《中华全国新闻工作者协会》介绍文章,载《中国新闻年鉴》(1982年卷)第415页;高兴烈:《中国记协发展情况》,载《中国新闻年鉴》(1987年卷);钟纪:《团结前进的五十年——记中国记协的战斗历程》,载《新闻研究资料》(总第41辑),中国社会科学出版社,1988年版,第50页。

第二章　全面建设社会主义时期的新闻事业
（1957年5月—1966年4月）

概　论

从1957年5月至1966年4月，我国进入全面建设社会主义时期。这一时期，我国的新闻传播事业与其他事业一样，在坚定地坚持社会主义方向的前提下螺旋式上升，在曲折、坎坷的道路上前行，既取得了一些重大的成就，积累了一些宝贵的经验，又有过一些严重的失误，留下了深刻的教训。

这一时期的新闻事业，是在如下背景下展开并发展的。

1956年9月15日至27日，中国共产党在北京举行第八次全国代表大会。会议认为：社会主义制度在我国已经基本建立起来，我们必须为解放台湾、为彻底完成社会主义改造，最后消灭剥削制度和继续肃清反革命残余势力而斗争。但是国内主要矛盾已经不再是无产阶级和资产阶级的矛盾，而是人民对于经济、文化迅速发展的需要同当前经济、文化不能满足人民需要之间的矛盾；全国人民的主要任务是集中力量发展社会生产力，实现国家工业化，满足人民的经济文化需求。虽然还有阶级斗争，还要加强人民民主专政，但根本任务是在新的生产关系下保护和发展生产力。因此，要逐步系统地制定完备的法律，健全社会主义；要进一步扩大社会主义民主，大力反对官僚主义。大会还提出了既反对保守又反对冒进，即在综合平衡中稳步前进的经济建设方针，并根据毛泽东的《论十大关系》的精神，制定了一系列重要的经济政策。同时，大会还着重提出了执政党的建设问题，强调要坚持民主集中制和集中领导制，反对个人崇拜，发扬党内民主，密切党和人民群众的联系，等等。“八大”提出的路线和方针是完全正确的，可惜在以后的实践中未能坚持下来。

与此同时，在“八大”召开前后的1956年6月底至11月初，国际、国内出现了一些不安定的情况。国际上，东欧的社会主义国家波兰和匈牙利先后发生工人罢工及骚乱事件。“波匈事件”消息传到我国后，对我国国内产生了很大的影响。由于国内社会主义改造的急促和变化的深刻，加上经济建设中的盲目冒进，导致经济和政治生活中出现了一些问题。如1956年下半年，许多城市出现粮食、肉类和日用品短缺，少数学生、工人和复员转业军人在升学、就业和转业安置方面遇到不少困难，于是发生少数人闹事的情况。“据不完全统计，从1956年9月到1957年3月的半年时间内，全国有多起共约一万多工人罢工，一万多学生罢课请愿。”①

在农村中，夏收以来不少地区接连发生农民闹退社、闹缺粮的风潮。对国内外时局变化最为敏感的知识分子，在“百花齐放、百家争鸣”的方针提出来后，思想日趋活跃，开始尖锐地批评教条主义、官僚主义，在文化、教育、科学研究领域等问题上纷纷发表不同意见。有些人还对党和政府工作中的缺点、错误以及干部工作作风上存在的问题提出公开批评，其中有不少尖锐的意见，还有一些偏颇、过激、非理性的错误言论。面对这些新出现的矛盾，许多党员和干部缺乏思想准备，往往用老眼光看待新问题，把群众闹事和尖锐批评一概视为阶级斗争的反映，企图采取简单粗暴的办法进行压制。为此，1957 年 2 月，毛泽东在有 1 800 多人出席的扩大的最高国务会议上发表了《关于正确处理人民内部矛盾的问题》的重要讲话。他在讲话中说：矛盾是普遍存在的，社会主义社会也充满着矛盾，正是这些矛盾推动着社会不断向前发展。在社会主义制度下，人民的根本利益是一致的，但人民内部还存在各种矛盾，必须严格和正确处理敌我矛盾和人民内部矛盾。对敌我矛盾需要用强制的、专政的方法去解决，对人民内部矛盾只能用民主的、说服教育的、“团结—批评—团结”的方法去解决，绝不能用解决敌我矛盾的方法去解决人民内部矛盾。讲话还指出，现在我国的情况是：“革命时期的大规模急风暴雨式的群众阶级斗争基本结束，但是阶级斗争还没有完全结束。”今后的主要任务是正确处理人民内部矛盾，团结全国各族人民发展我们的经济和文化，建设我们的新国家。②

1957 年 3 月 6 日至 13 日，中共中央在北京召开了有党外人士参加的全国宣传工作会议。会上传达和讨论了毛泽东《关于正确处理人民内部矛盾的问题》的讲话。12 日，毛泽东又在这次会上着重讲了知识分子问题、准备整风问题和继续贯彻执行“百花齐放、百家争鸣”的方针等。4 月 27 日，中共中央发出《关于整风运动的指示》，决定在全党进行一次以正确处理人民内部矛盾为主题，以反对官僚主义、宗派主义和主观主义为内容的整风运动，并号召广大群众、民主党派人士、爱国人士积极向各级党组织和党员干部提出批评和建议，帮助共产党整风。很快，在各地召开的各种类型的座谈会上，在报刊、大字报上，一些有影响的民主党派人士及高级知识分子便开始“大鸣大放”，纷纷提出批评意见与建议。个别人的发言和批评文章往往抓住一点，不及其余，非常尖锐和偏颇，缺乏理性的思考，明显带有敌意。这样，形势急转直下，从整风转变为反击右派，一场声势浩大的“反右”斗争全面展开。正如薄一波同志后来所指出的：“由于 1957 年春夏之交，极少数资产阶级右派的猖狂进攻改变了党对阶级斗争的估计，在指导思想上出现了‘左’的错误，导致了反右斗争的扩大化，又把所谓‘资产阶级知识分子’推向了阶级斗争的浪尖上，严重伤害了一大批知识分子。”③党的十一届六中全会通过的《关于建国以来党的若干历史问题的决议》（1981 年 6 月 27 日）认为：

“一九五七年的经济工作，由于认真执行党的‘八大’的正确方针，是新中国成立以来效果最好的年份之一。这一年在全党开展整风运动，发动群众向党提出批评建议，是发扬社会主义民主的正常步骤。在整风过程中，极少数资产阶级右派分子乘机鼓吹所谓‘大鸣大放’，向党和新生的社会主义制度放肆地发动进攻，妄图取代共产党的领导，对这种进攻进行坚决的反击是完全正确和必要的。但是反右派斗争被严重地扩大化了，把一批知识分子、爱国人士和党内干部错划为‘右派分子’，造成了不幸的后果。”④

据统计，1957 年全国划了右派分子 49 万多人，到 1958 年共划右派分子 52.28 万多人。经复查，98% 以上的人为错划。⑤1957 年的“反右”斗争成为我国当代历史进程的拐点。

1958 年 1 月 11 日至 22 日，中共中央在南宁召开有部分中央领导人和部分省、市委书记参加的工作会议，讨论 1958 年的国民经济计划和预算。会上起草了《工作方法六十条》（草案），这个文件着重强调了“不断革命”的思想，同时批评了 1956 年的“反冒进”。这样，党内急于求成地建设社会主义的“左”倾思潮迅速膨胀起来。3月3日，中共中央又发布《关于开展反浪费反保守运动的指示》，强调采用“四大”（大鸣、大放、大字报、大辩论）、开现场会和展览会等形式，“揭露和批判浪费、保守的现象和它们的危害性”，并说这是一个“生产大跃进和文化大跃进的运动”。从此以后，宣传“人民公社化”、“大跃进”、“鼓足干劲、力争上游、多快好省地建设社会主义的总路线”这“三面红旗”的狂潮便开始了，特别是农业方面的高指标、浮夸风和瞎指挥迅速蔓延开来。

1959年7月2日至8月16日，中共中央在庐山先后举行了政治局扩大会议（7月2日至8月1日）和八届八中全会（8月2日至16日）。会议前期内容是总结经验教训，纠正1958年的错误做法。由于彭德怀在会议期间的7月14日给毛泽东写了一封批评1958年以来“左”倾错误的信，会议后期主要是对彭德怀等同志进行错误的批判，在全党又开展了一场“反右倾”的斗争。此后，“左”倾错误更加严重。

1959至1961年是三年严重困难时期，“天灾”加“人祸”使我国的国民经济比例失调，农业生产遭到极大破坏，农业减产，民不聊生。其间，在1960年底至1961年初（1月13日）的中央工作会议上，毛泽东提出“大兴调查研究之风”的号召，并说1961年要成为实事求是年。1961年1月14日至18日在北京召开的八届九中全会上，中央又正式提出了对整个国民经济实行“调整、巩固、充实、提高”的八字方针，纠正“大跃进”的错误。1962年1月11日至27日，党中央在北京召开“七千人大会”，继续坚决执行调整的方针，为战胜困难而奋斗。此后到1966年初，我国的经济建设和国防建设取得了一系列重大成就。如1963年底，我国石油产品已经基本达到自给；1961年10月16日，我国第一颗原子弹爆炸成功；1965年我国首先在世界上完成人工合成牛胰岛素结晶等。

从1963年初起，毛泽东提出“以阶级斗争为纲”的理论，强调“阶级斗争，一抓就灵”，决定在农村进行以“四清”（“清理账目、清理仓库、清理财物、清理工分”，后改为“清政治、清经济、清组织、清思想”）为主要内容的社会主义教育活动，在城市开展“五反”（反对贪污盗窃、反对投机倒把、反对铺张浪费、反对分散主义、反对官僚主义）运动。与此同时，从1963年3月起，开始在全国范围内开展学习雷锋的活动；1964年2月起，全国工业战线开始开展学习大庆经验的运动，全国农业战线开始开展“农业学大寨”运动。另外，在60年代前期，在意识形态领域及思想文化战线，又开展了一次次错误的、过火的“左”倾批判斗争。1965年11月10日，上海《文汇报》发表姚文元的《评新编历史剧〈海瑞罢官〉》一文，成为发动“文化大革命”的导火索。

1957年5月至1966年4月，这一时期我国新闻传播事业呈现出如下一些特点：

（1）在“鸣放”、“反右”及“大跃进”中出现了“大字报”这一畸形的传播方式。这一传播方式到“文化大革命”中达到登峰造极的地步，造成了灾难性的后果。“鸣放”中的大字报明枪暗箭、冷嘲热讽，采用阴冷尖刻的偏锋笔调，“眩众以导乱”，无建设性可言，有极大的破坏性；“反右”中的大字报无限上纲，口诛笔伐，对知识分子造成严重的伤害，造成整个社会混乱和无序。

（2）1958年“大跃进”运动中弄虚作假、浮夸风的盛行，在当时及后来很长时期内产生了极其恶劣的影响。

（3）60年代初的新闻改革主要是报刊的改革，包括：①杂文的兴起（《三家村劄记》、《燕山夜话》、《长短录》等报刊杂文专栏的出现）；②调查研究之风的提倡（林里等《随行纪谈》的发表）；③郭超人的西藏通讯；④一批重要新闻通讯作品的出现。

（4）典型报道的勃兴（对雷锋、王进喜、焦裕禄、大庆、大寨等个人典型及集体典型的报道）。

（5）"空头政治"宣传报道的泛滥。

（6）新闻传播事业的发展（包括电视台创办、《红旗》杂志及几家著名理论刊物的创办、几家著名晚报的创办）。

第一节 "鸣放"及"反右"斗争中的新闻界

一、"四大"兴起

【"大字报"渊源】"大鸣、大放、大字报、大辩论"简称"四大"，但"大字报"是其中最主要的。如果探寻大字报的渊源，可以追溯到古代的"悬诸象魏"、檄文和揭贴。而在中国共产党的历史上，在延安时期的1941年4月间，就出现过最早的"大字报"。当时的中央青年工作委员会（简称"中央青委"）机关中一些从大后方来延安、文化水平高、思想活跃的一部分大学生们，就办了一个取名《轻骑队》的墙报来发布文章，专门用杂文形式来揭露、批评当时延安出现的一些不好的现象。负责为《轻骑队》写稿的积极分子有萧平、童大林、于光远、许立群、王若望、李锐等。据有人回忆："《轻骑队》墙报是用木头搭的一个大木牌，面积不过九、十平方米，每两周一期，每期七八篇文章。每期都由童大林用毛笔抄成大字报，精心安排，有时还配上华君武、蔡若虹、张谔等人的漫画，可谓'图文并茂'。形式吸引人，内容更吸引人。《轻骑队》墙报一创刊，立即轰动了延安。每到周末，'文化沟'（老百姓称为'大砭沟'，中央青委办公所在地）便热闹非凡，鲁迅艺术学院的学员、附近许多单位大大小小的干部们都到'文化沟'来看《轻骑队》墙报，也有从七八里外，甚至更远的地方赶来的，为的是要看看《轻骑队》墙报！胡乔木1941年6月调离'中央青委'到杨家沟当毛泽东的秘书以后，只要《轻骑队》新墙报一贴出，必定专程过延河去看。"⑥胡乔木还让童大林将每期《轻骑队》的文章油印，送给毛泽东、朱德、博古等中央领导人，以及有关单位的领导看。毛泽东看后，称赞《轻骑队》文风"生动活泼，新鲜有力"。此后，《轻骑队》因刊登萧平的《龙生龙，凤生凤》和《论离婚》两篇文章而"闯祸"，《轻骑队》终于在1942年4月底，整风运动开始后停刊。《龙生龙，凤生凤》批评延安少数高级干部搞"特殊化"，他们和他们的孩子喝鲜牛奶；《论离婚》则批评延安某些领导同志在婚姻问题上喜新厌旧，换偶频繁。《龙生龙，凤生凤》后来被国民党的一个叫做《良心话》的杂志转载，利用它攻击延安的"等级"、"腐败"和"一团糟"。这样，中宣部便将《轻骑队》停刊了。

1957年春天，中国共产党开始整风，广大群众积极对党的工作中的问题提出意见和建议，极少数右派分子却利用中共中央提出的"百花齐放、百家争鸣"的口号，要求实行"大鸣"、"大放"，利用大字报肆意进行攻击。中国共产党则发动群众同样运用"四大"进行"反右派"斗争，但这场斗争严重地扩大化了。毛泽东在一些文章和讲话中多次肯定"四大"，认为"四大"是一大创造。在"文化大革命"中，"四大"演变为向所谓"走资本主义道路的当权派"造反夺权的主要手段。1975年，"四大"被写进了《中华人民共和国宪法》。1978 年修改后的《宪法》仍将“四大”列为人民的民主权利。1980 年 9 月，五届人大三次会议作出决议，取消当时《宪法》第四十五条中公民“有运用‘大鸣、大放、大辩论、大字报’的权利”的规定。

【“鸣放”及“反右”期间北京地区的大字报】“鸣放”开始后，1957 年 5 月 19 日，北京大学最早在校园内张贴大字报。1957 年 5 月 27 日，上海《文汇报》2 版刊登该报驻北京记者刘光华发回的报道《北京大学的“民主墙”》云：

> 这里有杂文、短评、诗和漫画，同学们热情地提意见，帮助学校党组织整风……第一张批评性的大字报于19 日清晨出现在大膳厅的墙壁上，接着又贴出一位哲学系同学的大字报，建议在墙上开一个民主园地来开展争鸣，协助整风。这建议在同学中引起了热烈反响。大字报一张接一张地贴了出来，许多人都认为言路大开，民主气氛突增，为几年来所未见的好现象，是对北大领导的一服治病救人的清凉剂。可是，就在当晚举行的团员大会上，党委副书记崔雄昆当众说：贴大字报不禁止，不过这并不是好方式。这番话激起了许多人的不满。第二天清晨，同学们在大膳厅及附近宿舍的墙壁上，就像“忽如一夜春风来，千树万树梨花开”般贴满了形形色色的大字报，红的、绿的，或是用旧报纸写的。这里有尖锐的杂文、短评，有马雅可夫斯基式的短诗，也有开门见山的口号和极尽讽刺之能事的对联与漫画。然而从早到晚，川流不息的人群围着大膳厅及附近建筑的墙壁在看大字报，就在墙跟前或是宿舍里、教室的过道或是湖边的草地上，展开了热烈的讨论和争辩。自由鸣放的风气顿时弥漫全校。(20 日以后）大字报在北大更活跃起来。大膳厅周围所有可利用的墙壁和立面都贴满了（大字）报。这儿出现了“民主墙”，那儿增辟了“自由园地”、“民主论坛”，有个人具名的，有几个人合出的，也有班系学生会主办的。据一位同学的统计，截至22 日晚，已出了500 多份大字报。在大膳厅前的广场上，就像是海德公园一样，成千的同学在倾听一场接一场的激烈辩论。学生会宣布从下午5 时到10 时是辩论时间，专辟了两个教室并在广场上搭起讲台，装上播音器供辩论之用。校刊、播音台、黑板报也都刊载了同学们争鸣的论点和情况。在具有光荣革命传统的北京大学，八千多颗年轻的心炽热地燃烧起来了。

5 月 20 日，北大大饭厅灰色墙壁上又贴出一张引起轰动的大字报——物理系学生谭天荣的《一株毒草》。谭天荣在这张大字报中说：“到现在为止，百家争鸣、百花齐放离我们无知的青年还有十万八千里，我们国家没有检查制度，可是一切报刊（例如《人民日报》、《中国青年》和《物理学报》）的编辑们对马克思主义的绝对无知，对辩证法的一窍不通和他们形而上学的脑袋中装着的无限愚蠢，就是一道封锁真理的万里长城。”接着谩骂“魏巍写的《春天漫笔》不仅空空洞洞的自相矛盾，而且简直是神经错乱，语无伦次”，“李政道、杨振宁剥夺了物理学的最后一点光彩”。此后，他又连续写了《第二株毒草》、《第三株毒草》、《第四株毒草》等大字报。语言偏激、狂放。[7]

6 月 30 日，《文汇报》又在头版刊载该报驻京记者发回的通讯《首都各高校大字报发挥威力》，报道北京各高校也利用大字报“反击右派”的狂热场面。文章写道：“首都各高等学校目前大字报纵横满墙，正以雷霆万钧之势，集中火力向右派分子进攻。”“在中国人民大学，一张接一张的大字报，痛斥林希翎的反革命议论”，“痛斥讲师葛佩琦和王德周露骨的反动言论”；在北京大学“未名湖边，大字报正像骤风暴雨般在洗涤校园内一切反社会主义的污秽”；“清华大学的大字报，痛斥右派分子黄万里借题发挥否定我们社会主义一切成就的小说《花丛小语》的反社会主义言论”；“北京师范大学的大字报主要火力指向右派分子陶大镛和朱启贤”。“首都各高等学校琳琅满目的大字报跟前，从早到晚都站满了人。这些大字报各种各样，从触目惊心的大标语到精悍犀利的短文、长篇的议论、新诗旧词、故事、小说、新闻报道、照片漫画，千源万头，汇总为一股不可抗拒的巨流，成为维护真理、巩固党的领导、保卫社会主义制度和打垮右派分子猖狂进攻的有力武器。”

【1958 年前后上海、广东等地兴起的大字报】上海地区写大字报的疯狂程度并不亚于北京。钟民（时任上海市委常委）在《一万万张大字报》[8]中谈到：

> 在这次反浪费反保守运动中，上海市广大群众和干部，在一个多月的时间，写了一万万多张大字报。这一万万多张大字报像奔腾澎湃的海潮一样，冲击了一切保守思想和浪费现象。这一万万张大字报，象（像）春风化雨一般，促进了人们的思想大跃进、生产大跃进和各方面工作的全面大跃进。早在去年（1957 年）七月，毛泽东同志在上海的时候，对于运用大字报的问题，就作了明确的指示。毛泽东同志说：工厂里整风，用大字报好，越多越好。如果是一万张，那是头等，五千张就是二等，二千张就是三等，至于稀稀拉拉的只有几张，那就不够格了。上海党的组织在整风和反右派斗争的过程中，遵照毛泽东同志的指示，运用了大字报这个武器。[9]上海地区首先造成大字报声势的是工业战线上的职工，接着学校、商业、交通运输业、机关、文化艺术、农村、里弄等各个方面，大字报都风起云涌，有如一股十二级台风，席卷而来，冲击着各个方面的保守思想和浪费现象。那时大字报一个小时一个“行情”。江南造船厂在春节前后短短的六七个昼夜里，一共贴了五十三万八千多张大字报。许多工厂、学校也都在短短的时间里贴出了几十万张大字报。大字报和座谈会、辩论会相结合，确是揭露和解决人民内部矛盾的有效工具。

1958 年 3 月 10 日，《广汇报》第三版《笔会》副刊刊登张春桥《让大字报流芳百世》一文云：“‘六千万张大字报！’这是一个了不起的数字。如果加上大整大改中新贴出的大字报，作一个保守的估计，翻一番，就是一亿两千万。这件事，意义实在重大。谁如果写上海历史，不论是写政治运动史，还是写经济史、文化史、报刊史，只要写到 1958 年，就应当大书特书。如果遗漏了，那真是一个罪过，应当贴他一千张大字报。”

1958 年 3 月 25 日，《新民报晚刊》第六版刊载南宫育《大字报颂》云：“是特效药，是万应膏。沉疴立起，百病全消。‘爱克斯’光，几微洞见。借鉴及时，功同保健。扫除六气，力满全身。灭资兴无，以红以专。有病治病，无病益智。上溯亘古，无此妙剂。扁鹊圣手，诸葛锦囊。秘称独擅，逊此光芒。光芒万丈，唯大字报。知无不言，忠告善道。是力量之源泉，是跃进之响号。何以名之，名之曰天下之至宝。”

到 1958 年 6 月以后，大字报又被从城市引入全国广大农村。6 月 13 日《人民日报》第四版在“让大字报遍布广大农村”的通栏大标题下，登载了应麟的《武器与号角》、萧承良的《烈火燎原》等文章，分别描述了全国各省农村如火如茶开展大字报活动的情景。7 月 5 日《人民日报》第四版载消息《大字报在广西农村开花结果》。7 月 14 日，《人民日报》第四版载消息《建立民主墙，永远使用大字报》，报道云南曲溪县“用‘社会主义民主墙’的形式，把大字报的习惯巩固下来”的“经验”。“各乡、社的民主墙一建立，就马上贴满了大字报。”

1958年7月17日，《人民日报》头版头条及第五版报道广东省四会县石狗乡幸福农业社“使大字报经常化，并且通过大字报发动群众，进行当前问题的鸣放辩论，统一思想，提高认识，推动工作”的经验；接载广东省从化县吕田乡“把大字报从农业合作社扩展到社会上去”的报道：“据统计，从5月到7月初，全乡共贴出了大字报六万三千多张，平均每人写了5张。”广东高要地委书记还写文章《大字报运动的新发展》介绍经验云：“社员看到别人做的事情不对头，就说：‘贴你一张大字报’”，“人人相信大字报，人人会用大字报，我们的工作就一定会做得更好些”。当天报纸第五版还刊登了“编后记”《大字报万岁》，其中引用毛泽东的话说：“大字报是一种极其有用的新式武器，已经普遍使用起来了，应当永远使用下去……大字报万岁！”

与此同时，在1958年7月间，全国各地不少单位都成立了大字报社，由党、团和工会选派若干人组成编委会，专门写、贴大字报。上海人民出版社和上海文艺出版社还合编了一套《大字报选》，张春桥还为该书写了“序”。[10]

1958年8、9月以后，大字报逐渐冷了下来。到了1968年“文化大革命”开始后，新一轮大字报狂潮又在全国范围内掀起，给中国带来了无穷的灾难和祸害。到1975年，大字报居然被写进经过修改的《中华人民共和国宪法》里：“（人民群众）有运用大鸣、大放、大辩论、大字报的权利。”1980年9月五届全国人大三次会议作出决定，修改《中华人民共和国宪法》第四十五条，取消“四大”的规定。从此，“大字报不受法律保护”。到21世纪初，坊间开始出现研究、反思大字报的专著。[11]

二、“左叶事件”

1957年4月间，因记者在采访中与国家机关工作人员之间发生的一场小纠纷，却被媒体夸大其词，肆意炒作成一个在全国轰动一时的“左叶事件”，其教训是深刻的。

“左叶事件”发生在4月17日。5月7日出版的《中国青年报》第三版《辣椒》专栏载“洪克”写的《部长助理和摄影师》一文，最早报道“左叶事件”。

5月8日，上海《文汇报》头版左下角载消息《新闻记者的苦闷》也详细报道了“左叶事件”，并在二版显著位置登载社论《尊重新闻记者》，在全国产生了强烈反响。据《新闻记者的苦闷》报道云：

“本报·北京7日专电　4月17日，（苏联）伏罗希洛夫主席在刘少奇同志陪同下参观农业展览会，首都各报记者跟随采访，当时在场的外宾和欢迎群众很多，其中也有一些外国记者。新闻电影制片厂摄影师韩德福在人群很挤的情形下把挡在前面的一位高级干部拉了一把。这位高级干部转过脸来大骂：‘你重要还是我重要？滚出去！’这位高级干部就是农业部部长助理左叶同志。”“事情并没有就这样了结。后来，外交部新闻司的一位同志又对记者们说：‘你们别挤了，方才已经有一位同志有意见了。再挤就叫记者都滚出去！’记者们听到这话以后，当场有好几个人扯下记者证说：‘像这样可以不要我们采访了！’这只是一种抗议，事实上记者们忠实于自己的职务，还是完成了采访任务。可是，事后主管机关却片面地批评了记者，认为记者不遵守秩序。”实际事实据当事人韩德福在书面材料中说，他那天要拉开左叶的时候，他的胶片已经拍完，他之所以去拉，是因为另一位摄影师刘云波正在工作，手中的摄影机距离左叶的头部只有半公尺，一方面左叶挡住了镜头，另一方面如不拉开他，他的头就要碰到机器上了。韩德福说，左叶被拉后很生气，一回头就说："你怎么拉人？"韩说："不拉你，机器就要碰到你头了。"左叶气愤地说："你重要还是我重要！"并没有骂韩，更没有叫他"滚出去！"[12]《文汇报》在报道中故意渲染是完全不对的。更为恶劣的是，《文汇报》社论《尊重新闻记者》比拟失当云：

"我们可以下这样一条定律：当一个政权反人民的时候，它是排斥记者的、怀疑记者的。国民党在重庆、南京的年代时常封锁新闻，设新闻检查机构，甚至殴打、逮捕、处死新闻记者。记得采访'国民参政会'新闻，记者也曾受过搜身以及参政员走大门、新闻记者走旁门的伤害人权的污辱……""我们人民政权是尊重新闻记者的。但是把新闻记者看作讨厌人，防范而不是合作、鄙视而不是尊重，种种旧作风还是存在的。"

到5月10日，《人民日报》的第八版副刊版上也发表了袁水拍针对"左叶事件"写的讽刺诗《官僚架子滚开！》、方成就此事画的一幅讽刺漫画和梁汝怀写的杂文《要学会尊重人》三篇作品，使"左叶事件"的影响进一步扩散到全国。

以上三家报纸都是当时在全国有重大影响力的媒体，他们不恰当地运用自己掌控的媒体资源和话语权优势，抓住一点小纠纷就感情冲动、意气用事地肆意炒作，造成了恶劣影响，严重违背了新闻工作者的职业道德和操守，其教训是深刻的。

8月14日《人民日报》头版头条刊载社论《对新闻工作者的一个教训》云：

"在今年5月间北京和上海报纸上喧嚷一时的所谓'左叶事件'，经过新闻工作者协会最近的调查、对证，真相已经大白。右派分子向我们党和国家猖狂进攻的时候，巧妙地利用这个事件，从新闻战线上放出一支毒箭。许多报纸，包括本报在内，没有查清事实，轻率地、错误地发表了一些关于这件事情的消息和文章，在客观上起了替右派分子推波助澜的作用。""其实，这件事情本没有任何重要的意义。这只是一个国家工作人员同几个新闻记者发生的一次小纠纷。当时农业展览馆中人群拥挤、秩序混乱，在场的新闻记者是有责任的。负责维持秩序的农业部长助理左叶处理问题简单、不冷静，对新闻记者表现了非同志的态度，也是不对的。但是，事情不过如此而已。这有什么可以大惊小怪的呢？""然而，这件事情居然闹起来了。这一方面因为我们个别新闻工作者情绪偏激；另一方面更重要的是因为新闻界的右派分子恶毒地抓住这件事情，尽力把它夸张、渲染，并且歪曲某些重要的情节，煽动了反动的火焰。""当时的上海文汇报，在这件事情上表现得最凶狠、最恶毒。""在文汇报的煽动之下，许多站在资产阶级立场的编辑和记者们都出场了。有的瞪着眼睛说现在是'不敢讲话的时代'；有的蹲在旁边敲边鼓说，你的看法是对的，所以报纸的任务应该是'揭露、揭露、再揭露'……种种谬论不一而足。特别是5月中下旬的北京新闻工作座谈会上，资产阶级新闻观点就更集中地暴露出来了。"至此，有关"左叶事件"的报道终于画上了句号。此后，文汇报驻京记者刘光华因报道"左叶事件"而被打成右派。新华社1992年8月24日电：左叶同志因病于1992年7月4日逝世。他1910年生于江西省永新县一个佃农家庭，终年82岁。

三、"鸣放"中的《文汇报》

《文汇报》于1938年1月25日在上海创刊，1939年5月18日停刊。1945年9月复刊，至1947年5月24日（发行至第1086号）第二次停刊。1949年5月上海解放后，该报于6月21日（第1087号）在上海复刊。1956年4月，上海《文汇报》一度迁北京改为《教师报》出版，并在1956年4月28日发表《终刊词》。1956年10月1日，《文汇报》又迁回上海复刊（出至第3405号），依然是日出对开4版一张，第三版是副刊版，辟有《辟言堂》、《笔会》、《社会大学》等栏目。

1956年10月1日《文汇报》复刊第一天第二版头条载《敬告读者》云：

“文汇报今天继续出版了”，“在这国庆、报庆大喜的日子，让我们向广大读者表示祝贺和感谢……”。“文汇报一向是一张人民的报纸，是一张知识分子的报纸。一张人民的报纸，主要应该以事实说话，以每天发生的新闻反映现实，宣扬真理”；“作为一张知识分子的报纸，必须从各方面满足知识分子的需求”。“今后的文汇报有《笔会》、《彩色版》、《社会大学》、《教育生活》、《新闻岗》等副刊，有各种专栏，将从各方面满足读者的要求。”

《文汇报》复刊不久，就开始投入“百花齐放、百家争鸣”的“双百”方针的宣传战役。在1956年底至1957年初，针对国产影片上座率低、片子亏本的状况，《文汇报》组织、策划了电影问题的讨论，发表了大量的争鸣文章。据统计，在两个多月的时间里，共发表文章60余篇，其中以老舍的《救救电影》、影评家钟惦棐的《电影的锣鼓》（原载《文艺报》1956年12月5日）与朱煮竹（钟惦棐的笔名）的《为了前进》（原载《文汇报》1957年1月4日）等文最为引人瞩目，对发展我国电影事业及有关电影的问题，提出了许多值得重视的意见。与此同时，1956年12月3日第二版发表华东师范大学教授、生物学家薛德堉的文章《谈谈麻雀问题》。这是对正在全国掀起的消灭麻雀（当时麻雀被列为“四害”之一）运动提出异议的第一篇文章。随后，《文汇报》开展了麻雀是害鸟还是益鸟的争论。这一讨论持续了两个半月，不仅引起生物、农林、卫生等部门的重视，而且受到毛泽东的关注。到1960年3月，毛泽东为中共中央起草关于卫生工作的指示中说：“再有一事，麻雀不要打了，代之以臭虫，口号是‘除掉老鼠、臭虫、苍蝇、蚊子’（1956年时的‘四害’是指苍蝇、蚊子、老鼠、麻雀）。”

1957年4月9日，《文汇报》用“本报专电”形式，在头版头条发表该报驻京记者姚芳藻写的专访《中共中央宣传部副部长周扬同志答本报记者问》。周扬对记者提出的有关贯彻“双百”方针诸方面的问题，作了具体解答。新华社全文转发这一专访，《人民日报》在4月11日转载时，还发表了题为《继续放手，贯彻“百花齐放，百家争鸣”的方针》的社论。全国许多报纸纷纷转载这篇专访报道。4月11日，中共中央宣传部部长陆定一来到文汇报社，看望编辑部同志。他表扬文汇报“办得好，有特色”，并鼓励大家进一步贯彻“双百”方针。他认为“放得还不够，还要更尖锐”[13]。4月16日，毛泽东到机场迎接苏联最高苏维埃主席伏罗希洛夫来华访问，遇见著名学者叶恭绰时，赞扬他在文汇报上发表的诗文，又赞扬《文汇报》办得不错，有看头。《文汇报》从复刊到4月30日，已发表各类知识分子访问记60多篇，形成了自己的鲜明特色。

1957年5月1日，《文汇报》在当天头版头条用大号字体刊登《中共中央发出关于整风的指示》（一九五七年四月二十七日）全文和《中央机关开始整风》及科学院“争鸣”的消息。5月1日后，《文汇报》基本上每天都刊登“鸣放”及整风的新闻或通讯，特别是它的《笔会》、《群言堂》、《社会大学》等专栏，经常刊登精彩的短文。另外，从5月1日起，还在第二版开辟了《争鸣短讯》专栏。5月3日，《文汇报》第三版转载《人民日报》2日社论《为什么要整风?》。

5月8日，《文汇报》头版左下方发表该报驻京记者发回的专电《新闻记者的苦闷》，报道“左叶事件”，批评农业部部长助理左叶，并在当天第二版配发社论《尊重新闻记者》，引起了广泛的反响。该社论将“左叶事件”与国民党在重庆、南京“殴打、逮捕、处死新闻记者”相提并论，是非常错误的。

5月9日，《文汇报》头版刊登《中共中央统战部邀请民主党派负责人座谈 帮助共产党开展整风运动 章伯钧等党派关系问题提出重要看法》的重要新闻。当天二版载许杰《墙是怎样形成的》、储玉坤《心花怒放——上海市政协第11小组座谈纪要》。5月10日，《文汇报》头版继续报道中共中央统战部继续举行座谈会的情况，刊登各民主党派人士及无党派人士在座谈会上的发言提要。当天二版载《记者在工作中碰到什么困难——上海各报社通讯社电台记者们举行座谈》的新闻。文中新闻记者们倾吐了各自在工作中遇到的困难和苦衷。

5月11日，《文汇报》头版继续刊登《民主党派继续在京座谈，批评中共有“以党代政”现象，对长期共存互相监督等问题发表意见》，并开始大量刊登、报道社会各界人士在各种座谈会上“鸣”、“放”的信息。

5月12日，《文汇报》头版载《（上海市委第一书记）柯庆施在宣传工作会议上宣布上海整风运动开始》的新闻。当天还登载《首都记者举行座谈，要求各界尊重新闻工作》，继续报道“左叶事件”。5月14日头版刊载消息《各地新闻界纷纷要求改善记者工作条件》，仍是对全国各地新闻界就“左叶事件”召开座谈会的报道。感情冲动、反复炒作，造成很坏的影响。

5月16日《文汇报》第二版首载新闻日报社社长金仲华的《新闻工作中的几个矛盾》，接着刊载该报记者采写的专访《流沙河谈“草木篇”》。

5月17日，头版报道5月16日由全国记协、北京大学新闻学专业、人民大学新闻系联合召开的新闻工作者座谈会新闻。

5月19日，头版载该报社长兼总编辑徐铸成的《“墙”是能够拆掉的》。

5月21日第二版载许君远《报纸应当这样办下去吗?》，列举了当时报纸编采及版面上存在的一些问题。其中云：“解放后的报纸只顾说教，忽视趣味，而趣味正是中国报纸的一种优良传统。”这一观点后在“反右”中遭到错误的批判。

5月27日，《文汇报》第二版刊载该报记者刘光华从北京发回的专电《北京大学“民主墙”》，报道北京大学学生用“大字报”和“播音器”（麦克风、喇叭）来举行“大辩论”，开展“鸣放”。这篇通讯见报后，影响极大。从此，铺天盖地的大字报在全国各地大专院校出现。“四大”猖獗，对青年学生影响极坏。刘光华因此文后被划为右派。

6月6日头版载消息《对共产党领导国家的方式问题 谭惕吾提出建议》。该文报道：民革中央常委“谭惕吾就共产党领导国家的方式问题发言说，现在政府有一套机构，党内又有一套，她称这是双轨制度，她怀疑一切工作中的问题，所谓‘墙’和‘沟’、三大主义等是否都从这里产生的。”她“还提出，共产党的政策应该通过国家制定的法律、法令来体现，她不同意在国家的法律、法令之外另外发党内指示的做法”。她还“要求中共中央检查在制定的政策中是否有和宪法抵触的？如有，要赶快纠正”。这些观点在不久的“反右”斗争中受到猛烈的抨击。

6月7日头版载消息《活跃争鸣 思想交锋 卢郁文批评储安平 认为“党天下”的提法是重大歪曲》。6月8日头版载《复旦大学教授大鸣大放》及同济大学《在召开了八十几个座谈会之后，昨天又分七个系同时举行教职员大会》的消息。同一天第四版载《孙大雨在复旦座谈会上的发言》。后来反右中，这篇发言成了一个重要的批判“靶子”。

6月10日第三版《笔会》专栏载姚文元《录以备考——读报偶感》。文章就《文汇报》对毛泽东在接见共青团代表时发表讲话的新闻处理不当、未作突出编排而提出了批评。

1957年6月11日，《文汇报》头版在“一切离开社会主义的言论行动是完全错误的!”通栏标题下，转载《人民日报》社论《工人说话了》。接载北京、上海等地反击右派言论的新闻报道。此后，《文汇报》每天对各地“反击右派”报道的内容大增。

6月14日，《文汇报》头版转载《人民日报》同一天发表的该报编辑部起草、经过毛泽东亲自修改的重要文章《文汇报在一个时间内的资产阶级方向》（1957年6月13日）。同时发表《文汇报》自己的社论《明确方向，继续前进》，“替自己的错误作了辩护”（毛泽东语）式的自我批评。《文汇报在一个时间内的资产阶级方向》云：“下面转载的这篇文章见于6月10日《文汇报》，题为‘录以备考’。上海《文汇报》和北京《光明日报》在过去一个时间内，登了大量的好报道和好文章。但是，这两份报纸的基本政治方向却在一个短时期内变成了资产阶级报纸的方向。这两份报纸在一个时间内利用‘百家争鸣’这个口号和共产党的整风运动，发表了大量表现资产阶级观点而不准备批右的文章和带煽动性的报道，这是有报可查的。这两个报纸的一部分人对于报纸的观点犯了一个大错误。他们混淆资本主义国家报纸和社会主义国家报纸的原则区别。在这一点上，其他一些报纸的编辑和记者有这种情形，一些大学的一些新闻学教师也有这种情形，不只文汇、光明两报如此，不过这两报特别显得突出罢了。错误观点是可以经过研究、考虑和批判加以改变的，我们对他们期待着。”文章还说：“在世界上存在着阶级区分的时期，报纸又总是阶级斗争的工具。”应该说，《人民日报》编辑部文章对《文汇报》、《光明日报》在“鸣放”前期的成绩是给予了充分肯定的，同时也指出了前一段时间《文汇报》存在的问题，并希望其改进。但《文汇报》明显没有高度重视毛泽东的指示，仍然一意孤行。

1957年6月18日，《文汇报》二版发表徐仲年的《乌“昼”啼》杂感5则。其中第三则《敬鬼神而远之》云：“理应相处无间的‘党’与‘群’，关系究竟理想不理想呢?恐怕不见得罢！且慢责备人民不肯靠拢共产党，先检查一下有些共产党党员是否想到靠拢人民?”“道貌岸然，心中怀着‘民的主’（不是‘民主’），眼睛生在天灵盖上（不单单生在额角上而已），一副‘你吃我的饭’的神气：有些共产党党员颇像阎罗殿上戴着‘一见生财’的帽子的活宝，人民见了，焉得不‘敬而远之’呢?”该文用刻薄的语言对党员进行了丑化。

1957年7月1日，《文汇报》在头版头条以通栏大标题的编排方式转载由毛泽东亲自写的《人民日报》社论《文汇报的资产阶级方向应当批判》。对《文汇报》由“批评”升级为“批判”。社论分析了《文汇报》、《光明日报》、《新民报》三报的表现，认为6月14日文章发表后，《光明日报》的立场根本上转过来了，像一张社会主义报纸了；《新民报》“作了许多比较认真的自我批判”，改正了错误，表现了对人民负责的态度；而《文汇报》仍在为自己的资产阶级方向辩护。社论还评述了全国“反右”斗争的形势，提出了反击右派的政策和策略，那就是“在一个期间内不登或少登正面意见，对错误意见不作反批评”，如当时的《人民日报》“及一切党报，在5月8日至6月7日这个期间，执行了中共中央的指示，正是这样做的。其目的是让魑魅魍魉，牛鬼蛇神'大鸣大放'，让毒草大长特长，使人民看见大吃一惊，原来世界上还有这些东西，以便动手歼灭这些丑类"；"有人说，这是阴谋。我们说，这是阳谋。因为事先告诉了敌人：牛鬼蛇神只有让它们出笼，才好歼灭它们，毒草只有让它们出土，才便于锄掉"。此后，"反击右派"斗争大规模地在全国铺开，导致严重扩大化。

从1957年7月1日起，《文汇报》开始连篇累牍地刊登揭发、批判该报社长兼总编辑徐铸成、副总编辑兼《文汇报》驻京办事处主任浦熙修的文章，揭露他们"两人劫持"《文汇报》，"忠实地执行了章（伯钧）罗（隆基）联盟的反共、反人民、反社会主义的方针"的"罪行"。[14]与此同时，全国的反右斗争进入高潮。在此后三个月时间里，《文汇报》上刊登的反映该报内部"反右派"斗争的报道有数十篇，有11人被公开点名批判。到9月底，由于"反右"斗争严重扩大化，《文汇报》共有21人被错划为"右派分子"，其中包括社长兼总编辑徐铸成、副总编辑兼北京办事处主任浦熙修，另有编委、编辑、记者17人，校对1人，管理部秘书1人。驻北京办事处的10名记者中，就有7人被打成"右派分子"，而这7人中又有4人或被判刑或被劳动教养，受尽磨难。在沪本部被错划为"右派分子"的同志中，有两人自杀身亡。当时《文汇报》聘请的15名特约记者中，有11名主要因《文汇报》牵连，被划为"右派分子"。社外编委中，沈志远、傅雷、王中、袁翰青、徐盈、彭子冈等都遭受严厉批判。经此风暴的打击，《文汇报》的声誉一落千丈，被人们称为"右派报纸"，销量由十多万份急剧下跌至两三万份，受到致命的打击。

1978年党的十一届三中全会以后，《文汇报》被错划的21人全部得到改正，被迫害致死的同志也获得平反昭雪。[15]

四、"鸣放"中的《光明日报》

《光明日报》创办于新中国成立前夕的1949年6月16日，由中国民主同盟（简称"民盟"）中央主办，是"民盟"的"言论出版机关"，其性质是公营的文化企业单位，以知识分子为主要读者对象，以报道文化教育工作为重点。从1953年起，该报改为由"民盟"、"民革"（中国国民党革命委员会）、"民建"（中国民主建国会）、"农工"（中国农工民主党）、"民进"（中国民主促进会）、"致公"（中国致公党）、"九三"（九三学社）、"台盟"（台湾民主自治同盟）、"全国工商联"（中华全国工商业联合会）及无党派民主人士联合主办的报纸。由各民主党派宣传部长与报社社长、总编辑，以及中共中央宣传部、统一战线工作部（简称"统战部"）的顾问组成《光明日报》社务委员会，实行社长领导下的总编辑负责制。

这张报纸创刊后的一段时期，社长一直由民盟中央副主席和农工民主党主席章伯钧担任，历届总编辑胡愈之、邵宗汉、常芝青都是共产党员。但最初四五年间，报社内部的中共党员和党组织活动一直是不公开的。1954年又调进了一批共产党员到报社任职，10月间成立了《光明日报》党组，同时公开党的基层组织（支部和总支部）的活动，加强了党的领导。1955年1月18日，中共中央发出《关于改进光明日报工作的问题和关于协助光明日报和大公报在各地的通讯工作的问题的通知》，对《光明日报》的报道内容和编辑方针作了局部的调整，确定该报仍以报道文化教育工作为重点，但学校教育方面的报道以高等教育和中专教育为主，并加强科学、文化艺术、卫生和体育活动的宣传报道；逐步加强国家机关工作和民族工作的报道；继续办好各种专刊；同时，继续进行关于各民主党派活动的报道，并注意加强对国际问题的宣传报道。以上情况说明，党既加强了对报纸的领导，又保持该报民主党派报纸的特色，使其有别于党所直接领导的报社。

1956年底，根据中共中央有关部门关于民主党派独立自主地办《光明日报》的方针，该报开始由各民主党派酝酿、“公推”新任总编辑。经过各民主党派协商并征得本人同意，最后确定总编辑人选为储安平。1957年4月1日，储安平出任光明日报社总编辑，社长仍是章伯钧。4月19日，中共中央统战部邀请各民主党派负责人和无党派人士协商，明确《光明日报》完全由民主党派独立自主来办，并正式宣布撤销中共党组，撤出原任党员总编辑、副总编辑。储安平从此全面掌握报社编辑业务，[16]并开始大量报道“鸣放”消息。

1957年4月27日，《光明日报》第二版头条刊载张申府《发扬五四精神：放!》（4月21日）的文章，大声疾呼思想解放、百家争鸣。文章最后强调：“我们争鸣，一定要根据宪法；根据宪法，我们一定也就都可以争鸣，而且可以获得争鸣的机会与条件；再则，不论什么放言高论，但令根据宪法，但令不违背宪法，便都没有什么不可以。”这表达了理性的呼吁。

5月1日，《光明时报》头版头条刊载《中国共产党中央委员会关于整风运动的指示》(1957年4月27日)。当天第二版在“上海知识界谈贯彻‘百家争鸣’问题”的通栏标题下，用整版篇幅刊登该报记者采访当时在上海各高等学校任教的部分民主党派成员和无党派民主人士时的谈话记录。谈论中反映出知识分子对实行“双百”方针的隐忧和顾虑。5月3日，《光明日报》第三版头条转载《人民日报》社论《为什么要整风?》。5月4日第二版载《春夜谈心》。5月6日头版头条载《推倒墙填平沟改善党群关系》，报道在上海邀请部分民主党派成员座谈会上的发言。

5月7日，《光明日报》头版头条载《中共统战部、清华大学党委会、民盟、九三学社等开座谈会，讨论改变高等学校党委负责制问题》。5月8日头版载《研究清华大学中共和民主党派基层组织关系问题的座谈会继续举行、讨论民主党派在高等学校的地位和作用》，接载消息《北大一百多位教授座谈内部矛盾问题，对学校领导提出尖锐批评》。

5月9日，《光明日报》头版头条刊登《中共中央统战部邀请各民主党派领导人座谈，征求对统战工作意见帮助共产党整风》。此后，多次连载在科学院、北师大、民盟北京市委等部门、单位座谈会上与会者向中共党组织及领导提意见的发言。

从5月10日起，《光明日报》开始用整版篇幅大量刊登该报编辑部派到全国各地采访“鸣放”消息的记者们发回来的报道。当时派出记者到上海、沈阳、西安、武汉、南京、兰州、青岛等9大城市，邀请各地民主党派人士及无党派人士，召开座谈会，然后把谈话记录整理出来登在报纸上。这种行为，实际上就是到全国各地四处“煽风点火”，组织、策划搜集向党进攻的武器弹药。这些意见中，有很多都比较片面、偏激，如5月14日第3版、5月17日第3版、5月26日第3版所登谈话即属此类；有很多意见是不负责任的牢骚话，如5月22日二版所载《回顾无知己　比邻若天涯》，即是此类言论的典型例子。《光明日报》把这些意见登出来，影响极坏。

1957年5月12日载消息《记者的工作应该得到尊重和支持，首都新闻界座谈工作中遭遇的阻难》，报道“左叶事件”发生后，首都新闻界举行座谈会的情况。5月15日，

《光明日报》又刊登了北京大学新闻专业教授蒋荫恩写的《新闻记者的职务应该得到重视》，也就“左叶事件”谈了他对“社会上某些部门或某些人”“留难和阻碍”新闻记者的采访工作的看法。文章写得较为平实、理性。

5月21日，《光明日报》头版载消息《北京航空学院官气十足在党群之间有一座“万里长城”连日举行座谈　不少教授尚有顾虑》。5月22日头版头条载消息《中共中央统战部座谈会昨天复会　民主党派负责人提出许多建议》，其中报道章伯钧发言云：“工程建设在施工之前有一个设计过程，许多工业部门有设计院，但政治设施，却无设计院的组织。”他认为政协、人大、民主党派、人民团体应该成为政治上的设计院，通过这些机构多商量，许多问题容易明确。此后，这个“设计院”观点遭到严厉的批判，章伯钧因此被划为右派。

5月26日头版刊载消息《“帮助共产党种牛痘”——黄炎培在中共中央统战部工商界人士座谈会上的发言书面全文》，5月28日第三版载《清华园耳闻录》。

1957年6月2日，《光明日报》头版显著位置刊登《复旦大学取消党委负责制》的失实报道。6月4日的《人民日报》头版特载消息《陈望道和杨西光说：复旦大学没有取消党委负责制》及该报“上海3日电”云“（2日）光明日报所载复旦大学已取消党委负责制的消息是完全没有根据的”，予以澄清事实。6月2日的《光明日报》还在第一版下方及第二版整版刊登《统战部座谈会昨结束发言》的长篇报道。其中，储安平以《向毛主席、周总理提些意见》为题的发言最为尖锐：“解放以后，知识分子都热烈地拥护党，接受党的领导。但是这几年来党群关系不好，成为目前我国政治生活中急需调整的一个问题。这个问题的关键究竟何在？据我看来，关键在‘党天下’的这个思想问题上。”“在全国范围内，不论大小单位，甚至一个科一个组，都要安排一个党员做头儿，事无巨细，都要看党员的颜色行事，都要党员点了头才算数，这样的做法是不是太过分了一点？”“党这样做，是不是有‘莫非王土’那样的想法，从而形成了现在这样一个一家天下的清一色局面。我认为，这个‘党天下’的思想问题是一切宗派主义现象的最终根源，是党和非党之间矛盾的根本所在。”“最近大家对小和尚提了不少意见，但对老和尚没有人提意见。我现在想……向毛主席和周总理提些意见。”

6月8日，中共中央发出了毛泽东起草的《组织力量反击右派分子的猖狂进攻》（一九五七年六月八日）的党内指示，并在《人民日报》上发表了毛泽东撰写的社论《这是为什么?》。社论指出：“在‘帮助共产党整风’的名义下，少数右派分子正在向共产党和工人阶级的领导挑战，甚至公然叫嚣共产党‘下台’。”储安平看过这篇社论，当天下午就向章伯钧提出辞职，第二天就不再到报社上班了。[17]

6月14日起，《光明日报》开始刊登批判章伯钧、罗隆基、储安平观点的文章。当天头版显著位置发表了该报社论《同右派分子划清界线》，第二版刊载6月10日《人民日报》编辑部文章《文汇报在一个时间内的资产阶级方向》及姚文元的文章《录以备考——读报偶感》。6月15日，继续大量刊登批判章伯钧、储安平、罗隆基观点的文章。6月22日，《光明日报》头版头条载社论《在反右派斗争中改造自己》，接载消息《九三学社决定社内整风，撤销储安平的〈光明日报〉社务委员职务、要求追究他同章伯钧篡改光明日报方向责任》。当天第二版载九三学社声明：“作为我国各民主党派共同报纸的《光明日报》，从本年4月6日到6月初，被右派野心分子章伯钧、储安平把持，擅自篡改政治方向和编辑方针，一变而为资产阶级的政治方向和编辑方针，有计划地刊登夸大个别偏差和缺点的文字，拒绝宣传党和政府的政策方针的言论，擅自在九大城市召开座谈会，制造反党的不满情绪，企图破坏党和政府的威信”，“为此，中央常务委员会决定追究章伯钧、储安平擅自篡改光明日报政治方向的责任，并撤销储安平代表本社充任光明日报社务委员会委员的职务”。

7月15日，《光明日报》头版用通栏大标题刊登该报编辑部万言长文《本报在章伯钧、储安平篡改政治方向期间所犯错误的检查》（第三版整版续载），对储安平“掌握光明日报编辑业务”期间，“即是从5月到6月上旬期”所犯错误进行了全面、系统的检讨和反省。文章指出：“储安平抓业务的第一步，就是派出记者到九大城市召开座谈会，处处点火，打乱整风步骤。煽动人民对党的不满，把正在蓬蓬勃勃建设社会主义的新中国涂成一片漆黑，妄图达到反共反人民反社会主义的目的。”“从5月初起，在短短的一个月里，见报的座谈记录就有十一次，占了十二个整版，约有十三万字。除了座谈记录以外，组织座谈会的记者还拍发了二十个专电，写了十几篇通讯，一直到6月5日见报的青岛座谈会记录始告结束。”文章还揭露了章、储“宣扬资产阶级民主”、“歪曲党的政策、挑拨党和知识分子关系”、“反对党领导高等教育”、“煽动大学生闹事”、“宣传资产阶级办报观点”及“反动的编排方法”等“罪行”。

7月16日，《光明日报》第五版（6、7、8版整版续载）整版刊载“在全国人民代表大会第四次会议上”章伯钧、罗隆基、谭惕吾、章乃器、马哲民等人“向人民低头认罪”（章伯钧语）、“要重新做人”（马哲民语）的“自我批判”式的检讨及发言。

1957年11月11日，《光明日报》社务委员会邀请各民主党派中央负责人举行会议，决定撤销“右派分子”章伯钧的光明日报社社长职务和“右派分子”储安平的光明日报总编辑的职务。会议还决定：杨明轩为光明日报社社长，陈此生为副社长兼总编辑，穆欣、高天为副总编辑。在改组光明日报社领导班子的同时，恢复了报社中共党组，由穆欣任党组书记。11月12日，报社全体职工集会欢迎新的领导班子就职。会议由光明日报社秘书长萨空了主持，杨明轩在发言中宣布：报社的反右派斗争已经取得决定性胜利，全体职工要更加振作起来，争取共产党的领导，加强与各有关方面的联系，加强学习，全心全意为人民服务，把光明日报办好。至此，《光明日报》“反右”斗争告一段落。[18]在这次“反右”斗争中，光明日报被划为右派的除章伯钧、储安平外，还有该报学校教育部主任潘文彬（笔名“文冰”）、党派部第二主任王少桐、要闻部副主任张荫槐，以及记者徐颖（女）、钱统纲、殷毅、许子美和助编肖恩元、包乾元、谢捷（女）等十余人。[19]

五、从“鸣放”转为“反右”的《人民日报》

1957年的《人民日报》，经历了一个从鼓励“鸣放”，“引蛇出洞”，到“反击右派”的三步曲，也即经历了“大鸣大放”—引蛇出洞—全面反击“右派”与“反右”的严重扩大化三个阶段。

【从鼓励“鸣放”到“引蛇出洞”】1956年6月13日，《人民日报》在当天的第二、三版发表中共中宣部部长陆定一《百花齐放，百家争鸣——一九五六年五月二十六日在怀仁堂的讲话》全文。《讲话》中云：“中国共产党对文艺工作主张百花齐放，对科学工作主张百家争鸣，这已经由毛泽东在最高国务会议上宣布过了。……我今天所要讲的，是个人对这个问题的认识。”他对党中央的“双百”方针作了全面的阐述。

1957 年 1 月 7 日，《人民日报》第七版《文化工作述评》栏目发表陈亚丁、马寒冰、鲁勃的文章《我们对目前文艺界工作的几点意见》，对“双百”方针提出了一些不同的看法。3 月 10 日，毛泽东批评了该文的一些观点。

1957 年 3 月 24 日，《人民日报》第七版头条载费孝通《知识分子的早春天气》。该文是一篇长达 8 000 多字的长篇随笔文章，谈的是在 1956 年 1 月周恩来关于知识分子的报告发表后及刚实行“双百”方针的情况下，高校知识分子的心态和重重顾虑。文中云：“究竟顾虑些什么呢？对百家争鸣的方针不明白的人当然还有，怕是个圈套，搜集些思想情况，等又来个运动时可以好好整一整。”因此，作者认为：当前的形势还是“草色遥看近却无”的春寒料峭的早春天气，还未到“春暖花开时节”。文章阐述了当时作者对“百花齐放、百家争鸣”方针和党的知识分子政策的看法，描述了知识分子们喜悦与疑虑并存的心态。因此文，费孝通在“反右”斗争中被划为右派，1959 年“摘帽”。

1957 年 5 月 1 日，《人民日报》头版头条在“全党重新进行一次反官僚主义、反宗派主义、反主观主义的整风运动　整风的主题——正确处理人民内部矛盾”的通栏大标题下，刊登《中国共产党中央委员会关于整风运动的指示》（一九五七年四月二十七日），这是中国共产党在 1942 年开始的第一次整风运动后进行的第二次整风。《指示》对整风运动作了周密的部署：

“这次整风运动应当以毛泽东同志今年二月在扩大的最高国务会议上和三月在中央召开的宣传会议上代表中央所作的两个报告为思想的指导，把正确处理人民内部矛盾的问题当作当前整风的主题。”“这次整风运动，应该是一次既严肃认真又和风细雨的思想教育运动，应该是一个恰如其分的批评和自我批评的运动。开会应该只限于人数不多的座谈会和小组会，应该多采用同志间谈心的方式，即个别地交谈，而不要开批评大会，或者斗争大会。不论在座谈会、小组会上，进行批评的时候，或者个别交谈的时候，都应该放手鼓励批评，坚决实行‘知无不言，言无不尽；言者无罪，闻者足戒；有则改之，无则加勉’的原则，不应该肯定自己的一切，拒绝别人的批评。同时，对于批评者要提倡实事求是，具体分析，以免抹杀别人的一切，使批评变成片面的、过火的批评。每个人都应该虚心地听取别人的意见，积极地向别人提意见，但是不得强迫被批评者接受他所不同意的批评。对于一些带原则性的争论，可能的时候应该作出必要的结论，但是必须容许保留不同的意见。对于在整风运动中检查出犯了错误的人，不论错误大小，除严重违法乱纪者外，一概不给组织上的处分，并且要给以积极的、耐心的帮助，这样来达到‘惩前毖后，治病救人’的目的。”这些步骤在后来的“大鸣大放”中被打乱。

当天（5 月 1 日）的《人民日报》第四版在“反对官僚主义、宗派主义和主观主义，正确处理文化教育事业中的矛盾”的通栏标题下，刊登了中国科学院、上海文艺界、首都戏剧界、九三学社等单位举行座谈，讨论贯彻“双百”方针及“鸣放”问题的消息。第七版整版刊登电影工作者座谈会上 13 位电影工作者的发言要点。

5 月 2 日头版下方发表社论《为什么要整风?》。5 月 3 日第七版辟《笔谈“百花齐放、百家争鸣”》专栏，专门刊登一些著名学者关于实行“双百”方针的见解（专栏每周出两次）。5 月 5 日第七版转载上海《解放日报》4 月 21 日社论《只能“放”、不能“收”》，进一步鼓励“鸣放”。

5 月 7 日头版载社论《为什么要用和风细雨的方法来整风》，宣传整风中的政策。

5 月 9 日头版头条载消息《倾听党外意见，推进整风运动，中共中央统战部邀请各民主党派负责人举行座谈会》，发表了在3月8日中共中央统战部邀集各民主党派中央负责人和无党派民主人士座谈会上各位代表的发言，其中包括民盟中央副主席章伯钧、九三学社主席许德珩、民革中央主委陈铭枢、民建副主任章乃器、民盟副主席罗隆基等的发言。参加这次座谈会的有50多人，9日继续开会。

5月10日第二版接载9日座谈会发言要点，题为“民主党派负责人在统战部召开的座谈会上批评共产党员的宗派主义”。同日第八版就“左叶事件”发表了袁水拍写的讽刺诗《官僚架子滚开!》、方成的讽刺漫画和梁汝怀的杂文《要学会尊重人》三篇作品。

5月12日，《人民日报》头版载《不要怕被围剿、不要怕被打击，工商业者要大放大鸣，北京、天津、上海工商联负责人举行座谈》。5月14日第二版显著位置登载章乃器文章《从“墙”和“沟”的思想基础说起》，该文云：“已经有不少人说过，党与非党之间有‘一道墙’、‘一条沟’。”“我觉得，在‘拆墙’、‘填沟’的工作中，除了要做好其他许许多多的工作以外，批判共产党员是特殊材料制成的这一条教条是必要的。”文章批评了“不少党员领导同志”“骄傲自满，以特殊材料自居”、“以党代政”、“党对革命理论的垄断”等现象。

5月15日，毛泽东撰写《事情正在起变化》一文，发给党内干部阅读。[20]在这篇长达4 000多字的文章中，毛泽东指出：“我党有大批的知识分子新党员（青年团员就更多），其中有一部分确实具有相当严重的修正主义思想。他们否认报纸的党性和阶级性，他们混同无产阶级新闻事业与资产阶级新闻事业的原则区别，他们混同反映社会主义国家集体经济的新闻事业与反映资本主义国家无政府状态和集团竞争的经济的新闻事业。他们欣赏资产阶级自由主义，反对党的领导。他们赞成民主，反对集中。他们反对为了实现计划经济所必需的对于文化教育事业（包括新闻事业在内的）必要的但不是过分集中的领导、计划和控制。他们跟社会上的右翼知识分子互相呼应，联成一起，亲如弟兄。”他还指出，“最近这个时期，在民主党派中和高等学校中，右派表现得最坚决最猖狂”，“新闻界右派还有号召工农群众反对政府的迹象”。文章还提出反击右派的策略：“大量的反动的乌烟瘴气的言论为什么允许登在报上？这是为了让人民见识这些毒草、毒气，以便锄掉它，灭掉它。”“右派有两条出路。一条，夹紧尾巴，改邪归正。一条，继续胡闹，自取灭亡。”此后，《人民日报》开始采取“引蛇出洞”及“钓鱼”的策略，大量刊登“鸣放”言论。

5月17日，《人民日报》头版载《北京新闻界“鸣”起来了》的消息，详尽报道了16日上午由中华全国新闻工作者协会研究部、北京大学新闻学专业和中国人民大学新闻系联合召开的新闻工作座谈会的情况。座谈会从16日开始召开，到18日结束。5月17日《人民日报》第二版还以整版的篇幅，刊登在中共中央统战部召开的各民主党派负责人和无党派民主人士参加的第七次座谈会上的发言提要，同时还附载该报评论员文章《欢迎非党同志帮助我们整风》。当天第四版也以整版篇幅载《帮助共产党除“三害”对外贸易部各民主党派主要负责人座谈》，第六版载九三学社及中国人民大学召开座谈会上一些教授的发言情况。

5月18日，《人民日报》第二、三版刊登17日首都新闻工作座谈会“继续进行”的情况。5月19日第二版载消息《首都新闻工作者座谈会结束，提出许多新闻理论和实际工作中的问题》，消息云：“首都新闻工作者座谈会已经在昨天（18日）闭幕。这三天的会议，一天比一天热烈，到会的人一天比一天多。”当日（19日）头版载社论《继续争鸣，结合整风》，文章说：“在这些日子，党外人士对我们的党和国家工作的批评，不管如何尖锐，基本上是诚恳的，绝大多数意见是正确的，有益处的。只要各部门、各地方的领导机关和领导同志善于接受一切有益的批评，认真研究各方面所提的意见，切实纠正工作中的缺点和错误，就一定可以达到填平和拆除党内外之间的深沟高墙、加强人民内部的团结和大大改进工作的目的。”“我们希望在继续争鸣、结合整风的过程中，党内外的意见能够进一步沟通，彼此推心置腹，亲密无间。”

5 月 22 日，《人民日报》头版头条载新闻《大胆开展批评　热烈进行争论统战部邀请民主党派和无党派民主人士继续座谈》，主要是报道 5 月 21 日统战部召开第八次座谈会的情况。其中报道民盟副主席章伯钧的发言云：“现在工业方面有许多设计院，可是政治上的许多设施，就没有一个设计院。我看政协、人大、民主党派、人民团体，应该是政治上的四个设计院。应该多发挥这些设计院的作用。一些政治上的基本建设，要事先交他们讨论，三个臭皮匠，合成一个诸葛亮。”

5 月 31 日，《人民日报》第七版载新闻《中国人民大学继续举行座谈，教师们从不同观点提出问题》。其中报道中国人民大学工业经济系物理化学教研室讲师葛佩琦的发言云：“我认为今天党群关系与解放前相比，差了十万八千里。”“统购统销搞糟了，所以物资供应紧张，‘肃反’运动搞糟了，党犯了错误，领导人应该自行处分”；“1949 年共产党进城时，老百姓都是‘箪食壶浆，以迎王师’来欢迎，今天老百姓对共产党是‘敬鬼神而远之’”；“（共产党）搞得好，可以；不好，群众可以打倒你们，杀共产党人，推翻你们”。葛佩琦的发言充满了杀机。

6 月 2 日，《人民日报》在当天第二版又用整版篇幅刊登中共中央统战部召开的第十一次民主人士座谈会 80 多人发言的要点。其中，章伯钧、储安平等人的发言发表后，在全国引起震动。

【组织反击右派】1957 年 6 月 8 日，毛泽东又为中共中央起草党内指示《组织力量反击右派分子的猖狂进攻》，[21]具体组织部署“反击右派”：①“以大字报为战斗武器，组织批判”；②“要组织每个党派自己开座谈会，左中右的人都参加，正反两面意见都让其暴露，派记者予以报道。我们巧妙地推动左、中分子发言，反击右派”；③“高等学校组织教授座谈，向党提意见，尽量使右派吐出一切毒素来，登在报上”；④“整个过程，做得好，有一个月左右就够了，然后转入和风细雨的党内整风”。同一天（6 月 8 日），《人民日报》在头版头条就一封匿名恐吓信发表题为《这是为什么?》的社论，还刊登《石景山钢铁厂职工反对离开社会主义的谬论　痛斥匿名恐吓的卑鄙手段》的新闻。同时在第二、三、四版整版，第七版半版连载批判储安平、葛佩琦等右派言论的文章。从此，大规模的“反右派”斗争在全国范围内开展起来，从而导致了“反右派”斗争严重扩大化。从中央到地方、从党内到党外，一批新闻工作者也被错划为资产阶级“右派分子”。“反击右派的进攻”一时成为《人民日报》压倒一切的宣传中心。

据《这是为什么?》社论披露：“中国国民党革命委员会中央委员、国务院秘书长助理卢郁文因为 5 月 25 日在‘民革’中央小组扩大会上讨论怎样帮助共产党整风的时候，发表了一些与别人不同的意见，就有人写了匿名信来恐吓他。这封信说：‘在报上看到你在民革中央扩大会议上的发言，我们十分气愤。我们反对你的意见，我们完全同意谭惕吾先生的意见。我们觉得：你就是谭先生所指的那些无耻之徒的‘典型’。你现在已经爬到国务院秘书长助理的宝座了。你在过去，在制造共产党与党外人士的墙和沟上是出了不少力量的，现在还敢为虎作伥，真是无耻之尤。我们警告你，及早回头吧！不然人民是不会饶恕你的！”匿名信采用大字报文体风格，谩骂泄愤，是很不理智的行为。

6月14日，毛泽东亲自修改的《人民日报》编辑部文章《文汇报在一个时间内的资产阶级方向》发表。

6月19日，《人民日报》用从头版到第四版几乎整整四个版的篇幅、在通栏大标题下，登载了毛泽东《关于正确处理人民内部矛盾的问题》的长文（原附注：“这是一九五七年二月二十七日在最高国务会议第十一次扩大会议上的一篇讲演。现在经本人根据当时记录加以整理，并且作了若干补充。”），“反右”斗争再次升级。该文第八节“关于百花齐放、百家争鸣、长期共存、互相监督”中指出：“在我国，虽然社会主义改造在所有制方面说来，已经基本完成，革命时期的大规模的急风暴雨式的群众阶级斗争已经基本结束，但是，被推翻的地主买办阶级的残余还是存在，资产阶级还是存在，小资产阶级刚刚在改造。阶级斗争并没有结束。无产阶级和资产阶级之间的阶级斗争、各派政治力量之间的阶级斗争，无产阶级和资产阶级之间在意识形态方面的阶级斗争还是长时期的、曲折的，有时甚至是很激烈的。”由于“鸣放”中出现的问题，改变了毛泽东对当时整体形势的判断和估计。

6月22日，《人民日报》头版头条发表社论《不平常的春天》，再次重申：“大规模的阶级斗争基本上结束了，这是事实，但是在政治战线上，在思想战线上，阶级斗争还将继续存在一个相当长的时期，这也是事实。”

【“反右”斗争掀起高潮】从6月26日到7月23日，《人民日报》在版面上掀起了一个批判“右派”言论的高潮。6月26日，《人民日报》共出8版。头版报道第一届全国人民代表大会第四次会议在当天开幕的消息，并在第一、二、三、四版连续刊登人大代表们在预备会议上批驳“右派”言论的报道。同时大量刊登“右派”言论，以提供批判用的“靶子”。7月1日，《人民日报》头版头条刊登由毛泽东亲自写的社论《文汇报的资产阶级方向应当批判》。上海的5家报纸《解放日报》、《文汇报》、《新民报晚刊》、《新闻日报》、《劳动报》都在同一天（7月1日）转载了这篇社论。从此，上海、北京等地新闻界掀起了批判所谓“章罗联盟”、“揭发浦熙修反党活动”、“揭发徐铸成错误言行”的高潮。7月3日，《人民日报》第三版开始开辟《在第一届全国人民代表大会第四次会议上的发言》专版，专门刊登人大代表们在会上批判“右派”言论的发言。7月4日，从第一版到第八版，《人民日报》几乎全部刊登人大代表批判“右派”的发言。

7月11日至13日，《人民日报》连续3天扩版，由平时8版扩为12版，进一步加大“反右”斗争内容的报道量。3天之中，从第一版到第十二版，几乎绝大部分篇幅都围绕揭发、批判“右派”观点做文章，直至7月14日恢复为8版。7月16日，第一届人大第四次会议闭幕，但《人民日报》仍然将人大代表批判“右派”的发言，以及人大代表中的“大右派分子”的检讨发言，继续在《在第一届全国人民代表大会第四次会议上的发言》专版（第三版）整版刊登。如，7月16日的《人民日报》第3、4、5、6版连篇累牍地刊登章伯钧的发言《向人民低头认罪》、章乃器的发言《我的检讨》、黄绍竑的发言《我的错误和罪行的检讨》、罗隆基的发言《我的初步交代》，等等。7月23日，《在第一届全国人民代表大会第四次会议上的发言》专栏结束，但“反右”报道仍是报纸版面的主要内容。

【“反右”严重扩大化】1957年8月10日，《人民日报》头版刊登社论《在农村中大放大鸣大争》，把“反右”引入农村。

1957 年 8 月 16 日，《人民日报》在当天头版头条刊登社论《使斗争深入，再深入!》，对“反右”斗争严重扩大化起到了推波助澜的作用。文章云：“从 6 月中旬开始的反击右派的斗争，已经进行两个多月了。目前中央一级和省、市、自治区一级各单位的斗争正在深入发展；专区和县一级的机关，城市区一级的机关，大的工厂矿山，中等学校和工商界，斗争也正在逐步展开。”“目前的任务就是要使斗争在全国普遍地展开，而在一切已经展开斗争的单位，要使斗争普遍地深入。”“凡是斗争开展已久而至今还没有搞透的单位，必须检查领导思想，坚持纠正对于斗争意义认识不足，企图草率收兵的错误倾向，急起直追，转变目前的落后状态。”此后不久，到了 9 月份，“反右派”运动的重点转移到党内来了。9 月 11 日《人民日报》发表社论《严肃对待党内的右派分子》，批评“在反对党内右派分子的斗争中，也有一些同志存在着比较严重的温情主义，在党中央肯定了右派的性质和对党内的右派分子同党外右派分子采取一视同仁的方针以后，他们对于同党外右派分子的政治面貌完全相同的‘党员’，往往姑息宽容，不愿把这些人划为右派分子，特别是对于应该划为右派分子的老党员更加惋惜，心软，下不得手”。“反右派斗争是一场极为严重的阶级斗争。只有在党内和党外的反右派斗争都取得了胜利，才能更加巩固我们的党和我们的国家，才能更好地推进社会主义革命和社会主义建设。”在这种错误思想和政策的指导下，全国又错划了一大批党内“右派分子”。

到 1957 年 10 月以后，从全国范围来看，运动的重点逐步转入整改阶段。

1958 年 1 月 6 日，《人民日报》第四版左下角刊载“本报讯”云：“人民日报的反右派斗争已经告一段落，目前正在进行整改工作。”“人民日报全体工作人员，从 6 月下旬，开始了反右派斗争。在五个月中，通过大会、小组会、大字报，揭发和批判了右派分子十三人，这对从政治上、思想上和组织上纯洁人民日报的新闻工作人员，起着重要的作用。在清查出的右派分子中，有编辑部东方部主任蒋元椿，记者林钢、刘衡（女），编辑杨建中（蓝翎）、巷石、沈同衡、胡平等人。”除了这 13 人之外，此后又添补了 17 人，共达 30 人。另外，还有在党校学习、在下面记者站工作被所在单位错划的 2 人，人民日报社系统被划为右派的人数全部有 32 人之多。党的十一届三中全会以后，当时在报社工作的 28 位同志都已彻底平反，恢复名誉。[22]

从全国范围看，自从 1957 年 7 月 1 日《人民日报》发表社论《文汇报的资产阶级方向应当批判》以后，各地报纸，尤其是京沪两地的著名大报，纷纷发表文章，检讨和反省自己所犯的错误。如 7 月 2 日，《文汇报》首先发表了题为《向人民请罪》的社论。3 日，上海《解放日报》发表社论《从文汇报的错误中吸取教训》。5 日，《大公报》发表编辑部文章《关于本报几个错误报道的检查》。9 日，《中国青年报》发表编辑部文章《整风以来本报几个错误宣传的初步检查》。15 日，《光明日报》以当天头版半版、第三版整版的大篇幅刊登“本报编辑部”文章《光明日报在章伯钧、储安平篡改政治方向期间所犯错误的检查》。21 日，《北京日报》发表编辑部文章《整风以来本报一些主要错误的检查》。以上这些检查都是在“反右斗争”出现严重扩大化的情况下及巨大的政治压力下作出的，文中多为违心之论、不实之词。另外，据 1957 年 9 月底的统计，人民日报、光明日报、文汇报、大公报、新闻日报、教师报、健康报，以及北京、天津、河北、山西、湖南、广西等 22 个省（市）和省辖市的党委机关报及著名大报编辑部门中，被直接在报纸上进行公开点名批判的右派分子达 212 人，其中有 12 人是报社总编辑及副编辑，如《光明日报》总编辑储安平，《文汇报》总编辑徐铸成、副总编辑浦熙修，《大公报》总编辑袁毓明，《新闻日报》副总编辑陆诒，等等。㉓

六、“反右”斗争中的广播界

【整风运动及“反右”斗争中的广播界】1957年4月底的整风运动开始后，中央广播事业局多次召开会议，发布指示，布置、组织全国广播系统职工积极参加“鸣放”及整风运动，同时要求各广播电台要搞好整风宣传工作。中央台和地方广播电台对整风运动的报道相当活跃。中央台专门举办了《整风特别节目》，该节目从5月21日起到6月7日的半个月内，共播出有关整风的稿件57篇。对国外广播的“北京广播电台”也对中国共产党的整风运动作了大量的报道。各地方广播电台也采用多种形式，如办专题节目，比较客观地报道了各界整风座谈会上“鸣放”的内容。6月2日，中央广播事业局在《广播怎样进行关于正确的处理人民内部矛盾的宣传》的初步意见中，强调“广播在报道人民内部矛盾的时候，应当尽可能交代背景、分析原因，使各种不同的听众对矛盾和它的正确处理能有比较全面的了解。关于人民内部矛盾的报道一般不要零敲碎打，不要追求数量，也不要作纯客观的报道，而应该更多采用综合和分析的方法。”“广播电台应该组织一些通俗地向听众讲解为什么人民内部有矛盾和怎样处理这些矛盾的节目。”㉔根据上述指示精神，全国各地的广播电台对整风运动的宣传报道比较慎重，把握得比较好。6月4日，中央电台开始举办《正确处理农村内部矛盾》专题节目。

1957年6月初，“反右”斗争开始后，6月12日，中共吉林省委就省广播电台在“反右”斗争中的报道问题向中央请示。7月5日，中共中央在复电中指示：“反右派斗争目前已经成为工农参加的群众性的政治斗争，地方广播电台可以在省委的领导下对当地主要的右派典型人物的反动言论进行揭露和驳斥。”㉕此后，各地的广播电台都转入声势浩大的“反右”斗争宣传。广播电台除了播出《人民日报》刊登的新闻报道和各种重要文章外，还播出了揭露和批判“右派分子”座谈会的实况录音，有些电台还举办了反击右派的专题节目或特别节目。在这些节目中，出现了违背实事求是原则与无限上纲、乱扣帽子的现象，严重混淆了人民内部矛盾和敌我矛盾的界限，使“反右”斗争扩大化。同年8月，中央广播事业局分别在成都和长沙组织召开了广播宣传座谈会，交流各台前一时期“鸣放”和“反右派”斗争的宣传情况和经验。

在宣传整风及“反右”的同时，广播系统内部的“鸣放”及“反右派”斗争也开展起来。在整风运动期间，广播系统的干部、群众响应党中央的号召，向党和人民政府以及本单位的领导提出了很多善意的批评和意见。在这些意见中，“有的是属于党内生活和业务工作的具体问题，有的是在党内会议上发表的对中央某些方针政策的看法，有的是对本单位领导的某些决定或过去处理不当的某些事情表示异议，有的是对一些不良的社会现象发泄不满情绪”㉖。到了“反右”斗争期间，这些人发表的诸如此类的意见，都被当作是向党、向社会主义发动的进攻，受到了错误的批判和斗争，并被划为“右派分子”。据广播事业局统计资料记载，截至1957年12月31日，全国广播系统共批判、斗争了364名“右派分子”。其中编播人员277人，占76.1%；技术人员68人，占18.7%。㉗

中央广播事业局直属单位被划为“右派分子”的有83人，占全国广播系统“右派分子”总数的22.8%。中央广播事业局直属单位“右派分子”若按部门来分，中央人民广播电台和负责对外广播的“北京广播电台”就占去了41人，其中大部分是编播人员。如中央电台编辑邵燕祥，当年只有24岁，年轻有才华，爱写诗，就因为在《中国青年报》副刊《辣椒》上发表了一些讽刺诗而被打成“右派”。中央电视台对外广播部门、“北京广播电台”西班牙语组的翻译陈润康是位归国华侨，当年30岁，因为说了一句“党有官僚主义”而被划为“右派分子”，后被下放劳动，一年多后去世。对华侨广播部主任赵节，“反右”斗争前即到中央党校新闻班短期学习，期间因讲过“逮捕胡风没有按法律手续办，逮捕后也没有按法定的时间审讯”之类的话，也被党校划为“右派分子”。记者钱敏齐，女，当年24岁，是中国人民大学毕业的研究生、见习编辑，就因为她的丈夫在外交部被划为“右派”，她为她的丈夫辩解了几句，也被划成“右派”。[28]

【1958年对温济泽及其“反党小集团”的错误批判】广播系统在“反右”斗争中，影响最大的事件是对以温济泽为首的“反党小集团”的批判。

1957年10月底，中央广播事业局的“反右”斗争基本结束，整风运动进入第三阶段，即整改阶段。当时局党组会上提出了一个业务上整改的方案，其中谈到要“从对外广播的中心编辑部和对内广播部门中抽调人员成立一个统一发稿的编辑部”[29]。中央广播事业局主管对外广播的副局长、党组成员温济泽在会议讨论中不同意这种做法，主张对内、对外广播应分开。在争议中，温济泽详细说明了其理由：我们党的广播电台在延安、陕北时期就十分注意对外（国民党统治区）和对内（解放区）宣传报道的区别，现在更应该注意对国内和对国外宣传报道的区别。他在研究了国际广播的特点后，总结出对内广播与对外广播的“四不同”，即报道的对象不同、任务不同、内容不同和方式方法不同。他说：

“第一，对象不同，一个是对国内的听众，一个是对国外的听众。（在这里我又引用了毛主席在延安整风时说的话：‘共产党员如果真想做宣传，就要看对象，就要想一想自己的文章、演说、说话、写字是给什么人看、给什么人听的，否则就等于下决心不要人看，不要人听。’‘做宣传工作的人，对于自己的宣传对象没有调查，没有研究，没有分析，乱讲一通，是万万不行的。’）第二，任务不同。对内广播和对外广播都是宣传党的政策和国内外情况，但最大的不同是，对内广播是要教育全国各族人民，指导和推进社会主义革命和社会主义建设；对外广播是要增进各国人民对我国的了解，维护世界和平和促进人类进步。第三，内容不同。由于对象和任务不同，节目内容的选择、取舍和详略等方面也就有所不同。第四，方式方法不同。同样一件事，对于不同的对象，其报道和说明的方法和方式也不能是相同的。”[30]

基于以上原因，温济泽认为“统一发稿”不利于加强对外广播的针对性，将抹杀对外广播的特点。广播局对外部负责人邹晓青、张纪明都同意温济泽的以上观点和看法，他们三位中央台对外广播部门领导小组成员有时在一起谈论这一问题。“四不同”抓住了对外广播的根本特点，对改进对外广播宣传工作有重要意义。围绕是否成立“对内、对外广播统一的编辑部”这一问题而引起的争论，从党组争论到编委会，持续了两个多月。这一问题本来是属于工作问题上出现的不同意见和分歧，通过深入的讨论和研究后，是可以妥善解决的。但在当时极“右”思潮猖獗、“反右”斗争严重扩大化的氛围下，这种工作上的争论却变成了所谓敌我矛盾性质的政治斗争。1958年7月，中央广播事业局党组召开扩大会议，对温济泽、邹晓青、张纪明进行批判斗争。在批判会上，把温济泽归纳的对内和对外广播的“四不同”说成是“对外广播特殊论”，是“反对党的统一领导和便于他们在对外广播中偷贩私货的幌子”；把主张对内、对外广播分开成立两个编委会说成是“要自立门户”、“搞独立王国”；把温济泽等三人说成是“个人主义野心家”，“是有纲领、有组织、有计划，而且是长期坚持的反党小集团”。经过几个月大会小会的批判斗争，中央广播事业局党组于1958年10月8日召开扩大会议，作了关于批判“反党小集团”的总结。会上宣布温济泽为“右派分子”，开除党籍，撤销其党内外一切职务，“留用察看”；撤销邹晓青、张纪明对外广播领导小组成员职务和其他职务，行政上降级，留党察看两年。1960年11月，温济泽被摘去“右派分子”帽子。1978年5月，中共中央组织部发文对将温济泽划为“右派”，将温济泽、邹晓青、张纪明定为“反党小集团”予以纠正和平反。温济泽因此而成为“中央机关得到平反的第一个‘右派’”、“春风第一燕”。

温济泽（1914年4月18日至1999年4月15日），祖籍广东梅县，生于江苏淮阴县。1929年参加革命，1930年加入共青团，1936年转为中共党员。在做地下工作的同时就读于复旦大学，曾三次被捕入狱，抗战初期辗转到达延安。1938年5月至1942年12月，任陕北公学教员、中央宣传部干事、中央研究院研究员。1943年至1946年6月，历任延安《解放日报》副刊部秘书、编辑、主编。1946年6月至1949年3月，任新华社语言广播部（即延安新华广播电台编辑部）主任。1949年3月，任中央广播事业管理处联络部长兼北平人民广播电台管理委员会委员。新中国成立后，于1949年10月至1958年9月间，任中央人民广播电台副总编辑、中央广播事业局副局长、全国记协副秘书长。1958年10月被错划为“右派”，旋下放到河北黄骅劳动。1960年初回到北京，被分配到北京广播学院新闻系工作；当年11月，被摘去“右派分子”帽子。1960至1977年在北京广播学院新闻系任教期间，主编了《陕北台广播范文选》、《广播稿选》第一集、《马、恩、列、斯论报刊·列宁论广播》等文集，并撰写广播回忆文章和业务论文。1978年，邓小平提出恢复研究生教育制度后，中国社会科学院于当年8月25日正式成立研究生院。温济泽调至社科院，先后担任该院科研组织局副局长，研究生院副院长、院长、教授，中国社会科学院学位委员会委员，直至1986年离休。在此期间，发表过一些有关新闻学和广播电视研究的论文。离休后，仍积极从事社会文化活动，参与主编《瞿秋白文集》（14卷）、《革命烈士传》（10卷）和创办《中华英烈》双月刊（1986年1月5日创刊）并主编四年（1986—1989），同时还出版了以下著作和文集：

《温济泽科普文选》（文集），科学普及出版社，1988年出版；

《“九一八”和“一二八”时期抗日运动史》（主编），工人出版社，1991年出版；

《王实味冤案及平反纪实》（主编），群众出版社，1993年出版；

《征鸿片羽集》（文选，1940—1994），当代中国出版社，1995年出版；

《第一个平反的“右派”：温济泽自述》（回忆录），中国青年出版社，1999年出版。

七、“反右”期间新闻界前后两次座谈会

【气氛截然不同的两次座谈会】在1957年“鸣放”期间及“反击右派”的高潮中，新闻业界和学界在北京曾先后联合召开过两次规模很大、气氛截然不同的“新闻工作座谈会”。第一次座谈会于5月16日至18日，正是“鸣放”高潮中召开，由中华全国新闻工作者协会研究部、北京大学新闻学专业和中国人民大学新闻系联合举办，参加会议的有

北京、上海、辽宁、山西等地新闻工作者及新闻学者两百多人。在会上，与会者就新闻工作中的一些热点问题展开争鸣，主要集中在两类问题上：一类是有关新闻理论问题，如新闻的阶级性、商品性、指导性、趣味性和新闻自由、新闻价值等；另一类是有关新闻实际工作的问题，如报社的工作方法和记者作风等。在发言中，与会的新闻工作者及学者们针对新闻界存在的问题提出了不少尖锐的、切中肯綮的意见，也有个别代表的发言难免存在偏颇和片面之处。第二次座谈会于6月24日至8月12日，正是“反右斗争”高潮中召开，仍由第一次座谈会的三个主办单位再加上复旦大学新闻系四家联合举办。参加者除北京地区新闻业界、学界人士外，还有上海、江苏、山东、河北、辽宁等地的新闻界人士。这次座谈会比第一次规模更大，如7月4日的座谈会到会人数有400多人；时间更长，历时一个多月。第二次座谈会的主要内容是揭露资产阶级右派分子篡夺某些报纸领导权的活动，批判资产阶级新闻学观点。但会上不少发言是武断、粗暴的，对一些正确的观点也作了错误的批判。7月1日，《人民日报》发表社论《文汇报的资产阶级方向应当批判》，对两次座谈会作了如下错误的评估：“新闻记者协会开了两次会，一次否定，一次否定之否定，时间不过一个多月，反映了中国时局变化之速。会是开得好的，第一次黑云压城城欲摧，摆出了反动的资产阶级新闻路线。近日开的第二次会，空气变了，右派仍然顽抗，多数人算是有了正确方向。”㉛

【第一次座谈会发言纪要】1957年5月17日，《人民日报》头版刊载《北京新闻界“鸣”起来了》的消息。该文用很大篇幅报道了16日座谈上的发言提要，其中《中国青年报》总编辑张黎群说：“现在报纸实际上担任了布告牌、留声机、翻版书和‘惹是生非’的责任，使得新闻工作者的从属性很大，没法独立思考。”上海复旦大学新闻系系主任王中说：“现在有些党委把报纸看成下达自己命令和意见的工具，忘记了报纸还是人民获得知识和消息的东西。”“随着社会的变化，报纸的性质和作用也要变化。可是我们现在还是像抗战时候一样，把报纸当成阶级斗争的武器。”中国人民大学新闻系教员莫如俭说：“报纸一方面应有政治性、思想性，一方面还应有商品性、舒服性。”他还说：“报纸的性质和作用到现在还没有解决”，“列宁说过‘报纸不仅是集体的宣传者和集体的鼓动者，而且还是集体的组织者’。但那是1901年时候说的，那时候阶级斗争很尖锐，提这个口号是对的。现在再这样机械地执行那就压制了大家的积极性”。老报人顾执中说：“有人反映，人民日报记者自高自大，从不向老记者请教。”他还主张：“记者要抢消息”，“抢消息绝对不是资产阶级的东西”；“任何消息，只要不是军事秘密和外交秘密，都可以抢。现在许多重要事情要隔几天才发表，弄得读者的思想也麻痹了”。《文汇报》记者杨重野说：“记者总是挨整，怎么能够积极工作呢？解放后许多记者不写新闻，是因为新华社统一发稿。”新华社记者邹震说：“新闻自由被官僚主义、宗派主义、主观主义剥夺了”；“新华社的新闻，公式化的现象很严重”；“现在许多新闻单位衙门化，层次很多，机构重叠。能写能编的编辑、记者都做了‘官’，在这里看不到工作效率”，等等。以后不久，这些言论都成了“反右”斗争中的活靶子，遭到不分青红皂白的批判。

5月18日，《人民日报》第二、三版继续刊登17日座谈会的消息。其中，老报人陈铭德“在会上介绍了新民报成长的过程。接着还谈了一些他对新闻工作者的看法。他说：‘报纸是人们的精神食粮，新闻工作者是厨师。厨师要是光注意营养价值，不注意色、香、味不行。趣味性和思想性不矛盾，正像色、香、味和营养不矛盾一样”。陈铭德还提出两点建议：“一、增办非党报纸，能不能创办同仁报纸？二、北京应该有晚报。”老报人张友鸾“针对新闻工作者的地位发表意见。他认为现在的新闻工作者尚未被信任和尊重。他说，新闻记者如果有特权思想，那当然不对。但有许多官僚主义者觉得记者小三级，那也不对。有人说记者是苍蝇，其实是蜜蜂，能够造蜜”。“张友鸾说，旧社会有句话：‘记者不坐牢，不是好记者；报馆不封门，不是好报馆。’现在呢？他认为可以这样说：‘记者不讨厌，不是好记者；报馆不闯祸，不是好报馆。’”他还“认为现在某些报纸的社论不是什么社论，而是‘社训’。新闻也太少。这种少登、迟登新闻的报纸也不是好报纸”。“谈到报纸的编排，他说，现在的报纸从不注意也不打算有民族特色和民族语言。他还说，他最反对报纸横排。如果说为了拉丁化，那还不知道哪一年？为什么不能等到实行拉丁化时，再来横排呢？”《大公报》记者萧离“对新闻工作者中的宗派主义提出了尖锐的批评。他说，新闻常被新华社和人民日报垄断，他们想竞赛，却无从竞赛起！”大公报社长王芸生也在会上发言，他“提出了两个问题：一个是宣传的片面性；一个是新闻工作者劳动生产率低的问题”。他还说：“现在的报纸是报喜不报忧，隐恶扬善，报上登的光明面，都是事实，但并不是工作中一点缺点没有，报上却很少报道。”以上这些意见，总的来说是中肯的，但个别有偏颇之处。到“反右”斗争中，这些全都成了“反动言论”。

5月19日，《人民日报》第二版报道首都新闻工作者座谈会第三天（18日）会议的情况：“在最后一天的座谈会上，邓季惺主张多办同仁报纸。她说，应该把同仁报纸变成报纸的民主党派，这样可以和党报竞争，可以减少报道中的主观片面性。”“邓季惺对党报和非党报的待遇不同很有意见。她说，有人说党报是亲儿子，非党报是义子，这话是有根据的。不但记者采访时受到不同的待遇，就是纸张的分配也有区别。听说分配给人民日报的纸张就超过实际的需要。非党报的纸张不够用，纸的质量也不好。机器也是这样，党报有高速轮转机，非党报一直用着旧机器。”北京大学新闻专业助教陈诗经对“学校新闻学的教学工作提出了尖锐的批评。他认为现在存在着‘新闻教学的危机’。‘新闻理论贫乏，教条主义严重。’‘新闻教学的危机，实际是新闻理论的危机。’‘在教学中，有‘五性一统’，把党性、群众性、思想性、战斗性和指导性统到党性底下，这样一来，把什么生动活泼的东西都统光了。’因此，学生认为，‘与其听教条主义，不如听唯心主义’。”《光明日报》记者巴波在会上也谈到他对报纸的看法。他说：“‘报纸是教科书’，这在过去是正确的。现在再这样提，就不一定正确了。”《人民日报》总编辑邓拓最后作了带总结性的发言，他认为这个座谈会表示了新闻界“争鸣”的开始。他说：“从两三天的发言情况来看，大家的讨论集中在两类问题上。一类是新闻理论问题，比如新闻的阶级性、商品性、指导性、趣味性和新闻自由、新闻价值等，各有各的看法，应该深入研究，继续争鸣。还有一类是实际工作问题，应该分析情况，对症下药，采取有效措施，逐步加以解决。”此外，在最后一天座谈会上，新华社社长吴冷西也到会并作了发言。

第一次新闻界座谈会是一次名副其实的“新闻‘百家’的‘争鸣’”，充分反映了在“双百”方针的鼓舞下，新闻业界及学界思想的空前活跃和理论的创新。[32]

【大批判性质的第二次座谈会】第二次新闻工作座谈会于6月24日开始，到8月12日结束，历时一个多月，采取大会套小会的办法，揭发与批判新闻界的右派言行。一些人在5月中旬第一次座谈会上的言论受到严厉的批判。

第二次座谈会可分为前后两个阶段。

从6月24日到7月24日为第一阶段，期间召开了大小座谈会十几场。会上集中火力揭露、批判了所谓“章伯钧、罗隆基、储安平篡夺光明日报的领导权”、“篡改光明日报政治方向的罪行”，揭露批判了所谓“徐铸成、浦熙修利用《文汇报》进行反党、反人民、反社会主义的恶毒活动”。同时，5 月中旬第一次座谈会上一些人的“鸣放”发言，都受到严厉的批判，如：

中国人民大学新闻系的莫如俭曾说：“现在新闻思想很混乱，而产生这种混乱是由于报纸的性质和功能这个问题还未解决的缘故。我国目前报纸的性质和作用是根据列宁 1901 年的定义：‘报纸不仅是集体的宣传者和集体的鼓动者，而且还是集体的组织者。’”“这个定义束缚了我们报纸的性质。这个定义不完全适合我国目前情势了。因为：一、1901 年是革命前阶级斗争很尖锐的时期。我国现阶段是和平建设时期，主要矛盾是人民内部的矛盾了。二、过去在解放区的时候，读者都是工农兵，现在读者包括知识分子、广大的小资产阶级，还有民族资产阶级，他们有他们的要求和兴趣。除了指导性和鼓动性的题材外，还要有些别的。而目前我国报纸受那个定义的教条束缚，报纸只限于指导性、思想性。因之不能满足他们，产生矛盾。”“我们的报纸‘满脸铁青’，处处都是斗争”，“报上的文章，一片教条主义，真像画符念咒，根本谈不上解决思想问题。整天板起面孔训人，写文章的人和读者之间不是处于平等友好的地位”。“长期训人的结果，也使读者专等报纸上的指示、经验总结、结论等，不再独立思考，也沾染着不少教条主义，反过来整报纸。”[33]

又如《人民航运报》记者赵琪曾说：“目前我国存在着三种性质的报纸，即人民群众所有制的报纸、领导机关所有制的报纸和团体所有制的报纸。目前机关报办得不算好，这和领导机关所有制有关，领导机关所有制报纸的特点是：一、公文指示多。二、教训口吻多。三、首长言行多。四、有些话不便于讲。五、有些话不敢讲。六、有些话不准讲。……人民群众所有制的报纸（暗指一些非党报纸如《文汇报》、《新民报晚刊》等）完全两样：一、新闻多。二、服务周到。三、新闻人物活动多。四、什么话都可以讲。”“单纯代表领导机关意见而不为读者服务的机关报，它的生命已经危险了。”[34]

中国新闻社的郑白涛曾说：“我们的国家里是没有新闻检查的。但即使没有新闻检查，主管部门的教条主义认为这不能发，那也不能发，结果压死了很多新闻。而这些新闻是客观的重大事件而且是为社会所关心、为人民所注意的。我们中国新闻界的单调、枯燥是这些教条主义者造成的。一个主观主义、教条主义的官僚式社长或总编辑比一个检查官更妨碍新闻工作的发展。”[35]

新华社总社的邹震说：“我觉得新闻工作者要高声地‘鸣’，新闻工作者要大胆地‘放’。因为新闻工作的鸣放问题，就是彻底实现新闻自由、言论自由和出版自由的问题。过去，这三大自由被官僚主义、宗派主义和教条主义给限制在极狭窄的范围里。我们的自由被‘三害’给剥夺了。……因此我们要向三个主义索还被它蹂躏了的新闻自由。”[36]

《新民报》的邓季惺说：“各级党报和其他机关报的资金来自国库，领导权则属于各级党委，在党委的直接领导下进行工作。由这一性质决定着报纸的功能主要还是从上而下传达政策方针，指导各个工作部门和人民群众在某一时期应该做什么和怎样做。至于下面不同阶层的群众的需要，读者的爱好就不能照顾得周到了。……如果要为百家争鸣提倡更多的讲坛，为百花齐放提供更多的园地，为民主党派和无党派人士利用报纸来进行监督，为广大群众反映他们的意见和要求，除了更加办好现有的几份非常党报以外，我认为各地还应该多办几家集体所有制报纸。”[37]《新民报》的陈铭德等也提出了办“同仁报”的建议。新华社的邹震则提出了办“同人通讯社”的主张，他说：“我觉得今天应该喊出‘民主办社’和‘民主办报’的口号来，使中国出现更多的民主党派和无党派的或民营的报纸和通讯社。”[38]

以上言论和观点，在大小座谈会上都受到重点批判。在会上，还有人表示撤回在第一次座谈会上的主张，有的人作了自我检查和反省。《人民日报》从6月25日起开始报道第二次座谈会的大会发言，26日第三版，28日、29日第二版，7月4日、6日第三版，7月15、16、19、20日等一连好几天都连续报道了座谈会情况。《光明日报》也从6月25日起开始报道座谈会情况。6月29日第三版、7月1日头版、7月4日第五版、7月6日第三版、7月11日头版、7月15日头版……直至8月14日，《光明日报》都在对座谈会作追踪报道。与此同时，《人民日报》、《光明日报》还拿出大量版面来刊登座谈会上的“检查”和“检讨”，以及批判文章。如7月15日，《人民日报》第四版登载中国青年总编辑张黎群的检讨文章《彻底清算我的资产阶级新闻观点，学做一个坚强的共产主义新闻工作者》。7月16日，《人民日报》第五版刊登罗隆基的“交代”。7月19日《人民日报》第三版、四版下半版转载《光明日报》编辑部长文《光明日报在章伯钧、储安平篡改政治方向期间所犯错误的检查》。8月26日，《人民日报》第二版还刊载在24日上海新闻工作座谈会上，赵超构所作的关于批判他自己“系统的资产阶级办报路线”的“检查”。此外，《新闻业务》杂志1957年第7期第23页也以《首都召开第二次新闻工作座谈会　谴责新闻界右派分子的阴谋活动》为题，报道第二次座谈会情况。

从7月25日起到8月12日为座谈会的第二阶段，重点批判王中的新闻学观点及其《新闻学原理大纲》。在《新闻学原理大纲》中，王中本着实事求是、独立思考、勇于探索的精神，就新闻学基本原理作了振聋发聩的阐述，为建立中国特色的新闻学设计了理论框架，但这部论著中的一系列观点和理论创见在第二次座谈会的一次次会议上遭到全面的、粗暴的、错误的批判。如1957年8月2日《人民日报》第五版载“新华社1日讯”《右派在新闻事业中的代理人王中的反党新闻学纲领受到抨击》云：

“根据新闻工作座谈会从7月25日到8月1日连续举行的七次大会和小会的揭露证实，披着共产党员外衣的复旦大学新闻系主任王中完全是资产阶级右派在人民新闻和文教事业中的代理人。”“王中的反党、反马克思列宁主义的资产阶级的反动纲领，是一本长约五万言的所谓《新闻学原理大纲》。在这本著作中，王中认为报纸不是阶级斗争的产物，认为‘读者需要’和‘为读者服务’是报纸的本性，又称‘商品性’。”“王中说人民日报及其他一切（些）省委机关报是‘满脸铁青’，报纸的编辑像‘清教徒’。”“他把党报同历史上统治阶级的‘邸报’、‘官报’相提并论。”“王中说：‘党委‘约束’、‘限制’报纸。报纸不‘自由’了，变成了‘寡妇脸’。”“去年（1956年——引者注）他曾率领一个‘调查组’到上海人民广播电台、无锡工人生活报、南京新华日报、济南大众日报、青岛日报等处调查报纸的缺点和所谓‘读者的需要’，每到一地，他就讲演报告，贩卖他的纲领。”

又如1957年8月2日《光明日报》第三版所载“新华社1日讯”《有纲领有计划地篡改新闻事业的政治方向　王中蜕化为资产阶级右派的代理人》也云：

“他（王中）的有纲领、有计划地篡改新闻事业政治方向的活动，已经给人民新闻事业和文教事业带来了极大的危害。”“王中的反党、反马克思列宁主义的资产阶级的反动纲领，是一本长约五万言的所谓《新闻学原理大纲》。”“今年（1957年）5月，他来北京参加新闻工作座谈会。在这次会上，许多右派分子发表了许多反动的言论，其中许多是符合他的纲领的。他对这些言论大为欣赏，认为‘很新鲜’。回上海的途中，他又到济南、南京，以各种方式在新闻界传达这些反动言论。”“今年5月，他（王中）在北京就曾和北京各新闻单位的一些复旦大学毕业生有过广泛的接触。这些学生和王中搞过一次茶话会。王中对这些学生大骂‘报纸是阶级斗争的工具’的说法是教条主义。”“5月间，王中在北京新闻座谈会发表右派言论后，顾执中就上前同他握手言欢，陈铭德也约他到自己家里去谈谈。”“今年6月间，新闻界又在北京重新举行座谈会，对新闻界的右派分子进行斗争，王中又从上海来参加座谈会。在会上，新闻界人士揭露和批判王中的反党的资产阶级右派言行，希望他严肃地检查和改正错误。但王中始终躲躲闪闪，吞吞吐吐，说自己只是学术思想上的错误，企图蒙混过关。同时他还在会外向几个复旦大学毕业生表示他的理论是正确的。而根据新闻界人士的揭露和批判，王中的问题已经不是什么学术思想问题，而是有纲领、有组织、有步骤、有行动的反对共产党对新闻事业的领导，企图在新闻事业中完全恢复资产阶级领导权的政治问题，而王中本人也已经是十足的资产阶级右派分子。新闻界人士对王中的态度深为不满，新闻座谈会还要继续对王中的反党言行进行系统的批判……”

对以上两条消息中的报道文字，如果用“反面文章正面看”的方法来解读，我们可深切感受到王中作为一个敢于坚持真理、敢于独立思考、敢于探索，虽九死犹未悔的正直的新闻学者的优秀品质和凛然风骨。

1957年8月14日，《光明日报》载“新华社12日讯”《从根本上否定党对新闻事业的领导　王中早已背叛了党和人民　首都新闻界座谈会决定让他回上海彻底交代》。消息报道：王中在12日的座谈会上作了“检讨”和“辩解”。中华全国新闻工作者协会会长邓拓最后在会上发言。“邓拓指出，王中是一个有纲领有行动的党内右派分子，他在政治上和思想上早已背叛了党和人民”，“要他回到上海后继续交代”。至此，会议上批判王中告一段落。

除会议上组织对王中的批判外，报纸上也曾刊登过不少批判王中新闻学观点的文章，其中较有分量的有如下几篇：

①1957年6月16日，上海《解放日报》头版头条发表题为《办报要有立场》的社论，在报上公开点名批评“复旦大学新闻系主任王中”的观点。文中云：“资本主义国家有许多人讳言报纸是阶级斗争的工具，虚伪地把资产阶级的报纸说成是公共组织、民意机器”，而王中“强调新闻事业是社会产物。他说：‘人类社会发展到一定历史时期，人和周围的制约关系紧密到一定程度，就迫切需要（了解）周围事变。’‘报纸就随着这种需要的强度与广度而诞生。’他强调说：报纸是传布新闻的工具，它可以为政治服务，但不是政治本身”。“王中还说过，阶级消灭以后，报纸就不能说是阶级斗争工具，报纸就没有阶级性了。照他的说法，到那时候，社会主义报纸与资产阶级报纸就没有什么区别了。”文章还批判了王中关于报纸的两重性观点：“他（王中）认为报纸有两重性，‘一重是宣传工具，一重是商品，而且是在商业性的基础上发挥宣传工具的作用’。这是和‘社会需要论’一脉相承的另一个巧妙战术，表面说宣传作用实际取消这个作用，把办报这件事看得和做生意差不多，所以王中同志的办报方针就特别强调迎合读者的兴趣。他说：‘我们要找到这个东西（读者兴趣——引者注）来改进报纸。’诚然报纸是卖给人看不是送给人看的，然而办报毕竟不同于经商，办报方针毕竟不同于生意眼。”[39]8月4日至8月

8日，《解放日报》又连续发表方晨的5篇文章，继续批判王中。这5篇文章为《驳王中的反动新闻理论》、《关于否认报纸是阶级斗争工具问题》、《关于报纸的两重性》、《关于列宁的办报原则问题》、《关于“新闻自由”问题》。

②1957年8月10日，《新闻日报》载思慕《现代的报纸不是阶级斗争的产物吗？——从历史上驳斥王中的谬论》，集中批判王中《新闻学原理大纲》中的观点。8月15日的《人民日报》第二版转载了这篇文章。

③1957年9月6日，《人民日报》第七版头条载甘惜分《报纸是阶级斗争的锐利武器》一文，专门批判王中的“社会需要论”。

④1957年9月18日，《人民日报》第七版显著位置刊登李龙牧《粉碎资产阶级新闻学复辟的阴谋》，也是批判王中“新闻学体系”的一篇重要文章。

第二节　“大跃进”运动中的新闻宣传与新闻界的“大跃进”

1958年“大跃进”时期，全国各地浮夸成风，互相攀比，弄虚造假，形成一股狂潮，真个是“举国趋之，如饮狂泉”。新闻界的新闻报道严重失实，特别是新华社和《人民日报》，“下面怎么讲我们就怎么报道”[40]，对下面基层单位报上来的材料、数据明知是假，仍然昧着良心加以报道。报刊、广播电台好大喜功，说真话、实话遭殃，说假话、大话、空话成风，唯意志论盛行，片面夸大“主观能动性”。其表现形式主要有如下几方面：

一、新闻界对“三面红旗”的宣传

【“大跃进”的最早提出】1957年9月20日至10月9日，中共中央召开扩大的八届三中全会，会议基本通过了《1956年到1967年全国农业发展纲要（修正草案）》（简称“农业发展纲要四十条”），其中提出了一系列脱离实际的粮食和其他农作物产量的增产目标及计划指标，埋下了以后“大跃进”的因子。

1957年10月27日，《人民日报》头版发表了一篇关于“农业发展纲要四十条”（修正草案）的社论《建设社会主义农村的伟大纲领》，“要求有关农业和农村的各方面工作在12年（1956—1967）内都按照必要和可能，实现一个巨大的跃进”。这是中共中央通过党报正式发出“大跃进”的口号，也是第一次以中央号召形式使用“跃进”一词。经过修改后的“农业发展纲要四十条”实际上成为发动农业“大跃进”的纲领。

11月13日，《人民日报》头版发表了由毛泽东亲自审阅批发的社论《发动全民，讨论四十条纲要，掀起农业生产的新高潮》。社论批评了“有右倾保守思想的人”，批判了“反冒进”，鼓吹“有必要在生产战线上来一个大的跃进”。之后，大规模群众性的、以兴修水利和积肥为中心的生产运动在全国农村展开。在1957年的整个秋冬季节，全国农村兴修水利夜以继日，搞得热火朝天。大跃进高潮时盛行的一首民歌云：“天上没有玉皇，地上没有龙王；我就是玉皇，我就是龙王；喝令三山五岳开道，我来了！”就是对当时所谓“干劲冲天”、“豪情万丈”的真实写照。

1958年1月1日，《人民日报》头版头条发表元旦社论《乘风破浪》，其中提出："我们要在十五年左右的时间内，在钢铁和其他重要工业产品产量方面赶上和超过英国"，"再用二十年到三十年的时间在经济上赶上并且超过美国，以便逐步地由社会主义社会过渡到共产主义社会"。这就从经济方面提出了"超英赶美"的高标准，提出了"大跃进"的战略任务。2月3日，《人民日报》发表社论《鼓起干劲，力争上游!》，号召"全面大跃进"。

【"总路线"的最早提出】建设社会主义"总路线"的正式提出是有一个酝酿过程的。早在1956年元旦，《人民日报》头版头条发表题为《为全面地提早完成和超额完成五年计划而奋斗》的社论，明确提出了"要又多又快又好又省地发展自己的事业"的社会主义建设方针。"又多又快，是反对保守主义；又好又省，是反对潦草从事，盲目冒进，铺张浪费。"两年后的1958年元旦，《人民日报》头版在套红通栏大标题下，又首载元旦社论《乘风破浪》。社论首先总结了1957年国际、国内的"大好形势"："人们的思想常常落后于实际，又于客观形势发展之快估计不足。回顾1957年国际和国内形势的发展，谁能不得出这个结论呢?""苏联两颗人造卫星的发射成功、各国共产党和工人党的莫斯科会议，在几十天中，把整个世界形势的面貌改变了。苏联人造卫星上了天，宣告了人类进一步征服自然界的新纪元的开始，最有说服力地说明社会主义制度优于资本主义制度。莫斯科会议表明：世界共产主义运动已获得了辉煌的胜利，共产主义力量空前强大和空前团结。东风压倒西风，社会主义的力量胜过帝国主义的力量，和平的力量胜过战争的力量。""在我国，1957年也是全国人民在各条战线上取得辉煌胜利的一年。""在过去一年中，我国展开了全民性的整风运动和反对资产阶级右派的斗争。"社论接着提出1958年的任务："当前的任务是在1958年5月以前，争取这次整风运动在各个战线上取得完全的胜利。""1958年是我国第二个五年计划的第一年。我们应该利用整风运动的伟大成就和第一个五年计划的胜利完成及其他一切有利条件，调查一切积极的因素，根据勤俭建国的方针，又多又快又好又省地进行各项建设工作，为第二个五年计划创造一个胜利的开端"；"必须鼓足干劲，力争上游，充分发挥革命的积极性和创造性，扫除消极、怀疑、保守的暮气"，"争取1958年农业生产的大跃进和大丰收"。元旦社论比较完整地提出了"总路线"和"大跃进"的口号。同年一月，南宁会议进一步批评反冒进后，制订农业产量计划中的高指标风逐渐在全国刮起。

1958年5月5日至23日召开的中共八大二次会议上正式通过了"鼓足干劲，力争上游，多快好省地建设社会主义"的总路线，并正式发动了"大跃进"运动。毛泽东在会上先后作了4次讲话（5月8日、17日、20日、23日），多次号召全党解放思想、破除迷信，提倡敢想、敢说、敢做的大无畏创造精神。

中共八届二次会议后，"大跃进"运动在全国大规模展开。先是在农业生产上片面追求高指标，如1958年6月间的夏收时节，以《人民日报》为首的党报党刊不断争先恐后地报道、宣传"高产卫星上天"（1957年，苏联成功发射了两颗人造地球卫星）。这种虚报、浮夸的气氛中，"人民公社"在酝酿产生。

【"人民公社"的诞生】1958年3月成都会议后，农村中出现了把小型农业合作社合并为大社的热潮，受到毛泽东的肯定和支持。

1958年7月1日出版的《红旗》杂志第3期刊登该刊总编辑陈伯达所写文章《全新的社会，全新的人》。[41]文章热情称赞湖北省鄂城县旭光合作社用土办法办"小小工厂"、促进了农业的发展的典型事迹："把一个合作社变成一个既有农业合作又有工业合作的基层组织单位，实际上是农业和工业相结合的人民公社。"这是中央高层领导人第一次使用"人民公社"这一名称。

1958年秋，毛泽东先后视察河北、河南、山东等省农村，提出办工、农、商、学、兵合一的人民公社。经过报纸宣传，全国各地农村的合作社、乡纷纷联乡并社，转为"人民公社"。

"大跃进"中最早创办人民公社的是河南省，当时该省的省委书记是吴芝圃。河南省是当时全国"大跃进"的"先进省"：全国第一个人民公社是该省遂平县嵖岈山人民公社（1958年4月20日成立），该社在全国放出第一颗粮食高产"卫星"；毛泽东在河南发出"人民公社好"的号召；全国唯一的大炼钢铁的先进县是河南禹县。[42]1958年7月4日，河南省新乡县七里营乡的56个高级农业社合并成一个大社，开始称"七里营集体农庄"，旋改名为"共产主义公社"，后定名为"人民公社"。8月6日，毛泽东视察了该社。在"新乡县七里营人民公社"的牌子前，毛泽东充分肯定并称赞说："人民公社好！"毛泽东在河南农村视察三天后才离开河南。[43]

1958年8月4日，毛泽东开始视察河北省徐水县、安国县和定县。[44]

1958年8月17日至30日，中共中央在北戴河召开政治局扩大会议。会上通过了两个重要文件：一个是《中共中央政治局扩大会议号召全党全民为生产1 070万吨钢而奋斗》的会议公报，决定1958年的钢产量在1957年535万吨的基础上翻一番，提高到1 070万吨；一个是《中共中央关于在农村建立人民公社问题的决议》，决定在全国广大农村全面推广建立"政社合一"、"一大二公"、"工农商学兵合一"、"乡社合一"的人民公社。[45]这两个文件出台后，"人民公社化"运动开始勃兴，"大跃进"进一步掀起高潮，空前规模的"全民大炼钢铁"的运动也如火如荼地开展起来。与此同时，其他各条战线，如工业、交通、邮电、教育、文化、卫生等企事业单位也都开展"全民大办"、"全面大跃进"的运动。这种"以钢为纲"所带起的一系列"大办"，把大跃进运动推向了巅峰，使得以高指标、瞎指挥、浮夸风和"共产风"为主要标志的"左"倾错误极其严重地泛滥开来，导致正常的经济建设秩序被打乱，巨大的人力和资源被浪费，国民经济比例严重失调。

二、如狂飙般刮起的"浮夸风"、"共产风"

"大跃进"时期，在领导方面，各级政府互相攀比争强，弄虚作假，一级骗一级，浮夸成风。在新闻界，以新华社及《人民日报》为首的各级党报，曾用大量的版面、篇幅配合各级政府作假、大、空的宣传报道，形成了中国新闻史上规模最大的一次造假运动。新闻传媒昧着良心说假话，严重损害了党报的公信力，也导致党报新闻工作者职业道德沦丧，留下极为深刻的惨痛教训。

【"高产卫星上天"】农业生产方面，虚报浮夸最突出的是产量上的大放农业高产"卫星"。

（1）以《人民日报》、新华社为首的新闻媒体先是大放小麦"卫星"。1958年5、6月间，小麦等夏粮开始收割。小麦本是低产作物，但据当时报刊记载："六月里，奇迹多，从黄河南北、长江两岸不断传来小麦丰产捷报，刚发三千（斤一）亩，又来亩（产）四千，直破五千大关，又一跃到七千三！"对小麦等夏粮产量的浮夸报道，先以《人民日报》为例：

1958 年 6 月 8 日，《人民日报》首先报道河南省遂平县嵖岈山农业社，即“卫星农业社”第二生产大队小麦亩产 2 105 斤。“它比去年湖北省房县双河农业社创造的全国小麦亩产最高纪录一千五百四十斤多五百六十五斤。”这是“大跃进”期间《人民日报》放出的第一颗农业高产“卫星”。这一条消息在报纸上发表并经广播电台播出后，全国新闻界出现了竞放“卫星”的局面，极大地助长了弄虚作假、争相攀比的浮夸势头。

1958 年 6 月 12 日，《人民日报》头版又载消息，报道河南遂平县“卫星农业社”第一大队第二分队“亩产（小麦）三千五百三十斤七两五钱”，又放出“第二颗卫星”。

1958 年 6 月 16 日，《人民日报》头版报道湖北省谷城县星光社小麦亩产 4 353 斤。此后，“小麦高产消息频传”。同一天（6 月 16 日），《中国青年报》第四版特载著名科学家钱学森写的一篇短文《粮食亩产量会有多少?》，文中云：“‘前年卖粮用箩挑，去年卖粮用船摇；今年汽车装不了，明年火车还嫌小!’这是江西省井冈山农民的一首民歌。我们的土地正在农民双手豪迈的劳动中，付给人们更多的粮食。六月十二日《中国青年报》第一版上发表了一个动人的消息：河南省遂平县卫星农业社继小麦亩产二千一百零五斤以后，又有二亩九分地平均每亩打下了三千五百三十斤的小麦。”“土地所能给人们的粮食产量碰顶了吗？科学的计算告诉人们：还远得很！今后，通过农民的创造和农业科学工作者的努力，将会大大突破今天的丰产成绩。因为，农业生产的最终极限决定于每单位面积上的太阳光能，如果把这个光能换算农产品，要比现在的丰产量高出很多。现在我们来算一算：把每年射到一亩地上的太阳光能的 30% 作为植物可以利用的部分，而植物利用这些太阳光能把空气里的氧化碳和水分制造成自己的养料，供给自己发育、生长、结实，再把其中的五分之一算是可吃的粮食，那么稻麦每年的亩产量就不仅仅是现在的两千多斤或三千多斤，而是两千多斤的 20 多倍!”这是为粮食“无限高产”找的“科学”依据。

1958 年 6 月 21 日，《人民日报》头版刊载社论《力争高速度》，其中云：“当大家都想快、要快、力争快的时候，事情的进展果然就快了。”鼓吹唯意志论。

1958 年 7 月 1 日，《人民日报》载消息称：“我国农业生产大跃进的第一曲凯歌是夏粮增产 350 亿斤，小麦总产量超过美国跃居世界第二”，“成了仅次于苏联的产麦最多的国家”。

1958 年 7 月 23 日，《人民日报》第六版发表社论《今年夏季大丰收说明了什么?》云：“我们知道，人是生产力中最有决定性的因素。世间一切事物中，人是最宝贵的。在共产党领导下，只要有了人，什么奇迹也可以创造出来。”“我国的农业增产有多大？看来现在谁也不敢下断语了。的确，我们不应该再用一个框子，像紧箍咒似的把自己的头脑束缚起来了。仍然以小麦来说吧，当前全国平均亩产量还不到二百斤，可是最高产量已达到七千多斤。可见，增产潜力是远没有到顶。麦子如此，其他作物也是如此。有些人喜欢引经据典，说历史上没有的，今天就不可能有，外国没有的，中国也不可能有。小麦高额丰产的奇迹告诉他们，历史上没有的，今天的确有了，外国没有的，中国的确有了。我们现在已经完全有把握说，我国粮食要增产多少，是能够由我国人民按照自己的需要来决定了。我们不再做历史和外国的思想奴隶了，我们已经是能够掌握自己的命运的主人了。”“夏季生产大跃进的伟大胜利，进一步增强了我们争取今年秋季生产大跃进的信心。”“美帝国主义者说我们人口多是‘不堪重负的压力’，我们要用更多的事实告诉他们，人口多，生产粮食更多。只要我们需要，要生产多少就可以生产多少粮食出来。”

1958年7月29日，《人民日报》社论《今年秋季大丰收一定要实现》中，还引述了当时流行的一些口号（广大农民在总结夏季丰收的经验时说的）：“没有万斤的思想，就没有万斤的收获”，“没有万斤的指标，就没有万斤的措施”。

1958年8月3日，《人民日报》又发社论《年底算账派输定了》。社论说：“地的产是由人的胆决定了的”，批判了“唯条件论”。这些极端主观主义的思想意识用当时的一句话概括就是：“不怕做不到，就怕想不到；只要想得到，定能做得到。”

关于小麦等夏粮的“丰产”浮夸报道，再以新华社的报道为例：新华社是我国的国家通讯社，它采写的许多重大新闻消息往往以“通稿”的形式发出，供全国各地报纸、电台采用，影响很大。其有关夏粮“丰产”的许多虚假、浮夸报道更是贻害全国。据当年有人介绍云：“6月30日，新华社播发了湖北省谷城县新气象五社亩产小麦5 467斤；十天以后，又播发了河南省西平县和平农业社两亩小麦平均亩产达7 320斤的消息，这是迄今为止所发现的最大一颗小麦高产‘卫星’。在一个月左右的时间里，新华社报道了几十个小麦高产纪录，其中亩产在三千斤以上的就有三十多个。这些在过去只能当着（作）神话来谈论的奇迹，今天在我们的国家里竟变成现实的东西，是多么吸引人、激动人、唤醒人啊！这些高产奇迹显示人类在发展生产的斗争中前途是无限量的。”“据统计，（新华社）每篇高产纪录的报道，在国内都有十几家到几十家报纸以显著位置刊登出来，有些报纸还加以评论。对小麦高产纪录报道的效果和普遍意义发生怀疑或估计不足，是不对的。”“几乎所有的高产纪录的报道，都写明了核产和验收的情况，以此来解决令人信服的问题。”[46]实际上，这些所谓经过“核定”、“验收”的高产，煞有介事地精确到几斤几两甚至几钱，而且还“差不多每篇报道都写上一亩地有多少株、穗和粒”[47]。这在实际操作中是难以做到的，而报纸报道却言之凿凿，其实是故弄玄虚骗人。

（2）接着是大放水稻“卫星”。1958年8月前后，早稻开始收割，新华社、《人民日报》等新闻媒体在放了大量小麦“卫星”后，又接着放水稻“卫星”。先以新华社的报道为例：

新华社1958年7月31日电：湖北长风农业社早稻亩产15 361斤。

新华社1958年8月9日电：安徽高丰社试验田“开放大红花”，早稻亩产16 260斤。

新华社8月12日电：湖北麻城县麻溪河乡建国第一农业社出现“天下第一田”，早稻亩产36 956斤，成为“大批高产‘卫星’中的冠军”。消息写道：“在验收时，人们曾选一平方尺的面积进行实测，据实测结果推算，平均每亩约产768万穗。据试验，把鸡蛋随便放在稻禾上面滚动，鸡蛋始终不会掉到田里去。可见这块田的禾密到了什么样的程度。”[48]

关于水稻等农作物高产报道，再以《人民日报》为例：

1958年8月13日，《人民日报》头版头条载消息：湖北省“麻城建国社出现天下第一田，早稻亩产三万六千九百多斤”、“福建海星社创花生亩产一万零五百多斤纪录”。

1958年8月13日，《人民日报》在当天头版左下角《一颗早稻大卫星》的标题下刊登了新华社记者拍摄的一组四幅照片。照片说明云：“湖北省麻城县麻溪河建国第一农业社有块一点零一六亩早稻高产田，创造了亩产干谷三万六千九百五十六斤的惊人纪录。”其中一幅是四个小孩并排站在稻穗上照的照片。照片说明云：“这块高产田的早稻长得密密层层，孩子站在上面就像在沙发上似的。”这张照片是“经典”的假新闻照片。据后来揭露，稻穗下面是用木板搭了台子、小孩们是经过“摆布”后拍摄出来的。这一组假新闻照在《人民日报》发表后，马上在全国新闻界中产生了非常广泛、恶劣的影响和“示范”效应。各省的省委机关报也竞相攀比，争放“卫星”。例如，广东省的领导看到这条消息后，压力很大，感到广东作为全国有名的水稻高产地区，不能落在人后，决定广东也要放一颗水稻高产“卫星”。9月5日，《南方日报》便以第一、二两个整版的篇幅发表了《巨型卫星升天，田北社中稻突破6万斤》的消息和《粤北望“星”记》的通讯，并配以图片，全面报道了广东省第一颗水稻高产“卫星”（60 437斤）升天的消息。与此同时，还发表了省委的贺电和该报社论《人有多大的胆，地有多少的产》。社论指出：“近两个月来，各种作物的高产卫星不断腾空，越来越大。现在连县田北社的卫星超过了湖北麻城，跃居首位”，强调“卫星纪录的一个超过一个，那是不断地在证明地力无边，增产无限，最终决定的因素是人的努力。人有多大的胆，地有多少的产”。[49]

1958年8月27日，《人民日报》第三版头条位置发表署名“刘西瑞”的“寿张来信”：《“人有多大胆，地有多大产”》。这是一篇狂热鼓吹主观主义及唯意志论的“经典”之作，为中共中央办公厅派赴山东寿张县调查组写回来的一封信。信中云：“这次寿张之行，是思想再一次的大解放。今年寿张的粮食单位产量，县委的口号是‘确保双千斤，力争三千斤’。但实际在搞全县范围的亩产万斤粮的高额丰产运动中，一亩地要产五万斤、十万斤以至几十万斤红薯，一亩地要产一两万斤玉米、谷子。这样高的指标，当地干部和群众讲起来像很平常，一点也不神秘。一般的社也是八千斤、七千斤，提五千斤指标的已经很少。至于亩产一两千斤，根本没人提了。这里给人的印象首先是气魄大。”“这样的高产量，从措施来看，也不外是土、肥、水、种、密等几条。”10月16日，《人民日报》发表“曙光”的文章《立足现实　大胆想象——谈谈客观可能性与主观能动性的关系》。文章认为“因为事物是无休止向前发展的，农业增产的潜力是无穷的……我们在这个前提下提出‘人有多大胆，地有多大产’这句话，不是主观唯心论，而是完全辩证唯物论的。它是一个具有充分革命精神的口号。”

1958年8月4日，毛泽东视察河北省徐水县。8月11日，《人民日报》二版载“本报特约记者”康濯写的通讯《毛主席到了徐水》。9月11日，《人民日报》第三版又载《徐水人民公社颂》，报道徐水县大寺各庄“一亩山药一百二十万斤”、“一棵白菜五百斤”、“小麦亩产十二万斤”、“皮棉亩产五千斤”，“全县粮食亩产三千斤”。文章还说：“徐水人民公社将会在不远的将来，把社员们带上人类历史上最高的仙境，这就是那各尽所能、各取所需的自由王国。”这篇“经典”假新闻也是由当时为体验生活而挂职担任徐水县县委副书记的著名作家康濯奉命炮制出来的。[50]

1958年9月18日，《人民日报》头版头条报道广西环江红旗农业社中水稻“亩产13万斤”（130 434斤）的新闻，放出了“大跃进”中的“水稻卫星王”。这一假新闻是由当时柳州地委第一书记一手导演炮制出来的。据说：当8月13日湖北麻城县放出了水稻三万六千多斤的“大卫星”后，广西急了。8月28日，广西壮族自治区党委、区人委发出《关于开展高额丰产竞赛运动的决定》。柳州地委雷厉风行，紧急召开地、县、乡、社四级干部会议，策划“放卫星争上游”。会后，地委书记又私下召见环江县委第一书记，要求环江县一定要“解放思想”，想方设法、千方百计超过湖北，争取全国第一。环江县委第一书记回去后，发动一千多人大战两昼夜，终于把八九亩田里长势好、快要成熟的禾谷，密密匝匝地移栽到“卫星田”里。“亩产十三万斤”的假新闻就这样“造”出来了。

1958年11月23日，《人民日报》第七版放出了最后一颗小麦高产卫星——地处高寒山区的青海德令哈农场“全场播种的一万四千多亩春小麦，平均亩产达到一千二百斤以上；还有一点零七亩试验田亩产高达五千七百四十三斤六两”（《德令哈：青海国营农场的一面红旗》）。

【“钢铁元帅”升帐】 从50年代中期起，毛泽东一再强调“农业以粮为纲，工业以钢为纲”。1958年6月间，随着夏收小麦高产浮夸风的兴起，新华社、《人民日报》等又开始“全民大炼钢铁”的宣传。8月以后，全国兴起的“全民大炼钢铁”形成热潮，“小高炉”遍地开花，新华社、《人民日报》等新闻媒体成为大刮“大炼钢铁”浮夸风的急先锋。

1958年6月17日，“全民大炼钢铁”的第一篇报道出笼。当天的《人民日报》头版载消息《炼钢不神秘，小炉显神通》，报道福建福州“炼出第一炉钢”。当天头版还载短评《炼钢炼铁齐头并进》云：“炼钢是不是高不可攀呢？是不是非要较复杂的设备和较高的技术不可呢？不。”“福州通用机器厂设计和利用土转炉炼钢成功的是一般技术工人，都不是炼钢工人。这哪里谈得上什么高超技术，只是因为他们不迷信，不妄自菲薄，敢想、敢干，所以就很快地由不懂到懂，创造了奇迹，为我们开拓了发展小型炼钢的道路。”

1958年8月17至30日，中共中央政治局扩大会议在北戴河举行。会议号召全党全国为生产1 070万吨钢而奋斗。会后，全国掀起了一个“以钢为纲”的全党全民办工业、大炼钢铁的群众运动。报刊、广播紧密配合中心工作，大肆鼓吹。

1958年9月1日，《人民日报》刊登新闻《中共中央政治局扩大会议　号召全党全民为生产1 070万吨钢而奋斗》，拉开了“大炼钢铁”的序幕。9月5日，《人民日报》又发表社论《全力保证钢铁生产》，提出掀起一个“以钢为纲”带动一切的“大跃进”。此后，各地报刊不断报道各地大放钢铁高产“卫星”的新闻。如9月14日，贵州省首放“卫星”宣布生产生铁14 000吨，超额完成了9月份的9 000吨生铁生产计划。曾在农业战线大放卫星、名列前茅的河南省不甘示弱，马上宣布仅9月15日一天全省产铁11 894吨，日产生铁千吨以上的县出现了8个，其中，禹县日产生铁高达4 396吨。9月29日是中央确定的大放“卫星”的日子，全国日产钢近6万吨、铁近30万吨，出现了9个日产生铁超过万吨的省、73个日产生铁超过千吨的县，以及两个日产5 000吨钢、一个日产4 000吨钢的省。[51]10月15日到21日是中央确定的高产周。10月22日，《人民日报》第五版辟专版《创造一个又一个生铁千吨县、万吨省，给国庆节献礼！》刊登浮夸假新闻数条：“河南首创万吨省”、河北“九月破万吨，十月过两万”、河南禹县“日产生铁四千吨”。10月26日《人民日报》称：一周内钢的平均日产量比以前14天的平均产量增加了85%，其中钢的最高日产量曾达到10万多吨。在此期间，毫无钢铁工业基础的广西壮族自治区后来居上，连放几颗特大卫星：环江县产生铁6 300吨、忻城县日产煤炭67万多吨、鹿寨县日产生铁竟然高达20万吨。

1958年12月22日，《人民日报》头版头条以通栏大标题刊载消息：“一年之间钢产加番　在世界钢铁史上写下辉煌的一章”（引题）、“1 070万吨钢——党的伟大号召胜利实现”（主标题）、“千万英雄儿女斗志昂扬向明年生产1 800万吨钢的新目标”（副标题）。[52]当天《人民日报》第二版在“以钢为纲的胜利，大搞群众运动的胜利”的通栏大标题下刊载署名“本报记者冯健”写的通讯《“一〇七〇”礼赞》，“生动”描绘了当年全国各地“大炼钢铁”沸腾的日日夜夜，记述了“千千万万的人民，包括工农兵学商，奋起响应党的号召，投入如火如荼的全民炼钢运动”、“其势汹涌澎湃，顿时席卷全国”的狂热情景。据有文章回忆：为着保证完成一千零七十万吨钢的任务，各省一下子建成了几万个小高炉。中央各部各机关也纷纷炼钢，国家计委把周围的铁丝网拆下来，剪成小段，熔化成两个小钢块，用红绸子包着敲锣打鼓到中南海报喜，公开弄虚作假。[53]

新闻媒体除以上对“大放钢铁卫星”的报道外，还花了大量篇幅报道“如火如荼”、“轰轰烈烈”的大炼钢铁的群众运动及其“宏阔”场面。据当年报刊报道：当时“不但工业部门办起了钢铁厂，而且农业部门、军事部门、机关、学校、商店也都卷入了这个活动。全国各地，大街小巷，满山遍野都是炼铁、炼钢的队伍，到处是紧张的劳动。特别是在广大农村，农民群众在党和人民公社的领导下，不分昼夜，不避风雨，安营扎寨大战钢铁。领导政治挂帅，深入炉边，同群众一起劳动，群众干劲冲天，气势磅礴。”在短短几个月的时间内，土法上马建成的小高炉、土高炉遍地开花，“几百万个新建炼铁炼钢土炉及其他小型工业和手工工场星罗棋布，遍及全国大小乡镇”[54]。同时新闻媒体还就“小（小高炉）、土（土法炼钢）、群（群众运动）”和“大、洋、群”作了详细报道。当时认为“小、土、群”和“大、洋、群”是我国工业群众运动的两条“腿”：各地普遍土法上马大炼钢铁，特别是农村用土办法举办的小企业，是“小、土、群”，而发展重工业则要“大、洋、群”。在一段时间里，新闻界曾掀起了一个报道“小、土、群”和“大、洋、群”的战役，大量报道各地“大办‘卫星’工厂”的情况，介绍各地大企业推行“两参一改三结合”的“工业宪法”和开展“四大”（大鸣、大放、大字报、大辩论）的经验。[55][56]另外，全国各地在“全党全民大炼钢铁”的同时，也在交通、邮电、教育、文化、卫生等中开展了“全民大办”运动。这种由大炼钢铁而带动起来的一系列“大办”把“大跃进”推向了高潮。当时生产的所谓“生铁”，基本上是没有多大用处的烧结铁。“钢”的含硫量超标，也很难加工使用，基本上是“废钢”。“大炼钢铁”造成了人力、物力和自然资源的大浪费，也“造成国民经济主要比例的严重失调，使社会主义经济遭到重大损失”[57]。实际上，这种损失和危害在当年秋季及1959年初就反映出来。1958年的气候条件非常好，风调雨顺，加上人们干劲十足，农作物长势良好，庄稼丰收。但由于收割时节正赶上大炼钢铁，大部分壮劳力都抽调去炼钢铁工地，剩下的从事庄稼收割的一般都是妇女。这一时期，农村妇女中有80%以上的人都参加了农业劳动，其中许多人从前都未做过农活，效率自然很低。由于缺乏劳动力，许多谷物未得及时收割，遇到风雨便在地里烂掉，有些只能草草收割，因此随处可见丢弃、散落的粮食。这样一来，丰年不丰产。到1959年，终于导致严重缺粮，全国陷入大饥荒的灾难之中。大炼钢铁高潮时，由于没有燃料、焦炭，就大肆砍伐树木，树木砍光了，就开始拆房……真是祸国殃民。

【“人民公社化”宣传与大刮“共产风”】1958年下半年，紧跟着“大跃进”高潮，在全国农村中又出现了一个大办人民公社的热潮。北戴河会议后，在一个多月的时间里，很快就实现了全国农村人民公社化，原来的农业生产合作社几乎全部转为“一大二公”、“政社合一”的人民公社。大办人民公社的目的是为了向共产主义过渡，当时的一句口号是“共产主义是天堂，人民公社是桥梁”。

1958年8月18日，即北戴河会议（8月17日至30日）召开的第二天，《人民日报》就发表第一篇报道有关人民公社的新闻《人民公社好》，宣布河南省信阳专区全部成立了人民公社。稍后不久，1958年9月1日出版的《红旗》杂志（半月刊）第七期刊载社论《迎接人民公社化的高潮》云：“随着今年夏季和秋季农业生产的伟大胜利，广大地区的农民正在进一步组织起来：把小社合并为大社，把农业生产合作社改变为乡社合一、工农商学兵（“兵”指民兵——引者注）合一的人民公社。”人民公社“组织军事化，行动战斗化，生活集体化”。同期的《红旗》杂志还刊载《嵖岈山卫星人民公社试行简章（草稿）》（一九五八年八月七日）。河南省遂平县嵖岈山卫星人民公社于1958年4月20日成立，是全国第一个人民公社。该社由嵖岈山附近的27个农业合作社合并而成，共有农户9 369户。《简章》（草稿）共计26条，对人民公社的性质、宗旨、任务、组织机构及设施、运作方式等作了详尽的规划与说明。

1958年9月2日，《光明日报》头版头条载新华社消息《不断革命的思想鼓舞劳动人民跃进再跃进，河南农村实现人民公社化》云：“截至8月底，全省农村在原三万八千四百七十三个农业社、平均每社二六〇户的基础上，已经建成大型的综合性人民公社一三七八个，平均每社七千二百多户。”

1958年9月3日，《人民日报》发表社论《高举人民公社的红旗前进》，再次论证人民公社的必然性、必要性、可能性和美好前景。文章云：河南和辽宁已经基本上实现了全省公社化。河北、黑龙江、安徽等省的人民公社运动正在高潮中。东北和黄河流域其他省份，长江流域和长江以南各省，正在准备在秋收前后分期分批地建立公社。“人民公社的基本特点：一是大，二是公。所以人民公社也可以说是一个大公社。”到10月底，全国原有的74万个农业合作社改组成了2.6万多个人民公社，99%的农户加入了新的组织。

“公社食堂”是人民公社化运动中出现的新生事物，毛泽东、刘少奇等中央领导同志曾大力提倡。1958年6月14日，刘少奇在全国妇联党组负责人的谈话中，充分肯定了河南、江苏等普遍办“农忙食堂”的好处，认为当时各地出现的托儿所、公共食堂、供给制、家务劳动社会化等，把妇女从繁重的家务劳动中解放出来，都是实行共产主义制度的新事物。在北戴河会议上，毛泽东多次提到：公共食堂“吃饭不要钱”，就是共产主义。

1958年7月8日，《人民日报》发表消息《农业社办食堂一箭双雕》，指出农村办公共食堂有八大好处，同时还配发了评论《这件事情要提倡》。从此，全国农村先后办起了大量的公共食堂。8月18日，《人民日报》报道：广大农村大办农民公共食堂、托儿所、洗衣组、缝纫组，解放了妇女劳动力，出现了新的生活方式，是共产主义新生事物。10月4日，《人民日报》发表通讯《毛主席在安徽》，报道毛泽东视察该省舒城县舒荣人民公社时，了解到这个公社办公共食堂吃饭不要钱后就说：吃饭不要钱，既然舒荣公社能办到，其他有条件的公社也能办到。于是全国好多地方都宣传“吃饭不要钱，不限量”的“大锅饭”制度。

1958年10月25日，《人民日报》又发表社论《办好公共食堂》，把办好公共食堂作为人民公社化运动的一项重要内容。同年11月，新华社记者杜导正采写了新闻《广东农村宣布“放开肚皮”、一日三餐干饭不要钱》，歌颂公共食堂，进一步鼓吹吃饭不要钱、“敞开肚皮吃饭”的共产主义理想境界。消息还称：“省委（指广东省委——引者注）还决定从11月1日起，全省公共食堂分区宣布‘放开肚皮’，所有人口一日三餐白米干饭，能吃多少供应多少。”《人民日报》及各地党报都曾刊登这篇消息，影响很大，“助长了1959、1960年遍及农村的饥荒”[58]。

除了大量刊登文章报道宣传“人民公社化”的优越性外，全国不少著名报刊大肆鼓吹“跑步进入共产主义”、大刮“共产风”。如1958年上海出版的《解放》半月刊第6期发表了张春桥的《破除资产阶级法权思想》的文章。该文极力主张扩大推广“供给制”，继续实行我党我军从战争年代一直实行的“一套军事共产主义生活”，鼓吹“共产风”，否定按劳分配原则。由此引起了报刊上一场关于“资产阶级法权”问题的大讨论。10月13日的《人民日报》第七版头条显著位置转载过此文。随后，《人民日报》还在第七版专辟《关于资产阶级法权问题的讨论》专栏，连续发表过50多篇争鸣文章。

另外，在有关农业生产和农村工作的报道中，报刊一度成为“瞎指挥”的所谓“经验”的宣传者及推广者，给农业生产造成损失和危害。应该说，有些经验在某种特定的时间、地点、条件下确有积极意义，但离开这种特定的时间、地点、条件而实行“一刀切”似的强行普遍推广则可能有害。如报纸过分强调深翻土地，导致有的地方将土地深翻几尺深，有时过分强调“密植”，给农业生产带来损失。在工具改革中，报纸报道宣传所谓“车子化运动”、“滚珠轴承运动”、“绳索牵引机化运动”等，也都是不顾实际情况，凭主观愿望办事，结果事与愿违，造成了资源极大损失和浪费。

三、新闻界自身的“大跃进”

在宣传报道“大跃进”的过程中，新闻界得出结论，认为只有自身“大跃进”，才能更好地宣传、报道“大跃进”。于是，一场新闻界自身的“大跃进”很快开展起来。当时，新华社主办的《新闻业务》（半月刊）对新华社的“大跃进”作了翔实的报道。人民日报社主办的《新闻战线》（月刊）从1958年3月号起，也对《人民日报》及各地党报的“大跃进”及其宣传经验作了全面的介绍和推广。

1958年初，“大跃进”运动刚刚兴起的时候，“政治敏感性”很强的新闻记者们就开始思考“在新闻报道工作上来个大跃进”的问题。有文章提出：“新闻报道工作的大跃进，这个题目很大，它包括各项业务工作，例如编辑工作、采访工作、资料工作，包括编辑和记者队伍的培养教育，包括领导工作的改善，包括业务方针、采访路线、表现方法等各种问题。”[59]

【新华社的“大跃进”】1958年3月，新华社总社召开国内分社会议，制订了新华社国内部分苦战三年的工作计划（草案），在改进新闻报道业务、培养又红又专的编辑记者队伍和改进总社及分社的领导工作三方面提出了具体的要求和措施。会上提出的口号是：苦战三年，把新华社建成充分满足全国报纸、广播电台需要的消息总汇和新闻图片总汇，更好地为社会主义服务。从5月起，新华社总社又先后分片召开了世界各个地区的国外分社会议。如苏联东欧分社会议，英、法、瑞（士）分社会议，朝（鲜）、越（南）、蒙（古）分社会议。在各片分社会议上，各地的国外分社都提出了自己的跃进目标和规划：“破除迷信，解放思想，长自己志气，灭敌人威风”；“在全世界插红旗拔白旗”，“苦战三个月，面貌一新；苦战半年，达到世界性通讯社水平！”[60]

1958年7、8两月，新华社总社又先后在河南、上海、天津召开了三个会议，讨论促进新华社国内分社报道全面“大跃进”的问题。如7月17日至25日，新华社总社在河南省召开了国内6个分社（山东、山西、河北、安徽、陕西、河南）负责人参加的会议。会议由穆青、戴邦主持，一共开了9天。会议采取现场会形式，与会代表先后到“各项工作全面大跃进的登封县”和“全县转入公社的遂平县”参观学习，边看边议，讨论如何“挖掘潜力、制订跃进指标，展开大竞赛问题”。这6个分社当时都和当地人民日报记者站合并了。8月4日至7日，新华社总社在上海召开华东地区的分社工作会议。会议由穆青主持，参加会议的有江苏、上海、浙江、江西四个分社的负责人。会上主要讨论贯彻深入实际、深入群众的业务方针问题。“会议认为，应当大大提倡记者到群众中去寻找新问题、新事物，特别是寻找萌芽状态的新事物。”8月26日至31日，新华社总社又在天津市召开财经报道现场会议。“会议研究了大跃进形势下的财经报道问题，制订了今后四个月财经报道的具体规划，并提出了一个力争上游的战斗口号：苦战一百天，改变财经报道面貌，争取50面红旗。”出席这次会议的有总社和人民日报的有关编辑人员和北京、上海、天津、河南、四川、安徽、江西、广东、黑龙江等分社的记者。会议由穆青主持。[61]

到了9月10日，新华社总社又举行“飞行集会”，社领导向全社同志发出号召：在大跃进中，要求大家创造奇迹，放“大卫星”，迎接国内新闻、亚非新闻、南美新闻三大“‘新闻元帅’升帐”。

9月初，新华社还在大马士革举行了中东分社会议。9月13日至20日，新华社总社在北京召开国外分社——东南亚地区分社会议。会议提出的口号是：“苦战三月，面貌一新；苦战半年，在东南亚地区报道上压倒西方通讯社。”[62]

10月4日，新华社总社举办“国庆献礼展览会”，检阅了“大跃进”以来，特别是国庆前夕一段时期新华社各部门的跃进成绩。（出处同上）

1958年的“大跃进”运动期间，由于吴冷西既是人民日报总编辑，又是新华社社长，他将报、社紧密结合在一起，“联动”报道“大跃进”新闻，并将各地的新华社分社与人民日报驻各地的记者站合并。从11月20日开始，到12月9日结束，在此期间，新华社、人民日报联合召开国内分社及记者站会议。会上，人民日报总编辑、新华社社长吴冷西作了关于国内外形势和宣传思想、宣传作风等问题的重要报告。新华社副社长朱穆之、海稜和人民日报副总编辑胡绩伟也作了发言。穆青在发言中说：“我国大跃进的基本动力和源泉是党领导下的轰轰烈烈的全民性群众运动。如以钢为纲的全民钢铁运动、人民公社化运动、教育与生产劳动相结合运动等。在改造社会、改造自然界的斗争中，我们都要大搞群众运动，用群众运动推进一切事业，大运动套小运动，一个运动接着一个运动地向前发展，这就是我们国家的生活实际。因此，新闻工作必须深入地报道群众运动。”他还提出：“在大跃进的形势下，报道群众运动的主要方法是插红旗、放卫星、写群众、提问题，抓经验。”海稜在发言中谈到了在新闻报道中贯彻执行“新闻为政治服务、为生产建设服务的方针”的问题。[63]

【人民日报及各地省委机关报的“大跃进”】1958年1月11日至22日，中共中央在南宁召开部分中央领导人及九省二市书记会议。会上严厉批评了1956年的反“冒进”。南宁会议后，党内急于求成的“左”倾思想迅速发展起来，有些地方和部门开始提出一些不切实际的“大跃进”计划。同样根据南宁会议精神，在《人民日报》总编辑吴冷西的主持下，人民日报编委会制订了《人民日报苦战三年工作纲要（草案）》［以下简称《纲要》（草案）］，提出了全面改进《人民日报》工作的23条纲要，对“宣传中央路线方针政策、评论工作、新闻报道、版面与标题、干部队伍、同各地省、市委的关系等都提出了要求，其中有些是适当的、合理的，有些则是要求过高、过急”[64]。2月27日，人民日报社举行了“大跃进”动员大会，会上宣布了《纲要》（草案）。《纲要》（草案）号召全体编辑部工作人员苦战三个月，使报纸面貌焕然一新；苦战三年，使人民日报真正成为名副其实的党中央机关报、真正成为全国人民爱不释手的精神食粮。《纲要》（草案）对报纸的言论、新闻报道、全党办报方针、群众工作、文风及版面安排等工作，提出了高而严的要求，如写社论要有形象化的描写，要善于运用生动的口语、比喻、古谚、对比、讽刺，要感情洋溢；在新闻报道方面，力求及时全面地反映社会主义各项建设中的新创造、新经验、新人物、新问题、新气象和其他新情况，使《人民日报》成为一部活的中国历史；报纸的文风要有一个"大跃进"，每篇文章都要达到准确性、鲜明性和生动性的"三性"要求；在贯彻全党办报方针方面，要求利用各种机会组织县以上的各级党委负责同志亲自为报社布置宣传工作，指挥记者和撰写稿件；在群众工作方面，要求千方百计地利用广大读者的来信，使读者来信真正成为丰富报纸版面内容的源泉，每月争取利用读者来信600件至1 000件；在版面编排方面，要求既要有鲜明的花朵，又要有雅致的枝叶，既突出中心，又丰富多彩，每天每版都要刊登图片、图解等；必须精心制作标题，标题的要求是"富于思想性，能充分体现党中央的领导意图，提倡什么反对什么都很鲜明，标题文字要简洁有力、生动通俗、富有吸引力，能成为群众战斗的口号；应坚决挤出篇幅来刊登一些富于文艺性、科学性和知识性的多种多样的品种"；"要办好副刊，努力使人民日报的副刊在内容和形式上都成为全国最出色的副刊，副刊内容要做到百花齐放、图文并茂，既有高度的思想性、群众性，又有丰富的艺术性和知识性"。在队伍培养方面，要求在三年内分三批下放农村，使半数以上的编辑人员受到半年到一年的劳动锻炼和基层工作锻炼；在下放期间，每三月至少写一篇文章，并经常向编辑部反映当地的情况。在动员大会后，报社贴出了许多大字报，其内容有各部门之间的挑战应战，也有各部门和采编人员个人的"跃进规划"，还有对改进各项工作的建议，等等。与此同时，在编辑部还开展了"除七害"运动，即消除文理不通、冗长枯燥、政治错误、事实和数字错误、技术错误、泄密、不按时出版等恶劣现象。

《纲要》（草案）提出以后，吴冷西赶在成都会议（3月9日召开）之前送到毛泽东手中，"请他给予指示"。毛泽东在会议开始的第一天（3月9日）讲话时即谈到："报纸如何办？中央、省、专区的报纸如何改变面貌，办得生动活泼？人民日报提出二十三条，有跃进的可能。我们组织和指导工作，主要依靠报纸，单是开会，效果有限。"[65]会议期间，毛泽东还说："人民日报的二十三条改进工作纲要可以作为草案先实行起来，到年底再总结经验，加以修改。"[66]遵照毛泽东的指示，经编辑部不断讨论和试验，并加以补充和修改，《纲要》在8月初正式公布实施。

此外，1958年3月4日，在中共中央直属机关俱乐部召开的一次会议上，当时人民日报社社长邓拓同志曾作了题为《新闻战线上的社会主义革命》的报告。报告分"新闻队伍必须整顿"、"为谁服务是根本问题"、"两种新闻自由"、"社会主义新闻事业的大跃进"四部分。前三部分主要是批判所谓右派言论的，第四部分"社会主义新闻事业的大跃进"中云：在思想作风方面，"许多新闻单位存在着严重的'六气'，这就是官气、暮气、骄气、娇气、阔气，还加上书生气。这六气如果不从思想根源上挖掘，必有后祸。""我们现在要把'六气'统统揭出来，一个个烧掉。""我们要学先进、比先进，实行革命竞赛。什么是先进？如何比法？我认为这就是多快好省。多快好省是我国社会主义建设的基本方针，现在我们要把多快好省的方针体现在新闻工作上"，"什么是多？这在新闻工作上就是要求编辑记者写得多、编得多、看得多，反映到报纸上是品种多，特别是评论要多，要改变过去'一篇主义'倾向"。"今后要抓住重大问题，连续发表许多篇社论，求得彻底解决问题"，"美术作品也要增多，这样版面才能活跃。报纸发行数量也要增多，以满足读者的需要"。"什么是快？对新闻工作者来说，这是一个很重要的问题，我们经常很快就知道许多事情，但是反映在报纸上比较慢。今后我们要反映问题快，宣传中央政策方针快，发行快。”“什么是好？好的标准就是准确性、鲜明性、生动性。”“什么是省？这对于新闻工作者来说，就是文章要力求短小精悍，不要写多余的字句，这样既可省笔墨，又可省篇幅，还可省读报人的时间；电报短些，也可省钱。”[67]

在《人民日报》的带动下，首都及各省、市著名报纸都积极行动起来，开展类似活动。《新闻战线》1958年3月号在《报纸在大跃进中》的标题下，报道了《人民日报》的“大跃进”纲要和《中国青年报》、《光明日报》、《大公报》、《解放日报》、《新闻日报》、《文汇报》、《劳动报》、《新民晚报》以及河北省各地报纸的“大跃进”情况。为了推广各地报纸“大跃进”的“经验”，8月15日出版的《新闻战线》第8期特辟《山西日报大跃进经验特辑》专栏。同时还发表了《不断地组织高潮》等一组文章，并加了编者按语，鼓吹新闻界的“大跃进”。第12期又辟了《河北人民广播电台大跃进经验特辑》专栏。第13期刊登了陕西日报编委会介绍该报经验的文章《全党全民办报的新体会》。

“大跃进”中的省报，以《山西日报》办得最为“轰轰烈烈”、“有声有色”。1958年3月13日，《山西日报》率先向全国各省报发出挑战书，提出苦战一年，在十个方面比先进、学先进、赶先进：①比评论；②比抓标题、抓典型；③比国际、国内时事报道；④比副刊；⑤比花色品种和版面安排；⑥比改进文风、消灭错误；⑦比印刷质量；⑧比发行；⑨比经营管理；⑩比政治工作和领导方法。“于是各省报热烈响应，在新闻界掀起一个挑战应战热潮。”[68]

1958年8月14日，《人民日报》第四版头条以半版篇幅刊登消息，介绍《山西日报》的“大跃进”经验的文章《充分反映大时代　热情歌颂大跃进　山西日报干劲大进步快》。文章云：“不断地组织报纸工作的跃进高潮，广泛开展群众性的报纸改革运动，从而把报社内部的高潮与社会上全面大跃进的高潮结合，正在使山西日报的面貌发生着巨大的改变。几年来，这个报纸在中共山西省委直接领导下，经过多次的改革，已成为全国先进报纸单位中的一个。”“正如读者所说的：这个报纸不仅及时反映了大跃进的实际，而且能够站在大跃进形势的前面，推波助澜，发挥了党报当好大跃进促进派的作用。”他们的经验主要有：①“内部跃进和外部跃进相结合。”“在今年3月间，这个报纸在大跃进中学先进、赶先进，曾向全国报发出了开展社会主义友谊竞赛的倡议，并且提出了‘苦战三月，报纸面貌大改变；苦战一年，赶上省报最先进水平’的口号”，“编委会从今年3月到现在已经组织了三次报纸大跃进的高潮”。并用大字报墙报形式在报社内部搞批评和表扬活动，形成群众运动。②“人人要当多面手。”人人要当多面手，逐步实现“三通”。所谓“多面手”是指一个人要学会编辑、采访，还要会做群众工作。“三通”是指熟悉工业、农业和财经，还要会摄影；“人人出题目，人人写评论”；“人人当总编辑”，写社论。③“内部形式统一，反映伟大时代。”“在版面处理上：现实主义要与浪漫主义相结合；大中小要相结合；并要逐步诗化、美化。”④“不断革命，不断跃进。”“山西日报在大跃进的形势下，以不断革命的精神，不断地提出新的任务，组织新的高潮。”

8月15日，《人民日报》第七版又载钟怀《报纸工作的“高速度”》一文，进一步充分肯定了山西日报的“大跃进”经验。

《山西日报》“大跃进”的经验经《人民日报》报道、推广以后，很快在全国掀起了新闻战线“大跃进”的新高潮。从1958年8月至1960年4月间，有110家报社共300多人次到《山西日报》参观学习。[69]

【中央台及各地广播电台的“大跃进”】 1958年4月7日至18日，中央广播事业局在北京召开第五次全国广播工作会议。出席会议的有各省、市、自治区广播电台台长、副台长、编辑部主任、组长等共计154人及中央广播事业局的有关负责人。会议主要内容是讨论广播工作“大跃进”的方针、目的，如何在办节目和办广播事业中贯彻多、快、好、省的方针，广播事业的体制、建立和扩大广播工作队伍及加强党的领导等问题。中共中央宣传部副部长周扬、国务院第二办公室副主任钱俊瑞到会讲话，中央广播事业局局长梅益也作了题为《政治是广播工作大跃进的统帅》的总结发言。

在这次会议上，提出了“广播是阶级斗争的工具”的重要观点，[70]并强调指出：在广播宣传工作中存在着两条道路、两种方法的斗争，“政治是广播工作大跃进的统帅”。会议提出，广播工作“大跃进”的方针是多、快、好、省地办广播节目，办广播事业，为教育和团结广大人民，为保卫祖国、“灭资兴无”、促进社会生产力的发展服务。会议又提出了广播的三大任务：宣传政治、普及知识、文化娱乐；广播文艺节目要“重中轻外”，厚今薄古，实行“三三制”（传统的作品、现代的优秀作品，以及配合当前中心工作和运动的作品，各占三分之一），选材原则是今二古一、中七外三；强调改进文风，广播稿件做到第一要“准确”、第二要“鲜明”、第三要“生动”。会议还提出：“广播工作大跃进的关键在干部。”强调必须从政治上、思想上、组织上建立一支又红又专的广播工作队伍。

在第五次全国广播工作会议后，中央台制定了《苦战三年的工作纲要（初稿）》，其中强调：对党中央的方针、政策和国家法令、决定，“在得到中央指示三天内广播评论或作通俗解释；有一些要在文件发表的当天就广播评论”。全国各地广播局（台），在贯彻第五次广播工作会议精神的基础上纷纷制定各自的“大跃进”规划，准备苦战三五年（有的甚至提出一年、半年），改变面貌。

1958年5月间，中共八大二次会议提出“鼓足干劲、力争上游、多快好省地建设社会主义”的思想路线。8月间，在中央政治局扩大会议——北戴河会议上，又通过了《关于在农村建立人民公社问题的决议》。从此新闻战线对“大跃进”、总路线、“人民公社化”、“三面红旗”的宣传、报道形成高潮。根据第五次全国广播工作会议精神，中央台及全国各地的广播电台都全力以赴投入宣传、报道“三面红旗”运动的战役中。但由于指导思想的偏差，在宣传报道中同报纸一样，存在严重的“左”倾错误。在“大跃进”期间，无论是对国内还是对国外的广播宣传，都现出了严重的高指标、浮夸风、瞎指挥和片面性、绝对化的错误，产生了很坏的影响。

在“大跃进”期间，全国各地的广播事业在原有基础上有了长足的发展。如1957年全国有广播电台61座，1958年增加到91座，1959年有122座，1960年有137座，平均每年以30%左右的速度递增。1958年底，坐落在北京复兴门外西长安街的中央广播大楼在经过3年的建设（1955年12月破土动工）后竣工。不久，中央广播事业局机关、中央人民广播电台、对国外广播的北京广播电台和刚创办不久的北京电视台均搬迁到广播大楼内办公和工作。[71]

四、1959年“反右倾”斗争中的新闻界及“七司马事件”

从1958年11月起到1959年7月初，即中央政治局庐山会议前的一段时期内，毛泽东同志和党中央召开了一系列会议，对已经觉察到的“左”的错误进行了若干纠正，起到了积极的作用。例如：首先是召开了第一次郑州会议（1958年11月2日至10日）、武昌会议（11月21日至27日），以及党的八届六中全会（11月28日至12月10日，仍在武昌举行），对人民公社外部的“共产风”进行纠正；其次是召开了第二次郑州会议（1959年3月1日至5日）、上海会议（3月25日至4月1日）和党的八届七中全会（4月2日至5日，仍在上海举行），对人民公社内部的“共产风”进行纠正。

为了进一步统一全党思想，纠正“左”倾错误，党中央又召开了庐山政治局扩大会议（1959年7月2日至8月16日）。会议原计划只开半个月，主要议题是总结“大跃进”以来的经验教训，调整计划指标，继续纠正“左”的错误。会议期间的7月14日，彭德怀给毛泽东写了一封信，陈述他对1958年“左”倾错误的看法和意见。但这封信引起了毛泽东的误解，他错误地把彭德怀的信当作其反党反社会主义的纲领。这样，会议主题完全改变，由反“左”变成反“右”，发动了对彭德怀及其支持者黄克诚、张闻天、周小舟等的批判，并召开了党的八届八中全会，作出并通过了《关于以彭德怀同志为首的反党集团的决议》，从而在全党范围内开展了一场“反右倾”机会主义的运动，使得“大跃进”的错误又重演，最后导致从1959年下半年起到1960年出现的我国三年经济困难时期。

从1959年8月底开始，全国新闻界包括报社、通讯社、广播电台都投入“反右倾”斗争的宣传中。宣传内容主要包括两大方面：一是鼓吹“三面红旗”的优越性及取得的“伟大成就”，一篇篇文章相继出现，如《人民公社万岁》（载《人民日报》1959年8月29日），《大办钢铁好得很》、《公社食堂万年长青》、《市场情况好得很》等；二是对“右派机会主义分子”的所谓右倾论调进行驳斥和批判。一时间，报纸、电台出现了一篇篇驳斥文章和社论，诸如《“得不偿失论”可以休矣》（载《人民日报》1959年9月1日）、《驳“一团漆黑”论》、《驳“国民经济失调”论》、《驳“大伤元气”论》、《驳“公社早产”论》等。与此同时，批判所谓“保守派”、“观潮派”、“两面派”、“反对派”的文章也屡屡出现在报纸版面上和电台节目中。

在“反右倾”斗争中，新闻单位内部又有不少敢于讲真话、讲实话的同志被打成“右倾机会主义分子”，受到无情的斗争和一次又一次的大批判。其中，较著名的是新华社的“七司马事件”：1959年上半年起，由于1958年“大跃进”和人民公社化运动中“左”倾错误的一再发展，尤其是高估产、高征购，导致农民口粮急剧减少，严重挫伤了农民的劳动积极性。再加上从1959年起，我国农村连续几年遭受大面积自然灾害，农副产品产量急剧下降，商店货架上空空如也。许多地区的人民群众因食物匮乏及营养不足而普遍地发生浮肿病，不少省份农村农民吃树皮草根充饥，甚至大量饿死。针对这些情况，新华社不少有良心，有正义感、责任感的记者，从1959年起，就开始通过写“内参”或向有关上级领导及中央领导机关写信的方式，如实反映和报告农村严重缺粮以致断炊的真实情况和严重后果。1959年9月庐山会议后，“反右倾”斗争开始，这些人都被打成“右倾机会主义分子”、“小彭德怀”，撤了官职，酿成了新闻界著名的“七司马事件”。直到1961年夏天，陆定一同志挺身而出，仗义执言，为新华社七个被打成“右倾机会主义分子”的分社社长讲话，说“七司马事件搞错了”，这七位同志才得以平反。[72]

第三节 20世纪50年代末、60年代初新闻传播业的调整和发展

1958年4月，中共中央发出通知，要求各省、市、自治区加强理论队伍建设，倡导创办时事政治及理论刊物。通知下发后，中共中央创办了《红旗》杂志，各省、市、自治区党委也纷纷创办起一批理论刊物，党刊在这一时期得到了长足的发展。与此同时，“北京电视台”创办，电视事业在我国开始起步。1959—1961年是“三年自然灾害”时期，故60年代初，我国国民经济发生严重困难。从1960年起，在对国民经济实行“调整、充实、巩固、提高”方针的大局下，我国报业也开始整顿和收缩。但在调整过程中，晚报业有了长足的发展，同时也增加了一些农民报（版）、企业报及少数民族文字报，以及其他一些比较重要的报刊。

一、中央和地方党刊的发展及时事政治期刊的创办

【《红旗》杂志的创办】《红旗》杂志是“大跃进”运动中的产物。1958年5月5日至23日，中共八届二次会议在北京召开。大会正式通过了中共中央根据毛泽东倡议而提出的“鼓足干劲，力争上游，多快好省地建设社会主义”的总路线及其基本要点。会后，全国各条战线上掀起了“大跃进”的热潮。5月25日，八届五中全会召开，又决定了一些重大问题，其中包括由中共中央主办一个革命的、批判的、理论和实践相结合的刊物——《红旗》杂志，陈伯达担任总编辑。

中共八届五中全会以后的第五天，即1958年6月1日，《红旗》杂志（半月刊）创刊号便问世了。该刊由“红旗杂志编辑委员会编辑、出版”，每月一日、16日出刊，篇幅带封面、封底共计50面，16开本。毛泽东非常重视《红旗》杂志，5月24日，他亲自题写了“红旗”刊头，并致函陈伯达：

> 伯达同志：
>
> 报头写了几张，请审检；如不能用，再试写。

毛泽东很认真地为《红旗》题写刊名，一共写了20多幅，而且每一幅的旁边还对文字的特点作出说明。经过陈伯达和编委们细细品评，最后选中了一幅毛泽东注明“这种写法是从红绸舞来的”作为刊头。创刊号首载《发刊词》云：《红旗》杂志是在中国社会生产力的发展处在空前的大跃进的时代这个形势下创刊的，它的“任务就是要更高地举起无产阶级在思想界的革命红旗。毫无疑问，任何地方，如果还有资产阶级的旗帜，就应当把它拔掉，插上无产阶级的旗帜。”“我们相信，在党的第八届全国代表大会第二次会议所制定的鼓足干劲、力争上游、多快好省地建设社会主义的总路线的照耀下，在中国共产党中央委员会的领导下，在全党同志和党外的马克思主义者的支持下，《红旗》杂志一定能够努力完成它所应当担负的任务。”创刊号还发表毛泽东四月十五日写的《介绍一个

合作社》。这篇文章对我国社会主义建设的艰巨性和困难程度严重估计不足："我国在工农业生产方面赶上资本主义大国，可能不需要从前所想的那样长的时间了。"文章还对中国贫穷落后的实际情况作了片面的解释："中国六亿人口的显著特点是一穷二白，这些看起来是坏事，其实是好事。穷则思变，要干、要革命。一张白纸，没有负担，好写最新最美的文字，好画最新最美的图画。"这种片面性、绝对化的文风，长久影响了《红旗》杂志的风格。

《红旗》杂志一出版，其发行量就创造了党刊史上的空前纪录。据《人民日报》1958年6月15日头版所载消息云：刚创刊的《红旗》杂志第一期"已发行七百六十万份"。《红旗》初期为半月刊，后改为月刊。

《红旗》杂志是接替《学习》杂志创办起来的。早在《红旗》杂志创刊之前，我国曾出版过一份著名的社会科学理论期刊——《学习》杂志。该刊于1949年9月15日在北京创刊，每月出一期，半年为一卷，由"学习杂志编辑委员会编辑"、"三联书店出版发行"，主编于光远。该刊创刊后头几年是竖排，连封面、封底在内共计50面。每期辟有《问题商讨》、《名著题解》、《读者笔谈》、《学习经验》、《学习心得》、《名词解释》、《批评与建议》等栏目。1956年1月号起，改为横排。1957年改为半月刊，每年出24期。这是新中国成立后最早出版的一份社会科学理论性期刊，其宗旨是：以马克思主义、毛泽东思想为指导，开展对社会科学各个学科的理论研究和探讨，以促进社会主义革命和社会主义建设。创刊号上刊登了艾思奇的《从头学起》，号召全国掀起学习马列主义毛泽东思想的热潮，努力掌握马列主义的基本观点。1958年6月《红旗》创刊后，《学习》仍继续出版了一段时间后才停刊。

《红旗》杂志在创刊后的头两年多时间里，主编由陈伯达担任。1960年10月，正当中华人民共和国成立十一周年之际，《毛泽东选集》第四卷出版。这时，《红旗》编辑部改由邓力群主持，开始对《毛泽东选集》第四卷及毛泽东思想作系统宣传。当时编辑人员发表文章一般都用笔名，如《红旗》编辑部集体写作思想评论时的笔名叫"施东向"，其文章经常见于60年代前后的《红旗》杂志；《红旗》杂志文艺组的笔名是"闻师润"，参加写作的主要成员有吴介民、徐行、钟林等人；《红旗》杂志农业组的笔名是"吉群议"，参加写作的主要有郑季翘、张凛等人；邓力群、马洪、梅行等人合作撰写的大量经济评论，都是用"许辛学"的笔名发表的（1959—1964年，"许辛学"曾在《红旗》上发表过大量文章）。[73]

"文革"中，以"两报一刊"（《人民日报》、《解放军报》、《红旗》杂志）名义发表的社论炙手可热，曾风行全中国，故《红旗》杂志影响巨大。改革开放的新时期开始后，《红旗》杂志总编辑由熊复担任。熊复从1978年5月调到《红旗》杂志社直至1988年退休，他前后担任总编辑一职长达10年时间。[74]

1988年5月30日，中共中央发出《中共中央委托中央党校创办〈求是〉杂志的决定》云："停办《红旗》杂志，创办《求是》杂志。"1988年6月16日，《红旗》杂志在出版最后一期后停刊（当时发行量为240万份）。半月后的1988年7月1日，《求是》杂志创刊。该刊系半月刊，每月1日、16日出版，刊名由李瑞环拟出，邓小平题写刊名。

【各省党刊的创办】《红旗》杂志创刊前后，特别是"正当中国共产党诞生三十七周年的光荣节日（七月一日——引者注）来临的时候"（陶鲁笳《前进》代发刊词《把丰富的革命实践提高到应有理论程度》），各省、市、自治区党委都相继创办了一大批各自的政治理论刊物。其中有的是月刊，有的是半月刊，如：

湖南的《共产党员》(月刊)。该刊是中共湖南省委1957年4月在长沙创办的机关刊物，其前身为《湖南农民》，1960年12月停刊。

内蒙古的《党的教育》(半月刊)。该刊是中共内蒙古自治区党委主办的政治理论刊物，1957年7月创刊，1960年12月停刊。1958年7月1日，内蒙古自治区党委又创办了《实践》(月刊)，创刊号首载乌兰夫写的"代发刊词"《把总路线的红旗插遍全区》。

河南的《中州评论》(月刊)。该刊是由中共河南省委创办的政治理论刊物，1958年1月创刊。

江苏的《江海学刊》(月刊)。该刊由江苏省社科院、社科联主办，1958年3月在南京创刊，创刊号载有陆定一的《要做促进派》、孙叔平的《试论社会主义内部矛盾》。

河北的《东风》(月刊)。该刊是由中共河北省委主办的政治理论刊物，1958年7月1日在天津创刊，1961年4月停刊。

北京市的《前线》(半月刊)。该刊由中共北京市委主办，1958年11月25日创刊。

上海市的《解放》(半月刊)。该刊是中共上海市委主办的政治理论刊物，于1958年7月1日在上海创刊，1961年12月停刊。该刊由杨西光任总编辑、石西民为副总编辑、周原冰为编辑部主任。由上海市委书记柯庆施点名，将姚文元从中共上海市卢湾区委宣传部调到《解放》编辑部，担任文教组组长，从此磨砺了他的一支毒笔。《解放》创刊号首载《创刊词》，接载柯庆施《大跃进的关键》一文。1961年底，《解放》半月刊停刊。[75]

浙江的《求是》(月刊)。该刊是中共浙江省委主办的理论刊物，1958年7月1日创刊。它的编辑方针是："插红旗，辨方向，破除迷信、解放思想，树立敢想敢说敢做的共产主义风格。"

四川的《上游》(月刊)。该刊由中共四川省委主办，1958年7月1日创刊。创刊号首载《发刊词》，第3期（1958年9月1日出版）首载李井泉《介绍一件大好事》。

广东的《上游》(月刊)。该刊由中共广东省委主办，创刊号首载《创刊词》，接载陶铸文章《从反"冒进"的错误中吸取的教训》。

湖南的《学习导报》。该刊由中共湖南省委主办，从1960年7月1日起改名为《新湘评论》(月刊)。湖南省委在关于改名的决定中说：所以要将《学习导报》改名为《新湘评论》，是为了继承和发扬当年《湘江评论》（1919年7月14日创刊）的光荣传统。在《新湘评论》发刊号上，中共湖南省委第一书记张平化写了文章，阐述《湘江评论》的光荣传统。

吉林的《奋进》(月刊)。1958年7月1日创刊。

黑龙江的《奋斗》(月刊)。该刊由中共黑龙江省委主办，原名《学习生活》（半月刊)，1958年1月5日创刊。1958年7月1日改名为《奋斗》（月刊)，创刊号首载欧阳钦《改版的话》。

福建的《红与专》(月刊)。

青海的《红与专》（月刊)。该刊是由中共青海省委主办的政治理论刊物，1958年7月1日创刊于西宁。创刊号首载发刊词，接载高峰《解放思想、建设青海》。

甘肃的《红星》(月刊)。

湖北的《七一》（月刊)。该刊由湖北省委主办，1958年7月1日创刊。第2期(1958年8月1日出版）首载张平化文章《谁说"马列主义炼不出钢来"?》。

宁夏回族自治区的《星火》。

陕西的《思想战线》（月刊）。该刊是由中共陕西省委主办的政治理论刊物，1958年7月1日在西安创刊，1960年12月停刊。

广西壮族自治区的《思想解放》（月刊）。

山西的《前进》（月刊）。该刊由中共山西省委主办，1958年7月1日在太原创刊。《前进》代发刊词《把丰富的革命实践提高到应有理论程度》一文，长约8 000字，由山西省委第一书记陶鲁笳写作。该刊在1960年12月停刊。

江西的《跃进》（月刊）。该刊由中共江西省委主办，1958年7月1日创刊。第二期首载邵式平文章《向科学技术文化大进军的两条道路斗争》。

辽宁的《理论学习》（月刊）。该刊由中共辽宁省委主办，1958年7月1日创刊。

安徽的《虚与实》（月刊）。该刊由中共安徽省委主办，1958年8月1日创刊。创刊号首载《发刊词》，接载曾希圣《破除迷信，解放思想》。

云南的《创造》（月刊）。该刊由中共云南省委主办，第1期于1958年8月1日出版。

贵州的《团结》（月刊）。该刊是由中共贵州省委主办的理论刊物，1958年8月1日创刊。创刊号首载周林《新的时代，新的思潮》。

山东的《新论语》（半月刊）。

江苏的《群众》（半月刊）。该刊由中共江苏省委主办，原名《理论学习》（半月刊），1958年7月16日出第14期后终刊，8月1日改名为《群众》（半月刊）出版。第1期《群众》首载发刊词《大做文章的时代》，接载江渭清的文章《充满希望》，1962年2月停刊。1979年1月复刊。

新疆维吾尔自治区的《新疆红旗》（半月刊）等。

此外，还有一些地委甚至县委也创办了自己的政治理论刊物。这些政治理论刊物从中央到地方，形成了一个很大的政治理论宣传网。

【省级党刊中的翘楚《前线》杂志】在上述众多的地方党委主办的政治理论刊物中，中共北京市委主办的《前线》杂志是影响比较大的一份刊物。北京市委书记彭真非常重视理论刊物的创办：在1958年4月中共中央《要求各省市、自治区党委要加强理论队伍建设、倡导创办理论刊物》的通知下发后，5月2日，彭真即召开北京市委常委会，讨论并通过了《关于建立理论队伍的决定（草案）》，并指定一名市委常委和市委宣传部暂时负责理论刊物的筹备工作。7月14日，彭真还专门召集市委常委会听取市委宣传部《关于创办市委理论刊物的意见》。10月初，彭真又召开北京市委书记处会议，正式宣布成立以市委书记处书记（分管文教工作）邓拓同志为首的理论刊物编辑委员会。编委会由邓拓（市委书记处书记）、陈克寒（市委书记处书记）、蒋南翔（市委常委、高教党委第一书记、清华大学校长兼党委书记、高教部长）、杨述（市委常委、宣传部长、高教党委第二书记）、范瑾（市委常委、副市长、北京日报社社长）、程宏毅（市委常委、副市长）、张文松（市委常委、教育部长）、张大中（市委候补委员、宣传部副部长）、陆禹（市委委员、工交部副部长）、李晨（市委委员、教育局局长）、王汉斌（市委候补委员、办公室副主任）等十三人组成，其中常委编委5人。接着，又组建了由6人组成的《前线》杂志编辑部，[76]具体负责刊物的编辑工作。1958年11月25日，由中共北京市委主办的政治理论刊物《前线》半月刊正式出版创刊号。[77]创刊号首载由彭真亲自撰写的2 000多字的发刊词《站在革命和建设的最前线》云：“《前线》是中共北京市委主办的理论刊物。它将用毛泽东思想，即马列主义普遍真理跟中国革命和建设的具体实践相结合的思想，用不断革命的精神，指导自己，努力使自己成为北京市党的组织及时地反映现实、指导实践、改造现实的思想武器。”“《前线》必须同全国各省、市委主办的理论刊物一道，站在贯彻执行党的方针、政策和中央其他指示的最前线，站在社会主义革命的最前线，站在社会主义建设的最前线，站在马列主义思想斗争的最前线，站在反对各式各样的资产阶级思想和现代修正主义斗争的最前线，站在反对人民内部各种歪风、邪气斗争的最前线。永远做促进派，不做中间派，当然，更不能做促退派。”当时正处在“大跃进”的高潮中，彭真在发刊词中只字未提“人民公社”，却写道：建设社会主义“既不能右倾保守，也不能单凭主观的热情，盲目地蛮干”。“不能感情用事，不能凭灵机一动的‘本能’办事，不能按照片断的材料和表面现象办事，更不能像风筝、氢气球一样随风飘荡，即跟着空气办事。总之，不能违背客观规律，任意乱干。我们必须，也只能实事求是地、老老实实地按照客观规律办事，按照客观规律改造现实。”像这样一针见血、针砭时弊的精辟论述，在当时狂热的“大跃进”形势下，确实是难能可贵的，可是这些言论在“文化大革命”开始后受到错误的批判。

《前线》杂志的装帧设计是很有特色的。60年代初，其每期封面设计都素净雅致。每期的构图设计基本不变：封面下部都以线描速写的天安门及人民大会堂为背景，封底（后来包括封二）则刊登精美的美术作品，画面内容有的反映历史题材，有的反映时代新风尚、新面貌，其中不乏名家作品，如古元的《延安枣园》（载1960年12期）、萧淑芳的《阿姨好》（载1960年第5期）、周令钊的《毛主席故乡韶山冲》（载1960年第10期）、吴作人的《金鱼》（载1961年第14期）、罗工柳的《一雨成秋》（载1961年第15期）、黄胄的《维吾尔少女》（载1961年第16期）、黄胄的《绣脯红》（载1961年第22期）、邵宇的《小憩》（载1961年第17期）、吴作人的《骆驼》（载1961年第21期）、吴作人的《瀑布》（载1961年第23期）、吴作人的《林间云带》（载1961年第24期）等。

1961年起，《前线》半月刊开始刊登“吴南星”的《三家村劄记》。

【两份有特色的时事政治期刊的创办】 除以上党刊外，1957年10月，国家民族事务委员会主办的《民族团结》（汉文版）月刊创刊。它是有关报道中国民族问题的权威性专刊，主要以民族地区从事民族工作、民族研究及民族团结宣传的各族干部为主要读者对象。60年代初和“文化大革命”中曾两度停刊（1960年8月至1961年3月间、1966年8月至1979年6月间曾两度停刊），1979年复刊。

1958年3月4日还创刊了英文版《北京周报》。该刊是我国在50年代末用外文出版的唯一一份时事政治周刊，16开本，每期32页，35 000字篇幅。该刊由中国文化部外文出版发行事业局主办，主要向国外及时报道我国政治、经济、文化和对外关系的发展情况，内容以刊登独立采写稿为主，以选编国内报刊上的文章为辅，有时也转载政论。《北京周报》1958年3月创刊时只有英文版，1963年3月增出法文版和西班牙文版，1963年2月增出日文版。1964年9月增出德文版，1964年以后，一度曾出过印尼文版（1964年1月至1965年10月）、阿拉伯文版（1977年7月至1981年）、葡萄牙文版（1978年3月至1979年8月）。80年代初，曾航空发行至全世界150多个国家和地区，发行量约10万份。

另外，1987年7月10日创刊蒙古文版（月刊），1989年1月创刊维吾尔文版、哈萨克文版及朝鲜文版（双月刊），各种文版均为16开本。

二、“马铁丁”、“龚同文”及各省省委机关写作组的成立

【50年代初的“马铁丁”】“马铁丁”是50年代初期陈笑雨、张铁夫、郭小川三人在《长江日报》（汉口）、《中国青年》（北京）等发表“思想杂谈”类文章时合用的笔名，是由司马龙（陈笑雨笔名）、张铁夫、郭小川（笔名“小丁”、“丁云”）三人笔名或名字中各取一字而成。三人的合作虽无严格的分工，但写文章时仍各有所侧重：陈笑雨、郭小川主要关注文化、教育、艺术等类题材，张铁夫因主管农业战线的报道，故在这方面落墨较多。仅以《长江日报》为例，1950年8月30日，中共中央中南局机关报《长江日报》开始在《大众园地》专栏里发表马铁丁的“思想杂谈”系列文章。到1952年4月28日止，署名“马铁丁”的文章共计380篇左右。其写作特点是密切结合当时干部群众的思想实际，发表见解和评论，文章短小精悍，形式生动活泼，文字通俗易懂，“善于把最深奥的道理，用最通俗易懂的话讲出”（马铁丁：《怎样做一个宣传员》）。后来，“思想杂谈”成为专门栏目，主要发表马铁丁的杂文，同时也发表其他人（如程万里、柳倩等）的杂文。该专栏一般一次发表一篇文章，没有固定的位置。开始发在第二版，后来移至第三版。

从1952年4月28日以后，《思想杂谈》主要是发表柳倩的杂文。1952年7月以后，陈、张、郭三人都先后调到北京，各自工作也有很大变动，合作遂告结束，而“马铁丁”则成为陈笑雨一人独用的笔名，他用这个笔名在《人民日报》等报刊上发表了很多评论文章。

陈笑雨生平（1917—1966）：著名记者、杂文家、文艺评论家，原名陈荫恩，笔名司马龙（“马铁丁”之一），江苏靖江新港镇人。他在中学读书时开始接触革命思想，入师范学习的后期，曾用笔名“陈笑雨”写作第一篇小说。1937年“七·七”事变爆发后走上抗日救国之路。1938年初毅然离开家乡，通过中共有关负责人王炳南、李克农、罗炳辉的介绍和美国朋友埃德加·斯诺的关系，同其他几个青年一起奔赴当时的革命圣地延安。这一年，陈笑雨加入了中国共产党，并正式用名陈笑雨。期间，先在陕北公学学习，后到新华社工作，初为油印员，后任编辑、记者、特派记者、编辑主任、分社社长等职。抗日战争、解放战争期间，陈笑雨写过不少评论文章，如以“司马龙”笔名写的《烂葡萄与硬核桃》等。1948年随军南下，1949年进入武汉，任新华社中南总分社副社长。1950年全国性“思想教育运动”开始后，为配合形势宣传，喜欢鲁迅杂文的陈笑雨（司马龙）和郭小川（丁云）、张铁夫（时任《长江日报》总编辑）三人各取自己笔名或名字中的一个字，组成“马铁丁”这一合作笔名，轮流撰写“思想杂谈”类文章，几乎每天一篇在《长江日报》发表，就国际、国内形势等问题对青年进行及时的宣传教育，深受青年的喜爱。同时，“马铁丁”杂文还对旧社会遗留下来的许多陈腐观念，以及干部在工作中的种种陋习进行抨击和疏导。“马铁丁”式杂文一时蜚声大江南北，产生了广泛的影响。1952年，陈笑雨从武汉调到北京新华社总社任国内新闻编辑部副主任，他和郭小川、张铁夫的三人合作关系基本结束，“马铁丁”此后成为陈笑雨的专用笔名，他继续撰写“思想杂谈”及其他杂文。1954年，陈笑雨调任中宣部出版处副处长。1956年调至中国作家协会主办的《文艺报》任副主编，并加入中国作家协会。在此期间，陈笑雨不断开拓自己的研究领域，撰写了不少文艺评论文章，“逐渐成为了一个卓有成就的文艺评论家”（冯牧语）。1959年，他以“马铁丁”名义主持《新观察》杂志，继续以笔名“马铁丁”撰写了在当时很有影响的锋芒犀利的杂文。1960年《新观察》中途停刊后，陈笑雨调

入《人民日报》任编委、文艺部主任。在此期间，他以“马铁丁”的笔名在《人民日报》发表了不少的政论及时评文章。同时，他学习当时《燕山夜话》、《三家村劄记》的形式，在《人民日报》副刊版开辟了《长短录》杂文专栏，并亲自主持该栏目的组稿及编辑工作，约请夏衍、吴晗、廖沫沙、孟超、唐弢五位知名作者撰稿。从1962年5月至12月，他们先后撰写了37篇文章，在读者中产生了强烈的共鸣（“文革”中，陈笑雨和五位专栏作者受到攻击、“批判”和迫害）。1965年，由于种种原因，陈笑雨被调至中共中央华北局政策研究室工作。1966年“文革”开始后，被“造反派”“揪”回人民日报写“罪行检查”交代材料。8月24日，在当天批斗会上受到人格污辱后，与著名作家老舍同日投河自尽，终年49岁。1978年4月23日，陈笑雨生前党组织为他举行骨灰安放仪式，为其平反昭雪。其以“马铁丁”笔名出版的集子有《思想杂谈》（武汉通俗图书出版社，1951年出版）、《思想杂谈·集外集》（武汉通俗图书出版社，1952年出版）、《马铁丁杂文集（第一本）》（华北人民出版社，1954年出版）、《复青年读者》（中国青年出版社，1954年出版）、《杂文集（第二本）》（通俗读物出版社，1955年出版）、《杂文集（第三本）》（通俗读物出版社，1955年出版）、《杂文集（第四本）》（通俗读物出版社，1956年出版）、《说东道西集》（作家出版社，1958年出版）、《思想杂谈选集》（作家出版社，1956年出版）、《张弛集》（作家出版社，1959年出版）。此外，1962年出版了《不登堂集》（上海文艺出版社）、《残照集》（作家出版社）和《访朝特写》。1984年，人民日报出版社出版了《马铁丁杂文选》。

【“龚同文”及各省省委机关写作组的组建】1958年1月11日至22日，中共中央在南京召开有部分中央领导人和部分省、市委书记参加的工作会议，讨论1958年的国民经济计划和预算。会议期间，毛泽东给广西壮族自治区第一书记刘建勋、广西壮族自治区书记处书记韦国清两人写信，信中内容有：①指示他们要重视省报。“一张省报，对于全省工作、全体人民有极大的组织鼓舞、激励、批判、推动的作用。”②要从版面到内容不断地改进省报。“省报问题是一个极重要问题，值得认真研究，同《广西日报》的编辑们一道，包括版面、新闻、社论、理论、文艺等项。钻进去，想了又想，分析又分析，同各省报纸比较又比较，几个月时间就可以找出一条道路来。”③省委书记要带头，要亲自挂帅动手写社论。“精心写作社论是一项极重要任务，你们自己、宣传部长、秘书长、报社总编辑要共同研究。第一书记挂帅，动手修改一些最重要的社论，是必要的。”[78]另外，毛泽东还曾指示：“第一书记（其他书记也是一样）要特别注意报纸和刊物，不要偷懒，每人至少要看五份报纸，五份刊物，以资比较，才好改进自己的报纸和刊物。”[79]这一方面是为了广泛地了解情况，充分地获取信息资源；另一方面也是为了以资对照、比较，互相观摩学习，取长补短，不断改进省报工作。

在1958年7月1日前后，各省省委都响应中央的通知，纷纷创办了自己的政治理论刊物。与此同时，为了贯彻毛泽东有关省委书记要重视报纸、要为省报写社论的指示，为了能及时地给这些新创刊的党刊及党报供稿，全国各省的省委机关由各省省委书记挂帅，都成立了写作小组，用个人或集体笔名在党刊、党报上发表文章，如中共湖北省委第一书记王任重、中共湖南省委第一书记张平化、中共广东省委第一书记陶铸、中共安徽省委第一书记曾希圣、中共山东省委第一书记舒同、中共广西壮族自治区第一书记刘建勋、中共山西省委第一书记陶鲁笳、中共河南省委第一书记吴芝圃等人，都积极带头写文章在党报、党刊上发表。各省省委机关报如《湖北日报》、《新湖南报》、《新华日报》、《陕西日报》、《河南日报》、《广西日报》、《江西日报》、《南方日报》等先后建立了党委通讯组（有的叫党委报道组、党委写作小组、特派通讯小组），进行专门报道。这类组织最早出现在湖北等地。1955年下半年，受“马铁丁”写作小组的启发，湖北省委第一书记王任重亲自发起和组织成立了一个写作小组，用“龚同文”的笔名为省委机关报《湖北日报》和省委理论刊物《七一》杂志写文章，用以指导实际工作，一时影响很大。“龚同文”写作小组由湖北省委第一书记王任重担任组长、省委书记处书记许道琦任副组长，成员主要有刘仰峤、梅白等。省委的许多负责人和一部分省委机关工作人员也是这个小组的成员。据统计，从1955年农业合作化高潮中成立到1959年初，“龚同文”共写了154篇文章，主要发表在《湖北日报》和《七一》杂志上。“龚同文”文章的内容主要是“反右倾、鼓干劲、搞高潮”，文笔生动，但“左”的思想倾向比较突出，带有深深的时代烙印和难以避免的时代局限。[80]

除“龚同文”外，湖南省委机关写作小组“尚真”也是颇有名气的。1959年10月，张平化到湖南省任省委第一书记。此后，以他为首组成的省委写作小组常用“尚真”笔名在《新湖南报》上发表短文，从而推动和促进了《新湖南报》的评论工作。1960年1月8日，《人民日报》第4版发表的文章《活跃的新湖南报评论工作》中云：

> 《新湖南报》近来的评论工作很活跃。从去年11月1日至12月31日的两个月内，发表社论一百零一篇，有时一天多至两篇、三篇。此外，两个月中还发表杂文“短文集”二十八篇、短文二十四篇、思想评论七篇、评论员文章二十四篇、论文十三篇、编后随笔十二篇。差不多每天各版都有几篇评论。

《新湖南报》社论的主要内容是阐述当时生产和群众运动中的重大问题，涉及面很广。而评论中，以“尚真”名义发表的短文如《黄土变成金》、《不进则退》、《老皇历行不通了》、《新农具使用能手比武大会说明了什么》等，深入浅出，往往通过一项具体事情来阐明一个道理，在广大读者中产生了很大影响。

广东省委写作组的笔名叫“方南”。1961年下半年，广东省委机关报《南方日报》在第二版开辟了《千字文》专栏。每逢星期三、五便在《千字文》专栏连载发表“方南”写的杂文和系列评论。“方南”的评论每篇千字左右，故曰“千字文”，短小精悍、生动活泼，有的评论写得文采斐然。至1963年1月25日（星期五），由“方南”主持的《千字文》专栏出了最后一期；1月30日（星期三），原《千字文》专栏改为《读者来论》专栏，继续发表短评文章。

除以上省委机关写作组外，各省的各级党委包括地、市、县、公社党委，各大厂矿企业及高等院校党委也都一哄而上，普遍建立了所谓的“核心通讯组”。据统计，截至1959年底，此类通讯组在河北省就有1 128个之多，通讯员达8 970人。内蒙古自治区旗、县以上党委也普遍建立了以党委书记为核心的“写作小组”，到1959年12月中旬已成立“写作小组”117个。

三、20世纪60年代初报刊业及广播业的调整与晚报潮的兴起

【报刊业及广播业的调整】 针对1958年下半年以来国民经济比例严重失调的状况，60年代初，中共中央和国务院开始对国民经济实行调整。1960年8月，周恩来、李富春主持研究1961年国民经济计划控制数字时，就提出了按“调整、巩固、充实、提高”的精神安排计划，经1961年1月8日八届九中全会正式批准为对国民经济实行调整的“八

字”方针。从此，我国经济进入大调整时期。在这种大环境下，我国的新闻业也开始压缩规模、停刊及合并一批报刊，精简机构和人员。其实，早在1959年，不少省份就先后开始了报刊的整顿工作，如当年福建、内蒙古、安徽省委就开始决定调整报纸和内部刊物，合并、精简、停办了一批地方报刊。接着，贵州、江苏、湖南、湖北等省省委也相继整顿报刊，压缩、停办了一批地方报刊。从1960年起，整顿的力度加大，如1960年9月1日，中共陕西省委决定，全省报刊除《陕西日报》、《思想战线》杂志、《西安日报》外，一律暂停出版，进行检查整顿。由于国民经济遭遇严重困难，中央和许多省市对一些即便有广泛影响的大报也进行整顿和精简：或合并，或减少版面、压缩发行量和用纸量。如1960年6月1日，上海《新闻日报》停刊，并入《解放日报》。[81]三年困难时期，由于纸张供应不足，北京各大报根据中央关于压缩新闻用纸的指示，纷纷减少报纸版数和压缩发行量。如《人民日报》从1961年11月1日起，由每天出8版（1956年7月1日，《人民日报》改版，日出8版）改为每天出6版（星期一出4版）。[82]1962年6月1日起，进一步减为每星期二、星期四、星期日出6版，其余四天（星期一、三、五、六）出4版。发行份数也由控制数133万份压缩到100万份。

由于全国新闻纸持续供应紧张，1963年1月3日，《人民日报》第六版又刊登《本报启事》云：“本报自1963年1月起，每周改出五天六版，两天四版。”直至1964年3月2日，《人民日报》才完全恢复每天出6版。在此期间，其他报纸也都纷纷压缩版面，减少发行量。例如：《解放军报》发行份数压缩10%；《光明日报》由13万份减到7.2万份；《工人日报》由每周出6天对开4版改为每周3天出对开4版，3天出对开2版；《大公报》发行量减少30%，压缩到10万份；《中国青年报》由周六刊改为周三刊；《北京日报》的发行量由15.6万份减少到14万份，并每周休刊1天；《北京晚报》发行量由16.6万份减到12万份，也每周休刊1天。[83]

1960年至1961年，河北、内蒙古、黑龙江、山东、浙江、广东、广西、湖南、湖北、河南、四川、云南等省都对报纸进行整顿，削减了用纸量。1958年全国通过邮局发行的报纸为1 776种，到1961年降为451种，1962年再降为308种。

与此同时，全国刊物的规模也大大压缩。如从1960年7月2日至10月底，北京地区对中央一级机关刊物进行调整，将中央机关104个单位的1 254种刊物减为307种，保存下来的只占原有刊物总数的24.5%。各地也对刊物作调整。在“大跃进”中一哄而起创办的许多刊物也都停办了，如前述各省省委机关创办的一些政治理论刊物，也在1961年前后纷纷停办。人民日报、新华社和中华全国新闻工作者协会也对他们主办的新闻业务刊物和内部刊物进行整顿。如全国新闻工作者协会主办的《新闻战线》杂志（1957年12月1日创刊，月刊）1958年10月第11号起改为半月刊，出至1960年7月9日第13期总第53号后停刊，同新华社主办的对外公开发行的《新闻业务》及其内部刊物《新闻业务》（活页版）合并为新的《新闻业务》（半月刊），于1960年8月18日出版第一期。该刊由中华全国新闻工作者协会、人民日报、新华社三家联合主办，办公地点设在王府井的人民日报社5楼。到1966年5月，《新闻业务》因“文革”开始而停刊。[84]从1961年开始，广播事业系统也贯彻中央“调整、巩固、充实、提高”的八字方针，在各方面进行整顿，其基本方针是：“紧缩规模、合理布局、精简人员、提高质量。”在这个方针的指导下，撤销了一些地、市、县台，有的改为省台的转播台。被停办的中小城市广播电台中，如江苏的扬州、淮阴、常州、连云港电台；河北的邯郸、邢台、保定、张家口、承德、沧州六座电台则改为转播台，只有石家庄、唐山、秦皇岛三座台保留下来。据统计，经过调整，截至1962年10月，全国保留省、自治区、直辖市台28座，省辖市台53座，总计81座。与此同时，为了提高广播节目的质量，对广播节目、播音时间也作了调整和压缩。如1962年，全国广播电台共办134套节目，比原来减少53套。原办两套节目的不少中小城市台为了集中资源、提高节目质量，也大都停办第二套节目，集中力量办好第一套节目。有很多广播节目的播出时间也大大缩短。另外，为了精简人员、压缩编制，撤销了各省、自治区、直辖市广播电台所属的广播文工团、中等技术学校等单位。省会所在地的市台和省台合并，以精减工作人员。撤销各省、自治区、直辖市广播管理机构，但可以保留名义，并入省、区、市广播电台。

广播电台整顿后不久，又开始压缩电视台。1963年2月19日，国务院文教办公室批复中央广播事业局关于电视台调整问题的请示。按照调整计划，全国各地电视台和电视实验台只保留北京、上海、广州、沈阳、天津、哈尔滨、长春、西安八座。[85]

【晚报潮的兴起】20世纪60年代初虽然是我国新闻事业的大调整时期，但晚报在这一时期有了很大的发展。早在新中国成立前夕，中共中央华北局机关报《人民日报》在北平就创办过一份《人民晚报》。这是由中国共产党在大城市直接创办的第一家晚报，也是党在城市办报的最早尝试。该报于1949年5月1日创刊，到7月1日停刊，仅出版3个月，出版91期。[86]新中国成立初期，我国仅有两家晚报：①解放前创办的上海《新民报晚刊》（1946年5月1日创刊），该报解放后仍继续出版，到1958年3月31日出至第4206号后，于4月1日起正式改名《新民晚报》出版，仍然是每日出版的4开6版的小型报版面。②1949年3月复刊的天津《新生晚报》，该报1952年改名为《新晚报》（到1960年7月又改名为《天津晚报》）。20世纪50年代后期，又创办了两家晚报：①1957年10月1日在广州创刊的《羊城晚报》，该报是一张对开4版的大型综合性晚报。当时的中共广东省委第一书记陶铸对该报的创办非常重视，他为新创刊的《羊城晚报》题写了报名，并为其确立了办报方针："移风易俗，指导生活"，"寓共产主义教育于谈天说地之中"。初创时的《羊城晚报》是作为广东省机关报《南方日报》的"辅助"和"补充"而创办的，它的编委会由《南方日报》编委会统一领导（1961年初分出去归广州市委领导）。②1958年3月15日在首都创刊的《北京晚报》。它是一张4开4版的小型综合性晚报，其办报方针是"面向基层，补日报之不足"。它由中共北京市委直接领导，它的编委会和编辑部则在《北京日报》的直接领导下开展工作。创刊伊始，这两份晚报都继承了我国晚报业的优良传统，非常重视专刊、专栏与副刊的经营。如《羊城晚报》是新中国创办的第一份社会主义大型晚报。它最早开辟的"针砭时弊、激浊扬清"的小专栏《五层楼下》，首开我国晚报批评与自我批评、舆论监督之先河。《五层楼下》所载稿件每条往往只有百十来字，却总能以小见大，凡损人利己、假公济私、好逸恶劳、陈规陋俗、不讲公德等社会现象的种种"嘴脸"，都能在这里曝光，对官僚主义、贪污腐败的揭露更是鞭辟入里、入木三分。尤其是《羊城晚报》的文艺性副刊《花地》和综合性副刊《晚会》，批判地继承解放前我国进步报纸副刊的优良传统，并发扬光大，成为该报吸引读者的重要栏目和专版。《花地》作为纯文学副刊，曾刊登过众多名家的佳作；《晚会》作为综合性副刊，强调知识性和趣味性，内容丰富，趣味盎然，"宇宙之大，苍蝇之微，阳春白雪文学艺术、家长里短生活常识，无不奔来眼底"。《北京晚报》创刊后，也非常重视专刊。该报也开辟了批评性专栏《古城纵横》，所刊载的尖锐泼辣、生动传神的小品文章深受读者欢迎。另其副刊《五色土》更是名噪一时。1961 年 3 月 19 日，《五色土》副刊上开辟了《燕山夜话》专栏，专载“马南邨”（邓拓笔名）谈古论今，充满知识性、趣味性的杂文。在不到半年的时间里，时任北京市委文教书记的邓拓一共发表了 153 篇文章，几乎一天都未中断过。这些文章在读者中产生了广泛而深刻的影响。

1959 年 5 月 15 日，全国记协在新中国成立后的第一次晚报工作座谈会在北京召开。当时全国仅有的 4 家晚报——首都的《北京晚报》、天津的《新晚报》、上海的《新民晚报》、广州的《羊城晚报》的负责人都参加了座谈会，主要讨论晚报的特点问题。一致的看法是：晚报与日报的“根本任务是相同的，它们都是当地党委的有力的宣传工具，都是当地日报（党委机关报）的辅助和补充力量”；晚报同样要宣传党的各项工作，特别是从各项运动的侧面进行报道。[87]

1960 年 4 月 5 日至 12 日，全国第二次晚报工作座谈会在广州举行，参加会议的仍然是上述四家晚报，会议着重讨论了晚报的新闻报道和副刊工作等问题。当年出版的《新闻战线》第 10 期曾详细地报道了这次会议讨论的情况。

20 世纪 60 年代初期，在报业大调整的过程中，晚报业有了长足的发展，兴起了一股“晚报热”。

1960 年，天津的《新晚报》和《天津青年报》合并后出版《天津晚报》。1961 年，又新创办了一些晚报。当时晚报发展的一个重要特点是：在国家提出的“调整”的大背景下，对报业的调整主要是调整报业结构，即改变党报只有日报的单一品种状况，把晚报也作为党报的一个重要组成部分，使晚报直接成为各地省会城市市委的机关报。这是我国社会主义晚报业发展的一个重要阶段。当时，许多省会城市的市委机关报都将日报改为晚报出版，并继续充当市委的机关报。这些晚报有《长沙晚报》（1961 年 1 月 17 日，《长沙日报》改为《长沙晚报》出版）、《西安晚报》（1961 年 2 月 1 日，《西安日报》改为《西安晚报》出版，4 开 4 版，第三版是副刊版，以综合性副刊《红雨》为主）、《沈阳晚报》（1961 年 2 月 20 日，《沈阳日报》改为《沈阳晚报》出版。初为对开 4 版，1962 年 1 月 1 日改为 4 开 4 版小报形式出版，至 1967 年 1 月 17 日停刊）、《南宁晚报》（1961 年 3 月 1 日，《南宁日报》改为《南宁晚报》出版，每周出版 6 期，发行量比原来日报增长 60%）、《成都晚报》（1961 年 3 月 15 日，1956 年 5 月 1 日创刊的《成都日报》改为《成都晚报》出版；对开 4 版，第三版为副刊版）、《武汉晚报》（《长江日报》停刊后，其原班人马于 1961 年 5 月 1 日创刊了《武汉晚报》，日出 4 开 4 版；第三版为副刊版，每周刊出文艺性综合副刊《长江》5 期）、《合肥晚报》（1961 年 6 月 1 日改出）、《哈尔滨晚报》（1961 年 6 月 15 日改出）、《南昌晚报》（1961 年 9 月 1 日改出）9 家。有的地市级的市委机关报也改成晚报发行。如《湛江晚报》于 1960 年 10 月 1 日正式创刊，这张晚报是由原中共湛江市委机关报《湛江日报》改版而成，4 开 4 版。[88]以上改版而成的晚报共计 10 家，若加上原有的 4 家，截至 1961 年底，我国晚报共计 14 家。

从 1963 年起，我国晚报数量继续增加，先后新办的晚报有《郑州晚报》（1963 年 10 月 20 日，中共郑州市委创办的《郑州晚报》正式创刊。此前，郑州市委曾办有《郑州日报》。《郑州晚报》出至 1967 年 1 月停刊。1981 年 1 月 1 日复刊）、《济南晚报》（1964 年 10 月 1 日出版）、《沙市晚报》（1964 年出版）、《太原晚报》（1965 年 1 月 1 日出版）4 家。加上原有的 14 家晚报，截至 1965 年底，全国晚报的数量达到 18 家。到“文革”前夕，《羊城晚报》日发行量近 50 万份、《新民晚报》日发行量 30 多万份、《北京晚报》日发行量19万多份。这充分说明，晚报在60年代前期曾有过长足的发展。[89]

四、农民报、企业报及少数民族文字报的创办

【各省省委机关报“农村版”、“农民版”的纷纷创办】1962年9月24日至27日，党的八届十中全会在北京举行。会议的中心议题是阶级斗争问题。八届十中全会以后，有些省结合传达学习中央文件精神，开始向广大农村干部和农民进行社会主义教育，有些地区开展了以清理账目、仓库、财物、工分（简称“四清”）为主要内容的整风整社。为了配合宣传党从1962年9月起在农村开展的整风整社及社会主义教育运动，从1962年3月到1964年7月，全国各省的省委机关报系统都先后创办专门以农村基层干部和农民为读者对象的农村版或农民版，有的还创办农民报。如：

1962年3月《安徽日报·农村版》（4开4版，1966年6月因“文革”开始而停刊）创刊。1962年7月1日《山西日报·农村版》复刊。《山西日报·农村版》的前身是《山西农民报》，该报于1949年10月20日创刊，是中共山西省委领导下创办的专供农村基层干部和农民群众阅读的通俗报纸。1955年5月划归《山西日报》编委会领导，1961年2月停刊。1962年7月1日复刊，改名《山西日报·农村版》出版。复刊初期为周刊，旋改为5日刊，1963年10月改为3日刊，1964年1月起改为两日刊。“文革”初期停刊，1979年7月1日复刊。[90]

1963年1月1日《南方日报·农村版》创刊。《南方日报·农村版》于1963年1月1日出版第一期，周二刊，每期4开4版。2月6日，《南方日报》发表社论《用最大的力量办好〈农村版〉》。从1963年4月出版的第24期起，《南方日报·农村版》改为《南方日报·农民版》。1963年1月至1965年5月该报主编为林里，1965年6月至1967年1月主编为罗妙。“文革”中的1967年1月10日，《南方日报·农民版》被迫停刊。1980年3月1日改名为《广东农民报》复刊，周刊。1963年1月1日创刊《黑龙江省农村报》。《黑龙江省农村报》于1963年1月1日创刊，开始为周二刊，1964年改为周三刊。1967年1月8日停刊，同年2月12日改名为《黑龙江日报·农村版》而复刊。1979年1月26日恢复为《黑龙江省农村报》出版。1963年1月25日正式创刊的《河南日报·农民版》系5日刊，于1963年1月初试版，1月25日正式创刊。该报出至1968年停刊。1980年4月2日改名为《河南农民报》复刊出版。[91]1963年3月1日《陕西农民报》复刊。《陕西农民报》是新中国资格最老的农民报，其前身是1940年3月25日在延安出版的陕甘宁边区的《边区群众报》，由赵守一、胡绩伟等创办。1942年延安《解放日报》改版，《边区群众报》归属《解放日报》通采部，胡绩伟任通采部主任兼《边区群众报》总编辑。1948年1月，该报改名为《群众日报》铅印出版。1953年并入《陕西日报》。1963年3月1日，改名《陕西农民报》复刊出版。1963年5月1日吉林省《红色社员报》复刊。《红色社员报》的前身是《农民报》，1948年8月15日在当时的吉林省省会吉林市创刊。1949年6月1日，中共吉林省委决定，《吉林日报》、《农民报》、《工人报》合并，改名为《吉林工农报》。吉林省会改设长春后，1955年1月2日改名为《吉林农民报》继续出版，4开4版。1958年又改名为《红色社员报》出版。1961年1月30日，《红色社员报》因纸张供应短缺而停刊。1963年5月1日复刊。1963年1月25日，《广西日报·农村版》正式创刊。《广西日报·农村版》在正式创刊前，从元旦起一共试刊4期。[92]

1964年2月《甘肃农民报》复刊。《甘肃农民报》于1951年3月15日在兰州创刊。初为周刊，1956年6月改为周二刊，1959年6月停刊。1964年2月恢复出版，“文革”中停刊。1978年1月3日重新复刊。1964年7月1日创办的《河北农民报》，4开4版、周二刊，1967年初停刊。与此同时，北京、江苏、湖北、湖南、辽宁、四川、山东、贵州等许多省、市也都出版了省报的农村版、农民版或农民报。[93]

各省省委机关报农村版一般都是4开4版小报形式，两天、三天或五天出一期。读者对象主要是农村人民公社社员和生产队、生产大队的干部。农村版最显著的特点是通俗易懂，文字浅显，形式活泼，字大画多；准确地向农民讲解党的方针政策，对农民进行社会主义教育。[94]

【《南方日报·农村版》的创办】在上述大量的农村版、农民报中，《南方日报·农村版》是办得很成功的一份农民报。该报是在当时的中共中央中南局第一书记陶铸同志的直接领导下创办起来的。他一直非常重视该报的工作，并身体力行亲自抓。1962年12月间，陶铸在中南五省（区）宣传工作座谈会上的讲话中，就强调了办好省报农民版的重要意义及办报方针：

> 我们进行社会主义建设，一方面是经济建设，一方面是思想建设。这两方面犹如车之两轮，鸟之两翼，缺一不可，缺少一个方面，就不能前进。什么叫做落后？工农业不发达，没有物质基础，当然是落后。但是，没有社会主义思想，没有革命的进取精神，对社会主义的新事物不习惯，对资本主义和封建主义等旧的东西还留恋，那更是最根本、最可怕的落后。改变这种落后的最主要办法，是最广泛、最经常地在全国范围内，特别是占人口绝大多数的农民群众中加强社会主义思想教育。毛主席说过：“严重的问题是教育农民。”现在我们越来越领会到这句话包含着极其深刻的意义。要做好对农民的社会主义思想教育工作，报纸的作用是很大的。现在各省的省报还不能直接担负起这个任务，因为省报的发行份数有限，很多生产大队、生产队看不到报纸；即使看到了，由于它的内容不适合农民（包括基层干部），他们也看不懂或不愿看。为了更好地对农民进行社会主义思想教育，为了使农民及时地、正确地理解党的政策，出版一张直接联系农民，为农民所爱看的报纸，是迫切需要的。为此，中南地区各省（区）的省报一致决定出版“农民版”，刊期有的为周双刊，有的为五日刊，每期篇幅都是四开四版。这样做很好，我很赞成。“农民版”的方针怎样？是“小报小办”或是“大报小办”？这些提法我看都不对。它应该是一张真正的农民报纸。所谓真正的农民报纸是什么意思？就是要有效地促进农村经济建设和提高农民思想觉悟；反映农民的要求和思想情绪（当然是正当的和先进的），讲农民真正要讲的话，帮助农民正确解决他们需要解决的问题。文字上要让农民读得懂，听得懂。这就要求精干一点，字数不要多，版面不要大，“山不在高，有仙则名，水不在深，有龙则灵”，小小的报纸，只要群众爱看，就会发生很大的作用。[95]

“讲话”还对农民报的版面设计、内容安排以及人员编制问题、发行问题作了全面的策划。在陶铸的指示下，1962年12月25日，《南方日报·农村版》试刊。1963年1月1日《南方日报·农村版》（周二刊）正式出版第一期。1月23日，陶铸和中南局宣传部长王匡到报社作了重要指示。根据指示精神，2月6日《南方日报》头版发表社论《用最大的力量办好〈农村版〉》。社论云："《南方日报·农村版》已经创刊一个多月了"，"现在每期发行二十万份，如果一份报纸能够通过读报组传播到五十个、七十个农民中去，那就可以影响和教育一千多万农民"。"《农村版》创刊以来，我省各地广大群众反应很热烈，编辑部不断收到大批来信，一方面表示欢迎，一方面提出批评和建议。这证明这张报纸的出版，是完全符合广大农民以及农村基层干部的要求的。""要使《农村版》成为一份'营养餐'，每期有个'主菜'，除了主菜，还有配菜；进餐以后，还要有浓淡相宜的泡茶，新鲜合时的水果之类，这绝不能凭主观愿望办事。即令有了叫人吃得滋味、吃得有益的主观愿望，如果不了解吃餐的人们的需要，那也不仅不能达到目的，而且会令人吃了反胃。因此，作为做'营养餐'的厨师，除了要在党委领导下勤勤恳恳地工作，钻研党的方针、政策外，还必须深入实际、深入群众，时刻了解农民群众所急需解决的是哪些思想问题和工作问题（要吃什么菜），还要了解农民群众喜欢用什么语言、什么形式来表达（爱吃什么味道的菜），那才有可能编好每一期的《农村版》。"

2月23日，陶铸同志又从北京写信给《南方日报》总编辑黄文俞、《南方日报·农村版》总编辑林里说："看了《南方日报·农村版》十二期，总的觉得这份报纸比过去大有进步，特别是文字上比较通俗活泼了。看来你们是下了一番工夫的。希望你们继续努力，争取把它办得好一些。"2月25日，中共广东省委办公厅转发中南局书记陶铸同志当日给中南五省省委书记的指示云："任重、建勋、平化、国清、金明、紫阳同志：《南方日报》的农村版最近几期有进步，特送上一阅，并希望各省省委宣传部重视加强对农村版的领导，并作出严格规定：大队和生产队必须阅读农村版和读给农民听。我以为，农村版是对农民进行社会主义经常教育的有效的一个工具。"[96]

1963年3月16日，根据陶铸的指示，《南方日报·农村版》从第24期起改名为《南方日报·农民版》，直至"文革"中的1967年1月间被迫停刊。1980年3月1日，由《南方日报·农村版》改名的《广东农民报》在经过两期试刊后，于当天正式复刊。1984年元旦，《广东农民报》由周二刊改为周三刊，仍是4开版面，每期出两张8版。

【专业企业报的创办】专业企业报在1958年前后及1964年前后两个时期有了一定的发展。这些企业报主要是由一些煤矿、石油、钢铁、铁道等行业的大型国营企业主办的。如北京矿务局党委创办的《京西矿工报》（1958年7月1日创刊，4开4版，周二刊。1966年10月停刊。1978年7月1日起，改出《北京矿工报》）、河北峰峰矿务局党委创办的《峰峰矿工报》（1958年8月1日创刊，4开4版，周三刊）、河北井陉矿务局党委创办的《井陉矿工报》（1957年1月1日创刊，8开两版，周二刊）、河北开滦煤矿党委创办的《开滦矿工报》（1949年12月创刊，1953年停刊。1956年7月复刊）、山西省太原钢铁公司党委创办的《钢铁小报》（1955年6月1日创刊。1967年改名《红太钢报》，1968年再改为《钢铁工人报》，1969年改为《太钢报》）、山西大同矿务局党委创办的《大同矿工报》（1950年创刊，4开4版）、山西太原西山矿务局党委创办的《西山矿报》（1955年元旦创刊，4开4版，不定期）、山西潞安矿务局党委创办的《潞安矿报》（1959年1月1日创刊，4开4版，每周一期）。内蒙古自治区呼和浩特铁路局党委创办的《内蒙古铁道报》（1958年11月4日创刊，三年困难时期两度停刊。1970年12月19日复刊，改名《呼铁工人》报出版）、内蒙古平庄矿务局党委创办的《平庄矿工报》（1959年2月1日开始试刊，5月1日正式创刊发行）、辽宁省鞍钢党委创办的《鞍钢报》（1959年10月1日创刊）、辽宁沈阳铁路局党委创办的《火车头报》（1956年2月创刊）、辽宁本溪钢铁公司党委创办的《本钢报》(1958年4月创刊)、辽宁抚顺矿务局党委创办的《抚顺矿工报》(1964年5月1日创刊)、吉林长春第一汽车制造厂党委创办的《汽车工人报》)(其前身是1953年7月创刊的《建设快报》,1955年7月1日改名为《汽车工人报》)、黑龙江省鸡西矿务局创办的《鸡西矿工报》(1965年10月创刊)、陕西西安铁路局党委创办的《西安铁道报》(1958年11月5日试刊,同年12月3日正式出版)、甘肃玉门石油管理局党委创办的《石油工人报》(1950年1月1日在甘肃玉门油矿创刊,原名《人民油田》。1952年3月1日改名为《石油工人报》出版)、新疆维吾尔自治区乌鲁木齐铁路局党委创办的《新疆铁道》报(该报前身为《西北铁道报》,于1951年8月1日创刊。1958年9月改名《新疆铁道》报出版。4开4版,周二刊)、新疆维尔吾自治区石油管理局党委和克拉玛依市委主办的《新疆石油报》(1956年元旦创刊,1960年停刊。1961年复刊。4开4版,周二刊,用维吾尔文和汉文两种文字出版)、湖北武汉钢铁公司党委创办的《武钢工人报》(其前身是1956年3月创刊的《工人生活报》,1958年改名为《武钢工人报》出版)、湖北武汉出版的《长江航运报》(该报是由交通部长江航运管理局党委创办的党委机关报。1953年3月15日创刊,4开4版,双周刊),等等。[97]

【少数民族文字版面、报刊及《体育报》、《团结报》的创办】50年代后期及60年代初,用少数民族文字出版的报纸有一定的发展。如:

中共牡丹江地委机关报《牡丹江日报》的朝鲜文版,1957年元旦创刊,4开4版。其大部分稿件译自该报汉文版。1961年底终刊。

中共黑龙江省委机关报《黑龙江日报》的朝鲜文版,1961年10月1日创刊。该版初名《黑龙江日报·朝鲜文周刊》,4开4版。1963年改为《黑龙江日报·朝鲜文版》。

中共辽宁省委机关报《辽宁日报·朝鲜文农民报》,1966年元旦在沈阳创刊,4开4版,周二刊。其稿件大多译自汉文版《辽宁日报·农村版》。

中共内蒙古昭乌达盟委员会机关报《昭乌达报》的蒙古文版,1957年8月10日创刊。其汉文版则于1956年10月1日正式创刊。

中共内蒙古哲里木盟委员会机关报《哲里木报》的蒙古文版于1957年元旦创刊。其汉文版于1956年7月1日创刊。

中共内蒙古巴彦淖尔盟委员会机关报《巴彦淖尔报》的蒙古文版,1958年9月25日创刊。其汉文版于1958年8月1日创刊。

中共内蒙古鄂尔多斯市委员会机关报《鄂尔多斯报》的蒙古文版,1957年4月1日创刊。其汉文版于1956年7月1日创刊。

新疆地区创办的维吾尔文、哈萨克文、蒙古文报纸最多。例如,《新疆日报》系中共新疆维吾尔自治区委员会机关报,其汉文版创刊于1949年12月6日。第二年起,该报陆续创办维吾尔文版、哈萨克文版、蒙古文版的《新疆日报》。《新疆少年报》于1956年6月1日创刊,用维吾尔文出版。《和田报》是新疆维吾尔自治区和田地委主办的报纸,于1956年11月4日创刊维吾尔文版,1957年9月1日创刊汉文版。《喀什日报》是新疆维吾尔自治区喀什地委主办的报纸,于1956年7月1日创刊,用维吾尔文和汉文两种文字出版。《阿克苏报》是新疆维吾尔自治区阿克苏地委主办的报纸,于1958年9月1日创刊,用维吾尔文和汉文两种文字出版。《伊犁日报》是新疆维吾尔自治区伊犁哈萨克自治州委员会主办的报纸,用哈萨克文、维吾尔文、汉文三种文字出版。哈萨克文版和维吾尔文版于1950年1月1日创刊,汉文版于1957年10月1日才创刊。《克孜勒苏报》是新疆维吾尔自治区克孜勒苏柯尔克孜族自治州委主办的报纸，用柯尔克孜文、维吾尔文、汉文三种文字出版。柯文版于1957年1月创刊、维吾尔文版和汉文版于1960年4月创刊。《莎东报》是新疆维吾尔自治区莎东县委主办的报纸，1956年11月1日创刊，用维吾尔文编辑出版。

中共云南西双版纳傣族自治州委员会主办的《西双版纳报》于1957年3月创刊，同时用傣文、汉文出版。

《西藏日报》于1956年4月22日在拉萨创刊，同时出版藏、汉两种文版，均为对开4版。

《壮文报》是全国唯一一份壮文报，由广西壮族自治区少数民族语言文字工作委员会主办。1957年7月1日创刊于南宁，周刊。[98]

另外，这一时期还创办了两张重要报纸：《体育报》与《团结报》。

《体育报》是由国家体委创办的当时唯一一份全国性体育报纸。该报于1956年7月试刊，共出试刊的《体育报》12期。1958年9月1日正式创刊。1966年因“文革”开始而停刊。1974年1月1日复刊。

《团结报》是由中国国民党革命委员会中央委员会主办的一张时事政治周报，1956年4月25日创刊于北京。最初是内部发行，供“民革”成员和所联系人士阅读。1957年8月1日起向全国公开发行。1966年6月“文革”开始后被迫停刊，1980年2月复刊。

五、我国电视台的创办

电视是20世纪人类最伟大的发明之一。20世纪20年代电视的出现是世界新闻传播史上的一个大事件、一次大变革。电视新闻运用图像、声音、文字等声（音）、画（面）符号，融图像、声音、文字于一体，声像并茂，相得益彰，形成了自己特有的传播优势。据传播学研究的成果显示：受众通过阅读文字（如报纸）能记住10%，收听声音（如广播）能记住20%，观看图像画面能记住30%，边听边看（如电视）能记住50%。电视这种集图像、声音、文字于一体的传播媒介一出现，就受到观众的广泛欢迎，使他们更易于接受各种信息。“电视新闻传播的易受性主要就体现在看（画面）、听（播音）、读（文字）多通道同时感知的综合效应之中。”[99]电视滥觞于20世纪20年代。从20世纪30年代中期起，随着BBC电视台的开播，世界才真正“由无线电传声，进而为无线电传影”[100]，才真正进入了电视广播的新时代。

（一）背景资料：欧美国家及日本电视台的创办

【欧美国家电视台的创办】电视技术的发明开始于20世纪20年代初的英国和美国。1922至1924年间，英国苏格兰工程师约翰·贝尔德（John Baird）（1888—1946）进行了电视发射和接收设备的发明和试验，并将机械扫描电视装置试验成功。1926年1月26日，贝尔德又到伦敦作人像传输技术的公开演示，轰动欧美。1928年，贝尔德又首次进行彩色电视的试验。与此同时，他又成功地进行了伦敦与纽约间的电视发射、接收试验。因此之故，贝尔德被人们称为“电视之父”。

1923年，俄裔美国物理学家符拉基米尔·兹沃雷金（Violdimir Zworykin）（1889—1982）发明“光电摄像管”，即电子扫描原理，成为现代电视技术的理论基础。在此前后，美国其他一些无线电科学家也先后进行了一系列电视技术的发明和试验。1928 年，美国纽约有 31 家广播电台开始进行电视广播试验。到 1929 年，美国已先后建立了 26 家实验电视台。

电视技术真正趋于成熟是在英国。早在 1929 年，英国广播公司（BBC）就开始试播电视节目。1934 年，英国成立了电视委员会，开始着手规划全国电视事业的发展。1936 年 11 月 2 日，英国广播公司（BBC）在伦敦市郊亚历山大宫创办的电视台开播。这是当时清晰度最高的黑白电视（扫描行数达 405 行），每天播出两小时的电视广播节目，每周播出 13 小时。当时电视机价格昂贵，全伦敦只有 200 多台电视机收看 BBC 的电视节目。当时该台工作人员有 200 多人。BBC 台被公认为是世界上最早正式播出的电视台，标志着人类进入了电视时代。因此，1936 年被人们称为“电视的元年”，“1936 年 11 月 2 日”也被人们公认为“电视诞生日”。[101]此后，电视在英国蓬勃发展起来。1937 年 5 月 12 日，英国广播公司的第一辆电视转播车通过连接亚历山大宫电视台和海德公园的同轴电缆，首次进行了户外电视实况转播。到“二战”爆发时，英国约有两万多个家庭拥有电视机。

1940 年，美籍匈牙利人戈德马克发明了世界上第一台彩色电视机。同年，美国科学家也研制出第一台机械式彩色电视机。1941 年 7 月 1 日，美国联邦通信委员会允许开办商业电视台。从此，电视开始播放商业广告。

“二战”前开办电视的国家还有德、法、意等国。

“二战”中，由于战争影响，欧美国家不少电视台停止播出，电视技术研究也处于停滞状态。到“二战”结束时，美国全国只有 7 000 台电视机。“二战”后，电视事业有了突飞猛进的发展，电视广告也风行世界。1946 年，美国演示了第一台全电子彩色电视机。

1948 年，贝尔实验室（Bell Laboratory）在电子研究领域获得重大的突破。当年，贝尔实验室宣布发明了电子晶体（Transister）。这种体积很小而又便宜、具有真空管作用的半导体增幅器，为电视广播传播技术带来了革命性的变化。

1954 年，美国最早播出彩色电视新闻，成为世界上第一个正式开办彩色电视节目的国家。到 1957 年 5 月 17 日，美国全国正式播出彩色电视。英国广播公司（BBC）则从 1955 年起进行彩色电视试验广播，1967 年 7 月采用联邦德国制式正式播出彩色电视。到 1967 年秋季，西德、法国等欧洲国家也先后开播彩色电视。

【日本电视台的创办】日本从 1953 年起创办了电视台。最早播出电视节目的是日本放送协会（NHK，Nippon Hoso Kyokai）——1953 年 2 月 1 日 NHK 东京电视台正式开始电视广播。

日本放送协会（NHK）：日本放送协会是日本放送电视的主体、日本唯一的公共广播电视机构和公共电视台。1926 年由东京、大阪、名古屋三家广播电台合并成立。1950 年，根据广播法，原日本放送协会改组为特殊法人组织。1953 年 2 月，NHK 开始首次播出电视节目。1960 年 9 月 10 日采用美国制式播出彩色电视节目，1982 年播出多伴音电视，1984 年试验播出卫星直播电视节目。1991 年 11 月 25 日，日本放送协会（NHK）和日本民间放送协会（CBC）联合成立高清晰度电视推进委员会，并开始高清晰度电视的试播。其经费来源主要是电视收看费，不播放电视广告；对外广播由政府拨款。现总部设在日本东京涩谷区新宿繁华闹市区的 NHK 是日本最大的广播电视机构，拥有日本最大的广播电视网。

此外，日本还有五大商业广播电视公司：

（1）东京广播公司（TBS）。日本五大商业广播电视公司之一，也是日本最大的商业广播电视公司。1951年开办无线广播，1955年4月1日播出电视节目，1960年9月起，开办彩色电视。到1992年有25家地方商业电视台、33家地方商业广播台。

（2）富士电视台（FNN）。日本五大商业广播电视台之一，创办于1957年11月，总部设在东京。1959年3月播出电视节目，1964年9月播出彩色电视节目，1979年10月播出多伴音电视节目。该台属《产经新闻》报系，到1992年有26家地方商业电视台。

（3）日本电视网公司（NTV）。日本五大商业广播电视公司之一，是1952年7月31日由《读卖新闻》前社长正力松太郎创办的日本第一家私营商业电视台。1953年8月28日正式播出电视节目，是亚洲第一家商业电视台。1960年播放彩色电视节目。该台属《读卖新闻》报系，总部也设在东京。至1992年有28家地方电视台加入。

（4）全国朝日广播公司（ANB）。日本五大商业广播电视公司之一，属《朝日新闻》报系。该公司原为1957年11月成立的日本教育电台。1959年2月播出电视节目，1967年开办彩色电视。到1992年有21家电视台，总部设在东京。

（5）东京电视台（TV Tokyo）。日本五大商业广播电视公司之一，也是日本规模最小的电视公司，原名“东京12频道”，是1960年4月以“日本科学振兴财团”名义开办的教育电视台。1964年4月播出电视节目，1968年4月播出彩色电视节目。1981年10月1日改用现名，属日本《产经新闻》报系，总部设在东京。

在亚洲地区，日本是最早开办电视台的国家（1953年），也是最早开办彩色电视节目的亚洲国家。1958年7月21日，最早由商业电视放送局每天播放彩色电视节目两小时。1960年9月1日起，日本放送协会（NHK）开始经常性播出彩色电视节目。日本是世界上开办卫星直播电视最早的国家之一。1984年5月2日，日本放送协会通过同年一月发射的通信卫星BS－za开始试验播出直播电视节目。[102]

（二）我国电视台的创办

【中国对“电视”的最早引进和介绍】“电视”英文为television，简称TV（德文为Das Fernsehen、法文也为televison）。英文词典本无此词，自电视发明成功，科学家遂以“电”类词前缀及部首音tele（“远距离”之意），加上源于古希腊文“远”与“视力”、“视觉”意的vision组合而成television。[103]

中国对“电视”的介绍、引进始于20世纪30年代初。当时欧美各国尚处于试验、孕育阶级，但国人相当敏感，由商务印书馆编辑出版、1930年7月10日发行的《东方杂志》第27卷第13号第75页刊载周惠久《电视及其进步》一文，最早对早期“电视”发明的历史及其基本原理作了详细介绍。文章云：

> 什么是“电视”？任何人都知道用电传达语言便叫“电话”；那么，同样，用电传达活动的景像便叫作“电视”（television）。距我们很远的人我们能用电话同他像在对坐一样的谈话；同样距离我们很远的景物，无论死的与活的，我们可以用电视看到，如同在眼前一样。电话分有线与无线二种，同理，电视可以用导线传达，也可以用无线电波传达。电视理想的产生早在一八七三年硒（selenium）的感光特性发见（现）的时候，实际的实验则始在一八七五年电话发明的成功以后。经过数十年数十人的努力探讨和实验，直到一九二五年才成功第一个实在能够传像的电视机，此后相

继成功的虽不止一人（见后），而他们所用的方法多半大同小异，原理更无甚差别。

近两三年来关于电视的进步几乎一日千里：电视机已不仅是实验室里的实验器，且已成为市上的商品；电视也不仅是科学家独得欣赏的玩意，实已成了大众的娱乐品。在一九二八年带实验性质的电视广播台在美国已有三处。一九二九年六月间美国纽折尔西（New Jersey）省之折尔西城内的一个高电力无线电台已经起始有规律的电视广播，同时安置收像机以接收这种活动影像的已有数千处之多。争恳斯电视公司（Jenkins Television Co.）的工厂正在生产多量的用插销接用电灯电的电视收像机，以供给一般家庭的设置。争恳斯最新式收像机巧小异常，其价值与最完美的无线电收音机相去无几。英国贝尔德（Baird）工厂的产品——贝尔德电视机销行颇广。不久电视机的普遍即将如无线电收音机一样是无疑问的。

一九二五年至一九二九年已有的电视收像机所重发的影像与电影或像（相）片中的影像无异，就是由黑白两色构成，但此刻有色电视已试验成功，在将来的收像机里，我们所看见的影像将不仅在形状与动作上与真的无异，就是颜色也必同真的一样了。

到了20世纪30年代中期，我国一些著名的专业无线电杂志更加详细地追踪报道、介绍欧美各国电视发展的状况。如《中华无线电》杂志于1935年11月1日出版的第一卷第1期首载《创刊词》，第2页即载范凤源《电视术最近在美国发展情形》，介绍电视广播的工作原理及电视在美国发展的状况。《中华无线电》第一卷第3期又载姚肇亭《震光式电视接收机》，专门介绍电视机工作原理。同期杂志又载《电视表演在法举行》一文，介绍法国电视试验播出情形。文中还把“电视”称作“无线电传影”。第一卷第4期再载陈子琬《电视术与超短波》一文，进一步介绍电视原理。到40年代初，一些介绍国外电视发展状况的文章仍常见于一些著名的无线电杂志。如《实用无线电杂志》第五卷第4期第55页刊载的吴廉方《无线电视在美国之演进》一文云：美国“金根斯博士于1928年已建有五十瓦特之电视台一座，播送实验节目，为实际拍摄之活动人物，而非图画”；1930年代，美国有一些家庭开始拥有“家庭电视接收机（电视机）”。

到了1958年5月1日，随着我国第一座电视台——北京电视台开始试播，新中国第一份介绍和研究电视的专门期刊《无线电与电视》（月刊）也诞生了。该刊创刊号于1958年7月3日出版。

【中国内地“北京电视台”的创办】1958年5月1日，中国内地第一座电视台——北京电视台开始实验性广播，这是新中国创建的第一座电视台。

新中国电视事业的筹备、酝酿早在20世纪50年代初就开始了。

（1）北京电视台的筹建。20世纪50年代初，随着世界电视事业的蓬勃发展，我国也把发展这项事业提上了议事日程。首先是抓人才的培训，1953年底，广播事业局（当时的局长是梅益）派遣10名技术人员赴捷克斯洛伐克留学。其中有6名专门研修电视技术。[104]

1954年，国务院文教办副主任钱俊瑞在一次会议上传达了毛泽东关于要办电视和发展对外广播的指示。1955年2月5日，中央广播事业局根据毛泽东的指示，向国务院提出拟于1957年在北京建立一座中等规模电视台的计划。2月12日，国务院总理周恩来批示：“将此事一并列入文教五年计划讨论。”1956年5月间，中央广播事业局在向中央汇报工作时，提出了第二个五年计划期间试办电视的问题。刘少奇代表中共中央听取工作汇报时，对这个问题非常重视。他详细询问了有关创办电视台的问题，并提出了很好的建议。他说："建一个电视台要花多少钱？电视接收机是不是很贵？现在彩色电视搞成了没有？电视发射机和接收机最好自己生产，这样既便宜，易于推广，又不要外汇。"[105]

除了抓人才的培训，接着又开始抓设备的研制。1956年6月，派赴捷克斯洛伐克考察、学习电视工程的技术人员学成归国。中央广播事业局领导特派从捷克学习电视技术回国的章之俭等人与清华大学无线电系电视教研组教师合作，共同进行黑白电视中心设备的研制工作。"经过将近一年的艰苦奋斗，终于在1957年春天研制出样机。这一成功消除了没有苏联的整套设备和援助很难创建电视台的顾虑，坚定了人们自力更生、自行设计和建立电视台的信心。于是，广播事业局决定，除进口一些必要器材，如摄像管外，电视中心设备和发射设备，均采用国产元器件，由自己设计制造。"[106]

1956年冬，国内有的高等院校开始开办电视专业课程，促进了电视科研工作的开展。

1957年8月17日，中央广播事业局党组通过《关于设立电视实验台筹备机构》的决定。任命"北京电视实验台筹备处"罗东为主任，孟启予、胡旭（他们后来分别担任北京电视台正副台长）为副主任。不久，又从中央人民广播电台选调来播音员，从中央新闻纪录电影制片厂和八一电影制片厂调来了一些编导和摄影干部，组成了电视台草创时期的基本骨干队伍。[107]

正当电视实验台紧锣密鼓筹备之际，由于一件偶然事件的触发，加快了电视台筹建的步伐。据当时主持全盘工作的中央广播事业局局长梅益回忆：

> 1957年下半年，我们得到台湾将在美国RCA的帮助下建立电视台，并定在1958年"双十节"开播的消息。我们坐不住了，下决心要争这口气，一定要走在他们的前头。就这个想法我们征求了当时的苏联专家组组长契阿年柯的意见。他朝我们泼了一盆冷水，说我们还缺乏发展电视的条件。可是我们不信邪，经过反复研究，我们认为虽有风险还是应当上。我们把日本展览会（原名记不得了，就是那次在北京展览馆举行，在新中国第一次升起太阳旗的展览会）上展出的50瓦发射机、摄像机都买下来作为样品，同时靠几位刚从国外进修回来的工程师，还有清华大学的教授们、北京广播器材厂的领导和工人，开始了研究、设计和试制工作。为社会主义祖国争气，为广播事业再上一层楼的决心，就像核裂变一样释放出难以估计的能量。1958年4月，功率为1 000瓦的发射机（这实在小得可怜，但比买来的要大20倍）以及全套播控设备终于试制成功，几个月后，我国第一座电视台就诞生了。这件事说明了什么呢？这是党一再教导我们的解放思想，自力更生，艰苦创业的精神的体现。差不多与此同时，我们自己还制成了赶上国际水平的1 000千瓦中波机和120千瓦发射机，稍后还着手开展了彩色电视和录音磁带的研究、试制工作，这些也是上述精神的产物。[108]

1957年12月15日至1958年3月6日，中央广播事业局派出罗东、孟启予等人组成的中国电视工作者代表团出访考察苏联和民主德国电视业。胡旭则留下来负责电视基本器材和人员的准备工作。罗东、孟启予回国后，根据考察所得，制定了最初的电视节目时间表：每周播出两次，逢星期四、星期日晚上19点开始播出，到21点前结束。1958年4月

29日，中央广播事业局党组在给中共中央宣传部的报告中，为北京电视台规定了“宣传政治，传播知识和充实群众文化生活”的任务。同时也实事求是地指出：“在实验期间，电视广播很难担负起党的各项宣传任务，但在定期的播出节目中，必须根据党的方针政策，尽可能地反映当前国家和人民政治生活中的重大事件，报道社会主义建设的成就，宣传科学技术知识以及介绍各种优秀剧目和艺术影片，并为少年儿童观众准备一定数量的节目。”[109]

（2）北京电视台的试播与正式播出。1958年5月1日晚19时整，新中国第一座电视台——北京电视台（1978年5月1日改名为“中央电视台”）开始试播。当时北京城仅有的20多台电视机的荧屏上，出现了一幅以中央广播大楼模型为背景图案、上书“北京电视台”字样的画面。中国第一位电视播音员沈力以她端庄、大方、朴素、自然的形象与观众见面，预告当晚的节目。北京电视台试播期间，每周四、日晚7点开始，播出两次节目，每次两至三小时，包括新闻性节目、社会教育节目和文艺节目等。当时的发射机功率很小，只有1千瓦（1959年增加到5千瓦）。发射天线架设在尚未完全竣工的中央广播大楼的楼顶上，高度为80米，覆盖半径仅25公里，接收范围仅限于北京市。初期负责节目编排及组织工作的人员只有四五十人。编辑部设有政治组（包括编辑、摄影、播音、剪辑）、文艺组、少儿组、美工组、办公室（包括节目调度和管理）。全部负责工程技术的人员仅18人。当时的台长、副台长称主任、副主任，主任罗东，副主任孟启予、胡旭。

北京电视台第一次试播成功后，新华社为此发出电讯：“中华人民共和国第一座电视台——北京电视台已于5月1日开始试验广播。中国的电视事业诞生了。”5月5日，《人民日报》第七版不显眼位置刊登的消息《我国第一座电视台开始试验性广播》云：“本报讯，我国第一座电视台——北京电视台已开始试验性广播。北京地区备有电视接收机的观众以后每逢星期四和星期日十九点到二十一点可以经常看到电视台试验性电视节目了。”当时刚刚创刊不久的《无线电与电视》（月刊）也在其创刊号上发表文章，详细介绍我国第一座电视台相关设备的研制经过：“1956年12月由广播科学研究所、清华大学无线电系电视教研组及北京广播器材厂合作进行电视广播设备的试制工作。主要的设备项目都已经在今年（1958年）5月1日以前试制完成，开始在北京电视台试用，做试验性的广播。在试播期间，图像还存在着一些缺点，仍在不断地改进。由于这种设备在我国第一次试制成功，而且使用它建立了我国第一座电视台。因此揭开了我国电视广播史上的第一页。”当时已经试制成功的设备项目可分为四部分：①电视中心设备（包括摄像机等）；②电视发射机；③电视转播车；④微波中继设备。总之，我国第一套电视广播设备从摄像机到发射机，除了某些关键元器件（如摄像管）外，均为国产。

北京电视台开播不久，1958年8月间，从苏联进口的200台“红宝石”牌和“纪录”牌黑白电视机以分期付款方式投放市场，以应急需。以后，天津无线电厂很快试制出“北京”牌黑白电视机。

经过四个多月的试验广播，北京电视台于1958年9月2日宣布正式播出。电视节目由每周两次增加到每周四次（星期二、四、六、日晚上7：30开始播出节目）。北京电视台在宣布正式播出的同时，还创刊了首份《电视节目报》。该报是为了便于观众提前了解即将播出的电视节目而创办的，每周出一期，每期8开2版，篇幅一万字左右。其内容除刊登一周节目外，还载有有关介绍文艺节目、专题节目的文章。另外，还配发了不少新闻专题和文艺节目的剧照，照片几乎占版面的一半。该报在9月间电视台开播的头一个月的

4个星期中，共试刊出版了4期。10月国庆节后又出版了两期就停刊了。前后共出6期。[110]

在试播期间，北京电视台创造了诸多的“首次”与“第一”：

5月8日，首次播送有关外国的节目，即民主德国为庆祝“五一”国际劳动节和中国第一座电视台——北京电视台开始试播寄来的贺词及新闻纪录影片。

5月15日，首次自办新闻节目，播出了4分钟由新华社记者拍摄的《图片报道：东风牌小轿车》的新闻。

6月1日，首次播出北京电视台自己拍摄的新闻片——《中共中央机关刊物〈红旗〉杂志创刊》。紧接其后，播放了第一部电视纪录片《英雄的信阳人》。

6月8日，首次播出电视讲话。讲话人是河南封丘县应举农业生产合作社主任，内容系为配合宣传《红旗》杂志创刊号刊登的毛泽东文章《介绍一个合作社》。

6月15日，首次直播由中央广播实验剧团在北京电视台演出的第一部电视剧——《一口菜饼子》。剧情内容是反映解放前劳动人民的悲惨生活，告诫人们要珍惜粮食。

6月19日，首次将转播车开到体育馆现场，首次现场转播体育比赛——“八一”男女篮球队与北京男女篮球队的表演赛。

6月26日，再次将转播车开到剧场旁，首次现场实况转播剧场文艺表演——由革命伤残军人演出的文艺节目。

（3）沈力与赵忠祥。北京电视台从试播起就推出了首位电视播音员——沈力。1958年11月2日，北京电视台播音员开始出图像口播《简明新闻》，这个节目每次5分钟，稿件起初由中央人民广播电台提供。这个“出镜”的电视播音员就是沈力，因此之故，她后来被称作“中国荧屏第一人”。在北京电视台初创的近两年时间里，只有沈力一位播音员。她既要播报新闻及有关社教、文艺、体育等节目，也要播报天安门节日庆祝实况、大型文艺晚会转播等，工作量很大。1962年4月22日起，赵忠祥开始亮相电视屏幕，他是中国第一位男性电视播音员。此后，北京电视台创办初期很长一段时间里，电视播音员只有沈力和赵忠祥两人。

沈力在担任电视播音工作8年之后，于1964年到社教部文化生活组当编辑，曾采访侯宝林、李谷一等著名文艺工作者，所编辑的电视节目多次在全国优秀专题节目评选中获奖。1983年1月1日，中央电视台《为您服务》栏目改版，该栏目被设置为固定栏目，同时设立固定的主持人，由沈力担任。她因此成为我国电视史上第一位女性电视节目主持人。1993年10月，离休后的沈力再次被请回中央电视台，主持《夕阳红》栏目，使该栏目成为中央电视台经典品牌栏目之一。

赵忠祥从1960年进入北京电视台后，也成为我国著名电视播音员。1980年7月，中央电视台首次推出主持人形式的节目《北京市中小学生智力竞赛》，屏幕上正式出现了“主持人”这一名称。这档节目的主持人就是赵忠祥。因此，他也是中国电视史上第一位电视节目主持人，人称“中国的克朗·凯特”[111]。此后，他又先后担任我国第一个电视综合性栏目《正大综艺》的主持人，经典品牌栏目《动物世界》、《人与自然》的主持人，等等。赵忠祥一步一个脚印，不断迈上新台阶，逐渐成为中央电视台最受欢迎的电视播音员和节目主持人之一。

【中国大陆各地地方电视台的创办与电视台的整顿及发展】北京电视台的创建和开播，对全国广播战线起了示范和推动促进作用。一些工业基础较好、科技力量相对集中、广播事业发展较有传统的城市，也都纷纷筹建电视台。如1958年10月1日，上海电视台以我国自行设计和研制的整套设备，利用南京东路上新永安公司大楼的场地开始试播，1959年9月27日转为正式播出。这是我国创办的第二座电视台，也是最早建立的省一级地方电视台。当时负责创建上海电视台的上海人民广播电台技术部撰文介绍云："在全国大跃进的浪潮中，上海人民广播电台的电视台在今年国庆节同上海人民见面了。""从此，上海的广播事业踏进了一个崭新的阶段。""一个电视台从技术方面来说，一般可以分成两部分：一部分称为电视中心，另一部分称为电视发射台。"上海电视台的"设备全部由我国自己制造，其中还有一部分是上海人民广播电台的同志们自己设计、自己制造的"[112]。

紧接上海电视台开播之后，1958年12月20日，哈尔滨电视台（黑龙江电视台之前身）也开始试播。天津电视台也是创办得比较早的电视台，该台1958年7月1日试播，1960年3月20日才正式播出。1958年12月15日，中央广播事业局在北京召开全国电视台基建工作座谈会，这是我国电视方面的第一次全国会议。会上，中央广播事业局局长梅益提出电视事业的发展方针，即在规模上由小到大、技术上由低到高、发展上由点到面，稳步地发展我国的电视事业。1959年，无锡市建立了我国第一座电视转播台，用差转方式转播上海电视台的节目。

从1959年至1960年上半年，沈阳、广州、长春、成都、南京、太原等地也先后建立了电视台。1960年5月27日至6月1日，全国电视工作经验交流会在哈尔滨举行。会议之后，又有一批省会城市，如西安、福州、合肥、济南、杭州、武汉等地也相继建立了电视台。连地处边陲的新疆乌鲁木齐、云南昆明等地也办起了电视台。当时各地办的电视台在试播或正式播出初期，一般都设备简陋、条件很差，人员甚少，差不多都是在"自力更生"、"土法上马"的思想路线指导下创办起来的。到1961年底，全国已建立的电视台、实验电视台和转播台共计26座。在50年代末，全国有电视机17 000部，大多数都安置在公共场所供集体收看。

1962年初，中央召开"七千人大会"以后，国家仍然实行"调整、巩固、充实、提高"的方针，对全国的电视台也实行"整顿"。全国电视台和实验台由原来的23座减为5座，即北京、天津、上海、广州、沈阳电视台。其余大多数地方电视台都下马停办。到了1963年以后，随着国家经济形势的好转和地方宣传工作的需要，又逐渐恢复了一批广播电台和电视台。如1963年2月19日，国务院文教办公室批复中央广播事业局文件云："同意保留哈尔滨、长春两个电视台和西安实验电视台作为实验性电视台。太原、南京、武汉、合肥电视实验台撤销后，可以保留少数技术人员，协同有关部门举办电视教学，不作为正式电视台。"这样，全国电视台便恢复到8座。到1964年1月，武汉电视台恢复；1965年6月，哈尔滨、长春、西安三座电视台和太原教育电视台均转为正式电视台。到"文化大革命"前夕，全国有正规电视台10座。[113]

【港、澳、台地区电视台的创办】（1）香港地区四家规模较大电视台的创办、澳门电视台的创办。香港地区规模较大的电视台一共有四家：①亚视台。香港地区最早创办电视台的是"亚视"（香港"亚洲电视有限公司"，即ATV）。"亚视"的前身是由英国"丽的呼声"总公司于1949年3月22日在香港创办的"丽的呼声"电台频道，电台办事处设在湾仔告士打道"丽的呼声"大厦。1957年4月，香港政府当局向"丽的呼声"（香港）有限公司颁发执照，允许其在香港单独办理有线电视，执照有效期到1973年4月30日。

1957年5月29日，“丽的呼声”（香港）有限公司所创办的“丽的映声”电视台正式成立并开播。“丽的映声”不仅是香港地区第一家电视台，也是中国乃至全球华人地区第一家电视台。该台开播初期以有线传播，电视机用户每月月费为25元港币；只有一个黑白电视英语频道，每日播出4小时节目，租户只有640家。1973年4月，丽的电视有限公司在香港注册正式成立；同年12月起，正式经营无线电视（彩色）业务。直到1981年11月，“丽的电视”开始由香港华人财团接掌后，由于英国丽的电视有限公司不再拥有该台任何股份，故易名为“亚洲电视”。1982年正式改名为“亚洲电视有限公司”，简称“ATV”。其后在香港开办三个频道：本港台（粤语）、国际台（英语）、24小时新闻台（粤语）。“亚视”总部设在香港九龙广播道81号、财务广告及经理部门设在红磡（车站）、节目制作部门设在清水湾。[114]②无线台。“无线电视”是香港电视广播有限公司，即“香港无线电视”的中文简称，英文简称为TVB。该电视台晚于“亚视”10年多时间，于1967年11月19日正式开播，是全港首家商营无线电视台。其下拥有两个频道——翡翠台与明珠台。后每年制作1.5万个小时的节目，成为全球制作华语节目最多的电视台。③九仓有线台。香港有线电视有限公司（全称为“九仓有线电视有限公司”，简称“九仓有线”）于1993年10月31日开播，曾获得香港政府广电主管部门批准的长达10年的有线电视专营权。香港有线电视有限公司后成为香港地区最大的收费电视台。④凤凰台。香港凤凰台于1996年3月31日正式建立并开播。该台在香港与台湾地区、中国大陆及东南亚一带国家的华人社区都有广泛的影响。

澳门地区的电视业受香港电视业的影响很大，一般是转播香港无线电视、亚视及凤凰卫视节目。澳门本地电视台主要有澳门电视台（1985年5月开播）、澳门卫星电视有限公司（简称“澳门卫视”，1996年1月成立。1999年5月18日，澳门卫视旅游台开始试播，同年12月18日正式开播）、澳门有线电视公司（于1999年1月成立，2000年7月开始运营）。

（2）台湾地区电视台的创办。台湾地区的电视业起步于20世纪60年代初。台湾地区创办最早的四家电视台是：①1962年2月，台湾地区“教育电视实验电台”开播。这是台湾地区第一座试播的电视台，以后停办。②“台视”（台湾电视公司，英文简称TTV）。“台视”于1962年4月28日成立，同年10月10日正式开播。③“中视”（中国电视公司，英文简称CTV）。“中视”于1968年9月30日成立，1969年10月9日开始试播电视节目，10月31日正式开播。④“华视”（中华电视公司，英文简称CTS）。“华视”于1971年10月31日开播。

除以上“台视”、“中视”、“华视”三家老台外，台湾地区20世纪80年代后新创办的较有影响的电视台主要有：①三立电视台。这是台湾地区创办最早的综艺节目台（1983年5月三立公司正式成立）。②有线电视公司——东森电视台，其前身是1991年成立的友联有限公司，1997年9月底更名为“东森电视台”。③中天电视台（1994年正式成立）。④全民电视台（1997年开办，英文简称FTV）。⑤公共电视台（PTS）（1998年7月1日开播）。⑥直播卫星电视台——太平洋卫视（1999年11月15日正式开播。太平洋卫视直播卫星系统英文缩写为PTH）。该台是台湾第一家合法的直播卫星电视台。

第四节　20世纪60年代前期新闻报道与新闻宣传工作的收获与成就

全面建设社会主义时期，新闻宣传工作在1957年的“反右派”斗争、1958年的“大跃进”运动、1959年“庐山会议”（7月2日至8月16日召开）后的“反右倾”斗争等方面的宣传中，犯有严重的“左”的错误。1960年秋季以后，在国民经济进入调整时期的大局下，新闻工作者及新闻战线也开始认真总结、反思前几年新闻宣传工作中的经验、教训和失误，不断改进工作，改革报纸版面，进行一系列可贵的探索，在60年代前期取得了很大的成就。但是，在当时“左”的错误未能彻底纠正的情况下，新闻宣传工作中的“左”的错误时有抬头，而且到后来在意识形态领域的宣传方面，“左”的错误更加发展，终于导致“文化大革命”的爆发。

一、60年代初大兴调查研究之风及刘少奇同志关于报纸宣传工作的两次重要谈话

【1961年的大兴调查研究之风】1960年12月24日至1961年1月13日，中共中央在北京召开工作会议。毛泽东在13日的会议上号召大兴调查研究之风，1961年要成为实事求是年。1961年1月14日至18日，中共八届九中全会在北京举行。为了纠正农村工作中“左”的错误，党中央和毛泽东再次强调要提倡深入基层，调查研究。毛泽东在全会上以及为准备这次全会而召开的中央工作会议上的多次讲话，都号召全党恢复实事求是、深入基层、调查研究的作风，要求各省主要领导同志回去后深入基层，一切从实际出发，调查研究。1月29日，《人民日报》发表社论《大兴调查研究之风》。《红旗》（半月刊）1961年第3、4期合刊首载社论《大兴调查研究之风，一切从实际出发——纪念〈农村调查〉出版二十周年》。3月15日至23日，中共中央工作会议在广州召开。会上，中央发出《关于认真进行调查研究工作问题给各中央局，各省、市、自治区党委的一封信》，还附有散失多年、不久前重新发现的毛泽东1930年写的《关于调查工作》（后来公开发表时改题为《反对本本主义》）一文，要求县以上各级领导机关联系实际，认真学习。此后，毛泽东直接组织和指导三个调查组，分赴浙江、湖南、广东农村进行调查。与此同时，刘少奇到湖南长沙、宁乡县，周恩来到河北邯郸，朱德到四川、河南、陕西，邓小平、彭真到北京顺义、怀柔等地，深入基层、调查研究。中央其他领导和地方各级领导也都分别组织力量，深入基层，对农村、工厂、商业、文教、科技等方面的情况开展调查研究活动。

【刘少奇同志在1961年关于新闻工作的两次重要谈话】刘少奇于1961年4月1日至5月15日到湖南省长沙县天华大队、宁乡县炭子冲大队等地作了为期44天的农村调查，广泛听取农民群众和农村基层干部的意见。期间，他分别于4月28日、5月1日两次对报纸宣传及《人民日报》工作作了重要指示和谈话。其比较重要的新闻观点如下：

（1）对当时的《人民日报》作了全面、系统而又尖锐的批评。刘少奇批评《人民日报》三年来在新闻报道方面不敢说真话、尽说假话，在“宣传生产建设成就方面的浮夸

风”、“在推广先进经验方面的瞎指挥风”、“在政策宣传和理论宣传方面的片面性”，以及所造成的恶劣影响——“祸国殃民”。这是一次对党报工作失误的尖锐、深刻批判，也是一次切中肯綮、清醒理性的反思，值得后来者引以为戒。1961年5月1日，刘少奇在长沙对当时在长沙县天华大队蹲点调研的《人民日报》副总编辑胡绩伟等人谈话时说：

你们《人民日报》上登的新闻，有多少是真的？你们天天用大字登头条新闻，今天说那里生产如何好，昨天说那里的公共食堂办得好，究竟有多少是真的？你们想用这些典型事例来指导实际工作，典型本身就不真，怎样能指导实际工作呢？你们报喜不报忧，只登好的，不登缺点、错误。我就不看你们那些头条新闻，我不看，报纸来了只看七、八版。三年来，报纸在宣传生产建设成就方面的浮夸风，在推广先进经验方面的瞎指挥风，在政策宣传方面的片面性，这些对实际工作造成了很大恶果。你们宣传了很多高指标，放卫星，在这个问题上使我们党在国际上陷于被动，报纸宣传大办万猪场，结果是祸国殃民。报纸威信很高，大家都认为《人民日报》代表中央，《人民日报》提倡错误的，大家也以为是中央提倡的，所以，这几年很多事情，是中央领导一半，《人民日报》领导一半。《人民日报》搞了这样多错误的东西，影响很坏，可以说，有报纸的害处，比没有报纸害处还大。你们登那么多高指标，一宣传，使整个党都陷于被动。很多数字是从哪里来的？是逼供信来的。你们登那么多数字，有多少是真的？”“你们喜欢搞表面现象，搞形式主义的东西，搞耸人听闻的报道，还没有完全摆脱资产阶级新闻观点的影响。[115]

另据胡绩伟回忆：

少奇同志批评报纸对一些理论问题很不严肃，说好时就随便贴理论标签，说坏时就随便上纲上线。比如，报纸宣传公共食堂是社会主义阵地，不办食堂就是走资本主义的黑暗道路；宣传一大二公就是社会主义，越大越公越高级；宣传反对条件论、反对唯条件论；宣传人有多大胆，地有多大产；宣传人民公社是进入共产主义的金桥；宣传三年进入共产主义，等等。少奇同志对这些都进行过批评。他说，这些当然不能完全由你们负责，中央要负责任。你们是党的得心应手的驯服工具，但缺乏思考的工具，不是具有头脑的喉舌，只是无生命的传声筒。他曾经很严厉地责问我们，你们究竟从实际上考察过没有？从理论上研究过没有？问得我哑口无言，无地自容。党报应该作党委的得心应手的驯服工具，这是少奇过去提出来的，我们曾经奉为经典。看来，那时，他自己已经感到它的毛病了，而我们当时还没有觉悟。[116]

(2)“报纸工作人员是调查研究的专业工作人员，报上一切文章都应当是调查研究的结果。”调查研究是新闻记者的基本功。在与《人民日报》负责同志谈话中，刘少奇又说：

报纸工作人员是什么人？是调查研究的专业工作人员。报上的一切文章都应当是调查研究的结果。调查研究是一门学问。在这方面，我看你们学问不深，对调查研究还很不行，要了解真实情况很不容易，你们记者和编辑是调查研究的专业工作者，对调查研究都那么不行，怎么行呢？我看你们对调查研究，还是初小学生，高小学生也说不上。记者和编辑要认真作调查研究工作，要从初小到高小，从初中到大学，要决心作一个实事求是的、马列主义的新闻工作者，要努力搞一辈子。[117]

鉴于当时湖南有一股很严重的“不敢说真话之风”，调查中难以得到真实情况，刘少奇还说：

现在调查研究，不那么容易。现在的情况，和毛主席当年在湖南作调查研究时情况不同，比那个时候调查恐怕更困难一些。现在常常遇到这样的公社、这样的大队，他们护短，生怕你发现他们的缺点。你去调查，他们有一套办法封锁消息，不让你了解到真实情况，搞一套假的给你。有多少大队，家丑不怕外扬，不怕告状，给你讲好的，也讲坏的？这样的单位恐怕不多。多数的单位是一来调查，警惕性就高了，封锁真实情况，有的还给你准备一套假的。

在调查中如何让群众说真话呢？刘少奇同志总结出三种办法：

①回老家可能是一个办法。家里除父母兄弟之外，总有一些亲戚、熟人，容易给你说真话。但也要注意对他们有利的也可能夸大，不利的也可能缩小，所以对亲人的话不可不信，也不可都信。②找人个别谈也是一个办法，但是要把人找到长沙去谈可能好一些。你到天华大队找他，他就不一定对你说真的。③在谈话的时候，最好是提出问题，启发群众说话，摸群众的真实意见。还要提出一些反面意见，从反面问他，让他说，要耐心真正听下去。

关于这种引导、“启发”群众说真话、说实话的方法，刘少奇还举了一个例子：

我提出了公共食堂八大缺点，一提大家就活跃了。你提出问题，要看群众是笑脸还是苦脸，是鼓眼睛还是眯着眼睛，是昂着头还是低头，群众的真意是可以摸到的。这样，你就可以了解他们的心理。我和群众谈的，结论是不办公共食堂。[118]

(3)“要把坚持原则性和坚持纪律性结合起来。”在如何处理好“报纸和党委的关系方面”，刘少奇说：“这几年你们比较注意服从党委领导，强调依靠党委办报，但又完全依赖地方党委，自己不作调查研究工作，也不敢反映问题，不敢提意见。要讲两种偏向：一种偏向，脱离地方党委的领导，认为受党委领导就不能写批评稿，因而就闹独立性；一种偏向是完全听党委的话，因而就出现浮夸这类事，（如）什么公共食堂好，放卫星。”所以，“听话，也不是；不听话，也不是。是难办”。但“你们就要从这中间想出办法。要把坚持原则性和坚持纪律性结合起来。一方面要服从党委领导，要坚持纪律性；一方面也要敢于向党委反映问题，提出意见，要坚持原则性。不要怕对党委有争论，有争论不是不服从党委”[119]。

刘少奇同志是调查研究工作方面的专家。1961 年 4 月 1 日至 5 月 15 日的 40 多天时间里，他带着夫人王光美及一行工作人员，在长沙县广福公社天华大队和宁乡县东湖塘公社王家湾生产队及宁乡县花明楼公社炭子冲大队等地蹲点调查。他走家串户，找基层干部、群众谈话，召开大小座谈会，并查看了山林、水塘、屋场、食堂、医院、集市、水库、社队企业。他不辞辛苦，排除一切干扰和阻力，终于掌握了真实反映农村情况的大量的第一手材料。湖南调查结束后，刘少奇同志及时向党中央及毛泽东作了汇报。1962 年 1 月在扩大的中央工作会议（又称“七千人大会”）上，刘少奇作了重要的报告和讲话。他根据中央大多数人的正确意见，以及自己在农村蹲点调查得出的结论，对当时的经济形势作了客观、正确的判断，对扭转经济困难局面起了重要作用。[120]

【刘少奇与新闻工作】刘少奇是著名的马克思主义者、无产阶级革命家、中国共产党和国家卓越的领导人。他 1898 年 11 月 24 日出生于湖南省宁乡县花明楼乡炭子冲村。新中国成立后，长期担任中华人民共和国中央人民政府副主席、中央人民政府革命军事委员会副主席、中华人民共和国主席等要职。“文革”期间受林彪、江青反党集团之迫害，于 1968 年 10 月 31 日召开的中共八届十二中全会上被开除党籍、撤销党内外一切职务。1969 年 10 月 17 日，在重病中被强行从北京押送到河南开封“监护”。当年 11 月 12 日在开封含冤惨逝。

刘少奇在漫长的革命生涯中，一向十分重视报刊新闻宣传工作。早在 1922 年 9 月，刘少奇赴安源领导工人运动，组织路矿工人大罢工。为了与外界取得联系，争取广大民众的同情与理解，他安排工人俱乐部与中国劳动组合书记部创办的《中国工人》、《工人周刊》等工人报刊和其他进步刊物取得联系，通过报道，及时反映安源工人的正义要求和呼声，扩大了大罢工的影响。1925 年，他还在《中国工人》第 4 期上发表《“二七”失败后的安源工会》一文，总结安源工人罢工胜利的经验和教训，对全国工人运动起了积极的指导作用。同年底，他还担任了《工人周刊》的特约通讯员，为办好刊物出谋划策。与此同时，他还指导工人俱乐部创办了《安源旬刊》。

1928 年春，刘少奇以中央代表身份到天津参与指导顺直省委的工作。为了迅速打开工作局面，11 月中旬，他领导出版了中共顺直省委机关刊物《出路》，为该刊写了序言，并在上面陆续发表了一系列文章。

1932 年冬，刘少奇离开上海，进入江西中央革命根据地，担任中华全国总工会苏区中央执行局委员长，负责领导苏区和白区工运工作。在此期间，他在《苏区工人》、《斗争》等报刊上发表文章。

1936 年，刘少奇离开瓦窑堡赴天津，以中共中央代表、北方局书记的身份主持中共中央北方局的工作。期间，他领导创办了《华北烽火》、《华北评论》等半公开刊物，同时在《火线》等杂志上发表文章。

1939 年 11 月，刘少奇以中共中央中原局书记的身份指示王阑西迅速筹备油印的中共中央中原局机关《抗敌报》的出版工作。1940 年 10 月，八路军一部和新四军在苏北会师，华中新四军和八路军总指挥部成立，他任政治委员。在这种形势下，为加强政治宣传工作，他决定将《抗敌报》改为中共中央华中局的机关报《江淮日报》。12 月，《江淮日报》创刊，他亲自任社长，并亲自为该报题写刊头。[121]

在全国解放前夕及新中国建立后的很长一段时期内，刘少奇就新闻宣传工作发表过一系列谈话和指示，这些谈话和指示中阐述的新闻宣传思想都具有远见卓识和富于前瞻性、创新性。刘少奇关于党的新闻工作的集中论述共有三次：第一次是 1948 年 10 月《对华北记者团的谈话》（1948 年 10 月 2 日）。[122]第二次是 1956 年 5 至 6 月间听取新华社、广播事业局领导汇报时的谈话，包括刘少奇《对新华社工作的第一次指示》（1956 年 5 月 28 日）[123]、刘少奇《对新华社工作的第二次指示》（1956 年 6 月 19 日）[124]、刘少奇《对广播事业局工作的谈话》（1956 年 5 月 28 日）[125]。第三次是 1961 年 4 至 5 月在湖南调研时，对《人民日报》、新华社负责同志的谈话，包括刘少奇《关于报纸宣传工作的讲话》（1961 年 4 月 28 日）、刘少奇《关于〈人民日报〉的谈话》（1961 年 5 月 1 日）。[126]

二、20 世纪 60 年代初，《人民日报》的第二次改版与各地报纸名副刊及星期天版、周末版的创办

20 世纪 60 年代初，我国报纸版面的调整出现一个重要的变化，那就是为了增强报纸的知识性、趣味性、娱乐性和可读性，从中央到地方的著名大报都纷纷创办星期天专刊及周末版。我国著名大报最早创办"星期刊"的是上海《申报》。1919 年 8 月 31 日（星期日），《申报》创刊了《申报星期增刊》，每期连同广告共计 8 版，内容丰富，这是我国全国性大报创办最早的周末版。第一期首载《增刊之趣旨》云：《申报星期增刊》主要是对一周来国际新闻的深度报道与分析，"以世界知识灌输于一般国民"，帮助读者开阔视野。在美国，早在 19 世纪末，报纸就已经出版星期副刊，但尚未引起人们的重视。20 世纪初，美国星期副刊开始发展，到七十年代已增加到近 600 种，总发行量超过 5 000 万份。其中《行列》周刊和《家庭周刊》影响最大。特别是《行列》周刊，它随同美国 118 种日报同时发行，发行量一度达到 2 000 万份。[127]

中共党报系统中，创办"星期刊"最早的是延安《解放日报》。1947 年 2 月间，该报平时在每天仅出半张两版的情况下，2 月 2 日（星期日）增加为 4 版，3、4 版首辟为《星期增刊》，一直出到 3 月 2 日（星期日）第 5 期为止，即前后共出 5 期。1947 年 3 月 27 日（总 2130 号），《解放日报》出版当天报纸后最后停刊。《星期增刊》为党报中最早的"星期刊"。

【《人民日报》的第二次改版及《星期画刊》的创办】 1960 年 12 月起，《人民日报》每逢星期二、星期天便在第八版副刊版用大半版篇幅，先后开辟《知识小品》、《小常识》、《大家谈》、《读书札记》、《革命文物》、《革命回忆录》等小栏目，专门刊登介绍科学文化知识和历史知识的文章；有时还刊登一些绘画、速写、木刻之类的美术作品，以活跃报纸版面；有时星期天的第八版还用大半版篇幅设置新闻图片专版。采取这些举措都是为了把报纸办活，以增强报纸的知识性、趣味性、娱乐性及可读性，使读者在轻松的阅读中开阔视野。

从 1961 年 1 月起，《人民日报》开始进行自 1956 年以来的第二次改版。改版包括版面技术层面的改进及内容的进一步改革，具体措施有：①放大字号，改用新五号字，以保护读者视力，方便阅读。②精选精编稿件，不因篇幅减少而降低质量。③改进导读栏目，将以前一版混排在文章间的"内容提要"改排在报头右侧报眼位置显眼的地方，方便读者有选择性地阅读。④原来每天出版的报纸每版版次和日期未印在一处，读者阅读时查找不便；改版后，将二至八版的每版版次和日期印在一处，方便了读者阅读时查阅。如《人民日报》1961 年 1 月 1 日第八版《读者、作者、编者》专栏下所载《本报元旦起，改用新五号字》云：

"为了读者阅读的方便，本报从今年（1961 年——引者注）元旦起，将字体放大

一号，改用新五号字。经过这一改动，八个版共要减少一万二千字左右。我们将加强稿件的精选精编工作，使内容不致减少。”“另外，本报接受读者的建议，将一版‘内容提要’改为‘今日要目’，并将二至八版的版次和日期刊印在一处，便于读者事后查阅。”

与此同时，《人民日报》从1961年元月起，又对星期天版作了重大改革。当时每日出8版（星期一出4版），每逢星期日，便从8个版面中拿出4个版面专门刊登知识性、艺术性的作品。接着又将星期天刊中的第八版整版辟为《星期画刊》。这些举措立即引起国内外新闻界同行的高度关注。此前，《人民日报》的版面也是每日出8版，其中一至四版都是国内新闻，五至六版为国际新闻，七版是国内新闻版及理论版（包括文艺评论版），八版为副刊版（有《知识小品》等栏目），星期天也是如此。但从1961年元月起，《人民日报》对星期天刊进行大刀阔斧的改革，8个版中4个版登新闻（包括国内新闻和国际新闻），4个版登知识性、文艺类的作品，并且把第八版辟为专登新闻图片的《星期画刊》。《人民日报》1961年1月8日第七版下《读者、作者、编者》栏目刊载《本报重新调整版面》云：

“本报从1月份起，每星期日的版面将作适当调整，增加一些新的内容。今后在一般情况下，星期日的版面安排如下：一版：要闻；二版：工农业新闻；三版：政治文教新闻和一部分国际新闻；四版：国际新闻；五版：国际杂文和知识、国内外学术动态、外国旅行游记；六版：各地风光或游记、科学知识小品、文物古迹、文娱体育；七版：文学艺术作品；八版：画刊。”“以后每星期一改出四个版。版面安排是：一版：要闻；二版：国内新闻；三版：国际新闻；四版：副刊。”

1961年元月8日（星期日），《人民日报》第八版首创《星期画刊》。以后每星期日都出一期，即第八版一整版。这是《人民日报》当时的一个极为重要的改革。《星期画刊》的内容比较广泛，花色品种也很丰富，除主要刊登新闻图片之外，也刊登摄影艺术作品和相当数量的美术作品（如年画、木刻版画、民间剪纸）等。题材方面，有反映国内工农业生产和人民生活的新闻图片，也辟有反映国际事件的国际新闻图片窗。在美术作品方面，曾选登过版画展览会的作品，介绍过江苏国画家所创作的饶有新意的山水画，又介绍了富有自己民族的社会风俗趣味和浓厚的生活气息的民间玩具和剪纸艺术，同时，还陆续刊用了一些较优秀的图书插图（如《红旗谱》人物绣像）、漫画、小插画等作品。《星期画刊》的篇幅大又集中，有声势，出版较固定、经常，为摄影界和美术界的作者们提供了广阔的用武之地。总之，“《星期画刊》的出版，不仅丰富了报纸的内容，同时使报纸的版面显得更加活跃”[128]。

【《光明日报》《东风》副刊的改革】1958年元旦，《光明日报》创刊了《东风》副刊。以后，该副刊发展成为中央级大报中著名的副刊之一。在《东风》创刊之前，《光明日报》曾断断续续办过几个文艺性副刊，如小型的《朝阳》（日刊）、整版的《收获》（周刊）和《文艺生活》（该刊1957年7月初停刊）。1957年，《光明日报》贯彻“百花齐放、百家争鸣”的“双百”方针，对报纸实行改版。改版以后，根据报纸的性质和知识分子读者群的兴趣，报社编委会决定成立副刊组负责出版副刊。1958年元月1日（星期三），《光明日报》第三版下半版开辟副刊专栏。当时没有刊名，在第三版上半版刊登新闻，下半版刊登副刊文字，中间用黑线隔开。开始每周出3期，每期半版，每星期三、五、日出刊。第一期见报时刊登有老舍、陈伯吹、高植的短文，臧克家、杨书案的词和何香凝的国画梅花。初期主要刊登散文、诗词、随笔、杂感小品文、书画鉴赏及木刻、剪纸、年画等美术作品，给人总体印象是比较杂乱。到1958年4月2日（星期二），副刊版正式定名为“东风”（刊名“东风”二字系从1936年由上海三间书屋出版的《鲁迅书简》中选辑的鲁迅手书墨迹），寓意“全国人民在大跃进，在乘压倒西风的东风跃进，在乘压倒资本主义的社会主义风跃进。副刊必须准确、鲜明、生动地及时反映全民大跃进的各个侧面。这也就是说，副刊也要乘风跃进”[129]。

1959年6月16日（星期二）起，报社对《东风》进行改版，将其确定为“思想性、文艺性、艺术性、知识性”的综合副刊，在版面上第三版扩充为整版，并由周三刊（星期三、五、日出版）改为不定期出版。改版当天发表邓拓（署名“左海”）应编辑之约稿送来的他以前写的《小词二首》。其中《捣练子·勖川中记者》云：“毛锥动、彩云生，蜀水燕山若有情。展望高潮奔日夜，文章常助百家鸣。”以勉励广大新闻工作者。到1961年1月，副刊组扩大为文艺部，《东风》再次改版，每星期出版的次数明显增多，有时一星期中的星期二、三、四、六、日都在第三版或第四版刊出，有时甚至连续几天不间断地刊出。这时的《东风》已逐渐成为一个为读者所喜爱，受到广大知识分子及文化界人士重视的具有鲜明特色的副刊。

《东风》副刊从创刊到“文革”爆发前夕的八、九年间，曾经发表了大量的优秀诗文和精彩美术作品。其中包括老舍、吴晗、秦牧、唐弢等人写的散文，郭小川（笔名“晓船”）、孟超（笔名“草莽史家”）等人写的杂文，郭沫若、邓拓、叶圣陶、蒯伯赞、叶恭绰（遐庵）、钱昌照等人写的古体诗词，田间、郭小川、臧克家的新诗，吴作人、陈半丁、潘天寿、李可染、古元、阿老等许多著名画家的国画，黄新波的木刻，华君武、丰子恺、毕克官及陈伯平等人的漫画，邵宇、叶浅予、李克瑜等人画的速写，以及梅兰芳、程砚秋、尚小云、荀慧生“四大名旦”和其他演员的绘画，等等。此外，还以连载形式刊登过一些中长篇小说和长篇回忆录。如1959年12月7日、9日，用整版篇幅连载周立波的长篇小说《山乡巨变》中的两章。当年12月下旬又连载刘树德中篇小说《老牛筋》，分三次刊完。1961年2月18日至2月20日，《光明日报》的第四版《东风》副刊开始用整版篇幅连载李六如的长篇回忆录《有了指路明灯》等。特别是邓拓，1959至1964年间，他在《东风》上发表的诗词以及配画诗共计88首之多，另外还有七八篇谈诗论画的短文。[130]

【《中国青年报》的《周末》版及《星期天》副刊】《中国青年报》最初是“中国新民主主义青年团团中央机关报”。创刊后不断创新和改革，富有朝气和活力。《中国青年报》在正式出版前，即从1951年1月9日到4月20日，断断续续出过12期试样。通过试刊，摸索经验。4月27日正式创刊。初创时为周二版，每星期二、五出报一张，对开4版。以后改为周三刊，每逢星期二、四、六出版一张，对开4版。1956年1月1日改为日报，每星期出6期，每逢星期一休刊一天。[131]

《中国青年报》在改为日报前夕的1955年12月24日（星期天）（第579号）第三版，最早创办了《周末》版。第一期刊登了《怎样开好新年晚会》、《小辫的几种梳法》、《象棋残局欣赏》、《洗毛衣》、山西民歌《我村是个好地方》、《猜谜》、《动脑筋》、《游戏》、寓言《猫和狗》、《周末信箱：我们在愁眉苦脸过周末》等文章及休闲娱乐材料。整个版面针对青少年的特点办得生动活泼、丰富多彩，富于趣味性和娱乐性，满足了广大青年的需求、丰富了广大青少年的周末生活。

1955年12月29日（星期四），《中国青年报》（第581号）在当天第三版创刊了《辣椒》专栏，每两周出一期，占半版篇幅。《辣椒》专门刊登批评性文章和讽刺漫画。第一期载有“小品文”《住手，不许滥宰耕牛!》、《玩弄计划的人们》，“杂感”《不要老是荷花舞》，以及李滨声等人画的漫画《日月如梭》、《给保守主义者献对联》，等等。以后《辣椒》成为《中国青年报》的“金牌”栏目。

1956年元旦《中国青年报》改版时，还先后创刊了《自学》、《青年文艺》、《原子时代》、《科学和卫生》、《练身体》等专刊、副刊。

1961年1月29日（星期日），《中国青年报》在专刊、副刊上又有大的改革，创刊了《星期天》副刊专版。当天将第四版（当时每日出4版，星期一停刊不出报）整版辟为《星期天》，创刊号首载《编者的话》云：

“这个副刊名叫《星期天》。它每到星期天和大家见一次面，希望能成为读者们过好业余文化生活的一块美好的园地。”“青年时期是长身体、长知识的时期。我们的时代青年都要努力做到既有昂扬的革命精神，永远奋发向上，又有满腔热忱的求知欲望，去掌握认识世界和改造世界的丰富知识。办这个副刊的用意，就是想在这方面尽可能给青年一点帮助。”

《星期天》是一个知识性、生活性的综合副刊。为了包含多方面的知识，该版特设立了许多小栏目，如《一周谈》、《江山多娇》、《祖国大家庭》、《谈天说地》、《生物趣谈》、《生活顾问》、《常识集锦》、《摄影艺术》、《美术走廊》、《民间艺术》、《每周一歌》等。这些小栏目中刊登的文章丰富多彩，生动活泼。像在《一周谈》上，通过讲解《察传》、《每事问》、《不耻下问》、《荆人渡澭》、《三打祝家庄》等故事，宣传了调查研究的重要性和实事求是的思想作风；结合“三八”妇女节与巴黎公社九十周年、黄花岗起义五十周年等纪念日，进行革命精神和历史知识的教育；通过《江山多娇》、《祖国大家庭》等栏目和《林海藏宝》、《煤的故事》、《哑泉和铜》等文章，进行爱国主义和地理知识的教育；通过《谈天说地》、《生物趣谈》、《生活顾问》、《常识集锦》等栏目进行科学知识的教育；通过《摄影艺术》、《美术走廊》、《民间艺术》和《每周一歌》等栏目进行艺术方面的教育，等等。编者们说：“我们要求《星期天》副刊不但能够向青年介绍许多有益、有趣的知识，而且能够启发青年的智慧，鼓舞他们探求知识的热情。《星期天》副刊的风格应该是清新的、生动活泼的。”[132]

【《南方日报》的《星期天》副刊】1956年9月1日（星期六），《南方日报》第三版恢复副刊，定名为《热风》。《热风》第一期发表张三《从副刊的恢复谈起》云：“记得《南方日报》出版初期，是有副刊的；后来不知怎的，不声不响就把它停掉了”，“理由是‘副刊是旧式报纸——资产阶级的玩意，只不过供人“茶余酒后”消闲之用，我们新型的人民的报纸，用不着这些“花花草草”的东西’”。“说者又云，外国的什么什么报纸，也是没有副刊的。”因此，就把副刊停了。副刊是我国报纸的优良传统，“《南方日报》现在恢复副刊了，我想，广大读者和我一样，表示热烈的欢迎”。以后，《南方日报》每周六的第三版下半版都是周末版性质的《热风》副刊。

1961年12月3日（星期日），《南方日报》第三版正式定名为《星期天》副刊版，由郭沫若题写刊名。以后，每周星期日的第三版均为一整版的《星期天》专版。首期《星期天》刊登的内容有革命回忆录，新书介绍，历史掌故，散文《茶楼——最早的电影院》、《海鸥——渔人的好助手》、《电影演员为何时胖时瘦?》，歌曲《幸福不会从天降》

（“樱桃好吃树难栽……”），套色木刻《南海渔村》，等等。

【《羊城晚报》的《周末版》】《羊城晚报》创刊于1957年10月1日，日出对开一张4版。其综合性副刊《晚会》版也随之问世，刊登在第三版，每天出版；文艺副刊《花地》也同时创刊，每日登在第二版。每天出版对开一张4版的《羊城晚报》，《晚会》和《花地》就占了几乎两大版，足见《羊城晚报》对副刊的高度重视。

1959年12月5日（星期六）开始，《晚会》版逢星期六便推出《周末版》，所占版面从《晚会》平日的76行篇幅扩大到整个第三版。《周末版》出版后，深受读者的欢迎。编者和读者对《周末版》都是很重视的。每当《周末版》出版的前一天，即星期五的《晚会》版（第三版）都要提前刊出《〈周末版〉要目预告》，作为广告宣传。《周末版》的内容主要有“人物专访”、“锦幕新星介绍”、《西餐的掌故和吃法》、“西洋幽默画”、“象棋对局”、体育锻炼方法、游戏、有奖知识测验、一笔画、儿童乐园等文章及文体娱乐资料。星期六出版的《周末版》办了几期后，仍恢复《晚会》刊名。在20世纪60年代初，《晚会》熔知识性、趣味性、娱乐性于一炉，内容丰富多彩，雅俗共赏，有很高的品位，成为我国现代报纸副刊史上的名副刊之一。

【《黑龙江日报》的《星期日》副刊、《四川日报》的《每周副刊》的创办】1961年初，受《人民日报》副刊版面改革的影响，各省省委机关报也都纷纷改进自己的副刊版面，如《黑龙江日报》、《四川日报》在1961年元月都先后创办了“星期天”版，是省报里头办得比较早的星期刊。

（1）《黑龙江日报》的《星期日》副刊。1961年1月，《人民日报》对星期日的版面内容安排作了改变。《黑龙江日报》编委会以《人民日报》为榜样，马上责成该报文艺组改进自己的副刊，创刊《星期日》副刊。他们仔细阅读了《人民日报》第六、第七版的文章，并研究了《羊城晚报》、《北京晚报》、《新民晚报》三家晚报的第三版副刊版，进行了几次讨论，产生了一个初步方案。在这个方案中，他们首先把《星期日》和其原有的文艺副刊《百花园》在性质上区别开来。《百花园》主要刊登文学作品，而《星期日》则是一个综合性的文化副刊，主要目的是为广大读者的假日休息提供精神食粮。它的任务是：提高思想水平、增长知识、活跃文化生活、培养正当兴趣。关于读者对象，是照顾城乡，以城市为主；照顾各阶层群众，以广大职工和青少年为主。其编辑方针是：谈天说地，纵论人事，而以人为主；帮助欣赏，指导应用，而以欣赏为主。内容方面：力求丰富多彩，生动活泼，情趣盎然，文体多样。它的稿件具有浓厚的生活气息和地方色彩，有强烈的思想性和一定的知识性。[133]1961年1月，《黑龙江日报》的《星期日》副刊创刊，其栏目主要有《知识小品》、《保健顾问》、《艺术与欣赏》、《文化廊》、《祖国风光》、《游记》、《风土志》、《我的假日》、《生活词典》，等等。同时，编辑部还开辟稿源，将广泛约稿和重点组稿相结合，将重点组稿与建立专栏作者队伍相结合，建立了自己的专栏专刊作者队伍，保证了稿件的源源不断供给。

（2）《四川日报》的《每周副刊》。《四川日报》自1961年1月改出4版后，副刊改在每周星期天出版，定名为《每周副刊》。它是一个综合性、文艺性的副刊，根据周末版的特点，在原副刊的基础上，“适当地增加了一些知识性的东西，增添了花色品种，以满足各方面读者的需要”[134]。《每周副刊》除保留了原有副刊的《科学知识》、《文艺杂谈》、《文学评论》、《戏剧评论》、《书刊评价》、《四川历史人物》、《四川民间故事》等栏目外，还增辟了《红军在四川》、《新风土志》、《文艺评论》等栏目。

三、20世纪60年代初，报刊杂文专栏及小言论专栏的兴办

【《北京晚报》的《燕山夜话》专栏】1958年3月15日，由《北京日报》筹办的《北京晚报》创刊。该报是继上海《新民报晚刊》、天津《新晚报》、广州《羊城晚报》之后的全国第四家晚报。

《北京晚报》一创刊就创办了《五色土》副刊，该刊以后发展成为我国报纸上著名的副刊之一。1960年，由于“大跃进”和“反右倾”的错误，加上自然灾害和中苏关系破裂，苏联政府撕毁合同，撤走专家，我国国民经济发生严重困难。到1961年初，党中央进行了深刻的反思。在一月份的中央工作会议上，毛泽东号召全党认真总结经验，大兴调查研究之风，恢复党的实事求是的传统，使1961年成为实事求是年。在这种政治背景下，《北京晚报》决定在该报副刊《五色土》上开辟一个知识性杂文专栏，刊登杂文来提倡认真总结经验，克服“左”的倾向；提倡科学精神，实事求是；鼓励多读书，开阔视野，增加知识，振奋精神。报社还决定这一专栏由邓拓同志亲自主持。时任《北京晚报》副主编的顾行和晚报《五色土》副刊的编辑刘孟洪到邓拓家中向其约稿。邓拓同意后，决定给专栏取名“燕山夜话”，他的笔名用“马南邨”。他说：“燕山，是北京的一条主要山脉；夜话，是夜晚谈心的意思。马南邨取马兰村的谐音，这是我们办晋察冀日报所在的一个小村子，我对它一直很怀念。”[135]1961年3月19日，邓拓以笔名“马南邨”发表了《燕山夜话》的第一篇文章《生命的三分之一》。此后，《燕山夜话》每星期二、四在《北京晚报·五色土》副刊版和读者见面。到1962年9月2日，《燕山夜话》专栏刊登最后一篇文章《三十六计》以后停刊。在这一年半的时间里，邓拓在《燕山夜话》共发表了153篇杂文，几乎一天都未中断过。《燕山夜话》中的杂文每篇篇幅一千多字，厚积薄发，旁征博引，举重若轻，纵横驰骋，开创了杂文写作的新路径——知识性杂文（与那种以辛辣、尖锐的讽刺见长的杂文不同，邓拓的杂文以传播知识、启发思想见长）。邓拓涉猎广泛，学识广博，出经入史，旁征博引，议论风生，他善于从历史故事中发掘出新义，从经史子集中引发出精华。邓拓的杂文引用了许多历史典故，据统计，在《燕山夜话》153篇文章中，就引述古书、典籍470多处，有时一篇文章就有10多处。[136]

邓拓写《燕山夜话》时刚满48岁，“却已经积累了近30年学术研究和新闻领导工作的经验，是著名的政论家、历史学家、文艺评论家和诗人，有着十分广博的知识，丰富的实际经验，高度的理论修养和精湛的写作才能”[137]。因此之故，著名作家老舍曾经评论邓拓的《燕山夜话》是“大手笔写小文章，别开生面，独具一格”[138]。周扬在《〈邓拓文集〉·序言》中云：

> 《燕山夜话》，正如作者自己说的，“都是谈所见所闻所感”，从读书治学，待人接物，到生产建设，领导方法等，多是一般人常碰到的问题。而作者旁征博引，议论横生，把知识和思想熔于一炉，写得引人入胜，发人深省。富有知识性、文艺性，无疑是当时《夜话》一见报刊就引人注目的重要原因。《夜话》的另一特色是在传播历史社会知识的文字中，渗透着一种热爱祖国和人民、为我国民族的优秀文化而自豪的深挚感情，而这种感情又总是归结为对社会主义美好事物的由衷赞颂和对积极建设新生活的热情召唤。历史知识和历史人物的评论丝毫没有冲淡对现实的关注，倒是给人

们增加了认识和改造现实的智慧。即使在提倡认真读书的时候，作者也没有忘记提醒人们还要关心国家大事，端正学习目的。而《燕山夜话》中的许多文章、知识、情趣和道理，又是通过平等讨论的态度和朴实无华的语言传达给读者，娓娓动听，使人读了无形中增添积极向上的力量。[139]

在《北京晚报》的影响下，不少报刊借鉴《燕山夜话》专栏的经验，也纷纷在副刊上开设类似的专栏。如《人民日报》副刊开辟了以匡正时弊为宗旨的《长短录》，《前线》杂志创设了《三家村劄记》栏目。有些地方报纸如《云南日报》的副刊办起了《滇云漫谭》、山东的《大众日报》的副刊办起了《历下漫话》专栏，发表知识性杂文。还有如上海《新民晚报》恢复了《未晚谈》小言论专栏，广东的《南方日报》创设了《千字文》专栏，等等。

【《前线》杂志《三家村劄记》专栏的创设】《前线》杂志是中共北京市委主管及主办的党刊。1958 年 11 月 25 日创刊，由彭真题写刊名，邓拓任主编。“文革”时期被迫停刊。

1981 年中共北京市委又创办了机关理论刊物《学习与研究》。

1995 年 7 月，北京市委又决定恢复《前线》刊名，并将《阵地》杂志也并入《前线》。

《前线》是在彭真、邓拓的直接领导下创办起来的。1958 年，邓拓辞去《人民日报》工作后，调到北京市委工作，担任北京市主管宣传文教工作的市委书记。在他和彭真的努力下，办起了《前线》（半月刊）。

1961 年，全国仍处于经济困难时期。9 月中旬，《前线》杂志编辑部为了使刊物内容丰富多彩、版面生动活泼，由编辑部出面，约请邓拓、吴晗、廖沫沙三人到北京的四川饭店商谈改进刊物的工作。在座的还有《前线》编辑部三四位同志。席上，邓拓对廖沫沙说：《前线》也搞个“龚同文”、“马铁丁”那样的杂文专栏好不好？吴晗和你参加，我也参加，三个人写。邓拓还提议用杂文形式来写作，题材方面，生活、学习、思想、工作都可以谈、可以写。吴晗可以谈历史，古今中外全可以。至如专栏名称，邓拓说：就叫“三家村劄记”吧。他还特别提出：“札”字最好用老写的“劄”字。谈到署名，邓拓提议：三个人一人取一个字，吴晗出“吴”字，邓的笔名“马南邨”出“南”字，廖沫沙就出一个“沙”字，叫“吴南沙”怎么样？廖沫沙说：还是用我现在的笔名“繁星”中的“星”字吧。大家一致同意用“吴南星”来署名，并且约定三个人轮流每半个月向《前线》供稿一篇，每篇千字。这样，1961 年 10 月，《三家村劄记》专栏就在《前线》刊出了。

《三家村劄记》从 1961 年 10 月发表邓拓《伟大的空话》开栏，到 1964 年 7 月吴晗在上面发表最后一篇文章《知难而退》，前后办了近三年时间，共发表了 198 篇文章。其中有 193 篇是邓拓、吴晗、廖沫沙三人所写。另外还有 5 篇是由李光远（《从善如登》）、李文（《关心业余创作》）、张世绩（《禁于未发》）、李筠（《不平等的平等》、《说海派》）四人所写。这些文章短小精悍，立意鲜明，文风清新，一扫陈言、现话、八股腔。[140]

“文革”爆发前夕，《燕山夜话》和《三家村劄记》杂文曾遭到极其粗暴而错误的批判。迫于政治压力，1966 年 4 月 16 日，《前线》和《北京日报》（第二版、第三版几乎整版篇幅）最早发表《关于“三家村”和〈燕山夜话〉的批判》材料，并且加了《〈前线〉、〈北京日报〉编者按》。5月8日，“高炬”（江青主持的写作组的笔名）写的文章《向反党反社会主义的黑线开火》在《解放军报》发表，文章污蔑邓拓是“三家村黑店的掌柜”；同日，“何明”（关锋化名）写的文章《擦亮眼睛，辨别真假》则在《光明日报》发表，诽谤邓拓是“反党反社会主义的所谓‘三家村’的一名村长”。5月10日，上海《解放日报》和《文汇报》两报同时在各自报纸的第一至第三版，几乎全部刊登姚文元写的长文《评“三家村”——〈燕山夜话〉、〈三家村劄记〉的反动本质》。5月11日，全国各地报刊铺天盖地地转载了这篇文章。同日出版的《红旗》杂志（1966年7期）也发表戚本禹的文章《评〈前线〉、〈北京日报〉的资产阶级立场》。从此，全国各地掀起了批判“三家村”运动的狂潮。

直至1979年，“三家村”案才得以平反昭雪。[141]

【《人民日报》副刊上《长短录》栏目的开设】20世纪60年代初，《人民日报》每日出6版（星期一出4版），第六版为副刊版。1962年5月4日起，受《燕山夜话》、《三家村劄记》专栏的启发，《人民日报》也在其第六版副刊版开辟了一小块篇幅作专栏，名曰《长短录》，意即“长短相较”，取人之长，补己之短。该栏目从当天首载文益谦的《“长短相较”说》开始，到同年12月8日刊登陈波《美国钢盔与生产工具》一文后停刊，一共发表了37篇杂文。该专栏的作者是黄似（夏衍）、章白（吴晗）、文益谦（廖沫沙）、万一羽（唐弢）、陈波（孟超）5人，他们都是当时有广泛影响的杂文名作家。该专栏由时任《人民日报》文艺部主任的陈笑雨等主持筹办和编辑。

《人民日报》编辑部很重视这个杂文专栏的创设，报社编委会专门开会讨论了《长短录》的计划，并且确定了这个专栏的方针。当时的一份书面意见中写道：“希望这个专栏在配合进一步贯彻‘百花齐放、百家争鸣’方针方面，在表彰先进、匡正时弊、活跃思想、增加知识方面，起更大的作用。”这成为《长短录》的办刊方针，后来该栏目刊登的杂文也很好体现了这些原则。

《长短录》专栏刊载的这些杂文，“都是有的放矢、言之有物的，也都保持了作者们各自的风格”；文章配合形势，但“一般不强调直接配合，而是打迂回战，尽量发挥杂文的特性”；“主题含蓄而不隐晦，行文宛转而少曲笔”。[142]

“文革”开始后，《长短录》也受到批判。最早点名批判《长短录》的，是1966年5月发表的署名“高炬”写的《向反党反社会的黑线开火》一文，后又出现了一篇“两报一刊”合写的《把新闻战线的大革命进行到底》（载《人民日报》1968年9月1日）。他们把《长短录》和《燕山夜话》、《三家村劄记》并列，并把全国各地不少报刊同时期出现的各种杂文专栏，如山东《大众日报》的《历下漫话》、《云南日报》的《滇云漫谭》等，都指斥为打开一条“新路”的反动大合唱，是《燕山夜话》和“三家村”的分店。强加的罪名是“借古讽今、指桑骂槐、旁敲侧击、瞒天过海”，“大搞其反革命勾当”。

【《中国青年报》的《青春寄语》思想评论杂文专栏】20世纪60年代初，《中国青年报》创设有《向日葵》（综合性副刊，载第四版）、《接班人》（专门针对青年读者的副刊，也办在第四版）等副刊及《自修大学》、《辅导员》、《长知识》、《长身体》、《科学小品》等富有特色的专栏。

1962年8月14日（星期二），《中国青年报》在第二版显著位置开设《青春寄语》思想评论类杂文专栏，首载的第一篇是秋耘的《单纯与复杂》。《青春寄语》几乎每天一篇，每篇文章1 500字左右，四周围以花边引人注目。该专栏从1962年8月14日开栏，直到1963年8月后停刊，一年中发表了大量思想评论类杂文，其中不乏精彩的篇章。如繁星《蓝与青之间》（载1962年8月21日《中国青年报》第二版《青春寄语》专栏），告诫青年人终身树立“学而不厌，诲人不倦”的信念；黄世衡的《要经受得起表扬》（载1962年8月23日《中国青年报》第二版《青春寄语》专栏），说明“人在甜言上易栽跟头，马在软地上常打前失”的道理；阎长贵的《“永不走路、永不摔跤”》（载1962年9月22日《中国青年报》第二版《青年寄语》专栏），批评了一些人持有的“‘出头的椽子先烂’，因此，人在世上最聪明的办法就是多一事不如少一事，与世无争，从而保证一辈子平安无事，什么错误也不会发生”的错误观点，鼓励年轻人勇于实践，勇于探索，积极主动工作；吴超寰的《在牛顿“走运”的后面》（载1962年12月13日《中国青年报》第二版《青春寄语》专栏），说明“做学问、搞发明，是不能靠‘运动’”的道理。另外，《青春寄语》专栏刊登的一些针对青年人的“励志”类杂文，写得尤为精彩。如郭朝绪的《风霜历尽志难磨》（载1962年10月6日《中国青年报》第二版），谈青年人要有敢与困难作斗争的勇气；黄世衡的《我爱柳树》（载1962年10月11日《中国青年报》第二版），鼓励年轻人要像柳树一样，“不择地势，不择土壤，随处可以栽插，随处可以生根成长，而且根儿扎得牢、长得又快又好；而一经长起来，它就能提供荫凉一片，或给人诗意的美”；魏桥的《从一杯水求一桶水》（载1962年10月18日《中国青年报》第二版），谈教师教学生“要给学生‘一杯水’，教师必须有‘一桶水’。可是，从做学生的来说，则应该从‘一杯水’中取‘一桶水’，绝不能……满足于一杯水”。总体来看，《青春寄语》栏目上的文章有以下几个鲜明的特点：一是选题好。能从青年的思想实际出发，有的放矢地运用他们生活中熟见的材料来做文章，选题新颖，角度巧妙，由浅入深，以小见大。二是文笔生动。阐述道理或思想观念透彻而生动，不流于空泛的说理。热情恳切、循循善诱，对青年思想上、行为上出现的一些情况，能进行具体深入分析，体现了对青年进行正面教育的精神。三是构思巧妙、新颖，使人不感到一般化或落于俗套。[143]

【《新民晚报》副刊版《未晚谈》栏目的恢复】《新民报》的老传统之一就是重视副刊及“小言论”专栏。1944年6月18日，成都版《新民报晚刊》创刊，4开一张4版。创刊伊始，它就开辟了由张慧剑主编的副刊《出师表》，并在《出师表》上辟有言论专栏《未晚谈》，专门刊登讽刺时弊的杂文。该专栏的作者主要是署名“沙”的赵超构与张慧剑。赵超构的杂文当时影响很大，人称“沙翁”。直至1949年7月23日，《新民报晚刊》被国民党政府当局武装劫持为止。[144]

50年代，《新民报晚刊》副刊版的《未晚谈》专栏停办，取而代之的是刊登在一版的《随笔》小言论专栏。1956年《新民报晚刊》改版及1957年初贯彻“双百”方针时期，赵超构在《随笔》专栏发表了大量评论文章，几乎每日一篇。1958年4月1日，《新民报晚刊》正式更名为《新民晚报》。其小言论专栏除一版的《随笔》外，第五版、六版副刊版也时常设《小论语》专栏，刊登评论文章。当时正值“大跃进”的高潮中，《新民晚报》评论专栏发表的小言论文章与其新闻报道一样，都充斥“热火朝天”、“热气腾腾”、“挑灯夜战”、“干劲冲天”等富有煽动性、鼓励性的文字。赵超构的言论也是“文风大变，‘豪言壮语’连篇累牍：《春风得意凯歌日》、《秋成如海急如潮》、《鼓帆好乘顺时风》、《歌唱要唱东方红》……都是他的评论题目。”[145]1959年“反右倾”时，由于政治环境的影响，赵超构在《随笔》专栏发表的文章逐渐减少，即便如此，当年他也写了一百多篇评论。

从1960年12月起，《新民晚报》停掉了第一版要闻版的个人署名的评论专栏，恢复了停刊多年、刊登在副刊版上的《未晚谈》言论专栏。60年代前期，赵超构以笔名“林放”在《未晚谈》专栏上写了大量短小精悍、生动活泼、面向社会、有益世道人心的“世情杂文”及评论文章。如《论参加联欢会应常带老妻同去》，劝男同志要体贴自己的妻子；《清官应断家务事》，主张根据《婚姻法》处理好新出现的婚姻、家庭内部关系问题；《交友一事》谈交友的原则；《桔子与苹果》劝人春节不必非吃福桔不可，以免市场供应紧张；《鸡猫的纠葛》，说邻里之间应处理好非原则的纠纷；《“嘻嘻”》劝人莫在公园攀折花木；《长生与速死》、《不在乎铺张》、《秀才人情纸一张》、《迟生贵子》、《生孩子不是为了白相相》、《一件移风易俗的事》、《新事新办》等篇则都是谈改革婚丧嫁娶习俗问题的文章。总体来看，赵超构这一时期的杂文以谈“人情世态、市井琐事”居多，谈社会问题及评论重要社会现象的文章则相对少一些。[146]

1963年一年中，赵超构曾应新闻业务刊物和各地新闻记者的要求，两次在人民日报社主编的《新闻业务》刊物上发表文章：一篇是《动笔之前》，刊登在《新闻业务》1963年第1期；一篇是《关于写短评》，刊登在《新闻业务》1963年第10期。两篇文章全面系统地总结了他多年来撰写小言论文章的心得和经验。

“文革”中，《新民晚报》停刊。1982年1月1日，《新民晚报》复刊，日出6版。当天头版要闻版首载“本报编辑部”《复刊的话》。第五、六版恢复《夜光杯》副刊版，同时恢复该版上的《未晚谈》言论专栏。当天的《未晚谈》专栏首载林放写的《暂别归来》。另外，《夜光杯》版还恢复了《十日谈》栏目。当时的《新民晚报》日出6版，副刊竟占了三分之一的篇幅。

【《南方日报》的《千字文》专栏与《羊城晚报》的《五层楼下》专栏的创办】1961年下半年，《南方日报》在第二版开辟《千字文》评论专栏，不定期连载发表“方南”（广东省委写作组笔名）写的文章。这些文章每篇千字左右，带有杂文色彩，写得生动活泼，观点鲜明。如《“绕开社走”之类》（《南方日报》1961年9月15日第二版）、《骆驼和鸵鸟》（《南方日报》1961年9月17日二版）、《蚂蟥·龙舟·聚餐》（《南方日报》1961年9月24日二版）等都是写得较好的杂文作品。

《千字文》专栏在1962年时，一般在每星期二或星期六第二版刊出。到1963年时，一般在每星期三或星期五刊出。1963年1月25日（星期五），“方南”主持的《千字文》专栏出版最后一期。1月30日（星期三），《千字文》专栏改为《读者来论》专栏出版。

20世纪60年代初，《羊城晚报》的《五层楼下》专栏曾名噪一时，深受读者的喜爱。《羊城晚报》创刊于1957年10月1日。1958年7月24日（星期四），该报首辟《五层楼下》小专栏，[147]每天在头版显著位置用方框围起来，发表百十来字短文3至5篇（段）。这些短文一般无标题，每篇（段）开头用“△”符号提示，一段一段排下来。报社开辟《五层楼下》的主要目的是通过这一专栏，开展人民群众相互间和风细雨的批评和自我批评，起“针砭时弊、激浊扬清”的作用，具有“舆论监督”的功能，开全国报刊之先河。

《五层楼下》每天排在头版显著位置，虽是方寸之地的篇幅、戋戋小言，却非常吸引人阅读，十分精彩抢眼。一篇篇短文内容十分丰富，诸如损人利己、假公济私、好逸恶劳、不讲公德、污染环境、破坏公共卫生、不遵守交通规则和破坏交通秩序的各种“嘴脸”都可在这里“曝光”，特别是对官僚主义作风的批评，辛辣尖锐、入木三分。于是

"拿去登《五层楼下》"成了广州市民的一句口头禅，流行于五六十代的广州城。当羊城居民遇到不平事、烦心事、忧心事，想到的就是这个《五层楼下》。《五层楼下》所刊短文，每篇（段）三言两语，简洁明快；以小见大，开门见山，不枝不蔓，直奔主题；文风泼辣，一针见血，一语中的；文字精练生动，没有一句废话。它继承了早年"五四"时期《新青年》杂志及《向导》周报等中共早期党报党刊上所辟《寸铁》杂文短论专栏的优良传统，也有早年上海《时报》所辟《时评》短论专栏的风格特征。当时报社领导非常重视这个小栏目，前后两任总编辑李超和杨奇都经常亲自为它写稿，可谓"大手笔写小文章"了。[148]。

1979年1月19日，《五层楼下》专栏又在《广州日报》恢复推出，重新与读者见面（因《广州日报》1961年2月1日曾合并于《羊城晚报》，到1965年7月1日才复刊出版）。复刊后的《五层楼下》专栏仍然保持当年报道市民身边真人真事与尖锐泼辣、短小精悍的风格。"到《五层楼下》告你们"又成为20世纪80年代广州市民指出不正之风、实施舆论监督的口头禅。

四、新闻报道硕果累累

随着大兴调查研究之风运动的开展，以及对虚报浮夸风等主观主义作风的纠正，广大新闻工作者深入实际，深入基层，深入群众采访、调研，精心写作，有效地提高了新闻报道的质量。在20世纪60年代前期，涌现出一大批有广泛影响的优秀新闻通讯作品及有关先进个人、先进集体的典型报道作品。这些作品曾极大地鼓舞了当时广大人民群众奋发图强、自力更生、艰苦奋斗，克服重重困难，为建设社会主义而拼搏的斗志。

（一）一系列新闻通讯名篇的产生

【《中国青年报》记者采写的《为了六十一个阶级弟兄》】1960年2月28日（星期日），《中国青年报》头版用整版的篇幅刊登由该报记者采写的通讯《为了六十一个阶级弟兄》，详细报道山西"平陆事件"。同时配发社论《又一曲共产主义的凯歌》云：平陆事件报道生动地宣传了在我国社会主义大家庭里，"一人有事，万人相助，一处困难，八方支援"的共产主义精神。

1960年2月2日，当时正值春节期间，山西省平陆县境内的三门峡水利枢纽工程风南公路工程施工中，平陆县61名筑路民工因遭犯罪分子投毒（砷）而食物中毒，生命垂危，急需一种特殊药品（二巯基丙醇）抢救。如果弄不到这种药，三天之后，这61人就有生命危险。这一消息传到北京后，得到首都军民和平陆县当地干部群众的全力支援："为了这六十一个同志的生命，司药员星夜跋涉，老船工破例夜渡黄河，空军克服了山峦险恶、地形生疏、没有空投场和对空联络等重重困难，特种药品商店职工放弃了一年只有一度的春节联欢……"（《又一曲共产主义的凯歌》），终于使61个筑路民工及时获救。对这一突发事件，新华社和某些报纸曾作过比较简要的报道。《中国青年报》得知后，认为这是个"大题材"，不能"小处理"，决定花大力气突出报道这个事件。他们立即确定了"一三五"方案，即一整个版面、三个人出发采访、五天见报。经过深入采访，便写出了上述长篇通讯。文章发表次日（29日），《人民日报》第四版全文转载了这篇通讯，并加了编者按予以高度赞扬："关于这件事，本报（《人民日报》——引者注）已先后于2月

7日的《千里急救》通讯、2月21日的《穿云破雾救亲人》通讯、《卫生部写信感谢空军某部官兵》新闻和2月23日《平陆中毒民工全部脱险》新闻中作了报道。《中国青年报》2月28日发表了一篇通讯和社论，生动地报道和评论了这次抢救行动的感人事迹。现特转载，以飨读者。”紧接着，全国许多报纸也纷纷予以转载。北京电影制片厂在当年三四月间还将《为了六十一个阶级弟兄》拍成新闻纪录片放映，中学语文教材也收入了这篇通讯。《新闻战线》载文介绍了这篇通讯，认为该文在写作上很有特色：以事件发生的时间为线索，采取类似电影分镜头切换那样跳动灵活的表现手法，使场面层次分明，引人入胜，扣人心弦。

【新华社记者郭超人等采写的有关攀登珠穆朗玛峰的报道】1960年5月25日，中国登山队员王富洲、贡布（藏族）、屈银华三人从北坡集体登上世界最高峰——珠穆朗玛峰。这是有史以来人类第一次战胜珠穆朗玛峰北坡天险。新华社西藏分社对这次登山活动壮举作了全面、充分、系统的报道，这是新华社历史上最为成功的战役性报道之一。他们从当年2月份开始组织力量、搜集资料、制订报道计划，为登山报道进行前期准备工作。3月15日，记者跟随登山队出发，随队采访。6月7日，记者们随登山队员回到拉萨，直至6月底才结束报道工作，前后历时4个多月的时间。期间，西藏分社共发出了文字稿41篇，其中消息29篇、通讯11篇、文章1篇（通稿占38篇，专稿4篇），总计10万字左右。在摄影报道方面，摄影记者和文字记者都拍摄了很多质量很好的图片。特别是登山队员刘大义和屈银华在艰苦的攀登行军过程中拍摄的许多照片，则显得更为宝贵。[149]

《人民日报》先后连载发表新华社记者郭超人采写的系列长篇通讯《红旗插上珠穆朗玛峰》以及《英雄登上地球之巅》、《珠穆朗玛峰日日夜夜》、《雄伟壮丽的珠穆朗玛》、《在珠穆朗玛的日子里》、《拉萨欢迎英雄凯旋归来大会》等，生动、翔实、系统地报道了登山队员如何不畏艰险，战胜困难，勇攀世界第一高峰的英雄气概和爱国主义、集体主义的崇高精神。《人民日报》还发表社论《祝贺攀登世界第一高峰成功》、《无高不可攀》，号召学习登山队的“大无畏的英雄气概”。1960年春天，“正是我国处在‘三年困难’的非常时期。‘大跃进’中的共产风、瞎指挥……在全国农村造成的巨大破坏尚未恢复；中苏关系的破裂日趋明显，苏联援建的几百项重点工程陷入停顿，中国人民面临着一场严重的考验：没有苏联人的帮助，我们能不能依靠自己的力量在自己的国土上建设社会主义？这是（当时）全国人民共同关注的一个重大问题”[150]。攀登珠峰活动的系列宣传报道发表后，有力地鼓舞了当时正在克服暂时经济困难的中国人民，激发了广大人民群众在党领导下独立自主、自力更生、发愤图强、艰苦奋斗、“无高不可攀”、“无坚不可摧”的大无畏精神。郭超人在1960年6月17日写的《和英雄的登山队员们在一起——从珠穆朗玛峰归来后写给〈新闻业务〉的一封信》中，介绍了他和另外两位新华社记者（文字记者景家栋、摄影记者陈宗烈）采写这次登山活动的经历和经验。[151]文章写道：为了直接采访到丰富的第一手材料、实地体验登山队员们的艰辛，郭超人等3名新华社记者“在狂暴的风雪中跟随登山队员们攀登陡峻的冰坡，在零下三十度的严寒里与他们一起度过漫漫长夜，在奇丽的冰峰雪塔间拍摄他们英雄的姿态，在低矮的高山帐篷里访问他们动人的事迹……珠穆朗玛山中，这八十天的记者生活，虽然充满了艰难和危险，但也确实令人十分兴奋和愉快”。在八十天的随队采访中，摄影记者陈宗烈、文字记者景家栋和郭超人与登山队员们打成一片，他们先后两次参加了高山适应性的行军。陈宗烈到达了海拔6 400米的第三号营地，沿途拍摄了许多精彩的场景，真实地记录了登山队员的战斗生活。景家栋和郭超人到达了 6 600 米的海拔高度。这是中外新闻采访史上的创举。其间，记者们发生过严重的高山反应症，如身体浮肿、头晕头痛，甚至吐血，亲身体验和实地观察对写好通讯报道助益甚大。9 月 24 日，西藏体育运动委员会在拉萨授予郭超人、景家栋和陈宗烈三人三级登山运动员称号，并把国家体委颁发的攀登珠峰的奖状和登山纪念章授予他们。

此外，《体育报》也曾派记者随登山队采访，及时地报道了登山活动。[152]

郭超人生平：郭超人（曾用名蓝汀），1934 年 10 月 31 日出生于湖北省广济县（现武穴市），1980 年 3 月加入中国共产党。青少年时期，他勤奋好学，追求进步，1952 年加入新民主主义青年团。1952 年至 1956 年，在北京大学中文系新闻专业学习。在此期间，他热心社会工作，学习成绩优异，多次被评为三好学生和优等生。毕业后，他积极要求到最艰苦的环境去锻炼，被分配到新华社西藏分社担任记者。1956 至 1970 年间，他常驻西藏采访长达 14 年。头 10 年，他的采访报道工作主要集中在三个方面：一是采写了大量反映西藏百万农奴翻身得解放的作品（其代表作后收入 1984 年出版的《西藏十年间》）。二是报道中国登山健儿两次征服世界高峰的壮举（1960 年 2 至 5 月间，中国登山队首次攀登珠穆朗玛峰；1964 年 3 至 5 月间，中国登山队又征服希夏邦马峰）。郭超人采写的有关登山队员攀登珠穆朗玛峰的报道曾在国内产生了重大影响，其报道的思想深度和写作技巧都受到过新闻界同行的好评。其代表作有《英雄登上地球之巅》、《红旗插上珠穆朗玛峰》系列报道（人民体育出版社，1960 年出版）、《世界最高峰上的日记》、《希夏邦马峰征服记》等。这两次登山报道的通讯作品后编成《向顶峰冲刺》文集，于 1983 年出版。三是报道西藏平叛及中印边界自卫反击战。1959 年 3 月，西藏反动农奴主全面发动武装叛乱，郭超人对平叛作了全面的报道。平叛后，他又深入藏北草原及山南一带采访。1962 年 10 月 20 日至 11 月 21 日，印度军队侵入中国境内，中国人民解放军边防部队自卫反击作战。作为军事记者郭超人几乎采访报道了这场自卫反击战的全过程。特别是在反击战结束后，他又花费了将近半年时间从事我边防部队释放、遣返印军俘虏的报道。这些报道作品往往采用特写性新闻与现场目击的形式表达了丰富的政治内容。“文革”开始后的 4 年中，他被迫搁笔。1970 年春，郭超人被调到新华社陕西分社工作。从 1970 年到 1978 年，他“在陕西的黄土高坡上度过了步履艰难的八年”（郭超人：《郭超人作品选·前言》），在此期间，尽管身处逆境，郭超人还是把主要精力用在对基层进行社会调查方面。他坚持深入关中、陕北、陕南农村调研，表现出一个新闻工作者强烈的责任感和使命感。其长篇系列内参《安康调查》（1975 年 5、6 月）对安康地区“农业学大寨”中极“左”倾向和形式主义进行了大胆揭露，得到当时刚刚复出主持工作的邓小平同志的批示和好评。在公开报道方面，于 1974 年国庆期间发表了长篇通讯《驯水记》（1974 年 10 月）。针对“四人帮”全面否定“文革”前 17 年的倒行逆施，该文讴歌了新中国成立 25 年来我国水利建设的伟大成就。文章发表后，曾引起强烈反响。粉碎“四人帮”后，他又立即用两个月的业余时间完成了 15 万字的调查报告《万里神州驯水记》，由中国青年出版社出版。

1978 年秋，郭超人被调到新华社四川分社工作。在 1978 年秋至 1983 年 1 月近 4 年时间里，他开始是当机动记者，后又担任分社副社长，主持并参与了一些重大事件的采访报道和一些专题社会调查。他采写的《扫除唯心的阶级估量》等报道，大胆否定了“以阶级斗争为纲”的极“左”路线，他采写的《成都市手工业调查》引起中央有关领导同志的高度关注。

1983 年 1 月，郭超人调到北京，任新华社总社秘书长，随即任党组成员。1984 年 5 月任新华社副社长，1986 年 3 月任新华社党组副书记、副社长。1992 年 12 月，继穆青卸任之后，时年 58 岁、已有 36 年新闻工作经历的郭超人担任新华社党组书记、社长。他是新华社第 18 任社长，还是中共第十三、十四、十五届中央委员。80 年代初，在新华社总社工作期间的他参加当时震动世界的重大政治活动——审判“四人帮”的采访报道，与穆青、陆拂为合作采写长篇通讯《历史的审判》（1981 年 1 月 26 日）

（《人民日报》1981年1月27日刊载），与陆拂为合作采写了《伟大的转折》（1982年9月6日）。《历史的审判》“高屋建瓴，笔锋犀利，运用历史唯物主义的观点对‘文化大革命’现象进行了深刻的反思，显示了他深厚的马克思主义理论功底和驾驭重大题材的能力”（《郭超人同志生平》）。该稿作为新华社通稿发出去后，被全国各大报章普遍刊用，在全国引起强烈反响。

2000年6月15日，郭超人因病在北京溘然逝世，终年65岁。其主要新闻作品结集出版的有《向顶峰冲刺》、《西藏十年》、《万里神州驯水记》、《时代的回声》、《喉舌论》、《非洲笔记》、《郭超人作品选》等。[153]

【林里等人采写的《随行纪谈》】1959、1960、1961年这三年，是中国内地严重的“三年困难”时期。在此期间，由于1958年“大跃进”运动和其他政策的失误及“三年自然灾害”，导致全国性的粮食短缺和大饥荒。在这严峻的时期，各省省委机关报的记者们跟随省委的领导同志深入基层，调查研究，寻找摆脱困境的办法，写出了一批实事求是、求真务实的新闻报道，产生了很大的影响。其中最突出的是《南方日报》记者林里等采写的《随行纪谈》系列报道。

1960年9月至10月15日，中共广东省第一书记陶铸同志下乡检查工作，当时的《南方日报》副总编辑林里，加上《上游》杂志编辑、业余作家江林，作家陈残云和广东省委办公厅工作人员、陶铸的秘书丁励松随行采访。他们一行此次下乡前后43天，先后去了粤西湛江专区的13个县市和大半个海南岛、江门专区的好几个县及肇庆地区的部分城镇，行程近万里。他们边走、边看、边听、边议，同各地地委、县委以及广大基层干部、群众广泛接触，就人民群众的迫切需要，特别是人民群众的吃饭穿衣问题交换意见。根据基层干部和群众的议论，陆续写了27篇通讯。1960年9月6日至11月23日，《南方日报》以《随行纪谈》为总题，陆续连载发表了这27篇通讯，旋即被全省各县的县报所转载。文章在报纸发表后，受到广东省各级领导干部和广大读者的欢迎。不久，《随行纪谈》由广东人民出版社汇编整理成书出版。[154]短短两个月内重印3次，发行量达17万册，成了热门的畅销书，在全国产生了广泛影响。在第三次出版时，书名改为《西行纪谈》。[155]

陶铸同志为《随行纪谈》一书所写《序言》（1960年11月25日）中，详谈了该书所收文章在采访及写作上的三个重要特点：

“《随行纪谈》的写作，可以说是在三个方面作一次试验。”一是“《随行纪谈》的写作，是在检查工作的方法上的一个试验”。1958年时，广东省委曾组织过大规模的检查团，在全省范围检查生产工作。省委的领导同志差不多都下去了。所到之处，大张旗鼓，不少地方又是写标语，又是写横幅，“欢迎省委检查团莅临指导”，“有点像‘招摇过市’的样子”。而“这次（只）约了几个同志，静悄悄地下去，时间一个多月，行程近万里”，“沿途借助几位拿笔杆的同志的力量，随手把这些意见写成通讯，交报纸发表，作为向干部和群众的建议。这比下乡回来后动手整理材料，再向省委打报告，然后由省委批转下去的办法，显得迅速及时一些；登在报上，看的人多一些，而且谈的问题也可以随便一些，广泛一些”。对党的政策的执行情况及运动的开展情况，及时发现问题，“抓住和发扬好的，纠正缺点和偏差”，“及时交流经验和纠正错误”，使“下面的同志少犯偏差和错误，工作少受一些损失，不至于等到问题成了堆才去作总的纠正”。二是“从一个个具体事实材料的分析中，引出关于执行党的方针、政策的经验教训来，这样可以使干部，特别是基层干部，比较容易明了，容易接受，可以启发他们仿照所提出的意见，解决自己的工作中的问题，改正自己的工作中的缺点”。三是“《随行纪谈》的写作，也是在新闻报道上的一个试验”，文体上、写作上的一次突破。“目前省内的报纸在新闻报道上存在着一些问题。……一曰不敢于提出问题，二曰缺少建设性的批评，三曰体裁格式单一化。”要解决这些问题，记者必须“深入到第一线的现场，亲眼看一看，再用脑子想一想，然后动笔”。“要写出提出工作中的问题的新闻通讯，必须眼、耳、腿、脑、手‘五官’并用。耳要聪，目要明。深入实际中去，到群众中去，多看、多听、多想，人就会变得聪明起来，这样总是比较能够发现问题和提出问题的。”另外，“我们的报纸也有过不少好的文章，好的通讯，但体裁格式单调则是通病”。“丰富的现实生活要求体裁多样化、格式多样化，以便恰切地加以表现。”因此，新闻体裁及写作上必须“有所创造”。《随行纪谈》中的文章，“可以说是在新闻报道方面创一体、备一格”，“给人以一种新颖的感觉”。[156]

1961年1月21日至26日，《人民日报》第二版以《粤西行》为总题，选载了《南方日报》发表的《随行纪谈》中的文章6篇。这6篇文章都是由胡乔木亲自挑选的。《人民日报》转载时加上的编者按语也是胡乔木亲自写的。按语说：《粤西行》“这些文章，涉及农业生产、农村文化教育、干部工作方法和工作作风等方面，既叙述了情况，又提出了问题，发表了意见，文字简洁生动，读起来感到亲切有味，毫无八股气”。编者按最后指出：“我们希望这样的内容和形式的文章能够多起来。”

受《随行纪谈》的启发，1961年2月底、3月初，《湖北日报》也曾派出记者，随同中共湖北省委第一书记王任重和书记处书记王延春采访了著名的江汉平原地区，写出了《江汉纪行》系列评论性通讯报道，在《湖北日报》连载发表。[157]《人民日报》也于1961年4月5日第三版下方开始转载《江汉纪行》系列通讯。如4月5日第三版《江汉纪行》栏目下的题目是《综合利用》、4月6日第二版的题目是《试验田及其他》、4月7日第三版的题目是《由近及远》……

林里生平：林里，原名王子恒（笔名王君父）。1921年12月25日出生于河北省威县北双庙村一个贫苦农民家庭。1936年春，刚满15岁的林里离乡别井，出外谋生，先后在河北邯郸、山西太原当店员。在山西太原地下党组织集资开办的一间商店当学徒时，参加革命工作。旋参加同蒲路铁路工人抗日游击队。1938年8月1日加入中国共产党，开始从事工运工作。抗战即将胜利前夕，于1945年6月奉调下太行山，到河北平原进《冀南日报》当记者，直至1947年。同年春，他又奉命重上太行山，到中共中央晋冀鲁豫中共局机关报《人民日报》工作。随着解放战争的节节胜利，《人民日报》升格为中共中央华北局机关报，继而升级为中共中央机关报。林里跟着《人民日报》从太行山到石家庄。1949年春，又从石家庄到北京，一路当记者。新中国成立后，在1950年至1952年的经济恢复时期不辞辛劳，深入唐山、阳泉、峰峰、门头沟，以及东北的抚顺、本溪等地煤矿采访，写过不少有关工矿企业的报道，在《人民日报》上发表。期间，他还于1952年初被派到中共中央西南局所在地重庆，采访“三反”、“五反”运动情况。他专门采写通讯，揭露重庆不法资本家组织“星四聚餐会”的真相。文章登在《人民日报》2月29日头版头条。发表后，“星四聚餐会”案件报道一时造成轰动影响。1952年至1955年，林里以人民日报记者身份采访报道了四个“新中国第一”，即新中国修建的第一条铁路——成渝铁路、新中国建设的第一个港口——塘沽新港、新中国建成的第一个汽车厂——长春汽车厂、新中国第一个水稻亩产千斤县——广东潮安县。

1955年10月中旬，林里调到广州主持人民日报驻广东记者站工作。期间，他采写了著名的舆论批评报道稿件《何副厅长养病记》，刊登在1956年4月的《人民日报》第三版（《南方日报》曾予以转载），在我国新闻界引起强烈反响。1958年，在陶铸的强烈要求下，林里正式从人民日报社调到广东工作，任《南方日报》副总编辑兼《广东画报》主编。1958至1965年在《南方日报》工作期间，他于

1960年9、10月间，主笔采写了长篇通讯《随行纪谈》，在全国产生广泛深远的影响。1965至1969年间，他受广州市委委任，出任《广州日报》党委书记、总编辑，并先后两次主持《广州日报》复刊。1969至1971年间，他又回到南方日报工作，担任第二采编组组长，1971年4月被省“革命委员会”任命为南方日报委员会副主任、党的核心小组成员。1972至1979年间，林里重回广州日报，主持《广州日报》的复刊工作。总之，从1958年到1979年8月，林里在广东工作长达21个年头。若加上1955至1957年间在人民日报驻广东记者站的工作时间，那就是整整23年。

1979年9月，林里调回北京人民日报社，担任高级记者，主持创办《市场》报，任主编。1981年底，他在60岁生日那天辞去《市场》报主编职务，重又回到《人民日报》记者部当记者。此后，从1982年2月起，林里不辞辛劳，深入刚刚开办才两年的深圳特区采访，接连采写了《对外开放对内联合，深圳经济特区建设加速进行》（载1982年3月17日《人民日报》头版头条）、《蓬勃兴起的旅游城市》（载1982年4月15日《人民日报》）等三篇通讯，满腔热情地报道特区建设。此后不久，林里再次南下深圳，采写了《时隔半年看深圳》、《免税商店》、《全员劳动生产率高达五万元》等通讯，歌颂特区改革中涌现的新生事物，充分肯定特区的建设成就。有一段时期，关于深圳特区是办成功了还是办糟了，有过激烈的争议。林里在《人民日报》发表的一系列通讯，旗帜鲜明地宣传了深圳经济特区，在国内外引起了强烈反响。在前后三年时间，林里共写了50多篇文章，成功地报道和宣传了经济特区的种种改革举措和对外开放政策。在此期间，他还写了《经济特区风云录》、《太行工人运动史略》等书。此外编选了《广东经济特区报道》、《80年代通讯特写集》、《今日中国》以及《奔波、跋涉、攀登》自选集，撰写了《我当记者五十年》自传。[158]

【报纸、电台、电视台对1961年“世乒赛”的成功报道】1961年4月4日至14日，第26届世界乒乓球锦标赛在北京举行，这是新中国成立后我国最早举办的国际大赛事。《人民日报》、《光明日报》及《体育报》等全国性大报都作了翔实的报道。广播电台、电视台也成功地进行了比赛现场报道，并为以后广播、电视体育比赛的现场报道积累了宝贵经验。先以《人民日报》为例，其报道组织得很有章法：

1961年4月1日，《人民日报》第四版就开始刊载有关参加乒乓球世锦赛球队的消息。当天刊载的一篇是该报记者胡思升采写的《一支公认的劲旅——访参加世界锦标赛的日本乒乓球队》。4月2日第三版又载消息《战友重逢话友谊　同台练球共提高　各国乒乓球队加紧赛前练习》，第六版又用半版篇幅刊登陈其祥《世界乒乓球历史的崭新一页》、《乒乓球的基本技法》、《怎样看乒乓球比赛》等知识性文章，为读者提供了背景材料，也为正式比赛报道作了铺垫。

4月4日，《人民日报》头版载消息《五大洲优秀选手汇集北京　世界乒乓球锦标赛今日开幕》，对世锦赛作了首次报道。当天还刊登社论《祝贺二十六届世界乒乓球锦标赛开幕》。4月5日，《人民日报》头版头条又载新华社通稿《世界乒乓球锦标赛揭幕　我国领导人周恩来、邓小平、贺龙等出席开幕式》：“据新华社4日讯：第二十六届世界乒乓球锦标赛今天（4日）下午在北京工人体育馆隆重开幕”，“来自五大洲的三十二个乒乓球协会组织选派的二百二十多名男女乒乓球选手和代表，按各代表队英文名称第一个字母的顺序，先后进入体育馆比赛厅”。

4月10日，《人民日报》头版头条载“新华社9日讯”《第二十六届世界乒乓球锦标赛团体赛结束，我国男女队分获世界冠亚军》重头新闻。当天第四版还首辟《第26届世界乒乓球锦标赛》专栏，报道比赛现场各队之间的激烈角逐，并配发多幅精彩的照片。

4月11日、12日连续两天第四版《第26届世界乒乓球锦标赛》专栏以整版篇幅载登《十一日男女单打比赛结果》等重要文章及新闻照片。当时，中国男子乒乓球队获得男子团体冠军，中国运动员庄则栋、丘钟惠分获男女单打世界冠军，并荣获世界优秀乒乓球选手称号。消息传出，举国沸腾。

4月14日午夜，世乒赛圆满结束。4月15日，《人民日报》头版头条在通栏大标题下刊登消息《世界乒乓球锦标赛胜利闭幕 经过九天的激烈比赛 产生了十项世界冠军》，同时配发社论《二十六届世界乒乓球锦标赛的巨大成功》。当天（4月15日）第四版首载文章对五个单项冠军获得者作了全面的介绍，其中包括中国男单冠军庄则栋和女单冠军丘钟惠。接载通讯《决战之夜》。

4月16日，《人民日报》第八版在《球艺精湛 友谊深厚》的大标题下，整版续载世乒赛授奖仪式照片10多幅。

4月17日《人民日报》头版载消息《党和国家领导人接见我乒乓球选手》。至此，《人民日报》有关世乒赛的报道告一段落。

与此同时，中央人民广播电台、北京人民广播台和诞生不久的北京电视台也多次对世乒赛进行实况广播和现场报道，“迅速地把许多精彩的球赛情况和许多动人的场面真实地、生动地传送到四面八方”[159]。当时实况广播台设在球赛现场，10个乒乓球台上同时进行的紧张比赛的情况从这里通过强大的电波发射出去。坐在广播台上的广播员眼快、嘴快，即一边看比赛，一边讲解，向听众和观众介绍现场的实况和各国选手的战略战术特点，并不时对赛况进行分析和评论，及时报告比赛结果。听众、观众打开收音机或电视机，就能听到或看到球场上运动员“噼噼啪啪”的击球声，观众的欢腾声、掌声、赞叹声和运动员们矫健的身姿。尤其是实况广播员清晰、流利、有声有色的解说，使球场外的人们也能从广播喇叭、收音机、电视屏幕上感受到现场气氛。“为了达到这一点，广播员还通过声调和语气表达出球赛现场气氛相符合的情感。如当一个选手打出漂亮的球时，广播员就抓住机会，提高嗓门和场内观众一同同声叫‘好’，有时广播员也压低声音为运动员的一球之失而惋惜，或是从语气中表达出和运动员、场内观众一样的兴奋而激动的心情。广播员在紧张的球赛广播中，又常常穿插轻松愉快的现场某些活动的描述……”[160]当时实况广播台上坐着五六个人，除富有经验的播音员张之外，还有初次参加这次广播讲解的年轻播音员黄继辰、宋世雄和曹玉琨等。他们采取两人或三人轮流、穿插广播的方式来进行实况报道，使广大听众、观众有“如临其境”之感。

张之生平：张之是新中国最早的体育广播播音员、评论员及体育节目主持人。1930年出生于北京。1948年在山东大学医学院学习期间参加革命。1949年1月到济南的华东大学学习，3个月后调华东新华广播电台当播音员。同年随军南下，解放上海后，任上海人民广播电台播音组副组长。1951年1月，在上海卢湾体育场，由张之担纲，与后来成为著名电影演员的陈述搭档，两人密切配合，现场解说第一支访问新中国的苏联男子篮球队与中国男子篮球队的比赛实况，获得了成功，受到广大听众的好评。当年张之年仅21岁。（陈述在上海邮政管理局工作，兼在上海人民广播电台担任“邮政常识”节目的播音工作，因此与电台很熟悉，加上陈述从小就喜欢体育运动，故欣然接受了体育现场转播任务。三天的比赛转播结束后，陈述仍回到邮政局工作，张之则继续从事体育播音员职业。）这次转播是新中国第一次通过广播电台转播体育比赛，开创了新中国专业体育播音之先河。张之、陈述因而成为新中国体育解说的开拓者和奠基人。

1951年5月4日，全国篮球、排球比赛大会在北京举行，这是新中国成立后第一次举办的全国性体育比赛。中央人民广播电台接受中华全国体育总会的建议，将张之借调到北京全程解说了这场比赛。此后，为了练习快速解说，他便每天清早起床就练习快速读报，学绕口令，学山东快书。1953年3月，他被正式调入中央人民广播电台，专门从事体育新闻报道和体育比赛实况转播的解说工作，并参与创办中央台《体育节目》（1955年4月）。

1961年，第26届“世乒赛”在北京举行，这是我国首次举办世界性比赛。张之领衔转播了其中最为精彩的八场比赛，深受广大听众的欢迎。据说，毛泽东听了张之的实况解说后说：“广播好紧张，让人听得心都要跳出来了。”此后的近30年里，除了主持国内比赛实况播音以外，他还到澳大利亚、芬兰、苏联、日本、秘鲁、阿根廷、瑞典等30多个国家和地区报道和转播奥运会、亚运会以及单项体育比赛数百场，为我国的体育实况转播做了开拓性的工作，并为培养我国第二、第三代体育播音员（其中包括宋世雄等）作出了贡献。1985年，他被评为高级记者。1990年离休。2001年1月10日因病在北京逝世，终年71岁。[161]

【李峰、余辉音采写的《“一厘钱”精神》】 1963年，新华社记者李峰、余辉音采写的通讯《“一厘钱”精神》（新华社北京1963年3月24日电）播出后，中央和地方报纸都纷纷刊载，引起了强烈反响。如《人民日报》1963年3月24日在第二版头条载李峰、余辉音《“一厘钱”精神》，当天一版载社论《一本大账——从“一厘钱”精神谈起》云：“中国是一个拥有六亿多人口的大国，中国人的心里都应该有一本大账，都应该懂得任何一个细小的数目，用六亿这个数目去乘，就会得出很大的数目。一个人心里有了这一本大账，就看到了六亿多人的力量，做什么事情都有信心，都有了力量，哪怕一厘钱、一分钟、一根火柴之类的小事，也都具有很大的意义。”

《“一厘钱”精神》在写作上有以下鲜明的特色：①以小见大，深入挖掘，提炼主题。通讯作者“善于从日常生活中，抓取新鲜事物，并且把它放在一个大的时代背景下突出它的新的特点和价值，揭示出事物的时代意义，提出重大的具有普遍性的主题，从而大大增强了通讯的思想性”[162]。通讯本来写的是北京墨水厂想方设法在生产的墨水每瓶包装材料（瓶盖）成本降低一厘钱、北京市制药二厂包装组职工努力提高工作效率节约每一分钟、北京火柴厂职工努力减少火柴废支三件小事。这三件小事本无必然的联系，但作者经过深入的思考，善于透过事物的现象去反映事物的本质，善于从小事情反映大问题，将工厂生产中几个平凡的节约故事用一根红线贯穿起来，聚焦成“一厘钱”精神，说明了一个颠扑不破的真理：建设社会主义的伟大事业，要从一点一滴的小事做起，要节约一厘钱、珍惜利用一分钱、尽量减少一根火柴废支，发扬艰苦奋斗、勤俭建国的美德和革命传统，要有高度的国家主人翁责任感。②叙、议结合得很好。通讯开头先提出：有些工厂职工在生产中为了少花一厘钱，“算盘打了又打，潜力挖了又挖”。然后分别记述了“一厘钱”、“一分钟”、“一根火柴”几个典型事实，并逐一加以分析、说明，论述这些事实的意义。③善于算账、善于用数字说话。在通讯中将枯燥的数字化为生动形象的叙述，李峰尤擅此道。此前，他还写过一篇《七年比一百年——“算账”备忘录》（载1957年6月26日《人民日报》第四版），通过数字对比反映新中国成立七年来的巨大成就，开后来“精确新闻”之先河。④《七年比一百年——“算账”备忘录》也是一篇“非事件性新闻”的代表作。穆青对“非事件性新闻”曾有一段精彩阐释：“非事件性的新闻，有人称之为组织性的新闻，这一类新闻一般说在经济新闻中较多（也不完全限于经济新闻）”；“这一类新闻，都不是以一个独立的事件为中心的，时间、地点的因素对它来说也不具备特别重要的意义，重要的倒是必须对所报道的事实和问题有所分析和有所阐述，或者给予必要的形象的描写”。[163]

通讯《“一厘钱”精神》发表后，“‘一厘钱’精神”很快在全国各地许多工矿企业中引起了强烈的“连锁反应”，广大职工都以这种精神作为增产节约、勤俭建国的指针。该通讯发表后，全国各地报纸的反应非常热烈，许多报纸作了连续宣传，进一步报道了当地先进单位和先进人物发扬“一厘钱”精神的活动。如《北京日报》4 月 6 日发表了《“一厘钱”精神的连锁反应》，《四川日报》4 月 11 日发表社论《把“一厘钱”精神普及开来》。与此同时，发扬“一厘钱”精神活动已从工业战线扩大宣传到农业生产领域。4 月 13 日，《大众日报》在其发表的社论《再接再厉，夺取小麦丰收》中说，在农业战线上同样需要发扬“一厘钱”精神，在生产中不放松一切可能增产的努力。《南方日报》也在 4 月 13 日发表了通讯《农业生产上的“一厘钱”精神》，介绍了国营珠江农场顺安生产队的工人们千方百计降低成本、精打细算、勤俭办企业的先进事迹。通讯里说，这个生产队的先进事迹里闪烁着崇高的“一厘钱”精神。

李峰生平：李峰（笔名“谈峰”）于 1925 年出生于河北藁城县前西关村。1940 年，在抗日的烽火中，当时年仅 15 岁、正在读高小的李峰加入了八路军晋察冀军区冀中军区七分区教导队，从此走上抗日救亡之路。在分区教导队学习期间，他又被选调进冀中军区摄影训练班学习，师从摄影训练班主任、著名摄影家石少华，开始走上新闻工作这条路。以后，在组织的安排下，李峰被分配到冀中军区摄影科，在晋察冀画报社工作。1944 年夏天的一个夜晚，他随部队行动时，拍摄了华北敌后民兵在漆黑的夜幕中掀翻铁路路轨、切断敌人补给线的场面。这副题名为《切断敌人的供应线——铁路大翻身》的著名战地摄影作品，后来成为反映抗日战争的经典性、文献性作品，被收藏于中国革命军事博物馆和中国人民抗日战争纪念馆中。50 年代，作为新华社记者，李峰采写的《中国第一根无缝钢管诞生了》等新闻特写被当作范文选入著名大学新闻系的教材中。1963 年，他写的通讯《“一厘钱”精神》播发后在全国产生广泛影响，中央和地方报纸都全文刊登。“一厘钱”精神顿时成为全国开展增产节约运动的口号，一直持续不断。同年夏天，地处福建闽南九龙江下游的龙溪地区龙海县一带遭受百年罕见的特大旱灾。该县榜山公社作出牺牲，淹掉自己的 1 300 亩小麦、秧田，确保堵江截水工程的完成和下游 10 万亩稻田用水。人们把这种“丢卒保车”、顾全大局的精神誉为“榜山风格”、“龙江风格”。1963 年 6 月 21 日，《人民日报》头版刊登该报记者、著名诗人郭小川采写的长篇通讯《旱天不旱地——记闽南抗旱斗争》对此予以报道，同版还载短评《“榜山风格”的光辉》；同一天，《文汇报》头版头条也发表新华社记者李峰、林俊卿采写的通讯《九龙江畔一曲抗天凯歌入云霄》。两报联手把“榜山风格”、“龙江风格”首次推向全国。[164]

20 世纪 70 年代，李峰采写的通讯《放盐不多就能咸》报道了一个企业通过体制改革消除了“信心危机”，提高了大干“四化”的雄心壮志，曾受到邓小平同志的称赞。他写的《“农”字当头滚雪球》、《“桌子”上唱起了大戏》等关于常州工业大发展的调查报告，掀起了“全国学常州”的热潮。

1986 年 4 月 10 日，《人民日报》头版显著位置发表新华社记者李峰、林楠根据薄一波的提议采写的长篇人物通讯《乡土奇葩——记农民企业家鲁冠球》，报道了浙江著名乡镇企业杭州万向节厂（1992 年发展成为“浙江万向集团”）负责人鲁冠球的先进事迹，为当时刚刚兴起的乡镇企业“正名”、为乡镇企业领导人“记功”，反响很大。此外，李峰还为《人民日报》、《半月谈》等报刊写了不少的杂文及评论，如杂谈《“菜篮子里看形势”小议》（载《半月谈》1985 年第 22 期），该文立意新颖、视野开阔，议论生动，既有说服力，又有吸引力，在经济评论方面有很大的突破，体现了新时期新闻工作者改革新闻报道，尤其在经济新闻报道方面的可贵探索。他对杂文及时评的写作有自己的独到见解，人们在写杂文及时评时往往易犯偏激和说“过头话”的毛病，而李峰在每当一种思潮涌来的时候，却能保持清醒的头脑，在杂文及时评中发出理性的声音。他在《力求“常温”》一文中云：“我暗中给自己定了个规矩：

热的时候头脑要冷静，冷的时候笔墨要热情，在大温差之下力求‘常温’。这‘常温’就是不冷不热，不‘左’不右的‘两点论’。”后来收入《李峰文集》第二卷的杂文、随笔无不体现这一理念。例如，20世纪80年代，当“生产超高速”和“消费超前”的热浪席卷而来时，他及时写作发表了《平平安安搞四化》、《面子菜》、《“比”字的功能和危险》、《宴席上的习俗和心理》等杂文，文中加进了“降温的冰块”，给超前思潮泼了冷水。1986年春，当有些人认为改革“停滞”而哀叹时，李峰又发表了《改革要唱进行曲》，为改革鼓与呼。当西方自由化思潮之风袭来时，他又及时发表了《“我作主”和乱世民主》、《观念更新辨析》、《“独立意识”试注》等一批体现坚持党的四项基本原则，反对资产阶级自由化的杂文。

李峰对新闻理论及新闻学术有较深入的研究，有自己的真知灼见。他尤其重视新闻记者的“大局观”、“大局意识”，他在《把握大局十二律》一文中写道：“把握大局是新闻采访、写作和编辑工作必须遵循的定律。它在确立新闻主题中，起着灵魂、指针和秤砣的作用。”他在长期的新闻报道实践中总结出把握大局必须处理好十二律：正确处理党的基本路线和具体政策的关系；正确处理整体和局部的关系；正确处理“报喜”与“报忧”的关系；正确处理防“左”和防右的关系；正确处理主流和支流的关系；正确处理先进和落后的关系；正确处理精神文明和物质文明的关系；正确处理“热”和“冷”的关系；正确处理公开报道和“内参”报道的关系；正确处理对内报道和对外报道的关系；正确处理“抢”和“压”的关系；正确处理“上头满意”和“下头满意”的关系。1990年，李峰在《记者笔下无小事》一文中强调：“新闻工作者手里的笔（和镜头），是拿笔杆子队伍中的一支主力军。新闻报道天天面向全国，天天走向世界，天天影响着人们的情绪。新闻工作者的笔下导向正确，能产生商品和枪杆子所不能代替的巨大的稳定和前进的力量；导向错误，也能制造混乱，闯祸惹麻烦。从这个意义上说，记者笔下无小事。我们每一个新闻工作者，应当具有这样的责任感。这是新闻工作者要对国家和社会稳定多作贡献所不可缺少的思想基础。”为了保证自己写的或编的稿子不出差错，李峰总结自己多年当记者、编辑遇到的一些问题，1980年7月给自己规定了《定稿自向五则》（后收入《李峰文集》第三卷）。文中强调：①发这篇新闻有什么新闻价值、有什么用处？哪些报纸、读者会感兴趣？哪些事实和观点会引起读者共鸣？②事实的真实性和准确性如何？比如人名、地点、时间、单位、数字、术语、过程等。③事实和观点都说清楚了没有，逻辑、文理是否通顺，有没有别人难认、难懂的字、词、话，广播员念起来是不是顺口，有没有需要向编辑、读者特别说明的重点、背景、引语出处等。④读者对所写的事实和观点会不会有怀疑、误解、异议，会不会提出反对意见，这样写有没有负作用？⑤自认为哪些是有新意之笔，哪些是败笔，为什么不能改好了再发？这些理论联系实际的观点和见解，对于今天的新闻工作来说仍然是十分宝贵的经验。[165]

李峰于1984年被评为“全国优秀新闻工作者”，是新华社著名的高级记者、杂文作家、新闻学教授、研究生导师，曾长期担任新华社国内部主任。20世纪80年代，他领导创办了被誉为“中华第一刊”的《半月谈》及《经济参考》报，并兼任《半月谈》总编辑及《经济参考》报副总编辑。其平生作品（包括300多篇新闻通讯、杂文随笔、新闻论著等文学作品及几十幅战地摄影作品）俱收入《李峰文集》（三卷本）（新华出版社，2001年出版）中。新华社前社长穆青在《李峰文集》“序”中云：“李峰好学多思，思想敏锐、活跃。所以，他写的深度报道多，提出问题、探讨解决问题的报道多……采访决定写作，多思才有深度。文章要靠事实和真理服人，肯下工夫才能出精品。”

【1964年“大白菜”报道上《人民日报》头版】20世纪60、70年代，大白菜是北京市数百万市民每年“今冬明春”的“当家菜”。往往“一季生产，半年食用”。因此，每年立冬前后大白菜成熟后的上市旺季，北京市都把大白菜抢收抢运作为大事来抓：郊区各公社、生产队相继开始砍收大白菜，市交通运输部门、商业部门和各机关、学校、部队

等消费单位也展开了抢运大白菜的群众运动，集体食堂和广大居民都储存大白菜过冬。地方报纸也组织对抢收、抢运大白菜工作的报道，如1960年11月7日《北京日报》第三版刊登消息《抓紧时机抢运大白菜——本市城乡密切协作力争收运工作又快又好》，并配发社论《大家动手打好抢运白菜这一仗》。

1964年12月5日，《人民日报》头版以小半版的篇幅刊登了一组北京市副食品行业干部参加劳动运销大白菜的稿件，该组报道由新华社记者组织采写。其中，一篇是消息《大批干部参加劳动，先进经验顺利推行——北京运销大白菜的工作大有改进，损耗减少，售价降低》，一篇是北京市蔬菜公司党委书记用日记体写的、经记者三易其稿整理出来的《卖菜札记》，还有一篇是丰台区黄土岗公社菜农来信《让工人老大哥吃上又好又贱的大白菜》。同时还配发了短评《领导还是被领导?》。这一组报道组织得有声有色，很有气势，突出宣传报道了群众关心的生活问题，也通过这件事说明领导干部只有走出机关，深入实际，调查研究，才能做好领导工作。这是《人民日报》较早在头版刊登的民生新闻报道。毛泽东看了当天的报纸后说："现在《人民日报》有看头了，理论上加强了，也有一些有意思的东西"，"大白菜也上了头条，很好"。(1964年12月20日)[166]

（二）一系列有重大影响的典型报道名作的涌现

【毛泽东典型思想方法和典型工作方法是党报典型报道的理论根据】党报的典型报道方式是毛泽东典型思想方法和典型领导及工作方法在新闻传播方面的实际运用。毛泽东历来重视典型引路，用典型来指导工作、教育人民、引导舆论。

1934年，毛泽东在《关心群众生活，注意工作方法》的报告中，就用江西省兴国县长岗乡、福建省上杭县才溪乡的先进典型和汀州市的落后典型，从正、反两方面论证了关于关心群众生活、注意工作方法的重要性，并发出号召："我们一定要用切实的办法来改善我们的工作，先进的地方应该更加先进，落后的地方应该赶上先进的地方。要造成几千个长岗乡、几十个兴国县。"这是党自觉地运用典型来指导工作的第一个范例。毛泽东在《关于领导方法若干问题》中又指出："任何工作任务"，必须先"突破一点，取得经验，然后利用这种经验去指导其他单位"。

1938年10月，在党的六届六中全会报告中，毛泽东提出，在抗战初期的困难形势下，要"高度发扬民族自尊心与自信心，克服一部分人的悲观情绪"，坚持抗战到底，就"必须动员报纸、刊物、学校、宣传团体、文化艺术团体、军队政治机关、民众团体，及其他一切可能力量，向前线官兵、后方守备部队、全国民众，作广大之宣传鼓动"。"为此目的，一切宣传鼓动应顾到下述各方面。一方面利用已经产生并正在继续产生的民族革命典型（英勇抗战、为国捐躯、平型关、台儿庄、八百壮士、游击战争的前进、慷慨捐输、华侨爱国等），向前线后方国内国外广为传播。又一方面，揭发、清洗、淘汰民族阵线中存在着与增长着的消极性（妥协倾向、悲观情绪、腐败现象等）。再一方面，将敌人一切残暴兽行的具体实例向全国公布，向全世界控诉，用以达到提高民族觉悟、发扬民族自尊心与自信心之目的。"[167]

毛泽东一直认为，了解情况的最重要途径是向社会调查，而在调查中最有效的方法就是对典型加以剖析。他在1941年8月为中共中央起草的关于调查研究的决定中就明确地提出"从研究典型着手，是最切实的办法"，然后"由一典型再及另一典型"，使调查不断深入下去。[168]到大生产运动蓬勃开展时，他更加确认了典型的重要作用，并充分利用报刊来大量宣传典型，用典型来指导工作、教育人民群众、推动运动的开展。他曾从切身的体会中，把抓典型的具体方法和实际意义向当时来访的外国记者作了介绍。他说："我们的方法是在每个活动里面寻找成功的与失败的典型。我们彻底地研究这些典型，从典型里学习，总结我们在这件事上的经验，目的在于得出具体的结论，对于工作作出必要的改进"；用这种方法，"我们常常与实际运动的发展，保持着密切的联系，发现人民的要求与需要，向人民中间的党与非党的良好工作者学习"。[169]

除指导党报宣传典型外，毛泽东还亲自动手抓典型、敏锐地发现典型、大力宣传及推广典型。如1941年9月14日、15日的延安《解放日报》第二版上发表了高克林写的《鲁忠才长征记》，毛泽东亲自为之作序。1944年9月5日，中央警备团战士张思德"在安塞石硖山谷烧炭遇险"牺牲。中央警备团于9月8日下午2时召开追悼会，毛泽东亲致哀悼，并亲临会场发表《为人民服务》的著名讲话。[170]9月21日，延安《解放日报》将毛泽东在追悼会上的讲话《为人民服务》以新闻稿的形式在第一版显著位置发表。从此，张思德典型事迹传遍天下。

新中国成立后，毛泽东更加重视典型（包括正面典型和负面典型）宣传的巨大作用（包括正面典型的教化作用和负面典型的警示作用）。1953年2月间，他在党内指示中指出：在1953年的整党建党及其他工作中，"从处理人民来信入手，检查一次官僚主义、命令主义和违法乱纪分子的情况，并向他们展开坚决的斗争。凡典型的官僚主义、命令主义和违法乱纪的事例，应该在报纸上广为揭发。其违法情形严重者必须给以法律制裁，如是党员必须执行党纪"。"但在开展反坏人坏事的广泛斗争达到了一个适当阶段的时候，就应将各地典型的好人好事加以调查分析和表扬，使全党都向这些好的典型看齐，发扬正气压倒邪气。"[171]

1955年，毛泽东亲自主编《中国农村的社会主义高潮》一书，这是利用典型进行宣传、指导工作的典范。该书收集了176篇文章，都是反映农业合作化中涌现的典型案例。

1968年7月，毛泽东又提出报纸宣传要"综合宜少，典型宜多"。这是针对当时报纸头版头条的两个调查报告而说的，这对以后的典型报道产生了重大影响。

【党报典型报道渊源】党报的典型报道渊源甚早，1931年12月11日，在江西瑞金叶坪创刊的《红色中华》报上就开始出现典型报道的苗头，像"扩红"宣传中就报道了许多先进单位和个人的典型事迹。例如《扩大红军的模范领导者吴昌海同志》、《热情洋溢的兴国慰劳队》、《宁化涌现两个模范区》、《扩大红军的模范县》、《闽县木船工会扩大红军》等，都是党报典型报道萌芽时期的作品。[172]

中共党报的典型报道与宣传正式起源于20世纪40年代初的抗日战争时期，最早是从抗日根据地的中共中央晋察冀分局机关报《晋察冀日报》开始的。而真正把典型报道作为报纸的重要内容，却是从中共中央机关报、延安《解放日报》在整风运动中开始的。

"狼牙山五壮士"——党报最早的典型报道：1941年11月5日，由邓拓担任社长的《晋察冀日报》上刊登了一篇通讯《棋盘陀上的五个"神兵"》（作者：《晋察冀日报》驻河北易县记者沈重）。文章记述了一个多月前，即1941年9月25日的反"扫荡"斗争中，5名八路军战士为了掩护大部队和数万老百姓转移，把两千多日伪军引上河北易县狼牙山的主峰棋盘陀。在敌人大部队的追逼下，5名战士身处悬崖绝壁之上，已无退路，他们砸碎了手中的武器后，纵身跳下万丈悬崖。11月7日，《晋察冀日报》又发表晋察冀军区司令员聂荣臻等签署的训令，其中正式称这5名战士为"狼牙山五壮士"。从此，经过

《晋察冀日报》的报道和宣传，“狼牙山五壮士”的英名传遍长城内外、大江南北，成为浴血抗战中的中国军民的楷模。这篇报道应是中共党报史上的首篇典型报道。[173]

莫艾报道吴满有：1942年4月1日，延安《解放日报》正式改版。此后，典型报道开始不断出现在报纸版面上。1942年4月30日，延安《解放日报》有关模范劳动英雄吴满有的报道被认为是革命根据地影响最大的中共党报上出现的首篇典型报道，它是在毛泽东的鼓励下发出的。《解放日报》把吴满有多开荒、多打粮、多缴公粮的消息登上了中央机关报的头版头条，普通劳动者的事迹作为典型登上如此显要的位置，这在中国报刊史上从无先例。当天（30日），《解放日报》头版头条以《模范农村英雄吴满有　连年开荒收粮特多　影响群众积极春耕》为题，刊登数则消息，最早简略报道吴满有的事迹。头版右下角位置还刊登社论《边区农民向吴满有看齐!》（由李锐执笔写成）。社论云：延安县柳林区农民吴满有在土地革命中分得土地。他“早起晚睡”、“积极生产，增加收益，改善了自己的生活”，同时“也帮助政府解决了一部分困难”。因此，他受到边区政府的嘉奖，被人称为“劳动模范英雄”。社论号召：“边区二百万农民们，在这春雨既下，各种困难已经解决的时候，抓紧时机，努力开荒，努力生产，向吴满有看齐!”当天第二版载《解放日报》记者莫艾采写的《模范英雄吴满有是怎样发现的》云：“在延安县的各区区长联席检查春耕工作的时候，柳林区区长就郑重地提出了吴满有的名字：‘地种得多，粮打得多，缴起粮来踊跃争先，数量既多，质量又好，是一个抗属，模范的农村劳动英雄’。”5月5日，《解放日报》头版又载消息《边府号召边区农民向吴满有看齐》。当天第二版还载莫艾采用大通讯形式写的《忘不了革命好处的人——记模范劳动英雄吴满有》，详细报道吴满有的事迹。5月6日《解放日报》头版又载社论《吴满有——模范公民》。1943年1月11日，《解放日报》头版显著位置再次发表社论《开展吴满有运动》云：“当此春耕运动快要开始的时候，我们号召全边区的农民们，努力学习吴满有，展开伟大的吴满有运动。”2月10日，《解放日报》第四版再次刊登莫艾《笔杆、锄头和锤子——特写文化界欢迎三英雄》（三英雄指吴满有、赵占魁和中央机关生产英雄、种菜能手黄立德）及其他有关吴满有的报道三篇。至此，关于吴满有的连续报道告一段落。此后，学习吴满有运动在边区“轰轰烈烈”开展起来。毛泽东对学习吴满有运动十分重视，“他在西北局高干会上指出：‘1943年应大大提倡吴满有式的生产运动，使边区内产生很多的吴满有’（《经济问题与财政问题》，《毛泽东选集》1948年东北版第777页）”；“吴满有运动即是生产竞赛运动。在这一运动中，劳动英雄辈出，大大地推动了边区农业生产的大发展”。[174]期间，当时年仅24岁的年轻版画家古元创作了木刻年画《向吴满有看齐》，发表在《解放日报》上；著名诗人艾青通过采访和体验生活，也写了长篇叙事诗《吴满有》（新华书店，1943年12月初版；作家书屋，1946年出版）。1946年，吴满有事迹还被延安电影制片厂拍成《边区劳动英雄吴满有》的影片放映。有关吴满有的典型报道是早期党报史上规模及声势最大的一次典型报道。[175]

莫艾生平：莫艾，江苏泰兴人，中共党员。1917年出生，1941年参加革命，1947年加入中国共产党。莫艾小时候在家乡上私塾及小学读书。1933至1937年间在上海一酒行当学徒、做店员，后因酒行停办而失业。1938至1939年间，先后进上海中华职业学校新闻专科及上海政法学院新闻专科夜校学习，并在“中国青年记者学会”（简称“青记”）上海分会的帮助下，在上海《申报》、《大英晚报》等报社实习。期间，莫艾采写了东北流亡人士在上海活动情况的消息，编写了介绍皖南新四军情况的稿件。1939年秋，经“青记”上海分会负责人的介绍，他到重庆找到“青记”总会负责人范长江和徐迈进，加入“中国青年记者学会”，旋因友人介绍进《时事新报》当助理编辑。其间，因莫艾为重庆《新华日报》写稿而遭《时事新报》辞退。1941年秋，经《新华日报》石西民介绍，奔赴延安，被分配到《解放日报》采访部。从1941年秋到1944年春，莫艾在《解放日报》工作了两年多时间。在此期间，在1942年延安大生产运动中，莫艾因成功报道劳模吴满有事迹，曾受到毛泽东的三次接见。1948年后，调至新华社工作。新中国成立初期，莫艾担任新华社西北总分社（下有新疆分社等6个分社）社长，直至1954年底。1955至1969年，曾先后担任新华社天津分社、北京分社社长。1970至1972年担任新华社云南分社负责人。1973年8月，莫艾由新华社调到光明日报社。在10年“文革”的后三年中，他继穆欣之后担任《光明日报》总编辑。当时领导《光明日报》工作的是姚文元，迫于形势，《光明日报》曾先后发表“四人帮”“御笔”梁效写的30多篇文章。1976年10月4日，《光明日报》又在当天头版头条发表“梁效”文章《永远按毛主席的既定方针办》，这篇文章是由总编辑莫艾主动向梁效写作班子负责人约稿完成的，后来在批判“四人帮”运动中，该文被视为“四人帮”企图将华国锋等人打倒并夺取最高领导权的信号。文章发表后的第三天，即10月6日，“四人帮”被一网打尽，彻底垮台。10月7日，中央派刘西尧进驻光明日报社，并全面接管《光明日报》。此后，莫艾被专案组隔离审查两年，终查清他并不是“四人帮”死党。1983年离休。1992年，《光明日报》编委会报请国务院批准，授予他“有突出贡献专家”称号。2003年2月，莫艾因病在北京逝世，终年86岁。[176]

张铁夫、穆青报道赵占魁：《解放日报》紧接着吴满有典型报道的是有关模范工人赵占魁的报道。当时边区提出的口号是：农业上“提倡吴满有方向”，工业上“开展赵占魁运动”。

1942年初，为了对付国民党军队可能向陕甘宁边区发动的进攻，革命根据地边区5省联防司令贺龙给延安附近的安塞农县厂（实际是军工厂）下达了一项紧急任务，要求该厂在短期内造出十万颗手榴弹。这个厂的工会主任却乘机煽动工人闹事，要求提高福利待遇，并以达不到目的便罢工相要挟，但该厂翻砂股股长、甲等劳模赵占魁以主人翁精神坚守岗位，照常生产。毛泽东便决定抓住这一典型，号召普遍开展一个学习赵占魁的运动。[177]当时，《解放日报》记者张铁夫、穆青对“工人的旗帜”赵占魁先后采写了三篇有重大影响的报道，《解放日报》关于赵占魁的报道前后持续了将近两年的时间。

1942年9月7日，《解放日报》第二版首载由张铁夫、穆青采写的2 000多字的报道文章《人们在谈论着赵占魁》，最早报道赵占魁的事迹。9月8日第二版又载《农县工厂号召学习模范工人赵占魁》等4条消息，分别从不同角度、不同侧面来报道赵占魁。9月11日，《解放日报》头版发表《向模范工人赵占魁学习》的社论。

9月13、14日两天，《解放日报》第四版头条及显著位置又连载由张铁夫、穆青合写的长篇通讯《赵占魁同志》，对赵占魁的先进事迹进行全面、详细的报道，这是赵占魁典型报道中的一篇重头文章。为了写好这篇通讯，张铁夫和穆青深入基层，前后到农具厂去了两次，住了半个多月，与赵占魁同吃、同住、同劳动，“建立了深厚的友谊，同时也抓到了许多生动的素材”[178]。10月12日，《解放日报》第二版载边区总工会发出的《关于开展赵占魁运动的通知》，12月22日头版又载陕甘宁边区总工会主任高长久为《解放日报》写的专论文章《继续展开赵占魁运动》。1943年2月7日，《解放日报》头版显著位置刊登邓发为《解放日报》写的“代论”《响应生产号召　开展赵占魁运动》。

1944年3月26日，《解放日报》第四版再次发表由张铁夫、穆青合写的综述式通讯《边区工人的旗帜赵占魁》、胡尹奎《赵占魁运动的收获》等文，系统介绍赵占魁的革命经历、模范事迹及陕甘宁边区安塞农具厂开展赵占魁运动的经验。至此，《解放日报》对赵占魁事迹的报道告一段落。而由赵占魁亲自发起的劳动竞赛运动，则一直持续开展到1949年全国解放，前后长达7年之久。

吴满有、赵占魁典型事迹报道以后，典型报道成为党报上经常性的内容，也成为党报系统组织传播的一大特色和传统。在1942至1943年大生产运动中，《解放日报》用很多篇幅和版面宣传党的“自力更生、奋发图强”、“自己动手、丰衣足食”等方针，宣传大生产运动中的先进典型。除以上吴满有、赵占魁等先进事迹的报道外，后来又相继报道了刘建章、黄立德、杨朝臣、杨步浩、申长林等先进人物典型和南泥湾大生产中的三五九旅、南区合作社等先进集体典型，掀起了中共党报史上典型报道的第一个高潮。据1943年上半年的粗略统计，报上出现的先进人物就有600多名。[179]

解放战争时期的典型报道：到了解放战争时期，党报典型报道和宣传又有新的发展，其中最著名的是关于刘胡兰和董存瑞的报道。

1947年1月12日拂晓，山西军阀阎锡山部包围文水县云周西村，年仅15岁的共产党员刘胡兰因叛徒告密而被捕。在敌人的铡刀面前，她坚贞不屈、视死如归，英勇就义。最早报道刘胡兰被害消息的是新华社吕梁分社记者李宏森，报道的题目是《女共产党员刘胡兰慷慨赴义》。他写好报道后，发往新华社晋绥总分社，由总分社编辑甘惜分修改后发到新华社总社。总社分别于1947年2月4日、8日两天向全国解放区各报发了通稿。延安《解放日报》和《晋绥日报》于1947年2月5日、6日先后刊登了这条消息。《解放日报》刊登这条消息的标题是引用刘胡兰临终时的一句话《“只要有一口气活着，就要为人民干到底”——女共产党员刘胡兰慷慨就义》。《晋绥日报》在发表这一消息时，还配发了题为《向刘胡兰同志致敬》的评论。3月25日，毛泽东题词：“生的伟大，死的光荣。”

1948年5月25日，在总攻热河隆化（今属河北）的战斗中，为了扫除部队前进的障碍，班长董存瑞手举炸药包，炸毁敌人建在一座桥梁上的碉堡，英勇牺牲。最早刊登“董存瑞舍身炸碉堡”事迹的是《群众日报》。在董存瑞牺牲的当晚，冀察热辽军区司令员程子华闻讯立即派他的秘书齐肃到部队了解详细情况，不久便写成文章在《群众日报》（1948年7月11日）发表，在当时引起了强烈反响。1950年9月由军委召开的第一届全国战斗英雄代表会议上，董存瑞被追认为“全国战斗英雄”[180]。

20世纪50年代的典型报道：新中国成立后，典型报道更是高潮迭起，往往是利用典型的宣传，推动运动的开展。其间既有经验，也有深刻的教训。

朝鲜战争中著名的典型报道有对1952年10月至12月上甘岭战役英雄群体的报道，以及对1950年11月底在朝鲜战争战场牺牲的杨根思，1952年1月2日舍身救人的罗盛教，1952年10月牺牲的邱少云、黄继光等先进个人典型的报道。他们都是“保家卫国”的典型，“他们的爱国主义、国际主义和革命英雄主义的品质，成为亿万人民学习的榜样”，“具有巨大的教育意义”。[181]

1953年，毛泽东提出要“重视典型报道”，“（各地）好事例及各地不好事例，凡典型性的，都应当公开报道”（一九五三年三月十五日）。[182]

早在50年代初，在国民经济恢复时期的第一个五年计划时期，国家就提倡利用典型报道来进行大规模的经济建设宣传。于是，推出了像鞍钢等工矿企业的先进集体典型，也推出了一大批先进个人典型，如东北地区的王崇伦和马恒昌、山东青岛的纺织女工郝建秀、山西的李顺达、河北饶阳县的耿长锁、河北遵化县的王国藩等。与此同时，对负面典型的报道也非常重视。如1951年7月18日起，《新湖南报》开始开展“李四喜思想”讨论，这是利用虚拟的负面典型来开展对满足现状、不思进取的农民意识的批判；1951年冬至1952年春，有关刘青山、张子善等反面典型的报道，则紧密配合了“三反”、“五反”运动，对广大干部起了警示作用；1957年9月中旬开始，《湖北日报》利用刘介梅忘本回头的典型报道，推动了农村社会主义教育运动的开展。

1957年的“反右派”斗争中，由于中央对整个形势的错误估计，导致了1958年的“大跃进”运动。当时的媒体按中央指示推出大批“高产卫星”、“钢铁卫星”等虚假典型，为“大跃进”、“三面红旗”运动推波助澜。“大跃进”期间大量“假、大、空、滥”的典型报道的教训是非常深刻的。

“大跃进”期间，也曾出现过少量优秀的典型报道。如1958年初，《人民日报》曾刊登过一篇非常出色的通讯。1月5日，《人民日报》第四版头条载新闻《红军老团长解甲当农民》，引题为“战斗二十载功在国家、劳动8年誉满乡里”，副题为“方和明全心全意为革命高贵品质值得大家学习”。老红军方和明当时担任湖北省红安县柳林乡高级农业社的政治部主任兼党分支书记。他曾经在红军中担任过团长，解放后他功成不居，回乡当了8年农民。他艰苦奋斗、克勤克俭地建设家乡，深受乡亲们的赞誉。通讯用朴实无华的语言报道了老红军团长的先进事迹，歌颂了他的高贵品质，读后令人感动。

1958年12月13日，广州市何济公制药厂失火，共产党员向秀丽舍身扑火救工厂，英勇牺牲（1959年1月15日因伤势过重去世，年仅25岁）。1959年1月22日，《广州日报》在全市三大报中率先报道向秀丽的英雄事迹。当天的《广州日报》以大幅版面刊登《向秀丽同志共产主义风格高尚》消息，并配发了《向秀丽同志精神不死》的社论、通讯等文章。1月25日，新华社向全国播发了介绍向秀丽事迹的通稿；1月26日，《人民日报》全文刊登了新华社稿，并配发了《毫不利己、专门利人》的编后语；接着，《中国青年报》也发表了《崇高的品质、光辉的榜样——悼念和学习向秀丽同志》的社论。各地省、市报纸也都纷纷报道了向秀丽感人事迹，全国开展起学习向秀丽的活动。在各类报道中，以《中国青年报》记者房树民、黄际昌采写的长篇报告文学《向秀丽》（中国青年出版社，1959年出版）和《向秀丽舍身遏火救工厂》等文影响最大。

【20世纪60年代前期的典型报道】到了60年代前期，典型报道走向成熟，涌现出邢燕子、甘祖昌、雷锋、焦裕禄、吴吉昌等先进人物典型和南京路上好八连、大寨、大庆等先进集体典型。

关于邢燕子等回乡“知青”的典型报道：1960年9月2日，《人民日报》第二版头条通栏大标题下，刊登由《河北日报》、《唐山日报》记者合作采写的通讯《邢燕子发奋图强建设新农村》。这篇文章报道了河北省唐山市汉沽区大钟庄公社司家庄生产队“燕子突击队队长”、共青团员邢燕子的先进事迹。她的全家人都在城市工作，而她却不顾家里人的劝阻，坚决留在农村，以自己的模范行为团结全村青年，全力投入农业劳动，为改变农村面貌作出了贡献。她是一个热爱农村、热爱农业劳动的新人典型。这篇典型报道在写作过程中曾受到高度重视。为了报道好这一典型，报道组三次深入司家庄采访，十一次反复修改稿件。唐山市委第一书记马力用两天时间逐字逐句对稿件修改。河北日报总编辑翟向东也亲自把关修改稿件、定稿。[183]

1960年9月17日，《中国青年报》第二版以整版篇幅刊登由该报记者王禹时、房树民采写的长篇人物通讯《邢燕子》，更加充分、全面、翔实地报道了邢燕子的先进事迹，是诸多此类报道中的力作。

与此同时，9月5日《人民日报》第四版又刊登《坚韧学习科学，一心建设农村——记何文义和他领导的共青团化工厂》，9月12日《人民日报》第二版还刊登《朱玉琪热爱农业生产》。邢燕子、何文义、朱玉琪等人都是扎根农村，立志改变农村落后面貌的新型农民典型。

此后，这方面产生过较大影响的典型还有董加耕。董加耕本来是江苏盐城县一名高中学生，成绩优秀。1960年夏高中毕业后，他放弃考大学的机会，立志回乡务农，带领乡亲们改变家乡面貌。后入了党，并担任江苏省盐城县董伙大队第4生产队队长、当选为共青团中央委员。1963年12月31日，《新华日报》发表社论《走革命的道路，当革命的接班人——评知识青年董加耕建设社会主义新农村的理想和行动》，最早开始报道这一典型人物。紧接着《中国青年报》、《人民日报》也相继报道宣传董加耕回乡务农的事迹。到1964年，知识青年上山下乡参加农业生产劳动、建设新农村运动终于形成高潮。

关于甘祖昌的典型报道：20世纪60年代初，关于甘祖昌将军回乡务农的报道也曾在当时产生过很大的影响。甘祖昌1928年参加中国工农红军，在井冈山革命斗争和二万五千里长征中经受过严峻考验，全国解放后任新疆军区后勤部部长，1955年被授予少将军衔。在长期的革命战争中，甘祖昌头部三次负重伤，严重的脑震荡后遗症使他难以坚持领导工作，组织上和同志们都建议他到条件比较好的地方去长期休养，但甘祖昌要求回到家乡务农。1957年，经组织批准，他带着全家人回到了阔别近30年的家乡——江西省莲花县坊楼乡沿背村，从此踏上新的征程。甘祖昌一回到家乡，就投入了建设家乡的劳动。他除了生病、开会以外，几乎天天和农民们一起参加生产劳动。为了改变农村落后面貌，甘祖昌带领村民们修水利、建电站、改造低产田，像当年打仗一样豁出命来干。1960年10月18日，《江西日报》开始报道老红军战士、中国人民解放军少将、老共产党员甘祖昌永葆革命本色，回乡参加农业生产劳动的感人事迹，在广大干部、群众中引起了很大的反响。1960年12月3日，《江西日报》进行后续报道，又以大量篇幅多侧面地宣传这个典型。当天报纸一版发表甘祖昌《和青年人谈农村的远大前途》的文章；三版在《发扬革命传统争取更大光荣》的专栏内，发表了中共莲花县委号召全县农村干部学习甘祖昌的通知、莲花县委书记写的以《革命者的榜样》为题的文章，以及甘祖昌老伴介绍他艰苦朴素生活作风的文章，同时还用连环画的形式生动形象地连续报道了甘祖昌的主要先进事迹，对读者进行革命传统教育。[184]

1960年10月23日，《解放军报》第三版以三分之二版的篇幅转载《江西日报》由吴家鸿写的通讯《老红军的本色——记甘祖昌少将参加农业生产三年》，详细介绍甘祖昌的事迹，同时还配发了《同甘共苦，永不褪色》的短论。12月9日，《解放军报》第四版下半版再用刊登照片的形式介绍甘祖昌的事迹。

"南京路上好八连"等部队典型的报道：1959年7月23日，《解放日报》头版头条显著位置刊登署名"本报通讯员"吕兴臣写的长篇通讯《南京路上好八连》，这是报道上海警备区6387部队第八连艰苦奋斗、"拒腐蚀，永不沾"先进事迹的第一篇文章。当天的《解放日报》还配发了社论《人民解放军的光荣，上海人民学习的榜样!》。此后，众多媒体竞相报道好八连事迹。1962年后，根据好八连题材，文艺工作者创作了《霓虹灯下的哨兵》的话剧和电影。1963年4月25日，国防部正式将八连命名为"南京路上好八连"。在1963年前后，有关该连的宣传报道形成高潮。据不完全统计，先后有32家中央和地方新闻单位直接参与“好八连”先进事迹的报道，中央新闻单位发稿120多篇（幅），地方新闻媒体播发稿件500多篇（幅）。[185]其中，比较重要的报道文章有：

《解放军报》记者采写的《艰苦作风，代代相传——记“南京路上好八连”》（载《解放军报》1963年3月30日头版头条；下转第二版），《解放军报》记者采写的《“好八连”的故事说不完》（载《解放军报》1963年3月30日第三、第四版两大整版）。

郭小川、马玉才、胡瑞松采写的《无产阶级战士的高尚风格——“南京路上好八连”纪事》（载《人民日报》1963年5月8日第二版；连载第三版）。5月8日，《人民日报》头版头条刊载社论《永远保持艰苦奋斗的革命精神》云：“南京路上好八连，是全国闻名的。这支连队十四年如一日地保持了中国共产党和中国人民解放军艰苦奋斗的革命传统，在社会主义建设时代，为全国人民树立了一个永远保持无产阶级艰苦奋斗的革命精神的榜样。”同时还刊登了《“南京路上好八连”命名大会在沪举行》的消息。

在部队典型宣传方面，1963年前后，《解放军报》对南京军区某部“硬骨头六连”先进集体典型的报道和对郭兴福先进个人典型的报道，也曾在部队及全国范围都产生过很大的影响。1964年1月22日，南京军区某部六连被国防部授予“硬骨头六连”称号，当时《解放军报》对这两个典型的宣传报道力度都非常大。如1962年春，《解放军报》就开始对郭兴福在军事训练中运用新的教学法的宣传报道，到1964年上半年，《解放军报》对这一典型的报道宣传形成高潮。据统计，从1月22日至6月底，《解放军报》有关郭兴福及其教学法的报道文章（包括新闻、通讯）有310多篇，言论（包括社论、短论、记者述评、编后记）共30多篇，还有大量的图片和美术作品。[186]

关于雷锋典型的报道：1963年初，进一步开展关于雷锋先进人物典型的宣传报道，这是该时期规模最大、影响最为深远的典型报道。雷锋（1940—1962）是一名优秀的解放军战士、共产党员。他是湖南省望城县人，出身贫寒，7岁就成了孤儿。在党和政府关怀下成长起来的雷锋，对党和人民怀有深厚的感情。1960年1月，雷锋光荣参军，成为一名解放军汽车兵。他学习刻苦，一有空闲就坐在驾驶室里看书。他在日记中写道：“钉子有两个长处：一个是挤劲，一个是钻劲。我们在学习上也要提倡这种‘钉子’精神，善于挤和钻。”他在日记中写道：“一个人的作用，对于革命事业来说，就如一架机器上的一颗螺丝钉。机器由于有许许多多的螺丝钉的连接和固定，才能够运转自如，发挥它巨大的工作能力。螺丝钉虽小，其作用是不可估量的。我愿永远做一颗螺丝钉（1962年4月17日）。”他把“毫不利己、专门利人”看成人生最大的幸福和快乐，从点滴做起，从小事做起。他把每月6元钱的津贴全用于做好事，而自己的袜子补了又补。成了劳模之后，他经常受邀到外地去作报告，途中也一路做着好事，“雷锋出差一千里，好事做了一火车”也因此而流传开来。一次，在沈阳换车的时候，雷锋用自己的津贴为一位丢了火车票和钱的大嫂买了张火车票，大嫂含着眼泪问：“大兄弟，你叫什么名字，是哪个单位的？”雷锋说：“我叫解放军，就住在中国。”1962年8月15日，雷锋在执行运输任务时不幸殉职，年仅22岁。在他生前，《解放军报》、《中国青年报》就曾对他进行过一些报道。如《解放军报》早在1960年12月26日第二版就曾以《一株茁壮的新苗——新战士雷锋光荣入党的经历》为题，介绍雷锋的先进事迹。并配发了“编后记”《做毛主席的好战士》。1961年春，部队开展“两忆三查”教育活动的时候，《解放军报》又运用连环画的形式，介绍了“苦孩子、好战士”雷锋的成长过程。1962年，《解放军报》还发表过雷锋的几篇日记摘抄。在雷锋因公殉职后，又发表过他不幸牺牲的消息和回忆文章。[187]但真正大规模地报道雷锋事迹，是从1963年1月7日国防部命名雷锋生前所在班为“雷锋班”以后才开始的。

1963年1月8日，《辽宁日报》开始连续而突出地宣传报道雷锋生平事迹，该报是最早大规模宣传报道雷锋典型的省级党报。其后，从中央到地方的一些著名大报都开始报道雷锋事迹及反映学习雷锋的各种活动。如《人民日报》于1963年1月25日第二版刊登了国防部批准授予雷锋生前所在班以“雷锋班”光荣称号的新闻。2月7日，《人民日报》开始进行声势浩大的集中报道：除第一版以显著位置发表了辽宁省开展学习雷锋忠于革命事业的新闻外，还在第二版刊登该报记者甄为民、佟希元、雷润民采写的长篇通讯《毛主席的好战士——雷锋》，并在同版发表评论员文章《伟大的普通一兵》；在当天第5版以整版篇幅刊载《雷锋日记摘抄》及《雷锋的生活片断》照片五帧。随后，《人民日报》于2月19日、26日第二版开辟了《学习雷锋》专栏，集中发表雷锋生前战友、家乡政府及读者的来信。

《解放军报》的宣传报道力度最大。从1963年2月8日起，在其后的一个多月中，该报每天以第一版或其他版最显著位置发表一篇长篇通讯和雷锋生前战友的回忆文章，介绍雷锋的生平事迹。其中，2月8日发表的由该报特约记者陈广生采写的通讯《伟大的战士》影响最大，该文系统、全面地报道了雷锋的先进模范事迹，生动体现了包括全心全意为人民服务的无私奉献精神、“钉子”精神、“螺丝钉”精神、艰苦奋斗精神为内涵的“雷锋精神”。与此同时，该报先后刊登了雷锋的日记摘抄，组织了照片专版，还先后两次发表社论和多篇思想评论。另外，还开辟了《向战友谈雷锋》（主要刊登杂谈类文章）、《谈雷锋学雷锋》（主要刊登群众来稿）、《锦言集》（主要刊登雷锋日记中的精辟语句）等专栏。在报道学习雷锋活动方面，《解放军报》既有对全军开展学习雷锋活动的宏观综述，也有运用通讯、特写、座谈纪要以及照片专栏等形式来反映各军区以至连队基层中学习讨论的具体情况，以及学习雷锋后的新气象。《解放军报》的报道影响广泛，据统计，从集中宣传雷锋典型以来的40多天时间里，该报收到各方面来稿来信一万五千多件。“这些来稿来信来自全国各地区部队，来自在各种不同岗位担任各种不同职务的人员，从将军到战士，从职工到干部家属，从转业军人到广大民兵。他们有的是在夜不成眠的激动心情下写的，有的是伏在病床上写的，有的是请人代笔写的，也有的噙着泪水写下生平第一篇稿件。”[188]

《中国青年报》的宣传报道也很突出。1963年2月5日，该报一版就刊登了《辽宁青年学习雷锋》的消息和《像雷锋一样战斗和生活》的社论，及刘志坚写的《伟大的战士，高尚的品德》等文章；第二版以整版篇幅刊登长篇通讯《永生的战士》，还配了插图、照片和罗瑞卿的题词。之后，2月9日又以一个半版的篇幅刊登了雷锋日记摘抄等；当天第四版《接班人》专刊上开辟《向雷锋学习》专栏，组织群众学雷锋。从1963年3月至同年10月，7个月中《中国青年报》关于雷锋的报道宣传文字达50多万字，占这个时期总体报纸版面的十分之一，可见规模之大。《中国青年》杂志也在3月间策划出版了1963年第5、6期合刊的“学习雷锋同志专辑”，全面、系统、集中地宣传报道雷锋事迹。此前，该刊编辑部于2月中旬写信给毛泽东，请他题词。毛泽东满足了《中国青年》杂志编辑们的请求。3月2日出版的《中国青年》“学习雷锋同志专辑”封面刊登的是雷锋擦拭汽车头的照片，刊内插页上刊登了毛泽东的亲笔题词“向雷锋同志学习”。毛泽东的这一号召极其有力地推动了学习雷锋活动的全面展开。3月4日，新华社专门为此发了通稿。3月5日，《人民日报》也发表了这个题词。这期“学习雷锋同志专辑”还以《用雷锋的学习态度学习雷锋》为题发表社论。同时还刊载了介绍雷锋生平事迹的通讯，近三万字的《雷锋日记摘抄》及雷锋遗诗等。[189]

其他一些省市报纸如《天津日报》、《文汇报》、《新民晚报》等报也都跟进，刊登了有关雷锋事迹的报道和歌颂雷锋精神的诗歌及杂文。[190]

雷锋事迹的宣传报道影响广泛深远，使“雷锋”的名字家喻户晓；雷锋精神教育和激励了一代又一代年轻人，成为党和国家、民族的一笔宝贵的精神财富。十年浩劫的“文革”中，雷锋的名字和雷锋精神也被怀疑和淡忘。到1993年3月5日，即毛泽东等老一辈无产阶级革命家为学习雷锋题词30周年之际，全国各新闻媒体再次掀起了宣传雷锋的小高潮。

其他先进人物典型的报道：与雷锋报道同时，在先进人物典型的报道宣传方面，1964年初还有两次重大的报道活动。1963年11月18日，解放军战士欧阳海在野营训练途中的京广铁路衡山段，为推开受惊的战马、抢救列车而英勇牺牲，年仅23岁。1964年1月11日，《解放军报》第二版头版头条刊登《广州部队某部官兵和当地人民群众举行追悼会悼念舍己为群众抢救列车的欧阳海烈士》的消息，同时又登载由孙辑六等采写的通讯《为人民英勇献身——记共产党员、五好战士欧阳海同志》。1月13日，《解放军报》第四版又刊登社论《永生的战士》，号召学习欧阳海，“发扬拥政爱民的光荣传统”，“只要是人民所需要的，必要时哪怕牺牲自己的生命，也毫不吝惜”。将欧阳海塑造成“拥政爱民”的典型人物。1月21日，《新湖南报》也发表了有关欧阳海事迹的通讯。当时的中共中央中南局第一书记陶铸还题了词。2月7日，《人民日报》第二版载金敬迈等8人合写的长篇通讯《共产主义战士欧阳海》，较为全面、系统地报道欧阳海及其“舍身救列车的英雄事迹”。以后，广州部队青年作家金敬迈以此题材创作了长篇小说《欧阳海之歌》（1961年写成，1965年发表），发行一千多万册，影响很大。

1964年2至4月间，全国各地报纸、广播还报道了“草原英雄小姐妹”龙梅、玉荣的感人事迹。她俩在遭受暴风雪袭击的情况下，为保住集体的羊群不走散，在零下40度的严寒下，与暴风雪搏斗一昼夜，终于保住了羊群。新华社记者赵琦采写的消息《两个蒙古族小姑娘同暴风雪搏斗一昼夜保护了羊群》，对此事作了详细报道。

《解放军报》的典型报道：20世纪60年代前期，《解放军报》在典型报道方面花的力气最大、下的工夫最深。仅以1963年初至1964年5月间为例，在不到一年半的时间里，该报就推出了近30位典型人物报道。《解放军报》党委在总结经验时云：“从一九六三年初开始，我们（《解放军报》——引者注）遵照军委和总政治部指示的精神，连续宣传了雷锋和好八连的模范事迹，还宣传了思想作风、军事训练过硬的硬骨头六连，艰苦奋斗、立场坚定的钢八连，作风雷厉风行的霹雳大队，勤俭起家、全心全意为伤病员服务的二六一医院，以岛为家、以苦为荣的某岛守备四连，坚决执行党的政策、克勤克俭的二一一工厂，爱库如家、廉洁奉公的七九零仓库，坚持面向连队为连队服务、实行活的领导的沈阳部队炮兵某团政治处和广州部队某团政治处等模范单位。还宣传了英勇献身抢救一列客车的共产主义战士欧阳海，在抗洪抢险中舍身救群众的爱民模范谢臣，在训练中善于抓活思想、走群众路线的优秀连长郭兴福，被誉为苗家、侗家好儿子的人民武装干部吴兴春，七年服役七年红的五好战士、特等射手袁西乐，空中神炮手、飞行大队长鲍寿根，只身和偷渡蒋匪搏斗的公安战士叶中央，不畏艰险抢救战友的王安保，坚持学习毛主席著作的五好战士黄祖示，身残志不残的共青团员黄崇雕，一贯克己奉公、艰苦朴素的将军何志远，活学活用毛主席著作的尖兵、副指导员廖初江，以及在抗洪抢险斗争中出现的一些英雄模范人物，等等。”“实践证明，典型是最有感染力、最有说服力、最有生命力的。”[191]

关于大寨典型的报道：“大寨”最早是由《山西日报》农村部组织报道的一个典型。农业互助合作运动开展以来，山西省昔阳县大寨公社大寨大队就是一个比较先进的单位，《山西日报》就曾作过不少报道。而当作全省性的重大典型来报道，则是从 1963 年开始的。

1963 年 3 月，山西省召开了全省 1962 年度农业生产先进单位代表会议，会上，大寨大队受到了表彰。大寨这个小小的山村，在遭受五百年不遇的狂洪暴雨之后，不仅坚持救灾“三不要”（不要国家救济粮、不要救济款、不要救济物资），还如数完成国家的 24 万斤征购粮任务（每户平均 3 000 斤）。会后，在不到 4 个月时间里，山西日报组织对有关大寨的报道，比较突出的有 5 次，所发稿件均占了三个版的篇幅。到 1963 年 11 月 10 日，《山西日报》发表了《大寨人民志不屈旗不倒》的消息和中共山西省委号召全省各级党组织向大寨人民学习的通知后，立即在全省引起了巨大的震动和反响。

1964 年 1 月 7 日至 8 日，《山西日报》又以将近 4 个版的篇幅，再一次对大寨作了突出的报道，并发表了《两个伟大的范例》（大寨大队和杨谈大队）和《根本问题在于引导农民革命化》两篇社论。至此，《山西日报》对大寨典型的报道又出现了一个高潮，全省掀起了学大寨、赶大寨的运动。以后，《山西日报》继续作连续报道。据统计，从 1963 年 11 月 10 日至 1964 年 10 月 1 日，《山西日报》有关大寨本身的报道共发消息、通讯、特写、报告文学等 20 多篇、社论 5 篇，以及画刊、诗歌、快板、杂文等 10 多篇，对大寨精神作了比较充分的宣传。它的影响越来越大，“省内外已有 7 万多人前往大寨参观访问，对全省的社会主义教育运动和生产建设运动，起了极大的推动和促进作用”[192]。山西是个“出典型”的地方，前有西沟村李顺达，后有大寨陈永贵。

1964 年 2 月 10 日，《人民日报》在当天头版发表由新华社记者莎荫、范银怀采写的通讯《大寨之路》（下转第二版整版），同时配发了《用革命精神建设山区的好榜样》的社论，号召全国人民学习大寨的革命精神。《大寨之路》这篇通讯运用大量的材料，把大寨人坚忍不拔、艰苦奋斗的精神和他们自力更生、奋发图强、治山治沟，终于把“七沟八梁一面坡”、“狼窝掌”改造成良田的感人事迹生动地写出来了。[193]

大寨这个典型经过《人民日报》报道后，影响迅速扩大。1964 年 3 月底，毛泽东在邯郸视察时，山西省委第一书记陶鲁笳向毛泽东主席汇报工作时说：“我们山西有个大寨大队，支部书记还讲哲学，去年遭了灾，要把坏事变成好事，不要国家救济粮、救济款，把旧大寨建成新大寨。”毛泽东把《大寨之路》要去看了。不久，陶鲁笳转达毛泽东的指示：“那两位记者写的文章我看了，看来农业要靠大寨。”同年 12 月，在三届人大一次会议上，周恩来在《政府工作报告》中正式介绍了大寨经验。从此，一场声势浩大的“农业学大寨”运动在全国范围开展起来，一直持续了十几年。[194]

反思有关大寨典型的报道，有很多经验教训可供汲取。初期的大寨报道，以及“文革”前的大寨报道和学大寨运动的报道，基本上是比较客观、真实、可信的，总体来说是正面的、积极的。大寨在创业阶段自力更生、艰苦奋斗、苦干实干的成就是有目共睹的。从 50 年代初到 60 年代初连续 10 年的艰苦创业，他们终于改变了家乡穷山恶水的面貌，这种精神是中国人民的宝贵财富。初期参与报道的采编人员对典型报道的思考也是比较深刻、全面的。他们认为："在宣传典型的新经验、新成就的时候，是不是要提示它的缺点和不足之处？这又是典型连续报道中需要解决的问题。开始，我们曾经考虑到，揭示典型的缺点和问题，是不是会影响典型在群众中的威信和减弱宣传效果？经过讨论，觉得十全十美的典型事实上是不存在的，真正要扩大它的影响，更好地起到典型的宣传作用，在宣传它的好经验、好成就的时候，也必须实事求是地反映它的缺点和前进道路上的问题。当然，反映它的缺点和问题，并不是单纯地揭露，而是从正面宣传它如何正视自己的薄弱环节、具体困难，及如何积极地克服这些薄弱环节和具体困难，这既是对典型的激励，也可以防止它的自满情绪。""实践证明，在宣传重大典型成就的同时，实事求是地反映它的缺点和问题，不仅不会减弱宣传效果，而且给人以更真实的感觉，吸引力更大。"[195]

在后期的报道中，大寨典型被任意"拔高"，把它从"自力更生、艰苦奋斗、抗灾救灾"的典型，上升为"大寨是毛主席提出的阶级斗争、生产斗争和科学实验三大革命运动的具体体现"的典型，直至"文革"中大寨变成了"与天斗、与地斗、与人斗"的坏典型。

大寨由一个正面典型变成了负面典型，这与新闻界的宣传报道是分不开的，正所谓"成也萧何，败也萧何"。新闻界为大寨的成名曾做过大量工作，发过数不清的报道文章和作品。后来，特别是"文革"中，新闻界（尤其是新华社、人民日报社、中央人民广播电台常驻大寨"蹲点"采访的记者们）往往"主题先行"，根据形势及宣传的需要，对大寨典型任意进行"拔高"，不断对大寨经验进行新的诠释，使大寨成为农业战线推行"左"倾路线的典型，走向了反面。对此，新闻界一直都没有进行深刻的检讨和反省。

1979年3月19日，《山西日报》刊登的一组文章点了大寨的名。三篇文章的标题分别是：《吃亏就在一个"左"字上——神池县部分劳动模范谈农业大学大寨中的"七斗八斗"斗得人心散了，工作乱了》、《"堵资本主义的路"堵得多种经营没路了》、《批极"左"肃流毒，加速发展农业》。次日，《山西日报》又明确提出《"大批大斗"是个极左口号》。

1980年8月，山西省委作出《关于全省农业学大寨经验教训的初步总结》，并上报中央。当年11月23日，中共中央第83号文件批转了山西省委的报告，并作了长篇批语，要求全党吸取经验教训，引以为戒。

关于大庆典型的报道：大庆与大寨一样，也是1964年全国新闻界大力宣传的两个先进集体典型之一。1963年底，当时的石油工业部部长余秋里、副部长康世恩在人民大会堂向中央直属机关和北京市干部作了关于大庆油田石油会战情况的报告。报告中谈到从1960年2月到1963年年底的短短三年多时间里，地处东北松辽平原的大庆人以自力更生、艰苦奋斗的革命精神和严谨的科学态度相结合，拿下了大油田，结束了我国依赖"洋油"过活的时代，开始了我国石油自给自足的新时期，[196]并且摸索出一套建设社会主义现代化企业的宝贵经验。大家听了这个报告后极为振奋，深受鼓舞。就在那天会上，彭真对当时的《人民日报》总编辑兼新华社社长吴冷西说，这个报告很好，你们应该派记者到大庆去报道。不久，《人民日报》和新华社等首都主要新闻单位便联合组织了一个由20多人组成的实力雄厚的采访团去大庆，这是第一批采访大庆的记者团，采访团长由《人民日报》副总编辑王揖担任。团员有：《人民日报》的凌建华、胡济邦、田流、范荣康、陆超祺等；新华社的文字记者冯健、袁木、罗璇、余志恒、吕新初，摄影记者袁苓、牛畏予、雪印、王纯德、李基禄、刘军等；中央人民广播电台的铁云、柯云、邹大昌等；《工人日报》的李冀、胡辅臣等；《中国青年报》的马鹤青等。与此同时，记者组还成立了临时党支部，由新华社国内部工业组副组长冯健任支部书记。

采访团于1964年1月3日冒着严寒风雪启程到大庆。到大庆油田的第二天起，记者团接连参加了20多个由各类人员参加及有关各种专题内容的座谈会，全面系统地了解了从1960年油田开发以来4年的历程。然后，兵分几路或深入到当年玉门油矿劳动模范"王铁人"（王进喜）带领的一二〇五钻井队参观采访，或冒着零下四十度的低温、踏着齐膝深的积雪到钻井现场采访，或到钻井、采油、炼油、科研、设计等部门的基层和现场采访，并分工分题目负责采写工作：袁木、范荣康合写"大庆精神大庆人"，田流写"铁人"王进喜，冯健写一二〇二钻井队，冯健与袁木合写大庆油田自力更生的精神，袁木与冯健合作写李天照采油井组，罗璇写缝纫厂，余志恒写一二〇三钻井队，等等。经过一个多月的艰苦采写，记者团出色地完成了这一次战役性报道任务。新华社在1964年4月20日发出报道大庆油田的第一篇通讯，即由袁木、范荣康采写的《大庆精神　大庆人》。当时，新华社还向国外第一批集中播发了四五篇关于大庆油田的通讯及文章，如《永不卷刃的尖刀》（记一二〇二钻井队）、《在岗位上》（记采油四队）等，第一次公开报道大庆。这些稿件在发表前都请薄一波看过和改过。[197]

新华社播发的这些报道都被国内媒体普遍采用，外国通讯社也纷纷转载。1964年4月20日，《人民日报》头版头条在"学习大庆经验，把革命干劲和科学精神结合起来"的通栏大标题下，发表该报记者袁木、范荣康《大庆精神　大庆人》长篇通讯（二版连载）。同版附载"编后"记《崇高的榜样》云："从今天开始，本报将陆续发表有关大庆油田的报道。"4月25日，《人民日报》第三版整篇幅刊登该报记者冯健《永不卷刃——记大庆油田一二〇二钻井队》通讯。到了5月后，报道力度加大。5月6日，《人民日报》第二版差不多整版刊载袁木、冯健《在岗位上——大庆油田李天照采油井组纪事》；5月12日，《人民日报》第六版载李季写的长诗《钻井队长的故事》；5月21日，《人民日报》第五版也是差不多整版刊登《在革命道路上——大庆油田工人座谈会记录》，等等。

从此以后，大庆成为国内各家报刊、广播电台、电视台长期宣传报道的重点、热点和焦点；"工业学大庆、农业学大寨、全国学习解放军"的运动在全国范围内兴起。[198]

关于焦裕禄典型的报道：1966年2月7日，《人民日报》头版头条在"我们为人民而死，就是死得其所——毛泽东"的通栏大标题下，刊登新华社记者穆青、冯健、周原采写的长篇通讯《县委书记的榜样——焦裕禄》（下转第二版整版），介绍河南省兰考县县委书记焦裕禄全心全意为人民服务的感人事迹，并配发社论《向毛泽东同志的好学生——焦裕禄同志学习》。2月7日清晨，在中央人民广播电台播音室里，由著名播音员齐越用饱含深情的语调，向全国听众播出了此篇通讯。当天上午，"焦裕禄"这个名字顿时传遍了神州大地，"千千万万人听到了，千千万万颗心震颤了，山河为之动容，泪飞顿作倾盆雨……"；"这一天，全中国工厂、农村、机关、学校、部队、商店，全中国男人、女人、青年、少年都用眼泪表达着共同的感动"。[199]《县委书记的好榜样——焦裕禄》"感动中国"！

焦裕禄是在1962年冬、豫东穷困县兰考县正遭受内涝、风沙、盐碱三种灾害最为严重的时刻，被上级派到兰考工作的。这位40多岁的山东汉子怀着全心全意为人民服务的情愫来到兰考后，以密切联系群众的作风、实事求是的精神、不畏艰难险阻艰苦奋斗的坚强意志，领导兰考36万人民向自然灾害展开了一场殊死的搏斗。1964年5月14日，焦裕禄不幸逝世。1964年11月20日，新华社河南分社为此曾发过一条2 000多字的消息（《人民日报》采用了这条消息）。1965年1月7日，《河南日报》也发过一篇4 500多字的通讯和社论，对焦裕禄的事迹作过宣传报道。

1965年冬，那是焦裕禄病逝一年半的时候，新华社副总编穆青带领冯健等因公出差到河南，本来准备从郑州去豫北林县，采访那里人民群众在太行山腰开凿的引漳河水灌溉田地的宏伟工程——红旗渠。后来听了周原汇报豫东重灾区兰考县县委书记焦裕禄事迹后，他们一行决定改去兰考采访。当时他们考虑："共和国刚走出三年困难时期，国民经济尚未恢复，特别是作为国民经济基础的农业还面临着严重困难，很需要报道一些奋战自然灾害、恢复和振兴农村经济的典型，激励全国人民；人民日报正在报上开展关于县委革命化的讨论，在全国产生了巨大的影响，讨论有待进一步深入。因此，去兰考比去林县更有必要。"[200]在兰考，他们请县里负责同志谈、请县机关工作人员谈，整整谈了两天两夜，县委工作人员拿出了焦裕禄生前的三件遗物：一双补丁摞补丁的棉鞋、一双破袜子、一把右侧有个破洞的旧藤椅。焦裕禄就是坐在这把藤椅上批评干部中害怕艰苦、追求"中游最舒服"的思想，那个洞是他在办公或主持会议时忍受不了肝部的剧痛用钢笔和胳臂肘顶破的。县委的同志还谈到焦裕禄拖着患绝症的病躯，拄拐杖、涉洪水、探流沙、查风口，终日奔波在兰考大地上的情景。采访组还乘着吉普车，遍访焦裕禄走过的一些村庄、沙丘、风口和当地老农。眼见遗物，听着焦裕禄的一个个感人至深的故事，穆青他们"心里像压着一块石头，一边记笔记，一边心酸落泪，笔记本上滴下了点点泪痕。有时甚至哽咽不止，无法记录，吃不下饭"[201]。经过全面深入采访后，采访小组连夜写出初稿，然后反复修改，七易其稿，终于完成了《县委书记的榜样——焦裕禄》一文，于1966年2月7日由新华社向国内外播发。直至1990年，全国各地学习、贯彻党的十三届六中全会《关于加强同人民群众的血肉联系的决定》，再次掀起了学习焦裕禄的活动；5月间，《经济日报》全文重发《县委书记的榜样——焦裕禄》一文，并配发评论员文章。由此可见，一篇成功的新闻经典之作有多么强大、持久的生命力。

穆青生平与业绩：穆青，中国当代杰出的新闻工作者。他学名穆亚才，于1921年农历二月初六出生于安徽蚌埠倪家大院一个穆姓回族大家庭中。穆家祖籍河南周口，穆青祖父辈早年迁居安徽蚌埠，他从小跟随祖父习文练武。10岁那年祖父去世，举家迁回河南杞县母亲娘家。1932年至1937年间，穆青在杞县大同小学、大同中学度过了少年时代。1937年抗战爆发。当年年底，16岁的穆青毅然投奔八路军，在山西临汾参加了八路军学兵队。三个月后，被分配到贺龙任师长的120师政治部工作。1939年5月，加入中国共产党。1940年7月，组织上安排穆青到延安鲁迅艺术学院文学系学习。那时穆青的心中有一个梦，那就是当作家。1942年9月，他从"鲁艺"毕业后，调入当时的中共中央机关报《解放日报》当记者。从此开始了他日后长达60年的记者生涯。进入解放日报社不久，穆青就和另外一位年轻记者、他在"鲁艺"的同学张铁夫一起去采访边区模范工人赵占魁。穆青和张铁夫两人一头扎入采访对象的生活中，白天给老赵打下手，夜晚同睡在一铺炕上，亲如兄弟。如此20多天，他们边观察，边体验，边搜集素材，终于写出了《人们在谈说着赵占魁》、《赵占魁同志》和《边区工人的旗帜赵占魁》等通讯，分别发表在1942年9月7日、13日、14日及1944年3月26日的《解放日报》上。1943年8月22日，穆青在《解放日报》副刊版发表最早反映冀中白洋淀水上抗日游击队事迹的报告文学作品《雁翎队》。

抗战胜利后不久，1945年9月，在延安清凉山解放日报社度过3年时光的穆青，随解放日报社和新华社先遣队离开延安赴东北前线，到东北局驻地海龙县的《东北日报》工作，先后写出了《周保中将军答记者问》和一万二千多字的长篇通讯《一部震天撼地的史诗——中国共产党与东北抗日联军14年斗争史略》（署名“关寄晨”，为穆青在《东北日报》时之笔名）。该文曾在《东北日报》和延安《解放日报》上同时发表，之后由中共中央东北局把它印成单行本发行。此后不久，为搜集杨靖宇烈士事迹，穆青曾专程赴朝鲜采访金日成将军。1946年底，任《东北日报》编委兼通采部主任。1948年元旦，在哈尔滨与续磊结婚。

1949年4月，穆青从《东北日报》调任新华社特派记者，随第四野战军南下采访，先后写出了《湘鄂道上》、《记湖南的和平解放》、《湘中的红旗》、《湘南农村调查》等一大批反映新解放区人民斗争历史和现实生活的报道文章。

新中国成立后，穆青先后担任新华社编委会委员、农村组组长。1951年11月间起，先后担任华东总分社暨上海分社第一副社长、上海分社社长等职。1958年4月，时年37岁的穆青调回北京新华社总社任国内部主任。1959年8月，又担任新华社副社长（当时由吴冷西担任《人民日报》总编辑兼新华社社长）。60年代前期，他亲自组织采写了一系列重要的典型报道作品，如《大庆精神 大庆人》（作者袁木、范荣康）（载1964年4月20日《人民日报》）、《大寨之路》（作者宋莎荫、范银怀）（载1964年2月10日《人民日报》），等等。1966年2月6日，新华社向全国播发了长篇通讯《县委书记的榜样——焦裕禄》（作者穆青、冯健、周原）（载1966年2月7日《人民日报》），这是穆青人物通讯报道中影响最大的一篇。从此，“焦裕禄”的名字传遍全中国。

“文革”中，穆青受到冲击，被多次批斗。1976年后，穆青仍主持新华社工作，1977年10月，兼任新华社总编辑。

1978年3月14日，新华社播发了由穆青、陆拂为、廖由滨合写的长篇通讯《为了周总理的嘱托》，并在当天《人民日报》头版刊登，该文详细报道农民科学家吴吉昌的先进事迹。这是穆青“文革”后发表的第一篇作品，也是一篇最早公开发表的对“文化大革命”持否定态度的人物通讯。

1981年1月26日，穆青与郭超人、陆拂为合写的长篇通讯《历史的审判》播发。该述评式通讯以高屋建瓴之气势，对“四人帮”的倒行逆施，对“文革”的悲剧，进行了理性的批判。

1982年4月6日，时年61岁的穆青被中共中央任命为新华社社长，他提出了20世纪80年代新华社建设世界性通讯社的战略思想。20世纪80年代初，新华社先后创刊了《半月谈》杂志、《瞭望》月刊（创刊3年后改为周刊）、《经济参考》报等后来在全国有广泛影响的报刊。与此同时，穆青先后多次到国外著名的大通讯社，如德国德新社、美国美联社等通讯社参观、考察。回国后，他深切感到“摄影报道是现代化通讯社不可缺少的一翼”，新华社在这方面与外国大通讯社还有很大的差距；“没有图片报道，新华社就不能成为一个世界性通讯社。一个图片一个文字，这是新华社腾飞的两翼，缺少哪一个都飞不起来”。1990年8月间，中国“记协”和中国新闻摄影学会在银川召开首次全国报纸总编辑新闻摄影研讨会。在这次会议上，穆青提出了“要扫除‘重文轻影’（重视文字轻视摄影）的陈腐旧观念”，改变图片在新闻报道中的附庸地位，尤其是报纸工作要“图文并重”，“文字、图片两翼齐飞”。参加会议的40多位报社总编辑，包括新华社总编辑在内，达成共识：确定把穆青提出的“两翼齐飞”和蒋齐生提出的“图文并重”，并列作为办报办社的指导思想，概称为“图文并重，两翼齐飞”。从此，我国新闻摄影事业开始腾飞。

1990年7月9日，穆青、冯健、周原合写的《人民呼唤焦裕禄》播发，在全国引起强烈反响。

1991年冬，以深圳经济特区为代表的沿海开放城市遭遇姓“社”还是姓“资”的质疑，改革面临严重的挑战。12月间，穆青赴广东调研，他与胡国华、王志纲在广东采访了13个县市，合作发出了长篇通讯《风帆起珠江》，热情报道了广东改革开放后的重大变化和丰硕成果。这篇为改革开放鸣锣开道、为经济特区鼓与呼的力作于1992年1月30日由新华社播发后，中央绝大部分报纸都不敢采用，唯有《经济日报》总编辑范敬宜冒着风险在该报一版显著位置全文刊登，并配发评论员文章《必须“照这样干下去”》。同年3月，邓小平南方谈话传出后，这篇文章才被一些报纸补登。这是穆青在工作岗位上写的最后一篇作品。

1992年12月，时年72岁、担任了10年新华社社长的穆青从领导岗位上退下，由原担任新华社秘书长（1983年11月起）、副社长（1984年起）的郭超人接任社长一职。

1996年“七一”前夕，穆青出版了作品集《十个共产党员》，书中收入他为自己几十年来采访过的10位共产党员典型所写的后续追踪性报道和文章。这10个典型人物包括县委书记的榜样焦裕禄、“铁人”王进喜、工人的旗帜赵占魁、农民科学家吴吉昌、植树老人潘从正、红旗渠除险英雄任羊成、《难忘那双手》中的孙钊、“心怀河山，情系人民”的郑永和、改革大潮中的老支书阎建章等。范敬宜以饱含深情的笔触为文集作“序”，称该书是“一本用共产党人血管里流出来的‘血’写成的书”[202]。

从新华社社长职位退下来后的几年中，穆青依然深入一线，跑基层，笔耕不辍。他六访兰考，八下扶沟；四去宁陵、八进辉县，两上红旗渠；73岁高龄还冒着鹅毛大雪，登上海拔4 667米高的昆仑山口采访……

2003年10月11日，穆青在北京逝世，享年82岁。其遗著主要有：

《焦裕禄》（新华出版社，1980年版）；

《激变的农村》（新华出版社，1983年版）；

《穆青散文选》（人民文学出版社，1984年版）；

《十个共产党员》（新华出版社，1996年版）；

《新闻散论》（新华出版社，1996年版）；

《穆青摄影选》（新华出版社，1998年版）；

《穆青通讯》（新华出版社，2003年版）；

《穆青论新闻》（新华出版社，2003年版）等。[203]

【20世纪60年代前期典型报道的反思】20世纪60年代前期是我国媒体典型报道的黄金时期。尤其是60年代初的典型报道，是比较客观和实事求是的。不少作品在写法上及报道手法上朴实无华，真实可信，生动感人。当时的新华社在典型报道方面有深刻的体会，并积累了比较丰富的经验。如新华社总社1961年3月间曾向其各地分社发出《宣传典型应注意的问题》的指示云：

“关于报道好、坏典型，或者介绍先进经验时，要注意几点：①报道一个典型，不管是讲成绩或者讲缺点，一定要有具体分析，讲清楚它具备哪些客观条件和主观条件，这些条件对于它的成就和缺点，起了什么样的作用，不能笼统地说由于发挥了主观能动性和思想解放，就把什么问题都解决了。这样宣传既不符合实际情况，也是无法令人信服的。表扬好的典型时，最好指出它还有哪些缺点，还有哪些值得改进的地方，而批评某一个单位，也要认真分析产生缺点的原因。”“②不要轻易地提出某一农村公社、某一工厂或者其他单位的生产或工作值得全国学习，是全国一面红旗；也不要轻易地提出这个地方既然能够做到其他地方也可以做得到，因为各地具体情况不同，事情的发展千变万化，不是这个单位做到了，其他单位就都可以做到，或者不根据自己具体情况、具体条件，原封不动地照搬人家的经验。这一点我们必须十分慎重。”“③应该了解创造一个成熟经验是很不容易的，一定要经过艰苦的劳动，反复试验，还要经过实践中的考验。所以不能稍有成就，便肯定地讲这是成熟经验。即使宣传成熟的经验时，也要具体分析，不要笼统地说成一切都是好的，没有一点缺点，这样宣传，对先进单位和其他单位都没有好处。”“人家推荐的好、坏典型或者成熟经验，记者必须用追根究底的态度，彻底弄清楚，然后从实际情况出发，进行报道。”[204]

到了1964年前后，典型报道达到巅峰状态，各种类型的典型层出不穷。特别是对一些重要的典型人物往往采用连续报道的方式，从不同的角度、不同的侧面，分好几篇来进行系列报道，使读者对所报道的典型人物有全面、立体的认识，留下深刻的印象。如对雷锋、焦裕禄、大庆的报道宣传就是采用了连续报道的方式，成功地进行了典型报道。但凡事皆有“度”，物极必反。到后来一段时期内，典型报道走入了误区，出现了如下弊端：①“典型”过多过滥。由于过分强调典型报道为政治宣传服务，导致典型报道的政治宣传色彩太浓。往往为了为政治服务、配合“中心工作”、配合政治运动而到处“抓典型”、“树典型”、“发现典型”、“培养典型”，导致“典型”过多过滥。②篇幅太长、规模太大。一旦发现典型，许多报纸你报道，我也报道，争先恐后一哄而上。再加上典型报道往往都采用“大通讯”的体裁，动辄大半版、一整版，甚至一版半、两版的篇幅；连篇累牍，乃至“铺天盖地”、“倾盆大雨”式的报道，严重地占用了非常宝贵有限的版面资源。有时一个典型的宣传，要持续很长时间。③在报道手法及写作上，不遵循真实性及实事求是的原则，夸大其词，任意拔高，绝对化，“假、大、空、虚”，可信度低。有的典型报道对典型人物的描写过于理想化及英雄主义化色彩，追求“高、大、全”，完美无缺，严重脱离现实，脱离群众，引起人们的反感。其结果适得其反，“培养典型、树立典型，往往跟毁灭典型同步起程”。有关大寨的报道就是这方面十分“经典”的例子。[205]

五、20世纪60年代初电影新闻纪录片的发展

【人民电影事业中电影纪录片摄制的历史沿革】20世纪50年代后期及60年代初期，我国电影新闻纪录片摄制工作曾有长足的发展。新闻电影纪录片成为用文字、声音、画面来形象生动地传播新闻信息的一种很重要的传播方式。当时北京电视台虽然创办起来了，但电视还未普及，看电影是广大群众最主要的娱乐方式和文化生活方式。当时的电影新闻纪录片往往放在故事片等正片之前放映，每场10分钟左右，俗称“加片”、“加映片”，深受观众的欢迎。[206]直至10年“文革”期间还是如此。

我国人民电影新闻纪录片事业滥觞于抗日战争初期。早在1937年夏天，党在陕甘宁边区就开始筹备，并于次年（1938年）春成立了“陕甘宁边区抗敌电影社”，从此人民电影事业开始起步。1938年夏天，袁牧之、吴印咸等从事电影事业的人士来到延安，于同年10月开始拍摄人民电影事业起步初期的第一部影片，即反映根据地人民斗争生活的纪录片《延安与八路军》。同时还成立了革命根据地第一个电影制片组织“八路军政治部电影团”，即人们所常说的“延安电影团”。1942年，在边区大生产运动中，吴印咸等人又拍摄了反映王震将军领导下的359旅开展大生产运动实况的新闻片《生产与战斗结合起来》(《南泥湾》)。在八年的抗战中，我党的电影工作者转战前方与后方，在极其艰苦的条件下拍摄了大量记录革命领袖、八路军战士、人民群众斗争生活场景的新闻电影纪录片，这些到后来都成为弥足珍贵的历史资料。延安电影团由八路军总政治部副主任谭政兼任团长，最初只有六七人，以后发展到40余人，分为摄影队和放映队。[207]

抗战胜利后，人民电影事业开始从延安向全国各根据地发展。当时，延安电影团人员

首先到长春，准备筹建电影厂。当地党组织及时组织力量接管了日伪“满洲国映画（电影——引者注）株式会社”（1937年成立于长春，简称“满映”）。1946年10月1日，以延安电影团为领导班底，在北满佳木斯以北的兴山鹤岗正式成立了东北电影制片厂（简称“东影”）。“东影”是接收“满映”后于1946年6月1日从长春搬迁到兴山的，厂长舒群，副厂长吴印咸、张辛实。当年年底，舒群调离，袁牧之任厂长。“东影”组成“新闻片组”，由徐肖冰、吴本立、马守清等分别到部队和农村拍摄电影新闻纪录片素材。从此，人民电影事业开始运用“电影新闻纪录片”及“新闻电影期刊片”这一形式报道党和人民群众的革命活动。

【从“新闻纪录片”到“新闻期刊片”】从1947年7月至1949年7月的两年时间内，东北电影制片厂以《民主东北》为专辑总题目，拍摄了大量的“新闻期刊片”性质的新闻纪录片。据统计，《民主东北》共出17辑，其中13辑的内容是新闻纪录片。《民主东北》常常结合内容分栏目报道时事新闻，当时使用过的栏目有《战斗简报》、《夏季攻势简报》、《时事简报》、《建设简报》、《内蒙简报》等。这种新闻期刊片用生动活泼的方式及时报道了丰富的革命斗争和人民生活。

新中国成立后，东北电影制片厂才开始长故事片的拍摄工作，同时将原《民主东北》专辑类新闻电影片停拍。1950年，原《民主东北》类新闻纪录片改名为《新中国简报》，由刚成立的“北京电影制片厂”（简称“北影”）主要负责摄制，一小部分由当时的上海电影制片厂（简称“上影”）负责制作。“北京电影制片厂”最初叫“北平电影制片厂”，于1949年4月20日正式成立，同年10月1日改为“北京电影制片厂”。“北影”一创办就专门设立了新闻处，负责新闻纪录片的拍摄工作。从1949年4月成立到1952年4月的三年间，“北影”新闻处在解放全中国的伟大进军中、在开国大典中、在朝鲜战争中、在新中国成立初期各条战线的火热斗争中，拍摄了一大批新闻纪录片，如《百万雄师下江南》、《红旗漫卷西风》、《大西南凯歌》、《大战海南岛》、《解放西藏大行军》等。还拍摄了一大批电影纪录片，如《新中国的诞生》记录了天安门前的开国大典，也记录了全国各地普天欢庆新中国成立的场面；《抗美援朝》第一部、第二部是反映朝鲜战争的名作，摄影师们在极其艰险的条件下、在枪林弹雨中，记录了我中国人民志愿军和朝鲜人民并肩战斗的英雄形象；《伟大的土地》描绘了翻身农民的由衷喜悦；《一定要把淮河修好》则记录了数十万民工治理淮河的宏大场面。此外，从1951年起，《新中国简报》改名为《新中国周报》，一年后再度改名为《新闻周报》。

为了加强新闻纪录电影事业，1952年4月4日，政务院第131次会议决定创建专门的新闻纪录电影制片厂。经过一年多的筹备，1953年7月7日，“中央新闻纪录电影制片厂”（简称“新影”）正式成立。该厂的任务是：真实生动地为中国政治、经济、科学文化的重要发展作历史记录，展现中华民族的历史人物、古老文化、自然风光；介绍国际见闻，加强中外交流与沟通，保存珍贵的历史影片资料。该厂发展到后来，生产的新闻电影纪录片主要包括长纪录片、短纪录片和期刊片三大类。其中，该厂许多介绍中国的纪录片被翻译成多种语言向世界发行，同时，他们也派摄影组到许多国家拍摄纪录片。新闻期刊片如《新闻周报》、《祖国新貌》、《今日中国》等都是当时的招牌片目。“新影”由高戈任首任厂长兼总编辑。最初厂址设在北京电影制片厂内，使用“北影”的设备来拍摄《新闻周报》等电影纪录片。从此，我国电影新闻纪录片的拍摄工作蓬蓬勃勃地开展起来。[208]

1955 年起，“新影”《新闻周报》正式定名为《新闻简报》。《新闻简报》以后发展成为我国最主要的全国性电影新闻期刊片。它每周出一号、每号出一本，每本放映十分钟左右时间，报道主题在五至八个之间。这种形式的“新闻期刊片”或杂志片是电影新闻纪录片的重要组成部分，其特点是：内容简短多样，丰富多彩；出片周期短，时效性强，定期放映，加强了新闻报道的连续性。用这种形式，电影就能紧密配合形势发展和政治任务，及时宣传党的方针政策，迅速反映现实生活。[209]

1958 年 5 月间，在轰轰烈烈的“大跃进”形势下，全国除西藏自治区外，各省及直辖市都纷纷办起了电影厂，首先拍摄能够及时反映现实生活的纪录片。据统计，当时全国有 31 个电影制片厂生产新闻纪录片，在拍摄的 132 部影片中，纪录片几乎占了一大半。这些在大跃进高潮中摄制的纪录片，普遍存在虚假、浮夸的毛病。有很多场面，如人山人海的劳动场面、粮食全面大丰收的景象，以及大跃进的“新风貌”等，都是经过“精心”组织、摆布后才拍摄成的。为了克服新闻纪录片拍摄中虚假、虚报、浮夸等不真实现象，在 1959 年 2 月、1961 年 5 月，“新影”曾先后两次对该厂 1958 年所拍摄的那批新闻纪录片进行了检查。1959 年 3 月与 1961 年 5 月，中共中央宣传部部长办公会议上曾两次讨论电影新闻纪录片的创作问题，并于 1961 年 6 月 1 日颁发文件（简称“六・一指示”），强调新闻纪录片一定要严格遵守完全真实、完全是真人真事的原则。这是新闻纪录片区别于故事片的根本特点，违背了这个原则，新闻纪录片就完全丧失了其存在的价值。到 1962 年，中共中央再次强调贯彻“双百”方针，也进一步推动了电影新闻纪录片的摄制和改革。从 1959 年到 1962 年间，涌现出一大批优秀的电影新闻纪录片，如《第十个春天》、《欢庆十年》反映了新中国十年来的巨大变化和成就，以及天安门广场检阅游行的宏伟场面；《百万农奴站起来》则反映了西藏的民主改革成果及百万农奴在解放前后生活如同两重天；《平凡的人》、《邻里之间》、《失物招领》等短片则从一个个侧面反映了新时代人们新的精神风貌。特别是《征服世界最高峰》，记录了我国登山运动员奋勇拼搏，克服重重艰难险阻终于攀上珠穆朗玛峰顶的壮举。1960 年 5 月 25 日，中国登山队王富洲、贡布（藏族）、屈银华三人从北坡集体登上世界最高峰——珠穆朗玛峰，这是有史以来人类第一次战胜珠峰北坡天险。《征服世界最高峰》（摄影：牟森、王喜茂等。编辑：吴均）记录了中国运动员第一次登上世界最高峰珠穆朗玛峰的过程。为了拍下登山运动员们奋力拼搏的身影，摄影师同他们一起攀登。著名摄影师牟森登上海拔6 800米的高度，在6 600 米处顶风冒雪坚持工作 9 天，架起 400 厘米的长镜头摄影机望远拍摄，体重下降了 15 公斤，拍下世界屋脊的壮丽景色和变幻无常的大自然风光，拍下了运动员向上奋力攀登的过程。摄影师王喜茂爬到海拔7 400米的高度，过了北坳的雪脊顶峰，但在过北坳冰胡同时，冻伤了手脚，被队长再三命令才不得不离队下山，离开前他还坚持抢拍了许多珍贵镜头。5 月 24 日 9 时，由登山队员王富洲、贡布、屈银华背着摄影机，从海拔 8 700 米处向顶峰进发，氧气耗尽了也没有停步，最后凭着雪的反光和星光，终于以惊人的毅力完成了人类历史上最艰苦的攀登，于 5 月 25 日凌晨 4 时 20 分到达顶峰。可惜，由于技术限制，无法在夜间拍下运动员登上顶峰的镜头。在他们返回 8 700 米处天亮时，才得以拍摄下白雪覆盖的珠峰顶端和俯拍了一个喜马拉雅山茫茫云海的镜头。该影片可以说是运动员和摄影师用血汗和冒着生命危险换来的，他们创造了世界新闻电影纪录片拍摄史上的奇迹。

领导组织这次拍摄工作的是“新影”著名新闻电影纪录片摄影师牟森。他曾是 1950 年朝鲜战争开始时第一批入朝的电影摄影师，有丰富的纪录片拍摄经验。他拍摄了反映志愿军战士们英勇作战的《抗美援朝》系列新闻纪录片，人称“用电影胶片记录朝鲜战争的人”。在拍摄《解放一江山岛》时，牟森第一个登上海岛，他的勇敢精神和冲锋在前的战斗作风曾受到表彰。此后，他长期拍摄时事政治新闻，有熟练的技巧和高度的新闻敏感，尤其善于现场抓拍、抢拍。1961年2月1日，文化部长沈雁冰亲自写信祝贺《征服世界最高峰》拍摄成功，并对摄影师予以表扬。1962年5月间，该片又荣获第一届电影百花奖最佳纪录片摄影奖。[210]

除“新影”外，八一电影制片厂也曾拍摄过不少优秀的电影新闻纪录片。例如，为反映解放军指战员在保卫祖国和建设祖国中的巨大成就，八一电影制片厂拍摄了记录铁道兵部队参加鹰厦铁路建设的《移山填海》，记录解放军军垦农场艰苦创业的《英雄战胜北大荒》、《绿色的原野》，记录部队训练生活和先进典型的《伟大的战士》、《向雷锋学习》、《硬骨头六连战旗红》、《向毛主席汇报》等片子。1962年10至11月间，印度军队侵入新疆等地区，中国人民解放军边防部队被迫进行自卫反击作战，“八一”厂和“新影”马上组织随军战地摄影队，拍摄了《中印边界问题真相》、《为了和平解决中印问题》等纪录片，向世人全面揭露了事实真相。

同一时期，像《世界见闻》、《塞古·杜尔总统访问中国》、《刘少奇访问朝鲜》等纪录片则为观众打开了一扇瞭望世界的窗口，使人们开阔了视野，增长了见识。

此外，20世纪60年代初，中央新闻纪录电影制片厂还摄制过一些历史文献纪录片，其中比较著名的有反映抗战胜利后三年艰苦的人民解放战争的大型纪录片《两种命运的决战》，记录红军经过长征到达陕北后1936至1937年间生活的短纪录片《中国工农红军生活》，记录1937至1947年间延安生活的短纪录片《延安散记》等，从影片中可以看到当时根据地及解放区人民的生活风貌，还有许多有关毛泽东及其他党中央领导人活动的镜头，这些都是弥足珍贵的历史资料。[211]

第五节　20世纪60年代前期新闻报道及宣传中“左”倾错误的发展

从1957年夏季开始，“左”倾错误在经济工作、政治思想文化领域等方面都有发展。1957年夏季开始的“反右”斗争的严重扩大化，把一批知识分子、爱国人士和党内干部错划为“右派分子”。1958年违背经济规律发动的“大跃进”运动、超越历史条件的农村人民公社化运动，使得以玩弄数字游戏的高指标、凭主观意志的瞎指挥，以及浮夸风和“共产风”为主要标志的“左”倾错误严重地泛滥开来。这些都给新闻宣传工作带来很大影响，新闻工作犯了严重的“左”倾错误。1958年底到1959年7月中央政治局庐山会议前期，中央曾着手纠正某些“左”倾错误，但从1959年8月庐山会议后期起，毛泽东又错误地发动了对彭德怀的批判，进而在全党更加错误地开展了“反右倾”斗争，改变了纠“左”的方向和初衷，新闻宣传中“左”倾错误又随之发展起来。此后，加上当时的自然灾害，我国国民经济在1959年到1961年的三年中发生了严重的困难。期间的1960年冬，党中央和毛泽东开始纠正农业工作中的“左”倾错误，初步总结了“大跃进”中的经验教训，并且决定对国民经济实行“调整、巩固、充实、提高”的八字方针。故从

1962年到1966年上半年的四年多时间里，我国经济得到比较顺利的恢复和发展。但是，在经济工作的指导思想上，“左”倾错误还是未能得到根本的纠正，而且在政治、思想文化及新闻宣传方面，“左”倾错误有更大的发展。如在1962年9月24日至27日召开的中共八届十中全会上，毛泽东把社会主义社会中一定范围内存在的阶级斗争扩大化和绝对化，进一步发展了1957年反“右”斗争以后提出的错误观点，断言在整个社会主义历史阶段中资产阶级都将存在和企图复辟，并成为党内产生“修正主义”的根源；号召“千万不要忘记阶级斗争”，强调阶级斗争“年年讲、月月讲、天天讲”，实际上提出了以阶级斗争为纲。此后，新闻宣传中的“左”倾错误又进一步发展起来。新闻传播成为“阶级斗争的工具”，新闻传媒（包括报纸、杂志、广播电台、电视台）成为阶级斗争的阵地和战场。人们在报刊上、在思想文化战线及意识形态领域进行了一波又一波的“大批判”运动，包括对一些文艺作品、学术观点和文艺界、学术界的一些代表人物进行了错误的、过火的，甚至是极为粗暴的政治批判，并且在后来发展成为“文化大革命”的导火线。

【《文汇报》刊登《杂家》事件】1962年初，上海《文汇报》的《笔会》副刊重拾重视杂文的传统，刊登了不少有影响的文章。

1962年5月6日，《文汇报》在第四版《笔会》副刊显著位置发表由骆漠（时任上海市出版局局长罗竹风的笔名）写的一篇小品文《杂家——一个编辑同志的想法》。文章采取和一位编辑同志谈心的形式，提出应当尊重编辑的劳动，了解编辑的甘苦，不要随便给人扣帽子整人。文章为编辑工作的艰辛又不甚被重视而鸣不平。文章云：“编辑这一家是无论如何也缺少不得的，杂家必杂，杂中求专，当一个名副其实的编辑专家，对社会的贡献恐怕也不一定比其他行当的专家们更少一些吧。”《文汇报》总编辑当天还亲自为该文写了“编后记”，支持作者的观点，主张培养响当当的编辑。《杂家》一见报，立即在上海文化界、出版界引起共鸣，许多人赞同“骆漠”的观点。在北京也引起了反响，夏衍等人认为文章提出了问题，为编辑们说了话。隔了一个星期，著名的打人的“金棍子”姚文元也寄来了《两个编辑的想法》（刊于5月13日《文汇报》的《笔会》版），对骆文冷嘲热讽，说骆文是对社会主义不满，并说他“也做过几年编辑却从来没有产生过‘为他人作嫁衣裳’的凄凉感”。由此引起一场争议，编辑部因此而收到百余件来信，多数对姚文元持批评态度。编委会打算就此问题开展讨论，但因时任上海市委常委的张春桥不准，《笔会》副刊编辑只好请郑拾风写了一篇《插话》文章，结束了这场争论。

1962年10月，中共八届二中全会上提出了“千万不要忘记阶级斗争”的口号。1963年3月间骆漠的这篇杂文在中共上海市委思想工作会议上被无限上纲，说成是“鼓吹资产阶级名利思想”、“思想战线上的一次资本主义复辟”而受到批判。罗竹风因此文而丢掉了上海市出版局局长的官位，被贬逐去做修订《辞海》的工作。《文汇报》总编辑陈虞孙和编发《杂家》的编辑余仙藻，部主任唐振常和主持《笔会》的徐开垒都被迫作了检讨。1966年“文化大革命”开始后，对《杂家》的批判又一步步升级，与《杂家》有关联的人罗竹风、陈虞孙、郑拾风、余仙藻或被批斗或被逼下工作岗位。直到粉碎“四人帮”后，“《杂家》事件”才得以彻底平反。[212]

【《工人日报》刊登小说《刘志丹》事件】《刘志丹》是一部描写陕北根据地早期党和军队领导人刘志丹传奇生涯的长篇纪实性传记小说。1956年，工人出版社约请刘志丹的弟媳李建彤写作小说《刘志丹》，到1962年基本完稿。小说完稿后，一边送报纸连载，一边将样书送审。1962年7月28日至8月4日，《工人日报》有时用一整版、有时用大半版篇幅连载《刘志丹》第二卷第一部分（《刘志丹》作者李建彤。由工人出版社编辑王勉思、何家栋协助整理）。紧接着《中国青年》杂志也开始连载，《光明日报》也在其第四版的《东风》副刊上连载该小说片断《渭华起义》（如1962年8月2日第四版、8月4日第四版、8月7日第四版）。

在报刊连载期间，小说样书送康生审阅。康生在未读原稿的情况下，仅根据个别人的意见，就断定该书是“为高岗翻案”、“为习仲勋涂脂抹粉”的“大毒草”，报纸遂停载该小说。时值中共八届十中全会召开之际（9月24至27日），康生在会上发难批判《刘志丹》。毛泽东根据康生的错误报告，在会上对小说作了错误的批判与批示：“利用小说进行反党活动，是一大发明。凡是要推翻一个政权，总要先造成舆论，总要先做意识形态方面的工作。革命的阶级是这样，反革命的阶级也是这样。”[213]

后来，《刘志丹》小说的作者李建彤，以及参与写作人员如工人出版社编辑王勉思、何家栋等都遭到迫害，连载过该小说的报纸的有关编辑也受到审查，党组织也被“彻底追查”与多次检查。另外，由于这部小说的牵连，习仲勋、贾拓夫、刘景范（刘志丹之弟）等领导同志也都遭到迫害。该事件前后被株连者近百人。1979年8月，中共中央正式作出决定，为小说《刘志丹》平反，对因小说受到诬陷的同志一律平反昭雪，恢复名誉。[214]

【在文艺界、学术界开展的“大批判”】从1963年起，全国报纸先后针对文艺界、学术界开展了一系列“大批判”活动，其中最典型的是上海《文汇报》及北京《人民日报》、《红旗》杂志等报刊。

1963年初，上海《文汇报》提出了“兴无灭资，旗帜鲜明；实事求是，高屋建瓴；移风易俗，红透专深；厚今薄古，百家争鸣；百花齐放，推陈出新；文教事业，胜利前进”的办报方针。此后，为配合全国的“左”倾形势，在当时上海市委主要负责人和张春桥的授意下，《文汇报》在1963至1965年间，组织了对“有鬼无害论”的批判和对德彪西音乐理论的批判，所谓一手打“鬼”，一手灭“洋”。接着，《文汇报》又积极参与对电影《早春二月》等影片的批判。[215]以后，在江青、张春桥等的策划下，利用《文汇报》为工具，于1965年10月在《文汇报》发表姚文元的《评新编历史剧〈海瑞罢官〉》，接着又对《燕山夜话》、《三家村劄记》等杂文专栏进行大批判。这场声势最大、影响最坏的大批判终于拉开了“文化大革命”的序幕。

“有鬼无害论”事件：1961年秋，剧作家孟超改编、创作的昆曲鬼戏《李慧娘》上演，杂文家繁星（廖沫沙）在1961年8月31日的《北京晚报》上发表了一篇题为《有鬼无害论》的文章，为以“鬼”为题材的“鬼”戏辩护，对《李慧娘》作了正面肯定。他认为戏台上的鬼魂李慧娘，塑造了一个至死不屈的妇女形象。1963年初，毛泽东观看了京剧《李慧娘》，作出了要对“鬼戏”进行批判的决定。1963年5月6、7日，《文汇报》在接连两天的几乎整个第四版连载梁壁辉（俞铭璜笔名）写的一万三千余字的长篇批判文章《“有鬼无害”论》。该文是由当时华东局宣传部长俞铭璜根据柯庆施指示而写作的，文章公开点名批判孟超根据明代传奇《红梅记》改编的昆曲剧本《李慧娘》，批判繁星（廖沫沙）发表在《北京晚报》上肯定此戏的评论文章《有鬼无害论》。这样不仅一棍子打死了“李慧娘”，还偏激地一棍子打死了历史上所有以“鬼”为题材的“鬼戏”。此后，全国报纸一哄而上，批判“鬼戏”，乱扣帽子，无限上纲，变本加厉，甚至说孟超、廖沫沙是要借厉鬼来“向共产党复仇”，推翻无产阶级专政。这些文章实际上都是借批“鬼”打“鬼”来整人。

“德彪西”事件：1963 年 5 月 20 日，《文汇报》第四版又刊载姚文元《请看一种“新颖而独到”的见解》一文。姚在对德彪西（法国印象派音乐家）所著《克罗士先生》一书根本没有读懂的情况下，就武断地提出批评，并借“德彪西”问题，抓住音乐出版社编辑为《克罗士先生》这本论著所作“内容提要”提出质问：①你们介绍的是什么阶级的艺术见解？②把这样的评论介绍给读者会产生什么效果？借此向音乐界发起攻击。著名音乐家、上海音乐学院院长贺绿汀看到这篇文章后，认为姚文元文章有错误，是一篇简单、粗暴的文章，还认为姚根本没有读懂原著，便断章取义，主观臆测，妄加评论。他以“山谷”的笔名写了《对批评家提出的要求》一文，刊登在 6 月 25 日出版的《文汇报》上，直言不讳地批评了姚的文章。紧接着，《文汇报》根据当时“左”倾思想严重的上海市委领导的授意，召开“德彪西问题讨论会”，围攻、批判贺绿汀，同时组织文章在报上发表。据不完全统计，从 1963 年 9 月到 1964 年元月，《文汇报》发表批判“德彪西”及贺绿汀文章 22 篇。嗣后，这场“大批判”还从《文汇报》扩大到《光明日报》、《人民音乐》杂志。“文革”中，贺绿汀因此而遭到迫害。粉碎“四人帮”后才得以彻底平反。

1964 年对一大批文艺作品的批判及在学术界进行的大批判：1963 年冬和 1964 年夏，毛泽东对文艺界和文艺工作有过两次重要的谈话、批示。在两次批示中，他对文艺工作和文艺界提出了严厉批评，把新中国成立后 15 年来党领导下的文学、戏剧、曲艺、音乐、美术、舞蹈等方面的工作成绩几乎一笔抹杀。如 1963 年下半年，毛泽东对文艺界，特别是戏剧界进行了多次批评。12 月，在一个批示中，毛泽东指出：“许多共产党人热心提倡封建主义和资本主义的艺术，却不热心提倡社会主义的艺术，岂非咄咄怪事。”根据这个指示，文化部和全国文联各协会进行整风学习，总结检查工作。1964 年 6 月 27 日，毛泽东在审阅《全国文联和各协会整风情况的报告》（草稿）时，又作了批示云：“这些协会和他们掌握的刊物的大多数，十五年来，基本上不执行党的政策，做官当老爷，不去接近工农兵、不去反映社会主义的革命和建设。最近几年，竟然跌到了修正主义的边缘。势必在将来的某一天，要变成像匈牙利裴多菲俱乐部那样的团体。”这些批评和指责都不是在深入调查研究的基础上提出来的，是不符合文艺界的实际情况的。批示下达后，在文艺界引起很大的震动，文艺界又开始第二次整风运动。这次运动从 1964 年 7 月起一直持续到 1965 年 4 月。在文艺界整风的同时，从 7 月中旬起，又开始在《人民日报》及全国报刊上对一大批文艺作品进行公开的大批判。如对《李慧娘》、《谢瑶环》、《怒潮》、《北国江南》、《早春二月》、《林家铺子》、《不夜城》、《舞台姐妹》、《逆风千里》、《兵临城下》、《抓壮丁》等一大批影剧作品进行的批判。当时还按照毛泽东要求“把这些修正主义的材料公之于众”，在全国大、中、小城市放映这些影片，机关、学校及各单位等都要组织观看，再组织批判。如 1964 年 8 月，毛泽东在关于公开放映和批判电影《北国江南》、《早春二月》的报告上批示云：“不但在几个大城市放映，而且应在几十个至一百多个中等城市放映，使这些修正主义材料公之于众。可能不只这两部影片，还有别的，都需要批判。”[216]

1967 年 5 月 31 日，《人民日报》第三版所载“本报评论员”文章《高举革命的批判旗帜，彻底批判修正主义影片》云：“从六月二日起，《不夜城》、《林家铺子》、《逆风千里》、《两家人》、《武训传》、《燎原》六部毒草影片，将在全国人民面前示众，让广大革命群众口诛笔伐，进行彻底批判。”[217]

从1964年夏季开始，这种对文艺界及文艺作品的极“左”的批判还扩大到哲学、经济、历史等各个学术及学科领域。如在哲学方面批判了杨献珍的“合二而一”论，批判了冯定的《平凡的真理》和《共产主义人生观》两部书；在经济学方面，批判了孙冶方的重视物质利益，重视价值规律，重视利润和扩大企业权限等重要经济理论观点；在历史学方面则批判了翦伯赞、吴晗的“非阶级观点”、“历史主义”和“让步政策”论及周谷城的“时代精神汇合论”，等等。刘少奇 、邓小平、彭真等人认为这种批判太多了，再批判下去，人家就不敢讲话了，提出不要算旧账，不要乱批一气，要暂时停止，要把政治与学术分开。1965年3月，邓小平在中央书记处会议上说：“有些人就是靠批判别人出名，踩着别人的肩膀上台。”由于阶级斗争扩大化的“左”倾思想迅速发展起来，他们要求“赶快刹车”、停止这种大批判的努力未能奏效。

对《海瑞罢官》的大批判：从1965年11月开始到1966年5月上旬，对《海瑞罢官》的大批判整整持续了半年时间。1965年11月10日，上海《文汇报》发表姚文元《评新编历史剧〈海瑞罢官〉》，对吴晗历史剧《海瑞罢官》进行公开的点名批判。之后，《人民日报》于11月30日转载了姚文元的这篇文章，并加了号召展开辩论的按语，全国其他报纸也先后纷纷转载姚的文章，顿时掀起了一场大规模的大批判浪潮。

1965年12月29日，《人民日报》发表方求的《〈海瑞罢官〉代表一种什么社会思潮?》；12月30日，《人民日报》转载吴晗《关于〈海瑞罢官〉的自我批评》一文（原载1965年12月27日《北京日报》）；《红旗》杂志1966年第二期载马岩《评吴晗同志的资产阶级历史观》。

1966年4月5日出版的《红旗》杂志1966年第5期刊载关锋、林杰《〈海瑞骂皇帝〉和〈海瑞罢官〉是反党反社会主义的两株大毒草》一文，采用无限上纲的手法，使大批判进一步升级。该文认为，吴晗的《海瑞骂皇帝》是用“借古讽今的春秋笔法”、“古为今用”，“配合了右倾机会主义分子反党反社会主义的政治路线”，借海瑞骂皇帝来“骂”的是伟大的中国共产党，骂的是我们敬爱的党中央；《海瑞罢官》的要害是“罢官”，“为被罢了官的右倾机会主义分子唱赞歌；赞美和鼓励右倾机会主义分子丢了官，不屈服，不丧气，‘失败了再干’，鼓吹丢了官的右倾机会主义分子‘再居官重振纪纲’，即篡夺领导权，复辟资本主义”。《红旗》杂志1966年第6期又刊载《工农兵群众批判吴晗反党反社会主义的政治立场和学术观点》、史绍宾的《评吴晗的〈投枪集〉》。

1966年4月17日，《人民日报》以《请看吴晗同志解放前的政治面目》为题，发表了王正平、丁伟志等人整理的吴晗在解放前公开发表的所谓“亲蒋、崇美、反共”的一些言论，并加了“编者按”，进行政治诬陷。5月6日，《人民日报》第三版头条又载李希凡《在吴晗的“学术”活动中贯串着一条什么黑线?》。5月8日，《人民日报》第三版头条再载徐逊《吴晗的“清官”论是彻头彻尾的修正主义货色》。至此，大规模地批吴晗告一段落。紧接着又开始转而批判《燕山夜话》和《三家村劄记》。

对邓拓及《燕山夜话》、《三家村劄记》的大批判：1966年4月16日，迫于政治压力，《北京日报》用三个版面的大量篇幅刊登《关于“三家村”和“燕山夜话”的批判》的文章，对邓拓写的《燕山夜话》和邓拓、吴晗、廖沫沙合写的《三家村劄记》展开批判，重新摘要、分类刊载了其中的部分章节段落，并加了“编者按”。但这次批判旋被指责为“假批判、真掩护，假斗争、真包庇”，是北京市委“舍车保帅”的“阴谋”。

5月8日的《解放军报》、《光明日报》和5月9日的《人民日报》，三家中央级大报先后分别在当天的头版头条发表高炬（化名）的《向反党反社会主义的黑线开火》和何明（化名）的《擦亮眼睛，辨别真假》两篇文章。文章诬陷说：邓拓是“三家村”黑店的掌柜；《前线》和《北京日报》4 月 16 日对《三家村劄记》和《燕山夜话》的批判是假批判、真掩护，假斗争、真包庇。三大报还在各自报纸当天的第二版、第三版用两整版的篇幅刊登由林杰、马泽民、阎长贵、周英、滕文生、靳殿良六人编辑的《邓拓的〈燕山夜话〉是反党反社会主义的黑话》的长篇材料。他们用断章取义的手法，将《燕山夜话》中的章节段落，分类摘编成所谓“黑话”材料，并加了“按语”，供大批判之用。

5 月 10 日，上海《解放日报》和《文汇报》同时发表姚文元写的长篇巨幅批判文章《评“三家村”——〈燕山夜话〉、〈三家村劄记〉的反动本质》。5 月 11 日，《人民日报》用两版半的大篇幅全文转载了这篇文章，这是批判邓拓的文章中影响最大的一篇重头文章。当天的《人民日报》还在第二版专辟《全国广大群众坚决批判“三家村”》的专栏，发表多篇文章进行围攻。同日出版的《红旗》杂志 1966 年第 7 期也发表了戚本禹的文章《评〈前线〉〈北京日报〉的资产阶级立场》。

5 月 14 日，《人民日报》头版又发表林杰的文章《揭露邓拓反党反社会主义的面目》（下转第二版几乎整版），当天《人民日报》第四、五两版全部刊登“锄毒草”的批判文章。

5 月 15 日，《人民日报》第四版、五版连载“编者”鲍蔚文、吴英、钟华等编辑的《请看“三家村”的反动面目》，仍是采用断章取义手法，将《燕山夜话》、《三家村劄记》文章中片断文句分类摘编，进行批判。

5 月 16 日，《人民日报》又在头版转载戚本禹的《评〈前线〉〈北京日报〉的资产阶级立场》（原载《红旗》杂志 1966 年第 7 期）。第三版、四版仍是采用围攻战术，在“工农兵群众奋起锄毒草”的通栏大标题下，刊登了多篇工农兵代表写的批判文章。

5 月 17 日深夜，邓拓不堪凌辱、诬蔑和诽谤，悲愤地写下了《致北京市委的一封信》和《与妻诀别书》，于 18 日凌晨饮药身亡，这位于 1930 年年仅 18 岁时入党的老党员，终年 54 岁（1912—1966）。从此，“文化大革命”在惨淡的血色中拉开了序幕。

注　释

①引自中共中央党史研究室著、胡绳主编：《中国共产党的七十年》，中共党史出版社，1991 年版，第 353 页；参阅 1957 年 5 月 13 日《人民日报》头版头条载社论《谈职工闹事》。

②这篇《关于正确处理人民内部矛盾的问题》的重要讲话经过整理、补充后，于 1956 年 6 月 9 日在《人民日报》上发表，后收入《毛泽东选集》（第五卷），人民出版社，1977 年版，第 363—402 页。

③引自薄一波：《若干重大决策与事件的回顾》（修订本）（上卷），人民出版社，1997 年版，第 526 页。

④引自中共中央文献研究室编：《〈关于建国以来党的若干历史问题的决议〉注释本》（修订本），人民出版社，1985 年版，第 22—23 页。

⑤参阅何理主编：《中华人民共和国史》，档案出版社，1989 年版，第 174 页。

⑥引自宋铸：《延安整风前后的〈轻骑队〉墙报》，载《新文学史料》2000 年第 3 期第 35 页。

⑦见牛汉、邓九平主编：《原上草——记忆中的右派运动》，经济出版社，1998 年版，第 28—29 页。又见罗平汉：《墙上春秋——大字报的兴衰》，福建人民出版社，2003 年版，第 13 页。

⑧载《学习》半月刊 1958 年第 12 期（总第 138 期）第 20 页。

⑨关于毛泽东1957年在上海看大字报的新闻：1957年9月19日《人民日报》头版载消息《毛泽东赞扬大字报》："（9月）17日下午，毛主席到达上海。"18日上午10点，毛泽东参观上海第一棉纺织厂"走道两旁数千张琳琅满目的大字报"。"毛主席很感兴趣，常常停下来仔细阅读。"9月20日《人民日报》第五版头条刊登毛泽东看大字报的照片，题为《毛主席看大字报——九月十八日上午，在国营上海第一棉纺织厂》（新华社记者侯波摄）。

⑩见上海文艺出版社编：《大字报选》（第一集），上海文艺出版社，1958年3月第一版、5月第二版，第1页。

⑪详见罗平汉：《墙上春秋——大字报的兴衰》，福建人民出版社，2003年版。

⑫据1958年8月14日《人民日报》头版载《新闻工作者协会调查证明："左叶事件"报道失实》。

⑬文汇、新民联合报业集团新闻研究所编：《文汇报六十年大事记（1938—1998）》（征求意见稿）（2001年5月内部印刷）第271页。

⑭引自1957年7月2日《文汇报》社论《向人民请罪》。

⑮参阅文汇报编委会：《文汇报的三十四年》，载《新闻研究资料》（第20辑），中国社会科学出版社，1983年版，第5页；文汇、新民联合报业集团新闻研究所编：《文汇报六十年大事记（1938—1998）》（2001年5月内部印刷）第281页；文汇报报史研究室编：《文汇报史略（1949.6—1966.5）》，文汇出版社，1997年版，第161页。

⑯参阅穆欣：《办〈光明日报〉十年自述（1957—1967）》，中共党史出版社，1994年版，第2—3页、第9页。

⑰参阅穆欣：《办〈光明日报〉十年自述（1957—1967）》，中共党史出版社，1984年版，第11页。

⑱参阅1957年11月19日《光明日报》头版载消息《各民主党派中央负责人会议决议撤销章伯钧、储安平本报社长、总编辑职务》、《本报反右派将获巨大胜利、本社工作人员团结一致决心把报纸办好》，社论《办好这一张社会主义的报纸》；穆欣：《办〈光明日报〉十年自述（1957—1967）》，中共党史出版社，1984年版，第19页。

⑲见常海：《光明日报反右派斗争的胜利》，载《新闻业务》1957年第10期第21页。

⑳见《事情正在起变化》（一九五七年五月十五日），后收入《毛泽东选集》（第五卷），人民出版社，1977年版，第423—429页。

㉑后收入《毛泽东选集》（第五卷），人民出版社，1977年版，第431页。

㉒据李庄《整风引发的暴风疾雨》一文统计，载李庄：《人民日报风雨四十年》，人民日报出版社，1993年版，第213页。

㉓据迟蓼洲：《1957年的春天》，《学习》杂志社，1958年版，第54页。

㉔引自《当代中国的广播电视》编辑部选编：《中国广播电视大事记》，北京广播学院出版社，1987年版，第92—93页。

㉕《中国广播电视大事记》第93页。

㉖徐光春：《中华人民共和国广播电视简史（1949—2000）》，中国广播电视出版社，2003年版，第90页。

㉗转引自徐光春：《中华人民共和国广播电视简史（1949—2000）》，中国广播电视出版社，2003年版，第91页。实际上，广播系统的"右派"远不止364人，因1958年又划了一些"右派"，没有统计进去。

㉘据温济泽：《第一个平反的"右派"：温济泽自述》，中国青年出版社，1999年版，第280—281页。

㉙引自温济泽：《第一个平反的"右派"：温济泽自述》，中国青年出版社，1999年版，第276页。

㉚引自温济泽：《第一个平反的"右派"：温济泽自述》，中国青年出版社，1999年版，第277页。

㉛见《毛泽东选集》（第五卷），人民出版社，1977年版，第435—436页。

㉜《新闻业务》记者：《新闻"百家"的"争鸣"——记在首都召开的新闻工作座谈会》，载《新

闻业务》1957 年第 6 期第 14 页。

㉝转引自迟蓼洲：《1957 年的春天》，《学习》杂志社，1958 年版，第 57 页。

㉞转引自迟蓼洲：《1957 年的春天》，《学习》杂志社，1958 年版，第 58 页。

㉟转引自迟蓼洲：《1957 年的春天》，《学习》杂志社，1958 年版，第 60 页。

㊱转引自迟蓼洲：《1957 年的春天》，《学习》杂志社，1958 年版，第 60 页。

㊲转引自迟蓼洲：《1957 年的春天》，《学习》杂志社，1958 年版，第 61—62 页。

㊳转引自迟蓼洲：《1957 年的春天》，《学习》杂志社，1958 年版，第 62 页。

㊴1957 年 6 月 16 日《解放日报》社论发表后，王中在 6 月下旬特地写《论评论文写作和新闻学上几个问题——评〈解放日报〉1957 年 6 月 16 日社论》一文予以反驳。由于当时的政治环境，该文未得公开发表，后收入《王中文集》（第 117 页）。

㊵吴冷西：《忆毛主席——我亲身经历的若干重大历史事件》第 137 页。

㊶陈伯达：《全新的社会，全新的人》，载 1956 年 7 月 1 日出版的《红旗》半月刊第三期第 9 页。

㊷见 1958 年 9 月 22 日的《人民日报》第五版刊登的中共禹县县委书记刁文的文章《禹县怎样做到日产生铁四千吨》。

㊸详见《人民日报》1958 年 8 月 12 日头版载消息《毛主席视察河南农村》。

㊹详见《人民日报》1958 年 8 月 11 日头版头条载消息《毛主席视察徐水安国定县》。当天《人民日报》第三版载“本报特约记者”康濯写的《毛主席到了徐水》。

㊺详见 1958 年 9 月 1 日《光明日报》头版头条刊登的新华社消息《中共中央政治局向全党全民发出号召、为今年生产一千零七十万吨钢而奋斗，在农村中建立工农商学兵合一的、乡社合一的人民公社》。

㊻㊼于长钦：《对小麦高产纪录报道的几点看法》，载新华社编：《新闻业务》1958 年第 7、8 期合刊第 23 页。

㊽据常研新：《有力地宣传了早稻的大“卫星”——评丰产“卫星”报道中一篇出色的新闻》；关蔚然、于君：《新闻图片如何报道好高产“卫星”——评〈巨型‘卫星’腾空起，早稻亩产三万儿〉的一组图片报道》。两文载《新闻业务》1958 年第 9 期第 27—29 页。

㊾参阅南方日报社史编辑小组编：《南方日报社史》（内部资料，1992 年印刷）。

㊿参阅赵云山、赵本荣：《徐水共产主义试点始末》，载《党史通讯》1987 年第 6 期。

51详见 1958 年 10 月 1 日《人民日报》所载社论《卫星齐上天，跃进再跃进》。

52消息正式宣布：到 1958 年 12 月 19 日全国已生产钢 1 070 万吨，提前完成了八大二次会议确定的钢产量比上年翻一番的任务。

53见薛暮桥：《建国以来经济工作的回顾》（1979 年初两次报告的记录稿摘要），载中国科学院哲学研究所编：《三十年来阶级和阶级斗争论文选集》（第一集）（内部资料）。

54以上引文俱见华工：《报道好今年钢铁生产的最后胜利》，载《新闻业务》1958 年第 13 期第 18 页。

55“两参”：干部参加劳动、工人参加管理；“一改”：改进规章制度；“三结合”：在党委领导下的干部、工人和技术人员相结合。

56邵挺军：《怎样做好“大洋群”的宣传报道》、《（新华社）总社和人民日报召开重工业记者现场会议研究“大洋群”的报道问题》，载《新闻业务》1958 年第 15 期第 1 页、第 4 页。

57引自《邓小平文选》（第一卷），人民出版社，1994 年版，第 193 页。

58参阅杜导正：《是与非——对我漫长记者生涯的反思》，四川人民出版社，1991 年版，第 119 页。

59天明：《在新闻报道上来个跃进》，载《新闻业务》1958 年第 3 期（1958 年 3 月 15 日版）第 50 页。

60参见《总社分片召开国外分社会议》，载《新闻业务》1958 年第 12 期第 2—4 页。

61参见《促进新闻报道工作大跃进，总社最近召开三个现场会议的经过》，载《新闻业务》1958 年第7、8期合刊第53页。

㉂参见《放“卫星”、迎元帅》、《总社分社召开国外分社会议》，两文载《新闻业务》1958年第12期第1—4页。

㉃参阅《深入报道群众运动　迎接国庆十周年——新华社、人民日报召开的国内分社、记者站会议结束》，载《新闻业务》1958年第16期第1页。

㉄引自吴冷西：《鼓足干劲与压缩空气》，载吴冷西：《忆毛主席——我亲身经历的若干重大历史事件片断》，新华出版社，1995年版，第59页。

㉅转引自吴冷西：《忆毛主席——我亲身经历的若干重大历史事件片断》，新华出版社，1995年版，第61页。

㉆转引自吴冷西：《忆毛主席——我亲身经历的若干重大历史事件片断》，新华出版社，1995年版，第69页。

㉇引自邓拓：《新闻战线上的社会主义革命》（小册子），中国青年出版社，1958年版，第21—22页。

㉈参阅方汉奇主编：《中国新闻事业通史》（第三卷），中国人民大学出版社，1999年版，第225页。

㉉参阅方汉奇主编：《中国新闻事业通史》（第三卷），中国人民大学出版社，1999年版，第226页。

㉊“工具论”探源：①“反右”斗争开始后的1957年6月14日，《人民日报》发表编辑部文章《文汇报在一个时间内的资产阶级方向》中指出：“在世界上存在着阶级区分的时期，报纸又总是阶级斗争的工具。”②新中国成立初期，一般认为广播是群众性的宣传教育工具。到了“大跃进”中的1958年4月，第五次全国广播工作会议上提出“广播是阶级斗争的工具”的观点。③“文革”高潮中的1967年1月19日，《人民日报》头版头条刊登社论《让毛泽东思想占领报纸阵地》，最早提出了“我们党的报纸是无产阶级专政的重要工具”的极“左”观点。到了1968年9月1日，《人民日报》刊登“两报一刊”（《人民日报》、《解放军报》、《红旗》）社论《把新闻战线的大革命进行到底——批判中国赫鲁晓夫反革命修正主义的新闻路线》。该文更加强调：“新闻事业，包括报纸、刊物、广播、通讯社，统统是阶级斗争的工具”；“无产阶级要把报纸的领导权掌握在自己手中，使之成为无产阶级专政的工具，资产阶级也力图夺取报纸的领导权，使之成为颠覆无产阶级专政的工具，这是18年来新闻战线上两个阶级斗争的焦点”。

㉋参阅徐光春主编：《中华人民共和国广播电视简史（1949—2000）》，中国广播电视出版社，2003年版，第94—101页；赵玉明主编：《中国广播电视通史》，北京广播学院出版社，2004年版，第245—265页。

㉌参见杜导正：《是与非——对我漫长记者生涯的反思》，四川人民出版社，1991年版，第20—26页；杜导正：《鼓励记者讲真话》，载《炎黄春秋》1999年第1期第50页；张严平：《穆青传》，新华出版社，2005年版，第166—167页。

㉍以上参阅邓力群主编：《〈红旗〉岁月》，当代中国出版社，1998年版。

㉎参阅《熊复文集》（第五卷）（1978—1992）所载有关《红旗》文章。

㉏1958年7月，上海市委的理论刊物《解放》杂志创刊后，经张春桥推荐、柯庆施点将，将姚文元调入《解放》编辑部担任文教组长。该刊停刊后，1962年春，当时已升任上海市市委书记兼宣传部长的张春桥又把姚文元安排到《解放日报》担任编委兼文艺部主任。在此期间，姚文元相继出版《细流集》、《新松集》、《在革命的烈火中》等评论及杂文集，同时还加入了上海作家协会。以后姚文元从《解放日报》编委跃升为中共上海市委宣传部部长。1966年5月28日，经江青提议，中共中央发出文件，姚文元成为“中央文革小组”成员之一。

⑯详见李筠：《我和“三家村”》，载中共中央党史研究室、中共档案馆编：《中共党史资料》，中共党史出版社，1998年版，第58页。

⑦1958年11月22日，《人民日报》第六版专门刊载消息《北京市委理论刊物〈前线〉半月刊创刊》云："本报讯，中共北京市委主办的《前线》半月刊定于11月25日创刊。"

⑱引文见毛泽东：《给刘建勋、韦国清的信》（1958年1月12日上午7时），载新华社新闻研究所编：《新闻工作文献选编》，新华出版社，1990年版，第88页。

⑲引自毛泽东：《一九五七年夏季的形势》（一九五七年七月），载《毛泽东选集》（第五卷），人民出版社，1977年版，第463页。

⑳参阅梅白：《他们为什么怕"龚同文"?》，载《为保卫党的总路线，反对右倾机会主义而斗争》（小册子），湖北人民出版社，1959年版，第92页；龚同文《集体写作五年》，载1960年5月9日出版的《新闻战线》第9期；龚同文：《龚同文短论选》，湖北人民出版社，1959年版。

㉑《新闻日报》于1949年6月29日创刊，它的社址、印刷厂等都是原上海著名财经大报《新闻报》的资产。第一任社长金仲华，总编辑刘思慕。

㉒1961年10月31日《人民日报》第八版刊登《人民日报启事》："决定从11月1日起，每日出版一张半，星期一出一张。"

㉓参阅中国人民大学新闻系资料室编：《当代中国新闻事业编年》（一九四九年十月——一九八一年六月）（内部资料，1982年6月印刷）第102页。

㉔新中国创办最早的新闻业务研究刊物——《新闻业务》：《新闻业务》于1951年1月在北京创刊，由新华社总编室主编，系新华社内部刊物，32开本，篇幅最多时有200多页（1951年第10期达222页）。1956年10月改版为定期出版的16开本月刊，开始向全国新闻界公开征订发行，成为新中国成立后最早面向全国新闻界发行的新闻业务刊物。1958年第9期（总第60期）起，又改为半月刊（详见《新闻业务》1958年第9期第33页所载《改版的话》），直至1960年7月休刊。同年8月，《新闻业务》和《新闻战线》合并，仍用《新闻业务》刊名，由中华全国新闻工作者协会、人民日报、新华社三家联合主办，直到1966年5月因"文革"开始而停刊。在停刊15年之后的1981年7月，《新闻业务》又恢复出版，直至1986年底休刊。36年间，该刊累计出版158期。1987年1月，《新闻业务》与新华社主办的另外两个刊物《新闻纵横》、《新闻摄影》合并后，改名为《中国记者》（月刊）出版，为16开本，每期64页，期发行量4万份（1988年）。参阅余振鹏：《从〈新闻业务〉到〈中国记者〉》，载《中国记者》网络版2003年8月号。

㉕参阅《1936—1984年广播电视大事记》，载《中国广播电视年鉴》（1986年），中国广播电视出版社，1986年版，第1088—1089页。

㉖陈家兴、苏凤兰：《党直接主办的第一家晚报——〈人民晚报〉》，载《新闻与传播研究》（季刊）2001年第1期。

㉗参见中国晚报工作者协会编：《新中国晚报50年》，文汇出版社，2000年版，第353页。

㉘参见《湛江晚报创刊》，载《新闻业务》1960年第8期第21页。

㉙以上参阅《新创刊的晚报——西安晚报、南宁晚报、沈阳晚报》，载《新闻业务》1961年第5期第17页；《新创刊的晚报——武汉晚报、成都晚报》，载《新闻业务》1961年第6期第30页；向纯武：《百年中国晚报发展的四个阶段》，载方汉奇主编：《新闻春秋·中国新闻改革学术研讨会暨中国新闻史学会年会论文集》，四川大学出版社，2003年版，第76页。

㉚参阅山西日报农村版编辑室：《把教育农民的任务担负起来》、《中共山西省委发出进一步办好山西日报农村版的指示》，两文载《新闻业务》1964年第1期第12—13页。

㉛参阅陈才：《河南农民喜欢农民版》，载《新闻业务》1963年第4期第25页。

㉜参阅钟纪民：《不断向农民求教，真正办好一张农民报纸》，载《新闻业务》1964年第3期第23页。

㉝参阅《地方性报纸》，见《中国新闻年鉴》，中国社会科学出版社，1982年版，第214—279页。

㉞参阅《十二省（区）市报增出农村版》，载《新闻业务》1963年第3期第15页。

㉟引文见陶铸：《办好省报的"农民版"》（一九六二年十二月），载《陶铸文集》，人民出版社，

1987年版，第288页。

⑯南方日报社史编辑小组编：《南方日报社史》（1992年，内部印刷）第182—183页。

⑰主要参阅《专业企业报》，见《中国新闻年鉴》，中国社会科学出版社，1982年版，第295页。

⑱参阅《地方性报纸》，见《中国新闻年鉴》第214—279页；方汉奇主编：《中国新闻事业通史》（第三卷），中国人民大学出版社，1999年版，260—264页。

⑲引自黄匡宇等：《电视新闻学教程》，广东高等教育出版社，1998年版，第19页。

⑳引文见《无线电与电视》（月刊）创刊号（1958年7月3日版）所载“创刊话”。

⑩①其实，德国早在1935年3月22日就在柏林开始实验性电视广播。1936年6月15日，以德国电视专家“保罗·尼普可夫”命名的电视台举行发射开播典礼，开始正式播出电视节目，每日播出5小时。当时德国正处于希特勒纳粹党统治时期，刚诞生的电视与广播一样成为狂热宣传法西斯主义的工具。因此之故，世界上没有人把纳粹政府的电视诞生日作为世界电视纪念日。

⑩②参阅施天权、高冠钢、陆卫华编著：《当代世界广播电视》，复旦大学出版社，1999年版。

⑩③参阅陈延厚：《电视学》，台湾商务印书馆，1970年版，第2页。

⑩④1953年5月7日，中国中央广播事业局与捷克斯洛伐克广播委员会在布拉格签订合作协定，这是新中国成立后同外国签订的第一个广播合作协定。见《1936—1984年广播电视大事记》，载《中国广播电视年鉴》（1986年卷），中国广播电视出版社，1986年版，第1084页。

⑩⑤引自1956年5月28日刘少奇：《对广播事业局工作的指示》，载中国社会科院新闻研究所编：《中国共产党新闻工作文件汇编》（下册）第372页。

⑩⑥引自徐光春主编：《中华人民共和国广播电视简史》（1949—2000），中国广播电视出版社，2003年版，第102页。

⑩⑦参阅罗东：《我的回忆》，载《中国中央电视台30年（1958—1988）》，中国广播电视出版社，1988年版，第104页。

⑩⑧引文见梅益：《一个老兵的祝愿》，载《中国中央电视台30年（1958—1988）》，中国广播电视出版社，1988年版，第101页。

⑩⑨转引自郭镇之：《中国电视大事记（1955—1978）》，载《新闻研究资料》（总第46辑），中国社会科学出版社，1989年版，第170页。

⑪⓪据吴继尧：《扬报纸之长　补屏幕之短——忆中国电视报的成长道路》，载《中国中央电视台30年（1958—1988）》，中国广播电视出版社，1988年版，第679页。

⑪①以上参阅赵忠祥：《论电视节目主持人》，载《中国中央电视台30年（1958—1988）》，中国广播电视出版社，1988年版，第478页。另据考证：“节目主持人”（anchorman）名称，最早是由美国哥伦比亚广播公司（CBS）电视新闻节目制片人唐·休伊特在1952年策划报道当时美国总统大选的电视新闻时提出的。沃尔特·克朗·凯特是美国最早的著名电视节目主持人，1916年11月4日出生于密苏里州圣约瑟城。在得克萨斯大学学习时曾任《休斯敦邮报》校园记者，1937年进入合众社。第二次世界大战期间报道过欧洲、北非战场新闻，战后主持广播电台新闻节目。1950年进入哥伦比亚广播公司（CBS），成为该公司继默罗之后第二位著名的广播节目主持人。1952年，克朗·凯特以其独特的播报方式从新闻播报者转变为“电视节目主持人”（anchorman这一名词由美国哥伦比亚广播公司新闻部电视新闻节目制片人唐·休伊特最早提出，后被电视界普遍接受，并一直沿用下来）。1962年至1981年，克朗·凯特一直任该公司电视网《晚间新闻》节目主持人，在美国家喻户晓、声名卓著。1981年后，65岁的克朗·凯特退休离开《晚间新闻》主持人位置。

⑪②引文见上海人民广播电台技术部：《上海人民广播电台电视台概况》，载《无线电与电视》（月刊）（1958年11月3日版）1958年11月号第2页。

⑪③参阅徐光春主编：《中华人民共和国广播电视简史（1949—2000）》，中国广播电视出版社，2003年版，第122页。

⑪④参阅《亚洲电视46周年特刊（1957—2003）》，载《亚洲电视》（宣传册，2005年内部印刷）。

⑮引自刘少奇:《关于〈人民日报〉工作的谈话》(1961年5月1日),载北京广播学院新闻系编:《中国报刊广播文集》(四)(内部资料,1980年5月印刷)第1322页。

⑯引自胡绩伟:《刘少奇新闻观点述评》,载胡绩伟《新闻工作论说集》,工人出版社,1989年版,第100页。

⑰引文见刘少奇:《关于〈人民日报〉工作的谈话》(1961年5月1日),载北京广播学院新闻系编:《中国报刊广播文集》(四)(内部资料,1980年5月印刷)第1325页;又见胡绩伟:《报纸工作人员是调查研究的专业工作人员》,载《新闻战线》(月刊)1980年第5期第2页。

⑱引自刘少奇:《关于报纸宣传工作的讲话》(1961年4月28日),载北京广播学院新闻系编:《中国报刊广播文集》(四)(内部资料,1980年5月印刷)第1321—1322页。

⑲引自刘少奇:《关于〈人民日报〉工作的谈话》(1961年5月1日),载北京广播学院新闻系编:《中国报刊广播文集》(内部资料,1980年5月印刷)第1323—1324页。

⑳参阅刘少奇:《在扩大的中央工作会议上的报告》(1962年1月27日),载《刘少奇选集》(下卷),人民出版社,1985年版,第349—417页;金冲及主编:《刘少奇传》,中央文献出版社,1998年版,第861—875页。

㉑参阅周志兴:《刘少奇同志和党的报刊工作》,载《新闻研究资料》(总第24辑),中国社会科学出版社,1984年版,第5页。

㉒载《刘少奇选集》(上卷),人民出版社,1981年版,第396—407页。

㉓载新华社新闻研究所编:《新华社文件资料选编》(1953—1956)第三辑第417页。

㉔载新华社新闻研究所编:《新华社文件资料选编》(1953—1956)第三辑第431页。

㉕载北京广播学院新闻系编:《中国报刊广播文集》(四)(内部资料,1980年5月印刷)第1094页。

㉖以上两文俱载北京广播学院新闻系编:《中国报刊广播文集》(四)(内部资料,1980年5月印刷)第1319页、1322页;两文又载北京新闻学会编印:《刘少奇同志关于新闻工作的几次讲话》(1980年版)。以上参阅林枫:《刘少奇新闻工作论述研究》,陈力丹:《刘少奇的新闻思想及其理论意义》,两文俱载鲁振祥主编:《刘少奇百年纪念——全国刘少奇生平和思想研讨会论文集》(下),中央文献出版社,1999年版,第916、930页。

㉗参阅秉涓:《美国报纸的星期副刊》,载《新闻战线》1979年第1期第69页。

㉘参阅勤奋:《生动感人,清新多样——试评人民日报的"星期画刊"》,载《新闻业务》1961年第4期第24页。

㉙引自《编者的话》,载1958年4月2日《光明日报》第三版。

㉚以上参考穆欣:《办〈光明日报〉十年自述(1957—1967)》,中共党史出版社,1994年版,第172—182页;庞旸:《邓拓与〈光明日报·东风〉》,载1999年7月16日《光明日报》第十一版。

㉛详见1955年11月5日《中国青年报》头版报眼位置所载消息《本报改日报征求意见启事》。

㉜引自《中国青年报的〈星期天〉副刊》,载《新闻业务》1961年第4期第12页。

㉝参阅《黑龙江日报》文艺组:《初办〈星期日〉副刊的体会》,载《新闻业务》1961年第4期第33页。

㉞引自《四川日报》文艺组:《四川日报的〈每日副刊〉》,载《新闻业务》1961年第4期第35页。

㉟转引自顾行、成美:《邓拓传——一个毕生追求真理和光明的人》,山西教育出版社,2002年版,第104—105页。

㊱参阅王必胜:《邓拓评传》,群众出版社,1986年版,第193页。

㊲㊳顾行、成美:《邓拓传——一个毕生追求真理和光明的人》,山西教育出版社,2002年版,第112页。

㊴《邓拓文集》(第一卷),北京出版社,1986年版,第2—3页。

㊵参阅李筠:《我和"三家村"》,载《中共党史资料》(总第66辑),中共党史出版社,1998年版,

第58页；李海鸥：《〈前线〉杂志记往》，载《编辑之友》1988年第5期。

⑭吴南星：《三家村劄记》，人民文学出版社，1979年版。

⑭袁鹰、姜德明：《〈长短录〉的始末与功“罪”》，载夏衍等著：《长短录》，人民日报出版社，1980年版，第91页。

⑭参考道迟：《青年读者的知心朋友——读〈青春寄语〉杂文有感》，载《新闻业务》1963年第4期第17页。

⑭参阅陈理源：《新民报副刊·在抗日烽火中诞生》，载《新闻研究资料》（总第24辑），中国社会科学出版社，1984年版，第177—179页。

⑭引自新民晚报史编纂委员会：《飞入寻常百姓家——新民报、新民晚报七十年史》，文汇出版社，2004年版，第280页。

⑭参阅张林岚：《赵超构传》，文汇出版社，1999年版，第260—261页。

⑭“五层楼”为广州越秀山上古建筑“镇海楼”的俗称，为20世纪五六十年代广州市标志性建筑之一。

⑭参阅《羊城晚报》2007年9月20日“羊城晚报创刊50周年纪念特刊”。

⑭参见新华社西藏分社：《在报道征服珠穆朗玛峰的日子里》，载《新闻业务》1960年第4期第30页。

⑮引自郭超人：《在写作技巧的背后——谈记者的基本素质》，载《新闻业务》1985年第12期第7页。

⑮郭超人：《和英雄的登山队员们在一起——从珠穆朗玛峰归来后写给〈新闻业务〉的一封信》，载《新闻业务》1960年第6期第39页。

⑮详见《体育报》记者夏小友：《珠穆朗玛采访三月》，载《新闻业务》1960年第4期第32页。

⑮主要参阅郭超人：《郭超人作品选·前言》，新华出版社，1999年版；郭超人：《在写作技巧的背后》，载郭超人：《喉舌论》，新华出版社，1998年版；《郭超人同志生平》，载新华社新闻研究所主办的《新闻业务研究》2000年第12期第3页；《参考消息》2000年6月21日有关郭超人病逝的报道。

⑮《随行纪谈》，广东人民出版社，1960年版（全书约8万字，每本定价3角）。

⑮参阅林里：《从〈西行纪谈〉里学习些什么》，载《新闻业务》1961年第4期第4页；林里：《忆旧话往说春秋》，载《新闻战线》1999年第10期第54页。

⑮陶铸：《〈随行纪谈〉序言》，载《新闻业务》1961年第2期第1页。

⑮参阅湖北日报记者：《〈江汉纪行〉的采写》，载《新闻业务》1961年第5期第10页。

⑮以上主要参阅林里：《我当记者五十年》，中央文献出版社，1997年版；黄东生、古志英：《奔走在改革前线的“记者王”林里》。

⑮ ⑯引自傅军：《如临其境——第二十六届世界乒乓球锦标赛的实况广播》，载1961年4月16日《人民日报》第六版。

⑯主要参考张之：《我与体育广播四十年》，载1991年3月26日《中国广播报》第13期（总第1181期）第四版、4月2日出版的第14期（总第1182期）第四版。

⑯引自郑挺军：《用生活中生动的具体事例教育群众——通讯〈“一厘钱”精神〉读后感》，载《新闻业务》1963年第5、6期合刊第21页。

⑯《非事件性新闻》（1963年1月），载《穆青论新闻》，新华出版社，2003年版，第78页。

⑯“文革”中的1972年1月，根据此题材编成的“样板戏”《龙江颂》曾风靡全国，影响极大。

⑯以上参考潘杏英：《〈李峰文集〉的启示》，载《出版科学》2002年第1期。

⑯引自《毛泽东新闻工作文选》，新华出版社，1983年版，第218页。又参阅新华社记者陈谈强谈新闻报道经验的文章《一次新的尝试——北京“大白菜”专题报道回顾》，载《新闻业务》1965年第1、2期合刊第47页。

⑯转引自《毛泽东新闻工作文选》，新华出版社，1983年版，第39—40页。

⑯《中共中央关于调查研究的决定》，引自《整风文献》（订正本）第59页。

⑯见根瑟·斯坦因：《毛泽东印象记》（东北书店），转引自谢骏：《延安大生产运动中的典型给予毛泽东同志的启示》，载《暨南青年学者论文集》，广东人民出版社，1989年版，第69页。

⑰详见1944年9月21日《解放日报》头版所载消息《警备团追悼战士张思德同志　毛主席亲致哀悼》报道9月8日追悼会情况。

⑰转引自《毛泽东新闻工作文选》，新华出版社，1983年版，第174—175页。

⑰安岗：《论典型报道》，载安岗《新闻论集》，天津人民出版社，1982年版。

⑰王卫国：《“狼牙山五壮士”是怎样报道出来的》，载《新闻与写作》2005年第1期第37页。

⑰胡乔木：《胡乔木回忆毛泽东》，人民出版社，1994年版，第239—240页。

⑰吴满有本人后来入了党，当了干部。1947年3月间，国民党军队胡宗南部进犯延安，吴满有被胡部俘虏。他“被俘失节”，投向国民党，在南京发表反共广播讲话。1959年3月，66岁的吴满有郁郁而死。

⑰以上参阅《莫艾小传》，载李春林主编：《光明日报历任总编辑文选》，光明日报社，1999年版；王忠人：《〈光明日报〉发表“按既定方针办”一文始末》，载《炎黄春秋》2003年第2期；王忠人：《“四人帮”控制舆论的一个剪影》，载《炎黄春秋》2004年第4期；周建英：《“好婆婆莫艾”》，载《炎黄春秋》2002年第11期。

⑰据安岗：《论典型报道》，载安岗《新闻论集》，天津人民出版社，1982年版，第49页。

⑰穆青：《记者应当建立调查研究的“生活基地”》，载《穆青论新闻》第413页。

⑰参见安岗：《论典型报道》，载安岗：《新闻论集》，天津人民出版社，1982年版，第50页。

⑱王万发、宋兆田：《我们的战友董存瑞》，载樊易宇、邓生斌编：《震憾人心的历史瞬间——解放军报“光荣传统”版回忆录选编》，长征出版社，2005年版，第270页。

⑱新华社国内新闻编辑：《对上甘岭战役报道工作的意见》，载新华社总社编：《新闻业务》1953年第17期；王玉章：《〈马特洛索夫式的英雄黄继光〉一稿采写经过》，载新华社总社编：《新闻业务》第17期。

⑱引自《毛泽东新闻工作文选》，新华出版社，1983年版，第176页。

⑱据《河北日报》、《唐山日报》记者组：《深刻揭示人物的精神面貌——〈邢燕子发愤图强建设新农村〉一稿的采写经过》，载《新闻业务》1960年第4期第21页。

⑱参考《江西日报通过典型人物对读者进行革命传统教育》，载《新闻业务》1961年第1期第7页。

⑱方宏向：《奋斗之树常青——“南京路上好八连”40周年宣传的几点收获》，载《军事记者》2003年第9期（总第512期）。

⑱力军：《活的典型是威力强大的精神武器——解放军报是怎样宣传推广郭兴福教学方法的》，载《新闻业务》1964年第9期第9页。

⑱参阅《解放军报》编辑部：《我们在宣传雷锋中学到些什么?》，载《新闻业务》1963第4期第1页。

⑱引自《解放军报》编辑部：《我们在宣传雷锋中学到些什么?》，载《新闻业务》1963年第4期第1页。

⑱以上参阅李禹兴：《伟大号召从中南海发出——毛主席“向雷锋同志学习”题词发表前后》，载《新闻战线》1999年第10期第57页。

⑲以上参考《全国各地报纸连续突出地宣传雷锋的模范事迹》，载《新闻业务》1963年第3期第14页。

⑲引自解放军报社党委会：《更高地举起毛泽东思想伟大红旗　为提高〈解放军报〉的现实性理论性而奋斗》，载《新闻业务》1964年第5期第7页。

⑲引自《山西日报》农村部：《典型报道和时代精神——大寨报道的前前后后》，载《新闻业务》

1964年10、11期合刊第5页。

⑬桑齐：《读通讯〈大寨之路〉》，载《新闻业务》1964年第3期第29页。

⑭详见范银怀：《〈大寨之路〉发表前后》，载《中国记者》1993年第7期。

⑮引自《山西日报》农村部：《典型报道和时代精神——大寨报道的前前后后》，载《新闻业务》1964年10、11期合刊第5页。

⑯1963年12月5日，新华社播发消息《中国石油工业今全面丰收》。

⑰参阅余志恒：《六十年代大庆行》，载《新闻业务》1984年第12期第18页；冯健：《世人初识大庆》，载《中国记者》1999年第9期第15页。

⑱1964年2月1日，《人民日报》发表社论《全国都要学习解放军》云：学习解放军，就是要学习解放军坚持"四个第一"的原则（"把人的因素放在第一位"、"把政治工作放在第一位"、"把思想工作放在第一位"、"把活的思想放在第一位"）和解放军的"三八作风"（三句话："坚持坚定的政治方向、艰苦朴素的工作作风、灵活机动的战略战术"。八个字："团结、紧张、严肃、活泼"）。

⑲引自张严平：《穆青传》，新华出版社，2005年版，第208—209页。

⑳引自冯健：《焦裕禄活在人民心中》，载《新闻战线》1999年第10期第60页；新华社兰考采访小组：《焦裕禄的革命精神教育了我们——采写〈县委书记的榜样——焦裕禄〉的几点初步体会》，载《新闻业务》1966年第3期第1页。

㉑引自冯健：《焦裕禄活在人民心中》，载《新闻战线》1999年第10期第60页；新华社兰考采访小组：《焦裕禄的革命精神教育了我们——采写〈县委书记的榜样——焦裕禄〉的几点初步体会》，载《新闻业务》1966年第3期第1页。

㉒引自穆青：《十个共产党员》（序），新华出版社，1996年版。

㉓以上主要参阅穆青：《我的记者生涯》，连载于《中国记者》杂志2001年第1—12期；张严平：《穆青传》，新华出版社，2005年版；张惠芳、王昉：《人民记者穆青》，河南人民出版社，2003年版。

㉔引自新华社总社：《宣传典型应注意的问题》（1961年3月16日），载新华社新闻研究所编：《新华社文件资料选编》第4辑（1957—1961）（内部资料，1987年印刷）第557页。

㉕林里：《我当记者五十年》，中央文献出版社，1997年版，第246页。

㉖参见任景坡：《我喜欢看加片》，载1961年4月15日《人民日报》第八版。

㉗参阅高维进：《中国新闻纪录电影史述略》，载《新闻研究资料》（总第47辑），中国社会科学出版社，1989年版，第194页。

㉘参考方方：《中国纪录片发展史》，中国戏剧出版社，2003年版，第196页。

㉙参阅申饮雪：《新闻简报》，载1961年4月23日《人民日报》第五版。

㉚参考方方：《中国纪录片发展史》，中国戏剧出版社，2003年版，第189页。

㉛参阅高维进：《伟大时代的纪录——看纪录片〈两种命运的决战〉》，载1961年7月2日《工人日报》第四版。

㉜参阅罗竹风《"杂家事件"的前前后后》、余仙藻《雨过天晴话杂家》，载1986年10月13日出版的《杂家》创刊号；余仙藻：《忆罗老话杂家》，载《罗竹风纪念文集》，1997年版；文汇、新民联合报业集团新闻研究所编：《文汇报六十年大事记》（1938—1998）（2001年5月内部印刷）第340—341页。

㉝引自《红旗》1967年第9期社论《伟大的真理，锐利的武器》，该文又载1967年5月28日《人民日报》头版。

㉞参阅《小说〈刘志丹〉事件：康生阴谋策划的当代文字狱》，载2005年10月24日"科学人网站"；《何家栋访谈：关于小说〈刘志丹〉写作的前前后后》，2008年3月23日网上刊载；李建彤：《刘志丹》，工人出版社，1980年版，；李建彤：《刘志丹》（第一至第三卷），文化艺术出版社，1984年版。

㉟参阅文汇报编委会：《文汇报的三十四年》，载《新闻研究资料》（第20辑），中国社会科学出版社，1983年版，第9页。

㊱引自《毛主席1964年8月在关于公开放映和批判电影〈北国江南〉、〈早春二月〉的报告上的批

示》，转引自人民日报评论员文章：《高举革命的批判旗帜，彻底批判修正主义影片》，载1967年5月31日《人民日报》第三版。

㉑⑦1967年5月31日《人民日报》头版刊载社论《革命文艺的优秀样板》云："为了纪念毛主席《在延安文艺座谈会上的讲话》发表二十五周年，首都舞台上正在上演八个革命样板戏：京剧《智取威虎山》、《海港》、《红灯记》、《沙家浜》、《奇袭白虎团》，芭蕾舞剧《红色娘子军》、《白毛女》，交响乐《沙家浜》。"当天《人民日报》第五、六、七、八版几乎4个整版刊登京剧《沙家浜》剧本及台词。

第三章 “十年‘文革’”中的新闻传播业
（1966年5月—1976年10月）

概 论

从1966年5月到1976年10月，中华人民共和国的历史进入了一个特殊的时期，即“文化大革命”时期（简称“十年‘文革’”）。“十年‘文革’”大致可分为以下三个阶段：

第一阶段：从1966年5月“文化大革命”发动到1968年底、1969年初，这是“十年‘文革’”的初期。

1966年5月4日至26日，中共中央政治局扩大会议在人民大会堂召开（毛泽东此时依然住在杭州，未出席会议，但他冷眼旁观着北京的动静），这次会议是“文革”发动的标志。会议由刘少奇主持，由康生向毛泽东汇报，与会者总共76人。这次会议的主要内容是5月16日上午经全体表决，通过了《中国共产党中央委员会通知》，即《五·一六通知》。①这个《通知》实质上是全面发动“文化大革命”的信号，是中共“左”派宣言书。《通知》提出“无产阶级在上层建筑其中包括在各个文化领域的专政”的命题，号召用专政的手段，用“你死我活的斗争”，去解决各个文化领域的问题。整篇《通知》杀气腾腾，血腥味十足。《通知》的内容主要分三部分：①“撤销一九六六年二月二十日批转的《文化革命五人小组关于当前学术讨论的汇报提纲》，撤销原来的‘文化革命五人小组’及其办事机构，重新设立文化革命小组，隶属于政治局常委之下”②；②归纳、列举出1966年2月12日由中央批转的《文化革命五人小组关于当前学术讨论的汇报提纲》的十大“主要错误”；③号召“全党必须遵照毛泽东同志的指示，高举无产阶级文化革命的大旗，彻底揭露那批反党反社会主义的所谓‘学术权威’的资产阶级反动主张，彻底批判学术界、教育界、新闻界、文艺界、出版界（所谓“五界”——引者注）的资产阶级反动思想，夺取在这些文化领域中的领导权”。

1966年8月1日至12日，中共八届十一中全会在北京召开。全会讨论通过了《关于无产阶级文化大革命的决定》（“十六条”）。“十六条”和《五·一六通知》是“文化大革命”全面发动的标志。“十六条”规定“文化大革命”的斗争目标是斗垮“走资本主义道路的当权派”，批判“资产阶级反动学术权威”，把领导权夺回到无产阶级手中来；进行“文化大革命”的方法是运用“四大”（大鸣、大放、大字报、大辩论）。会后，中央政治局和中央书记处的大部分权力逐渐为“中央文化革命小组”（简称“中央文革”）所掌握，“中央文革”成为“文化大革命”的实际指挥机构。

中共八届十一中全会以后，全国掀起批判“资产阶级反动路线”的狂潮，矛头直指刘少奇、邓小平。“红卫兵”运动突起，并在全国范围内进行“大串联”。他们把“中央文革”的旨意带到全国各地，引起了各地的大动乱，使各地方政府及组织陷入瘫痪。[③]红卫兵的行径主要包括：①打着“破四旧”（破除旧思想、旧文化、旧风俗、旧习惯）的旗号，烧古籍、毁文物、破坏名胜古迹；②肆意践踏人权，批斗专家、学者、权威，抄家，打、砸、抢，所谓“横扫一切牛鬼蛇神”；③鼓动造反，鼓吹动乱，“炮打”、冲击当地党政领导机关，揪斗所谓的“走资派”；④红卫兵内部派别林立，对立两派之间“文攻武卫”，武斗频繁，派仗惨烈。

1967年1月6日，以王洪文为首的“上海工人革命造反司令部”等32个造反派组织在江青、陈伯达、张春桥等的策动下，召开“打倒上海市委大会”，夺了上海市委的权，刮起了所谓的“一月风暴”。1月8日，毛泽东表示支持：“这是一个阶级推翻另一个阶级，这是一场大革命。”此后，全国掀起“夺权”高潮，许多地方甚至发展成为武斗。1967年7月至9月，全国局面一片混乱，打、砸、抢、抓、抄肆行无阻，各造反派之间武斗急剧升级，“全面内战”展开，全国大乱。与此同时，又开始“揪军内一小撮”冲击部队机关。

从1967年1月上海“夺权”起，到1968年9月初止，经历了20多个月错综复杂的斗争，全国（除台湾外）29个省、市、自治区先后成立了由所谓“三结合”组成的“革命委员会”的临时权力机构，实现了“全国山河一片红”。[④]

1968年10月，中共八届扩大的十二中全会对“文化大革命”的理论和实践作了完全的肯定。全会决定把刘少奇开除出党。全会通过的《中国共产党章程（草案）》规定：“林彪同志是毛泽东同志的亲密战友和接班人。”

1968年12月22日，《人民日报》以《我们也有两只手，不在城里吃闲饭》为题，报道了甘肃省会宁县部分城镇居民奔赴农村生产第一线，到农村安家落户的消息。[⑤]《人民日报》在“编者按”中发表毛泽东的指示（又称“一二·二二指示”）：“知识青年到农村去，接受贫下中农的再教育很有必要。要说服城里的干部和其他人，把自己初中、高中、大学毕业的子女送到乡下去，来一个动员。各地农村的同志应当欢迎他们去。”这个指示发表后，很快在全国范围内形成知识青年“上山下乡”的浪潮。当时，由于招生考试制度（包括高考制度）已被废除，造成66、67、68届初、高中毕业生（俗称“老三届”）大量积压在城镇的现象。因此，这批人最先“上山下乡”。当年，“上山下乡”的城镇知识青年达199.68万人（不含大专毕业生）。其中，到人民公社插队的有165.96万人，到国有农场、林场的有33.72万人。此外，还有60万城镇居民“下乡”。据统计，整个“文革”期间“上山下乡”的知识青年达1 600多万人，国家和企事业单位为安置知识青年“上山下乡”所支出的经费超过100亿元。[⑥]

在“文革”初期的运动中，“红卫兵”是主角。1968年底至1969年初，由于大量的知识青年“上山下乡”，“红卫兵”遂成为牺牲品，“红卫兵”运动也告一段落。

“文革”初期阶段，我国新闻传播业的重要特点是大字报的泛滥及红卫兵小报的流行。

第二阶段：从1969年4月中共“九大”的召开到1973年8月中共“十大”的召开，这是“十年‘文革’”的中期。

1969年4月1日至24日，中国共产党在北京召开了第九次全国代表大会。这是一次延期召开的党的全国代表大会。按照中共党章第三十一条和第三十三条之规定，党的全国代表大会每届任期5年，党的中央委员会任期也是5年。而中共“九大”的召开却离

1956年9月15日至27日召开的“八大”相距有12年零7个月之久，再加上当时各地党组织都处于瘫痪状态，因此，“九大”是在非常不正常的状况下召开的一次党的全国代表大会，也是一次十分关键的党的全国代表大会。大会的议程是：由毛泽东主持开幕式，并致开幕词；林彪代表党中央作政治报告；修改《中国共产党章程》；选举党的中央委员会。林彪的政治报告以“无产阶级专政下继续革命的理论”为核心，充分肯定了“文化大革命”的所谓“经验”。“九大”通过了这个政治报告，从而进一步使“文化大革命”的错误在理论和实践上合法化，并得以延续下去。大会通过的新党章去掉了有关党员民主权利的规定，把林彪直接定为毛泽东的“接班人”，并写进了《总纲》。大会选举了第九届中央委员会，林彪、江青集团的一批骨干和亲信进入了中央委员会，这就加强了他们在中央委员会的地位。总之，“九大”自始至终弥漫着“左”倾狂热和浓厚的个人崇拜气氛。这次大会在思想上、政治上、组织上的指导方针都是错误的。

“九大”以后，全国的动乱局面并未真正稳定下来，毛泽东又提出：“无产阶级文化大革命还有些事没有做完，现在还要继续做，譬如讲斗、批、改。”⑦根据这个指示进行的所谓“斗、批、改”工作包括：“一打三反”继续清理阶级队伍；继续开展“革命大批判”；继续在清理阶级队伍的基础上“吐故纳新”，整党建党。同时还开展精简机构、下放干部，走所谓的“五七道路”，使大批干部、知识分子受到迫害；进行所谓的“教育革命”，造成教学秩序的混乱和教育质量的普遍下降，等等。

1970年至1971年间，发生了林彪反革命集团阴谋“抢班夺权”、策动反革命武装政变的事件。“毛泽东、周恩来同志机智地粉碎了这次政变。”周恩来在毛泽东的支持下主持中央日常工作，在政治、经济、外交等方面采取了许多措施，使各方面工作有了转机，但同时也遭到江青等人的干扰和攻击。在此期间，周恩来还正确地提出要批判极“左”思潮的意见，而毛泽东却错误地认为当时的任务仍然是反对极“右”，使“九大”以来的“左”倾错误愈演愈烈。1973年8月24日至28日，中共第十次全国代表大会在北京举行。大会仍然坚持“无产阶级专政下继续革命的理论”，并且错误地肯定“‘九大’的政治路线和组织路线都是正确的”。在8月30日召开的中共十届一中全会上，江青、张春桥、姚文元、王洪文都被选入了中共政治局（王洪文还当上了中共中央副主席，张春桥进了政治局常委）。从此，王、张、江、姚在政治局内结成“四人帮”宗派集团。

这一阶段新闻宣传的特点是：斗、批、改运动中集体典型“经验”报道（如“六厂二校”）和“反潮流”人物的个人典型报道（如张铁生等）在报纸上大量涌现。

第三阶段：从1973年8月中共“十大”到1976年10月粉碎“四人帮”反革命集团，这是“十年‘文革’”的后期。

1973年下半年，毛泽东几次谈到“评法批儒”的问题，并写了《读〈封建论〉——呈郭老》一诗，⑧其目的是针对那些怀疑，甚至否定“文化大革命”的看法，提倡“社会要向前发展，反对倒退”。但他当时并没有主张发动一场大规模“批林批孔”的政治运动。⑨

“十大”以后，以江青为首的“四人帮”却认为“批孔”是个好由头，可以借“批孔”、“批儒”把攻击矛头一步步指向周恩来。他们采用影射的手法借古讽今，“评法批儒”，“批林”、“批孔”、“批周公”、“批宰相”、“批大儒”，以达到一举打倒周恩来的目的，扫除他们夺取最高权力的严重障碍。为此，“四人帮”在“十大”以后就开始组建写作班子，发表“批孔”、“批儒”文章。1973 年 9 月 4 日，《北京日报》发表北京大学、清华大学大批判组署名“梁效”的文章《儒家和儒家的反动思想》。这是北京大学、清华大学大批判组以“梁效”为笔名公开发表的第一篇重要文章。据统计，“从此至 1976 年 10 月，两校大批判组共撰写了 219 篇文章，公开发表的有 181 篇，‘四人帮’亲自点题授意的文章有 36 篇”[10]。“四人帮”操纵的“大批判组”及“写作组”的出现是“文革”后期的一大特点。

1974 年 1 月初，以江青为首的“四人帮”提出开展“批林批孔”运动，并获得毛泽东的批准。从此，“批孔”、“评法批儒”运动在全国铺开。

1975 年初，四届人大确定了以周恩来为总理、邓小平为副总理的国务院人选。会后不久，周恩来病重，邓小平在毛泽东、周恩来的支持下主持中央日常工作，着手对工业、农业、交通、教育、科技等方面进行全面的整顿，使国内形势有了明显好转。但毛泽东不能容忍邓小平系统地纠正“文化大革命”的错误，先是号召学习“无产阶级专政理论”，继而发动“批邓、反击右倾翻案风”运动。这时，报刊上有关的批判文章连篇累牍，充斥版面。

1976 年 1 月 8 日，周恩来逝世，全国各地以各种方式举行悼念活动，声讨“四人帮”，并对所谓的“批邓、反击右倾翻案风”运动表示抗议。3 月下旬，南京市的学生、工人举行游行，揭露和声讨“四人帮”手下把持上海《文汇报》制造的反周恩来事件，但他们的游行受到了阻挠和压制。从 3 月底开始，北京市数百万群众也不顾“四人帮”的禁令，自发到天安门广场悼念周恩来。他们在天安门广场献花圈、献花篮、张贴传单、朗诵诗词、发表演说，抒发对周恩来的悼念之情，痛斥“四人帮”的倒行逆施，支持以邓小平为代表的党的正确路线。4 月 4 日晚及 4 月 5 日，北京天安门广场的悼念活动及抗议活动遭到镇压。

1976 年 9 月 6 日，毛泽东逝世，“四人帮”因此加快了篡党夺权的步伐。9 月 16 日，由“四人帮”把持的《人民日报》、《红旗》杂志和《解放军报》发表社论《毛主席永远活在我们心中》。社论第一次提出了“四人帮”伪造的毛泽东遗嘱：“按既定方针办。”10 月 14 日，《光明日报》登载“四人帮”的喉舌——“梁效”炮制的文章《永远按毛主席的既定方针办》，企图将华国锋等人打倒，篡夺党和国家的最高领导权。以华国锋、叶剑英、李先念等为核心的中央政治局，以快制快，先发制人，一举粉碎了“四人帮”，从根本上挽救了党和国家，结束了“文化大革命”这场灾难。

1981 年 6 月，中共十一届六中全会通过的《关于新中国成立以来党的若干历史问题的决议》，对“十年‘文革’”作了经典的定案：“历史已经判明，‘文化大革命’是一场由领导者错误发动，被反革命集团利用，给党、国家和各族人民带来严重灾难的内乱。”这场浩劫也给我国的新闻传播业带来毁灭性的打击和摧残。据统计，1965 年，我国报纸总数为 343 种，期刊 790 种。“文革”开始后，报刊数量逐年递减。如 1966 年，全国报纸急剧下降至 49 种，期刊 191 种；1967 年报纸 43 种，期刊仅 27 种；1968 年报纸 42 种，期刊 22 种；1969 年报纸仍是 42 种，期刊再降至最低数，仅 20 种；1970 年报纸还是 42 种，期刊仅存 21 种。[11]在广播方面，“文革”中，林彪、江青反革命集团强令各地广播电台一律停止自办节目，全部转播中央人民广播电台的节目，而中央人民广播电台的宣传又必须照播由他们把持的“两报一刊”等刊登的稿件。1969 年 5 月 26 日，中央台开始增加“革命样板戏”的播出时间。“革命样板戏”占全天文艺节目播出时间的 85% 以上。[12]在电视方面，“这一阶段的电视宣传，受到‘左’的路线的严重影响，特别是在‘四人帮’的直接控制下，电视节目全面退化，内容形式单调乏味”⑬。

第一节 “文革”前期的新闻传播活动（1966年5月—1969年3月）

一、“文革”初期的新闻界

【为“文革”全面铺开而大造舆论的新闻界】首先批吴晗：“文化大革命”的导火索最早从上海点燃。1965年11月10日，上海《文汇报》发表姚文元《评新编历史剧〈海瑞罢官〉》一文。此文由江青、柯庆施、张春桥、姚文元等在上海秘密炮制，保密七八个月，九易其稿，最后经当时在上海的毛泽东审阅后发表。文章的主旨是公开点名批判当时北京市副市长、明史专家吴晗。把吴晗写的京剧剧本《海瑞罢官》中有关海瑞“退田”、“平冤狱”等情节，与1962年以来受到批判的所谓“单干风”、“翻案风”联系起来；硬说“退田”、“平冤狱”就是为“单干风”、“翻案风”“打抱不平，为他们翻案，使他们再上台执政”；“就是当时资产阶级反对无产阶级专政和社会主义革命的斗争焦点”，“是一株毒草”。该文在发表前，中共中央政治局和书记处的成员都不知道。文章发表后，各地报纸纷纷转载。

《评新编历史剧〈海瑞罢官〉》在上海报纸上发表后，由于当时在京的中央领导人周恩来及以彭真为首的中央书记处决定采取慎重态度，所以北京的报刊在十多天内都没有转载此文。当时，《人民日报》总编辑吴冷西在北京请示了中央，也决定不转载。北京市市长彭真对事先不同他打招呼、便公开点名批判北京市副市长及著名史学家吴晗表示不满，因此，北京市委机关报《北京日报》也未转载姚文元的文章。这就使当时在上海的毛泽东大为不满，他指责北京市委是“针插不进、水泼不进”的独立王国。

毛泽东见首都各报尚无动静，于是指示上海出小册子广为发行。在强大的压力下，北京市委召开会议，商定北京各报转载姚文元的文章。1965年11月29日，《北京日报》先转载姚文。11月30日，《人民日报》在第五版《学术研究》专栏一整版及第六版部分版面也予以转载，并在文前加了“编者按”。按语只是把“海瑞这个历史人物和《海瑞罢官》这出戏”作为学术问题来讨论，并强调要根据“百花齐放、百家争鸣”的方针开展平等的讨论——“既容许批评的自由，也容许反批评的自由，对于错误意见，我们也采取说理的方法，实事求是，以理服人”。这篇900多字的“编者按”由《人民日报》总编辑吴冷西主持起草，由周恩来和彭真分别审阅定稿后，发表在《人民日报》第五版的《学术研究》专栏里。显然，这与毛泽东的意图背道而驰。12月1日，《光明日报》才对姚文予以转载。但是，一贯极“左”的《解放军报》抢在《人民日报》之前，于11月29日转载了姚文，并发表编者按语，指斥《海瑞罢官》为反党反社会主义的“大毒草”。在此期间，毛泽东曾说：“我只看《解放军报》，不看《人民日报》！”

《二月提纲》的出台：姚文元的文章发表后，立即引起强烈反响，出现了不同意见。

江青、张春桥他们把不同意姚文元观点的大量反对意见都列入“右派言论”，借此对知识分子，特别是中老年知识分子进行打击，一时在学术界、文化界引起了很大的思想混乱。而为了把《海瑞罢官》的批判置于党的领导之下及学术讨论的范围之内，1966年2月3日，彭真以“中央文化革命五人小组”组长的身份召开扩大会议。⑭出席会议的有五人小组成员中的彭真、陆定一、康生、吴冷西，以及许立群、胡绳、姚溱、王力、范若愚、刘仁、郑天翔，共计11人。会议由彭真主持，讨论了学术批判中出现的问题。会后根据彭真的总结发言，整理成《文化革命五人小组关于当前学术讨论的汇报提纲》（后来被称为《二月提纲》）。《提纲》试图对学术讨论中“左”的偏向加以限制，要求“坚持毛泽东同志1957年3月在党的全国宣传工作会议上所讲的‘放’的方针”，提出“要坚持实事求是，在真理面前人人平等的原则”；“要以理服人，不能像学阀一样武断和以势压人”；“要提倡‘坚持真理，随时修正错误’”；“要认真刻苦地学习毛泽东思想和进行学术研究，掌握大量资料，进行科学分析，把学术推向前进”；“要准许和欢迎犯错误的人和学术观点反动的人自己改正错误，对他们要采取严肃和与人为善的态度”。另外，《提纲》还提出“报上公开点名作重点批判要慎重”等问题。2月5日，《提纲》在由刘少奇主持的中央政治局在京常委讨论会上通过，2月12日，由中共中央将《提纲》发到全党。

根据这个《提纲》的精神，中共中央宣传部（以下简称“中宣部”）没有同意发表关锋、戚本禹对《海瑞罢官》从政治上无限上纲的批判文章，毛泽东对此极为不满。3月28日至30日，他在杭州三次同江青、康生等人谈话，严厉指责北京市委、中宣部包庇坏人，不支持“左”派。他说，北京市委是“针插不进、水泼不进”的独立王国，要解散市委，中宣部是“阎王殿”，要“打倒阎王，解放小鬼”；吴晗、翦伯赞是学阀，上面还有包庇他们的大党阀。他还点名批评邓拓、吴晗、廖沫沙三人撰写的《三家村劄记》和邓拓写的《燕山夜话》是反党反社会主义的。毛泽东还号召地方造反，向中央进攻，说各地应多出一些孙悟空大闹天宫。毛泽东的这一番话，预示着“文化大革命”这场灾难即将来临。

接着批邓拓：1966年5月4日至20日，京、沪两地的新闻界开始对邓拓及《三家村劄记》的作者们和北京市委进行规模空前的大围攻。

20世纪60年代初，一贯“左”得出奇的《解放军报》打头阵。1966年5月3日，《解放军报》于当天晚上23时，将准备4日发表由毛泽东亲自审定的社论《千万不要忘记阶级斗争》清样送到《人民日报》，要求《人民日报》4日同时见报。但当时主持《人民日报》工作的副总编辑不知内情，决定推迟到5日见报。5月4日，《解放军报》头版头条大半版篇幅刊登社论《千万不要忘记阶级斗争》。文章云：“毛主席教导我们，社会主义还存在着阶级和阶级斗争，存在着社会主义和资本主义这两条道路的斗争。单有在经济战线上（在生产资料所有制上）的社会主义革命，是不够，并且是不巩固的。必须还有一个政治战线上和一个思想战线上的彻底的社会主义革命。”《人民日报》迟一天于5月5日在当天头版下半版位置转载该文，但转载时作了删节，“摘要”刊登，并且将原题改为新闻标题：《〈解放军报〉发表题为〈千万不要忘记阶级斗争〉的社论（引题）积极参加意识形态领域中的阶级斗争　坚决把社会主义文化大革命进行到底（主题）》，有意识地淡化了阶级斗争的色彩。不料此举为《人民日报》不久即来临的“厄运”埋下了“祸根”。5月5日的《人民日报》出版后，《解放军报》总编辑唐平铸就将此情况报告了有关中央领导。5月7日，在政治局扩大会议上，主持会议的康生追查《人民日报》5日转载《千万不要忘记阶级斗争》社论的问题，责令《人民日报》登报公开检讨。5月9日，康生、陈伯达、张春桥等在人民大会堂召开的新闻系统负责人会议上又一次严厉批评《人民日报》5日节载社论的问题，但说考虑到国际影响，可以不在报上公开检讨。5月8日，《解放军报》又发表由江青主持起草，署名“高炬”的文章《向反党反社会主义的黑线开火》；同日，《光明日报》头版下半版发表“何明”（关锋）的文章《擦亮眼睛，辨别真假》。高炬的文章指斥邓拓是“三家村”黑店的掌柜，《燕山夜话》、《三家村劄记》“以谈历史、传知识、讲故事、说笑话作幌子，借古讽今，指桑骂槐，含沙射影，旁敲侧击，对我们伟大的党进行了全面的、恶毒的攻击”；《前线》和《北京日报》4月16日对《三家村劄记》和《燕山夜话》的批判是“假批判之名，行掩护之实，打起斗争的招牌，干着包庇的勾当”，是北京市委“舍车保帅”的阴谋，等等。5月8日的《解放军报》和《光明日报》同时在当天报纸的第二、三版用两整版的篇幅刊登林杰、马泽民、阎长贵、周英、滕文生、靳殿文六人采用断章取义的方式，分类摘编的题为《邓拓的〈燕山夜话〉是反党反社会主义的黑话》的长篇材料。5月10日，上海的《解放日报》和《文汇报》同时发表姚文元的文章《评“三家村”——〈燕山夜话〉、〈三家村劄记〉的反动本质》。5月11日，《人民日报》、《光明日报》、《解放军报》都从第一版下半版到第三版、四版整版连载刊登《评“三家村”——〈燕山夜话〉、〈三家村劄记〉的反动本质》。5月11日出版的《红旗》杂志1996年第7期发表戚本禹的文章《评〈前线〉、〈北京日报〉的资产阶级立场》（5月16日《人民日报》头版全文转载）。5月14日《人民日报》头版发表林杰的文章《揭破邓拓反党反社会主义的面目》。5月15日，《人民日报》第四、五版两整版及第六版小半版连载鲍蔚文、吴英、钟华摘编的所谓“《燕山夜话》反动内容摘要”：《请看“三家村”的反动真面目》。5月20日，《人民日报》第二版发表郑公盾的文章《〈北京文艺〉在为谁服务?》，说《北京文艺》是“‘三家村’黑店的一个分店”。《新闻业务》1966年第5期除转载姚文元、戚本禹、高炬、何明等恶毒攻击邓拓的文章外，还在《高举毛泽东思想伟大红旗，彻底捣毁“三家村”大黑店》的特大标题下，发表了该刊编者写的《〈学艺札记〉是“三家村”反党反社会主义的办报纲领》等一组文章，并加上了无限上纲的长篇按语。总之，“文革”初期报刊上对邓拓批判的狂潮是举世罕见的。

1966年5月16日，中共中央政治局扩大会议通过了作为“文化大革命”纲领性文件的《中国共产党中央委员会通知》。该《通知》把新闻界作为彻底批判和夺权的“五界”（学术界、教育界、新闻界、文艺界、出版界）之一。从此，“文化大革命”的中心开始转回到北京，“文革”全面铺开。

5月25日，新改组的北京市委决定：①撤销《北京日报》、《北京晚报》原来的编委会，撤销范瑾的社长职务。②成立新的《北京日报》、《北京晚报》编委会领导《北京日报》、《北京晚报》的工作。③撤销《前线》杂志编委会，《前线》暂时停刊，进行整顿。

5月27日，《解放军报》打破传统格局，用半版篇幅刊登林彪语录：“念念不忘阶级斗争，念念不忘无产阶级专政，念念不忘突出政治，念念不忘高举毛泽东思想伟大红旗。”并将四个“念念不忘”作为其他版面的通栏大标题，在此标题下刊登文章，鼓动青年“造反”。《人民日报》第二天也转载了林彪的那四个“念念不忘”。5月29日、31日的《人民日报》的头版都把这四个“念念不忘”作为通版通栏大标题，5月28至31日一连4天的《光明日报》也都将“把毛主席的话当作我们各项工作的最高指示”作为头版的通版通栏大标题。此后，全国报纸均以《解放军报》为榜样，经常在头版采用大号字或特大号字编排耸动夸张的通栏标题。

陈伯达率工作组进《人民日报》夺权：1966年5月30日，刘少奇、周恩来、邓小平致信毛泽东，提出派陈伯达率工作组进驻人民日报社，“掌握报纸每天的版面，同时指导新华社和广播电台的对外新闻”。毛泽东批示：“同意这样做。”31日上午，陈伯达在钓鱼台召集准备进驻人民日报的工作组成员开会，进行动员。下午，邓小平在怀仁堂召开北京各报刊、新华社和中央人民广播电台负责人会议，宣布经毛泽东批准、中央派陈伯达率工作组进驻人民日报的决定。邓小平说：“最近相当长的一段时间，《人民日报》的宣传跟不上中央的步调，许多重大问题都先由《解放军报》报道。外电说现在是军队的报纸领导党中央的报纸，这是极不正常的情况。”“他一面批评《人民日报》，一面又鼓励吴冷西振作精神，好好工作。”[15]31日夜间10点多钟，陈伯达率工作组进驻人民日报社，组员有《解放军报》总编辑唐平铸、胡痴（后任新华社代社长），以及从上海《解放日报》调来的该报副总编辑鲁瑛等人。当时人民日报社在王府井大街。当晚，人民日报本社横行无忌的造反派、社会上的“红卫兵”、“社外监督小组”的成员也都跟着工作组涌进报社。报社乱糟糟、闹哄哄的混乱场面同王府井大街上此起彼伏的吼声、口号声连成一片。陈伯达当晚在报社部门负责人会议上宣布：从现在起，由工作组领导人民日报，原来的社领导不得插手；吴冷西停职反省，作为“反革命修正主义分子”进行批斗。6月1日，《人民日报》头版头条用通栏大标题刊登由陈伯达修改定题的社论《横扫一切牛鬼蛇神》。社论原题是《再接再厉，把无产阶级文化大革命进行到底》。陈伯达认为这个题目过于冗长，一般化，没有震撼力和号召力。起草人又改为《横扫一切牛鬼蛇神的无产阶级文化大革命》。陈伯达将大笔一挥，又圈掉“的无产阶级文化大革命”一行字，变成“横扫一切牛鬼蛇神”，顿使题目精炼突出。此后，从6月2日至11日10天里，《人民日报》基本上每天在头版头条位置刊登一篇长篇大论的社论（或是本社社论，或是转载《解放军报》、《红旗》杂志社论）。如1966年6月2日，《人民日报》头版头条载社论《触及人们灵魂的大革命》，6月3日载《夺取资产阶级霸占的史学阵地》，6月5日载《做无产阶级革命派，还是做资产阶级保皇派?》，6月6日载《高举毛泽东思想伟大红旗把无产阶级文化大革命进行到底》，6月7日载《毛泽东思想是我们革命事业的望远镜和显微镜》（转载《解放军报》社论）和《我们是旧世界的批判者》，6月10日载《毛泽东思想领先，干部应带头》（转载《红旗》杂志社论），6月11日载《无产阶级文化大革命万岁》（转载《红旗》杂志社论），等等。这些社论终于把《五·一六通知》的全部精神捅向社会。与此同时，《解放军报》、《红旗》杂志等其他报刊也发表了大量煽动性的社论，这些社论和文章对于在全国掀起“文化大革命”的高潮，煽动批斗风和“打、砸、抢、抄、抓”的歪风，产生了极其恶劣的影响。

1966年6月20日，中央决定任命原《解放军报》总编辑唐平铸为《人民日报》代理总编辑，《人民日报》原总编辑吴冷西等领导人先后离开领导岗位，只有副总编辑王揖、安岗、李庄还继续留下工作了一段时间。1968年8月，唐平铸调回《解放军报》，接替其总编辑职务的是原上海《解放日报》的鲁瑛。鲁瑛直至1976年10月“四人帮”垮台时才下台。[16]

【鼓吹“造反”、制造动乱的新闻界】辛亥革命时期，在封建专制制度下，革命派报刊的一个重要功能就是“唤起民众”，鼓动风潮，制造动乱，进行斗争。因此，当时著名报人汪康年云："报章者，鼓吹祸乱之法螺也。"（见1910年12月1日《刍言报》）故当时的革命家黄侃为《大江报》撰写的时评的题目就是《大乱者救中国之妙药也》，公开鼓吹"大乱"（革命）（该文载1911年7月26日《大江报》的时评栏）。及至辛亥革命成功，民国成立，当时在《天铎报》和《申报》任"译事"（翻译工作）的陈布雷曾感慨地说："民国成立，此后报纸宜鼓吹建设，非可长此以摧陷廓清之偏锋论调，炫众以导乱。"（见《陈布雷回忆录》1912年所记）然而不曾料到，报刊的这种"炫众以导乱"的功能，到"文化大革命"时期又得以重演，并发挥到了极致。

"文革"初期，全国新闻界曾用大量篇幅，鼓动风潮，鼓吹动乱，不遗余力地报道"红卫兵"运动。

1966年5月29日，清华大学附中的部分学生聚会，决定像苏联卫国战争时期的青年近卫军那样组织起来，参加"文化大革命"活动，并取名曰"红卫兵"。6月3日，清华附中的"红卫兵"组织正式成立，这是全国最早的"红卫兵"组织。7月28日，清华附中的"红卫兵"写信给毛泽东，宣称"造反有理"。8月1日，毛泽东写信给他们，认为其行动"说明对反动派造反有理"，并表示"热烈地支持"。不久，北京地区出现了"五大红卫兵领袖"："文革"初期写出"全国第一张大字报"的北京大学的聂元梓，"造反司令"清华大学的蒯大富，"地派头目"北京地质学院的王大宾、谭厚兰，"天派领袖"北京航空学院的韩爱晶。"红卫兵"运动兴起后，破"四旧"，立"四新"，铺天盖地地张贴大字报，批判所谓的资产阶级反动路线，批斗专家、学者、"反动学术权威"、"走资派"，造成了全国的大动乱。当时党报、党刊也随之推波助澜。如《红旗》杂志1966年第12期发表评论员文章《红卫兵赞》，称赞在破"四旧"（旧思想、旧文化、旧风俗、旧习惯），立"四新"（新思想、新文化、新风俗、新习惯）的斗争中，"红卫兵干了大量的好事"，"取得了辉煌的战果"，并对所谓"敌人""污蔑"红卫兵为"少年狂热分子"，"红卫兵的革命运动是'违反人类尊严'、是'破坏社会传统'"等观点进行批驳。《光明日报》也在1966年下半年专辟《红卫兵论坛》专栏。

1966年6月1日，《人民日报》被"夺权"后，当天头版刊登的社论《横扫一切牛鬼蛇神》云：

"一个无产阶级文化大革命的高潮，正在占全世界人口四分之一的社会主义中国兴起"，"在短短的几个月内，在党中央和毛主席的战斗号召下，亿万工农兵群众，广大革命干部和革命的知识分子，以毛泽东思想为武器，横扫盘踞在思想文化阵地上的大量的牛鬼蛇神。其势如暴风骤雨，迅猛异常，打碎了多少年来剥削阶级强加在他们身上的精神枷锁，把所谓资产阶级的'专家'、'学者'、'权威'、'祖师爷'打得落花流水，使他们威风扫地"。

《横扫一切牛鬼蛇神》发表以后，全国的"红卫兵"运动才真正如火如荼地开展起来。因而有人评价云："'6·1社论'是个分水岭，《人民日报》从此为自己'横扫'出一条罪恶之路——'一月风暴'、'揪军内一小撮'、'批林批孔批周公'、'批邓反击右倾翻案风'，在'文革'中一步步走向深渊。"[17]

1966年6月9日，《人民日报》第六版刊登了一篇短评《汉弗莱的哀叹》。该文最早鼓吹"造反有理"，文中转引毛泽东的一段话云"马克思主义的道理千条万绪，归根到底就是一句话：造反有理"；"根据这个道理，于是就反抗，就斗争，就干社会主义"（见毛泽东《在延安各界庆祝斯大林六十寿辰大会上的讲话》）。

1966年6月18日，《人民日报》头版头条刊登《中共中央和国务院决定改革高等学校招考办法》，中央决定将1966年高等学校招收新生工作推迟半年进行（实际高考从此就中断了10年之久）。[18]此后，全国教育系统陷入混乱。校园里“红卫兵”组织林立，他们开始停课去编小报、发传单、贴大字报，揪斗“牛鬼蛇神”、“反革命黑帮”、“反走资派”。《人民日报》居然对这些活动加以报道，如1966年6月16日《人民日报》头版显著位置刊登了新华社消息《南京大学揪出反党反社会主义的反革命分子匡亚明》。

1966年第11期《红旗》杂志特辟《革命大字报选》专栏，刊登北京大学聂元梓等七人写的大字报《宋硕、陆平、彭珮云在“文化大革命”中究竟干些什么?》及清华附中等中学生红卫兵写的大字报，共计6篇。其中，清华附中红卫兵写的“三论”《无产阶级的革命造反精神万岁》大字报火药味最浓。其第一篇论《无产阶级的革命造反精神万岁》云：“革命就是造反，毛泽东思想的灵魂就是造反。我们说，要在‘用’字上狠下工夫，就是说，主要在‘造反’二字上下工夫。敢想、敢说、敢做、敢闯、敢革命，一句话敢造反，就是无产阶级革命最基本、最可贵的品质，是无产阶级党性的基本原则！不造反就是百分之一百的修正主义!”“修正主义统治学校十七年了，现在不反，更待何时?”“有些大胆的反对造反的人，今天突然变得忸怩起来，絮絮叨叨，吞吞吐吐。什么太片面了呀，什么太狂妄了呀，什么太粗暴了呀，什么太过分了呀。”“这统统是谬论！要反对就反对，何必羞羞答答的呢?”“我们既然要造反，就由不得你们了！我们就是要把火药味搞得浓浓的。爆破筒、手榴弹一起投过去，来一场大搏斗、大厮杀。什么‘人情’呀，什么‘全面’呀，都滚一边去!”“革命者就是孙猴子，金箍棒厉害得很，神通广大得很，法力无边得很，这不是别的，正是战无不胜的伟大的毛泽东思想。我们就是要抡大棒、显神通、施法力，把旧世界打个天翻地覆，打个人仰马翻，打个落花流水，打得乱乱的，越乱越好!”

这种极为偏执、片面、粗暴的带暴力性的语言，对以后的大字报文风起了很坏的“示范”作用，产生了极为广泛的恶劣影响。而同期《红旗》杂志还发表评论员文章，予以赞扬和怂恿：“我们认为，这些大字报具有强烈的革命性和战斗性，魄力大，气势壮，读了令人心胸开阔，精神振奋，真是笔力雄健，横扫千钧威尚猛；文笔犀利，‘刺破青天锷未残’。字里行间，处处洋溢着无产阶级的革命豪情。”[19]

二、媒体造神，狂热宣传个人崇拜

【“文革”初期报纸版面上狂热的个人崇拜宣传】对领袖个人崇拜宣传开始于20世纪50年代末、60年代初，到“文化大革命”时期终于形成狂潮。

个人崇拜的始作俑者：1959年夏，当时主持中央军委日常工作的国防部长彭德怀和总参谋长黄克诚在庐山会议上（1959年7月2日至8月16日）受到批判后，又在北京召开的军委扩大会议上（1959年8月18日至9月12日）继续受到揭发和追查。军委扩大会议后，全军各大单位都开展了“反右倾”斗争。1959年9月17日，第二届全国人大常委会第九次会议决定：任命林彪兼任国防部部长，免去彭德怀国防部长职务，罗瑞卿兼任解放军总参谋长。1959年9月26日，中共中央政治局决定，林彪担任中共中央军委副主席。

林彪上台后，60年代初在军队建设上推行一套极“左”路线。1960年12月，林彪在军委扩大会上提出：“高举毛泽东思想红旗，把毛泽东思想真正学到手。”并以“决议”

形式下发全军贯彻，从部队开始，在全国掀起了“活学活用”的热潮。他利用《解放军报》、《红旗》杂志，在全军、全党和全国范围内大力倡导、推广所谓的“活学活用毛主席著作”的群众运动，制造、推出了一个又一个“活学活用”的典型，把毛泽东思想教条化、宗教化、庸俗化；大搞空头政治、形式主义、个人崇拜的宣传，彻底破坏了党的民主集中制原则和社会主义的民主进程，造成领袖独断专行、在党内实行独裁专制的严重局面；大抓所谓“意识形态的斗争”，掀起了一场又一场大批判运动，造成了人们思想上的极大混乱。

《解放军报》七论“突出政治”的出笼：1965年12月30日至1966年1月18日，中国人民解放军总政治部在北京召开全军政治工作会议。会议的中心议题是研究如何贯彻林彪1965年11月18日提出的“突出政治”的五项原则。[20]会议期间及会后，《解放军报》连续发表8篇社论，一再强调、鼓吹“突出政治”。

（1）1966年1月1日，《解放军报》头版头条发表元旦社论《更高地举起毛泽东思想伟大红旗为继续突出政治、坚决执行五项原则而斗争》。社论云：“我们要坚定不移地突出政治，今年突出，明年突出，年年突出，永远突出。”突出政治最重要的是要“活学活用毛主席著作，特别要在‘用’字上狠下工夫。要把毛主席的书当作我们全军各项工作的最高指示”，“毛泽东思想是当代马克思列宁主义的顶峰，是最高最活的马克思列宁主义，是反对帝国主义和现代修正主义的强大思想武器，对我们军队来说，最好的武器不是飞机，不是大炮，不是坦克，不是原子弹，最好的武器是毛泽东思想。最大的战斗力是用毛泽东思想武装起来的人”，“毛主席的书，水平最高、威信最高、威力最大，句句是真理，一句顶一万句”。

（2）1966年2月3日，《解放军报》头版头条刊登社论《永远突出政治》（一论突出政治）。

（3）1966年2月9日，《解放军报》头版头条刊登社论《提倡一个“公”字——再论突出政治》（二论突出政治）。

（4）1966年2月14日，《解放军报》头版头条刊登社论《最重要最根本的战备——三论突出政治》。

（5）1966年2月18日，《解放军报》头版头条刊登社论《政治统帅军事政治统帅一切——四论突出政治》。

（6）1966年3月2日，《解放军报》头版头条刊登社论《把毛主席的书当作全军各项工作的最高指示——五论突出政治》。

（7）1966年3月23日，《解放军报》头版头条刊登社论《提倡唯物论　抓好活思想——六论突出政治》。

（8）1966年4月5日，《解放军报》头版头条刊登社论《关键在于党委的领导——七论突出政治》。

以上《解放军报》的“七论”中，其“五论突出政治”（3月2日发表）集中宣传了林彪关于个人崇拜的观点：“毛主席的书，水平最高、威信最高、威力最大，句句是真理，一句顶一万句。毛主席的书是我们各项工作的最高指示。”“读毛主席的书，听毛主席的话，照毛主席的指示办事，做毛主席的好战士。”“把毛主席的书当作全军各项工作的最高指示，这就是说，对毛主席的话一定要坚信不疑，坚决照办。读毛主席的书，不是一般地读书。一般地读书，可以执行，也可以不执行。指示就必须执行，最高指示就尤其要执行。毛主席的书，政治、军事、经济、文化各方面都有，照办就行了。”

《解放军报》刚刚登完“七论”“空头政治”，紧随其后，《人民日报》不遑多让，也接连刊登“三论”“突出政治”的社论。如1966年4月6日《人民日报》头版载《突出政治是一切工作的根本——论突出政治》，4月14日头版载《政治统帅业务——二论突出政治》，4月22日头版载《突出政治必须坚持毛泽东思想挂帅——三论突出政治》。但《人民日报》社论的声势及规模显然不及《解放军报》。更为重要的是，《人民日报》与《解放军报》立论的观点不同。《人民日报》反对“空头政治”，其4月14日的社论《政治统帅业务——二论突出政治》强调：“政治统帅业务，政治要落实到业务上，与业务密切结合，这是因为如果政治不落实到业务上，不同业务相结合，那么政治就会落空，政治目的就不能实现。”“政治是统帅，是灵魂，决定业务的方向和性质，这是一方面。另一方面，政治又要落实到业务上，通过一定的业务来实现。”“各项工作都是政治和业务的统一，既没有无政治的业务，也没有无业务的政治。”“把政治和业务割裂开来，认为政治和业务可以互相分离，这是根本违反客观实际，因而是错误的。”针对这篇社论，《解放军报》在1966年5月17日头版头条发表的通讯《突出政治必须落实到人的思想革命化——空军某部领导机关的一次讨论会侧记》的“编者按”中，针锋相对地对《人民日报》进行不指名式的抨击：“突出政治究竟要落实到哪里……能不能单纯强调突出政治要落实到业务上呢？不能！什么‘政治必须通过业务来实现’呀，什么‘没有业务的政治’呀，什么‘突出政治归根到底是为了搞好业务’呀，等等说法，统统是谬论。”《解放军报》的“编者按”又指出：“如果一方面讲政治要统帅业务，另一方面又强调没有无业务的政治，政治要通过业务来实现，这就恰恰否定了政治的统帅作用，把政治摆到了从属的地位。其结论必然是：业务不好，政治就不算好，业务好，才算政治好。这不正是毛主席早在三十多年前就批判过的‘军事好，政治自然好；军事不好，政治也不会好’这种谬论的翻版吗？”

《人民日报》与《解放军报》这一场论争是导致《人民日报》5月31日被接管及夺权的又一重要原因。

“毛主席语录”上报眼：报刊对革命导师及革命领袖著作引文予以特别重视始于20世纪60年代初。如《红旗》杂志（半月刊）从1960年11月出版的第7期（第12页）起，开始对革命领袖著作引文用黑体字或用加粗的仿宋体等异体字形刊登，以示重视和醒目。“文革”开始后，有个不成文的规定：报刊上凡引述领袖人物文句都要用黑体字刊登。直至1978年3月22日，《人民日报》刊登邓小平3月18日《在全国科学大会开幕式上的讲话》中引用的毛泽东的话才开始没有用黑体字刊出。从此以后，报刊上引述革命领袖人物文句不再刻意用黑体字了。

“毛主席语录及毛主席著作文句上报眼”最早始于《中国青年报》。当时为了用“毛泽东思想武装青少年”，从1961年1月6日起，《中国青年报》开始在该报头版报头右报眼、以前刊载要闻的位置，围以方框，不定期地刊登毛主席著作文句摘录。1961年2月2日起，《中国青年报》开始固定地在头版右报眼位置每天刊登一段毛主席著作文句。到1966年5月“文革”开始后，有时每天要刊登好几段毛泽东语录。

“毛主席语录”正式上报眼则始于《解放军报》。1961年4月间，当时主持中央军委工作的林彪在视察部队的时候指示：“为了使战士在各个时期、各种情况下都能及时得到毛泽东思想的指导，《解放军报》应当经常选登毛主席语录。”并且指出选登语录要“注意与当前形势任务结合”。《解放军报》闻风而动，从1961年5月1日起，便开始几乎每天在报纸头版右上角报眼位置摘登一段“毛主席语录”，开中国报刊大量引用领袖人物语录之先河。据统计，从1961年5月1日到1964年2月12日，《解放军报》共刊登毛主席语录264条。[21]

1964年5月1日，解放军总政治部根据林彪的指示，将以前在《解放军报》刊登过的“毛主席语录”加以补充，编辑成单行本《毛主席语录》，内部出版发行。林彪亲笔为《毛主席语录》题写了“读毛主席的书，听毛主席的话，照毛主席的指示办事”的重要题词。“文革”开始后，1966年12月17日，《人民日报》等报发表林彪12月16日再次为《毛主席语录》写的《再版前言》。《再版前言》提出：“毛泽东同志是当代最伟大的马克思主义者。毛泽东同志天才地、创造性地、全面地继承、捍卫和发展了马克思列宁主义，把马克思列宁主义提高到一个崭新的阶级。”“广大工农兵群众、广大革命干部和广大知识分子，都必须把毛泽东思想真正学到手，做到人人读毛主席的书，听毛主席的话，照毛主席的指示办事，做毛主席的好战士。”“学习毛主席的著作，要带着问题学，活学活用，学用结合，急用先学，立竿见影，在‘用’字上狠下工夫。”[22]再版的《毛主席语录》扩大发行到全国各地，甚至流传到国外。林彪指示：“要像发武器一样，把《毛主席语录》发给全军每个战士。”在林彪的一再倡导下，在《解放军报》的宣传鼓动下，全军很快就形成了活学活用“毛主席语录”的高潮。“文革”初期，《毛主席语录》盛行于全中国，“人们把毛主席语录印在报刊上，写在语录牌、大字报和黑板报上，写在墙上和贴在办公室内，接着又发展到写在武器上和劳动工具上，写在汽车、火车、轮船、飞机等交通工具上，有的还把毛主席语录刻在石壁上和高耸入云的悬崖上……加上电台的日夜广播和毛主席语录歌的广泛传播，全国成了一个活学活用毛主席语录的大学校”[23]。到“文革”高潮中，《毛主席语录》更加盛行，如同《圣经》，几乎人手一册，家喻户晓，形成“红海洋”，成为当时一大政治景观。《毛主席语录》共摘录毛泽东文章中的语录427条，最长的一条有797字，最短的一条是毛泽东为“抗大”制定的校训——“团结、紧张、严肃、活泼”8个字。该书一般印成64开的便携式小开本，在鲜红色塑料皮封面上印上书名“毛主席语录”5个字，故又称“红宝书”。在“文革”中，人们对“语录”顶礼膜拜，开会要诵读语录，写文章要大段大段地引用语录，家具器皿上刻印语录，墙上涂写语录，语录还被谱成歌曲，到处传唱……语录风行，成为世界政治传播史上的“奇观”和“经典”案例。1966年12月30日，中共中央、国务院发布《关于制止大搞所谓“红色海洋”的通知》。所谓“红色海洋”是指把大门和大片墙壁涂成红色，写上毛主席语录，以及到处设置红色语录牌的做法。

林彪在《〈毛主席语录〉再版前言》中，再次强调在报纸上要经常刊登毛主席语录。他说：“为了把毛泽东思想真正学到手，要反复学习毛主席的许多基本观点，有些警句最好要背熟，反复学习，反复运用。在报纸上，要经常结合实际，刊登毛主席的语录，供大家学习和运用。”从此，报刊文章中断章取义、为我所用式地摘引毛主席语录极为流行。报纸杂志不仅引用语录多，而且须用黑体字排印。到后来，林彪的话也用黑体字排印，也上了报眼位置。

1966年5月31日，中央文革小组组长陈伯达带领解放军总政治部和《解放军报》总编辑唐平铸等一帮人马夺了《人民日报》编辑大权以后，从1966年6月2日起，《人民日报》也按照《解放军报》的做法，将当时日出6版的《人民日报》头版、以前专门刊登导读性质的“今日要目”、日历牌及“北京地区天气预报”的右报眼位置改登“毛主席语录”。从此以后，《人民日报》每天在头版报头右报眼位置刊登一段“毛主席语录”，且设计成长方形“语录牌”的样式。

紧随《人民日报》之后，6月3日起，每日出4版的《光明日报》也将其头版报头右报眼以前登日历及“北京地区天气预报”的位置，改为刊登“毛主席语录”。

从1966年12月1日起，《参考消息》也取消原右报眼位置刊登的日历及《要闻》小栏目，改在当天头版报头左报眼位置刊登“毛主席语录”。以后遂成为惯例。

《红旗》杂志1967年第1期，整本杂志都刊载毛泽东自“文革”以来发表的“最新指示”类的语录，共分十八大类。

自从1966年6月2日《人民日报》报眼刊登语录后，各地省委、直辖市委机关报都向《人民日报》看齐，纷纷仿效，开始在报眼登“语录”。如广州的《南方日报》，从1966年6月3日起在右报眼位置开始刊登“语录”；《羊城晚报》从1966年6月7日起，在右报眼位置登“语录”。上海的《文汇报》从1966年6月3日起，将以前登日历及“天气预报”的右报眼改登“语录”；《解放日报》则早在1966年5月31日起就开始在右报眼位置登“语录”。从此以后，报刊每天必须登“语录”，报刊所登载的文章篇篇引用“语录”，可谓“无语录不成报”、“无语录不成文”。

新华社及《人民日报》报道“毛著”、“毛选”大量出版发行的消息：1966年8月8日，《人民日报》头版头条在通栏大标题下刊载新华社消息《适应广大人民群众学习毛泽东思想的迫切需要　中共中央决定大量出版毛主席著作》云：“文化部召开会议，制订计划，今明两年印《毛泽东选集》三千五百万部，《选读》本和单行本由各省（区）市自行负责印刷。”

1967年12月25日，新华社报道：截至1967年12月20日，我国已经出汉文版、少数民族文版和外文版《毛泽东选集》（一至四卷）八千六百四十多万部，这个数字等于无产阶级文化大革命前十五年出版数量总和的七倍半。与此同时，当年还出版了《毛主席语录》三亿五千万册，《毛泽东著作选读》四千七百五十五册，《毛主席诗词》五千七百多万册。除国内发行外，还发行到全世界一百四十八个国家和地区。全国二十八个省、市、自治区的一百八十一个印刷厂参加了印刷八千万部《毛泽东选集》的工作。印刷厂的广大职工说：“多印一部《毛泽东选集》，就多生产一枚威力无穷的精神原子弹！”㉔

1969年1月2日，新华社报道，在无产阶级文化大革命中，毛主席著作在我国七亿人民中“大传播”、“大普及”，“从无产阶级文化大革命蓬勃兴起的一九六六年开始，到一九六八年十一月底，我国共出版、发行包括汉、蒙古、藏、维吾尔、哈萨克、朝鲜等各种文版的《毛泽东选集》一亿五千多万部，相当于无产阶级文化大革命前十五年出版总和的十三倍多。同一时期内，全国还出版发行了《毛泽东著作选读》一亿四千多万册，《毛主席语录》七亿四千多万册，毛主席的‘老三篇’、‘老五篇’和《在中国共产党第七届中央委员会第二次全体会议上的报告》等光辉著作的汇编本、单篇本近二十亿册，《毛主席诗词》九千六百多万册”。“从七八岁的小孩到六七十岁的老人，人人有《毛主席语录》，户户有《毛泽东选集》。”㉕

1976年5月22日，《人民日报》在当天头版头条刊载新华社采写的消息《文化大革命带来马列主义、毛泽东思想空前大普及》云：“文化大革命十年来，适应广大干部、群众学习的需要，全国新华书店共计发行马列著作和毛主席著作四十八亿册，比文化大革命前十七年发行数量的总和增长七倍。其中，《马克思恩格斯选集》和《列宁选集》共计发行一千三百万部，比前十七年发行数量的总和增长七十倍；《毛泽东选集》发行二亿二千五百八十万部，比前十七年发行数量的总和增长二十倍”，堪称世界出版史上的“奇迹”。

由于大量印制毛泽东著作，浪费了大量的纸张、塑料、油墨等宝贵资源，以及无法统计的人工、机械的投入，为祸甚烈。

标语、口号作通栏大标题：在这方面，《解放军报》又是始作俑者，如1966年1月2日，《解放军报》头版通栏标题为《我们要坚定不移地突出政治，今天突出，明年突出，永远突出》。

1月6日，《解放军报》头版通栏大标题是《把毛主席的书当作全国各项工作的最高指示》。

1月27日，《解放军报》头版通栏大标题是《突出政治　用毛泽东思想统帅一切》。

3月16至21日，连续6天的《解放军报》头版通栏大标题都是《坚持四个第一，特别要大抓、狠抓活思想》。

5月17日，《人民日报》第三版通栏大标题是《敢想、敢说、敢闯、敢做、敢革命　广大工农兵群众奋起锄毒草》。

5月18日，《人民日报》第三版通栏大标题是《积极参加社会主义文化大革命　彻底撕掉反党反社会主义黑线》。

5月22日，《人民日报》头版头条照搬《解放军报》早已用过的通栏大标题《把毛主席的书当作我们各项工作的最高指示》。

1967年12月26日，《人民日报》头版首载标语口号：“敬爱的伟大领袖毛主席万岁！战无不胜的毛泽东思想万岁！”

有时甚至直接用毛主席语录、林彪语录来作其冗长、多行式的通栏大标题。如1966年5月17日起，《人民日报》当天第二版用“毛主席语录”中的“凡是错误的思想，凡是毒草，凡是牛鬼蛇神，都应该进行批判，绝不能让他们自由泛滥”作通栏大标题。

5月28日，《解放军报》头版头条用特大号字、占三分之一版的篇幅，通栏刊载林彪语录中的“我们要念念不忘阶级斗争，念念不忘无产阶级专政，念念不忘突出政治，念念不忘高举毛泽东思想的伟大红旗”，作为头版整版的通栏大标题。5月29、31日的《人民日报》也学《解放军报》的版面编排方式，把这段话也作为通栏大标题，放在头版头条位置。

整版刊登“语录歌”：“文革”初期，中央党报、党刊上最早刊登的是歌颂领袖的通俗歌曲，不久又开始在报纸上整版刊登“语录歌”。如《红旗》杂志1965年第3期第31页在《革命歌曲选》的大标题下，最早刊载《大海航行靠舵手》、《社会主义好》、《我们走在大路上》、《毛主席的战士最听党的话》、《学习雷锋好榜样》、《我们是共产主义接班人》等13首革命歌曲。这些歌曲以后传唱开来，遂成为“文革”时期的“经典”歌曲。1967年第5期起，《红旗》杂志开始在每期末页刊登“毛主席语录歌曲”一首。

1966年9月27日，《解放军报》第四版在《大海航行靠舵手，万物生长靠太阳》的通栏大标题下，也用整版篇幅刊登解放军战士歌颂领袖的诗歌。9月28日的《解放军报》第四版在《放声歌唱我们心中的红太阳》的通栏大标题下，又用整版篇幅刊登歌颂领袖的歌曲若干首。从9月30日起，《解放军报》在当天第四版仍以整版篇幅刊登由劫夫及中央乐团谱曲的“毛主席语录歌”。

1966年9月30日，《人民日报》也开始在第六版用整版篇幅刊登由劫夫及中央乐团谱曲的“毛主席语录歌”，并加“编者按”云：为了“使毛主席语录家喻户晓，到处传诵”，为了“满足群众的要求”，革命的音乐工作者“为毛主席语录谱出了许多曲子，这是一种崭新的形式。正当国庆前夕，为了祝贺这伟大的节日，我们选登了劫夫同志和中央乐团谱写的十段语录曲，供同志们歌唱”。这是《人民日报》发表的第一批经官方审定认可的“毛主席语录歌”，包括《领导我们事业的核心力量》、《政策和策略是党的生命》、《我们应当相信群众，我们应当相信党》（这3首歌在“文革”中使用频率极高，被称之为“老三段”）等10首歌曲。其中有8首是由著名音乐家李劫夫谱曲创作的。以后，劫夫又谱写了一大批“语录歌”，因此而成为“毛主席语录歌”的创始人及高产作家。[26]

此后，《人民日报》在1966年11月21日、12月30日，1967年2月1日、2月9日、3月2日第六版，用整版篇幅刊载时乐濛等作曲家及中央乐团、空政文工团、中央歌舞团、总政文工团等文艺单位造反派组织所谱曲的“毛主席语录歌”。

头版整版刊登领袖人物的巨幅照片：1966年10月1日国庆节，当天中央三大报《人民日报》、《解放军报》、《光明日报》头版都采用“顶天立地”式的版面编排方式，用一整版的篇幅刊登一幅毛泽东穿着军装站在天安门城楼上左手夹烟、右手高高挥动接见红卫兵的巨幅半身照。三大报的报名都挪下，缩排在各报头版领袖巨幅照片的左下角。当天，全国各省、直辖市、自治区党委机关报的头版也都是按照中央三大报这种版式编排的。10月1日，《人民日报》第三版刊登社论《用毛泽东思想武装七亿人民——庆祝中华人民共和国成立十七周年》，整篇文章的主旨不外乎个人崇拜、歌功颂德、形势大好之类。这篇社论也被全国各地省级党报在国庆节同一天转载。因此，1966年10月1日那天，全中国报纸的头版都是一样的，各报第二、三、四版也基本上是大同小异，成为当代中国新闻史上的“奇迹”。此后，从1967年1月1日起到1975年的9年间，每逢元旦，《人民日报》头版都刊登巨幅领袖照片，全国各地的省级党报也都是“拷贝”《人民日报》当天的版面。如1967年元旦，《人民日报》头版头条用大半版篇幅刊登毛泽东巨幅照片一帧，下面小半版刊登元旦社论。1968年、1969年也基本上是用这样的版式编排。如1969年元旦《人民日报》头版一整版刊登毛主席坐在椅子上的巨幅照片一帧。头版左下角刊登“伟大的导师，伟大的领袖，伟大的统帅，伟大的舵手，毛主席万岁！万岁！万万岁！”的标语口号。第二版全版刊登“两报一刊”元旦社论《用毛泽东思想统帅一切》。第四版上面大半版刊载题为《我们伟大的领袖毛主席和他的亲密战友林彪副主席在一起》的巨幅照片一帧，下半版则刊登《东方红》、《大海航行靠舵手》、《祝福毛主席万寿无疆》歌曲3首。直至1976年元旦才停用这种“元旦版”编排方式。1976年元旦，《人民日报》头版头条在通栏大标题下，首载题为《毛泽东主席会见美国前总统尼克松的女儿朱莉夫妇》的消息，下半版刊登毛泽东《词二首——〈水调歌头·重上井冈山〉》、《念奴娇·鸟儿问答》。此外，1968年7月1日，《人民日报》随报赠送大量印刷的彩色油画《毛主席去安源》。各省、市、自治区也仿效《人民日报》的做法，纷纷随报附送此画。“截至1970年12月统计，全国28个省、市、自治区出版部门印刷19 417万张这幅油画。”[27]

【毛主席畅游长江的报道】1956年6月1日、3日、4日，时年63岁的毛泽东三次横渡长江，并且写下了《水调歌头·游泳》：“才饮长沙水，又食武昌鱼。万里长江横渡，极目楚天舒……”的宏伟词作。10年之后的1966年7月16日，时年73岁高龄的毛泽东在武汉“再一次乘风破浪，畅游长江”。新华社报道云：“我们的伟大领袖毛主席，在一九六六年七月十六日，再一次乘风破浪，畅游长江。”“这一天，武汉晴空万里，长江两岸万众欢腾。”“十年前的六月，毛主席曾经三次在武汉横渡长江，并且写下了光辉豪迈的诗篇《水调歌头·游泳》。十年后的今天，毛主席又在大江中遨游，历时一小时零五分，游程近三十华里，‘不管风吹浪打，胜似闲庭信步’。”“毛主席再次畅游长江的喜讯，很快传遍了武汉。武汉全城男女老少，欢欣鼓舞，奔走相告：‘我们敬爱的领袖毛主席这样健康，这是全中国人民的最大幸福，是全世界人民的最大幸福！’”“七月十六日这一天，长江水面笑逐颜开，沿江两岸大地上无数的彩旗，巨幅的标语，欢呼的人群，呈现出一片无比欢腾的节日景象。”“毛主席是我们心中的红太阳，毛主席永远和我们在一起。就在比赛刚刚开始的时刻，从东方太阳升起的江面上，一艘快艇破浪驶来。这时，不知是游泳健儿中的哪一个，第一眼看见了快艇上的毛主席，立即情不自禁地高呼：‘毛主席来了！毛主席万岁！’紧接着游泳大军高举百面红旗，朝着毛主席的方向游了过去。在旗帜映红的江面上，在两岸江堤上，千千万万的目光向着毛主席！千千万万人表达着同一个祝愿：伟大的毛主席万寿无疆！千千万万人发出了同一个心声：毛主席万岁！与此同时，停港的船舶，汽笛齐声长鸣，向伟大的领袖表示敬意。欢呼声、汽笛声汇成一片，震撼着武汉上空。”[28]《人民日报》及全国各地的报纸都在7月25日这一天刊登了这条消息，同时刊登毛泽东在快艇上向游泳大军挥手致意及毛泽东在江中破浪畅游的照片。7月26日，《人民日报》头版头条刊登毛泽东词作《水调歌头·游泳》的手迹，接着在头版刊登社论《跟着毛主席在大风大浪中前进》，论述毛泽东这次横渡长江的重大政治意义。27日，《人民日报》又在当天头版头条位置《跟着毛主席在大风大浪中前进》的通栏大标题下刊登数条消息，并作后续报道。8月2日，《人民日报》第四版再以通栏大标题刊登消息《亚非朋友热烈祝贺毛主席畅游长江，衷心祝愿毛主席万寿无疆（引题）毛主席身体健康是全世界人民的最大幸福（主题）》。至此，毛泽东畅游长江的新闻才告一段落。

毛泽东游长江是一次有象征意义的活动，随后，“跟着毛主席在大风大浪中前进！”成为“文革”期间家喻户晓的政治口号。

【毛主席9次接见百万红卫兵的新闻宣传报道】1966年8月10日，毛泽东最早“会见”首都革命群众。8月18日、8月31日、9月15日、10月1日、10月18日、11月3日、11月10日至11日、11月25日至26日，毛泽东又先后8次或站在天安门城楼上，或坐着吉普车在天安门广场接见到北京“大串联”的“红卫兵小将”。

这9次接见活动的规模都是空前的，据报载，每次接见红卫兵的人数都在百万以上，有两次甚至超过了200万人。如1966年11月10日和11日第7次接见，当天人数有200多万；11月25日和26日，毛主席第8次接见全国各地来京串联的革命师生，总人数达250万人。据《人民日报》报道，8次接见，“毛主席先后检阅一千一百万文化革命大军”，其场面之“盛大”，可谓“空前”了。[29]

这9次接见活动经过报纸、广播及电影新闻纪录片的突出宣传报道，在当时产生了轰动效应，也在全国范围内掀起了狂热的个人崇拜的高潮。在这8次报道中，北京著名的三大报《人民日报》、《光明日报》、《解放军报》一般都采用新华社发的通稿，在具体的版面编排上略有区别，但都有如下一些特点：①时效快。一般是头天的活动，第二天便见报。②标题大。每次接见活动的报道的标题都要放在头版，用特大号字、套红编排印刷，形成强大的视觉冲击力。③版面多、篇幅大、时间长。每次接见活动的报道都是整版整版的篇幅，以后好几天还作后续报道，形成规模空前的宣传战役。如1966年10月1日，毛泽东又在天安门广场接见了150万游行大军。10月2日，《人民日报》从第一到第六版，全部刊登有关接见活动的报道及表态性文章（当时《人民日报》日出1张半，共6版），10月3至5日仍是每天用四五版的篇幅作后续报道。又如8月19日关于8月18日接见活动的报道竟占了7版（当日《人民日报》出8版），以后连续几天作了后续报道。④图片多，且多为整版整版的大幅照片。如1966年10月1日，《人民日报》头版一整版只刊登毛泽东在天安门城楼接见红卫兵时作挥手状的巨幅照片一大帧，报道的内容更是充满狂热的偶像崇拜的色彩。如1966年8月10日晚上7点15分，毛泽东来到了中共中央所在地的群众接待站，第一次会见“前来庆贺党中央关于无产阶级文化大革命决定的首都革命群众”，毛泽东当时向群众讲了一句话，握了握手，便离开了。全部过程大约10分钟，而新华社记者却“生花妙笔”地写出了1 500字左右的通讯稿。文章云：“我们敬爱的领袖毛主席来到群众接待站的时候，引起了群众的一片欢腾声：‘毛主席来了！毛主席来了！’”“成千上万的首都工人、农民、学生、革命干部和街道居民，狂欢跳跃，向毛主席涌去。‘毛主席万岁’、‘毛主席万万岁’的声浪，响彻天空。”“毛主席向大家说：‘你们要关心国家大事，要把无产阶级文化大革命进行到底！’这是毛主席向全国人民发出的伟大号召。”“毛主席在讲台上，从这边走到那边，伸出双手和拥簇在前面的人们紧紧相握。”“毛主席离开接待站的时候，一再向欢腾的群众招手。”“许多站在后面的人拥到前面，和握过毛主席手的人紧握。同毛主席握过手的人心里想：毛主席呀，毛主席！就是你用这双伟大的手，写出了大量的革命文章，给全中国人民指出了前进的道路，是你领导我们推翻了三座大山，领导我们进行社会主义革命和社会主义建设，现在你这双手又给我们指明了无产阶级文化大革命的方向。许多和毛主席握过手的人逢人就说：‘你们赶快来和我握手啊！我的手是刚才和毛主席握过的！’还有一些人随后赶来，他们说：‘能够走到毛主席刚刚同革命群众见面的地方，也是最大的幸福啊！’他们一遍又一遍地唱着《东方红》、《大海航行靠舵手》、《毛主席的书我最爱读》。”

【歌功颂德，谀辞满篇】1966年5月26日《人民日报》头版刊登哲学研究编辑部编的《把毛主席的书当作我们各项工作的最高指示——学习工农兵群众对待毛主席著作的态度》一文云：“工农兵群众对待毛主席著作的根本态度，就是带着深厚的无产阶级感情读毛主席的书，就是坚决把毛主席的书当作各项工作的最高指示。”“他们把毛主席的书比作‘粮食’、‘武器’、‘方向盘’和‘闹革命的指路明灯’。”“他们说：‘毛主席的话就是最大的政治’，‘毛主席的话就是真理’，‘千条万条听毛主席的话是第一条’”，“‘千难万难，有了毛泽东思想就不难’。”“毛主席的书，是天才地、全面地、系统地、创造性地发展了马克思列宁主义，是对中国革命和建设经验的科学总结，是对国际共产主义运动正反两方面经验的科学总结，是被实践反复证明了的伟大的、革命的科学真理，毛泽东思想是当代马克思列宁主义的顶峰，是最高、最活的马克思列宁主义，是战胜现代修正主义和资产阶级思想强大武器。是不是听毛主席的话，是不是照着毛主席指引的共产主义方向前进，是不是坚决遵照毛主席的指示办事”，“是不是把毛主席的书当作各项工作的最高指示，这是革命还是反革命的分水岭，是马克思列宁主义还是修正主义的分水岭”。“读毛主席的书，听毛主席的话，照毛主席的指示办事”，“这是关系到巩固无产阶级专政，防止资本主义复辟的大问题，是关系到我们党和国家的命运和前途的大问题，也是关系到世界前途的大问题”。“凡是毛主席指示的，我们就要坚决拥护，坚决照办；凡是违背毛主席指示的，我们要坚决抵制，坚决反对。”

1966年6月14日，《解放军报》开始刊登《部队活学活用毛主席著作革命谚语选》，用通俗、形象、生动的红色谚语来宣传“个人崇拜”。

1967年8月24日，《人民日报》头版头条刊登新华社23日消息《大树特树伟大统帅毛主席的绝对权威、大树特树伟大的毛泽东思想的绝对权威》。11月3日，《人民日报》第二、三版又连载发表杨成武的文章《大树特树伟大统帅毛主席的绝对权威、大树特树伟大的毛泽东思想的绝对权威——彻底清算罗瑞卿反对毛主席、反对毛泽东思想的滔天罪行》。这两篇文章竭力“鼓吹”“大树特树”，把领袖偶像化，使“个人崇拜”达到了无以复加的地步，是当时“媒体造神”的“登峰造极”之作。

此后，对领袖宗教式的狂热崇拜又延伸到林彪身上。1969年，内部出版了《林副主席语录》（由中国人民大学编辑小组编辑，1969年编印，内部发行）、《林副主席指示》两本“红宝书”。编者在书前“编者的话”中，对林彪作了20个“最”的评价：“林副主席是毛主席最亲密的战友，最好的学生，最理想的接班人，是全国人民最理想的副统帅。林副主席把毛泽东思想伟大红旗举得最高最高最高，对毛主席最忠最忠最忠，跟毛主席最紧最紧最紧，对毛主席著作学得最活最活最活，对毛泽东思想用得最好最好最好。林副主席是全党全军学习、贯彻、宣传和捍卫毛泽东思想的最高典范，永远是我们学习的光辉榜样。”

【恽逸群对鼓吹“个人崇拜”者的揭露】“文革”中，正当媒体造神，举国个人崇拜、个人迷信盛行之时，正被贬斥于江苏阜宁中学、政治权利早已被剥夺的老报人恽逸群将生死置之度外，一针见血地揭露说：“凡是把国家最高领导人（不论他的称号是皇帝、国王、元首、总统、主席、总理、首相、总书记或第一书记）神化的（不论说他是‘天纵圣明’，是‘救世主—大救星’，或是‘几千年才出现一次的天才’），必定有奸人弄权，篡夺权力，这是古今中外绝无例外的普遍规律。只有极端糊涂的人，才会相信自己是天生的圣人，无所不能，无所不知，不会犯错误，不会受人蒙蔽、愚弄，因此长期受奸人的愚弄，至死不悟。”“欺骗一个人总比较容易，欺骗多数人就极困难；长期欺骗一个人虽困难而有可能，要长期欺骗多数人就绝无可能。这个道理是不言自明的。因此，蓄意篡夺权力的奸人，就千方百计地提倡个人崇拜，把最高领导人宣扬为几乎全知全能的超人，大树特树其绝对权威。一方面用无数面凸镜包围最高领导人，让他终日陶醉于欣赏自己的高大形象，逐渐脱离群众；一方面利用最高领导人的信任，以封住群众（从人民到领导机构的成员）的嘴（因为一句抵一万句，非权威的人说上一摊船管什么用）。领袖成了偶像，群众成了崇拜偶像的愚民，天下事就不难任凭他为所欲为了。”（1973年8月3日）[30]

三、饱受摧残的新闻界

1966年5月16日，中共中央政治局扩大会议通过了作为“文化大革命”的纲领性文件《五·一六通知》。该《通知》把新闻界作为彻底批判和夺权的“五界”之一，从此，新闻界的厄运来临了。

1966年5月25日，新改组的北京市委决定：撤销《北京日报》、《北京晚报》原来的编委会和范瑾社长的职务，成立新的编委会领导报社工作；撤销《前线》杂志编委会，该杂志停刊整顿。

1966年5月31日，陈伯达带领工作组到人民日报社改组其领导班子。6月后，《人民日报》社长兼总编辑在“军事监护”下隔离“反省”。6月20日起，中央决定任命原《解放军报》副总编辑为《人民日报》代理总编辑。接着，陈伯达又到新华社煽风点火，号召大揭发、大批判；以后又对新华社进行改组，其社长（吴冷西）一职改由中宣部副部长熊复兼任。

1966年6月1日，被最早夺权的《人民日报》发表由陈伯达口述定稿的社论《横扫一切牛鬼蛇神》，公然煽动全国性的大动乱。从8月至12月底，一些有全国性影响的大报都先后或被迫停刊，或被迫改名出版。如当时7家中央级报纸（或称全国性报纸），即《人民日报》、《光明日报》、《解放军报》、《大公报》、《中国青年报》、《工人日报》、《体育报》中，只有《人民日报》、《光明日报》、《解放军报》继续出版，其余4家或停刊，或被迫改名出版。

“文化大革命”全面铺开后，不仅《人民日报》、新华社和中央广播事业局，还包括其他中央一级的报纸、刊物，不是被林彪、陈伯达、王力、关锋、戚本禹等极“左”势力所把持，就是被迫停刊，新闻界干部队伍也遭到严重摧残。尤其在极“左”势力最为猖獗的上海，张春桥、姚文元及其党羽控制了《文汇报》和《解放日报》，后来还创办了《工人造反报》。其他省市的报纸先后或被冲击，或被封闭，到1967年以后，几乎都被夺了权，大部分地市报停刊。1966年底，全国报纸总数由1965年的343家，急剧下降到49家。1967年再降至43家，1968年至1970年一直只有42家。[31]

（一）京、沪、穗三地著名大报停刊及改名出版

【《中国青年报》、《工人日报》、《体育报》等全国性报纸停刊】《中国青年报》是团中央的机关报，于1951年4月27日在北京创刊。创刊时为周二刊，对开4版（有时增为6版），1954年4月1日起改为周三刊，1956年元旦改为周六刊。“文革”开始后的1966年7月25日，该报刊登启事，宣布自1966年8月1日起改为日报。1966年8月19日，《中国青年报》头版头条刊登毛泽东与林彪同在天安门城楼接见红卫兵的照片两幅，登载新华社18日消息《毛主席与百万革命群众共庆文化大革命》，当天共出6版。8月20日，《中国青年报》突然停刊了（直至1978年10月7日才复刊）。同时，共青团中央和各地方团委也停止了具体的组织活动。与《中国青年报》属同一系统的《中国少年报》（1949年9月创办）也于1966年8月17日停刊（直至12年后的1978年11月1日复刊）。

《工人日报》创刊于1949年7月15日，是“中华全国总工会”的机关报，是一份以广大职工为读者对象的大型报纸。“文革”开始后，该报于1966年12月8日刊登改版启事云：自1967年1月1日起，《工人日报》改名为《中国工人报》，并由原来的对开4版大报，改版为4开版的小报出版。但事与愿违，随着“中华全国总工会”的突然被解散，《工人日报》于1966年12月31日正式终刊（直至1978年10月复刊）。

《体育报》是国家体委的机关报，于1958年9月1日创刊（正式出版前，曾在广州试刊），1966年11月4日停刊（1974年1月1日复刊，1988年7月1日改名为《中国体育报》出版）。

【北京版《大公报》改名为《前进报》出版】《大公报》于1902年6月17日创刊于天津，曾先后有津版、沪版、汉口版、香港版、渝版、桂林版。其中，汉口版、桂林版在抗战中即已停刊。新中国成立后，中共对《大公报》的沪、渝、津、港各版，根据具体情况分别对待之。如香港版《大公报》于1948年11月1日发表《和平无望》社论，转

变拥蒋态度，靠拢人民。在全国解放后，由于香港尚属英国管辖，中共未予干预，任其继续出版；重庆版《大公报》在1949年12月30日重庆解放后，继续出版，至1952年8月4日停刊。8月5日，中共重庆市委机关报《重庆日报》在原重庆版《大公报》的基础上正式创刊。天津版《大公报》在1949年1月中旬天津解放后，短暂停刊；1949年2月27日，天津版《大公报》改名《进步日报》出版。上海版《大公报》在上海解放后，于1949年6月17日刊登由王芸生撰写的《大公报新生宣言》，继续出版。

1953年1月1日，上海版《大公报》迁天津与创办了3年零11个月的《进步日报》合并，再出天津版《大公报》。

1956年10月1日，天津版《大公报》迁北京出版发行，成为一份专门报道经济财贸新闻和国际新闻的全国性大报。

1966年夏"文革"爆发后，陈伯达于6月11日指示解放军总政治部派遣3人工作组进驻北京版《大公报》，领导报社"文化大革命工作"。《大公报》社长王芸生、副总编辑孔昭恺等党外人士立即"靠边站"，原报社中共党组成员都停职"反省"。主持《大公报》工作达9年之久的报社党组书记、副社长、总编辑常芝青也被调到《人民日报》当副总编辑（在那里只干了三四个月，就又被"揪"回《大公报》批斗）。被工作组接管后的《大公报》很快便开始刊登社论，为"文化大革命"运动进行舆论宣传。不久，在1966年9月5至7日的《大公报》上，连续3天刊登《本报改名和改版启事》云："本报根据红卫兵和革命群众以及广大读者的要求和建议，并经上级批准，决定9月15日改出《前进报》。"9月10日，北京版《大公报》上又刊登"启示"云："《大公报》今日终刊。《前进报》已定于本月15日创刊。"这样，《大公报》这份有64年历史的全国性著名报纸便最终停刊了。至此，只有香港版《大公报》一脉单传，继续出版。

北京版《大公报》停刊后，旋即成立"文化革命委员会"。1966年9月15日，《前进报》创刊。报纸由原《大公报》的对开大报改成4开小报，日刊改为隔日刊。其版面与当时各报一样，在创刊号第一版上，首载毛泽东的大幅照片，右报眼位置刊登毛主席语录："我们不但善于破坏一个旧世界，我们还将善于建设一个新世界。"同时还在下面用1/4版篇幅刊登《告读者》的发刊词，声称它是"在无产阶级文化大革命新高潮中诞生的，是红卫兵和革命群众破'四旧'、立'四新'大进军中的胜利产物"，其根本任务是："高举毛泽东思想伟大红旗，大力宣传毛泽东思想，及时、迅速、正确地把毛主席的指示，把党的方针政策传达给群众，用毛泽东思想去武装广大财贸职工群众的头脑，用毛泽东思想指导财贸工作以及同财贸有密切联系的轻工业、手工业生产和农业生产。"新创刊的《前进报》很快便投入宣传"文化大革命"的浪潮中。

此后不久，随着"文革"的深入，中央财政金融学院红卫兵开始冲击前进报社。1966年12月28日晚10时，《前进报》被中央财政金融学院造反派组织封闭。从1966年9月15日创刊至12月28日被封，《前进报》仅出版了105天，共出版45期报纸。[22]

【上海《新民晚报》改名为《上海晚报》出版】《新民晚报》于1966年8月22日（第7256号）停刊。8月23日，新民晚报社"文化革命小组"和临时党支部为适应"文化大革命"形势，主动将《新民晚报》改名为《上海晚报》出版。《上海晚报》的主要内容是转载中央"两报一刊"（《人民日报》、《解放军报》和《红旗》杂志）的重要消息、社论文章和新华社统发稿，此外还出了46个大批判专版，专门批判孙冶方、周扬、田汉、侯外庐等人。这段时期的《上海晚报》还刊登一批"本报评论"，如《革命造反精神万岁》、《革命造反有理》、《红卫兵赞》、《向旧世界猛烈开火》和鼓吹向"走资派"夺权的《伟大的革命创举》等文章。11月30日，《上海晚报》出刊第100期。同日，"解放日报事件"发生了。

在1967年"一月革命风暴"中，上海《文汇报》"造反派"于1月4日首先宣布"夺权"。1月5日，《解放日报》的"造反派"也宣布"夺权"。上海晚报社中的两派"造反派"各不相让，也同时宣告"夺权"。其两派从1月6日起，各出同名的《上海晚报》。一派因没有印报设备，只出了一天即停刊，另一派虽控制了印刷厂，也只出了几天便停刊了，完全是一场闹剧。

1967年1月14日，原《新民晚报》的63个工人又在当天复刊了《上海晚报》。该报15日所载社论《"卑贱者"掌大权》云："经过艰苦复杂的阶级斗争，我们工人自己掌握的《上海晚报》，终于在一九六七年一月十四日胜利地出版了！我们六十三个工人虽然已经连续一个多星期没有睡好，但是，当我们冲破重重困难，看到由我们老工人亲笔题写的《上海晚报》报头的新生的报纸印出来的时候，我们很多老年工人在印刷机旁流下了激动的眼泪……""我们这些工人都是在资产阶级老爷们看来是最'低微'的人，这里有看门的、扫地的、送信的、排字的、印报的、制版的、铸字的、理发的、烧饭的，等等。我们这些被看做'卑贱者'的人，在伟大的毛泽东思想的指引下，都主动地关心起国家大事来了，对一些重大问题都要发言了，我们要排除一切诽谤和讥笑，要彻底打垮《新民晚报》的资产阶级反动思想体系，把《新民晚报》的旧秩序彻底打垮，一定要使报社来个大翻身。""让那些讥笑我们的混蛋们见鬼去吧！"但办好一份报纸谈何容易。再次复刊的《上海晚报》出至2月6日便最后停刊了，前后只出版了24天。[33]

【广州《羊城晚报》改名为《红卫报》出版】"文革"初期的《羊城晚报》仍是中共中央中南局的机关报。当时该报总编辑是杨奇，副总编辑为秦牧。1966年5月"文革"开始后，造反派把大字报贴到了羊城晚报社，晚报受到了冲击，遂于1966年8月31日停刊。1966年9月1日，《羊城晚报》改名为《红卫报》出版。当天（9月1日）出版的《红卫报》所载《本报改名启事》云："本报接受红卫兵和革命群众的意见，经上级批准，从九月一日起，把《羊城晚报》改名为《红卫报》。红卫报社。"9月3日起，该报开始全面报道全国及中南五省红卫兵运动的消息，刊登大批判文章。当天报纸的头版头条刊登毛泽东乘敞篷汽车在天安门广场检阅、接见来自全国各地和首都的红卫兵及革命师生的大幅照片，接着刊登《广州部分红卫兵第一次大会今天隆重举行》的消息。第二版接载红卫兵运动消息，第四版均为毛泽东接见红卫兵的照片。9月8日起，在第三版特辟《革命大字报》专栏，选登"文革"中所谓"富有革命性、战斗性和议论性的大字报"。

1966年12月13日，由"武汉大专院校毛泽东思想红卫兵驻穗联络站"领衔、20多个广东和外地造反派组织联合发出封闭和接管《红卫报》的通令，该报当天即被造反派封闭。《红卫报》被封后，当时在广州的"封报派"和"反封派"之间还持续进行了一段时间的争斗，形势极为混乱。[34]此后，《羊城晚报》在"文革"中便再也没有复刊。

对于这种"夺权"乱局，当时的"两报一刊"文章居然大肆喝彩："新闻战线同其他战线一样，文化大革命进入了向党内一小撮走资派展开夺权斗争的新阶段。……那些什么《羊城晚报》、《南方日报》之类放毒、造谣的旧报纸，一个一个被封了，被冲了，被革命派夺了权。好得很！好得很！这是无产阶级文化大革命的伟大胜利，是战无不胜的毛泽东思想的伟大胜利！"[35]

（二）新闻界的大夺权

【震惊全国的造反派围攻《解放日报》事件】 1966年11月27日至12月9日间，以王洪文为首的工人造反派组织——“上海工人革命造反总司令部”（简称“工总司”，于1966年11月9日正式成立）与学生及红卫兵造反派组织“红卫兵上海市大专院校革命委员会”（简称“红革会”）一起围攻、占据上海解放日报社达9昼夜。上海市的上百万人民群众对“造反派”的这种暴力行为极为反感，与造反派展开激烈的斗争。他们高喊“我们要看《解放日报》!”对造反派进行反“围攻”。这就发生了震惊全国的“《解放日报》事件”。

《解放日报》事件起因如下：

1966年11月27日，“红革会”要求上海邮电局报刊发行部代理发行由他们主编，并载有批判中共上海市委“贯彻执行资产阶级反动路线”文章的《红卫战报》，遭到拒绝。“红革会”造反派们转而到《解放日报》，要求将《红卫战报》和《解放日报》夹在一起发行，又遭到《解放日报》的拒绝。红卫兵们说，这期《红卫战报》揭发、批判了《解放日报》贯彻执行上海市委的一条“资产阶级反动路线”；《解放日报》曾放了很多毒，它“放毒到哪里，我们就要消毒到哪里!”他们还扬言要“寸步不让，寸土必争!”双方谈判无结果。11月29日晚10时左右，“红革会”一个常委带领两三百人来到上海市邮局报刊发行部，强行将《红卫战报》与《解放日报》夹在一起发行，再次遭到拒绝。于是恼羞成怒的造反派们冲进解放日报社，并提出三项要求：①《红卫战报》夹在《解放日报》内发行；②《解放日报》必须全文转载《红卫战报》刊登的《〈解放日报〉是上海市委执行资产阶级反动路线的忠实工具》一文；③要把市委执行资产阶级反动路线的问题和市委对报社的指示告诉他们（造反派）。这些极不合理的要求又一次遭到报社负责人的拒绝。于是“红革会”举行常委会议，决定进驻报社，逼迫报社答应他们的无理要求。11月30日凌晨1时左右，以“红革会”为首的红卫兵造反派们冲进汉口路274号解放日报社大楼，占领了楼下的发报间、会议室、礼堂和一些办公室。几天后，红卫兵造反派们又占据了报社编辑部的办公室，使记者采访工作中断，导致大量稿件及图片资料流散。有的工作人员还被围攻，被限制了行动自由。报社只能靠新华社通稿维持出版。

“解放日报社被占领”、“解放日报社被‘勒令’停止发行”的消息不胫而走，激起了上海市人民的愤怒。当时的群众组织“上海捍卫毛泽东思想工人赤卫队总部”（简称“赤卫队”）筹委会首先发表声明，反对“红革会”的无理行动。他们提出了自己的意见：①《解放日报》是华东局及上海市委机关报，“红革会”因为《红卫战报》不能夹在《解放日报》中发行就封闭《解放日报》的做法是错误的；②支持上海人民要看《解放日报》的要求，恢复《解放日报》的正常出版，“红革会”立即撤出解放日报社；③撤出后，《红卫战报》的递送，由华东局、上海市委与“红革会”等造反派组织一同协商解决；④“红革会”如无视我们的声明，我们将采取必要的行动。随后，四面八方的上海市民一批批涌向解放日报社门口，先后约有50万人。他们把报社团团包围起来，并向占领报社的“红革会”的造反派提出责问：“为什么不让《解放日报》正常发行?”“为什么不让我们看《解放日报》? 我们要看《解放日报》!”同时，双方发生了冲突。12月3日早晨，“工总司”的工人造反派闻讯迅速赶来，支援“红革会”，并成立“火线指挥部”，发出《紧急通告》。12月3日下午，“赤卫队”也散发《正告上海市委：必须坚持原则》的传单，主要内容是：要求上海市委不要允许《红卫战报》夹在《解放日报》中一起发行；“红革会”、“工总司”必须立即撤出报社，以便恢复报纸的正常出版。但“红革会”对此根本不予理会。12月5日晚，中共上海市委接到“中央文革”《关于处理〈解放日报〉事件的意见》的文件。文件指示：对“红革会”、“工总司”的革命行动要支持；红卫兵组织要求《解放日报》附带发行《红卫战报》，无非是为了揭露市委的错误，应该欢迎云云。在“中央文革”的巨大压力下，上海市委只好答应了“红革会”的“三项决定”和“工总司”的“四点要求”。其内容主要是：同意《红卫战报》第9期与《解放日报》同时发行；《解放日报》事件产生的一切后果都由市委负责，并要市委作出公开检讨；“革命造反队员”回厂后不受刁难，否则引起的后果由上海市委负责等。上海市委负责人在“三项决定”和“四点要求”上均签了字，并于12月8日通知上海市各级党组织执行。接着，“赤卫队”和大学红卫兵总部、中学红卫兵总部等7个群众组织也发表《严正声明》，不承认市委的签字。几十万群众又到解放日报社门前举行示威、游行，强烈要求“红革会”和“工总司”的造反派们立即撤离报社。在群众的强大压力及基本目的已达到的情况下，“红革会”和“工总司”的造反派终于全部撤离报社。[36]

从1966年11月27日至12月9日期间，上海《解放日报》虽未停刊，但采编工作受到严重干扰。从12月27日起，《解放日报》接连4天（27至30日）在头版头条用大篇幅刊登毛泽东和林彪身穿军装在天安门城楼接见红卫兵的大幅照片，同时大量采用新华社通稿，或转载《人民日报》的文章，或大量刊登工农兵代表人物谈“活学活用”毛泽东著作心得体会的文章，再加上很少的国际新闻，几乎没有该报记者自己采写的国内新闻与本市新闻。12月1日以后，《解放日报》版面基本上以刊登宣传“空头政治”、“活学活用”毛泽东著作心得体会、大批判稿之类的文章，以及大量的“文革”运动信息为主了。

【《文汇报》、《解放日报》被夺权】1967年1月3日，中共中央发出《关于报纸问题的通知》，其中提到省、市报纸可以停刊闹革命。同一天，上海文汇报社内“造反派”在社外“造反派”的支持和配合下，采取“夺权”行动，一举“接管”了《文汇报》的领导权。1月4日清晨，上海人民广播电台广播消息：“《文汇报》‘星火燎原革命造反总部’接管了《文汇报》，《文汇报》新生了！”“从这一天起，《文汇报》正式宣布同原上海市委的资产阶级反动路线一刀两断了。”[37]

1月4日，《文汇报》头版显著位置、标题套红重登毛泽东为1957年7月1日《人民日报》写的社论《〈文汇报〉的资产阶级方向应当批判》，接载“文汇报社‘星火燎原革命造反总部’”的《告读者书》，宣布“从今天起”接管《文汇报》，宣告“一张新生的《文汇报》问世了”。

夺权后的《文汇报》：1967年1月5日，《文汇报》刊登“上海工人革命造反总司令部”等群众组织署名的传单《告上海全市人民书》，并称其是“全国又一张马列主义的大字报，一发表就得到了我们伟大领袖毛主席的高度赞扬，并亲自决定在《人民日报》上转载，在电台向全国广播”。1月6日，《文汇报》头版头条刊登社论《革命造反有理万岁》。《人民日报》1967年1月19日第二版转载发表。此后，《文汇报》又投入批判所谓“反革命经济主义”的“大战役”中，在20多天内，接连发表了9篇社论，从工业、农业、商业、知识青年上山下乡等方面批判“反革命经济主义”，同时还发表了配合各种报道及文章的4篇“编者按”。此外，这一时期的《文汇报》还刊登了大量批判刘少奇同志及其《论修养》的大批判文章，影响极其恶劣。

《解放日报》被夺权：由于受《文汇报》造反派的影响，解放日报社内的造反派组织

“《解放日报》革命造反联合司令部”也于1月5日晚上8点钟举行大会，宣布了“接管《解放日报》的决定”。据《文汇报》报道：“上海工人革命造反总司令部、红卫兵上海大专院校革命委员会、北京三司、北航‘红旗’、清华‘井冈山’等革命造反派组织闻讯纷纷带着喜报、敲锣打鼓赶来报喜”；“新华社上海分社、上海人民广播电台、《上海晚报》、《文汇报》等新闻界兄弟单位的革命造反派和革命群众，也到会祝贺”。[38]

1月6日，《解放日报》头版首载《我们必须坚持真理，而真理必须旗帜鲜明——毛主席关于报刊宣传工作的语录十三条》，接着刊登“《解放日报》革命造反联合司令部”的《告读者书》，宣称：“一月五日下午八时整，我们接管了《解放日报》，宣告执行资产阶级反动路线的《解放日报》死亡，革命造反的《解放日报》诞生了。”

1月10日，《人民日报》刊登署名“《文汇报》、《解放日报》革命战士”于1月9日写的《向毛主席致敬电》云：“最最最最敬爱的伟大领袖毛主席：我们，在无产阶级文化大革命中获得新生的《文汇报》和《解放日报》的全体革命职工向您，我们心中最红最红的红太阳，致以最崇高的无产阶级文化大革命的敬礼！”“衷心地祝愿您老人家万寿无疆！万寿无疆！”

此后，随着全国“造反派”展开全面的夺权斗争，报纸版面上差不多每隔几天就刊登一篇类似这样文风的“致敬电”。开头几乎千篇一律都是：“向您，我们的伟大导师、伟大领袖、伟大统帅、伟大舵手，我们心中最红最红的红太阳，致以最崇高的无产阶级文化大革命的敬礼！”

《人民日报》、《红旗》杂志对《文汇报》、《解放日报》“夺权”的错误肯定：1967年1月19日，《人民日报》头版头条刊登社论《让毛泽东思想占领报纸阵地》，大肆赞扬《文汇报》和《解放日报》造反派的夺权行动“好得很！好得很！”，说“这是我国无产阶级文化大革命发展史上的一件大事，是我国新闻事业发展史上的一个创举”，号召新闻工作者“向他们学习”。文章云：“上海的无产阶级革命派，从资产阶级右派手里夺回了报纸的领导权，把人民喉舌的命运紧紧掌握在自己的手里。这是我国无产阶级文化大革命发展史上的一件大事，是我国无产阶级新闻事业发展史上的一个创举。”“毛主席指出：这是一个大革命，是一个阶级推翻另一个阶级的大革命。这件大事对于整个华东，对于全国各省市的无产阶级文化大革命运动的发展，必将起着巨大的推动作用。”

1月22日，《人民日报》头版头条又刊登通栏大字标题社论《无产阶级革命派大联合，夺走资本主义道路当权派的权！》。文章煽动云：“革命之所以受挫折，原因不是别的，只是因为印把子没有攥在自己手里。那一小撮资产阶级代表人物之所以如此猖狂，之所以敢于这样欺负人，就是因为他们有权！革命群众要掌握自己的命运，千条万条，归根结底，就是自己掌握印把子！有了权，就有了一切；没有权，就没有一切。千重要万重要，掌握大权最重要。”文章号召：“无产阶级革命造反派大联合展开夺权斗争的伟大革命风暴”，“下定决心：联合起来，团结起来，夺权！夺权！！夺权！！！”《红旗》杂志1967年第3期也刊载社论《论无产阶级革命派的夺权斗争》，再次鼓吹“夺权”。从此，上海“一月革命”风暴席卷全国，一场全国范围的夺权运动全面展开。

【《北京日报》的改组及两次被夺权】1966年5月25日，新改组的北京市委作出决定：撤销《北京日报》、《北京晚报》原来的编委会，撤销范瑾的社长职务；成立新的《北京日报》、《北京晚报》编委会，领导《北京日报》、《北京晚报》的工作。新的编委会由翟向东、吴象、林青等七人组成，翟向东任总编辑，吴象、林青任副总编辑。[39]

到了1967年1月初，继上海《文汇报》和《解放日报》夺权之后，《北京日报》内造反派组织“星火”与“燎原”战斗队，走《文汇报》、《解放日报》“彻底革命的道路”，迅速、积极地拼凑组成“首都革命造反派创立新《北京日报》联合委员会”。该会采取先发制人的手段，于1967年1月18日下午夺了《北京日报》的权，并于次日（19日）发表了《无产阶级革命造反派大联合大夺权胜利万岁！——〈北京日报〉夺权宣言》。当时，报社内部的群众组织除了“星火”和“燎原”两个战斗队之外，还有一个以工人、干部及知识分子为主体成立的“东方红兵团”。1月19日晚，北京市20多个“造反派”组织，联合北京日报社内的“东方红兵团”、长缨战斗队、红色工人造反队等群众组织，采取“大联合”的方式，再次夺了报社的权，并于1月24日发表《夺权宣言》，宣布“《北京日报》的真正新生”[40]。

1967年3月中旬，《北京日报》进行第二次改组，同时“改革”版面。当时正是中共北京市新市委被“砸烂”（夺权）、“北京市革命委员会”酝酿成立的时候。4月12日，《北京日报》在《人民日报》刊登《欢迎订阅北京日报》的广告云：“《北京日报》自一九六七年三月十四日试刊以来，得到了广大革命群众的大力支持。在当前无产阶级文化大革命节节胜利的大好形势下，本报即将正式出刊。”4月20日，“北京市革命委员会”正式成立（谢富治任主任），《北京日报》便成为“北京市革命委员会”的机关报。4月22日，《北京日报》在当天发表社论《宣传毛泽东思想 捍卫毛泽东思想》，宣布与旧《北京日报》决裂，“反其道而行之”，宣告新“《北京日报》作为北京市革命委员会机关报正式出刊了”[41]。

【《解放军报》的三次夺权风波】“文革”初期，《解放军报》贯彻执行一条极“左”的路线，在鼓吹全面“夺权”的宣传中出了大力，但随后它也难逃被“夺权”的命运。

《解放军报》于1956年1月1日创刊，是中共中央军委的机关报，一直由解放军总政治部主管。“文革”前夕及“文革”初期，《解放军报》的主管上级是总政治部副主任、宣传部长刘志坚。1965年底，军委主管“总政”工作的罗瑞卿被打倒，[42]导致一系列人事变动，包括《解放军报》的人事变动。如1966年初，《解放军报》总编辑华楠即遭解职，由副总编唐平铸代理总编辑职务。“文革”开始后的1966年5月31日，陈伯达奉命率领工作组进驻人民日报社后，唐平铸成为《人民日报》代理总编辑，《解放军报》副总编辑胡痴在此时代替唐平铸主持军报工作。到1967年初，胡痴由“中央文革”提名，担任新华社代社长（从此，《人民日报》、新华社都被军报的人“代”了），《解放军报》工作改由和谷岩主持。

1967年1月4日，上海《文汇报》的造反派与上海及外地驻沪造反派联合造反，夺了《文汇报》的领导权，接管了报社；1月5日，《解放日报》也被造反派夺权。随后，在张春桥、姚文元的直接策划、指挥下，1月6日，上海地区的造反派组织召开了“彻底打倒陈丕显、曹荻秋为首的上海市委大会”，公开打出“夺权”的旗号，掀起了波及全国的所谓“一月革命风暴”。与此同时，在1月4日的北京，时任解放军总政治部第一副主任、“中央文化革命领导小组”第三副组长、“全军文化革命小组”组长的刘志坚，也被林彪、江青一伙以“刘邓资产阶级反动路线在军队的代表”的罪名被抛了出来，被打倒并被揪斗。“全军文化革命小组”由此改组成立了新的“全军文化革命小组”，由徐向前任组长，江青任顾问、副组长。同时，林彪又任命“中央文化革命领导小组”成员关锋为总政治部副主任，接管了刘志坚的工作。

1967年1月间，在胡痴外放、刘志坚被打倒之际，由肖力领导的造反派组织一举夺了《解放军报》的采编权。肖力即李讷，系江青与毛泽东的女儿，1940年8月出生，1966年夏毕业于北京大学历史系。1966年10月中旬被分配到《解放军报》工作，并成为专为中央首长提供资讯的内部机密刊物《快报》的一名记者。1967年1月初，刚到《解放军报》工作仅3个月、时年26岁的肖力效仿上海《文汇报》、《解放日报》造反派的做法，造军报的反、夺军报的权，组织了“革命造反突击队”。1月13日凌晨，以肖力为首的8名造反派，在报社贴出了题为《〈解放军报〉向何处去?》的大字报，指责军报在“文革”开始后背离毛泽东革命路线的种种“罪行”，号召军报“革命群众”学习上海《文汇报》、《解放日报》的榜样，“自己解放自己，自己起来闹革命!”从而引发了军报的夺权风暴。她带头一举把当时报社领导胡痴、宋琼，以及杨子才等人“揪”了出来，开展批判，“开创了《解放军报》文化大革命的新局面”。同时，肖力领导的“革命造反突击队”还夺了军报的采编大权，由她担任军报版面组组长（后担任《解放军报》“总编领导小组”组长），执掌军报编辑出版大权，唐平铸、胡痴、和谷岩一套人马倒台。1月17日，“副统帅”林彪写了《给解放军报社革命同志的一封信》，对肖力、方抚时等8人组成的“革命造反突击队”的行动表示支持。

唐、胡倒台后的军报，由总政治主任萧华任命张春桥之弟、时任军报副总编的张秋桥担任党委副书记，暂时主持军报日常工作，肖力进入临时党委。不久，原在《解放军报》当过总编、后又调到中央马列主义研究院担任党委书记兼副院长的赵易亚被重新任命为《解放军报》总编。

1967年6月19日，肖力又贴出第二张大字报，“炮轰”当时的临时党委副书记张秋桥，又把前一阶段报社运动称为“执行反动路线”。“张副书记”就此下台。1967年7月间，在武汉地区发生了“七·二〇”事件。首都百万群众集会声讨武汉“百万雄师”和一小撮“军内走资派”。林彪出席大会，并在天安门城楼上对肖力说：“要战斗、要突击，要砸烂总政阎王殿!”将矛头直接指向以萧华为首的解放军总政治部。

1967年8月23日晚，肖力贴出第三张大字报《反复辟，反保守，誓将革命进行到底!——剥开假革命、反革命赵易亚的画皮》，揭露赵易亚是萧华的黑干将。赵易亚旋即被揪斗、“打倒”。军报又成立临时总编辑组，组长肖力，副组长王树芝，组员严寒、吴木华等。与此同时，在江青的策划下，从海军、空军、二炮和北京地区抽调了30多位办报人员进驻解放军报社。“三军组成协作组，协助临时编辑组工作。”[43]陈伯达亲临报社，支持肖力的大字报、支持军报夺权。

夺权后的第二天，即1967年8月24日，《解放军报》头版头条采用通栏大标题《大树特树毛主席的绝对权威　大树特树毛泽东思想的绝对权威（主题）总参机关无产阶级革命派掀起深入批判反革命修正主义分子罗瑞卿的新高潮（副题）》，刊登新华社播发的消息。当天第二版刊登北京师范大学革命委员会写的大批判文章《高举毛泽东思想伟大红旗　坚定不移地把革命大批判进行到底》，第四版刊登南京路上好八连写的大批判文章《高举毛泽东思想的革命批判旗帜，彻底清算罗瑞卿反党篡军的罪行》。

1967年8月24日晚8时至25日凌晨两点，由解放军总政治部宣传部直接领导的解放军报社及“三军”无产阶级革命派代表30余人在解放军报社召开揪斗萧华（总政治部主任）、赵易亚（《解放军报》副总编辑）、胡痴（《解放军报》副总编辑）等人的会议。[44]

通过“一·一三”、“六·一九”、“八·二三”三张大字报，通过连续打倒唐平铸、胡痴、赵易亚三位总编，通过林彪、叶群、江青、陈伯达的保驾护航，肖力终于登上了解放军报社“临时总编组”组长的位置。此后，《解放军报》版面“标语口号连篇，除了歌颂就是声讨、除了顺口溜就是大话表态，完全降低到大字报和黑板报的水平，成为千篇一律的大传单”。1967 年 12 月 31 日，肖力在报社因加了最后一个夜班后劳累病倒，便突然离开了解放军报社。她在《解放军报》前后工作了 1 年零两个月时间［2008 年，李讷（肖力）当选为新一届全国政协委员］。[45]

【1967 年一年间，《南方日报》曾先后三次被“夺权”】1967 年 1 月 10 日，群众组织“毛泽东思想《南方日报》工人造反总部”和“《南方日报》毛泽东思想革命造反联合总部”宣布“夺权”，“接管”了《南方日报》。11 日，《南方日报》改出“新 1 号”，当天头版刊登毛泽东《对〈晋绥日报〉编辑人员的谈话》及造反组织的《告读者书》。至 3 月 30 日，“新”字号报纸共出版 79 期。

1967 年 3 月 31 日，广东省军管会派出小组对《南方日报》实施军管。《南方日报》改出“广 1 号”。至 8 月 23 日，“广”字号报纸共出版 146 期。8 月 24 日至 9 月 6 日，报纸停刊 14 天。停刊期间的 8 月 25 日，群众组织“《南方日报》红旗公社”和“东方红”又夺权，于 9 月 7 日出版《南方电讯》一期。9 月 8 日改出《南方日报》“红 1 号”，头版上半版篇幅刊登套红的放着光芒的毛泽东图像，下半版刊登姚文元的《评陶铸的两本书》（第二、三版连载）。至 9 月 24 日，“红”字号报纸共出版 17 期。

1967 年 9 月 25 日，报社两派群众组织在军管小组领导下联合办报，《南方日报》又改出“粤”字号报纸。至 1968 年 2 月 20 日，“粤 1 号”字号报纸共出版 148 期。

1968 年 2 月 21 日，广东省革命委员会成立，《南方日报》改为“广东省革命委员会机关报”，当天出版“第 1 号”。1971 年 10 月 12 日，出至 1330 号。10 月 13 日的《南方日报》报头下，除掉“广东省革命委员会机关报”字样，序号仍续为“第 1331 号”[46]。

（三）“文革”中报人的编辑生活

十年“文革”是一场浩劫和灾难，它既摧毁了新闻事业，也摧残了新闻队伍。“文革”前期，不少的名记者、名报人自杀；夺权后，报社领导靠边站，编辑、记者下放到农村“五·七干校”进行变相的劳动改造，剩下的人员负责报纸的出版。采编人才严重青黄不接，导致报纸版面编排粗放，文风败坏。

【“编报如同走钢丝”】在“文革”极“左”思潮下，报人办报总是提心吊胆、战战兢兢，有如临深渊、如履薄冰之感，生怕出差错。因为任何一点小差错、小纰漏都将被无限上纲上线，惹出大麻烦，闯下大祸，甚至酿成所谓的重大政治事故。所以，无论编辑、校对都必须十分仔细小心。有人形象地说，当时“编报如同走钢丝”，处境艰难、危险。[47]

当年《解放军报》一位资深编辑回顾该报“文革”中个人崇拜时期办报情况时说，当时那位造反派主编在军报审稿时曾规定：当版面上刊有毛泽东照片时，就必须保证同一版的其他照片上没有人把枪口对准领袖照片的方向；文字上，凡版面上有“毛主席”字样时，一定要透过光线看看报纸背面版上的同一位置有无贬义词。为此，该报主编特在报社专门设计制作了一个版面透视箱：一个玻璃面桌子、桌子下面安几个电灯泡。报纸清样出来后，都放在玻璃板上，然后打开玻璃板下的电灯进行透视，以检查毛泽东照片或名字前后有没有贬义词。几乎每期报纸都这样做。据说，这个报纸“版面透视机”，后来一直存放在军报社的仓库中。[48]另据“文革”初期担任《人民日报》副总编的李庄回忆：

我在1966年底被“揪出”批斗前，曾经被监督工作一段时间。有一次，《人民日报》头版有毛泽东大幅照片，二版有一条新闻的标题有“打倒帝国主义、各国反动派”字样。如果对着太阳看，二版“反动派”三字正好跟头版的头像重叠，于是出了大错。所幸当时没有追问动机，我只受到“政治水平低”、“责任心不强”的指责，报纸重印了事。以后忌讳范围继续扩大，有一年国庆节，人民日报二版登载海军某部舰艇在我领海巡逻的照片，炮口正好指向头版社论刊头中的天安门，“犯了重大错误”，受到“四人帮”严厉批评。[49]

【极“左”造反派对报纸编排的挑剔与指责】1966年12月上旬，上海红卫兵造反派组织一连围攻、占据《解放日报》达9昼夜。不久，他们在其著名小报《红卫战报》上发表一篇《〈解放日报〉反对毛主席的罪证如山》的文章，采用“鸡蛋里面挑骨头”的手法，罗织《解放日报》六大“罪状”云：《解放日报》“疯狂反对毛主席，反对毛泽东思想”，“1. 一九六六年十月十五日，《解放日报》发表了一张照片，照片上印有英文字母‘Long live the Vincible thought of Mao Tsetung’。中文的意思就是‘可战胜的毛泽东思想万岁’。亲爱的同志，你能容忍《解放日报》如此恶毒地污蔑我们的命根子——战无不胜的毛泽东思想吗？”“2. 我们伟大统帅毛主席最亲密的战友林彪同志对领导干部提出的三条标准是：①高举不高举毛泽东思想伟大红旗，拥护不拥护毛主席。②是不是突出政治。③是不是有革命干劲。但今年十一月二十一日《解放日报》评论员在题为《首先用于改造自己的灵魂》的一篇评论中，把‘拥护不拥护毛主席’这最最重要的一条偷偷删去了！如此严重的政治事件，难道是一时疏忽、粗心大意所造成的吗？”“3. 毛主席为新北大校刊题词，《人民日报》发表时套红，《解放日报》却不套红。第二天，又要发表毛主席为《中国妇女》杂志的题词，这时，报社不少同志建议，是否可以把昨天的《新北大》和今天的《中国妇女》一并套红发表，以改正错误，可是解放日报社党委书记马达说：‘我们补套，就是认错，一认错，红卫兵就要追查市委的黑线了。’结果，还是拒不认错，拒不套红。马达对毛主席的题词如此没有感情，这难道是一般问题吗？”“4. 在一篇稿件上，有一个农民写着，‘三天不吃饭可以，一天不学习毛主席著作不行’。农民弟兄对毛主席著作充满了无限感情。可是《解放日报》党委书记马达竟大为恼火：‘不能这样宣传，三天不吃饭你们去试试看。’这事地地道道地记载着！马达对抗毛主席思想，罪证如山！”“5. 一九六六年七月一日第二版报道了《警告美帝：战争‘升级’必遭到粉碎》一条消息，其中‘战争’两个大字正好印在头版主席像的额角上面，报社工作人员早在排版时就发现这个问题，作了汇报，但马达不以为然，让报纸继续印下去。这难道仅仅是认识问题吗？同时，在这张报纸上登有虹口区工人俱乐部杨树的版画《永远听毛主席的话》上面印有‘中正万岁’的字样，画上明显地有一个工人拿着手枪对准领袖像。为什么对此不作认真检查？又为什么对读者的来信不认真地回答？”“6. 一九六六年五月下旬，林彪同志提出了‘四个念念不忘’的伟大口号，《解放军报》发表时，制成了特大的锌板，可是《解放日报》不仅过了两天才发表，而且党委书记马达叫嚷：‘锌板牌子做得小一点。’于是，《解放日报》见报的那块锌板小得不像样子。请问马达，为什么要特别关照这块锌板做得小点？又为什么对林副统帅的指示采取如此态度？”[50]

【由于“对版面”，导致省级党报经常晚出报】记者林里“文革”中曾在1971年四五月间被任命为《南方日报》革命委员会副主任、党的核心小组成员，曾主持该报七八个月的编辑工作。他后来回忆云：“‘文化大革命’搅乱了一切，破坏了一切。在这一切的一切当中，报纸首当其冲。不光破坏了报纸的正常出版，而且把报社工作人员的日常生活搅得一塌糊涂，实是一场战争性的浩劫、灾难。”“按照中央规定，日报应在凌晨2时截稿，4点钟以前开机印报。从开国大典到‘文化大革命’，一直按照这个规定行事。据说这个出版时间是周恩来同志亲自制定的。可是，1971年7月16日《南方日报》是这天傍晚7时开机印报的，比正常出版时间迟了15个小时；1971年9月18日的《南方日报》是18日夜晚9时开机付印的，比正常出版时间迟了17个小时；1971年国庆节的报纸，即10月1至3日的报纸，是3日午夜同时交版、开机付印的，读者是4日上午同时收到4天报纸的。这就是说，日报，成了午报，午报成了晚报，晚报变成了隔日再隔日的报纸了。”“《南方日报》的夜班编辑，通常是夜晚9时上班，凌晨4时下班，工作7小时。可是，现在，持续工作十五六个小时，几乎成了定律。原来的单班制，吃不消，增设了‘二梯队’、‘三梯队’。”“当时的《南方日报》是广东省革命委员会的机关报，发行到全省各地。广州地区以外的报纸，要由客运火车、飞机、轮船和长途汽车运送。中央规定4时前开机印报，也是为了赶上早班车、船、机。错过这个时间，当天的报纸便运不出去，外地读者就看不到当天报纸。政治上的损失是读者骂娘，经济上的损失是罚款。”[51]

各地省级党报何以经常晚出报呢？主要原因是由“对版面”导致的。所谓“对版面”就是指编辑编排版面截稿时，重要新闻必须“一级请示一级”，严格按《人民日报》、《解放军报》传真版作标题，所用字号、眉题、副题，都要同《人民日报》、《解放军报》一模一样。因此，传真版一来，版面编辑就“照葫芦画瓢”。有时为了与《人民日报》“对版面”，还得打长途电话问《人民日报》，问某条消息的位置、标题，问某一篇文章的安排、处理。这样，由于等传真版及“对版面”，往往耽误了印报时间，严重影响了报纸的时效性，也无形中加大了编辑们的工作量。

四、“文革”前期空前繁荣的畸形传播方式

（一）大字报的泛滥成灾

【“文革”中铺天盖地的大字报】大字报这种畸形的传播方式到“文革”时期发展到登峰造极的地步，从学校、工厂、农村开始，不久又走向街头，铺天盖地。大字报运动甚至波及香港，连总督府外都贴满大字报。红卫兵及造反派们用大字报来鼓吹“造反”，制造动乱；用大字报来进行一波又一波声势浩大的“革命大批判”；用大字报来进行人身攻击，诬蔑诽谤；用大字报来宣传极“左”思潮，煽动无政府主义；用大字报来传播小道消息，散布流言；用大字报来“打派仗”，各派之间互相攻击，等等。还用大字报来传达毛泽东“最高指示”、“最新指示”和传抄“毛主席诗词”。

十年“文革”中的大字报运动大致可分为三个阶段：①“文革”初期的大字报，内容主要是鼓吹“造反”、动乱和夺权，以及批判刘少奇、批判《论共产党员的修养》等；②“文革”中期的大字报，内容主要是批林批孔、评法批儒；③“文革”后期的大字报，内容主要是批邓、反击右倾翻案风等。

鼓吹动乱的“全国第一张马列主义的大字报”的出笼：“文革”开始后，在康生及其妻子曹轶欧的授意下，1966年5月25日下午两点多钟，北京大学哲学系党总支书记聂元梓、宋一秀、夏剑豸、杨克明、赵正义、高云鹏、李醒尘7人在该校大饭厅东墙上贴出题

为《宋硕、陆平、彭珮云在文化革命中究竟干些什么?》的第一张大字报。大字报一开头就以咄咄逼人的口吻，质问校党委负责人："现在全国人民正以对党对毛主席无限热爱、对反党反社会主义黑帮无限愤怒的高昂革命精神掀起轰轰烈烈的文化大革命，为打垮反动黑帮的进攻，保卫党中央、保卫毛主席而斗争，可是北大按兵不动，冷冷清清，死气沉沉，广大师生强烈的革命要求被压制下来，这究竟是怎么回事？原因在哪里？这里有鬼。"接着又质问："你们为什么这么害怕大字报？害怕开声讨大会？反击向党、向社会主义、向毛泽东思想猖狂进攻的黑帮，这是一场你死我活的阶级斗争，革命人民必须充分发动起来，轰轰烈烈，义愤声讨，开大会，出大字报就是最好的一种群众战斗形式。你们'引导'群众不开大会，不出大字报，制造种种清规戒律，这不是压制群众革命，不准群众革命，反对群众革命吗？"大字报最后号召："一切革命的知识分子，是战斗的时候了！让我们团结起来，高举毛泽东思想的伟大红旗，团结在党中央和毛主席的周围，打破修正主义的种种控制和一切阴谋鬼（诡）计，坚决、彻底、干净、全部地消灭一切牛鬼蛇神、一切赫鲁晓夫式的反革命修正主义分子，把社会主义革命进行到底。"

大字报以剑拔弩张的姿态，把矛头直接对准北京大学党委和北京市委，从而导致了后来北大党委和北京市委的改组。大字报贴出后，立即遭到北大广大师生的普遍反对。"当天下午5点钟，校党委组织反击的大字报贴到了聂元梓大字报的周围，好几百人质问聂元梓为什么要贴党委的大字报。"[52]在聂元梓的大字报贴出后短短半天时间内，北大校园内自发地贴出了1 500多张大字报，其中绝大多数是对聂元梓等人的大字报的驳斥和揭露。当天夜里12时，在京主持中央日常工作的刘少奇、周恩来派华北局、国务院外办和高教部的负责人到北大批评聂元梓等人搞乱了中央的部署，违反了中央规定的原则，并重申了中央关于严格遵守内外有别原则的指示（周恩来曾指示：北京大学有十几个国家的留学生，搞运动一定要慎重，一定要注意国际影响、注意内外有别）。5月29日，刘少奇、周恩来、邓小平三位负责中央日常工作的政治局常委，召集中央有关部门开会。鉴于北大急需加强领导的情况，会议决定派遣由中共河北省委书记处书记张承先带领华北局工作组到北大领导文化革命运动，这一决定得到毛泽东的批准。

正当刘少奇、周恩来将北大局势稳定下来的时候，6月1日，毛泽东却在刊载有聂元梓等7人的大字报，由《红旗》杂志、《光明日报》总编室编印的《文化革命简报》第13期（5月27日编印）上写下批示："康生、伯达同志：此文（指聂元梓等人的大字报——引者注）可以由新华社全文广播，在全国各报刊发表，十分必要。北京大学这个反动堡垒，从此可以开始打破。请酌办。"[53]毛泽东还从杭州打电话给康生、陈伯达，通知此事。当天，新华社将大字报全文播发。当天晚上，中央人民广播电台也将大字报全文广播。6月2日，《人民日报》头版头条刊登社论《触及人们灵魂的大革命》，鼓吹"永远高举毛泽东思想伟大红旗，横扫一切牛鬼蛇神，把无产阶级文化大革命进行到底"。接着刊登聂元梓等7人写的大字报全文，同时还配发该报评论员文章《欢呼北大的一张大字报》，备极推崇。在《人民日报》刊登聂元梓等大字报的同一天，全国各地党报也都刊登了这份大字报，同时转载了《人民日报》的这篇评论员文章，引起了全国范围的大震动。从此，一场突如其来的席卷全国的大字报运动迅猛展开。

6月20日，《人民日报》头版头条刊登社论《革命的大字报是暴露一切牛鬼蛇神的照妖镜》，反复鼓吹"革命的大字报，是暴露一切牛鬼蛇神的照妖镜"，"革命的大字报，提出各种各样的意见，揭露各种各样的矛盾"，"革命的大字报，把大是大非的问题摆出来，让大家来议论，大家来鉴别，大家来批判”，“革命的大字报，大长无产阶级的志气”，“大灭反党反社会主义的一切反动派的威风……”。

7月中旬起，《人民日报》开辟《大字报选》专栏（如《人民日报》1966年7月15日第三版、7月20日第四版），《红旗》杂志也于1966年第11期起，选登大字报。

当时的北京大学更是“热闹”非凡，据当年亲眼目睹现场的季羡林先生回忆：

“到北大来朝拜第一张‘马列主义大字报’的人，像潮水般涌进燕园。在‘马列主义’信徒们的眼中，北大是极其神圣、极其令人向往的圣地，超过了麦加，超过了耶路撒冷，超过了西天灵鹫峰雷音寺。一次朝拜，可以涤除身体上和灵魂中的一切污浊，一切罪孽。来的人每天有七八万、十几万甚至几十万。先是附近学校的人来，然后是远一点的学校里的人来，最后是外地许多大学里的人，不远千里，不远万里，风尘仆仆地赶了来。本地的市民当然是当仁不让，也挤了进来凑热闹，夹在里面起哄。这比逛天桥要开心多了。除了人以外，墙上、地上、树上，还布满了大、小字报，内容是一边倒，都是拥护‘第一张马列主义的大字报’的。人的海洋、大字报的海洋，五光十色，喧声直上九天。”[54]

大字报上街：1967年七八月间，大字报的发展如火如荼，很快从学校、机关涌上了街头。《人民日报》、《红旗》杂志等中央级大报刊甚至都开辟专版专栏刊登“大字报选”。如《人民日报》1967年8月14日第三版载《上海街头革命大批判的大字报选》，“编者按”云：“上海的无产阶级革命派和广大革命群众在革命大批判高潮中，把大批判的大字报汇集成专栏，贴上街头。这些大字报专栏，各由一个单位或一个革命群众组织主办，固定位置，定期更换。千万张大字报，向党内最大的一小撮走资本主义道路当权派及其在上海的代理人猛烈开火。这是革命大批判中的新事物，是革命大批判既轰轰烈烈又深入扎实地开展起来的好形式。”“上海街头的大字报专栏，反映了上海无产阶级文化大革命的大好形势。”“上海街头的许多革命大字报专栏，观点鲜明，内容丰富，图文并茂，真正具有‘革命无产阶级应有的战斗风格’。”“让我们把更多高质量的革命大批判的大字报贴上街头，在革命的大批判中进一步发挥这种极其有用的新式武器的战斗威力吧！”

由“我的一张大字报”引发的批刘狂潮：1966年6月1日，《人民日报》发表由陈伯达主持起草的《横扫一切牛鬼蛇神》的社论。当天晚上，中央人民广播电台广播北京大学聂元梓等7人写的大字报。第二天（6月2日），以《人民日报》为首的各级党报都全文登载了这篇大字报，立即在北京各学校引起了极大的混乱。仅在两三天时间里，北京地区各大专院校党委和各中小学的党支部都瘫痪了，所有学校的书记、支部书记、校长以及老师都不同程度地受到冲击和批判斗争。如6月8日，北京大学部分师生就对陆平为首的40多名“黑帮分子”进行了批斗。这股风暴很快波及全国。在这种情势下，刘少奇和邓小平乘飞机赶到杭州去向毛泽东汇报运动情况，并请毛泽东回京主持工作。毛泽东委托刘少奇相机处理运动中出现的问题。刘少奇乘飞机赶回北京后，立即主持召开了政治局扩大会议，决定向大学、中学派驻工作组。

1966年7月16日，毛泽东在武汉畅游长江，这实际上是一种有政治象征意义的举动。7月18日，毛泽东从武汉回到北京。7月24日，毛泽东召开会议，他非常错误地批评了刘少奇和邓小平。“文革”局势更加混乱。从8月1日至12日，毛泽东在北京主持召开了中共中央八届十一中全会。会议期间的8月5日，毛泽东写了一张严厉指责刘少奇等一些领导干部的大字报。这段文字是毛泽东用铅笔写在6月2日《北京日报》头版转载6

月1日《人民日报》社论《横扫一切牛鬼蛇神》的版面的左边边角上，下面注明时间是“一九六六年八月五日”。原文无标题，字迹潦草、零乱，实际上是一段批语。这段批语写完之后，毛泽东的机要秘书徐亚夫随即用毛笔把它誊写在两页16开的信纸上。毛泽东又在誊清稿上略加修改，并加上了标题“炮打司令部——我的一张大字报”。8月7日，这张大字报作为会议文件印发给八届十一中全会的代表。8月17日，中共中央办公厅将《炮打司令部——我的一张大字报》印发到县团级。旋经红卫兵辗转传抄，很快传遍全国。直至一年后的1967年8月5日，这张大字报才在当天的《人民日报》正式公开发表。其全文如下：

炮打司令部——我的一张大字报

全国第一张马列主义的大字报和人民日报评论员的评论，写得何等好啊！请同志们重读这一篇大字报和这篇评论。可是在五十多天里，从中央到地方的某些领导同志，却反其道而行之，站在反动的资产阶级立场，实行资产阶级专政，将无产阶级轰轰烈烈的文化大革命运动打下去，颠倒是非，混淆黑白，围剿革命派，压制不同意见，实行白色恐怖，自以为得意，长资产阶级的威风，灭无产阶级的志气，又何其毒也！联系到一九六二年的右倾和一九六四年形“左”而实“右”的错误倾向，岂不是可以发人深省的吗？

毛泽东

一九六六年八月五日[55]

这篇大字报虽未点名，但矛头是指向刘少奇和邓小平的，所指的“司令部”实际就是指后来被错误定性的所谓“长期隐蔽在党内的以中国赫鲁晓夫（刘少奇）为首的资产阶级司令部”。8月8日，八届十一中全会通过了《关于无产阶级文化大革命的决定》。12日，全会改组了中央领导机构，林彪名列第二位，成为毛泽东的接班人，刘少奇从原来的第二位降至第八位。8月18日，毛泽东首次在天安门城楼接见来京进行大串联的全国各地红卫兵。此后到11月下旬，毛泽东又先后8次接见红卫兵，“红卫兵”运动形成狂潮。到12月18日，张春桥在中南海西门接见清华大学造反派头目蒯大富，指使他组织力量打倒刘少奇。12月25日，打倒刘少奇、邓小平的标语第一次出现在北京街头。蒯大富根据张春桥授意，在北京组织游行示威、张贴大字报、散发传单、呼喊口号，公开煽动打倒刘少奇、邓小平。

1967年4月1日，《人民日报》发表戚本禹的《爱国主义还是卖国主义？——评反动影片〈清宫秘史〉》长篇批判文章，不点名对刘少奇大肆攻击，宣称“一定要把党内最大的走资本主义道路的当权派拉下马，让他靠边站”。此后，全国掀起批斗刘、邓路线的狂潮。与此同时，铺天盖地的造反派大字报也贴进了中南海院内。这些大字报甚至恶毒诬蔑刘少奇是“叛徒”、“内奸”、“工贼”，诬蔑朱德是“黑司令”、“大军阀”。[56]据回忆：“在那些恶浪翻滚、黑云压城的日子里，少奇同志还是经常由王光美同志陪着去看大字报的。少奇同志非常实事求是，他曾表示‘欢迎摆事实、讲道理，批评多厉害都不怕’。而对于那些诬陷造谣之词，他是深恶痛绝的。他曾愤慨地说：‘国民党骂了我多少年，也没敢用这样的语言。’特别是当他看到江青一伙搞的大字报，竭尽其造谣污蔑之能事，完全歪曲、否定20年代（20世纪）他在安源工作的情况，甚至说成是他的‘罪行’时，他非常生气。”[57]与此同时，在全国范围内掀起的“批刘”的恶浪中，大量无耻、下流、造谣中伤和人身攻击的“批刘”大字报铺天盖地，充斥街头。人权、法制横遭践踏。从1967至1968年间，《人民日报》、《红旗》杂志、《解放军报》发表了大量“批刘”文章，其语气、口吻与街头大字报如出一辙。

1968年10月13日至31日，中共八届扩大的十二中全会批准了所谓《关于叛徒、内奸、工贼刘少奇罪行的审查报告》，决议把刘少奇“永远开除出党，撤销其党内外一切职务”，造成了中共历史上最大的一桩冤案。会上在表决通过决议时，只有一位老一辈女革命家、全国总工会副主席、中央委员陈少敏不畏高压，以“不表态”、“不举手”的方式，公开抵制开除刘少奇出党的错误决定。此时，被严格“看管”中的刘少奇得了严重的肺炎和糖尿病，逐渐卧床不起。1969年10月林彪所谓的一号通令（《关于加强战备，防止敌人突然袭击的紧急指示》）下达后，在重病中的刘少奇光着身子被卷在一床被子里，运往开封“监护”。1969年11月12日，71岁尚差12天的刘少奇被折磨致死。

“文革”初的造反派都是利用大字报鼓吹“造反”起家的：“文革”初，北京地区的五大“学生领袖”，即北京大学的聂元梓、北京师范大学的谭厚兰、北京地质学院的王大宾、北京航空学院的韩爱晶、清华大学的蒯大富都是从写大字报起家的。其中如谭厚兰、蒯大富都是典型的例子。如1966年6月2日，北京师范大学学生谭厚兰等4人贴出大字报，号召“横扫一切牛鬼蛇神，捣毁‘三家村’一切分店”。1966年6月初，红卫兵运动兴起，一时造成很大的混乱，刘少奇立即派工作组到各个学校。以蒯大富（时为清华大学工程化学系902班学生）为首的一批人激烈反对工作组，6月16日，蒯大富等贴出清华大学第一张反对工作组的大字报《工作组往哪里去?》。7月底，工作组只得撤出清华大学。

再如，上海的造反派头头王洪文也是从写大字报“发迹”的。1966年6月12日，上海国棉十七厂保卫干事王洪文带头“造反”，贴出了后来被称为“国棉十七厂第一张马列主义的大字报”——《剥去党委画皮看真相》。他一下子便成为厂里的新闻人物。王洪文的造反举动，受到群众的反对、抵制和围攻。同年10月12日，王洪文又纠集造反派同伙，结伴进京“取经”、告状，行前他又在厂里大道旁贴出15人署名的大字报——《给全厂革命同志的一封公开信》。[58]

1966年5月25日，北京大学聂元梓等7人贴出第一张大字报后，距离北大很近的清华大学附中学生便成群结队去北大看大字报，并围绕着大字报的内容和各种问题展开讨论。5月29日，清华大学附中几个高年级的学生在圆明园秘密成立“红卫兵”组织，并读了宣言。同时约定，今后他们这些观点相同的人写大字报、小字报时，必须同署一个笔名——“红卫兵”。三天后的6月2日，署名“红卫兵”三个字的大字报《誓死捍卫毛泽东思想，誓死捍卫无产阶级专政》突然出现在清华大学附中教学大楼正面的墙上。从此以后，“红卫兵”这个名字不胫而走、流传全国，红卫兵运动开始席卷全国。

到6月8日，清华大学附中的第一批红卫兵人数差不多已达百人。6月24日，清华大学附中的“红卫兵”贴出大字报《革命造反精神万岁!》；7月4日，他们又贴出大字报《再论无产阶级的革命造反精神万岁!》；7月27日，他们再次贴出大字报《三论无产阶级的革命造反精神万岁!》。这三张大字报竟然被《红旗》杂志收集在一起，刊登在1966年8月21日出版的该刊第11期上。同期《红旗》还刊登该刊评论员文章《向革命的青少年致敬》云：“大字报是小将们向那些公开的、隐蔽的走资本主义道路当权派和一切牛鬼蛇神进攻的有力武器。他们的大字报如利剑、如匕首，击中了敌人的要害，刺伤了敌人的痛处，长了革命者的志气，灭了敌人的威风。”8月24日，《人民日报》第二版又将这三篇大字报再次予以转载。毛泽东对这三张大字报也是非常重视的。7月28日，清华附中的红卫兵写信给毛泽东，并附上他们写的《革命造反精神万岁》和《再论无产阶级的革命造反精神万岁!》这两张大字报。8月1日，毛泽东写信给清华附中红卫兵云：“对反动派造反有理，我向你们表示热烈的支持。”在以上三篇大字报中，“红卫兵”大声疾呼：“不造反就是百分之百的修正主义，”“我们过去造反，现在造反，将来还要造反!”誓将旧世界“打个天翻地覆，打个人仰马翻，打个落花流水，打得乱乱的，越乱越好!”从这些词句可以看出，大字报完全是红卫兵及造反派鼓吹“造反”、制造动乱的舆论工具。

用大字报来传播“最高指示”、“最新指示”及“毛主席诗词”新作：“文革”中，毛主席语录、毛泽东诗词、“老三篇”、“最高指示”、“最新指示”都是“一句顶一万句”的真理。所谓“最高指示”、“最新指示”，一般指毛泽东近期发表的指示、批示及谈话。“文革”高潮中的“最高指示”、“最新指示”通常都在晚上8点钟的中央人民广播电台联播节目中播出。人们往往先将“最高指示”一字不错地从广播中记录下来，当时录音机还不普及，记录全凭“耳受手追”。如果在第一次广播时未能全部记录下来，就只好等到第二次、第三次重播时继续记录了。当时凡是发表“最高指示”的时候，中央人民广播电台都会在新闻联播结束之后反复重播。人们用钢笔记录下“最高指示”后，再用毛笔将它誊抄在大红纸上，当作喜报，然后组织单位员工敲锣打鼓，燃放鞭炮，集体游行到省、市、县革命委员会门口去庆祝、报喜和“表决心”。各级革委会为了激励人们学习、落实“最高指示”的热情，往往把下面单位送来的“最高指示”张贴在革委会大门前的大字报栏上，以供人们观看和传抄。写大字报、张贴大字报、看大字报、参观大字报、传抄大字报，成为“文革”中的一大景观。

除了“最高指示”、“最新指示”外，“毛主席诗词”新作也经常出现在大字报上。据龚育之回忆：“那是一个严寒的日子……1966年的尽头，正是‘文化大革命’狂暴恣肆之时。作为被揪出来的‘黑帮分子’，（龚）被勒令每天清晨去打扫大院里的垃圾。大院里扎了许多席棚，是京城里写大字报和看大字报的人集中的一个处所。清晨人还不多，席棚上的大字报每天都有新的，我们打扫垃圾，也就获得了看大字报的机会。”同时，在寒风中，龚育之也从大字报专栏上传抄过不少“毛主席诗词”新作。又据他回忆：“‘文化大革命’初期，还传抄过一批据说是毛泽东未发表的诗稿，不少人曾经信以为真。”[59]其中如“千钧霹雳开新宇，万里东风扫残云”之类，都是传抄中的“毛主席诗词”名句。其实，传抄的“毛主席诗词”中，有的是山东大学教授高亨所写，有的则是中国科学院一个叫陈明远的青年科学工作者所写。1988年，世界知识出版社正式出版了陈明远《劫后诗存——陈明远诗选》。据陈明远回忆云：

“1964年前后，我已经在郭沫若、田汉等老师的指导下，完成了两部诗集和三篇长诗。叶以群正安排《收获》杂志和上海文艺出版社发表和出版时，受到当时政治高压——‘念念不忘阶级斗争’的钳制，未能如愿。完全出乎意料的是，到1966年，全国人民群众以无限敬爱、无限崇拜的心情，到处争相翻印《未发表的毛主席诗词》，广泛流传、家喻户晓。而我过去写的十九首诗词习作，竟然由于历史的误会，被收录其中。这就是在我本人毫无所知的情况下，被出版的‘第一部诗选’。当然，作者署名不是陈明远，而是被莫名其妙地署上了当时最伟大的名字。”“这年10月，我初次看到了《未发表的毛主席诗词》小册子以后，就立即给周总理写信，说明真相；同样的信，一式二份呈送‘中央文革小组’。”“直到12月中旬，广大革命群众和红卫兵小将们为毛主席诞辰，准备了隆重的庆祝活动。其中重要的一项，就是到处翻印各种精致的《未发表的毛主席诗词》。这时，我感到误会愈闹愈大，不能再坐等了。我决定公开出面声明澄清此事。谁知这一纸声明却带来了灾难——马上受到造反派的关押和审讯。”“当时谁也不曾预料到，我的十几首诗词，在1966年竟被广大人民群众误当作‘未发表的毛主席诗词’而广泛传抄、翻印，遍及全国，从而造成绵延十二年之久、牵连许多人的‘诗词冤案’。”[60]

据统计，1966年冬，陈明远在“文革”前（1957—1965）写的19首诗词通过大字报这一媒介，在广大人民群众中被传为“未发表的毛主席诗词”而广泛传播。陈明远因此被打成“伪造毛主席诗词的反革命分子”，判刑12年。1972年以后，陈明远写的《沁园春·悼陈毅，步〈泳石〉韵》和其以前写的《沁园春·咏石》两首词作又被广大群众误传为毛主席未公开发表的诗词，而在大字报上再次被广为传播。

此外，“文革”中知识青年上山下乡运动开始时，曾有一首据说是毛泽东的诗作，经过大字报的传播而流传最广。该诗出现的背景是：1910年秋，16岁的毛泽东离开家乡到新式学校——湘乡东山小学读书。行前，毛泽东写了《赠父亲》（七绝）：“孩儿立志出乡关，学不成名誓不还；埋骨何须桑梓地，人生无处不青山。”其实，这首七绝诗是青年时的毛泽东改日本明治维新时期著名改革家和政治活动家西乡隆盛（1827—1877）写的一首诗而成。原诗云：“男儿立志去乡关，学若无成不复还；埋骨何须坟墓地，人间到处有青山。”据说西乡隆盛年轻时，立志好男儿志在四方，故赋诗以明志。后有人考证，该诗实为日本幕府末期尊皇攘夷派僧人月照（一作“月性”）所作，原题为《将东游题壁》（有人在日本山口县月照遗品展示馆外看到有此诗的刻碑）。可能是西乡隆盛曾引用过此诗，数十年后，毛泽东又引用西乡诗以励志。这首诗在中国最早刊登在陈独秀创办的《青年杂志》（后改名《新青年》）第一卷第5号第7页上，是作为补白性质的材料而刊登的。原诗为：

“男儿立志出乡关，学不成名死不还；

埋骨何须桑梓地，人生无处不青山。

西乡隆盛”（标点符号为引者所加）

【“文革”大字报的特征及其巨大的危害性和破坏力】“文革”中的大字报有其鲜明突出的特征，产生过极大的危害性和巨大的破坏力。其危害性及恶劣影响主要表现在下列几方面：

（1）大字报是鼓吹动乱的工具。红卫兵及造反派利用大字报鼓吹“造反”、“夺权”、“打倒走资派”，制造动乱，扰乱社会秩序，破坏社会的和谐和稳定，造成全国大混乱，形成无政府状态。

（2）大字报是“大批判”的武器。红卫兵及造反派利用大字报，用极“左”的语言对一切正确的理论胡批乱批一气，搞乱了人们的思想。

（3）大字报捕风捉影，传播小道消息和流言飞语，造成社会的恐慌。

（4）大字报打着“大民主”、“言论自由”的旗号，实际上是破坏法制，践踏人权，进行大字报审判。

（5）大字报污染环境，妨害校容、市容，扰乱社会治安。从形式上看，大字报五颜六色，有白的、有红的、有绿的，有黄的；有的用大幅白纸写，有的用旧报纸抄。张贴的地方，从学校、机关、厂矿、街道的墙壁到门窗、走廊、人行道旁。有的大学校园中，用芦席、篾垫搭建制作的大字报专栏席棚，长达上千米。围观大字报的人及抄写大字报的人成千上万，人潮汹涌，塞街为断，严重影响工农业生产、教学秩序及城市交通和治安，污染环境，成为一大公害。此外，如此大规模的大字报活动，耗费了大量的纸张、笔墨，浪费了大量的资源。

（6）大字报又是“文革”中造反派各派系打派仗的舆论工具、交锋的战场，是“文攻武卫”的重要组成部分（所谓“文攻”，即指大字报、传单、标语和广播喇叭宣传，“武卫”即武斗）。

（7）大字报对我们民族的语言及文风产生了极其恶劣的影响。假大空话、套话、绝话、过头话、无效话语连篇累牍，横行无忌。到处充斥着谩骂、恐吓、威胁等语言暴力，如“打倒”、“火烧”、“油炸”、“砸碎狗头”、“横扫一切牛鬼蛇神”、“打倒某某某，再踏上一只脚，让他永世不得翻身”之类的语言随处可见。到后期，从语言暴力进而升级为行动暴力（武斗）。大字报的语言及文风也严重影响了新闻报道及媒体语言。媒体报道中也像大字报一样，往往滥用最高级形容词，同义反复、大量空洞的排比，喜造极端之辞，如“最最最敬爱的伟大领袖”、“最红最红最红的红太阳”、“成绩最大最大，损失最小最小”、“这是政治中的政治，灵魂中的灵魂，核心中的核心”等，严重败坏了新闻文风。

有学者将“文革”大字报的特点归纳为“一大”及“七性”（打入性、侵犯性、威慑性、公开性、战斗性、粗率性、持久性），揭露得淋漓尽致。

大字报最主要的特点，就是它“大”。

它可以把任何弱小的声音，不论是鸣放还是辩论，是发表政见还是传达民意，是指责、攻讦、控诉、揭发、质问还是辩解、反驳，是提出问题还是解答问题，都可以通通放大为大声呼唤。

由于大，不管您愿不愿意听，愿不愿意看，它都要直钻你的耳膜，直闯你的眼帘，直扑你的脑海，这就是所谓的“打入性”。

由于大，你想躲躲不了，想逃逃不掉，它可以贴到你的办公桌上，贴到你的门口，贴到你的床头，贴上你的锅台旁、茅坑边，直至贴到你的身上，如影随形，无孔不入，这就是所谓“侵犯性”。

由于大，铺天盖地，呼风唤雨，摧枯拉朽，震聋发聩，“挟雷霆万钧之力，裹倒海翻江之势”，使你感觉穷途末路，四面楚歌，仿佛将立刻陷入灭顶之灾，这就是所谓“威慑性”。

由于大，你最不想让人知道的历史、缺陷、隐私，你干过的坏事、丑事、憾事，说过的悄悄话、私房话、甜言蜜语、怨天尤人、东家长西家短，总之所有的陈芝麻烂谷子，全部兜露在光天化日之下，任由众人围观、欣赏、品评、嘲笑，这就是所谓“公开性”。

由于大，它的每句话每个字都饱蘸浓墨，气势逼人，一笔一画如同投枪匕首、干柴烈火，看得被批判者第一眼头晕目眩，第二眼血往上涌，第三眼手脚冰凉；修养好的也免不了加快呼吸和心跳，乍出一背细密的冷汗。这就是所谓“战斗性”。

由于大，大大咧咧，大而化之，大而概之，无须仔细推敲，以断章取义来省简笔墨，以望文生义来代替严密论证，以上纲上线来加强效果，既可以攻其一点不及其余，也可以打一枪换一个地方，更可以反戈一击重起炉灶，这就是所谓“粗率性”。

由于大，它给人留下的印象尤为深刻，即使你一目十行，也可以过目不忘。如果这张大字报是针对你，或你的家人、亲友、同事、邻居、仇人的，那就更让人耿耿于怀，永志难忘了。这就是所谓“持久性”。[61]

【80年代初取缔大字报】“大字报”作为“四大”的主干及核心，一直贯穿于“文革”的始终。1966年“文化大革命”刚刚发动，在《五·一六通知》和《16条》这两个纲领性文件中，对“四大”就作了正式规定，要求用“大字报”、“大辩论”的形式进行“大鸣”、“大放”，来揭露所谓的一大批资产阶级代表人物、反革命修正主义分子和一切牛鬼蛇神。从此，“四大”（主要是大字报）风靡全国，成为“左”倾错误路线者的主要斗争工具。到1975年1月13至17日，一拖再拖的第四届人大一次会议召开。这次会议的一个重要议题是修改宪法。在1月13日的四届人大第一次会议上，张春桥提出，要规定“人民群众有运用大鸣大放、大辩论、大字报的权利”，并把这一内容写进宪法。因此，在经过修改的《中华人民共和国宪法》中，其第13条便规定：“大鸣、大放、大辩论、大字报是人民群众创造的社会主义革命的新形式。国家保障人民群众运用这种形式，造成一个又有集中又有民主，又有纪律又有自由，又有统一意志，又有个人心情舒畅、生动活泼的政治局面。”往届全国人大如1959年的二届人大和1965年的三届人大都没有对宪法进行修改，更无有关“四大”的条文。四届人大把“四大”写进宪法，这是一个重大的修改。从此，大字报有了法律的保障。

粉碎“四人帮”后，1978年2月26日至3月5日，五届全国人大一次会议在北京召开。由于当时还没有彻底摆脱“左”的阴影，拨乱反正刚刚艰难开始，在这种情况下，五届全国人大第一次会议于3月5日通过的新宪法《中华人民共和国宪法》第三章《公民的基本权利和义务》第45条又规定：“公民有言论、通信、出版、集会、结社、游行、示威、罢工的自由，有运用‘大鸣、大放、大辩论、大字报’的权利。”五届人大一次会议通过的由叶剑英所作的《关于修改宪法的报告》中，对第45条规定的内容作了详细解释云：“我们党从来主张在广大人民中充分发扬民主，包括在必要的时候运用大民主的形式。毛主席教导我们：‘民主是一个方法，看用在谁身上，看干什么事情。我们是爱好大民主的。我们爱好的是无产阶级领导下的大民主。’宪法修改草案中规定公民‘有运用“大鸣、大放、大辩论、大字报”的权利’，就是为了保障无产阶级领导下的大民主。”[62]于是，以大字报为主要内容的“四大”再次得到充分肯定，并再次被写进《宪法》中。

直到1978年12月党的十一届三中全会才从根本上冲破了长期以来“左”倾错误路线的束缚，实现了中共党史上具有深远意义的伟大转折以后，人们开始对“文革”的错误性质进行深刻的反思，对大字报的巨大危害性和破坏性才有了深刻的认识。特别是1979年以来发生的所谓“西单民主墙运动”，使人们对大字报的负面影响又加深了理解。1980年2月23日至29日，中共十一届五中全会在北京召开。全会决定向全国人民代表大会建议修改《宪法》第45条，取消其中的公民“有运用大鸣、大放、大辩论、大字报的权利”的规定。因为历史经验证明，“四大”作为一个整体从未起过积极作用，取消它符合全国人民的意愿和要求。1980年9月10日，五届全国人大第三次会议集中全国人民的意愿，郑重通过了《关于修改〈中华人民共和国宪法〉第四十五条的决议》，指出："为了充分发扬社会主义民主，健全社会主义法制，维护安定团结的政治局面，保障社会主义现代化建设的顺利进行，决定：将《中华人民共和国宪法》第45条'公民有言论、通信、出版、集会、结社、游行、示威、罢工的自由，有运用"大鸣、大放、大辩论、大字报"的权利，修改为'公民有言论、通信、出版、集会、结社、游行、示威、罢工的自由'。取消原第四十五条中'有运用"大鸣、大放、大辩论、大字报"的权利'规定。"

在五届人大三次会议上，谭震林在书面发言中极为深刻地指出了大字报这种"大民主"的本质："'四大'根本没有民主的意义，而是'文革小组'强有力的棍棒。'文革小组'需要打击谁，一夜之间满城大字报；受到大字报揭发、批判、打击的同志，个人任何辩论的大字报，不管写了几张，是贴不出去的，即使贴上了，也立即被别的大字报所覆盖。因此，不能说它是'大民主'，不能说取消'四大'，就取消了'大民主'。""'四大'是反民主的。""取消'四大'，正是为了放手发扬民主。"[63]

1986年12月29日，《北京日报》发表社论《大字报不受法律保护》。该文充分肯定了五届人大决定取消"大字报"决议的深刻意义，并将"大字报"的负面影响精当地概括为四个"不利于"。文章云："'大字报'这个在'文化大革命'中曾肆虐一时的东西，绝大多数中国人对它在感情上是憎恶的，在理智上是反对的。粉碎'四人帮'之后，全国人民代表大会代表广大人民群众的意志，作出决议，取消原宪法中关于公民'有运用"大鸣、大放、大辩论、大字报"的权利'的规定，割掉了这个危害极大的'癌'。""'大字报'是不利发扬社会主义民主的"，'大字报'是不利于健全社会主义法制的"，"'大字报'是不利于维护安定团结的政治局面的"，"'大字报'是不利于社会主义现代化建设的……"。

（二）红卫兵及群众组织小报的盛极一时

【"文革"前期小报概况】"文革"开始以后，特别是1967年1月3日上海《文汇报》、1月5日《解放日报》的造反派夺了报社的领导权，揭开了所谓"一月风暴"的序幕以后，全国各地原正规出版的许多报刊纷纷停刊。据统计，"文革"开始后的1966年，中国内地出版的报纸种类总数从前一年（1965年）的343种，急剧下降到49种，1967、1968年进一步降至43、42种。在这42种报纸中，主要是被夺权后在动乱中断断续续出版、内容与《人民日报》基本相同的29省市自治区的机关报，其他行业和部门的报纸基本上停办了。与此相反，由红卫兵及群众组织自发创办的各类报刊，却如雨后春笋般地"冒"了出来，盛极一时，遍及全国。据初步统计，从1966年夏、秋至1969年春，全国这类"文革小报"（铅印或胶印）有6 000种以上。[64]这几千种小报弥补了大批报刊停办造成的舆论空白，它们与仅存的几份中央级大报，如《人民日报》、《解放军报》、《光明日报》相呼应，"形成为数不多的权威大报发号施令，指导方向，众多小报呐喊助威、推波助澜的局面"。

"文革"小报起初采取油印的方式出版，后来大都发展为铅印，甚至胶印出版。从发行上看，先是在学校、机关、工厂内部发送，后来逐渐向社会发行。印数每期几百上千份、上万份，甚至几十万份不等，不定期刊居多。"文革"小报的出版、发行没有任何限制，无须向有关主管部门申请、登记注册，刊期及出刊、停刊均带有很大的随意性。因此，“文革”小报出版的总数、期数难以作精确的统计。另据不完全统计，“文革”小报最多的是：北京900多种，上海300多种，江苏、辽宁、江西、四川等省都在300种以上。[65]有的规模大的造反派组织一家就办了几十种小报，如重庆“反到底”派就办了30多家小报。有些小报还办得很有特色，如西藏地区虽然只有10多种小报，但办了独具特色的藏文版的《红色造反者》。此外，北京外国语学院、北京师范大学还办了中英、中俄文对照版的《教育革命》等报刊。甚至还出现了聋哑人办的《聋人风暴》，从监狱中“平反”出来的囚犯也办有《红囚徒》，其混乱状态可见一斑。[66]

“文革”初期产生的红卫兵及群众组织小报与当时泛滥成灾的大字报、小字报是一对“孪生兄弟”。严格说来，大字报、小字报比小报稍早出生一个时辰。“文革”初期红卫兵运动时出现的大量传单、大字报、小字报其实就是红卫兵小报的雏形。小报与大字报有许多相同点，也有许多不同之处。如在文风及话语方式方面，小报与大字报如出一辙；而在制作成本上，大字报比小报更低廉；在传播面及影响力方面，小报又比大字报传播面更广、影响力更大、信息量也更大一些。相比而言，大字报是较原始的传播方式，而小报却是现代的传播方式。

【创办最早的一批“文革”小报】“文革”小报包括报纸和期刊，但绝大多数是报纸，它们走过了一个兴起、发展、鼎盛、衰亡的过程。据“文革”小报研究者考证，早在1966年5月，北京农业机械化学院出现了一份《社会主义文化大革命小报》，已知出版4期。同年8月15日，北京大学文化革命委员会筹备委员会主持合办了《北大新校刊》，仅仅出了两期。8月16日，清华大学文化革命委员会临时筹备委员会也创办了清华大学《校刊》，已知出版7期。8月17日，毛泽东为北大校刊题写“新北大”刊名，8月22日，北京大学以毛泽东的题字为新校刊名称，创刊《新北大》。8月24日，《人民日报》专此发表社论《欢呼〈新北大〉在斗争中诞生》。《新北大》虽然是北京大学文化革命委员会筹备委员会主持创办的一份单张报纸型校刊，但从创刊起即向社会发售，并逐渐转为主要向社会发行，“成为第一份有社会影响和全国影响的文革小报”[67]。《新北大》后来成为“新北大公社”的喉舌和聂元梓的独家代言刊物。

同年（1966年）9月1日，又有两份小报创刊：一份是“首都大专院校红卫兵司令部”（“一司”）政治部主办的《红卫兵》（该报从第二期起改由“首都红卫兵纠察队西城分队指挥部”接办），另一份是由“北京六中红卫兵”主办的《红卫兵报》。这是两份最早以“红卫兵”为报名，并向社会公开发行的红卫兵组织报刊。“北京六中红卫兵”是北京地区第一批红卫兵组织之一，曾狂热地参与了“破四旧”运动及有所谓维护“走资派”的政治倾向，一个多月后，该组织便被指责为“资产阶级反动路线的刽子手”，遭到批判而解体。因此，《红卫兵报》只出了十几期便告停刊。“首都大专院校红卫兵司令部”又称“一司”，成立于1966年8月27日，主要负责人由高干子女担任，其政治态度与中学的“老红卫兵”相似，因而不久也被斥为“保皇司令部”。其主办的《红卫兵》出了二十几期后停刊。

1966年9月中旬以后，随着对工作组和“反动路线”的批判，一批造反派红卫兵创办的报刊取代了“老红卫兵”创办的报刊。如北京地质学院“东方红公社”创办的《东方红报》、北京航空学院“红旗战斗队”创办的《红旗》、北京师范大学“井冈山公社”创办的《井冈山》、清华大学“井冈山兵团”创办的《井冈山》，再加上北京大学的“新北大公社”创办的《新北大》，合称为北京地区红卫兵造反派组织小报五大家。由于这五大家组织都得到“中央文革小组”的首肯和支持，这些报纸成为众多红卫兵造反派组织报刊中的佼佼者。它们在北京乃至全国都有很大影响力，它们发表的社论往往传达“中央文革”的指示和意图，代表“中央文革”的态度，有指导“文革”运动的作用。通过这些小报，人们认识了北京五大造反派领袖人物（如北大聂元梓、清华蒯大富、北师大谭厚兰、北京地院王大宾、北航韩爱晶等），“领略了”他们歇斯底里的叫嚣。

1966年12月初，林彪、陈伯达通过下发关于工矿企业开展“无产阶级文化大革命”的规定，把动乱之火烧向了经济建设战线。“红卫兵”的内涵急剧膨胀，它不再是青年学生的专利。“红卫兵小报”队伍中，又涌进了一大批由工人、农民，甚至军人主办的行业造反派组织报刊。[68]其中影响最大的是上海“工总司”创办的《工人造反报》（1966年12月28日创刊）。

1967年1月，由《文汇报》、《解放日报》被“夺权”开始的上海“一月风暴”，使各地报纸成为各地群众组织“夺权”的主要对象。

1967年1月22日，《人民日报》第三版刊登清华大学井冈山兵团、北京航空学院“红旗”战斗队、北京地质学院“东方红”公社等组织联合北京、上海出版系统的造反派组织发出的“紧急呼吁”，要求“革命造反派联合起来，夺取出版大权”。同版还发表《人民日报》评论员文章《出版毛主席著作的大权我们掌》云：“出版部门就是一个制造舆论的部门。这个部门掌握在什么人手里，是一件大事”，“我们革命造反派一定要牢牢地掌握出版部门的大权，使它成为宣传毛泽东思想的牢固阵地”。此后，到1967年夏季（7至9月），各地群众组织创办报刊达到高潮。

1967年5月14日，中共中央发出《关于改进革命群众组织的报刊宣传的意见》。文件首先肯定“在无产阶级文化大革命中，革命群众组织编印的各种报刊、传单，在宣传战线上起了重要的作用”，接着着重根据这类报刊宣传中出现的一些问题，提出了一些具体的政策规定。其主要内容有：①“革命群众组织的报刊，应严格遵照毛主席、林副主席和中共中央、中央军委的指示，并参照《人民日报》、《红旗》杂志、《解放军报》的重要社论和评论进行宣传。”②“不准擅自刊登和印发”“毛主席、林副主席没有公开发表的文章、讲话、批示”，以及“中央的内部文件、会议记录和负责同志的内部讲话”；“不得公开发表反对人民解放军的文章和报道”；“必须严格保守党和国家的机密”，“必须迅速制止”“群众组织的报刊泄密现象”；“宣传要突出政治”，“不要搞‘黄色新闻’以及其他庸俗、低级的东西”；“不要传播道听途说的政治谣言”。[69]

1967年10月14日，中共中央、国务院、中央军委、“中央文革”发出《关于大、中、小学校复课闹革命的通知》。10月17日，中共中央、国务院、中央军委、“中央文革小组”又发出《关于按照系统实行革命大联合的通知》。遵照以上指示，多如牛毛的红卫兵群众组织有的合并、有的解散，红卫兵报刊的数量、种类开始减少。

到了1968年12月22日，《人民日报》刊登《我们也有两只手，不在城里吃闲饭》的报道。编者按语引用了毛泽东的指示：“知识青年到农村去，接受贫下中农的再教育，很有必要。”从此，全国掀起了知识青年“上山下乡”的运动。这样，随着红卫兵们上山下乡，离开了学校，红卫兵组织遂停止了活动，全国绝大多数红卫兵报刊也都在1968年底至1969年初停止出版。这样，“文革小报”终于退出历史舞台。

【影响最大的几份“文革”小报】“文革”中的小报出版发行遍及中国大陆各省、市、自治区，绝大多数小报主要在本地区发行，少数有名的小报在全国范围都有发行，个别影响较大的报刊如清华大学“井冈山兵团”主办的《井冈山》报，曾委托邮局代办发行业务，面向全国征订发行。北京大学“文化革命委员会”主办的《新北大》报甚至一度利用航空版，在外地印刷、出版发行。据研究者考证，《井冈山》、《新北大》“这两种小报的发行量曾达30万份”[70]。另外，影响最大的一批“文革小报”有《首都红卫兵》报、《中学文革报》、《工人造反报》等。

《首都红卫兵》：1966年9月6日，由北京地质学院、北京林业学院、北京钢铁学院、清华大学、北京邮电学院、北京农机学院、北京农业大学、北京工业大学等19所院校红卫兵组成的“首都大专院校红卫兵革命造反司令部”（简称“三司”）正式成立。9月13日，由“三司”宣传部主办的报纸《首都红卫兵》报正式出版。其斗争的矛头主要对准工作组，批判工作组。在一段时期内（1966年底至1967年初），《首都红卫兵》报的文章频繁地被《人民日报》、《红旗》杂志及各地小报转载，成为各地造反派“造反”和军队“支左”的依据。如1967年1月25日，《首都红卫兵》报发表社论《打倒“私”字，实行革命造反派大联合》。毛泽东看到此文后，感到这篇文章对把各地多如牛毛、互相对立的造反派联合起来有重要意义，于是他在该文标题上划上红圈，要求各大报立即转载。2月1日，《人民日报》、《解放军报》、《红旗》杂志一齐转载该文，并在“编者按”中引用毛泽东批语云：“这篇文章提出了一个带有普遍意义的、极其重要的问题。”顿时，《首都红卫兵》报名声大振，执笔社论的一位大学生也被调到《人民日报》工作。此后，《人民日报》多次转载该报文章，如1967年2月12日刊登的《夺头脑里“私”字的权》、2月20日刊登的《必须充分重视革命干部在夺权斗争中的作用》、8月29日刊登的《坚决作解放军的可靠后备力量》、9月13日刊登的《红卫兵要在革命大批判中立新功》，等等。“三司”由此俨然成为“中央文革小组”的代言人，同时开始在全国各地的省会城市及中等城市派出和设立了众多的“驻某地联络站”来发号施令，四处“点火”，煽动造反、夺权。《首都红卫兵》报因此而有了各地的分销点，这样的分销点全国大概有40多处。以后，《首都红卫兵》报还办了上海、重庆、西宁、株洲、长沙、无锡、常州等地分版，在北京还办了中学中专版，其发行总量在50万至100万份之间，成为北京乃至全国发行量最大的“文革”群众组织报刊。

1967年2月22日，以“三司”为核心力量组成的北京“大专院校红代会”（简称“红代会”）正式成立，《首都红卫兵》报遂成为“红代会”的机关报。不久，“红代会”中的大学生造反派分裂为“天派”、“地派”。《首都红卫兵》报也因而分裂为两种，出现了另外创刊的《红一号》。各地分版也独立行事，甚至出现了分版批判本刊、本刊宣布分版为非法的混乱局面。

《中学文革报》：该报以“首都中学生革命造反司令部宣传部”名义主办，辑毛体作报头，于1967年1月8日出版第1期，到4月1日停刊，共出版6期，每期的印数都在3万至6万份之间。尤其该报的创刊号首载署名“北京家庭出身问题研究小组”写的《出身论》，影响巨大。该期报纸第一次印了3万份，一抢而光，第二次重印6万份，又很快销售一空，《中学文革报》遂成为当时最热销的报纸。据主编者回忆：当时《中学文革报》编辑部所在地北京市四中办公室前门庭若市，前来求购报纸的人流如潮。全国各地来信平均每天几千封，后来只好用三轮车到邮局去取邮袋。《中学文革报》第1期大受欢迎的原因是上面刊登了《出身论》这篇文章。《出身论》是一篇针对当时流行的一副对联“老子英雄儿好汉，老子反动儿混蛋”、针对“唯出身论”和“自来红”思想而展开批判的长文（一万五千多字）。该文作者是遇罗克，他先后在《中学文革报》上发表了6篇文章：

第1期（1967年1月8日）刊登其《出身论》；

第2期（2月2日）刊登其《谈“纯”》；

第3期（2月10日）刊登其《“联动”的骚乱说明了什么》；

第4期（2月21日）刊登其《论郑少南烈士的生与死》；

第5期（3月6日）刊登其《反动血统论的新反扑》；

第6期（4月1日）刊登其《为哪一条路线唱颂歌》。[71]

遇罗克的六篇文章发表后，篇篇都引起强烈反响。

遇罗克，1942年出生，其父原为水利电力部一位工程师，1957年被错划为右派分子。1960年高考中，门门功课考试都优异的遇罗克却没有被任何一所大学录取，原因都是他“出身不好”。

1966年2月13日，失学在家的遇罗克写了《人民需要不需要海瑞》的文章，点名批评姚文元的《评新编历史剧〈海瑞罢官〉》。1966年7月底，北京石油学院附中等校学生贴出一副对联“老子英雄儿好汉，老子反动儿混蛋”，宣扬反动的“血统论”。这一口号立即风靡全国。面对这一狂潮，遇罗克写了后来引起轩然大波的《血统论》。10月份，遇罗克写的《出身论》被油印成传单，四处散发、张贴、传播，引起人们的议论和深思。当时北京四中的学生牟志高、王建复等人对《出身论》的观点深表赞同，他们找到遇罗克和他的弟弟遇罗文（65中学生）一起商议创办《中学文革报》。第1期赫然刊登遇罗克化名“北京家庭出身问题研究小组”写的《出身论》，前后印了两次，共计9万多份，都被抢购一空，在社会上引起巨大反响。

1967年4月13日，当时的中央文革小组成员戚本禹在讲话中宣布《出身论》“代表了反动社会思潮”。随后，《中学文革报》被勒令停刊。不久，遇罗克被捕，1968年1月以“现行反革命罪”被判处15年徒刑。

1970年3月5日，在北京工人体育场，时年27岁的遇罗克被改判死刑，立即执行。

1979年11月21日，经过中共八届十一中全会的拨乱反正，北京市中级人民法院“宣告遇罗克无罪”，并为其平反昭雪。1980年9月21日，《光明日报》发表《划破夜空的陨星》一文，详细报道遇罗克的事迹，反响强烈，全国各大报刊纷纷转载或报道。

《工人造反报》：该报是由“上海工人造反总司令部”（简称“工总司”）主办，利用原《新民晚报》的机器设备印刷出版。该报从1966年12月28日创刊，系三日刊，到1971年4月15日停刊，前后共出版488期，存在了4年零4个月时间，是“文革”中“寿命”最长的一份群众组织小报。[72]

《工人造反报》是当时“中央文革小组”的御用工具，是在张春桥、姚文元的直接指使下创办起来的。1966年12月6日，张春桥、姚文元在北京接见“工总司”代表王洪文一行人时，提醒他们要注意抓舆论阵地。王洪文等人一回到上海，便立即于12月28日创刊了《工人造反报》。张春桥看了创刊号后，要求他们：“造反报火力可以强一些”，“有些文章《文汇报》不能登，造反报、红卫兵报可以登，火力要超过《文汇报》。出一期报纸要使有些人睡不着觉。别人不敢讲的，造反报你们要大胆讲”。[73]《工人造反报》后来与《解放日报》、《文汇报》、《支部生活》合称上海的“三报一刊”，与北京的“两报一刊”（《人民日报》、《解放军报》、《红旗》杂志）相“媲美”。《工人造反报》的许多社论都是由上海的“三报一刊”合写的。其中不少文章被张春桥、姚文元指示《人民日报》、《红旗》杂志转载，影响甚大。该报发行量最初为3万份，1969年增加到平均每期41万份。最多一期达到64万份，远远超过当时上海市革命委员会机关报《解放日报》。该报还组织编写出版了大量的“学习材料”，被各地竞相翻印。

【“文革”小报的内容剖析】“文革”时期红卫兵及群众组织小报（刊）的主要内容，大致可以分为如下五类：

一是“大批判”。各类小报连篇连牍地刊登中央或地方及本单位、本系统“走资派”的“罪行录”。其中包括对刘少奇、邓小平等党中央老一辈无产阶级革命家所谓“罪行”的揭发、批判，对各中央局（如西北局、东北局、中南局等）、省、地、县党政领导干部乃至本单位“走资派”“罪行”的揭发、批判。“文革”中，在“怀疑一切，打倒一切”的极“左”思潮指导下，各级党政领导机构成为打倒、批斗的对象。上至国家主席刘少奇，下至高校系、处干部，或“靠边站”，或被关“牛棚”（“五·七干校”），遭到残酷的批斗，甚至遭受游街示众等人身侮辱和肉体伤害。见诸小报的这类批斗文章比比皆是。大批判文章便包括对各行各业、各条战线“资产阶级反动路线”的批判，是对“文革”前17年的全盘否定。

二是刊登毛泽东的文章、语录，特别是刊登毛泽东未曾公开发表的早期文稿、毛泽东的“最新指示”。有的小报还编写了毛泽东关于文艺的语录、毛泽东关于教育革命的语录，有的小报还刊登了一些民间传抄的毛泽东诗词等。与此同时，还大量刊登中央有关布告、通知、指示、命令，特别是“中央文革小组”成员，所谓“中央首长接见群众组织代表的讲话”、谈话及有关文件。

“文革”初期，各地纷纷“踢开党委闹革命”，党的各级组织陷于瘫痪，中央控制全国及各地局势最重要的办法就是由中共中央、国务院、中央军委及“权倾朝野”的“中央文革小组”直接向地方发布布告、通知、命令和指示。以上国家机关和部门也往往有意通过红卫兵及造反派组织的小报，把中央的有关部署传达、散布出去。如1967年初，在全国大、中、小学生停课“大串联”的混乱形势下，中共中央发布《关于大专院校当前无产阶级文化大革命的规定（草案）》，要求外出“串联”的师生一律在3月20日前返校“复课闹革命”；1967年10月14日，中共中央、国务院、中央军委、“中央文革小组”发出《关于大、中、小学校复课闹革命的通知》等文件，都曾通过小报传达出来。又如，1968年5至7月，全国一些地区发生严重的打、砸、抢事件，大专院校大学生之间的派性争斗愈演愈烈。如7月3日，中共中央、国务院、中央军委、“中央文革小组”针对广西的柳州、桂林、南宁地区连续发生破坏交通、抢劫援越物资、杀伤解放军指战员等严重事件，特发出有名的《七·三布告》，提出了6条具体要求。7月24日，中共中央、国务院、中央军委、“中央文革小组”针对陕西省一些地方连续发行抢劫银行、仓库、商店，烧毁、炸毁国家仓库、公共建筑和人民房屋，抢劫车船，中断铁路、交通、邮电，冲击人民解放军机关、部队，抢夺解放军的武器装备等暴乱行为，再次发出《七·二四布告》。这些布告都曾在小报上刊登。再如，1968年6、7月间，清华大学“井冈山兵团文攻武卫总指挥部”在学校制造武斗，打死学生多名，造成流血事件。7月27日上午，“工农毛泽东思想宣传队”（简称“工宣队”）几千人进驻清华大学，宣传制止武斗、收缴武器、拆除武斗工事，促进各派大联合。8月5日，毛泽东向首都“工宣队”赠送芒果，表示对“工宣队”的慰问和“极大支持”。对以上消息，造反派报刊都曾予以报道。此外，在这类文件中，还包括群众组织自己发布的声明、通告和宣言之类，也都在小报刊布。

三是刊登历次“路线斗争”的历史资料及“内部材料”。造反派在“造反”过程中，一些造反派组织从“走资派”家中或是机要部门、人事档案部门抄到不少机密文件和档案材料，如过去没有公开的毛泽东内部讲话、中央内部文件等，小报都予以刊登。有的小报还编写了“两条路线斗争大事记”发表，其中最著名的是由清华大学《井冈山》报和北京地质学院《东方红报》分别连载几十期的“两条路线斗争大事记”，后来曾经汇集起来出版单行本。

四是刊登“派性斗争”和有关武斗的消息、文章。小报既是各派红卫兵及造反组织扩大影响，宣传自己观点、主张的舆论阵地，又是各派攻击对方的工具。1967 年“一月风暴”夺权斗争开始后，各省、市、自治区群众组织分裂为几大派，著名的有北京的“天派”、“地派”，四川的“八·二六派”、“反到底派”，广西的“联指派”、“四二二派”，江苏的“好派”、“屁派”等，他们各自在自己创办的报刊上刊登文章攻击对方，指责对方是“保守派”。与此同时，各派小报还不遗余力地报道各地各派造反派之间的“文攻武卫”，即武斗时发生的“血案”、“惨案”。

五是刊登政治评论。这也是“文革”小报最重要的内容之一。政治评论类文章主要包括本派组织学习毛泽东著作、首长讲话、中央文件的心得体会文章和对形势、局势的分析、讨论文章，也包括对重大事件、社会现象的议论及评述文章。前者往往言过其实，哗众取宠，豪言壮语连篇，假、大、空、套话满纸。后者也不乏深刻反思社会现状的代表作，如遇罗克等人参与主办的《中学生报》刊登的《出身论》、1967 年被许多“文革”小报转载的《中国向何处去》等文章。在这类文章中，还有一些文章直接或间接地，甚至以扭曲的形式，反映了普通群众对业已存在的社会弊病的批评，诸如对官僚主义、特权、腐败现象的憎恶和对民主权利的追求。还有些政论文章反映出人们对绝对平均主义、军事共产主义的崇尚，对工业化过程中经济管理体制、企业管理体制的不满（批判为“管”、“卡”、“压”），反映了人们在长期封闭的环境下，对世界潮流的一无所知。

【“文革”小报的主办者、编辑、印刷与发行】在办报人员方面：“文革”小报的办报人员基本上是一些普通群众，绝大部分未学过新闻学，更不是大学新闻学系或新闻学专业的毕业生。他们中的大部分人是青年或中年知识分子，涉及的行业和身份十分广泛，有在校的学生，教员，机关干部，科技、文化、艺术、新闻、出版工作者，工人，以及军队文教及政宣工作者。

在主办单位方面：有研究者统计，北京市近千种“文革”小报中，由该市大专院校、中等学校群众组织主办的报纸约 291 种，约占总数的 30%；党政机关群众组织主办的报纸超过 100 种，约占 11%；文化艺术界群众组织主办的报纸 42 种，约占 4%；厂矿企业群众组织主办的报纸 30 种，约占 3%；军队机关、院校群众组织主办的报纸 15 种，约占 1.5%；外地大、中学生组织在京主办的报刊 46 种，约占 4.6%；其他行业主办的报纸 200 种，包括医疗卫生、科技、体育、新闻、出版、铁路、民航、邮电、民政、民族事务、侨务等单位和部门主办的各类小报。[74]

在读者方面：小报的读者面及传播范围非常广泛，主要读者群包括卷入“文革”运动的群众及造反派、“文革”的领导者（如毛泽东本人），以及怀着各种心态而关心“文革”局势的人（如被批斗和可能被批斗的人及其家属），等等。

在编辑方面：“文革”小报的编辑工作一般都很严谨，尤其校对非常细致，差错极少。因为任何一个文字错误都可能被对方造反派组织抓住"辫子"(把柄)而上纲上线地进行攻击。因此，当时"文革"小报的错字率都很低。有研究者举例云："《新华战报》曾批判对立面的《新闻战线》，开列的罪状有：刊登刘少奇会见赫鲁晓夫的照片时，保留了在场的康生的部分头像；在勃列日涅夫的照片上没有打叉；刊登毛泽东的指示放在末页位置，等等，都被指责为'用心何其毒也'。由此可见当时办报者的心态。"[75]

在版面上：小报一般为4开4版或8开4版型，少量对开的。小报报头普遍采用套红印刷，报名一般集毛泽东手书字体而成。创刊号、纪念日、节日多刊登巨幅毛泽东照片，版面上的标语、语录及口号比比皆是。不少小报还辟有副刊版或文艺版，有的小报还刊登美术作品及政治漫画。无论消息、评论、大批判文章，还是文艺作品，均署笔名或造反派组织的集体单位名。有的小报在文章中或标题上，往往在被批判者的姓名上打"×"或将其姓名倒排、反排。

在出版方面：小报的出版无须向有关主管部门申请、登记注册。刊期以及出刊、停刊均带有很大的随意性。刊期一般是周刊，有的是周二刊(三日刊)，大量的是不定期出版。多数小报办的时间很短，出版期数不多。有人统计，在北京出版的近千种小报中，连续出版超过10期的有185种，出刊2至9期的却超过700种，仅出版1期的有61种(这实际上就是传单了)。刊期最长、出版期数最多的只有北京大学的《新北大》(200期)和清华大学的《井冈山》(已知156期)。

在发行方面：多数小报主要在本地区发行，少数小报在全国发行。个别影响较大的报刊，如清华的《井冈山》报曾委托邮局代办向全国征订发行，北大的《新北大》甚至一度在外地印行航空版。这两种小报在全国发行量曾达30万份。一般小报每期印数几千份、上万份，多的甚至十几万份不等。很多小报用于赠阅、交流、互换，稍有规模的小报都采用零售的方式发行，并自发形成集散地。如北京地区就形成了王府井大街南口、百货大楼门前和西单商场前几大小报零售市场。卖报者一般由各报刊所属组织的成员担任。有的小报还指使本单位的"牛鬼蛇神"、"走资派"们上街卖报，如当时的外交部副部长乔冠华、姬鹏飞都曾被"外交口"造反派"押解"到王府井百货大楼前的广场卖报。据章含之回忆："1967年，'外交口'造反派掀起'打倒陈(毅)、姬(鹏飞)、乔(冠华)'的高潮。他们逼迫姬鹏飞和乔冠华到热闹的市中心卖造反派组织的小报，上面刊登的是打倒自己的内容。乔冠华被分配卖报的地点是王府井百货大楼前。开头两天由造反派押着监督去卖。后来'造反派战士'嫌麻烦，就把一摞小报分配给乔冠华，命令他卖完后，回去报告并交货款。开始时，乔曾好言与造反派相商说，他还是这个代表中国政府的外交部副部长，这样抛头露面在王府井大街叫卖打倒自己的小报'有失国体'。造反派不接受。乔因此在'造反派战士'不再监督时，便点一下报纸的份数，并按2分钱一张算出总价，而且每次多交几角钱。于是造反派讽刺说：'你这个修正主义倒会卖报赚钱!'"后来，这个"乔老爷王府井卖报赚钱"的笑话在外交部流传甚广。毛泽东知道后，特意将乔冠华自己写的一首打油诗改写了后两句，成了一首著名的黑色幽默诗，全诗云："八重樱下廖公子，五月花中韩大哥；莫道敝人功业小，北京卖报赚钱多!"[76]

【《人民日报》、《红旗》杂志、新华社纷纷转载、转发"文革"小报文章】 1967年是"文革"小报的鼎盛期，《人民日报》、《红旗》杂志、新华社等中央级媒体也经常转载、转发小报的文章，使小报文章得到更广泛的传播，影响力进一步扩大。

从1967年1月份起，《人民日报》、《红旗》杂志、新华社开始公开征集小报。

1967年1月22日，《人民日报》第四版开始刊登“北京地质学院《东方红》通讯社”的文章《造反就是要夺权》。1月24日起，《人民日报》在当天第三版专门开辟《革命造反派战地》专版，用来刊登造反派们写的文章和转载造反派小报文章，如当天就刊登了浙江工农兵美术大学附中《红太阳》报评论员文章《论“乱”》。

1967年1月31日，《人民日报》在第三版左下角位置刊登该报《启事》云：“为了更好地宣传以毛主席为代表的无产阶级革命路线，本报征求全国革命造反派办的报纸，望革命造反派的同志大力协助，及时把你们办的报纸每期寄十份到人民日报社来。”

1967年2月6日，《人民日报》第二版左下角又刊登红旗杂志社《启事》云：“为了更好地宣传以毛主席为代表的无产阶级文化大革命，本刊征集全国革命造反派办的报纸，望革命造反派的同志大力协助，把你们办的报纸每期寄五份到红旗杂志社来。”

1967年2月12日，《人民日报》三版右下角再次刊登新华社《启事》云：“为了更好地宣传以毛主席为代表的无产阶级革命路线，本社征求全国革命造反派办的报纸，希望革命造反派的同志大力协助，及时把你们办的报纸每期寄十份到新华通讯社来。”

《人民日报》在发出征文启事后，开始大量刊登小报文章。如：

1967年2月3日，《人民日报》第四版刊登“《首都红卫兵》编辑部”文章《高举毛泽东思想伟大红旗　提高无产阶级的革命性、科学性、组织纪律性》。

2月4日，《人民日报》第六版转载“北京第二机床厂革命造反总部《驱虎豹》战报编辑部”文章《赞革命之“乱”》，鼓吹“造反有理，革命有理，夺权有理，翻天有理”。

2月5日，《人民日报》第四版转载“浙江大学红色造反联络站《红卫兵报》编辑部”文章《破私立公大联合》，文章云：“大联合是时代的要求，无产阶级文化大革命的大势所趋。”

2月12日，《人民日报》第四版转载《首都红卫兵》报文章《夺头脑里“私”字的权》。

2月16日，《人民日报》第三版转载“《黑龙江日报》、《哈尔滨战报》全体红色造反者”的文章《为红色造反者夺权斗争大造革命舆论》。

2月20日，《人民日报》第二版转载“《首都红卫兵》报社论”《必须充分重视革命干部在夺权斗争中的作用》。

2月24日《人民日报》第三版发表“哈尔滨市《造反有理》报记者”撰写的通讯《坚定地和革命群众一起战斗》。

2月26日，《人民日报》头版、第三版整版转载“上海《体育战报》”刊登过的文章《上海体育战线革命造反司令部鲁迅兵团东方红战斗队的一张大字报：我们鲁迅兵团向何处去?》。

2月27日，《人民日报》第二版用大半版篇幅刊登“《哈尔滨战报》记者”采写的通讯《用毛泽东思想识别和对待干部》。

到1967年8月底及9月间，《人民日报》有时一天登好几篇小报文章。例如：

8月29日，《人民日报》第三版一连三篇转载全国各地小报文章：《首都红卫兵》报8月18日社论《坚决做解放军的可靠后备力量》、“甘肃《红三司》报”8月1日社论《像爱护眼珠一样爱护解放军》、“广西《新桂林报》”文章《永远和解放军团结战斗在一起》。

9月13日，《人民日报》第四版再次转载《首都红卫兵》报社论《红卫兵要在革命大批判中立新功》、北京航空学院《红旗》报社论《搞好大批判靠的是毛泽东思想》、南开大学《卫东》报文章《千重要，万重要，大批判最重要》。

9月15日，《人民日报》第三版刊登“中国人民大学《人大三红》报编辑部”长篇批判文章《一个复辟资本主义教育制度的宣言书——批判党内最大的走资本主义道路当权派在中国人民大学开学典礼上的讲话》。

9月24日，《人民日报》第三版刊登“北航《红旗》、地质《东方红报》编辑部”文章《在毛泽东思想的光辉旗帜下并肩前进》。

【毛泽东与小报】毛泽东与“文革”小报一直都有密切的关系。首先从报名来看，有许多“文革”小报都喜欢用毛泽东诗词中的名句来作报名，如《井冈山》、《万山红》、《万山红遍》、《炮声隆》、《主沉浮》、《战地黄花》、《长缨在手》、《万丈长缨》、《指点江山》、《激扬文字》、《浪遏飞舟》、《从头越》、《惊回首》、《浪滔天》、《逐浪高》、《红旗》、《曙光》、《尽朝晖》、《在险峰》、《春来报》、《丛中笑》、《千钧棒》、《满江红》、《风雷激》、《捉鳖》，等等。

“文革”初期，毛泽东放手支持让小报发展，并认为“文革”小报是继大字报之后的群众组织宣传工具，也是“无产阶级专政下大民主”的特殊形式。毛泽东题词的北大校刊《新北大》创刊，对红卫兵及造反派创办小报起了示范引导作用。“中央文革小组”组长陈伯达也多次动员北京大学、清华大学、北京航空学院的红卫兵组织创办刊物。

毛泽东及中共中央都曾充分肯定了“文革”小报的作用。1967年5月14日公布的《中共中央关于改进革命群众组织的报刊宣传的意见》云：“在无产阶级文化大革命中，革命群众组织编印的各种报刊、传单，在宣传战线上起了重要的作用。”

毛泽东一方面支持群众组织创办小报，并通过“文革”小报来指导群众运动，另一方面他又通过小报了解“文革”运动的情况，小报遂成为他十分重要的信息源。据有关研究资料记载：

> 1967年6月，他（毛泽东——引者注）会见外宾提到北京地质学院的《东方红报》时说：这些报纸何止几百种，有几千种。我就收到两百多种，看不完。他还当着北京卫戍区司令员傅崇碧的面，严厉批评了“文革”组织报刊上刊登的污蔑党和国家领导人的《百丑图》，说：不能让这种丑化我们的东西满天飞。7月至9月，毛泽东对华北、中南、华东地区进行了视察。出发前一天，他对从湖南来汇报武斗动乱的老同学周世钊谈起湖南形势。周十分惊讶毛非常了解长沙武斗情况。毛泽东说：你看我的办公桌上不是放着一大堆小报吗？有些情况我是从小报上看到的。他又说：工人和学生都是革命的，两派必须联合起来。在视察沿途中，他还从各地“文革”组织报刊上了解到武斗分裂情况，从而发出了在工人阶级内部没有根本利害冲突，没有必要分裂成为势不两立的两大派组织的指示。[77]

五、“文革”前期的典型报道宣传

【“文革”前期《解放军报》一系列典型宣传的严重失误】“文革”前期，《解放军报》推出了许多“英雄人物”，作为典型来反复、连续报道，并借题发挥，任意拔高，编造出一套又一套“英雄行为”、“先进思想”和“时代语言”。

关于王杰的报道："文革"中，《解放军报》典型宣传的重要手法之一就是"反面文章正面写"，将在意外事故中丧生的人物说成是英勇献身的"英雄人物"，并将其树为重大典型，加以大肆宣传、报道。例如"文革"前夕大肆宣传的王杰就是一个典型例子。王杰是济南部队装甲兵某部工兵一连班长，他和民兵在一起进行爆破训练时，由于操作不慎，导致炸药突然爆炸而不幸牺牲。其所在部队最初将此事作为"事故死亡"上报并请示处理办法。但这时有人"活学活用"毛泽东的"辩证法"，主张反戏正唱，将王杰作为正面典型报道。后来经过有关方面的策划，特别是《解放军报》某些"笔杆子"的加工创造，结果就"树立"了一个因"活学活用毛主席著作"而"舍己救人"和"一不怕苦二不怕死"的"杰出典型"。1965年11月8日，《解放军报》发表社论《一心为革命一切为革命——向毛主席的好战士王杰同志学习》；11月9日，《解放军报》以《一心为革命》为题，开始刊登王杰的日记；11月10日，《解放军报》又刊登社论《毛主席怎样说的，我就怎样做——再论向王杰同志学习》。在宣传王杰的报道中，《人民日报》也下了很大的工夫。1965年11月1日，《人民日报》第五版整版刊登《一心为革命——济南部队装甲兵某部工兵一连班长、烈士王杰日记摘抄》（11月2日第六版连载，11月11日第五版、六版又继续用两大版连载完）。11月8日，《人民日报》头版几乎整版刊登社论《一不怕苦，二不怕死——学习王杰同志一心为革命的崇高精神》和消息《解放军总政治部、全国总工会、共青团中央号召学习王杰同志一心一意为革命》，当天第三版整版刊登王杰战友回忆王杰"英雄事迹"的文章。此后，王杰典型在报纸上连篇累牍地连续报道、宣扬了好几个月。事后，有人透露，这次宣传正是按照林彪的直接授意进行的。据说，事故发生并上报以后，林彪于1965年11月5日指示说："我们宣传王杰同志主要宣传他的优秀品质、模范行为和他活学活用毛主席著作。关于事故问题，可以避开。"军报就是根据此指示，借宣扬王杰之机，着重宣传了军队在林彪倡导"活学活用毛主席著作"后的"伟大成果"，将一件坏事变成了一件好事而加以鼓吹、歌颂。

关于刘英俊的报道：有关刘英俊的报道则采用变"后进"为"先进"的手法。刘英俊是沈阳部队驻黑龙江省佳木斯市某炮连三班的一名战士。1966年3月15日早晨，佳木斯还是一片冰天雪地，炮连三班战士刘英俊和战友们赶着三轮炮车，沿着市郊公路出去训练。在公共汽车站附近，刘英俊驾驭的那辆炮车的辕马被汽车喇叭震惊，突然调头猛冲。当时正是小学生上学、职工上班的时候，公路上车来人往，川流不息。在这千钧一发的时刻，刘英俊用尽平生力气，将马扳倒。"马倒了，车翻了，六名儿童安然脱险"，而刘英俊却被压在车马底下，身负重伤，送医院后，抢救无效，光荣牺牲。

为了救护孩子，勇拦惊马而牺牲，的确是舍己为人的英雄行为。部队里组织人写了稿子，要报道这一英雄事迹，并为此与《解放军报》联系。专门负责报道工作的同志送稿子到军报，请军报发表。同时还向报社记者反映，说刘英俊在本连队原本是一个"后进战士"，平时喜欢说牢骚话，还曾顶撞过领导，因此不太受人欢迎和注意，直到他勇拦惊马救人而牺牲，才对他进行表彰和宣传。军报记者说，一旦要把刘英俊作为典型来宣传，那么报道中不但一点负面的东西都不能出现，而且要把他说成是一直"先进"和一贯"优秀"的"活学活用"出来的"英雄典型"。报社又派人将刘英俊的英雄事迹、成长过程及思想发展的道路作了很大的补充、发挥和提高，特别是采用移花接木的手法，将许多根本不是刘英俊做的事或说的话，都张冠李戴地加到他身上，使其成为一个"活学活用""毛主席语录"的完美典型。1966年7月13日，《解放军报》在头版显著位置以通栏大标题发表通讯《毛泽东思想武装的又一个伟大共产主义战士（引题）刘英俊为保卫人民安全英勇献身（主题）》，详细报道刘英俊的事迹，同时发表社论《学习最高指示 执行最高指示 宣传最高指示 捍卫最高指示——向毛主席的好战士刘英俊同志学习》。当天第二版还刊登通讯《最高指示的模范执行者——刘英俊连队战友和当地群众回忆刘英俊同志的生平》，第三版摘登刘英俊的日记和书信。7 月 14 日，《解放军报》头版、第二版又继续报道刘英俊的事迹，同时又将刘英俊“舍己救人”的典型转换成“活学活用毛主席著作”的典型。当天头版头条刊登社论《把传播毛泽东思想当作毕生的战斗任务》云：“刘英俊同志，是一个出色的毛泽东思想的宣传员”，“无论在连队里，还是在人民群众中，都随时随地地宣传毛泽东思想”。“要宣传好毛泽东思想，就必须学习好毛泽东思想。”因此，“毛主席著作，我们要学一百遍、一千遍、一万遍，世世代代都学习”，“毛泽东思想的伟大红旗，我们要举一百年，一千年，一万年，世世代代都高举”。

有关蔡永祥、吕祥璧、李文忠、门合的报道：这些报道都是紧跟形势、根据政治需要，采用为我所用、无限拔高的手法写出来的。1966 年 10 月 31 日，《解放军报》在头版显著位置刊载长篇通讯《毛主席的好战士 文化大革命的忠诚保卫者（引题）蔡永祥一心为公舍身拯救红卫兵列车（主题）》，报道杭州钱塘江大桥守桥连队战士蔡永祥在桥头执勤时，突然发现桥南铁路上横着一根大木头，他马上意识到：“这是对无产阶级文化大革命怀有刻骨仇恨的阶级敌人在搞破坏活动！”就在一列载有大批红卫兵的列车驶近的一刹那，蔡永祥奋力冲上前去抱起那根大木头，扔到了路轨边上。“红兵保住了，钱塘江大桥保住了！”而蔡永祥却被火车撞死了。此后，11 月至 12 月，《解放军报》对蔡永祥的事迹作了大量的连续报道。

1967 年五六月间，《解放军报》又开始报道“为保卫红卫兵安全，英勇地献出了自己生命”的“毛主席的好战士吕祥璧”的典型事迹。

在报道吕祥璧抢救红卫兵的事迹才过去几个月，在江西又出了事故。当时有一批红卫兵坐船过江时，突然翻了船。照例又是部队赶去抢救，战士李文忠在抢救溺水的红卫兵时牺牲。《解放军报》将李文忠“塑造”成“支左爱民”模范，并总结、概括出几句顺口溜式的“豪言壮语”，借李文忠的口吻说出来，即“毛主席热爱我热爱、毛主席支持我支持、毛主席指示我照办、毛主席挥手我前进”。

在报道李文忠典型事迹两个多月后，地处西北地区的青海省军区某部又出现了一个叫门合的部队基层干部典型。他在帮助民兵和农民试射防霜冻的土火箭时，因发生意外爆炸，他为了掩护群众，扑向爆炸点，牺牲了自己。《解放军报》将门合宣传为“一切服从毛主席，一切紧跟毛主席，一切为着毛主席”的典型，又说他是“无产阶级专政条件下继续革命的光辉榜样”。1968 年 5 月 28 日，《人民日报》头版头条刊发了关于《追授门合同志以“无限忠于毛主席革命路线的好干部”的光荣称号》的命令。命令中引用他生前学习毛泽东著作时说过的一句话：“（毛主席的书）一天不学问题多，两天不学走下坡，三天不学没法活。”此后不久，这句“经典”的顺口溜使门合名扬全国。

关于刘学保的“典型”报道：1968 年 4 月 24 日，《解放军报》头版头条通栏大标题下，发表由“本报通讯员、本报记者”合作采写的长篇通讯《心中唯有红太阳，一切献给毛主席——记保卫无产阶级文化大革命的英雄战士刘学保》，详细报道活着的“英雄战士刘学保”。同时还配发了“本报评论员”文章《千万不要忘记阶级斗争》。据通讯介绍，刘学保原是兰州部队的一个当兵才一年的新任副班长。1967 年底，他正在甘肃永登县一个山区林场参加“支左”。报道称，刘学保看到“革命形势一派大好”，特别是“甘肃省永登县革命委员会光荣诞生了”，便认为“阶级敌人一定要作垂死挣扎”，他“高度警惕”和“严密监视”着林场内一切他认为或感到可疑的人，结果认定其中一个“企图”破坏“文革”和社会主义建设事业的“反革命分子”。1967年12月17日傍晚，刘学保发现这个“反革命分子”正要爆炸一座新建大桥时，他一边祷念着“下定决心，不怕牺牲……”的“最高指示”，一边“以大无畏的英雄气概”，向那个“反革命分子”猛扑过去。经过一场“激烈搏斗”，刘学保终于用自己带来的短刀和斧头，将“敌人”连砍带扎杀死。这时他又见大桥上“反革命分子”安放的炸药包的导火索正嗤嗤地冒着火花，即将爆炸。他耳边响起毛主席教导的“下定决心，不怕牺牲，排除万难去争取胜利”，“仿佛毛主席在指挥自己战斗”。他冲向大桥，取下炸药包，又抱起炸药包，“一边跑，一边高呼‘毛主席万岁！’‘毛主席万岁！’”，终于在炸药包即将爆炸的一刹那，将它甩了出去……。只听得“‘轰’的一声巨响”，爆炸声“激荡着山谷的夜空，火光映红了大地”。刘学保被震倒在河滩上，并失去了左手……。当人们得讯赶到现场时，刘学保要大家“不要管我，看桥上还有没有敌人放的炸药包”。后来，刘学保平步青云，当上了兰州军区的党委委员，直至当选为“九大”代表，受到毛泽东的接见。“文革”以后，根据当地群众的检举、揭发，查明刘学保是一个极其残忍、卑鄙无耻的杀人犯、政治骗子。他为了出名成英雄，居然残暴地杀死了一位老实本分和勤劳朴实的林场老工人，之后又跑到桥下河滩上将自己带的一个雷管引爆，自残左手，从而自导、自编、自演了一部砍死正在搞破坏的“阶级敌人”的惨剧。因此，“文革”后，刘学保以故意杀人罪被判处无期徒刑，剥夺政治权利终身。[78]

【《人民日报》关于河南灵宝县“精兵简政”假典型的宣传报道】1968年7月11日，《人民日报》头版以整版篇幅、通栏大标题转载6月25日《河南日报》刊登的通讯《灵宝县革委会实行领导班子革命化，精兵简政，密切联系群众》云：河南省灵宝县革命委员会实行领导班子革命化，精兵简政，密切联系群众，取得了很好的成绩。“新的组织机构把原来的‘八组两室’改为四个组：政治工作组、抓革命促生产组、保卫组、办事组。办公人员由原来的近百人减少到三十人（包括解放军代表十二人）。原县委、县人委的工作人员除参加革委会办公的以外，一部分留机关搞斗批改，一部分组成毛泽东思想宣传队，深入农村，深入基层。”“组织机构精简以后，人少事多怎么办？他们……突出地抓两点：一是千头万绪抓根本。工作再忙，任务再大，总是把活学活用毛泽东思想放在一切工作的首位；”“二是深入群众，走群众路线，大量问题在基层单位解决”。7月15日，《人民日报》又用当天报纸头版一整版篇幅再次刊登长篇通讯《精兵简政，把革委会建成革命化领导班子——河南省灵宝县革命干部、革命群众和支左解放军代表座谈纪实》，紧接着，几十篇假报道连续出现。各地报纸也掀起了一个“打破重叠机构，实行精兵简政、紧密联系群众”的宣传战役。

粉碎“四人帮”后，经揭发，有关灵宝县“精兵简政”的“经验”报道，完全是一个“弄虚作假，欺上瞒下”的典型报道。据《人民日报》记者的调查报告云：

灵宝县精兵简政的假报道是怎么出笼的呢？一九六八年六月中旬，灵宝县革委会政工组一个干部在河南日报社听到准备宣传精兵简政的消息，他没有回县了解情况，就伙同当时在郑州学习的县革委会主要负责人，炮制了一篇灵宝县革命委员会精兵简政的“经验”，于六月二十五日在《河南日报》上发表。当时，林彪、“四人帮”正千方百计地打击迫害老一辈的无产阶级革命家和广大干部，阴谋篡夺党和国家的最高领导权。灵宝的所谓“经验”，正迎合了他们的反革命政治需要。陈伯达、姚文元对此很欣赏，亲自批转给《人民日报》，让“登一版头条，并可通知新华社广播”，还指令《人民日报》加上编者按语，大肆宣扬这一“经验”。[79]

【产生重大恶劣影响的柳河“五·七干校”典型宣传报道】1968年10月5日，《人民日报》头版头条以通栏双层大标题、整版篇幅发表《柳河“五·七干校”为机关革命化提供了新的经验》一文。报道黑龙江省革委会在柳河办了个农场，把一些机关干部集中起来劳动，取名“五·七干校”。叫这个名称是为了纪念毛泽东1966年发布的“五·七指示”。报道称：“今年五月七日，黑龙江省革命委员会组织大批机关干部下放劳动，在安庆县柳河办了一所农场，定名‘五·七干校’，为机关革命化，改革不适应社会主义经济基础的上层建筑提供了新的经验。”报道还云：“黑龙江省‘五·七干校’，把活学活用毛泽东思想，改造干部的世界观，走与工农相结合的道路作为头等任务来完成。”“过去，不少‘三门’（从家门到学校门，再到机关门）干部很少接近过工农群众，到了‘五·七干校’后，亲临三大革命第一线，接近了贫下中农，增强了劳动人民的思想感情。”同时还加了“编者按”云：“毛主席指示：‘广大干部下放劳动，这对干部是一种重新学习的极好机会，除老弱病残者外都应这样做。在职干部应分批下放劳动。’毛主席的这个指示，对反修、防修，对搞好斗、批、改，有十分重大的意义。”

1968年10月14日，《人民日报》头版头条又刊登黑龙江省柳河“五·七干校”革委会文章《灵魂深处的一场大革命——创办柳河“五·七干校”的基本体会》。

这两篇文章发表后，在全国产生了极其重大的影响，此后，全国各地都学习“柳河经验”，很快便把“五·七干校”这一“新生事物”推广到全国各城市中的党政机关、大专院校。这些单位都被要求在农村建“五·七干校”。据统计，中共中央、国务院等国家机关在河南、湖北、江西等18个省区创办了105所“五·七干校”，先后遣送、安置了10多万名下放干部、3万名家属和5千名知识青年（干部子女）。而各省、市、地、县办的“五·七干校”更是数以万计，在那里接受改造的“学员”有数十万人。这些“五·七干校”一般都办在偏远、穷困的农村，“学员”都过着半军事化的生活。[80]实际上，所谓“五·七干校”就是根据毛泽东“五·七指示”精神而兴办的“劳改农场”。下放到农场的主要是两种人：一是“文革”中被揪出来的所谓“走资派”、“三反分子”、“反动学术权威”、“反动文人”等，他们够不上关监狱，但又背上种种罪名。二是各单位一般的干部、教师、科技人员、编辑记者、医生护士、演员、运动员等。这些人在农场不但受到劳动惩罚，通过干繁重的农活来“改造思想”，而且受到精神折磨，白天干农活，晚上还得参加批斗会，进行揭发批判。这种“五·七干校”直至“四人帮”被粉碎后，才宣告解散。

另外，所谓“五·七指示”是指：1966年5月7日，毛泽东看了解放军总后勤部《关于进一步搞好部队农副业生产的报告》后，给林彪写了一封信。这封信后被称为“五·七指示”。其主要内容为：“人民解放军应该是一个大学校。这个大学校，要学政治，学军事，学文化，又能从事农副业生产，又能办一些中小工厂，生产自己需要的若干产品和与国家等价交换的产品。这个大学校，又能从事群众工作，参加工厂、农村的社会主义教育运动。”“军学、军农、军工、军民这几项都可以兼起来。”“工人以工为主，也要兼学军事、政治、文化。也要搞社会主义教育运动，也要批判资产阶级。”“公社农民以农为主（包括林、牧、副、渔），也要兼学军事、政治、文化。”“学生也是这样，以学为主，兼学别样，即不但学文，也要学工、学农、学军，也要批判资产阶级。”“商业、服务行业、党政机关工作人员，凡有条件的，也要这样做。”1966 年 8 月 3 日，《解放军报》头版头条在重磅楷体字通栏大标题《毛主席对全国全军的伟大号召》下，第一次完整地传达了“五·七指示”。

第二节 “文革”中期的新闻传播运动（1969 年 4 月—1973 年）

一、“文革”中期的典型报道宣传

【毛泽东在“九大”期间再次强调“抓好典型”】1969 年 4 月 1 日至 24 日，中共第九次全国代表大会在北京举行。会议第一次提出把两个阶级、两条道路的斗争正式规定为党在社会主义历史阶段的基本路线，提出“无产阶级专政下继续革命的理论”，把林彪作为“接班人”正式写入党纲。同时，“九大”从理论上、组织上、实践上进一步肯定了“文化大革命”。在“九大”，林彪、江青集团的主要成员都进入了中央政治局，掌握了更大的权力。他们进一步控制了舆论工具，为推行极“左”路线服务。

毛泽东在“九大”期间再次强调“抓好典型”。在 1968 年下半年，毛泽东针对当时新闻宣传工作中出现的“假”、“大”、“空”现象，曾指示《解放军报》要“综合宜少，典型宜多”，提出要用先进典型来推动全国工作。到“九大”期间，毛泽东一再指示：“一定要抓好典型”，“面上的工作要先抓好三分之一”，然后以“点”带“面”。“有了先进典型，面上的工作就有了方向，有了活的样板。”[81]

《红旗》杂志 1969 年第 11 期刊载甘为民（江西抚江专署革委会工作人员）写的思想评论《抓好典型》（《人民日报》于 1969 年 11 月 4 日头版头条用通栏大标题转载），对毛泽东“文革”中“抓典型”的重要思想作了进一步的阐发。文章云：“伟大领袖毛主席教导我们：‘应该注意收集和传播经过选择的典型性经验，使自己领导的群众运动按照正确的路线向前发展。’认真抓好典型，用典型带动全局，是无产阶级文化大革命深入发展的需要。”“突破一点，取得经验，然后利用这种经验去指导其他单位。这是伟大领袖一贯倡导的科学的领导方法。”特别是到“文革”中期，“文化大革命”进入“斗、批、改”阶段后，毛泽东尤其重视“抓典型”，“用典型带动全局”。

所谓“斗、批、改”，曾经经历过一个演变、发展过程。早在 1966 年 8 月 8 日党的八届十一中全会通过的《关于无产阶级文化大革命的决定》（即“十六条”）中，就提出了“斗、批、改”的任务，即“斗垮走资本主义道路的当权派，批判资产阶级和反动学术‘权威’，批判资产阶级和一切剥削阶级的意识形态，改革教育，改革文艺，改革一切不适应社会主义经济基础的上层建筑”。到 1968 年 8 月下旬，在“全国山河一片红”已成定局，全国29个省、市、自治区即将全部成立革命委员会的时候，毛主席将“十六条”中的“斗、批、改”改为新的“斗、批、改”，即“建立三结合的革命委员会，大批判，清理阶级队伍，整党，精简机构，改革不合理的规章制度，下放科室人员，工厂里的斗、批、改，大体经历这么几个阶段”[82]。在实践过程中，“斗、批、改”运动又增加了“对知识分子‘再教育’和‘给出路’”、“教育革命”、“上山下乡”等项内容。在1969年4月“九大”的政治报告中，进一步强调了“要认真搞好斗、批、改”。直至1971年9月13日林彪事件发生，“斗、批、改”才因此而中断。

在“文革”中期的“斗、批、改”运动中，“两报一刊”推出了一批又一批的典型报道，形成了党报史上典型报道的高潮。

【关于“六厂二校”及“八三四一部队”的典型报道】在“九大”以后，毛泽东非常重视新的“斗、批、改”运动。他设想“全国山河一片红”以后，接着就是“文化大革命”的“斗、批、改”阶段。在“斗、批、改”中，毛泽东亲自抓“点”（典型）。他的“点”就是“六厂二校”，所谓“六厂二校”，是指北京针织总厂、北京新华印刷厂、二七机车车辆厂、南口机车车辆机械厂、北京北郊木材厂、北京化工三厂六个工厂和清华大学、北京大学两个学校。由于“六厂二校”的“军宣队”都是由中央警卫团（八三四一部队）派出的，所以，八三四一部队同“六厂二校”一样，也是毛泽东的试点单位。毛泽东非常重视“六厂二校”的典型经验。

“六厂二校”经验也包括了进驻这些厂、校的八三四一部队“三支两军”（“三支”指支左、支农、支工，“两军”指军管、军训）工作的经验。为此，中央“两报一刊”加强了对“六厂二校”及八三四一部队支左经验的典型报道。

所谓“八三四一”是中央警卫团在1964年至2000年前的编制番号。八三四一部队专门负责保卫中南海及毛泽东的安全，是毛泽东最为信赖的部队。“文革”中，毛泽东一方面把八三四一部队的干部和战士当作他的耳目，通过他们来了解社会上文化大革命的情况，另一方面，他又把他们派遣到一些工厂、大学去执行军管、支左任务。1967年12月17日，《人民日报》头版首载通栏大字标语口号“大海航行靠舵手，干革命靠毛泽东思想”，接载头版头条消息《北京针织总厂的无产阶级文化大革命运动是体现毛主席革命路线和战略部署的典范》。文章称：在这里支左的人民解放军八三四一部队是“支左工作”的一面红旗。12月18日，《人民日报》头版头条继续刊登消息报道“支左红旗”八三四一部队和北京针织总厂的经验介绍。12月19日，《人民日报》头版头条又发表一篇长逾8 000字的通讯《红太阳照亮了北京针织总厂》。以上都是有关“六厂二校”及八三四一部队经验最早的一批报道。1968年6月26日，八三四一部队正式遵命分别进入北京针织总厂及其所属的两个分厂和北京化工三厂，执行军管、支左任务。11月17日，中共中央将北京针织总厂革委会的来信和八三四一部队的报告及毛泽东的批语一起印发到全国各地区、各企业、各机关、各学校，要求根据具体情况参照执行。该部队从此名闻天下。

1968年7月底、8月初，毛泽东又派出以八三四一部队为主体的“军宣队”与“工宣队”并行开进造反派派性斗争激烈的清华大学、北京大学，制止武斗，促进大联合。到8月底，首都59所大专院校全部进驻了“工宣队”、“军宣队”。以后，八三四一部队“军宣队”撤出清华大学，将其政治部宣传科副科长迟群及该部队机要员谢静宜留下，分别负责主持清华、北大两校“文化大革命”工作。

1969年4月党的“九大”以后，“两报一刊”及新华社对“六厂二校”的报道宣传力度进一步加大。例如：

1969年7月1日，《人民日报》第五版载南口机车车辆机械厂工人通讯员与《北京日报》、新华社及《人民日报》记者合作采写的通讯《红太阳照亮了南口厂》，介绍了“文革”开始后，南口厂在解放军八三四一部队支左人员的帮助下“发生了翻天覆地的变化”。

7月22日，《人民日报》头版头条转载《红旗》杂志1969年第6、7期合刊刊载的、由北京市革命委员会调查组写作的《改革不合理的规章制度是一场革命——北京市北郊木材厂的调查报告》，介绍八三四一部队“支左”的经验。文章称：“这个厂，遵循伟大领袖毛主席关于认真搞好斗、批、改的教导，在八三四一部队支左人员帮助下，从一九六八年十二月起，开展了改革不合理规章制度的群众运动，促进了企业管理的革命化，加速了斗、批、改的步伐。”

8月4日，《人民日报》头版头条用通栏大标题转载《红旗》杂志1968年第8期所刊登的由“八三四一部队驻南口机车车辆机械厂毛泽东思想宣传队”写作的思想评论《政权建设中的一个新问题——支左人员如何正确处理同新的领导班子的关系》，介绍八三四一部队驻南口机车车辆厂宣传队关于“支左人员如何正确处理同新的领导班子的关系”的经验。

12月16日，《人民日报》头版头条用通栏大标题刊登新华社记者采写的《北京新华印刷厂整党、建党调查报告》，全面报道北京新华印刷厂整党、建党经验，包括“一、从思想整顿入手，普遍提高党员的阶级斗争和两条路线斗争觉悟”，“二、在‘清除废料’的同时，加强对犯错误党员的教育”，“三、积极慎重吸收新鲜血液，健全党的组织，实现一元化领导”等经验。

从1968年至1976年整整8年间，《人民日报》、新华社这两大中央级新闻单位都接连不断地派出记者长期在“六厂二校”作“蹲点”采访报道。记者们都把去“六厂二校”“蹲点”采访当作重大的政治任务来完成，不断炮制有关典型经验报道。在这样的政治气候下，“六厂二校”的经验报道充斥了“文革”中期报纸的大量版面。严格说来，这些报道的内容既不是新闻，也不是通讯、特写，只能说是一些充斥极“左”思潮、语言武断粗暴的大批判文章。“两报一刊”报道的“六厂二校”“经验”主要包括：一是“清理阶级队伍”的“经验”，即遵循“怀疑一切、打倒一切”的方针，以各种名义、各种方式，包括办隔离“学习班”和逼、供、讯手段，清查所谓地、富、反、坏、右与“特务”、“叛徒”、“走资派”、“国民党残滓余孽”等，制造了大量的冤、假、错案，使阶级斗争扩大化。二是整党、建党，“吐故纳新”的“经验”。所谓“吐故”，即把被诬为“叛徒”、“特务”、“死不改悔的走资派”的党员清除出党或“挂”起来，而把那些所谓“新鲜血液”，即造反派头头吸收入党。这样，不仅进一步打击、迫害了许多党员干部，而且使一批投机分子、野心家、阴谋分子混入党内。三是所谓“革命大批判引路”的“经验”。无论干什么，先搞“革命大批判”，先批判“刘少奇的‘反革命修正主义路线’”，主要包括批判所谓“黑六论”，即“阶级斗争熄灭论”、“驯服工具论”、“群众落后论”、“入党做官论”、“党内和平论”、“公私溶化论”。[83]四是在大学中实行所谓的“教育革命”，对知识分子进行“再教育”及“给出路”的政策的“经验”。实际上是把知识分子及不同意见者送到“五·七干校”劳动改造。

“两报一刊”及新华社对“六厂二校”极“左”“经验”的宣传报道，在全国起了很坏的示范及指导作用，从而进一步搞乱了全中国，造成了极坏的影响。直到“四人帮”倒台后，才最后终止了对“六厂二校”所谓“经验”的宣传报道。

【有关“知青”上山下乡典型及教育改革典型的报道】1968年12月22日，《人民日报》发表《“我们也有两只手，不在城市里吃闲饭!”》的报道，并在该文所加的“编者按”中传达了毛泽东的指示云：“知识青年到农村去，接受贫下中农的再教育，很有必要。要说服城里干部和其他人把自己初中、高中、大学毕业的子女，送到乡下去，来一个动员。各地农村的同志应当欢迎他们去。”从此，全国立即再一次掀起了大规模的知识青年“上山下乡”运动。毛泽东为何在“文革”中期再次发动知识青年上山下乡运动呢?主要有两大原因：一是“文革”中期，正是全国最乱的时候，工厂停工停产，学校停办，国家无法解决大量中学毕业生的就业、升学问题，便只好把这些人弄到“广阔天地”去“插队落户”，解决他们的出路问题。二是毛泽东一直认为，学生应该上山下乡接受贫下中农的“再教育”，才能“反修防修”；学生只有跟工农相结合，把所学知识运用到实践中去，才能为国家、为社会主义建设作贡献。对知识青年上山下乡运动中出现的先进人物，《人民日报》、《红旗》杂志及各地党报都做了大量报道。综合起来，这些报道有以下特点：一是每篇通讯都有对先进人物毛泽东语录不离手，以及他们刻苦学习毛泽东著作，活学活用毛主席著作的描写；二是每篇通讯都大量引用“毛主席语录”，几乎“英雄人物”的每一个行动都是遵照毛泽东指示做出来的，显得非常牵强、生硬、虚假；三是每个“先进人物”都有“豪言壮语”的抒发；四是每篇通讯都有阶级斗争、路线斗争及革命大批判、斗私批修的内容。另外，这些典型的报道都形成了一套完整的报道模式：先发表长篇通讯，记述典型人物的英雄事迹；接着刊登英雄人物的个人日记、豪言壮语，或刊登座谈会上亲朋好友回忆英雄生前事迹的文章；最后再发评论、社论，号召学习云云。

关于金训华的典型报道：金训华原是上海市吴淞第一中学1968年高中毕业生、原上海市中学红代会常委。1969年3月末，上海市上山下乡办公室组织知识青年学习访问队到黑龙江去，金训华参加了访问队工作。回上海后，他发起组织了“知识青年赴黑龙江插队落户联络站”。5月下旬，金训华来到黑龙江省逊克县逊河公社双河大队插队落户。“8月15日，山洪直泻，江河横溢，逊河、沾河一片汪洋”，金训华为捞回被激流冲走的电杆而溺水身亡，时年仅20岁（1949—1969）。距他开始到双河大队插队落户算起，只有短短的77天。金训华是上山下乡大潮中涌现出来的第一个“知青”英雄。1969年7月27日，《黑龙江日报》、《文汇报》和《解放日报》都作了详细报道，《黑龙江日报》还刊登了黑龙江省革命委员会《关于学习金训华同志英雄事迹的决定》。

1969年10月27日，《解放日报》头版头条以通栏大标题刊登由黑龙江省逊克县革委会调查组、《黑龙江日报》记者采写的长篇通讯《活着就要拼命干，一生献给毛主席——记为抢救国家物资英勇献身的金训华同志的光辉事迹》（第二版续载），全面翔实地报道了金训华“怀着保卫边疆、建设边疆的雄心壮志，来到边疆、扎根边疆，最后为抢救国家的物资，在与特大洪水搏斗中英勇牺牲”，“实践了‘活着就要拼命干，一生献给毛主席’的钢铁誓言”的事迹。同时刊登该报评论员文章《激流澎湃炼新人》。28日，《解放日报》第二版又以整版篇幅刊登经过整理的《金训华烈士日记摘抄》及金训华母亲的回忆文章《训华不愧是我们工人阶级的好后代》；第三版在《活着就要拼命干，一生献给毛主席——记为抢救国家物资英勇献身的金训华同志的光辉事迹》的大标题下，刊载美术工作者创作的宣传金训华事迹的6幅画作及为画而配的诗。

10月27日，《文汇报》头版头条也是以通栏大标题刊登《活着就要拼命干，一生献给毛主席——记为抢救国家物资英勇献身的金训华同志的光辉事迹》，同时刊登该报评论员文章《敢将青春献人民——向毛主席的好红卫兵金训华烈士学习》。当天第三版在《敢将青春献人民——毛主席的红卫兵金训华烈士的光辉事迹》的通栏大标题下，以整版篇幅刊登反映金训华事迹的连环画。

《红旗》杂志1969年第12期在刊登金训华日记的同时，还发表了评论员文章《革命青年的榜样》，号召向金训华学习。著名画家徐纯中、陈逸飞当年根据此题材，创作了油画《毛主席的红卫兵——向金训华学习》，刊登在《红旗》杂志上，不久被印成各种宣传画、邮票发行。

《人民日报》在1969年12月4日头版头条位置，以通栏大标题转载了《红旗》杂志第12期评论，第三版又以整版篇幅转载《金训华同志日记摘抄（一九六九年七月至八月）》。12月6日，《人民日报》也用通栏大标题转载《黑龙江日报》10月27日刊登的长篇通讯《活着就要拼命干，一生献给毛主席——记为抢救国家物资英勇献身的金训华同志的光辉事迹》。自此，金训华事迹的典型宣传报道很快传播到全国。

关于朱克家的典型报道：1969年4月，年仅17岁的朱克家从上海海南中学毕业，他响应毛泽东"知识青年到农村去，接受贫下中农再教育"的号召，到云南省西双版纳勐腊勐仑公社勐掌生产队插队落户。1970年12月，他又主动到环境更为艰苦的爱尼族人山寨落户。

1972年，公社党委推荐朱克家上昆明师范学院读大学，但他放弃了这次难得的机会，继续留在了偏僻的爱尼山寨。当时上海市革委会派赴云南的"知青"慰问团发现了朱克家这个典型，并将其事迹整理成材料《山寨最忙的青年》及时上报上海市革委会参阅。当时主管文教宣传的姚文元、徐景贤等很快就派出上海市写作班子赶赴云南。不久，署名"朱克家"的文章《我深深爱上了边疆的一草一木》、《农村也是大学》以及《贫下中农的好儿女》等通讯便连篇累牍地见诸报刊。如《红旗》杂志1973年第5期（1973年5月1日出版）载"朱克家"文章《我深深爱上了边疆的一草一木》云："一九六九年五月，我响应毛主席关于'知识青年到农村去，接受贫下中农的再教育，很有必要'的号召，满怀革命豪情，从上海来到云南西双版纳的勐腊县勐仑公社插队落户，至今已整整四年了。几年来，在贫下中农的再教育下，我深深爱上了边疆的一草一木，同少数民族的贫下中农建立了血肉相连的阶级感情，从而坚定了扎根农村干一辈子革命的决心。"朱克家后来又到西双版纳一个更偏僻的深山中的爱尼族山寨小学担任小学教师，教小学生学文化。为了改变山寨面貌，他又帮助山寨买回了拖拉机、碾米机、缝纫机。平时，"挤时间为贫下中农理发，做家具，修理机器、工具和日用品，样样都干"。1972年，当地公社推荐他上大学，把入学登记表都给了他。他谢绝了，决心留在"农村这个大课堂里，继续学习锻炼"。

当时报刊对朱克家典型事迹的报道，基本上是客观、平实的，其事迹也是较为感人的。但有些报道文章把"留山寨"与"上大学"对立起来，就显得十分偏颇了。

1973年6月，"四人帮"加紧物色中共"十大"委员人选，张春桥以"支持新生力量"为借口，要求云南省让朱克家作为知识分子代表出席"十大"。会上，时年22岁的朱克家"当选"为最年青的中央候补委员，后又被送进王洪文直接控制的"中央工农读书班"深造。以后朱成为"四人帮"安插在云南的忠实走卒，在云南层层揪"走资派"，大搞"反击右倾翻案风"。1976年10月"四人帮"垮台后，朱克家被关进监狱受到审查，并接受省直机关的一场场批判。但在最终处理时，考虑到他犯错误的历史背景，给予他宽大处理。

【有关“反潮流”典型的报道】从1973年5、6月起，党报开始进行有关“反潮流”典型的宣传报道。1973年8月24日至28日，中共“十大”召开。会上，王洪文作了《关于修改党章的报告》（八月二十四日），他在《报告》中云：“要有敢于反潮流的革命精神。毛主席指出反潮流是马列主义的一个原则。”“事关路线，事关大局，一个真正的共产党员，就要出以公心，不怕撤职，不怕开除党籍，不怕坐牢，不怕杀头，不怕离婚，敢于反潮流。”[84]因此，“十大”《党章》修改草案第一章《总纲》中，增写了“中国共产党是在反对右倾和‘左’的机会主义路线的斗争中，巩固和发展起来的。全党同志要有敢于反潮流的革命精神，坚持要搞马克思主义不要搞修正主义，要团结不要分裂，要光明正大不要搞阴谋诡计的原则”一大段内容。此后，一个个“反潮流”典型应运而生，频频出现在党报版面上。

关于李庆霖“告御状”的典型报道：1973年6月10日，中共中央以1973年第21号文件形式，向全党转发了福建省莆田县城郊公社下林村小学教师李庆霖于1972年12月20日给毛泽东的信和毛泽东于1973年4月25日给李庆霖的复信。李庆霖在1972年12月20日的信中反映了他的儿子在上山下乡后的实际生活困难和一些干部子女“走后门”被招工、招生、招干的不正之风。毛泽东在1973年4月25日复信中云：“寄上三百元，聊补无米之炊。全国此类事甚多，应当统筹解决。”毛泽东的复信引起了全党对上山下乡知识青年生活困难的重视。1973年6月22至8月8日间，国务院专门在北京召开全国知识青年上山下乡工作会议。会议学习了毛泽东给李庆霖来信的复信，并针对知识青年上山下乡工作中存在的问题，讨论和议定了统筹解决的6条办法。

1973年11月，李庆霖在《红旗》杂志上发表《谈反潮流》一文，他俨然以“反潮流”英雄自居，大讲“反潮流是马列主义的一个原则”，并表露出他不怕“身败名裂”，要用“反潮流”来“名扬千古，流芳百世”。

1974年3月18日，毛泽东的复信和李庆霖的来信被编入中学课本。

1974年4月25日，《福建日报》在《学习李庆霖同志的反潮流精神》的社论中写道：“李庆霖同志实践了毛主席的教导，尖锐地揭露和批判了修正主义路线和孔孟之道的流毒，反映了他反潮流的革命精神和向资产阶级及一切剥削阶级意识形态开展的进攻的高度路线觉悟。毛主席对李庆霖同志的反潮流精神给予了很高的评价。”

1974年起，李庆霖担任福建省高考招生办公室副组长，专门负责工农兵学员的招生工作。1975年，他又被选举参加四届人大并任常务委员。1976年6月被吸收为国务院知青工作领导小组成员，可谓红极一时。此后，他到处作报告，煽风点火，批判省、市、地、县党政军各级领导，成了名副其实的“头上长角，身上长刺”的“反潮流”典型人物。在“批林批孔”运动中，他又积极投靠“四人帮”，成为“批右”反周（恩来）的急先锋。“四人帮”垮台后，李庆霖被指控为积极投靠“四人帮”，于1977年11月被捕入狱。1979年6月18日，福建省莆田地区中级人民法院以反革命罪判处李无期徒刑，剥夺政治权利终身。1994年3月，李被提前释放出狱。2004年2月病逝。[85]

【对“白卷英雄”张铁生的报道】1973年4月3日，国务院批转国务院科教组大学招生文件《关于高等学校1973年招生工作意见》。《意见》强调要按照毛泽东关于“要从有实践经验的工人农民中间选拔学生”的指示，改革旧的大学招生制度，并明确指出：要坚持选拔有两年实践经验的优秀工农兵入学，坚持群众评议、推荐，在政审合格的基础上，进行文化考查。

1973年夏，正在辽宁省兴城县白塔公社枣山大队插队、时任生产队小队长的张铁生被推荐参加大学招生文化考试。6月30日，在参加物理化学科目考试时，张铁生仅做了3道小题，其余一片空白。他就在试卷背面以“尊敬的领导”开头写了一封信，信中云：“本人自1968年下乡以来，始终热衷于农业生产，全力于自己的本职工作。”“说实话，对于那些多年来不务正业、逍遥浪荡的书呆子们，我是不服气的，而有着极大的反感，考试被他们这群大学迷给垄断了。”“希望各级领导在这次入考学生之中，能对我这个小队长加以考虑为盼！”当时“四人帮”正急于篡党夺权，便利用这封信作为砸向周恩来及国务院的一块重重的“石头”。7月10日，在辽宁省大学招生文化考查座谈会上，锦州市招生办公室负责人汇报了兴城县考试情况时谈到一个生产队长答不上卷给领导写信一事。时任中共辽宁省委书记的毛远新得知这一情况后，将原信作了删改，指令《辽宁日报》发表。1973年7月19日，《辽宁日报》以《一份发人深省的答卷》为题，刊登了张铁生在大学招生考试中交“白卷”时利用试卷背面写的这封信（经过删节）。当天该报“编者按”云：“张铁生同志是一九六八年的下乡知识青年，共青团员，现任兴城县白塔公社枣山大队第四生产队队长。他对物理化学这门课的考试似乎交了‘白卷’，然而对整个大学招生的路线问题，却交了一份颇有见解、发人深省的答卷。”8月10日，《人民日报》将《一份发人深省的答卷》全文及《辽宁日报》“编者按”全部予以转载，并再加“编者按”云：“这封信提出了教育战线上两条路线、两种思想斗争中的一个重要问题，确实发人深省。”各地报刊又均对此文加以转载，并就恢复高考制度问题发表文章和评论，指责高校招生中进行文化考试是“旧高考制度复辟”，是“资产阶级向无产阶级反扑”。一时间，《一份发人深省的答卷》成了“反潮流”报道的代表作，张铁生也因此成了“反潮流英雄”。此后，各式各样的“白卷”不断出现。如1974年5月1日，《红旗》杂志第5期发表大连海运学院无线电系工农兵学员赵兵的一份化学考试答案，这份答案也是用一篇题为《在本学期化学学习中对对立统一规律的体会》来代替答卷。这一期《红旗》杂志配发的编者说明指出：“这份答卷是在改革了旧的考试制度，由学生自选题目写学习体会或学习小结以后出现的。”5月9日，《人民日报》予以转载。此后，这种在考试中答不了题，便以写学习体会或学习小结方式作为答案的做法，不仅在高等学校频频出现，而且在中学，以至在小学都风行一时。

对“小学生来信事件”的报道（1973年12月）：1973年9月，北京市海淀区中关村第一小学的一名五年级学生黄帅，因听了中央台红卫兵节目报道的沈阳市十四中学红卫兵帮助老师的事迹，受到启发，她也给老师写了三篇日记提意见。顿时，师生关系紧张起来，发生了一些矛盾。在家长的帮助下，黄帅于10月21日给《北京日报》写了一封信，这封信于11月24日刊登在该报一个内部刊物上。12月4日，“四人帮”的亲信谢静宜见到后，就亲自打电话叫《北京日报》公开发表，并准备以此为材料，大做文章。他们还把这位小学生接到清华大学工字厅，亲自接见了这名小学生，加以鼓励和支持。

1973年12月12日，《北京日报》头版以《一个小学生的来信和日记摘抄》为题，刊登了这位小学生反对“师道尊严”的信和由报社选编的这位小学生的日记摘抄，同时还加了“编者按”。这个“编者按”主要是根据迟群、谢静宜的调子写出来的。文章云：“我们热情地向读者推荐海淀区中关村第一小学五年级红小兵黄帅同学（女）的来信和日记摘抄，希望引起大家的讨论。这个十二岁的小学生以反潮流的革命精神，提出了教育革命中的一个大问题，就是在教育战线上，修正主义路线的流毒还远远没有肃清，旧的传统观念还是很顽强的。”紧接着，迟群又叫《北京日报》扩大报道规模，把这个所谓“全国性典型”宣传好。报纸上立即连篇累牍地发了十多个版、近十万字的所谓“讨论”文章，进一步宣扬“四人帮”捏造的所谓“反复辟”、“反回潮”的种种谬论，给教育战线带来了极大的混乱。

1973 年 12 月 28 日，《人民日报》也转载了《一个小学生的来信和日记摘抄》，并另加了“编者按”云：“十月十二日，《北京日报》发表了红小兵黄帅的来信和日记摘抄，并加了按语。”“黄帅敢于向修正主义教育路线的流毒开火，生动反映了毛泽东思想哺育下的新一代的革命精神面貌。”

1974 年 1 月 1 日《人民日报》第四版、1 月 12 日《人民日报》第一版，又对有关黄帅“反潮流”的情况作了后续报道。1 月 12 日《解放日报》、《文汇报》也都在当天第三版作了相关报道。

“四人帮”及其干将所树的这个“典型”一出现，就在教育界引起强烈反响。此后，全国各地报刊、电台、电视台纷纷转载《人民日报》的“编者按”及有关材料。全国各地中小学迅速掀起破“师道尊严”、批判修正主义教育路线回潮的浪潮。教师被打、被骂的事件时有所闻，学校的教学秩序遭到严重破坏，一些学校出现“干部管不了，教师教不了，学生学不了”的混乱局面。当时“四人帮”一伙有句“教诲”青少年的“名言”：“要做小老虎，不做小绵羊”，甚至还要这些“小老虎”做“头上长角，身上长刺”、专门调皮捣蛋的好斗分子。

这个小学生被“四人帮”树为“反潮流”典型后，立即遭到广大工农兵群众和学校师生的抵制和反对。内蒙古建设部队知识青年王文尧、恩亚立、邢卓三人，以“王亚卓”的笔名，写信给黄帅，对她进行了尖锐的批评。

1974 年 2 月 11 日，在“四人帮”的精心策划下，《人民日报》在当天头版头条发表《黄帅的一封公开信——复内蒙古生产建设部队十九团政治处王亚卓同志》（《北京日报》于 2 月 12 日头版头条转载）。实际上这封信是由黄帅的父亲为其捉刀代笔写的，信写好后交给了《人民日报》总编辑鲁瑛，鲁瑛又将信呈报给姚文元，姚文元又转送王洪文、张春桥、江青审批（2 月 9 日），然后发表。同一天（2 月 11 日），《人民日报》还加了“编者按”云：“革命小将黄帅的来信和日记摘抄在报纸上发表以后，广大师生和群众都积极支持黄帅的反潮流精神，热烈赞扬在毛泽东思想哺育下一代新人茁壮成长。但是，有人很看不惯，出来指责。王亚卓同志就是一个。”此后，“四人帮”制造了轰动一时的“王亚卓事件”，这三个提出不同意见的知识青年，遭到了一轮又一轮的“大批判”。三年后，“王亚卓”冤案彻底平反。[86]

对“马振抚中学事件”的报道（1974 年 2 月）：1973 年 7 月 10 日下午，河南省唐河县马振抚公社中学初二（一）班举行英语考试。15 岁的学生张玉勤不会答卷，她便在自己的试卷背面胡乱写上几句从小报上抄下的顺口溜：“我是中国的人，何必学外文，不学 ABCDE，也能当接班人，接好革命的班，还能埋葬帝修反。”为此，她受到班主任和学校领导的批评，并要她写检查，再加上其他一些原因，张玉勤于是投水库自杀。对这一不幸事件，当地公社党委、县委、县文教局均及时作过调查，并作了善后处理工作。事隔 5 个月以后，江青从《人民日报》的一份《内部参考资料》上得知此事，她立即抓住大做文章。她于1974年春节前夕派迟群、谢静宜带人去重新调查此事。迟、谢到河南以后，只用两个半天（1月19日至21日）草草开了两个座谈会，就按照江青的意图，炮制了一份《河南省唐河县马振抚中学情况简报》（1974年1月26日），送呈江青。报告硬说张玉勤"完全是修正主义教育路线逼死的"，此事件是"资产阶级对无产阶级的反攻倒算"，诬陷学校负责人是"地头蛇"、县公安局是"国民党专政"。1974年1月31日，中共中央发出1974年5号文件，并转发由迟群、谢静宜写的《河南省唐河县马振抚中学情况简报》，要求"河南省委认真复核，严肃处理这一修正主义教育路线进行复辟的严重后果"。中共河南省委接到中央文件后，随即派30名干部在马振抚中学举办大型"学习班"，追认张玉勤为"敢于反潮流的革命小将"、"革命烈士"、"优秀共青团员"，并为她立了碑，碑文是："胸怀朝阳战恶浪，敢把青春献人民。"1974年2月2日，河南省委以推行修正主义路线、逼死革命小将的罪名，决定将校长罗长奇、班主任杨天成二人逮捕法办（后判了两年徒刑并提前释放）。另外，公社党委副书记、县公安局一位干部也遭到迫害。与此同时，为了贯彻落实中央5号文件，河南省成立了专门的班子。唐河县层层办学习班，揪所谓"罗、杨式人物"，共批斗了280余人。《人民日报》以及全国各地党报都先后报道了这一事件，指斥这是"修正主义教育路线回潮"的具体表现，并大加批判。河南省全省不少地区也按5号文件的精神，组织师生检查、揭露所谓修正主义路线"回潮"、"复辟"，等等。一批忠于职守、热爱教育工作、忠诚于教育事业的中小学教师因此被打成"复辟"典型。一时造成学校领导怕负责任，教师不敢管理，学校纪律松弛，学校教学秩序混乱，教学质量严重下降的局面。

粉碎"四人帮"后，1977年11月，河南省委作出决定，召开万人大会，正式给罗长奇、杨天成等人平反昭雪。中央也撤销了1974年5号文件。[87]

对柴春泽事迹的报道：1971年底，内蒙古赤峰市六中学生、"红卫兵团团长"柴春泽遵照毛泽东"知识青年到农村去"的指示，和学校60多名高中毕业生加入了"上山下乡"的洪流。他主动申请到路远风沙大的翁牛特旗玉田皋公社插队落户。下乡不久，中央文件传达了毛泽东给李庆霖的信，在全国反响强烈。当时在"知青"中广泛流传着"知青"下乡是"变相劳改"的议论，于是柴春泽的父亲也给他来信，动员他回城"进工厂，当工人"。柴春泽出于稳定"知青"大局的考虑，拒绝了父亲安排他回城工作的意见，还在"知青"点公布了其父的来信，并向主管"知青"工作的政府部门求援，帮他"堵后门"。很快，1973年12月20日，《辽宁日报》在头版以《小将的挑战》为题，刊出了柴春泽给父亲的信，并配发了评论员文章。接着，《人民日报》于1974年1月5日在头版头条以《敢于同旧的观念决裂的好青年》为题，也刊登了这封信，并加了《调查附记》。紧接着，全国各省、市、自治区的党报予以转载，中央人民广播电台广播，中央电视台录像、拍片……一下子，柴春泽又成了一个"反潮流"的"知青"典型，也是被极"左"势力利用的又一个"典型"。此后，《人民日报》（1974年1月13日第二版、1月22日第二版）、《辽宁日报》（1974年1月6日第一版、1月23日第二版）、《吉林日报》（1974年1月18日第一版）、《长春日报》（1974年1月9日第一版、1月21日第三版）、《宁夏日报》（1974年1月12日第三版、1月28日第一版、1月30日第三版）、《河南日报》（1974年1月28日第三版）、《成都日报》（1974年1月20日第二版）等，都对柴春泽的事迹作了后续报道。

刊登"钟志民退学报告"：《人民日报》1974年1月18日头版头条在《一份退学申

请报告》的标题下，刊登南京大学政治学系学员钟志民的一份“退学申请报告”。《报告》云：“我是一个通过‘走后门’来上大学的部队学员。去年大学招生的时候，在我自己的多次要求下，爸爸打电话给军区干部部门指名调我，把我送上了大学。”“来到学校以后，通过一年多来的学习，特别是通过……到了一些矿山、工厂，接触了一些工人和群众，接触到一些社会问题以后，我开始感觉到自己过去的很多想法都是不正确的。”“所以，我向校党委申请，把我退回部队去。”1月24日，南京大学党委批准了钟志民的退学申请。1974年1月25日，《人民日报》头版刊登新华社消息云：“钟志民的退学申请报告，是向资产阶级和一切剥削阶级的意识形态展开新的进攻的一份宣言书，是向广大革命干部和干部子女进行反修、防修教育的一份好教材。”《人民日报》于1974年1月27日第一版、1月29日第一版，以及《新华日报》1974年1月20日第二版、21日第三版、22日第二版、25日第三版都作了全面报道。

【“文革”中写得比较好的几篇人物典型报道】关于“王国福”的典型报道：1970年1月20日，《人民日报》头版、第四版刊登由北京市革命委员会调查组、《北京日报》记者、新华社记者联合采写的长篇通讯《“拉革命车不松套，一直拉到共产主义”——记无产阶级优秀战士王国福》。通讯比较全面地报道了北京市郊区农村基层干部王国福清正廉洁、不谋私利、关心群众疾苦、带病坚持工作的事迹。文章介绍：“王国福同志是北京市大兴县红星人民公社金星生产大队大白楼生产队革命领导小组组长”，于1969年11月6日“因病逝世”。“他怀着共产主义的伟大理想为革命掌好权，十七年如一日，忠心耿耿，死而后已。”文章主要描述了王国福“身居‘长工屋’，放眼全世界”，“拒腐蚀、永不沾”，“只要还有一口气，就要读毛泽东的书”等先进事迹。这些基本事迹都是真实的，王国福的确是基层单位的一位好干部。但通讯为了极“左”政治宣传的需要，特意编造了所谓他同“走资派”斗争的事迹。如王国福学习并推行过“包产到组、定垅到人”的田间管理经验，而通讯却说他如何同公社“走资派”进行了坚决的斗争，反对推广这项“走资本主义道路”的“黑经验”。通讯发表后，北京市革委会发出了向王国福学习的号召，而文章中被描写成王国福对立面的所谓“走资派”却长期遭批斗。这篇通讯是为配合批判刘少奇和所谓“旧北京市委”服务的，也是由当时北京市革委会主要负责人亲自抓的一篇比较重要的典型报道。

对“铁人王进喜”的报道：1970年11月15日，为我国石油工业奋战了一生的“铁人”、我国工人阶级的优秀榜样王进喜同志，因积劳成疾逝世。一年多后的1972年1月27日，《人民日报》头版头条刊登由大庆革委会报道组、新华社记者采写的长篇通讯《中国工人阶级的先锋战士——铁人王进喜》（当天第三版整版连载，至28日第四版整版连载完毕）。长篇通讯全面、系统地描述了王进喜从1960年参加大庆油田石油大会战以来，他“用自己的鲜血和生命换来一〇〇油井”的感人事迹。通讯中写道：“在那战斗最紧张的日子里，他成日成夜地奋战在井场上。饿了啃几口冻窝窝头；困了倒在排好的钻杆上，盖件老羊皮袄，头枕钻头休息一会儿；天下雨了，头顶雨衣不离开井场。他把艰苦当光荣，把艰苦当幸福，为着一个宏伟的目标，把自己的一切置之度外。他曾经写过这样一首诗来抒发自己的革命豪情：‘北风当电扇，大雪当炒面，天南地北来会战，誓夺头号大油田。干！干！干！’”通讯中有很多像这样精彩的细节描写、生动传神的语言描写及现场场景的描述，体现了王进喜“一不怕苦、二不怕死”，无私奉献的铁人精神。又如“一九六〇年四月十四日，当一轮红日从东方升起，巍然的井架披上了金色霞光的时候，井场上一片繁忙，王进喜大步跨上钻台，握住冰冷的刹把，纵情地大喊一声：‘开钻了！’这声音威武雄壮，气吞山河！正像王进喜在一首诗中所写的那样：‘石油工人一声吼，地球也要抖三抖！’”当井喷发生时，“在这十分危急的时刻，王进喜忘记自己的腿痛，立即奔上前去。压井喷需要用重晶石粉调泥浆，井场上没有，他当机立断决定用水泥代替。一袋袋水泥倒进泥浆池，没有搅拌机，水泥都沉在池底。这时，王进喜奋不顾身，把双拐一甩，说了声：‘跳！’就纵身跳进了泥浆池，用自己的身体来搅拌泥浆”。“有一回，他帮助一个井队制服井喷，在井场上两天两夜没合眼，回到大队时，浑身上下都沾满了泥浆，两只鞋用绳子绑着，已经分不清鞋和脚了。吃饭的时候，吃着吃着，碗掉在地上，人都靠在墙边睡着了。工人们见他一天天消瘦，眼眶越来越深陷下去，都关切地要他注意休息，他却说：‘宁可少活二十年，拼命也要拿下大油田！’”

通讯的后半部分却是败笔，主要写王进喜“捍卫毛主席革命路线”与“叛徒、内奸、工贼刘少奇和薄一波之流”斗争，及“文革”中与“阶级敌人”斗的“英雄”事迹，还有他刻苦学习毛泽东著作的情境。直至弥留之际，“当他从昏迷中再一次苏醒过来时，这位工人阶级的钢铁战士，用他那模糊的眼神看着身边的领导和战友们，最后握住他们的手，用断断续续、微弱的声音留下了自己的遗言：‘同志们！……要好好学习毛主席著作……’‘不要忘了阶级斗争……’”。这些描述，显然反映了通讯作者们当时头脑里的极“左”思潮。

关于“人民的好医生李月华”的典型报道：整个十年“文革”中，真正有价值、能流传于世的典型报道，是1972年12月19日《人民日报》第二版刊登的由《安徽日报》记者、安徽人民广播电台记者、新华社通讯员、新华社记者合作采写的《人民的好医生李月华》。该文以朴实无华的语言，生动描述了安徽省宿县地区泗县一位普通的乡村医生李月华的感人事迹。李月华在泗县工作了十多年，她不辞辛劳，“走村串户为贫下中农防病治病，孩子们称她为‘李姨’，年轻人喊她‘二姐’，大爷大娘们亲切地叫她‘闺女’。来找月华看病的人，看着她和蔼可亲的笑脸，殷勤体贴的细心劲，都觉得她是自己的亲人”。文章用一系列精彩的细节，描述了李月华的感人精神，如在“风雪交加的深夜”出诊归来后，李月华放下自己刚满三个月的孩子，去喂养因病无奶的产妇的新生儿；“贫下中农到李月华家里看病，不论是一身汗水，还是两脚泥巴，也不论是普通病，还是传染病，李月华总是让他们到自己的床上检查治疗，甚至还做些小手术”；孕妇难产，李月华“守了三天三夜……大人保住了，可是小孩……没了”，为此李月华内疚不已。有时“深夜出诊，黎明才回来，刚刚疲倦地躺下床”，又有人来找她看病，她继续出诊，顾不上吃饭，“低血糖病又发作了，满脸汗珠往下直流，一下子就瘫倒在地上……”。李月华生病期间，连续高烧三天，一位产妇因胎盘未下来，“大量出血引起虚脱”，她马上强撑病体，在“深夜赶往病人家，终于救治了产妇”。“手术终于结束了”，而李月华却倒下了……。这是“文革”中写得最好的一篇感人至深的人物典型报道。

二、“文革”中电影新闻纪录片的繁荣与发展

【“文革”中电影新闻纪录片的勃兴】十年“文革”时期，在电影新闻纪录片领域，斗争非常激烈：一方面是林彪、江青反党集团利用电影新闻纪录片为他们的极“左”路线及篡党夺权作舆论宣传，另一方面仍有不少新闻纪录电影工作者继续发扬人民新闻纪录

电影事业的优良传统，记录了这段时期的社会动荡和变革，反映了时代的真实面貌。

电影故事片的萧条和电影新闻纪录片的繁荣：“文革”中，我国电影事业呈现出一个鲜明的特点：电影故事片衰落，而电影新闻纪录片却十分兴旺发达。当时国产故事片的生产几乎处于停滞状态，再加上有关部门对以往生产的国产故事片的上映实行严格限制和对外国故事片的进口也严加控制，导致故事片市场十分萧条。“文革”前期，全国准许放映的国产故事片寥寥无几，翻来覆去放映的就只有《小兵张嘎》、《秘密图纸》、《打击侵略者》、《英雄儿女》、《铁道卫士》，以及“老三战”（《地道战》、《地雷战》、《南征北战》）等几部片子。到1974年1月，彩色故事片《火红的年代》、《艳阳天》、《青松岭》、《战洪图》等几部所谓反映阶级斗争、路线斗争的影片摄制完成，也开始在全国陆续放映。再加上从当时国外社会主义阵营国家进口的几部外国影片也开始上映，如朝鲜宽银幕故事片《永生的战士》、《摘苹果的时候》、《卖花姑娘》，阿尔巴尼亚故事片《第八个是铜像》，罗马尼亚故事片《多瑙河之波》，越南故事片《在一个小火车站》、《山区女教师》、《琛姑娘的森林》，等等。然而，与故事片的不景气形成鲜明对比的是样板戏影片和电影新闻纪录片的繁荣发展。因此，“文革”时期电影业又被人们称之为“样板戏”加“新闻纪录片”的时代。当时，“八亿人民八个样板戏”，八个样板戏主要是以舞台纪录片的形式传播的，它们是“革命现代京剧”彩色影片《红灯记》、《沙家浜》、《智取威虎山》、《奇袭白虎团》、《龙江颂》、《海港》、《杜鹃山》和现代芭蕾舞剧彩色影片《红色娘子军》。同时，新闻纪录片在电影业中占了很大的比重。据统计，从1966年到1976年，仅新影厂和八一厂摄制的长短纪录片即达509部，连同新闻期刊片，总共有2 037本（其他厂无统计数据）。[88]因此之故，“文革”期间，广泛流传的一首顺口溜调侃当时电影界的状况云：“朝鲜电影又哭又笑，罗马尼亚电影又搂又抱，阿尔巴尼亚电影莫名其妙，越南电影飞机大炮，中国电影《新闻简报》。”[89]

【“文革”时期新闻纪录影片的几种类型】“文革”时期新闻纪录电影片的内容丰富，题材也比较广泛，归纳起来，主要有以下几种类型：

配合政治运动进行宣传及反映重大活动、事件的电影新闻纪录片：“文革”初期，林彪和江青集团就常常利用新闻纪录电影制造舆论。他们经常以“中央交办任务”为名，指定“中央新闻纪录电影制片厂”（简称“新影厂”）拍摄反映各地造反派“文攻武卫”及各地成立革命委员会等事件的影片，如《一月风暴》、《建立革命委员会》等。与此同时，林彪、江青集团还指令“新影厂”拍摄他们树立的一系列假典型，例如，为配合宣传“清理阶级队伍”的运动，拍摄了介绍“六厂二校”“经验”的影片。在“文革”初期拍摄的新闻纪录片中，报道毛泽东接见百万红卫兵的几部纪录片影响最大。1966年8月18日，毛泽东在天安门广场接见首都和来自全国各地的百万红卫兵“小将”。当时，由“新影厂”和八一电影制片厂联合摄制了《毛主席和百万文化革命大军在一起》的大型彩色电影新闻纪录片。该片从1966年9月7日起，便开始在全国各地放映，各单位组织群众观看，影响极大。[90]接着，“新影厂”和八一电影制片厂又联合摄制了《毛主席接见红卫兵和革命师生》、《毛主席第三次接见百万革命小将》等彩色纪录片，并在10月份放映，同样引起轰动。[91]

“文革”后期，为配合“批林批孔”运动的开展，“新影厂”又连续摄制了15集《批林批孔特辑》。1976年春，为了加快篡党夺权的步伐，江青亲自下令“新影厂”派摄影队到他们控制的一些大学摄制反映反击“右倾翻案风”的新闻纪录影片，以及反映镇压天安门“四·五”运动的影片。这一时期，在林彪、“四人帮”宣扬的“事实要为政治服务”、“真实要为政治服务”等谬论的指导下，“新影厂”曾拍摄了不少歪曲、浮夸甚至捏造事实、说假大空话的新闻纪录片，严重违背了新闻纪录电影的真实性原则，损害了新闻纪录片的信誉。此类虚假报道的纪录影片中，最典型、最著名的是报道所谓“哈尔套社会主义大集”的《哈尔套大集》纪录片。

“哈尔套大集”，是指1976年1月1日起，在辽宁省西北部阜新市彰武县哈尔套镇强制办起了一个所谓“大集”。当时，为了在农村商品极度匮乏的状况下，制造“到处莺歌燕舞”、“形势一派大好”、市场繁荣的假象，“四人帮”在辽宁的代理人毛远新心血来潮，搞起了“哈尔套大集”的形象工程。他们取消了原来各处分散的、自发的、自由市场式的小集市，而集中到哈尔套镇办大集。在1975年元旦这一天，各生产大队组织农民们打着红旗，敲锣打鼓，将自家生产的农副产品如黄烟、炕席、大葱、辣椒、生猪、猪肉、鸡蛋等，车拉肩挑，运到大集上“交售”给供销社的收购站，然后再从“供销社的门市摊床上选购自己需要的各种农具和其他日用品”。报道称：“市场上购销两旺，一派喜气洋洋的景象。过去那种呼买叫卖，讨价还价的资产阶级习气一扫而光。”连平时根本买不到的自行车、手表、缝纫机等高档、紧俏日用品，在市集上也能买到。其实，这一切都是经过“导演”的假象。当时为了拍新闻电影，主持者组织、编排造假，不少赶集的群众“扭着秧歌卖鸡蛋、两家合卖一口猪”；许多农民携带农副产品穿梭似地从供销社收购点前经过，其实并没有将东西卖出去；农民所携带的鸡蛋，看上去满满一筐子，实际上只是最上面一层是鸡蛋，下面全是草屑填充。至于农民买回的自行车、缝纫机等物品，只不过是供拍电影用的道具，拍完片后如数交回去。《哈尔套大集》放映后，在全国名噪一时。1976年5月9日，《人民日报》头版头条发表由新华社记者采写的题为《社会主义大集好——辽宁省彰武县哈尔套公社改造农村集市的调查》一文，称哈尔套大集“是在两条道路斗争中涌现出来的社会主义新生事物”、哈尔套公社党委“把供销社办成了无产阶级专政工具”。在《人民日报》的鼓吹下，“哈尔套经验”在全国各地传播开来。1976年10月粉碎“四人帮”后，名扬全国的“哈尔套大集”才偃旗息鼓。改革开放后，“哈尔套大集”重塑品牌、重焕新机，成为名副其实的大集了。[92]

反映工农业战线及经济建设成就与部队生活的新闻纪录片：“文革”中，虽然极“左”错误路线严重干扰和阻碍了国民经济的发展，但是由于广大人民群众自觉抵制和排除干扰，一些经济建设并未完全停止。新闻纪录电影工作者曾摄制了大量反映工农业建设如兴修水利、修建铁路、兴建工厂等方面情况的新闻影片，记录了广大人民群众及解放军工程兵不畏艰险、克服困难、战天斗地的勇敢精神和创造性劳动，如反映林县水利建设的《红旗渠》（1971年），歌颂铁人王进喜的英雄事迹和大庆精神的《大庆红旗》（1971年）、《铁人王进喜》、《大庆人》。类似的影片还有《成昆铁路》、《襄渝铁路》、《南京长江大桥》（1969年）、《胜利油田》（1975年）、《攀枝花工业基地在建设中》（1970年）、《军民战斗在成昆线上》、《铁道兵战斗在成昆线上》（1970年）、《民兵赞》、《海河战歌》（1973年）、《韶山银河》、《黄河万里行》，等等。[93]此外，还有《船台战歌》、《沙石峪》（1971年）、《征服黄河的战斗》（1972年）、《野营训练好》以及《祖国大地气象新》（一）、（二）、（三）、（四）（1972年）等影片。在以上这些新闻纪录片中，《大庄红旗》、《红旗渠》、《南京长江大桥》等都是比较好的作品。如《大庆红旗》就真实地记录了大庆会战及铁人王进喜的英雄事迹：会战一开始，在没有起重设备的情况下，“铁人”王进喜就带领大家用绳拉、肩扛、杠撬，硬是使几十吨重的钻塔矗立井场；没有水，打不了钻，“铁人”又带领群众到数里外破冰取水，大家用大桶、小桶、脸盆端了几十吨的水，充分显示了当年大庆工人艰苦奋斗、百折不回的大无畏精神。[94]

“文革”后期，“新影厂”的摄影师们发扬“哪里发生重大事件，摄影师就到哪里去拍摄影片”的传统，冒着生命危险拍摄了唐山大地震、云南地震、河北抗洪等场面的新闻纪录片。如1976年拍摄的《英雄战震灾》和《军民团结抗震灾》就真实地记录了唐山大地震的情况。

反映国防建设及军事活动大事的新闻纪录片：这类题材的新闻纪录片一般由八一电影制片厂摄制。八一电影制片厂是我国以生产军事题材影片为主的电影企业，隶属于中国人民解放军总政治部，1952年8月1日在北京正式成立，定名为“解放军电影制片厂”。1956年改名为“八一电影制片厂”（简称“八一厂”）。“八一厂”在拍摄军事题材的新闻纪录片方面，具有较为丰富的经验。

“文革”期间，中国的核武器研制在极端艰难的情况下，依然取得了巨大成就。八一电影制片厂先后摄制了新闻纪录片《毛泽东思想的伟大胜利》（1966年）、《欢呼我国发射导弹核武器试验成功》（1966年）、《我国成功地进行了一次新的氢弹试验》（1968年）、《我国又一颗人造地球卫星发射成功》（1975年）等，来反映这些重大成就。其中，《毛泽东思想的伟大胜利》于1966年10月1日开始在北京、上海、天津等城市上映，其后陆续在全国各地上映。影片真实地记录了1964年10月16日、1965年5月14日、1966年5月9日我国三次核爆炸试验的现场情景。放映后，引起轰动。[95]60年代末，苏联在中苏边境挑起争端，“新影厂”和“八一厂”的摄影师们冒着生命危险，从乌苏里江到黑龙江边防前线，与边防战士在一起拍摄了记录苏联军队霸权主义暴行的资料。这些资料被编辑成纪录片《珍宝岛不容侵犯》、《新沙皇的反华暴行》（1969年）。

关于文艺、文化及体育活动方面的新闻纪录片：1972年以后，关于报道文艺、文化及体育活动的纪录片有所增加。如体育方面，除了反映乒乓球代表团参加国内外比赛的影片（如1973年摄制的《第23届世界乒乓球锦标赛》）外，还拍摄了记录登山活动的影片。如1975年，新闻纪录片摄影师随同中国登山运动员再次攀登珠穆朗玛峰，长篇纪录片《再次登上珠穆朗玛峰》真实生动地再现了这次壮举。此外，“文革”后期还拍摄了《冰上新花》、《冰上运动会》（1976年）等体育纪录片。

文化活动纪录片方面，先后拍摄了反映考古工作新发现的《满城汉墓》、《文化大革命期间的出土文物》、《考古新发现——马王堆一号汉墓》（1972年）等片子。1975年又陆续拍摄了马王堆二号、三号汉墓的考古新发现。1973年9月，彩色纪录片《西汉古尸研究》放映后，引起人们的极大兴趣与轰动。此外，有关文化活动方面的纪录片还有《杂技》（1—7集）（1973年）、《户县农民画》（1975年）、《木偶小歌舞》，以及反映曲艺、驯兽、武术及工艺美术新成就等方面的一批影片。

关于中国外事及外交活动的新闻纪录片：70年代初，随着中国外交活动日益频繁地开展，新闻纪录电影工作者摄制了一批记录、报道外事外交活动的电影纪录片，其中包括美国总统尼克松访华（1972年2月）、日本总理大臣田中角荣访华（1972年）、西哈努克访问广州（1973年）等影片，以及记录1973年中国在联合国恢复合法席位这一重要历史事件的《第二十七届联大会议》、1974年4月拍摄的《邓小平副总理率我国代表团出席联大特别会议》等影片。此外，八一电影制片厂还在此期间拍摄了《南海诸岛》，该片以大量文物和实景证明南海诸岛自古以来就是中国的领土。

“文革”中后期，我国电影新闻纪录片工作者还受政府派遣，远赴非洲拍摄有关援外活动的纪录片，如《中国医疗队在坦桑尼亚》等。与此同时，我国政府还邀请外国电影工作者来华拍摄影片，如意大利著名纪录片大师安东尼奥尼来华拍摄了《中国》（1972 年拍摄），荷兰纪录电影大师伊文思来华拍摄了《愚公移山》（1971 至 1975 年拍摄）等影片。[96]

围绕拍摄悼念周恩来活动展开的一场斗争：“文革”时期的新闻纪录电影业，结束于围绕悼念周恩来的纪录片而展开的一场斗争。1976 年 1 月 8 日，周恩来总理逝世。全国人民万分悲痛，“新影厂”的摄影师们也以同样悲痛的心情参加群众悼念活动的拍摄工作。当时各界群众自发来到天安门广场人民英雄纪念碑前进行悼念活动，摄影师们在拍摄上级规定的纪念活动的同时，又赶到人民英雄碑前拍群众自发开展悼念活动的场面。1 月 11 日下午，“在周总理灵车开往公宝山的路上，摄影师在十里长街上，记录下那些在凛冽的寒风中伫立等待在街头的白发苍苍的老人、抱着孩子的父母以及青年、儿童满含泪水的悲容，反映了广大人民群众怀念周总理的深情”。[97]“新影厂”的全部摄影师都投入了拍摄工作，10 多位编导也参加了纪录片的编辑工作。他们经过 20 来个日夜的倾情制作，终于在 1 月 28 日完成了《敬爱的周恩来总理永垂不朽》的大型纪录片。送审时，“四人帮”及其亲信提出许多无理要求，妄图对影片加以删剪，并一再拖延和阻挠出片，后又扣压影片，不准放映。因此，直到“四人帮”垮台后，大型彩色纪录片《敬爱的周恩来总理永垂不朽》才于 1977 年 1 月起开始上映。一上映便引起亿万观众的强烈共鸣。[98]

1976 年，中央新闻纪录电影制片厂还拍摄了《英雄战震灾》（1976 年）、《毛泽东主席逝世追悼大会》（1976）、《伟大的领袖和导师毛泽东主席永垂不朽》（1976 年）、《欢庆伟大的胜利》等大型彩色纪录片。

【“文革”中的中央新闻纪录电影制片厂】“中央新闻纪录电影制片厂”于 1953 年 7 月 7 日在北京正式建立，是新中国唯一个专门摄制新闻纪录电影片的专业电影制片厂。该厂前身为 1938 年秋在延安成立的“八路军总政治部电影团”（后称“延安电影团”），当时拍摄的第一部纪录片是《延安与八路军》。在抗日战争期间，延安电影团随军战斗，深入敌后拍摄了一些纪录片。抗战胜利后，延安电影团人员到了长春，参与建立了“东北电影制片厂”，并在该厂内成立了新闻片组，开始从事新闻片的摄制。后来，随着解放战争的胜利，新闻纪录片的摄制从东北转移到北平。1949 年 4 月 20 日，成立了北平电影制片厂，同年 10 月 1 日改为“北京电影制片厂”（简称“北影”）。“北影”厂内设立了新闻处，专门负责新闻纪录片的摄制。从 1949 年 4 月到 1952 年 4 月的 3 年时间里，“北影”新闻处在新中国成立初期的火热斗争里，摄制了一大批新闻纪录片。1953 年中央新闻纪录电影制片厂成立后，继承和发展延安电影团开创的事业，拍摄了大量反映和记录国内外重大政治事件、社会主义革命和建设事业，以及有关山川名胜、风土民俗、人物传记等题材广泛的新闻纪录片，记录着共和国发展的历史进程。1955 年起，“新影厂”确立以短新闻片为主的制片方针，将期刊片《新闻简报》作为首要的制片任务。因此，杂志期刊型的《新闻简报》短片成为新影厂的名牌产品。为了加强影片报道的及时性，从 1955 年到 1959 年，《新闻简报》从 7 天一期缩短为 5 天一期，内容力求短小精炼，丰富多彩，让观众在 10 分钟内看到祖国各地许多方面的新人、新事、新风貌。据统计，从 1953 年到 1989 年，“新影厂”共摄制了长短纪录片 2 311 部（5 862 本），摄制了《新闻简报》、《世界见闻》、《今日中国》、《祖国新貌》（从1978年起，《新闻简报》改版为《祖国新貌》）和译制片等各种类型的杂志期刊片共12 716本，总计18 578本（据辛颖《新中国建立40年来的新闻纪录片事业发展概况》）。

“文革”中，“新影厂”拍摄了大量的新闻纪录片，不仅数量多，而且速度快。当时，“新影厂”对于重大新闻的时效性要求很高，像毛泽东接见红卫兵这样的新闻，最多3天，有时当天就要出拷贝。一般来说，《新闻简报》每星期出一号，每号放映10分钟，即使大动乱期间也未停产，并且发行拷贝量一直保持在每年300个以上。从1968年起至整个70年代，这是《新闻简报》最为繁荣的时期，也是“新影厂”的市场繁荣期。当时“新影厂”的工作人员都很自豪地说：“我们‘新影厂’的人与故事片厂的人是很不一样的。我们是新闻工作者。”据统计，当时全国有18万多个电影放映单位，每个电影放映单位都免费放映《新闻简报》之类的新闻纪录片。《新闻简报》主要以故事片“加映片”的方式放映，深受观众欢迎。又据不完全统计，1979年，中国电影观众达到297亿人次。若以当时10亿人口计算，每个人平均一年要看30次电影，一个月可看两到三次电影。当时看电影故事片必有《新闻简报》之类的加映片。因此，在整个60年代及70年代，在电视尚未普及的情况下，“新影厂”拍摄的新闻期刊型影片《新闻简报》几乎成了当时唯一的视觉传播手段，与当今的《新闻联播》节目一样重要。1978年，《新闻简报》改为《祖国新貌》。1992年，“新影厂”的期刊片停止拍摄。另外，创刊于1954年，“文革”初期一度停产，到1972年又复刊的《今日中国》也是当时影响比较大的期刊片。《今日中国》一直承担对外宣传中国的任务，由“新影厂”与文化部外联局协助拍摄，每一号都制作成8个语种的拷贝发行。

在20世纪80年代初电视逐渐普及之前，“新影厂”拍摄的新闻纪录片承担了其后电视新闻的全部功能。“新影厂”的记者站曾经遍布全国各省市，与新华社不相上下，所谓“哪里有新华社记者，哪里就有‘新影厂’的摄影师”。到了1983年，第十一届全国广播电视工作会议制定了“四级办电视”的政策，更进一步促进了全国电视业的大发展。几年后，电视机逐步普及，成为中国家庭必备的三大件（电冰箱、电视机、洗衣机）之一，通过电视收看新闻成为人们重要的生活方式。因此，由于电视的普及，电影新闻纪录片急剧式微，其地位也逐渐被电视纪录片及《新闻联播》所取代。到了1993年，“新影厂”整建制划归中央电视台，成为“中央电视台新影制作中心”，由以生产新闻电影纪录片为主，转向以制作电视节目、译制片、纪录影片、影视剧为业务的影视作品制作中心。[99]

三、批林整风运动中的新闻界

【“九·一三事件”的重大影响】1971年9月13日凌晨，时任中共中央副主席、中共中央军委副主席、国务院副总理兼国防部长的林彪，乘飞机外逃“叛国”，在途经蒙古温都尔汗时，机毁人亡。这就是后来震惊全国的“九·一三事件”。事件发生后，由周恩来主持党中央日常工作。9月18日，经毛泽东批准，中共中央发出［1971］57号文件《关于林彪叛国出逃的通知》。《通知》宣布：“林彪于一九七一年九月十三日仓皇出逃，狼狈投敌，叛党叛国，自取灭亡。”《通知》规定：林彪叛党叛国的问题，根据内外有别、有步骤地传达的原则，目前只传达到省、市、自治区党委常委以上的党组织。9月28日，中共中央又发出通知，将这一文件扩大传达到地、师以上干部。10月24日，经毛泽东批准，中共中央发出关于将林彪叛党叛国事件向全国广大工农群众传达的通知。同时决定，对林彪事件不登报、不广播、不写大字报和标语口号。11月14日，经毛泽东批准，中共中央印发“反革命政变纲领”《“五七一工程”纪要》，并为批判《纪要》及林彪集团反革命政变阴谋发出《通知》。

“九·一三事件”陆续公开后，全党、全军和全国人民感到震惊，人们开始觉醒，也开始怀疑和反思“文化大革命”的所谓“必要性”和“正确性”。“忠诚”的信仰开始动摇，革命的狂热急剧冷却。

“九·一三事件”后不久即开始开展“批修整风”运动。因当时报纸上还没有公开点林彪的名字，故“批修”实际上就是“批林”。这样，自1971年“九·一三事件”后近两年时间中对林彪集团的批判往往用“刘少奇一类骗子”的称谓来代替。直至1973年8月29日，《中国共产党第十次全国代表大会新闻公报》云：“大会愤怒地声讨了林彪反革命集团的罪行。”这才对林彪集团转入正式公开点名批判。

在“批修（林）整风”之前，1970年8月23日至9月6日在庐山举行的中共九届二中全会上，林彪的同伙陈伯达即受到批判。11月16日，中共中央发出《关于传达陈伯达反党问题的指示》，并向全党部署开展“批陈整风”运动。“九·一三事件”发生后，“批陈整风”很快转向了“批修（林）整风”，此后，“批修（林）整风”运动历时近两年时间。

1971年12月11日，经毛泽东批准，中共中央发出通知，将中央专案组整理的《粉碎林陈反党集团反革命政变的斗争》（材料之一）下发党内讨论。1972年1月13日，中共中央又发出《通知》：扩大材料之一的发放范围，将其下发到党外。同日，中共中央将林彪在九届二中全会开幕会上的讲话录音稿也印发给党内高级干部，“供批判用”。

1972年1月13日、7月2日，经毛泽东批准，中共中央又先后下发《粉碎林陈反党集团反革命政变的斗争》材料之二和材料之三。与此同时，中共中央还召开了揭发、批判林彪反党集团的老干部座谈会。

1972年5月6日，中共中央发出《关于召开批林整风汇报会议通知》。5月22日至6月下旬，“批林整风”汇报会议在北京召开，“批林整风”运动全面展开，不久进入高潮，至1973年底、1974年初进入尾声。

在“批林整风”运动中，对林彪集团的揭发、批判，一方面使人们认清了林彪集团叛党叛国、危害党和人民的实质，这是有一定成绩的，但另一方面，由于是在“文革”极“左”的错误思想指导下，往往采用以“左”批“左”的方式来进行揭发、批判，导致不少“歪曲事实，以是为非之处”。再加上江青集团的干扰和破坏，使对林彪集团及其极“左”路线的揭发、批判不可能深入下去，并导致江青等人变本加厉、变相继承并恶性发展了林彪集团的极“左”路线。

【《人民日报》批“左”引起的激烈斗争与该报从批“左”到批右的转折】1971年“九·一三”事件后，毛泽东和中共中央采取一系列重大措施，最重要的是调整了党政军领导机构。周恩来在毛泽东的支持下，主持党中央日常工作，使各方面工作有了转机。1972至1973年间，在非常困难的情况下，由周恩来主持，整顿和加强了工业企业管理，落实了正确的农村经济政策，从而使管理混乱、不讲经济效益的状况有所改变，工农业生产有所好转。在落实党的干部政策方面也作了许多努力，使当时遭受打击和迫害的部分领导干部恢复了名誉，并安排了他们的工作。在对外工作方面，也取得了重大的突破，如恢复我国在联合国的合法席位（1971 年 10 月 25 日，在第 26 届联合国大会上通过恢复中国在联合国一切合法权利的提案）、中美两国关系开始走上正常化（1972 年 2 月 21 日美国总统尼克松访问中国）、中日两国正式恢复邦交（1972 年 9 月 25 日至 30 日，日本内阁总理大臣田中角荣访问中国、中日建立外交关系），等等。

周恩来在主持中央日常工作的同时，也受毛泽东委托代管《人民日报》。他坚定地推进“批林整风”工作，力求纠正“文革”的一些极端做法，坚决要求在新闻宣传中批判和肃清各个领域（包括经济、组织、外交、教育等方面）及各个单位的极“左”思潮。因而在周恩来代管《人民日报》期间，该报曾发表了一系列批判极“左”的文章，由此引起了江青集团的强烈反对和抵制。

“文革”初期，《人民日报》一直在陈伯达的掌控之下。1970 年 8 月，陈伯达在庐山会议上倒台后，姚文元取而代之成为《人民日报》及全国的“舆论总管”，《人民日报》、《红旗》杂志等重要媒体完全落入江青集团的手中，成为他们宣传、推广极“左”路线的舆论工具。1971 年底至 1972 年初，周恩来代管《人民日报》后，姚文元虽还继续管一些《人民日报》的事情，但上面不能不受周恩来的牵制和领导。周恩来代管《人民日报》伊始，便立即着手整顿《人民日报》各项工作。他首先从改变《人民日报》领导班子现状入手，让在“文革”中受到冲击、已“靠边站”的许多老同志重新出来工作。1972 年 2 月，周恩来提出《人民日报》在建立正式领导班子之前，“要组织一个班子看大样，统管全局”。他还说：“干部还是老中青。老的靠边站，都是年青的，不行。”[100]

根据周恩来的指示，《人民日报》成立了由老中青结合组成的七人“看大样小组”，实际就是临时的业务领导班子，成员包括鲁瑛、王揖、陈浚、潘非、崔奇、王若水及被“打入冷宫”“靠边站”6 年之久的前总编辑吴冷西。在此前后，《人民日报》发表了一系列批判和肃清各个领域极“左”思潮和无政府主义的文章，深受广大读者的欢迎。例如：

1972 年 1 月 1 日，《人民日报》发表由周恩来主持起草的元旦社论《团结起来，争取更大的胜利》。与以前的元旦社论相比，这篇社论的宣传角度发生了明显的变化。它强调“要继续发扬艰苦奋斗、自力更生的精神，全面贯彻执行抓革命、促生产、促工作、促战备的方针，鼓足干劲，力争上游，多快好省地完成和超额完成国家计划，迎接第四届全国人民代表大会”。为了进一步批判林彪一伙长期以来鼓吹“空头政治”从而导致不敢抓生产、不敢抓业务的错误倾向，4 月 1 日出版的《红旗》杂志发表了《正确理解和处理政治与业务的关系》，文章指出：“对业务工作中的客观规律认识越多，钻研技术越深，就对人民的贡献越大，就更有利于社会主义革命和建设事业。不坚持为革命钻研业务、学习文化、学习技术，是不符合毛主席革命路线的”，“‘冲击’社会主义生产和业务的‘政治’，绝不是无产阶级政治，只能是地主资产阶级政治，修正主义政治”。

1 月 7 日，《人民日报》第四版发表了河南省洛阳铁路分局二中革委会通讯组写的文章《通过社会调查批判“读书无用论”》。该文理论联系实际，对“读书无用论”进行了有力的批驳。

4 月 16 日，《人民日报》头版头条发表社论《以粮为纲，全面发展》。社论重新强调了“文革”中被破坏的“以粮为纲、全面发展”的农业方针，并针对当时农村片面强调“以粮为纲”，排斥其他农作物的种植和牧、林、渔，副业发展的现象指出：“在大力发展粮食生产的同时，积极地、有计划地发展多种经营”；“粮食生产和多种经营决不是互不相容的，而是互相促进的”，“既要增产粮食，又要多种经营，全面发展”。

4月24日，《人民日报》第二版头条以通栏大标题发表经周恩来审阅、修改后的社论《惩前毖后，治病救人》，发出同“文化大革命”完全不同的声音。社论针对“文革”中对广大干部进行打击和迫害的极“左”思潮，重申了党的干部政策，并强调指出，“经过长期革命斗争锻炼的老干部”，“是党的宝贵财富”，要“正确执行党的干部政策”，“排除‘左’、‘右’干扰”。社论发表以后，立即在全国引起了广泛的反响，推动了落实干部政策的工作。

7月间，毛泽东批转了商业部的两篇“好而短”的调查报告，要《人民日报》发表，并指出：“文章太长，谁看？必须改一下。”7月24日，《人民日报》在头版头条位置以《请读两篇好而短的调查报告》为题，刊登河南省西峡县里桥公社《走马岗大队正确处理林牧矛盾积极发展养羊》和浙江省兰溪县《上华大队养猪事业大发展》这两篇调查报告，并加了编者按语云：“这两篇调查报告言简意赅，没有废话，这种文风应该大大提倡。”“我们报纸上的许多文章太长，谁看？必须改一下。”“三十年前，毛主席在《反对党八股》一文中就批评过长而空的文章，指出‘我们应该研究一下文章怎样写得短些，写得精粹些’。这个号召至今对我们还很有现实意义。我们愿意和同志们一道，认真解决这个问题，把文章写得短些，再短些。”7月26日，《人民日报》头版又以《我们爱看生动有力的短文章》为题，刊登了4封读者来信，对24日刊登的两篇调查报告作了评点。在此期间，周恩来也批评新华社和《人民日报》对极“左”思潮还没有批透，有些文章中“林毒”太深。如7月21日，周恩来在对新华社军代表谈话时指出：“新华社的报道，有些东西又臭又长，林彪就搞这一套，你们“批林整风”就从文风开始。”8月1日，周恩来在人民大会堂接见回国述职的驻外使节，批评新华社和《人民日报》时又指出：极“左”就是形“左”实“右”，搞空洞的、抽象的、形式主义的东西，夸夸其谈，走极端。极“左”不批透，“右”的还会来。然而，就在周恩来8月1日讲话没过几天，8月8日，张春桥、姚文元就召见《人民日报》的7个负责人谈话，对周恩来谈话针锋相对地提出：批极“左”思想“不要过头”，并说批“精神万能论”、批“唯意志论”都是批“过头”的例子，妄图扭转《人民日报》的批“左”方向。[101]

1972年10月1日，《人民日报》头版刊登由周恩来主持起草，以“两报一刊”（《人民日报》、《解放军报》、《红旗》杂志）名义联合发表的国庆社论《夺取新的胜利》，进一步提出“继续全面地落实毛主席的干部政策、知识分子政策、经济政策等无产阶级政策，团结一切可以团结的力量，调动一切积极因素”。同时又进一步强调“要提倡又红又专，在无产阶级政治统帅下，为革命学习业务、文化和技术”。这一观点，早在1966年4月《人民日报》根据邓小平讲话精神写的三篇论述“突出政治”的社论中就曾反复讲过，不久就受到错误批判。现在《人民日报》两次提出这一观点，显示出它“拨乱反正”的勇气。

10月4日，《人民日报》在头版发表《保证全面完成国家计划的一项有效措施——辽源发电厂坚持“小指标”竞赛的经验》，并在“编者按”中指出：“现在，有一些企业的领导人把开展社会主义劳动竞赛同‘锦标主义’，同‘奖金挂帅’混为一谈，不敢提倡，不敢组织”，这是受“极‘左’思潮影响的表现”；强调在“批林整风”运动中，“排除在竞赛问题上‘左’的和‘右’的干扰，通过社会主义劳动竞赛，把高产、优质、安全、多品种、低消耗的增产节约运动推动起来”，“力争全面完成今年的国家计划”。此稿件当时是经政治局委员李先念同志审阅同意后发表的，但发表后立即引起江青一伙人的愤怒，追问“稿子是怎来的?”并布置追查。由于周恩来当时正代管《人民日报》，追查不了了之。此后，《人民日报》对这种批“左”报道又陆续发了一批。[102]

1972年7月14日，周恩来会见美籍物理学家杨振宁时，谈及要加强基础理论研究问题，周恩来指示在场的周培源要把北京大学理科办好，把基础理论水平提高。周培源旋应《人民日报》之约，写了一篇关于重视基础理论研究的文章，原拟在《人民日报》发表，但姚文元不准在该报发表。后又在人民日报社同志的一再要求下，才改在《光明日报》发表。10月6日，《光明日报》头版显著位置发表当时北京大学革命委员会副主任周培源根据周恩来多次指示的精神写的文章《对综合性大学理科教育革命的一些看法》，强调在大学理科教育中要重视和加强自然科学基础理论的学习和研究。该文一发表，张春桥和姚文元便指使他们控制的舆论工具——上海《文汇报》组织文章，对这篇文章进行围攻，并要追查周培源文章的“出笼背景”及其后台。《文汇报》盗用上海一些高校教师和工农兵学员的名义，发表一系列文章对周培源文章的基本观点进行“大批判”。他们鼓吹“基础理论一向被资产阶级学者吹得神乎其神”，“这是旧教育制度遗留下来的一种偏见，必须抛弃”[103]。而“马克思主义哲学科学地阐发了世界上一切事物运动和发展的最普遍的规律。它才是各个专门学科的基础”，才是真正的“最基础的理论”[104]。

1972年10月14日，《人民日报》第二版以全版的大篇幅推出理论部在王若水领导下组织编辑的3篇批判极“左”思潮和无政府主义的文章，包括“龙岩”（黑龙江省委写作组）的《无政府主义是假马克思主义骗子的反革命工具——学习笔记》、“纪众言”的《坚持无产阶级铁的纪律—读〈共产主义运动中的“左派”幼稚病〉的一点体会》、“李定”的《一个阴谋家的丑史——读〈巴枯宁〉》。这一组文章虽然难免带有某些历史的局限性，但在当时能以鲜明的立场、犀利的语言，尖锐辛辣地批判了“文革”中盛行的无政府主义思潮及“怀疑一切”、“打倒一切”、“砸烂一切”、“群众运动天然合理”等谬论，是难能可贵的。在当时的特殊环境下，对林彪及江青、张春桥、姚文元等人的批判和斗争，只能用“刘少奇一类骗子，正是煽动和利用无政府主义的罪魁祸首”这样的方式曲折地表述出来。这组反“左”及批无政府主义思潮的文章在全国产生了很大影响。全国有9个省市的报纸转载，有8家报纸虽未转载但也发表了批判无政府主义思潮的报道、文章及评论员文章。江青、张春桥、姚文元等人一直反对周恩来关于在“批林整风”中主要批“左”和批无政府主义思潮的主张，他们抓住《人民日报》这组文章不放，又一次展开围剿，立即攻击这些文章是“大毒草”、“右倾思潮”，是“否定文化大革命”。江青认定“这个版就是要在全国转移斗争大方向”。她还扬言“要从这篇文章（指‘龙岩’的文章——引者注）入手，从这个版入手、从理论部入手”，开展大批判。张春桥、姚文元则指令上海《文汇报》召开工人座谈会，借工人之口反对这3篇文章。11月4日出版的《文汇报》内部刊物《文汇情况》（第312期）突然登出一篇由张春桥授意、密令原上海市委写作组炮制的工人座谈会纪要，集中火力攻击“龙岩”的文章。11月24日，《文汇报》又奉命出了一期《文汇情况》（第335期），列举“龙岩”文章发表后一些报纸上的正确观点，却将其作为“反面论点”拿出来示众。这两篇文章公然抵制批“左”和批无政府主义，并被报送毛泽东阅批。他们还在人民日报社大整理论部的干部，理论部的干部们不服气，与张春桥、姚文元等人展开斗争。如12月5日，“看大样班子”成员王若水冒着风险，上书毛泽东，控告张春桥、姚文元的倒行逆施。但是，毛泽东本人的观点也与张、姚等人一致，他不同意批“左”。1972年12月17日，中央政治局会议后，毛泽东在住处召集小范围的会议，周恩来和张春桥、姚文元等参加。毛泽东在会上说：有人写信给我，此人叫“王若水”，那封信我看不对，极“左”思潮少批了一点吧。关于林彪路线的实质，毛泽东认为：“是极‘右’、修正主义，是分裂、阴谋诡计，叛党叛国。”[105]

1972年12月19日，周恩来、江青、张春桥、姚文元等在人民大会堂召集人民日报社等单位负责人开会，传达毛泽东讲话的精神。会上，周恩来主动承担了《人民日报》发表一系列批判极“左”思潮文章的责任。至此表明：1972年周恩来领导的《人民日报》批判极“左”思潮的斗争明显受挫，江青、张春桥、姚文元一伙批“右”主张得逞。此后，《人民日报》急转直下，由批判极“左”转为批判极“右”。

1973年起，江青、张春桥、姚文元一伙根据毛泽东“批极右”的指示，把“批林整风”运动引向邪路。1月1日，《人民日报》发表“两报一刊”元旦社论《新年献词》。《献词》有两个重要内容：一是首次公布了毛泽东著名的指示——“深挖洞，广积粮，不称霸”，二是强调“要把批修整风这个头等大事继续抓紧抓好”，“批修整风”的重点是批判林彪的“反革命修正主义路线”的极右实质。此后，极“左”思潮更加猖獗。“四人帮”一伙在“批修整风”和其后的“批林批孔”中，名为批判林彪、孔丘，实则影射攻击周恩来。《人民日报》对此特别积极，成为所谓“批右”的急先锋。据统计，仅1973年一年，《人民日报》刊登此类“批右”的文章570多篇，完全沦为“四人帮”的“帮报”。[106]这时，《人民日报》“看大样班子”也彻底解体，江青一伙马上拼凑了一个以鲁瑛为首的“领导班子”取而代之，并牢牢掌握了报社言论宣传的大权，从而完全排除了周恩来对《人民日报》的领导。至此，《人民日报》完全落入“四人帮”的手中。由于当时报社有些干部向中央写信，表示反对鲁瑛当《人民日报》总编辑，张春桥知道后说：“人民日报里有坏人，利用报社工作方便，搞了一个批无政府主义。”他还叫嚷说，人民日报有“一股力量，一股邪气”，必须镇压。于是，从1973年到1974年，在人民日报内进行了一场名曰“批邪”的运动。

第三节　“文革”后期的新闻传播业
（1973年—1976年10月）

一、“批林批孔”及“评法批儒”运动中的新闻界

【“批林批孔”与“评法批儒”运动中的新闻宣传】1973年8月24日至28日，中国共产党召开第十次全国代表大会。“十大”的根本错误是肯定和继续了“九大”的错误政治路线和组织路线，肯定了“无产阶级专政下继续革命的理论”，肯定了“文化大革命”，继续了“九大”的“左”倾错误。在“十大”，江青集团的一大批骨干分子进入了中央，江青、张春桥、姚文元、王洪文在中央政治局内结成了“四人帮”。经过十届一中全会，王洪文甚至当上了党中央副主席。

“十大”以后，江青集团对周恩来在1972年主持的批林纠“左”及反无政府主义进行了疯狂的反扑，开始了大张旗鼓的“批林批儒”，揭开了“批林批孔”运动的序幕。

实际上，早在“文革”前期，毛泽东就把“批孔”与批判刘少奇联系起来。如1967年3月，毛泽东就批判刘少奇《论共产党员的修养》是孔孟之道，最早提出“批孔”的问题。[107]在1968年10月的八届三中全会上，毛泽东在讲话中说到过杨荣国、赵纪彬反孔，郭沫若、冯友兰、范文澜尊孔。

“九·一三”后，江青一伙在林彪住处查到一些林彪引用或肯定孔丘、孟轲某些言论的材料，上报毛泽东。毛泽东由此想到了“批林批孔”。1972年12月，经毛泽东批准，《红旗》杂志1972年第12期发表广东中山大学历史系教授杨荣国的文章《春秋战国时期思想战线内两条路线的斗争——从儒法论争看春秋战国时期的社会变革》。这是“文革”中用极“左”观点解释历史上儒法斗争的第一篇公开发表的文章。1973年5月间的中央工作会议上，毛泽东又提出了“批孔”问题。他说：只注意生产，不注意上层建筑、路线，不对，要批判孔子。1973年7月4日，毛泽东同王洪文、张春桥谈话时，再次提出要批判孔子，表示不赞成否定秦始皇，认为林彪和国民党一样，都是“尊孔反法”的。由此，毛泽东产生了“批儒扬法”的想法。他认为，“文化大革命”是一场深刻的社会变革，与历史上法家坚持变革和儒家的反对变革有相似之处；通过“批孔”和肯定法家的进步作用，可以古为今用，进行一次“思想政治路线方面的教育”，对防止“右倾翻案”、肯定“文化大革命”，以及“反修防修”都有普遍意义。毛泽东的这些思想被江青一伙所利用。“十大”前后，“四人帮”利用他们所掌控的舆论工具，掀起了“批林批孔”、“评法批儒”、“批林批孔批周公”的高潮。

1973年8月7日，根据毛泽东的指示，《人民日报》又发表中山大学历史系教授杨荣国的文章《孔子——顽固地维护奴隶制的思想家》。这篇文章发表后，各地报刊纷纷转载，成为“批林批孔”运动的先声。在“批林批孔”运动中，杨荣国是“先行者”。1973年8月后，他为“迎合‘四人帮’所谓‘儒法斗争’的需要，不惜歪曲事实，散布了不少错误观点”[108]。

1973年8月24日，迟群把持下的国务院科教组电话通知12省市教育部门，要求他们转告各高等院校，“在深入批林整风过程中组织力量开展对孔子的批判”。9月8日至11日，“四人帮”指使迟群，又以国务院科教组名义召开“全国教育系统批孔座谈会”，抢先打出“批孔”的旗帜。杨荣国在会上作了《儒法两家的斗争和孔子反动思想的影响》的报告。迟群提出：要把“批孔”作为贯彻党的“十大”精神、深入批林整风的一件大事来抓，各类学校都要批孔。

从1973年9月起，“四人帮”一伙直接控制的御用写作班子纷纷登台亮相，在报刊上发表一系列批孔的重头文章。例如：

9月4日，《北京日报》发表北京大学、清华大学大批判组署名“梁效”的文章《儒家和儒家的反动思想》。“梁效”即“两校”（北大、清华）的谐音，这是两校大批判组的笔名，它名义上属北京大学和清华大学，实际上是江青亲自指挥、直接控制的写作班子，“四人帮”的重要喉舌。《儒家和儒家的反动思想》是北大、清华大批判组以“梁效”笔名公开发表的第一篇重要文章，也是它的第一次亮相。此后，“梁效”除享有在《人民日报》、《红旗》杂志、《解放军报》优先发表文章的特权外，还直接把持了《北京大学学报》，并一度控制了《历史研究》。

9月15日，刚刚出版的《学习与批判》创刊号上刊载“四人帮”的另一家喉舌——上海市委写作组以“石仑”的笔名发表的《论尊儒反法》，后经姚文元修改，又在《红旗》杂志1973年第10期转载。上海市委写作组是“四人帮”，特别是张春桥、姚文元直接指挥与掌握的写作班子，成立于1971年7月间。

9月27日，《人民日报》刊载由中央党校写作班子以“唐晓文”的笔名发表的文章《孔子是“全民教育家”吗?》。

10月16日，《学习与批判》第2期刊载上海市委写作组以“康立”的笔名发表的《读〈封建论〉》。11月1日，在姚文元的授意下，上海市委写作组又以“罗思鼎”的笔名，在《红旗》杂志第11期发表了《秦王朝建立过程中复辟与反复辟的斗争——兼论儒法论争的社会基础》一文。该文在“反复辟”上大做文章，大搞“影射史学”，捏造了历史上的3次复辟事件，并借批“宰相”、批吕不韦的“折中主义”和“反复辟”的名义，影射攻击周恩来。此文是“四人帮”的得意之作，发表后掀起了一股批“宰相”的恶风。12月26日，他们又在《学习与批判》上炮制了另一篇批宰相的“力作”《汉代的一场儒法大论战——读〈盐铁论〉札记》。文章歪曲历史，采用恶毒的比附手法，借批大司马霍光和丞相田千秋，来影射攻击周恩来。

11月16日出版的《学习与批判》杂志第3期发表文章《资产阶级和儒法斗争》云：“延续了2 000多年的儒法斗争，在新的历史条件下以新的内容和形式继续进行着。”第一次明确提出“儒法斗争”这条线贯穿着中国2 000多年历史的观点。

1974年1月1日，“两报一刊”联合发表《元旦献词》，首次公开提出“中外反动派和历次机会主义路线的头子都是尊孔的，批孔是批林的一个组成部分”，“要继续开展对尊孔反法思想的批判”。

1月18日，经毛泽东批准，中共中央以1974年1号文件的形式转发由江青主持、北大与清华大批判组汇编的《林彪与孔孟之道（材料之一）》。中共中央转发这份材料的通知（1974年1号文件）云：林彪是“一个地地道道的孔老二的信徒。他和历代行将灭亡的反动派一样，尊孔反法，攻击秦始皇，把孔孟之道作为阴谋篡党夺权，复辟资本主义的反动思想武器”。此后，在中央文件的号令下和报刊舆论宣传的鼓动下，批林批孔作为一场政治运动在全国范围内大张旗鼓地开展起来。这个运动从1974年初开始到同年6月转入“评法批儒”阶段，历时半年左右时间。

1974年1月26日，《人民日报》头版头条发表新华社通讯《林彪是一个地地道道的孔老二的信徒——清华大学党委举办干部和工人学习班，动员群众继续深入批林，继续开展对尊孔反法思想的批判》。

1月30日，中共北京大学党委和清华大学党委联合召开“批林批孔座谈会”。冯友兰、汤一介、周一良、魏建功等著名教授在座谈会上分别发言。31日，《人民日报》头版发表了《座谈会纪要》。

2月2日，《人民日报》发表社论《把批林批孔的斗争进行到底》，社论云：“一场群众性的深入批林批孔的政治斗争正在各个方面展开。”

在这一时期，江青集团的御用写作班子“梁效”、“罗思鼎”、“唐晓文”，以各种笔名抛出大量的“批孔”文章，如《从王安石变法看儒法论战的演变》、《秦统一六国起决定作用的是什么?》、《柳下跖痛骂孔老二》、《略论秦始皇的暴力》、《孔子和林彪都是政治骗子》、《孔丘其人》、《评〈吕氏春秋〉》、《从〈乡党〉篇看孔老二》、《读〈盐铁论〉》等。这些文章大都是江青、姚文元、康生点题授意，按他们的意图撰写，并经他们修改审查后才发表的。“批林批孔”运动的开展，使全国再度陷入动乱：派性斗争再度兴起，许多地方又重新组织起了战斗队之类的组织，甚至再次开始武斗；不少企业又陷入停产、半停产状态，经济急剧滑坡；运输上压船压港现象严重，铁路阻塞，运输量锐减；学校教学秩序混乱，教育质量严重下降；文化专制主义再度抬头，文化虚无主义再度兴起，大批判恶浪再度掀起。

从1974年6月起，“批林批孔”运动又转入“评法批儒”阶段。

6月12日，江青、王洪文、姚文元在人民大会堂接见“梁效”、“唐晓文”等写作班子成员，座谈如何使“批林批孔”运动更深入、更普及、更持久的问题。6月14日，江青又在人民大会堂举行的“批林批孔”座谈会上作了长篇讲话，提出要批“除了林彪、陈伯达以外”的“现在的儒”。6月15日，江青以“特急”件送发《人民日报》转载北京大学编的《法家人物介绍》。之后，江青带着“梁效”和“唐晓文”两个写作班子成员，到天津一些工厂、农村、部队宣讲“儒法斗争史”，散布“儒法斗争持续到现在”的言论，煽动要“揪现代大儒”、“批党内大儒”，并暗示周恩来就是大儒。根据江青的旨意，“梁效”等写作班子纷纷撰文著书，进行“评法批儒”的宣传。7月5日到8月8日，由江青集团策划、主持在京召开了法家著作注释出版会议。会后，调用了大批人力、物力注释法家著作。江青集团的御用写作班子“梁效”、“罗思鼎”进一步大造舆论，连篇累牍地抛出伪造历史、影射现实、尊法反儒的文章。如《有作为的女政治家武则天》、《赵高篡权与秦王朝的灭亡》、《论爱国主义者王安石》、《坚持古为今用，研究儒法斗争》、《研究儒法斗争的历史经验》（载《红旗》杂志1974年第10期）、《论秦汉之际的阶级斗争》、《论李斯》、《论北宋时期爱国主义与卖国主义的斗争》，等等。这些文章一方面假借“批孔”，大批“周公”、“宰相”、“宰相儒”，含沙射影地攻击以周恩来为代表的一批无产阶级革命家，另一方面以评价法家进步作用为幌子，狂热吹捧法家，自己则以“现代法家集团领袖”自居，为江青“组阁”制造舆论。

1974年6月，周恩来积劳成疾，癌症侵体，病重住院。由谁来主持四届“人大”的筹备工作和人事安排，一时成为中国政局的焦点。到10月间，四届“人大”的筹备工作进入最后阶段。为配合江青集团的“组阁”梦想，一时间，报刊上出现了大量吹捧吕后、武则天的文章和资料。江青授意两校大批判组撰写的《有作为的女政治家武则天》、《法家人物简介·吕后》是这方面的代表作。这两篇文章以评价吕武、武则天为名，实则吹捧江青，为她上台制造舆论。

二、“反复辟”、“反回潮”及批邓、“反击右倾翻案风”中的新闻界

1973年下半年至1974年上半年，在开展“批林批孔”运动的同时，“四人帮”又掀起了所谓“反复辟”、“反倒退”、“反回潮”的浪潮。1971年林彪集团覆灭后，周恩来在毛泽东的支持下主持中央日常工作，各方面都出现了转机。周恩来在“批林整风”中多次提出批判极“左”思潮和无政府主义，触及了“四人帮”的要害。1973年12月，毛泽东公开表示“批林整风”中要批“极右”，否定了周恩来批“左”的正确意见，从而使“文化大革命”朝着更加极端的方向发展下去。学校刚刚恢复的正常秩序又遭破坏。先是“批修正主义”回潮，批“师道尊严”、“智育第一”，将路线斗争教育渗透到教学及学科领域。接着又让学生到工厂、农村、农场去学工、学农、学军。同时，要城镇中学办校内小工厂、农村中学办果园和农场。到1975年3月，辽宁又提出“学朝农好榜样，

开门办学是方向，三大革命是课堂”的口号，贯彻实行“三来三去”（“社来社去，厂来厂去，哪来哪去”），等等。

这一时期，新闻界影响较大的活动和事件主要有：

【所谓“反复辟”、“反回潮”的宣传报道】1973年7月19日，《辽宁日报》头版头条发表由江青集团在辽宁的代理人毛远新策划组织的一篇报道《一份发人深省的答卷》，并加了“编者按”，刊登“反潮流英雄”张铁生的“白卷”。8月2日，《文汇报》转载了这份“答卷”和《辽宁日报》的“编者按”，并另加按语云：“我们希望各条战线的同志都来议论一下这个问题。”为此，该报从8月4日起开辟了《选什么样的人上大学?》的专栏，开展讨论，大批“智育第一”。8月10日，《人民日报》也在头版头条位置加按语刊登张铁生的“答卷”。

10月1日出版的《红旗》杂志1973年第11期发表姚文元授意并策划组织上海市委写作组以“罗思鼎”笔名炮制的题为《秦王朝建立过程中复辟与反复辟的斗争》的文章。这篇文章的主旨是所谓反复辟，借批“宰相”、批吕不韦的“折中主义”的名义，影射攻击周恩来，是借批“宰相”来影射攻击周恩来这类黑文中的第一篇。

11月21日，“四人帮”在上海的党羽炮制了一份上海师范大学中文系一位工农兵大学生批判“智育第一”的“谈话记录”，在他们的把持的《文汇报》和《解放日报》头版发表，开始大张旗鼓地开展批判“智育第一”的所谓讨论。这次讨论活动持续了3个多月，发表了30组、约170篇文章。

12月12日，《北京日报》头版以《一个小学生的来信和日记摘抄》为题，报道这位小学生反对“师道尊严”的来信和由报社选编、“加工”的这位小学生的日记摘抄。这篇文章的主旨也是所谓“反复辟”、“反回潮”。12月28日，《人民日报》转载了《一个小学生和日记摘抄》，并另加“编者按”。

1974年2月11日，在“四人帮”的精心策划下，《人民日报》在当天头版头条又发表《黄帅的一封公开信——复内蒙古生产建设部队十九团政治处王亚卓同志》，对提出不同意见的“王亚卓”进行反击。

《解放军报》变相停刊事件：1974年1月17日，《解放军报》第三版《党的生活》专栏中，刊登了一篇《既要讲批评，又要讲谅解——空军某部航修厂党委搞好革命团结的体会》的1 400多字的该报通讯员文章，介绍空军某航修厂党委按照毛泽东《党委会的工作方法》的有关指示，搞好党委班子团结的经验。该文强调应正确处理批评与互谅互让的关系，搞好领导班子内部的团结。这是根据周恩来、叶剑英有关讲话精神写成的。不久，这篇文章便遭到江青一伙的指责。在他们的策划和组织下，《解放军报》又于2月15日在头版头条加边框刊载《这样介绍“体会”对吗？——对〈既要讲批评，又要讲谅解〉一文的意见》一文。该文2 000多字，加上近400字的“编者按”，共占半个版面。“编者按”指出：“共产党的哲学就是斗争哲学。斗则进，不斗则退，不斗则垮，不斗则修。”《既要讲批评，又要讲谅解》一文，“在讲团结的时候，离开了马克思主义的斗争哲学，歪曲了毛主席的教导，大讲谅解，貌似全面，实际上宣扬了折中主义、中庸之道”。由于刊登了《既要讲批评，又要谅解》，“四人帮”便指使连队干部、战士给报社写批评信，并唆使某些人以连队名义，轮番到《解放军报》贴大字报。更有甚者，张春桥竟盗用中央政治局的名义，勒令《解放军报》停止编发自己的稿件，每天只刊发新华社的电讯和通稿，或转载《人民日报》、《红旗》杂志等报刊的文章。这样，便导致《解放军报》从

1974年3月中旬到9月初，变相停刊170多天。[109]

在工业战线制造混乱：1973年底，周恩来针对全国各港口严重“压船”（货物积压）、影响进出口正常业务的现状，提出“三年改变港口面貌”的要求。上海港五区工人深受鼓舞，积极响应周恩来的号召，积极进行整顿。经过整顿，调动了广大职工的劳动积极性，“装卸吞吐量创造了文化大革命以来的最高纪录”。而“四人帮”在上海的党羽却“煽动一股破坏抓革命、促生产的无政府主义反动思潮”，他们指使人到处收集所谓“揭矛盾”的材料，要抓“复辟倒退”的典型。1974年1月4日，张春桥、姚元文把持的上海《解放日报》、《文汇报》同一天头版头条在《党委要抓大事，抓路线，抓政治思想工作》的通栏大标题下，以整版篇幅刊登了上海港务局第五装卸区工人写的一张大字报《“要当码头的主人 不做吨位的奴隶”》，同一版还刊登了《调查附记》。大字报指责装卸区领导不抓“无产阶级政治挂帅”、不抓“上层建筑领域里革命”，只知抓生产，抓“完成计划”、“完成任务”，“抢吨位”。大字报声称：“我们要当码头的主人，绝不做吨位的奴隶。”与此同时，“四人帮”的党羽还“开动各种宣传机器，又是拍电影，又是编剧本；又是出版活页文选，又是参观访问，还把（这张）大字报收入历史博物馆，作为文物加以保存，甚至译成六国文字向国外宣传”。把这张大字报当成一块攻击周恩来的“石头”。[110]

1974年2月1日，《人民日报》再加编者按语，转载两报刊登的这张大字报。

此后，在全上海市、在全国引起连锁反应，刮起了一股批判“吨位挂帅”、“产值挂帅”、“利润挂帅”的妖风，又一次煽起了一股无政府主义的恶浪。首当其冲的是上海港五区，生产效率立即下降，港口压船现象再度严重。同时也导致全国工农业生产受到严重影响，不少单位停工停产。

在文艺战线批“修正主义黑线的回潮”：1974年1月23日至2月18日，国务院文化组举办的华北地区文艺调演在北京举行。调演期间，于会泳等人认定晋剧《三上桃峰》是吹捧“桃园经验”、为刘少奇翻案的大毒草。[111]他们穿凿附会地认定“桃峰”即“桃园”，歌颂《三上桃峰》即歌颂王光美的“桃园经验”；歌颂王光美，即是为刘少奇翻案。

1974年2月28日，《人民日报》发表署名“初澜”的文章《评晋剧〈三上桃峰〉》。文章云：晋剧《三上桃峰》是“一株否定无产阶级文化大革命、为叛徒刘少奇反革命的修正主义路线翻案的大毒草”[112]。这篇文章发表后，全国报刊上掀起了一场反“文艺黑线回潮”的运动。其中著名的事件如1974年7月19日，于会泳把持的国务院文化组发出《关于批判〈园丁之歌〉的通知》。《通知》云：电影湘剧《园丁之歌》是一个内容有严重错误的坏戏。它的要害是否定无产阶级文化大革命，为反革命修正主义教育路线招魂，向无产阶级反攻倒算。江青在审查此片时，认为这部影片的“反动”之处有三点：一是把教师称作“园丁”。江青说：“（该剧）剧名就不合适，园丁应该是共产党，怎么能是教师？”二是剧中宣传了没有文化就不能承担革命重担的“错误”说法。三是剧中宣传了学生要遵守纪律，好好学习，认真读书。因此，张春桥说：“这个戏教育路线上有问题，学生受教师摆布。”1974年8月4日，《人民日报》刊登“初澜”根据以上三点写成的批判文章《为哪条教育路线唱赞歌——评湘剧〈园丁之歌〉》。此后，在“四人帮”的策划下，很短时间内各种报刊发表了近百篇批判湘剧《园丁之歌》的文章。

关于“风庆轮事件”的报道：1974年10月至11月间，在四届“人大”召开前夕，“四人帮”及其在上海的党羽，在其把持的《文汇报》、《解放日报》等报刊上，围绕

“风庆轮事件”大做文章，掀起了所谓批判“爬行主义”、“洋奴哲学”、“崇洋卖国”的浪潮。其矛头是对准周恩来和邓小平的。[113]

“风庆轮”是当时我国自行设计、制造，并全部采用国产机器和设备的一艘万吨级远洋货轮，由上海江南造船厂为交通部上海远洋运输分公司承造。1973年12月下旬，“风庆轮”在轻载试航后、中国远洋公司上海分公司在接收该船时，发现“风庆轮”主机汽缸磨损过大，质量有问题，需要调换。江南造船厂有些人却认为国务院系统交通部所属的中国远洋公司上海分公司在技术上要求过高，双方发生争执。这本来是一个具体的技术问题，双方经过协商即可解决。但当时“四人帮”在上海的党羽却无限上纲，说“江南造船厂与中国远洋公司上海分公司的斗争是路线斗争”，并怂恿江南造船厂一些人写了《远洋公司还是崇洋公司?》的大字报，贴到中国远洋公司去，同时还将大字报复写后分送解放日报社、文汇报社及新华社上海分社。大字报诬告“远洋公司对外轮检验松，对国产轮不信任”、“国产轮再好也不能出海远航”，等等。1974年春，“风庆轮”又进行重载远航试验。当年5月4日，风庆轮从上海港起航，首航欧洲。经过5个多月后，9月29日晚“风庆轮”首航欧洲归来，返抵上海吴淞口锚地。“四人帮”集团便立即派了20多名记者登上“风庆轮”进行突击采访。30日上午，“四人帮”在上海的党羽马天水、徐景贤、王秀珍带领上海市委常委、市革委会副主任、在沪中共中央委员、候补中央委员，登了“风庆轮”慰问，借“风庆轮”大做文章。

1974年10月12日，《文汇报》、《解放日报》同时在头版头条，以通栏标题刊载统发的，由“新华社通讯员”、新华社记者及两报通讯员、记者联合采写的长篇通讯《在大风大浪中前进——记“风庆轮”首航远洋胜利归来》。同一天，两报还分别发表了评论员文章《红灯指航向　踏平万层浪——欢呼“风庆”号万吨轮远载归来》（载《文汇报》）和《乘风破浪　胜利前进——从“风庆”轮首航远洋归来　赞自力更生方针的伟大胜利》（载《解放日报》）。这两篇评论把自力更生在国内造船和向外国买船对立起来，影射、攻击周恩来主持制定的发展我国远洋运输事业的方针，执行的是一条“孔孟之徒卖国主义路线”、“儒家卖国主义路线”，奉行的是“洋奴哲学”和“爬行主义”。其中，《红灯指航向踏平万里浪》云：“国产万吨轮‘风庆’号首航地中海，乘东风破万里浪，历时一百五十天，航程三万二千浬，于国庆前夕昂然阔步地凯旋，安抵上海港”，“彻底批判了林彪、刘少奇一伙推行的崇洋媚外的卖国投降主义”；“翻一翻中国造船工业发展史，就可以很清楚地看到近代尊孔派的头子都直接插手造船工业。从卖国贼曾国藩的‘师夷智以造炮制船’，中间经过李鸿章、袁世凯、蒋介石到刘少奇、林彪，他们奉行的都是‘造船不如买船，买船不如租船’的洋奴哲学，推行了一条卖国主义的路线”。《乘风破浪　胜利前进》则云：“我国近代造船工业发展史，是一部充满尊孔崇洋与反孔爱国斗争的历史。从李鸿章、蒋介石到刘少奇、林彪，都是鼓吹洋奴哲学，大搞崇洋卖国。‘风庆’轮的胜利，就是对洋奴哲学、爬行主义、崇洋媚外思想的有力批判，特别是它驶达意大利，狠批了反华小丑安东尼奥尼，大长了东方无产阶级的志气，大灭了西方资产阶级的威风。”据统计，上海地区在报纸宣传方面，由徐景贤、朱永嘉直接指挥与策划，在1974年10月至11月两个月内，《文汇报》共发了44篇文章（其中有9个是整版），《解放时报》共用了20个版、发表各类文章66篇（其中有宣传画8幅），共约13万字。在报道方式及报道体裁上，《文汇报》和《解放日报》更是使尽“浑身解数”，既有长篇通讯报道，也有评论、访问记、座谈会纪要，还有照片、图片、杂文、小说，他们称之为“全套宣传”、“连锁宣传”。“文汇”、“解放”两报这种大规模的宣传活动在上海造成了十分恶劣的影响而且流毒全国。[114]与此同时，1974 年 11 月 1 日出版的《红旗》杂志第 11 期刊出罗思鼎的文章《论北宋时期爱国主义和卖国主义的斗争》和署名“风庆轮党支部”的文章《扬眉吐气的三万二千浬》，姚文元还为后一篇文章加了编者按语。另外，他们还在《朝霞》第 4 期上刊登了《李鸿章出洋》，该文编造李鸿章购买洋船洋舰的情节，以此影射攻击周恩来主持下的国务院及其主管部门领导人“崇洋媚外”。除以上利用报刊炒作宣传外，“四人帮”及其党羽还利用小说、故事、说唱、电影纪录片、电视、报告会、组织群众登船参观等各种形式（包括公关活动）来大肆进行宣传，造成了极为恶劣的影响。

【“四人帮”对邓小平“全面整顿”工作的干扰和破坏】从 1975 年初起，由于周恩来病重，中央日常工作便由邓小平同志全面主持。他一上台，便打着“三项指示为纲”的旗号，对全国各条战线的工作进行大刀阔斧的全面“整顿”，努力把“国民经济搞上去”，取得了显著的成效。而“四人帮”却利用毛泽东的“左倾”思想，对全面“整顿”进行干扰和抵制，利用手中掌握的舆论工具，又发动了好几场政治运动。从 1975 年 2 月开始到当年年底，邓小平被“停止”工作“全面整顿”，前后持续了近 10 个月。邓小平后来回顾这段历史时说：“一九七三年周恩来总理病重，把我从江西‘牛棚’接回来，开始时我代替周总理管一部分国务院的工作，一九七五年我主持中央常务工作。那时的改革用的名称是整顿，强调把经济搞上去，首先是恢复生产秩序。凡是这样做的地方都见效。不久，我又被‘四人帮’打倒了。我是‘三落三起’。”[115]

关于“学习无产阶级专政理论”及反“经验主义”运动的舆论宣传：1975 年 2 月 1 日出版的《红旗》杂志第 2 期发表了署名“池恒”的文章《认真学习无产阶级专政的理论》。2 月 9 日，《人民日报》头版发表题为《学好无产阶级专政的理论》，首次公开发表毛泽东 1974 年 12 月关于理论问题的指示。社论指出：“我们同修正主义的斗争，不是一两次较量，而是长期的斗争。我们的任务，是不断铲除滋生修正主义的土壤，像列宁所说的那样，造成使资产阶级既不能存在，也不能再产生的条件。很明显，这个任务是重大无比的。”2 月 18 日，中共中央发出《关于学习毛主席关于理论问题的重要指示的通知》。2 月 22 日，《人民日报》几乎用第一、二、三、四版共 4 个整版的篇幅、特大号标题登载《马克思、恩格斯、列宁论无产阶级专政》的 33 条“语录”，以供全国各级党委组织广大党员、干部和党外群众学习。这些都是张春桥、姚文元根据毛泽东的要求选录编辑的。当时，毛泽东已病入膏肓，而控制着全国舆论宣传工具的“四人帮”则借“学习理论”的名义，掀起了一阵反对“经验主义”的浪潮，其矛头是对准邓小平的。3 月 1 日的《人民日报》和《红旗》杂志第 3 期又发表姚文元的《论林彪反党集团的社会基础》，文章指出，毛泽东“十多年来多次重复提出主要危险是经验主义”。江青也四处鼓吹“经验主义是修正主义的帮凶，是当前的大敌”，并给一些单位送去“反经验主义”的材料，乘机给周恩来、邓小平等人扣上“经验主义”的帽子。

1975 年 4 月 1 日出版的《人民日报》和《红旗》杂志第 4 期分别发表张春桥的文章《论对资产阶级的全面专政》，歪曲马克思主义无产阶级专政的学说，提出所谓在“一切领域”或“在革命发展的一切阶段”，都要实行无产阶级的“全面专政”的理论。其基本观点被“四人帮”的亲信吹捧为所谓的“张春桥思想”。

4 月中下旬，邓小平曾向毛泽东反映自 3 月初以来江青等人大反经验主义的问题，并表示不同意其所谓“经验主义是当前主要危险”的提法。毛泽东明确赞同邓小平的意见。

4月23日，毛泽东在姚文元报送的新华社《关于报道学习无产阶级专政理论问题的请示报告》上批示："反对修正主义，包括反对经验主义和教条主义，二者都是修正马列主义的，不要只提一项，放过另一项。"他还指出："共产党真懂马列的不多，有些人自以为懂了，其实不大懂，自以为是，动不动就训人，这也是不懂马列的一种表现。"由于毛泽东对"四人帮"片面强调反对经验主义作了批评，"反经验主义"运动才被迫停止。

关于"评《水浒》"、"批判投降派"运动中的舆论宣传：1975年7月下旬，毛泽东因作了白内障手术，不能看东西。他平时要看的大量文件、书籍和报刊，这时都由身边的工作人员读给他听。为了调剂一下内容，还专门请了北京大学教师芦荻为其读《水浒传》、《红楼梦》和《三国演义》等中国古典文学作品。8月13日，毛泽东在回答芦荻提出如何评价《水浒传》时说："《水浒》只反贪官，不反皇帝，屏晁盖于一百零八人之外。宋江投降，搞修正主义，把晁的聚义厅改为忠义堂，让人招安了。宋江同高俅的斗争，是地主阶级内部这一派反对那一派的斗争。宋江投降了，就去打方腊。"他又说："《水浒传》好就好在投降。做反面教员，使人民都知道投降派。"[116]芦荻当即把这段话整理出来，经毛泽东看过并同意，随即交给汪东兴。汪又把这个讲话送给分管出版工作的姚文元看，姚如获至宝，他感到这是个"借题发挥"的好机会，第二天就给毛泽东写信，建议将毛的谈话印发政治局在京成员及新闻出版单位，做好《水浒传》三种版本的印刷出版和评论工作。毛泽东阅信后在信上批示"同意"。江青得知这一消息后非常高兴，她对与其关系密切的人大谈评《水浒》的"现实意义"，声称"《水浒》的要害是架空晁盖，现在党内有人架空毛主席"。她所说的"有人"，显然是指邓小平。[117]

1975年8月28日，《红旗》杂志第9期发表短评《重视对〈水浒〉的评论》。8月31日，《人民日报》在头版头条位置转载了这篇文章，同时还发表了"四人帮"写作班子写的长文《评〈水浒〉》。

9月4日，《人民日报》头版头条又发表由姚文元写的、经毛泽东阅后同意发表的社论《开展对〈水浒〉的评论》。社论提出：遵照毛主席的指示，"本报和其他报刊开始了对《水浒》的评论和讨论"，"这是我国政治思想战线上的又一次重大斗争"。从此，"四人帮"在全国制造了一场"评《水浒》"、"批判投降派"的运动，把斗争的矛头直接指向周恩来、邓小平等党和国家领导人。9月20日，癌症晚期的周恩来在动大手术、进入手术室的时候，无比悲愤地大声说："我是忠于党、忠于人民的！我不是投降派！"[118]不久，1976年1月8日，周恩来在京溘然长逝。

关于"批邓、反击右倾翻案风"运动的宣传报道：1975年11月底，由邓小平主持、前后持续近10个月（1975年2月2日至11月底）的"全面整顿"工作中断。紧接着，一场所谓批邓、"反击右倾翻案风"的运动又从北京迅速扩大到全国。

1975年12月1日，《红旗》杂志1975年12期发表北京大学、清华大学大批判组文章《教育革命的方向不容篡改》。文章批判了教育界的所谓种种"奇谈怪论"，并把教育战线根据邓小平指示精神进行的整顿工作说成是为"修正主义路线"翻案、"进而否定文化大革命，改变毛主席的革命路线"。这篇文章成为第一篇有影响的"反击右倾翻案风"的"力作"。

从1976年2月起，新闻舆论界"批邓、反击右倾翻案风"的力度加大，并在不久后形成高潮，这样，对邓小平的批判全面展开，包括批判"全面整顿"（"整顿"就是"复辟"），批判"三项指示为纲"，批判"唯生产力论"、"猫论"、"阶级斗争熄灭论"，等等。如《红旗》杂志1976年第3期、第4期几乎都是这方面的文章。其中，第3期刊登的重点文章有“池恒”的《从资产阶级民主派到走资派》、“初澜”的《坚持文艺革命，反击右倾翻案风》、冯天瑜的《孔丘的亡灵与教育界的奇谈怪论》，等等。《从资产阶级民主派到走资派》文章称：由毛泽东亲自发动和领导的“回击右倾翻案风的伟大斗争，正在教育、科技、文艺等上层建筑的各个领域健康地发展，批判的锋芒，直指提出‘三项指示为纲’那个党内不肯改悔的走资本主义道路的当权派”。进一步公开把矛头直指邓小平。第4期《红旗》则刊登了“程越”的《一个复辟资本主义的总纲》（专门批判邓小平在全面整顿工作中提出的“三项指示为纲”）、“方海”的《批判洋奴哲学》、“靳志柏”的《不容抹杀社会主义和资本主义的区别——驳“白猫黑猫论》、“燕枫”的《走资派为什么害怕 评论〈水浒〉》，等等，同期还转载了《人民日报》社论《翻案不得人心》。

1976年2月24日，《人民日报》第三版刊登北京大学、清华大学大批判组文章《再论孔丘其人》。该文“把批孔与批邓结合起来”，继续采用影射史学的方法，用孔丘来比附邓小平。文章云：“他（指孔丘——引者注）曾在一个不太长的期间在鲁国当过大官，虽然掌权时间不长，却疯狂地从政治上、思想上、组织上对新兴地主阶级进行了全面的反攻倒算，充分表现出他把没落奴隶主的复辟希望变成复辟行动的反动本质。孔丘这一套，为后世一切搞复辟倒退的人所效法。在去年夏季前后那股右倾翻案风中，不是可以清楚看到孔丘的幽灵还在游荡吗？那股右倾翻案风的风源，就是在文化大革命前追随刘少奇搞修正主义、在文化大革命中被批判过而不肯改悔的走资派。”此后，“党内那个不肯改悔的走资派”成了邓小平的代名词，频频出现于报端。例如：

2月29日，《人民日报》刊载“梁效”、“任明”的《评“三项指示为纲”》一文云：“‘三项指示为纲’，是党内那个坚持刘少奇、林彪修正主义路线的不肯改悔的走资派，背着毛主席、党中央提出来的。”

3月2日，《人民日报》头版全版转载《红旗》杂志1976年第3期所载由姚文元精心修改、署名“池恒”的文章《从资产阶级民主派到走资派》，诬蔑各级党政领导干部都是“资产阶级民主派”和“走资派”。

3月5日，《人民日报》第二版在《批判修正主义，回击右倾翻案风》的通栏标题下，刊载“清华大学政治部副主任吴炜煜”的著名大批判文章《走资派还在走，革命派在战斗》。

3月10日，《人民日报》头版刊登经过姚文元审定修改的社论《翻案不得人心》。社论传达了毛泽东的“最新指示”：“翻案不得人心。”并把矛头直接指向邓小平。

3月28日，《人民日报》头版头条又发表社论《反右倾翻案，促工业生产》。社论公布了毛泽东对邓小平的错误批评：“他这个人是不抓阶级斗争的，历来不提这个纲。还是‘白猫、黑猫’啊，不管是帝国主义，还是马克思主义。”至此，教育、文艺、科技、工交、财贸各条战线都掀起了“批邓、反击右倾翻案风”的高潮，每天充斥报纸版面的都是些失去理智、疯狂叫嚣的大批判文章。

引发众怒和公愤的《文汇报》社论：1976年3月5日是周恩来的诞辰（周恩来于1898年3月5日出生）。新华社在当天凌晨播发了沈阳部队指战员学习雷锋的电讯，其中提到了周恩来为学习雷锋活动的题词：“爱憎分明的阶级立场，言行一致的革命精神，公而忘私的共产主义风格，奋不顾身的无产阶级斗志。”全国各报差不多都在当天全文刊登了这一则电讯。但是，“四人帮”控制的上海《文汇报》在3月5日出的报纸却与众不同：当天该报第一版显著位置刊登于会泳手下那个文化部写作组以“初澜”笔名写的大块文章，而新华社的那条电讯却被挤到了第四版，居然还删去了电讯中周恩来的那四句题词，以腾出位置刊登吹捧毛远新在辽宁的“政绩”的两部电影的广告。当天《文汇报》刚一发行，便不断接到读者的质问电话：“你们为什么要删去周总理的题词?”

过了20天，即3月25日，《文汇报》头版刊登的《走资派还在走，我们就要同他斗》的报道云“党内那个走资派要把被打倒的至今不肯改悔的走资派扶上台”，攻击周恩来和邓小平同志。这句话顿时引起了广大读者的震怒，短短几天内，《文汇报》就收到抗议信件420多封、接到抗议电话1 000多次。这些信件、电话中指出：“反周总理的人不得人心!”并严正要求“《文汇报》必须向全国人民交代事件的真相”。南京市的学生和市民首先行动起来，开展揭露和声讨“四人帮”党羽利用《文汇报》制造反对周恩来和邓小平舆论的卑劣手法。3月26日，南京街头便贴出了“打倒张春桥”的大标语。当天，南京大学学生把25日的《文汇报》贴到黑板报上，并把那句攻击周恩来的话用红笔勾出来示众。3月29日，被激怒的南大学生抬着周恩来的遗像，走上了街头游行示威。南大师生还组织起来，集体到雨花台和梅园新村举行悼念周恩来的活动。南京到处可见反对“四人帮”的标语，有的南大师生还到火车站，把大标语刷到开往四面八方的列车上。

4月1日，中共中央政治局于当天夜间召开会议，讨论南京及各地出现的悼念周恩来、反对“四人帮”活动的问题。会议决定，向全国发出经毛泽东圈阅的《中共中央关于南京大字报问题的电话通知》。[119]在《通知》中，南京群众反对“四人帮”的革命行动被“四人帮”诬蔑为“反革命政治事件”。直至1978年11月，中共江苏省委才为所谓的“南京反革命政治事件”平反。

《人民日报》对“天安门事件”的歪曲报道：1976年1月8日，周恩来逝世，举国悲痛。在那悲痛的日子里，“四人帮”不准人们佩黑纱、不准戴白花、不准开追悼会，人们无处寄托哀思。为了表达对周恩来的深切怀念，抗议那些无理的禁令，首都人民伫立十里长街，哭送周恩来的灵车；把自己制作的花圈献到天安门广场，在人民英雄纪念碑前朗诵自己撰写的祭文。

3月5日、3月25日《文汇报》制造的这两起反对周恩来的事件，成为天安门事件的导火线。3月29日，南京市的大学生和市民在街头贴出控告《文汇报》及张春桥的标语，并纷纷走向雨花台，向周恩来敬献花圈。当上海开往北京的列车路过南京时，南京大学的师生又把标语刷在车厢外面，“这辆列车飞过长江、越过黄河，把南京人民斗争的信息传遍了津浦路，传到了北京”；“从南京的雨花台，（传）到北京的天安门广场”[120]。

3月30日，北京的人民群众开始汇集天安门广场。一支支成百上千人的队伍向天安门广场进发，人们佩带白花，或手拿花圈，或高唱《国际歌》，或高举大幅诗牌，表达对周恩来的祭奠和对“四人帮”的强烈抗议及声讨。4月4日是农历三月初五，清明节，又是星期天，天安门广场的活动达到了高潮，仅这一天到天安门广场的群众即达二百万人次以上。人们戴着白花，整个人民英雄纪念碑周围贴满了诗词、挽联及条幅，直至广场南面的树林也拉起了一根根绳子，绳子上挂满诗词，成了一条条“诗廊”，整个广场淹没在人潮、花海、“诗廊”之中。4月5日晚，“四人帮”开始组织警察和武警战士对天安门广场的人群进行驱赶。18点25分，广场上开始播放中共北京市委第一书记吴德的广播讲话。当晚21时35分，15 000多名民兵、警察和卫戍部队包围了天安门广场，来不及躲避的群众遭到毒打，200多人被拘捕，终于酿成了“四·五”天安门广场事件。

4月7日上午7时左右，姚文元、王洪文在人民大会堂召集心腹开会，策划起草所谓“天安门事件”的假报道。姚文元一直在现场指挥，亲笔修改。从上午开始，到下午掌灯时分，一篇颠倒是非、混淆黑白的文稿《天安门广场的反革命政治事件》终于出笼。当天夜晚，这篇黑文在中央人民广播电台播出。4月8日，《人民日报》头版头条首载4月7日根据毛泽东的提议、中共中央政治局通过的《中共中央关于华国锋同志任中共中央第一副主席、国务院总理的决议》、《中共中央关于撤销邓小平党内外一切职务的决议》，接载吴德4月5日“在天安门广场的广播讲话”，以及署名“本报工农兵通讯员、本报记者”写的通讯《天安门广场的反革命政治事件》。这篇通讯对4月5日天安门广场广大群众悼念周恩来的活动作了颠倒黑白、歪曲事实、诬蔑群众、陷害邓小平的报道，污称这是“反革命政治事件”，称“在这几天里，这帮家伙不仅写反动诗词，而且贴出反动传单。他们为邓小平歌功颂德，妄图推出邓小平当匈牙利反革命事件的纳吉”。然而难得的是，该通讯竟然将革命群众反对“四人帮”倒行逆施的传单作为反动言行记录下来，为后人留下了一段宝贵的文献。文章写道：“欲悲闹鬼叫，我哭豺狼笑，洒血祭雄杰，扬眉剑出鞘。中国已不是过去的中国，人民也不是愚不可及，秦皇的封建社会已一去不返了，我们信仰马列主义，让那些阉割马列主义的秀才们，见鬼去吧！我们要的是真正的马列主义。为了真正的马列主义，我们不怕抛头洒血，四个现代化日，我们一定设酒重祭。”

1976年4月18日，《人民日报》又发表社论《天安门广场事件说明了什么?》，继续诬陷说：“邓小平是党内最大的不肯改悔的走资派，他是右倾翻案风的总后台。”号召把所谓“批判邓小平，反击右倾翻案风的斗争推向新高潮”。此后，“批邓、反击右倾翻案风”两次掀起“新高潮”。

1978年11月21日、22日，《人民日报》发表《天安门事件真相——把“四人帮”利用〈人民日报〉颠倒的历史再颠倒过来》，终于还历史以本来面目。

三、“文革”后期的典型宣传

【关于“朝农经验”的典型报道】1974年，“四人帮”在批林批孔运动中又掀起了批所谓“复辟”、“回潮”、“倒退”的恶浪。“四人帮”在辽宁的党羽在朝阳抓了朝阳农学院这个典型，在教育战线掀起了“全国学朝农”的运动。

1974年12月2日，“四人帮”控制的《人民日报》在当天头版头条加“编者按”刊登了《农大毕业当农民好》的调查报告，开始向全国宣传所谓的“朝农经验”，说它是“教育战线出现的又一个社会主义新生事物”、“无产阶级专政的工具”。

到1976年2月14日，《人民日报》头版头条又刊登朝阳农学院党委的长篇文章《在批判旧世界中建设新世界——我们是在哪些问题上坚决同十七年的修正主义教育路线对着干的?》。这篇文章集“朝农经验”之大成，也是“四人帮”“帮八股”的代表作。该文采用“排比”和“对照”的修辞手法作小标题，提出了10个同17年教育路线的“对着干”：“一、旧农大是资产阶级知识分子统治，新农大就必须加强工人阶级的领导”；“二、旧农大集中办在城市里，新农大分散办在农村里”；“三、旧农大搞‘学而优则仕’，新农大实行‘社来社去’，培养有社会主义觉悟的有文化的新农民”；“四、旧农大大搞‘智育第一’，新农大首先办成无产阶级政治大学”；“五、旧农大极力标榜‘正规化’，新农大坚持半工半读，勤工俭学”；“六、旧农大大搞‘三中心’、‘老三段’，新农大建立以科研、生产带动教学的‘三结合’新体制”；“七、旧农大高楼深院、与世隔绝，新农大坚持同三大革命运动息息相通”；“八、旧农大是少数人享受教育特权的‘小宝塔’，新农大越办越大、越办越向下，使广大群众都有机会受教育”；“九、旧农大只让学生受奴化，新农大充分发挥工农兵学员‘上、管、改’的作用”；“十、旧农大教师脱离工农，新农大坚持教师同工农相结合，努力建立一支无产阶级的教师队伍”。这篇文章的影响很大。在这篇文章的鼓吹下，当时全国教育战线一度掀起了“全国学朝农”的活动。[121]

【报纸上有关“哈尔套大集”的典型报道宣传】在四届“人大”召开前夕，“四人帮”为加紧组阁、捞取政治资本而到处奔忙。“四人帮”在辽宁的党羽又跑到辽宁省彰武县哈尔套公社搞了一个所谓“社会主义大集”的典型。他们打着“改造小生产”的旗号，取消原有的正当小集市贸易，破坏了社员的多种经营和家庭副业，人为强制性地建立了“哈尔套大集”的集市贸易市场，炮制了所谓的“哈尔套经验”，并通过报刊、电台大肆宣传，江青还下令中央新闻电影纪录片厂拍成彩色纪录片在全国放映（见前节所述）。

1976年5月9日，《人民日报》头版头条位置发表由新华社记者采写的，并经姚文元亲自修改的题为《社会主义大集好——辽宁省彰武县哈尔套公社改造集市的调查》一文，称“哈尔套大集”“是在两条道路斗争中涌现出来的社会主义新生事物”，哈尔套公社党委“把供销社办成了无产阶级专政工具”。在《人民日报》的鼓吹下，“哈尔套经验”在全国各地传播开来。

“四人帮”及其党羽搞的这种所谓“大集”，纯粹是一个大搞强迫命令、形式主义猖獗、弄虚作假成风、劳民伤财的假“典型”，也是一场经过导演的荒诞的政治闹剧。据当事人回忆云：

> 赶集的时候，要扎牌楼，放鞭炮，宣传车开路，群众排列方队，敲锣打鼓扭着秧歌进街。要公社领导干部带着家人、扛着猪肉游行，以表示“带头交售农副产品”。要青年干部打着旗子走在各生产队的队伍前面，叫做“造成一种青年势力”。他们还把什么“文艺革命”、“教育革命”、归还欠款等，统统塞进“大集”。每次赶集以前，强行向生产队和社员摊派农副产品交售任务，规定“个个要赶集，人人不空手”。有的社员家里没有养猪养鸡，他们逼着人家去买肉、买蛋来交售。交售的猪肉、鸡蛋，又不许直接送到收购站去，要车拉肩挑先在街上游行。哈尔套不产鱼，他们下令从外地调鱼来赶集。已经调进城市的猪肉、蔬菜，也要倒流运到集上来，为他们撑门面。他们的这种做法，与社会主义商业的服务方向完全是背道而驰的，严重地破坏生产、坑害群众。去年（1976年——引者注）八月五日一次大集，哈尔套公社就浪费三万多个劳动日。由于抽出大量劳力去为赶集排方队、练秧歌，误了田间管理，造成秋后普遍减产。赶集时把猪绑在车上游行，由于天热，一天就死了四十三头。彰武县兴堡公社举办六次大集，共浪费资金一万三千元。广大群众气愤地说：这纯粹是败坏社会主义家业的坑人集、祸国殃民的害人集！[122]

四、“文革”中的写作组

【“文革”写作组诞生的背景】“文革”中后期，江青集团组织了好几个庞大的写作班子，精心构思、策划，炮制了大量的文章，用不同的笔名在“两报一刊”（《人民日报》、《解放军报》、《红旗》杂志）及全国各地著名报刊上发表，产生了重大影响。这些写作组的诞生主要受以下三方面原因的影响：

一是受林彪“两杆子”思想的影响。1959年9月中旬，全国“人大”作出决定：任命林彪担任国防部长，免去彭德怀国防部长职务。同时，中央军委决定：由毛泽东担任军委主席，林彪任副主席，并主持军委日常工作。从60年代开始，林彪在主持军委工作期间就非常重视新闻宣传工作，提出了著名的“两杆子”理论，尤其重视“笔杆子”。林彪云：“笔杆子、枪杆子，夺取政权靠这两杆子。”（林彪《在中央政治局扩大会议上的讲话》，1966年5月18日）。以后，《红旗》杂志和《人民日报》社论又对“两杆子”理论作了充分的发挥。《红旗》杂志社论云：“为了防止资本主义复辟，林彪同志特别强调了意识形态的斗争和无产阶级掌握军队的严重意义。他指出：‘笔杆子、枪杆子，夺取政权靠这两杆子。’‘资产阶级搞颠覆活动，也是思想领先，先把人们的思想搞乱。另一个是搞军队，抓枪杆子。文武相结合，抓舆论，又抓枪杆子，他们就能搞反革命政变’。”[123]《人民日报》社论云：“无产阶级的革命运动，主要是采取两种形式进行：一种是武战，拿起枪杆子，以武装的革命打破武装的反革命，摧毁敌对阶级的物质力量；一种是‘文战’，即大造革命舆论，用革命的精神力量去摧毁反革命的精神力量。枪杆子、笔杆子，是无产阶级进行革命斗争必不可少的两杆子，夺取政权靠这两杆子，巩固政权（也）要靠这两杆子。”[124]因此，在主持中央军委工作期间，林彪非常重视《解放军报》，把军报当成“以枪杆子为后盾的笔杆子”。他的很多极“左”理论都是由军报的那帮“笔杆子”想出来的。军报写作组“高炬”是“文革”时期成立最早的写作组，军报同时也成为发动“文化大革命”的鼓手和号角。如1966年4月18日，《解放军报》发表社论《高举毛泽东思想伟大红旗，积极参加社会主义文化大革命》，全国大小报刊纷纷转载。5月4日，《解放军报》又发表题为《千万不要忘记阶级斗争》的社论。5月8日，《解放军报》头版发表“高炬”的文章《向反党反社会主义的黑线开火》，这篇社论的攻击目标是《燕山夜话》的作者邓拓，同时也第一次明确把斗争锋芒对准了北京市委；同日（5月8日），《光明日报》也刊登署名“何明”（关锋）的文章《擦亮眼睛，辨别真伪》。这两篇文章发表后，在当时引发轩然大波。

二是“九评”写作组的影响。从20世纪60年代中苏关系彻底破裂开始，中共中央就组织文章批驳苏共中央。1962年11月，中共中央正式组成写作班子起草反修文章。1963年2月，中共中央政治局常委会议正式决定成立写作组，由康生任组长，吴冷西任副组长，整个工作由邓小平主持，办公地点在钓鱼台。从1963年9月6日起，写作组以“《人民日报》、《红旗》杂志编辑部”名义联名发表《苏共领导同我们分歧的由来和发展——一评苏共中央的公开信》开始，到1964年7月14日发表《关于赫鲁晓夫的假共产主义及其在世界历史上的教训——九评苏共中央的公开信》为止，连续发表9篇重点文章，概称“九评”。文章发表后，在国内外产生了重大影响。“九评”写作组里这些中央级的“秀才”、“笔杆子”，包括中央书记处书记康生，人民日报社社长、新华社社长、中宣部副部长吴冷西，中联部副部长王力，中宣部副部长姚溱，《红旗》杂志副主编范若愚等，他们每人还带有一两个助手，具体负责执笔写作，这些助手实际也都是一些“大笔杆子”。“九评”写作组可以说是新中国成立后，中共党内组成的第一个最高级别的写作班子。

三是陈伯达、王力、关锋、戚本禹的先后下台，促成了江青集团舆论班底的崛起。“文革”前期的新闻舆论界曾是陈伯达、王力、关锋、戚本禹的天下，他们四人当时都是“中央文化革命小组”成员。陈伯达是“中央文化革命小组”的组长，掌管中央新闻舆论的大权，王力、关锋、戚本禹是当时“中央文化革命小组”成员，是当时该小组红得发紫的大“笔杆子”。到1967年10月，王力、关锋、戚本禹一齐倒台，直至1970年8月陈伯达也倒台，新闻舆论界的领导权终于易手。

王、关、戚的倒台与一篇社论的出笼有极大的关系。早在1967年1月10日，当时受林彪之命主持《解放军报》工作的关锋，在拟定《解放军报》的“宣传要点”时，就最早提出“揪军内一小撮”的口号。军报“宣传要点”在报送江青、林彪批示时，得到了他们的首肯和同意。此后不久，各地的红卫兵组织和造反派也跟着喊“揪军内一小撮”的口号。这直接冲击了毛泽东关于动用解放军“支左”以稳定全国局势的部署，成为引发武汉地区1967年“七·二〇事件”的重要原因之一。武汉“七·二〇事件”后的7月底，关锋又主持起草“八·一社论”，他指派林杰做执笔人，自己和王力亲自审改。陈伯达看到该文后鼓掌叫好，说“好极了”，其与王力同意签发。8月1日，这篇题为《无产阶级必须牢牢掌握枪杆子——纪念中国人民解放军建军40周年》的社论，公开发表在《红旗》杂志1967年第12期上。社论云：“在无产阶级文化大革命中，我们要把党内一小撮走资本主义道路的当权派揭露出来，从政治上和思想上把他们斗倒、斗臭。同样，也要把军内一小撮走资本主义道路的当权派揭露出来，从政治上和思想上把他们斗倒斗臭。”社论还指出：“目前，全国正在掀起一个对党内、军内最大的一小撮走资本主义道路当权派的大批判运动。这是斗争的大方向。”从此，全国掀起“揪军内一小撮”的狂潮。各地造反派乘势冲击军事机关，抢夺枪支弹药，制造事端，引起军队的不稳定。8月上旬，毛泽东在上海看到这篇社论后，在这篇社论的旁边写道：“大毒草！”“还我长城！”1967年10月，王力、关锋及“揪军内一小撮”的另一始作俑者戚本禹三人被押至北京西山软禁起来，1968年1月，三人都被关进秦城监狱。1970年8月23日至9月6日，在江西庐山召开的中共党的九届二中全会上，陈伯达受到批判，且中央还宣布对陈进行审查。陈伯达下台后，姚文元取代陈而成为中共党的新闻舆论界的总管。1973年起，姚任《红旗》杂志总编辑（1958年6月1日《红旗》杂志半月刊创刊时，陈伯达曾是该刊第一任总编辑），直至1976年10月被隔离审查为止。

【“文革”中后期的五大写作组】“文革”中后期，因进行“大批判”的需要，江青集团也效仿林彪的做法，组织一大帮“秀才”、“笔杆子”组成“写作组”（又称“大批判组”），精心策划炮制各类大批判文章，在“两报一刊”及全国大大小小的报纸杂志上发表，几乎垄断了舆论阵地。这些写作组是“四人帮”在舆论宣传战线上的一支别动队，“四人帮”经常向他们“吹风”，透露最高当局及中央的精神及意图，并且由“四人帮”直接指派任务或命题作文。很多重头文章，都是由江青、张春桥、姚文元等直接点题、构思大纲，写完后，又由他们亲自润色修改。

由江青、张春桥、姚文元直接控制的御用“写作组”一共有五大家：

一是“北京大学、清华大学大批判组”，以笔名“梁效”（“两校”的谐音）闻名全国。他们的文章在“两报一刊”发表后，立即被各地主要报刊转载，一时形成了“小报抄大报，全国看梁效”的千报一面、千篇一律的局面。“梁效”是1973年9、10月间成立的，最初叫“北京大学、清华大学批林批孔研究小组”，由当时两校军宣队负责人迟群、谢静宜主持。他们占据北京大学朗润园一座幽雅的小楼，组员有30多人。这些“大秀才”和“笔杆子”根据来自钓鱼台的指令，挖空心思炮制出大量的大批判文章，连篇累牍地在“两报一刊”发表，成为当时的“学习文件”，具有极大的“权威性”。

二是“中共上海市委写作组”，以笔名“罗思鼎”（即“螺丝钉”的谐音，取义于雷锋名言“做一颗永不生锈的螺丝钉”）“著称”于世。该写作组的历史比“梁效”还要早，于1971年7月正式成立，由张春桥、姚文元直接掌握。除了常用“罗思鼎”笔名外，还有“丁学雷”（上海丁香花园的“学雷锋”小组）、“康立”、“史锋”、“翟青”、“石仑”、“方海”、“任犊”、“靳戈”、“方岩梁”（取自毛泽东诗词“风物长宜放眼量”后三字的谐音）、“石一歌”（“十一个”的谐音，指上海市委写作组文艺组的11个人）、“齐永红”、“梁凌益”、“史尚辉”、“曹思锋”、“戚承楼”等笔名。

三是“《红旗》杂志写作组”，笔名“池恒”（“持之以恒”之谐音）。

四是“中共中央党校写作组”，笔名“唐晓文”（“党校文”的谐音），成立于1973年9月。除常用“唐晓文”笔名外，该写作组还有“汤啸”、“汤新”、“唐拓”、“辛风”、“学泽”、“宋明”、“史建文”、“范秀文”等笔名。

五是“文化部写作组”，笔名“初澜”（“初澜”即“出蓝”之谐音，取义于“青出于蓝”；“青”即江青，“蓝”即蓝平，是江青以前的艺名），有时也用“江天”（“江天”一望可知与江青有关）、“洪途”、“小峦”等笔名。

此外，北京市委也成立了写作组，其笔名叫“洪广思”，在当时也小有名气，其“代表作”有《〈红楼梦〉是一部写阶级斗争的书》（载《北京日报》1973年11月23日）等。

【“梁效”】1973年9、10月间，在两校（北京大学、清华大学）军宣队负责人迟群和谢静宜的主持下，拼凑了“北大、清华批林批孔研究小组”，并开始以“北京大学、清华大学大批判组”名义发表文章，这就是“梁效”的前身。1973年9月4日，《北京日报》第三版以整版篇幅刊登署名“北京大学、清华大学大批判组”写的《儒家和儒家的反动思想》一文，这是“两校”写作班子的第一次公开亮相。1974年3月，经内部调整，这个研究小组正式改名为“梁效”。此后，“两校”写作组的重头文章都以“梁效”的笔名发表。另外，它还有“柏青”、“高路”、“景华”、“安杰”、“秦怀文”、“施均”、“郭平”、“金戈”、“万山红”、“祝小章”、“梁小章”等十几个笔名。

“梁效”写作班子是在江青的精心策划下组织起来的，由迟群、谢静宜直接组织和操纵，而为江青所遥控，实际上是江青的御用写作班子。她把“梁效”叫做“我的班子”，而迟群也表示：“班子对我负责，我对江青负责。”“梁效”的某些成员也说：“我们‘班子’是在江青的亲切关怀和指导下一步一步成长起来的。”“在‘四人帮’的控制、豢养和熏陶下，梁效已经成为‘四人帮’的得心应手的驯服工具。”[125]

“梁效”在“文革”后期曾挑起了几场大的宣传战役。

1974年1月4日，《人民日报》第三版发表“唐晓文”《孔子杀少正卯说明了什么》，把孔子写成“宰相儒”。从此，江青一伙便开始借批“宰相儒”影射周恩来。

江青指挥“两校大批判组”制作的“重点工程”，是指令他们汇编了《林彪与孔孟之道》（材料之一）。1974年1月12日，王洪元、江青致函毛泽东，附上《林彪与孔孟之道》，建议以中共中央文件名义转发全党，以在全国掀起“批林批孔”运动。毛泽东批示“同意转发”。于是，1月18日，中共中央转发了《林彪与孔孟之道》（材料之一），并发出《通知》。从此，“批林批孔”在全国全面铺开。

1974年2月20日，迟群、谢静宜指使“梁效”写作班子，用不同的笔名在《北京大学学报》1974年第1期发表8篇“批林批孔”的文章，如《林彪与孔孟之道》、《林彪再三挥舞“克己复孔”黑旗居心何在?》、《中庸之道和林彪路线的极右实质》、《林彪鼓吹的“小国师大国”是叛徒卖国贼哲学》等，借“批林批孔”，用极端恶毒的语言影射攻击周恩来。2月26日，迟、谢又向“梁效”写作班子布置传达了江青给出的3个题目，其中之一是《孔丘其人》。经过“精心”写作和反复修改，4月1日，署名“北京大学、清华大学大批判组”写的《孔丘其人》在《红旗》杂志1974年第4期和《北京大学学报》第2期发表，《人民日报》也于1974年4月3日第三版转载。这篇文章打着揭露“孔丘其人”的幌子，紧密联系“路线斗争”的实际，对周恩来进行恶毒的影射攻击，“莫须有”地将鲁国当时没有的宰相职务强加到孔子头上，以影射周恩来。如孔丘“在他七十一岁、重病在床的时候”，“还拼命挣扎着爬起来，摇摇晃晃地去见鲁君”；“他当代理宰相仅三个月，就对新兴地主阶级革新派少正卯下了毒手，杀了之后，还下令把尸体示众三天”等。

两校“大批判组”还炮制出《从〈乡党篇〉看孔老二》、《赵高篡权与秦朝的灭亡》等几十篇文章，连篇累牍地影射攻击周恩来。“柏青”《从〈乡党篇〉看孔老二》一文竟有意在孔子形象上加上“端着胳膊”四个字来对周恩来作影射式攻击。《赵高篡权与秦朝的灭亡》也是由“四人帮”直接授意，经张春桥、江青过目，又经姚文元加工修改，3次变更标题，3次更换署名而后出笼的。

1975年1月，推迟了六年的四届“人大”召开，“梁效”有四位成员成了“人大”代表。这时的“梁效”，可谓显赫一时。

1975年8月后，以《人民日报》为首的报纸杂志掀起了一个“结合评论《水浒》，深入学习理论”、“批判投降主义”的高潮。这些报纸杂志发表的文章中，也有一些文章效法“梁效”的手法，影射攻击在周恩来支持下的邓小平对全国各行各业所进行的整顿工作。如《人民日报》还用形容宋江“身材黑矮，貌拙才疏”，“面黑身矮”的“孝义黑三郎”这类语言，借批宋江来影射批邓小平。

1975年9月起，迟、谢又按照张春桥、姚文元的意图，亲自点题，提供材料，交代要点，指挥“梁效”写作班子，炮制了许多旨在煽动打倒邓小平的文章。11月，清华大学政治部副主任吴炜煜写了一篇题为《论走资派还在走》的大字报。迟群看到后，立即找到吴炜煜说：“你的大字报提出了一个很重要的问题，就是走资派还在走。这将在今后有很大影响，你应当继续写下去，不要放弃这个题目。”在迟的怂恿下，吴炜煜又连续炮制了10篇文章，有的发表在《人民日报》、《北京日报》上。文章诬陷邓小平“‘三项指示为纲’的杏黄旗一举，‘还乡团’、‘复辟派’以及一切牛鬼蛇神纷纷出动，向无产阶级及其革命事业猖狂进攻”。并说：“我们要把眼睛盯住走资派，不停顿地向走资派发动进攻，同他们进行不妥协的斗争。”

在毛泽东病重期间及逝世后，“梁效”在两个月中写了25篇文章，特别是伪造所谓

“按既定方针办”的遗嘱。10月4日，以“梁效”名义在《光明日报》头版头条发表的《永远按毛主席的既定方针办》，为“四人帮”加快篡党夺权步伐发出了总动员令。

1976年10月6日，华国锋、叶剑英等采用“隔离审查”的办法，把“四人帮”一网打尽。10月10日，“梁效”被取缔、查封，“梁效”成员被隔离审查。

“梁效”这个“四人帮”的喉舌，从它“开张”到垮台的三年多时间（1973年9月至1976年10月）里，有时以“北京大学、清华大学大批判组”面目出现，有时又以“梁效”等化名见报，先后炮制了219篇文章，公开发表了181篇，其中大量是为“四人帮”阴谋篡夺党和国家最高权力服务的文章，“四人帮”亲自点题授意写的就有36篇。[126]

“梁效”写作组有近40人的规模，组长范达人等。参与其中的，既有冯友兰、周一良、魏建功、林庚这样的知名教授学者，也有年纪轻轻、资历尚浅的普通教员。他们或曲学阿世，或卖身投靠，或泯灭知识分子的良知，或丧失知识分子的独立人格，充当了“四人帮”的御用文人，但更多的是由于“组织”上的安排而进入写作组的。造成他们失误的既有个人的原因，更多的则是“文革”特殊的政治环境及政治体制因素，其教训是惨痛和深刻的。

“梁效”的文章主要有以下特点：①以古讽古，大搞“影射史学”；②捏造史实，以论代史；为我所用，古为“帮”用；③“曲学阿世”，学术为政治服务。[127]

【“罗思鼎”】“罗思鼎”是“文革”中上海市委写作组最重要的笔名，它的文章主要发表在《红旗》杂志及《学习与批判》上。其组建经历了一个曲折的过程。早在1964年5月前后的中苏论战期间，为了在意识形态领域批判“封、资、修”的需要，上海市委第一书记柯庆施和上海市委文教书记石西民就组建了上海市委写作组。[128]写作组的成员主要来自复旦大学的年轻教师，其工作地点设在上海西区地段、环境幽静的长宁区华山路丁香花园。丁香花园以前是李鸿章之子李经迈的私家欧式住宅，当时是华东局“内刊”编辑部所在地。

上海市委写作甫成立，便开始开展对所谓“毒草”电影的大批判，包括写文章批判《北国江南》、《早春二月》、《林家铺子》、《舞台姐妹》等片子。1964年8月，毛泽东在关于公开放映和批判电影《北国江南》、《早春二月》的报告上批示：“不但要在几个大城市放映，而且应在几十个至一百多个中等城市放映，使这些修正主义材料公之于众。可能不只这两部影片，还有别的，都要批判。”[129]上海市委写作组正是配合毛泽东的批示组建起来的，当时它主要用“罗思鼎”和“丁学雷”两个笔名发表文章。“罗思鼎”即取义于1963年发起的“学雷锋运动”中提倡的“螺丝钉”精神，“丁学雷”则有“丁香花园学雷锋”之意。两个小组以后略有分工：“丁学雷”主要写文艺评论文章，负责人是徐景贤；“罗思鼎”主要写历史研究文章，初期负责人是金冲及，朱永嘉、王知常等人为组员。

1965年春，石西民调国务院文化部，他把“罗思鼎”负责人金冲及带走后，该写作小组才由朱永嘉负责其事。

石西民调离上海后，由张春桥接任市委文教书记，“罗思鼎”、“丁学雷”两个写作小组归他领导。这时，“内刊”与写作组分家，“内刊”搬到宛平路11号，“罗思鼎”、“丁学雷”写作组则搬到了武康路，并正式成立了上海市委写作班子，由华东局宣传处干事徐景贤任写作组党支部书记。

1965年，当时担任“内刊”编委的姚文元来到市委写作班子后，写作班子全力以赴，开始配合姚投入批判吴晗的新编历史剧《海瑞罢官》和批判邓拓、吴晗、廖沫沙“三家村”的活动中，如“文革”发动阶段署名“姚文元”的重头文章——《评新编历史剧〈海瑞罢官〉》，实际上是由江青、张春桥等人操纵写作组组织写作，以姚文元个人名义发表的。

1966年6月，“文化大革命”全面开展后，上海市委写作组也受到红卫兵的冲击，活动一度停顿。

1967年1月，张春桥、姚文元掌握了上海市的党政大权后，宣布以复旦大学原写作班子成员为骨干组成他们的“工作班子”，“上海市委写作组”摇身一变，很快“转型”成为“上海市革委会大批判组”。办公地址由武康路2号迁到康平路89号。这段时间，写作组以“丁学雷”、“罗思鼎”的笔名发表了不少重要文章。仅以1967年5月的《人民日报》为例，就发表了三篇：丁学雷《共产党就是要搞阶级斗争——揭穿〈修养〉脱离现实的阶级斗争的反动本质》（载1967年5月6日《人民日报》第三版）、罗思鼎《无产阶级专政下的政变与反政变的斗争——党内最大的走资本主义道路当权派为什么庇护反动影片〈清宫秘史〉》（载1967年5月19日《人民日报》第六版）、丁学雷《无产阶级文艺的光辉里程碑——评革命现代京剧〈智取威虎山〉》（载1967年5月27日《人民日报》第四版）。到1968年，“文革”“深入”发展，写作组原来批判刘少奇的任务已经完成，早期的大批判宣传结束，大批判组成员便分散到工宣队里面去了。

1967年8月底，王力、关锋、戚本禹倒台后，由姚文元担任《红旗》杂志总编辑。1968年底，姚文元要徐景贤在上海找几个人组织一个小组，专门为《红旗》杂志写文章和组织稿件，并指示由朱永嘉负责。这时张春桥也有意重组写作组。1969年夏，张回到上海，住在兴国路招待所，组织了一个读书班，读《毛泽东选集》第五卷样本。他每天晚上派车把后来成为“炮手”头目的朱永嘉、王知常和肖木三个人接到他下榻的兴国路招待所当陪读，对他们进行“思想灌输”、“路线交底”，前后历时一个月。1970年，姚文元指示徐景贤正式筹建《红旗》杂志组稿小组。徐立即将朱永嘉、王知常、肖木从工宣队找回，成立以徐景贤为首，包括朱永嘉、王知常和肖木共四人组成的小组，用“上海市革委会大批判写作组”的名义给《红旗》杂志写文章。

1971年7月，在张春桥、姚文元的亲自策划下，经过重组后的“上海市革委会大批判写作组”正式成立，由还在上海市委兼任第二书记的姚文元直接领导、徐景贤代管，具体工作由朱永嘉、王知常和肖木负责。写作组重建时，正式成员只有40余人，都是上海高校的教师和理论“新秀”。后来其外围组织迅速扩张，到1976年，其本部成员及外围组织人员发展到300人左右，成为“文革”中规模最庞大的写作组。[130]这个写作组共有5个分组，分别用不同的笔名发表文章，如历史组的笔名为“罗思鼎”，哲学组的笔名为“翟青”，文艺组的笔名为“丁学雷”、“方泽生”、“任犊”、“石一歌”等。这些笔名是比较固定的，其他还有“宫效闻”、“石仑”、“康立”、“方海”、“齐永红”、“史锋”、“史尚辉”、“曹思峰”、“景池”、“龚进”等80多个笔名。最重要的文章也使用“上海市委写作组”或“上海市革命委员会大批判组”名义发表。从1971年7月起到1976年10月的5年多时间里，“上海市委写作组”一共炮制了一千多篇长短不一的文章。其中，从中共“十大”（1973年8月24日至28日）到1976年10月“四人帮”垮台，在3年多一点的时间里，上海写作组及其下属各组共写文章156篇之多。“仅1973年下半年至1974年，发表在《红旗》、《人民日报》上的所谓重点文章就有12篇，几乎每月一篇。代表作是

《秦王朝建立过程中复辟与反复辟的斗争——兼论儒法论争的社会基础》、《从“洋务运动”看崇洋媚外路线的破产》、《评〈水浒〉的投降主义》、《使人民都知道投降派》、《企业管理的两条路线斗争》、《〈汇报提纲〉出笼的前前后后》、《按毛主席的既定方针办！——上海一千万人民的战斗誓言》”，等等。[131]

上海市委写作组虽名为“写作组”，它还私整上自中央下至地方领导同志的黑材料，编造诬陷不实之词。它是“四人帮”的“写作班子”，又是其“情报班子”。它直接送给张春桥、姚文元的密信、调查报告、座谈纪要等各类情报、“情资”、条陈达千件以上，通过各种方式为张、姚献计献策。从这种意义上来说，写作组又有点特务机关的功能，起着“四人帮”情报局和“智囊团”的作用。张春桥、姚文元直接操控写作组。几年来，张、姚直接写给写作组的批示就有360多件。[132]

此外，上海市委写作组还盗用大学及出版社的名义，直接控制了8个刊物。其中最主要的是政治理论杂志《学习与批判》，另外还有文艺杂志《朝霞》月刊（借上海人民出版社名义，于1974年1月创刊）、《朝霞文艺丛刊》（1973年5月出版第1辑）、《教育实践》（名义上是上海华东师大学报）、哲学自然科学杂志《自然辩证法》，以及文艺版、社会科学版、自然科学版的3个翻译杂志《摘译》。这8个刊物的编辑、审稿全由上海市委写作组一手包揽，同时，它还出版书籍几十种。

从1971年起，直至1976年10月间，上海市委写作组“操纵了上海全市新闻、出版、广播、文艺等舆论工具，出什么书，登什么文章，演什么戏，都要唯他之命是从，它是上海思想界、理论界、新闻界、文化界的‘太上皇’。‘四人帮’不便公开讲的话，它来讲；‘四人帮’另搞一套，它和两校大批判组南北呼应，率先发难”，从而形成“北有梁效、南有罗思鼎”的格局。[133]

《学习与批判》：1973年9月，正当“四人帮”阴谋篡党夺权、大做“组阁”迷梦的关键时刻，上海出现了一份所谓以研究哲学社会科学为主的刊物——《学习与批判》。《学习与批判》挂着复旦大学学报的招牌，实际上是由上海市委写作组一手包办的帮刊。它的稿件，除少量外来投稿外，主要由上海市委写作组直接根据“四人帮”的指示，或主动配合“四人帮”的活动，自己拟题写作或组织人员写作。“据粗略统计，这类文章（有）近七百篇之多。”[134]《学习与批判》于1973年9月15日创刊。创刊号上便发表了上海市委写作组以“石仑”的笔名写的《论尊儒反法》一文，后经姚文元修改，又在《红旗》杂志第10期发表，扩大了该文的影响力。该刊一直出到1976年第10期，也就是“四人帮”垮台时出了最后一期。这一期是该刊“灭亡前的猖狂一跳”，大肆宣扬他们伪造的所谓“临终嘱咐”——“按既定方针办”。所载文章如反对华国锋上台的《坚持革命接班人的五项条件》，鼓吹军队应该支持“四人帮”上台的《我们的队伍向太阳》等。从1973年9月创刊，至1976年10月停刊，3年中，《学习与批判》前后出版38期。1978年10月，《复旦学报》（社会科学版）复刊，当月出版第一期。《学习与批判》在当时影响很大，“四人帮”在上海的亲信曾洋洋得意地自吹该刊是“小《红旗》”，“《红旗》不便登的，我们这里好登”，“别的省市都要看这份杂志，摸政治气候”，“我们传达的精神有时比《红旗》快”。[135]

1976年10月“四人帮”垮台后，上海市委写作组及《学习与批判》杂志社的成员们都受到“审查”。

【“池恒”、“唐晓文”、“初澜”】“池恒”：“池恒”即“持之以恒”的谐音，它是

《红旗》杂志写作组的笔名。此外，它还有“程越”、“方刚”、“吕真”、“田春”、“严章”、“黎章”等笔名轮番使用，替自己虚张声势。其中以“池恒”的身价最高，一般是发表重点文章时使用。该写作组从1974年1月成立至1976年10月间停止活动，前后存在33个月，其办公地点在北京沙滩北街2号。写作组由《红旗》杂志总编辑姚文元组建并直接掌握，姚文元曾说：“《红旗》是万目所注。”他深知《红旗》杂志作为理论阵地的极端重要性，因此，组建了“池恒”写作组，让“池恒”利用《红旗》杂志这个阵地控制全国的舆论。姚文元对《红旗》杂志写作组非常重视，其骨干成员肖木、胡锡涛等都是他从上海写作组调来的。从1973年10月到1976年9月，姚文元对“池恒”成员召见谈话和电话“指示”共计97次之多。重点文章，姚文元从选题、内容、结构、论点、材料等都要加以指导。写成后仍需送他多次审阅、亲笔修改，最后才能定稿。[136]

“池恒”写作组的文章有在《红旗》杂志发表的首发权，前后写有50多篇文章。其代表作有《坚持无产阶级的世界观》（载《红旗》杂志1974年第1期，这是“池恒”文章在《红旗》上的首次登场）、《认真读书学习，掌握理论武器》、《掌握一分为二的辩证法》（1974年）、《发展社会主义的新生事物》（载《红旗》1974年第12期）、《学习理论执行政策》、《党内斗争与党的发展》、《结合评论〈水浒〉，深入学习理论》（1975）、《从资产阶级民主派到走资派》、《坚持以阶级斗争为纲》、《毛泽东思想永远指引我们前进》（1976年），等等。这些重点文章从选题、内容、结构、表述方式、修辞手法、署名，到反复修改，多由姚文元布置、授意，经手过问。其中如《红旗》杂志1976年第3期以头篇的显著地位刊登的《从资产阶级民主派到走资派》一文（《人民日报》1976年3月2日转载），就是“池恒”最有名的代表作，完全是适应“四人帮”加紧篡党夺权的需要而炮制出来的。该文表达的是“老干部是‘民主派’，‘民主派’就是走资派”的极为荒谬的逻辑，鼓吹“党内有一个资产阶级”，为进一步打倒一大批老干部发出了总动员令。这篇文章从题目的选定到内容的构思，都是由姚文元一手主持和策划的。在文章的撰写过程中，“姚文元先后下达五次黑指示，此文六易其稿，定稿前经他三看三改”。[137]因《红旗》杂志为中共中央机关刊物的性质，“池恒”的文章发表后，全国报刊多以第一时间、显著位置转载。

“池恒”的文章多以正面立论，擅长政策性解说，所发表的文章多为思想理论性文章及政治评论文章，很少涉及历史题材，这是它与“梁效”、“罗思鼎”的最大区别；风格更趋稳健，摆出一副思辨、理论化的架势。其针对现实的尖锐性、文风的泼辣均不及“梁效”、“罗思鼎”。

“池恒”既是写作班子，又是编辑班子，同时还担任组织协调工作。它与“梁效”、“罗思鼎”、“唐晓文”、“初澜”等御用写作班子密切联系、紧密勾结，与他们通报组稿意图，协商修改、润色，并为之提供发表园地，起着某种居间协调的作用。“池恒”的一个头目曾声称，他们这几伙“在政治上是一家人”。因此，“池恒”的能量和影响力，不仅仅是体现在他们自己撰写的单篇文章上，而且还体现在他们代表了整体的《红旗》杂志。[138]

“唐晓文”：“唐晓文”写作组成立于1973年9月，其代表作有《孔子是“全民教育家”吗?》（原载《红旗》杂志1973年第12期第49页，《人民日报》1973年9月27日第三版转载）等文章。

中央党校写作组除用“唐晓文”笔名外，还有“汤啸”、“汤新”、“辛风”、“史锦之"等笔名。如署名"辛风"的文章就有《"倒过来"的哲学和复辟资本主义》(载《红旗》杂志1973年12月第27页)、《马克思主义与自然哲学》(载《红旗》杂志1976年第4期)、《要同走资派长期作战》(载《人民日报》1976年6月11日第二版)等。署名"汤啸"的文章有《驳孔子"首创私学"说》(载《光明日报》1973年9月27日第三版)等。

1977年初,胡耀邦同志调任中央党校校长。他到任不久,就领导中央党校学员开展对"唐晓文"的批判,并一手创办了《理论动态》。该刊从理论上清算极"左"路线,拨乱反正,正本清源,被人们誉为"新时期的《新青年》杂志"。

"初澜":1973年1月1日,江青指定文化部于会泳等人,成立文化部创作领导小组办公室。接着又组织写作班子,以"初澜"、"江天"等笔名发表文章。"初澜"写作班子从1973年初成立,到1976年10月垮台,前后存在了3年多时间。

"初澜"写作组所写文章的内容,主要包括两大方面及两大类型:一是大批判文章,包括批林批孔,批邓、"反击右倾翻案风",以及对17年(1949—1966)文学作品进行"全面大批判"、对17年"文艺黑线专政"进行大批判等。其间,1974年是"四人帮"活动最猖獗的时候,也是"初澜""创作"最旺盛的时候。这一年,以"初澜"、"江天"、"洪途"、"小峦"各种笔名,抛出了大批判文章七八十篇,充斥在首都和上海的报刊上。其中最典型的案例有"初澜"的《评晋剧〈三上桃峰〉》(载《红旗》杂志1974年第3期,又载1974年2月28日《人民日报》)、批判湖南花鼓戏电影片《园丁之歌》的文章《为哪条教育路线唱赞歌》(载1974年8月4日的《人民日报》)、《坚持文艺革命,反击右倾翻案风》(载《红旗》杂志1976年第3期,1976年3月4日《人民日报》全文转载)等。

二是对"样板戏"的"创作经验"进行总结与"升华",形成一套理论体系,其核心理论包括"根本任务论"、"三突出原则"、"主题先行论",以及17年"文艺黑线专政论"等。尤其对"三突出原则","四人帮"下力最大。早在1968年5月23日,于会泳在上海《文汇报》发表题为《让文艺舞台永远成为宣传毛泽东思想的阵地》的文章,第一次公开提出了"三突出"的创作原则。文中写道:"我们根据江青同志的指示精神,归纳为'三突出',作为塑造人物的重要原则。即在所有人物中突出正面人物来,在正面人物中突出主要英雄人物来,在主要(英雄)人物中突出最主要的中心人物来。"在总结样板戏经验的文章中,"初澜"写作组的代表作有:①初澜的《中国革命历史的壮丽画卷——谈革命样板戏的成就和意义》(载《红旗》杂志1974年第1期)。该文对八个样板戏及其后产生的京剧《龙江颂》、《平原作战》、《杜鹃山》等"一朵朵文艺新花"作了全面、系统的评论,也对"革命样板戏"的成就和意义"进行了系统的总结和评价"。②初澜的《京剧革命十年》(载《红旗》杂志1974年第7期第67页)。文章云:"无产阶级明确地提出,塑造无产阶级英雄形象是社会主义文艺的根本任务,这就从根本上划清了我们的文艺运动同历史上一切剥削阶级文艺运动的界限。"③江天的《英雄光辉照银幕——评革命现代京剧彩色影片〈平原作战〉、〈杜鹃山〉》(载《红旗》杂志1974年第6期第70页)。

"初澜"写作组的具体事务由于会泳任组长的文化部创作领导小组办公室主管,写作组组长张伯凡。"初澜"写作组在从1973年初至1976年10月的3年多时间里,前后发表文章一百六七十篇。[139]

【气焰熏天、炙手可热的南北“两报一刊”社论】“两报一刊”一般是指《人民日报》、《解放军报》、《红旗》杂志。在“文革”期间，“两报一刊”经常联合发表社论，这一做法始于1967年10月1日“两报一刊”联合署名发表的国庆社论《无产阶级专政下的文化大革命胜利万岁——庆祝中华人民共和国成立十八周年》（见1967年10月1日《人民日报》第三版整版篇幅刊载），结束于1978年4月1日“两报一刊”共同写作的社论《神州九亿争飞跃——欢呼全国科学大会胜利闭幕》（载1978年4月1日《人民日报》第二版）。

“两报一刊”联名发表文章，前后超过10年，在当时有极大的影响力。

此外，上海地区也有自己的“两报一刊”，即上海《文汇报》、《解放日报》和《支部生活》期刊。从“资历”来说，上海的“两报一刊”联名发表文章比北京的“两报一刊”还要早一点，它们三家报刊早在“文革”初期就经常以“《文汇报》编辑部、《解放日报》编辑部、《支部生活》编辑部”联合署名在上海的《文汇报》、《解放日报》及北京的《人民日报》上发表文章，也有很大的影响力。仅以1967年8月份的《人民日报》为例，只一个月，上海的“两报一刊”就在《人民日报》发表了5篇长文，甚至在同一天的《人民日报》上竟然同时发了两篇。5篇长文分别为：①“《文汇报》编辑部、《解放日报》编辑部、《支部生活》编辑部”的《策动叛党就是为了篡党》（该文主旨是批判刘少奇，文中还有“毛主席的好学生柯庆施同志”等吹捧语）（载1967年8月12日《人民日报》第四版）；②“《文汇报》编辑部、《解放日报》编辑部、《支部生活》编辑部”的《中国“议会迷”的破产》（载1967年8月12日《人民日报》第三版）；③“《文汇报》编辑部、《解放日报》编辑部、《支部生活》编辑部”的《两条根本对立的经济建设路线》（该文以极“左”的观点批所谓刘少奇的“唯生产力论”、“经济主义”等）（载1967年8月25日《人民日报》头版）；④“《文汇报》编辑部、《解放日报》编辑部、《支部生活》编辑部”的《无产阶级专政和叛徒中国赫鲁晓夫》（载1967年8月26日《人民日报》第二版）；⑤“《文汇报》编辑部、《解放日报》编辑部、《支部生活》编辑部”的《资产阶级反动路线的本质就是走资本主义道路》（载1967年8月30日《人民日报》头版）。

“文革”时期由“四人帮”把持、控制的南北“两报一刊”是他们的喉舌和舆论工具，也是其愚民的工具。“两报一刊”取得了舆论宣传战线的专制和垄断地位，它们联署发表的一系列社论及大批判文章，往往被认为代表了党中央的声音，甚至是“最高指示”。“文革”以来，中央最高领导人的意见，一直都是通过“两报一刊”的社论来传达，因此，“在许多读者心目中，它就成了‘红头’文件以外的‘黑头’文件”[140]。

五、“文革”时期的广播电视业

【“夺权”与“军管”】1966年5月4日至26日，中共中央政治局扩大会议在北京召开。5月16日，会议通过了由毛泽东亲笔修改的《中国共产党中央委员会通知》（《五·一六通知》）。《五·一六通知》云：“高举无产阶级文化革命的大旗，彻底揭露那批反党反社会主义的所谓‘学术权威’的资产阶级反动立场，彻底批判学术界、教育界、新闻界、文艺界、出版界的资产阶级反动思想，夺取在这些文化领域中的领导权。而要做到这一点，必须同时批判混进党里、政府里、军队里和文化领域的各界里的资产阶级代表人物，清洗这些人，有些则要调动他们的职务。”这个“通知”成为指导“文革”的纲领性文件。从此，“文革”开始了。

中央广播事业局于1966年5月24日即召开了全局职工大会，动员开展“文化大革命”。5月27日，中央广播事业局里贴出了第一张大字报，接着，整个机关大院、办公楼的条条走廊，都贴满了大字报，成为大字报的海洋。在被大字报“揭露”和“批判”的“走资本主义道路的当权派”中，首当其冲的是中央广播事业局局长梅益和局党委书记丁莱夫。

6月9日，陈伯达派工作组代组长唐平铸到中央广播事业局，唐在群众大会上宣称，广播事业局存在反党反社会主义反毛泽东思想的黑线，存在资产阶级保皇派，顿时引起全局大乱。此后，广播局召开批斗梅益、丁莱夫的大会，梅、丁被“打倒”。12月10日、18日，陈伯达、江青、张春桥、姚文元等人分别接见中央广播事业局和北京广播学院群众组织代表，鼓动他们夺广播事业局和地方广播电台、电视台的权。在他们的支持和鼓动下，1966年12月20日，广播事业局的造反派组织夺了局政治部和局“文化大革命领导小组”的权；12月31日，造反派又进驻局总编室，宣布“夺权”接管了全局各项宣传业务的领导权。本来，中央广播事业局的权力已经掌握在江青一伙人手中，然而他们又操纵群众组织再次夺权，进一步加强控制广电宣传，为篡党夺权服务。这时，中央广播事业局发生的混乱夺权局面又在各省级广播局台重演，如1967年1月14日，北京人民广播电台被造反派夺权，1月17日，上海人民广播电台也被造反派群众组织夺权。

1967年1月11日，中共中央发出《关于广播电台问题的通知》，明确指出：“我们的广播电台是无产阶级专政的重要工具”，地方广播电台应当由当地人民解放军实行军事管制，停止编辑和播出本地节目，只能转载（播）中央台的节目，并要求占领电台的“革命群众”立即退出广播电台。1月23日，中共中央发出《关于广播电台问题的补充指示》，允许地方广播电台在军管条件下，除了转播中央台的节目外，可以自编一部分节目。

从1967年1月起，电视基本停播。1月2日，北京电视台（后来的中央电视台）播发通知：“从1967年1月3日起，除重大政治事件和重要节目仍将转播外，在一个时期内，暂时停止一般电视播出。”中央广播事业局1966年12月31日给中宣部写的《关于停止电视播出的请示报告》中，陈述了停播的三条理由：①群众忙于“文化大革命”，电视观众人数大减；②专业文艺团体早已停止演出，八届十一中全会以前的影片一律停止发行，节目来源缺乏；③北京电视台革命群众强烈要求集中精力搞“文化大革命”。“中央文革小组”在1967年1月5日批准北京电视台暂停播出，但强调：“不是全停，不是永远停”，“在停播期间遇有重大政治任务还要播出”。北京电视台于1月5日重播一次通知后，1月6日正式停播。

北京电视台一停播，各地电视台纷纷仿效。全国13家电视台，一度只有上海、广州两家电视台坚持播出。

1967年2月4日，北京电视台在停播近一个月后恢复播出，省级电视台也在此期间陆续恢复播出。北京电视台恢复播出时每周播出一次，遇有重大政治活动临时增加次数，8月1日起改为每周两次，1968年1月下旬改为每周3次，1970年末改为每周6次。

中央广播事业局实行军管，比地方电台约晚一年时间，直到1967年12月7日，中央才决定对广播事业局实行军事管制。12月12日，以刘路明为组长的军管小组进驻广播事业局，他在全局职工大会上宣读了《中共中央、国务院、中央军委、中央文革关于对广播事业局实行军事管制的决定》，并宣布对中央广播事业局正式实行军管，直至1973年1月结束军管，中央广播事业局被“军管”有5年时间。在这段时间里，军管小组做了大量工作，对克服“文革”前期广播电视系统的混乱局面和无政府状态，对稳定局势、确保安全播出，起了积极的作用。军管小组前后有三任小组长：第一任军管小组组长是刘路明（1967年12月至1968年8月），第二任是张午（1968年8月至1969年11月），第三任是刘建勋（1969年11月至1973年1月）。1973年1月，中央广播事业局宣布“军管”结束。第三任军管小组组长刘建勋留任中央广播事业局局长，副局长有戴征远、毛德厚（兼政治部主任）、董林（兼技术部主任）、王寿仁（兼办公室主任）、金照（兼北京电台台长）、顾文华（兼中央人民广播电台台长）、李哲夫。[141]

【广播电台、电视台在“文革”中的极“左”宣传】“文革”中，广播电视一度被林彪、江青集团所把持，成为他们篡党夺权的舆论工具。广播、电视无论从内容到形式，都深受极“左”思潮的影响，形成了极为明显的时代特征。

不厌其烦地重复播出“语录”及“两报一刊”社论：“文革”时期的广播电视节目中，实实在在的新闻报道少，空洞的理论宣传多；自己制作的节目少，转播《人民日报》等中央级报刊已发表的文章多。“文革”十年，广播电台、电视台主要是播出《人民日报》等报刊的文章和新华社电讯，成了名副其实的党报党刊的“有声版”、“传声筒”。尤其在理论宣传上与对马克思主义、毛泽东思想的宣传方面，实用主义盛行，形式主义猖獗，方式方法都极为死板僵化，败坏了长期以来形成的党的优良学风，造成了贻害甚广的“帮八股”文风。中央电台和许多地方电台开办的形形色色的“毛主席著作选读”、“毛主席语录”节目，即是最突出的典型例子。如中央台从1966年1月1日起，就开办了《毛主席语录》节目，“每天播出3次（后两次为重播），每次10分钟，播送‘语录’一条，共遍出6遍（前两遍和后两遍正常速度，中间两遍为慢速，并读出标点，便于听众抄记，前后各说‘语录’出处一次）。8月1日，又开办《工农兵活学活用毛主席著作》节目，同日起，每天‘报摘’、‘联播’节目开头均加播一条‘语录’。9月1日起，对台湾广播也开办《毛主席语录》节目，后来又增加了《老三篇天天读》节目，每天轮流播送‘老三篇’。1967年1月1日起，北京电视台在每天节目开始先播出毛泽东像和‘语录’，这样做的结果是，广播电视中每天开播有‘语录’，每个节目有‘语录’，每条新闻中也有‘语录’”[142]。

另外，广播电台和电视台往往把“两报一刊”社论及文章奉若神明，把它们放在最重要的黄金时段播出。有研究者云：

“‘文化大革命’中，毛泽东的‘最高指示’，林彪、江青和中央文革的新精神，往往是通过‘两报一刊’（《人民日报》、《解放军报》、《红旗》杂志）联合发表社论或评论员文章的方式向社会公布的。‘文化大革命’每进入一个新的发展阶段，‘两报一刊’往往充当发号施令的角色。对于这些文章，广播电台必须全文播出，而且要反复重播。中央广播事业局军管小组在1968年3月就对编辑部门提出，‘宣传毛泽东思想不怕重复’，‘不要只算次数账，不算政治账’，‘要从边远地区没有报纸的工农群众的角度去考虑问题’。因此，中央电台在广播‘两报一刊’文章和其他重要稿件时，常常一播就是十几次、几十次，甚至更多。1970年12月31日，‘两报一刊’联合发表元旦社论《沿着毛主席革命路线胜利前提》。中央电台当晚播出14遍，1971年1月1日播出29遍，整个1月份天天重播。到1月31日共计播出175遍，在广播史上创造了同一篇稿件重播次数的最高纪录。”[143]

经济报道及生产建设报道中的极“左”宣传：“文革”中，广播电视的经济报道及生产建设报道往往与空头政治宣传、大批判结合起来。如报道工农业生产成就时，往往要加进批判“唯生产力论”、批判“阶级斗争熄灭论”等内容。报道工业战线情况时，往往加进批判“管、卡、压”、“物质刺激”、“崇洋媚外”、“利润挂帅”等内容，煽动工人“不为错误路线生产”、“不为资产阶级上台做嫁衣裳”。在报道铁路运输的新闻中，鼓吹“宁要社会主义的晚点，不要资本主义正点”。报道农村及农业战线情况时，主张“宁长社会主义的草，也不要资本主义的苗”。

文艺节目中的极“左”宣传：“文革”中北京电视台的节目不论内容还是形式，都贫乏单调。欣赏性节目、娱乐性节目都被斥为“封、资、修”的东西而受到批判及撤销，文艺节目主要是重复播出“八个革命样板戏”（包括现代京剧《智取威虎山》、《海港》、《红灯记》、《沙家浜》、《奇袭白虎团》，芭蕾舞剧《白毛女》、《红色娘子军》，交响乐《沙家浜》）。

“文革”中曾掀起过两次宣传样板戏的高潮，一次是1967年，一次是1974年。

1967年5月10日，江青《谈京剧革命》（1964年9月在京剧现代戏观摩演出人员的座谈会上的讲话）正式发表。该文由《红旗》杂志1967年第6期和1967年5月10日《人民日报》、《解放军报》同时发表。

1967年5月23日是毛泽东《在延安文艺座谈会上的讲话》发表25周年，当天，16 000余人在人民大会堂集会，举行隆重纪念大会，由江青主持大会，陈伯达、戚本禹发表讲话。5月24日，《人民日报》头版头条刊载新华社消息《首都隆重集会纪念毛主席〈在延安文艺座谈会上的讲话〉二十五周年 欢呼世界进入毛泽东思想伟大新时代》。5月23日，中央人民广播电台、北京广播电视台转播了首都纪念“延安讲话”25周年大会实况。从5月24日起，“八个样板戏”在北京舞台上同时上演，并“会演”一个多月。北京电视台也连续不断地轮番转播演出实况。

1974年7月，《红旗》杂志第7期发表“初澜”的《京剧革命十年》的重要文章。随后，一批鼓吹“样板戏”的文章相继发表，形成又一个宣传“样板戏”、为江青歌功颂德的高潮。报刊上连篇累牍地发表吹捧文章，广播电台、电视台不厌其烦地反复播送“样板戏”。中央人民广播电台播出“样板戏”的唱段时间，曾占全天播出文艺节目时间的85%以上。北京电视台在轮番播送“样板戏”时，每次播出前后，都要打出“毛主席革命文艺路线胜利万岁”的标语口号字幕，并配以“大海航行靠舵手”的音乐。“样板戏”不仅垄断了文艺舞台，也垄断了广播电台和电视台。

平心而论，“革命样板戏”无论唱腔还是台词，都是非常精彩的，但一天到晚、一年到头都是“样板戏”，难免使人产生单调乏味之感。这样，随着“样板戏”充斥电视屏幕，在当时形成了全中国“八亿人民八个戏”的局面。

此外，电台、电视台一天到晚播出的歌曲，翻来覆去总是那么几首，如《东方红》、《大海航行靠舵手》、《国际歌》、《三大纪律八项注意》、《文化大革命就是好》和根据毛泽东语录谱曲的《语录歌》，以及根据毛泽东诗词谱曲的《毛主席诗词歌曲》等。另外，到了“文革”后期，有的电视台如上海电视台还反复播出“四人帮”及其亲信炮制的批“走资派”的影片，如《盛大的节日》、《春苗》、《欢腾的小凉河》等。

上海电视台的“电视斗争大会”：1967年1月6日，在北京电视台停播的当天，上海电视台在张春桥、姚文元的支持下，首次实况转播了由造反派组织的“彻底砸烂中共上海市委大会”，这是全国首次举行的“电视斗争大会”。在电视批斗会上，造反派对华东局和上海市的党政领导陈丕显、曹荻秋等人横加罪名，实行暴力摧残，挂牌子、揪头发、罚跪、架“喷气式飞机”等。这些所谓“斗争方式”经过电视的实况转播，迅速传遍上海地区，一时成为各单位揪斗“走资派”最直观的“样板”，影响极坏。一时间，各地掀起一阵揪斗干部并游街示众的恶浪。据有人统计，这种电视批斗会在上海前后开过100多次，仅1967年就开过60多次。

国际新闻报道的停播与强加于人的对外宣传：我国电视上播出国际新闻早在1960年就开始了，每周3次，每次15分钟。1966年“文革”开始后的10年间，由于封闭与禁锢，我国新闻界与国外的联系基本中断，国际新闻也从电视屏幕上“销声匿迹”。10年后，即1976年，各级电台、电视台才逐渐恢复国际新闻的播出。

“文革”中，广播电台与电视台在对外宣传方面存在的问题主要有三点：一是不了解外国情况，以“我”为中心，强加于人，特别是“对外进行无效的革命思想的输出”；二是自吹自擂，中国“形势大好，不是小好”，“敌人一天天烂下去，我们一天天好起来”；三是逞强好斗，喜欢发表带挑衅性的文章和言论。

【“文革”中广播、电视业的曲折发展】“文革”10年中，在十分困难的情况下，我国的广播电视业仍然有一定程度的发展，其最大的特点是：①农村有线广播有了快速的发展；②彩色电视业的兴起。在广播方面，“到1976年底，全国县级广播站增加到2 503座，比1966年初多502座；广播喇叭发展到11 300多万只，比1966年增加12倍还多；全国97%的公社、93%的大队、86%的生产队通了有线广播，农户安装广播喇叭的达60%。同时，全国广播专线的建设和改造也有了很大的进展”[144]。在电视方面，到1976年，“我国的电视台已由文化大革命前的七座发展到三十七座，电视转播台发展到一百二十三座，首都的电视节目可以通过微波线路传送到二十三个省、市、区；电视接收机比文化大革命前增加了将近十倍”[145]。

“文革”中农村有线广播网的快速发展：有线广播是用导线传送节目信号的区域性广播，它曾经与无线广播、电视广播相辅相成，互为补充，共同组成了我国一个全国性的、完整的广播电视宣传网络。据专家考证，我国的有线广播于1947年在东北解放区的哈尔滨、齐齐哈尔等市首先出现，新中国成立后由城市到农村迅速发展起来。从1947年至1958年为有线广播的创建和推广阶段，这一时期的建设方针是：“依靠群众，充分利用现有设备，因陋就简，分期发展，逐步正规，先到村社，后到院户。”[146]当时的有线广播传输网络主要是利用邮电通信线路，把有线广播节目从县城传送到各个乡镇。因为是电话、广播共用一条线路，广播和电话采用时间分段方法来进行：在通电话时不能广播、在通广播时不能打电话，二者不能同时进行。这种简便但又落后的传输方法给通信和广播都带来了不便。随着经济的发展，打电话和通广播的矛盾越来越突出。要彻底解决这个矛盾，必须把广播线路和通信线路分开。因此，1959年至1977年，成为我国有线广播网的发展阶段。这个时期，为了解决广播与电话两个系统不能兼容的矛盾，确定了“以县广播站为中心，以公社广播放大站（后为乡广播站）为基础，以专线传输为主”的有线广播建设方针。特别是在1966年至1976年的十年“文革”中，我国各地党组织和地方政府动员群众发扬自力更生、艰苦奋斗的精神，采取就地取材、因地制宜的办法，筹集物料（包括用钢筋水泥、木材做的电杆，以及铁丝与广播喇叭)，架设起一条条有线广播专用线路，终于让有线广播深入农村的千家万户。在1969年初，财政部和中央广播事业局联合发出《关于农村广播网经费开支问题的通知》，规定县（市）广播站的日常事业经费列入国家预算、公社广播站的日常事业经费列入地方预算，这对发展农村有线广播事业提供了非常有力的支持。故到1976年底，全国县级广播站增加到2 503座、广播喇叭发展到1.13亿只，全国农村的有线广播网得到了空前的大发展，在全国范围内建立了有线广播的独立的传输系统。总之，在“文革”中，有线广播是一种覆盖面非常广而又十分重要的信息传播媒介。

电视新闻报道的发展：早在1958年11月2日，北京电视台开始出播音员图像的口播《简明新闻》，每次5分钟。最初的新闻稿件由中央人民广播电台提供。到1960年元旦，北京电视台正式设立电视新闻栏目，但其播出的电视新闻节目，基本上仍然沿袭新闻电影纪录片的手法——新闻性不强、时效性差。“文革”中，电视新闻报道中宣传了一系列错误的理论、路线、方针、政策和观点。尤其是在“文革”初期，以及在后来的“批林批孔”、“评法批儒”、“批邓、反击右倾翻案风”等运动中，电视新闻栏目作了许多错误的、违反党和人民利益的宣传报道。但由于北京电视台全体电视新闻工作者的努力，有些电视新闻还是比较及时报道和反映了一些重大的事件和社会主义建设成就的。如北京电视台拍摄的电视新闻就有《欢呼发射导弹成功》、《第一颗氢弹爆炸成功》（1967年6月17日）、《南京长江大桥建成通车》（1968年9月）、《河南林县红旗渠全部建成》（1969年7月8日）、《成功地发射第一颗人造地球卫星》（1970年4月24日）等。与此同时，在电视新闻报道中，有关我国领导人的外事活动及外交活动的报道占了很大的比重。如进入20世纪70年代，我国的外交有了重大突破和新的发展，外国元首来华访问和我国领导人出国访问及参加国际会议的电视新闻日渐增多。其中著名的如1972年2月21日至28日，美国总统尼克松访问中国，并受到当时大病初愈的毛泽东的接见。北京电视台协助美国的“美国广播公司”、“哥伦比亚广播公司”、“全国广播公司”全程报道了这次活动。北京电视台首次用彩色反转片拍摄了《毛泽东会见尼克松》的电视新闻，并通过所租用的卫星向全世界发布动态消息。这些报道在国内外产生了重大影响。此后不久，日本内阁总理大臣田中角荣访问中国（1972年9月25日至30日），北京电视台也作了全面系统的报道。另外，扎伊尔总统蒙博托、墨西哥总统埃切维利亚、法国总统蓬皮杜、加蓬总统邦戈、菲律宾总统马科斯、南斯拉夫主席比耶迪奇、美国总统福特、巴基斯坦总统布托、澳大利亚总理弗雷泽等也先后访问中国，北京电视台也都及时作了报道。1974年4月6日至19日，国务院副总理邓小平率中国代表团出席联合国大会第六届特别会议。10日，邓小平在联大特别会议上发言，全面系统地阐述了毛泽东提出的“三个世界”的理论，并说明了中国的对外政策。北京电视台新闻部也派记者随行采访，拍摄了邓小平在会议上作全面阐述“三个世界”理论发言时精彩的现场画面，在电视新闻栏目播出后，产生了强烈的反响。

电视纪录片的兴起：我国第一部电视新闻纪录片是1958年7月拍摄的《英雄的信阳人民》，该片真实地记录了河南信阳地区人民群众抗旱夺丰收的情景。“文革”中，电视纪录片的发展受到极“左”路线的影响。一些选题为宣传“四人帮”的路线和政策服务的电视纪录片播出后，在社会上造成了很大的负面影响。“文革”初期，各地电视台都拍摄了一些煽动“造反”、“夺权”的纪录片，如上海电视台拍摄的就有《横扫一切牛鬼蛇神》、《一月风景》、《砸烂联司》，等等。同时，宣传领袖形象，鼓吹“个人崇拜”，报道领袖活动的电视政治纪录片曾风行一时。其中最为著名的是1966年7月中下旬，由北京电视台拍摄的《毛泽东主席畅游长江》电视纪录片和北京电视台对1966年8月18日至11月26日间毛泽东8次接见红卫兵的实况转播报道及电视纪录片报道。“文革”中，电视纪录片的题材比较单一，像山川风光、名胜古迹、历史文化、海外风情等知识性、趣味性及服务性的题材，往往被贬斥为“中性”、“软调”而受到排斥。在拍摄手法上，往往违背纪录片真实性的原则，采用“摆拍”的方法“组织”拍摄。有的纪录片和解说词滥用政治术语，假话、空话、套话连篇，说教意味太浓。即便如此，我国电视纪录片在早期的探索中还是产生了一些思想内容好、艺术水平较高的优秀作品，为以后电视纪录片的发展积累了经验，锻炼了队伍，奠定了基础。如当时北京电视台的记者、编辑及摄像人员不畏艰险，深入基层，拍摄了一批比较优秀的电视纪录片，其中《兰考人民战斗的新篇章》、《三口大锅闹革命》、《当代愚公战太行》、《泰山压顶不弯腰》、《大庆在阔步前进》、《深山养路》、《下课以后》、《放鹿》、《海空雄鹰团》、《马王堆汉墓》等，都是这类电视片的代表作。但由于这些比较优秀的电视纪录片是在特殊年代拍摄的，难免存在一些“左”的倾向和“组织”拍摄的痕迹。

另外，“文革”中，北京电视台还派出多名记者，走出国门，赴世界各地采访，拍摄了一批较好的电视纪录片，如《澳大利亚掠影》、《瑞典首都斯德哥尔摩》、《中国乒乓球队代表团访问美国、加拿大、秘鲁、墨西哥》、《千塔之都开罗》、《独立的苏丹》，等等。1973年，沈阳电视台记者和北京电视台记者合作，一起访问了美国、秘鲁、智利、加拿大、朝鲜等国家，拍摄了《秘鲁风光》、《加拿大纪行》、《访美纪行》、《情深谊长》等大型彩色纪录片。1974年4月间，上海电视台记者还第一次出国拍摄了新闻纪录片《中国上海芭蕾舞团访问朝鲜》。在当时封闭、禁锢的环境下，这些纪录片为中国的老百姓打开了一扇眺望世界的窗口，让他们看到了外面的世界，增强了知识，开阔了眼界。[147]

1973年5月1日，北京电视台正式宣布彩色电视试播。一周后，我国第一部彩色电视纪录片《欢庆“五一”》播出，片长35分钟。以后又拍摄了彩色电视纪录片《毛泽东主席会见田中角荣首相》、《毛泽东会见比斯塔首相》、《中国乒乓球代表团访问美国》等。此后，凡重大活动的新闻一般都用彩色片拍摄或用彩色电视实况转播。

彩色电视的创办：世界上最早正式开始彩色电视广播的是美国。1954年7月间，美国全国广播公司（NBC）首先播出彩色电视节目。当时彩色电视机在美国出售时价格昂贵，每台为1 175美元。亚洲地区开办彩色电视机广播最早的是日本。1960年9月间，日本广播协会（NHK）正式开播彩色电视节目（1963年成功进行卫星转播实验）。我国的彩电业起步于20世纪70年代初，到80年代中后期才逐渐普及开来。其实，我国关于创办电视广播的动议很早就提出来了，据广电史专家考证，1956年5月28日，中共中央副主席刘少奇在听取中央广播事业局汇报创办电视广播问题时便指示：先搞黑白电视，但重点应该放在搞彩电。因为彩电比黑白电视更接近自然，更接近生活。此后在“北京电视台”创办后的第二年，即1959年10月19日，刘少奇到中央广播事业局视察工作时再次强调：下一步应该搞彩色电视。正是在这一年，中央广播事业局开始策划彩色电视的研制工作。此时，除美国电视已开始播出彩色节目外，苏联、日本、英国、法国、德国的“彩电”也都处于研究和试制阶段，从技术上讲，中国落后得并不多。在1960年5月，中国采取美国NTSC制式建立了一座彩色电视试验台，并取得了一定成效。但由于当时国家正处在三年自然灾害时期，经济困难，彩电试验被迫下马，这一停就是10年。

到20世纪60年代末，在彩电业方面，我国与世界上先进国家的差距已经拉大。当时世界主要资本主义国家的彩色电视已进入稳定发展的繁荣阶段，技术也日益成熟，电视机售价也不断下降。全球已形成美国研制的NTSC（1953年研制成功）、法国研制的SECAM（塞康制，1956年研制成功）和德国研制的PAL（帕尔制，1962年研制成功）三种制式三分天下的态势，而我国的彩电业尚未起步。

1970年1月16日至2月1日，中共广播事业局、四机部、解放军通信兵总部和电信总局在北京联合召开全国电视专业会议，提出要集中主要技术力量研制彩色电视，并适当发展黑白电视。会议还决定，分地区进行中国彩色电视制式的研究与攻关。“会后，北京、上海、天津、成都等地先后发起彩色电视攻坚战，开始了‘自创制式’的奋斗历程。”[148]其实，当时世界先进国家的彩电技术已相当成熟，设备先进，我国完全可以采取“拿来主义”的办法，直接“引进”其技术和设备。但在当时极“左”思潮泛滥的情况下，人们过分强调“自力更生”、“走自己的路”来“自创制式”，结果导致走了很长的弯路。“从效果上讲，科研不从最前沿出发，不借鉴人类的最新成果而宁愿从零开始，从头起步，是一种低效率和不经济的选择。”[149]

1970年9月，北京电视台制定了《1971—1975年发展规划（草案）》，提出：在五年内大力发展彩色电视，同时适当发展黑白电视；力争五年内逐步形成天上卫星、地上微波和地下电缆三结合的电视节目传输网，并实现全国电视节目的联播。当年年底，全国彩色电视攻坚经验交流会在北京召开。会后，国务院计划在北京、上海、天津和四川建立4个彩色电视试播台，国家计委安排北京、上海、天津、河北、广东等省的有关单位承担首部彩色电视试播设备的研制任务。此后，一场彩电攻关大会战在全国展开。但事与愿违，1971年8月，中央广播事业局等部门又一次举办经验交流会，会战单位把各自研制出来的彩电设备拿到北京广播学院进行测试、试播、展览，结果这些元器件的质量绝大多数不达标。

正当我国彩电研制徘徊不前之时，美国总统尼克松访华，为加快我国彩色电视机广播事业的创办带来了契机。1972年2月21日至28日，美国总统尼克松访问中国。事前，报道总统访华之行的美国三大广播公司的庞大采访队伍，带来了全套先进的新式彩色电视摄录、转播设备及卫星通讯设备，并提出用波音747大型客机在中国上空进行实况转播。中国以“有伤主权”予以拒绝。后来达成协议，由北京电视台和美国三大广播公司的代表签订了“租借合同”和“使用合同”：中国先向美国租借了其三大广播公司带来的全套摄像转播设备，同时在首都机场附近临时建立联合制片播出中心，然后再将此中心租给美方使用。双方租借费用两抵。从此举看来，中国人并未从中得到多大的便宜，但思想观念上的收获是巨大的。中国广电部门的决策者们和中国电视工作者不仅大开眼界，见识了当时世界上最先进的彩色摄录及转播设备，而且也清楚地看到了彼此在技术上的巨大差距。因此，在1972年4月召开的第二次全国电视专业会议上，决定放弃“攻关”，彩电会战宣告停止。4月20日，中央广播事业局军管小组向国务院业务组提交了《关于进口部分彩色电视设备的请示报告》，得到了国务院的批准。从此，中国电视业以引进及进口的方式开始彩色化的进程。

1972年10月14日，中央广播事业局以中国机械进出口总公司的名义派出电视技术考察团一行8人出发赴法国、瑞士、联邦德国、荷兰和英国考察3个月。其主要任务是选择、确定我国使用的彩色电视制式，学习建设彩电中心的经验，引进先进的彩电设备。考察团走访了以上5国21个电视中心、20个发射台和转播站、10个广播电视通讯研究中心和实验室，以及30个广播电视工商企业。经过充分、全面的比较选择，中国决定采用PAL彩色电视制式。考虑到与D制黑白电视兼容，中国彩色电视制式的全称为PAL—D制。考察团回国后，立即召开全国广播电视专业会议，最后正式决定暂用PAL—D制式进行彩色电视的研制与试播，并决定分别由北京电视设备厂和上海广播器材厂试制PAL制式彩电设备。

1973年4月14日，北京电视台第一次试验播出彩色电视。从晚上7点30分开始到8点30分结束，只播出了短短一个小时。

1973年5月1日，北京电视台正式宣布彩电试播。它使用八频道，面向首都观众播出了试验彩色电视，从晚上7点30分开始到9点结束。其黑白电视节目仍用二频道向外地传送。正式试播后，彩色电视在每周二、四、六、日晚上共4次播出。当时可供使用的彩电接收机共114部，其中使用国产管的62部、采用进口管的52部。[150]8月1日，上海电视台也开始用8频道试播彩色电视节目，成为全国第一家播出彩色电视的地方电视台。

1973年10月1日，北京电视台正式播出彩色电视节目，当天转播了首都人民国庆游园活动的实况。同一天，天津电视台和成都电视台也开始试播彩色电视。

1974年10月1日，上海、天津、南京、武汉、杭州等地试播了彩色电视节目。

1976年7月1日，北京电视台面向全国的电视节目《新闻联播》开始试办，每天晚上7点播出，每次15分钟，内容全是国内新闻，全国各级电视台同时转播。到1978年1月1日，该节目正式设立栏目，定名为《全国电视台新闻联播》（后简化为《新闻联播》）。该节目后成为中央电视台最具权威性、影响力最大的电视新闻节目。

1977年7月25日，北京电视台在第一套节目中用二频道向全国播放彩色电视节目。至此，北京电视台的两套节目（一套向全国传送、一套面向北京地区）全部实现彩色化。

一起荒唐的“蜗牛事件”：1972年，国务院批准从国外引进一条彩色电视生产线，于是由四机部组织了一个由12人组成的彩色电视显像管生产线考察团，于1972年底先到日本考察。代表团从日本回国后，又于1973年11月23日到美国考察。赴美考察团临回国时，美国一家显像管生产厂家送给考察团成员每人一件小礼物——玻璃蜗牛，以作纪念。本来这只是一般的礼仪往来，并无政治含义。1974年2月10日，江青到第四机械工业部发表讲话。她“上纲上线”，大发淫威地指责中国彩色显像管生产线考察团接受美国厂家玻璃蜗牛礼品“是屈服于帝国主义的压力”，是接受了对方嘲讽中国“爬行”，是“崇洋媚外”。她要四机部把玻璃蜗牛退回到美国驻华联络处去，并提出“抗议”。她说：“什么礼品?！这是美帝国主义的挑衅，他们是在侮辱我们是‘爬行主义’！什么生产线，我们不要他的！我们要自己搞!”这样，引进彩色电视生产线的计划终于搁置。

周恩来当时还责成外交部了解美国公司送蜗牛有何用意。经多方了解，原来美国人对蜗牛不但没有贬义，而是还赞许蜗牛的毅力和耐力，认为是顽强力量的象征，一般人都十分喜爱蜗牛礼品。此后，由周恩来主持的中共中央政治局会议决定：江青在四机部的讲话不印发、不下达，已印发的立即收回。“蜗牛事件”导致引进彩色显像管生产线整整晚了5年。有人说：“一起荒唐的‘蜗牛事件’，使中国的老百姓晚了5年才看上彩电。”

“四人帮”倒台后，1978年，国家才批准引进第一条彩电生产线。[151]

六、“文革”中的新闻教育与新闻学研究

【“文革”中的新闻教育事业】 1966年5月“文化大革命”爆发后，大、中学的红卫兵运动很快便开展起来。学校停课“闹革命”，红卫兵破“四旧”，打、砸、抢，大串联的、揪斗、参加大批判，一时大乱套。教育事业经历着前所未有的浩劫，各高等院校新闻系（专业）也都停课，并停止招生。1969年3月29日，《人民日报》头版在《社会主义大学应当如何办?》的通栏大标题下，分别刊登了驻清华大学、复旦大学、辽宁大学三校的“工人、解放军毛泽东思想宣传队”（简称“工宣队”）写的3篇文章。其中，驻复旦大学“工宣队”写的《我们主张彻底革命》一文提出了5条建议。该文第三条建议云：“有些系，如新闻系，根本培养不出革命的、战斗的新闻工作者，可以不办。”在这种情况下，该校新闻系实际上处于停办。

1971年1月21日至22日，全国高等院校调整座谈会在北京举行。根据会议意见，国家计委和国务院科教组于31日向国务院提出《关于高等院校调整的报告》。4月，这个报告提交全国教育工作会议讨论后，确定将全国原有的417所高等院校保留309所，撤销中国人民大学、中国医科大学、暨南大学和华侨大学等45所大学。其余或合并，或降格改为中专学校。这样，创办于1955年的中国人民大学新闻系也随着“人大”的撤销而停办，人大新闻系的教师们大部分下放到江西余江县进行劳动改造，一部分调到北京大学中文系复办该系的新闻专业。1973年6月，在江西“劳动锻炼”的那部分教师回到北京，按建制全部转到北大中文系新闻专业。

广州地区的暨南大学中文系新闻专业在“暨大”被撤销后，也随着该校中文系一起并入华南师范学院中文系。新闻专业的教师或改行，或去了“五·七干校”。暨大新闻系是我国较早成立的新闻系科之一，1946年8月创办于上海，1949年新中国成立后与圣约翰大学新闻系一起并入复旦大学新闻系。1958年，暨南大学在广州复建，1960年在中文系复办新闻专业，直至1971年停办。

北京广播学院正式创办于1959年9月7日。“文革”开始不久，该院即被撤销，停止招生达8年之久。后来由于周恩来的亲自过问，北京广播学院才得以恢复重办，并于1974年重新开始招生。

经过相当长时间的停顿、瘫痪以后，1971年9月，北京大学第一届工农兵学员（1970年入学）分专业时，又在中文系恢复了新闻专业，并将已停办了的中国人民大学新闻系的师资及图书资料、设备一并转入北大中文系新闻专业。当时恢复北大新闻专业的目的，是为了向被造反派夺了权的各级党委机关报和各级“大批判写作组”输送干部。从1970年至1976年，北大中文系新闻专业一共招收了五届三年制的工农兵学员，毕业生达304人。另外，还办过四期新闻在职干部进修班（每期学习一年），学员共有136名。期间，北大新闻专业还自编过几部教材，如《新闻文选》（上、下册）（北京大学中文系编，1973年9月内部出版）、《新闻理论讲话》（北京大学中文系新闻专业七三级工农兵学员编，1975年10月内部出版），等等。

1971年底，复旦大学新闻系也开始招收第一届工农兵学员。此前的1969年9月，复旦大学新闻系还办过一个不分系科专业的“五·七文科试点班”，为“搞革命大批判”和“写作组”培养人才。

1973年，经国务院批准，北京广播学院恢复重办，次年开始招生。

此外，复办和新创办的一些新闻教育单位还有如下几个：1972年，广西大学中文系设立了新闻专业；同年，天津师范大学中文系也设立了新闻专修班，招收工农兵学员。1974年，江西大学中文系开办新闻干部进修班。1976年，郑州大学中文系开始试办新闻专业班。

“文革”中的新闻教育事业深受极“左”思潮及极“左”路线的危害，导致教学秩序紊乱、教学计划临时拼凑、教材临时编写、课程设置极不合理、专业课缺乏师资；学生年龄普遍偏大，基础及水平参差不齐等。新闻史家评价这一段历史云：

> 这一批新闻院系工农兵大学生后来的情况不完全一样。有的在新闻单位干得十分出色，成为所在单位的骨干力量。有的留校任教，在工作中不断提高，又经过校内几门课程的考试，摘掉了工农兵学员的“帽子”，成为称职的新闻教育工作者。有的考上了新闻学研究生，或出国留学，继续深造，毕业后成为杰出的新闻工作者、新闻教学研究工作者。以上这些是少数，而且主要是由于自身的努力。大部分工农兵大学生分到新闻单位后，表现平常，明显地缺乏后劲。就整体来说，在极“左”思潮指导下进行的这场新闻教育的“革命”，是不成功的。[152]

【“文革”中的新闻学研究】“文革”中的新闻学研究几乎停顿。许多新闻学者遭到迫害，新闻院系及新闻研究机构停办，新闻学术研究刊物停刊，大量宝贵的新闻研究资料在动乱中或被毁或散佚。有研究者统计：“文革”十年（1966年5月至1976年10月），新闻学著作一共才出版43种。[153]这43种著作中，有些著作在内容上深受极“左”思潮的影响，几乎没有什么学术价值可言。这些著作除极少数是由正规出版社公开出版的以外，绝大多数是内部发行物，这些内部发行物包括新闻单位内部编印的带有总结工作经验性质的小册子和一些刚刚复办的新闻系（专业）编写的教材。

正规出版社出版的一些小册子有1968年9月人民出版社出版的《把新闻战线的大革命进行到底》，1976年5月吉林人民出版社出版了由吉林师范大学中文系与吉林德惠县达家沟人民公社“三结合”编写组合作编写的《怎样办好农村黑板报》，等等。

报社、电台、电视台等新闻单位及刚复办的新闻院系（专业）出版的内部资料。这些内部资料有的是新闻单位的经验总结及业务学习资料，有的是新闻系科（专业）培训及教学用的讲义或教材等。如解放军报社编印的《通讯报道文选》（1970年），内蒙古人民广播电台编的《新闻写作》（1973年），新疆日报采编部编的《新闻写作知识》（1975年），石家庄日报社编印的《新闻写作》（1976年），武汉人民广播电台编的《怎样写广播稿》（1976年），北京广播学院新闻系编、《湖北广播》编辑部印的《写广播搞怎样正确运用语言》（1974年），复旦大学新闻系编印的《新闻写作》（1975年9月），安徽大学中文系写作组编的《谈学习写作》（安徽人民出版社，1977年出版），复旦大学新闻系编印的《广播稿选》（上、下册）（1976年），北京大学中文系编印的《新闻文选》（上、下册）（1973年9月），北京市朝阳区工农通讯员和北京大学中文系新闻专业七三级工农兵学员合编的《新闻理论讲话》（1975年10月），等等。

“文革”中的所谓“新闻学”论文都是些蛮横霸道、强词夺理、充满极“左”思潮的大批判文章。其中“出名”的有两篇：一是“闻洪宾”的《把中国赫鲁晓夫的资产阶级新闻纲领拿来示众——批判大毒草〈对华北记者团的讲话〉》（载《人民日报》1967年8月24日第一版）；二是由陈伯达、姚文元合伙炮制的、以《人民日报》、《红旗》杂志、《解放军报》编辑部名义发表的《把新闻战线的大革命进行到底》（载《人民日报》1967年9月1日）。这两篇文章对刘少奇正确的、极为重要的新闻思想及新闻观点，作了大肆歪曲、攻击和批判，从而在新闻舆论界造成了极大的思想混乱。

在新闻学术研究刊物方面，最重要的新闻专业刊物《新闻业务》在“文革”初期即被迫停刊（《新闻业务》于1951年1月25日出版第1期，出至1966年6月停刊。直至1981年7月，《新闻业务》才复刊。1987年1月改刊名为《中国记者》出版）。

注　释

①1966年5月16日，中共中央政治局扩大会议通过了作为“文化大革命”纲领性文件的《五·一六通知》，当时并未及时公开发表。直到一年后的1967年5月17日，《人民日报》才公开全文发表《五·一六通知》。18日，《人民日报》、《红旗》杂志发表编辑部文章《伟大的历史文件》。毛泽东在文章中写了一段话：“现在的文化大革命仅仅是第一次，以后还必然要进行多次，革命的谁胜谁负，要在一个很长的历史时期内才能解决。如果弄得不好，资本主义复辟将是随时可能的。”

②关于重新设立的“文化革命小组”的情况：1966年5月28日，中共中央发出《关于中央文化革命小组成员名单的通知》，宣布“中央文化革命小组”成员名单：组长陈伯达、顾问康生（时任中共中央书记处书记）；副组长江青、王任重（时任中南局湖北省委第一书记）、刘志坚（时任解放军总政治部第一副主任）、张春桥（时任上海市委文教书记）；组员有谢镗忠（时任解放军总政治部文化部部长）、尹达（时任中国科学院社会科学部考古所副所长、历史研究所第一副所长）、王力（时任中宣部副部长、《红旗》杂志副主编）、关锋（时任《红旗》杂志编委）、戚本禹（时任《红旗》杂志历史组组长）、穆欣（时任《光明日报》总编辑）、姚文元（时任上海市委宣传部部长）等。8月2日，增补陶铸任“中央文革小组”顾问。穆欣曾任文革小组办公室主任。文革小组下辖有办事组、接待站、宣传组、文艺组、理论组等，办公地点在钓鱼台14号楼。不久（1966年12月至1967年1月），陶铸、王任重、刘志坚、谢镗忠、尹达、穆欣等因受迫害而离开了“中央文革小组”。

③关于“红卫兵”运动：早在1966年6月间，北京清华大学附中就开始出现“红卫兵”组织。8月1日，毛泽东写信给他们，认为其行动“说明对反动派造反有理”，并“表示热烈的支持”。不久，北京地区出现了“五大红卫兵领袖”：“文革”初期写出“全国第一张大字报”的北大的聂元梓，“造反司令”清华的蒯大富，“地派”头目北京地质学院的王大宾、谭厚兰，“天派领袖”北京航空学院的韩爱晶。

④所谓“三结合”是指“有革命干部的代表”、“有军队的代表”、“有革命群众的代表”“三结合”组成的“一个革命化的联系群众的领导班子”。详见《人民日报》、《红旗》、《解放军报》1968年3月30日刊登的社论《革命委员会好》。1968年9月7日，《人民日报》、《解放军报》发表《无产阶级文化大革命的全面胜利万岁！》，欢呼全国内地29个省、市、自治区全部成立了革命委员会，实现了“全国山河一片红”。社论还传达了毛泽东试图通过“斗、批、改”达到“天下大治”的设想。

⑤据李庄《〈人民日报〉上的“文化大革命”》一文云：1968年12月22日在《人民日报》所载《我们也有两只手，不在城里吃闲饭》“这条新闻‘文革’后经查证不实”，是虚构的假新闻。详见李庄：《人民日报风雨四十年》，人民日报出版社，1993年版，第272页。

⑥以上数据见中共中央党史研究室编：《中共党史大事年表》，人民出版社，1987年版，第369页；新华日报社编：《中华人民共和国大事记（1949—2004）》（上册），人民出版社，2004年版，第349页。

⑦“斗、批、改”在前后不同的阶段有不同的内容。“斗、批、改”早在“十六条”中就提出来了，即“斗垮走资本主义道路的当权派，批判资产阶级和反动学术‘权威’，批判资产阶级和一切剥削

阶级的意识形态，改革教育，改革文艺，改革一切不适合社会主义经济基础的上层建筑”，当时也叫“一斗、二批、三改”。“九大”以后提出的“斗、批、改”是：“建立三结合的革命委员会，大批判，清理阶级队伍，整党，精简机构，改革不合理的规章制度，下放科室人员。”

⑧1973年8月5日，毛泽东向江青讲述中国历史上儒法斗争的情况时提出：历代政治家有作为、有成就的，在封建社会前期有建树的，都是法家。这些人都主张法治，犯了法就杀头，主张厚今薄古。而儒家则满口仁义道德，一肚子男盗女娼，都是主张厚古薄今，开历史倒车的。毛泽东还给江青念了他写的诗《读〈封建论〉——呈郭老》，即“劝君少骂秦始皇，焚坑事业要商量。祖龙魂死秦犹在，孔子名高实秕糠。百代都行秦政法，《十批》不是好文章。熟读唐人《封建论》，莫从子厚返文王”，表达了他评法批儒的观点。1973年8月7日，根据毛泽东指示，《人民日报》发表了广州中山大学历史系教授杨荣国的文章《孔子——顽固地维护奴隶制的思想家》。这篇文章发表后，各地报刊纷纷转载，成为“批林批孔”运动的先声。

⑨参阅逄先知、金冲及主编：《毛泽东传（1949—1976）》（下卷），中央文献出版社，2003年版，第1680页。

⑩据新华月报社编：《中华人民共和国大事记（1949—2004）》（上卷），人民出版社，2004年版，第440页。

⑪引自新闻出版署计财司统计处：《中国报刊出版统计》，载《中国新闻年览》，2000年卷，第567页。

⑫参见《1936—1984年广播事业大事记》，载《中国广播电视年鉴》（1986年卷），中国广播电视出版社，1986年版，第1091页。

⑬引自黄勇：《新中国电视事业50年》，载《中国新闻年鉴》（2000年卷）第56页。

⑭“中央文化革命五人小组”系根据毛泽东的指示，于1964年7月成立，负责领导文艺界整风等文化革命事宜。经中共中央指定，成员有彭真、陆定一、康生、周扬、吴冷西，其中彭真任组长，陆定一任副组长。

⑮引自余焕椿：《陈伯达是怎样在人民日报夺权的》，载《炎黄春秋》2006年第6期。

⑯“文革”期间及“文革”前后人民日报社社长、总编辑更替情况：1959年2月，邓拓被调到北京市委工作，吴冷西接手《人民日报》工作。当时，吴冷西既是《人民日报》总编辑、新华社社长，又是中宣部副部长，在新闻界有很高的权威。1966年5月31日，陈伯达带领工作组到人民日报社夺权后，吴冷西下台。6月20日，经中央决定，由唐平铸代理总编辑。1967年，唐被“揪”回解放军报批斗，接手的是鲁瑛。鲁瑛当时的正式名义是《人民日报》核心小组组长、宣传小组组长，集报社党务、编务于一身。直到1976年10月“四人帮”垮台，鲁瑛随之下台。1977年1月11日，中央决定胡绩伟任《人民日报》总编辑。1982年4月6日胡绩伟改任社长，接替他任总编辑的是秦川。一年后，中央决定秦川任社长，李庄接任总编辑。1985年12月6日，中央决定调时任中联部部长的钱李仁到《人民日报》接替秦川任社长；三个月后，谭文瑞又接替李庄任总编辑。

⑰引自余焕椿：《陈伯达是怎样在人民日报夺权的》，载《炎黄春秋》2006年第6期第10页。

⑱1966年6月13日，中共中央、国务院发出通知，决定改革高等学校招生考试办法，“决定将1966年高等学校招收新生工作推迟半年进行”。但到1967年1月1日，实际招生工作并未进行，直到1977年，停止了10年之久的高考制度才得以恢复。当年全国参加高考报名者达570万人，录取27.3万人。

⑲引自《红旗》评论员文章：《向革命的青少年致敬》。1966年8月24日，《人民日报》第二版转载了清华附中红卫兵写的三论“造反精神”的大字报及《红旗》评论员文章。

⑳林彪提出所谓“突出政治”五项原则为：一、活学活用毛主席著作，特别要在“用”字上狠下工夫，把毛主席的书当成全军各项工作的“最高指示”；二、坚持“四个第一”（人的因素第一、政治工作第一、思想工作第一、活的思想第一），大抓狠抓活思想；三、领导干部要深入基层；四、大胆提拔“真正优秀”的指战员到关键的岗位上；五、苦练过硬的技术和近战、夜战战术。林彪提出“突出政治”的五项原则，大搞“空头政治”，鼓吹“政治可以冲击一切”，制造个人崇拜，给军队建设造成严

重损害。

㉑据解放军报社党委会：《更高地高举起毛泽东思想伟大红旗，为提高〈解放军报〉的现实理论性而奋斗》，载《新闻业务》1964年第5期。

㉒引自林彪：《〈毛主席语录〉再版前言》（1966年12月16日），载1966年12月17日《人民日报》及全国各大报头版头条（据新华社北京16日电）。

㉓引自张海涛：《〈毛主席语录〉光芒万丈——热烈欢呼〈毛主席语录〉出版三周年》，载《解放军报》1967年5月1日第三版。

㉔据1967年12月26日《人民日报》头版头条刊登新华社消息《毛泽东选集今年出版八千万部》。

㉕引自新华社消息《毛泽东选集近三年出版一亿五千万部》，载1969年1月3日《人民日报》头版头条。

㉖李劫夫（1913至1976年12月17日），其生平事迹详见：新华社记者姜敏的文章《深深的怀念》（载1994年4月3日《人民日报》第四版）、霍长和的《红色音乐家——劫夫》（人民出版社，2003年版）、陈益南的《李劫夫在“文革”中》（载《南方周末》2004年7月15日D29版）、梁茂春的《歌曲的“异化”：论劫夫的“语录歌”创作》（载《中央音乐学院学报》2004年第2期）。

㉗引自刘杲、石峰主编：《新中国出版五十年纪事》，新华出版社，1999年版，第111页。

㉘新华社通讯《毛主席畅游长江》，载1966年7月25日《人民日报》头版头条。

㉙据1966年11月12日《人民日报》头版报道；又据消息《毛主席先后检阅一千一百万文化革命大军》，载1966年11月27日《人民日报》头版头条。

㉚引自恽逸群：《平凡的道理——略谈个人崇拜》，载陆炳炎主编：《恽逸群同志纪念文集》，上海三联书店，2005年版，第479、482页。

㉛参阅甘惜分主编：《新闻学大辞典》，河南人民出版社，1993年版，第1005页“附录三”的“中国大陆报纸历年家数、期发行总数统计表”。

㉜参阅“《前进报》无产阶级革命造反总部”：《〈大公报〉财经宣传的修正主义货色》，载丁望编：《中国大陆新闻界文化大革命资料汇编》，香港中文大学，1973年版，第60页；吴葆《北京〈大公报〉停刊与〈前进报〉夭折》，载2002年3月6日《中华读书报》第十版，原载《纵横》2002年第1期；方汉奇等著：《〈大公报〉百年史》，中国人民大学出版社，2004年版，第351—357页。

㉝上海晚报六十三个工人《“卑贱者”掌大权》，载1967年1月15日《上海晚报》。转引自丁望编：《中国大陆新闻界文化大革命资料彙编》，香港中文大学出版社，1973年版，第144页。

㉞参阅《从〈红卫报〉事件看走资派的阴谋》一文，原载《封闭红卫报一周年纪念专刊》（广州）（1967年12月13日），转见丁望编：《中国内地新闻界文化大革命资料汇编》，香港中文大学出版社，1973年版，第149页。

㉟引自《人民日报》、《红旗》、《解放军报》编辑部文章《把新闻战线的大革命进行到底——批判中国赫鲁晓夫反革命修正主义的新闻路线》，载于1968年9月1日《人民日报》第一、二、三版。

㊱参考谭放、赵无眠选辑，赵无眠述评：《文革大字报精选》，香港明镜出版社，1996年版，第665页。

㊲引自《文汇报》“星火燎原革命造反总部”：《一定要把报纸的领导权夺过来》，载《红旗》1967年第3期第49页。

㊳参见《文汇报》消息《〈解放日报〉造反了》，载1967年1月6日上海《文汇报》。

㊴见《北京市委决定成立新的〈北京日报〉编委会》，载1966年6月7日《人民日报》头版。

㊵参阅两张大字报：“首都革命造反派创立新《北京日报》联合委员会”的《无产阶级革命造反派大联合大夺权胜利万岁！——〈北京日报〉夺权宣言》（1967年1月19日）；《北京日报》红色工人造反队、长缨战斗队、东方红兵团的《所谓的“〈北京日报〉革命造反委员会是什么货色?”》。两张大字报载赵无眠、谭放选辑：《文革大字报精选》，香港明镜出版社，1996年版，第670—675页。

㊶参阅《〈北京日报〉启事》，载丁望编：《中国内地新闻界文化大革命资料汇编》，香港中文大学

出版社，1973年版，第99页；北京日报社论《宣传毛泽东思想 捍卫毛泽东思想》（1967年4月22日），载丁望编：《中国内地新闻界文化大革命资料汇编》，香港中文大学出版社，1973年版，第100页。

㊷1965年12月8日至16日，中共中央政治局常委扩大会在上海举行，会议由毛泽东主持。会上，林彪一伙诬陷罗瑞卿"反对突出政治"、"篡军反党"，对他进行突然袭击。因此，罗瑞卿被调离军队方面的领导职务。

㊸引自《解放军报改组》资料，载丁望编：《中国内地新闻界文化大革命资料汇编》，香港中文大学出版社，1973年版，第59页。

㊹参阅《解放军报改组》资料，载丁望编：《中国内地新闻界文化大革命资料汇编》，香港中文大学出版社，1973年版，第59页。

㊺以上参阅卢弘：《军报内部消息——文革亲历实录》，时代国际出版公司，2006年版。

㊻以上参阅《南方日报报史》（内部资料）第189页。

㊼林里：《编报如同走钢丝》，载林里：《我当记者五十年》，中央文献出版社，1997年版，第145—150页。

㊽参见冯建辉：《林彪与个人崇拜》，载《炎黄春秋》1999年第10期第34页。

㊾引自李庄：《人民日报风雨四十年》，人民日报出版社，1993年版，第300页。

㊿引自"红卫兵华东师大革委会部分战士"：《〈解放日报〉反对毛主席的罪证如山》，载1966年12月30日上海《红卫战报》。转见丁望编：《中国内地新闻界文化大革命资料汇编》，香港中文大学出版社，1973年版，第107页。

51引自林里：《编报如同走钢丝》，载林里：《我当记者五十年》，中央文献出版社，1997年版，第145—146页。

52引自罗平汉：《墙上春秋——大字报的兴衰》，福建人民出版社，2003年版，第112页。

53引自毛泽东《关于播发〈宋硕、陆平、彭珮云在文化革命中究竟干些什么？〉大字报的批语》（1966年6月1日），载《建国以来毛泽东文稿（1966年1月—1968年12月）》（第12册），中央文献出版社，1998年版，第62页。

54引自季羡林：《牛棚杂忆》，中共中央党校出版社，1998年版，第17页。

55引自1967年8月5日《人民日报》头版头条。报载该文与手搞原文略有不同，如报载"写得何等好啊"的"啊"原稿为"呵"，报载"请同志们重读这一篇大字报和这篇评论"，原稿为"请同志们重读一遍这张大字报和这个评论"。详见《建国以来毛泽东文稿（1966年1月—1968年12月）》（第12册），中央文献出版社，1998年版，第90页。

56据刘平平、刘源源、刘亭亭：《胜利的鲜花献给您——怀念我们的爸爸刘少奇》，载黄峥编：《刘少奇的最后岁月（1966—1969）》，中央文献出版社，1966年版，第21页。

57引自《文汇报》记者：《"好在历史是人民写的"——王光美说刘少奇的最后岁月》（1980年5月），载黄峥编：《刘少奇的最后岁月（1966—1969）》，中央文献出版社，1996年版，第5页。

58参阅谭放、赵无眠选辑，赵无眠述评：《文革大字报精选》，香港明镜出版社，1996年版，第664页。

59引自龚育之：《读〈毛泽东诗词选〉随笔》"在寒风中抄录"，载龚育之著：《龚育之自选集》，学习出版社，2002年版，第105、121页。

60引自陈明远：《诗歌——我生命的翅膀》，载陈明远：《劫后诗存——陈明远诗选》，世界知识出版社，1988年版，第351、350页。

61引自赵无眠：《重读大字报》，载谭放，赵无眠选辑，赵无眠述评：《文革大字报精选》，香港明镜出版社，1996年版，第15—16页。

62引自1978年3月8日《人民日报》第四版所载叶剑英《关于修改宪法的报告》。

63引自1980年9月11日《人民日报》第三版所载《人大代表在小组讨论会上发言摘登》。

64关于"文革小报"种数，有人初步统计为"近5 000种"（见古阳木：《红卫兵小报兴亡录——中国报刊史上的乱世奇观》，载《炎黄春秋》1994年第3期第40页)；有人"粗略估计"，"全国各地出版的小报超过6 000种"(见印红标：《"文革"中的群众组织小报》，载《新闻研究资料》(总第56辑)，中国社会科学出版社，1992年版，第146页)；还有人估算，"大约在10 000种以上"(见陈东林：《"文化大革命"群众组织报刊研究》，载中共中央党史研究室、中央档案馆编：《中共党史资料》(第76辑)，中共党史出版社，2000年版，第137页)。

⑥有关江西省的"文革"小报：据龚小京《江西省"文化大革命"派报略述》一文云："江西省'文革'小报在数量上"，"据统计有实物的共327种(包括专刊)，另外还有许多佚报，估计总数不会少于600种"。(载《新闻研究资料》(总第59期)，中国社会科学出版社，1992年版，第138页)。有关四川省的"文革小报"：据"孔夫子旧书网"、"书店联盟"、"剑南书局"等网站近年(2007、2008年)网上拍卖的成都地区"文革小报"就有百十来种。为慎重计，此不录。

⑥参见陈东林：《"文化大革命"群众组织报刊研究》，载中共中央党史研究室，中央档案馆编：《中共党史资料》(第76辑)，中共党史出版社，2000年版。

⑥引自印红标：《"文革"中的群众组织小报》，载《新闻研究资料》(总第56辑)，中国社会科学出版社，1992年版，第146页。

⑥古阳木：《红卫兵小报兴亡录——中国报刊史上的乱世奇观》，载《炎黄春秋》1994年第3期第40页。

⑥见中国人民解放军国防大学党史、党建政工教研室编：《中共党史教学参考资料》第25册第462页。转引自印红标：《"文革"中的群众组织小报》，中国社会科学出版社，1992年版，载《新闻研究资料》(总第56辑)第153—154页。

⑦引自印红标：《"文革"中的群众组织小报》，载《新闻研究资料》(总第56辑)，中国社会科学出版社，1992年版，第146页。

⑦详见牟志高：《〈出身论〉与〈中学文革报〉》，载徐晓、丁东、徐友渔编：《遇罗克遗作与回忆》，中国文联出版公司，1999年版，第217页。

⑦李逊：《大崩溃：上海工人造反派兴亡史》，时报文化出版企业有限公司，1996年版，第134页。转引自陈东林《"文化大革命"群众组织报刊研究》，载《中共党史资料》(总第76辑)第149、150页。

⑦转引自陈东林：《"文化大革命"群众组织报刊研究》，载中共中央党史研究室，中央档案馆编：《中共党史资料》(第76辑)，中共党史出版社，2000年版第149页。

⑦参阅印红标：《"文革"中的群众组织小报》，载《新闻研究资料》(总第56辑)，中国社会科学出版社，1992年版，第146页。

⑦引自陈东林：《"文化大革命"群众组织报刊研究》，载中共中央党史研究室，中央档案馆编：《中共党史资料》(第76辑)，中共党史出版社，2000年版。

⑦诗中"廖公子"指当时在日本访问的廖承志，"韩大哥"指当时在美国进行谈判的韩叙。详见章含之《我与冠华》一文，载章含之等著：《我与冠华》文集，中国青年出版社，1994年版，第49—50页。

⑦转引自陈东林：《"文化大革命"群众组织报刊研究》。"'文革'前期的小报研究"主要参阅印红标：《"文革"中的群众组织小报》，载中国社会科学院新闻研究所编：《新闻研究资料》(总第56辑)，中国社会科学出版社，1992年版，第146页；龚小京：《江西省"文化大革命"派报略述》，载《新闻研究资料》(总第59辑)，中国社会科学出版社，1992年版，第138页；古阳木：《红卫兵小报兴亡录——中国报刊史上的乱世奇观》，载《炎黄春秋》1994年第3期第40页；陈东林：《"文化大革命"群众组织报刊研究》，载中国中央党史研究室、中央档案馆编：《中共党史资料》(总第76辑)，中共党史出版社，2000年版，第137页；胡松涛：《话说红卫兵刊物》，载《书屋》2007年第11期；1966、1967、1968年《人民日报》、《解放军报》、《红旗》。

⑦以上详见甘肃省甘南州党史研究室翟翔、郝德有：《"刘学保事件"及其思考》，载《党史风华》

1992年第1期；卢弘：《“文革”中的“英雄”是怎样塑造出来的?》（2006年1月6日网上资料）。

⑲引自1979年2月8日《人民日报》第四版头条所载该报记者写的文章《戳穿一个假典型——河南灵宝县精兵简政的调查》。

⑳据新华社通讯员、新华社记者：《革命的熔炉 批修的战场——毛主席发出五七指示十周年前夕访问中共中央办公厅五·七干校》，载1976年5月7日《人民日报》。

㉑引自“两报一刊”（《人民日报》、《解放军报》、《红旗》）1970年元旦社论《迎接伟大的七十年代》，载1970年1月1日《人民日报》第二版整版；又见1970年1月2日、3日、4日三天《人民日报》头版刊登的毛主席“最新指示”；姬凌、汪林平《要先抓好三分之一》，载1970年1月16日《人民日报》第一版。

㉒引自姚文元文章《工人阶级必须领导一切》，载1968年8月25日《人民日报》。

㉓所谓“黑六论”，详见1978年10月16日《人民日报》转载《红旗》第4期社论《吸收无产阶级的新鲜血液》。

㉔引自王洪文：《关于修改党章的报告》（一九七三年八月二十四日在中国共产党第十次全国代表大会上的报告，八月二十四日通过），载1973年9月2日《北京日报》头版头条。

㉕参阅：《御状英雄李庆霖的沉浮人生》，原载2008年10月17日《大庆晚报》。

㉖以上参阅：王文尧、恩亚立、邢卓（王亚卓）：《揭穿“王亚卓事件”冤案——愤怒控诉“四人帮”破坏教育革命的滔天罪行》（《人民日报》加了“编者按”），载1977年12月24日《人民日报》；邢卓《王亚卓事件始末》，载《炎黄春秋》2008年第1期第53页；《北京日报》大批判组：《“四人帮”篡党夺权的一个重要步骤——揭露批判“四人帮”及其黑干将抛出所谓一个小学生“反潮流”的“典型”罪行》，载1978年4月24日《北京日报》；朱南树：《揭开〈一个小学生的来信和日记摘抄〉的真相》，载1978年4月30日《北京日报》第二版；《揭穿一个政治骗局——〈一个小学生的来信和日记摘抄〉真相》，载1978年5月21日《人民日报》。

㉗参阅罗长奇、杨天成：《马振抚中学事件的前前后后》，载《纵横》（月刊）1996年第7期第11页。

㉘统计数据详见单万里：《中国纪录电影百年历程》，载俞小一主编：《中国电影百年特刊》，中国电影年鉴社，2005年版，第231页。

㉙引自李宏宇、周瑜：《中央新影：记录国家影像历史》，载2005年5月5日《南方周末》第17版。

㉚参见《〈毛主席和百万文化革命大军在一起〉大型彩色纪录片今天起陆续在各地放映》，载1966年9月7日广州《红卫报》（由原《羊城晚报》改名出版）第一版；中央新闻电影制片厂《毛主席和百万文化革命大军在一起》摄制组：《最伟大历史的纪录》，载1966年9月7日《光明日报》第三版；《欢呼大型彩色纪录片〈毛主席和百万文化革命大军在一起〉上映》，载1966年9月8日《人民日报》第三版。

㉛详见1966年10月1日《人民日报》第五版所载消息。

㉜参阅郭化光、齐文学：《哈尔套“社会主义大集”始末》，载《百年潮》2002年第3期。

㉝参阅单万里：《中国纪录电影百年历程》，载俞小一主编：《中国电影百年特刊》，中国电影年鉴社，2005年版，第231页。

㉞参见方亮：《拍出更多更好的新闻纪录片》，载《红旗》1973年第2期第68页。

㉟详见消息《欢呼我国三次核试验成功〈毛泽东思想的伟大胜利〉彩色纪录片今起放映》，载1966年10月1日《人民日报》第五版。

㊱安东尼奥尼拍摄的《中国》曾遭到“四人帮”的批判，如1974年1月30日，《人民日报》以“评论员文章”名义发表由江青等人组织写的《恶毒的用心，卑劣的手法——批判安东尼奥尼拍摄的题为〈中国〉的反华影片》。2004年11月25日至12月5日，北京电影学院举办安东尼奥尼电影回顾学术观摩会议。

⑰引自方汉奇主编：《中国新闻事业通史》（第三卷），中国人民大学出版社，1999年版，第401页。

⑱详见“辛颖”：《人民的总理人民爱》，载1977年1月6日《北京日报》第三版。

⑲以上主要参考郝玉生主编：《我们的足迹（续集）（1953—1998）》（中央新闻纪录电影制片厂，1998年内部出版发行）；单万里：《中国纪录电影百年历程》，载俞小一主编：《中国电影百年特刊》，中国电影年鉴社，2005年版，第226页；李宏宇、周瑜：《中央新影·记录国家影像历史》，载2005年5月5日《南方周末》第十七版。

⑳引自王若水：《从批“左”到批右的转折》，载《人民日报回忆录（1948—1988）》，人民日报出版社，1998年版，第181页。

⑳参见王若水：《从批“左”到批右的转折》，载《人民日报回忆录（1948—1988）》，人民日报出版社，1988年版，第183页。

⑳参阅李庄：《人民日报风雨四十年》，人民日报出版社，1993年版，第274页。

⑳引自复旦大学学员刘宝山、沈如松：《打什么基础理论?》，载1972年11月25日上海《文汇报》第三版。

⑳引文见上海机械学院学员章祖铭、万秋远：《马克思主义哲学是最基础的理论》，载1972年11月22日上海《文汇报》第二版头条。

⑳见1972年12月17日毛泽东同周恩来、张春桥、姚文元等谈话记录，转引自逄先知、金冲及主编：《毛泽东传（1949—1976）》，中央文献出版社，2003年版，第1648页；又见力平、马芷荪主编：《周恩来年谱（1949—1976年）》（下卷），人民出版社，1995年版，第567页。

⑳据李庄：《人民日报风雨四十年》，人民日报出版社，1993年版，第275页。

⑳见1969年5月4日《人民日报》、《解放军报》发表的“两报一刊”社论《五四运动五十年》。

⑳详见钟健夫：《杨荣国的荣辱浮沉》，原载《南风窗》，后载《“文化大革命”风云人物访谈录》，中央民族学院出版社，1993年版，第368页。

⑳参阅《“四人帮”勒令〈解放军报〉变相停刊事件真相》，载1976年12月19日《解放军报》。

⑳引自中共上海港五区委员会：《一个反动口号出笼的真相》，载1977年3月25日《解放日报》第二版。

⑪《三上桃峰》取材于1976年7月25日《人民日报》刊登的一篇通讯《一匹马》。故事发生在河北省抚宁县，剧中女主人公给因为买了病马而蒙受重大损失的桃峰大队送去一匹好马。她的这一行动犹如雪中送炭，支援了该队当时的春耕生产，因而受到赞扬。此剧正面歌颂了这种共产主义风格，主题在当时无疑是有进步意义的。

⑫1978年8月，中共中央批转山西省委关于为《三上桃峰》事件平反的报告。详见王昭：《〈三上桃峰〉事件始末》，载《蓝盾》1987年第4期。

⑬“风庆轮事件”的背景：1971年“九·一三”事件后，周恩来领导批“左”，让国务院有关部门抓计划、抓管理，使我国的经济工作在短时期内取得了较为显著的进展，其中以扩大外贸的成果为最著。当时，国务院利用尼克松访华后中美关系开始解冻的有利时机，开展外贸工作，其中如1973年在黄金买卖、期货贸易方面就获利甚丰，外贸部门在短时间内就赚了30亿美元。同年，利用这些外汇引进了一大批成套设备和单机，包括大型化肥生产设备、化纤生产设备、石油化工设备、综合采煤机组、大电站与大型钢厂轧钢设备，总计50多亿美元。这些设备的引进，对我国的经济建设起到了重大的作用。同时在远洋运输方面，在周恩来指示下，国家计委制订计划：为加强我国海上运输能力，要力争在1975年基本改变租用外轮局面；在1972年至1974年三年内，利用外汇贷款买船，以加快发展我国的远洋船队。另外，坚持“独立自主、自力更生”的方针，在买船的同时，积极造船，由上海江南造船厂等大船厂自行设计制造了9艘万吨级远洋货轮，其中就包括“风庆轮”。（以上参阅苏采青：《围绕“风庆轮问题”的一场斗争》，载张化、苏采青主编：《回首“文革”——中国十年“文革”分析与反思》，中共党史出版社，2003年版。）

⑭据苏采青：《围绕“风庆轮问题”的一场斗争》，载张化、苏采青主编：《回首“文革”——中国十年“文革”分析与反思》（下），中共党史出版社，2003年版，第1130页。

⑮引自邓小平：《我们干的事业是全新的事业》（1987年10月13日），载《邓小平文选》（第三卷），人民出版社，1993年版，第255页。

⑯转引自逄先知、金冲及主编：《毛泽东传（1949—1976）》（下），中央文献出版社，2003年版，第1748—1749页。

⑰参阅逄先知、金冲及主编：《毛泽东传（1949—1976）》（下），中央文献出版社，2003年版，第1750页。

⑱转引自新华月报社编：《中华人民共和国大事记（1949—2004）》（上），人民出版社，2004年版，第493页。

⑲参阅新华月报社编：《中华人民共和国大事记（1949—2004）》（上），人民出版社，2004年版，第507页。

⑳引自人民日报记者：《天安门事件真相——把“四人帮”利用〈人民日报〉颠倒的历史再颠倒过来》，载1978年11月21日《人民日报》第一版，22日第二版、第三版连载。

㉑参阅王强等：《一个篡党夺权的反革命经验——揭批“四人帮”一伙炮制的所谓“朝农经验”》，载1978年2月21日《人民日报》第一版、第四版。

㉒引自辽宁省供销合作社：《肃清“哈尔套经验”的流毒——揭批“四人帮”及其在辽宁的死党炮制“哈尔套大集”的滔天罪行》，载1977年10月12日《人民日报》第一版、第三版。

㉓引自《红旗》杂志1967年“八一”社论：《无产阶级必须牢牢掌握枪杆子——纪念中国人民解放军建军四十周年》，载《红旗》1967年第12期第43页。这篇社论由解放军报编辑部林杰起草，王力、关锋审定。

㉔引自安学江：《用革命舆论粉碎反革命舆论》，载1969年6月19日《人民日报》。

㉕引自辛叶：《“梁效”——“四人帮”篡党夺权的舆论工具》，载1977年1月23日《北京日报》头版。

㉖统计数据引自新华社通讯员、新华社记者：《“四人帮”的一支反革命别动队——揭露原北京大学、清华大学“大批判组”的罪行》，载1977年7月13日《人民日报》头版、第四版；参考中共北京大学委员会：《论梁效》，载1978年3月21日《人民日报》第二版。

㉗“曲学阿世”：背离或歪曲自己原本正确的学术见解，以逢迎世俗之好。语出《史记》一二一《儒林列传》第六十一“辕固生传”：“（公孙弘）侧目而视固，固曰：‘公孙子，务正学以言，无曲学以阿世。’”（见《史记》（第10册），中华书局，1959年版，第3124页）。时公孙弘与辕固生同时受汉武帝征召廷对，以上引文乃辕固生告诫公孙弘的话。陈寅恪《赠蒋秉南序》亦云：“默念平生，固未尝侮食自矜，曲学阿世，似可告慰友朋。”

㉘柯庆施，1902年出生，安徽歙县人，曾任中共中央政治局委员、上海市委第一书记、上海市市长，1965年4月9日在成都病逝。

㉙引自《人民日报》评论员文章：《高举革命的批判旗帜　彻底批判修正主义影片》，载1967年5月31日《人民日报》第三版。

㉚以上参考李逊、安东：《张春桥夺权别动队：上海市委写作班子揭秘》，载齐力编：《“左派”理论家浮沉录》，团结出版社，1993年版。

㉛引自史义军：《“罗思鼎”和“朝霞”事件》，载《炎黄春秋》2006年第2期第27页。

㉜据申涛声：《论罗思鼎》，载1977年8月5日《人民日报》头版；申涛声：《“四人帮”篡党夺权的急先锋——清算原上海市委写作组的反革命罪行》，载1977年10月27日《人民日报》头版；申克鼎：《一支推行“四人帮”反革命政治纲领的“炮队”——评原上海市委写作组》，载《红旗》1977年第11期第54页。

㉝引自申涛声：《“四人帮”篡党夺权的急先锋——清算原上海市委写作组的反革命罪行》，载1977

年10月27日《人民日报》头版。

⑬④据史义军：《“罗思鼎”与“朝霞”事件》，载《炎黄春秋》2006年第2期第27页。

⑬⑤引自史义军《“罗思鼎”和“朝霞”事件》，载《炎黄春秋》2006年第2期第27页。

⑬⑥《红旗》编辑部：《论池恒》，载《红旗》1978年第8期第91页。

⑬⑦引自樊思：《一个反革命的政治纲领——评池恒的反党文章〈从资产阶级民主派到走资派〉》，载《红旗》1977年第8期第60页。

⑬⑧参阅《红旗》大批判组：《捣乱、失败、灭亡的纪录——揭批姚文元利用〈红旗〉制造反革命舆论的罪行》，原载《红旗》1977年第3期，又载1977年3月25日《人民日报》头版。

⑬⑨以上参阅申涛声：《阴谋文艺的一股狂澜——评“四人帮”御用写作班子初澜》，载1977年12月15日《人民日报》第二版；北京大学图书馆编：《要重视文化艺术领域的阶级斗争——初澜文艺评论汇编》，北京大学图书馆，1974年。

⑭⓪引自赵超构：《“莫把报纸当文件”》，载1986年11月11日《新民晚报》。

⑭①据徐光春主编：《中华人民共和国广播电视简史》（1949—2000），中国广播电视出版社，2003年版，第138页。

⑭②引自赵玉明主编：《中国广播电视通史》，北京广播学院出版社，2004年版，第308页。

⑭③引自徐光春主编：《中华人民共和国广播电视简史》（1949—2000），中国广播电视出版社，2003年版，第143页。

⑭④引自徐光春主编：《中华人民共和国广播电视简史》（1949—2000），中国广播电视出版社，2003年版，第178页。

⑭⑤引自“新华社一九七六年六月三日讯”：《文化大革命推动我国电视事业蓬勃发展》，载1976年6月4日《人民日报》头版头条。

⑭⑥引自周才夫：《有线广播发展综述》，载《中国广播电视年鉴》（1986年卷），中国广播电视出版社，1986年版，第45页。

⑭⑦以上参阅刘习良主编：《中国电视史》，中国广播电视出版社，2007年版，第100页。

⑭⑧引自刘习良主编：《中国电视史》，中国广播电视出版社，2007年版，第116页。

⑭⑨引自郭镇之著：《中国电视史》，中国人民大学出版社，1991年版，第83页。

⑮⓪壮春雨：《中国电视概述》，中国广播电视出版社，1985年版，第12页。

⑮①以上参阅宗道一：《“安东尼奥尼事件”和“蜗牛事件”》，载河北《文史精华》2002年第1期；又见赵玉明主编：《中国广播电视通史》，北京广播学院出版社，2004年版，第304—306页。

⑮②引自方汉奇：《七十年来的中国新闻教育》，载方汉奇：《新闻史的奇情壮彩》，华文出版社，2000年版，第257页。

⑮③据郑保卫主编：《中国共产党新闻思想史》，福建人民出版社，2004年版，第375页。

附　　录

※1949—1986年，主管全国广播电视事业的中央广播事业局、广播电视部及广播电影电视部历届领导：

（一）1949年6月5日，中共中央发出关于成立中央广播事业管理处的通知，决定将新华社语言广播部扩充为“中央广播事业管理处”，领导并管理全国的广播事业。廖承志任处长，著名的无线电专家李强任副处长。

（二）1949年10月1日，中华人民共和国成立，“中央广播事业管理处”改组为“中央广播事业局”。此后历任局长如下：

李强（中央广播事业局第一任局长），1949年12月16日至1952年9月；

梅益，1952年9月19日至1967年上半年；

“文革”中，中央广播事业局实行“军管”（1967年12月12日至1973年1月结束“军管”），在此期间，前后由刘路明、张午、刘建勋担任军管小组组长。

“文革”后期及改革开放初期的历任领导：

刘建勋，1973年1月至1974年9月；

邓岗，1974年9月至1976年9月任代局长、局长；

张香山，1977年1月11日至1982年5月4日。

历任副局长（以任职时间先后为序）：徐迈进、温济泽、刘程云、周新武、金照、李伍、顾文华、左漠野、董林、李哲夫、王寿仁、戴征远、毛德厚、张振东、李连庆、李衍授、卢克勤、郝平南等。

（三）1982年5月4日，五届人大常委会第二十三次会议宣布撤销“中央广播事业局”，成立“中央广播电视部”（直至1986年1月止）。

中央广播电视部首任部长：吴冷西（1982—1985）；

副部长：谢文清、郝平南、马庆雄、徐崇华；

顾问：金照、卢克勤。

1985年6月18日，全国人大常委会第十一次会议决定，任命艾知生为广播电视部部长，免去吴冷西的广播电视部部长职务。

（四）1986年1月20日，全国人大常委会第十四次会议决定：将“广播电视部”改为“广播电影电视部”，仍任命艾知生为部长。

以上主要参阅左漠野主编：《当代中国的广播电视》（上册），中国广播电视出版社，1987年版，第47页。

本书由暨南大学“211 工程”项目“传媒产业与新闻传播研究”暨“教育部特色专业新闻学”重点资助出版

新中国
新闻传播60年长编

1949—2009

下

XINZHONGGUO XINWEN CHUANBO
LIUSHINIAN CHANGBIAN

刘家林 著

暨南大学出版社
JINAN UNIVERSITY PRESS
中国·广州

图书在版编目（CIP）数据

新中国新闻传播60年长编（1949—2009）（下）/刘家林著. —广州：暨南大学出版社，2010.10
ISBN 978-7-81135-682-3

Ⅰ.①新… Ⅱ.①刘… Ⅲ.①新闻事业—概况—中国 Ⅳ.①G219.2

中国版本图书馆CIP数据核字（2010）第208449号

出版发行：暨南大学出版社

地　址：中国广州暨南大学
电　话：总编室（8620）85221601
　　　　营销部（8620）85225284　85228291　85228292（邮购）
传　真：（8620）85221583（办公室）　85223774（营销部）
邮　编：510630
网　址：http://www.jnupress.com　http://press.jnu.edu.cn

排　版：广州市锌建商务服务有限公司
印　刷：佛山市浩文彩色印刷有限公司

开　本：787mm×1092mm　1/16
印　张：47
字　数：1212千
版　次：2010年10月第1版
印　次：2010年10月第1次

上下册总定价：198.00元（精装）

目　录

第一章　新时期80年代全面改革中的新闻传播业

（1976年10月—1989年12月）

概　论

从1976年10月粉碎“四人帮”到1978年12月中共十一届三中全会召开，即新时期头两年多时间里，党的工作及新闻传播业“在徘徊中前进”。在此期间，新闻传播界开展了声势浩大的揭批林彪、“四人帮”反党集团的运动，彻底批判了极“左”思潮，以及新闻工作中的“左”倾错误，为解放思想、拨乱反正，推动社会主义现代化建设作出了重大贡献。尤其是围绕真理标准问题展开的全国性大讨论，一举冲破了长期以来“左”倾错误思想的束缚，有力地推动了思想解放运动，为党和国家实现伟大的历史转折做了思想和理论准备。

1978年12月18日至22日，中共十一届三中全会在北京召开。全会决定，鉴于中央在二中全会以来工作进展顺利，全国范围的大规模揭批林彪、“四人帮”的群众运动已经基本上胜利完成，应把全党工作的重点和全国人民的注意力转移到社会主义现代化建设上来。全会批判了“两个凡是”的错误方针，充分肯定了必须完整、准确地掌握毛泽东思想的科学体系，高度评价“实践是检验真理的唯一标准”的大讨论，确定了“解放思想、开动脑筋、实事求是、团结一致向前看”的指导方针。全会还在正确分析国内外形势的基础上，决定停止使用“以阶级斗争为纲”的口号，否定了“无产阶级专政下继续革命”的错误理论。十一届三中全会以后的十年（1979—1989），我国新闻传播业有了突飞猛进的大发展。在报业方面，每年都上一个新台阶。据统计，1980年全国公开发行的报纸有361家；1981年476家（据《中国新闻年鉴》1982年卷第527页）[①]；1982年659家（据《中国新闻年鉴》1983年卷第527页）；1983年发展到1 160家；1984年底，全国报纸达1 599家（据《中国新闻年鉴》1985年卷第5页）；1985年增加到2 282家；1986年再增加到2 342家（据《中国新闻年鉴》1987年卷第3页），成为我国有史以来报纸家数最多的一年；1987年，为了提高报纸质量，使报纸布局合理，国家新闻出版署开始对全国报纸重新办理登记，当年登记公开发行的报纸1 482家；1988年底，全国登记公开发行的报纸1 628家；到1989年，全国登记公开发行的报纸1 618家。除公开发行的报纸外，还有大批办理了内部准印证的报纸在厂矿企业或一定范围内发行，这种登记内部发行的报纸，据1989年对全国27个省、自治区、直辖市的统计，多达4 014家。[②]

在广播电视方面，从20世纪80年代开始，我国电视才真正普及开来。从此，我国电视经历了从最初的“无线”到“有线”，再到“数字化”的发展过程。[③]1983年3月第十一届全国广播电视工作会议制定的“四级办广播、四级办电视、四级混合覆盖”的政策极大地促进了我国广播电视业的发展。该政策是指导我国80年代广播电视业发展的一项重要方针，其内容指除中央、省（包括自治区、直辖市）两级办广播电台、电视台外，凡是具备条件的省辖市（含省会城市）、县，也可以根据当地的需要和可能开办广播电台和电视台。直辖市、县广播电台和电视台分别主要转播中央、省台的广播电视节目，有条件的也可以插播自办节目。这一方针对发挥中央和地方的积极性，加速发展我国广播电视业起到了积极的推动作用。到1989年底，全国有无线广播电台531座，比1988年的461座增加了70座；全国有有线广播电台的市、县广播站2 525个，比1988年的2 546个减少了21个；全国有电视台469座，比1988年的422座增加了47座。④到1989年底，全国收音机和收录机的社会拥有量为3. 68亿台，平均每万人为33. 2台；电视机为1. 66亿台，平均每百人为14. 9台。当时我国电视业已达到世界中等收入发展中国家水平。⑤到1990年底，全国有中央、省（自治区、直辖市）、地（市、州、盟）、县（旗）四级广播电台635座，电视台509座，建设用于接收电视节目的卫星地面站19 505座。到1990年底，全国广播电视系统职工有25. 9万人。全国城乡拥有电视机1. 85亿台，收音机3. 7亿台，广播喇叭8 200万只。⑥

第一节　在两年徘徊及拨乱反正中前进的新闻传播业（1976年10月—1978年12月—1979年12月）

1976年10月粉碎江青反革命集团的胜利，从危难中挽救了党，挽救了国家，使我国进入了新的历史发展时期。从这时开始到1978年12月中共十一届三中全会召开之前的两年多时间，是在徘徊中前进的阶段。在这段时期，中国仍然面临着向何处去的重大抉择：一种是萧规曹随，顽固坚持“两个凡是”；另一种是破除迷信，彻底否定“文革”，拨乱反正，开拓创新。在这一时期，广大干部和群众以极大的热情投入各项革命和建设工作：揭发批判江青反革命集团的罪行，清查他们的反革命帮派体系；党和国家组织整顿，进行冤假错案的平反；恢复工农业生产，使教育科学文化工作开始走上正轨。此时，党内外同志都强烈要求纠正“文革”的错误，进而要求彻底否定“文革”，但遭到严重阻碍。这一方面是由于“文革”十年积重难返，造成的政治上、思想上的混乱短期内难以消除；另一方面是由于当时担任党中央主席的华国锋在指导思想上继续坚持执行极“左”的错误路线、方针。他在粉碎“四人帮”的斗争中是有功的，以后也做了些有益的工作。但他在打倒“四人帮”后仍顽固坚持“两个凡是”（“凡是毛主席作出的决策，我们都坚决拥护，凡是毛主席的指示，我们都始终不渝地遵循”）的错误方针，继续开展“批邓、反击右倾翻案风”、压制1978年开展的关于真理标准问题的大讨论、拖延和阻挠恢复老干部工作和平反冤假错案（包括反对为“天安门事件”平反），等等。与此同时，他反复提倡要坚持“以阶级斗争为纲”，坚持“无产阶级专政下的继续革命”，提出所谓“抓纲治国、继续革命”的口号，严重地阻碍了改革的进程。在政治思想、组织路线上，汪东兴是“两个凡是”的执行者。在新闻界，吴冷西、熊复同志也是“两个凡是”派的忠实拥护者。

1978年5月起开展起来的“真理标准”大讨论是一场思想大解放的运动。同年12月，党的十一届三中全会在“文革”之后中国面临向何处去的重要历史关头召开，结束了1976年10月以来“两年徘徊”的局面，实现了如邓小平所说的具有历史意义的“两大转变”，即“从以阶级斗争为纲转到以四化建设为中心，从停滞封闭转到改革开放”[⑦]。从此，中国走上了以经济建设为中心，坚持四项基本原则，实行改革开放，建设社会主义现代化的快车道。其中，新闻传播业界发挥了极其重要的作用。

一、生死搏斗——接管电台、电视台、人民日报社

1976年9月初，毛泽东病危。“四人帮”抓紧进行篡党夺权的准备工作。他们通过所掌握的新闻单位和“梁效”等写作组，大肆进行舆论准备。9月4日，《光明日报》头版显著位置刊登署名“梁效”的长篇文章《永远按毛主席的既定方针办》。所谓“按既定方针办”就是“要坚持与走资派作斗争”，就是“要坚持学习，深入批邓”，就是“要按文化大革命的革命路线和各项策略办”。9月9日，毛泽东逝世，“四人帮”更加加快了篡党夺权的步伐。报纸、电台、电视台突然大张旗鼓地宣传“毛泽东的临终嘱咐：按既定方针办”。

而正在此时，华国锋、叶剑英和其他老同志正在酝酿解决“四人帮”问题的办法。10月6日下午3点起，中央政治局采取断然措施，对“四人帮”实行逮捕，隔离审查。与此同时，6日晚8点，华国锋、叶剑英亲自命令中联部部长耿飚等即刻接管中央人民广播电台、中央电视台。很快，耿飚就持华国锋手令赶到中央人民广播电台，与当时的广播事业局局长邓岗交涉，紧急采取各项措施，控制了广播电台、电视台这些重要的舆论工具。10月14日，党中央正式公布粉碎“四人帮”的消息，耿飚等完成任务后离开广播事业局，只留下中联部张香山暂时负责广播事业局的工作。后来，张香山被调任中央广播事业局局长。[⑧]

毛泽东逝世后，《人民日报》仍是姚文元掌握的舆论重镇，该报由鲁瑛担任总编辑。与接管中央人民广播电台、中央电视台同时，中央政治局派迟浩田、孙轶青、郗汉生三人去接管《人民日报》。当时担任北京军区副政委的迟浩田正在唐山地震灾区第一线指挥抗震救灾工作，他接到命令后火速回京，担任《人民日报》工作组组长，于9月7日接管了《人民日报》，重新夺回了这个极其重要的宣传重镇。直到10月18日上午，报社召开全社职工大会，才正式宣布中共中央派迟浩田三人接管《人民日报》的决定。此后，迟浩田主持《人民日报》工作整整一年，到1977年10月28日才离开人民日报社，重新回到部队工作，担任中国人民解放军副总参谋长。期间的1977年1月13日，胡绩伟被正式任命为《人民日报》总编辑，迟浩田改任副总编辑。[⑨]

胡绩伟从20世纪50年代初即担任《人民日报》副总编辑，“文革”中调离人民日报社。1976年10月粉碎“四人帮”后，胡绩伟于当年11月被调回《人民日报》。当时报社由迟浩田挂帅，胡绩伟是其副手，分管编辑部工作。1977年1月，中共中央正式任命胡绩伟为《人民日报》总编辑，迟浩田改任副总编辑。1977年8月28日，迟浩田调回部队，秦川被调进《人民日报》接任第一副总编辑，安岗、李庄、王若水任副总编辑。1983年10月，胡绩伟辞去《人民日报》总编辑职务，中央改任他为社长，秦川继任总编辑。之后不久，胡绩伟又辞去人民日报社社长职务。从1976年11月初到1983年10月

底，胡绩伟在《人民日报》工作了整整7年时间。秦川于1983年底在胡绩伟辞职之后继任《人民日报》总编辑、社长，直至1985年离休，2003年1月29日病逝。

二、揭批“四人帮”运动中的宣传报道

1976年10月18日，中共中央发出第16号文件，将“四人帮”反党集团事件通报各级党组织，并传达到全党和全国人民。中共中央在这个文件中列举了“四人帮”反党篡权的种种罪行和毛泽东1974年2月以来对他们进行的多次批评，并宣布了对“四人帮”实行隔离审查的决定。10月21日，北京市百万军民在天安门广场举行庆祝大会。华国锋、叶剑英、李先念等党和国家领导人出席会议。当时的北京市委第一书记、市革委会主任吴德在讲话中首次引用毛泽东对华国锋的评语：“你办事，我放心。”

10月26日，华国锋在与中共中央宣传部门负责人谈话时，针对广大人民群众强烈要求邓小平出来工作和为“天安门事件”平反的情况提出：①要集中批“四人帮”，连带批邓；②“四人帮”的路线是极“右”路线；③凡是毛主席讲过的、点过头的，都不要批评；④“天安门事件”要避开不说。这是华国锋第一次提出“两个凡是”的主张。到1977年2月7日，“两报一刊”（《人民时报》、《解放军报》、《红旗》杂志）发表社论《学好文件抓住纲》才正式提出“凡是毛主席作出的决策，我们都坚决拥护，凡是毛主席的指示，我们都始终不渝地遵循”的“两个凡是”的错误方针。

1976年11月15日至19日，中共中央在北京召开全国宣传工作座谈会。耿飚在会上宣读了经中共中央批准的《当前宣传要点的请示报告》，提出了宣传工作的三个要点：①突出宣传华国锋；②大力宣传粉碎“四人帮”的伟大意义；③彻底揭批“四人帮”。12月10日，中共中央下发《王洪文、张春桥、江青、姚文元反革命集团罪证（材料之一）》（此后，罪行材料之二、之三相继下达）。从这时起，全国掀起揭批林彪、“四人帮”两个反革命集团的大规模群众运动。新闻传播媒介又开始开展一场声势浩大的舆论宣传战役，同时在这场运动中，新闻传播界也进行了自身的拨乱反正。

【揭批“四人帮”利用新闻传播媒介进行篡党夺权舆论宣传的罪行】根据中共中央的部署，从1976年11月起，全国开始开展揭批“四人帮”的斗争。而揭批“四人帮”利用新闻传播媒介进行篡党夺权舆论宣传的罪行，则是从揭批“梁效”于1976年9月4日发表在《光明日报》头版头条的《永远按毛主席的既定方针办》开始的。1976年11月12日，《光明日报》发表署名“洪波”的文章《一个加快篡党夺权步伐的反革命信号——批判“四人帮”在〈光明日报〉抛出〈永远按既定方针办〉的反党大毒草》。同一天，《解放军报》发表署名“钧平”的文章《“四人帮”篡党夺权的反革命动员令——评“梁效”的〈永远按毛主席的既定方针办〉》。11月14日，《人民日报》也发表“天庆”的文章《“四人帮”篡党夺权的一份失败的记录——评“梁效”的〈永远按毛主席的既定方针办〉》。这三篇文章都是揭批“四人帮”伪造毛主席临终嘱咐的阴谋。12月17日，《人民日报》再次发表编辑部文章《灭亡前的猖狂一跳——揭穿“四人帮”伪造“临终嘱咐”的大阴谋》。

此后，各新闻单位纷纷结合本单位的实际情况，开展揭批“四人帮”，利用新闻传播媒介为篡党夺权制造舆论的罪行。如1977年1月14日，《人民日报》刊登中央广播事业局批判组的文章《人民广播的方向不容篡改——揭发批判姚文元妄图把广播、电视变成

篡党夺权舆论工具的罪行》。1977年3月17日，《光明日报》刊载新华社记者和通讯员文章《自掘坟墓——揭批“四人帮”通过〈学习与批判〉制造及革命舆论的罪行》。1977年3月25日，《人民日报》转载《红旗》杂志第3期所载大批判组文章《捣乱、失败、灭亡的记录——揭批姚文元利用〈红旗〉制造反革命舆论的罪行》。同一天，《人民日报》还刊登了新华社述评《清算“四人帮”利用新闻照片反党的滔天罪行》。1977年11月23日，上海《文汇报》、《解放日报》刊载两报批判组文章《“四人帮”及其余党是怎样操纵上海两报鼓吹反革命政治纲领的》。1978年3月31日，《人民日报》加编者按、刊登复旦大学新闻系叶春华文章《揭批“四人帮”控制时期〈人民日报〉的反动编排》。在这篇文章中，作者粗略归纳了姚文元掌控《人民日报》时期在版面编排上的四大特征：①“选稿唯帮，安排唯亲，垄断版面。”“‘四人帮’及其心腹出于篡党夺权的需要，垄断当时《人民日报》的版面，凡属帮文，全开绿灯；不仅占领一般版面，更要占领头条位置。以一版头条为例，据不完全统计，一九七四年至一九七五年两年内，光‘四人帮’的基地上海一地，《人民日报》就登了六十一个一版头条”，“一九七六年一月至四月，光清华、北大两校就刊登了二十一个一版头条”。②“虚张声势，故弄玄虚，借以吓人。”“‘四人帮’手中无真理，周围无群众，只好靠吓人吃饭。当时《人民日报》就是他们手中的一个工具。‘四人帮’放个屁，《人民日报》的版面上立即做台戏——大号字体、通栏标题、连篇连牍、铺天盖地。”同时还用这种编排来诬陷和打击老一辈无产阶级革命家，来为“四人帮”树碑立传。③“偷天换日，弄虚作假，招摇撞骗。”

【对“文革”中“写作组”的揭露与批判】揭批“梁效”的文章有：1977年1月23日，《北京日报》头版显著位置刊登“辛叶”的《“梁效”——“四人帮”篡党夺权的舆论工具》；1977年7月13日，《人民日报》刊登新华社记者、通讯员文章《“四人帮”的一支反革命别动队——揭批原北京大学、清华大学“大批判组”的罪行》；1978年3月21日，《人民日报》又发表中共北京大学委员会的文章《论梁效》等。

揭批“罗思鼎”的文章有：1977年8月15日，《人民日报》头版发表“申涛声”的文章《论罗思鼎》；1977年10月27日，《人民日报》头版又载“申涛声”的文章《“四人帮”篡党夺权的急先锋——清算原上海市委写作组的反革命罪行》；《红旗》杂志1977年第11期刊登“申克鼎”的文章《一支推行“四人帮”反革命政治纲领的“炮队”——评原上海市委写作组》等。

揭批“池恒”的文章有：《红旗》杂志1977年第8期刊载樊思的《一个反革命的政治纲领——评池恒的反党文章》；《红旗》杂志1978年第8期又刊载了一篇该刊编辑部文章《论池恒》等。

揭批“初澜”的文章如1977年12月15日《人民日报》刊登“申涛声”的文章《阴谋文艺的一股狂澜——评“四人帮”御用写作班子初澜》等。

与此同时，对“写作组”散布的一些歪理邪说进行批判，如教育部大批判组的《一株反党乱校的大毒草——批判北京大学、清华大学大批判组的〈教育革命的方向不容篡改〉》（载1977年10月21日《人民日报》第一版）、《教育战线的一场大论战——批判“四人帮”炮制的“两个估计”》（载1977年11月18日《人民日报》头版头条一整版、二版连载），文化部大批判组的《一场捍卫毛主席革命路线的伟大斗争——批判“四人帮”的“文艺黑线专政”论》（载1978年1月11日《人民日报》第三版，原载《红旗》杂志1978第1期），林子力、有林的《“四人帮”批判“唯生产力论”就是攻击历史唯物论》（载1978年1月16日《人民日报》第二版全版），等等。

【对“文革”中虚假“典型”报道的揭露与批判】1977年10月8日，《人民日报》头版以《罪恶要清算流毒要肃清——上钢五厂工人来信揭发本报在“四人帮”控制时期报道中的严重问题》为题，刊载上海第五钢铁厂的工人来信，并加了“编者按”，揭露该报在“四人帮”控制时期典型报道中的严重失误。从1974年到1976年10月，《人民日报》在“四人帮”的控制下，制造了“上钢五厂”这个典型，发表有关该厂的报道60多篇，大肆宣传该厂的所谓“评法批儒”，大批“唯生产力论”的“经验”，在上海乃至全国都造成了恶劣影响。

1976年11月30日，《人民日报》发表题为《一个反革命的政治骗局》的调查报告，揭露“四人帮”及其在辽宁的代理人炮制的“白卷英雄”张铁生的真相。11月26日，《人民日报》加编者按发表董金铄批判张铁生的调查报告《“公正的评判”终于作出来了!》，并刊登了回乡知识青年董金铄1973年8月写的批判张铁生“答卷”的两封信。

1978年4月24日，《北京日报》发表该报大批判组文章《“四人帮”篡党夺权的一个重要步骤——揭露批判“四人帮”及其黑干将抛出所谓一个小学生“反潮流”的典型罪行》。4月30日，该报又发表朱南树的文章《揭开〈一个小学生的来信和日记摘抄〉的真相》。1978年5月21日，《人民日报》发表该报记者的调查《揭穿一个政治骗局——〈一个小学生的来信和日记摘抄〉真相》，并加了“编者按”。早在1977年12月24日，《人民日报》就发表王文尧、恩亚立、邢卓三人（化名“王亚卓”）的文章《揭穿“王亚卓事件”冤案——愤怒控诉“四人帮”破坏教育革命的滔天罪行》。

1976年5月9日，《人民日报》曾在当天头版头条位置刊登对辽宁省彰武县哈尔套公社组织所谓“哈尔套大集”的调查报告。这篇调查报告曾在全国商业战线造成极坏的影响。粉碎“四人帮”后，1977年10月12日，《人民日报》第一版、第三版发表辽宁省供销合作社写的《肃清“哈尔套经验”的流毒——揭批“四人帮”及其在辽宁的死党炮制“哈尔套大集”的滔天罪行》。

1976年2月14日，《人民日报》曾在头版头条刊登《在批判旧世界中建设新世界——我们是在哪些问题上坚决同十七年的修正主义路线对着干的?》树起了“朝农”这个“典型”。1978年2月21日，《人民日报》也在头版头条发表王强等写的《一个篡党夺权的反革命经验——揭批“四人帮”一伙炮制的所谓“朝农经验”》，对“四人帮”制造的所谓“坚决同17年对着干”的朝阳农学院典型及“朝农经验”进行了揭露和批判。

【揭批“四人帮”的“新闻理论”及“帮八股”恶劣文风】在批判“四人帮”的“新闻理论”方面，1978年3月26日，《人民日报》发表了徐占焜的文章《斥“事实服从路线需要”论》。文章揭露，“四人帮”的“事实服从路线需要”论就是为“造谣有理”制造理论根据，就是通过利用新闻报道对事实的选择来说假话。

1978年4月12日，《吉林日报》发表该报特约评论员文章《彻底扫除“四人帮”的“新闻学”垃圾》。

1978年复刊的《新闻战线》第1期发表了《新闻战线上的革命和反革命》，1978年4月21日《南方日报》发表《坚决推倒“四人帮”炮制的“新闻黑线专政”论》。这两篇文章都对由陈伯达、姚文元合伙炮制，在1968年9月1日发表的“两报一刊”文章《把新闻战线的大革命进行到底》进行了全面、深入的批判。

在批判“四人帮”“帮八股”文风方面，1977年2月21日，《人民日报》发表署名

“任平”的文章《打倒帮八股》，同时发表短评《说老实话》。《打倒帮八股》揭露“帮八股”的主要罪状云：又臭又长，套话连篇；专横武断，帽子乱飞；隐晦曲折，含沙射影；弄虚作假，欺骗群众；千篇一律，面目可憎。《说老实话》指出：“四人帮”通过报纸说了不少假话，我们一定要在深入揭批“四人帮”的斗争中改造思想，改造文风，肃清“四人帮”的流毒和影响，恢复党的新闻工作的优良传统，做老实人，说老实话，办老实事。

1978年10月14日起，《解放军报》连续发表编者述评《从“假”字开刀，整顿文风》、《再从“假”字开刀，整顿文风》、《领导干部作风上找原因——三谈从“假”字开刀整顿文风》。

1978年12月23日，《中国青年报》第二版刊载“本报特约评论员”文章《坚决废止“四话”》云：“四人帮”横行时期，“空话、大话、套话和假话”“四话”盛行。说“四话”吃香，讲“真话”、“实话”倒霉。“四话”败坏了党的实事求是的优良传统，败坏了社会风气，形成了“帮八股”的腔调和气味，必须下大力肃清“帮八股”的余毒。

1984年9月21日，《人民日报》第五版刊登李评《彻底否定“大批判”》一文。该文归纳了“文革”中“大批判”文章的四大特征：①“密室策划、突然袭击”，从搜罗材料到写成文章，都要严格保密，如临大敌。准备停当之后，就在对方毫无所知的情况下发起突然袭击（如“文革”初期，对吴晗、邓拓的“大批判”就是“经典”案例）。②“运动群众，一哄而起”，这种“大批判”依仗权势驱使群众，使大家一哄而起，按照它的指挥棒去围攻某一个人。③“断章取义，强词夺理”，这是“大批判”的本质特征。④“打倒别人，抬高自己”，这是大批判的目的。

【揭批“四人帮”运动的局限性】新闻媒体在揭批“四人帮”运动中的局限性主要表现在以下几方面：一是在揭批“四人帮”的同时，连带批邓。二是全国媒体在批判林彪、“四人帮”宣扬“个人崇拜”的同时，又对“英明领袖华主席”歌功颂德，大搞新的“个人崇拜”。如1976年10月至12月间，《解放军报》、《人民日报》一连发表大量吹嘘华国锋的文章。三是以“左”批“左”，“以其人之道还治其人之身”。不少揭批文章都难免带着很浓的“文革”大批判文章的色彩。如1976年12月12日，《人民日报》在一版显著位置发表中共中央党校文史室撰写的《“四人帮”是货真价实的投降派——重读毛主席关于评〈水浒〉的指示》，该文是一篇典型的“文革”“大批判”文章的变种。文章先引用毛泽东关于评《水浒》的指示，接着用这一套理论及错误观点去批判“四人帮”，把毛泽东、华国锋类比成晁盖，把“四人帮”类比成宋江。文中云：“重读毛主席评《水浒》的指示，我们可以进一步懂得：投降派要推行投降主义路线，就一定要摒除坚持正确路线的革命领袖，篡夺领导权。”“宋江原是个‘郓城小吏’，本事不大，野心却不小”，“晁盖一死，他就立即篡夺了梁山的领导权”。“当毛主席健在的时候，‘四人帮’就抱成一团，另搞一套，在党内自成体系，凌驾于毛主席、党中央之上。”“当毛主席病危和逝世以后，他们自以为时机已到，更是千方百计要把毛主席亲自选定和培养的接班人华国锋同志摒除在外，迫不及待地篡夺党和国家的最高领导权。”

另外，在粉碎“四人帮”后的头两年中，报纸版面仍是一副极“左”的面孔，有时整个版面都用政治宣传来代替新闻报道。如1977年11月1日，《人民日报》当天全部6个整版均用于刊登一篇署名“人民日报编辑部”的长文《毛主席关于三个世界划分的理论是对马克思列宁主义的重大贡献》，第二天（11月2日）第三版又接载《〈毛主席关于三个世界划分的理论是对马克思列宁主义的重大贡献〉一文的若干注解》。1978年7月1日，《光明日报》当天共出4版，全部刊登毛泽东《在扩大的中共中央工作会议上的讲话》（一九六二年一月三十日），标题套红，此外别无新闻报道。

三、报刊上展开的“真理标准”大讨论

【粉碎“四人帮”初期的严峻形势】1976年10月粉碎“四人帮”后，十年内乱结束，但当时的形势还是十分严峻的，“中国社会发展陷入困境，冤假错案堆积如山，政治思想极其混乱，党和国家的各级组织遭到严重破坏，经济形势十分严峻，国际关系也非常紧张”[⑩]。更为严重的是，“四人帮”虽然被打倒了，但党的指导思想并没有根本改变，“以阶级斗争为纲”的纲领性口号没有废止，“左”的错误没有受到应有的批判和清除。梁漱溟回顾当时的情景时云：

> 我注意到了，“四人帮”抓起来了，新的主席兼总理华国锋上台了，这当然是可庆幸的事。但遗憾的是路线、方针、政策似乎并没有大的变化。在理论上，还是以阶级斗争为纲，坚持在无产阶级专政下的继续革命；在实践上，对“文革”没有丝毫的否定，甚至连“批邓、反击右倾翻案风”的口号也照样出现在报刊和街头巷尾的大标语牌上。特别是华国锋上任后所做的大事之一——《毛泽东选集》第五卷的出版，使我更加深了自己的观察，对现实不可过于乐观，中国今后前进的道路依然存在着种种阻力。《毛选》第五卷出版的时间是1977年上半年。这桩事告诉我：“文化大革命”结束了，但人们对许多问题的错误认识不可能很快得到澄清，真所谓积重难返啊！[⑪]

1977年2月7日，经华国锋、汪东兴的授意和批准，《人民日报》、《红旗》杂志和《解放军报》发表社论《学好文件抓住纲》。社论第一次向全国公开提出了“两个凡是”的方针，即“凡是毛主席作出的决策，我们都坚决拥护，凡是毛主席的指示，我们都始终不渝地遵循”。按照这个观点，“文革”不能否定，“天安门事件”不能平反，邓小平同志不能出来工作，许多无产阶级革命家和一大批老干部的冤假错案不能平反昭雪和改正，十七年的教育战线是黑线专政，文艺战线也是黑线专政，其他战线也都是黑线专政。这样，揭批“四人帮”的运动深入不下去，各条战线依然被禁锢在这样或那样的牢笼里。因此，在粉碎“四人帮”后的一段时期里，中国仍然面临着向何处去的问题，或是萧规曹随，继续走老路、回头路，推行一条没有“四人帮”的“文革”路线，或是实事求是，破除迷信，改革开放，开拓创新，实现历史的伟大转折。中国又一次面临着道路的抉择。

【《实践是检验真理的唯一标准》一文的产生与发表】“两个凡是”正式提出后，引起了邓小平、叶剑英、陈云、李先念等老一辈无产阶级革命家的强烈不满和反对。1977年4月10日，当时尚未恢复工作的邓小平同志以一个共产党员的身份致信华国锋、叶剑英和党中央，针对“两个凡是”的错误方针提出：“我们必须世世代代地用准确的、完整的毛泽东思想来指导我们全党、全军和全国人民，把党和社会主义的事业，把国际共产主义运动的事业，胜利地推向前进。”1977年5月24日，邓小平与王震和邓力群谈话时明确指出：“‘两个凡是’不行。按照‘两个凡是’，就说不通为我平反的问题，也说不通肯

定一九七六年广大群众在天安门广场的活动‘合乎情理’的问题。”1977年7月16日至21日召开的中共十届三中全会上，恢复了邓小平的中共中央委员，中央政治局委员、常委，中共中央副主席，中央军委副主席，国务院副总理，中国人民解放军总参谋长等党内外职务。邓小平在这次会议上指出，对毛泽东思想体系要有一个完整、准确的认识，不能够只从个别词句来理解毛泽东思想，而必须从毛泽东思想的整个体系去把握、去获得正确的理解。只有这样，才不至于割裂、歪曲毛泽东思想，损害毛泽东思想。1977年8月中旬中共十一大以后，不少在位的老同志先后在《人民日报》上发表文章，论述党的实事求是的优良作风，以促进思想路线的拨乱反正、正本清源。

1977年3月初，胡耀邦同志开始担任中共中央党校常务副校长（校长由华国锋兼任、汪东兴兼任第一副校长）。他一到任，就进行调研、摸底工作。当年5月底至6月初，胡耀邦经过深入思考后清晰地形成了如下观点：当前“禁锢我们这个民族创造力的，一个是精神枷锁……还有一个是组织枷锁……这样一个精神上、组织上被禁锢、被压制的不自由的民族，怎么可能与世界上的发达国家进行自由竞争呢?”为了解除这两大枷锁，胡耀邦决定在党校创办三个刊物进行理论研究和舆论宣传：一个叫《理论动态》，一个叫《中央党校校刊》，第三个叫《中央党校简报》。此后不久，就产生了为解除“组织枷锁”和平反冤假错案、全面落实干部政策而写作的思想解放的鸿文《把“四人帮”颠倒了的干部路线是非纠正过来》（署名：杨逢春、叶扬、陈中。载1977年10月7日《人民日报》第三版）和为解除“精神枷锁”而写作的《实践是检验真理的唯一标准》（载1978年5月11日《光明日报》）。1977年7月15日，内部发行的理论刊物《理论动态》创刊。其宗旨为：理论联系实际，正本清源，拨乱反正，解决问题。初发刊时，还没有设立正式的编辑部，算上胡耀邦本人，通共不过三五人。为了办好《理论动态》，胡耀邦倾注了大量的心血。他出题目、出思想，组织大家写文章，并开展组织、领导关于“实践是检验真理的标准”的讨论。如1978年初，在胡耀邦的指导和组织下，党校理论工作者写出了《关于研究第九次、第十次、第十一次路线斗争的若干问题》一文第二稿。文中提到研究党史应当遵循的原则：“应当完整地、准确地运用马列主义、毛泽东思想的基本原则和精神实质来进行研究”；“应当以实践为检验真理、辨别路线是非的标准，实事求是地进行研究。毛主席指出：‘只有千百万人民的革命实践，才是检验真理的尺度。’路线的正确与否，不是一个理论问题，而是一个实践问题，要由实践的结果来证明，由路线斗争的实际结果来检验”。在这里，实践是检验真理的标准已经写得很明确了。[12]当时中央党校复校后的807名学员参加了这篇文章的讨论，其中就有后来担任《光明日报》总编辑的高级班学员杨西光。

与中央党校进行关于实践是检验真理标准问题初步研究的同时，人民日报也在1978年初开始组织实践问题的讨论。如1978年1月9日，《人民日报》发表邵华泽的《文风和认识路线》。文章提出：“检验工作好坏、水平高低的标准是看实践，还是去看别的东西?”文章回答：“是看实践。”3月26日，《人民日报》发表署名“张成”的思想评论《标准只有一个》，文章云：“真理的标准，只有一个，就是社会实践。这个科学的结论，是人类经过几千年的摸索和探讨才得到的”；“通过社会实践而发现真理，又通过社会实践而证实真理和发展真理。因此，只有社会实践才是检验真理的标准”。这篇文章虽然只有一千字，却是人民日报理论部负责人何匡、汪子嵩和编辑张德成的精心之作。[13]

1978年3月间，正在中央党校学习的杨西光被调到《光明日报》担任总编辑工作。

他在审阅理论部送来的该报哲学专刊第77期大样时，看到一篇署名“胡福明”的文章《实践是检验一切真理的标准》。这篇文章是报社理论部王强华去南京开会时约请南京大学哲学系讲师胡福明写的。胡福明的稿子于1977年10月寄到报社，题为《实践是检验真理的标准》。后由《光明日报》马沛文、王强华对该文前后进行了5次修改，增加了反对教条主义、冲破思想“禁区”等内容，题目也改为《实践是检验一切真理的标准》。杨西光看了这篇文章后，联系他在中共党校关于真理标准的讨论，觉得这篇文章的题目说到了点子上，但他又觉得这篇文章偏重于历史的叙述和理论上的论说，对现实的针对性不够强，特别是缺少批“两个凡是”的内容。他准备组织对文章进行大修改。这时，刚好胡福明来京开会。中央党校理论研究室孙长江也在撰写同一主题的文章，杨西光便请孙长江于4月13日来报社开会，参与对文章的修改，胡福明、马沛文、王强华也参加。会议由杨西光主持，详细讨论了文章的修改意见，主要是：要加强现实针对性、批评“两个凡是”；要提倡冲破禁区，解放思想；要从各方面充分论证实践是检验真理的标准，充分论证马克思主义是不断发展的，革命导师时时处处用实践来检验自己的理论、论断、指示，用实践来修正自己的观点；要批判愚昧思想，批判“圣经上载了的才是对的”的教条主义，等等。会后，胡福明修改了一稿后即回南京。杨西光、马沛文、王强华等经过讨论后，多次修改，再由孙长江执笔完成。再经吴江修改初步定稿，送胡耀邦审阅后最后定稿。可以说，这篇文章是集体智慧的结晶。

1978年5月10日，中共中央党校创办的内部刊物《理论动态》第60期全文发表了这篇长达7 000多字的文章《实践是检验真理的唯一标准》（文末署有“光明日报社供稿”）。第二天（5月11日），《光明日报》全文刊登这篇文章，并署名“本报特约评论员”。当天，新华社将此文向全国新闻媒体发了通稿。5月12日，《人民日报》、《解放军报》全文转载了这篇文章，各省、市、自治区党报也开始陆续转载此文。

文章发表后，引起了强烈反响。很多人表示赞同，也有人坚决反对，一时间掀起了轩然大波。

【历史宏文精髓所在】《实践是检验真理的唯一标准》一文分为四个部分：

（一）“检验真理的标准只能是社会实践”；

（二）“理论与实践的统一，是马克思主义的一个最基本的原则”；

（三）“革命导师是坚持用实践检验真理的榜样”；

（四）“任何理论都要不断接受实践的检验”。

这篇文章的精华，就在于它紧密联系当时在各方面展开的反对“两个凡是”的尖锐的思想政治斗争，具有强烈的现实针对性。其精髓所在，主要体现在以下一些精辟的观点上：

> 一个理论，是否正确反映了客观实际，是不是真理，只能靠社会实践来检验。这是马克思主义认识论的一个基本原理。实践不仅是检验真理的标准，而且是唯一的标准。
>
> 辩证唯物主义所说的真理是客观真理，是人的思想对于客观世界及其规律的正确反映。因此，作为检验真理的标准，就不能到主观领域内去寻找，不能到理论领域内去寻找，思想、理论自身不能成为检验自身是否符合客观实际的标准，正如法律上原告是否属实，不能依他自己的起诉为标准一样。

有的同志担心，坚持实践是检验真理的唯一标准，会削弱理论的意义。这种担心是多余的。凡是科学的理论，都不会害怕实践的检验。相反，只有坚持实践是检验真理的唯一标准，才能够使伪科学、伪理论现出原形，从而捍卫真正的科学与理论。"四人帮"出于篡党夺权的反革命需要，鼓吹种种唯心论的先验论，反对实践是检验真理的标准"，"他们自吹自擂证明不了真理，大规模的宣传证明不了真理，强权证明不了真理。

客观世界是不断发展的，实践是不断发展的。新事物、新问题层出不穷，这就需要在马克思主义一般原理下研究新事物、新问题，不断作出新的概括，把理论推向前进。这些新的理论概括是否正确由什么来检验呢？只能用实践来检验。

毫无疑问，马克思主义的基本原理，马克思主义的立场、观点和方法必须坚持，绝不能动摇；但是，马克思主义的理论宝库并不是一堆僵死不变的教条，它要在实践中不断增加新的观点、新的结论，抛弃那些不再适合新情况的个别旧观点、旧结论。实践中对于真理的认识永远没有完结，凡经实践证明是错误的或者不符合实际的东西，就应当改变，不应再坚持。

现在，"四人帮"及其资产阶级帮派体系已被摧毁，但是"四人帮"加在人们身上的精神枷锁还远远没有完全粉碎。毛主席在第二次国内革命战争时期曾经批评过"《圣经》上载了的才是对的"（《论反对日本帝国主义的策略》）这种倾向依然存在。无论在理论上或实际工作中，"四人帮"都设置了禁锢人们思想的"禁区"，对于这些"禁区"，我们要敢于去触及，敢于去弄清是非。科学无禁区。凡有超越于实践并自奉为绝对的"禁区"的地方，就没有科学，就没有真正的马列主义、毛泽东思想，而只有蒙昧主义、唯心主义、文化专制主义。

社会主义对于我们来说，有许多地方还是未被认识的必然王国。我们要完成这个伟大的任务，面临着许多新的问题，需要我们去认识、去研究，躺在马列主义毛泽东思想的现成条文上，甚至拿现成的公式去限制、宰割、裁剪无限丰富的飞速发展的革命实践，这种态度是错误的。

这些精辟的论述和极为大胆的提法彻底打碎了"两个凡是"的精神枷锁，成为当代中国第一次思想解放的宣言书。"不仅在问世的当时有强烈的现实意义，而且还具有长远的历史意义。"⑭

【围绕"真理标准"文章发表而展开的激烈斗争】《实践是检验真理的唯一标准》击中了"两个凡是"的要害，直接触犯了"两个凡是"的提出者和坚持者。文章一发表，便引来了中央上层领导人物的严厉批评和追查。

《光明日报》、《人民日报》和新华社所承受的巨大压力：《光明日报》发表这篇文章的当天，刚从朝鲜访问回国的华国锋就知道了这件事。他看到《人民日报》、《解放军报》紧跟着《光明日报》在12号转载这篇文章后，指示：这篇文章的倾向是反对毛主席、反对党中央的，各级报刊不要匆忙转载，等中央了解情况之后再作结论。5月13日，新华社社长曾涛也接到《红旗》杂志负责人打来的电话，电话中说："新华社向全国转发《实践是检验真理的唯一标准》这篇文章是错误的，这篇文章理论上是荒谬的，在思想上是反动的，在政治上是砍旗帜的！"时任中共中央副主席、负责思想宣传工作的汪东兴也开始追查此事。他给中宣部部长张平化打电话说："你查一查，所谓的'特约评论员'究竟是谁？这篇文章有问题，矛头是对着毛主席的，是想砍掉毛泽东同志这面旗帜。”

在“真理标准”大讨论中，《人民日报》当时在胡绩伟、王若水的主持下，思想解放，是“真理标准”讨论的中坚力量。5月12日《人民日报》转载《实践是检验真理的唯一标准》的当天晚上，正在值班的《人民日报》总编辑胡绩伟接到该报前社长、总编辑吴冷西打来的电话。吴冷西说：“你们怎么能发表这样的文章？这篇文章犯了方向性的错误。理论上是错误的，政治上问题更大，很坏很坏。”“很明显，作者的意思就是要砍旗。”“这篇文章在政治上要砍倒毛泽东思想这面红旗，这是很坏很坏的。”

就在《实践是检验真理的唯一标准》一文发表后遭受巨大压力的时候，邓小平同志马上出面全力支持。他说：“文章符合马克思主义嘛，扳不倒嘛！”他还说：“现在发生了一个问题，连实践是检验真理的标准都成了问题，简直莫名其妙。”6月2日，邓小平在全军政治工作会议上号召：“打破精神枷锁，使我们的思想来个大解放。”6月6日的《人民日报》、《解放军报》在第一版全文刊登了邓小平在全军政治工作会议上的重要讲话。

胡耀邦在“真理标准”大讨论中也作出了重大的贡献。在《实践是检验真理的唯一标准》发表后不久，他又指示吴江、孙长江撰写了《马克思主义的最基本的一个原则》一文。文章一针见血、尖锐地指出：一些人之所以坚持“两个凡是”的口号，除了人们的思想往往落后于实际这一点之外，还因为有一部分人的利益或多或少地同这些旧口号联系在一起。这篇文章送到《解放军报》后，得到该报总编辑华楠、副总编辑姚远方的大力支持，并得到中央军委秘书长罗瑞卿亲自审阅。这篇文章经《解放军报》反复修改后，于6月24日由《解放军报》以《马克思主义的一个最基本的原则》（简称《原则》）为题、以“本报特约评论员”的名义发表。第二天，《人民日报》、《光明日报》全文转载，新华社向全国发了通稿。继《原则》之后，胡耀邦又组织撰写了《一切主观世界的东西都要经受实践检验》，刊登在9月10日出版的《理论动态》上。9月26日，《人民日报》又以“本报特约评论员”的名义公开刊登此文，从而把“真理标准”的讨论进一步深入。

据不完全统计，到1978年底，中央及省级报刊发表的有关“真理标准”大讨论的文章有650篇之多，形成了新中国成立以来的第一次伟大的思想解放运动。这场讨论，冲破了长期以来“左”倾错误思想的束缚，为党的十一届三中全会的召开做了理论上和思想上的准备。

1978年12月，中共中央十一届三中全会批判了“两个凡是”的错误，决定撤销中共中央发出的有关“反击右倾翻案风”运动和“天安门事件”的错误文件，郑重宣布为邓小平平反、为“天安门事件”平反。[15]

【《红旗》杂志在“真理标准”讨论中的严重失误】1978年5月17日，熊复调到《红旗》杂志社任总编辑。此时理论界正在开展关于“真理标准”问题的大讨论。总编辑熊复执行当时主管宣传的中共中央副主席汪东兴对《红旗》提出的“按兵不动”、“不准介入”的指示，没有参加这场大讨论。自1978年6月以后，汪东兴对《红旗》杂志每期都要亲自审稿，凡是涉及“真理标准”这个话题的文字，一概删除。与此同时，他还多次指令熊复“不要轻举妄动，自作主张”，鼓励“《红旗》要一花独放”。因此，从1978年7月到11月期间所出第7、8、9、10、11期共5期《红旗》杂志都没有参加关于“真理标准”问题的大讨论，而是刊登了好几篇阐述“坚持以阶级斗争为纲”、反复提出要反“死不悔改的走资派”的宣传极“左”思潮的重头文章。由此导致熊复及其主编的《红旗》杂志在这场斗争中犯了比较严重的错误。在11月的中央工作会议上，熊复受到严厉批评。会后，熊复向中央作了书面检讨，也在《红旗》杂志社内作了检查。

1978年底，《红旗》杂志终于转向。1978年的第12期《红旗》终于刊出由该刊编辑们组稿，并与谭震林合写的文章《井冈山斗争的实践与毛泽东思想的发展》，是为纪念1978年12月26日毛泽东诞辰85周年而写的。文章以“凡是实践证明是正确的，就要敢于坚持，凡是实践检验是错误的，就要敢于纠正”的新的“两个凡是”，来对抗华国锋等人提出的“两个凡是”。这篇文章的发表也经过了一番曲折的过程。据回忆：就在中央工作会议初期，熊复还拒登谭震林纪念毛泽东的这篇文章。他写信给中央说，谭震林文章的指导思想是讲“实践是检验真理标准”的，如果《红旗》登了就要使《红旗》卷入这场争论。他坚持“不卷入”的原则。熊复的这封信送到中央后，邓小平批示：“我看这篇文章好，至少没有错误，我改了一下，如《红旗》不愿登，可以送《人民日报》嘛。”邓小平问：“为什么《红旗》不卷入？应该卷入。可以发表不同观点的文章。看来不卷入本身可能就是卷入。”这篇文章最终是在邓小平的干预下才得以发表在《红旗》上的。[16]

1988年5月，熊复从《红旗》杂志的最后一任总编辑位置上退了下来，他担任《红旗》杂志主编前后10年整。1988年7月，《求是》杂志创刊，《红旗》停刊。[17]

四、平反冤假错案中的宣传报道

【胡耀邦在平反冤假错案宣传工作中的贡献】粉碎“四人帮”后不久开始的平反冤假错案工作，与胡耀邦同志有非常密切的关系。粉碎“四人帮”后，1976年12月5日，中共中央曾发出《通知》，指出：“凡纯属反对‘四人帮’的人，已拘捕的，应予释放；已立案的，应予销案；正在审查的，解除审查；已判刑的，取消刑期予以释放；给予党纪处分的，应予撤销。”根据这一指示，各地把“纯属反对‘四人帮’”的冤假错案解决了。但《通知》又错误地规定，凡是既反对“四人帮”而又反对“文化大革命”的人，则绝不允许翻案。这样，林彪、“四人帮”反革命集团制造的许多重大冤假错案仍然得不到解决。直到1977年底，胡耀邦担任中央组织部长以后，局面才开始有了重大转变。

早在1977年3月初，刚刚从“四人帮”的压制下解放出来的胡耀邦同志担任了中央党校常务副校长。面对当时全国冤假错案堆积如山的状况，胡耀邦一到中央党校就组织人写了一篇《把“四人帮”颠倒了的干部路线是非纠正过来》的文章，并选定1977年10月7日，即粉碎“四人帮”一周年的纪念日，在当天的《人民日报》上刊登出来。文章强调：“我们要‘敢’字当头，敢于冲破阻力，敢于推翻‘四人帮’一伙在审查干部中所作的错误结论。一切强加给干部的污蔑不实之词一定要推倒，颠倒的干部路线是非一定要纠正”，“对被审查的干部一个一个地落实政策，对他们的问题应当严肃认真地尽快妥善处理”。[18]这篇文章发表后，“如万里惊雷，引起了全国上上下下的热烈反响”，《人民日报》“报社一个月收到1万多封来信来电，文章作者两个月内收到的电报、信件可装满两麻袋”。[19]而当时的中共中央组织部长郭玉峰却说：“这篇文章是大毒草。”并说这不是他一个人的意见，是“中央领导同志的意见”。

此后不久，胡耀邦又组织写了第二篇平反冤假错案的评论《毛主席的干部政策必须认真落实》，以“本报评论员”的名义在1977年11月27日的《人民日报》头版头条位置发表，同一版还配发了五封读者来信。在发表这篇评论后不久，1977年12月10日，中共中央决定撤换郭玉峰的中共中央组织部长职务，任命胡耀邦担此重任。他一上任便立即着手开始了全国的平反冤假错案和解放干部、安置干部的工作，在中组部内分别成立了干部分配组、干部接待组、老干部生活组等机构，负责具体事务性工作。在此期间，他还继续组织撰写了1978年1月10日《人民日报》头版发表的评论员文章《切实整顿组织部门落实党的干部政策》和1月19日《人民日报》发表的评论员文章《切实清理审干积案 落实党的干部政策》。同时，他还建议《人民日报》在显著位置刊登各地开始落实干部政策的消息。1978年9月，中央组织部等5个部拟出《贯彻中央关于全部摘掉右派分子帽子决定的实施方案》，以中央"五十五号文件"转发全党。胡耀邦在事先即指挥新华社写好《全国全部摘掉右派分子帽子》的新闻和《人民日报》社论《一项重大的无产阶级政策》。在整个平反工作期间，党报党刊及新华社的舆论宣传工作与中央组织部的具体组织工作都是密切配合进行的。

平反冤假错案的工作从1978年开始，直至1982年才全部结束。在此期间，《人民日报》、《光明日报》及新华社等中央级媒体作了大量的宣传报道，密切配合平反冤假错案。

【新华社《天安门事件完全是革命行动》消息的发表】1978年11月15日夜，新华社向国内外播发了一篇题为《中共北京市委宣布1976年天安门事件完全是革命行动》的消息。第二天，《人民日报》、《光明日报》、《北京日报》等首都和全国各地主要报纸，都在头版头条或头版报眼的显著位置刊登了这条电讯。

这条只有200多字的消息播发后，像一块巨石，在国内外激起了千尺巨浪。这条消息的播发，宣告了1976年"天安门事件"完全是革命行动，对全国各地冤假错案的平反昭雪、对拨乱反正的深入开展起了巨大的推动作用。消息全文如下：

天安门事件完全是革命行动

新华社一九七八年十一月十五日讯：中共北京市委在最近举行的常委扩大会议上宣布：一九七六年清明节广大群众到天安门广场沉痛悼念敬爱的周总理、愤怒声讨"四人帮"，完全是革命行动。

会上宣布：一九七六年清明节，广大群众到天安门广场悼念我们敬爱的周总理，完全是出于对周总理的无限爱戴、无限怀念和深切哀悼的心情；完全是出于对"四人帮"祸国殃民的滔天罪行的深切痛恨，它反映了全国亿万人民的心愿。广大群众沉痛悼念敬爱的周总理，愤怒声讨"四人帮"，完全是革命行动。对于悼念周总理、反对"四人帮"而受到迫害的同志要一律平反，恢复名誉。

在当时的环境下，这条消息是新华社领导冒着很大风险才发出的。据当事人回忆：1978年11月14日，北京市常委扩大会议在北京宣武饭店召开，新华社北京分社副社长周鸿书参加了这次会议报道。会议结束的当天，周鸿书就写了一条2 400字的报道北京市常委扩大会议的消息，送到新华社总社国内部政治编辑室。当晚，新华社副社长穆青看了这篇报道后，觉得应当把稿件中所写为"天安门事件"平反的那一部分内容"拎"出来，作专门报道。为此，他立即通知周鸿书回到总社修改稿件。第二天一早，周鸿书回到总社后，就与新华社国内部主任杜导正、副主任李峰等人一起研究修改这篇稿件，决定把市委有关为"天安门事件"平反的一段内容抽出来，专门写成一篇短小精练的消息。周鸿书根据这一构想重写了这条消息。这条消息经过压缩后，字数减少了，但分量更重了，主题更鲜明、重点更突出了。经过大家反复推敲，题目定为《中共北京市委宣布1976年天安门事件完全是革命行动》。按惯例，新华社播出通稿，一般由值班室终审发稿人签发即可。但由于这篇稿件责任重大，经过新华社正副社长、国内部三位正副主任同意后，并由时任副社长的穆青亲自签发。当晚最后发稿时，时正在京西宾馆参加中央工作会议的新华社社长曾涛打来电话说："如果这条消息闯了祸，要杀头、要坐牢，咱们一起去。"[20]可见发出这条消息是冒了很大的风险的。

【关于"三家村反党集团"平反的宣传报道】"三家村反党集团"一案，是"文化大革命"中新闻界的第一个大冤案。1979年初，为彻底平反这一冤案，《北京日报》、《解放军报》、《人民日报》相继发表文章。1月26日，《北京日报》发表原《前线》杂志编辑部部分同志的文章《一场惊心动魄的反革命夺权事件——论"三家村"冤案》。2月22日，《解放军报》发表李延的文章《反革命发起夺权攻势的一枚信号弹——批判高炬的〈向反党反社会主义的黑线开火〉》，并加了编者按，指出"三家村反党集团"一案纯属冤案，必须彻底平反。同一天，《人民日报》发表任文屏的文章《一桩触目惊心的文字狱——为〈三家村劄记〉、〈燕山夜话〉恢复名誉》，也加了编者按。据新华社报道，1979年8月2日，经中共中央批准，北京市委决定为"三家村"冤案彻底平反，撤销对邓拓、吴晗、廖沫沙所作的错误结论，恢复这三位同志的政治名誉。北京市委的"决定"还指出：在林彪、陈伯达、江青、张春桥、姚文元和康生的压力下，1966年4月16日，《前线》、《北京日报》发表的《关于"三家村"和〈燕山夜话〉的批判》一文的"编者按"和材料都不是实事求是，应予撤销。

【为马寅初翻案】马寅初是我国著名的经济学家、人口学家。针对50年代中期我国人口增长过快的现状，在1957年2月召开的最高国务会议上，时任北京大学校长的马寅初以人大代表的身份发表了他的"控制人口数量"的主张。1957年7月3日，他又在第一届全国人大第四次会议上作了《新人口论》的书面发言。7月5日，《人民日报》第十一版以整版篇幅（第十二版续载）刊登《新人口论——马寅初的书面发言》（旋载于《新华半月刊》1957年第15期）。为了刊登这篇文章，当天的《人民日报》由平常的日出2张8版，破例增为3张12版。文章云："1953年的（人口）普查是中国历史上第一次普查，普查结果表明一九五三年六月三十日中国人口共有六亿零一百九十万八千零三十五人。""现在一般估计中国人口每年增加一千二百万到一千三百万，增殖率千分之二十。"有鉴于此，马寅初认为"我国资金积累得不够快"，而"我国人口增长太快"。因此，他在1955年就到他的家乡浙江视察3次，调查人口问题。在1957年2月的扩大的最高国务会议上及7月召开的一届人大四次会议上，马寅初都作了发言。他在发言中极力主张提高人口素质，"控制人口数量"。他认为："要加快积累资金"，就非控制人口不可；"从工业原料方面着想，亦非控制人口不可"；"为促进科学研究，亦非控制人口不可"，"就粮食而论，亦非控制人口不可"。基于此，他建议："普遍宣传避孕"、"实行计划生育是控制人口最好最有效的办法"。当时正处在反右斗争的高潮中，马寅初的这一富有远见卓识的主张立即遭到无理的批判和多方围攻。到了1958年4月，对马寅初的批判升级，北京大学一些人采用大字报辩论的方式，对他的《新人口论》及其整个学术思想、政治观点进行批判，把他的见解说成是"新马尔萨斯人口论"。马寅初为自己的观点进行了申辩，并在《光明日报》上发表签辩文章。在以后的一年多时间里，其他高等院校和一些报刊也发表大量文章，对马寅初的《我的经济理论、哲学思想和政治主张》一书及其《新人口论》进行公开指名批判。1959年12月，马寅初在《新建设》上发表《重申我的请求》一文，表示要坚持真理，“绝不向专以力压服不以理说服的那种批判者们投降”。随后对马寅初批判的调门更高了。1960年，马寅初被撤销北京大学校长职务。由于对马寅初的人口论进行了极为错误的批判，此后不加控制的生育政策终于导致我国人口不断膨胀，人口压力愈来愈大。

“文革”后，1979年7月10日，《光明日报》第三版率先刊出龚明的文章《如果没有民主，什么事也办不好——应该为马寅初先生恢复名誉》，较早地发出要为马寅初平反的呼声。

1979年8月5日，《光明日报》第三版又刊出田雪原《为马寅初先生的新人口论翻案》的文章，同一版《读者来信》专栏还刊出《错批一人　误增三亿》的短文。

《光明日报》这些文章的发表，无疑对马寅初案的平反起了推动和促进作用。中共十一届三中全会以后，马寅初案终于平反，其学术观点得到了充分的肯定，对他的错误批判也得到了纠正。1980年7月25日，新华社发表杨建业的文章《党组织为马寅初彻底平反恢复名誉》。

【《一封终于发出的信》的发表】陶铸（1908—1969）是党和国家优秀领导人，他1908年1月16日出生于湖南省祁阳县。1951年任中共中央华南分局代理书记、华南军区第二政委、广东省人民政府副主席。1955年任广东省省长兼中共广东省委书记。1957年起任中共广东省委第一书记、广州军区政委。曾兼任暨南大学校长、华南师范学院马列主义教研室教授。1960年起任中共中央中南局第一书记兼广东省委第一书记、广州军区第一政委。1965年4月调任国务院副总理。1966年5月，“文革”爆发后任中共中央书记处常委书记兼中央宣传部部长，同年8月在中共八届十一中全会上成为政治局常委。1967年1月遭“四人帮”诬陷，受到残酷迫害。1969年11月30日逝世于安徽省合肥市，时年61岁。

1978年12月底，中共十一届三中全会上为陶铸平反昭雪。

1978年12月10日、11日，《人民日报》连载发表陶斯亮写的《一封终于发出的信——给我的爸爸陶铸》。作者以饱含深情的笔触、以第一人称的口吻、以书信的形式，回忆了已去世9年、当时尚未正式平反的“爸爸”陶铸在“文革”前期受到林彪、江青、陈伯达、姚文元等的诬陷、迫害、凌辱、摧残的惨景，也描述了陶铸的坚强意志及其对党的忠贞不渝，以及陶家父女刻骨铭心的亲情。一桩桩、一件件，情真意切，读来令人热泪盈眶。据陶斯亮后来回忆：十一届三中全会刚刚召开就传出很多消息，陈云、邓小平等都仗义执言说陶铸同志的案子应该平反，陶斯亮便写了这篇文章。她写好后请女作家、诗人柯岩修改，柯岩被感动得热泪流淌。柯岩朗诵给《人民日报》文艺部编辑缪俊杰听，缪也感动得哭了。还有《人民日报》负责人之一李庄也深受感动。1978年12月初，《人民日报》负责人当场拍板，决定分两次全文刊登这篇文章。12月10日《人民日报》第二版几乎一整版、11日第二版下半版连载发表后，在社会上引起了轰动。受邓小平的推荐，该文曾被收入中学语文课本。[21]

【关于张志新事迹的报道】张志新（1930—1975），女，天津市人。她是辽宁省委宣传部的一个普通干部，1930年出生于天津一个清贫的音乐世家。她从小酷爱艺术，能弹会唱，爱画善舞。朝鲜战争时参军，学过俄语，做过资料员、理论教员。1955年加入中国共产党。60年代被调到文艺部门工作，不久成为辽宁省委宣传部的一名普通干部。“文革”中，她从1968年起多次公开表示对“文化大革命”不满，说“毛主席也有错误”。

她为刘少奇遭迫害鸣不平，指出党的领导者犯了“左”的错误。她还揭露和反对林彪、江青一伙残害干部、篡党夺权的阴谋活动。她的言论触怒了“四人帮”及其在辽宁的党羽。1969年9月24日，张志新被定为“现行反革命”罪而遭逮捕。[22]1970年8月24日，张志新又被判无期徒刑，后又被“四人帮”在辽宁的党羽加处死刑。1975年4月3日傍晚行刑前，为阻止她发出呼喊，行刑者竟惨无人道地割断她的喉管。

1979年3月31日，中共辽宁省委（当时辽宁省委书记是任仲夷）顶着“两个凡是”的巨大压力，毅然作出决定：为张志新平反昭雪，追认她为烈士。

1978年，辽宁省委办的《共产党员》杂志最早报道了张志新的事迹，并要求为她平反，得到了广大读者的赞同，但当时辽宁省的掌权者迟迟拖延不决。1979年4月5日，《辽宁日报》也报道了张志新事迹，但因报纸发行区域及发行量的局限，没能在全国范围内产生应有的影响。《人民日报》编辑了解这一情况后，特约《共产党员》杂志的记者重新采访。他们采写了一篇《要为真理而斗争——优秀共产党员张志新同林彪、“四人帮”进行殊死斗争的事迹》的长篇通讯寄给人民日报社。1979年5月25日，《人民日报》第一版、第四版连载刊登署名“中共辽宁省委《共产党员》杂志社供稿”的这篇通讯后，立即在全国引起了强烈反响。新华社转发了通稿，全国几乎所有的省委机关报都加以转载或摘要发表。之后不久，《光明日报》继续组织系列报道。该报从1979年6月5日在头版显著位置刊登孙钧、苗家生（两人系《光明日报》驻辽宁记者站记者）、陈禹山（《光明日报》记者，这篇通讯的执笔者）写的长篇通讯《一份血写的报告——记党的好女儿张志新》（第三版连载）开始，到9月12日登载辽宁省社会科学院胡宝琛等人写的文章《论张志新这个典型的时代意义》结束，在三个多月的时间里，《光明日报》共刊登有关张志新烈士的长篇通讯报道、怀念及回顾文章、理论文章、编者按语、新旧诗词、照片、绘画、歌曲、题词等共计86篇（幅或首），共约十五整版篇幅、14万多字，形成了一次规模很大的报道战役。其中，陈禹山等采写的《一份血写的报告》，陈禹山《走向永生的足迹——记党的好女儿张志新成长的历程》（载1979年7月11日《光明日报》第二版）、《她是名副其实的强者——张志新烈士狱中斗争纪实》（载1979年8月11日《光明日报》）等报道，披露了张志新因为思想而获罪，以及她在狱中所遭受的非人待遇，包括因为怕她呼喊所谓“反动口号”而在行刑前割断她喉管的细节，一时间，举国震惊，“张志新”在人们心目中顿时成为坚持真理、反抗强暴的代名词。军旅诗人雷抒雁写的长诗《小草在歌唱——悼念张志新烈士》在1979年7月8日《光明日报》第四版以半版的篇幅刊载，又引起了广大读者的强烈共鸣。

【关于遇罗克事迹的报道】遇罗克，生于1942年。其父是水利工程师，早年留日学习，回国后曾从事工商业，1957年被划为“右派”。由于父亲的连累，成绩优秀的遇罗克一直未能考上大学。1966年7月，遇罗克写了一篇长达15 000字的文章《出身论》，批驳当时甚嚣尘上的“老子英雄儿好汉，老子反动儿混蛋”的“血统论”。1967年1月18日，由“首都中学生革命造反司令部宣传部”主办的《中学文革报》创刊号以“北京家庭出身问题研究小组”的名义发表了遇罗克的《出身论》，在社会上引起了强烈反响。1967年4月17日，当时还是“中央文革小组”成员的戚本禹表态说《出身论》是反动文章。1968年1月1日，遇罗克被以“恶毒攻击”和“组织反革命集团”的罪名而逮捕。1970年3月5日被枪决，时年仅27岁。1979年11月21日，北京市中级人民法院宣告遇罗克无罪。

打倒“四人帮”后，《光明日报》编辑、记者苏双碧最先采访报道此事。他于1978年冬开始采访，1980年6月出版的《新时期》曾刊登由他采写的《逆风恶浪中的雄鹰——遇罗克》。1980年7月15日，《北京日报》头版显著位置转载此文。

《光明日报》于1980年7月21日头版显著位置、22日第三版，连载署名“中国社会科学院新闻研究生王晨”、“本报记者张天来”采写的长篇通讯《划破夜幕的陨星——记思想解放的先驱遇罗克》（长达两万字）。文章详细地介绍了遇罗克生前的事迹，以及他在狱中的斗争，并将这位“思想解放的先驱”比作“划破夜幕的陨星”。遇罗克的事迹见报后，在社会上又引起了强烈的反响。一时间，全国30多家报纸纷纷转载此文，新华社也摘要转发了该文中的六七千字。[23]

【关于林昭被害的报道】1981年1月27日，《人民日报》第三版以整版篇幅刊登由新华社记者穆青、郭超人、陆拂为合作采写的长篇通讯《历史的审判》（第四版连载）（1981年1月25日，中华人民共和国最高法院经过两个多月的审讯后，对林彪、江青反革命集团的十名主犯进行终审判决）。该文有这样一段涉及林昭的记述：“在我们熟悉的朋友中就有这样一位同志。这是一个勇敢纯真的南国女性，名叫林昭。由于她不愿意向风靡一时的现代迷信活动屈服，被关进了上海的监牢。但是，她坚持用记日记、写血书等种种形式，表达了自己对真理的坚强信念，心甘情愿地戴着‘顽固不化’的枷锁，过早地结束了自己年轻的生命。她就义的详细经过至今无从查考，我们只知道这样一个消息：1968年5月1日清晨，几个‘有关方面’的代表找到她年迈的母亲，宣告林昭已于4月29日被枪决。由于‘反革命分子’耗费了一发子弹，她的亲属必须交纳五分钱的子弹费。”这是最早见诸报端的报道林昭的文字。

林昭（1932年12月16日至1968年4月29日），原系北京大学中文系新闻专业学生，1957年被错划为“右派”。1958年随北大新闻专业转入中国人民大学新闻系，在新闻系资料室“监督劳动”。“文革”前期，林昭因发表了一些“民主自由”的言论，尤其是反对个人崇拜、现代迷信的言论而被捕，于1968年4月29日被枪决（时年不到36岁）。死前，林昭写了最后一份用血书写的遗书——《历史将宣告我无罪》。[24]

第二节　20世纪80年代报刊业的大发展

一、报业的大发展

粉碎“四人帮”以后，特别是十一届三中全会以来，我国的新闻传播业迎来了万物复苏、欣欣向荣的春天。从1978年起，“文革”中被迫停刊的一大批曾有广泛影响的报纸纷纷复刊。如1978年10月、11月间，《工人日报》、《中国青年报》、《中国少年报》等全国性报纸先后复刊。这些报纸一复刊，便深受读者欢迎。1980年2月起，在“文革”中停刊很久的《北京晚报》、《羊城晚报》等著名晚报率先复刊，不久就形成了晚报热。1983年创刊的《经济日报》带动了经济类报纸的大发展。20世纪80年代报刊业的大发展有两大突出的特征：

一是报业规模快速扩张、报纸总数扩大。20世纪80年代是我国报业发展最快的时期。

“文革”前，我国报刊业总体来看发展比较缓慢。1960年到1965年是我国经济由困难到发展的时期，也是我国报纸从调整充实到稳定发展的时期。在3年困难时期，全国报纸在1962年压缩到308家。国民经济恢复后，报纸有所增加，到1965年增至413家，每期发行总数有2 784. 8万份。

1966年至1976年的十年“文革”时期，报业受到极大的摧残。这一时期大量报纸被迫停刊，党报优良传统遭到破坏，一些著名的全国性大报一度沦为林彪、“四人帮”篡党夺权、鼓吹极“左”路线的舆论工具。到1976年全国报纸只有236家，每期发行总数为4 403. 1万份。

1976年粉碎“四人帮”后，特别是1978年12月中共十一届三中全会以后，政治、经济的发展促进了报业的蓬勃发展。从1978年至1989年的十来年，是我国报业发展的黄金时期。据统计数据显示，自1980年1月1日至1985年3月1日，平均每一天半就有一家新的报纸问世。[25]1985年，全国邮发和非邮发报纸共计2 282家，其中通过邮局发行的有944家，期发行总数14 500多万份。1986年，新创办报纸89家，停办29家，报纸增至2 342家。其中日报253家，占10. 8%，非日报2 089家，占89. 2%；邮发报纸984家，期发行总数达20 722万份。从统计数据看，无论报纸总数，还是期发总数，1986年都创当时中国报业史上的最高纪录。与此同时，随着报业的发展，我国已建立起一支相当规模的报业队伍。据1985年统计，全国报社从业人员已达10来万人（103 223名），比1983年初增加58. 72%。其中编辑、记者41 900名，占总人数的40. 6%；行政管理人员13 762名，占13. 3%；印厂人员44 308名，占42. 9%；从事多种经营人员3 253名，占3. 2%。[26]

1987年，为了提高报纸质量，使报纸的布局及品种结构合理，国家新闻出版总署对全国报纸进行治理整顿，重新办理登记。当年底，登记注册公开发行的报纸1 491种，期发行总数18 600万份。这些报纸在地域分布及品种结构上趋于合理，可以较好地满足农村、城市对报纸的需求。此外，还有大批报纸已经办理内部发行登记，作为“内刊”在厂矿企业及学校内部发行。[27]到1988年底，全国登记公开发行的报纸1 628家，期发行总数13 789万份。截至1989年，全国登记公开发行的报纸1 618家，期发行总数15 184万份。另外，据1989年对27个省、自治区、直辖市统计，“内刊”共计4 014家。[28]

二是报纸的期发行量迅猛攀升，期发行量超过百万份的报纸比比皆是。先以《中国少年报》为例，到1981年，该报全年平均每期发行数为978. 26万份，最高期发行数为1 124万份，创当时单份报纸发行量的最高纪录。[29]同是1981年，几乎所有的全国性大报的日（期）发行数都达到百万份以上，如《人民日报》为500万份、《解放军报》150万份左右（该报当时最高期发行量达240万份）、《光明日报》105万份、《工人日报》182万份、《中国青年报》290万份、《文汇报》155万份、《羊城晚报》105万份。[30]到1987年，由于报业市场的激烈竞争及全国公费订阅的比例逐年降低，大部分报纸的期发行量有所减少，但仍然稳定在一定的水平。如1987年，《中国少年报》日（期）发行量降到了297万份、《文汇报》降为142万份、《光明日报》降为69. 6万份。而此时（1987年），《人民日报》日（期）发行仍保持在500万份、《参考消息》每期发行数也高达361万份、《新民晚报》高达170万份、《羊城晚报》168万份。[31]

【《工人日报》及青少年报纸的复刊和创办】从1978年起，一批曾在全国有广泛影响，而在“文革”期间停刊多年的报刊相继复刊。其中最早的一批有《工人日报》、《中国青年报》、《中国少年报》等报，以及《中国青年》等刊物。

《工人日报》的复刊：《工人日报》在“文革”前是全国有名的大报之一。“文革”中，《工人日报》出到1966年12月31日停刊。1978年10月6日（星期五），《工人日报》（第5660号）在停刊近12年之后复刊。刚复刊时为周二刊，星期一、五出报，每期出对开一张4版。1979年元月起改为日报，其间，星期日也出刊，星期一不出报。

《工人日报》复刊当天头版首载叶剑英、华国锋的题词，接载康世恩《为实现新时期的总任务而奋斗——为〈工人日报〉复刊而作》。第二版头条载《作新长征的战斗号角——复刊词》云：“《工人日报》被迫停刊十二年，今天复刊了。”“《工人日报》在一九四九年创刊，办报方针是伟大领袖毛主席亲自审定的。毛主席先后两次为《工人日报》写过报头。在十七年的办理过程中，中央领导同志多次对《工人日报》作过指示。”“一九六六年底，林彪、‘四人帮’一伙，诬蔑《工人日报》是刘少奇复辟资本主义的宣传工具”，“亲自煽动和唆使一小撮坏人‘查封’了《工人日报》”。“在新的历史时期，《工人日报》要担负起新的光荣任务。”当天第三版整版刊登河北省吴桥县机械工人李连兴的文章《为真理而斗争》，叙述了他自己同“四人帮”作斗争的事迹。第四版“百花”文艺副刊版刊登“童怀周”写的《人民的心声》等文章及诗歌。

《工人日报》一创刊就投入揭批“四人帮”的斗争及开展宣传、报道关于实践与理论关系问题的讨论，例如：

1978年11月3日《工人日报》第三版、第四版，11月6日第三版、第四版，连载话剧剧本《于无声处》（作者：上海热处理厂宗福先）。

1978年11月20日，《工人日报》头版转载《人民日报》当天发表的该报特约评论员文章《平反冤案的历史借鉴》，接载《解放军报》当日发表的署名“祝卿生”的文章《人民的力量不可阻挡》。第二、三、四版三大版全部刊登童怀周、严家其、鲁利玲《丙辰清明见闻录（节选）》的长文。

1978年12月23日，《工人日报》头版刊登该报记者何家栋采写的《现代文字狱——〈刘志丹〉小说大冤始末记》（第四版连载）。

1978年12月9日，《工人日报》第三版头条刊载汪子嵩文章《大家都来参加实践和理论关系问题的讨论》。

1978年12月24日，《工人日报》头版整版刊登《中共第十一届三中全会公报》（第二版整版连载）。

《工人日报》复刊后，上海、天津、山西、陕西等19个省、自治区、直辖市都纷纷办起了工人报纸，其中有的是周刊，有的是半周刊。《工人日报》的发行量在“文革”前是30多万份，复刊后逐步增加到240万份（1984年）。《工人日报》复刊后有以下鲜明特色：

一是把对先进人物的宣传放在突出位置。如1982年就报道了几百个先进人物，仅登在一版头条的就有99个，其中有工人、科技人员、厂长等。在这些先进典型人物报道中，又以对赵春娥、杜芸芸、罗健夫等人的宣传报道最为突出，其中有关赵春娥的宣传报道持续了七个月之久。

二是代表工人说话，维护职工的合法权益。

三是帮助工人排忧解难，指导他们的学习和生活。

四是办好各种副刊和专栏。[32]

《中国青年报》的复刊：1978年10月7日（星期六），共青团中央机关报《中国青年报》（第3294期）也在停刊12年多之后复刊。《中国青年报》创刊于1951年4月27日，对开4版，题文竖排，每周出两次（1954年4月1日起改为周三刊）。早期《中国青年报》非常重视报道富有时代精神的典型人物。20世纪50年代，它报道了丁佑君、黄继光、邱少云、郝建秀、王崇伦，以及徐建春、张百发、李瑞环、倪志福等青年英雄及模范人物的事迹。1956年1月3日起，《中国青年报》改为日刊（星期天仍出报，星期一无报）。同年，创办了著名的讽刺性副刊《辣椒》及文化娱乐副刊《周末》。1960年刊登了著名的通讯《为了六十一个阶级弟兄》。1959年至1961年，它又先后报道了向秀丽、邢燕子等典型人物。1963年后，《中国青年报》又大力宣传雷锋、王杰、欧阳海等青年英雄人物。从1951年4月创刊，到1966年8月20日停刊，即"文革"前，《中国青年报》办了15年多时间。1966年8月20日至1978年10月6日，《中国青年报》因"文革"而停刊12年之久。期间的1969年4月15日，报社三百多名干部、职工随团中央各单位一起到河南省潢川县团中央"五·七"干校劳动改造，"接受贫下中农的再教育"。1970年初，经中央批准，中青社印刷厂的全套印刷设备被无偿调拨给解放军报社和人民日报社，工厂的绝大多数职工也随机器设备调往解放军报和人民日报等报社。此后，许多记者、编辑、干部、工人陆续调离报社。"文革"结束后，1978年4月初，中央正式批准团中央临时领导小组关于复刊《中国青年报》、《中国青年》杂志的报告。旋由杨矛、王士谷同志负责主持中青报的复刊筹备工作。6月下旬及7月下旬，报社复刊领导小组抽调24人分九路到13省、市调研，筹备复刊事宜。9月11日，佘世光回报社主持工作，任社长兼总编辑。

1978年9月19、21、23、26日，《中国青年报》共出试刊4期。10月7日正式复刊，为周三刊（每星期二、四、六出版），每次出对开一张4版。复刊的第1期报纸刊登的是一篇旧闻——周恩来1949年5月7日在中华全国青年第一次代表大会上的报告的第三部分节录——《学习毛泽东》。这篇旧闻针对当时"两个凡是"的错误观点，指出毛泽东是人不是神、毛泽东思想是以毛泽东同志为代表的中国共产党人集体智慧的结晶；提出"学习毛泽东，必须是全面的学习"，"学习毛泽东整个的思想全系"，坚持实事求是，一切从实际出发，理论与实际相结合。同时，还明确地提出了为"天安门事件"平反等重大问题，为拨乱反正、宣传党的方针路线作出了贡献。这篇旧闻还被新华社发了通稿，全国各报转载。《中国青年报》复刊后，深受青年读者的欢迎。次年发行量即突破200万份，成为当时中国发行量最大的报纸之一。

《中国青年报》一复刊，就开展揭批"四人帮"的活动，刊登"文革"中与"四人帮"斗争者的事迹及宣传、报道实践是检验真理的标准大讨论。如1978年11月4日刊登邢贲思《为什么说只有实践才是检验真理的标准?》，1978年11月7日头版刊登《这是一朵朵报春的白花——记清华大学一个为坚持社会主义民主原则斗争的集体》，1978年12月30日头版载清华大学理论组《评蒯大富怎样堕落为反革命》等文章。与此同时还报道张志新、王海力等与"四人帮"斗争的典型事迹，以及"四五"事件中的英雄群体与杨乐、张广厚等青年科学家的事迹，对越自卫反击战、华山抢险及连获世界冠军的中国女排等英雄群体的感人事迹。80年代，《中国青年报》又开展了表彰新长征突击手的宣传活动。1980年5月至7月间，《中国青年报》还经常就青年关心的问题，组织文章在报上展开讨论。如当时关于“怎样认识人生意义”的讨论，受到全国广大青年的热烈响应和积极参与，半年内就有七万读者投稿参加讨论。其中发表的署名“潘晓”的一封信《人生的路为什么越来越窄》引起非常强烈的反响，由此开展了一场牵动千万人心的大讨论，即《中国青年》杂志和《中国青年报》分别从1980年5月、7月在报刊上开展的人生观问题的大讨论。1980年7月29日，《人民日报》发表评论员文章《人生观的讨论值得重视》，对这次大讨论给予很高的评价。1981年1月4日，《中国青年报》推出《星期刊》，开新时期中国报界星期刊、周末版之先河。《星期刊》4开8版，内容以文化生活为主，包括文字、艺术、历史、地理、体育、卫生、生活等方面的有关信息和知识，以帮助青年开阔眼界，提高文化素养，丰富精神生活，培养高尚情操。1984年7月，该报又创办了《青年参考》周报。1989年起，《中国青年报》改为日报出版。

《北京青年报》的复刊：《中国青年报》复刊后，到1983年底，全国复刊或新办的青年报共计12种，报纸期发总数500多万份，超过“文革”前最高期发数两倍以上。这12家报纸见下表：[33]

报名	刊期	1983年底期发数
中国青年报	周四刊	2 803 390
上海青年报	周刊	930 000
北京青年报	周二刊	133 124
天津青年报	周刊	120 000
安徽青年报	周二刊	100 000
江西青年报	周二刊	62 786
青海青年报	周刊	15 000
广州青少年报	周刊	300 000
兰州青年报	周刊	30 000
武汉青年报	周刊	100 000
汕头青年报	周刊	172 000
沈阳青年报	周刊	80 000

以上青年报中，《北京青年报》于1981年7月3日复刊。该报是一张创办较早的青年报，甚至比《中国青年报》的资格还老一些，于1949年3月21日创刊，当时新中国尚未正式成立。创刊以后，曾三度停刊。1960年7月29日是最后一次停刊，这一停便是20多年，直至1981年7月3日才得以复刊。60年代初该报停刊后，报社一些骨干被输送到《中国青年报》、《北京晚报》以及其他媒体工作。80年代初复刊后，《北京青年报》4开4版，每周一期，是一张小型报，也是共青团北京市委机关报。刚复刊时，没有什么影响，发行量也少。1982年1月1日起，改为周二刊，仍是4开4版；1987年1月2日起，扩为4开8版，周二刊；1992年1月1日起，增为4开8版周刊。1994年1月1日起，改出对开8版，周五刊，成为大报。90年代末期，《北京青年报》有了比较大的发展，成为一张敢于创新、敢于走市场化道路的报纸。又由于该报采、编及经营管理人员都比较年

轻，思想活跃，富于朝气和改革精神，敢于向传统的办报模式发起多方面的挑战，从报纸的报道内容及题材，到版面编排，以及经营管理等方面，都进行了许多有意义的改革与创新，遂使该报成为一张新锐的报纸，在业界出现了“北京青年报现象”。[34]

《中国少年报》的复刊：1978年11月1日，共青团中央主办的中国少先队队报《中国少年报》也是在停刊12年之后复刊。该报是新中国成立后创办的我国第一张全国性少年儿童报纸，于1951年11月5日创刊。它是青年团中央为了适应全国少年儿童的需要，在1949年9月出版的《中国儿童》杂志的基础上创办起来的。“文革”中，《中国少年报》于1966年8月17日停刊。

“文革”后，在《中国少年报》复刊前，《中国青年报》、新华社（10月31日）都发了消息。如《中国青年报》1978年10月12日头版右报眼显著位置刊登消息《〈中国少年报〉将复刊》云：“本报讯，《中国少年报》定于一九七八年十一月一日复刊。共青团中央为全国少年儿童办的这一报纸，是中国少年先锋队队报”，“毛主席曾在《中国少年报》的前身《中国儿童》创刊号上写上‘好好学习’的题词”。“《中国少年报》现为周刊，每星期三出版。它的读者对象是以小学四、五年级的学生为主，兼顾小学三年级和初中一年级的学生。报纸将指导少先队开展各项活动，成为少先队运动的号角；并为少年儿童开辟发表意见、讨论问题、学习写作的阵地。过去报纸上深受小读者欢迎的《小虎子》、《知心姐姐》、《小灵通》、《动脑筋爷爷信箱》等专栏，复刊后都将重新和小读者们见面。”

1978年11月1日《中国少年报》复刊后，《中国青年报》又在11月2日第三版刊登消息云：“新华社北京十月三十一日电，共青团中央主办的中国少年先锋队队报——《中国少年报》十一月一日在北京创刊。”“复刊后的第一期《中国少年报》在套红印刷的第一版上，重新发表了毛主席为全国少年儿童题词的手迹：‘好好学习’，‘天天向上’。”“深受少年读者喜爱的《小虎子》、《小灵通》等专栏，也在复刊第一期和大家见面。”《中国少年报》复刊时是四开小报，每周出一期。该报最早创刊时，每期发行数只有9万份。复刊后，到1981年，《中国少年报》全年平均每期发行数猛增至978.26万份，最高期发数高达1 124万份，成为当时全国发行量最大的报纸。[35]

【著名晚报的复刊及“晚报热”的兴起】20世纪60年代在我国曾兴起一股“晚报热”。1958年，全国仅有晚报4家，即《北京晚报》、《羊城晚报》、《新民晚报》和《新晚报》。1962年前后，沈阳、西安、郑州、合肥、南昌、武汉等省会城市的市报都改为晚报出版，到“文化大革命”前夕，全国共有晚报18家，期总发行量接近200万份，“文革”中，各晚报都先后被迫停刊。

中共十一届三中全会以后，1979年11月1日，《南昌晚报》最早复刊。它是“文革”后全国重新恢复出版的第一家晚报。复刊当天发表的《致读者》云：“它主要面向城市，面向基层，为社会主义四个现代化服务。”该报的前身是《南昌日报》，于1958年7月1日创刊。1962年5月1日改为《南昌晚报》出版，1972年10月1日又改为《南昌通讯》，1974年3月1日再度改为《南昌日报》出版。

1980年1月1日，昆明《春城晚报》创刊，日出4开8版。这是“文革”后新创刊的第一家晚报，因而在业内有“报春燕”之誉。

1980年2月15日，50年代、60年代全国著名的晚报《北京晚报》、《羊城晚报》同日复刊；同年7月1日，《兰州晚报》创刊、《合肥晚报》复刊。

1981年1月1日，《西安晚报》、《郑州晚报》复刊；同年10月1日，《长沙晚报》复刊。

1982年1月1日，被迫停刊15年之久的《新民晚报》复刊。同一天，《福州晚报》复刊。到1982年底，全国已有晚报19家，超过了“文革”前18家的规模。这些晚报绝大多数都是4开4版的小报形式，或日刊，或周六刊，只有《羊城晚报》是对开4版的大报形式。1982年全国晚报日均发行量最高的有三家：《北京晚报》94.9万份（最高日发行量为99.3万份）、《新民晚报》81.6万份（最高日发行量为99.5万份）、《羊城晚报》126万份（最高日发行量为152万份）。[36]

此后，从1983年起，几乎每年都有晚报创刊或复刊。

1983年5月1日，长春《城市晚报》创刊。1984年1月1日，《乌鲁木齐晚报》创刊；同年7月1日，天津《今晚报》创刊；同年9月1日，著名的《武汉晚报》复刊。1985年，《拉萨晚报》、哈尔滨《新晚报》、《重庆晚报》、《泉州晚报》等晚报相继创刊。到1985年底，全国晚报总数达30家。[37]

从1983年到1985年，连续三年召开了全国晚报工作经验交流会议。第一次全国晚报会议于1983年12月25日在云南昆明市召开，参加会议的有17家晚报，期发行数总计约540万份。参加会议的人员有中国记协的李普、徐惟诚，中共中央宣传部新闻局李野，《北京晚报》、《新民晚报》、《羊城晚报》等17家晚报的正、副总编辑或代表45人。会议由李普主持，主要议题是总结交流晚报宣传社会主义精神文明的经验。第二次全国晚报会议于1984年8月下旬在新疆乌鲁木齐市召开，参加会议的有19家晚报，期发行数总计664万份。第三次晚报会议于1985年10月3日至8日在四川成都召开，参加会议的有26家晚报，期发行数总计665.3万份。[38]

1985年10月，中国晚报工作者协会在四川成都正式成立，会长赵超构，常务副会长顾行，副会长杨家文、束纫秋、李夫、凯兵、马汉卿。[39]

1986年底，全国共有31家晚报，平均期发数在720万份左右。

1987年，我国晚报日发行数又创新高。《中国新闻年鉴》（1988年卷）第442、443页收录1987年全国晚报共35家。其中，《新民晚报》平均期发行数已超过170万份，《羊城晚报》平均期发行数为168万份，《北京晚报》平均期发行数达到82万份，《今晚报》50万份，《成都晚报》30万份。这些晚报中自费订户占了绝大部分比例，如《北京晚报》早在1982年的自费订户就占全部订户的99.04%，而《北京日报》在1985年的自费订户只占全部订户的7.9%。[40]

1988年，我国又有7家新的晚报创刊，它们是《齐鲁晚报》（山东）、《大连晚报》、《银川晚报》、《红山晚报》（内蒙古赤峰）、《海口晚报》、《驿城晚报》（河南驻马店）、《安顺晚报》。其中，1988年1月1日创刊的《齐鲁晚报》是山东省委机关报《大众日报》的子报，以后发展成为日出80万份的大报。1988年，全国晚报已有42家，期总发行量有1 000多万份。《新民晚报》和《羊城晚报》平均期发行数都有180多万份。[41]《中国新闻年鉴》（1989年卷）第443页载的《晚报1988年出版发行统计表》收录了全国晚报38家，其中绝大部分晚报都是4开4版的小报形式。

1989年，全国晚报由1988年的42家增加到47家。新增加的晚报是青海省的《西宁晚报》，吉林省的《长春晚报》，河南省的《南阳晚报》、《魏都晚报》（许昌）、《汝州晚报》。至《西宁晚报》的创办，全国所有省会城市都有了自己的晚报。截至1989年底，有6个省、自治区各创办了两家晚报，即内蒙古、四川、黑龙江、吉林、辽宁、福建；有2个省各创办了3家晚报，即贵州、湖南；河南省一省就创办了4家晚报。有两家晚报除了出汉文版外，还以少数民族文字单独出版，它们是藏文版《拉萨晚报》、维吾尔文版《乌鲁木齐晚报》。1989年，日发行量100万份的晚报有两家：《新民晚报》最高达184万份，《羊城晚报》最高达172万份。其次是《北京晚报》90万份、《今晚报》45万份、《成都晚报》38万份、《扬子晚报》30万份、《西安晚报》28万份。[42]

《北京晚报》的复刊：《北京晚报》创刊于1958年3月15日，4开4版，是中共北京市委领导下的小型综合性城市晚报。该报创刊后，受到广大读者的欢迎和支持。60年代初，邓拓主持的该报副刊《五色土》中的杂文专栏《燕山夜话》（1961年3月19日至1964年9月2日）在读者中有广泛影响。“文革”爆发后，《北京晚报》被扣上反党反社会主义反毛泽东思想的帽子，遭到围攻和批判，并从1966年7月21日起，被迫停刊。十一届三中全会后，《北京晚报》于1980年2月15日复刊。当天复刊号刊登署名“北京晚报编辑部”的《复刊的话》云：“中共北京市委决定，《北京日报》今日复刊。”“在经历了林彪、‘四人帮’制造的十年浩劫，同广大读者阔别十三年之后，晚报又和大家见面，我们激动的心情是难以形容的。”“这里……我们向所有过去因为晚报的株连而受到过迫害的作者、读者和发行工作者，表示亲切的慰问！”文章宣称：“我们的办报方针是：以马列主义、毛泽东思想为指针，面向群众，补日报之不足，为四化服务。”

《北京晚报》复刊后四个版的大体情况是：一版为要闻版；二版有4天为本市新闻版，3天为专刊版；三版为副刊版；四版为体育版。在新闻报道上基本上不与日报重复。《北京晚报》有几个专栏专刊办得非常出色，如一版每天刊出的《古城纵横》专栏，经常编发读者来信、来稿中反映的意见，对国家机关、企业和工作人员的工作作风，对社会上各种不良风气开展批评与自我批评。三版每天刊出的《五色土》是一个文艺性的综合副刊，其中的小栏目有《百家言》、《一夕谈》（相当于以前的《燕山夜话》专栏，后又增加了《北京夜话》专栏）、《文艺随感录》、《争鸣》、《一分钟小说》、《真人真事》、《胡同里外》、《大杂院里》等，且都办得丰富多彩、生动活泼。同时，《五色土》副刊中还辟有批判性专栏《阿凡提新篇》和《请教阿凡提》，用小品文的方式和幽默的笔调批判、讽刺现实生活中的不良现象。《北京晚报》复刊初期，由《北京日报》副社长、总编辑周游兼任晚报总编辑。在日报编委会领导下，组建了晚报社编委会和编辑部，由张其华（日报编委）任编辑部主任。该报1980年2月15日复刊号共发行36.536 9万份，1981年的日发行量激增至97万份，其中本市73万份，外埠24万份。绝大部分订户都是自费订阅。

《羊城晚报》的复刊：《羊城晚报》创刊于1957年10月1日，是一张对开大型综合性晚报，当时是作为广东省委机关报《南方日报》的“辅助”和“补充”而创办的，报名由陶铸题写。1961年2月1日，《羊城晚报》与《广州日报》合并（《广州日报》停刊，《羊城晚报》继续出版），改为中共广州市委机关报。其“移风易俗，指导生活”的办报方针不变，仍保持晚报的独特风格。1965年7月1日改由中共中南局领导，1966年成为中共中南局机关报。“文革”初期，已调到中央工作的陶铸同志“为了保存这报纸、缓和压力”，特地从北京打电话给中南局宣传部，指示将《羊城晚报》改名为《红卫报》继续出版。1966年8月31日，《羊城晚报》出版最后一期。9月1日，《羊城晚报》改名《红卫报》出版。1966年12月10日，由“武汉大专院校毛泽东思想红卫兵驻穗联络站”领衔，24个广东和外地的造反派组织联合发出封闭和接管《红卫报》的通令。《红卫报》

于1966年12月11日出版最后一期，两天后（13日）正式停刊。[43]

1980年2月15日（农历春节），在停刊13年2个月后，《羊城晚报》复刊。该报复刊后的首任党委书记兼总编辑是著名作家、长篇小说《山乡风云录》的作者吴有恒，副总编辑许实（笔名“微音”）。在筹备报纸复刊时，吴有恒就为《羊城晚报》提出了“反映生活，干预生活，引导生活，丰富生活”的十六字办报方针。1980年2月15日复刊号上，头版头条刊登《叶剑英副主席为〈羊城晚报〉复刊题字》（此后报名采用叶剑英的题字来代替“文革”前陶铸的题字），接着刊登总编辑吴有恒写的复刊词《复刊致读者》云：“复刊的《羊城晚报》将一如既往，它是党报，但又是具有广泛的群众性和社会性的报纸。它将继续过去的尝试，力求在内容和形式上做到政治性、思想性，科学性、知识性、趣味性相结合，把报纸办得生动活泼、丰富多彩。”文章还郑重强调：“文革”期间，“党报的优良传统和作风几乎被败坏净尽。例如，不讲假话、不讲空话的作风荡然无存，以致群众看来，报纸上讲的没多少可信的话了。这情况多么令人痛心！复刊的《羊城晚报》决心整顿文风，首先做到不讲假话，不讲空话。我们深知要做到这一点，并不容易。……要有社会的监督，有群众的监督。如有发现我们也讲假话、讲空话者，请立即加以批评指正”。复刊后的《羊城晚报》为日刊，对开4版一大张，一版除刊登国内外要闻外，主要刊登广州新闻。二、三版每周有六期副刊，包括著名的《花地》、《晚会》和体育版。四版报道国际形势，介绍祖国“四化”建设中的新事物、新情况、新经验。《羊城晚报》立足广东，面向全国，读者广泛。在刚复刊的1980年，该报平均日发行量57万多份，超过老晚报历史最高水平。之后再迅速攀升，1981年底突破百万大关达105万份。1985年2月15日，《羊城晚报》复刊5周年，当天报纸第五版《花地》版全版刊登秦牧、华棣、赵超构、徐铸成、钱辛波等名作家、名报人、名新闻学者的祝贺文章及吴冠中、关山月、刘开渠、程十发、宗其香、董辰生等著名画家的画作，可谓极一时之盛。此时《羊城晚报》的期发行量已达160多万份。发行地区扩展到全国各地，在“全国诸家晚报中雄踞首席”[44]。

《新民晚报》的复刊：《新民晚报》原名《新民报晚刊》，1946年5月1日在上海创刊。1947年2月20日，因其副刊《夜光杯》刊登改国民党党歌为讽刺诗《冥国国歌》而被罚停刊一天。同年5月25日，又与《文汇报》、《联合晚报》同时被当局查封，至7月复刊。上海解放后，该报继续出版。1956年1月，《新民报晚刊》改版，改变了以前报纸版面单调的局面，加强了新闻报道和报纸的“三性”，即时效性、地方性、文化娱乐性。6月，在继续深入改版中，社长兼总编辑赵超构提出“短些、短些、再短些”、“广些、广些、再广些”、“软些、软些、再软些”的口号，影响甚大。1958年4月1日改名为《新民晚报》。“文革”爆发后，1966年8月22日，《新民晚报》出版最后一期（出版编号：7256）。1966年8月23日，造反派将《新民晚报》改名为《上海晚报》出版，直至1967年2月6日最后停刊。《上海晚报》共出版165天、150期左右。“文革”结束后，进入新时期，《新民晚报》在停刊15年后于1982年1月1日复刊。当天出版的报纸共4开6版，报头套红，确切出版编号是“第7257号”，以示与1966年8月22日被迫停刊那天的编号“7256号”相衔接。但复刊当天的报纸并未署明出版编号，直至复刊一个月后，即从2月1日起，才开始在报头下正式署明出版编号，2月1日这天的编号为“第7288号”。这个号码与当年停刊后造反派的《上海晚报》划清了界限，维护了《新民晚报》的“正朔”。复刊号4开6版（不久即改为4开8版出版）。第五版、六版恢复了著名的《夜光杯》副刊。该副刊中的经典小栏目《未晚谭》（“林放”个人主持专栏）第一篇刊登的是林放（赵超构）的《暂别归来》，成为他阔别十五年后在“《未晚谭》重来的第一篇”文章。复刊当天，《新民晚报》头版首载由赵超构亲自操刀写作的一篇情文并茂、生动感人的复刊辞——《复刊的话》（署名为“本报编辑部”）云：

我们复刊于拨乱反正、振兴中华的大好时光，这就占了天时上的有利条件。

我们立足于上海这样一个生气勃勃、丰富多彩的国际大都会，这就占了地利上的有利条件。

我们获得广大群众和各界名流如此热烈的声援，这就占了人和上的有利条件。

天时、地利、人和，三者备而后水到渠成，这是我们办好报纸的信心所在。

复刊后的《新民晚报》将以宣传政策、传播知识、移风易俗、丰富生活为自己的任务。我们恳切地要求读者以此方针对我们的工作进行监督。

我们将努力做到这样的报风：“千言只作卑之论”，也就是“卑之，毋甚高论”。力戒浮夸，少说大话，实事求是，不唱高调，发表一些常识的、切实的、平凡的报道和论说。

作为一张地方性报纸，《新民晚报》既不是摩天飞翔的雄鹰，也不是搏战风雨的海燕，更不是展翅万里的鲲鹏。它只是穿梭飞行于寻常百姓之家的燕子。它栖息于寻常百姓之家，报告春天来临的消息，衔泥筑巢，呢喃细语，为国家分忧，与百姓同乐，跟千家万户同结善缘。

似曾相识的燕子，隔了十五年之后又归来了。归来伊始，首先向我们的居停主人致意：祝新年快乐！[45]

复刊后的《新民晚报》仍是上海市委领导下的综合性地方报纸。复刊号当天即发行58万份。该报日出4开一张半、6版，不久改为日出4开两张8版。报社社长赵超构（林放），总编辑束纫秋。1982年，《新民晚报》每日发行量达80万份。同年，赵超构发表长文《怎样办〈新民晚报〉?》（刊登在《新闻战线》1982年第2期）。该文全面系统地阐述了《新民晚报》在贯彻“宣传政策，传播知识，移风易俗，丰富生活”编辑方针中的宝贵经验。

《今晚报》、《扬子晚报》、《钱江晚报》的创刊：天津《今晚报》于1984年7月1日创刊，邓小平题写报头。它是新时期全国城市晚报中创办较早的一份报纸，属《天津日报》旗下子报。天津是我国现代报业的基地之一，该地的《大公报》、《益世报》名满全国。同时，天津素有办晚报的传统。1949年1月，天津解放；3月，原《新生晚报》（1946年7月创刊）经重新登记后继续出版。1953年，《新生晚报》改名为《新晚报》。1960年，《今晚报》与《天津工人报》、《天津青年报》合并，再次改名为《天津晚报》出版。“文革”中，《天津晚报》于1967年1月被迫停刊。1983年8月，天津市委决定复刊《天津晚报》，并从社会各方面征集的200多个报名中精心挑选，最后经市委确定复刊的晚报名为“今晚报”。“今”指当今、今天，强调时代性和时效性；同时“今”与“津”谐音，表明晚报的地方性和区域特色。

《今晚报》初创时，属综合性晚报，日刊，版面为4开小报形式，平日4开4版，周末4开8版（后来发展为对开大报形式），总编辑李夫。1988年7月31日，天津市委决定将《天津日报》与《今晚报》分开；同年12月1日，《今晚报》正式从《天津日报》迁出。此后，《今晚报》率先在全国报纸中开展“送报上楼，服务到家”的新发行模式，使报纸发行量逐年递增，1998年日发行量60多万份，2004年日发行量超100万份，成为天津地区发行量最大的报纸。

南京《扬子晚报》于1986年1月1日创刊，由中共江苏省委机关报《新华日报》社主办。《扬子晚报》版面最初为4开4版，经过多年发展后，版面增至通常情况下的4开64版，最多时达144版。其日均发行量从创刊时的3万多份到1995年9月7日即突破100万大关，达到100.35万份，成为江苏省报业发展史上第一份日发行量超过百万份大关的日刊报纸。[46]此后，其发行量每年均有增长，到2005年已达180万份，最高时达210万份，是当时全国发行量最大的晚报。

杭州《钱江晚报》于1987年1月1日创刊，隶属于浙江日报报业集团。该报初创时为4开小报，后发展成为浙江省日出版面最多、发行量最大、广告收入最高的城市主流报纸。该报以“心向读者，情系万家”为宗旨，是一份面向城镇、面向百姓、面向社会、面向生活、面向21世纪的城市综合性晚报，也是浙江省唯一的省级晚报。

【经济类报纸的创办】中共十一届三中全会以后，随着经济体制改革的深入，全国性经济类报纸逐年增加。据不完全统计，从1950年到1979年，全国性经济类报纸仅有5家。1980年到1985年，全国经济类报纸发展到107家。到1986年初，已达112家，占全国报纸总数的6.3%。[47]1987年是经济类报纸调整、改革的一年。全国报业经过整顿后，重新登记发行的经济报纸共有121家，与1986年的112家相比，增加幅度不是很大，其中有一些报纸停办和合并，有的则是新创办的。这些经济报纸中，除一些由中央各部门和省市经委直接领导主办的外，也有一部分是由地方自筹资金办的，它们独立经营，自负盈亏，不要国家资助补贴，慢慢朝相对独立的经济实体发展。在业务经营上，它们各自发挥有利条件，通过同行业的有益竞争，不断得到改进和提高。[48]

《市场报》的创办：《市场报》是中共十一届三中全会后创刊的第一家经济类报纸、第一家商业报纸，也是新中国成立以来全国第一家彩色胶印报纸。该报由《人民日报》编辑出版，是《人民日报》创办的第一张子报。《市场报》原名《市场》，于1979年9月20日出版试刊号。据创办《市场》的安岗当时在文章中叙述：中央领导非常重视《市场》报的创刊，当天的试刊号“送到胡耀邦同志面前。耀邦同志看了后立即在试版的报样上作了如下批示：‘我赞成这个报。但不要赠送而要订阅。也可考虑外销。’三个小时过后，批件退回到当时只有两个人的市场报编辑部。”[49]1979年10月1日，《市场》报正式创刊，出版“第1号”。当天头版首载发刊词《开场白》，又在头版显著位置刊登广州第46届“广交会”（1979年10月15日至11月15日举办的“中国出口商品交易会”）的广告。该报的宗旨是：为消费者、经营者、生产者服务，促进生产，繁荣经济，活跃市场。初创时，《市场》报为半月刊（每月10日、25日出版），每期4开4张16版，彩印。1980年12月25日出版至第30期。从1981年1月8日出版的第31期起改为旬刊（10天出一期，每月逢8日、18日、28日出版），每期仍为4开4张16版，每份定价一角。从1981年7月6日出版的第49期起改为周刊，每期出4开两张8版。平均期发行量为50万份（1981年）。[50]1989年1月起改名为《市场报》，周二刊。第一、四、五、八版用彩色印刷，向国内外发行。1992年1月2日起，《市场报》改版，刊期由周二刊改为周三刊（逢星期二、四、六出版），版面由4开两张8版的小报形式改为对开4版一张的大报形式。

不久，再改为日报出版。改版后最高期发行量85万份，平均期发数30至40万份（1992年）。

1997年元月1日，《市场报》扩为8版。2003年7月3日起，《市场报》全彩印刷。2004年为《市场报》创刊25周年，报纸进行全面改版，刊期由原来的日报改为周二刊。内容上突出深度报道，“扬监督旗帜”、“持批评利器”。2005年7月1日，《市场报》又由周二刊改为周三刊。2007年元旦，再次全面改版，从对开大报型又改为4开小报型，放下大报身段，接近广大群众，力争办得新鲜、好看、有用、可信。新的《市场报》版面内容分为三大板块，各板块功能凸显：用“新闻”抓住读者、用“深度报道”启迪读者，用“服务”赢得读者。

《市场报》最早是由当时《人民日报》副总编辑安岗谋划并主持创办的，第一任总编辑是林里。《市场报》刚创刊时，曾引起轰动效应，据林里回忆：

> 当《市场报》第一次出现在北京街道的时候，中外读者排成长龙，争先恐后地抢着购买。在北京的西方各大通讯社，几乎全部都发了消息。外国人争购《市场报》，因为《市场报》独树一帜，别开生面。因为《市场报》没有老八股、党八股和新教条。因为《市场报》是用群众语言说话，说的是老百姓的事。外国人把《市场报》看成是（中国）对外开放的标志，当作观察政局动向的探测器。国内读者喜欢《市场报》，特别是新闻界，把《市场报》说成是思想解放的典范，搞活经济的样板。天津、广州、杭州、兰州、沈阳，或则转载《市场报》的评论，或则发表评价《市场报》的文章。有的还开会讨论《市场报》的风格、特点和现状。没有多久，许多省市办起了类似《市场报》的经济报。
>
> 在《市场报》初创时期，安岗同志付出了巨大精力。他看小样，看大样，出主意，想点子，连广告的大样，都要浏览一番。同时，带头写评论。他一再强调，《市场报》为《人民日报》所创办，受《人民日报》领导。既是《人民日报》的下属单位，又是《人民日报》的补充。《市场报》可以刊登某些《人民日报》所不便刊登的消息，也可以说一些《人民日报》所不便说的话。千万不可按照《人民日报》的方针办《市场报》，更不可模仿《人民日报》的模式。他要《市场报》一心一意为市场经济服务，为消费者服务，办成名副其实的经济报。[51]

20世纪70年代末及80年代的《市场报》在版面内容上有如下鲜明特色：一是新时期，也是新中国创办最早的彩色胶印报，版面印刷精美。二是最早以大篇幅、大版面大量刊登商业广告的报纸之一。《市场报》的广告篇幅曾占每期4开16版的1/2，这在当时是“冲禁区、破陈规”的重大改革举措。同时，有了分类广告、寻人启事之类的小广告，甚至还刊登征婚广告。广告篇幅也非常大，如创刊不久的1979年11月1日的《市场报》刊登了美国芝加哥银行的大幅广告，这幅广告占了整整一个版的篇幅。“尤其令人瞩目的是，广告上有两面国旗。一面是我国的五星红旗，一面是美国的星条旗”。“所有这些，都遭到来自各方面的抵制和批评。”[52]三是最早在报纸上宣传个体经济。1979年12月1日的《市场报》上，刊登了广州给个体户颁发营业执照的花边新闻。这条新闻最早在10月上旬即已收到，曾多次遭到阻挠，两个月后由安岗亲笔签字、定版才得以发出。四是搞活经济，反映市场。

《市场报》效应：《市场报》创刊以后，许多省、市都相继办了市场报、信息报和科技报，许多省报增辟了市场报道专栏或专版。从中央到地方，经济类报纸纷纷创办，其中比较著名的有：

上海地区创办的《世界经济导报》于1980年6月21日创刊。该报系周刊，每期出4开3张，1981年每期平均发行量10万份。每星期一在上海出版，零售每份6分钱。由中国世界经济协会和上海社会科学院世界经济研究所联合主编，设编辑、经济两部。主编钦本立。

新华社主办的综合性经济专业报纸《经济参考》报于1981年7月1日创刊，其为双日刊（1983年元旦起，改为日报，周六刊），4开4版。1982年12月发行量达40万份。1987年，《经济参考》改为大报版式出版。

1989年10月6日，一份自主经营、自负盈亏，在管理和版面内容上享有很多自主权的报纸《中华工商时报》创刊。该报对开8版，周二刊，是一份由中华全国工商联主办的经济类报纸。该报版面、版式设计勇于创新，富有特色。总编辑丁望。

从《财贸战线》报的创刊到《经济日报》的创办：1983年1月1日，《经济日报》在北京正式出版发行，这是当时新闻业界的一件大事。该报第一任社长刘海波，总编辑安岗。这是由国务院国家经济委员会直接领导的一张全国性经济类报纸，其前身是《财贸战线》报。

早在1977年3月，经中央批准，“国务院财贸小组”成立。财贸小组经过多次研究，筹划创办一张公开出版发行的报纸，以指导全国财贸系统的工作。他们认为“文革”期间停刊的《大公报》曾是中央明确规定的党和国家在财经宣传方面的重要报纸，如能复刊，很快便可以办起来。因为20世纪50年代和60年代，在北京出版的《大公报》曾是全国性的、以财贸工作为宣传报道重点的报纸。“文革”初期，《大公报》于1966年9月改名为《前进报》，同年底停刊，此后便一直没有以财贸工作为主要宣传内容的公开出版的报纸了。1977年底，中央决定筹备召开全国财贸大会。为做好大会前后的宣传报道工作，李先念副总理决定先办一张以财贸为主要宣传内容的4开小报，特调集了以原《大公报》总编辑常芝青为首的该报旧班底8人，进行筹备工作，于1978年2月成立财贸战线报社。经过一个多月的紧张筹备，《财贸战线》4开小报于1978年3月28日首次试刊出版。同年7月4日，全国财贸大会在京隆重举行。同一天，一张以财政、金融、商业、外贸、粮食、供销、水产、工商行政管理为宣传重点，以1 200万财贸职工为主要读者对象的《财贸战线》报正式创刊。当天（1974年7月4日）的《人民日报》头版以《〈财贸战线〉报在京创刊》为题，进行了详细报道。报道云：“以一千二百万财贸职工为主要读者的《财贸战线》报四日在北京创刊。英明领袖华（国锋）主席为该报题写了刊头。”“《财贸战线》报是一张以财贸工作为主要宣传内容的报纸。它的主要任务是宣传党在财贸方面的路线、方针、政策，交流财贸方面的情况和经验，动员和组织广大财贸干部和职工为促进国民经济的高速度发展，加快四个现代化的实现而奋斗。”“《财贸战线》报是一份4开报纸，每周二、五出版。”该报是当时我国经济类报纸中创刊最早的一家财经报纸，到1978年底，期发数高达80万份。

1979年1月，《财贸战线》改为对开大报出版，并在报界率先恢复刊登商业广告。当年广告收入28万元，1980年增为46万元，在当时，这是很大的广告收入。

1981年元旦，《财贸战线》报更名为《中国财贸报》，由周二刊改为周三刊。

1982年初，国务院各委办部门进行精简机构及机构改革，财贸小组并入新组建的国家经委，《中国财贸报》隶属国家经委领导。经中央同意，中央组织部于1982年5月24日任命刘海波为社长。这时，《中国财贸报》的规模已由最初的8个人发展到200多人，从4开小报发展到对开大报，从周二刊发展到周三刊（每周二、四、六出版）。到1982年底，年平均期发数已达92万份。[53]

1983年1月1日起，《中国财贸报》正式改名为《经济日报》出版发行。至1984年6月前，仍由国家经委领导。社长刘海波、总编辑安岗。《经济日报》为日刊，对开4版，每周出6期。该报除在北京出版外，还在武汉、广州、上海、成都、沈阳等城市设有传真版或航空版分印点。另外，在中国内地各地和纽约、东京、伦敦、巴黎、日内瓦、波恩、莫斯科、布达佩斯、开罗、伊斯兰堡等重要城市设有记者站。《经济日报》影响力很大，创刊后，1983年当年期发行量为92万份。到1985年12月，期发数达到163万份。

《经济日报》是在中国共产党的十二大之后，为适应全面开创社会主义现代化建设新局面的需要而创办起来的。它"以宣传社会主义经济建设为主要内容，以经济战线广大干部、职工和一切关心我国社会主义建设的人们为读者对象。它的主要任务是及时、准确地宣传党和国家在经济方面的方针和政策；报道工业、交通、农林、财贸、基建、科技等战线的新形势、新成就、新经验和新问题；报道国际经济新闻；探讨经济理论，传播现代科学技术的新成就和经济知识，交流经济信息；反映群众的建议和呼声；对于国内外重大政治时事新闻也适当进行宣传。旨在促进经济改革，指导经济管理，提高经济效益，推动技术进步，抵制精神污染和强调党性原则等方面发挥积极作用"[54]。

1984年7月至1988年7月，《经济日报》由中央财经领导小组领导。1990年6月后，《经济日报》隶属于国务院，成为国务院直属的、以经济宣传为主的全国性大报，成为党中央、国务院指导经济工作的一个重要舆论阵地。1994年5月后，《经济日报》又划归中共中央宣传部管理和领导。

1983至1986年的《经济日报》由安岗担任总编辑，1986至1993年的《经济日报》由范敬宜担任总编辑。

安岗生平及事迹：安岗是当代中国卓有成就的著名报人、新闻教育家及新闻学人，原名安正元，1918年生于天津，汉族。安岗很早即开始从事新闻工作。1935年底，当时正在天津汇文中学读高二的17岁的安岗（当时名叫"安正元"）利用寒假时间，深入学校（河北工业学院）、企业（东亚毛呢纺织公司，唐沽久大、永利公司）采访，同时采访当时著名的文学家、《雷雨》的作者万家宝（曹禺），写出了10多篇通讯，发表在1936年1月至4月的天津著名大报《益世报》上。从此，他开始了其早期新闻事业的生涯。同年，安岗参加革命活动，从事学运及宣传工作。1938年6月至1943年1月间，安岗先后担任《胜利报》、《晋冀豫日报》、《新华日报（华北版）》等报编辑主任、社长、副总编辑等职务。1945年9月起任新华社晋冀豫前线总分社负责人、新华社特派记者。1948年4月起，任《人民日报》副总编辑兼新华社总社负责人。1949年，《人民日报》迁到北京，他仍任该报副总编辑。安岗曾说，他在进城之后的36个年头（1949年10月至1986年初）中，大体做了"三件事"：一是办报、编报，长期参与《人民日报》采编及领导工作，前后30多年。1979年9月，时年61岁的安岗还筹划、创办了《市场报》；1983年初，时已65岁的安岗又筹办了《经济日报》，并担任了几年的总编辑（1983年至1986年）。二是办学。1955年初，时年37岁的安岗奉命在中国人民大学办起了新闻系，并亲自登上讲台，讲授有关新闻理论与实务的课程。20世纪70年代末到80年代中期，安岗又在中国社会科学院办起了该院的新闻研究所和新闻系，并亲自兼任中国社科院新闻研究所所长。三是深入基层采访，采写了大量的新闻与通讯作品。安岗在担任繁重的领导职务的同时，不当“新闻官”，仍然同普通记者一样，坚持深入实际、深入基层、深入生活采访与调研，写了800多篇评论及新闻报道。除此之外，安岗还结合他极为丰富的新闻工作实践经验，运用新闻与传播学原理，写了不少有关探讨新闻改革的文章，出版了《新闻论集》、《安岗新闻通讯集》、《安岗新闻工作文集》、《十七到七十》等新闻作品集及新闻研究文集。与此同时，安岗还坚持“走出去”的原则，率领中国新闻代表团到澳大利亚、墨西哥、美国、英国、法国、意大利、日本等国进行访问、考察和交流。其中如1980年1月，时任《人民日报》副总编辑的安岗赴美参加国际政治与大众传播的学术讨论会，并在会议上作了总结性发言；同年9月，他又访问美国《华尔街日报》等报业集团，这是中国主流大报权威人士最早全面了解、考察西方报业集团的行动。1997年2月，安岗办理“离休”手续退休。[55]

【文摘报与星期刊、周末报的兴起】从20世纪70年代末、80年代初开始，我国各地出现了文摘报与星期刊、周末版（报）这两种类型的报纸。

所谓“文摘报”是指以简要、精练的文字摘编（译）国内外报刊文章精华和资料的报纸，它往往打出“报中报”、“浓缩精华”的口号。我国早在19世纪末就出现过这类性质的文摘类报刊。十一届三中全会以后，由于开始进入改革开放、以经济建设为中心和科学文化事业逐步发展、繁荣的新时期，“社会生活节奏加快，人们迫切需要以较短时间综览报刊精华，了解最新消息，掌握更多知识，大量文摘报随之产生”。据不完全统计，“自1980年1月1日上海解放日报社创办《报刊文摘》后，到1988年全国已有22种文摘报。多数为4开1张，也有的8开1张、8开2张或8开4张；刊期有周刊、周二刊、旬刊或半月刊等多种；发行量少的5万份，多的达300万份左右”[56]。如1987年度，上海《报刊文摘》期发量为317万份、福建的《每周文摘》136万份、四川的《文摘周刊》251万份、保定的《大千世界》130万份，而且都不限于在当地发行，读者遍布全国。[57]文摘报制作成本相对低廉，从经济效益来看，不论广告，仅发行收入就相当可观了。

到90年代初，文摘报又有了长足的发展。截至1993年底，全国综合类文摘报有：光明日报主办的《文摘报》，解放日报社主办的《报刊文摘》，天津日报主办的《采风报》，吉林日报社主办的《文摘旬刊》，四川日报社主办的《文摘周报》，云南日报社主办的《文摘周刊》，湖南日报社主办的《文萃周报》，福建日报社主办的《每周文摘》，广州日报社主办的《广州文摘报》。另外，各种专业性的文摘报有：北京的《健康文摘报》、《法制文萃报》、《作家文摘》、《教育文摘报》、《科技文摘报》、《体育文摘周报》、《经济文摘报》、《青年参考》，江苏的《影剧文摘报》、《消费文摘报》，安徽的《益寿文摘报》，山西的《生活文摘报》，内蒙古的《老年文摘报》，天津的《书报文摘》，湖北的《书刊文摘导报》，广西的《中学语文文摘报》等。期发总量超1 000万份，读者几千万人。此外，还有上千家报纸、杂志增辟文摘版、文摘专页，出现了前所未有的全国性的“文摘报热”。[58]

星期刊及周末报主要是为了满足读者休闲及业余生活的需要而创刊的，版面内容以介绍文化、历史、地理、体育、医疗卫生保健等知识为主，属副刊性质，一般4开4版，周六出版，故名“周末报”。我国报纸最早创办“星期刊”的是《申报》，于1919年8月31日创刊《星期增刊》，该“增刊”一直出到1924年秋停刊。1934年1月7日，《大公报》开辟《星期论文》专栏，也带有“星期刊”性质。1949年1月16日（星期日），中国共产党办的香港《华商报》推出《星期增刊》、《笔谈》第1期（署明“每逢星期日出版”），这都是党办报纸中的星期刊。1956年前后，上海《新民报晚刊》推出了新中国最早的“周末版”（见《飞入寻常百姓家》第235页）。到20世纪60年代初，我国不少省级党报也都在报纸上开辟“星期刊”或“周末版”。到20世纪80年代初期，1981年1月4日，《中国青年报》（第3646期）率先推出了新时期的第一个《星期刊》（4开2张8版，每逢星期日出版）。此后，在全国引发了“周末版热”。接着，《天津日报》出版了《星期专页》。后来创刊的《北京青年报·青年周末》每期多达32版。1981年12月31日（星期日），《人民日报》在第五版开辟《文化生活》专版，增加了党报的文化品位和休闲娱乐功能，从而带动了整个党报系统的改革。这是新时期党报参与市场竞争的初次尝试，同样也是党报读者意识苏醒的前奏。当天（1981年12月13日）《人民日报》的《文化生活》专版末载《编后》云：“本报从今天起，开辟《文化生活》专版，每逢星期天出版。其中设有《文艺杂谈》、《艺坛新风》、《游记》、《访问记》、《银幕剪影》、《今日舞台》、《观众的话》、《电视之窗》、《文化知识》、《文坛争鸣》、《新书架》、《讽刺与幽默》、《答读者问》，以及歌曲、书法、摄影等栏目。”可见《文化生活》专版的内容是非常丰富多彩的。

1982年1月，《南京日报》创刊《周末》小报，4开4版，周六出版。这是新时期创刊的第一份周末报。1984年2月11日（星期六），南方日报社创办的综合性周末报《南方周末》正式创刊（当时是以“《南方日报》星期六增刊创刊号”名义出版的）。此后，《南方周末》发展成为全国影响力最大的周末报。1984年底，上海《解放日报》也出版《周末增刊》，每周六随报附送，对开4版，版面分为“家庭·社会”、“文化娱乐”、“体育”等板块。此后，其他报纸也办起了一些周末报、星期刊，但为数不是很多。到了1991年春，周末版、星期刊、扩大版在我国报业园地如雨后春笋般蓬勃兴起。《人民日报》、《光明日报》也都在1991年9月办起了“周末版”。1992年1月，《经济日报》推出“扩大版”。此后，扩版潮开始在我国报界涌起。据不完全统计，1992年初，全国公开发行的1 570多家报纸中，大约有1/8，即近200家报纸先后办起了周末版、星期刊、扩大版，其中包括中央的7家大报。一时间，“星期刊”、“周末版”成为新闻业界的热门话题。为此，1992年2月28日，全国记协还专此在北京召开了“周末版现象”座谈会。[59]此后，传统的4个版不断被8个版、12个版、16个版、24个版、32个版所代替，我国报纸渐渐进入“厚报”时代。

我国最早的文摘报刊——《集成报》的创刊：1897年5月6日（光绪二十三年四月初五日），上海《集成报》创刊发行，这是我国近代最早出现的文摘刊物。该刊由陈念萱主办、由上海集成报社编辑，为旬刊，逢农历初五、十五和二十五日出版发行。篇幅每册约30页，用连史纸石印。《集成报》办的时间很短，现存最后一册为第34册，1898年5月15日出版。该刊是在维新变法运动高潮时期办起来的，内容包括政治、实业、科技、历史、地理及掌故，轶闻趣谈等，都是从当时出版的《万国公报》、《时务报》、《汉报》、《博闻报》、《申报》、《新闻报》、《官书局报》、《中西报》等报刊上摘录下来的资料。同时还摘译当时发行的外文报刊如《日本内阁官报》、《朝日新闻》、《巴黎时报》、《伦敦邮报》、《上海字林西报》、《俄国时报》、《泰晤士报》等中的内容。1901年4月，上海又创刊一种文摘性的《集成报》，其刊名、内容、刊期，甚至装帧都与1897年5月创刊的《集成报》相似，只有用纸和印刷不同（用有光纸铅印）。

《报刊文摘》、《文摘报》的创刊：1979年11月24日，《甘肃日报》创办《文摘》专刊，这是新时期报纸上最早出现的“文摘”版。

新时期创刊的第一张文摘类报纸则是上海解放日报社主办的《报刊文摘》。该报于1980年1月1日创刊，为4开4版的小报形式，周刊。在当天出版的第一期上，刊登了《发刊的话》，鲜明地提出它的办报宗旨是：“博采众家报刊之‘新’，为读者提供方便。”《报刊文摘》的前身是由《解放日报》资料研究组主编的内部刊物《报刊宣传参考》，该刊于1976年11月16日起出版第1期，后一直出到1979年12月5日第270期结束。1979年10月间，报社总编王维亲自主持筹备出版内部发行的4开4版小报《报刊文摘》的工作。经过两个多月的紧张筹备，于当年12月15日出版《报刊文摘》试刊第1期。接着又于12月19日、25日，分别出版了试刊第2、第3期。经过试刊，又在广泛征求、吸收报社内外同志意见、建议的基础上，《报刊文摘》于1980年1月1日正式创刊。起初，该报只限在上海本市发行，销售不错，到1981年1月，仅仅一年期发行量即达26万份。1984年10月起，《报刊文摘》改“内部发行”为“限国内发行”。同时又先后在武汉、西安、北京、沈阳和济南五地设立了分印点，使其期发行量大幅度攀升。到1987年底，《报刊文摘》的期发行数达到了30万份。在当时全国正式登记的30多家文摘类报纸中，《报刊文摘》的发行量、经济效益、知名度和影响力都处于领先地位。[60]

《文摘报》是全国性综合类文摘报纸，于1981年10月6日在北京创刊。该报以报刊文章为资料来源，以读者需要为依归，在坚持四项基本原则的基础上求新、求博、求精、求快，荟集全国报刊之精华；每周一期，每星期二出版。创刊不久，发行量即达62万份。[61]该报初创时，由中华全国新闻工作者协会主办，由人民日报出版社出版发行。1983年10月改由中华全国新闻工作者协会与光明日报社联合主办。1987年4月后，改由《光明日报》社独家主办，8开8版、周二刊。

我国报纸最早的周末版——《申报星期增刊》的创刊：1919年8月31日（星期日），《申报》的《申报星期增刊》创刊，共有两大张8版的篇幅。当时《申报》常规日出5大张20版。逢星期日增添两张8版篇幅的《申报星期增刊》，连正刊共计7大张28版。《申报星期增刊》创刊号头版刊登广告，二版首载“邠”：《增刊之趣旨》云：为将“世界知识灌输于一般国民”，《增刊》将国际新闻及电讯“爰广迻译，创为增刊，撮叙消息之最新者，务使简而明；补译关系之重要者，务使详而核。罗致政治经济商业之要闻，间拾轶事珍谈，以资博闻”。以后，每星期出一期的《申报星期增刊》共两大张8版。8版中，二版、三版、六版登新闻，一版、四版、五版、七版、八版登广告。新闻与广告的比例大约为3（版）：5（版）。“新闻”主要是一周间国际大事之总结与回顾、译电、“经济”（信息）、“商业”行情，及“一星期海关报告摘要”等内容。

新时期最早的“星期刊”——《中国青年报·星期刊》的创刊：1981年1月4日（星期日），《中国青年报》从第3646期起，创刊《中国青年报·星期刊》。该刊每期出4开两张8版，小报形式。以后，每逢星期天，《中国青年报》不出正张，只出《星期刊》（按惯例，星期一不出报）。《中国青年报·星期刊》创刊当天的头版头条刊登发刊词《做个好朋友——致读者》云：

今天，《中国青年报·星期刊》和大家见面了。我们创办这样一张星期刊的目的，就是要在精神文化生活方面同青年做个朋友。

朋友贵在知心，贵在知己。首先，就要为朋友说话，反映青年们对业余文化生活的正当愿望和呼声。不关心朋友疾苦，不问朋友需求，那算不得朋友。

做个朋友，就应该是益友。青年时期正是求知识、长身体的黄金时代。我们应该为青年提供多方面的精神食粮，就像在食物里提供脂肪、蛋白质、维生素一样，我们将在文学艺术、史地知识、体育卫生、生活常识等方面努力帮助大家。

做个朋友，就要做密友，相互间无所不谈，无拘无束。为此，我们要努力做到文章生动活泼，版面图文并茂。

做个朋友，不能一厢情愿，仅有我们努力不行。还需要你们的认可、你们的帮助。因此，希望大家批准我们做个朋友，积极给我们写稿、反映情况和提出建议。当然，也盼对我们的缺点及时给以批评。

我们一定会成为好朋友！

《中国青年报·星期刊》4开2张8版：一版设有《文化长廊》、《百花集》；二版设有《文学青年》、《知识窗》、《文坛争议》；三版为《文摘》版，刊登报刊文章精华；四版设《音乐之友》及电影消息专栏；五版设《今日世界》专版，介绍世界各地风物；六版为《天南海北》专栏，描述全国各地风情；七版为《体育爱好者》专版，介绍体育锻炼的方法以及体育运动方面的知识；第八版则为刚复刊的该报著名的讽刺与幽默专版《辣椒》（第51期）。当天《辣椒》版头条刊登《辣椒对话——代复刊词》云："（《辣椒》版）一九五七年出了五十期之后就呜呼噫戏——被打入土二十二年。经过拨乱反正，我这棵出土植物，迎着一九八一年的春风，今儿个又和读者见面了。"文章接着表达了《辣椒》专版的宗旨："同官僚主义斗争，打击歪风邪气，纠正不良倾向"，坚持"正当的批判和自我批评"，提倡"幽默"。"鲁迅先生对旧事物的那种幽默、辛辣、鞭辟入里的战斗作风，值得我们青年一代继承和发扬。讽刺根于爱。幽默是高度文化素养和乐观主义精神的表现。我们要高尚地、健康地笑，使笑声成为与旧事物作斗争的一个武器，让人们笑着同昨天告别。"《星期刊》所载文章题材广泛，内容十分丰富，篇幅短小精悍、生动活泼，美不胜收。

1989年1月1日（星期日）起，《中国青年报·星期刊》在办了7年后改版，由4开2张8版的小报形式改为对开1张4版的大报形式。改版词《小辣椒拜年寄语读者　星期刊改版求活求新》云："改版后的《星期刊》一版仍是综合文化新闻版；二版由《辣椒》、《棋牌世界》、《天南海北》、《历史长河》、《美的生活》轮流亮相；三版是《文学与青年》、《海外文谭》、《世界青年》、《书友》作搭档；四版呢，以《银屏世界》为主，再搞点《艺苑》之类。"

《南方周末》的创刊：20世纪80年代初期，全国报业迅猛发展，竞争日趋激烈。具体到广东报业，创刊于1949年10月的《南方日报》，一直保持着庄重、大器的格调，以权威性见长，但在可读性上，显然满足不了读者多样化的需求。而此时《羊城晚报》的复刊，在严肃的党报之外，给读者提供了获取休闲娱乐信息的地方，因而广受读者欢迎。《南方日报》在与《羊城晚报》的竞争中，想接受挑战，但省委机关报的身份又束缚了这种变革的冲动。这样，以变通的方式在党报之外创办一份周末版，成了《南方日报》应对报业市场变化及报业市场竞争的良策。《南方周末》正是在《南方日报》与《羊城晚报》竞争这一背景下创办起来的。

《南方周末》的创刊，标志着周末版的市场开发开始由专门的周末版转向专门的周末报。该报由《南方日报》文艺部副主任左方负责筹办，第一任主编是《南方日报》文艺部主任关振东，左方任副主编。1984年1月21日起，《南方周末》以“《南方日报》星期六增刊”的名义出版试刊号。试刊号出来后，召开座谈会，广泛征求意见。在改进试刊号版面后，接着又出了第二期试刊号。在出版两期试刊号后，1984年2月11日（星期六），《南方周末》创刊号正式出版。以后每周一期，对开4版一大张。创刊号上刊登了一篇朴实无华的发刊词《初见面的寒暄》（署名“《南方周末》编辑部”）云：

又到周末了。

是去看影、视、剧，还是欣赏书、画、球、歌、舞？是到风景区旅游去，还是留在家里闭门读书？人们有各自爱好，可以自由选择。随着物质生活的不断提高，我们的文化生活必然越来越丰富多彩。

《南方周末》——《南方日报》增刊，就是为适应广大群众的这一要求而创办的。这里有读者愿意知道的文化方面的消息，这里有健康有趣的科学文化知识，这里有日新月异的岭南风貌，这里有五彩缤纷的艺术品种介绍，这里有学术和文化领域不同意见的争鸣，这里有社会和家庭问题的解答……总之，它愿意为读者提供健康有益而又趣味盎然的精神食粮，它希望成为广大读者的知心朋友，为建设社会主义精神文明作出贡献。

让我们过一个愉快的、有益身心的周末吧！

《南方周末》初创时是一份以“报道文化生活为主”的娱乐性休闲型综合性周刊。刊头报名“南方周末”四字是集鲁迅字而成。创刊号第一版头条刊登记者专访文章《生命的第三次曝光——黄宗英在蛇口当经理》，报道名演员、名作家黄宗英“下海”到深圳蛇口工业区一家劳动服务公司当副总经理的消息。接载《邓伯伯健步登上罗仙姑山》，报道邓小平视察中山市时，在下榻的温泉宾馆附近登山时的情景。一版还刊登了《陈冲美国来鸿》、《什么样的人可以当演员——著名导演欧阳山尊谈挑选演员的标准》。一版最后刊登我国制作盆景的历史及怎样养好金鱼的短文，以及漫画配诗的《银针集》小栏目。创刊号第三版刊登的《南方周末征稿启事》在详细介绍该报今后版面编排计划时说：一版为“刊登思想文化领域新闻的新闻版”。除刊登“文化新闻”外，还刊登人物专访，采写对象是有影响、有特长的人物，“每篇要选择新的角度，提出新的问题”。同时还刊登评论短文。二版主打专栏是《求知》，“任务是指导和推动群众性的读书活动”。同版还辟有《家庭与社会》专栏，“以移风易俗，指导生活，提供有益身心的实用知识”为宗旨。三版有《旅友》、《体育场》两个专栏，介绍有关旅游和体育的知识及信息。四版为《艺林》专栏，报道各个部类艺术的信息。《南方周末》所载文章篇幅都很短，每篇千字左右。创刊号发行7 000份，一上报摊便被一抢而空，深受读者欢迎。据左方回忆：“出版前一天老丁（《南方日报》社长丁希凌——引者注）问我，你估计在报摊能卖多少份？我的估计是一万份左右。老丁果断地说，通知印刷厂印7 000份，第一期报纸就卖剩不好，要出现洛阳纸贵。”“下午，张琮（《南方日报》主编——引者注）、关振东就领着我们这群人乘车巡视市内报摊，所印报纸不到一天全部售光，果然是洛阳纸贵。”[62]这是运用经济学上“边际效应递减”需求法则来指导报纸发行的成功典型案例，亦即著名相声大师侯宝林先生所说的“好吃不多给”的道理。

早期《南方周末》的“性质是《南方日报》的补充，是党报的组成部分”，其“办报方针是将思想性、地方性、趣味性熔于一炉，寓思想教育于谈天说地之中。形式要生动活泼、雅俗共赏”[63]。80年代（1984年2月创刊至1989年底）的《南方周末》是一份文化娱乐型休闲报纸。创刊之初的版面内容以报道“三星”（歌星、影星、体育明星）为主，办了一些有特色的专栏专版，受到读者的欢迎。创办一年后，《南方周末》各版栏目逐渐定型：头版为特写专访，基本栏目有《周末茶座》、《专访与特写》、讽刺性的《银针集》。从第169期起，头版又增加《社会瞭望》栏目，就一些社会问题进行报道。二版有《求知》和《家庭与社会》栏目，刊登读书类、知识性与家庭生活类小文章。1988年1月8日，二版版面进行了调整，《家庭与社会》栏目扩大至一整版，《求知》的内容融入其中。调整后的第二版着重反映社会与家庭的生活，以体现报纸的社会性和服务性。三版为《彩色广场》，专门刊载百科知识、美食旅游等内容。四版为《艺林》，主要刊登影视作品评介文章及对影视界新动向的介绍文章。前期（80年代）的《南方周末》突出“南方风味，周末特色”，在办报策略及版面内容上有如下特色：①小栏短文，图文并茂。为了突出报纸的休闲性，《南方周末》以娱乐新闻（主要是影视圈、体坛消息）、社会趣闻、异国情调的游记等短文作主体，凸显娱乐性、知识性。整体上把报纸办成生活小百科式。每个版面都配图片（包括版画）两至五幅。版面较为生动活泼，文章趣味性强。②新闻评论专栏的开辟。1985年5月25日起，《南方周末》在头版首辟《周末茶座》新闻评论专栏，成为后来该报具有广泛影响的《方舟评论》专栏的前身。《周末茶座》前后办了17年之久，它以刊登反腐败，吁求社会公正，宣传加快改革开放步伐的文章为主，文风犀利、观点新颖、眼光独到。直至2002年8月，《周末茶座》才改名为《方舟评论》，固定置于《南方周末》头版的下方，每期文章不超过2 000字，成为在国内外产生很大影响的新闻评论专栏。③重视“大特写”与专访文章。为了追求可读性，其头版以刊登对文艺界人物的专访文章为主，并多次举办特写、专访征文活动。间或刊登传奇性长篇社会新闻，如1988年前后，头版开始出现由本报采写的一些长篇社会新闻，其中《一位女研究生被拐卖始末》曾激起很大反响，并获当年中国新闻奖特等奖。这些文章多采用文学化手法、运用生动的细节描写和曲折离奇的故事情节来吸引读者。版面处理强调视觉冲击，煽情、媚俗倾向比较严重。④以长篇连载吸引读者。“连载”是《南方周末》吸引读者最重要的手段之一，从中篇连载发展到长篇连载、从单篇发展到多篇同期刊出，既有小说、传奇、传记等的连载，也有电视剧剧情连载。长篇连载一般都在二、三版上刊登，如1986年4月1日起，《南方周末》开始在第三版连载《胡蝶回忆录》，又曾刊登《雾锁南洋》、《万水千山总是情》等影视剧本。《南方周末》前期连载文章中，以“文革”题材居多，也有涉及朝鲜战争及其他重大历史事件“解密”式的回忆录。这些“解密报道”对以前发生的新闻事件的“回顾”曾引起轰动，带来广泛影响。如1986年5月17日（第118期）起，《南方周末》取消头版所有栏目，整版推出所国心著长篇纪实性报告文学作品《中国：1967年的七十八天》（原载《中国》文学月刊1986年第4期）。1986年9月26日第137期起，头版开始连载刊登严家其、高皋编著的《中国“文革”十年史》目录，二版整版连载《中国“文革”十年史》正文（《中国“文革”十年史》原载香港《大公报》）。1987年10月起，连载电视专题片《让历史告诉未来》解说词，同时连载钱钢《乒乓外交始末》。1987年12月4日（第199期）起，又开始连载裘之倬《沧海横流——邓小平（1969—1973）在江西》。从1988年的第235期起，开始连载在80年代后期产生过重大影响的电视专题片《河殇》的解说词。在1988年前后与1989年1月13日至3月24日，《南方周末》连载陶铠、张义清、戴晴等著《走出现代迷信——真理标准讨论始末》。1989年10月起，连载李辉《文坛悲歌——胡风集团冤案始末》。1989年10月24日（第267期）起，《南方周末》头版显著位置又开始连载权延赤《走下神坛的毛泽东》。这些连载在当时都轰动一时，产生了重大影响。

从1987年底开始，《南方周末》酝酿改革：逐渐淡化“南方风味”及地域文化色彩，面向全国广大读者群；由原来“南方风味、周末特色”的定位，转型为“办成一张有全国性影响的综合性大型周末报”的办报目标。到1989年，已初步形成“立足广东，面向全国，兼顾海外”的态势。

《南方周末》创刊伊始，“编辑部只有8个人，一间办公室”。到1984年底，编辑人员也只有12人。其前期的期发行量：1984年2月11日创刊号只出版7 000份，1984年12月达11万份，1985年达25万份，1986年33万份，1987年40.8万份，1988年47.5万份，1989年39万份。[64]

《南方周末》初期只是《南方日报》的一个副刊版性质的报纸，发行到第72期才取得广东省期刊登记号（第089号）及邮政代号（45－36）。到第74期注明“全国发行”，次期改为“国内外发行”。1986年5月17日第118期起，《南方周末》才开始使用“广东省报纸登记证第137号”。直至1988年1月1日，才开始正式采用“国内统一刊号CN44－0003号”。

1984至1989年5年间，《南方周末》的发展为该报20世纪90年代的转型和崛起奠定了基础。1989年2月11日，《南方周末》创刊5周年，原广东省委书记任仲夷题词“喜闻乐见”以致祝贺。

【几份有特色报纸的复刊与创办】《团结报》的复刊：中国国民党革命委员会（简称“民革”）中央主办的《团结报》自1981年5月起，经有关部门批准，向全国发行。该报于1956年4月25日在北京创刊，对开4版，周二刊。“文化大革命”开始后于1966年6月停刊。1980年2月作为内部刊物复刊，为周刊，4开两张。1982年10月起，向国内外公开发行。1988年1月2日起，改为周二刊，对开一张，期发行量20万份（1988年）。《团结报》是“民革”中央机关报，也是一份全国爱国统一战线性质的报纸。它着重刊载国家和统一战线方面的活动，报道“民革”组织和成员的工作、学习动态，反映“民革”成员和民主人士的意见、要求和建议，宣传和报道孙中山先生的革命业绩及对孙中山先生研究的成果，为进一步巩固和发展全国统一战线服务。其读者对象主要是与国民党有关系的人士、去台湾人员家属、中高级知识分子及台港澳同胞、外籍华人等。该报在港澳、美国、日本、东南亚及欧洲都有不少读者。其版面编排：第一版为要闻和专访；第二版为民革新闻和通讯；第三版为“爱国一家”专刊，报道中共党和国家对台工作的方针和基本政策，宣传台湾回归、祖国统一的必然趋势，反映台胞、港澳同胞和海外侨胞心向祖国的声音；第四版为综合性副刊《百花园》，刊登文史掌故，以及各种不同体裁、不同风格的文艺作品。

《中国日报》的创刊：《中国日报》（*China Daily*）是新中国成立后创办的第一家英文综合性日报，也是第一家采用电脑照排系统、通过卫星把版面传送到国外印刷发行的报纸。它以在华的外籍读者（包括外国常驻中国的外交人员、记者、工程技术人员、商人、专家、留学生及旅游者），以及中国读者（包括各机关团体的工作人员，尤其外贸工作人员、教师和学生）为主要读者对象。该报在正式创刊前，曾于1981年5月1日开始试刊。

1981年6月1日在北京正式创刊。创刊号一版主要刊载了《宋庆龄同志伟大光荣的一生》的重要文章和有关宋庆龄名誉主席逝世的消息，同时还发表致读者的讨论，介绍出版《中国日报》的宗旨和意义，以及在我国工作的英国专家露丝·史密斯专门为当年“六一”国际儿童节写的文章。《中国日报》日出对开两张8版，周六刊（星期二至星期六每天出报；星期日，国内出版4版《商业周刊》和4版《上海新闻》，国外于星期一随报发行）。除在中国内地发行外，同时出版香港版、北美版、西欧版，在伦敦等世界重要城市可看到当天出版的《中国日报》。该报创刊发行一万多份，到1982年剧增至56 000份，其中中国读者占三分之二，外国读者占三分之一。[65]

《中国日报》是新时期最早重视新闻摄影、大胆运用图片的报纸之一，是我国报纸进入“读图时代”的开拓者。该报从创刊的第一天起，就以图片新闻为其特色，每天刊登尺寸较大的新闻图片和社会生活照片。它的图片生动、活泼、自然，篇幅大、数量多、时效高，版面清新，别具一格，为国内外读者所喜爱。其独家采写的消息、通讯、特写及专访文章，经常被外电和国外其他媒体转载。《中国日报》早期曾多次受到国内外权威机构的称赞和表彰：1982年3月，国际人口行动委员会授予《中国日报》“最佳人口报道二等奖”；1984年，密苏里大学授予该报常务副主编冯锡良“新闻事业卓越贡献奖”，同年，冯锡良又获得中国新闻摄影学会颁发的全国新闻“慧眼奖”；1990年8月，《中国日报》荣获全国报纸要闻版运用图片好版面第一名。《中国日报》直接采用英文写稿，文章通俗、生动，深受外籍读者欢迎，被誉为“明亮的中国之窗”。

《中国日报》创刊时有100人，到1981年底，全社有120人。20世纪80年代初期，《中国日报》的第一任社长是江牧岳，总编辑是著名报人刘尊棋，执行主编冯锡良。1983年后，总编辑由陈砾担任。此外，为了使报纸更适合外国读者阅读，《中国日报》用英文定稿，为此聘请了少量西方国家的专家，他们在不干预报纸编辑方针的前提下，帮助润色英文稿件，使其尽量符合现代英语的规范。

《深圳特区报》的创刊：《深圳特区报》是新时期中国经济特区创办的第一份大型综合性报纸，为中共深圳市委机关报。1980年初夏，深圳市委宣传部成立新闻科。新闻科一成立，科里5位工作人员曾锦棠、刘学强、黎珍宇、丘盘连、刘叶城等即开始筹备办报纸。1980年11月15日，深圳市委常委会上正式作出办《深圳特区报》的决定。经过半年的筹备，《深圳特区报》于1981年6月11日出版第一期试刊，试刊号是在香港文汇报社印刷厂印好后，运到深圳发行的。报名由广东著名书法家秦萼生题写。试刊第一期采用秦用爨宝字体写的报名，第二期试改用秦用楷体写的报名，一直沿用至今。[66]

1982年5月24日，《深圳特区报》在深圳正式创刊，创刊号头版刊登社论（代发刊词）《别开生面的有益尝试》。该报创刊初期为不定期出版，后改为周刊、周二刊。对开4版1张，零售价5分。由于在香港印刷，故采用竖排版式、繁体汉字印刷。1983年12月1日起，改为日报。1986年5月起，改用简体字。1987年1月改为横排。1989年1月扩版为对开两大张，向国内外发行，在上海还设有分印点，日发行量19万份（1988年）。该报80年代的社长是罗妙。

二、新闻期刊业的大发展

20世纪80年代，我国的期刊业有了迅猛的发展。1980年，我国共出版期刊2 191种。[67]到1989年，我国期刊增长到6 078种。[68]其中，《读者文摘》成为发行量蜚声国际的著名刊物。[69]与此同时，一些著名的时政新闻类期刊及理论类重要期刊也都有了长足的发展。

【《中国青年》、《新观察》的复刊】《中国青年》杂志的复刊：1978年9月11日，历史悠久的《中国青年》杂志复刊。该刊系月刊，16开本。1923年10月20日在上海创刊时为32开本、周刊。1927年10月出版第8卷3期后停刊。1939年4月在延安复刊，出至1941年3卷5期后停刊。1948年12月20日，停刊7年之久的《中国青年》在河北省平山县再度复刊。1949年2月迁北京出版，同年4月成为刚刚成立的“中国新民主义青年团”中央委员会的机关刊物，直至“文革”初期的1966年8月停刊。1978年5月4日，中共中央关于召开共青团第十次全国代表大会通知中决定《中国青年》杂志复刊。1978年9月11日，《中国青年》复刊出版1978年第1期，复刊号为16开本月刊，第一次征订即达200万份。中央新闻媒体非常重视《中国青年报》及《中国青年》杂志的复刊，9月6日，《人民日报》第二版刊登该报记者及新华社记者分别采写的消息《〈中国青年〉杂志，〈中国青年报〉复刊》，9月10日，《人民日报》第六版广告栏又刊登《中国青年》复刊第一期的目录。这一期《中国青年》杂志的内容主要包括：毛主席1948年为《中国青年》杂志复刊的题词、叶剑英副主席题词、复刊词《春风吹又生》、邢贲思文章《“句句是真理”为什么是荒谬的?》、《中国青年》杂志记者宋文郁等采写的《革命何须怕断头——记同“四人帮”英勇斗争的青年工人韩志雄》、童怀周编选的《青年革命诗抄——扬眉剑出鞘、告别等16首》等文章及诗作。在当时还没有为“天安门事件”正式平反的情况下，刊登这些诗文是需要很大胆量和勇气的，也是冒了很大风险的。复刊第1期出版后，曾遭汪东兴的严厉批评和责难。[70]

1980年春，《中国青年》杂志展开“人生的意义究竟是什么”的讨论，曾引起青年们的强烈反响和各方面的关注。特别是发起“潘晓来信”的讨论，成为当时青年人的热点话题，影响很大。[71]《中国青年》在20世纪80年代初深受广大青年读者喜爱。1980年该刊平均期印数高达350万册，[72]1982年平均期发行数为250万册，最高期发行数达275万册，最低发行量也有230万册。

《新观察》的复刊：1980年7月10日，《新观察》复刊号（1980年第1期，总第237期）正式出版。该刊系半月刊，每月10日、25日出版，为16开本，共36页。它是一份以刊登时事政治、社会生活和文学艺术类内容为主、面向知识界的综合性半月刊。复刊第1期刊登宋振庭的文章《要观察，更要思考》。该刊最早于1950年7月1日创刊于北京，为时事政治性刊物。初期先后由人民出版社、人民日报社出版。1954年起，该刊成为中国作家协会机关刊物。1960年7月停刊。20世纪50年代的《新观察》以图文并茂、活泼清新，上下古今、无所不谈的独特风格吸引着国内外读者，曾远销到东南亚各国，产生了广泛的影响，是一份深受读者欢迎的期刊。《新观察》杂志1950年7月创刊时，由历史学家黎澍和新华社记者杨赓先后任主编，期发行40万份左右。1951至1957年间，由戈扬主编；1958年由文学评论家冯牧主编；1959年到1960年由马铁丁（陈笑雨）主编；1980年7月复刊后，由戈扬任主编。20世纪80年代初，最高期发行数达60万份。80年代后期，该刊一度成为鼓吹“资产阶级自由化”的主要阵地，于1989年“六四事件”后停刊。

【新华社主办的《半月谈》、《环球》和《瞭望》三大名刊的创办】《半月谈》的创办：1980年5月10日，《半月谈》在北京正式创刊，出版第1期。该刊为半月刊，每月10日和25日出版，为32开本，篇幅64页。《半月谈》是一份面向基层，以宣传、解释时事政策为主要内容的综合性期刊，由中共中央宣传部委托新华社主办。80年代该刊总编辑先后由李峰、闵凡路担任，副总编辑于有海。[73]《半月谈》的前身是1950年10月16日创刊、1965年停刊的通俗半月刊《时事手册》。80年代初创刊的《半月谈》以“时事政策顾问，学习生活益友”为宗旨，以宣传和介绍政治、经济、文化、科学等各个领域的知识为主要内容，注重政治性、知识性、趣味性三者的结合。1980年5月10日出版的《半月谈》创刊号首载“本刊编辑部”《致读者》云：

> “《半月谈》这个面向基层的综合性刊物，在八十年代第一个春天问世了”，“这个刊物的前身是五十年代创办的《时事手册》，那时它对全国广大基层干部和群众学习党的政策、了解天下大事，曾经起了很好的作用。后来于一九六五年因故停刊。今天，全国人民同心同德奔向四化，人们需要了解、研究、回答的新问题更多了，许多同志迫切要求再办一个类似《时事手册》的刊物，提供丰富的学习参考材料。《半月谈》就是在这种情况下创刊的”。“我们将发扬《时事手册》面向基层的好传统，以党的四项基本原则为指导，紧紧围绕四化这个中心，密切联系实际，解放思想，办好刊物。《半月谈》的主要内容是，通俗解释时事政策，评说社会思潮，报道国内外大事新事，普及科技文化知识，讨论读者在四化进程中所遇到的或关心的某些带有普遍性的问题。我们力求做到政治性、知识性、趣味性三者结合，城乡共赏，力求比当年的《时事手册》内容更丰富，风格更活泼。读者一册在手，花时间不多，就可以知道天下大事。”
>
> 《半月谈》一出版，便受到广大读者的喜爱。自1985年起，《半月谈》的发行量和影响力一直雄踞全国时政期刊之榜首。80年代末，新华社老社长穆青曾为《半月谈》题词：“辐射全国，影响一代。”[74]1995年3月，时任中宣部副部长的刘云山曾专门撰文称《半月谈》是“中华第一刊”。该刊期发行量初创刊时是29万份，1983年1月上升到232万份，1985年猛增到500万份，1991年的期发行数高达732万份，位居当时全国乃至全亚洲刊物发行量第一位。80年代初总编辑李峰，主编闵凡路、叶佐标、喻权域（兼）。

《环球》杂志的创刊：《环球》杂志是一本以介绍外国情况为主的综合性期刊，由新华社主办。该刊于1980年5月在北京创刊，为月刊，16开本，每期48页。辟有《环球巡礼》、《政治舞台》、《军事动向》、《世界经济》、《国际人物》、《社会剪影》、《艺术漫步》、《历史一页》、《各国风光》、《风土人情》、《书刊文摘》等近20个栏目。通过解读国际时事，介绍外国社会现状、名胜风光、域外风情和反映外国经济、科技、文化成就等，来帮助读者开阔视野，了解外部世界。1988年期发行量达15万份。

《瞭望》杂志的创刊：《瞭望》杂志于1981年4月20日在北京创刊，是一份时事新闻综合性期刊，由新华社主办。该刊初创时为月刊，发行到1983年12月结束，共计出版

33期。《瞭望》第一任社长兼总编辑是穆青。他为该刊写的发刊词《时代的声音 历史的记录》云：

> 摆在大家面前的这份刊物，是一批长期战斗在社会主义建设第一线的新闻记者们主办的，记者是社会活动家，是职业的调查研究者，由他们主办的这份刊物……总会传达出时代前进的声音……要为人们留下历史发展的记录。面对着这样的时代特征，面对着这样的历史使命，我们立志要求这份刊物将能像它的刊名所表示的那样，真正成为向四化进军的航船上一个新建的、小小的观察哨，并与早已工作的千百个兄弟观察哨一道，在浩瀚无垠的生活的海洋中，为党和人民进行我们自己力所能及的瞭望，成为生活的瞭望手，时代的信号兵，忠实地陪伴着四化的航船搏风击浪，胜利地驶向亿万人民朝思暮想的幸福的港湾。

1983年底，新华社著名记者李耐因调到《瞭望》周刊社，任新华社编委、《瞭望》周刊总编辑。1984年1月2日，《瞭望》由月刊正式改为周刊发行，为16开本，共48页，有7万多字的篇幅，成为新中国成立以来第一本立足国内、面向世界的大型政治时事性新闻周刊，其口号是“一本《瞭望》在手，天下大事在握”。同年9月3日，《瞭望》周刊在国内版的基础上创办了海外版，在纽约印刷发行。1986年1月，海外版又改在香港印刷发行。到1988年，其期发行量达44万份。

《瞭望》以集一周大事于一刊、图文并茂为特色，设有《中南海纪事》、《瞭望论坛》、《本刊专访》、《第一线报告》、《时事纵横》、《省委书记的一天》、《在市长岗位上》、《国情与战略》、《文献与史料》、《珍珠滩》、《专题报道》、《周末对话》等富有特色的栏目。其中，《中南海纪事》是由邓小平亲自批准开办的专栏，也是《瞭望》周刊所有专栏中最为著名、在国内外极有影响的专栏。从《瞭望》周刊的前身《瞭望》月刊第一期起，《中南海纪事》专栏就与读者见面了。在它上面刊登的第一篇文章是由冯健、曾建徽采写的《中南海的春天》，紧接着又在该刊第2期发表了《时刻想着八亿农民》。这两篇文章一经发表，便立即引起国内外读者和舆论界的高度重视。《中南海的春天》一文是经过邓小平同志审阅和中央多位领导同志修改后才发表的，该文以大量事实，报道了中央领导同志运筹帷幄，夜以继日地为党为国为民操劳的感人事迹。配合这篇文章，还发表了三幅中南海的照片和一篇关于中南海的资料文章。[75]《中南海纪事》专栏着重报道党和国家的重大事件、党中央国务院作出重大决策的过程，传递来自中南海的重要信息，详尽报道来自党和政府高层的第一手独家新闻。同时，为努力改革和扩大报道面，《中南海纪事》也报道党和国家领导人的学习、业余生活、体育活动，以及他们各界人士及工农群众的交往等。此外，国内外许多政界要人、著名专家和学者，不仅接受《瞭望》的专访，随时接受咨询，而且还为《瞭望》撰写评论和稿件，使《瞭望》有得天独厚的权威信息源，更体现出其“高层决策信息、热点深度报道、专家权威论坛、全新知识背景”的鲜明特色。[76]

【《红旗》杂志的停刊与《求是》杂志的创刊】《红旗》杂志的停刊：《红旗》杂志是“大跃进”时代的产物。早在1958年1月中旬中共中央在南宁召开的九省二市书记会议（简称“南宁会议”）上，毛泽东就提出要“办刊物”。同年5月25日，根据毛泽东的提议，中共中央八届五中全会决定：“由中央主办一个革命的、批判的、理论和实际相结合的杂志，定名为《红旗》。”1958年6月1日，《红旗》杂志在北京创刊，刊名由毛泽东亲自题写，总编辑陈伯达。《红旗》杂志初创时为半月刊（每月2号、16号出版），1965年1月改为月刊，直至1980年1月又恢复为半月刊。《红旗》杂志在创刊之后的一段时间内很快形成了较大的影响力和权威性，成为党在理论研究和宣传方面的一个主阵地。同时，由于大环境的影响，《红旗》杂志也发表过一些有错误观点的文章。20世纪60年代前后，《红旗》杂志编辑部曾用好几个集体笔名发表文章，其中“于兆力”、“施东向”、“吉群义”、“闻师润”、“许辛学”等都是当时的著名笔名。所谓“于兆力”是《红旗》杂志编辑部写国际评论用的笔名；“施东向”是写作思想评论类文章所用的笔名；“吉群义”是《红旗》杂志农业组同仁所用的笔名，参加写作的有郑季翘、张凛等人；“闻师润”是《红旗》杂志文艺组的笔名，参加写作的有吴介民、徐行、钟林等人；“许辛学”即“虚心学”的谐音，是邓力群、马洪、梅行等合作撰写经济评论时用的笔名。《红旗》杂志编辑部的“笔杆子”们用这些笔名写了大量文章发表在该杂志上。1959至1964年间，“许辛学”在《红旗》上发表的文章是最多的。[77]

1960年10月，正当中华人民共和国成立十一周年的时候，《毛泽东选集》第四卷出版。这是当时政治生活中的一件大事，《红旗》杂志编辑部在邓力群的主持下，对《毛泽东选集》第四卷作了系统的宣传。“文化大革命”中《红旗》杂志在陈伯达、姚文元的先后把持下，成为那个时代全党和全国人民特别关注的“两报一刊”中的“一刊”。当时，党和国家的重大方针和重要决定都首发于“两报一刊”。与此同时，《红旗》也变成了“四人帮”篡党夺权、制造反革命舆论的工具，在思想理论界有至高无上的“权威”和影响力。《红旗》杂志发表的文章全国报纸都转载，形成“小报抄大报，大报抄《红旗》”的状况。

粉碎“四人帮”后的1978年4月，熊复调到《红旗》杂志任总编辑，直至1988年他从《红旗》总编辑岗位上退下来（旋由苏星担任总编辑）。熊复前后担任《红旗》杂志总编辑工作整整十年。十年间，在中共党的十一届三中全会后，特别是20世纪80年代初期，全党全国的工作重心从“以阶级斗争为纲”转移到“以经济建设为中心”上来。这一时期的《红旗》杂志几乎每期都有经济建设方面的文章，主要的基调为“现代化建设是最大的政治重点”、“按照经济规律办事”、“改革势在必行”等，全力以赴为当时方兴未艾的改革开放事业鼓与呼。与此同时，在“科教兴国”战略方针提出不久，《红旗》紧跟形势，开始关注科学技术及教育对经济发展的重要作用，为此，在这方面发表了许多文章。80年代初是《红旗》杂志发展的鼎盛期，据统计，1980年，《红旗》平均期印数达697万份。[78]《红旗》从1980年起，恢复为半个月出版一期，也是从1980年开始，《红旗》在经济上实行独立核算。此后，每年略有盈余上缴国库。1982年起，除了理论宣传外，《红旗》还担负起辅导干部理论学习的任务，为此，它在版面上专门设置了《干部理论学习》专栏，并成立了红旗出版社，出版辅导干部理论学习方面的书籍。到1983年，《红旗》每期稳定发行350万份。工作人员253人，其中编辑部门工作人员100人，党员92人，具有大专文化程度以上者92人。[79]

1985年以后，《红旗》开始走下坡路，但期发行量仍保持在240万份左右，其中绝大部分都是公费订阅。到1988年5月30日，中共中央决定：为适应改革开放新形势的要求，委托中共中央党校创办全党的理论刊物《求是》杂志。1988年6月16日，在中共中央党校副校长、《红旗》杂志副总编辑苏星主持下，《红旗》杂志（半月刊）发行至1988

年第12期（总第544期）后停刊。

《求是》杂志的创刊：1988年7月1日，《求是》创刊。邓小平亲笔题写刊名。“求是”刊名由李瑞环拟定，后为中央所采纳。[80]《求是》创刊号（第1期）“目录”页标明“中共中央委托中共中央党校主办”。第1期首载《中共中央关于委托中共中央党校创办〈求是〉杂志的决定》（一九八八年五月三十日），并指出：“《求是》杂志总的指导思想以党在社会主义初级阶段的基本路线为指针，全面地宣传一个中心、两个基本点，以改革总揽全局，防止僵化和自由化”；“《求是》杂志总编辑、副总编辑由中央任命”。接着刊登发刊词《致读者》云：

> 《求是》杂志，是中共中央委托中共中央党校主办的全党的理论刊物。党中央决定停办《红旗》杂志，创办《求是》杂志，是贯彻十三大精神，加强马克思主义理论研究和宣传的积极措施。党的理论刊物不由中央直接主办，可以更好地适应改革开放新形势的要求，便于开展理论上的探索和研究，促进马克思主义理论的新发展。《求是》将体现党的实事求是的思想路线，理论结合实际，认真研究我国社会主义初级阶段的理论和实践问题，特别是改革开放和建设中的实际问题以及党的建设问题。《求是》将努力向开放型转变，面向世界。我们将经常研究和评价国际政治、经济、文化发展趋势和各种理论思潮，研究和介绍社会主义各国改革开放的经验，研究和介绍资本主义国家建设和管理的经验。这些研究和介绍，着眼于开阔读者的视野，是为了探索和借鉴。《求是》将坚决实行“百花齐放，百家争鸣”的方针，广泛团结作者，为中青年作者提供更宽阔的园地。《求是》将努力改进文风。杜绝“假、大、空”，避免套话，文章力求准确、鲜明、生动，言之有物。适当发表杂文、散文等文艺作品。把刊物办活，让读者喜欢看。

此后，《求是》的内容及风格与以前的《红旗》完全不同了，最大的特征是新增加了专登杂文、散文及小品文的专栏《绿野》。创刊初期，《求是》杂志的宣传主要集中在经济建设、改革开放、理论探讨和研究，以及引导社会舆论四个方面，其中经济建设的宣传为重中之重。为此，《求是》刊登了一系列国有企业改革、贯彻治理整顿方针、沿海经济发展战略等方面的文章。

1989年7月28日，中共中央发出通知：决定将原来中央委托中共中央党校主办的全党理论刊物《求是》杂志改由党中央主办。从9月1日出版的第17期（总第29期）起，《求是》杂志在“目录”页上标明“中共中央理论刊物”字样。从此，《求是》又恢复了与其前身《红旗》同样的地位和使命。至1995年第3期，《求是》的封面及“目录”页开始正式署明“中国共产党中央委员会主办”字样。

第三节　20世纪80年代广播电视业的大发展

20世纪80年代，关乎广播电视业大发展有几次重要的会议。

1980年10月7日至18日，由中央广播事业局主持的第十次全国广播工作会议在北京召开。遵循中共十一届三中全会以来的路线、方针和政策的精神，会议总结了新中国成立30年来广播电视宣传的经验和教训，对十年动乱期间的“左”的错误进行了拨乱反正，进一步讨论和明确了广播电视的性质，新时期广播电视的宣传方针、任务和奋斗目标。当时的中共中央宣传部部长王任重到会讲话，其主要内容为：①关于广播电视的性质和任务；②如何加速实现四个现代化；③关于经济工作的宣传问题；④关于贯彻党的路线、方针、政策的问题。中央广播事业局局长张香山也作了报告，题目是《坚持自己走路，发挥广播电视的长处，更好地为实现四个现代化服务》。

1981年11月16日，中共中央书记处讨论广播电视工作时指出：广播电视是教育、鼓舞全党、全军和全国各族人民建设社会主义物质文明、精神文明的最强大的现代化工具，这就是广播电视工作的根本任务。为了更好地体现这个根本性质，完成这个根本任务，要作两个方面的努力：一是提高服务质量；二是完善服务手段。

为了适应广播电视业发展的需要，加强对广电业的管理和领导，1982年5月4日，全国人大常委会第二十三次会议通过《关于国务院部委机构改革实施方案的决议》，宣布成立广播电视部，撤销中央广播事业局。[81]人大任命吴冷西为中华人民共和国广播电视部首任部长、党组书记。1985年6月吴冷西退下后，由艾知生任广播电视部部长兼党组书记。1986年1月20日，六届人大第十四次会议决定将“广播电视部”改为“广播电影电视部”，任命艾知生为部长。1998年3月，根据九届人大第一次会议通过的关于国务院机构改革方案的决定，“广播电影电视部”又改组为“国家广播电影电视总局”，列入国务院直属机构序列（4月8日，国家广电总局正式挂牌）。

【“四级办广播、四级办电视、四级混合覆盖”政策的提出和实施】1983年3月31日至4月10日，第十一次全国广播电视工作会议在北京召开。这是一次在中国当代广播电视业发展史上具有重要意义的会议，它以中共十二大精神为指针，贯彻中共中央关于全面改革的指示和中央书记处关于广播电视工作的指示，总结了第十次全国广播工作会议两年半以来的经验，讨论和确定了改革广播电视工作、开创广播电视工作新局面的大政方针。当时的部长吴冷西在会上作了题为《立志改革，发挥优势，努力开创广播电视新局面》的长篇报告，该报告是在前期广泛深入调查研究基础上写成的，主要讲了6个问题，即6大部分。其中第二部分“根本任务和奋斗目标”中“第四点”第一次提出了“坚持自己走路”、“扬独家之优势，汇天下之精华”的方针。原文指出：“根据多年来实践的经验，搞好广播电视宣传必须坚持自己走路的方针，扬独家之优势，汇天下之精华。我们既不能单纯依赖报纸和通讯社，也不能照搬他们的宣传方式和表达方式。我们的广播电视文艺要创造新的形式，简单模仿电影和舞台艺术的形式是不行的。甚至教育节目，也不能照搬课堂教学的一套。我们要认真学习和借鉴其他新闻单位和艺术、教育部门的经验和长处，但必须有我们自己的特点，自己的形式与方法，发挥自己的优势和特长。这是我们的职责。由于广播电视具有多种功能，节目种类繁多，容量很人，光靠广播电视系统的力量，不可能办好所有节目，充分满足各方面的要求。因此，应该依靠社会各方面的广泛支持，取得各方面的帮助，调动各方面的积极性，汇集各方面的精华，共同办好广播电视节目。”在第三部分“以新闻改革为突破口，推动整个广播电视宣传的改革”中，吴冷西又谈到对广播电视的新闻报道进行改革的六大举措：“第一，要密切联系群众，联系实际、丰富报道的内容。”“第二，要在真实准确的前提下做到‘快’，力争把‘正在发生’和‘刚刚发生’的消息报道出去。”“第三，报道内容要广，并要注意从群众关心的角度进行报道。”“第四，报道形式要生动活泼。广播要多搞录音报道、口头报道，电视要多搞实况转播和现场报道。广播电视宣传适合用谈心和对话的形式，这可以增加吸引力和信任感。要大力提倡创新精神，注意摆脱文字新闻的框框，努力办出自己的特色来。”“第五，广播稿件和电视新闻解说，要特别注意通俗化、口语化。”“第六，加强评论工作，提高评论水平。广播电视评论要特别强调针对性，抓住群众最关心的问题，把话说到群众心里。广播和电视都要注意培养有影响的专职评论员，同时要注意邀请有影响的、具有权威的专家、学者、实际工作者、领导干部亲自来作广播电视评论。”

在第四部分“调整政策，加快广播电视事业的发展”中，吴冷西又提出了调整政策，大力发展广播电视业、开创广播电视业发展新局面的十大举措。其中涉及“四级办广播电视，四级覆盖”、“发射广播卫星”、“采取广播卫星覆盖全国的方针”、“加强对国外广播的发射功率”等一系列重大问题。尤其“第一”大举措云：“第一，要实行中央、省（自治区、直辖市）、市、县四级办广播、四级办电视、四级混合覆盖的政策，因地制宜，分级建设。这是广播电视事业中一项重大的政策调整，它有利于进一步调动地方和社会各方面办广播、电视的积极性。所谓“四级办节目、四级混合覆盖”，就是除了中央和省两级办广播台和电视台外，凡是具备条件的市、县，也可以根据当地的需要和可能开办广播台和电视台，除了主要转播中央和省的广播、电视节目外，可以播出自办的节目（目前只办地方新闻和发布地方政令），共同覆盖各该市、县。边远省、自治区的地区如有需要和可能，也可以办广播、办电视，参加四级混合覆盖。”[82]会后，广播电视部党组向中共中央上报了《关于广播电视工作的汇报提纲》。1983年10月26日，中共中央为批转《汇报提纲》发出了通知（中发〔1983〕37号文件），要求各级党委加强和改进对广播、电视工作的领导，发展和办好广播电视事业。

第十一次全国广播电视会议结束不久，会上确定的“中央、省（自治区、直辖市）、地级市（州）、县四级办广播电视、四级混合覆盖”的方针很快便开始贯彻实行，对我国广播电视业在“六五”（1981—1985）后期及“七五”（1986—1990）期间突飞猛进的发展起到巨大的推动作用。从1983年10月到1985年底的短短两年多时间里，除中央台外，地方广播电台由1983年的120座增加到211座，增长率为75.8%；地方电视台由1983年的51座增加到1985年的201座，增幅为2.9倍，电视人口覆盖率为68.4%。新开办的地级市、县级电视台中，地级市台有136座，即全国84%的地级市都办了电视台；县级电视台办了60座，开办电视台的县占全国县数的2.7%。再以1985年同1980年相比，广播方面，收音机由1980年的11 910万台增加到24 181万台，增长一倍多；电视方面，电视机由1980年的902万台增加到6 965万台，增长6.7倍。除无线广播和电视外，在有线广播方面，到1986年，全国农村已有2 226座县广播台（站）、50 614座乡镇广播站，8 141万只有线广播喇叭。到1986年10月，经广电部批准的调频台167座，落实了中共中央批转、广电部制定的《汇报提纲》中有线、无线相结合的方针。到1986年底，全国有电视台292座，电视人口覆盖率为71.4%。[83]

【20世纪80年代中后期全国广电业的规模】1983年后，我国广播电视业初步形成了比较庞大的规模。

在从业人员方面，新中国成立时，全国广播系统的职工只有1 800余人。经过36年的发展，到1985年底，全国广电系统职工已达28.561 3万人。[84]

在广播、电视传播技术方面，从1985年起，我国开始利用卫星接收和传送电视节目。

如1985年8月1日起，我国为传送电视节目而租用的国际卫星转发器开始启用。16个省、自治区过去看不到中央电视台的某些地区，这时可以看到利用卫星传送的电视节目了。同年9月13日，《人民日报》报道：中共中央、国务院今年向各地赠送的53个卫星电视地面接收站，已有45个开通，开始转播中央电视台的节目。1986年2月1日，我国成功发射了一颗实用通信广播卫星。从此，我国开始使用卫星传送电视节目，中央电视台的第一套节目和电教节目在1986年都使用卫星传送。

20世纪80年代中后期也是我国地方广播、电视台不断改革开放、大发展的时期。其中，1986年是中国各省地方广播电台发展史上关键的一年。这一年，中国地方台广播业务的改革首先从广东拉开序幕。1986年12月15日清晨5时整，广东人民广播电台属下的“珠江经济广播电台”正式开播，从此开启了我国地方广播电台改革开放的新局面。由于广东珠三角地区毗邻港澳，80年代初，广东珠三角地区城市市民都选择收听香港电台的广播节目。据1985年对部分听众的调查显示，广东电台和香港电台在广州市市民的收听率为3∶7。在香港电台与广东电台的竞争中，香港台占了很大的优势。在这种不利形势下，广东电台于1985年2月起，开始筹备将该台第二套节目改建为“珠江经济广播电台”。同年7月1日和8月16日，中共广东省委和国家广播电影电视部分别批准了广东电台《关于将省二台改为经济台的请示报告》。[85]1986年12月中旬，珠江经济广播电台开播后，摒弃了我国广播传播几十年来一直沿用的、以单向灌输为特征的旧广播业务模式，充分利用过去几年广播改革所积累的经验和成果，并借鉴境外广播尤其是香港广播业界先进的办台理念，开始大胆创新。他们以增强竞争意识、提高收听率为指导思想，确定了“以新闻、信息为骨架，以大时段（大板块）节目为肌体”的广播模式，逐步形成了以“大板块节目编排”、“主持人”和“热线电话”（大板块综合性的节目结构+集采、编、播、控于一身的主持人+主持人与听众的“热线电话”互动沟通，实时直播）为主要特征的“珠江模式”。三个月后，不利局面迅速扭转，广东电台和香港电台的收听比率由3∶7对调为7∶3。此后，“珠江模式”一段时期代表着一种新的广播业务改革模式，在全国广播电台中被广泛效仿。虽然“珠江模式”更多的是一种广播业务领域的改革，尚缺乏体制上的突破，但它对中国广播业界进行了一次听众意识和市场导向意识的市场营销启蒙教育。

1988年3月，中央电视台迁入新落成的“中央电视台彩色电视中心”新址。彩电中心大厦于1983年5月30日破土兴建，到1987年底竣工。1988年投入使用后，中央电视台工作条件大为改善，先进电视技术设备增加，使中央台节目制作和播出能力大大提高。彩电中心的建成和投入使用，使中央台的发展进入了新阶段。

到1989年，全国广播电视业又有了新的发展。据统计，除中央台外，全国有广播电台531座，比1988年增加70座，人口覆盖率达73%，比上一年扩大了2.4%；各级电视台累计469座，比1988年增加了47座，人口覆盖率达77.9%，比上一年扩大了2.4%。全国农村有线广播也得到稳定的发展，截至1989年底，县级广播台（站）2 525座，用户喇叭8 237万只，入户率为38.3%。[86]

一、中央人民广播电台的大发展

中央人民广播电台在20世纪80年代有了长足的发展。早在新时期初期，即1979年夏至1980年5月间，在不到一年的时间里，中央人民广播电台就进行了3次改革，仅1979年的半年中就进行了两次改革。当年的夏季，中央台进行了第一次改革，主要是解开“四人帮”捆住广播电台手脚的一根绳索，即不许广播电台自己进行采访活动，限制了广播电台的采访权，使广播电台的新闻广播成为通讯社的“传声筒”和报纸的“有声版”。当时改革的主要内容：一是解除不许中央人民广播电台驻各省、市、自治区记者站发新闻稿的禁令，让驻站记者采写新闻稿。二是中央人民广播电台开始采用电头：凡是本台记者采写和组织的新闻稿，都加“本台消息”；采用新华社和报纸的稿件时，也分别说明是“据新华社报道”或“据××报报道”。1979年冬季，中央台又进行了第二次改革，这次改革首先是对电台记者的新闻采访机制及组织机构进行改革。过去，中央台是以节目为主建立编辑部的“部组”，为了促进编辑、记者学习专业知识、研究新动向、分析形势、钻研业务，中央台改为按社会分工来建立专业部组。如新闻广播方面，就建立了新闻、工商、农村、军事、文教、理论政法、国际、记者管理八个部。在改组机构的同时，中央台又提出了改进新闻节目的构想。在新闻业务改革的指导思想方面，提出了七点要求：①要多谈些经济，经济报道要尽可能使听众感到跟自己的切身利益相关。②要多从群众角度进行新闻报道，改变过去那种从上往下灌得多、反映下面基层丰富多彩的实际生活少的现象。③坚持新闻要用事实说话的原则，改变过去那种新闻报道事实少、议论多的现象和编辑新闻稿时“留观点、删事实”的做法。④要大力表扬先进，有计划地报道一些“四化”的实干家和有突出贡献的科技人员，宣传他们的新思想、新风格、新成就，同时，增加一些批评和揭露性报道。⑤减少会议消息，改进会议报道，规定没有新内容、新精神的会议不报道，工业方面的一般专业性活动和农业部门一般性的例行农事活动少报或不报。⑥压缩外事报道，外事活动中没有新内容的讲话不摘引，除特殊情况外，只报小名单，不报大名单。⑦要注意发挥广播新闻的特点，广播文稿力求做到开门见山、简明扼要、通俗易懂，并提倡搞些有现场音响效果的口头报道。在题材的选择上，从广播的特点出发，既要求有重点报道，又侧重强调扩大报道面。与此同时，对《新闻和报纸摘要》节目和《各地人民广播电台联播》节目也提出了具体的改进要求。这些改革措施，从12月起逐步实行。

1980年5月，中央人民广播电台对新闻广播节目进行了第三次改革。这次改革的指导思想是：①新闻广播要按广播的特点和新闻广播自身的规律来进行，要进一步学会“自己走路”：中央台已开始执行在今、明两年完成在各省、市、自治区的记者站布点工作的计划，并准备组织地方台向中央台发稿，使新闻广播做到新、快、短、宽和具有广播特点；同时，逐步建立起自己的评论队伍。②要从听众的需要出发办广播，改变以前新闻广播只考虑听众应该知道什么，不考虑听众希望知道什么、不顾听众兴趣和心理，盲目进行宣传报道的做法。③坚持广播是舆论工具这一性质，发挥舆论导向作用；多为听众提供能反映我们时代特点的确切可靠的生动事实，改变广播指导一切、指挥一切，使新闻报道成为业务部门工作文件、工作简报、会议记录的翻版和“官气”逼人的现象。从5月19日起，中央台开始对广播节目的播出程序及播出方式作一系列的改进。当天中央台改用《歌唱祖国》的乐曲作为《新闻和报纸摘要》节目、《各地人民广播电台联播》节目的开始曲。在这两个节目的开头都向听众朋友问好，使听众感到亲切、温馨、有礼貌。每天在《新闻和报纸摘要》节目的开头还增加了报告日期，包括公历、农历和星期几，这也是为听众提供的一种服务。考虑到广播容易一听而过，同时照顾到在节目中间才开始收听的听众了解节目的全貌，还在《新闻和报纸摘要》和《各地人民广播电台联播》节目的最后，用一分半钟左右的时间综合、概括地归纳一下这次节目的主要内容。另外，从5月起，《新闻和报纸摘要》节目还加强了首都各报版面介绍，介绍有特色的专版、专栏，以及介绍报纸上反映新精神、提出新问题和新观点的评论和独家新闻。《各地人民广播电台联播》节目除原有的《听众信箱》等专栏外，还增加了不定期的综合短讯，以扩大报道面，满足各方面听众的需求。[87]

20世纪80年代中央人民广播电台的重要成就有：

1.《全国联播》节目和《新闻报摘》节目的充实与改革

《各地人民广播电台联播》节目（以下简称《全国联播》）和《新闻和报纸摘要》节目（以下简称《新闻报摘》）曾是中央人民广播电台的两个王牌节目。《全国联播》节目开办于1951年5月1日，当时叫《全国各地人民广播电台联播》节目，1955年7月4日改名为《各地人民广播电台联播》节目。该节目是一个30分钟的广播新闻节目，从1968年11月25日起，开始在每天20点至20点30分播出，以后一直未变。

《全国联播》是中央人民广播电台的重点新闻节目，其基本任务是“发布新闻，传达政令”。从新中国成立初期到“文革”以前（1951年5月至1966年6月）的15年里，该节目从创办、发展走向基本成熟。在此期间，该节目主要依靠新华社供稿，同时也自采了部分有广播特点的稿件和报道。1963年至“文革”爆发前，是中央台《全国联播》节目的黄金时期。该节目在这一时期实行采编合一，各种规章制度均已建立。当时国内外重大事件的报道，一般都从《全国联播》广播节目中首先播出，它成为中央台最有影响的新闻节目。十年“文革”期间（1966年6月至1976年10月），《全国联播》节目已经形成的比较完整的编播体系遭到严重破坏，甚至一度沦为“四人帮”的宣传喉舌。1976年10月粉碎“四人帮”后，《全国联播》节目得以恢复、发展。从1980年开始，中央台对该节目进行了一系列改革。由于贯彻“自己走路”的方针，广播稿件的自采率迅速提高，自采稿件逐渐成为中央台《全国联播》国内新闻稿的主体，其国内重大事件和活动的报道基本上都用自采稿件，从而使时效性大大增强。另外，《全国联播》节目还开辟了《听众信箱》和《地方电台消息》等栏目，加强了与听众和地方广播电台的联系。到80年代中后期，由于受中央电视台《新闻联播》节目的冲击，中央人民广播电台的《全国联播》节目的城市听众大幅度减少。

《新闻报摘》是中央人民广播电台除《新闻联播》外，听众最多、影响最大的另一个广播新闻节目。据1980年秋季调查匡算，当时全国经常收听《新闻报摘》的听众约有2亿人。《新闻报稿》创办于1950年4月16日，当时名为《首都报纸摘要节目》，后来这一名称几经更改：1955年4月4日改称《中央报纸摘要节目》，同年7月4日易名为《新闻和报纸摘要》，1960年11月7日又改名为《新闻和首都报纸摘要》，1967年1月26日再改为《新闻和报纸摘要》，后一直沿用下来。

《新闻报摘》的广播时间最初安排在18点30分至18点45分，以后播出时段时有更改，有时提前到中午，有时推迟到晚间。直至1955年7月4日，播出时间才固定在第一套节目的6点30分到7点、第二套节目的7点到7点半（重播）。1967年1月26日起，在第一套节目8点30分至9点又增加一次重播。80年代起，《新闻报摘》节目贯彻“扬独家之优势、汇天下之精华”的方针，除继续采用新华社稿件外，开始选用本台编辑、记者采写的消息和评论，选用各报的独家新闻。1983年2月1日起，增加了各省省报的内容，信息量大增。[88]

2. 重视经济新闻报道与加强广播评论工作

1978年12月18日至22日，中共中央在北京成功召开了党的十一届三中全会。会议决定“停止使用‘以阶级斗争为纲’这个不适于社会主义的口号，作出了把工作重点转移到社会主义现代化建设上来的战略决策”。从此，经济报道成为媒体的主题，中央台也把经济报道放在重要地位，宣传党和国家有关方针、政策，介绍全国各地的建设成就、先进人物、先进经验，以及科学技术的进步，成为中央台新闻节目的主要内容。1983年1月间，为了进一步加强经济报道，中央台开办了《大众经济》节目，其内容丰富多彩，大到工商企业的体制改革，小到人民群众的衣食住行，都有及时翔实的报道。20世纪80年代前期，在中央台的新闻广播中，经济宣传的稿件占一半左右。[89]

在广播评论方面，进入新时期后，1979年春，中央台《全国联播》节目中开始出现“本台评论”。如1979年4月26日，中央人民广播电台在《全国联播》节目中播出署名为“本台评论员郭平”的评论《改善越中关系的根本办法》，这是新时期我国广播电台上出现的第一篇广播评论。这一年中央人民广播电台共播出评论15篇。1980年中央人民广播电台正式成立评论组，各地广播电台也纷纷播出新闻评论，广播评论作为一种独立的评论样式开始得到了新闻界和公众的认可。“本台评论”和“本台评论员文章”开始成为与报纸社论、评论员文章具有同样权威和影响力的重要评论体裁之一。

中央台的广播评论有一个历史的发展过程。中央台的前身——延安新华广播电台于1940年12月30日开播。当时，延安台是新华社的一部分——语言广播组，它只有播音员，没有专职的广播节目编采人员，只有广播报纸（先是《新中华报》，1941年5月后是《解放日报》）的言论，没有电台自己的言论。抗战后期，延安台一度停播。抗战胜利后，延安台恢复播音，还开办了《评论》节目。限于人力，该节目都是播出经过改编的《解放日报》言论和新华社的言论，延安台尚无自己的评论。1946年6月，新华社经过扩大、改组，其语言广播组扩大为语言广播部。由于规模扩大、人员增加，延安台播音时间延长了半小时，同时还增办了几个新节目，其中就有《广播评论》。这一节目除广播根据地报纸、新华社言论外，延安台还尝试着播出自己撰写的广播评论，这标志着我国广播评论真正开始进入起步阶段。1947年3月，延安新华广播电台随党中央撤离延安后，改名“陕北新华广播电台”（简称“陕北台”），但仍保留《广播评论》节目。从后来保存下来的播出稿看，《广播评论》所播大部分评论都是改编新华社社论而成，少量评论是自己写的。

1949年3月，陕北台进驻北平，改名为“北京新华广播电台”，不久又改名“中央人民广播电台”。1950年4月10日，中央人民广播电台增设了15分钟的《评论》节目，播出自己采写的评论；1950年5月1日调整为《国际新闻与评论》。1951年5月1日，中央台修改节目时间表时撤销了《评论》节目。1958年前后，中央台又以《当前问题谈话》节目和《时事谈话》节目的形式播出广播评论节目。

自1979年4月26日中央台《全国联播》节目播出了该台评论员郭平的文章《改善越中关系的根本办法》后，中央台的广播评论逐渐多起来。

1980年，中央台内部刊物《编播业务》第三期开辟《如何把评论工作搞上去?》的讨论专栏。在展开讨论的基础上，中央台从几个部门抽调人员，组建了评论组，组长曹仁义，成员有王燕春、白谦诚。另外，临时借调到评论组的还有张雨生、赵慧、丁文奎三人。评论组是中央台的直属组，由新闻部代管。据统计，1980年，中央台《全国联播》和《新闻报摘》节目共播广播评论132篇，开创了中央台评论工作的新局面。1981年2月3日，中央台制定出《关于广播评论工作的一些要求和暂行规定》。1982年，中央台的《全国联播》和《新闻报摘》共播出广播评论近300篇。此后，中央台的广播评论进一步活跃起来，每逢重大政治活动、重大节日及重大新闻事件，该台都有广播评论发表。[90]

3. 广播批评性报道与舆论监督的开展

1950年8月14日，中央广播事业局向全国各地广播电台发出指示："在进行具体的批评和自我批评这一工作上，大行政区台与中央台一般不是一个适当的武器。"从此以后，"不在广播电台开展批评与自我批评"这一规定竟三十年不曾被打破，直到党的十一届三中全会以后，即从20世纪80年代初起，中央台才开始在新闻广播节目中开展批评性报道。其中比较著名的有如下几次：

（1）对商业部长多吃多占，搞不正之风的批评报道。1980年10月中旬，中央台就开始对商业部部长在丰泽园饭庄多吃多占、搞不正之风的行为进行曝光式报道。这本来是从10月16日《中国青年报》社论《改革者，鼓起你的勇气》中表扬青年厨师陈爱武的事迹中挑选出的一个事例。当天早上，中央台《新闻报摘》节目编辑把这件事抽出来编成一条新闻播了出去。这条新闻经过中央台播出后，一下子在全国引起了强烈反响和轰动效应。

（2）对双城堡车站野蛮装卸行为的批评报道。1983年2月上旬，中央台又对哈尔滨铁路局双城堡车站野蛮装卸、摔坏洗衣机的事件作了批评性报道。1983年2月初，黑龙江省双城县青年商店的领导来到北京，找到中央人民广播电台"告状"，反映他们从北京洗衣机厂购进一批洗衣机，运回双城堡火车站卸货，负责搬运的装卸工们要求以批发价购买10台。商店没有同意，这下便招来了报复行为：47台好端端的洗衣机在搬运过程中被摔成了一堆废品，其他几十台也遭到程度不同的损坏，青年商店损失惨重。1983年2月9日晚，中央人民广播电台在当天的《全国联播》节目和次日的《新闻报摘》节目中播出了青年商店的来信。第二天、第三天，中央台又配发了评论和听众来信。中央台的此次报道在当时产生了重大影响，有人说，中央台"打响了广播电台批评报道的第一枪"。当时策划此次报道工作的是中央人民广播电台台长杨兆麟等人。1983年5月13日，《人民日报》头版发表题为《勇于负责，敢于斗争——从处理双城堡车站事件中汲取教益》的社论，对中央人民广播电台的做法作了充分的肯定。社论云："中央人民广播电台最早播发了双城县青年商店的来信，揭露了这件事，对整个事件的解决起了很大的推动作用。"1985年12月21日，《人民日报》在当天头版头条再次发表题为《报纸批评是一种促进》的评论员文章，文中云："前年，先是中央人民广播电台，后有多家报纸对黑龙江双城堡车站野蛮装卸、摔坏洗衣机事件进行批评。这件事引起中央领导同志的重视，指示有关部门采取有效措施加以解决。双城堡车站的同志们认真吸取教训，树立起尊客爱货的好作风。"因此，舆论界的批评"不是抹黑，是擦黑；不是整人，是帮人"。

中央台对哈尔滨铁路局双城堡火车站野蛮装卸的报道，从1983年2月9日播出双城县青年商店的来信开始到5月13日《人民日报》发表社论《勇于负责，敢于斗争》止，前后历时三个多月。在此期间，中央人民广播电台共发消息、评论、录音报道计32篇。这以后，中央台又三次报道车站整顿情况，连续报道了车站新的变化。这个系列报道受到中央领导同志的重视和社会各界的好评，共收到全国各地来信一千多封。被批评的单位——双城堡车站经过中央领导同志批评和教育，由最初的顶牛、赖账转变为认帐，并决心变坏事为好事、变后进为先进，使事情解决得比较圆满。中央台在开展建设性的批评性报道中有重要突破。

（3）对吉林北站扩建工程扯皮十年问题的批评报道。1984年3月23日，《吉林日报》记者高英杰在同吉林省计委一位同志通电话中，得知吉林北站扩建工程由于有关单位各自为政，互相扯皮，整整拖了十年还未动工。其主要原因是：原吉林铁路局、吉林化工公司、吉林热电厂围绕着吉林北站的扩建，各自从本单位的利益出发打着自己的小算盘，故各持己见，争论不休。从基层单位到省，再到中央有关主管部门，有十三个部门和单位参与此事。国家计委、原国家建委和吉林省政府曾作过多次裁决和批复，各单位发的文件多达54份，有关资料摞起来足有一米多高。十年过去了，吉林北站扩建工程仍然是一纸空文，连初步设计都没能定案。高英杰发现这一线索后，多次到省计委采访，查文件、看资料，又两次去吉林市采访扯皮的三方，终于写出了稿子，然后逐级送审。1984年6月23日，稿件在《吉林日报》头版头条位置发表。6月29日，中央人民广播电台在《各地人民广播电台联播》（《全国联播》）节目中，以《吉林日报》记者来信的形式播发了这篇报道。7月2日，新华社转发了《吉林日报》记者写的《一桩十年扯皮案》，并配发了编者按。7月2日和7月5日，新华社又先后播发了《吉林日报》记者的两篇报道。

《吉林日报》从1984年6月23日至7月12日的20天时间里，共发了7篇报道。其中揭露性报道一篇，有关揭露之后的反映和效果的反馈报道三篇，言论三篇。这些报道及评论全部发表在该报第一版上。

中央人民广播电台在1984年6月29日至7月10日的11天时间里，其《全国联播》节目和《新闻报摘》节目共播发了7篇报道，其中有《吉林日报》记者来信和电话录音报道，以及听众反映、记者的述评等。这些报道经中央台播出后，在全国听众中产生了巨大影响。

7月3日，吉林省计委在吉林市召开三方协调会议，会议只开了1小时20分钟就把长期以来争论不休的问题拍板定案了。

这次日报、广播、通讯社三方联手采写重大新闻事件、联动进行舆论监督报道，取得了非常好的效果。[91]

（4）对北京东郊火车站野蛮装卸行为的再次报道。1985年6月20日，中央人民广播电台播出白谦诚写的《野蛮装卸何时休》，这是一篇很有分量的带尖锐批评的述评。文章写道：1985年6月北京东郊火车站又发生了一起野蛮装卸损坏300多台电冰箱的事件，“这个事件所造成的经济损失，超过了两年前双城堡火车站摔坏洗衣机的事件”。作者质问道：“野蛮装卸事件为什么会重演，而且越演越烈呢？群众历来就有强烈意见的野蛮装卸的歪风，为什么总是煞不住呢？”“这说明，铁路系统的有些装卸部门，路风还没有好转，有些装卸工人缺乏应有的职业道德观念。”文章最后深沉发问：“人民的铁路啊，什么时候人民才能放心地把货物托付给你们呢？”

（5）1985年在实效上立竿见影的两条批评性报道。1985年8月16日，中央台广播了批评河南省《全国信息汇编》杂志变相出卖13 000多个记者证的消息。新闻播出后，河南省委宣传部和该杂志的主管单位河南省科委立即责成该杂志登报声明记者证全部作废，并且把钱退给本人。中央纪律检查委员会也打电话给河南省纪委，要求迅速查清、严肃处理，并把处理结果报告中纪委。短短几天，就把问题解决了。

1985年11月23日，《人民日报》当天第五版《读者来信》专栏中《火车票贩子不择手段敲诈旅客 铁路公安部门采取措施狠狠打击》一文，揭露北京站前门售票处一带一些火车票贩子猖狂插队抢购火车票，然后加价倒卖出手的恶劣行径。中央台当天写成消息予以广播，引起强烈反响。这件事也引起胡耀邦同志的关注，批示要从严处理。北京市和各有关部门迅速采取果断行动，在26日出动公安干警，予以严厉打击，受到中纪委的表扬。影响所及，全国一些城市、港口、车站也都采取行动，打击车、船"票霸"，改善了社会秩序和治安环境。[92]

4. 对台广播的发展与《空中之友》节目的创办及广播节目主持人的出现

中共党的十一届三中全会刚刚结束，即1979年元旦，全国人大常委会发表具有历史意义的《告台湾同胞书》，提出尊重台湾的现状，实行台湾与大陆和平统一，首先是实行"三通"（通航、通邮、通商）的倡议。《告台湾同胞书》开创了和平统一祖国的新时期。中央台对台湾广播随即出现一个崭新的局面，进入振兴、改革的新阶段。

中央人民广播电台对台湾广播于1954年8月15日正式开播，为1小时的综合节目。其内容有国内外要闻、新中国建设成就、人民生活、家信等，分别用普通话、闽南话在早晚各广播一次，每天播音共计4小时。其实，在中央台对台广播正式创办以前的1949年，华东人民广播电台和福建人民广播电台就已经开办了对台湾广播节目。1954年，华东台随华东大行政区同时撤销。中央决定在中央台开办对台湾广播，随即把原华东台对台湾广播科的全体同志调到北京，又从全国各地新闻单位抽调一批干部，集中起来组成对台湾广播部，于同年8月15日正式开始向台湾广播。中央台对台广播刚开广播时，编辑、播音人员只有23人，设为3个组。到1984年，编辑、播音队伍已经发展到8个组、104人。从1982年10月1日起，由一套节目增加到两套节目。两套节目同时广播，每天播音时间共计37小时45分钟。内容有新闻及评论性节目、专题性节目、服务性节目、文艺性节目及综合性节目四大类（据1985年9月1日起播出的节目统计）。第一套节目用普通话广播，每二套节目主要用闽南话、客家话广播，日夜为台湾同胞服务。其中：①新闻及评论类节目在中央台对台广播节目中占主要地位。该节目每天播出6小时，最重要的是15分钟的《新闻》和5分钟的《简明新闻》。节目内容主要是传达中共中央、中央人民政府的各项方针、政策，尤其是对台湾问题的方针、政策，报道国内外的要闻，重要的气象预报等。国内外要闻的内容包括祖国大陆要闻、台湾省新闻、国际新闻、不定期的台湾问题或国际新闻评论等。②专题性节目主要内容有报道祖国大陆工农业生产、文化教育、科技、体育、卫生等各条战线的成就，反映人民生活、社会风尚、文物保护等方面的新变化，介绍名胜古迹、山川风光和风土人情等。这方面设有《我们的祖国》、《龙的故乡》、《体育天地》、《神州旅游》、《人物春秋》等节目。在专题节目中，还设有为听众排忧解难、和听众一道探讨海峡两岸全体中国人所关心的祖国统一问题，以及家庭生活、品德情操、爱好志趣、婚姻恋爱等问题的节目。这方面的节目办得最好的是深受台湾听众欢迎的《空中之友》和《人间世事》节目。③服务性节目。这方面的节目主要有《亲友信箱》节目和《为您服务》节目，都是为台湾同胞及特定听众寻亲问友提供直接服务的节目。如《亲友信箱》每天播8次，每次25分钟，一天的节目可为20多位台湾同胞提供大陆亲友信息。为了方便台胞收听和相互转告，往往在每月的某一天，按照省、自治区、直辖市固定日子排列广播，事先预告。此外，在新闻类节目中，也有服务性节目，如及时播送有关台湾海峡地区的重要的天气预报，这一节目深受台湾渔民的欢迎。④文艺性节目。其内容主要包括音乐、戏曲、曲艺和文学作品等。总之，以上节目的设置和时间的安排尽量满足听众的需要，方便他们收听。另外，由于台湾同胞中讲闽南话和祖籍福建的大约有1 100万人，讲客家话和祖籍广东、广西、江西的大约有400万人，讲这两种方言的人大约占台湾总人口的80%，因此，中央台对台广播又办了闽南话和客家话广播节目。闽南话广播节目每天7小时、客家话广播节目每天3小时，使台湾同胞中的许多人听到亲切的乡音，感受到浓浓的乡情。

20世纪80年代对台广播的改革主要体现在以下几个方面：一是坚持实事求是的精神，抛弃了“文革”中对台广播那些唯心主义泛滥、形而上学猖獗，空话、绝话、套话连篇累牍，千篇一律政治说教等极“左”的做法。“文革”中，由于极“左”路线的严重干扰，对台广播中往往把祖国大陆那套内容照搬过去，使台湾听众极为反感。二是摆脱了报纸化的广播样式的影响，充分发挥广播诉诸听觉的特点，用主持人形式的节目代替稿件的代读代播。同时逐步实行以节目为单位，围绕节目组织采访、编辑、播音、录制，实现四者的合一。三是树立满腔热情为台湾听众服务的态度，做听众的知心朋友。改革以往那种对大庭广众宣讲式、说教式的播音为促膝谈心一样的交谈式、谈心式播音，从而使节目办得有真情实感，亲切感人，充满“中国式的人情味”，从感情上紧紧贴近台湾同胞。[93]

名牌节目《空中之友》的创办、广播节目主持人的出现：《空中之友》节目创办于1981年元旦，每天播出10次，每次15分钟。开办这个节目的宗旨是：联络感情，建立友谊；解答问题，消除疑虑；介绍知识，提供服务。节目的内容是：以介绍社会生活为主，回答听众关于政治和祖国统一方面的种种疑虑问题。具体内容是：①有关祖国社会制度和社会生活的各种问题；②有关祖国统一的各种问题；③介绍与台湾同胞生活密切相关的知识，提供有关的服务。

《空中之友》节目一开播就采用节目主持人的形式，它是中央人民广播电台对台湾广播史上第一次出现的主持人形式的节目。最初的主持人是徐曼，后来又增加了冬艳。筹办初期的1980年8月，中央人民广播电台对台湾广播部决定，成立包括徐曼（原名徐乃文）在内的五人特设小组。徐曼因为嗓音甜美、柔和而富有亲和力，成为最佳的主持人人选。节目开播后，主持人徐曼用甜美的语音，清新、自然、平实的语调与听众谈心、沟通思想；努力为台湾同胞答疑、解惑、排忧、纾难，同他们联络感情，建立友谊，增进了解。节目的主要内容是向台湾同胞及时介绍中共中央关于和平统一祖国的各项方针政策，“一国两制”的构想，其他各项重大方针政策，以及探讨国事、人生哲理等。同时，也热情解答台湾同胞所关心的种种问题和提供有关的一些服务。节目中还配有与内容协调的音乐或歌曲，使节目生动活泼，增强可听性和娱乐性。

《空中之友》节目开播后，在台湾及海外引起了强烈而广泛的反响，节目主持人徐曼不断收到听众来信，他们之中有工人、海员、学生、教授、画家、退役老兵、家庭妇女等。听众反映说：“徐曼小姐的声音柔和亲切，充满人情味，很有吸引力和感染力。”不少台湾同胞把“徐曼小姐”视为自己的“亲人”，徐曼是中国大陆广播史上第一位真正意义上的节目主持人。1993年5月24日，徐曼等7人组成的大陆首批广播记者采访团采访台湾，顿时在台湾岛掀起了一股“徐曼热”。

20世纪80年代初，中央人民广播电台开办的《空中之友》和广东人民广播电台推出的《大众信箱》（于1981年4月11日创办）分别由徐曼（徐乃文）和李一萍（庄潮）

担任节目主持人，她们是我国新时期广播电台中最早的一批广播节目主持人。她们亲切自然、贴近生活、贴近听众的主持风格赢得了广大听众的热烈欢迎；她们平等地同受众交流，有亲和力，改变了传统模式中形成的播音腔、居高临下念广播稿的做法，从而形成了全新的播音风格。当时的广播电台主持人节目出现了“北徐南李”（时任广播电视部部长吴冷西的评语）的格局。这对电视节目主持人的诞生产生了重要影响。[94]

5. 对外广播的发展及中国国际广播电台的正式成立

国际无线电广播即对外广播，是世界各国对外传播、对外宣传最重要的方式和手段。据学者考证：1927年，荷兰为维护其殖民地统治，开始用荷兰语向其遥远的海外殖民地广播，成为世界上最早开办对外广播的国家。不久，德国（1929年）、法国（1931年）、英国（1932年）、日本（1934年）等国也相继开展对外广播宣传。在此期间，苏联为了打破帝国主义的封锁，争取与西方资本主义国家和平相处，也于1929年用德语开办了对外广播宣传活动。到1933年，其对外广播的语言增加到9种，除德语外，还有法语、英语、匈牙利语、西班牙语、意大利语、瑞典语、捷克语和波兰语。此外，苏联还用葡萄牙语和土耳其语进行不定期的对外广播。到了第二次世界大战期间，国际广播得到很大的发展。1939年“二战”爆发前，全世界有27个国家开办对外广播；到1945年“二战”结束时，有对外广播的国家增加到55个。战争把世界分成两大阵线，根据战争的需要，双方纷纷开办或加强对外广播。轴心国德国、意大利、日本把对外广播当作“战争的武器”，对同盟国发动空中“电波战”。同盟国毫不示弱，奋起反击。“二战”中，英国广播公司（BBC）的对外广播发展最快。1939年1月，BBC开办对海外广播。到1944年，它共用39种语言、每周累计播音763小时，规模之大居世界各国之首。美国开办对外广播起步很晚，直到1940年才首次开办对拉丁美洲的广播。1941年12月7日，日本偷袭珍珠港，随即美国对日宣战。1942年2月24日，即在德国向美国宣战两个月后，“美国之音”正式开始用德语广播。不久又开办了英语、法语、意大利语、华语等节目。“美国之音”隶属美国新闻署，总部设在华盛顿。“二战”中，苏联政府开办的“莫斯科电台”也有了迅猛的发展，它将其广播对象地区划分为敌国、同盟国、德国占领区和中立区四类，并根据不同对象制作不同的节目。到了“冷战”时期，“美国之音”、BBC等著名对外广播机构成为反对共产主义、反对社会主义宣传的阵地。除总部外，它们在海外都设置了众多功率强大的转播台。[95]

中国共产党领导下的中国人民对外广播事业开创于解放战争年代。1947年9月11日，在太行山麓的河北省涉县沙河村的山村窑洞里，由陕北迁来的陕北新华广播电台增办了每天20分钟的英语广播，呼号为XNCR（新华广播电台），第一个英语播音员是魏琳（她后来一直在国际广播电台英语部工作）。当时，“陕北新华广播电台”是新华通讯社的一部分，具体业务由新华社负责，编辑业务由新华社下设的口语广播部运作。当时新华社的总负责人是社长廖承志，口语广播部由新华社副总编辑梅益领导，主编温济泽，具体负责英语节目编辑的负责人是沈建图（1915—1955）。

“陕北新华广播电台”英语广播节目主要播送新闻和评论，宣传和解释中国共产党对内对外政策，报道人民解放战争的胜利消息和解放区人民的新生活。它对外界特别是外国人士了解中国共产党领导的中国人民革命斗争的性质和形势起了很好的作用。从现在还保存下来的第一篇英语广播记录稿中，可以看出当时英语广播节目开办的缘起及主要内容：

> 我们要通过这个电台在上海时间每晚八点四十分即二十点四十分向讲英语的世界各地播送有关中国时事的简明真实的报道，因为我们相信这样的材料是不容易从其他地方得到的。我们准备向听众报道中国正在前进——全人类五分之一的人民正在克服一切障碍走向新的民主生活，这将对今后世界发展的道路发生深刻的影响。现在播送今天的新闻提要：人民军队已收复十个陕北城市；胡宗南在陕北的三十六师被歼灭；从封建主义制度下解放出来的东北自由农民；游击队支援人民军队的作用日益增大。

随着我人民革命胜利进军的步伐，陕北新华广播电台又多次迁徙，最后来到了河北省井陉附近群山环抱的窟窿峰村。1949 年 3 月，陕北新华广播电台又随新华社总社迁至北平（今北京），改呼号为“北平新华广播电台”。1949 年 6 月，根据党中央的指示，将原来的新华社口头广播部扩充为中央广播事业管理处，从此广播电台从新华社分出来，成为独立的新闻单位，人民广播事业开始了新的发展阶段。进入北平不久，1949 年 6 月 20 日，“北平新华广播电台”的对外广播除英语外，又增设了日语广播。此后又先后开办了越南语、缅甸语、泰语、印尼语和朝鲜语广播，同时开办了针对海外华侨的广州话、潮州话、客家话、厦门话 4 种方言广播。中华人民共和国成立后，“北平新华广播电台”改名为“中央人民广播电台”。1950 年 4 月，根据对外广播事业的发展状况，在组织机构上将对国外广播与对国内广播分开，在中央人民政府政务院中央广播事业局下设国际广播编辑部，负责对外广播的编辑及播音工作。对外广播使用的频率与对内广播分开，呼号也改为“北京广播电台”（英文为 Radio Peking），每天播音总时数近 7 小时。1955 年，增办了汉语普通话广播。与此同时，随着新中国国际地位的日益提升和对外关系及国际交往的迅速扩大，党中央确定了重点发展对外广播的方针：建设大功率的发射台，积极培训外语干部，从国外聘请专家，不断增加对外广播的语种和播出时间。从此，我国对外广播事业开始了大发展。从 1955 年到 1966 年的 11 年中，“北京广播电台”陆续增办了 21 个语种的对外广播。1968 年到 1976 年，又增加了 10 种外语广播。

1978 年 5 月 1 日，经中央批准，“北京广播电台”正式改名为“中国国际广播电台”，对国外广播仍沿用“北京广播电台”（Radio Peking）这一呼号。1979 年 8 月 31 日，中央广播事业局副局长金照兼任国际广播电台台长。中国国际广播电台的任务是：真实、全面、生动、及时地报道发生在中国和国际上的重大新闻，解释中国的对内对外政策和主张，介绍中国的历史和现状，传达中国人民对世界各国人民的友好情谊，增进我国和各国人民之间的相互了解和友好关系，维护世界和平，促进人类进步。在 20 世纪 80 年代，我国对外广播又有了长足的发展。到 80 年代中期，中国国际广播电台用 38 种外语和汉语普通话、广州话、厦门话、潮州话广播，每天播音累计 142 小时，世界五大洲都能收听到北京的声音。中国国际广播电台在语种和播音时数方面居世界第三位，仅次于当时的美国和苏联，在国际上已成为有较大影响的广播电台之一。

20 世纪 80 年代我国对外广播的规模逐步扩大，对外广播方面的编辑、记者、翻译和播音员等人才，从新中国成立初期的 40 多人发展到 80 年代中期的 1 160 多人（见《中国大百科全书·新闻出版卷》第 500 页）。[96]

6. 中央台广播广告经营的起步阶段

党的十一届三中全会以后，我国实行对外开放、对内搞活经济的政策，国民经济逐年增长，商业生产迅速发展，为商品生产及商品交换服务的广告业也蓬勃开展起来。报刊、电台、电视台等大众传播工具成为刊登、播出广告的最重要的媒介，都开始经营广告业务。

中央人民广播电台于1980年1月开始开办《广告》节目，每天一、二两套节目广告播出时间总共80分钟。广告价格：每分钟广播一次，第一套节目中，内商收费60元，外商收费1 050元；第三套节目，内商收费50元，外商收费780元。到1983年，每天广告总时间缩短为60分钟，内商收费不分一、二套节目，统一为每分钟每次80元。据统计，自1980年1月中央台《广告》节目开播起到1984年6月止，中央台共播出内商广告1 824条、外商广告35条。4年多来，《广告》节目总收入人民币310万元（其中包括外汇折合人民币23.1万元）。《广告》节目播出后颇受客户和听众的欢迎，每月收到听众来信最少几百封，最多达到两千多封。1982年，《广告》节目全年收到的听众来信12 000封，仅次于听众来信最多的音乐节目。

随着广告业务的发展，为便于对外联系及承揽广告，中央台专门设立了“中国广播服务公司”。该公司在中央台领导下，承接广告业务，主办《广告》节目，负责全台的广告经营。

经过几年的实践，中央台经不断修订、完善后的《广告》节目的方针和任务是：沟通产销，活跃经济，促进生产，指导消费，方便人民生活。

中央台《广告》节目遵循的原则有：

（1）执行党和国家的宣传政策，政治上和中央保持一致。这就是说，社会主义的广告宣传应该既讲收费、讲经济效益，又讲社会效益、严格执行中央的宣传口径。凡是违反党的方针、政策和国家法律、法令，有损于我国民族尊严和反动、黄色、丑恶、迷信以及不利于人民群众身心健康的广告，一律不做。

（2）执行党和国家的各项经济政策，遵守国家有关广告的规章条例，坚持社会主义的经营方向，为建设社会主义的物质文明和精神文明服务，为提高经济效益服务。

（3）对人民群众负责，为消费者服务，维护消费者的权益。广告内容要实事求是，用词要恰如其分、防止虚夸，要禁绝欺骗性、诽谤性的广告宣传。

（4）广告形式力求多种多样，生动活泼；内容、语言、播音和配乐都要文明健康，避免庸俗化和低级趣味。

从总体情况来看，20世纪80年代初期及中期，中央台的广告经营尚处于起步阶段，呈现出两个明显的特点：一是规模小。从1980年1月《广告》节目开播起到1984年6月止，4年多来，《广告》节目总收入才310万元人民币。二是外商广告少。4年多来，外商广告只有35条。[97]

二、中央电视台的大发展

1978年5月1日，经中央批准，北京电视台改名为“中央电视台”，英文缩写为“CCTV”，对国外称“中华人民共和国中央电视台”。

20世纪80年代是我国电视大普及的时期，到1987年底，全国拥有6亿电视观众。这一时期也是中央电视台的大发展和转型期。中央电视台初建时，全台工作人员约50人，分别来自中央人民广播电台、电影制片厂以及其他文艺团体和大专院校等单位。到1987年底，全台职工总数达2 230人，其中编排人员972人、工程技术人员485人、管理人员

449人、其他300多人。有台长1人、副台长4人。[98]到1992年，中央电视台职工总数已达2 500人。这一时期为20世纪90年代中央电视台的深化改革奠定了坚实的基础，打造了宽阔的平台。

20世纪80年代中央电视台的成就与发展，主要体现在以下几方面：

1.《新闻联播》节目的创办与电视新闻节目的改革

《新闻联播》节目是中央电视台面向全国的最重要的综合性新闻节目，是党和国家发布新闻、传达政令的重要渠道之一，其内容主要有国内外政治、经济、科技、文教、军事、社会等方面的重要新闻。该节目每晚从19点到19点30分播出，全国各省、自治区、直辖市及部分省辖市的电视台同时转播，是中央电视台最具权威性、影响力的新闻节目。

1976年7月1日，根据全国省级电视台共同协商的意见，当时的北京电视台（中央电视台，1978年前称“北京电视台”）第一次试播全国新闻联播节目，每晚19点向全国各省、直辖市电视台传送信号。该节目当时称“电视新闻”，成为后来《新闻联播》的雏形。试办初期，全国电视新闻联播节目报道面窄，不包括国际新闻，内容比较单调。大部分新闻节奏缓慢、冗长拖沓。加上当时的报道手段陈旧，时效性差，社会影响不大，全国只有十几个省、直辖市的电视台转播。1978年1月1日，“电视新闻”正式定名为《全国电视台新闻联播》，后简化为《新闻联播》，播出时间为19点至19点20分。由于当时录像设备尚未引进，因而只能采用直播形式播出。从1980年开始，《新闻联播》的面貌发生了根本的变化，主要表现在：

（1）报道面不断扩大，信息量大大增加。1980年4月1日起，《新闻联播》开始通过国际通信卫星，收录英国维斯新闻社（VISNEWS）、美国合众独立电视新闻社（UPITN）和“亚广联”（亚洲—太平洋广播联盟）A区的国际新闻。此举令中国电视观众眼界大开。此后几年中，世界上许多重大的突发事件，如埃及总统萨达特、印度总理英·甘地遇刺身亡，美国航天飞机“挑战者”号失事（1986年1月29日播出）的现场报道都栩栩如生地展现在中国电视观众的眼前。同时，国内新闻的报道地区不断扩大，增加了台湾和香港地区的新闻。

（2）时效性加强。1980年前，中央电视台无论国际新闻还是国内新闻时效性都很差。其前身北京电视台播出国际新闻早在1960年就开始了，每周3次，每次15分钟。1966年开始的十年“文革”期间，与国外的联系基本中断，国际新闻销声匿迹，1976年恢复播出国际新闻。从1960年至1966年、1976年至1980年播出的国际新闻都是从国外电视机构交换或购买的国际新闻，由于使用胶片拍摄、再通过航寄，一般要在事件发生半个月后才能和观众见面，因此时效性低，新闻往往变成了“旧闻”。1980年初，中央电视台分别与英国维斯新闻社、美国合众独立电视新闻社签订了通过卫星收录国际新闻的合同，从此，中央电视台可以收录以上两个新闻社分别从伦敦和纽约通过卫星传送的国际电视新闻。这一改革使中国观众能看到当天或前一两天在世界各地发生的新闻，大大提高了中央电视台国际新闻的时效性，有的比电台、报社的国际新闻还要早，国内新闻也是这样的情况。《新闻联播》创办初期，其国内新闻都是用16毫米电影摄影机拍摄的电影胶片，需要用小洗印罐手工洗印、剪辑、录音后才能播出，周期长，时效差。当时国内电视新闻时效最快的是国家领导人接见外宾的片子，但是从事件发生到播出也要相隔一天。由于胶片洗印的关系，外地的新闻片一般要半个月才能与观众见面。1980年起，开始使用较为先进的电子采访设备采访、摄制新闻。同年7月，中央电视台全部节目开始用录像带播出。

10月1日，中央电视台开始收录太平洋和印度洋通信卫星传送的世界新闻电视节目，供当天的《国际新闻》选用。与此同时，为了解决国内新闻来源，及时报道各省、自治区、直辖市的重大新闻，中央电视台通过微波干线收录各省、自治区、直辖市电视台新闻，在全国《新闻联播》中播出。1980年11月16日，最高人民法院开庭审判林彪、江青两个反革命集团案的10名主犯。自当日起，中央电视台连续即时播出有关审判的电视新闻，创造了国内电视新闻的最高收视率，观众有两三亿人次。同时通过卫星向国外转播有关审判的电视报道。

（3）编排方法不断改进。1981年7月以前，《新闻联播》的编排顺序是国内新闻、国际口播新闻、卫星收录的国际新闻，三部分截然分开。从1981年7月1日起，打破了那种“老三段”的编排方法，增加了国内口播新闻，并将录像新闻与口播新闻按轻重主次统一编排。以后，又在每条新闻的开头加标题字幕、口播新闻配字幕及图片等。

（4）影响不断扩大。1982年9月1日至11日，中共十二大在北京召开。9月1日起，中央规定，将重大新闻的发布时间从20点提前到中央电视台《新闻联播》的播出时间19点。这表明，中央授权《新闻联播》可以比其他媒体提前一天独家发布重要新闻。这一举措使《新闻联播》的地位发生了重大变化，进一步增强了中央电视台作为国家重要新闻发布机构的权威性。此后，党中央、国务院发布的许多政令、通知以及中央领导同志的重要讲话大多是《新闻联播》先发，第二天见报。

《新闻联播》最早的播音员是李娟，以后很长一段时间都是每天一人播报。从1987年7月1日起，《新闻联播》节目由以往一名播音员改为男女播音搭配，共同主持、串联节目，并增加了画面上的“抠象”和字幕，方便观众更清楚地观看。与此同时，增设了《观众论坛》、《观众信箱》等栏目。时效性大大提高，“本台刚刚收到的消息”也常见于屏幕。[99]

2. 电视评论节目的创办与电视节目主持人的出现

【《观察与思考》栏目的创办】我国早期的电视台是没有自己制作的电视评论节目的。1958年5月1日，中央电视台的前身——北京电视台开始试播黑白电视节目，同年9月2日正式开播。当时电视台除了在新闻节目中口播《人民日报》新华社发表的评论外，电视台自身根本上就没有自己撰写的新闻评论。从某种意义上说，当时的电视只是报纸和广播的附庸。

“文革”结束后，1978年5月1日，北京电视台正式改名为“中央电视台”。同年底，中央人民广播电台成立了评论组，拟进一步强化广播新闻评论（广播电台在十年“文革”期间仍时常播出一些千篇一律的新闻评论）。到了1979年，中央电视台成立了专题部，开始着手筹划创办自己的电视新闻评论栏目，为此，专题部特地从新闻部调过来一批有丰富经验的记者、编辑，他们的目标是创办一档中国第一个既有新闻性，又有政论性的高水平电视评论栏目。1980年7月12日，中央电视台的第一个述评性的新闻评论栏目《观察与思考》开播，从而改变了我国电视台的新闻性节目只有新闻报道而没有新闻评论的状况。《观察与思考》的宗旨是通过对具有普通意义或广大群众所关心的事件、问题和人物的调查、介绍、分析和研究来阐述某种道理，引起观众的思考。该栏目紧扣时代脉搏，将评论的重点放在经济领域的改革及民生问题上。它播出的第一个节目是《北京居民为什么吃菜难》，这个节目由栗于钊编导，播音员出身的庞啸第一次以新闻节目主持人的身份出现在电视屏幕上。1980年初期，《观察与思考》栏目又陆续播出《包产到户之后》、《有这样两个书记》、《师徒之间》、《谁是失主》、《似梦非梦》、《白天鹅之死说明了什么》、《冯大兴的下场》等节目。其中，1981年播出的《包产到户之后》一片，通过报道安徽涂县农村在实行包产到户之后发生的巨大变化，探析了十一届三中全会后党的农村经济政策的正确性；1981年9月3日播出的《冯大兴的下场》一片，结合大学生冯大兴从“学习尖子”变成盗窃杀人犯的深刻教训，探讨了在新形势下加强学生思想教育和道德修养的迫切性；《白天鹅之死说明了什么》一片，针对玉渊潭公园一只野生天鹅被游人用气枪射杀的新闻，议论了保护野生动物和开展社会公德教育的重要性；《师徒之间》反映社会主义新时期人与人之间的新型关系；《谁是失主》歌颂了我国人民拾金不昧的优良品质；《似梦非梦》则用“情景再现”手法叙述了几个女青年上当受骗的过程，对人们起到了警示作用。[100]20世纪80年代中期，《观察与思考》栏目又播出一些产生较大影响的节目，如对武汉市蔬菜和其他副食品产销体制的改革进行述评的《菜篮子里看改革》（1986年4月26日《新闻联播》节目中播出）、评述河北廊坊地区农村经济发展的《鸟是怎样起飞的》等节目。此外，《观察与思考》还播出过一些富有特色的电视新闻述评节目，如报道和评述浙江温州桥头纽扣市场的《小纽扣大市场》，以及《瓶塞大王》等节目。《瓶塞大王》（1982年播出）的电视画面是从上海一家商店开始的，讲述的是在上海老城隍庙豫园商场内有一个专门销售各式各样瓶塞瓶盖的商店，这个商店从做好小生意开始，最终办成了富有特色、全国知名的专卖商店。

1988年7月，中央电视台进一步加大新闻评论的力度，将其《社会瞭望》专栏与《观察与思考》合并。在此基础上，于1988年11月12日推出全新的、在固定时间播出的新闻评论栏目《观察思考》，肖晓林成为该栏目第一个固定的电视新闻评论栏目主持人。节目每周日晚间播出，每期20分钟（后改为15分钟）。《观察思考》是一个周刊性栏目，每期都推出一些较有力度的舆论监督节目，基本上形成了针砭时弊、匡扶正气的栏目风格和声画兼备、叙议结合的节目形态。改版后的《观察思考》出现了一些新的气象，播出了不少具有新闻性和导向性的电视评论节目，其中比较优秀的作品有《公款消费剖析》、《演员“走穴”的背后》等。又如“《从一家工厂停产所想到的》矛头直指当时的‘官倒’，观众普通反映良好，‘大快人心，对政府仍有信心’；《财物热引起的思索》真实地再现了全国范围的抢购风潮，不仅稳定了民心，而且在一定程度上对我国产业和消费结构不合理的现象作出合理的甚至是勇敢的分析和议论；《红十字下的‘红包’》紧紧抓住群众特别关心和愤恨的医疗部门拿红包和回扣的不正之风（进行评析），不仅让群众了解了医疗部门的一些黑幕，而且‘警钟长鸣’，对这种不正之风的遏制起了很大的作用；《会海大透视》提出改变政府（机关）的不良作风；《话说天下第一难》聚焦计划生育和人口问题，不仅是在宣传基本国策，而且用生动的例子和理性的分析让观众了解计划生育的重要性和对他们自身的利益问题；《星星为何迷乱》直面政府机构改革等。这些节目都把选题定位在与老百姓利益密切相关和最想弄明白的问题上，在保证了高收视率的同时，也产生了良好的社会效益”。“《观察思考》的一些做法也被其后的《焦点访谈》很好地继承了下来。”[101]

《观察思考》共播出大约260期节目。到1994年3月27日，《观察思考》完成其历史使命，不再播出，其栏目组大多数成员并入后来影响巨大的《焦点访谈》栏目组（《焦点访谈》于1994年4月1日开播）。

【电视节目主持人的出现】我国电视节目主持人虽肇端于《观察思考》节目，但真正起步是从赵忠祥、沈力开始的。

赵忠祥是我国第一位男性电视节目主持人。1981年7月28日至11月17日，中央电视台举办了13场《北京市中学生智力竞赛》，该节目在每星期二播出。编导在策划该节目时，设计了一个类似“教师”角色的人物，由他来提问及宣布、评判知识竞赛的问题和答案，使比赛既紧张又有趣，并能很好地调节现场气氛。编导挑选了我国第一位电视男播音员赵忠祥担任该节目的主持人。“客串性质的赵忠祥显示了出色的主持才华和个性风采，使节目充满了魅力，由此全国电视界掀起了一个长达几年的知识竞赛热。”[102]以后，赵忠祥积累了丰富的节目主持经验，他说：“由于主持人节目如雨后春笋般大批量地开办，主持人就成了很关键的人员，一个节目的成败得失，最后都体现在主持人身上。因此，如何挑选、培养、造就主持人也成为大家所重视的一个问题。”“‘千军易得，一将难求。’可以毫不夸张地说，对一个节目来说，主持人是至关重要的人员。这一点，在今天大家都可以接受了。那么，主持人应该具备什么样的修养与素质呢？”“主持人的素质包括外形、语言、才华与学识、组织能力、写作和口语表达能力、道德情操等许多方面。我认为最首要的一条是要求主持人具有新闻工作者的素质”，“主持人应该具备较高的政策理论水平，熟悉党的方针政策和路线”。[103]

沈力是我国电视节目的第一位女主持人。1979年8月12日，中央电视台《为您服务》节目开播。开办之初，《为您服务》栏目主要介绍电视节目及介绍烹饪、衣着、养花等家庭小常识，有时也播放观众点播的歌曲，节目内容、长度和播出时间都不规范。该节目最早是由台宣传办公室节目组附设的一个栏目，大约每周播出一次，每次约15分钟。1981年，栏目调整，《为您服务》并入专题部《科技与卫生》组。1983年1月1日，《为您服务》改版后以新的面貌出现：它固定了播出时间，每周一次，每次20分钟，方便了观众观看；设立了节目主持人，由我国第一任电视播音员、被称为“中国荧屏第一人”的沈力担任；扩大了服务面，设有《小辞典》、《集邮》、《摄影咨询》、《市场信息》、《家事》、《老年顾问》、《答观众问》等具有知识性服务的小栏目。1994年5月，《为您服务》并入《与你同行》栏目，暂时告别了观众。2000年7月，新版的《为您服务》复出。

沈力主持《为您服务》期间（1983—1988），该栏目很快成为广大观众认可和喜爱的著名节目。1988年，沈力离休。1993年10月22日，中央电视台《夕阳红》栏目开播，离休后的沈力被请回中央电视台担任该栏目的主持人。在短短半年的时间里，《夕阳红》与名牌节目《东方时空》（1993年5月1日开播）一起，成为中央电视台白天收视率最高的栏目，被评为中央电视台十大优秀栏目之一。沈力在主持服务性电视节目方面有非常丰富的经验，她认为：主持人应该主动参与节目，全面深入掌握节目内容，通过富有个性的语言“面对面”地和观众交谈；主持人的个性与他所主持的栏目的个性应该是一致的，服务性节目主持人应该和蔼可亲、平易近人、真诚朴实，成为观众的知心朋友。沈力还说：“要想成为一名具有一定水平的主持人，就应该为自己树立一个追求目标。尽管节目主持人不一定参加节目的创作和制作的全过程，但是学会采、编、写，对于驾驭节目，掌握节目的主动权，展示主持人的个性无疑是有益的，对树立专栏节目主持人的权威性更为重要。实际上会采、会编也是一种手段，目的是为了能更好地参与把握节目，从而体现出主持人的观点、见解、风格和特点。”[104]

3. 电视批评性报道与舆论监督活动的最早开展

1979年9月中旬，中央电视台在《新闻联播》中第一次播出批评性报道《王府井停车场见闻》，成为新时期电视媒体开展批评性报道及进行舆论监督的先声。1979 年 5 月 1 日，中央电视台记者张长明和王纪言用长镜头抓拍了高级干部子女乘公家轿车来王府井百货商场购物、游玩的情景，尖锐批评了这种特权思想和不正之风。这则解说词不多，但纪实性颇强的批评性报道《王府井停车场见闻》于 1979 年 9 月 12 日在《新闻联播》中播出，顿时引起舆论哗然，社会各界反映强烈，全国各地信件、电话纷至沓来，仅几天之时间，中央电视台收到观众来信近 3 000 封，此事一时成为人们茶余饭后的热门话题。应观众要求，这条消息又在 9 月 16 日的《为您服务》节目中再次播出。此后，中央电视台《新闻联播》节目中的批评性报道开始增多，舆论监督的作用得以发挥。据统计，到 1980 年初，《新闻联播》中批评性报道每月常有 20 则左右。《观察思考》等栏目也经常播出批评性报道节目，这些批评性报道善于抓住典型事例，有效地发挥舆论的监督作用，引起各方面的重视，促使一些问题得到解决。如 1987 年，中央电视台对北京永安门火车站哄抢西瓜事件和首都机场海关进口货物长期无人认领的报道都产生过很大的反响。

进入 20 世纪 90 年代以后，中央电视台进一步加大电视媒体新闻批评报道与舆论监督的力度，使其成为电视宣传报道内容的重要组成部分，产生了重大的社会影响。如 90 年代前后中央电视台创办的《经济半小时》（1989 年 12 月 28 日开播）、《焦点访谈》（1994 年 4 月 1 日开播）、《新闻 30 分》（1995 年 4 月 3 日开播）、《新闻调查》（1996 年 5 月 17 日开播）、《今日说法》（1998 年 11 月 21 日开播）等栏目，都播出了大量批评性报道，从不同侧面揭露社会时弊，同时注意把握正确导向，维护发展，稳定大局，深受观众欢迎。特别是《焦点访谈》、《新闻调查》等舆论监督栏目，坚持真实、平等、客观、公正的原则，对社会发展中出现的违法乱纪、贪污腐败行为进行揭露和抨击，对危害人民生命健康的质量安全事故予以曝光和谴责，对困扰人民群众衣食住行、安居乐业的民生大事难题给予关注和呼吁，对制约社会发展和国家进步的陈规陋习给予提示和建议等，充分发挥了新闻媒体推动和促进国家发展、历史进步的重大作用。

4. 电视纪录片、电视专题片的繁荣与兴盛

【新时期最早与日本合作拍摄的大型电视纪录片】《丝绸之路》是中央电视台与日本放送协会（简称 NHK）联合摄制的大型系列电视纪录片。这是中外电视机构第一次合作拍片，也是中国拍摄大型系列电视纪录片的开端。《丝绸之路》从 1979 年 8 月开拍，至 1981 年 5 月制片结束，前后经历 21 个月的时间，采访拍摄行程总计 15 万公里，拍片 11 万米，拍摄人员除到中国陕西、甘肃、内蒙古、新疆诸省（自治区）及其他有关省份外，还到美、英、法、意、联邦德国及苏联（日方单方赴苏拍摄）等国博物馆拍摄了有关丝绸之路的文物。纪录片反映的年代上溯公元二世纪以前，下至当今；涉及的领域包括政治、经济、军事、外交、文化、民族、宗教以及地理风光、风俗人情等。中国方面制作了 15 集《丝绸之路》，累计播放 12 小时，日本方面制作 13 集。双方共同投资组成联合摄制组，拍摄的胶片统一在日本冲洗，双方拍摄的素材共同使用，各编自己的版本。中文版的《丝绸之路》从 1980 年 5 月 1 日开始播出。由于每集播出时间相隔太长（近一个月），缺乏连续性，难成系列，不能给观众留下深刻印象，因此播出后未能产生大的影响，但为以后中外合作拍片积累了宝贵的经验。

1983 年 8 月 7 日（星期六）晚上，中日合拍的大型系列电视纪录片《话说长江》开始播出。该片由虹云、陈铎主持，当时亿万电视观众都被该片吸引到电视屏幕前。《话说长江》共 25 集，每集 20 分钟，播出后产生了巨大的影响，收视率高达 30%，直追当时

同期热播的电视剧《四世同堂》和《红楼梦》。于是中央电视台大受鼓舞，乘胜追击，几乎原班人马，很快转入《话说运河》系列片的摄制。

1985年5月7日，中日双方又在北京举行合拍电视纪录片《黄河》的签约仪式。嗣后，中日双方电视工作者花费了两年时间、行程40万公里，航空拍摄了200小时的素材，制作成30集（每集约30分钟）的大型电视系列片《黄河》，这是中外合作拍摄的最长一部电视纪录片巨作。中文版《黄河》由中国中央电视台于1988年2月20日开始播出。

1988年12月起，中央电视台和日本东京广播公司（TBS）开始电视纪录片《望长城》（日本版片名为《万里长城》）的合作拍摄工作。《望长城》共分4部分、12集（每集50分钟）。4个部分为《万里长城万里长》、《长城两边是故乡》、《千年干戈化玉帛》、《烽烟散尽说沧桑》。中、日文版《望长城》于1991年11月18日北京时间晚8时整由中国中央电视台和日本东京广播公司同时开始播出。中文版片名《望长城》，在日本播出的片名是《万里长城》，在中日两国内都创下了纪录片的最高收视率。这部大型的纪录片采用纪实性的手法，以绵延万里的古长城为脉络和由头，“借长城说国人”，着重拍摄新时期长城两边人民群众的生活状况，浓墨淡彩地描绘了一幅长城沿边地区人民生活的风情画。

在拍摄手法上，《望长城》有重大突破。它全方位地遵循纪实主义的创作方法，改变了长期以来电视纪录片主观意识过强，说教味浓，解说词太多、太滥、太冗长的局面，通过比较完美的画面和同期声，营造一种感染力和吸引力很强的气氛，为中国纪录片恢复了“纪录”的本性，成为中国电视纪录片发展历史上的里程碑。外国纪录片拍摄名家认为，纪录片最重要的是如何用实际的、真实的镜头语言表现事态的发展，而不是用解说。“一流的纪录片看画面，二流的纪录片听声音，三流的纪录片靠解说。”“画面语言”应是纪录片的根本，而解说词只是一种辅助手段和工具。画面在解说的辅助下，可让观众看懂内容，加深印象。《望长城》是对以上理念的大胆实践和探索，这对20世纪90年代的中国电视，特别是电视纪录片的拍摄产生了深远的影响。《望长城》的主持人是焦建成，总编导是当时中央电视台军事部副主任刘效礼。刘效礼也是中央电视台资深记者：1966年，年仅23岁的刘效礼从部队转入当时的北京电视台军事组当记者；1976年7月28日唐山大地震时，刘效礼和评佑宁第二天即赴灾区，冒险抢拍了大量珍贵的地震现场资料，赶回北京后编辑成片，及时向中央汇报真实情况；1982年，他又与韩金度等拍摄电视纪录片《说凤阳》，该片是第一部反映农村改革、实行大包干的文献纪录片；他1988年担任《望长城》总编辑，1991年12月10日获“首届范长江奖”，此后刘效礼又执导拍摄了《毛泽东》、《邓小平》、《孙中山》等大型文献纪录片。

【国内独立制作及联合制作的大型系列纪录片】 除了和国外电视机构合作拍摄大型系列纪录片外，中央电视台积极推动国内电视业界合作制作大型纪录片。1982年后，由中央电视台牵头，联合地方电视台拍摄了大型电视纪录片《蜀道》。1988年11月2日，25集《蜀道》播出，后获1989年全国优良电视节目文化系列类一等奖。

20世纪80年代我国国内电视业界合作拍摄的第二部大型电视纪录片是《唐蕃古道》，由青海电视台和中央电视台联合摄制。两台在1983年提出合作倡议，不久即联合拍摄，1987年11月4日播出。《唐蕃古道》共19集，获1987年度全国优秀电视系列一等奖。

1986年7月5日开始播出的《话说运河》则是中央电视台首次独立拍摄制作的一部大型系列电视纪录片。该片共35集，每集25分钟，每周播出一集，1987年4月全部播完。播出时间前后长达9个多月，一直都保持同类节目中较高收视率。35集的《话说运河》是继《丝绸之路》、《话说长江》之后，中央电视台完全依靠自己的创作力量摄制、播出的一部大型系列节目。它的最大特点是在长达35集的播出中，采取了一边拍摄、一边编辑、一边播出的方式。这种方式适应电视这一现代化的传播工具的特点，能够及时而灵活地吸取来自观众的信息和要求，有针对性地满足电视观众的需要。这也是对电视纪录片摄制、播出运作方式的一次重大改革。[105]

【80年代后期产生过重大影响的两部电视专题片】1987年“八一”建军节前后（1987年7月27日至8月7日），中央电视台为庆祝人民解放军建军60周年，特在新闻节目中播出了系统反映我军建设成就的系列电视报道——12集电视专题片《让历史告诉未来》。该系列片通过大量翔实的历史资料，形象生动地回顾了人民军队60年成长壮大的历史，播出后得到各界观众的一致好评。这个节目的录像带，曾被部队系统大量复制，作为进行我军历史和传统教育的教材。

1988年6月11日，中央电视台制作的电视专题片《河殇》开播，引起轰动。1988年8月15日起，中央电视台又开始重播《河殇》。[106]

《河殇》是80年代末产生过重大影响的大型电视专题片及电视政论片，是中央电视台继《丝绸之路》、《话说长江》、《话说运河》、《黄河》等纪录片之后又一力作。《河殇》共分六集：第一集“寻梦”、第二集“命运”、第三集“灵光”、第四集“新纪元”、第五集“忧患”、第六集“蔚蓝色”。总撰稿：苏晓康、王鲁湘。编导：夏骏。解说：张家声。顾问：金观涛、厉以宁。总监制：陈汉元。[107]该片解说词总撰稿苏晓康在《呼唤全民族反省意识——电视系列片〈河殇〉构想浅谈》中云：“黄河这个题目，是一个涉及东西一万里、上下四千年、两岸亿万人的大题目。”“我们把黄河搬上电视屏幕，同长江、运河或其他题材不同，它所特有的沉重而丰富的内涵，绝非丝绸之路和长江可以比拟。”“在改革的大题目下来做黄河的文章，使这一电视片的播出，成为一次对民族历史、文明、命运的全面的思考。”“基于这种考虑，同时也是为了同前面已经播出的《黄河》三十集在角度和内容上区别开来，我们设想尝试一种从文化哲学意识上去把握黄河的电视政论片。”[108]该片“因宣扬民族虚无主义，鼓吹全盘西化，后来受到批评”[109]。嗣后发表的大量批判文章认为，《河殇》的错误主要表现在以下几方面：①在表达方式上，追求惊世骇俗、轰动效应，刻意煽动；②在思想方法上绝对化、形而上学，以及偏激、非理性，往往把中国古代优秀传统文化与西方文明人为地对立起来；③史料运用上的实用主义，往往移花接木、断章取义，为我所用；④历史观上的民族虚无主义态度、强烈的民族自卑感，以及对中国革命、中国历史，以及中华文明的总体否定。

5.《春节联欢晚会》及各类电视文艺竞赛类节目的举办

【新时期中央电视台《春节联欢晚会》的举办】中央电视台举办春节文艺晚会有很长的历史。早在1960年，当时的北京电视台（中央电视台的前身）第一次在演播室里排练、播出了综合性春节文艺晚会，内容有诗朗诵、相声、歌舞等，为以后组织综合性文艺晚会作了有益的尝试和探索。此后，1963年1月24日，北京电视台除夕之夜的联欢晚会已长达4个小时。到1966年1月20日，北京电视台在转播北京市拥政爱民、拥军优属晚会的同时，也组织播出了北京电视台自己举办的迎春文艺晚会。[110]

80年代初起，特别是从1983年举办的《春节联欢晚会》（以下简称《春晚》）起，中国的电视文艺节目开始进入繁荣发展的新阶段，电视最重要的功能之一——“娱乐”

功能得到了充分的运用、展示和发挥。

新时期最早的春节晚会是1978年2月6日农历除夕夜，由当时北京电视台举办的第一场春节晚会，晚会播出到大年初一凌晨一点左右，这是在粉碎“四人帮”后北京电视台第一次举办的春节晚会。由于当时电视尚未普及，家里有电视机的人家不是很多，故这次晚会的影响不是很大。1983年2月12日、农历壬戌年大年三十的除夕夜，中央电视台在旧台址600平方米大演播厅举办80年代以来第一届《春晚》。晚会持续播出了4个多小时，内容丰富多彩，办得非常成功。从此以后，中央电视台每年都要集中大量人力、物力、财力在除夕之夜精心举办一场《春晚》，《春晚》遂成为“中国电视文艺节目中规模最大、演出时间最长、传播面最广的”大型综艺节目，也成了全国老百姓大年三十除夕夜的“文化大餐”，甚至形成了新时期中国社会春节文化的独特民俗。

1983年除夕第一届《春晚》的节目内容主要由相声、小品、歌舞“三大支柱”节目类型构成。它有四大突破和创新之处，并成为后来历届“春晚”的基本范式：一是正式启用节目主持人，一改过去由报幕员简单报节目名的做法。这次晚会邀请的节目主持人是相声演员马季、姜昆，喜剧演员王景愚和电影演员刘晓庆。他们将主持、表演、节目三者有机地、自然地组合起来，起了“金线穿珍珠”的作用。二是对晚会进行现场直播，使演员在演播室的表演活动和观众的观赏活动同步进行。与此同时，还设立点播电话，开通了与观众联系的热线，激发观众兴趣及参与意识。三是设置“有奖猜谜”这一环节，谜面在晚会期间不定时宣布。此举对晚会的火爆及高潮迭起很有刺激作用。四是现场观众采用“茶座式”的安排，并请国家领导人出席，与民同乐，形成融洽的气氛。[111]

1983年《春晚》由黄一鹤、邓在军导演。嗣后，黄一鹤又执导了第二届（1984年）、第三届（1985年）、第四届（1986年）、第八届（1990年）共四届春节晚会，是执导《春晚》次数最多的总导演。从1987年起，《春晚》由女导演邓在军担任总导演。在前几届晚会精彩纷呈、观众胃口越吊越高与越来越挑剔的情况下，邓在军对《春晚》从指导思想到节目编排又进行了大胆改革，突出“欢、新、高、准”这四个字。所谓“欢”就是欢快、欢乐、欢笑，这是《春晚》的主旨。要满足广大观众的这一愿望，无疑应把喜剧性的题材放在晚会节目的首位，把相声、小品与音乐并列为晚会的“三大支柱”。在时间的安排上，相声、小品等喜剧节目占一半以上，要让观众在四小时里“开怀笑一笑”。所谓“新”，就是立意新、形式新，力求使观众对晚会节目有新鲜感，不致使人感到重复和厌倦。所谓“高”，指格调高，健康、朴素、大方，有利于促进民族团结，有利于激励人们为“四化”而奋发向上的精神，反对迎合低级趣味、追求廉价笑声、搞庸俗哗众取宠的东西。所谓“精”，即每个节目要精选，整个晚会要精练。晚会全部节目按四个半小时安排，不能拖沓。经过编导和全体演、职人员的努力，1987年《春晚》获得了成功。据北京地区抽样调查显示，当年晚会收视率由48%猛增至80%。全国各报刊对这届《春晚》的报道量也显著增加。前几年，报刊对《春晚》的评论并不多见。而对1987年的《春晚》的评论，据不完全统计有近20篇，其中，《人民日报》就发表了两篇很有分量的评论文章、刊登了3条消息。[112]

1988年《春晚》仍由邓在军执导。她连续执导的1987、1988年两届《春晚》均获全国电视文艺“星光奖”特别文艺节目最佳节目奖。邓在军不仅在执导《春晚》上获得成功，她还成功地执导了1989年《今夜星光灿烂》国庆四十周年晚会、1990年第十一届亚运会开幕式《相逢在北京》等大型晚会。

【电视文艺竞赛活动的举行】80年代中期，中央电视台开始对电视文艺节目进行创新。他们借鉴体育比赛的某些做法，强调竞争意识，推出一批电视文艺竞赛节目。这类比赛节目为默默无闻的年轻演员提供了拼搏竞争、一展身手的最好舞台。它极大地激励参赛演员充分发挥艺术表演才能，促成了“长江后浪推前浪”、新秀人才辈出的局面，同时也调动了观众的参与感，对他们产生了强烈的吸引力。此后，电视文艺竞赛节目成为电视文艺节目园地中的一枝新葩，并与时俱进，花样翻新。

1984年，中央电视台举办首届全国青年歌手电视大奖赛，到1992年已连续举办了5届。与此同时，中央台还成功地举办过相声、喜剧小品、京剧、舞蹈、民族器乐等各种类型的竞赛类文艺节目，促进了各种文艺门类的百花齐放和各类文艺新秀的脱颖而出。中央电视台电视文艺竞赛节目的组织者（包括编导、主持人等）逐渐积累了比较丰富的经验，他们认为电视文艺竞赛节目是集文艺表演与竞赛为一体，编、导、摄、音响、舞美、灯光、技术等诸工种协同工作的复杂系统工程，其组织者必须做好三个“把握”，即“组织者自我心理的把握”、“对表演者心理的把握”、“对欣赏者及观众心理的把握”。[113]

6. 经济新闻报道的加强和广播电视广告的最早播出

【电视台经济新闻报道的加强】党的十一届三中全会以后，全党和全国工作的重点转移到以经济建设为中心的轨道上来。在电视屏幕上，经济新闻报道的比重日益增多，80年代初曾达到30%—40%的比重。从1981年7月1日后，《新闻联播》节目中必有“国内经济新闻”内容。有些地方电视台还推出了经济新闻专栏，如1981年10月，上海电视台的《市场掠影》栏目开播，1982年4月16日，广东电视台的《市场漫步》开播。

为了加强经济宣传，更好地为经济建设服务，中央电视台于1984年底成立了经济部。1985年1月1日，中央电视台第二套节目中第一个电视经济专栏《经济生活》开播，并向全国播出，每次20分钟。该节目一直办到1987年初。紧接着，在《经济生活》基础上，于1987年2月1日开办了每天40分钟的大型《综合经济信息》栏目。该栏目从周一至周日分别安排了《经济纵横》、《经济博览》、《世界经济窗口》、《科技与效益》、《企业家园地》、《消费者之友》、《信息发布会》等子栏目。这些节目在全国的收视率都很高。1989年12月28日，《综合经济信息》调整为《经济半小时》栏目开播。该节目最初由10个小栏目构成。90年代起，《经济半小时》节目还策划过一些大型活动，如1990年11月7日举办过“万家乐全国消费知识竞赛”、1991年3月15日首次举办“消费者之友专题晚会”等。1992年，中央电视台又开办了每天半小时的《经济信息联播》栏目。

20世纪80年代中央电视台的经济新闻报道主要有以下特点：①从政治角度报道宣传经济成就，即用经济成就来宣传党的路线、方针、政策的正确，特别是宣传党的有关经济政策的威力，从而鼓舞人民群众齐心协力干“四化”的斗志和信心，促进经济事业的发展。②准确及时地报道经济领域出现的新情况、新经验、新特点、新问题。③指导人民群众的经济生活，重视民生，关心和反映人民群众经济生活中的问题，尤其是群众的实际生活问题。诸如“群众的穿衣问题，吃饭问题，住房问题，柴、米、油、盐、酱、醋、茶问题”，“反映群众生活中的新人新事、新思想、新道德、新风尚”，呼吁解决“‘吃饭难’、‘买菜难’、‘做衣难’、‘乘车难’、‘修补难’等经济生活中的问题”。[114]

【我国商业电视广告的出现】我国的电视广告是从20世纪70年代末开始起步的。我国最早的一批商业电视广告于1979年出现在上海、北京和广州等地。1979年1月25日，上海电视台负责人邹凡扬起草了一份该台试办广告业务的报告，请示上海市广播事业局党委和市委宣传部批准。他当时的想法是："我们想做一种探索，试着播广告，想看看电视台是否可以靠广告养活自己、自己发展自己。"之后在邹凡扬的主持下，上海电视台起草了《上海电视台广告业务试行办法》和《国内外广告收费试行标准》，并成立了上海电视台广告业务科，以承揽和接洽广告业务。1979年1月28日，正值农历春节大年初一，上海电视台在当天17点05分播出了新时期中国大陆地区第一条电视商业广告——"参桂养荣酒"广告（当晚又重播8次）。这条广告是在上海市美术公司协助下，由上海电视台新闻部用16毫米电影摄影机拍摄的。广告片长90秒，内容是讲述儿女买"参桂酒"孝敬父亲的故事，很有生活气息。当时的电视广告价格是按30秒的标准时段收费100元、90秒收费300元计。这条区区300元的电视广告打破了新中国的电视从来不播广告这一条不成文的规定，开启了以后蓬勃发展的中国电视广告业的阳关大道。随后，上海电视台又开始经营外商广告业务，于1979年3月15日晚18时51分，播放了当时国内电视台第一条外商电视广告——"瑞士雷达表"广告。这条广告片长1分钟，用英语原版配音播出，当晚重播11次。受电视台的影响，1979年3月5日起，上海人民广播电台也在全国广播电台中第一个恢复广播广告业务，当天该台播出的第一条广播广告是"春蕾药效发乳"。

广东地区也是我国大陆地区电视广告的发祥地之一。1979年4月13日晚，经中共广东省委批准，广东电视台在其2频道播出了第一条电视商业广告——广州荔湾铁工厂生产的泥斗车广告。紧接着两天之后，即4月15日，在"广州中国出口商品春季交易会"（著名的"广交会"）开幕之夜，广东电视台又在2频道播出了"百岁酒"等10多条商业广告。外国商品"瑞士雷达表"的广告也第一次出现在广东电视台的荧屏上。当年，广东电视台播出的中外电视广告有30多条，其中境外广告居多，共收入港币120万元、人民币12万元。这在当时来说，是一笔相当可观的电视广告收入。[115]1979年5月，广东人民广播电台也开始恢复广告业务，并于同年成立广告科，专门承揽国内外广告业务。1979年春季"广州中国出口商品交易会"期间，该台又播出第一条外商广告——"瑞士乐都表"广告。

1979年3月15日晚，我国规模及影响最大的电视台——中央电视台播出第一条外商广告——"西铁城·星辰表誉满全球"。当年9月30日，中央电视台又播出美国威斯汀豪斯电器广告。随后，日本西铁城公司在《新闻联播》前推出报时广告。同年，中央电视台专门成立广告科，开始自己制作广告，中央电视台自己制作播出的第一条广告是首都汽车出租公司的广告。

1979年11月，中宣部正式批准新闻单位承办广告业务。同年12月，中央电视台分别在两套节目中播出广告，每天5分钟。1980年3月10日，中央电视台开始每天播出15秒钟的日本西铁城电子手表广告，日本公司为这个为期一年播出的广告花费了80万元人民币。这是我国国家电视台长期播放的第一条外国商品广告，一时间，"西铁城领导钟表新潮流"、"石英技术誉满全球"的广告词在全国范围内家喻户晓。以后，广告费成为中央电视台重要的支柱性收入、经济命脉。经过十来年的发展，1991年，我国电视广告额超过10亿元人民币大关，占全国全年广告营业额的28.5%；全国电视广告总额第一次超过报纸广告（1991年报纸广告额为9.618 7亿元）。从此以后，电视广告额一直雄踞四大媒体的榜首。

第四节 20世纪80年代新闻通讯业的大发展

【两大通讯社的规模】20世纪80年代，我国两大通讯社——新华通讯社和中国新闻社无论规模还是实力，都有长足的发展。先以新华社为例。根据党的十二大提出的全面开创社会主义现代化建设新局面的战略目标，为了适应社会主义现代化建设和改革开放的新形势，作为国家通讯社的新华社于1983年1月29日给党中央写了一个报告，提出在20世纪90年代要把新华社建成具有中国特色的世界性通讯社，开创新华社工作的新局面。这一报告很快得到党中央的批准，胡耀邦同志批示："希望新华社的同志同心协力，更加奋发向上。"从1983年起，新华社各方面的工作都围绕着建设世界性通讯社这一总的目标开拓前进。什么是"世界性通讯社"？它有哪些指标？新华社怎样才能成为"世界性的通讯社"？新华社的同志们经过考察、研究、分析、讨论后达成共识。他们认为，根据中国的实际，新华社要建设成世界性通讯社，除政治的要求外，还必须达到当代世界各大通讯社的工作规模和报道、技术水平，具体包括：一是能及时、充分地报道中国和世界各地发生的重大新闻；二是有搜集全世界新闻的体系，即有遍布中国和世界各地的记者网和新闻来源；三是拥有用现代化技术装备起来的四通八达的通讯线路和连接广大用户的供稿系统；四是有一批纵论世界风云的著名的记者、编辑、评论员和出色的科学管理人才、通讯技术人才等。

早在20世纪50年代中期，新华社就根据党中央和毛泽东的指示，提出和制订过建设世界性通讯社的规划，并在建立国外记者网、改进通讯社发稿技术、加强对外宣传报道方面，都取得了一定的成绩和经验。但是，由于当时客观条件的限制，特别是十年"文革"的干扰和破坏，新华社建设世界性通讯社的工作在一个时期内被耽误了，致使新华社的事业发展缓慢，徘徊不前。为了迅速改变这种状况，20世纪80年代初期，新华社进行了大量的调研工作，在国内外召开了一系列会议，认真讨论了建设有中国特色的世界性通讯社的方针、方法和步骤。在此基础上制订了发展规划，以加快建设世界性通讯社的进程。从1983年起，新华社以"建设世界性通讯社"为奋斗目标，坚持"在改革中发展、在发展中改革"的方针，不断开拓前进，其规模迅速扩大。到1989年前后，新华社的工作人员由1949年10月的800多人发展到7 000人。

中国新闻社（简称"中新社"）在20世纪80年代也有很大的发展。中新社于1952年9月14日在北京成立，同年10月1日开始发稿。"文革"中，中新社国内分支机构全部撤销，除"口语广播"记录新闻外，其他各项业务基本停止。1975年5月，取消"口语广播"，改用"电传"方式播发新闻。1978年秋，中新社恢复原有机构。80年代，中新社建立起技术先进的通讯网络，同海外和港澳地区的160多家华文报刊、电台、电视台建立了业务联系，发展成为在海外华侨、华人社区和港澳新闻界中有一定影响的通讯社。中新社刚成立时只有47名工作人员，到1989年底，中新社干部、职工增加到450人，其中采编人员266人（其中高级记者、高级编辑8人）。

【20世纪80年代的新华社】80年代是新华社各项事业飞速发展的10年。1982年，时年61岁的穆青走马上任，挑起了新华社社长的重担，从此新华社前进的步伐更快了。

到1989年底，新华社基本上已由一个国内通讯社，成长为具有中国特色的社会主义现代化的世界性通讯社；已由一个单一的新闻发布机构，壮大成为拥有健全庞大的国内外新闻采集、发布网络，报纸刊物、出版社、科研机构、新闻教育和其他多种经营的综合性的全国最大的新闻集团。

新华社在80年代的发展和变化，主要体现在下列几个方面：

（1）建立了健全、完善的国内外新闻信息采集发布网络及遍及国内外的庞大的分支机构网。在国内，除台湾省外，在30个省、市、自治区设有分社，有些省辖市还建有支社，在人民解放军中设有分社，在海军、空军和各大军区建有记者站。到1989年，国内各分社、支社、记者站总人数已达1 500人。在海外，除在香港、澳门设有分社外，在世界各地建有分社94个，总分社4个，派驻人员400多人。新华社每天通过43条线路抄收34家通讯社和电台的电讯130万字到150万字，比新中国成立初期每天抄收20万字外电增加了五至六倍。同时，订有世界各地各种文种的报刊近500种。每天它从来自海外的大量材料中，选译、编辑各种参考资料和参考消息，供各级领导、广大干部和人民群众阅读，成为他们及时了解世界各地动向和信息的重要渠道。

（2）为国内报纸、电台、电视台提供优质服务，向外国报刊提供特稿。到1989年，新华社在国内已用四条不同的线路，分别向首都新闻单位，省、市、自治区报纸，地、县报纸（含晚报、专业报）和电台、电视台供稿。每天发稿字数由1949年的1 500字增加到4万至5万字。同时，每月向报纸、刊物等发专稿10万字左右，尽量帮助各种新闻媒介办出特色，满足其需要。对国外，由新中国成立时只用英文一种文字对外发稿增加到用5种（英、法、俄、西班牙和阿拉伯文）文字发稿，每天发稿150条以上。亚太、中东、非洲、拉美总分社还分别向所属地区直接发稿，发稿量在不断增加。同时开设了通往香港、曼谷、纽约等地的中文发稿专线，向当地华文报纸、广播电台供稿。此外，还用多种文字向100多个国家和地区的报刊供应特稿，尽量满足海外读者的需要。

新华社也是全国最大的新闻照片发稿中心。从这里发出的国内、国际方面的新闻照片，由1962年的75万张增加到1989年前后的500多万张。它发行的照片已遍及世界120多个国家和地区，并且越来越受到欢迎，许多外国报刊开辟专栏，用以刊登新华社发来的有关中国的照片。另外，它还和世界上一些大的图片社、图片集团建立合作关系，向其提供专稿，在国际新闻图片市场占有一席之地。由于新华社有强大的供稿能力，往往被国际上一些新闻组织列为世界六大通讯社之一。

（3）在新闻传播手段和通讯技术方面，新华社在20世纪80年代取得了突破性的进展。新中国成立初期，它使用的是战争年代缴获的收发报机。到20世纪80年代后期，它拥有大量的先进设备和技术，初步形成了以北京为中心的比较通畅、可靠的，能担负多种业务传输的国内外通讯网络，所发稿件时效性大大提高。同时，在一些编辑部和国外分社还开始用终端设备处理稿件，逐步改变单纯用笔编写稿件的历史。此外，图片自动传递设备系统也开始建立，为发展对外图片供稿业务提供了方便。

（4）充分利用自己的资源优势，创办了大量的报刊，其中有的报刊在全国享有很高的知名度。到1989年，新华社创办的报刊已有50多种，这里面有日报（《参考消息》报、《经济参考》报），日刊（中、英、法文版《新华社新闻稿》和《参考资料》等），周二、周三刊（各种专题资料），周刊（《瞭望》、《新闻业务》等），半月刊（《半月谈》），月刊（《环球》、《摄影世界》、《世界经济》、《中国记者》等），双月刊（《农村大世界》），季刊（《中国季刊》）和多种年鉴。报刊中，《参考消息》和《半月谈》在80年代后期期发行数为500万份左右，分别居于全国报纸、刊物发行量之首。另外，1979年5月，新华社成立了新华出版社，以出版新闻类和时事政治类书籍为主要特色，年出书量达250种，发行500多万册。

（5）成立研究机构、创办新闻学院，出版新闻学刊杂志。1980年1月，新华社新闻研究所成立，这是一个为新华社当前宣传报道工作和长远业务建设服务的新闻研究机构，下设报道研究组、新闻理论研究组、《新闻业务》编辑室、新闻史料研究组、新闻资料组。另外，还成立了新闻通讯技术研究所、新闻摄影研究室。1983年，新华社创办了新华社干部进修学院，为新华社及全国新闻单位培训和培养、输送能从事国际、国内新闻报道的专门采编人才。后在此基础上，经国家教委批准，1986年1月24日，新华社主办的专门培养新闻人才的专业院校——中国新闻学院正式成立。该院设有研究生部和进修部，由新华社社长穆青兼任院长，周立方、刘滨江先后担任常务副院长。与此同时，新华社还办有《新闻业务》、《新闻纵横》、《新闻摄影》等新闻业务研究刊物和《新闻论丛》等新闻学研究丛书。从1987年1月1日起，新华社新闻研究所将其编辑的刊物《新闻业务》、《新闻纵横》与《新闻摄影》合并，改出《中国记者》。该刊16开本、月刊，是新华社主办的全国性新闻业务研究期刊。[116]

【80年代的中国新闻社】中新社在20世纪80年代也有很大的发展。它的服务对象是港澳台同胞、海外华侨和海外外籍华人等。对港澳台同胞的专稿报道为其特色。到1989年底，中新社总社设有总编室、国内新闻部、港台海外部、专稿部、摄影部、体育组、研究部和电影声像部，在国内设有广东、福建、上海、广西、湖南五个分社，在北京、天津、江苏、浙江、江西、辽宁、陕西、云南、四川、湖北等十多个省市设有记者站，在香港和澳门地区设有香港分社和澳门记者站。在美国、日本、法国设有分社，在纽约、曼谷、马尼拉有发稿代理机构。

20世纪80年代，中新社的发展主要反映在以下4个方面：

（1）电讯。中新社于1952年9月14日成立，最初只有一个华侨广播编辑部。1952年10月1日，该部以“中国新闻广播电台”名义正式开始播音，每天播发口语纪录新闻5 000字。20世纪80年代以后，中新社每天发新闻稿30条左右，约1.3万字，一般通过文字传真或其他方式发出，采用这些稿件的有13个国家和港澳地区的108家新闻机构。同时，每周有6天（星期日除外）在北京和香港同时出版《中国新闻》刊物。

（2）特稿。应港、澳和海外华文传播机构的要求，为他们提供专电、专稿和专栏稿件，这是中新社报道的特色之一。特稿题材广泛、体裁多样化，主要有评论、通讯、专访、新闻特写、杂文、游记，以及副刊文章等。

（3）图片。拍摄并向海外和港澳华文报刊提供新闻照片和风光图片。中新社每月发新闻照片500幅，其中一部分通过传真发稿，并向画报提供彩色图片与编印展览图片。1989年还编辑出版了大型画册《锦绣中华》。

（4）电影声像产品。自行拍摄或与香港、海外有关媒体合拍故事片、纪录片，拍摄编辑后对外发行。中新社的电影声像产品在港澳地区和海外广泛发行，比较受欢迎。

作为为海外华文传媒和海外读者服务的通讯社，中新社以民间通讯社的身份积极开展对外宣传报道工作，他们坚持以正面报道为主，全面、客观、准确地报道中国，在海外读者中有较大的影响力。

第五节 新闻业界组织的恢复与成立，新闻学传播学研究的开展及新闻教育事业的大发展

一、新闻界行业组织、团体的恢复与成立

【“中国记协”的恢复】1980年，中华全国新闻工作者协会（简称“中国记协”）恢复活动，随后各省、市、自治区新闻工作者协会纷纷恢复或建立。

中国记协的前身是由范长江发起、于1937年11月8日在上海正式成立的“中国青年新闻记者协会”（“青记”）及成立于1954年9月24日的“中华全国新闻工作者联谊会”。“中华全国新闻工作者联谊会”的任务是：“团结全国的人民新闻工作者，密切与世界正直的和爱好和平的新闻工作者团结合作，共同为推进世界进步新闻事业、为世界持久和平而奋斗。”“中华全国新闻工作者联谊会”会长邓拓，副会长吴冷西、梅益、金仲华、王芸生，秘书长吴冷西（兼），副秘书长刘尊棋、高戈、温济泽、吴文焘、张纪明、李炳泉、张彦。

1957年3月17日，中国新闻工作者第一次代表会议在北京召开，正式宣布成立“中华全国新闻工作者协会”。会议通过了协会章程，并选举邓拓为会长（1957—1960），王芸生、吴冷西、金仲华、范瑾为副会长，王揖担任秘书长。

1960年3月，中国新闻工作者第二次全国代表会议在北京召开，会议修改了协会章程，选举产生了新的领导机构，理事会由98人组成，常务理事40人。常务理事会推选吴冷西为协会主席（1960—1980），梅益、朱穆之、金仲华、王芸生、范瑾为副主席。设立书记处协助主席团领导协会的日常工作，王揖为第一书记，安岗、邓岗、李伍、周游、李炳泉为书记。中国记协当时有会员6万人。各省、市、自治区也都相应成立了地方新闻工作者协会。

1966年至1976年的“文革”十年动乱期间，中国记协被迫停顿工作。

1980年8月8日起，中国记协恢复工作，由曾涛担任主席团执行主席（1980年8月—1983年4月），主席团成员有（按姓氏笔画排列）：丁希凌、王维、华楠、杨西光、张香山、胡绩伟、曾涛。书记处第一书记为王揖，书记（按姓氏笔画排列）有：左漠野、邢方群、安岗、安文一（1981年安文一病逝后增补郭渭为书记）、吕梁、佘世光、陈迹、张大中。中国记协的工作任务是：积极组织中国新闻工作者进行学习、研究和工作经验交流，提高新闻工作者的理论水平和业务能力；开展同国际新闻界同行的友好交往，增进中国新闻工作者和各国新闻工作者之间的友谊。中国记协刚成立，便主动积极地开展活动：①开展对外交流活动。1981年，中国记协接待了来华访问的各国新闻工作者共20批60人。他们分别来自18个国家，包括罗马尼亚、匈牙利、法国、瑞士、比利时、英国、意大利、西德、瑞典、丹麦、美国、加拿大、澳大利亚、日本、埃及、肯尼亚、乌干达等国。与此同时，中国记协为了帮助各国常驻北京的90多名记者深入了解和正确认识中国，向他们提供新闻背景和报道线索，于1981年举办了8次外国记者招待会，分别邀请国务院有关部门和人民团体的负责人向他们介绍我国工农业、金融、科教、文化、体育、民航

以及工会工作等方面的情况和政策，并且还举办了两次中外记者友好会面交流活动。②组织出访活动。1981年，中国记协先后派出新闻代表团、记者组或个人共13批34人到15个国家访问、考察或进修，这些出访人员中包括当年获得全国“好新闻”奖（1980年度）的记者。③出版报纸。1981年，中国记协还创办了一份面向全国发行的《文摘报》。该报于1981年10月6日正式面世，由中国记协主办、人民日报出版社出版。该报初创时，每周一期，星期二出版，采用16开书本形式，以便于读者装订保存。该报日发行量70多万份，是我国新时期最早一批文摘报之一。④主持组织“好新闻”评选活动。1981年8月上旬，中国记协同北京新闻学会、中国社会科学院新闻研究所和《新闻战线》杂志联合举办1980年度全国好新闻、好通讯、好标题、好评论及好照片的评选活动。这是继1979年由北京新闻学会主持评选全国第一届“好新闻”之后的第二届。评选结果是：在全国各新闻单位和广大读者推荐的1 105篇（幅）新闻稿中，共评出优秀作品121件，其中获奖作品49件、受表扬作品72件。[117]⑤举办专修班。中国记协同中国人民大学新闻系和北京日报合办新闻业务专修班，于1980年12月开学。

1983年4月，中国记协在北京召开第三届理事会，由各地推荐的理事、特邀理事共200余人参加了会议。会议通过了新的章程，明确规定记协是全国各省、市、自治区记协和新闻学会，各专业记协以及其他新闻专业机构、新闻从业人员联合组成的全国性人民团体。选举吴冷西为主席团主席（1983年4月至1991年1月），秦川、穆青、刘尊棋、费彝民、赵超构、刘宗卓、丁希凌、王揖为副主席。书记处书记有王飞、王揖（常委）、孔迈、江牧岳、江涛、李普、陈迹、郭渭。这一届中国记协做了很多工作，包括：①组织20多次以不同专题为内容的研讨会，开展业务、经验交流活动。②组织易地采访。几年来与地方记协共同组织“延安行”、“长江行”、“西藏行”、“深圳行”，以及“安徽农村新貌”、“浙江轻工业”、“丝绸之路”、“闽南‘金三角’”、“山西煤矿”、“老山前线”等30多次易地采访活动。③为提高新闻队伍的素质，紧抓新闻干部队伍的培训工作。④负责中外新闻工作者的国际交流活动，迎来送往，包括接待外国记者来访、组织我国记者出访以及短期进修。各省、市、自治区记协是中国记协的下属分支机构，他们也主动积极、因地制宜地开展活动，做了大量工作，努力把记协办成“记者之家”。[118]到1987年，正是中国记协诞生50周年之际，其规模已拥有地方记协、专业记协、新闻学会和团体会员150多个，个人会员人数达40余万人，成为国内外享有声望的全国性人民行业团体。[119]

1991年1月，中国记协召开第四届理事会，再次选举吴冷西为主席（1991年1月至1996年10月），邵华泽、李彦、郭超人、马庆雄、王立行、许川、丁锡满、张琮、杨子才为副主席，聘请穆青、刘尊棋、赵超构为顾问，任命王哲人、唐非为书记处书记。1991年1月19日，中国记协第四届理事会向全国新闻界公布了《中国新闻记者职业道德准则》（1994年4月第一次修订、1997年1月第二次修订）。

【新闻学会的成立】中共十一届三中全会后不久，1979年10月6日至13日，首都新闻界举行了纪念中华人民共和国成立30周年的新闻学术讨论会。参加讨论会的有首都各新闻单位负责人、新闻界前辈老报人，共50余人。一些退休的著名老报人、老记者如胡愈之、张友渔、萨空了、吴克坚、廖沫沙、石西民、戈宝权、徐盈、邓季惺、孔昭恺等也参加了讨论会。这次会议热烈讨论了新中国成立30年来新闻工作的经验教训以及无产阶级新闻学的理论与实践问题。参加会议的同志提议成立新闻学会，以便以后继续对新闻理论与实践中的一些重大问题进行探讨，进一步研究和发展马克思主义新闻学。经由这次讨论会的发起和筹备，1980年2月6日，“北京新闻学会”在历史博物馆举行成立大会(1984年1月1日，“北京新闻学会”改称“首都新闻学会”，以与“北京市新闻学会”相区别)，这是我国新闻界在新时期召开的一次盛会。“北京新闻学会”是新中国成立后创办的第一个新闻学术团体。中共中央宣传部、中国社会科学院、首都各新闻单位的负责人，以及新闻界老前辈、著名学者、新闻学会首批会员等，共计400多人出席了成立大会。会议由安岗主持，中共中央书记处书记胡乔木作了长篇讲话。在成立大会上，一致推举胡乔木为学会的名誉会长，顾问有胡愈之等20余人。学会会长胡绩伟，副会长有安岗、熊复、李普、金照、王揖、戴邦6人。理事有丁树奇等47人，常务理事有方言、王士谷等21人。从性质上看，学会是研究新闻学的学术团体，其宗旨是：“组织和推动会员对新闻学进行研究，对新闻理论和实践以及新闻事业史中的问题进行探讨，发展马克思主义的新闻学，以促进无产阶级新闻事业的发展（见《北京新闻学会章程》）。”当时，全国记协尚未恢复活动，北京新闻学会担负起推动和组织新闻界活动的任务。学会一成立，便开展了一系列学术活动。如1980年3月14日，北京新闻学会举行首次理事会，会议由胡绩伟主持，副会长安岗、熊复、李普、戴邦和理事周游、徐盈等36人出席了会议。胡绩伟在会议开始时说：新闻工作是有很大学问的，学会成立以后，要搞一点实实在在的研究活动，但不搞形式主义，要搞出点成果来，留给后人。会议经过讨论，决定先成立11个学术研究组，即新闻理论、新闻写作、新闻改革、新闻教育、新闻法规、经济报道、广播电视、对外宣传、副刊研究、新闻摄影、新闻史研究组。1980年3月31日，北京新闻学会举行首场大型学术座谈会，学习刘少奇关于新闻工作的论述。学会会员和首都新闻单位的代表400余人参加了会议，会议由副会长安岗主持，胡绩伟、熊复和方言等在会上作了专题发言。4月15日，北京新闻学会又与中国社会科学院新闻研究所联合召开编写新闻史的座谈会，萨空了、方汉奇、戴邦、谢冰岩等参加了会议。6月4日，北京新闻学会又举行经济工作报道问题的大型座谈会，参加会议的人员有250多人，会议由副会长安岗主持，胡绩伟在会议结束时作了发言。1981年1月28日，北京新闻学会又在北京日报社举行报纸经营管理座谈会，参加会议的有32人，这是新时期最早对报业经营管理进行研讨的会议。5月12日，北京新闻学会又召开了读者问题讨论会，会上还成立了读者学术研究组，参加这个研究组的有首都各新闻单位负责群众工作和新闻院系从事读者问题研究的同志。“读者学术研究组”下面又成立了群众来信研究小组、读者调查小组和业务通讯刊物研究小组，对读者问题从各个不同的角度开展研究活动。[120]

此外，北京新闻学会还于1980年和《新闻战线》杂志编辑部共同举办了1979年度全国“好新闻”评选活动。1981年，北京新闻学会又与中国记协、《新闻战线》杂志社联合举办了1980年度全国好新闻、好通讯、好评论、好标题、好新闻照片等活动。1982年6月8日至8月6日间，由北京新闻学会发起，组织了有中国社科院新闻研究所、人民日报社、工人日报社、中国青年报社参加的全国第一次受众调查活动。第二次受众调查于1983年在浙江省进行。这次调查的规模很大，共有首都和浙江省的18个新闻单位参加。此后又多次组织受众（读者、听众、观众）调查，影响很大。[121]1983年8月23日，北京市也成立了新闻学会，“北京新闻学会”为了避免与“北京市新闻学会”名称相混淆，遂于1989年1月改名为“首都新闻学会”。北京新闻学会成立之后开展了一系列学术活动，在一定程度上活跃了新闻界的思想，对新时期早期新闻学术的研究和开展作出了应有的贡献。据统计，北京新闻学会从1980年初成立到1983年底的近4年中，举行了近百次新闻学会讨论会、座谈会和报告会，参与组织了4次全国好新闻评选活动，多次发起并组织了对读者、听众和观众的抽样调查和田野调查活动，编辑出版了会刊及书籍。其中，编辑出版了会刊《新闻学会通讯》共计81期、《报纸工作研究参考资料》6期、《好新闻》4册，以及《各国新闻出版法选辑》一书。[122]

另外，北京新闻学会成立后，全国各地方新闻学会、各专业系统新闻学会纷纷成立。其中，地方新闻学会有：天津市新闻学会（1980年10月1日成立）、安徽省新闻学会（1980年3月20日成立）、湖北省新闻学会（1980年12月24日成立）、甘肃新闻学会（1980年5月成立）、广西新闻学会（1981年11月20日成立）、河南省新闻学会（1982年2月26日成立）等。先后成立的各专业学会有：中国新闻摄影学会（1983年10月成立）、中国新闻教育学会（1984年11月2日成立）、中国广播电视学会（1986年10月15日成立）、中国新闻漫画研究会（1987年10月成立）等。其中，中国广播电视学会是新闻传播专业学会中规模最大的学会。1986年10月15日，全国28万广播电视工作者的专业学术组织——中国广播电视学会在北京成立。当天，来自全国广播电视战线上的195名代表聚会北京，出席了中国广播电视学会成立大会。学会办公地点当时设在北京复兴门外大街二号。[123]

在各省、市、自治区大都成立新闻学会的基础上，1984年12月16日，有33个省、市、自治区和专业性学会在山东烟台举行代表大会，正式成立了“中国新闻学会联合会”（简称“中国新闻学会”）。该会是中国各省、直辖市、自治区以及全国专业新闻学会、研究会的联合组织，是新闻学研究的全国性学术团体。会长胡绩伟，副会长有马达、钱辛波、李普、杨伟光、樊坤（女）等，秘书长钱辛波。

二、新闻研究机构纷纷建立

【中国社会科学院新闻所的建立】1978年8月，中国社会科学院新闻研究所正式成立。它是在胡乔木同志倡议下，并在人民日报、新华社的大力支持下创办起来的一个全国性新闻研究机构，也是新中国成立后的第一个新闻研究的专门机构。其任务是：①用马列主义的立场、观点、方法研究新闻史、新闻实践活动和新闻理论。②培养新闻方面的人才。新闻所所长安岗，副所长戴邦、谭立、谢冰岩。新闻所下设科研组织处、新闻理论研究室、中共报业史研究室、中国报业史研究室、世界新闻室、广播电视研究室、新闻摄影研究室、编辑出版室、图书资料室及行政办公室。初期编制人员70名，其中专业科研人员40多名，行政、科研辅助人员20多名。经中国社会科学院批准，新闻所成立了学术委员会，聘请了安岗、温济泽、李普、翟向东、罗列、赵一鹤、谭立、谢冰岩、戴邦等9人为学术委员，并公推安岗为主任委员、戴邦为副主任委员。

新闻所在开办后的主要工作包括：①招收研究生，组织研究生的教学工作。1978年起，在人民日报和新华社的支持与合作下，新闻所协助中国社科院研究生院创办了该院的新闻系，并主要负责组织安排该系的教学工作。②进行搜集、抢救、整理新闻业史料及资料的工作。组织对延安《解放日报》、重庆《新华日报》报史研究，《申报》、《大刚报》报史研究。与此同时，还在1980年出版了《中国共产党新闻工作文件汇编》，在1983年出版了《马克思新闻思想论文集》，在1984年出版了《毛泽东新闻理论研究》，在1985年出版了《马克思恩格斯论新闻》。1983年还出版了集体编写的《新闻学基本知识讲座》

(卢惠民主编)。③负责编辑出版大型的新闻史料丛刊《新闻研究资料》和每年一本的《中国新闻年鉴》。《新闻研究资料》丛刊于1979年8月在北京创刊出版第一辑。该丛刊以刊载中国新闻史料及新闻史料研究文章为主要内容，旨在收集和抢救史料，尤其重视第一手材料的搜集、整理及研究。还从当时尚健在的老一辈新闻工作者那里，将许多宝贵的史料及资料记录、收集、整理出来，为开展新闻业务、新闻理论及新闻史学的研究工作，打下了坚实的基础。《中国新闻年鉴》于1983年创刊，当时出版的《中国新闻年鉴》(1982年卷)是新中国成立以来的第一部新闻年鉴。此后，每年出版一部年鉴，连续刊行。《中国新闻年鉴》收集和介绍当年新闻传播业界、学界新情况，成为我国新闻事业发展历程的重要纪录。④紧密配合北京新闻学会的学术研究活动，了解学术动向、组织学术讨论，协助评选“好新闻”活动。新闻研究所所长安岗在80年代的新闻学界非常活跃。如1981年1月28日，北京新闻学会在北京日报社举行报纸经营管理座谈会，会上安岗作了题为《我们能不能建立一门新闻经济学》的长篇讲话，第一次大胆地提出了“新闻经济学”的概念。1981年5月12日，北京新闻学会又召开读者问题讨论会，作为该会副会长的安岗在会上通过《研究我们的读者》一文发表了他对受众问题的见解。

从1978年到1994年的10多年间，社科院新闻研究所历任所长是安岗（1978年至1982年）、商恺（1984年1月至1988年5月）、孙旭塘（1988年5月至1994年）。

【新华社新闻研究所的正式设立】重视和强调新闻业务研究工作及理论研究工作，是新华社的优良传统。早在新华社的前身——红色中华通讯社（简称“红中社”）成立不久，就在瑞金创办了新闻业务研究刊物《工农通讯员》，其目的在于培养和提高工农通讯员的采访与写作水平。抗战爆发后，“红中社”改为新华社，并于1939年12月在延安创办了新闻业务研讨刊物《通讯》，毛泽东亲笔题写了刊名。新中国成立后，新华社于1951年1月25日创办了社内业务刊物《新闻业务》。

党的十一届三中全会以后，新闻事业蓬勃发展，全新的新闻实践呼唤新闻理论给予科学的总结和指导。新华社党组根据现实需求和发展趋势，敏锐地作出决策，于1980年1月批准成立了“新华社新闻研究部”，它是一个为新华社当前宣传报道工作和长远业务建设服务的新闻研究机构。1982年8月20日，经中宣部批准：“撤销新闻研究部，设立新华社新闻研究所。”该所的成立，使新华社新闻理论研究工作进入了一个新阶段，其任务主要有五个方面：一是紧密结合全社的各项宣传报道，就每天播发的新闻稿，在宣传思想、政策、内容、文风等方面加以考察、分析、研究、评议。二是通过办好向国内外公开发行的《中国记者》杂志（1987年初创刊）、限国内内部发行的《新闻业务研究》（半月刊）和社内刊物《新闻业务》（周刊），推动全国新闻界和全社的新闻业务研究工作，传播科学理论，交流新鲜经验，指导新闻实践，促进队伍建设。三是在马克思主义、毛泽东思想、邓小平理论指导下，结合新华社新闻工作实践，探讨和研究社会主义市场经济、社会主义民主政治条件下中国新闻界和通讯社工作的新情况、新问题、新经验、客观规律和新闻理论。四是整理党中央和毛泽东、刘少奇、周恩来、邓小平、江泽民等中央领导同志对新华社工作的指示，编写新华社在各个革命时期的历史，汇集传统教育的史料。五是研究外国新国界的新闻理论与实践经验以及外国通讯社的业务经验，以为我国新闻界和新华社工作提供有益的借鉴。[124]

【各省新闻单位纷纷成立新闻研究机构】20世纪70年代末及80年代初，各省及省级党报纷纷成立新闻研究所。如吉林省新闻研究所（1979年3月成立）、天津日报新闻研究室（1979年3月成立）、陕西省新闻研究所（1979年9月11日成立）、大众日报新闻研究所（1979年2月成立）、黑龙江省新闻研究所（1980年2月成立）、安徽日报新闻研究室（1980年12月成立）、四川日报新闻研究所（1980年2月成立）、沈阳日报新闻研究室（1980年3月成立）、宁夏日报新闻研究室（1980年3月成立）、重庆日报新闻研究室（1980年10月成立）、河南日报新闻研究室（1981年11月成立）、广西日报新闻研究室（1981年11月中旬成立）。另外，1981年2月，中国青年报社研究部成立。[125]

在广播电视业务及学术研究方面，北京广播学院、广电部及各省、直辖市也纷纷创建研究所。如1980年6月，北京广播学院新闻研究所成立。它是该院创办的专门从事广播电视学术研究的机构。其任务是：开展广播、电视理论及外国广播电视业务的研究；招收和培养广播电视专业研究生；编辑出版学术刊物。建所仅一年多，便撰写并发表有关广播电视方面的专题性学术论文30篇、出版专著1部（康荫：《新闻广播学研究》）、招收研究生9名，并于1981年4月创办了内部学术性刊物《新闻广播电视研究》。中央的广电部及中央人民广播电台、中央电视台创办了研究所或研究室，如广播电视部政策研究室（1982年12月18日成立）、中央人民广播电台研究室（1982年12月成立）、中央电视台资料中心（1985年3月正式成立）、中国国际广播电台研究室（其前身是广播事业局研究室，1957年创立，1969年划归国际广播电台）等。

省、市、自治区创办的广播电视研究所有：辽宁省广播科学研究所（1977年12月30日成立）、湖南省广播电视科学研究所（1978年4月成立）、山东省广播电视科学研究所（1975年10月成立，1978年5月扩建）、吉林省广播电视研究所（1978年1月21日创办）、黑龙江省广播科学研究所（1959年创办、1962年撤销，1978年恢复）、浙江省广播科学研究所（1979年9月15日筹建，1980年1月1日成立）、广西广播电视科学研究所（1980年创办）、新疆广播电视研究所（1980年创办）、安徽省广播电视科学研究所（1981年10月成立）、福建省广播电视技术研究所（1978年8月筹建）、山东省广播电视新闻研究所（1983年7月建立）、四川省广播电视厅新闻研究所（1984年11月5日成立）等。这些研究所一般都是各省广播电视厅的直属单位。[126]

1986年10月，我国大陆地区第一家舆论调查与研究机构——中国人民大学舆论研究所成立。全所由十多名具有中高级职称的教学科研人员组成，由甘惜分教授任所长。该所工作宗旨和任务是：运用现代科学方法和技术手段，开展舆论调查与研究工作；及时、准确地进行民意测验，沟通和传导社会舆情、分析社会舆情的现状与变化趋势，为政府有关部门了解社情民意及施政决策提供参考；为社会团体、企业事业单位提供各种类型的调查服务；调查新闻传播效果，为新闻传媒提供实证研究及数据资料。

三、新闻学刊物的创办、新闻传播学著作的出版及新闻传播学术研究活动的开展

（一）新闻学刊物的创办

1978年底，随着《新闻战线》的复刊，新闻专业刊物从北京到全国各省、市、自治区纷纷创办起来。这些新闻专业期刊有全国性的，也有地方性的；有公开发行的，也有内部出版的。举办单位有新闻单位、新闻研究机构、新闻教育院系、新闻团体及行业组织。据不完全统计，到1990年止，全国新闻专业刊物约有一百几十种（不包括地、市新闻单

位办的此类刊物)。到1990年底，全国有取得国内统一刊号的新闻专业类正式刊物26家。[127]其中主要有《新闻战线》、《新闻业务》、《中国记者》、《新闻记者》、《新闻研究资料》、《中国新闻年鉴》、《中国广播电视年鉴》、《中国新闻摄影年鉴》、《新闻学刊》、《新闻学会通讯》、《中国广播电视学刊》、《新闻广播电视研究》、《北京广播学院学报》、《新闻大学》、《国际新闻界》、《对外宣传参考》、《新闻与成才》、《新闻三昧》、《新闻与写作》、《新闻知识》、《新闻爱好者》，等等。

【《新闻战线》、《新闻业务》、《中国记者》、《新闻记者》】这4份刊物都是有较大影响的新闻专业刊物，都由新闻单位主办，其主要介绍如下：①《新闻战线》是由人民日报社主办的全国性新闻专业期刊，由安岗主持创办，于1957年12月创刊于北京，月刊。1960年8月，由于国家经济困难，压缩报刊，人民日报社主办的《新闻战线》与新华社主办的《新闻业务》合并，名称仍为《新闻业务》，刊物办公地点设在王府井大街的人民日报社五楼。《新闻业务》出至1966年5月（总74号），之后停刊。1978年12月，在《新闻业务》停刊12年之后，人民日报社主办的《新闻战线》复刊。12月出版了1978年第1期，发表了《复刊的话》，同时发表了胡乔木的文章《短些，再短些》，还刊登了解放军报社写的《罗瑞卿同志和新闻工作》一文。复刊的《新闻战线》起初为双月刊，1980年起改为月刊。16开本、48页，每期定价0.22元，期发行量近7万份。80年代初，该刊编辑部有20人。②《新闻业务》于1951年1月25日创刊。该刊创刊初期只是新华社内进行业务指导和业务经验交流的内部刊物，32开本。1956年10月，改版为16开本、月刊，并开始向新闻界公开征订发行，成为最早创刊的全国性新闻知识刊物。1960年6月休刊。同年8月，该刊与《新闻战线》合并，仍用《新闻业务》刊名出版，由中华全国新闻工作者协会、人民日报社、新华社三家联合主办。到1966年5月，《新闻业务》因“文革”开始而停刊。1981年7月，新华社又恢复出版《新闻业务》，仍由新华社主办。以后几经变革，逐步发展成为“立足新华社，面向全国新闻界”的新闻专业刊物。到1983年前后，期发行数达4万册。至1986年第12期（总第157期）出版后，前后整整办了35年的《新闻业务》在出版最后一期后并入《中国记者》月刊。[128]③《中国记者》的出版。从1987年1月起，新华社主办的《新闻业务》与它创办的另外两份刊物《新闻摄影》、《新闻纵横》合并，改名为《中国记者》，向国内外公开发行。《中国记者》是16开本、月刊，每期内文64页，由新华社新闻研究所负责刊物的编辑工作。该刊是一份图文并茂的普及性、大型知识性月刊，文字和摄影并重、国内和国际研究并重，注重知识性和可读性，面向“全国新闻工作者”、“宣传工作者”、“遍及城乡的广大新闻通讯员、宣传员”、“广大新闻爱好者、新闻摄影爱好者”。《中国记者》发刊词《〈中国记者〉创刊致读者》云：“《中国记者》是由新华社主办的《新闻业务》、《新闻摄影》、《新闻纵横》三家刊物合并而成的。合并不是单纯的量的相加，而应有质的变化，即真正熔三刊精华于一炉，形成一个具有独特风格的新刊物”；“在总体设计和内容配置上，我们提出了一条原则，这就是：‘文字摄影并重，国内国际研究并重’”。④《新闻记者》的创办。《新闻记者》于1983年3月创刊于上海，月刊，最早由上海市新闻学会创办。创刊第1期（创刊号）首载《告读者》云：“在大兴改革之风的一九八三年之初，上海市新闻学会主办的《新闻记者》月刊和大家见面了”，“《新闻记者》将在注重新闻业务的实践活动的同时，努力开展新闻学术的理论研究工作”；《新闻记者》“是专业和业余新闻工作人员探讨新闻学术理论、交流新闻实践经验、学习中外新闻知识的一个园地”。[129]从创刊的1983年到

1987年，《新闻记者》的期发行数由1万多份增长到将近6万份。1988年起，《新闻记者》改由上海市社会科学院新闻研究所主办。1995年10月31日，经国家新闻出版署批准，《新闻记者》改由新民晚报社、上海市社会科学院新闻研究所联合主办，并以新民晚报社为主管和主要主办单位。以后，《新闻记者》成为一份由文汇新民报业集团与上海市社会科学院新闻研究所共同主办的全国性新闻专业期刊。该刊订阅覆盖面已遍及我国30个省、市、自治区直至海外，成为我国主要新闻业务研究刊物之一。

【《国际新闻界》、《新闻大学》】《国际新闻界》是由中国人民大学新闻系主办的一份侧重于报道国际新闻界动态、研究外国新闻学和传播学的新闻专业学术界期刊。该刊原名《国际新闻界简报》，创刊于1961年4月，当时是一份油印的内部刊物，到1965年5月停刊，共出24期。1979年5月，《国际新闻界》复刊，仍为内部刊物，由张隆栋担任第一任主编（1979—1984）。1979年当年共出版3期、32开本。1980年起改版，改为16开本、季刊。1981年起公开发行，仍为16开本，共64页，季刊，后改为双月刊，直至2006年才改为月刊出版。

《新闻大学》是由复旦大学新闻系主办的综合性新闻学丛刊。该刊创刊于1981年5月，起初是作为新闻学丛书形式出版，故封面未署刊期。1981年12月出版的《新闻大学》第2期才在封面署明刊期。《新闻大学》第一期共128页，篇幅有23.2万字，以后每期篇幅保持在23万字上下。该刊在1982年5月出版了第3期后，从1982年9月出版的第4期起才正式改版为16开本的季刊出版，每期篇幅仍为128页。《新闻大学》首任主编是王中教授，嗣后为姚福申。该刊以大学新闻专业各门课程和基本内容为中心设置栏目，介绍新闻知识，普及新闻教育，辅导新闻学习。创刊后，该刊除发表传统的新闻理论、新闻业务、新闻史类文章外，还开始用很大篇幅来刊登有关“传学”（后来的“传播学”）理论的译介文章。该刊先后由浙江人民出版社和复旦大学出版社出版。

【《新闻研究资料》】《新闻研究资料》是以收集新闻史料和进行史料研究为主要任务的大型丛刊。该刊最初由中国社会科学院新闻研究所《新闻研究资料》编辑室编辑，方蒙（1923年3月6日至2008年11月17日）任主编，中国社会科学出版社出版，新华书店发行。该丛刊1979年8月出版第一期（辑），为16开本。每期（辑）25万字，不定期出版，到1980年底共出版5期。从1981年起，改为32开本，每期（辑）18万字，改由新华出版社出版，全年共出版5期（辑）。从1982年起，再次改由展望出版社出版，年出版6期。到1982年底，一共出了16期（辑），共330万字的宏大篇幅。这16期（辑）《新闻研究资料》内容丰富，涉及的范围十分广泛，既有革命报刊、新闻团体的史料，也有在中国近代、现代史上具有各种影响的报刊史料；既有前辈报人从事新闻活动的回忆、记述和经验总结，也有各个历史时期新闻界著名人物的介绍。为了促进新闻史的研究对现实新闻工作的推进作用，从1982年第十一期（辑）起，又增加了可资借鉴的新闻业务方面的史料，开辟了《社会新闻史料及研究》、《新闻标题史料及研究》、《印象深刻的一次采访》等专栏。

1983年，《新闻研究资料》又恢复由中国社会科学出版社出版，全年出版6期（辑）〔第十七期（辑）至第二十二期（辑）〕。该刊陆续增辟的专栏有《作家与报刊》、《新闻界人物研究》、《新闻界人物访问记》等。到1987年12月，《新闻研究资料》已出至第40期（辑），形成了鲜明的特色，产生了重大的学术影响力。据长期负责该刊编务的阎焕书评介：

《新闻研究资料》主要刊载第一手史料，时间从古到今，体裁不论笔记、书信、回忆录、短篇叙述或长篇记载；内容既介绍革命的报刊，也研究历史上具有各种影响的其他报刊；既有个别报纸的研究，也有重要地区报刊的概貌介绍；既发表革命前辈从事新闻活动的战斗业绩和经验总结，也刊登各个历史时期新闻界代表人物和当事者亲历记、回忆录等。截至目前，它已经介绍过的报刊有延安《解放日报》、《重庆新华日报》、《救亡日报》、《申报》、《大公报》、《新民报》、《中央日报》、《世界日报》以及军队、华侨、少数民族报刊等150多种；新闻界的人物有瞿秋白、邵飘萍、邹韬奋、戈公振、范长江、邓拓、俞颂华、曹聚仁等70多人。此外，还刊登过不少介绍通讯社、广播电台、新闻团体、新闻教育、新闻摄影、新闻编采业务活动和新闻写作等多方面的资料。从1979年创刊到现在（1987年6月——引者注），它已经出版了38辑，发表了各类文章近900篇，累计730多万字。在这个基础上，还编辑了一套《新闻丛书》，已经出版的有夏衍的《白头记者话当年》、张友渔的《报人生涯三十年》、丁浪的《谢觉哉与新闻工作》、张友鸾等的《世界日报兴衰史》、夏衍等的《报告文学及其写作》、王淮冰等的《印象深刻的一次采访》等八种，抢救、保存了大批宝贵的资料，为广大新闻史、新闻理论教学研究工作者和新闻工作者提供了丰富的素材。日本关西大学足立利雄教授在《中国新闻史研究》一文中，曾五次引用《新闻研究资料》登载的文章。

《新闻研究资料》能够受到读者的欢迎，是由于它拥有一支力量雄厚的作者队伍。其中，有至今仍战斗在新闻第一线的萨密了、熊复、田流、林里、金凤等老主编、名记者；有已经脱离新闻工作岗位或退居二线的陆定一、夏衍、张友渔、廖井丹、李锐、温济泽、石西民、戈宝权、黎澍、陆诒、于刚、徐迈进、胡绩伟、陈翰伯、陶菊隐、顾执中、徐铸成、陈铭德、邓季惺、马荫良、张友鸾、冯英子、王淮冰等老一辈新闻工作者；有新闻教学和科研岗位上的专家学者王中、方汉奇、宁树藩、甘惜分、张之华等；有近年来在新闻战线上相继涌现的大批新秀；还有长期在海外从事新闻工作或新闻教学研究的华裔学者赵浩生、潘贤模等。由于他们的努力和支持，《新闻研究资料》才得以顺利成长。[13]

《新闻研究资料》从1979年8月创刊到1993年春终刊，共出版61期（辑），先后发表了1 000多篇新闻史料方面的文章和资料。1993年4月，国家新闻出版署期刊司批复同意新闻所主办的《新闻研究资料》更名为《新闻与传播研究》出版。

1994年起，《新闻与传播研究》综合性新闻学术季刊出版，仍由中国社会科学院新闻与传播研究所主办。该刊创刊号（第1期）首载《致读者》中谈到，《新闻与传播研究》将具有以下几个特点："一是如刊名所表示的，把新闻学研究与传播学研究结合起来；二是重视百家争鸣；三是重视海内外的学术交流。"该刊的主要栏目有《理论探讨》、《史论》、《应用新闻学研究》、《调研报告》、《广电研究》、《新闻界人物》、《国外及港台新闻界》、《新闻法规研究》等。该刊第一任主编孙旭培。

【20世纪80年代创刊的三部年鉴：《中国新闻年鉴》、《中国广播电视年鉴》、《中国新闻摄影年鉴》】80年代初起，我国新闻传播业界先后创刊了三部按年度分册出版的年鉴类大型工具书。它们是：①《中国新闻年鉴》（1982年卷）（中国社会科学出版社，1982

年出版）。其为新中国成立以来创刊的第一部新闻类大型资料性年刊，由中国社会科学院新闻研究所主编，16开本，分精装、平装两种版本，篇幅百万字左右。《中国新闻年鉴》（1982年卷）首载张友渔所作《发刊词》云：“我们编辑出版这部《中国新闻年鉴》正是为了比较系统而全面地反映中国新闻事业的状况，为广大读者，特别是新闻工作者、科研工作者提供和积累资料，增进知识，交流情况。”接着刊登安岗的重要文章《新闻事业的春天》。《中国新闻年鉴》（1982年卷）资料丰富翔实，“它主要记录了1980—1981年全国新闻界的实践，同时也收集了新中国成立三十二年来新闻实践活动的资料，有的还追溯到更远的源头（《中国新闻年鉴》1982年卷第606页所载《编后》）”。其具体内容分九大部分：中国新闻事业发展概况、新闻工作文献、新闻学专论、中国新闻机构、中国新闻团体、1981年中国重大新闻和重要评论、中国新闻界记事（1980—1981）、中国报纸出版发行简目及各报（台）重要栏目选介、中国新闻书刊简目。《中国新闻年鉴》编辑委员会主任委员安岗、副主任委员戴邦。具体编务由中国社会科学院新闻研究所承担，编辑部主任钱辛波，副主任何光先。《中国新闻年鉴》从1982年起，每年出版一卷，刊登前一年新闻传播业界的活动及大量丰富的文字、图片、资料及统计数据，每卷16开本，篇幅140万字左右。该年鉴自1982年创刊以来，始终遵循“记录昨天、启示明天、服务现实”的办刊宗旨。2000年，编委会又提出了“高、新、精、实、全、特”六字方针，即“高，就是要站在全局的高度去把握全局的导向；新，就是突出反映上一年新闻工作的新精神、新做法、新经验和新成果；精，就是内容精当，编校精心，印装精美；实和全，就是内容要全面、完整、充实、准确，不要大块文章，不要空话、套话；特，就是要突出当年的新特点和新闻界的特色”[33]。1993年4月起，经国家新闻出版署批准，《中国新闻年鉴》作为期刊出版，国内外公开发行。因此，新闻年鉴1994年卷是该刊连续出版的第十三卷，也是其改版后出版的第一卷。②1987年5月，《中国广播电视年鉴》（1986年卷）由中国广播电视出版社正式出版发行，这是在新时期我国出版的第一部广播电视年鉴。《中国广播电视年鉴》（1986年卷）为16开本，篇幅超过160万字。主编辑谢文清，副主编李振水、赵永福、王珏、裴玉章，编辑部主任由王珏兼任。《中国广播电视年鉴》（1986年卷）首载《编辑说明》云：“《中国广播电视年鉴》是反映我国广播电视事业基本情况和发展变化，主要反映上一年全国广播电视事业基本情况和发展变化的资料工具书，内容主要反映上一年全国广播电视系统的重大事件和各方面工作的新情况、新资料”；“本年鉴从1986年起，每年编印一册”，“1986年刊为首卷，出版精装本和简装本两种”；“本年鉴1986年刊系首卷，发表党的十一届三中全会以来的资料，其中以1985年的资料为重点，兼及人民广播事业诞生45年以来的有关历史资料，由有关方面的专家、部门负责人和专业人员撰写”。③1987年，中国新闻摄影学会编辑的新中国第一部新闻摄影年鉴《中国新闻摄影年鉴》由新华出版社正式出版。新闻摄影年鉴编委会主任蒋齐生、主编胡颖。该年鉴刊出1979年至1987年间我国新闻摄影作品152幅（组），文字资料23万字，包括中国新闻摄影事业发展概况，毛泽东、周恩来等党和国家领导人关于新闻摄影工作的谈话和题词，有关中国摄影学会成立的资料、中国新闻摄影机构介绍、新闻摄影界大事记，以及新闻摄影书、刊、研究文章、画册目录等内容。

【中央级媒体与各省、市、自治区媒体出版的一批新闻专业刊物及广播电视专业刊物】（1）中央级媒体创办的新闻专业刊物。主要有：①解放军报社主办的《新闻与成才》月刊，1985年1月创刊。该刊是我国创刊最早的较有影响的新闻专业期刊之一，也是我军唯一对外公开发行的军事新闻业务杂志。该刊创办的历史较长，最早的刊名叫《解放军报通讯活页》，属于内部发行刊物，于1958年5月26日内部出版发行第一期。该刊为32开本刊物，每期页码不固定。1959年改为《解放军报通讯》，定为月刊，每期32页。1983年1月，该刊扩版，由32开本扩为16开本、由32个页码增为48个页码，并公开发行。1985年1月，《解放军报通讯》更名为《新闻与成才》。2001年1月，《新闻与成才》再次改名为《军事记者》出版。2002年1月，《军事记者》扩版，由小16开本扩为大16开本，页码由48个增为72个，彩页从4个增加到8个。[132]②工人日报社主办的《新闻三昧》月刊。该刊由工人日报通联部主办，1984年1月创刊，16开本，56页，自办发行。主要内容有新闻写作文摘、新闻界新闻、新闻自修辅导等。该刊创办后兼中国工人报刊协会、中国企业报协会会刊。③《新闻学刊》。该刊是中国新闻学会联合会和中国社会科学院新闻研究所主办的新闻理论刊物，1985年7月在北京创刊，双月刊，到1989年第三期起停刊。该刊的宗旨是：坚持四项基本原则，坚持百花齐放、百家争鸣、理论联系实际的方针，对现实新闻工作中的重大问题进行学术性探讨，以促进社会主义新闻学术研究和新闻事业的发展与繁荣。设有《专论》、《问题探讨》、《新闻学术观点介绍》、《外国新闻研究》、《新闻摄影》、《新闻史料》等栏目。④新华社主办的《新闻业务选编》。该刊为半月刊，16开，32页，内部发行。该刊历史较久，1951年1月，新华社即开始出版《新闻业务选编》内部不定期刊物，32开本。1956年10月改为16开本，月刊（有一段时间改为半月刊）。1960年6月（总第86期）后停刊，1960年8月后被合并到《新闻战线》。1988年1月复刊，仍是一份内部发行的参考信息类性质的新闻业务专业半月刊。到1999年改名为《新闻业务研究》公开发行，其内容也相应发生了很大变化，“从最初‘展示新华社新闻业务研究成果的窗口’，延伸到‘连接媒体用户的桥梁’，从最初提供新华社的采编经验、业务探讨，到逐渐将视角转向整个新闻界，充分利用全国唯一一份新闻专业半月刊的优势，专题探讨业界所面临的热点、难点、焦点问题”[133]。

（2）各省、市、自治区“记协”及党委机关报主办的新闻专业刊物。主要有：①甘肃日报社创办的内部研究性刊物《新闻理论与实践》。该刊物于1979年5月1日出版第1期，4开4版报纸型。在第1期一版头条位置刊登了《甘肃日报》总编辑刘爱芝的文章《解放思想　研究问题》，文中提出当前所需要探讨的一些新闻学理论问题。这是粉碎“四人帮”后较早出现的一份勇于探讨问题的新闻业务刊物。该刊先是每月一期，1981年4月起，改为半月刊。4开4版，定价4分，内部发行。②中共山西省委宣传部主管、山西省“记协”主办的《新闻采编》。该刊于1982年创办，是我国省办新闻专业刊物中出现较早的一种。该刊原名《新闻战士》，1959年1月创刊。后改名为《山西日报通讯员》，以后停刊。1982年复刊时为双月刊，16开，48页，邮发。③新华日报社主办的《新闻通讯》。该刊于1984年1月创刊，月刊，32开本，公开发行。1993年由32开本改为16开本。2003年1月改名为《传媒观察》月刊，由新华日报报业集团主办，大16开本，64页。该刊1984年起被评定为全国核心新闻专业期刊。④陕西日报社主管，陕西日报社、陕西省“记协”、陕西省新闻研究所主办（后深圳商报也加入）的《新闻知识》。该刊于1984年7月1日创刊，原名《新闻研究》季刊。后改名为《新闻知识》，月刊，16开本，64页篇幅，邮发兼自发。曾多次被评为全国新闻学核心期刊和陕西省一级期刊。⑤大众日报、山东省“记协”、省新闻学会主办的《青年记者》。该刊于1985年1月创刊，月刊，大16开本，72页。从历史渊源来看，《青年记者》应是我国创刊最早的新闻专业期刊，其前身为1941年7月由革命根据地《大众日报》出版的《记者生活》。⑥黑龙江省“记协”、黑龙江省新闻学会和黑龙江省新闻研究所主办的《新闻传播》。该刊于1985年2月在哈尔滨创刊，16开本，季刊（分春、夏、秋、冬季号出版），自发。1994年起改名为双月刊，2002年改为月刊，大16开本，72页，邮发。⑦四川日报、四川省“记协”、四川省新闻学会主办的《新闻界》。该刊于1985年3月在成都创刊，双月刊、公开发行。⑧辽宁日报社主办的《记者摇篮》。该刊于1985年7月创办，其前身为《辽宁日报通讯》，32开本。改名《记者摇篮》后，为大16开本，64页篇幅，自办发行。⑨贵州日报社主办的《新闻窗》。该刊于1987年2月创办，双月刊，大16开本，48页。自办发行。⑩河南日报社主办的《新闻爱好者》。该刊的前身是《河南日报通讯》（内刊），1986年1月改为《新闻爱好者》公开发行，月刊。⑪内蒙古自治区“记协”、内蒙古自治区新闻研究所主办的《编采之友》。该刊于1986年2月在呼和浩特创刊，内部刊号，16开本。后改名《新闻论坛》，双月刊，大16开本，48页，自办发行。⑫湖北省宜昌日报社主办的《地市报信息》。该刊于1987年在湖北省宜昌市创刊，后由中国地市报研究会主办，改名为《中国地市报人》。1994年有了公开发行的刊号，成为“中国地市报研究会”会刊。该刊为月刊，16开本，每期56页。⑬广西“记协”、广西新闻学会主办的《新闻潮》。该刊于1988年9月在南宁创刊，季刊，公开发行。⑭湖北日报社、湖北省“记协”、湖北省新闻学会主办的《新闻前哨》。该刊于1988年11月创刊，月刊，大16开本，64页，自办发行。⑮安徽省“记协”、安徽省新闻学会、安徽日报社主办的《新闻世界》。该刊于1989年1月创刊，双月刊，公开发行，每期48页。其前身为安徽日报新闻研究室主办的《安徽新闻阵地》，1982年1月20日试刊。该刊为双月刊，16开本，32页篇幅，半公开发行。后改为《新闻世界》，公开发行。

（3）广播电视专业研究刊物的创办。“文革”前，我国曾出版过几份广播电视类的专业刊物，其中较为著名的有《广播业务》（月刊）。该刊是中央广播事业局编印出版的业务刊物，于1955年6月起试刊两期；同年10月正式创刊，不定期出版。到1958年，共出13期。1959年1月起改为月刊，至1966年5月停刊，共出102期，前后发表文章1 500多篇，成为“文革”前影响最大的广电业务刊物。该刊曾刊登大量有关广播、电视业务及理论方面的研究文章，现已成为研究新中国广电业史及广电学术史的重要资料。“文革”中，仅有的几份广电刊物基本上停刊。新时期开始后，广播电视研究刊物开始大批涌现。据不完全统计，“到1984年底，全国仅地方性广播电视刊物就有64种之多（其中公开发行的17种）”[134]。从1985年起到1989年底，又先后出现了几份重要的广播电视研究刊物。

20世纪80年代创办的广播电视刊物中较为著名的有如下几种：①《北京广播学院学报》（季刊）。该刊是由北京广播学院主办的研究广播电视的业务性、理论性刊物。16开本，90多页篇幅。1979年9月创刊，1983年2月起公开出版发行。主要刊载广播电视采编、播音、节目编排制作等方面的研究文章，每期发行约4 000份，最高时曾达6万份。编辑部主任袁方。②《新闻广播电视研究》（双月刊）。该刊是由北京广播学院新闻研究所主办的学术性刊物，于1981年4月创刊。原为内部发行，1984年6月开始公开发行（由中国广播电视出版社出版）。该刊以刊登广播学术研究文章为主，公开发行后，除继续保持其理论研究特色外，还兼顾业务性和知识性，同时评介国外广播电视理论论著、介绍国内外广播电视业发展动态。16开本，48页篇幅，逢双月25日出版。早期主编为康荫。1990年1月停刊，并入《北京广播学院学报》。③《中国广播电视》（月刊）。该刊于1982年7月13日创刊，是广播电视部主办的以国内外广大听众、观众为对象的广播电视部综合性杂志。16开，48页，每期刊登彩色图片12页，每月4日出版。该刊由《中国广播电视》编辑部编辑、中国广播电视出版社出版，编辑部负责人裴玉章。编辑部下设5个编辑室，并在全国各地广播电视系统聘有特约记者。该刊内容包括：向广大读者介绍广电战线上的各种情况，帮助读者听好广播、看好电视；评论广播电视的各种节目，传播有关视听知识，提高读者的鉴别能力和欣赏水平；及时反映听众、观众、读者对广播电视节目的意见、要求和建议。《中国广播电视》每期发行10万份左右，国外发行近百份，是当时影响比较大的广电专业刊物。1987年1月改名为《中国广播影视》（月刊）继续出版，其选材范围增加了电影和音像方面的内容。④《广播电视战线》（月刊）。该刊也是由广播电视部主办的一份业务宣传刊物。其前身为《广播电视》月刊，1983年10月起试刊一年。1984年10月5日正式创刊，由广播电视部地方宣传局编辑，中国广播电视出版社出版。创刊号刊登吴冷西写的发刊词《大家办，大家看》中云："《广播电视战线》的任务，就是以宣传工作为中心，开展经验交流和业务研究，为提高节目质量，开创广播电视宣传工作新局面服务。""为了办好这个刊物，最重要的是要依靠全国二十万广播电视工作者的智慧和力量。……《广播电视战线》大家办，大家看。""随着拨乱反正取得的重大胜利，广播电视战线的同志按照党的实事求是的思想路线逐步解放思想，注意研究广播电视的特点和规律，坚持自己走路，扬独家之优势，汇天下之精华，路子越走越宽广，各类节目在宣传改革和改革宣传中不断创造新成果、新经验，这些更需要加以总结，在《广播电视战线》这块园地里，互相探讨，互相切磋，达到共同提高的目的。"该刊1986年6月并入《中国广播电视》杂志。[135]⑤《中国广播电视学刊》（16开本、双月刊）。该刊是由中国广播电视学会、广播电影电视部政策研究室主办的学术性刊物。1987年7月创刊。因尚未办妥期刊登记手续，创刊号作为内部资料印发一万册，免费向学会会员和各级广播电视机构赠阅。此后才正式出版。该刊是当时全国性、层次较高的广播电视学术刊物，辟有《专论》、《经验谈》、《节目评议》、《调查报告》、《环球听视》、《译文》等栏目，刊登探讨广电改革和新闻改革的专文，广播电视学的理论、历史，应用研究的论文，广电业发展战略研究和决策研究的论文，以及广电业务经验谈、节目评议、书刊评论等类文章。

（二）新闻学研究的深入及研究领域的拓展

1978年春起，特别是中共十一届三中全会以后，我国的新闻传播业迎来了"自己的明媚的春天"（安岗《新闻事业的春天》）。与此同时，我国的新闻研究事业也贯彻"百花齐放，百家争鸣"的方针，坚持实事求是的学风，秉承改革开放的原则，蓬蓬勃勃、空前活跃地开展起来。

首先是一些新闻院系的复办和新闻研究机构的设立，使新闻研究队伍迅速壮大。1978年8月，中国社会科学院新闻研究所成立，这是新中国设立的第一个专门的国家级新闻研究机构。此后，全国大部分省、市、自治区的政宣部门及省委机关报都建立了新闻研究所（室），并出版新闻研究刊物。中国新闻学会联合会及各省、市、自治区新闻学会、各专业新闻学会也纷纷成立，组织开展各种新闻学术活动。1978年9月，中国人民大学复校，该校新闻系也随之复系。同月，暨南大学复校，也正式建立新闻系。1978年10月，中国社会科学院研究生院新闻系第一批研究生入学。这些新闻院系的师生成为我国新闻学研究的骨干力量。此后，我国新闻学研究活动空前活跃起来。与此同时，从1978年起，传播学的研究也在我国悄然兴起。到80年代，传播学渐成“热门”，90年代成为“显学”。

20世纪80年代新闻学及传播学研究成果丰硕，出版了大量的著作。据不完全统计，从1979年到1989年，全国共出版新闻传播学书籍1 080种，这是新中国成立后到“文革”前17年间（1949—1966）所出250种新闻学书籍总数的4倍多。从内容上看，总的来说，无论广度或深度，都在很大程度上超过了以前新闻学著作的水平。80年代的这10年间，中国的新闻研究人员在新闻改革的过程中贯彻解放思想、实事求是和“百花齐放、百家争鸣”的方针，摆脱了长期以来保守、封闭的“左”倾错误思想的束缚，大胆地冲破了许多“禁区”，使新闻学研究领域大大拓宽。这10年新闻学研究的成就主要反映在以下几个方面：

（1）新闻理论研究。中共十一届三中全会以后，新闻理论研究摆脱了过去“左”的错误思想的严重束缚，获得了很大的解放，对一些重大敏感的新闻理论问题进行了反思和重新评估：①关于新闻事业是不是“阶级斗争工具”的讨论。1957年“反右”之后，“报纸是阶级斗争的工具”之说已成定论。谁若怀疑，轻则被批判，重则被扣上“帽子”。“文革”中，“报纸是阶级斗争的工具”又上升为“报纸是无产阶级全面专政的工具”。“文革”之后，有人开始对这一口号产生了怀疑。1979年起，就这个问题终于展开了讨论。1980年春，中共中央为刘少奇同志平反昭雪，新闻界也彻底批判了林彪、“四人帮”对刘少奇新闻思想的种种歪曲和诬陷，充分肯定了刘少奇新闻思想的正确和重要意义，同时还对“报纸是阶级斗争的工具”这一极重要的观点进行讨论和重新评价。普遍认为，在社会主义建设新时期，以经济建设为中心继续强调“工具论”是非常有害的。②关于报纸党性和人民性的讨论。粉碎“四人帮”以后，关于报纸的党性和人民性问题被重新提出来。先是出现于1979年3月的第二次全国新闻工作会议上，同年7月在上海复旦大学举行的新闻理论座谈会上也曾提出来加以讨论，1980年5月在兰州举行的新闻学术讨论会上，对这一问题的讨论更为热烈。当时提出“党性和人民性”这一问题来讨论是有其历史原因的，即时新闻界正在总结十年“文革”的惨痛教训，有的同志提出，当党的领导发生失误，违背人民的意愿时，报纸怎么办？新闻界有两种观点：一种认为党犯错误，报纸无能为力，只能跟着犯错误。另一种认为党的领导人犯错误时，报纸要坚持“人民性”，要站在人民的立场说话，至少不要去推波助澜，以减轻错误的危害程度。由于这一问题十分复杂、重大，牵涉面很广，讨论最后中止。③关于新闻真实性问题的讨论。1980年5月，在兰州召开的西北五报新闻学术讨论会上对新闻真实性问题进行了讨论。1985年5月，在合肥又召开了新闻真实性问题的专题学术讨论会。围绕这一问题，这两次学术讨论会和全国各新闻业务研究刊物上发表了上百篇论文，对诸如事实真实、狭义真实、广义真实、微观真实、宏观真实、局部真实、整体真实、现象真实、本质真实等问题进行了探讨。④关于新闻指导性的评论。一种观点认为新闻指导性的提法值得商榷，报纸和读者的关系不是上下级的关系，报纸也不起法规和文件的作用。指导性往往带有强制性，一旦指导有误，为害甚烈，故主张不提指导性为好。一种观点认为无产阶级新闻从来就重视新闻指导性，指导性是党报最大的功能之一，不是提或不提的问题，无产阶级新闻事业就是要起指导作用。⑤关于新闻与宣传关系的讨论。这也是80年代以来我国新闻学术界讨论较热烈的论题之一。讨论者一致认为：宣传是新闻的重要功能之一，但不是所有的新闻都是宣传。与此论题相关联是关于新闻价值的讨论。过去凡是提到“新闻价值”这一概念，就被视为资产阶级新闻观点，故一向避而不谈。“四人帮”垮台后，在看到我们的媒体（包括报纸、广播、电视）刊载或播出的新闻常常使人感到枯燥乏味（如大量的会议报道），受众（读者、听众、观众）不爱读、不爱听、不爱看时，许多人终于发现，这正是由于缺乏“新闻价值”的缘故，这样就引起了新闻学术界对这一问题的重视和讨论。学者们认为，报纸是办给读者看的，读者爱看有新闻价值的新闻，如果我们尽把没有新闻价值的，或者新闻价值很低的东西给读者，读者当然不愿意看。80年代中期，有不少文章探讨用什么标准来衡量新闻价值：有从传播者的角度来衡量新闻价值的，有从接受者的角度来衡量的，有从新闻事实本身来衡量的，有从社会效果来衡量的，也有从几种情况的综合来衡量的。⑥关于报纸（广播、电视）开展批评报道与舆论监督的讨论。80年代初及80年代末关于这一问题曾引起过热烈的讨论。如1980年初，胡绩伟还写过一篇《把报纸批评当成一门学问来研究》的文章。强调报纸批评的“重要性”，探讨报纸批评的方式、方法，影响很大。[136]到80年代后期，关于新闻媒介舆论监督作用的议题又成为热门话题。[137]此外，在80年代新闻理论研究和学术讨论中，曾经围绕新闻事业的性质、任务和作用，新闻改革及新闻观念的更新、“新闻”定义及西方“传播学”等重要的理论问题进行了探讨和争鸣，极大地丰富了新闻理论研究的内涵，拓宽了研究的领域。

80年代新闻理论方面有较大影响的著作有：甘惜分的《新闻理论基础》（中国人民大学出版社，1982年出版），该书是新中国成立后我国（除港台地区之外）第一部新闻理论著作。王中的《新闻学原理大纲》（载《新闻研究资料》第36辑，1986年12月出版），该大纲虽只有5万字左右的篇幅，但观点新颖、见解独到。该大纲写作于1956年，后经过修改增补，重新公开发表，在当时影响很大。[138]

（2）中国新闻传播史的研究。1978年到80年代，中国新闻传播业史，特别是中国报刊史的研究，成为中国新闻学研究的一个重点。从70年代末80年代初起，大学的新闻院系、中央及地方新闻研究机构的新闻史研究工作者，坚持以马克思主义为指导，努力消除新闻史研究工作中的“左”的影响，开始了对中国新闻通史、断代史、编年史、地方新闻史的研究工作。有的在80年代初及中期即见成效，有的到90年代前期才全部杀青完稿出版。

80年代初中国新闻史研究的代表作有方汉奇著的《中国近代报刊史》（上、下册）（山西人民出版社，1981年出版，1983年经作者修订再版），这是我国解放后（除港台外）第一部中国近代报刊史专著，也是继戈公振《中国报学史》之后的又一部报刊史力作。

（3）新闻业务研究。新闻业务研究主要包括对新闻的采、写、编、评的研究。80年代初研究新闻实务的较有影响的著作有郑兴东、沈史明、陈仁凤、包慧等编著的《报纸编辑学》（1982年出版），该书是新时期中国大陆地区第一部报纸编辑学著作。艾丰的《新闻采访方法论》（人民日报出版社，1982年5月第一版）是新时期中国大陆地区出版的第一部新闻采访学著作，该书1987年曾获“吴玉章奖”新闻学著作优秀奖。1993年，艾丰又出版了《新闻采访方法论》的续篇或称姊妹篇——《新闻写作方法论》（人民日报出版社，1993年1月出版），同样获得读者的赞誉。

此外，在80年代，与新闻传播相关联的边缘学科的研究也开始起步，如对新闻事业经营管理的研究、读者调查及新闻受众研究、新闻法制与新闻道德新闻伦理的研究、舆论学研究、宣传学研究、公共关系学研究等。

（三）传学东渐记——大众传播学引进中国考

传播学（Science of Communication）是研究人类社会信息流通及交流规律的一门新兴学科。该学科于20世纪三四十年代在美国诞生，五六十年代有了很大的发展，成为风靡一时的热门学科。从50年代到70年代，西欧、日本、南斯拉夫、苏联等社会制度不同、位于世界不同地区的国家也都开始引进和研究传播学。我国也是世界上最早引进传播学的国家之一。50年代中期，我国即有人开始引进传播学。1957年6月后，由于反右斗争开始，我国传播学引进工作中断。“文革”中就更加没有条件引进传播学了。

从1978年起到80年代初期，我国新闻学者们打破“文革”中的“封闭”与禁锢，开始将国外“大众传播学”理论全面、系统地引进中国，这是当时我国新闻学界的一件大事。此举对我国新闻传播业的发展及新闻学研究领域的拓宽，有巨大、深远的影响。我国的新闻学者及我国最早一批传播学者，如郑北渭、刘同舜、陈建德、张隆栋、陈韵昭等，对大众传播学的早期引进作出了很大贡献。20世纪50年代中期创办的《新闻学译丛》及《国际新闻界》是我国最早一批刊登评介“大众传播学”文章的学术刊物，其功莫大焉。

【20世纪50年代中期，《新闻学译丛》对“大众传播”学的最早引进】“传播”一词，渊源甚早。据考证，“传播”一词最早见于《北史·突厥传》中的一段记载：“以敕有司，肃告郊庙，宜传播天下，咸使知闻。”[139]这是中文“传播”一词最早之语源，至今已有1 400年以上的历史了。而在20世纪50年代中期，我国新闻学者却把“Mass Communication”（大众传播）译为“群众交通”、“群众思想交通”，把“大众传播媒介”翻译成“群众交通机构”或“群众思想交通工具”。

我国最早引进“大众传播学”是从复旦大学新闻系开始的。1956年初到1957年6月，我国新闻业界及学界曾开展过短期的新闻改革活动。在此期间，复旦大学新闻系在系主任王中的领导下，走在新闻改革的前列。在改革中，为了借鉴外国新闻业界、学界的经验，他们特地办了一份专门译介外国新闻界情况的刊物。1956年3月20日，复旦大学新闻学编印的《新闻学译丛》第1期出版（5月30日再版）。1956年中，该刊共出三期；到1957年6月止，又出两期，前后共出五期。《新闻学译丛》1956年第1期（3月20出版）首载《编者的说明》云：“《新闻学译丛》是以介绍苏联、各人民民主国家和资本主义各国共产党、工人党和进步报刊的工作经验为目的的一个期刊，它可以作为各兄弟学校新闻系的教师和学生，以及新闻工作者、宣传鼓动干部进行研究与工作的参考读物。”因此，第1期的内容译载了苏联联共（布）中央有关报刊的文件。《新闻学译丛》1956年第2期（6月5日出版）除继续译载苏联报刊社论、联共（布）中央关于报刊工作的文件、苏联新闻事业概况等资料外，增加了介绍“资本主义国家的新闻事业”的内容，包括《美国报刊简史》、《美国报纸的组织机构》、《美国报纸和报人》、《哥伦比亚大学新闻系》等译文。

《新闻学译丛》从1956年第3期起，开始引进“大众传播学”的概念。该期刊登的、由刘同舜翻译的《拆穿自由、独立报纸的西洋镜》一文中，他首次将“大众传播媒介”及“大众传播工具”译成“群众交通机构”，并谈到：“（美国）群众交通机构是一种大企业，它们的老板就是大企业家。战前，美国消费者在四万家群众交通机构方面花了25

亿美元。相当于该年总消费数的二十七分之一。”“单是广告费这一项，‘消费者’向‘群众交通’企业的支出已年达65亿元之巨。”[140]

《新闻学译丛》1957年第1期（3月5日出版）刊载的、由郑北渭翻译的《美国报纸的职能》一文中，郑最早正式地把 Mass Communication 译作“群众思想交通”。他还在该译文中云：“报纸是‘群众思想交通’（Mass Communication）工具之一。其他主要的‘群众思想交通’工具有杂志、广播、电影等。这些工具有一种到三种的职能，它们可以传播消息和知识，可以用言论来影响群众，最后是一种娱人的作用。要做到企业化，它们最起码要能很成功地做好三种（功能）之一。”[141]

【20世纪70年代后期《外国新闻事业资料》、《国际新闻界》对“大众传播学”引进的贡献】在1957年6月《新闻学译丛》停刊21年之后，1978年7月，复旦大学新闻系继承当年《新闻学译丛》的传统，又创刊了《外国新闻事业资料》期刊。该刊第1期首载《编者的话》云：“本刊将有重点地译载和介绍反映外国新闻事业情况和动向的材料、新闻学论文和新闻教育方面的文章等，为本系师生提供研究和批判的资料。这些资料较大部分译自资本主义和苏修集团的书刊，政治观点和新闻观点是反动的，有些事例和数字可能与实际情况有出入，只能供读者参考，请勿公开引用。”该刊初为不定期出版，后为季刊，小32开本。刊物装帧简陋，而内容丰富充实，每期100面左右，而1979年第4期达180面的篇幅。该刊从1978年7月创刊到1978年12月，共出两期；到1979年9月又出4期，前后共出6期。主编舒宗侨，后由郑北渭担任主编。

1979年12月，《外国新闻事业资料》改名为《世界新闻事业》，于1980年春出版第1期（总第7期）。该刊仍是季刊，每三个月出一期，内部发行。1980年下半年，《世界新闻事业》出版第3期（总第9期）后停刊。

从《外国新闻事业资料》1978年7月创刊到1980年9月《世界新闻事业》停刊，这两个刊物在两年多的时间里，先后刊登了不少介绍、评论“大众传播学”的文章。如《外国新闻事业资料》1978年第1期第10页开始刊登郑北渭翻译的《美国资产阶级新闻学：公众传播（Mass Communication）》，该文摘自华伦·K. 艾吉等著的《公众传播工具概论》。文章认为，“公众传播有四个方面需要我们研究：公众传播者，信息或讲话内容，传播渠道，被传播对象即观众或听众”。基于此，该文主要阐述了“公众传播工具的意义”、“公众传播工具”的种类、对“被传播对象”（读者、听众和观众）的一些调查，等等。

《外国新闻事业资料》1978年第2期刊登陈韵昭翻译的《公众传播的研究》。该文摘译自美国埃德温·埃默里等著的《公众传播概论》（1971年版），主要阐述了“为什么要研究公众传播”、“公众传播有哪些类别”，包括“读者群的研究”、“读者、观（听）众的研究”、“编排的研究”、“舆论的研究”、“内容分析”、“宣传效果的研究”、“对宣传人员的研究”及“创造性的研究”等内容。同期还刊载了陈建德、欣文宪摘译的《菲律宾大学公众传播学院教学大纲》。

1978年10月，日本新闻学会会长、日本东京大学新闻研究所教授内川芳美访问中国，他分别在北京、上海介绍了大众传播学的研究状况。10月14日，他在中国社会科学院新闻研究所给该所80多位在读的第一届研究生作了学术报告。10月21日，他又到上海复旦大学新闻系演讲日本传播学研究的历史与现状。

《外国新闻事业资料》1979年第1期（总第3期）刊载内川芳美教授的《日本公众

传播的历史和现状——1978年10月21日在复旦大学新闻系的讲话》一文。该文由朴昌根译，仰文渊、周义澄校订，比较全面、系统地介绍了日本及世界上（主要是美国和德国）新闻学研究、“公众传播”学研究的历史。文中云：“世界上的新闻研究有两大潮流，其一是美国式的实用新闻研究。在美国，以提高商业新闻和新闻记者水平为目的的新闻学的研究和教育从二十世纪初就开始了。以1908年密苏里大学设置新闻学院为首创阶段，新闻教育作为大学水平的职业教育开始了。”“另一个是德国的理论研究潮流。十九世纪末，德国出现了对新闻学术关心的高潮。1910年在法兰克福召开的第一次德国社会学大会上，有名的社会学家马克斯·韦贝尔（Max Weber）指出：‘社会有必要进行最纯粹的科学研究的第一个题目是新闻的社会学。’到1916年在莱比锡大学设立了最初的新闻研究所，德国的新闻学不是停留在以具体的报纸材料为对象，而是寻求从普遍概念形成的抽象理论。其目标是确立一个具有理论体系的新闻学。”日本的新闻学研究起步甚早，“最早是1899年出版的松本君平著的《新闻学》。以后，日本的一些热心的人——大部分是新闻记者——出版了一些新闻的先驱性的著作”，如杉村广太郎著的《最新新闻学》。“杉村是东京《朝日新闻》社调查部部长。”“至于在日本正式开始有关新闻学术研究”，“即从1929年创办东京帝国大学（东京大学的前身）文学院新闻研究室开始的”。这个新闻研究室的第一位主任是小野秀雄。小野秀雄在1923年公开发行了《日本新闻发展史》，此书被看作是日本新闻史方面的最高权威的经典著作。小野秀雄是一个具有新闻记者经验的人。另外，“公众传播（Mass Communication）的概念大约在40年代产生于美国，它在学术上被广泛使用是第二次世界大战以后的事。它引入日本，一般认为是40年代末的事情”。“40年代末从美国新传入了公共传播的概念，而这种新概念没有经过多少年就取代了从前的德国新闻学或实用新闻学研究，直到形成了战后日本新闻研究的新潮流。1955年出版了城户和其他三个人编辑的《公众传播讲座》共六卷，这可以说是它的里程碑。”

《外国新闻事业资料》1979年第2期刊载郑北渭译的《民主、舆论与公众传播》，该文摘自美国新闻学者沃伦·K. 艾吉等著的《公众传播概论》（1976年版）。1979年第3期（总第5期）刊载《资产阶级新闻理论介绍：传播学》一文，专门介绍《传播学概论：传媒·信息与人》一书的大致内容及其作者云：“宣伟伯（Wilbur Schramm，又译作“施拉姆”）博士，原为伊利诺大学传播研究中心主任，1956年任斯坦福大学传播学研究所所长，1973年任夏威夷“东西方中心”传播研究所所长。1975年获东西中心‘最高荣誉研究员’衔，英国空中大学荣誉博士衔。著作有《传播媒介与国家发展》、《传播的社会责任》、《传播手册》、《大媒介与小媒介》、《传媒、信息与人》等二十种。1976年接受香港中文大学的邀请，担任‘胡文虎传播讲座’教授。”1979年第4期（总第6期）载陈建德译的《大众传播简年表》（摘自韦尔伯·斯拉姆《大众传播》），该文第一次把Mass Communication译为“大众传播”。

1979年5月，由中国人民大学新闻系主办的《国际新闻界》创刊。《国际新闻界》第1期刊登了该刊主编张隆栋翻译的一篇长文《公共通讯的过程、制度和效果（一）》〔此文的（二）、（三）部分后来又分两期连载〕。这篇文章是当时国内系统介绍传播过程、传播制度和传播效果的一篇重要的传播学长篇论文。

1979年12月，复旦大学新闻系主办的《外国新闻事业资料》改名为《世界新闻事业》继续出版。《世界新闻事业》1980年第3期（总第9期），刊载香港中文大学传播研究中心主任余也鲁译述的《传学新词》一文，第一次对“传学”（communication）、“智据”(information)、“传通”(communication)、“人的传通”(human communication)、“传媒”(medium, 复数 media)、“传播”(mass communication)、“传播媒介”(mass media)、“把关人”(gatekeeper)、“人际传播”(interpersonal communication)、“传者”(communicator)、“受众”(audience)、“信息”(message)、“回报”(feedback，日本人译作“回馈”、“反馈”)、“符号”(sign)、“非语言符号”(nonverbal sign) 等重要的大众传播学名词及概念作了比较详细、准确的解释。

【20 世纪 80 年代“大众传播学”开始全面系统地传入中国】

(1) 80 年代前期，上海、北京、广州三地对传播学的全面引进。

在 1981 年“世界新闻研究座谈会”的发言中，郑北渭谈及西方最近在研究传播学的信息，引起与会者的极大兴趣。会议期间，临时请他作了一个介绍传播学的讲座，大家听后深受启发。

1981 年 5 月，由复旦大学新闻系主编的《新闻大学》丛刊创刊。《新闻大学》创刊时是以丛书形式出版的。它一创刊，便开始刊载陈韵昭等系统介绍传播学的学术论文和译文，以后基本上每期都有这方面的文章。其中较为著名的篇目有：第 1 期首载陈韵昭《传学浅说》，第 2 期第 18 页载陈韵昭《传与传播》，第 5 期第 23 页载陈韵昭《传的周折》，第 6 期第 118 页载陈韵昭摘译的《近来国内有关西方传播学的研究概述》，第 9 期第 78 页载《欧美大众传播研究的传统、特点和发展趋势》等。

1981 年 6 月，中国内地首篇以传播学研究为题、由复旦大学新闻系研究生居延安所撰写的硕士学位论文《美国传播理论研究》通过答辩。早在此之前的 1978 年 9 月，复旦大学新闻系在高年级中就开设了专门介绍传播学的选修课。

1982 年，中国人民大学新闻系编辑出版的《国际新闻界》(季刊) 第 2 期至第 4 期连载刊登了由张隆栋编译，并对大众传播作批判性介绍的《美国大众传播学简述》，这也是我国较早系统评介大众传播学的重要文章之一。

1982 年 11 月 23 日至 25 日，在中国社科院新闻研究所的倡议下，召开了我国第一次有关西方新闻传播学研究的座谈会，5 所高等院校的新闻系和少数新闻单位的新闻教育和新闻研究工作者 30 余人参加了会议。座谈会提出：“‘对西方传播学我们要采取实事求是的态度，不要简单否定，也不要简单肯定。我们要根据中国的实际情况和我国无产阶级新闻事业的传统，对传播学作具体分析；千万不能照抄照搬，我们对它的基本态度，可以概括为四句话，十六个字：系统了解，分析研究，批判吸收，自主创造。……在马克思列宁主义、毛泽东思想指导下，结合中国实际，建立起符合中国国情的、有中国特点的新闻学或传播学，使它在“四化”和“两个文明”建设中发挥作用。’要翻译介绍几本有权威的、有代表性和比较科学的传播学著作，以便对西方传播学的全貌能有比较全面的、准确的了解；可在我国有关报刊上发表一些有分析性的文章；有关院校在有充分准备的条件下，可开设传播学的选修课。”[142]

第一次全国传播学讨论会提出的十六字方针，促进了传播学研究在我国的健康发展。报刊上介绍、评估传播学的文章又多起来了。1983 年，《新闻战线》月刊分七期连续刊登了复旦大学新闻系郑北渭写的《传播学简介》，这是一篇客观、系统介绍美国传播学的原理、模式的文章。《新闻业务》月刊 1983 年第 1 期也登载了作者写的《传播学的形式与发展》(这篇文章为《新华文摘》1983 年 3 月号转载)。陈力丹在《新闻学刊》上发表了《对〈传学概论〉几个问题的不同意见》(《传学概论》为美国传播学者威尔伯·施拉姆著）。1983年7月，暨南大学新闻系系主任马戎写出了《泛论中国式传播学之研究》的万言长文，明确指出："研究中国式传播学，要明确什么才是真正的'中国式'。台湾和香港的学者早就在研究中国（式）传播学，但没有多大进展。他们的路子不对。一是全盘照搬西方传播学理论和模式付诸实践，在实践中验证。这样做，实践上是跟外国人屁股跑，理论阐述上也是为他人作嫁衣。一是拿西方传播学现成理论观点套中国例子，做的是'对号入座'的资料整理工作，或者如经传家作'经注'。……像这样的研究，到底有多少实际意义？"作者接着写道："我们不能走这条路。正如邓小平同志在党的十二大开幕词所指出的：'照抄照搬别国经验、别国模式，从来不能得到成功。'不妨想想：五十年代我们照搬苏联传播模式，建立起'宣传员网'，很快就垮了；我们在农村靠'土广播'上马，逐步发展具有中国特色的'有线广播网'，却越来越显示其强大生命力，引起外国传播者极大兴趣。两个'网'的兴衰表明：只有根据中国国情来进行传播研究，才有前途。"[143]

（2）传学大师及传学集大成者施拉姆访华及其对我国传学深入研究产生的巨大影响。

1982年4至5月间，美国传播学集大成者威尔伯·施拉姆（1907—1987）（Wilbur Schramm，余也鲁译为"宣伟伯"）在他的学生、香港地区著名传播学者余也鲁的陪同下访华。这次活动的缘起是：经过十年"文革"浩劫，我国的教育战线形势严峻，大、中、小学的教师队伍面临青黄不接的局面。广东毗邻港澳，在改革开放的大潮下，广东省政府教育部门视野开阔，决定发展电化教学及教育传播事业，开办"电视大学"，"让少数的优秀教师与优良教材通过录音、录像、广播、电视把知识与技术传递到数目异常庞大的等待教育的儿童、少年与成人那里"。为此，他们组织人员到当时"电化教学"比较先进的香港地区"取经"学习。1981年春，广东省教育厅厅长林川亲自带领一个电化教育访问团到香港访问学习。在香港中文大学传播研究中心演讲室里，余也鲁等人向来自中国十几个省的教育部门负责人及电化教育的策划人介绍了国际上有关电化教学及教育传播方面的一些新发展。接着，广东省华南师范大学校长潘炯华协同李运林、李克东两位教师也来到香港，参观香港的电化教育设施，并向香港中文大学新闻传播系主任、传播研究中心负责人余也鲁发出1982年在国内开办一个全国性的教育传播理论讲习班的邀请。此事得到余也鲁的首肯。随后余也鲁便三次到夏威夷，与他的老师、时年72岁的施拉姆（时任美国夏威夷"东西方中心"传播研究所顾问）商讨讲习班学术报告的内容，进行精心的准备。据余也鲁回忆云："宣韦伯博士已是72岁高龄，对这次演讲也是全力以赴。我们所有的材料都事先写好，用中文印出。同时准备了一套录像示范教材，大多为海外有相当水平的教学片。"[144]

1982年4月中旬，施拉姆、余也鲁等一同来到广州，在广州一共进行了为期六天的学术报告活动，参加讲习班的有来自全国的电化教员三百余人。这之后，施拉姆、余也鲁等又应邀到上海、北京、厦门等地作了一连串介绍西方传播学内容的学术报告，并参加了不少座谈会，进行了充分的学术交流活动。如在北京时，他们到社科院新闻研究所作了学术报告。到复旦大学讲学时，也作了十分精彩的学术报告。复旦的陪同及接待人员有王中、舒宗侨、郑北渭、陈韵昭等。此后，施拉姆和余也鲁将这次的讲稿修订与增补成《传媒·教育·现代化——教育传播的理论与实践》一书，后由高等教育出版社于1988年7月出版。其中，该书第二章至第八章都是在广州讲习班的讲稿整理、修订与增补而成。第一章和第九章则是1983年后，余也鲁教授应西北电化教育协会的邀请所作的学术报告中的两篇整理而成。此外，他们“又把西方与东方四十年来在传播教育与研究上的历史与发展合写了一篇回顾性的文章，刊在本书之首，当作序言”[145]。

（3）我国大众传播学研究的蓬勃发展。

1982年春夏之交施拉姆来华讲学以后，我国传播学研究开始呈现出蓬勃发展的局面。1982年前后，我国与国际传播学界的交流活动亦逐步开展起来。一些传播学者纷纷走出国门，与外国同行们切磋交流，境外学者也纷纷到中国来讲学。如早在1980年1月5日，当时的《人民日报》副总编辑、中国社科院新闻研究所所长安岗赴夏威夷，参加美国东西方研究中心举办的为期10天的亚洲太平洋地区关于国际政治和大众传播的学术讨论会，并作学术报告，最后为会议作总结。1980年12月，复旦大学新闻系郑北渭、居延安等人应邀参加了由美国东西方中心传播研究所主办、在夏威夷召开的国际传播学理论研讨会，会上他们宣读了合作的论文《论中国报纸的改革》。1981年11月，中国和澳大利亚共同在北京举行新闻—传播学讨论会，这是我国新闻业界及学界第一次与西方资本主义国家学者共同研讨新闻传播学问题。根据中国社会科学院同美国科学院的高级学者交流计划，中国社会科学院新闻研究所世界新闻研究室主任张黎从1983年3月9日起，在美国进行了为期两个月的学术访问，重点考察了美国传播学理论研究的历史、现状和美国报业的读者工作。1983年6月，美国加利福尼亚州立大学奇科分校传播系主任祝基滢访问中国人民大学新闻系，并与部分教师座谈，交流和探讨了大众传播学教学过程中的问题。1984年6月间，美国夏威夷大学新闻系主任路特教授到复旦大学讲授传播学。同年，美国西雅图华盛顿大学传播系主任爱德斯坦也来复旦讲学，介绍传播学。美国学者W. 赛弗林作为富布赖特计划的一部分到复旦大学开设传播学课程。北京、上海等地一些新闻单位或新闻系还陆续派人去美国、日本等国留学、进修，研读传播学的基础课程。1986年，张隆栋作为中国学术界代表参加澳大利亚召开的国际大众传播学术讨论会。[146]

到80年代中期，我国传播学研究进一步走向深入。如《新闻学刊》1986年第6期刊登了王志兴的文章《欧洲批判学派与美国传统学派的分歧》，该文对世界两大传播学派——美国的“传播学经验学派”（通常也被称为“传统学派”和“正统学派”）和欧洲传播学界“传播学批判学派”作了比较深入的研究和剖析。与此同时，有不少论文就“创建具有中国特色的大众传播学”进行了有益的探讨。如《新闻学刊》1986年第5期刊登的徐耀魁的文章《试论中国传播学研究的发展方向》和吴文虎的文章《传播学理论架构初探》，还有苑子熙在第二次全国传播学讨论会上的论文《传播学若干原理与应用纲要》和姜克安的论文《我国传播学途径初探》等，都对“创建具有中国特色的大众传播学”提出了很好的具建设性的意见。同期刊登的杨思讯的文章《社会制约简论——谁影响传播》，也全面地探讨了美国传播学界研究不多的大众传播媒介的社会控制问题。这些都是喜人的成果。1986年，由中国社会科学院新闻研究所与中国人民大学新闻系联合召开的全国第二次传播学讨论会在黄山举行，会上提出了“建立有中国特色的传播学”的目标，并明确确定把“新闻传播”作为今后传播学研究的主攻方向。

80年代也出版了一批比较重要的传播学著作及译著，其中有：①中国社会科学院新闻研究所、世界新闻研究室编《传播学（简介）》（人民日报出版社，1983年9月出版）。这是中国大陆地区出版的第一本介绍西方传播学的论文集，共收入明安香《西方大众传播研究概况》、刘有源《美国大众传播研究的现状》、李祖兴《苏联的大众传播研究》、徐耀魁《英国、法国、西德、意大利、日本及南斯拉夫的大众传播研究》、范东生《大众传播研究的发展过程》、刘力群《西方传播学的著名学者》、周致《西方传播学的产生及其与新闻学的关系》、张黎《〈传学概论〉简介》等研究及介绍性文章8篇、传播学译文共2篇。此外还有《大众传播大事年表》、《传播学参考书目》、《中译传播学词汇》等资料性、知识性文章3篇。②美国威尔伯·施拉姆、威廉·波特著《传播学概论》（陈亮、周立方、李启译，新华出版社，1984年9月第1版）。③W. 宣伟伯著、余也鲁译述《传学概论——传媒·信息与人》（最新增订本、竖排繁体字，中国展望出版社，1985年2月北京第一版）。④美国塞弗林、坦卡特著《传播学的起源、研究与应用》（陈韵昭译，郑北渭校，福建人民出版社，1985年9月出版）。该书首载的陈韵昭《译者的话》中云："1981年夏，（我）在夏威夷大学新闻系的资料室里看到得克萨斯大学两位副教授沃纳·J. 赛弗林与小彦姆斯·W. 坦卡德写的这本书，真是喜出望外。""将全书译完后，得我的老师郑北渭教授校阅译稿，勘正了我的不少错误。"⑤英国丹尼斯·麦奎尔、瑞典斯文·温德尔《大众传播模式论》（祝建华、武伟译，上海译文出版社，1987年出版）。⑥戴元光等著《传播学原理与应用》（兰州大学出版社，1988年出版）。⑦美国梅尔文·德弗勒、埃弗雷特·丹尼斯著《大众传播通论》（颜建军等译，应谦校，华夏出版社，1989年出版）。⑧沙莲香主编《传播学——以人为主体的图像世界之谜》（中国人民大学出版社，1990年出版），等等。

四、新闻教育事业的大发展

（一）十年"文革"中饱受摧残的新闻教育事业

我国的新闻教育事业在"文革"中受到严重破坏，经历了一场浩劫。1966年5月间"文革"爆发，全国各地新闻院系师生都"响应号召"，实行"停课闹革命"。不久，在校生陆续结业离校，所有教师除老弱病残者外，全部下放"五七干校"劳动改造。校院系的牌子虽还挂着，但教学活动已完全停止。[147]到了"文革"中期，又开始乱撤、乱并高等院校。如1978年1月21日至22日，全国高等院校调整座谈会在北京举行。根据会议意见，国家计委和国务院科教组于31日向国务院提出《关于高等院校调整问题的报告》。4月，这个报告提交全国教育工作会议讨论，确定将全国原有的417所高等院校，保留309所，合并43所，撤销中国人民大学、中国医科大学、北京政法大学、暨南大学和华侨大学等45所大学，大学改为中专学校的有17所，改为工厂的有3所。全部砍掉的高校共计106所，但另增设了7所大学。大学实行中央统一计划下，以地方为主的学校管理体制。这以后，中国人民大学、暨南大学等校被迫停办。人大新闻系、暨大中文系新闻专业也随之停办。复旦大学新闻系则被该校工宣队指斥为"根本培养不出革命的战斗的新闻工作者"而暂停招生。[148]可以说，从1966年到1971年的5年间，中国大陆地区的新闻教育事业基本上处于停顿和瘫痪状态。

从1970年开始，中国大学在停止招生四年（1966—1969）之后，试点招收工农兵学员，每年仅招4万余人（后来略有增加）。在此背景下，1970年，北京大学开始招收第一届工农兵学员，北大中文系也恢复招生。当时为了向被造反派夺了权的各级党委机关报和各级"大批判写作组"输送干部、培养"笔杆子"，1971年9月，北大中文系正式设立新闻专业，该新闻专业是在原人大新闻系师资的基础上办起来的。1971年1月，原人大新闻系蓝鸿文、秦珪、胡文龙、张昕4位教师调到北大中文系筹办新闻专业。此后不久，人大新闻系被迫停办，新闻系教师全部下放到江西余江县进行劳动改造。直到1973年6月，人大新闻系的教师们才从江西迁回，按建制分配到北大中文系新闻专业。据人大新闻系老师回忆当时情况时说：人大新闻系教师们从江西搬回北大，从整体上保持了这支队伍没有散，人大新闻系的图书资料及设备也一并完好地保存下来，这不能不说是不幸中的幸事了。北大中文系新闻专业在1970年到1976年，一共招收了四届（1973、1974、1975、1976）三年制的工农兵大学生，毕业304名。与此同时，还举办了四期一年制的新闻在职干部进修班，学员共有136名。[149]在此前后，复旦大学新闻系也开始招收三年制的工农兵学员。此外，北京广播学院在“文革”开始即停办，1973年经国务院批准恢复重办，第二年该校部分专业恢复招生。江西大学新闻系于1958年创办，1966年停办。1973年江西大学复办后，又在中文系设置新闻教研室，并于1974年开办一年制的在职新闻干部进修班。其后共办四期，为江西省轮训各级新闻干部约160人。江西大学中文系新闻班于1982年改设中文系新闻专业，招收本科学生；1984年3月正式恢复新闻系。广西大学中文系新闻专业于1972年经教育部批准成立。从1972年至1976年，广西大学中文系新闻专业先后共招收了3个年级的学生，1987年3月建立新闻系。

（二）新闻教育事业的恢复与重建

1977年到1982年是中国新闻教育事业恢复与重建期。

1977年9、10月间，中断11年的高等学校招生考试制度得以恢复，高校招收研究生的工作也同时恢复。是年冬，全国共有570万考生参加了高考，从中录取了27.3万人，录取率为4.7%。北京大学中文系新闻专业和复旦大学新闻系都通过考试录取了以应届高中毕业生为主和因上山下乡而失去念大学机会的往届高中毕业生为辅的本科生，不再以推荐和遴选方式招收工农兵学员，学制都是4年。当时刚恢复招生的北京大学中文系一共设有三个专业，其中，文学专业49人，古典文献专业14人，新闻专业人数最多达70人(一说66人)。北大中文系新闻专业1977级于1978年春入学，1982年1月毕业，其中不少人后来都成为中央级新闻单位的骨干力量及负责人。[150]

1977年除北京大学、复旦大学新闻系都恢复招生外，北京广播学院和广西大学新闻专业也开始正式招生。

1978年，中国人民大学复校，其新闻系也随之恢复，于1978年暑假即开始招生（学制四年），并将北大新闻专业原人大新闻系教师及图书资料一并归还人大。北大中文系新闻专业停办，其学生并入人大新闻系。北大在粉碎“四人帮”后第一次考试入学的66名77级本科生仍留在北京大学，由人大新闻系负责新闻业务课教学与实习指导，以解决遗留问题。人大新闻系复系之初的系主任是罗列，80年代初由余致浚任系主任，当时全系有教职工60多人。1978年，著名侨校暨南大学复办，同时正式重建新闻系。暨大新闻系招生对象根据该校立足国内、面向海外的办校方针，除招收内地学生外，也招收部分华侨华人和港澳台同胞子弟入学。暨大新闻系系主任是周冷。之后，曾经设立过新闻系或新闻专业的省属大学如郑州大学、江西大学、杭州大学、天津师范大学等，都在中文系恢复了新闻专业。与此同时，还有一些高等院校新增设了新闻系或新闻专业，如北京国际政治学院、河北大学、四川大学、安徽大学、山西大学等。为适应广播电视事业的发展，一些广播电视学校除原有的广电技术性专业外，也恢复和增设了广播电视新闻专业。

到1982年底，全国高等院校中的新闻系及专业共计13个，它们是：中国社科院研究生院新闻系、中国人民大学新闻系、复旦大学新闻系、暨南大学新闻系、北京广播学院新闻系、国际政治学院新闻系、广西大学新闻专业、四川大学新闻专业、山西大学新闻专业、河北大学新闻专业、杭州大学新闻专业、天津师范大学新闻专业、郑州大学新闻专业。13个新闻教学单位的教职工总人数为381人，专职教学人员274人（其中讲师103人，副教授和教授25人）。教职工人数较多的新闻系有复旦大学新闻系（72人）、中国人民大学新闻系（66人）、暨南大学新闻系（60人）三家。全国在校学生总人数为1 561人（其中研究生103人、本科生1 138人、进修生220人、函授生100人）。

以上统计数据表明，在“文革”结束后的5年时间里（1977—1982），我国新闻教育事业得到了全面的恢复和初步的发展。此外，对在职新闻干部的业务培训工作也有了较大的进展。按照党中央提出的关于必须加强干部教育和训练，把培训干部的工作经常化、正规化、制度化的要求，中央和地方不少新闻单位分别或联合举办了各种类型的在职干部培训班。据不完全统计，从1980年到1982年底，全国各地举办的长期或短期、脱产或业余、有学历或无学历的各种形式的新闻干部培训班64个，办了85期，总共培训新闻业务干部达4 800多人。1982年，中央党校也恢复了新闻班，为中央和各省、市、自治区新闻单位培训业务骨干，共招收学员137人。中国人民大学新闻系为华北、东北和西北地区的省、市报社举办了一年制的新闻培训班（32人）。复旦大学新闻系也为华东和中南地区新闻干部开办了新闻写作短训班（54人）。中国社科院研究生院新闻系为新疆维吾尔自治区举办了新闻干部进修班（31人）。北京广播学院新闻系的教员在寒暑假中，为各地广播局举办的新闻干部培训班讲课等。[151]

（三）新闻教育事业的发展期

从1983年到1989年是中国新闻教育事业的发展期。1983年5月25日至6月1日，中宣部和教育部首次联合召开新闻教育座谈会，会上着重讨论了新时期我国新闻教育事业的发展规划和新闻教育的改革问题。9月10日，中宣部和教育部发出《关于加强新闻教育工作的意见》（1983年8月）等文件，要求各地有条件的高校创办新闻学系科。因此，从1983年下半年起，我国高校出现了第一个创办新闻系科的高潮。当年全国新增设新闻系或新闻专业的高等院校就有吉林大学、兰州大学、新疆大学、宁夏大学、武汉大学、华中工学院、厦门大学（该校新设了全国第一家“传播系”）等，从而使全国设有新闻系、新闻专业的高等院校达到21个。与此同时，全国新闻专业教师人数和学生人数也大幅度增加。1983年底，全国有新闻教师518人、新闻专业的学生2 814人。到1989年底，全国普通高等院校设有新闻专业点共计51个，包括新闻专业点33个、国际新闻专业点5个、广播电视新闻专业点5个、新闻摄影专业点3个、播音专业点2个、广告学专业点2个、广播电视专业点1个；专职教师共计880人，包括教授40多人，副教授240多人，讲师300多人，助教260多人；在校学生共计5 000多人。[152]

【新中国成立以来第一次全国新闻教育工作座谈会的召开及人大新闻系教师进修班的开办】1983年5月25日至6月1日，中宣部、教育部联合举办新中国成立34年以来的第一次全国新闻教育工作座谈会。当时全国新闻院系的负责人、教师代表、新闻单位的代表和老新闻工作者及老新闻教育工作者的特邀代表出席了会议，就我国新闻教育的发展与改革等问题展开了热烈的讨论和谋划。在会上，时任中共中央书记处书记、中宣部部长的邓力群在会上讲话指出：根据我国新闻事业的发展和人才短缺的现状，要有计划、有步骤地培养一大批合格的人才，来壮大和充实我国的新闻队伍，这是新闻事业继续向前发展的极为重要的问题；要鼓励和支持大专院校开办新闻专业，积极培养人才，但也不能降格以求，必须把住招生这一关；新闻系要考虑加强学生的思想教育和调整课程设置，使学生在校期间就接受严格、正规的训练，为党的新闻事业输送更多的合格人才。

时任教育部副部长的彭珮云也在会上讲话，介绍了当时我国新闻教育界的现状：新中国成立以来，我国新闻教育界培养的新闻专业毕业生有5 230名，其中约3 000人在从事新闻工作；目前，新闻专业在校本科生1 482人，研究生103人，进修生220人；新闻专业本科生仅占全国高等学校学生总数的0.12%，这远远不能满足新闻事业发展的需要。

座谈会上，代表们讨论了《全国新闻教育发展规划》（草案）和《关于新闻教育改革的意见》。会议决定：加快发展我国的新闻教育事业，争取到1990年以前，全国设有新闻专业的高等学校由当时的16个增加到30个左右，新闻专业在校生人数将成倍增长；今后几年里，一些大学将增设国际新闻、新闻摄影、新闻事业管理、广播电视和广告专业，有的新闻院系还将试行招收双学位生；我们第一所新闻学院将于明年初步建成，作为全国新闻教育的中心，要尽快编写一套具有中国特色的新闻学教材，要成立新闻学教材规划评审小组，负责规划、评审、推荐教材的工作；要加强师资队伍的建设，提高教师的教学水平，建议人民大学、复旦大学新闻系举办师资培训班；要加强新闻教学单位与新闻单位的密切合作，学校要为新闻单位多培养和输送合格的干部，新闻单位也要接受学生实习。[153]

这次会议是新时期我国新闻教育界一次极为重要的会议，对促进和推动我国新闻教育事业的大发展起到了非常关键的作用。会后不久，会议规划次第实施、落实，其中一个重要举措是开办全国新闻学专业教师进修班。鉴于当时全国各大学新创办新闻系师资力量紧缺的状况，教育部委托中国人民大学新闻系负责开办教师进修班。进修班于1983年9月10日正式上课，学员都是来自全国各大学新办的新闻系的教师，共计25人。进修班分别开设“新闻理论”和“中国新闻事业史”两个小班。“新闻理论”小班学员共计15人、“中国新闻事业史”小班学员共计10人。学时一年。进修班采取自学，听课和专题研究相结合的方式进行学习。学员在进修期间要结合专题研究写出部分讲稿，进行试讲。这次招收的25名学员来自14个省、市的16所高等院校。经过一学年即两学期的强化培训后，于1984年7月结业。[154]嗣后，这些学员都成为我国新闻教育界的中坚和骨干，其中不乏我国新闻学界的领军人物和知名学者。当时的人大新闻系对这个教师进修班是非常重视的，配备了强大的教师阵容，如甘惜分、方汉奇、张隆栋、陈业劭、成美、郑兴东、郑超然、傅显明、姜克安（梅珞）、张之华、赵玉明、童兵等老师都曾担任过主讲教师。还聘请业界名记者、名报人如刘尊棋、顾行、柏生、金凤、贾培信等来校举办专题讲座。

【研究生教育的恢复与发展】新中国成立后到“文革”爆发前的17年间，复旦大学是我国唯一培养过新闻专业研究生的大学。1961年9月，复旦大学新闻系李龙牧副教授招收了王涵隆、徐占焜两名研究生，学制3年。因为参加“四清”运动一年，两位研究生直到1965年才毕业。徐占焜一毕业即被分配到新华社工作。“文革”中，中国创立不久的新闻专业研究生制度遭到破坏，停止招收研究生。粉碎“四人帮”后，我国新闻学研究生制度在中断了12年后得以恢复。

1978年8月，中国社会科学院新闻研究所成立，安岗任所长，戴邦、谭立任副所长。同时并在中国社会科学院研究生院成立了新闻系，新闻系同新闻研究所、人民日报社、新华社合作招收和培养研究生。这种由新闻教育单位、新闻科研机构和新闻实际工作部门三结合的办法培养研究生，是当时我国研究生教育的一大创举。10月6日，中国社会科学院研究生院新闻系第一批研究生入学，其中包括新闻专业43人、马克思新闻理论6人、中国共产党新闻业史7人、中国新闻事业史6人、世界新闻业史9人、英文新闻写作14人，共计85人。社科院研究生院新闻系第一任系主任由当时《人民日报》秘书长、社科院新闻研究所副所长谭立兼任。在社科院新闻系所毕业的首届及头几届研究生中，有不少人后来成为国家政府部门的负责人及各级媒体的负责人和骨干。如1978级、1979级的有薄熙来、景宪法、王芳、艾丰、王晨、王必胜、戴玉庆、许崇山、冯竑、郝晓鸣、何舟等，1980级的有王锦鹄、孟小平、胡太春、孔晓宁、何亮亮、沈兴耕、罗京生、李东东、申福安等。有的成为新闻学术界的学科带头人，如孙旭培、陈力丹、明安香、唐绪军、李希光等。到1986年，新华社自社科院研究生院新闻系三方合作培养研究生中退出，自办“中国新闻学院”（1986年1月24日在北京成立）。此后，社科院研究生院新闻系便由人民日报主办，新闻研究所参与。在80年代前期，中国社会科学院研究生院新闻系是当时研究生招生规模最大的新闻院系，它成功地实行了新闻教育、新闻研究、新闻实践三结合的独特办学模式，培养了大量的人才。据不完全统计，从1978年至1998年的20年里，新闻系一共培养了600多名毕业生，后绝大多数都已成为所在单位的骨干，其中具有高级职称的超过400人，许多人获得国家级新闻大奖，有7人担任了省部级领导职务。[155]

1978年9月，中国人民大学复校，该校新闻系也随之复系。复系后，第一任系主任是罗列。人大新闻系第一次招收研究生8名，其中中国近代报刊史方向、中国现代报刊史方向、外国报刊史方向和新闻理论方向各两名。1979级研究生有钱汉江、关世申、刘建明、苏成雪等6人。

复旦大学新闻系也从1978年起恢复研究生培养机制，当年共招收4名研究生。1979级研究生有秦绍德、李良荣、俞景璐、江礼旸等5人，他们都是在1983年毕业的。

1980年，我国从法律上确立了研究生培养和学位制度。1981年11月27日新华社报道，我国从1981年开始招收攻读博士学位的研究生。国务院已批准首批博士学位授予单位151个，但新闻学专业阙如。[156]

1984年1月13日，国务院批准了第二批博士学位和硕士学位授予单位名单。本次审批结果是：复旦大学新闻系、中国人民大学新闻系都被批准为我国新闻学博士学位授予单位。1984年9月，中国人民大学、复旦大学开始招收中国历史上第一批新闻学博士研究生（1985年入学），从而使我国新闻研究生教育事业跃上了一个新台阶。其中，中国人民大学新闻系招收博士生一名，导师甘惜分教授（1988年5月，我国第一位新闻学博士生童兵毕业，获博士学位）。复旦大学新闻系招收博士生两名，导师为王中教授。

同在1984年，北京广播学院也被批准为新闻学硕士学位授予单位。

1986年7月28日，国务院学位委员会召开第7次会议，审议通过了第三批博士、硕士学位授予单位。其中新闻学专业硕士点4个，它们是暨南大学新闻系、广西大学新闻系、武汉大学新闻系、四川省社会科学院新闻系。

1990年10月，国务院学位委员会第9次会议审议通过了第四批新增博士和硕士学位授予单位，并于同年11月20日公布。但这一批没有新增新闻学的博士点和硕士点。

1993年12月11日，国务院学位委员会第12次会议审议通过了第五批博士、硕士学位授予单位。本批新增新闻学硕士点7个，即北京师范大学、中国新闻学院、吉林大学、南京大学、厦门大学、郑州大学、四川大学新闻系。

1996年4月29日，国务院学位委员会第十四次会议审议通过了第六批博士、硕士学位授予单位，其中新增新闻硕士点5个，即华中理工大学、杭州大学、清华大学、南京师范大学、南京政治学院新闻系。

1998年，国务院学位委员会审议通过了第七批新增博士、硕士授予单位。其中新增博士点2个，它们是中国社会科学院研究生院新闻系、北京广播学院。新增硕士点5个，它们是河北大学、辽宁大学、上海外国语大学、河南大学、南昌大学新闻系。至此，我国共有新闻学专业博士点4个、硕士点25个。另外，1990年11月5日，国务院学位委员会发出《关于实施〈授予博士、硕士学位和培养研究生的学科、专业目录〉的通知》。根据该《学科、专业目录》对专业的划分，新闻学专业被划分到法学门类中的社会学（一级学科）下属的二级学科，以及文学门类中的中国语言文学（一级学科）下属的二级学科。经过几年的发展，到1997年6月，我国第二次颁布了《授予博士、硕士学位和培养研究生的学科、专业目录》，在文学门类中新增设了一级学科——新闻传播学。[157]

注　释

①20世纪80年代初期，我国报纸总数虽然不多，但有的报刊的期发行数非常大，且报价低廉。以1980年为例，当年各省省委机关报一般都是日出“对开一张，月价一元”，每份报纸约售3分钱；《人民日报》期发行数500多万份，每日对开8版，月价2元，每份约售6分钱；《解放军报》日出对开4版，月价1.2元，每份报纸售价4分钱；《工人日报》日出对开4版，月价0.95元，每份约售3分钱；《中国青年报》为周四刊，对开4版，月价0.68元，每份约售2分钱；《中国少年报》（周报）4开4张，月价0.09元，每份售价仅2分钱。在刊物方面，《红旗》（半月刊）为16开本，平均期印数高达697万份，而单价仅0.18元；《半月谈》（半月刊）为32开本，单价仅0.15元；《瞭望》（当时为月刊）为16开本，单价0.28元。（以上参阅《1980年报纸、杂志简目》，载《中国出版年鉴》1981年卷，商务印书馆，1981年版，第635页）

②以上统计数据见《新中国建立40年来的报纸事业发展概况》，载《中国新闻年鉴》（1990年卷）第3—4页。

③1992年5月，“北京有线电视台”开始试播。1993年5月4日，北京有线电视台正式开播，即日在北京人民大会堂举行该台“试播一周年暨正式开播庆祝大会”，出席会议的有500多人。

④数据引自《中国新闻年鉴》（1990年卷）第47、528页。

⑤数据见《中国广播电视年鉴》（1991年卷）第7页。

⑥数据见《半世纪的光辉历程——中国人民广播事业50年概述》，载《中国广播电视年鉴》（1991年卷）第18页。

⑦引自邓小平：《以和平共处五项原则为准则建立国际新秩序》（1988年12月21日），载《邓小平文选》（第三卷），人民出版社，1993年版，第283页。

⑧参阅耿飚：《耿飚回忆录：1949—1992》，解放军出版社，1991年版，第561页。

⑨参阅李庄：《有这样一个工作组》，载李庄：《人民日报风雨四十年》，人民日报出版社，1993年版，第306页。

⑩见《龚育之自选集》第389页。

⑪转引自汪东林：《梁漱溟问答录》，湖北人民出版社，2004年版，第295、296页。附注：《毛选》第五卷的出版时间是1977年上半年，收入毛泽东批判电影《武训传》、批判胡风、批判刘少奇、反击“右派”“进攻”、批判梁漱溟等的一系列文章。

⑫参阅马立诚、凌志军：《交锋——当代中国三次思想解放实录》，今日中国出版社，1998年版，第50页。

⑬参阅余焕椿：《实践标准讨论中新闻理论界的人和事》，载《炎黄春秋》2008年第7期第63页。

⑭引自马立诚、凌志军：《交锋——当代中国三次思想解放实录》，今日中国出版社，1998年版，第54—57页。

⑮以上参阅陶铠、张义德、戴晴：《走出现代迷信——真理标准讨论始末》，连载于1989年1月13日《南方周末》一版（一）、1月20日二版（二）、1月27日二版（三）、2月3日三版（四）……直至3月24日“全文完”；于光远：《真理标准问题的交锋》，载于光远：《我亲历的那次历史转折——十一届三中全会的台前幕后》，中央编译出版社，1998年版，第133—149页；马立诚、凌志军：《交锋——当代中国三次思想解放实录》，今日中国出版社，1998年版，第49—67页；胡德平：《耀邦同志在“真理标准”大讨论的前前后后》，载《财经》2008年总第210期第155页；余焕椿：《实践标准讨论中理论界的人和事》，载《炎黄春秋》2008年第7期；沈宝祥：《真理标准问题讨论始末》，中共党史出版社，2008年版。

⑯以上参考雷声宏：《〈红旗〉发表谭震林文章的前前后后》，载《百年潮》2005年第4期；于光远：《真理标准问题的交锋》，载于光远：《我亲历的那次历史转折——十一届三中全会的台前幕后》，中央编译出版社，1998年版。

⑰参阅许节良：《记忆中的原〈红旗〉杂志总编辑熊复》，载《党史博览》2003年第11期；沈宝祥：《真理标准问题讨论始末》，中共党史出版社，2008年版。

⑱引自杨蓬春、叶扬、陈中：《把“四人帮”颠倒了的干部路线是非纠正过来》，载1977年10月7日《人民日报》第三版。

⑲见胡绩伟：《劫后承重任　因对主义诚——为耀邦逝世十周年而作》（1999年1月），载《书屋》2000年第4期；胡德平：《耀邦同志在“真理标准”大讨论的前前后后》，载《财经》2008年总210期第155页。

⑳引自朱幼棣、蔚建民：《〈1976年天安门事件完全是革命行动〉的消息是怎样发出的》，载《新闻记者》1999年第2期第32页。

㉑参阅陶斯亮：《回忆我的父亲陶铸》，载2008年1月16日“人民网”《中国共产党新闻网》栏。

㉒所谓“现行反革命 ”罪：1967年1月13日，中共中央、国务院颁布《关于在无产阶级文化大革命中加强公安工作的若干规定》（简称《公安六条》），规定凡是“攻击诬蔑伟大领袖毛主席和他的亲密战友林彪同志的，都是现行反革命行为，应当依法惩办”，以后这一条又在实际上扩展到凡是对江青、康生、陈伯达等稍有不满的也被以“现行反革命”治罪。这个规定是造成“文革”中大量冤、假、错案的重要原因之一。“文革”后，“现行反革命”罪被取消。

㉓参考徐晓、丁东、徐友渔：《遇罗克遗作与回忆》，中国文联出版公司，1999年出版；祝勇：《他向蒙昧与谎言宣战——读〈遇罗克遗作与回忆〉》，载1999年2月24日《中国青年报》第8版。

㉔参阅《林昭之死》一文，载上海《民主与法制》1981年第3期。

㉕据《新中国建立40年来的新闻事业发展概况》，载《中国新闻年鉴》（1990年卷）第3页。

㉖据《1986年我国报纸事业发展概况》，载《中国新闻年鉴》（1987年卷）第3页。

㉗参阅贾培信：《1987年我国报纸事业发展概况》，载《中国新闻年鉴》（1988年卷）第3页。

㉘以上数据引自贾培信：《新中国建立40年来的新闻事业发展概况》，载《中国新闻年鉴》（1990年卷）第3—4页。

㉙统计数据引自《中国新闻年鉴》（1982年卷）第207页“中国少年报”条目。

㉚以上统计数据见《全国性报纸》，载《中国新闻年鉴》（1982年卷）第197—203页、第524页。

㉛统计数据见《1987年全国报纸出版发行分类统计表》，载《中国新闻年鉴》（1988年卷）第411—443页。

㉜参阅沈楚才：《我国工人报纸的兴起和发展》，载《中国新闻年鉴》（1985年卷）第16页。

㉝引自尤畏：《我国青年报业的兴起和发展》，载《中国新闻年鉴》（1984年卷）第40页。

㉞详见郑兴东等编：《新闻冲击波——北京青年报 现象扫描》，中国人民大学出版社，1994年版。

㉟见《中国新闻年鉴》（1982年卷）第206页。

㊱以上统计数据见《全国报纸1982年出版发行情况一览表·晚报》，载《中国新闻年鉴》（1983年卷）第539页。

㊲详见《中国新闻年鉴》（1986年卷）第306—307页所载“1985年全国30家晚报名录”。

㊳以上参阅李普：《一种独立的存在》（1983年12月30日在第一次全国晚报会议闭幕会上的发言）、李普《“但开风气不为师”》（1984年8月29日在第二次全国晚报会议闭幕会上的发言）、李普《思想性第一》（1985年9月在第三次全国晚报会议上的发言）。三文载李普：《记者甘苦谈》，湖南人民出版社，1986年版，第190、201、221页。

㊴参见顾行：《我国晚报发展概况》，载《中国新闻年鉴》（1988年卷）第29页。

㊵据顾行：《我国晚报发展概况》，载《中国新闻年鉴》（1988年卷）第29页。

㊶据顾行：《1988年我国晚报事业发展概况》，载《中国新闻年鉴》（1989年卷）第33页。

㊷据刘孟洪：《1989年我国晚报事业发展概况》，载《中国新闻年鉴》（1990年卷）第46页。

㊸据王雷：《在极“左”思潮泛滥的年代，无言是无奈的结局》，载2007年9月20日“《羊城晚报》创刊五十周年纪念特刊”第18版。

㊹参阅许实：《天时·地利·人和——纪念〈羊城晚报〉复刊五周年》，载1985年2月15日《羊城晚报》第二版；秦牧：《祝愿您：羊城晚报》，载1985年2月15日《羊城晚报》第五版。

㊺引自1982年1月1日《新民晚报》复刊号头版，又载赵超构：《赵超构文集》（第五卷），文汇出版社，1999年版，第113页。

㊻据《中国新闻年鉴》（1996年卷）第516页。

㊼据范敬宜：《1986年我国经济报纸事业发展概况》，载《中国新闻年鉴》（1987年卷）第14页。

㊽参阅范敬宜：《1987年我国经济报纸事业发展概况》，载《中国新闻年鉴》（1988年卷）第17页。

㊾安岗：《经济宣传值得大书特书的一年》，载《中国新闻年鉴》（1984年卷）第69页。

㊿见《全国报纸1981年出版发行情况一览表》，载《中国新闻年鉴》（1982年卷）第521页。

(51)引自林里：《安岗的新闻敏感》，载安岗：《十七到七十·安岗新闻文集》，重庆出版社，1991年版，第292—298页。

(52)详见林里：《安岗的新闻敏感》；林里：《在人民日报〈市场报〉》，载林里：《我当记者五十年》，中央文献出版社，1997年版，第181—184页。

(53)见《全国报纸1982年出版发行情况一览表》，载《中国新闻年鉴》（1983年卷）第528页。

(54)引自《中国新闻年鉴》（1984年卷）第559页。

(55)以上参考经济日报出版社编：《安岗新闻工作60年》，经济日报出版社，1997年版，第161页；《安岗新闻工作文集》，广西人民出版社，1986年版；安岗著：《十七到七十·安岗新闻文集》，重庆出版社，1991年版。

(56)引自《中国大百科全书·新闻出版》第373页“文摘报”条目。

(57)参阅何光先主编：《现代应用新闻学》（下册），新华出版社，1990年版，第204页“1987年”条目。

(58)据闻泽：《1993年中国文摘报纸事业发展概况》，载《中国新闻年鉴》（1994年卷）第41页。

(59)参阅丁淦林主编：《中国新闻图史》，南方日报出版社，2002年版，第225—226页。

(60)参阅解放日报报史办公室：《解放日报、新闻日报报史资料③》（1997年1月内部出版资料），第376—377页。

(61)据《中国新闻年鉴》（1982年卷）第211页。

(62)引文见左方《〈南方周末〉出生记（前言）》。又据作者与蔡军剑同学2007年1月14日在广州动物园南门外上岛咖啡厅采访左方笔记。

㊸引文见左方《〈南方周末〉出生记（前言）》。

㊹资料来自《〈南方周末〉创刊十周年纪念册（1984—1994）》。

㊺据《中国新闻年鉴》（1982年卷）第213页。

㊻参阅曾锦棠：《一报震南天　特事写新篇——〈深圳特区报〉诞生记》，载1999年9月25日《深圳特区报》第九版；温思廉：《见证一份报纸的诞生》，载2008年5月12日深圳《晶报》C5版。

㊼据《1980年印数最多的杂志统计》，载《中国出版年鉴》（1981年卷），商务印书馆，1981年版，第635页。

㊽据《1989年全国报纸期刊出版统计》，载《中国出版年鉴》（1990年—1991年卷）第696页。

㊾《读者文摘》于1981年5月创刊。之后通过一系列的创新和运营，成功打造成中国第一大刊，也创造了期发行量突破千万份大关的中国期刊业奇迹。随着影响力的迅速扩大，《读者文摘》因与美国老牌英文杂志《读者文摘》重名，引发了一场官司，该刊最终被迫于1993年更名为《读者》。

㊿详见陶铠、张义德、戴晴：《走出现代迷信——真理讨论始末》（九）、（十），载1989年3月10日《南方周末》第二版、3月17日第三版。

⑦①详见《中国青年》杂志编辑部：《献给人生意义的思考者》，载1981年3月25日《人民日报》第三版。该文又载《中国青年》1981年第6期。

⑦②据《1980年印数最多的杂志统计》，载《中国出版年鉴》（1981年卷）第635页。

⑦③参阅于有海著：《当半月谈老总的岁月》，新华出版社，1998年版。

⑦④穆青：《辐射全国　影响一代》（1989年8月），载《穆青论新闻》，新华出版社，2003年版，第395页。

⑦⑤参阅冯健：《小平同志批准开办"中南海纪事"专栏》，载何东君主编：《历史的足迹——新华社70周年回忆文选》，新华出版社，2001年版，第162页。

⑦⑥参阅胡国华：《一个新的舆论阵地——谈〈瞭望〉周刊创刊的意义》，载《新闻业务》1984年第1期；绍文：《传递来自南海的信息——〈瞭望〉周刊〈中南海纪事〉专栏介绍》，载《新闻业务》1986年第8期第55页。

⑦⑦以上参阅邓力群编：《〈红旗〉岁月》，当代中国出版社，1998年版。

⑦⑧据《1980年印数最多的杂志统计》，载《中国出版年鉴》（1981年卷）第635页。

⑦⑨据熊复：《在纪念〈红旗〉创刊二十五周年茶话会上的讲话》（1983年5月27日）。以上参考熊复：《关于改进理论宣传工作的问题》（1980年4月17—18日）、《怎样了解〈红旗〉的性质、任务和方针》（1982年2月11日）、《把编辑队伍建设好》（1982年4月12日）、《改进〈红旗〉编辑工作的初步设想》（1982年12月17日）、《在纪念〈红旗〉创刊二十五周年茶话会上的讲话》（1983年5月27日）等文章。以上文章俱载《熊复文集》（第五卷）（1978—1992年），红旗出版社，1995年版。

⑧⓪参阅王帆、郭芳：《激荡五十年：从〈红旗〉到〈求是〉》，载《小康》2008年第8期（总第63期）第16页。

⑧①中央广播事业局的前身是1949年6月5日成立的中央广播事业管理处（廖承志任处长、李强任副处长）。同年10月1日，"中央广播事业管理处"改组为"广播事业局"，划归中央人民政府新闻总署领导，由李强任局长，梅益、徐迈进任副局长。1952年2月新闻总署撤销后，广播事业局改由政务院文化教育委员会领导，宣传业务则由中共中央宣传部领导。9月，梅益任局长，徐迈进、温济泽任副局长。参阅《中华人民共和国广播电视部》，载《中国广播电视年鉴》（1986年卷）第675页。

⑧②以上引文据吴冷西：《立志改革，发挥优势，努力开创广播电视新局面——在第十一次全国广播电视工作会议上的报告》（1983年4月），全文载《中国新闻年鉴》（1984年卷）第108页。

⑧③以上统计数据见广播电影电视部党组：《关于贯彻六中全会决议和当前广播电视工作的几个问题》（1986年10月1日），载《中国广播电视年鉴》（1987年卷）第29页。

⑧④据刘爱清《广播电视队伍和教育事业发展综述》，载《中国广播电视年鉴》（1986年卷）第66页。

㊹参阅白玲、申启武著：《从"珠江模式"到跨越式发展：广东广播改革开放30年历史回顾》，暨南大学出版社，2008年版，第27页。

㊺统计数据见《地方广播电视事业建设稳步发展》，载《中国新闻年鉴》（1990年卷）第26页。

㊻以上参阅中国人民大学新闻系资料室编：《当代中国新闻事业编年史（1949年10月—1981年6月）》（1983年2月内部印刷），第181—188页、第203—204页。

㊼以上参阅《各地人民广播电台联播》节目、《新闻和报纸摘要》节目介绍，载《中国广播电视年鉴》（1986年卷）第395页。

㊽何光、杨伟光：《谈谈调整时期的经济宣传》，载《中国广播电视年鉴》（1986年卷）第238页。

㊾以上参阅白廉诚：《广播评论工作》，载中央人民广播电台台史编写组：《中央人民广播电台台史资料汇编（1949—1984）》（内部参考资料，1985年印刷），第129页。

㊿参考《吉林日报》编辑部：《报纸开展批评的一次成功尝试——〈一桩十年扯皮案〉报道始末》，载《新闻业务》1984年第11期第19页。

92参阅杨兆麟：《寒暑四十年的追求——关于广播学的探讨》，中国国际广播出版社，1991年版，第96—97页。

93参考《对台湾广播》一文，载中央人民广播电台台史编写组：《中央人民广播电台　台史资料汇编（1949—1984）》（内部参考资料，1985年印刷），第528—537页；朱汝谐：《中央人民广播电台对台湾广播概况》，载《中国广播电视年鉴》（1986年卷）第82页。

94参考李一萍：《主持人，人类社会心灵沟通的使者——我的一点感悟》，载中国广播电视协会节目主持人委员会编《金话筒月报》（内部刊物，2006年5月刊出）总第83期第6页。

95参考赵水福、郭北平：《国际广播概况》，载《中国广播电视年鉴》（1986年卷）第1122页。

96以上参考吴志成：《对外广播三十五年》、《中国国际广播电台》，载《中国大百科全书·新闻出版卷》，中国大百科全书出版社，1990年版，第499页；邹晓青：《中国国际广播电台概况》，载《中国广播电视年鉴》（1986年卷），中国广播电视出版社，1987年版，第37页。

97参见中央人民广播电台台史编写组：《中央人民广播电台台史资料汇编（1949—1984）》（内部参考资料，1985年印刷）第467页"《广告》节目"条。

98据《中央电视台简介》（1988年6月），载《中国中央电视台30年（1958—1988年）》，中国广播电视出版社，1988年版，第691页。

99以上部分参阅张华山：《新兴的中国电视事业》，载《中国新闻年鉴》（1982年卷）第22—25页；《新闻联播》，载《中国广播电视年鉴》（1986年卷）第429页；《第一次播出全国电视新闻联播节目》，载中央电视台编：《中央电视台的第一与变迁（1958—2003）》，东方出版社，2003年版，第24页。

100参考《观察与思考》（栏目介绍），载《中国新闻年鉴》（1982年卷）第529页；胡文龙主编：《中国新闻评论发展研究》，中国人民大学出版社，2002年版，第381页。

101引文见蔡照波、肖枞著：《中国电视新闻评论类节目发生和发展探微》，中国广播电视出版社，2003年版，第65页。

102引自刘习良主编：《中国电视史》，中国广播电视出版社，2007年版，第181页。

103引自赵忠祥：《论电视节目主持人》，载《中国中央电视台30年》编辑部编：《中国中央电视台30年（1958—1988）》，中国广播电视出版社，1988年版，第478页。

104沈力：《谈谈节目主持人》，载《中国中央电视台30年》编辑部编：《中国中央电视台30年（1958—1988）》，中国广播电视出版社，1988年版，第470页。

105详见中央电视台《话说运河》创作组：《〈话说运河〉创作谈》，载《中国广播电视年鉴》（1987年卷）第343页。

106详见《中国广播电视年鉴》（1989年）第458、461页。

107详见苏晓康、王鲁湘总撰稿：《河殇》，现代出版社，1988年版。

108引自苏晓康、王鲁湘总撰稿：《河殇》，现代出版社，1988年版，第1—4页。

⑩⑨刘习良主编：《中国电视史》，中国广播电视出版社，2007年版，第197页。

⑪⓪据《第一台春节联欢晚会》，载中央电视台《中央电视台的第一与变迁（1958—2003）》，东方出版社，2003年版，第129页。

⑪①参考汪娟：《春晚是改革开放的见证——专访首届央视春晚总导演黄一鹤》，载2008年12月24日深圳《晶报》A12版。

⑪②据邓在军：《把欢乐献给人民——春节晚会编导工作的体会》，载《中国广播电视年鉴》（1987年卷）第339页；邓在军：《谈〈春节晚会〉的艺术构思与编导》，载《中国中央电视台30年（1958—1988）》，中国广播电视出版社，1988年版，第232页。

⑪③胡恩：《电视文艺竞赛节目会议》，载《中国中央电视台30年（1958—1988）》，中国广播电视出版社，1988年版，第243页。

⑪④引文见斐玉章：《论新时期的电视经济报道》，载《中国广播电视年鉴》（1986年卷）第244页。

⑪⑤见刘习良主编：《中国电视史》，中国广播电视出版社，2007年版，第167页。

⑪⑥以上参考成一、刘正荣：《新中国建立四十年来的新闻通讯事业发展概况》，载《中国新闻年鉴》（1990年卷）第11—13页。

⑪⑦详见《1981年中国新闻界记事》，载《中国新闻年鉴》（1982年卷）第508页。

⑪⑧高兴烈：《中国记协发展情况》，载《中国新闻年鉴》（1987年卷）第33页。

⑪⑨钟纪：《团结前进的五十年——记中国记协的战斗历程》，载《新闻研究资料》（总第四十一辑），中国社会科学出版社，1988年版。

⑫⓪以上详见《1980年新闻界记事》、《1981年中国新闻界记事》，两文载《中国新闻年鉴》（1982年卷）第497、503页。

⑫①详见《北京市读者、听众、观众调查概况》，载《中国新闻年鉴》（1983年卷）第250—306页。

⑫②钱辛波：《中国新闻学术团体的兴起与发展》，载《中国新闻年鉴》（1984年卷）第51页。

⑫③详见《中国广播电视年鉴》（1987年卷）第513—524页。

⑫④李年贵：《光辉的历程　金色的年华——新华社新闻研究所成立20周年》；张维燕：《理论之树常青》，两文载《新闻业务研究》2000年第21期第7、11页。

⑫⑤以上参阅《新闻研究所（部、室）》，载《中国新闻年鉴》（1982年卷）第399—404页。

⑫⑥见《广播电视研究机构》，载《中国广播电视年鉴》（1986年卷）第805页。

⑫⑦统计数据参见方汉奇主编：《中国新闻事业通史》（第三卷），中国人民大学出版社，1999年版，第614、615页。

⑫⑧详见《新闻业务》1986年第12期所载《编者的话》。

⑫⑨引自《〈新闻记者〉征稿》启事，载《新闻记者》1983年第1期第48页。

⑬⓪引自阎焕书：《〈新闻研究资料〉与新闻史学》，载《中国记者》1988年第4期第60页。

⑬①引自《中国新闻年鉴》（2000年卷）前载“编辑说明”。

⑬②参阅《军事记者》评论员文章：《在新的起点上奋进——写在〈军事记者〉创刊50周年之际》，载《军事记者》2008年第1期《每月评论》栏。

⑬③引自《致读者》，载《新闻业务研究》2003年第24期第1页。

⑬④据朱光烈：《广播电视刊物出版情况》，载《中国广播电视年鉴》（1986年卷）第102页。

⑬⑤以上参阅《广播电视刊物》，载《中国广播电视年鉴》（1986年卷）第851页。

⑬⑥胡绩伟：《把报纸批评当成一门学问来研究》，原载《新闻战线》1980年第12期，又载《中国新闻年鉴》（1982年卷）。

⑬⑦详见张毅：《试论我国新闻媒介的议论监督作用》，载《中国新闻年鉴》（1988年卷）第50页。

⑬⑧以上部分参阅钱辛波：《新闻理论研究的十年回顾》，载《中国新闻年鉴》（1987年卷）第49页；陈业劭：《新中国建立40年来的新闻研究事业发展概况》，载《中国新闻年鉴》（1990年卷）第15页。

⑬⑨引自《北史》卷九十九、列传八十七（《北史》第十册第3294页）。

⑭⓪引自《拆穿自由、独立报纸的西洋镜》，载《新闻学译丛》1956年第3期第62、67页。该文由刘同舜译自乔治·马立昂著《停止垄断的出版业》的第30章，汪英宾校。

⑭①引自《美国报纸的职能》，载《新闻学译丛》1957年第2期第77页。该文由郑北渭摘译自《新闻学的探讨》第一章“今天与昨天的报纸”，刘同舜校。

⑭②转引自李启《在改革开放中创建有中国特色的大众传播学》，载中国新闻学联合会秘书处编：《新闻学论文集》（中国新闻学会第二次学术年会论文集），人民日报出版社，1988年版。

⑭③转引自李启：《在改革开放中创建有中国特色的大众传播学》，载中国新闻学会联合会秘书处编：《新闻学论文集》，人民日报出版社，1988年版，第208页。

⑭④⑭⑤引自宣伟伯、余也鲁著：《传媒·教育·现代化——教育传播的理论与实践》一书“后记”，高等教育出版社，1988年版，第216页。

⑭⑥以上参阅廖圣清：《我国20年来传播学研究的回顾》，载《新闻大学》1998年冬季号，第24页。

⑭⑦详情可参阅方汉奇：《七十年来的中国新闻教育》，载方汉奇：《新闻史的奇情壮彩》，华文出版社，2000年版，第283页。

⑭⑧1969年3月29日，《人民日报》当天头版在《社会主义大学应当如何办》的通栏大标题下发表三篇文章。其中，驻复旦大学工人、解放军毛泽东思想宣传队的文章《我们主张彻底革命》提出：“有些系，如新闻系，根本培养不出革命的战斗的新闻工作者，可以不办。”

⑭⑨以上参阅《中国人民大学新闻系》介绍文章，载《中国新闻年鉴》（1982年卷）第394页。

⑮⓪参阅徐梅：《北大中文系77级》，载《南方人物周刊》2007年第13期（总第86期）第26页。

⑮①以上参阅洪一龙：《发展中的新闻教育事业》，载《中国新闻年鉴》（1983年卷）第52—53页。

⑮②统计数据参阅方汉奇主编：《中国新闻事业通史》（第三卷），中国人民大学出版社，1999年版，第603、605页。

⑮③参阅《中宣部、教育部联合召开全国新闻教育工作座谈会》，载《新闻业务》1983年第6期第24页；邓力群：《在全国新闻教育工作座谈会上的讲话》（一九八三年五月三十一日），载《新闻业务》1983年第7期第7页；洪一龙：《为培养大批合格的新闻干部而努力——记全国新闻教育工作座谈会》，载《新闻业务》1983年第7期第21页。

⑮④参阅《中国新闻年鉴》（1984年卷）第499页。

⑮⑤安杨：《社科院研究生院新闻系二十年硕果累累》，载1998年10月6日《人民日报》第五版。

⑮⑥参阅中国社会科学院研究生院温济泽：《我国新闻研究生教育发展概况》，载《中国新闻年鉴》（1984年卷）第48页。

⑮⑦参考金洪海、张玲、贡爱强：《中国大陆新闻学研究生教育的发展现状》，载《现代传播》（双月刊）2000年第1期（总第102期）第116—117页。

第二章　新时期80年代新闻传播观念、内容及形式的大变革

概　论

十一届三中全会以后，从1979年开始，党的工作重心开始转移到经济建设上来。新闻宣传部门在宣传党的工作重心转移的过程中，发挥了极其重要的舆论导向作用。如1979年1月1日，《人民日报》头版发表一篇非常重要的社论《把主要精力集中到生产建设上来》，该社论强调：从1979年起，要“把全党工作的重点转移到社会主义现代化建设上来”，这“是一个伟大的战略转变”；“我们从（1979年——引者注）第一天起就要抢时间，争速度，加快前进的步伐”。1月16日，《人民日报》头版下半版又发表重要社论《伟大的转变和宣传工作的根本任务》，该社论再次强调：“全党工作的重点转移了，我们伟大祖国奔向四个现代化的时代列车开动了。许多新的课题摆在宣传部门面前。过去，我们着重谈的是政治，是阶级斗争、两条路线的斗争，现在要着重谈经济，谈四个现代化。如果我们不讲，或者讲外行话，搞不好社会主义现代化建设的宣传，人民就有理由批评说：你们同样在说空话、说大话。我们要认真研究怎样搞好四个现代化的宣传。”这段时期，邓小平同志高瞻远瞩，反复强调“以经济建设为中心”。1979年3月，他指出：“粉碎‘四人帮’两年半以来，我们已经基本上摧毁了‘四人帮’的反革命政治势力，调整和充实了各级领导班子，党、政、军的领导权基本上掌握在人民可以信赖的干部手中，党、政、军工作也基本上恢复了正常秩序”；“揭批林彪、‘四人帮’的群众运动就全国范围来说已经可以胜利结束，决定把全党的工作着重点从今年（1979年——引者注）起转移到社会主义现代化建设方面来”。①

1980年1月，邓小平又特别强调：“为了建设社会主义强国，任务很多，需要做的事情很多”，“但是说到最后，还是要把经济建设当作中心。离开了经济建设这个中心，就有丧失物质基础的危险。其他一切任务都要服从这个中心，围绕这个中心，决不能干扰它、冲击它。过去二十多年，我们在这方面的教训太沉痛了”。“所以，我们从八十年代的第一年开始，就必须一天也不耽误，专心致志地、聚精会神地搞四个现代化建设。”②

1987年10月25日至11月1日，党的十三大召开，会议制定了党在社会主义初级阶段的基本路线，即“领导和团结全国各族人民，以经济建设为中心，坚持四项基本原则，坚持改革开放，自力更生，艰苦创业，为把我国建设成为富强、民主、文明的社会主义现代化国家而奋斗”。这条基本路线被简称为“一个中心、两个基本点”，即以经济建设为中心，坚持四项基本原则、坚持改革开放。“以经济建设为中心”从此成为党的基本路线

的核心内容。

随着党的工作重点转移到经济建设上来，从20世纪80年代初开始，我国新闻事业工作的重点也开始转移，即从以报道、宣传政治活动为主，转到以报道、宣传经济建设为主上来，彻底摆脱曾经给我们造成重大失误的“以阶级斗争为纲”的旧模式。在以经济建设为中心，坚持四项基本原则、坚持改革开放的大背景下，我国的新闻传播业进入全面改革的新阶段。

第一节　新闻传播观念的转变与更新

历史经验证明，凡是大的改革都是以思想先行、观念更新为先导的。20世纪80年代初开始，新闻传播业界、学界终于抛弃了一些旧的观念，勇于思考，大胆创新，迈出了全面改革的步伐。

一、摒弃“工具论”

“工具论”是“报纸是阶级斗争的工具”的概称。“工具论”渊源甚早，1930年8月15日，处于国民党白色恐怖下的中共地下报纸《红旗日报》创刊。当天该报第二版首载发刊词《我们的任务》（署名“向忠发”）云：“在现在阶级社会里，报纸是一种阶级斗争的工具。”1933年12月初，洛甫（张闻天）在《关于我们的报纸》（载1933年12月12日出版的中共苏区中央局机关报《斗争》第38期）一文中也指出：“我们的报纸是革命的报纸，是工农民主专政的报纸，是阶级斗争的有力的武器。”“工具论”、“武器论”这一命题是在当时阶级斗争激烈而又尖锐复杂的环境下提出来的，无疑有一定的现实意义。“阶级斗争的工具”在当时的确是党报的重要职能之一。新中国成立以后，党和国家实现了工作重点的转移，由“阶级斗争”时期转入“和平建设”、“经济建设”时期。特别是生产资料私有制的社会主义改造基本完成后，我国社会的主要矛盾已经不再是工人阶级和资产阶级的矛盾，而是人民群众日益增长的物质文化需要同落后的社会生产力之间的矛盾。但我们在很长一段时期里，我们仍然坚持“报纸是阶级斗争的工具”这一理论，终于导致犯了严重混淆两类不同性质矛盾、使阶级斗争扩大化的重大错误。在20世纪50年代后期以来的很长一段时期内，报纸及其他传媒用批判代替探讨，错整和伤害了许多优秀的知识分子和学术精英，以致到“文化大革命”期间，报刊“异化”成为向人民实行“全面专政”的工具。其代表性文章如：

1967年1月19日，《人民日报》发表社论《让毛泽东思想占领报纸阵地》，把造反派篡夺《文汇报》和《解放日报》领导权称赞为两报的“新生”。该社论指出：“我们党的报纸是无产阶级专政的重要工具。”到1968年9月1日，《人民日报》头版又刊登“两报一刊”编辑部重要文章《把新闻战线的大革命进行到底》，并且讲得更加耸人听闻：“无产阶级要把报纸的领导权掌握在自己手中，使之成为无产阶级专政的工具，资产阶级也力图夺取报纸的领导权，使之成为颠覆无产阶级专政的工具，这是十八年来新闻战线上两个阶级斗争的焦点。”

“文革”中“四人帮”是这样说的，也是这样做的。他们利用报刊点名批判，进行一次又一次无休止的“阶级斗争”、一波又一波连绵不断的“路线斗争”与“意识形态领域的斗争”，使一大批知识分子和领导干部惨遭迫害。十一届三中全会果断地宣布停止使用“以阶级斗争为纲”这一不适用于社会主义社会的错误口号，使党和国家实现了工作重点的战略转移，新闻战线也逐渐摒弃了“报纸是阶级斗争的工具”、“报纸是无产阶级专政的工具”这类极不合时宜的错误口号。从1980年开始，我国新闻传播业从“以阶级斗争为纲”转移到服从和服务于经济建设这个中心，这是一个根本性的变革。

二、“新闻立报”、“新闻立台”及新闻本位主义思想的回归；根除“宣传腔”，转变单纯着眼于“宣传教育”的观念

概括地说，报纸与广播电视台等大众传播媒介具有发布新闻、宣达政令及进行政治宣传、传播知识、提供娱乐和推销商品五大功能。由于办报（台）人的办报（台）意图不同，可能侧重于发挥以上五大功能中的某一功能。但不管怎样侧重，各类报（台）第一位的任务是发布新闻。长期以来，我们的党报及广播电台、电视台只重视“政治宣传”功能，而忽视“新闻传播”功能。在政治宣传方面又满嘴的“宣传腔”，“政治宣传”的意识太强。尤其在对待受众的态度上，端起架子，高高在上，以教育者、指导者自居，故不尊重读者、不尊重听（观）众，自以为高明，搞起报道来习惯于带指令性的灌输，好为人师，把受众摆在被教育的地位。在内容及宣传方式上，又不善于运用和依靠事实说话，用事实自身的逻辑力量来说服读者、潜移默化地影响读者。写起稿件来，往往不是靠令人信服的事实说话、用生动的形象感染人、用科学道理说服人，而是摆出向群众上课、教训的架势，赤裸裸地直接说教，而且在报道中套话、空论、大话特别多（尤其在“文革”中尽用假、大、空、套话来宣传歪理邪说）。这种居高临下、带指令性的传播方式往往使受众生厌，甚至引起逆反心理。正如美国一位叫阿伦森的社会心理学家所说：“劝导性的宣传如果劝诱性太强烈，则可被认为是侵犯了一个人的选择自由，从而会激发这个人对此信息的抵抗。”[③]

三、转变“舆论一律”的观念，反映不同的声音，使报纸成为“舆论中心”

长期以来，“我们比较习惯于自上而下地讲一种声音，而不善于反映和发表自下而上的多种声音”；我们要求“舆论一律”，大搞“一言堂”、“一边倒”，使观点的表达单一化、一元化。[④]改革开放以后，新闻传播学者们普遍认为：“‘舆论一律’不是正常现象，舆论多元才是正常现象”；“舆论是不一致的，报纸如果不反映这种不一致，只反映一面之见，就形不成舆论中心”，就不能反映真实的情况。例如，在改革开放之前，每当党和政府一项重要政策出台后，媒体的习惯做法是：收集到赞成的反应就见报，不同意见的就不见报。“这就给政策的制定者造成一种错觉，认为他们的决策全都是正确的。因此，报上的信息反馈常常是虚假的。反对或不同意见的反馈，过去多通过‘内部参考’一类的渠道进行。这类渠道是很有必要的，但仅靠这类渠道很不够，因为这类渠道反馈出的信息微弱，不能形成舆论，且容易造成冤假错案。因此，要改变传统的做法，将反对或不同意见的内部反馈逐渐地、尽可能多地转到以公开反馈为主的轨道上来。”[⑤]

另外，在报纸言论方面，尤其要贯彻实施“多样化”的原则。有新闻传播学者认为：言论是报纸的灵魂和旗帜，言论上无特色的报纸绝不是张好报纸；报纸上的言论要丰富多元。为此，应该把报纸言论分成若干“档次”和类型，如“可否分社论、权威人士论坛；评论员文章、署名评论员文章、短评、编者按语、编后语；读者论坛、争鸣园地、读者来信（指发表意见的来信），等等。多分档次为的是把言论搞活，使报纸言论呈现一个既具有权威性又富有舆论代表性的立体多层次结构”。因此，专家学者们又“建议在党的机关报上开辟‘读者论坛’之类的专栏，就干部、群众关心的问题展开专题讨论”。如“不正之风是不是改革开放引起的？只要组织得好，工资制度、物价体制该不该改革等问题，都是可以讨论的。可以选登各种不同意见，包括完全相反的意见和不同的设想。允许争鸣，允许批评和反批评，允许大胆设想。只要引导得当，不仅不会干扰中央决策，而且可以为决策提供意见市场，使兴邦治国的方策得以优选出来。有些讨论还可以成为一种前瞻性宣传”。同时，“为了不致使读者对栏目的认识有误，在设‘读者论坛’时，要公开申明本栏目的目的在于反映舆论，而非定论或成熟经验，是一种‘未定稿’。为的是让大家‘在众说纷纭中择善而从’”⑥。

四、媒体改革要把增强“信息传播的时效性”，以及“扩大信息量”、“扩大信息源”放在非常重要的位置

20 世纪 80 年代中期，新闻传播业界、学界一些专家、学者对增强新闻传播的时效性，对“扩大信息量”、“扩大信息源”，以及提高图片传播的地位等新闻传播改革的核心问题，发表了很多中肯的见解。他们认为：“信息传输的时效决定信息的价值，可分成高值期、平值期、低值期和负值期。读者读到新闻的时间同新闻事实发生、发展的时间越近，信息的价值越高，反之亦然。现在报纸发表的新闻，除外事消息和会议消息外，高值期信息不多。”因此，要进一步“缩短新闻加工周期，提高今日和昨日新闻的见报率”。同时，要防止新闻来源的单一化，“广辟信息来源，多方撷取优质新闻”。“要改变向新华社单渠道采稿的做法，提倡向国内外通讯社多渠道采稿”，择优选用。另外，改变报纸杂志化的编辑方针，多登精悍的短文，减少或取消长文，增强各版的信息量。要多登好的新闻照片，尤其多登“新”（新鲜）、“真”（提倡抓拍，杜绝摆拍）、“活”（人物神态活、现场气氛浓）、“艺”（有艺术感染力）的新闻照片。⑦

“新闻照片及新闻图片”在平面媒体上的地位，20 世纪 80 年代中期得到确立与提升。1986 年 2 月 28 日，在新华社第十次摄影工作会议上，当时的新华社社长穆青和著名的新闻摄影家蒋齐生提出，新华社向世界性通讯社进军必须“两翼齐飞”：一个图片新闻，一个文字新闻，这是新华社腾飞的两翼，缺少哪一个都飞不起来。⑧此后，图片新闻报道与文字新闻报道平起平坐，在新华社新闻报道中占据举足轻重的地位。这种理念影响到报纸。以前报纸普遍存在重文字轻摄影的陈腐观念，报纸刊登图片是为了配合文字报道，起调剂版面、美化版面的作用。图片只是文字报道的“点缀”、“附庸”和“配角”，而不是能独立报道新闻的一个“兵种”。当时报纸上刊登的照片总的来说是“小”而“碎”；照片质量不高，和版面中心内容配合得也不是很紧密。从 80 年代中后期起，我国新闻摄

影界树立起图片新闻报道的主体意识，在报纸版面改革的支持下，开始发挥积极作用。从此以后，报纸图片新闻报道逐渐多起来，一般报纸头版每天都必登一张大幅的“主图”，以形成“视觉冲击”。中国报纸开始走进了“读图时代”。⑨

五、要增强“读者”观念、强化“受众”意识；要“研究我们的读者”，全心全意为读者服务

20世纪80年代初期，安岗同志先后发表《研究我们的读者》、《新闻事业的春天》等重要文章，阐述“读者”（包括听众、观众）的重要性，反复强调、大声疾呼新闻工作者，尤其党报工作者要心系读者、尊重读者、研究读者、服务读者。⑩他说：“新闻工作者为人民服务的第一个直接对象就是我们的广大读者、听众和观众。我们要让他们天天受到鼓舞，受到启示，受到教育，得到支持。我们要和自己的读者交心，和他们成为知己（《新闻事业的春天》）。”新闻工作者要心系读者，深刻认识读者问题的重要性：

> 我们办报纸，是办给谁看的？人们会毫不迟疑地回答：是为人民群众、为读者看的。报纸服务的直接对象是自己的广大读者。报纸发挥舆论和宣传作用是通过读者看报，把党的声音、人民的意见和经验带到全国各个角落去的。办党报，要有坚定的马克思主义的方向，这就是报纸的党性。方向问题不是抽象的，它贯穿在报纸的一切工作之中。解决了方向问题以后，就要有一系列的编辑、采访等业务活动跟上去。这一切活动都为着一个目的，就是从思想上、政治上、舆论上为读者服务，并使读者得到提高。要是我们心中没有读者，我们的报纸必然办不好。我们编报一定要反映读者的也就是广大人民群众的根本的和切身的利益，反映他们的呼声和情绪。心中没有读者的编辑、记者，肯定完成不好党交给的宣传任务。”“在资本主义社会里，支配报纸存亡的是资本。报纸只有拥有读者，才能吸引广告，有了广告，才能维持报纸的生命。报纸如果失去读者也就失去了资本，也就意味着倒闭。（安岗《研究我们的读者》）

安岗再三强调：新闻工作者，尤其党报工作者要心系读者、重视读者，就要深入地“研究我们的读者”。“办好报纸要深知自己的读者，我们的敏感首先就要表现在对人民群众精神和物质需要具有敏锐的注意力。人民和党心连心，这不是一句空话，而是生活的现实。我们就是要研究人民的心，掌握他们的脉搏。大的政治气候往往是从基层、从读者中露出风云的变化的。”要研究读者，就不能“关门办报”，就必须走出去，“经常进行调查研究，征求意见，收集各方人士的批评（安岗《新闻事业的春天》）”。“要研究读者，就必须研究读者的阅读心理，我们需要研究报纸的读者在想些什么？他们的特点、职业和爱好是什么？他们为什么要看报？爱看什么样的报？他们对报纸有什么要求？有什么意见？当我们评报时说今天这篇稿子不好，那篇稿子不好，光凭编辑的经验来判断是不够的。”（安岗《研究我们的读者》）“研究读者、了解读者，知道他们的意见、情绪以及各种不同的需要和喜好，摸清他们的心理，这对办好我们的报纸、广播和电视是大有好处的。”（安岗《新闻事业的春天》）要研究读者，就必须“从多方面加以研究。比如读者的构成是哪些人？”“研究各项宣传在读者中产生了什么样的影响。”另外，“从事新闻工作的同

志都要根据各报不同的特点来研究读者”，尤其要重视研究青年读者。总之，“对我们的读者（广播听众、电视观众）研究得越深越透，我们的新闻工作的党性就会越强，报纸就会办得越出色。”（安岗《研究我们的读者》）

此外，安岗认为“在社会主义报纸读者问题的研究中，第一位重要的应该是研究读者来信。马克思主义的经典作家把读者来信称作是从人民群众中来的政治文件”。报纸必须要办好“读者来信”版。他认为80年代初“报纸的读者来信版内容是最丰富的，形式也是最活泼的，充满人民的声音，有很大的收（吸）引力”。“在报纸编辑队伍里，报纸群众工作的队伍是跟读者联系最密切，反映读者思想最灵敏，最活跃的队伍。粉碎‘四人帮’以来，报纸群众工作部（简称“群工部”——引者注）的同志和各部门做信访工作的同志互相配合，做了许多平凡而伟大的工作，处理了数以百万计的读者来信，密切了报纸和读者的关系，密切了党和群众的关系。”

六、在新闻传播业务实践活动中，不断增强新闻传播业者特别是新闻传播业管理部门的“公开性”、“透明度”意识；不断强化媒体的开放意识、竞争意识、改革创新意识和服务意识

不断增强信息的公开性和透明度意识，就是充分尊重受众的知情权，“人民知情，天下太平”。这主要体现在20世纪70年代末80年代初对两起突发事件及灾难事故报道的改革上。1979年8月12日，上海《解放日报》在当天第一版刊登了一则报道严重交通事故的社会新闻《一辆二十六路无轨电车翻车》。该报道云：“本报讯　昨天清晨6点20分左右，一辆二十六路无轨电车驶经淮海中路近宛平路口时，发生了翻车事故，车上近60名乘客有26人受伤，其中4人受伤较重，并造成车辆严重损坏。”过去，报道严重事故的新闻及所谓“负面新闻”是不能上报纸头版的。《解放日报》的这篇报道首次打破头版“报喜不报忧”的惯例，详细报道了事故的前因、后果、过程及有关职能部门的善后工作，产生了良好的社会影响。在1980年8月举行的全国好新闻评选活动中，该报道被评为1979年度全国好新闻二等奖。[11]

另一个典型案例是：1980年10月29日晚6点15分，北京火车站发生一起恶性爆炸事件。起因是作案人在“文革”中受了冤屈，一直解决不了，最后到北京站引爆了身上带的炸药，事件发生后包括他自己在内的10个人死亡，还有70多人受伤。《人民日报》在事件发生后的第三天（10月31日）于头版中间的显著位置刊登“新华社北京10月30日电《北京火车站发生一起爆炸事件》”，详细报道了该事件。大概过了半个月，《人民日报》又发了消息，对爆炸事件作后续报道。当天的消息仍然刊登在头版，报道了对该事件的处理结果，并刊登了死难者的名单及其单位。这次报道产生了良好的效果。这说明当时《人民日报》的公开性意识、透明度意识还是很强的。

关于开放意识。这主要体现在新闻传播业界自身的心态上。在“文革”中，极“左”思潮泛滥，闭关锁国，导致我们对现代资本主义的片面认识，失去了与欧美及西方发达国家交流的机会 。自我封闭又导致信息不通，信息及新闻传播业的封闭与禁锢又必然导致愚昧无知和狂妄、偏执。在新时期新闻改革中，新闻传播业界有了比较强烈的开放意识和开阔的视野，对欧美及西方发达国家媒体的先进经验及比较科学的做法，经过认真深入的分析后，予以借鉴和参考，汲取其精华，扬弃其糟粕，这在电视业界表现尤为突出。与此

同时，开展与外国新闻传播业界同行的合作与交流，及时掌握外国媒体发展的信息及动态。

关于竞争意识。这主要体现在三个方面，即同外国新闻机构竞争、同国内新闻界同行竞争及同新闻机构内部的竞争。“同外国新闻机构竞争，要抢时效，争舆论阵地。同国内新闻同行竞争，要赛一流工作，看谁的新闻发得快，内容好。在新闻机构内部，也应把竞争机制引进管理工作。”在这三种层面的竞争中，特别强调要有与外国媒体竞争的意识。新华社负责同志认为：“随着我国实行对外开放，多个领域同外国的交往迅速扩大，外国通讯社、报纸、电台、电视台派驻我国的记者已近一百八十人（截至1987年——引者注）。短期来我国访问的新闻界人士也在不断增多，他们每天都在向世界各地传播大量有关中国的新闻。面对这种形势，如果我们依然像过去那样，满足于‘后发制人’，遇事‘慢三拍’或‘默不作声’，任外国记者抢先报道（其中有些是不真实、不正确的报道，有的甚至是在传播谣言），我们的新闻就要脱离人民群众，引起他们的不满；而同时，也自己封锁了向国际世界发言的声音。其结果是，徒然长了外国新闻机构的志气，损害了我国新闻机构的声誉。”[12]

关于改革创新意识。“要改革，就要转变历史上（如战争时期、闭关锁国时期）形成的某些已经不合今天时宜的观念。改革的中心要求是，有计划地提高新闻的开放程度”，不断提高新闻的时效性和可读性。在改革创新中闯出自己的路。

关于服务意识。我国社会主义新闻传播业界要做好两个服务：一是要为党和政府服务，二是要为人民、为社会服务。“这两者是统一的。为人民服务的根本一条，就是努力满足人民群众对新闻（包括内容、形式及其发布传播效率等）的需求。”[13]

第二节　新闻传播业务的大改革及对旧有报道模式的突破与创新

从1978年底、1979年初进入新时期起，到整个80年代，我国新闻传播业进入了全面改革的时期。无论是从内容到形式，从采、写、编、评到版面编排，以及广播电视节目的策划、栏目的设置，都有了全面的大改革；对原有的报道模式，也有了很多突破和创新。这些都为90年代改革的深化奠定了坚实的基础。

一、改版与“打假”

（一）20世纪80年代最早一批改版的报纸

【《光明日报》最早改版与改革】新时期最早改版的中央级大报是《光明日报》。从1978年至1988年的10年间，是《光明日报》历史上改革幅度及改革力度最大的时期，这与当时该报的前后两任极为开明，有很高的思想、理论及政策水平的总编辑——杨西光、杜导正有十分密切的关系。杨西光的任职时间是1978年3月至1982年2月，杜导正的任职时间是1982年3月至1987年3月。这两位总编辑先后领导《光明日报》的改革历程共9年时间，这9年正是党和国家从拨乱反正到全面改革开放的重要时期，任务艰巨，情况复杂。总编辑作为一张报纸的掌舵人，对这张报纸的发展及发挥重要作用产生了极为关键的影响。

1978年3月，杨西光调任《光明日报》总编辑。他上任后的第一件大事就是抓报纸的改版。他首先确定了《光明日报》的办报宗旨，规定《光明日报》以宣传科学、教育方面的路线、方针、政策为主；国内政治、经济新闻除特殊重要者外，一般不刊登。1978年5月1日，《光明日报》正式改版。当天该报头版头条以通栏大标题发表改版社论《为本报改版致读者》，该社论指出："改版以后，本报将作为一张以科学、教育为主要宣传内容的文化战线方面的报纸"；国内外政治、经济新闻，除特殊重要者外，一般不刊登。在这个大方针下，《光明日报》撤销了原"国内政治部"，新设"群众工作部"，专门处理当时与日俱增的大量读者来信。从此，长期遭受压制、打击、迫害的广大知识分子有了一张为自己说话的报纸、一张可以反映自己意愿和呼声的报纸，广大知识分子感到十分高兴。当时群工部的工作量很大，主要有两部分：一部分是不见报的工作，一部分是见报的工作。不见报的工作包括接待群众来访、阅转来信、编写内部刊物《读者来信摘编》。对来信来访中所反映和申述的大部分不适合见报的问题，群工部就把这些来信转到省市县或中央的有关部门，并附上群工部的意见，请他们处理。对于来信来访中反映的比较重要的问题或带有倾向性意义的事，群工部工作人员就将其编入《读者来信摘编》中，向中央和有关部门反映，以期引起重视。据统计，从群工部成立到1987年近10年中，"群工部共处理来信40万件，接待来访近万人次"[14]。群工部的另一部分工作是通过在报纸上选登读者来信进行宣传报道，这是该部工作的重点，也是报纸处理读者来信与党政职能部门处理群众来信的主要区别。群工部成立后专门开辟了《读者来信》专栏，每周有半版的篇幅，同时还在第一、二版刊登比较重要的读者来信。据当事人回忆："这些来信的内容很多是申述个人过去所遭受的不公正待遇，要求澄清问题或改正错案的，更多是批评、揭露不正之风的，诸如中小学教师受歧视，'文革'中校舍被占不归还，教育经费被挪用，学校危房无人管，干部打击报复，医疗事故，科技人员用非所长，从事业余劳动受处罚，文物被破坏，等等。对一些有普遍意义的来信，群工部要派记者实地调查，写出'调查附记'，并表明自己的态度，公之于报端，督促合理解决。群众对这些做法非常满意。"[15]

1982年2月，杨西光离休，杜导正由新华社调来担任《光明日报》总编辑。杜导正更是重视读者来信工作，而且领导得非常具体。他认为报纸应广开言路，认真反映读者的声音，批评丑恶现象，这是党报的天职。1982年以后，群众来信来访特别多，群工部编辑记者感到工作量太大，负担太重，力不从心。针对这种情况，杜导正鼓励大家说："一个报社，没有来信来访，冷冷清清，不是好现象。越是门庭若市，越是说明群众信任你这张报纸，'四人帮'时期，你这张报纸为什么没有这么多来信来访呢?"他指示在报社大门旁专辟一个房间，做好这项工作。[16]在杜导正的领导下，《光明日报》群工部当年还对许多好的来信进行了报道，有一些还获得全国好新闻奖。如1982年6月24日，《光明日报》头版头条发表的《怀柔县黄坎公社王兴宽等人无理取闹辱骂殴打三名女教师》的读者来信（接载《调查附记》）、1982年8月12日《光明日报》头版发表的关于太原卷烟厂管理混乱的读者来信《领导随便批白条　万条香烟送人情》等，都产生了重大影响。

【《文汇报》的改版】1981年1月1日起，上海《文汇报》开始改版。当天该报发表的"本报编辑部"文章《切切实实把报纸办好——为本报改版告读者》云："改版后的《文汇报》，在中共上海市委的领导下，将是侧重反映教育、科技、文艺、理论、卫生和体育等战线的综合性报纸。”“改版后的《文汇报》，要努力宣传科技、文教战线的新成就、新事物、新经验；努力加强言论工作，提高报纸的指导性和思想性；进一步加强文艺评论，繁荣文艺创作，在学术讨论和争鸣方面做出特色；进一步办好各个专刊和副刊，做到知识丰富、生动活泼；重视刊登广大读者的来信，反映群众的呼声，正确开展批评与自我批评。同时，本报将对国内外政治、经济新闻实行精编缩写，一般的则少登或不登，腾出篇幅加强地方新闻报道。”

《文汇报》这次改版的方针是：扬长避短，发挥优势，把报纸办得更有特色。在具体改进报纸工作方面，强调新闻要“新”（从舆论性、思想指导性方面考虑出“新”）、要“活”（指写作手法、版面编排方面要“活”），要有独家新闻。在组织措施上，人员要相对集中，加强采访力量，为此专门成立了新闻部。要把记者的手脚和视野放开，把记者的活动地盘放大。在具体版面的安排上，第一、第二版改动比较大：第一版是消息总汇，设《今日要闻》、《神州处处》、《国际新闻》专栏（原《上海新闻集锦》停办）；第二版以文教、社会新闻为主，兼登读者来信，所载通讯强调角度新、篇幅短，同时还增设了《市场见闻》等专栏。与此同时，非常重视处理读者来信，关心群众利益、反映群众呼声；认真办好现有的专刊、副刊。

【《人民日报》的扩版】 1980年1月1日，《人民日报》正式扩版，由此前的日出对开一张半6版扩为两大张8版（星期日和节假日只出对开一张；1981年7月起，星期日也出两大张）。《人民日报》扩版后，内容也作了一些改进，包括：①增加新闻。②增加评论，特别是增加一批短小精悍的评论文章。如1980年1月2日，《人民日报》在第一版右下角位置开辟《今日谈》栏目，专门发表小言论。当天一连发表了3篇小言论文章。以后每期刊登1至3篇这样的小言论文章。1980年6月27日，又开辟《实干家》专栏。同时还辟有《思想杂谈》（第三版）、《短论》（第一版）等小言论栏目。③加强调查研究，同时在调查研究中提高报纸工作人员的实际知识水平。④加强理论宣传，组织好一些重大理论问题的讨论。⑤更多地选登读者来信，广泛地反映各方面群众的意见、呼声、建议和批评。⑥更好地开展批评和自我批评。⑦配合“四化”建设的需要，增加各种知识性、趣味性稿件。⑧改进国际宣传。

【《解放军报》的改版】 1987年元旦起，《解放军报》也进行了改版，并且走出军营，向国内外公开发行。其读者对象由过去的几百万解放军官兵，变成了以解放军官兵为主，兼顾社会各阶层的广大读者，并逐步确立了“立足军队、面向全国、面向世界”的办报理念。该报在改版当天头版头条刊登“本报编辑部”文章《敬告读者》云：“万象更新又一载。值此1987年元旦，《解放军报》迎来了公开发行的第一天。”“创刊于1956年元旦的《解放军报》，迄今已逾‘而立之年’。经过三十多年的风风雨雨，军报由武装力量内部发行转而面向全国，这对于军报本身是个划时代的开端，在人民军队编年史上也是件大事。”“众所周知，《解放军报》是中共中央军事委员会的机关报，是中华人民共和国武装力量的喉舌”，“公开发行的军报，将增大信息量，扩展报道面，保持新闻性，增强可读性，既要力求首先对军队工作有指导作用，又要着眼于全国，努力开拓对军队、地方都有普遍意义的报道领域。与此相适应，将更新栏目，刷新版面，提高印刷质量，兢兢业业地办出自己的特色”。当天头版右下角还套红刊登广告词云：“向国内外公开发行《解放军报》——传播国防建设最新消息、展示当代军人生活风貌、反映世界各国军事动态、探讨现代军事科学理论。”从元月一日起，《解放军报》在国内新闻界率先采用新的编排形式，即在头版采用国际流行的新版式——全版采用横题横文来编排（第二、三、四版仍有部分文章用竖题）。9月起，第一至四版基本上全部采用横文横题版式编排，整个版面整齐、简洁，突出了军报版面上直线加方块的规整、简洁、明快的特色。

（二）20世纪70年代末到80年代后期中国新闻界最早开展的一系列打假活动

1979年11月19日，上海《文汇报》继承当年《晋绥日报》反“客里空”运动的传统，本着批评与自我批评的原则，在当天第二版以整版的大篇幅，对该报刊登过的若干失实报道进行全面的检查与反省，总结经验教训，并将假新闻出笼的过程在报纸上公诸于众。当天第二版头条发表该报评论员文章《坚决维护新闻报道的真实性》，接着以大半版的篇幅刊登《坚决说真话，不要说假话（引题）本报对若干失实报道进行检查（主题）》的文章，系统地披露了失实新闻的具体篇目，并将造假手法分为五大类别：“一、凭空捏造、无中生有”；“二、主观臆测、强加于人”；“三、移花接木、哗众取宠”；“四、浮光掠影、华而不实”；“五、道听途说、粗枝大叶”。

1980年11月27日，《解放军报》头版开始开辟《揭露假报道　抵制浮夸风》专栏。其“编者按”云：“新闻必须真实，这是无产阶级新闻的基本原则。为了维护新闻的真实性，杜绝弄虚作假和报道失实的现象，本报开辟《揭露假报道　抵制浮夸风》专栏。这个专栏将刊登读者揭露本报发表的一些弄虚作假和严重失实的报道，并公布作者姓名及其所在单位。”“凡在本栏揭露出的虚假新闻的作者，希望所在单位政治机关责成其作出书面检查，退回稿费；本报将视情况在三个月到半年之内不再刊用其稿件。如来信揭露的有不准确之处，也允许作者说明情况。”当天刊登了两篇揭露假新闻的文章，其中一篇揭露假报道文章，一篇揭露经过“导演”后拍摄的假照片。

尽管新闻界严厉打假，但仍然有人顶风作案。1980年2月9日，《吉林日报》刊登了一篇署名“卢长林”的假新闻《钱被风刮跑以后》。这篇假新闻用写小说的手法，虚构了“生动”的情节和细节。由于有悬念、故事编得巧，终于蒙骗了“全国好新闻”评委会的评委们。在1981年8月召开的“好新闻”评选会上，该报道被评为1980年度全国好新闻（通讯类）一等奖。[17]以后，这篇假报道甚至被当作范文收入中学语文教材中，成为20世纪80年代初假新闻中的“经典”之作。

1984年6月26日至7月1日，由全国记协和山西省记协联合召开的“全国新闻真实性问题座谈会”在山西太原市举行。参加会议的有中央和各省、自治区、直辖市的报社、通讯社、电视台、新闻教育和新闻研究机构共63个单位的代表70多人。与会代表介绍了各自单位近年来坚持新闻真实性原则的情况，总结了成功的经验，也剖析了失败的教训，探讨了改进的办法和措施。与此同时，对新闻失实的种种表现作了深入的剖析和精练的归纳，主要包括：添枝加叶，浮夸拔高；“合理想象”，情节失实；以点代面，以偏概全；猎奇轻信，以讹传讹；（新闻照片）“导演”摆布，弄虚作假；颠倒黑白，混淆是非，甚至子虚乌有，通篇捏造，等等。会上，写出了《全国新闻真实性问题座谈会纪要》（1984年7月1日）。中共中央宣传部对新闻失实问题非常重视，于同年8月7日特将该《纪要》转发全国各省、自治区、直辖市党委宣传部，总政宣传部，中央宣传系统各单位党委、党组。会后，应座谈会提议，中宣部新闻局、中国社会科学院新闻研究所合编了《真实——新闻的生命》（中国新闻出版社，1986年4月第一版）一书。该书第一部分是马、恩、列、斯、毛泽东、刘少奇关于新闻真实性的论述；第二部分是新闻宣传部门领导人及著名新闻工作者对新闻真实性问题的探讨文章；第三部分则剖析典型假新闻及失实新闻25例（附原作），其中有《他没有沾临漳半点光》（原载《人民日报》1983年10月25日第五版）、《一块大冰从天降》（湖南电视台1984年4月7日晚11时“晚间新闻”报道、新华社长沙4月8日电，又载《长沙晚报》1984年4月9日第一版）、《广西右江民族医学院等救活了一名心脏骤停一百四十分钟的病人》（中国新闻社南宁1982年6月11日电）、照片《现场擒豹》（原载《河南画报》1983年第5期），等等。

1988年3月10日，由陕西日报社、中国记者杂志社、中国青年报社等7个单位联合主办的“艰巨历程”——全国摄影公开赛优秀作品回顾展在中国美术馆开幕。这次摄影展的重头部分是展示新闻摄影作品，这些作品“反映了共和国30年艰辛而豪迈的历程”。同时，也将有名的假新闻照片公开展示在大庭广众之下，这是新中国成立以来假新闻照片的第一次集中公开曝光。这7张假新闻照片是：《救灾》（最初发表在1981年8月25日《人民日报》第四版上，新华社发、黄道明摄，这张照片还在《四川日报》、《新闻照片》报、《解放军报》刊登过）、《领导接见》（原载1958年5月26日《人民日报》第一版，1976年9月16日《人民日报》第四版再登时造假去掉了彭真同志的影像）、《给伤员喂奶》、《小偷》、《菜市》、《江青在大寨劳动》、《北京市长哪里去了？》。这些假照片是由中国摄影学会会长蒋齐生同志提供给摄影展的。[18]

二、典型报道的创新及丰硕成果

（一）知识分子典型报道的兴起

邓小平同志上台以后，首先抓教育与科技。他在1977年8月至1978年3月的一系列讲话中，尤其是《在全国科学大会开幕式上的讲话》中，反复强调科学技术是第一生产力、知识分子是工人阶级的一部分，要养成尊重知识、重视人才的社会风气，等等。在这种思想的指导下，知识分子典型人物成为报刊宣传报道的主角，打破了以往典型报道只写“工农兵”的条条框框。在1978年3月全国科学大会召开前后，有关知识分子的典型报道开始出现，到20世纪80年代初，终于涌现出一大批知识分子典型报道的优秀作品。

【关于陈景润的报道】 1977年10月3日新华社报道，我国数学家陈景润在数论研究中，对“哥德巴赫猜想”问题进行精心解析和科学推算，证明了“任何一个充分大的偶数，都是一个质数与一个自然数之和，而后者最多只是两个质数的乘积”（简称“1＋2”）。这个问题，两百多年来经过许多科学家不断努力，始终悬而未决，而陈景润在此问题研究上取得了世界领先成就。他的研究成果被称为“陈氏定理”，中国科学院把陈景润由助理研究员晋升为研究员。

1978年2月17日，《人民日报》以第二、三版两个整版的大篇幅刊载徐迟采写的报告文学作品《哥德巴赫猜想》。文前“编者按”云：“我们怀着激动的心情，向读者推荐徐迟同志的报告文学《哥德巴赫猜想》。这篇作品原载于1978年第1期《人民文学》。文章以生动的文笔，如实地反映了我国著名数学家陈景润不畏艰苦、勇攀高峰的动人事迹，受到广大读者的欢迎。这一期《人民文学》很快销售一空。这是一种十分可喜的现象。”“徐迟同志从文学界走进科学技术领域，继反映李四光同志的光辉事迹的《地质之光》（载于1977年第10期《人民文学》）之后，他又为读者介绍了一位杰出的中年科学家。”《哥德巴赫猜想》经《人民日报》转载发表后，影响更大。许多报刊纷纷转载，轰动一时。《哥德巴赫猜想》是徐迟继《地质之光》之后写的又一篇报告文学力作。

关于陈景润，早在1956年8月24日《人民日报》第七版刊登的消息《中国数学研究工作发展迅速　中国数学会举行数学论文宣读大会》一文中就曾提及他："从大学毕业才三年的陈景润，在两年的业余时间里，阅读了华罗庚的大部分著作，他提出一篇关于'他利'问题的论文，对华罗庚的研究结果有了一些推进。"1956年12月22日，《人民日报》第一版显著位置所载《贯彻百家争鸣方针充分发挥自由思想　学术研究工作空前活跃》的消息中亦称："从大学数学系毕业才三年的陈景润提出的一篇关于'他利'的论文，对华罗庚的研究结果有了一些推进。"

"文革"中，陈景润也一直受到重视，1974年他还被选为四届人大代表。在一些重大的场合也可见到他的身影，如新华社1974年5月1日讯云：在庆祝"五一"游园活动中，科技、教育、文化艺术、卫生、体育界人士中就有陈景润。1974年10月1日《人民日报》第一版整版刊登庆国庆新闻《周恩来总理举行盛大招待会　热烈庆祝中华人民共和国成立二十五周年》（第三、四版连载）一文中，在"科技、教育界代表"下也提及陈景润。1975年9月8日《参考消息》第四版所载美籍华裔科学家任之恭所写的一篇文章中，也提及陈景润。可见，在1977年之前的很长一段时期，陈景润都是比较活跃的新闻人物。

【关于农民科学家吴吉昌事迹的报道】1978年3月14日，即纪念周恩来总理诞辰80周年之际与全国第一次科学大会即将召开的前夕，《人民日报》在头版显著位置刊登了由穆青、陆拂为、廖由滨合作采写的通讯《为了周总理的嘱托……——记农民科学家吴吉昌》。吴吉昌是山西省闻喜县东镇公社涑阳大队的农民植棉专家，他为了完成毛泽东和周恩来的嘱托，艰苦奋斗十几年，在"文革"中经受了一次次残酷的政治迫害和技术失败的考验，终于解决了棉花增产过程中的一道道难题。这篇通讯生动传神地描述了吴吉昌对党的忠诚及克服险阻、舍生忘死搞科研的献身精神。更难能可贵的是，它是最早公开发表的对"文化大革命"持否定态度的人物通讯，如文中云："不久，'文化大革命'开始了。吴吉昌十分兴奋，他决心在斗争中经风雨、见世面。但是，他没有想到，这场运动竟带来了无休止的动荡和混乱。林彪和'四人帮'一伙蓄意颠倒敌我，混淆黑白，抛出'怀疑一切、否定一切、打倒一切'的反动口号，把斗争矛头指向广大革命干部和群众。在这股阴风的煽动下，少数别有用心的人把吴吉昌当作斗争对象。他们攻击他研究棉花种植是推行'技术第一'的修正主义路线。他们抄了'黑劳模'吴吉昌的家，拿出他培育的一包包棉花良种，诬蔑说：'看哪，这就是黑劳模偷藏棉籽榨油吃的证据……'"

【关于栾茀的报道】1981年1月23日，新中国成立初即从台湾地区回到大陆的太原工学院化工系副教授栾茀因病逝世。1981年3月26日，《光明日报》在头版和第二版以两个整版的篇幅刊登由该报记者樊云芳、《山西日报》记者丁炳昌夫妇合作采写的长篇人物通讯《追求》（《山西日报》同日发表），报道栾茀"在追求革命理想的道路上坚定地前进的一生"。此后，《光明日报》对这一典型连续宣传了一个月，《山西日报》连载宣传了两个月，在社会上引起了强烈反响，仅《光明日报》编辑部就收到了1 200多封读者来信。《人民日报》、《解放军报》、中央人民广播电台和《新华文摘》等媒体也都转发或转播了《追求》。《追求》还被改编成电视剧、广播剧、话剧、电影剧本、连环画，之后又被评为1981年度全国好新闻作品。[19]

此后不久发表的《中国青年报》著名女记者郭梅尼采写的《摧不毁的信仰——记栾茀教授》（载1981年6月9日《中国青年报》），也是众多报道栾茀事迹通讯中较为出色的一篇。郭梅尼在长达50年的新闻从业生涯中，以采写著名科学家和优秀青年人物类通讯见长。她采写的科学家典型人物有茅以升、钱三强、宋健、丘成桐、黄伟禄、杨乐、张广厚等及青年榜样张海迪等。她采写的这些人物通讯富有时代特征，感人至深，产生了很大的社会影响。她是全国首批优秀新闻工作者获得者之一及首届范长江新闻奖得主。[20]

【关于蒋筑英的报道】1982年6月15日，长春光学精密机械研究所副研究员蒋筑英因积劳成疾，英年早逝，时年43岁。1982年8月27日，《光明日报》在当天头版头条位置刊登了一篇一千多字、由该报记者肖玉华采写的新闻《对革命无限忠诚　为“四化”忘我工作，副研究员蒋筑英为祖国光学事业奋斗终生》，同版还配发了蒋筑英的半身照片。消息发出后，引起强烈反响，《光明日报》开始作深度报道。同天（8月27日），《长春日报》也发表了该报记者白英权采写的长篇通讯《火红的中年——记中年科学家、长春光机所副研究员蒋筑英》。10月11日，《吉林日报》也发表了由该报记者戴焕梅采写的长篇通讯。

在这些通讯中，影响最大的是《光明日报》于1982年10月间对蒋筑英的系列报道。《光明日报》曾先后发表了由该报记者陈禹山采写的长篇通讯《为中华崛起而献身的光辉榜样——记中年光学专家蒋筑英》（载《光明日报》1982年10月10日头版头条，第二版连载）、《闪光的足迹》和《蒋筑英书信笔记摘抄》。当时光明日报社非常重视这一典型的报道，专门组织了由记者部主任卢云任组长，以及该报驻吉林省记者站站长肖玉华等组成的报道组，由总编辑杜导正直接领导。

《光明日报》关于蒋筑英先进事迹的报道催人泪下，在1983年12月全国好新闻评选中被评为1982年度“典型人物报道”第一名。1982年12月，光明日报社还出版了《知识分子的优秀代表蒋筑英》一书。[21]

【关于张华事迹的报道】1982年7月11日，西安解放军第四军医大学四年级学生张华等在抢救一个淘粪不慎跌进3米多深粪池中的老汉时，张华不幸沼气中毒牺牲。9月29日，《光明日报》第二版用整版篇幅刊登该报记者刘炳琦、陈文锦，通讯员舒英才采写的通讯《他们的心灵多么美——记在西安康复路抢救沼气中毒的农民的英雄群众》，对这一事件作了初步报道。

1982年10月20日，《光明日报》头版刊登该报记者王晨、通讯员舒英才采写的通讯《新一代的理想之歌——记当代优秀的大学生张华》（第二版连载），重点对张华的事迹作了详细报道。这段时间，全国正在开展“五讲四美”活动，各地在大专院校及广大青年中，将学习张华舍己救人的先进事迹与开展“五讲四美”活动结合起来进行宣传。10月27日，光明日报出版社还编辑出版了一本宣传张华事迹的书《新一代的理想之歌》。

【关于罗健夫的报道】罗健夫是湖南湘乡县人，出生于1935年，中共党员、全国劳动模范。他是航天工业部陕西骊山微电子公司工程师，1982年6月16日在一次科学研究攻关中调试设备时突然病倒，经医治无效逝世，时年47岁。不久，全国不少报刊都连续报道其先进事迹，其中，《工人日报》1982年11月5日头版头条发表由该报记者邱文仲、刘军、庞文清、唐正学采写的长篇通讯《罗健夫》（第三版连载）一文影响最大。

蒋筑英、罗健夫的报道相继见报后，胡乔木同志专此写了一篇《痛惜之余的愿望》（载《工人日报》1982年11月29日第二版头条）。文章谈阅读报道之后的感受云：“一个多月以来，《光明日报》几乎每天登载着模范党员、吉林长春光学精密机械研究所副研究员蒋筑英同志的事迹和纪念他的文章，《工人日报》几乎每天登载着模范党员、陕西骊山微电子公司工程师罗健夫同志的事迹和纪念他的文章。这两位同志，一位六月十五日在成都去世，终年仅四十三岁；一位六月十六日在西安去世，终年仅四十七岁。”“这两位同志的事迹，同在他们先后去世的模范共产党员赵春娥、张华等同志的事迹一样，太令人感动了”，“读了介绍和纪念他们的文字，很难不流下泪来”。另外，胡乔木在文章中还表述了“痛惜”之情，并希望各级党组织、党员们从政治上、生活上多关心先进人物。

【关于张海迪的报道】山东莘县残障女青年张海迪从小患脊髓血管瘤，脊椎动过四次大手术，三分之二的肢体病残。她凭着无比坚强的毅力，通过刻苦自学了英、日、德、世界语，甚至翻译了13万字的英语小说。她还自学中医，为病人治病。有关张海迪的新闻报道最早见于1981年12月28日新华社播发的人物通讯《只要你能昂起头——记瘫痪姑娘玲玲》（作者：新华社山东分社记者宋熙文；“玲玲”为张海迪的乳名）。次日（29日），《人民日报》把题目改为《瘫痪姑娘的心像一团火》，在当天头版头条刊登，这是新闻单位首次报道张海迪的事迹。1982年6月，宋熙文第二次采访张海迪，写了续篇《播火记——再访瘫痪姑娘玲玲》。新华社总社于10月21日播发时，题目改为《即使我是颗“流星”，也要为人民发光发热——再访瘫痪姑娘玲玲》。[22]从1983年起，一些新闻单位又陆续报道了张海迪的动人事迹和崇高精神，并逐渐引起了有关方面的关注。其中影响最大的报道要数《中国青年报》记者郭梅尼与徐家良合作采写的人物通讯《生命的支柱——张海迪之歌》（原载《中国青年报》1983年3月1日头版头条）。在20世纪80年代初期，张海迪被誉为“八十年代的活雷锋”、“中国当代的保尔”，成为全国人民尤其是青年人学习的先进典型。

1983年3月7日，团中央授予张海迪“优秀共青团员”的光荣称号，并作出向张海迪学习的决定（见《中国青年报》1983年3月10日），号召大家向张海迪学习，学习她身残志坚、艰苦奋斗的精神。从3月10日起到3月24日，《中国青年报》专此连发三篇由钟沛璋、余心言、敢峰撰写的评论（载3月10日、3月17日、3月24日《中国青年报》），引起强烈反响。邓小平挥豪题词：“学习张海迪，做有理想、有道德、有文化、守纪律的共产主义新人！”陈云题词：“以张海迪为榜样，勤奋学习，热心助人，做八十年代的新雷锋。”当时担任团中央书记处书记的胡锦涛称赞：“模范共青团员张海迪是新的历史时期继承和发扬雷锋精神的典范，是八十年代的雷锋。”

此外，在报道张海迪事迹的众多通讯中，郭梅尼、徐家良写的《生命的支柱——张海迪之歌》一文，对旧有的典型报道模式作了突破性的创新。一直以来，我国媒体报道典型人物时，往往遵循“三突出”、“高、大、全”的原则，把典型人物“拔高”、神化、偶像化。而《生命的支柱——张海迪之歌》却遵循“真实、客观、可信”的原则，如实报道了典型的“缺点”及真实的“心理挣扎”过程。如该文中有一节小标题叫“战胜消极悲观，你是生活的强者”，该部分文章较细致地描述了张海迪欲自杀的过程和心理挣扎，最终她战胜了自己对生的怯懦，真正理解了生活的意义，从而坚强地活了下来。这是张海迪刻骨铭心的人生经历，也是她人生的转折点。对这段经历，张海迪曾说：“这件事，我给一些报刊写过，可是，他们都删掉了。”看来这些报刊“友好地”为她隐去了这段经历，因为“榜样”怎么会自杀呢？

【关于邓稼先的报道】邓稼先（1924年6月25日至1986年7月29日），安徽怀宁人，我国著名的核物理学家、中科院院士。邓稼先是我国核武器研制和发展的主要组织者、领导者之一，被称为“两弹（原子弹、氢弹）元勋”。1986年6月，邓稼先由于过量核辐射导致的癌症已到晚期，在做了第三次手术后，病情更加危重。由于事涉机密，邓稼先的事迹一直不为人知。他病重住院后，中央军委决定对邓稼先解密，批准有关媒体报道他的先进事迹。1986年6月24日，《解放军报》在当天头版头条刊登以《名字鲜为人知 功绩举世瞩目 "两弹"元勋邓稼先》为标题的重要消息，最早报道了邓稼先在研制"两弹"中忠诚爱国、舍生忘死、淡泊名利、默默奉献的感人事迹和崇高品质。7月29日，邓稼先病逝。8月4日，《人民日报》在头版显著位置刊登《杰出核科学家邓稼先追悼会在京举行》的讣闻，《解放军报》当天也在头版显著位置刊登《邓稼先追悼会在京举行》的消息。

1986年秋天，中央军委指示八一电影制片厂摄制了《两弹元勋邓稼先》的纪录片，并于1987年建军60周年之际在全国公映。同年，军事博物馆举办建军60周年大型展览时，还设有《两弹元勋邓稼先》专栏和邓稼先的半身塑像。当时任中央军委副主席的杨尚昆、任总政部主任的余秋里，以及国防部长张爱萍等多位领导同志在观看展览时，特意在邓稼先塑像前合影留念。用多种文字在国外发行的*Bejing Review*（《北京周报》）在1986年8月11日出版的第29卷32期上，还以《两弹元勋邓稼先》为题作了专题报道。以上新闻报道及纪录片，比较全面地介绍了邓稼先的感人事迹，深深地打动了千千万万读者和观众的心。[23]

（二）对经济改革大潮中涌现的典型人物的报道

1983年起，我国国营企业及国营工商业的改革开始起步。1984年10月20日，中共十二届三中全会在北京举行，会上通过了《中共中央关于经济体制改革的决定》。《决定》根据马克思主义基本原理同中国实际相结合的原则，阐明了加快以城市为重点的整个经济体制改革的必要性、紧迫性，规定了改革的方向、性质、任务和各项基本方针政策，是指导经济改革的纲领性文件。从此，我国城市及企业经济改革不断深化，涌现出了一大批勇于改革创新的典型人物。媒体及时宣传报道了这些典型人物，有力地推动了经济改革的进程。这些典型人物都有鲜明的时代特征：他们敢于突破僵化的计划经济体制，敢于打破"铁饭碗"和"大锅饭"，引入市场竞争机制；他们敢闯敢干、富于创新精神。

【新闻工作者"典型观"的转变和典型报道的创新】"典型是群众的样板，运用典型指导工作是我们党传统的工作方法。"早在井冈山斗争时期，毛泽东就抓住并推广长冈乡和才溪乡关心群众生活、注意工作方法的先进典型经验，巩固和发展了革命根据地。在抗日战争、解放战争、社会主义革命和建设时期，党同样重视抓好典型的工作，媒体宣传报道了大量的先进人物和集体典型。中共十一届三中全会以后，各条战线的许多改革都是在总结群众发明创造的基础上实现的。改革初期，由于没有先例可援，往往采用"摸着石头过河"的办法，先试点，取得经验，然后推广，这是中共领导改革的一条重要经验。这样培养典型，宣传报道典型，指导一般，就可以少走弯路，掌握更多的主动权。特别是在20世纪80年代初期，我国在农村政策、企业管理、行政机构、领导体制等方面进行的许多重大改革，都是在经过认真试点，取得经验后才在全国推广的。所以，要使改革积极而又稳妥、有秩序地进行，很有必要实行典型引路、以点带面的方法。这样才能稳扎稳打，一步一个脚印地前进；才能减少盲目性，避免走弯路，使各项改革顺利进行。因此，80年代初新闻媒体对经济改革典型大力宣传报道是有重大意义的。

20世纪80年代初，中国新闻界的经济改革典型报道宣传有许多创新之处，尤其是人们的“典型观”发生了重大变化，主要表现在以下几方面：一是摒弃了“典型万能”的观念，即运用历史唯物主义的观点来看待典型，把“典型”看做一定时间、一定条件下的产物，看做群众集体智慧的结晶。以前，由于受唯心史观的影响，不少单位抓出一个典型，就把它看做万能的。不管什么行业、什么工作、什么地区、什么部门都要到这里取经，依葫芦画瓢，把典型偶像化、模式化。实际上，按照唯物主义的观点，各类事物、各项工作都有其自身的规律和特点，情况千差万别，某一地区、某一行业的实践证明是有效的、先进的经验，在其他地区、其他行业就不一定是或不一定完全是有效的经验。因此，不能试图用一个典型“包医百病”，硬性指导所有地区和不同行业及各项工作。二是破除典型必须十全十美的观念。任何先进集体和个人都不可能十全十美，难免会有缺点、不足之处，甚至错误。因此，我们在培养典型、宣传报道典型时，“应该防止两种倾向：一种是看不到先进人物和单位的缺点，觉得他/它们一好百好，从不注意教育帮助，一旦问题暴露出来又大惊小怪，全盘否定；另一种是认为典型不能有缺点，看到了他/它们的问题也不去批评指导，而是想方设法掩盖，甚至人为地树立典型”。因此，在报道先进人物及单位的成功经验时，也要客观地指出其存在的问题和不足之处。三是用变化的、发展的眼光来看待典型。“先进典型，同其他一切事物一样，是不断发展变化的，一成不变的典型是没有的。对于先进典型，我们要努力从政治上、思想上给予正确的指导，以巩固他/它，提高他/它，发展他/它，尽可能避免失去先进性。但是，当他/它们的主观和客观条件发生了重大变化，以致不能再继续成为先进典型的时候，绝不能消极地去保护，更不能因为保护老典型而压抑新事物。”在抓典型及宣传报道典型的工作中，“不搞绝对化和永恒化，即帮助先进更先进，又鼓励后进赶先进、超先进”，形成良性竞争的态势。有的典型在某一时期有其先进性，以后停滞不前，没有发展，落后了，有的甚至犯错误。对这样的“典型”也要客观、如实地报道，给社会提供经验教训，起警示作用。[24]

【关于步鑫生的宣传报道】步鑫生是十一届三中全会后以“改革先行者”而闻名全国的新闻人物。他是浙江海盐人，1980年接手浙江省海盐县一个有300多名职工的海盐衬衫总厂，担任该厂厂长职务。步鑫生上任后，以敢为人先的精神，解放思想，大胆进行全面的改革。他率先引入市场竞争管理机制，在企业里推行一套独特的经营管理办法，如在分配制度上，打破“铁饭碗”和“大锅饭”，实行奖金制度，提出工人收入“上不封顶，下不保底”，“日算月结，实超实奖，实欠实赔”；在生产方面，创新品牌，贯彻“人无我有，人有我变，人变我新，不断创新”的原则；在管理思想方面，实行“生产上要学，管理上要严”。一年多后，该厂成为全省同行业的领头羊。1983年4月26日，《浙江日报》第二版以整版篇幅发表由该报记者江坪、周荣新、陈冠柏采写的通讯《企业家的歌》，生动地介绍了海盐衬衫总厂厂长步鑫生的开拓精神。1983年11月16日，《人民日报》及全国各大报纸都在头版位置转发了由新华社记者采写的通讯《一个有独创精神的厂长——步鑫生》。1984年4月1日，新华社播发由章墨渊、童宝根、张锦胜采写的通讯《步鑫生的“上下内外观”》，这是一篇富有特色的报道，它从不同的角度，全面地反映了步鑫生的改革开拓精神。随着报道力度的加大，步鑫生遂成为全国改革开放最早的典型之一，“步鑫生神话”轰动全国。后来，由于一系列决策失误，到1988年初，海盐衬衫总厂已资不抵债，步鑫生被免职。1988年1月16日，《人民日报》仍然如实报道，在当天头版刊登一条消息《粗暴专横　讳疾忌医　步鑫生被免职　债台高筑的海盐衬衫总厂正招聘经营者》。1月27日《人民日报》头版又刊登报道《一人沉浮，千夫评说——步鑫生被免职后的种种议论》。

【关于马胜利的宣传报道】1984年，“承包风”从农村刮到了城市。石家庄造纸厂是当时全国最早实行承包制的国营企业之一。1985年7月27日，《人民日报》第二版刊登新华社记者章墨渊、彭占魁、吴士深采写的通讯《时时刻刻想着国家和人民利益——记石家庄造纸厂厂长马胜利》报道了他的改革事迹。1984年初，石家庄造纸厂跟当地许多老牌国营企业一样，难以为继，800多人的工厂已连续三年亏损。4月间，马胜利承包造纸厂，他在产品结构（开发新产品）和销售激励机制（开辟新客户者有奖）上下工夫，第一年承包期满，马胜利完成了140万元的利润。经新闻报道的宣传，“马承包”立即闻名全国。此后，马胜利又在全国20个省市跨省经营、陆续承包了100家造纸企业。由于盲目扩张、战线过长，导致各家企业都严重亏损。1995年，马胜利被免职。

【关于鲁冠球的宣传报道】1986年4月10日，《人民日报》头版显著位置刊登新华社记者李峰、林楠采写的长篇通讯《乡土奇葩——记农民企业家鲁冠球》，报道农民企业家鲁冠球的事迹：他在1983年承包杭州万向节厂后，对全厂进行“脱胎换骨的改造”，“像建设一座科学管理的大楼，把组织建设、分配制度、招工办法、质量管理章程、培养人才和经济责任制等的改革层层精心设计，从而全面提高企业素质”，终于使该厂成为全国同行业企业中的“冠军”。

三、新闻媒体批评性报道与舆论监督的开展

（一）20世纪70年代末至80年代中后期媒体批评性报道及舆论监督的发展历程及舆论监督机制的建立

1978年12月召开的中国共产党十一届三中全会，作出了把全党工作的重点和全国人民的注意力转移到社会主义现代化建设上来的战略决策。从此，以经济建设为中心，进行四个现代化建设成为全国人民的首要任务。与此同时，为经济建设及“四化”建设服务的传媒业，也开始开展批评报道和舆论监督活动。从1980年前后开始，新闻媒体大力宣传“端正党风”、“整顿党风”，批评抵制“不正之风”，以及后来大力宣传开展“反腐”斗争，打击官商勾结，以权谋私。在此期间，新闻媒体通过报道揭露“农业学大寨”的虚假性，揭露报道“渤海二号”钻井船翻沉事故、双城堡火车站野蛮装卸事件、吉林北站扩建工程扯皮事件、大兴安岭火灾等。在报道过程中，新闻传播界冲破了一个又一个新闻报道“禁区”。在以上报道中，影响最大的莫过于《工人日报》对“渤海二号”钻井船翻沉事故的报道。“渤海二号”事故的报道打破了1949年以来媒体“报喜不报忧”、“重大事故一般不见报”的潜规则，也突破了我国长期以来批评报道“打苍蝇不打老虎”、不涉及高级干部的“禁区”，令全国人民拍手称快。可以说，《工人日报》关于“渤海二号”事故的报道，以及后来的《中国青年报》关于大兴安岭火灾的“三色”报道，成为我国媒体开展批评性报道与实施舆论监督的里程碑，大大鼓舞了新闻传播业界开展舆论监督的信心和勇气。据统计，1983至1985年间，全国各媒体报道的有关官僚主义和干部犯罪案件共476件，形成了舆论监督的强大声势。

20世纪70年代末、80年代初期，我国新闻媒体（主要是报纸和广播）都非常重视“读者来信”，从中央级党报《人民日报》到各省的省委机关报大都在报纸版面上专门开辟有《读者来信》专栏，不定期发表“读者来信”。各级党报一般都设有一定规模的群众

工作部（简称“群工部”），主要任务是负责处理、编辑读者来信。当时的批评性报道和舆论监督工作主要是运用“读者来信”的方式进行的。

从20世纪80年代初开始，党中央和全国人大发出一系列重要指示、作出重要决定，进一步强调和支持新闻媒体充分发挥舆论监督的功能，逐渐形成媒体实行批评性报道和舆论监督的机制。

1981年1月29日，党中央针对“文革”中党的批评与自我批评的优良传统遭到严重破坏的状况，特作出《中共中央关于当前报刊新闻广播宣传方针的决定》。《决定》指出：“近年来，许多报纸刊物重视反映群众的意见和呼声，积极地开展批评与自我批评，增强了党和人民群众的联系，也提高了报刊和党的声誉。今后还要坚持这样做。”《决定》再次重申：“各级党委要善于运用报刊开展批评，推动工作。”1982年4月13日，中共中央、国务院作出《关于打击经济领域中严重犯罪活动的决定》，《决定》指出，要集中力量抓紧处理大案，对于严重破坏经济的罪犯，不管是什么人，不管他属于哪个单位，不论他的职务高低，都要铁面无私、执法如山，决不允许有丝毫的例外，更不允许任何人袒护、说情、包庇。如有违反，无论是谁，一律要追究责任。此后，打击经济犯罪活动的斗争开展起来。党的十二大（1982年9月1日至11日）后，经济体制改革全面展开，到1985年改革处于重要关头，农村改革向纵深发展，城市改革也全面铺开。在这样一波改革大潮中，出现了一些严重的经济犯罪案件和一些借改革之名搞歪门邪道及由于经验不足而犯错误的情况。要保障改革开放的健康发展，迫切需要新闻媒体发挥舆论监督的功能，揭露经济领域的违法犯罪、批评不良社会风气和行为，确保改革沿着正确方向前进。从1985年到1988年，我国媒体掀起一股舆论监督的热潮，新闻批评报道和舆论监督作品在这一时期的媒体报道中占有重要的分量。据统计，在1985年的全国好新闻评奖中，获“好消息”类特等奖和一等奖的头四篇作品中，就有3篇是批评报道，这在历年好新闻评选中是罕见的现象。这3篇获奖作品是：1985年由“甄明伲”写的全国好新闻特等奖作品《该注意管理了——向袁庚同志进一言》（来信）（载1985年2月28日《蛇口通讯》报），一等奖作品《领导干部以权谋私大量占用晋级指标》（载1985年2月10日《工人日报》）和陈铁扬、李而亮、刘曼军的《火车票贩子不择手段敲诈欺侮旅客》（一组）（载1985年11月23日《人民日报》）。1986年和1987年，我国新闻媒体的批评报道佳作迭出，其中，《中国青年报》于1987年6月24日至7月4日连载发表的《红色的警告》、《黑色的咏叹》、《绿色的悲哀》三篇作品，堪称集批评性报道、典型报道及深度报道于一体的经典之作。

1987年10月召开的中共第十三次全国代表大会正式提出“舆论监督”一词。十三大报告《沿着有中国特色的社会主义道路前进》提出：要“提高领导机关活动的开放程度，重大情况让人民知道，重大问题经人民讨论”。并要求：“要进一步发挥现有协商对话渠道的作用，注意开辟新的渠道”；“要通过各种现代化的新闻和宣传工具，增强对政务和党务活动的报道，发挥舆论监督的作用，支持群众批评工作中的缺点和错误，反对官僚主义，同各种不正之风作斗争”。[25]“发挥舆论监督的作用”第一次写进党的代表大会的报告中，意味着党对舆论监督的高度重视和有力支持，这也是国家建立、健全社会主义民主制度的积极信号。

1988年，经中央同意，中央办公厅转发了《新闻改革座谈会纪要》。《纪要》指出，要“正确开展批评，发挥舆论监督作用”，并规定：除了特别重要的批评稿件外，其余批评稿件可以不事先征询有关领导机关和被批评者本人的意见而直接发表。舆论监督的政策控制尺度更加宽松。

（二）20世纪70年代末、80年代初的“读者来信”与舆论监督

70年代末、80年代初，媒体开展舆论监督主要是通过报纸发表“读者来信”这种方式来实现的。《人民日报》、《光明日报》以及《南方日报》等都曾以“读者来信”的方式，发表过不少口气尖锐、文笔犀利的批评性报道。正如当时《人民日报》转载的《解放军报》社论《正确对待群众在报纸上的批评》一文中所云：

> 粉碎“四人帮”以来，作为党的舆论工具的报纸发生了喜人的变化。变化之一，是大量刊登反映群众呼声的读者来信，公开地批评我们工作中的缺点和错误，敢于提出群众最关心、最迫切需要解决的问题。诸如：落实党的各项政策问题，揭发违法乱纪、各种不正之风问题，揭发压制民主，利用职权打击报复问题，学习科学文化知识问题，以至于群众生活中的柴米油盐问题等，常常还附有被批评者的答复和有关部门的处理结果。广大干部和群众看了无不扬眉吐气，拍手称快，欢呼党报真正成了人民的喉舌，报纸办到了群众的心坎上。[26]

【习仲勋同志是力行舆论监督的典范】 1978年9月，广东惠阳地区检察分院有一位叫“麦子灿”的干部给当时广东省委第二书记习仲勋同志写信，严厉地批评他。[27]信中内容相当尖锐刺耳，一开头便说：“省委习仲勋书记，我同你不熟悉，也未见过面，只听过你讲话的传达，只见过你的指示发表在报纸上。但从上述的接触中，我感觉到你还是一个爱听汇报，爱听漂亮话，喜欢夸夸其谈的人。举一个例子可以说明：你在梅县、汕头、惠阳地委常委会议上的讲话，多次提到惠阳整治潼湖工作不错，多少多少亩可以受益。这些漂亮话都是纸上或口头上的东西，都是听汇报得来的。但群众意见如何，群众呼声如何，你有否去听一听，是否真正如惠阳地委讲的那么漂亮呢？我劝你认真下去听听群众的意见。”接着反映惠阳县在“治水的两项大工程”中存在好大喜功、劳民伤财的诸多做法。来信最后说：“你讲话中不是常说爱听刺耳话，说什么‘良药苦口利于病’吗？现在给你提两个刺耳的意见，看你是否‘叶公好龙’！”

习仲勋同志收到这封信后，闻过则喜，宽宏大量，及时认真、郑重地写了回信云：“麦子灿同志，你九月二十五日的来信很好，对我们各级领导班子特别是负责干部目前的精神状态和工作作风中存在的问题，提出了十分中肯的意见，我表示诚恳接受，并决定将你的来信转发各地，以便进一步把党内民主气氛发扬起来。为了更充分地听取你的意见，现趁刘田夫同志前来帮助惠阳地委整风之便，委托他和你面谈，并请刘田夫同志帮助地委切实解决你所反映的问题。”同时，习仲勋同志还在省革委会上宣读了这封信，并对这封信作了解读：“这封信写得好，还可以写得重一点。下面干部敢讲话，这是一种好风气，应当受到支持和鼓励。不要怕听刺耳的话。写信的同志相信我们不会打击报复他，这是对我们的信任。”另外，为了活跃党内民主生活，发扬中国共产党的好传统，鼓励干部、群众大胆讲话，习仲勋同志又给广东省县以上党委和市直局以上单位负责同志写了信。信中云：“麦子灿同志对我的批评，是对我们党内至今还严重存在的不实事求是、脱离群众等坏作风的有力针砭，应该使我们出一身冷汗，警醒过来。林彪、‘四人帮’对我们党的干

扰破坏是十分严重的。办事不从实际出发，不走群众路线，靠‘长官意志’，靠行政命令，群众有不同意见就实行压制，一意孤行。这种坏作风这些年来有了严重的发展，而我们一些同志却没有认识到这一问题的严重性，身有余毒而不知毒。这种情况压抑了广大干部和群众的社会主义积极性，严重阻碍着我们抓纲治粤、大干快上、实现四个现代化的步伐，必须坚决克服。”

1978年11月7日，新华社为此发了消息。第二天（11月8日），广东省委机关报《南方日报》头版头条在《省委第二书记习仲勋同志欢迎来自下面的批评（引题）　支持鼓励干部群众敢于讲话发扬民主（主题）》的大字标题下，全文刊登《麦子灿同志给习仲勋同志的信》、《习仲勋同志给麦子灿同志的复信》和《习仲勋同志给广东省县以上党委和市直局以上单位负责同志的信》等三封信。《南方日报》这一组报道发表后，在广东各地引起了强烈反响。许多干部和工农兵群众纷纷给《南方日报》写信，对省委领导同志以身作则，广开言路，支持和鼓励干部群众的民主作风感到高兴，予以赞扬。《人民日报》又于1978年11月21日在头版《读者来信》专栏中，以《领导干部要以身作则广开言路》为大字标题发表了四封读者来信，对习仲勋及广东省委的做法表示充分的肯定和赞许。同时也对“一些领导者，不兴实事求是，爱搞虚伪浮夸；不是闻过则喜，而是文过饰非；不是放下架子，倾听群众的呼声，而是摆起‘官威’，冷对逆耳忠言；不是把党和人民交给他的权力好好地为人民服务，而是利用职权谋私利，群众意见虽多，却敢怒不敢言”的做法提出了尖锐批评。

《南方日报》、《人民日报》策划、组织的这一组批评性报道是非常成功的，产生了良好的效果。

【《南方日报》的好传统】《南方日报》在刊登批评性报道及发挥舆论监督作用方面有着优良的传统。该报早在创刊初期，就开始着手开展批评性报道。1950年2月25日，《南方日报》头版显著位置刊登社论《开展批评与自我批评，深入检查工作》，接着刊登广州市税务局局长李十中的《自我检讨》。事情的起因是：在广州市税务局征收1949年下半年工商业所得税工作中，当时的广州市税务局局长对一般工商业者及基层群众的意见不作耐心细致的解释工作，却态度粗暴武断，有官僚主义的习气。他在一些报纸上发表文章，说一些工商业者“无理取闹，欺骗政府、污蔑政府”，“帝国主义反动派均无可奈何，你先生想怎样?”他甚至在会上还“荒谬（地）拍着自己身上携带的手枪”，对工商业者们进行恐吓。对此，广州市政府召开行政会议，专门检查税务局工作，“责成李十中同志公开检查错误”。这是新中国成立后，华南分局机关报及省级党报上最早刊登的报纸批评及舆论监督报道。此后，“自1950年至1953年，《南方日报》批评县以上党政领导干部的报道、读者来信和评论达100多篇，在广大读者中产生了很大的影响。‘《南方日报》是主持公道的’成了《南方日报》当时的口碑”[28]。

（三）20世纪80年代报纸的批评性报道及舆论监督佳作

20世纪80年代是我国报纸批评性报道及舆论监督开展得比较好的时期，先后出现了一批佳作名篇，其中有揭露性报道、问题及事故报道，也有调查性报道、非事件性报道等多种形式。在体裁上，有消息、通讯，也有评论和述评等。

【《解放日报》关于“公物招领”的报道】1980年4月14日，上海《解放日报》头版头条位置刊登“本报启事”《公物招领》。启事后附一张开列10多个单位委托《解放日报》刊登招领失物的清单，共计16项。这样的版面处理非常新颖、鲜明、突出，一下便吸引了读者的目光。《本报启事》云："近一时期，我们经常接到一些单位的来信和来访，反映他们拾到了失物，无人领取，要求我们代为寻找失主。这些物品大多是国家或集体的财物，绝大多数是汽车急速行驶时从车上掉落下来被拾到的。可是失物拾到后，迟迟没有看到一个失主主动前往寻找或领取，而当拾到的单位多方设法与失主联系，也依然无人认领，致使一批有用的物资散失、搁置，不能及时发挥应有的作用，甚至白白遭到浪费和损失。看来，相当一些单位在工作环节中还存在不少漏洞，而承认自己丢失了东西，把它领回去，也需要有一些勇气似的。我们希望这些物品的失主能以国家和集体的利益为重，拿出责任心来，前往招领单位通过一定手续把失物领回，并从中吸取教训，堵塞漏洞。"第二天，《解放日报》又开辟《〈公物招领〉说明了什么?》的专栏，作连续报道。当天发表了一篇《食品店变成拾品店》的通讯和公安局失物招领处的访问记。同时在"编者按"中提出"为什么对丢失公物毫不痛心?"发动广大读者参与讨论，批评了当时非常坏的社会风气——"公家的东西、物品丢了不心疼"。这一系列报道在当时社会上产生了非常强烈的反响。

【关于"西水东调"工程的报道】1980年6月15日，《人民日报》头版刊登记者陈思、张进兴的《昔阳"西水东调"工程缓建》一文，并配发社论《再也不要干"西水东调"式的蠢事了》。社论云："山西昔阳县的'西水东调'工程，搞了四五年，投工近五百万个，耗资达几千万元，最近终于下马了。这是农田水利建设工程中一个极为沉痛的教训，很值得我们深思。""西水东调"工程是山西省昔阳县引滦河水向海河水系的水利工程。该工程规模庞大，浪费严重，事前缺乏科学论证，完全是封建家长式的意志工程，但一直迟迟不能下马。1980年6至7月间，《人民日报》连续发表《昔阳"西水东调"工程缓建》、《再也不要干"西水东调"式的蠢事了》、《从"西水东调"工程中应该记取什么教训》等报道和评论，对该工程予以揭露和批评。

【关于"渤海二号"钻井船翻沉事故的报道】1980年7月22日，《工人日报》头版头条刊登消息《"渤海二号"钻井船在拖航中翻沉》，同时配发该报记者陈骥、牛风和采写的长篇述评《"渤海二号"钻井船翻沉事故说明了什么?》。报道揭露：1979年11月25日凌晨3点30分左右，石油部海洋石油勘探局的"渤海二号"钻井船（这是当时从国外引进的比较先进的钻井船）在从渤海湾迁往新井位的拖航作业中翻沉。当时船上共有74人，2人获救，72人死亡。以当时的价值计算，直接经济损失3 700多万元。据相关报道称："这是世界海洋石油勘探史上少见的重大事故。""现已查明，这是一次严重违章指挥造成的重大事故。""该局的干部、工人家属对这次重大事故反映极为强烈，认为这次事故绝不是偶然的，而是领导方面长期不重视安全生产、不尊重科学（冒险蛮干）、不严格执行规章制度的必然结果。"事故发生后，该局领导又以"突遇十至十二级大风，不可抗拒"为由，"强行统一思想，欺上压下，企图掩盖矛盾，推卸责任，并且给事故调查设置许多障碍"。拖延八个月之后，事故真相才得以报道出来。

《人民日报》在报道"渤海二号"事故、澄清事实真相中也起了重要作用。《人民日报》的这次报道也是从1980年7月22日首载"渤海二号"钻井船翻沉事故的消息开始的，紧接着又发表了评论文章和读者的反应信。随着报道的深入，《人民日报》于8月23日发表了记者述评《从"渤海二号"事故看石油部的领导作风》，尖锐批评了石油部的主要领导在"渤海二号"事故上的错误态度和做法，国务院作出关于处理"渤海二号"事故的决定后，《人民日报》又报道了国务院的决定在各条战线上引起的反响，并先后发表了《深刻的教训》、《尊重科学，尊重群众，搞好安全生产》等社论。在前后一个多月时间里，不包括新华社通稿在内，《人民日报》就“渤海二号”事故共发消息、评论及各种文章20余篇，产生了广泛的影响。[29]

“渤海二号”事故发生在天津，《天津日报》却是报道该事件最晚的报纸。该报真正报道“渤海二号”事故是从1980年9月1日刊登《“渤二”事故调查记事》开始的。

由于首都新闻舆论界的共同努力，有关“渤海二号”事故的报道在全国引起了极大的反响。读者反映：这次事故导致石油部长撤职、副总经理记过、国务院公开检讨，这样的事情，新中国成立以来还是第一次。这说明了我们党严肃法纪、发扬民主的决心。“渤海二号”事故的报道是党报批评性报道及舆论监督史上的标志性事件，其重大意义表现在“有三个重要的突破”：一是突破了重大事故一般不见报的框框，在报上比较详细地揭露了这起重大事故的真相。长期以来，我国新闻界对灾难、事故要么隐瞒不报，要么遵循“灾难不是新闻，救灾才是新闻”（王中批评语）的条条框框，反面文章正面做。如这次“渤海二号”翻沉，本来是一次严重的人为事故，是主要领导干部玩忽职守、违章瞎指挥造成的恶性事故，但石油部及有关部门的领导人把“丧事当成喜事办”，照例隆重召开遇难同志追悼大会，授予他们烈士称号，并命名“渤海二号”钻井队为英雄钻井队。甚至搞“大表彰”、“大评比”、“大学习”等活动来掩盖问题和责任，欺上瞒下，把重大事故当成“英雄业绩”来“庆功领赏”。在事故发生八个月后，《工人日报》率先发表由该报记者采写的报道《“渤海二号”钻井船在拖航中翻沉》（载1980年7月22日《工人日报》），对事故进行详细的揭露。该消息在1981年8月被评为1980年度全国好新闻。二是突破了报刊批评“只打苍蝇，不打老虎”的状况。“读者反映：‘今年（1980年）报纸打了两只老虎，一只是‘西水东调’，一只是‘渤二’事故。它说出了我们十几年来想说而不敢说的话！’”同时也扳倒了一批大官。三是“找出了工业战线‘左倾’流毒的典型”[30]。

【几篇产生了重大影响的批评性报道及揭露性报道】1980年9月20日，《人民日报》刊登由该报记者石德连、翟启运采写的报道《弄虚作假，曲意庇护，终归不能掩盖事实真相，“国才式锅炉”骗局被戳穿　许多群众不能容忍李国才当化工部副部长》。

1980年10月16日，《中国青年报》在头版头条刊登记者马北北、李鹏图采写的通讯《敢于向特权挑战的人——记北京丰泽园青年厨师陈爱武》，同版还刊登了社论《改革者，鼓起你的勇气！》。通讯报道了全国劳动模范、新长征突击手、北京市丰泽园饭庄青年厨师陈爱武不计个人名利和得失、不怕打击报复，向中央纪委投诉揭发商业部部长王磊到饭庄吃“客饭”少付钱、多吃多占的不正之风。第二天（10月17日），《人民日报》在第一版显著位置刊登消息《中共中央纪律检查委员会通报批评商业部部长王磊在饭店吃喝不照付费用的错误，表扬陈爱武揭露某些干部错误的斗争精神，希望各级纪委注意纠正不正之风》，同时在第四版以《青年厨师陈爱武敢于向特权挑战》为标题，摘要转载了《中国青年报》10月16日发表的《改革者，鼓起你的勇气！》的社论。

1982年6月28日，《人民日报》第五版《读者来信》专栏刊登四川德阳县委宣传部干事江道衍等写的来信《德阳县领导干部大建住宅》。

1983年10月10日，《人民日报》第二版头条刊登王黎江、周保华的《抚顺钢厂的教训》一文，揭露冶金系统先进企业抚顺钢厂由于一些人追求表面文章，弄虚作假，导致企业管理混乱，表面看产值、产量都在上升，实际利润却下降了53.5%。

1985年6月16日，《人民日报》刊登白筠的《触目惊心的福建晋江假药案》，对晋江造假、制假进行揭露。7月12日，新华社也播发了该社记者林群英、郑祖庵采写的《触目惊心 发人深省——晋江假药案初析》的调查性报道，这也是一篇问题报道。

1985年11月23日，《人民日报》刊登陈铁扬、李而亮、刘曼军采写的题为《火车票贩子不择手段敲诈欺侮旅客》的一组文章，引起了铁路部门的高度重视。

1986年8月15日，《经济日报》头版头条刊登署名“铁征”、“早寒”采写的《风靡一时的“雪花”冰箱为何滞销（主题）主要原因：工厂忽视全面质量管理，产品质量下降（副题）》的报道。同时刊登社论《最重要的是质量的问题》，强调“质量是企业的生命”的质量意识及基本理念。

1989年2月27日，《经济日报》刊登张庭训采写的《专营渠道化“人情小溪” 开封农家不满“条子化肥”》一文，揭露化肥等“农资”供应中的不正之风。

【两次有重大突破的批评性报道】《该注重管理了——向袁庚同志进一言》的发表：1985年2月28日出版的深圳经济特区蛇口工业区党委机关报、一份4开4版未拿到正式刊号的《蛇口通讯》报试刊号第三期头版发表了署名“甄明伲”（实为蛇口地产公司副总经理周为民）写的一篇公开信《该注重管理了——向袁庚同志进一言》，指名道姓大胆地批评当时蛇口工业区的最高领导——工业区党委书记兼工业区管委会主任袁庚，当天该报还同时配发了评论《恐惧，告别吧》。公开信在刊登前，编辑部曾要把原稿送给袁庚审阅，袁庚说：“不要送审，编辑部有权发表。”不过，编辑部为了慎重起见还是将原文送袁庚过目，袁庚对原文只字未改，只建议把对他本人的称呼由“袁庚先生”改为“袁庚同志”。文章一发表，马上便在海内外掀起了一股强烈的“新闻冲击波”。广东两家大报率先作出反应：3月21日，《羊城晚报》在头版头条以《善哉，蛇口领导的民主风度——袁庚支持报纸指名道姓批评自己》为标题报道此事，同时在《街谈巷议》栏目配发了“微音”写的短评《从袁庚说到其他》；之后，《南方日报》也在头版作了报道。《光明日报》也即刻在头版转载了这篇来信。3月23日，《人民日报》当天第四版以《蛇口工业区管委会主任袁庚发扬民主 支持报纸指名道姓批评自己》为题，对《该注重管理了——进一言》作了全文转载。同一天，新华社、中新社及中央人民广播电台都播发了这条新闻。香港《文汇报》、《大公报》、《信报》等报刊也报道了这条新闻，形成了第一个“冲击波”。

这封公开信刊登出来后，蛇口通讯报社收到了来自各方面的很好的反应，大家都写信来询问这封信是怎么发表出来的。为此，《蛇口通讯》报又在3月30日出版的试刊第四期上发表长篇通讯《“进一言”发表的前前后后》。该文见报的次日（1985年4月1日），《南方日报》又在头版上删节转载了这篇文章，题为《支持报刊指名道姓批评领导 蛇口工业区出现民主新风气》。接着《人民日报》在显著位置发表针对《“进一言”发表的前前后后》这篇通讯写的评论文章《蛇口的第一声春雷》。《南方日报》又接着转载了《人民日报》的这篇评论。这次报道又延续了一个多月，形成了第二个“冲击波”。1986年，《该注重管理了——向袁庚同志进一言》被评为1985年度全国好新闻特等奖，评语云：“这是一篇在整党之年引导人们变革陈旧观念、树立民主新风、走改革之路的好来信。”人们因此记住了《蛇口通讯》报这份4开4版、当时尚未拿到正式刊号的小型报纸。[31]后来，有人根据《蛇口通讯》报连续15期统计，在《该注重管理了——向袁庚同志进一言》发表以后，该报又陆续发表群众投来的和记者采写的批评稿件50条，其中指名道姓批评蛇口管理局党政负责人的有5条、批评区政府和蛇口工业管委会及其所属机构的有29条、批评企业的有16条。这些来自基层公众的批评尖锐泼辣、热情中肯，无一例遭到报复或打击，这充分显示了蛇口宽松、民主的大环境。

当时的新闻传播业界及学界对《该注重管理了——向袁庚同志进一言》一文的意义作了很高的评价。时任人民日报社社长兼总编辑的胡绩伟在一篇文章中用四五千字的篇幅评述了《蛇口通讯》报及《该注重管理了——向袁庚同志进一言》这篇文章。他说："按照我们传统的习惯，点名批评是不容易的，特别是同级的报纸点名批评同一级的在职的最高领导人，在我的印象中也是没有。这是一个创举。"[32]新闻学者童兵认为：《进一言》是对1953年以来"党报不得批评同级党委"规定的一次大突破。[33]

关于"党报不得批评同级党委"的规定源于1953年3月《中宣部关于党报不得批评同级党委问题给广西省委宣传部的复示》。1953年，广西《宜山农民报》曾在该报上批评了自己的直接领导者宜山地委，被广西省委宣传部明令禁止，并上报中宣部。中宣部随即在"复示"中同意广西省委宣传部的做法，并指出："党报是党委会的机关报，党报编辑部无权以报纸与党委会对立"；"（党报）不经请示不能擅自在报纸上批评党委会，或利用报纸来进行自己与党委会的争论"。[34]这就是"党报不得批评同级党委"规定的最早出处。1957年以后，这一规定得到进一步强化。

《中国青年报》的"三色"报道：1987年6月24日、6月27日、7月4日，《中国青年报》在头版或第二版连载发表《红色的警告》、《黑色的咏叹》、《绿色的悲哀》三篇关于大兴安岭火灾的深度报道，是三篇著名的调查性报道、揭露性报道及舆论监督的力作，后被概称为"三色"、"三颜色"报道。

这三篇长篇通讯详细、全面地报道了1987年5月7日开始发生的大兴安岭加格达奇林区特大森林火灾：这场大火"烧过100万公顷土地，焚毁85万立方米存材"，"令五万同胞流离失所、193人葬身火海"，损失空前惨重。为了扑灭这场大火，"五万军民围剿（大火）25个昼夜"。"三色报道"全面、详细地报道了灾情的惨烈、火灾发生后暴露出来的加格达奇林区管理体制上存在的问题、林场工作人员的玩忽职守及麻木不仁、领导部门及干部中的官僚主义作风，以及火灾中人性的升华、扑火军民的殊死搏斗等。而《黑色的咏叹》结尾处描述的灾后漠河县民政局工作人员对采访记者的防范、县广播站欺骗记者的行为、漠河县旅游局副局长及招待所工作人员对拍照记者的暴力行为等，读后都令人深深地为之忧思和慨叹。

（四）20世纪80年代广播、电视的批评报道及舆论监督佳作

从20世纪50年代初开始，到80年代前的30年间，我国广播、电视基本上不进行批评性报道。80年代初，这种情况发生了很大变化。在报纸的影响下，广播也开始播出批评报道。1981年，中央有关文件中明确提出广播电台要同报刊一起，积极开展批评与自我批评。此后，中央台终于突破了三十年的老"规矩"，开始在新闻广播节目中播出批评性报道。

1983年初，中央人民广播电台对哈尔滨铁路局双城堡火车站野蛮装卸洗衣机事件的系列报道，是该台精心策划、组织的一次重大批评报道，起到了很好的舆论监督作用，受到了中央领导的高度重视，在全国范围引起了强烈反响，促进了铁路路风的好转。中央台

的这次报道从1983年2月9日开始，一直到1984年3月8日才告一段落，总共持续了一年多时间，共发新闻、评论、通讯等40多篇。从报道内容来看，前一阶段主要是开展批评性报道、揭露性报道，后一阶段转变为表扬性报道。双城堡火车站野蛮装卸问题得到妥善处理后，路风明显好转，该站转变成为哈尔滨铁路局系统的文明车站和全国铁路系统精神文明建设先进单位，中央台及时发了消息和评论。[35]1983年5月13日，《人民日报》发表了题为《勇于负责，敢于斗争——从处理双城堡车站事件中汲取教益》的社论，对中央台关于双城堡车站批评报道的经验作了总结。该社论说："中央人民广播电台最早播发了双城县青年商店的来信，揭露了这件事，对整个事件的解决起了很大的推动作用。如果说在这以前双城县青年商店还是孤军奋战，暂时处于劣势的话，那么通过广播将事情公之于众，是非曲直昭然若揭，社会的同情都在青年商店一边，把双城堡车站的当事者推到了被告席上。"该社论着重指出："中央人民广播电台的报道给了我们一个重要的启示，这就是，不能满足于在事情引起领导重视、已经解决之后，再去写严肃处理的综合报道，也应该同时经过调查，有选择地发表一些尚未引起重视的案件，及时给受害的一方以支持。"该社论还提到批评报道的两种方式：有的可以在处理以后报道，有的应该在事件一发生就报道，而后者是一条新的经验。当然，这要经过调查核实，有选择地进行。近年来一些重大的反面典型都是在舆论界揭露和批评以后，才使问题得以解决，促进了党风和社会风气的好转。

1984年6月23日，《吉林日报》头版头条位置发表《一桩十年扯皮案》一文，反映吉林北站扩建工程由于有关单位各自为政，互相推诿扯皮，整整拖了十年还没有动工。6月29日，中央人民广播电台在《各地人民广播电台联播》节目里，以《吉林日报》"记者来信"形式播发了这篇报道。据统计，从6月29日到7月10日的11天时间里，中央人民广播电台在该台《各地人民广播电台联播》节目和《新闻和报纸摘要》节目中，共播发了7篇报道，其中有《吉林日报》记者来信和两次电话录音报道，以及听众反映、记者述评、言论等。这些报道分成5次，播了10天。关于吉林北站扩建工程扯皮十年的问题，中央台凭借它的影响力，和当地报纸合作，进一步组织报道，前后一共10天，便促成问题的解决，取得了令人满意的结果。[36]

1985年6月，有好几家报纸批评北京东郊火车站在搬运中摔坏大批电冰箱的事件，引起了铁道部、北京市委领导的重视。中央台也组织了对这一事件的报道，产生了重大影响。1985年6月20日、21日，中央台连续播出该台记者白谦诚写的广播评论《野蛮装卸何时休》。评论云："北京东郊火车站野蛮装卸，损坏了300多台电冰箱。这个事件所造成的经济损失，超过了两年前双城堡火车站摔坏洗衣机的事件。""想不到，两年之后，在我们首都的火车站竟然又闹出个损坏电冰箱事件。从这个意义上说，损坏电冰箱事件的性质，要比摔坏洗衣机事件严重得多。人们不禁要问：野蛮装卸事件为什么会重演，而且越演越烈呢？群众历来就有强烈意见的野蛮装卸的歪风为什么总是煞不住呢？"文章最后语重心长地说："现在，我国人民的平均生活水平还不高，有些人攒点钱购买高档消费品并不容易，人们担心，过去有个洗衣机事件，现在又发生了电冰箱事件，将来会不会来个彩电事件，或者别的什么事件呢？人民的铁路啊，什么时候人民才能放心地把货物托付给你们呢？"这篇广播评论在1985年全国优秀广播节目评选中获得特等奖。

1985年11月23日，《人民日报》刊登读者来信，揭露北京站前门售票处一些火车票贩子的恶劣行径。中央台当天就予以广播，引起胡耀邦同志的关注，批示要从严处理。北京市有关部门于26日出动公安干警，予以严厉打击。中央台的批评报道收到了立竿见影的效果。

与此同时，我国各地地方广播电台也开始出现批评性广播报道和广播评论。比较典型的如1984年4月26日至5月18日，湖北省天门县广播电台在《全县联播》节目中连续播出《李场区某些干部强行吃喝　赊欠饮食个体户》的一组报道，前后共发稿70多篇。这组广播报道在1984年度全国优秀广播节目评选中获一等奖。

1985年9月6日，江苏南京台播出《车站、码头、机场等单位问讯处服务质量怎么样》的批评性现场录音报道。该报道对服务行业存在的服务质量问题提出了批评，对服务行业服务态度的改善及城市精神文明建设起了促进作用。这篇批评报道之所以能取得较好的效果，与该报道采用的报道手法和采访方式是分不开的。它成功地运用了“让事实说话”的客观报道手法。记者采用体验采访的方式，以一个普通旅客的身份，分别向民航售票处、长途汽车站问讯处、轮船码头问讯处、南京火车站鼓楼售票处打电话，服务态度如何呢？“请听电话录音！”记者客观真实地报道了“这些被人民称为文明窗口的单位，在文明服务上还有比较大的差距”。这篇报道在1985年度全国优秀广播节目评选中获一等奖。

1986年5月21日，湖南省益阳县广播站播出广播评论《莫把“衙门”抬下乡》，对当时有些领导机关及部门热衷于搞形式主义的“现场办公”提出尖锐的批评。这篇广播评论获得1986年全国优秀广播节目特等奖。[37]

受报纸、广播电台的影响，20世纪80年代后期，我国电视台的批评报道也逐步开展起来。

1987年5月29日，中央电视台开始在《新闻联播》和《经济新闻》节目中播出《空运到京进口货物积压严重》的电视连续报道。节目播出后，引起首都各大新闻单位的重视，他们都相继跟进作了连续报道。广东、四川、上海等地方电视台也先后作了配合报道。万里同志在新闻播出后的第三天作出重要批示：“这是一起严重的官僚主义事件，要进行严肃处理。”

1988年开始，中央电视台创办的第一个新闻评论性电视栏目《观察与思考》（1980年7月12日开播）经调整后，改名为《观察思考》播出。《观察思考》仍为周刊式栏目，每周一次，每次15至20分钟。该栏目也推出了一些较有力度的舆论监督类节目，如《迟发的报道——关于工人、企业、法律的思考》、《对一起热水器事故的调查和思考》、《千里行车记》、《沉重的金盾》等。这些带批评性的电视报道播出后，产生了很大的影响。这为以后创办《焦点访谈》（1994年4月1日开播）类节目打下了初步的基础。[38]

四、深度报道的崛起

【深度报道综述】 随着中国改革开放的发展，到20世纪80年代中期，以《中国青年报》8篇系列报道《大学毕业生成才追踪记》（1985年12月13日至28日）为先导，中国内地报纸上出现了一系列产生重大影响的全新报道形式。它们在题材、写作手法，特别是报道的思维方式上，与传统的“典型报道”有较大的差异，且有突破性的变化，人们管这类报道叫“深度报道”。这类新兴的报道在当时不仅产生了强烈的社会反响，在实际工作中推动了中国改革的进程，同时也对我国新闻界原有的报道模式产生了冲击，推动了新闻界自身的改革和进步。而“深度报道”这一概念也在中国新闻界得到广泛认同，如在1987年第八届全国好新闻评选中，增加了“深度报道”的项目，以至后来在各级的好新闻评选中都增加了“深度报道”这一奖项。

深度报道起源于第一次世界大战后的西方国家，其在英美等国被称为“大标题后报道”，在法国则被称为“大报道”。此外，深度报道又称“调查性报道”、“非事件新闻”、“解释性新闻”、“精确新闻”等。我国在20世纪80年代初也开始提倡“深度报道”，到80年代中后期报纸上涌现出一大批深度报道的名篇佳作。在我国，报纸的深度报道不仅以调查性报道、解释性新闻、事件性新闻、非事件性新闻、新闻综述及新闻评述性综合报道等形式表现出来，而且更多的是通过连续报道、系列报道和组合报道等方式来刊登。

我国80年代中后期报纸“深度报道”的崛起有其深刻的时代背景。当时电视在我国已经普及，在广播电视等电子媒介在时效性和形象（声像）传播方面占压倒性优势的情况下，深度报道成为报纸在与广播电视竞争中出奇制胜的重要手段。深度报道的主要特点是在报道中提供详尽的背景材料，分析重要新闻事件产生的原因及内蕴，揭示其社会影响，或预示其发展趋势。深度报道通过对新闻事件的来龙去脉、意义影响的分析，使蕴含于新闻事件内的深层次意义显示出来。这在以声音（一听即逝）和图像（一瞥而过）传播为主的广播电视中是很难做到这一点的。

深度报道要求“以今日之事态，核对昨日的背景，从而说出明日的意义来”。“深度报道是介于动态新闻与新闻评论之间的一种相对独立的文体。它是一种报道形式，通过系统提供背景材料，分析和解释新闻事实的性质、起因、后果、趋向等，就社会现象、经济现象、生活现象等进行深层次的思考，分析矛盾、揭示本质，从而晓之以理，导之以行。”[39]深度报道促进了读者对社会现状、社会问题的深刻认识，特别是对有些社会重大题材的报道，往往能触动社会的敏感神经，引起重大的反响，发挥了新闻参与历史进程、推动社会发展的作用。与此同时，深度报道的发展不仅改变了我国新闻报道的写作模式，而且对我国报纸新闻从业人员提出了更高的要求——需要有一批学者型、专家型记者来从事深度报道，从而使新闻报道具有深刻性，使新闻媒体向“信息库”、“思想库”、“知识库”的方向发展。

【新时期最早的深度报道】1985年12月，《中国青年报》发表该报记者张建伟采写的《大学毕业生成才追踪记》系列报道，共8篇，每篇两千来字。这一组报道被公认为是中国新闻界第一篇有代表性的深度报道，是新时期深度报道的开篇之作，在社会上引起了广泛而又强烈的反响。

这8篇作品是《变阻力为推力——大学毕业生成才追踪记之一》（载1985年12月13日《中国青年报》头版右上方显著位置）、《“黑色的幽默”——大学毕业生成才追踪记之二》（载1985年12月14日《中国青年报》头版右上方显著位置）、《爱情的结合点——大学毕业生成才追踪记之三》（载1985年12月17日《中国青年报》头版左下方）、《崭露头角的“三昧真经”——大学毕业生成才追踪记之四》（1985年12月18日《中国青年报》头版右下方）、《咬住青山不放松——大学毕业生成才追踪记之五》（载1985年12月20日《中国青年报》头版右下方）、《“巨人的肩头”在哪里——大学毕业生成才追踪记之六》（载1985年12月24日《中国青年报》头版右下方）、《阳光下的阴谋——大学毕业生成才追踪记之七》（载1985年12月25日《中国青年报》头版左下方）、《成才环境的“全方位视角”——大学毕业生成才追踪记之八》（载1985年12月

28日《中国青年报》头版头条)。首篇《变阻力为推力》“编者按”云:“大学毕业后的青年知识分子,怀着一腔要建功立业的渴望,步入社会这个新的大环境,不久便显出差别:有人春风得意,成果斐然;有人苦苦奋斗却壮志未酬;有人一无所成,悲观消沉。”“造成差别的社会因素是什么?青年知识分子主观和客观两方面如何相互作用?在他们成才的道路上,有哪些社会障碍应当扫除?”这一组8篇报道回答了以上三个问题,主要“从不同角度探讨了青年知识分子成才的社会环境”(《中国青年报》12月13日头版载“编者按”),“探索了青年知识分子的成才规律”(《中国青年报》12月18日所载“编后记”)。此后,张建伟又陆续采写了多篇有重大影响的深度报道作品。如1986年,他写出了影响政府有关部门放宽留学生出国深造政策的《第五代》;1987年,他写出引起国务院高度重视的《命运备忘录——38名工商管理硕士(MBA)的境遇剖析》;1994年,他又写出反映“民工潮”的《第三次解放》等一大批深度报道作品。

【《青年厂长经理改革探索启示录》系列报道】1986年4月22日至5月8日,《中国青年报》差不多每天都在头版显著位置连载发表系列报道《青年厂长经理改革探索启示录》,前后共计9篇。该系列报道运用典型案例分析的方法,对当时一些“改革者中箭落马”的原因,从客观到主观、从体制到思想观念等方面作了深入、冷静的分析和理性的思考。5月8日,在连载完最后一期后附载的“编后记”云:“编完这组《青年厂长经理改革探索启示录》,我们眼前浮现出一行行艰苦跋涉者的足迹。改革之路,是新时期的‘雪山’、‘草地’。率先在这里留下足迹的人,都是值得敬佩的,不管他是成功者还是失败者。”“改革者的足迹,为渴望锐意进取的青年一代提供了有益的启示和前进的路标。”这一组促改革者反思、为改革者说话、鼓励“更多的青年与时代同步,以坚韧的精神继续探索、继续开拓”的系列报道发表后,受到社会各界的重视,推动了改革的深入发展。

【“中性报道”:《一个工程师出走的反思》】1986年6月17日,《光明日报》头版头条刊登该报记者丁炳昌、樊云芳、张祖璜采写的《一个工程师出走的反思》。该文通过“介绍一位工程师的出走,以及由此而产生的一系列始料未及的后果”,揭示了人才流动中存在的种种弊端,提出在改革大潮中,对“一向被大家视为‘禁区’的政策性很强的人事管理体制”必须进行改革,使其向科学化、法制化、现代化方向前进,“以推动人才流动健康发展”。

在写法上,这篇文章有两大特色:①通讯中对与事件相关联的人物的描写、刻画都比较深刻、真实、自然。“无论‘主角’,还是一般人物,都采用近似客观的白描,没有主观的渲染和评述。在肯定其长处时,没有隐讳其‘短处’。”[40]②坚持“用事实说话”,尽量少发议论、尽量将意见“隐藏”在对事实的叙述中。同时,在报道中始终坚持客观、冷静的原则,不“急于站出来为事件定调子,或者发感慨”,也没有把答案和结论硬塞给读者,而是让读者自己去思考、去判断。因此之故,樊云芳当时把这种写法称之为“中性报道”。不久,她又与其夫丁炳昌合作采写了第二篇、第三篇“中性报道”:《当代大学生的“自画像”》(载1986年9月1日《光明日报》)、《对一个研究所所长停职又复职的议论》(载1986年10月4日《光明日报》第一版头条)。[41]

【《中国青年报》对大兴安岭森林大火的“三色”报道】1987年5月6日,大兴安岭西端西林吉林业局古莲林场发生大火,大火随即迅速蔓延开来,终于导致大面积火灾,造成新中国成立以来最大、最严重的森林火灾。火灾发生后,160多名记者冲破重重阻挠,赶赴火灾现场进行采访,一改过去把报道灾情变成歌功颂德的劣风,忠实地记录下血与火搏斗的悲壮史篇，同时也揭露了火灾背后的官僚主义等弊端。中央电视台驻沈阳军区记者张文志接到通知后立即奔赴扑火一线。5月11日，中央电视台第一次报道了现场扑火新闻，其中当晚19时的《新闻联播》中播出了3分钟的要闻，19时35分播出了新闻专题，作了详细报道。此后，在25天时间内，中央电视台连续播出60条新闻、4条评论，创《新闻联播》连续报道之最。《中国青年报》在火灾发生后，也迅速组织由三名记者和一名实习生组成的报道组，赶赴扑火现场进行采访。1987年6月12日，《中国青年报》当天第二版开始刊载该报机动记者、特派记者李树喜采写的《大兴安岭火场纪实》（报告文学），对火灾进行全面的报道。紧随其后，《中国青年报》又连续发表了三篇深度报道：1987年6月24日，《中国青年报》头版头条刊登该报记者雷收麦、李伟中、叶研及实习生贾永采写的《红色的警告》；1987年6月27日，《中国青年报》第二版整版刊登雷收麦等采写的《黑色的咏叹》；1987年7月4日，《中国青年报》第二版整版刊登雷收麦等采写的《绿色的悲哀》（这三篇文章后来被人们概称为“三色”报道）。这三篇文章的作者们深入火灾现场，“逼近最真实、最重要的信息源头”采访。他们跳出以往灾难及事故报道中专门报道“救灾英雄”的旧模式，分别以火与社会、火与人、火与自然为主题，揭露了旧体制结构及管理模式的僵化和“弊端百出”、火灾背后官僚主义的猖獗、人们生态环境保护意识的淡薄，并对人性方面作了更深层次的思考。同时，将火灾发生的前因后果和由火灾带给我们的深刻教训，详细地告诉读者。

【《经济日报》有关“关广梅现象”的连续报道及由该报发起的姓“社”、姓“资”的大讨论】辽宁省本溪市的商店女经理关广梅是一位优秀共产党员、全国商业战线劳动模范、全国“五一”劳动奖章获得者。20世纪80年代中期，她承租多家零售商店，经济效益和社会效益都不错。一时间，有关“关广梅现象”的争议异常激烈，争论的焦点是：租赁企业是搞“资产阶级自由化”，还是在坚持“社会主义道路”。这就是所谓姓“资”还是姓“社”的问题。《经济日报》编委会经过研究，认为这是一场有着普遍意义和深层次价值的争论，决定就关广梅事件展开讨论，弄清承包、租赁究竟是什么性质？共产党员、先进模范人物搞租赁是不是坚持四项基本原则？1987年6月12日，《经济日报》在头版头条位置刊登了关广梅的来信《租赁企业究竟姓“社”还是姓“资”?》。来信云：“我从1985年到今年一月，先后个人租赁经营本溪市8家副食品零售商店，并在此基础上，组建成本溪市东明商业集团。这8家商店，租赁前赢利的，租赁后利润大幅度增长；过去亏损到连职工工资都发不出去的，租赁后扭亏为盈。国家多收，企业多留，职工多得。可是，租赁后企业兴旺发达的今天，有人却说我是在搞资产阶级自由化，走的不是社会主义道路。”“这些指责、挑剔和非难，越来越多起来”，“使我们在改革的路上每迈出一步都艰难”。为此，关广梅“建议报纸上讨论一下”。根据她的建议，《经济日报》便开始组织对“关广梅现象”进行连续报道及在报纸上展开“租赁企业究竟姓‘社’还是姓‘资’”的大讨论。6月13日，《经济日报》头版头条刊登该报记者庞延福、杨洁、谢镇江采写的《关广梅现象·租赁企业究竟姓“社”还是姓“资”？（2）》，直至6月25日连续报道至《关广梅现象·租赁企业究竟姓“社”还是姓“资”？（9）》。

到了7月份，《经济日报》继续对讨论作连续报道。如7月8日，《经济日报》头版又刊登《各抒己见　深入探讨——群众来信继续讨论“关广梅现象”》；7月11日，《经济日报》头版头条刊登“本报评论员”文章《“关广梅现象”提出了什么?》；7月14日，《经济日报》头版头条载“本报评论员”文章《论“关广梅现象”》；7月18日，《经济日报》头版显著位置发表《关键要看是否有利于发展生产力——二论“关广梅现象”》；7月23日，《经济日报》头版头条刊登报道《“现象”公开以后——“关广梅现象”讨论综述》，同一版又载“本报评论员”文章《需要引起注意的两个问题——三论“关广梅现象”》。至此，讨论暂告一段落。

关于“关广梅现象”及姓“社”姓“资”的讨论前后历时40多天，《经济日报》连续发表各类体裁报道78篇，引起了全国各地各行业、各阶层人物的大参与、大讨论，也引起了中国社会科学院、中共中央书记处研究室、财政部、商业部、劳动人事部的专家的高度重视，他们也写文章参与讨论。

【《鲁布革冲击》的发表】1987年8月6日，《人民日报》头版显著位置发表杨飏采写的报道《鲁布革冲击》。据该报道反映，地处云贵边界深山峡谷中的云南鲁布革引水隧洞水利工程在施工建设中由于采用世界银行的贷款，需根据贷款协议，部分项目实行国际招标。日本大成公司以比中国与外国公司联营体投标价低3 600万元的价位中标。施工中，日本大成公司又采用合同制管理的办法，只派少数高层管理人员负责项目的管理，而雇用中国的劳务工人施工，使工程进度大大加快，“相当于我国同类工程的2至2.5倍”。而同时参与施工的我国水电部14工程局，由于种种原因，按部就班，进度迟缓，效率低下，多次延误工期。两相比较，中方计划经济体制的僵化、低效率与日方合同制的高效率形成十分鲜明的对比和反差。说明中国的工程施工“管理体制太落后”，要学习外国先进的管理办法。这一报道发表后，顿时在当时的中国工程界引起振聋发聩的反响。

【《中国改革的历史方位》的发表】1987年10月6日、7日，《人民日报》连载由该报记者罗荣兴、祝华兴、曹焕英采写的《中国改革的历史方位》（上）和《改革阵痛中的觉悟》（下）。其中，《中国改革的历史方位》（上）一开头就提出了当时中国面临的一个重大问题：“20世纪80年代，改革的大潮在古老的华夏大地上涌动，刚刚从十年噩梦中醒来的人们，被迅速卷进变革的浪涛。生活在变，观念在变，人在变，一切都在变。兴奋、惊愕、困惑、期待……袭扰着每一个人。”“我们从哪里来？我们向何处去？”文章接着指出：改革深化后，是“沿袭发达国家当初走过的成功之路”，还是要坚定不移地继续进行“经济体制改革”和“政治体制改革”，稳步提高人们的生活水平、稳步建设社会主义的民主政治，“较快地踏进由温饱向小康过渡的门槛”，“安然渡过从温饱到小康的不寻常的历史阶段”。答案当然毫无疑问是后者。

【一批产生了重大影响的调查性深度报道】敢于说真话的《关于物价的通信》：在经济体制改革中，进入市场经济后，价格改革就是最关键的问题。新华社三位记者姬乃甫、陈乃进、陈芸采写的五千多字的《关于物价的通信》（新华社1988年1月12日播发）是一篇敢于说真话、敢于提出大问题，在发表后又引起广大群众思想共振的新闻力作。次日（13日），《经济日报》、《中国青年报》都把这篇文章作为头版头条刊登。《经济参考》报以套红标题在第一版发表，《工人日报》、《光明日报》、《解放日报》和多家省报也都把这篇文章刊登在版面显著位置。文章一开头便云：“自从价格改革开始以来，涨价的幽灵就无处不在，困扰着国家和企业，困扰着整个经济建设，时不时引起寻常百姓的惊恐，成了整个改革开放中最为棘手的一个问题。”以下分六个部分（“涨价大家都有点受不了”、“物价到底涨了多少”、“涨价的好处到哪儿去了”、“几个明显可以避免的涨价因素”、“众说纷纭的价格改革”、“结束语”），阐述了价格上涨的现况及干部群众的反映，回顾了1979年至1986年8年中6次涨价的过程，分析了价格上涨的诸多因素。其结论是：继续改革就必须伴随有“阵痛”；“经济改革，价格改革，都避免不了要涨价。人为的涨价因素是可以避免的，但经济发展规律的因素是避免不了的，这是不以人的意志为转移的”；“只有知难而进，继续探索搞好价格改革的途径，才是真正的出路”。

《关于物价的通信》是一篇非常典型的“非事件性新闻”报道。该文是在经过广泛、深入、扎实的调查研究的基础上写成的。三位作者在采写过程中反复研究了中央负责人关于物价问题的多次谈话，倾听了各方面的不同意见，广泛访问了中国科学院财贸经济研究所、国务院经济技术发展研究中心、国家物价局物价研究所、财政部财政科学研究所、劳动部劳动科学研究所和中国社会调查系统的许多专家、工作人员以及北京市的居民。“此稿发出后，全国的报纸竞相刊登，当天有不少企业、学校、机关、人民团体进行集体阅读，编辑和作者接到许多电话、来信，称赞这篇报道贯穿着实事求是精神，回答了群众急切盼望了解的热门问题。”[42]

擅长写调查性深度报道的新华社记者与《经济日报》记者：新华社记者向来以擅长写调查性深度报道而著称。早在1986年，吴锦才就写出了《水水水》的通讯（载1986年6月1日《经济参考》报），该文用一系列统计数据，阐释了我国已经面临及即将面临的“水危机”，读后发人深省。1992年9月27日，新华社播发了由该社记者吴锦才、丁坚铭、汪洪洋采写的《关于股市的通讯》，该文对1992年春天上海、深圳股市爆热现象作了深入的剖析，同时也对股市的健康发展、股民的“炒”股心态提出了极好的建议。1994年4月12日，新华社又播发了由苏会志、王进业采写的通讯《菜价追踪》，通讯一开头便云：“近一个时期，京城菜价上涨，有些细菜比肉还贵。”“为了搞清菜价上涨的原因，记者来到北京的大‘菜园子’——山东寿光市，从源头开始，行程千余里，对蔬菜价格的变化作了一次全过程的追踪。”通过深入的现场调查采访，发现菜价高的重要原因是蔬菜运销过程中“手续繁杂、菜霸横行”、流通环节过多。同时提出了“如何建立一套新的价格调控机制”的新课题。此外，1994年3月4日，《经济日报》开始发表该报记者詹国枢、庹震、刘海法采写的《开封缘何不“开封”》系列报道，这也是一组调查式深度报道的力作。这组关于一座城市的深度报道曾引起全国范围的轰动，对该市上至市长，下到平头百姓、个体户的思想观念触动极大。

【《人民日报》对“蛇口风波”的连续报道】1988年1月13日晚上，在深圳蛇口工业区招商局大厦9楼的一间会议室里，举行了一场“青年教育专家与蛇口青年座谈会”。出席会议的人员有当时中国青年思想教育研究中心研究报告员李燕杰、曲啸、彭清一三位青年思想教育专家和蛇口工业区的近70名青年。在座谈中，因“到特区创业能不能为自己‘淘金’”问题，三位专家与参加会议的青年人之间产生了激烈的争执，并引起轩然大波。随后，1988年1月28日，《蛇口通讯》报以《青年教育家遇到青年人挑战》为题，对这次风波作了初步报道。2月14日，《蛇口通讯》报又详细报道了这次座谈会的情况。海内外先后有一百多家报纸转载了这篇文章，一时“在内地形成‘蛇口风波’不大不小的冲击波”。3月28日，《蛇口通讯》报又发表了《现代观念和陈腐说教的一次激烈碰撞》；4月1日，该报再次发表《我们和曲啸、李燕杰还有哪些分歧》。这两篇报道的主要观点是：传统的思想政治教育工作从形式到内容都受到严峻的挑战。这两篇文章见报后，“蛇口风波”一时成为全国媒体关注的焦点，连《人民日报》也卷入对这场“风波”的报道中。1988年8月6日，《人民日报》头版显著位置刊登由该报评论部实习生（中国社会科学院研究院新闻系研究生）曾宪斌采写的《“蛇口风波”答问录》（下转第三版，全文有7 000多字的篇幅)，开始进行调查式深度报道。同一天，该报海外版也发表此文，一时引起海外读者的关注。8月8日，《人民日报》在当天第三版开始开辟《关于“蛇口风波”的议论》专栏，专门发表来信来稿。据有人统计，到9月14日“讨论”结束止，《人民日报》共收到来信来稿1 531件。在持续一个多月的连续报道中，《人民日报》采用调查式、访谈式及刊登来信来稿的组合报道方式，连续、深入地报道了“蛇口风波”，在当时产生了重大影响。所载文章中比较著名的有曾宪斌《“蛇口风波”答问录》（载1988年8月6日《人民日报》头版），王楚《“蛇口风波”在蛇口》(载9月2日《人民日报》第三版)，钟沛璋《疑义相与析，奇峰共攀登》（载9月5日《人民日报》第三版)，李燕杰、曲啸、彭清一《我们到底讲了些什么?》（载9月12日《人民日报》第三版)，等等。为此，1989年3月，中国新闻出版社还出版了《蛇口风波》一书。书中收入从1 531件来稿和海内外报刊发表的评论中选取的110篇反映不同观点的文章。关于这场风波的深度报道，不仅提出了加强和改进青年思想政治教育工作的问题，更重要的是反映了“我们这个民族从传统向现代的演进中，道德观点、人伦准则、行为规范和价值体系所发生的剧烈变迁”。

五、新时期的“旅行通讯”——1984年两次有重大影响的体验式、考察式采访活动

【索尔兹伯里重写长征史】1984年3月至6月间，美国著名作家、新闻记者索尔兹伯里沿着当年红军长征的路线，历经千辛万苦，通过深入扎实的采访、踏勘，终于写出反映长征史的一代名著《长征——前所未闻的故事》。这是继斯诺《西行漫记》之后，专门写长征的又一部力作。

索尔兹伯里想到中国采访的愿望由来已久。早在20世纪20年代后期，他在明尼苏达大学读书的时候，就对中国产生了浓厚兴趣，他希望大学毕业后去中国当记者。而大学毕业后，“他找到了一个固定的职业——到合众社当记者。他原指望到了合众社后，有可能派他去中国。他这个希望一直未能实现”。“斯诺的《西行漫记》出版了，他读后被书中的中国工农红军的英雄气概深深地感动，因此更激发了他想去中国的愿望。”“但是，在第二次世界大战时，他被派去欧洲做战地记者。1944年，他曾在莫斯科担任常驻记者。接着，又调回合众社总社工作。到1949年，正当中国内地大部解放的时候，他又被《纽约时报》派到莫斯科当记者。”[43]此后，索尔兹伯里一直想到中国采访，但终因当时美中关系“不正常”而未果。“直到1972年，美国总统尼克松访华后，他终于得到中国方面的邀请，实现了他的访华意愿。”1972年5月，索尔兹伯里第一次访华，受到周恩来总理的接见。他向周总理正式提出，他想“沿着红军长征的道路实地采访的要求”[44]。由于当时正处于“文化大革命”高潮中，他的愿望仍无法实现。1972年后，索尔兹伯里又多次来华访问，每次他都一再表示，希望能对长征沿途作一次采访，但都未能如愿。直到1972年后的第11个年头、在1983年8月17日那一天，他终于等到了他长期盼望的答复：中国邀请他访华，并同意他去长征沿途采访。为此，索尔兹伯里在1984年两次来华采访：一次是当年的3月至6月间，一次是当年的秋季。

索尔兹伯里是颇负盛名的记者，索氏采访作风的最大特点是“深入扎实”、吃苦耐劳。他曾花了两年时间，搜集查阅了中国和其他国家出版的有关长征的大量的书刊材料；他又不辞辛劳地深入现场踏勘，去亲身感受和体验当年红军长征途中历尽千难万险的情

境。1984年3月，在其70岁妻子夏洛特的陪同下与其好友谢伟思的协助下，索尔兹伯里首先在北京开始了研究和搜集资料的工作，采访了上百位长征老战士和中共党史专家，并确定了采访路线。1984年4月至6月间的74天里，在中国人民革命军事博物馆馆长暨外交部译员的陪同下，索尔兹伯里“以红军般的勇敢和坚毅，不顾年迈（当时他76岁——引者注）有病（心脏病——引者注），怀揣心脏起搏器，带着打字机，爬雪山，过草地，穿激流，登险峰，中途战胜病痛折磨，坚持越过了千山万水，穿过七八个省份，历时七十四天，终于从江西（南昌）到达了陕北，完成了他自己的二万五千里‘长征’寻访”㊺。在采访途中，索尔兹伯里备尝艰辛，他“几乎完全沿着第一方面军的长征路线前进，途中也涉足了第二、六军团和第四方面军战斗过的部分地区”㊻，或乘吉普车，或搭小客车，或骑马、骑骡子，或徒步而行，整个行程达7 400英里。他后来回忆说：“这次长征不仅使我重温了中国半个世纪的历史风云，还给了我一个难得的机会深入观察今日的中国，了解它当前的问题，以及它那几乎还处于中世纪的边远地区生活的全貌。”㊼在沿途采访和考察中，他“体验了自然界的复杂地理环境和多变的气象，向老红军、老船工、老牧民们了解历史和现状，了解民俗风情，遍觅革命遗迹，博采逸闻轶事。更重要的是，他有机会亲自访问了参加过长征的我国现今的许多领导人和健在的老将军，会见了不少党史、军史研究人员，多方探索和考证了长征中的一些问题”。“因此，全书不仅反映了长征这段壮阔的历史，而且生动地再现了参加过长征并正在领导新长征的我国领导人和老一辈革命家的各异的性格和多姿的精神风貌。”㊽这本反映中国工农红军长征的书，于1985年10月由美国哈泼—罗出版公司出版。该书甫出版便引起了全美轰动，《时代》周刊等许多报刊作了大量的报道，影响很大。不久，由新华通讯社“参考材料”编辑部翻译成中文，以《长征新记》为题，在新华社办的《参考消息》报上连载发表。1986年4月，由哈里森·索尔兹伯里著、新华通讯社参考材料编辑部译编的《长征新记》以“内部读物”的方式发行。旋由解放军出版社于1986年以《长征：前所未闻的故事》为书名翻译出版。之后又于1994年出修订版，2001年1月出第三版，同年7月出至第五版。

索尔兹伯里生平事迹：哈里森·索尔兹伯里（Harrison E. Salisbury），1908年11月14日出生于美国明尼苏达州明尼阿波利斯市。1925年中学毕业后就读于明尼苏达大学，后退学，从事新闻记者工作。1930年至1948年，担任合众国际社记者、编辑，其间的“二战”时期曾到苏联前线做战地记者，写出名作《列宁格勒被困九百天》。1949年3月出任《纽约时报》常驻莫斯科记者，前后达5年时间。1961年以后，历任《纽约时报》编辑、助理副总编辑、副总编辑等职，曾荣获普利策国际新闻奖，还担任过美国文学艺术学会主席、全美作家协会主席等职务。1972年，索氏第一次访华。1972年后，他又5次（1984年两次，1977年、1988年、1991年各一次）访华。1993年7月5日在旅途中溘然而逝，终年85岁。㊾

【罗开富再走长征路】1984年10月，在纪念中央红军开始长征50周年之际，《经济日报》记者罗开富也开始了他走当年红军长征路的徒步采访活动。

罗开富沿着50年前红军所走路线进行徒步采访的设想，早在两年前的1982年9月，即还在筹办《经济日报》时就开始酝酿了。但是正式决定进行这次采访活动是在1984年6月下旬。9月18日，《经济日报》总编辑安岗向他布置了这一艰巨任务。随后，罗开富经过一个星期的准备，就离开北京前往江西瑞金参观学习，搜集有关资料及背景材料。

罗开富当时策划，严格按照当年红军长征的时间、路线进行采访活动。1934年10月

14日，是中央红军开始长征的日子，当天党中央离开瑞金云石山。与此同时，中央红军（红一方面军）主力向瑞金以西的于都河畔集结，在10月16日傍晚，中央红军踏着浮桥渡过了于都河，开始了战略大转移，即日后举世闻名的二万五千里长征，并于1935年10月19日胜利到达陕北吴起镇（现为吴旗县城）。罗开富的任务就是“按照半个世纪前的这一时间出发，取同一路线进行采访，并要在同一天到达。根据安排，途经云南、贵州、四川的雪山、草地，还要徒步沿红二方面军、红四方面军长征时所经过的部分路线进行采访”[50]。

1984年10月16日傍晚，罗开富背起行装，冒雨起程，走到17日凌晨才到达于都县的黎村，从此开始了他“在万水千山中的三百六十八个日日夜夜”的艰辛采访历程。在此期间，他平均每天走路七十里左右，还必须坚持写稿、发稿，每天除发一篇报道外，还要挤时间记一篇日记，其工作的艰辛程度可想而知。据他当时的描述云：“我采取边走路边采访，并把一路的构思讲给向导们听，征求意见。脚上打起血泡，略用口罩包扎，走路保持中速，不使体力消耗过大。到了晚上，用盐水烫脚，减少了伤口的感染，也容易促进体力和精力的恢复。尽管这样做了，有时伏案到深夜，还是身不由己地睡着了。为了对付困乏，我想了一个土办法：写到凌晨，就不间断地夹着一根燃烧着的香烟，每当睡着了，就会被手指挟着的香烟烫醒，然后再继续写，直到写完。就这样，从出发后的第三天开始，直到按时走完全程，再没有脱过一篇稿，共写了三百二十篇（星期天不刊登《来自长征路上的报告》），共计四十余万字。这期间，大体是白天走路，晚上十一点多开始动笔，第二天凌晨一点多定稿，然后再誊抄到电报稿上，三点左右可休息，清晨又上路。一般每天只能睡三到四个小时。”[51]

自1984年10月16日从江西瑞金出发，到1985年10月19日到达陕西省吴起镇，罗开富徒步采访行程达二万五千里，途经11个省、区，历时一年零三天，即368个日夜，共写稿330篇，见报300篇。作品生动记述了红军长征所经之地50年后发生的翻天覆地的变化。文章内容涉及长征途中各地资源开发、工农业生产、交通运输、文化教育等方面建设工作的新面貌，以及十一届三中全会以来沿途各族人民广开生产门路、脱贫致富的情况。此外，还对沿途各地天时地貌、名山大川、名胜古迹、民情风俗等作了非常生动的描述。《经济日报》在头版特辟《来自长征路上的报告》专栏（从1984年10月17日起，至1985年11月12日止），连载通讯文章，引起了广大读者的高度关注和兴趣，产生了很大影响。嗣后，经济日报出版社将其长征路上的采访作品编为《来自长征路上的报告》一书，于1987年6月出版。到21世纪初，罗开富又将其当年重走长征路时记下的大量日记，整理成《红军长征追踪》（上、下册）出版。[52]

罗开富生平及业绩：罗开富，1942年10月出生，1964年开始从事新闻活动，先在《铁道兵报》当记者，后在《浙北日报》担任采编部负责人。1979年，在担任《财贸战线》、《中国财贸报》（《经济日报》之前身）云南记者站负责人时，曾冒着枪林弹雨在南疆自卫还击战的前线进行战地采访。1983年，《经济日报》创刊，罗开富担任该报驻云南记者站站长。1984年10月至1985年10月间，他徒步踏上长征路，沿途采写了300多篇文章（《来自长征路上的报告》）和300多篇日记（《红军长征追踪》）。尔后，调入《经济日报》总部担任副总编辑。2001年5月9日，罗开富又开始进行“纪念建党80周年革命圣地踏访”的采访活动，前后历时两个月，写了19篇文章，获当年中国新闻奖一等奖。他曾先后担任第十届全国政协委员，经济日报报业集团总经理、常务副总编辑。

“脚板底下出新闻”：以罗开富“重走长征路”采访为契机，当时《经济日报》总编辑安岗向全体

《经济日报》人提出了“脚板底下出新闻”的口号，要求该报所有中青年记者都要走出门去，迈开自己的“铁脚板”，深入农村、工矿、交通沿线和老少边穷地区去采写亲眼所见、亲耳所闻的现场新闻。一时间，《经济日报》上先后涌现出《西藏行》、《丝绸之路接力采访报告》、《长江行》、《辽东半岛行》、《珠江三角洲行》、《石油基地采访记》、《煤炭基地采访记》，以及《河北省四十一个边县骑车采访记》等一大批贴近实际、贴近生活、贴近群众的好新闻。

六、报纸时事、新闻评论及小言论专栏的发展

（一）新时期党报新闻评论的转型与改革

十年“文革”中，我国报刊评论文章不外乎三大类别：一是充斥假、大、空、套话的歌功颂德式的吹捧文章；二是鼓吹歪理邪说的所谓理论文章；三是剑拔弩张、杀气腾腾、无限上纲的大批判文章。

从粉碎“四人帮”直到十一届三中全会召开这段时期，党报的评论还深受“文革”极“左”思潮的影响，带着“文革”的痕迹。正如当时《人民日报》评论部负责同志所说的那样：“尽管粉碎‘四人帮’以后，也曾提出过一些改进文风的很好的意见，如不要‘穿靴戴帽’，反对‘假大空’、废止套话等，但总的说来，直到十一届三中全会以前，新闻评论的改进不大。”[53]

十一届三中全会以后，党报新闻评论逐渐恢复了实事求是、求真务实的传统，无论是评论的题材，还是评论的写作手法，以及评论的文风，都发生了明显的变化，并出现了一大批有重大影响的精品评论文章。

【《把主要精力集中到生产建设上来》】1979年1月1日，《人民日报》头版显著位置用大字标题刊登社论《把主要精力集中到生产建设上来》，这篇社论一反过去“元旦社论”拼命鼓吹“形势大好”、到处“莺歌燕舞”的假大空文风，一开头就大谈我国当时在经济上与资本主义发达国家的巨大差距：

> 新中国成立前，我国是一个半封建半殖民地的国家。新中国成立后，我们用二十九年的时间，走了许多资本主义国家半个多世纪走过的路程。但是，由于我们的底子差，近十年来又遭到林彪、“四人帮”的严重破坏，我国的工农业水平同经济发达的国家相比，还有很大差距。对这种状况，我们必须有清醒的认识。现在，我国的农业生产主要还是建立在手工操作的基础上，几亿人口要吃饭，每个农业劳动力平均一年生产的粮食同美国比较，相差几十倍。我国钢铁工业的生产技术一般还停留在五十年代的水平。日本炼钢工人平均每人一年生产三百吨钢，我们不过十吨左右。世界上一些国家的铁路早已实现牵引电气化、内燃化，我国的蒸汽机车至今仍占机车总数的百分之八十以上。在一些新兴工业部门，我们同人家的差距就更大。我国目前科学技术水平同世界先进水平相比，多数领域大约相差十五到二十年。我们在赶超，人家也在前进。我们只有用比资本主义国家更高的速度发展，才能实现赶超世界先进水平的宏伟目标。

这篇“元日社论”理性、客观，首次吹响了“把全党工作的重点转移到社会主义建设上来”的进军号。

【《莫把“开头”当“过头”》】1979年5月13日，《辽宁日报》头版发表该报农村部记者范敬宜写的新闻述评《莫把“开头”当“过头”》。5月16日，《人民日报》将此文全文转载，并将题目改为《分清主流与支流，莫把“开头”当“过头”》，同时还加了“编者按”云：“作为新闻工作者，要像《辽宁日报》记者范敬宜同志那样，多搞一些扎扎实实的调查，用事实来回答那些对三中全会精神有怀疑、有抵触的同志。”这篇述评写作的背景是：党的十一届三中全会以后，农村开始实行改革，生产队有了自主权，改变了过去十多年在林彪、“四人帮”极“左”路线干扰下，生产队自主权遭到肆意践踏、剥夺和侵犯的状况。过去，“生产队不用说因地制宜地确定合理的经济结构和生产布局，就连种一亩土豆、一亩谷子都成了犯罪，生气勃勃的千村万户被弄得万马齐喑、死气沉沉”。十一届三中全会以后的短短几个月，生产队自主权被摆到它应有的地位，他们对上级的瞎指挥敢于抵制了，如对“某项县办水利工程继续平调生产队的劳动力”、“不经试验就大面积推广某种作物”、“在播种时间上不顾实际情况搞‘一刀切’”等敢“顶”了。因此，不少县社干部，甚至县委书记都发出了埋怨声：“生产队自主权强调过头了，现在下面都不听指挥了……”针对这些抱怨，文章指出：“尊重和保护生产队自主权是党的三中全会确定的发展农业生产的重要政策，我们一定要坚定不移地去继续贯彻落实。大量工作在等待我们去做。这里最重要的是领导干部要对客观形势有一个清醒、正确的估计，分清主流与支流，千万莫把‘开头’当作‘过头’。”这篇文章经过《人民日报》转载后，中央人民广播电台又作了广播，新华社又向全国发了通稿，几乎全国各省党报都全文刊登，产生了重大影响和轰动效应。

此外，十一届三中全会以后，范敬宜还用化名写过一篇著名的评论文章《“大锅饭”与“铁交椅”》，也曾被《人民日报》理论版转载，产生了很大影响。关于这两篇评论文章的写作背景，据范敬宜回忆：当时他“结束了‘文革’十年的下放生活，回到了辽宁日报社，但‘右派改正’工作尚未开始，（他）‘摘帽右派’的身份犹未解除，工作证上‘职务’一栏填的是含意不明的‘干部’二字，只能在农村部做些一般的编辑工作。”但他无怨无悔、不辞辛劳，主动深入辽宁西部偏远山区的一个县（“文革”中范敬宜曾在那里“插队落户”并工作了将近十年）调查采访，终于写出了这些新闻评论力作。[54]

范敬宜生平及业绩：范敬宜（1931—2010），江苏苏州人，1949年毕业于无锡国学专修学校。1951年，刚满20岁的范敬宜从上海圣约翰大学中文系毕业。同年9月被分配到华东师大当助教，本来可留在上海，但由于他读了魏巍的《谁是最可爱的人》后，“热血沸腾，坚决要求到白山黑水去当战地记者”，于是被分配到《东北日报》，开始从事新闻工作，任《东北日报》（后改为《辽宁日报》）和《辽宁日报》记者、编辑。1957年，年仅26岁的范敬宜因两篇杂文而被错划为右派。从此时开始到“文革”结束，范敬宜经历了20年的磨难。其在“文革”中遭受迫害，全家被下放到辽宁省西部建昌县一个十分落后的小山村。后因建昌县委书记发现其才华，被调入县里工作，1978年加入中国共产党。同年，在党的十一届三中全会召开前两个月，范敬宜重返新闻岗位，被调回辽宁日报社。此后在不到5年时间里，他从一般记者到历任《辽宁日报》农村部副主任、主任、编委以及副总编辑，不仅写出了《莫把“开头”当“过头”》、《“大锅饭”与“铁交椅”》等著名述评文章，还采写了短新闻《月光如水照新村》、《夜半钟声送穷神》、《田野静悄悄，地净苗情好》等优秀作品。1983年，他升任《辽宁日报》副总编辑。1984年调到北京，任文化部外文局局长。1986年调任《经济日报》总编辑。1993年63岁时任《人民日报》

总编辑。2002年4月被清华大学聘为教授，任该校新闻与传播学院院长。2010年11月13日病逝，享年79岁。主要著作有《总编辑手记》、《敬宜笔记》、《范敬宜诗书画》等。[55]

【《再也不要干“西水东调”式的蠢事》】20世纪80年代初，报刊评论恢复实事求是的传统还表现在改变了过去“护短”及掩盖矛盾的积弊上。报刊评论开始敢于对工作中的缺点、错误、失误进行大胆的揭露，甚至加以抨击，并从中引出经验教训来。如1980年6月15日，《人民日报》刊登该报编辑部的社论《再也不要干“西水东调”式的蠢事》（作者：李仁臣），这是一篇产生了重大影响的评论文章。“西水东调”是山西昔阳县一项搞了四五年、投工近五百万个、耗资达几千万元的“下马工程”。社论总结这项工程的沉痛教训时说：“这就向我们提出了一个问题：发展农业究竟靠什么？多少年来，我们搞农业，一靠运动，二靠‘大干’。现在看得很清楚，没完没了的政治运动极大地伤害了农民和农村基层干部的积极性，结果是‘你整我，我整你，整来整去，大都挨过整；你上台，我下台，台上台下，大都下过台’。这种蠢事，我们不能再干了。至于‘大干’，作为一种革命精神，当然很可贵，很需要发扬，不仅现在需要发扬，将来也需要发扬。问题是大干干什么？近十几年来，在农业战线上的所谓大干，就是‘大搞农田基本建设’，‘大搞人造小平原’，‘大搞水利’，‘大搞围湖造田’等。这些工程里边，当然有很多是搞得对、搞得好的。所谓搞得对、搞得好，就是说这些工程是切合实际，投资少、受益大的。但是，其中也确有很大一部分工程是搞得很不好，甚至根本不该搞的。”社论批评这种脱离实际，到处硬搞整齐划一的“旱地改水田”，硬搞“人造平原”、“水平田”、“海绵田”，硬搞“连成片，一条线”的园林化等做法，是把“大量的人力、大捆大捆的人民币耗费在收益很小的黄土大搬家上，不但没有收益，反而破坏了生态平衡，贻害了子孙后代”。另外，这篇社论最为可贵之处是“冲破了当时‘学大寨’不可非议的禁区，进一步推动了农业战线的拨乱反正”[56]。这篇评论在1981年第二届全国好新闻评选中被评为1980年度全国好评论。

【《台上他讲　台下讲他》一文的发表】1982年10月19日，《四川日报》刊登由汪道衍写的一篇短评《台上他讲　台下讲他》。短评云：“某县有个分房小组负责人，在分房会议上振振有词地讲：这次分房的原则是县委常委定的。分新房就要交旧房，先交旧房钥匙，才能领取新房钥匙，等等。他的话还未讲完，人们就窃窃私议起来：‘他自己没交旧房就住了新房，说一套做一套咋能服人啊！’原来，这位干部不但未交旧房，还在外单位又占了一套，加上县委分的一套，一家六口人就占了三套房。”“现实生活中类似的事情常常可以见到：一个人在台上讲的和他在实际中做的不一样，结果就会导致‘台上他讲，台下讲他’的场面。实践证明，以‘声’作则必不成则。”这篇短评深刻揭露了某些领导干部以权谋私，嘴上说一套、实际做的却是另一套的表里不一、言行相左的行径。这篇评论文章在1983年被评为全国好新闻。

【《人民日报》的《“大锅饭”养懒汉》等系列评论的发表】从1982年11月17日到1983年2月10日近三个月时间内，《人民日报》先后发表了七篇反对“大锅饭”的社论：《不能再吃“大锅饭”》、《很有必要明辨是非》、《把零售商业服务业经营责任制推广开来》、《“大锅饭”养懒汉》、《集体企业的生命力在哪里?》、《不端“铁饭碗”很好》、《把内在活力开发出来》。这组社论对于打破旧的经济体制起了积极的推动作用，受到读者的广泛好评。其中，1983年1月27日发表由戴玉庆写的《“大锅饭”养懒汉——四论不能再吃“大锅饭”》，给人们印象尤深，后被评为1983年度全国好新闻。这篇社论之所以好，首先在于它抓住了当时经济体制中的一个弊端："大锅饭"的体制使很多勤快的人变懒，使懒人更懒。不仅如此，还使很多企业变成了懒企业、经济效益很差，甚至长期靠国家的补贴过日子。缺少竞争、缺少激励机制，干多干少一个样、干好干坏一个样，这样的旧体制不打破，企业和个人的积极性调动不起来，生产力怎么能迅速发展？现代化怎么能有希望呢？文章强调了打破"大锅饭"旧体制的紧迫性，确是一篇为经济体制改革鸣锣开道的好言论。这篇社论的另一个特色是语言通俗、生动，自然而流畅，条理也很清晰。另外，这篇社论的标题也好，仅仅六个字，简洁、形象、生动传神。

【《就是要彻底否定"文革"》等系列评论的发表】从1984年4月开始到10月止，《人民日报》曾先后发表了十篇评论员文章，其中影响较大的有《就是要彻底否定"文革"》、《彻底否定"文革"就要坚决清理"三种人"》、《取消"否决权"》、《彻底否定"大民主"》、《根绝整人的恶习》、《坚决摒弃"造反派脾气"》等。这些评论员文章从不同角度、不同侧面进行论述，彻底否定了"文革"这个总主题。

李仁臣写的《就是要彻底否定"文革"》是以上文章中的代表作，刊登在1984年4月23日《人民日报》第一版报眼位置。这篇文章全文只有800字，篇幅短小精悍，却提出了大问题、讲明了大道理，且旗帜鲜明、有的放矢，有很强的针对性。文章尖锐地指出：有不少在"文革"中犯过错误的人、做过坏事的人，至今仍然"拐弯抹角、千方百计地肯定当时的所作所为"。"至今仍然坚持错误，有的甚至身居要职，被当作'接班人'加以培养，人们就有理由责问，这还有什么是非呢？这样的人究竟是谁家的'接班人'？"文章最后指出："这次整党，《关于建国以来党的若干历史问题的决议》是列为必读文件的。认真阅读这个文件，对每个党员都是必要的。尤其是那些在'文革'中犯有严重错误，至今尚无正确认识的同志，更要认真学习，严肃地对照检查，这一课必须补，来不得半点含糊。"这篇评论被评为1984年全国好新闻特等奖。

（二）20世纪80年代报纸评论及小言论专栏史

【20世纪80年代一批著名的报纸小言论专栏的兴办】20世纪70年代末、80年代初，随着新时期全面改革的展开，在良好的、相对宽松的外部大环境的影响下，报纸的言论专栏如雨后春笋般纷纷创办。新时期最早创刊的言论专栏是《哈尔滨日报》评论部在该报第一版开辟的《大家谈》专栏，该栏目于1978年11月创办，旨在拨乱反正、解放思想。1980年1月，《人民日报》头版小言论专栏《今日谈》开栏。《今日谈》绝大部分文章安排在头版发表，一小部分安排在第四版，文章篇幅短、内容新、文字活。据统计，1981年一年中就刊出131期，发表稿件272篇。[57]

《今日谈》的文章刊出后，深受读者的欢迎，影响很大。这些小言论之所以能吸引读者阅读，是因为其谈的是现实生活中广大群众关心的问题，拨动了读者的心弦，引起了他们的共鸣。及时、敏锐地提出问题，引起人们注意的文章如《该"暂停"了》，说的是中国女排夺冠归来，欢迎活动太多，应酬太多，影响了她们的经验总结和休息，故这个"暂停"提得很及时。又如《还有一事不得安睡》，说的是武汉市的居民由于停电停水，成为"盼水爹"、"盼水妈"，深夜盼水、等水，不得安眠。有的文章指出一些当下急需解决的问题，如《抢救活遗产》、《为中小学生危房呼救》等。有的文章赞颂新事物、新风气。如孩子们走进了怀仁堂参观、医院摘掉了"星期三、六下午学习"的停诊牌、六点半《联播节目》中播出的"五点半新闻"、深夜采访市民排队买菜的"战地记者"，甚至菜市场为顾客准备的一根拴鱼的短绳子、餐馆为小顾客准备的一把能让他们上桌吃饭的特制高脚椅子等，也都成了《今日谈》的选材，用以反映服务行业“为人民服务、对人民负责”的新气象。连一句“为了您和他人的幸福，请注意交通安全”的温馨标语也受到《今日谈》文章的赞许。《今日谈》也登批评文章，这类文章往往指出弊端，揭露问题，予以针砭。如为统计“哭”之类而乱发报表、做豆腐也要到香港考察、以“给报销凭证”为诱饵招徕公费旅游等，都曾被《今日谈》揭露和针砭。还有的文章体现中央新的精神，开拓人们的视野。如针对一些人对形势认识不清，就登出《看形势首先看农村》、《发牢骚与看形势》等有说服力的小言论；针对一些地方打击刑事犯罪不力的情况，就发表了《吃得饱、睡不着》等文章。

20世纪80年代初的《今日谈》开栏之后，各地报纸也纷纷创办或复办《今日谈》式的小言论专栏。如《羊城晚报》的《街谈巷议》、《四川日报》的《巴蜀小议》、《新民晚报》的《每日论语》和《未晚谈》、《北京晚报》的《百家言》、上海《文汇报》的《虚实谈》、上海《解放日报》的《新世语》、《新华日报》的《细流集》、《天津日报》的《津门小议》、《今晚报》的《今晚谈》、《辽宁日报》的《每事议》、《湖南日报》的《半分钟谈》、《甘肃日报》的《纵横谈》、《浙江日报》的《三言两语》、《湖北日报》的《三楚放谈》等。其中，《羊城晚报》的《街谈巷议》、《新民晚报》的《未晚谈》成为我国当代报纸的经典小言论栏目。《北京晚报》的《百家言》创刊于80年代初。1980年2月15日，《北京晚报》在停刊近14年之后复刊，《北京晚报》在60年代初创办的著名杂文专栏《燕山夜话》也随着该报的复刊而改以《百家言》的名称复活。《四川日报》的《巴蜀小议》小栏目从1980年6月起开栏，栏目文章刊登在该报第一版。《巴蜀小议》有以下特点：①善于抓住现实生活中不断出现的新问题，采取一事一议、开门见山的方法，表彰先进典型、批评不正之风，涉及社会生活的方方面面。②针对性强，不回避、敢批评，旗帜鲜明、尖锐泼辣。③注重时效，反应快捷。④读者爱看，具有广泛的群众性。⑤从文风来看，“它篇幅短小，立意新颖，语言比较生动活泼，文字生动简练，没有书卷气、说教气和八股气”[58]。

《北京日报》第一版的小言论专栏《文明小议》于1982年3月8日创刊。第一期刊登余心言的《无知的比“能耐”》和于兵的《添乱，还是分忧?》两篇小言论，文末附言云：“本报从今日起开辟《文明小议》专栏。文在四百字以内。欢迎来稿，请寄本报评论部。”《文汇报》的《虚实篇》创刊于80年代初，《解放日报》的《新世说》创刊于1984年4月，《中国青年报》的《求实篇》创刊于1984年3月6日。

到了20世纪80年代中后期，又有一批有影响的小言论专栏相继诞生。其中比较著名的有《解放军报》的《集思广益》小言论专栏，于1986年4月26日在该报第一版创刊。这是一个专门刊登微型新闻评论的栏目，以“开门见山、以小见大、短小精悍、有的放矢”和“把新闻性、思想性、形象性融为一体”为其编辑方针和特色追求，成为全军官兵的一个“群言堂”。该专栏一周发表两至三篇短评，最多时一天发表三篇，充分发挥了小言论“短、平、快”的优势。[59]

《河北日报》的《杨柳青》小言论专栏于1988年2月16日创刊，其文章在第一版不定期刊出，由该报评论员、韬奋新闻奖获得者储耕瑞主笔。《杨柳青》专栏起初刊期较长。1988年10月5日，《河北日报》头版《杨柳青》专栏刊出启事云：“《杨柳青》专栏开办以来，得到社会各界的关心和支持。为了把这个专栏办得更好，欢迎广大读者点题，你希望《杨柳青》谈什么问题，请来信提出。”此后，刊期缩短，每月刊登文章的次数增多。

《经济日报》的《每周经济观察》言论专栏创办于1988年，主要针对经济运行中和经济生活中的突出问题，发表有针对性、权威性、语言朴实的经济述评。该栏目主要由《经济日报》理论及评论部主任阎卡林主笔。

1989年2月20日，《人民日报》在第二版右上角显著位置创刊《人民论坛》专栏。首期刊登汪义群《牢骚发过之后》一文，对社会上“牢骚多了起来，以至‘端起碗来吃肉，放下筷子骂娘’”的现象进行了深入剖析。文末附编者写的《开场白》云：“为了更好地发挥党的喉舌和人民的喉舌的作用，我们增辟《人民论坛》园地，举凡社会、经济、政治、文化、教育各个领域的问题均可在此论说。本专栏发表的均系一家之言，不一定完全正确，可以展开讨论争鸣。欢迎各界人士多多赐稿。”到了20世纪90年代中期以后，《人民论坛》和《今日谈》一样，俱成为《人民日报》的著名品牌言论栏目，影响广泛。[60]

【人民日报《今日谈》专栏的创办】1979年12月，正是中共十一届三中全会召开一周年之际，随着思想解放和社会主义民主的发展，《人民日报》的领导提出在报纸第一版开辟一个群众性小型言论专栏，交给评论部来办。1980年1月2日，《人民日报》在头版右下角创刊《今日谈》专栏。当天的《今日谈》专栏同时刊登署名“王朴”的3篇短评：《“锄头柄”与“栋梁材”》、《岂能削足适履》、《集腋可以成裘》。其实“王朴”并非一人，实际上第一篇和第三篇的作者是李仁臣、第二篇的作者是毕传永。此后，《今日谈》成为《人民日报》固定的短评专栏，每次刊登1到3篇短评。《今日谈》实际上是“大家谈”、“群言堂”。它的作者有中央领导、省委书记、部长、将军、学者、专家，也有基层干部、工人、农民、知识分子、部队官兵，可谓作者广泛、论题广泛、风格多样。《今日谈》刊登的文章有一个共同特点，就是篇幅短小精悍（每篇一般在300字至500字之间），贴近生活和实际，讲真话实话。该栏目问世以后，颇受读者欢迎，曾被评为中央主要新闻单位名专栏。该栏目由《人民日报》评论部负责编辑，参与工作的有于宁（评论部主任）、李德民（评论部副主任）、米博华（评论部副主任）、王义堂、马立诚、王金海、刘大保等人。他们既是编辑人员，又是《今日谈》的作者。[61]

在《今日谈》开办五年之后的1985年2月3日（星期日），《人民日报》在头版右下角原《今日谈》专栏位置又开辟了《每周论坛》短评专栏，当天该栏刊登的第一篇文章是钱湜辛的《谈口号》。该文对当时深圳特区广泛流传的一句口号“时间就是金钱、效率就是生命”作了充分的肯定。《每周论坛》创办后，《今日谈》仍继续存在，后成为《人民日报》的经典短评栏目。

《人民日报》评论部几乎每年都将《今日谈》专栏发表的文章选编成专集出版。如从1980年的《今日谈》专栏中选出150篇，编成《今日谈》第一集（人民日报出版社，1981年出版）；从1981年、1982年两年的《今日谈》专栏中分别选出95篇（1981年）、105篇（1982年），共计200篇，编成《今日谈》第二集（人民日报出版社，1983年出版），夏衍还为这一册写了“代序”；从1983年《今日谈》专栏中选出146篇编成《今日谈》第三集（人民日报出版社，1984年出版），胡绩伟为其写了序言《又精又彩——〈今日谈〉一千篇有感》；1984年是《今日谈》开栏5周年，从当年的《今日谈》专栏中选出精粹文章整整200篇结集出版《今日谈》第四集（人民日报出版社，1985年出版），著名的短评专家林放为其写了热情洋溢的序言《〈今日谈〉的魅力》；从1985年的《今日谈》专栏中又选出215篇编成《今日谈》第五集（人民日报出版社，1986年出版），文章仍然是短小精悍，一页一篇，萨空了为其作序《也谈〈今日谈〉》。1998年，中国人民大学出版社还出版过一本由《人民日报》副总编辑谢宏主编的《〈今日〉谈精粹》，收入了1980年初至1997年7月间发表在《今日谈》专栏上的短论精品200多篇。

在以上文集的序言中，林放（赵超构）为第四集写的序言对《今日谈》专栏文章的特点作了切中肯綮的精辟分析和归纳：

> 在《人民日报》上，《今日谈》是我每篇必读的专栏。直至今天，《今日谈》已满五周岁了，它仍然使我保持着每篇必读的习惯。
>
> 它有哪些吸引读者的魅力呢？
>
> 首先是新鲜活泼。《今日谈》的素材直接来自生活深处，有如刚刚从河里捞出来的鱼虾，到手时还是蹦蹦跳跳的。这里发生了许多新闻故事。有的事情听起来难以相信，却又是千真万确的，例如可怕的“调查提纲”，荒唐的“接亲专车”等。有的事本身就是一篇幽默小品，例如“镜子照一照，无产阶级思想全跑掉”，那样“左”得令人发笑。有的是一幅讽刺漫画，例如“一菜一汤，生意跑光……八菜一汤，独霸一方”之类的事，不是我们天天接触而无动于衷的吗？一经“谈”破，就使我们觉得再也难以继续容忍了。这些，都是从群众生活深处冒出来的第一等材料，对于杂文作者是踏破铁鞋无觅处的。其鲜美是专业作品所难以企盼的。有句话说“生活之树常青”，一点也不错。
>
> 《今日谈》的又一个引人入胜的特色是它的轻巧灵活。每篇不过三四百字。文虽短而意味深，寥寥数语，耐人寻思。尽管是开门见山，直抒所怀，不屑于遣词造句、谋篇布局上下工夫，但是作为微观世态的解剖刀来运用，是大大地胜过那种笨重的鸿篇大论的。它以轻巧见长，灵活取胜，“俯拾即是，着手成春”。就一篇看，虽然只是大海的微沤，汇总起来，却成了洋洋大观。
>
> 《今日谈》的新鲜活泼源于新闻的敏感性，而它的匕首投枪的作用则是逻辑思维的体现。它是介于杂文与评论之间的边缘作品。它最宜于在日刊的报纸上天天露面，在读者面前展开一幅生活图景，让读者把它当作一位知心朋友一样来谈心。[62]

【“微音”（许实）与《羊城晚报》的《街谈巷议》专栏】1980年2月15日，在“文革”中遭到封闭的《羊城晚报》正式复刊。当时广东省委任命吴有恒为《羊城晚报》总编辑兼党委书记、许实为副总编辑。复刊后的《羊城晚报》头版辟有两个非常特别的小专栏：一个是主要刊登批评报道的《越秀山下》，一个是专登“微音”（许实）短评的《街谈巷议》。

《羊城晚报》复刊第一天，就开始在头版刊出《越秀山下》专栏；1980年2月17日，《羊城晚报》头版又创刊了《街谈巷议》专栏。此后，这两个精粹的小专栏或同时，或交错见报，成为《羊城晚报》两个著名的招牌栏目，并在社会上产生了广泛的影响。

《羊城晚报》复刊之时，许实即创办并主持《街谈巷议》新闻评论及时评专栏。从此，他与《街谈巷议》结下了23年的不解之缘。从1980年2月《羊城晚报》复刊到1991年，许实在《街谈巷议》专栏发表文章约一千四百篇，1991年选出约240篇结集成

《微音》文集出版（广东人民出版社，1991年10月第一版）。之后，许实又结集出版了《微音续集》（广东高等教育出版社，2000年9月第一版），该集收入许实1992年至1999年8年间在《街谈巷议》专栏所发表的文章230余篇。罗韬为其作《序》云：

在中国新闻界，80年代曾有“北林放、南微音”之说，微音先生以其无畏之心，在《羊城晚报》要闻版的《街谈巷议》专栏上，振金不换之笔，鼓烧不烂之舌，从不作夷犹之语，不作模棱之语，不作曲折之语，用笔如枪，刺贪刺虐，铮铮然作金石响；斥“小国之君”，责贪黩之吏，劝冥顽之民，激浊扬清，祛邪扶正。尽管春温秋肃，时势多变，他仍然十数年如一日，文辣于药，言快于刀。

许实生平及业绩：许实于1919年5月1日出生于广东佛山，祖籍广东开平。高中毕业后读大学，读了一年半便因从事学生运动被开除。在大学一年级时（1941年）加入中国共产党，离校后从事党的地下工作。1944年参加广东东江抗日游击纵队，并开始从事新闻出版工作，任东北江纵队《前进报》助理编辑、北江支队《抗战报》主编。此后曾奉党组织之命，前往越南参加越南的反法国殖民主义的游击战争，被委任为越共中央华侨运动委员会副书记、组织部长。期间，曾为越南堤岸地下党创办的《中华报》撰写社论。1949年归国，先后在中共中央对外联络部工作，担任新华社广东分社副社长、《南方日报》副总编辑。在“文革”中，1968年冬他同南方日报社同仁一起被下放到英德黄陂“五七”干校接受“劳动改造”，前后两年时间；1971年到1975年的5年间，在《佛山日报》工作。“文革”后，先后担任广东省出版局副局长兼广东省出版社社长、省科技出版社社长等职。1980年2月《羊城晚报》复刊，调任该报副总编，1982年任总编辑。在任期间，他坚持“反映生活、干预生活、丰富生活、指导生活”的编辑方针，注意密切联系群众、反映群众的呼声，使20世纪80年代的《羊城晚报》办得有声有色，在全国产生了广泛影响。许实除担任报社领导工作外，还以“微音”的笔名为《羊城晚报》的《街谈巷议》栏目撰写了大量短评。他的文章紧密联系实际，语言精练生动，反映群众呼声，深受广大读者的欢迎。1986年起退居二线，1989年8月离职休养。退休后，他仍笔耕不辍，一如既往地为《街谈巷议》写稿。2004年9月23日在广州病逝，终年86岁。其遗著有新闻评论集《微音》、《微音续集》，以及通讯、散文集《微音看人世》（广东高等教育出版社，2000年出版）、回忆录《微音忆旧》（羊城晚报出版社，2003年出版），等等。

【“林放”（赵超构）与《新民晚报》的《未晚谈》专栏】1982年1月1日，《新民晚报》在停刊15年之后复刊。当天便在该报第五版副刊版《夜光杯》上复刊了《未晚谭（谈）》短评专栏，首载“林放”贺《新民晚报》复刊的短文《暂别归来》。此后，“林放”经常在第五版《夜光杯》版上《未晚谈》专栏发表短评，前后近10年，坚持不懈。

《新民晚报》的《未晚谈》、《今日论语》是我国报界的名牌专栏，很早就有了。1941年11月1日，重庆版《新民报》晚刊创刊，《今日论语》短评专栏也于当日开栏；1943年6月18日，成都版《新民报》晚刊创刊，《未晚谈》也于是日在该报副刊《出师表》下开栏。赵超构（笔名“沙”）、张慧剑为专栏作者。1951年4月起，赵超构开始启用“林放”为笔名。20世纪60年代，《未晚谈》第二次出现在《新民晚报》上，主笔“林放”，同时亦有其他作者参与写稿。1982年元旦《新民晚报》复刊，当天就恢复了

《未晚谈》专栏，随后也恢复了《今日论语》专栏。赵超构于此时开始恢复使用笔名“林放”为《未晚谈》撰稿，1982年第三次复刊的《未晚谈》基本上成为“林放”个人的专栏。

赵超构在《未晚谈》及《新民晚报》其他版面上发表的大量杂文及新闻、时政评论，具有鲜明的特色和个人风格。他是我国杂文界及新闻评论界的巨擘，其代表作有《未晚谈》（上海人民出版社，1986年1月第一版）、《未晚谈》（二编）（1990年3月出版）、《世象杂谈》（上海文艺出版社，1984年11月出版）等。1986年出版的《未晚谈》初集前有夏衍所作《代序》，后“附录”部分收入著名杂文家严秀的评论文章《林放文章老更成》。夏衍《未晚谈·代序》云：赵超构是“名噪文坛的杂文巨擘”，他的文章有其独特的风格，“平易通畅，朴实精炼”，“言简意赅”；读其文，“可以使人振奋，使人沉思，同时‘它也可以给人愉快和休息’（鲁迅：《小品文的危机》）”。严秀评价云：“1982年‘新晚’复刊后十年的《未晚谈》，我以为是达到了中国报纸艺术性短文、评论的新高峰”，“构老（赵超构——引者注）的杂文尤其是近十年的杂文，可以说基本上已达到炉火纯青的程度”。[63]《世象杂谈》则辑录了“林放”自1954年至1965年在《新民晚报》上发表的杂文一百篇。“内容十分广泛，既有对新人、新事、新风尚的讴歌和赞颂，又有对歪风邪气的批评和鞭挞，更有对现实生活中某些问题的议论，举凡人生世象，无所不谈。”“文章短小活泼、锋利、隽永（见该书内容提要）。”作者在该书《前记》中云：“我为此书取名《世象杂谈》，是因为这些文章多数是属于社会现象的评论。或是颂扬或是批评，总之是就事立论，表示个人对‘世象’的见解。”

1992年2月12日，赵超构因病逝世。[64]1999年8月，《赵超构文集》（6卷）由文汇出版社出版。赵超构1978年至1992年初发表的大量杂文、短评及其他文章，俱收入《赵超构文集》第五、六卷中。

第三节　部分中外媒体在1989年学潮及“六四风波”报道中的深刻教训与反思

一、1989年的学潮及政治风波与媒体报道

1989年是中共党史、新中国历史及新中国新闻传播史上极不平凡的一年：1989年4月中旬至6月上旬，北京爆发了震惊中外的“六四风波”。

早在1988年底到1989年初，极少数人就在北京高校内密谋策划，要借“五四”70周年、新中国成立40周年、法国大革命200周年之机煽动学潮，挑起事端。1989年3月初，北大、清华、北京航空航天大学等高校相继出现了一些没有署名的大、小字报，直接攻击中国共产领导、攻击社会主义制度。[65]

1989年4月15日，胡耀邦同志因心脏病逝世，成为引发学潮的直接导火索。在悼念胡耀邦同志的活动中，广大共产党员、工人、农民、知识分子、干部、解放军和青年学生以各种形式表达自己的哀思，并表示要化悲痛为力量，为实现四个现代化、振兴中华贡献力量。但在悼念活动中也出现了一些不正常的情况，极少数人借机制造谣言，散布胡耀邦

是受政治迫害而致死的，并"指名攻击党和国家领导人；蛊惑群众冲击党中央、国务院所在地中南海的新华门，甚至还有人喊出了打倒共产党等反动口号；在西安、长沙发生了一些不法分子打、砸、抢、烧的严重事件"[66]。其间，北京发生的最严重的事件是4月19日晚到20日清晨，近300名学生聚集在新华门并冲击中南海。他们有的发表煽动性演说，有的呼喊反动口号，有的向维持秩序的警察投掷砖块和汽水瓶。"考虑到广大群众的悲痛心情，对于青年学生感情激动时某些不妥当的言行，党和政府采取了容忍和克制态度。在22日胡耀邦同志追悼大会召开前，对于先期到达天安门广场的一些学生并没有按照惯例清场，而是要求他们遵守纪律，共同追悼胡耀邦同志。由于大家的共同努力，保证了（4月22日）追悼大会在庄严肃静的气氛中顺利进行。"[67]

本来，4月22日开完胡耀邦同志的追悼会后，悼念活动应该结束了。但是，在追悼大会之后，极少数别有用心的人却没完没了，到各地串联，甚至到中学、工厂串联，继续利用青年学生悼念胡耀邦同志的心情，制造种种谣言，蛊惑人心，利用大、小字报污蔑、谩骂、攻击党和国家领导人；鼓动反对中国共产党的领导和社会主义制度；在一部分高校中成立非法组织"高自联"，向学生会"夺权"，有的甚至抢占学校广播室。还有的在高校中鼓励学生罢课、教师罢教，甚至强行阻止学生上课；盗用工人组织（"工自联"）的名义，散发反动传单，并且四处串联，企图制造更大的事端。在短短几天内，"动乱制造者们通过学潮提出了一系列带纲领性的政治要求，其中最主要的是两条：一是重新评估胡耀邦的功过，彻底否定1987年初中央对胡耀邦辞职的处理；二是彻底否定反对资产阶级自由化，为在反自由化中受过批评和处分的人平反"[68]。

4月24日，中央政治局召开常委会议，对事态的发展进行了分析研究，确定这是有计划、有组织地反党、反社会主义，决定在中央成立应急小组，并由《人民日报》发表社论向全党和全国人民指出这场斗争的性质。4月25日，邓小平发表重要谈话，对中央政治局常委的决定表示完全赞同和坚决支持。

4月26日，《人民日报》在头版头条位置发表重要社论《必须旗帜鲜明地反对动乱》。社论全面揭露了"极少数别有用心的人"制造动乱的事实，并严正指出："这些事实表明，极少数人不是在进行悼念胡耀邦同志的活动，不是为了在中国推进社会主义民主政治的进程，也不是有些不满发发牢骚。他们打着民主的旗号破坏民主法制，其目的是要搞散人心，搞乱全国，破坏安定团结的政治局面。其实质是要从根本上否定中国共产党的领导，否定社会主义制度。这是摆在全党和全国各族人民面前的一场严重的政治斗争。"社论最后号召"中国共产党各级党组织、广大共产党员、共青团员、各民主党派、爱国民主人士和全国人民要明辨是非，积极行动起来，为坚决、迅速地制止这场动乱而斗争！"当天，北京地区及全国各省的党报都转载了这篇文章，产生了重大的社会影响。

4月27日，《人民日报》头版头条刊登消息《北京上海召开党员干部大会号召迅速行动起来　坚决制止动乱》。其中，报道上海情况时云："本报上海4月26日电：中共上海市委、市政府旗帜鲜明地反对当前的动乱。今天，市委召开全市1.4万多人参加的党员干部大会，动员上海全体共产党员和全市人民积极行动起来，为坚决、迅速地制止这场动乱而斗争。""江泽民同志还在会上宣布：鉴于《世界经济导报》总编辑、党组成员钦本立同志严重违反纪律，决定停止他的领导职务，并对《世界经济导报》进行整顿。"

4月28日起，《人民日报》头版刊登消息《北京高校学生上街游行》，开始报道"学潮"。

4月29日，《人民日报》又在当天头版头条位置发表社论《维护大局　维护稳定》，提出在当前条件下，复课就是维护大局、维护稳定的实际行动。首都各大报予以转载。同一天（4月29日），《北京日报》的版面编排非常恰当：头版在《反对动乱，维护安定团结局面》的大标题下刊登了四条消息，包括：①《市政协常委会十一次会议强调，尽快制止动乱，恢复正常社会秩序》；②《参加市总工会座谈会各界职工代表用事实说明，动乱对国家和个人都没有好处》；③《有关部门介绍学生上街游行给我市生产、工作带来的影响和损失》；④《好多知识要学，浪费时间可惜——访首都几所高校的部分学生》。同时针对个别学生自己不上课，还要阻止同班同学上课的做法，《北京日报》当天（4月29日）第一版的下方还发表"本报评论员"文章《珍惜自己上课的权利，尊重别人上课的权利》。

《人民日报》4月26日、4月29日那两篇重要社论发表后产生了重大影响，使绝大多数干部明确了动乱的性质，也使许多学生开始认识到问题的严重性。5月4日以后，80%的罢课学生复课，全国各地的局势迅速趋向平稳。但也就在5月4日，赵紫阳在事先没有征求政治局常委任何同志意见的情况下，会见亚洲开发银行理事会议的各个国家和地区的代表时发表了一篇同中央的立场和方针完全不同的谈话。当时在已经出现动乱的情况下，他却说"中国不会出现大的动乱"；在大量的事实已经证明这场动乱的实质是否定党的领导、否定社会主义制度，而赵紫阳却说"他们绝不是要反对我们的根本制度"，他们的反腐败、反特权的初衷和本意是好的，应该肯定。与此同时，还把中央内部的分歧公诸于世。赵紫阳的"五四"谈话发表后，动乱策划者们从中受到鼓舞，更加有恃无恐，更加猖狂地进行种种活动，使本来已经趋向平缓的局势骤然逆转。

5月6日，赵紫阳又在同中央主管新闻宣传、思想工作的负责同志谈话时指示说：媒体要"放开一点"，对游行要作报道，"新闻公开程度增加一点，风险不大"。在赵紫阳的支持下，新闻媒体把学潮作为热点报道，不断聚焦或放大，在舆论上迅速出现了支持学潮的错误导向，使首都北京乃至全国各地游行示威活动的规模越来越大、参加人数越来越多。5月13日起，在学潮策划者们的组织下，北京高校部分学生到天安门广场绝食请愿。极少数人为了扩大事态，到处造谣说："北京市工人总罢工。"经过媒体的放大性、炒作性报道后，学生绝食引起社会上部分人的同情，再加上新闻舆论的错误导向，导致前往天安门广场"声援"的人越来越多，从几万、十几万发展到几十万之众。上海市的大学生们也从四面八方汇集到外滩市政府门前请愿。

5月15日至18日，苏联最高苏维埃主席团主席、苏共中央总书记戈尔巴乔夫首次访华。为了造成国际影响，动乱的组织者、策划者们更加猖狂，进一步把学潮推向高潮。这也严重影响了外事活动，当时欢迎戈尔巴乔夫的仪式本来准备在人民大会堂东门外广场进行，但因学生占领了东门外广场，仪式只好改在机场举行。苏联领导人敬谒人民英雄纪念碑的计划也被取消。

5月20日，由国务院总理李鹏签署戒严令："鉴于北京市已经发生了严重的动乱，破坏了社会安定，破坏了人民的日常生活和社会秩序，为了坚决制止动乱，维护北京市的社会安宁，保障公民的生命和财产安全，保障公共财产不受侵犯，保障中央国家机关和北京市政府正常执行公务，根据《中华人民共和国宪法》第89条第16项的规定，国务院决定：自1989年5月20日10时起在北京市部分地区实行戒严，北京市人民政府组织实施。"同时调入部分人民解放军参加执行首都戒严任务，以维护首都秩序，保障全市人民能够正常地进行生产、工作、学习和生活。5月21日，《解放军报》发表社论《维护首都和全国稳定的重大措施》。

戒严令宣布后，动乱策划者继续大肆造谣，他们置戒严令于不顾，仍然任意组织游行、示威、静坐、绝食，并开始长期占据天安门广场。与此同时，游行示威的规模也越来越大，由几万人发展到几十万、上百万人，使北京市的生产、交通和社会秩序，以及人民群众的日常生活（如蔬菜、粮、油供应等都断货）受到严重的影响、干扰和破坏。更为严重的是，北京市的事态已经波及全国，不少城市出现了混乱局面。有的地方多次发生冲击当地党政领导机关的事件，发生打、砸、抢、烧等严重违法活动。国家铁路运输大动脉严重受阻，不少地方的学生强行乘车来京，甚至卧轨拦车，前后来京的学生达20多万人；乘车不买票、吃饭不付钱，几乎重现了“文革”时期红卫兵大串联的场面。[69]

从5月中旬起到6月初止，以北京《人民日报》、上海《世界经济导报》为首的一些重要媒体对动乱做了错误的报道，报道煽风点火、推波助澜，产生了极为恶劣的影响。

6月3日凌晨开始，中国人民解放军戒严部队奉命开进北京城内，进驻执勤点。他们受到极少数不法分子的围攻、侮辱、谩骂。暴徒甚至堵砸军车、抢夺武器，殴打、烧死解放军干部、战士，终于酿成暴乱。6月4日晨，滞留在天安门广场的数千名学生被戒严部队以极大的耐心和毅力劝告、勒令和平撤离，天安门广场清场任务全部完成，暴乱终于被平息。

【“六四风波”的国际、国内背景分析】1989年春夏之交的这场政治风波的发生，具有深刻的社会和历史背景。正如邓小平同志所说：“这场风波迟早要来。这是国际的大气候和中国自己的小气候所决定的，是一定要来的，是不以人们的意志为转移的。”[70]从国际环境来看，1989年初正是“苏（联）东（欧）剧变”的酝酿期，也正是所谓“山雨欲来风满楼”的时候。当时西方国家的政治势力利用苏联及东欧一些社会主义国家在决策上发生的不少严重失误，以及由此导致的经济建设和社会发展进程中遇到的许多困难，大力推行和平演变战略，有计划、有目的地通过各种渠道对社会主义国家加紧进行思想、政治渗透，竭力支持和扶植各种反共反社会主义的活动，制造动乱。这种“大气候”对社会主义国家包括我国在内的知识界、青年学生乃至党内一些人都产生了严重的影响。从国内环境来看，在粉碎“四人帮”以后就开始出现了一股资产阶级自由化思潮，盲目崇拜西方资本主义国家的“民主”、“自由”、“多党制”，否定共产党的领导，否定社会主义制度，妄图“建立一个完全西方附庸化的资产阶级共和国”。这股思潮在1987年1月中旬赵紫阳接替胡耀邦担任党中央总书记以后愈演愈烈。早在1985年苏联的戈尔巴乔夫上台后，赵紫阳就指示新华社大量出版发行戈尔巴乔夫的著作《改革与新思维》（世界知识出版社，1988年出版）。1988年7月，他又将党中央的重要舆论阵地《红旗》杂志更名为《求是》杂志，使其影响力大大缩小。由于赵紫阳的长期纵容、鼓励和支持，到1989年初，资产阶级自由化思潮泛滥成灾，终于导致动乱的发生。与此同时，“在改革开放的第十年，我们遇到了前所未有的严重问题，最突出的就是经济生活中明显的通货膨胀、物价上涨幅度过大，党政机关和社会上的某些消极腐败现象也使人触目惊心”[71]，等等。这些都是引起动乱的重要因素。

在刚刚平息暴乱之后，邓小平就指出：经历了春夏之交的这场政治风波之后，“促使我们很冷静地考虑一下过去，也考虑一下未来。也许这件坏事会使我们改革开放的步子迈得更稳、更好，甚至于更快，使我们的失误纠正得更快，使我们的长处发扬得更好”[72]。

正是本着这个精神，党中央于1989年6月23日至24日在北京召开十三届四中全会，会上初步总结了教训，明确了当前和今后一个时期党的方针和任务。全会还决定：鉴于赵紫阳在关系党和国家生死存亡的关键时刻犯了支持动乱和分裂党的严重错误，撤销他的中央委员会书记、政治局常委、政治局委员、中央军委第一副主席等职务，选举江泽民为中央委员会总书记。党的第三代领导集体形成。

十三届四中全会以后，全国政治局面迅速趋向稳定，经济形势逐步走向好转，思想战线及新闻宣传战线出现新的转机。进入20世纪90年代以后，我国新闻传播业的改革在80年代改革的基础上朝着健康、深化的方向发展。

二、“六四风波”及其前后新闻界的深刻教训与反思

【电视政论系列片《河殇》的两度热播】从1978年起，随着改革开放的不断深入，在迫切要求改变中国落后状况的“忧患意识”中，开始出现一种盲目崇洋、妄自菲薄的情绪。这种情绪和急于求成的愿望相结合，迅速地蔓延开来，严重地扭曲了人们的心态，给中国正在进行的社会主义现代化建设带来了十分有害的影响。再加上长期坚持资产阶级自由化思想的所谓文化界、教育界及思想界的“精英”们的煽动，往往能形成很大的破坏力。1988年6月和8月间，中央电视台前后两度在“黄金”时段播出为资产阶级自由化大造舆论的6集电视政论系列片《河殇》。由于中央电视台广泛、强大、权威的影响力，《河殇》在海内外产生了重大影响，名噪一时，用该片总撰稿人之一的苏晓康的话来说是“一曲《河殇》，海内哗然，几度波澜，几番纷争，遂成龙年一大热点”[73]。当时，《河殇》经中央电视台播出后，其解说词被十几家报刊竞相转载，其脚本小册子一再重版、录像带不胫而走；学者、专家反复开座谈会发表观感，纷纷“把《河殇》这种东拼西凑、东拉西扯，破绽百出的‘大杂烩’说成是中国思想界的‘突破’和‘最高成就’，把《河殇》的出现说成是一场‘新的启蒙运动’”[74]。甚至连作为总书记的赵紫阳也对《河殇》倍加推崇，他把《河殇》录像带送给外宾时说“值得一看”。

由于中央电视台反复播出《河殇》，为资产阶级自由化思潮在1988年的泛滥提供了重要平台，更为1989年春夏之交的“六四风波”作了舆论上的准备，造成了极其恶劣的影响，特别是对广大青年学生的影响更大。据一位接连看了三遍《河殇》的学生在事后的反思中说：“第一遍看《河殇》，感到观点很新奇；第二遍看后，觉得中国太落后，非脱胎换骨不可；第三遍再看，感到中国没有希望、没有前途了，自己干什么事都不来劲。”[75]这成为1989年“六四”学潮前夕年轻大学生们的一种普遍的、典型的心态。这种严重的消极悲观的情绪在学潮中就很容易跳向另一个极端，演变成制造动乱、盲目破坏一切的行动。

难能可贵的是，在众多的喝彩声中，也有不少同志对《河殇》提出了深刻、尖锐的批评意见。其中，在《河殇》播出不久的1988年10月，就有一位署名“易家言”（取“一家之言”的谐音）的作者写了一篇《〈河殇〉宣扬了什么?》的文章，对该片作了全面、深刻的批评，批判《河殇》崇洋媚外，否定近代革命史，否定中华五千年文明史，否定整个中华民族的虚无主义的观点，揭露了它全面否定中国共产党的领导、否定社会主义制度的要害。文章列举了《河殇》的十大错误，分析到位，切中肯綮。[76]

【“美国之音”等西方媒体及香港媒体对“六四风波”的歪曲报道】历史的经验反复

证明：中国一有风吹草动，西方媒体（尤其是“美国之音”）便捕风捉影、制造谎言、传播谣言、煽风点火、推波助澜，唯恐中国不乱，这几乎成为一条颠扑不破的规律。他们希望中国动荡不安、四分五裂，其居心极为险恶。以“美国之音”为代表的一些西方媒体，在对“六四风波”的歪曲报道中，报道手法多样，无所不用其极，或无中生有、制造谎言，或抓住一点、夸大其词、无限引申，或传播谣言、散布小道消息，或偷梁换柱、移花接木、张冠李戴。[77]“六四风波”平息以后，一位美籍人士从旧金山发来文章揭露美国一些著名媒体是如何歪曲报道所谓“北京暴乱”时云：“这一次大批美国新闻工作者到北京去，本来是为了报道戈尔巴乔夫访华动态，却碰上了学生游行示威事件，于是他们便待在那里反映情况。接着又因学潮造成动乱，按照他们的说法是‘欣逢其盛’，当然不愿错过‘千载良机’，留着不走。他们把天安门广场上的纷乱情况向美国传播，除了现场的摄影镜头外，其余的报道则几乎完全是耳朵里所听到的谣言，再予以添油加醋，用直觉和主观的看法当做‘分析情况’，有的记者还像预言家一般发出‘预言’……”，更有记者专门报道谣言，其中最大的谣言是“邓（小平）死、杨（尚昆）走、李（鹏）伤”。“几家大电视台包括CNN、CBS和NBC的驻北京记者均不约而同地把从天安门广场上听到的谣言传播到美国来，于是报纸便如获至宝般地在首页发表，有的还用大字标题予以渲染。”“除了上述‘邓死、杨走、李伤’的谣言以外，还有一条‘触目惊心’的谣言，那便是‘中国人民解放军分裂为两派，其中一派不服从中央的指挥，内战一触即发……’在美国记者的报道下，中国已是风声鹤唳、草木皆兵，天下大乱之势已是不可避免的了。”[78]

而“美国之音”在报道“六四风波”时，除发表大量“挑拨、煽动、攻击、中伤的言论”外，尤其在“编织谎言、造谣惑众这一条真可谓达到了登峰造极、令人吃惊的地步”。《北京日报》曾刊登文章揭露云：

北京学潮暴发之初，4月18日和19日，在极少数人的挑动下，接连发生部分学生冲击党中央、国务院所在地——新华门的事件。20日凌晨，治安警察在多数学生已经离去之后，将少数坚持不走的学生强行带上汽车，送回北京大学，没有拘捕一个人。而当天“美国之音”却造谣说：“星期四上午公安人员逮捕了大约两三百名在中南海正面静坐示威的学生”，后来又说“有300人被拘留”。国内立即有人呼应，编造了所谓“4·20惨案”的谣言，使学潮升级。

5月12日，“美国之音”报道说：“苏联领导人戈尔巴乔夫访问北京的时候，对于向北大学生讲话表示了兴趣。但中国政府拒绝了这种做法。”这纯粹是子虚乌有的捏造。我外交部证实，在中苏双方共同商定的戈氏访华日程中，根本就没有这项安排。

5月20日，国务院宣布北京部分地区实行戒严，但执行戒严任务的部队主要还停留在北京郊区。而“美国之音”在当天的广播中造谣说：“中国军队乘坐装甲车，封锁了天安门广场。”这样的凭空捏造，其手法也实在是太拙劣了。

这一段时间，“美国之音”特别热衷于“报道”我国领导层的一些动向，尤其是军队领导层的动向。5月23日，它借刘宾雁之口说什么“现在有100多个将领联名反对这种错误决定（戒严），有很多省份和一些军区都明确表示，他们不承认李鹏政权，甚至称其为伪政权”。这是明目张胆地捏造事实，挑拨离间。实际上，全国各省市和各大军区都已先后致电党中央、国务院，表明了对中央决策的坚决拥护和支持。

就在当天，“美国之音”还广播了一条消息，也是借刘宾雁的口说：“参加天安门广场游行示威的人数，我相信早已超过1 000万”。这是天大的笑话。北京总共只有1 000万人口，其中有300多万农民。即使城市人口中，也有几百万老人和娃娃，怎么可能都到天安门去游行呢？他们的这一报道，如果不是无知，那就是别有用心。

6月3日，北京的动乱发展成为一场骇人听闻的反革命暴乱，“美国之音”难以掩饰他们的兴奋，作了大量的报道。我戒严部队一举平息了暴乱，“美国之音”又大肆造谣。它在6月5日的报道中说：“中国军队血腥屠杀……造成数以千计的人死亡。据信至少有1 400人于星期天凌晨前，在人民解放军血洗天安门的大屠杀中遇难。”

这几天，反革命暴乱已基本平定。军民之间、军队与军队之间团结一致，为恢复首都的正常秩序共同努力，取得了很好的成果。“美国之音”又怀着一种沮丧的心情，使尽力气造军队的谣。6月6日他们造谣说：“在忠于不同派系的军队之间，也发生了权力斗争”，“北京可能发生内战”。6月7日，又造谣说：“部署在北京西区执行戒严的军队与其他没有权力镇压示威者的军队互相交火。”6月8日又造谣说：“前一天中国军队在北京市内抢占了有利地形……等待和对立的军队交战。”这些海外奇谈，也许可以一时欺骗不明真相的人，或是为国内外唯恐天下不乱的人提供煽惑人心的资料。而身临其境的每一个北京市民都能够出来说明，这完全是一派胡言。6月9日，邓小平等中央领导同志接见戒严部队军以上干部的情况，更有力地证明，我们的党中央是团结的，我们的军队是统一的。[79]

香港媒体在对“六四风波”的报道中，也扮演了极不光彩的角色。1989年7月1日《人民日报》第二版刊登蓝默《如此新闻道德——西方和香港新闻媒介扮演了什么角色》一文。该文揭露香港媒体当时的所作所为时云：“平息暴乱的第二天——6月5日，香港《明报》头版头条的大字标题是‘李鹏中枪’！说李鹏在人民大会堂，被一军官开枪击中；两条新闻是戒严部队发生内战，说27军被38军等部队包围激战；三条消息是‘邓小平死亡’。6月6日，香港《东方日报》头版，又刊登了‘李鹏逃往内蒙’的消息。”“谣言不攻自破！邓小平和李鹏同志在电视屏幕上露面了。纪律严明的戒严部队在街头清除路障和垃圾。解放军战士帮助郊区农民收割小麦，军车忙着为市民运粮运菜。”“谣言依然满天飞！血洗天安门广场！北京血腥大屠杀！机枪扫射手无寸铁的学生和市民，打死成千上万！坦克将帐篷中的学生压成肉饼！天安门广场焚尸，用直升飞机运走……”“骇人听闻的大标题，天天在报纸上和电视上出现。电视台夜以继日播映‘特别新闻’，几十分钟一次，还用‘屠城’和‘龙的怒吼’放了专辑，播音员嘶声叫喊，仿佛中国一片漆黑，北京成了人间地狱！”“消息来自《美国之音》和西方通讯社，来自北京的外国和香港记者，来自目击者和电话访问。”香港的电视台还曾播出一些“经典”的谣言画面，其中如翡翠台曾播出“北师大学生、方励之夫妇的高徒、‘高自联’的头目、天安门广场的总指挥”柴玲在“暴乱失败后，她躲在阴暗的角落录制一盘录音带”；“香港电视屏幕上，映出一男人拦阻一队坦克车，为首的坦克左躲右闪，那人还是左拦右堵，最后坦克车停车，让那人爬上车顶。如果解放军像你们（指西方及香港媒体——引者注）所说的那样残暴，这个被你们称为‘英雄’的挑衅者，早该粉身碎骨了！这也揭穿了坦克将学生压成肉饼是弥天大谎！”连一向被认为爱国的香港《文汇报》也成了谣言和谎言的传声筒。6月5日，香港《文汇报》发表了自称为天安门广场人民英雄纪念碑前“目睹现场和生还”的20岁清华大学学生的口述。“由于美国新闻界认为香港《文汇报》是一家有声望的报纸，因此《华盛顿邮报》、《纽约时报》、《旧金山观察报》和中文《世界日报》均根据该报报道而发表”一系列添油加醋的传闻，造成极为恶劣的影响。[80]

在整个“六四风波”报道中，香港一些媒体几乎成了当时谣言流传及假新闻传播的“中转站”。有研究者揭露：中国内地一些别有用心的人及动乱策划者把他们编造的谣言传到香港，“把香港作为中转站，一面转到全世界，一面返销内地，影响内地的舆论，他们叫做出口转内销，或者叫出口再进口”。而且，“动乱的策划者们，当一个谣言被揭穿了以后，又制造一个新的谣言，使许多人被蒙蔽和利用”[81]。

【《世界经济导报》停刊事件】《世界经济导报》是由中国世界经济学会和上海社会科学院世界经济研究所联合主办的报纸，1980年6月19日在上海创刊，社址设在上海淮海中路的上海社会科学院内。该报初期是一份4开2张8版、半月刊的小型报。1981年起改为周报，每期仍为4开2张8版。1982年起扩版为每期出4开3张12版，仍为周报。1986年起又扩版为每期出4开4张16版。到1988年，该报期发行量近30万份。1989年4月下旬，因在悼念胡耀邦逝世的专辑中刊登犯有严重错误的内容，中共上海市委对该报作出“停止钦本立总编辑职务，派驻整顿领导小组”的决定。1989年5月8日，该报在出版第441期后停刊，前后办了9年时间。

《世界经济导报》设理事会和编委会，社长钱俊瑞、宦乡，名誉理事长汪道涵。该报实行总编辑负责制，由钦本立担任总编辑。据钦本立介绍，《世界经济导报》是一份非官方的“民办”报纸，是由中国世界经济学会和上海社会科学院世界经济研究所这样的学术团体和机构创办的。在经济上自筹资金、独立核算、自负盈亏。实行理事会领导下的总编辑负责制，有关办报方针等重大问题均由理事会讨论决定。理事会由一些知名学者组成，如钱俊瑞、宦乡、汪道涵等，还有一些高级顾问，如陈翰笙、薛暮桥、许涤新、于光远、马洪、徐雪寒、孙怀仁、褚葆一等。钦本立一直担任总编辑。[82]

《世界经济导报》创办初期以经济报道为主，专门报道经济信息，评述世界经济形势，普及世界经济知识，介绍国外经济发展和经营管理经验，交流国内外有关世界经济研究的动态。不久，随着形势的发展，该报从1983年下半年开始，扩大报道范围，增加了非经济方面的内容，也报道与经济有关的政治、文化等其他方面的一些内容。总体来看，《世界经济导报》创刊初期在传播经济信息、拓宽人们视野方面作过一些有益工作，在编排、文风、标题制作等方面有一定的特色和创新。诚如上海市委负责同志在“导报事件”发生后，仍对《世界经济导报》作了实事求是、客观、公正的评价云：“《世界经济导报》是一份在国内外都有一定影响的报纸，曾在改革开放方面发表过不少好文章，《世界经济导报》的许多同志为办好这份报纸做了许多努力。”[83]但从1986年后，该报在报道中出现了偏差，到1989年春夏之交又出现了重大失误。1989年4月15日，胡耀邦逝世。4月17日出版的《世界经济导报》（第438期）头版首载《胡耀邦逝世》消息云：“本报北京4月15日急电，中共中央政治局委员、前中共中央总书记胡耀邦同志4月15日早晨7时40分在北京不幸逝世。”胡耀邦逝世后，广大人民群众以各种形式表达自己的哀思。同时，在悼念活动开展期间，少数别有用心的人借机煽动、攻击党和国家领导人，利用大、小字报，反对共产党的领导和社会主义制度。北京和其他一些城市出现了较大规模的学潮。4月19日晚，在北京发生了300多名学生冲击中南海的事件。同一天（4月19日）起，按捺不住“激动心情”的《世界经济导报》也开始卷入组织报道学潮及煽动学潮的活动。

当天，《世界经济导报》与由戈杨主编的《新观察》杂志在京联合举行悼念胡耀邦同志的座谈会。被邀请参加会议的主要有苏绍智、严家其、戴晴等人，他们在座谈会上发表了大量过激、偏颇的言论。座谈会一结束，《世界经济导报》记者们马上把发言摘要整理出来，拟在4月24日出版的该报第439期上组织专辑发表。旋即，第439期编好。《世界经济导报》负责人一边将第439期交上海市委宣传部审定，一边将编好的报纸交付印刷厂印刷。市委宣传部负责同志审读后认为："该报定于4月24日出版的一期报纸上，用好几个版的篇幅报道悼念胡耀邦同志逝世的座谈会内容中，有些如公开发表，对稳定当前局势十分不利，将会造成思想混乱，影响安定团结。"[84]因此，上海市委负责人要求该报主编钦本立将拟于4月24日出版的报纸重新编辑后再印发。但钦本立在拖延3天后，才给市委写了一份《紧急报告》，仍然坚持发行原已印好的那张报纸。后在市委的施压下，已印好的第439期《世界经济导报》才未得发行，但还是有300多份已流向社会，包括上海及全国各地。笔者目前看到的第439期，也即是这300多份中的一份。4月26日，上海市委书记江泽民同志在上海市党员干部万人大会上宣布："鉴于《世界经济导报》总编辑钦本立同志严重违反纪律，中共上海市委决定，停止他的《世界经济导报》总编辑、党组成员的职务，并向该报派驻整顿领导小组。"4月27日，上海《解放日报》和《文汇报》均在当天头版显著位置刊登《市委决定整顿〈世界经济导报〉》的消息，然后由新华社转发。《人民日报》于4月28日头版载"新华社上海4月27日电"《上海市委决定整顿世界经济导报》，一些全国性报纸亦相继在头版显著位置转载了这条重要消息。[85]

拟于1989年4月24日发行的《世界经济导报》（总第439期）的主要版面内容如下：头版头条在通栏大标题《追思胡耀邦10年来开拓中国改革大业的非凡胆略与毅力（引题）　人民的悼念蕴藏着巨大的改革动力（主题）》之下，刊登该报与《新观察》杂志4月19日在京联合举行的"耀邦同志活在我们心中"座谈会的长篇纪要《坚持改革开放　推进民主建设》。当天该报第二版整版刊登胡耀邦家庭灵堂吊唁活动纪实等消息，第三版载钱辛波《舆论监督是新闻的职责　不是恩赐》、陈退之《要引导舆论，首先要开放和活跃舆论》两篇文章。

5月1日，《世界经济导报》出至第440期。该期头版以通栏大标题刊登作者沈培均的文章《我们需要一个自由地讲真话的环境！》（下转第三版一整版篇幅），当天第六版还全版刊登《纪念"五四""民主、科学、现代化"座谈会暨〈球籍〉首次发行仪式上发言摘要（一）》。

1989年5月8日，《世界经济导报》出至第441期，同往常一样，仍出4开4张16版。当天整个报纸的编排及版面内容极具煽动性，议题涉及新闻自由、报纸民营、新闻法的制定、公开性、透明度等一系列敏感问题。如当天头版头条刊登消息《赵紫阳同志归来充满信心接连讲话论时局（引题）　公开化透明度将在更高层次步步推开（主题）》，接载消息《北京"五四"游行出现记者队伍》。报道云："中国的新闻史终于在'五四'运动70周年的时候写下了新的一页。首都几百名新闻记者和编辑5月4日下午为了能讲真话自发扯起横幅走上了街头，这是自1949年以来中国内地新闻界从未有过的举动。""更使人为之一震的是第二天的《人民日报》、《中国青年报》和一些城市的电视台的新闻联播节目分别报道了由北京40多家新闻单位的年轻新闻工作者参加的这次游行。""'捍卫新闻真实性！''重大事情要让人民知道！''新闻公开，增加透明度！''新闻封锁不利于稳定！''我们有嘴说不出我们想说的话，我们有笔写不出我们想写的东西。''不要逼我们造谣！逼我们也不造谣！'‘加强新闻监督　推进政治改革！'‘我们要说真话！'……当这支格外引人注目的队伍出现在长安街时，在大学生们和一旁的行人中响起了阵阵掌声和欢呼声，也有不少人流下了激动的眼泪……”

第441期第三版整版刊登胡绩伟《没有新闻自由就没有真实的安定》的文章，强调没有新闻自由就没有安定团结，认为新闻自由只要不违法就可以了。在这个限度内，什么文章都可以登，什么意见都可以发表。第四版刊登陈力丹《为什么回避民营报纸问题?》，主张准许创办民营报纸。文前提要云："我党最早进行的社会主义改造是对意识形态部门的改造。1953年初，民营报纸全部消失了。反右斗争中，主张创办民营报纸的观点成为最典型的右派言论。反右以后，所有非党的社团报纸消失了。由党包揽一切报纸，把报纸的主要功能看作阶级斗争工具。1957年以来的20多年，意识形态的作用更被神化，阶级斗争的弦绷得更紧，即使内心想到民营报纸都可算是一种罪过。现在社会前进了，可以先办几家民办报纸试试。新闻法也可以采取一些灵活的表述手法，实践发展了，新闻法可以修订。”文末刊登一幅首都新闻单位工作人员打着横幅游行的照片，横幅上标明“首都新闻界：我们想说真话，别逼我们造谣!”第十三版“专题”版整篇刊登“纪念‘五四’‘民主、科学、现代化’座谈会”上《新观察》杂志社戈扬等三人的发言。发言提要云：“实行民主的条件是：公民有充分的言论、出版、新闻自由；严格实行法治；实行权力制衡；严禁军队干预政治。”第十五版“副刊”版首载翻译的苏联“持不同政见者”索尔仁尼琴的文章《莫要靠谎言过日子!》。

1989年5月8日出版第441期后，《世界经济导报》停刊。

钦本立小传：钦本立（1918—1991），笔名林沧白、里甫，浙江长兴泗安人。1941年至1945年在重庆朝阳大学学习，1944年8月起在《成都晚报》、重庆《商务日报》担任记者。1946年为筹建上海《商务日报》而到了上海，先后在上海《文汇报》、《经济周报》、《工商天地》担任记者、编辑，一度兼任香港《文汇报》驻上海记者站记者，并为上海《时与文》、《展望》、《时代日报》等报刊撰稿。1949年5月上海解放后，在《解放日报》任记者、经济组组长，后调任《新闻日报》采访部主任。1953年调北京，任《人民日报》财经组、国际部美洲组组长。1957年调回上海，任《文汇报》副总编辑、党组书记。1958年因《文汇报》在1957年夏季的所谓“右倾”错误而受处分，调市委任理论杂志《解放》编辑、市委政策研究室研究员、华东局内刊编辑部编辑。1978年12月调入上海社会科学院，先后任院党委委员，世界经济研究所党委书记、副所长，《社会科学》杂志主编。1980年6月，在钱俊瑞的倡导下，钦本立主持创办了《世界经济导报》，任总编辑。1989年因“《世界经济导报》事件”受到党纪处分，被撤销总编辑职务。两年后，于1991年4月15日因患胃癌而病逝，终年73岁。著有《美帝经济侵华史》（世界知识出版社，1954年出版）等。

【《蛇口通讯》报的停刊】1989年5月19日，深圳地区的《蛇口通讯》报4个版面均刊登蛇口各界声援北京学生的消息。报眼刊登题为《蛇口人不再沉默了》的蛇口上万人游行的照片，第一版头条刊登题为《数万人自发游行，数千人踊跃捐款，数百人聚会沙龙（引题）　蛇口人与北京学生心心相连（主题）》的消息。报道称：“人们普遍认为，这次学生的行动，绝不是什么动乱，而是为加强中国政治体制改革进程，促进民主法制建设的一个壮举，必将在中国现代化的历史上留下光辉的篇章。到本报截稿时止，已募捐人民币10万余元，港币数千元。这笔捐款已由少儿基金会和本报派员专程送到北京，直接交到绝食学生代表王丹手里。”第一版中还刊载消息《深大全体党员急电中央呼吁召开中央全会》。第二版在通栏大标题《声援北京学生，推进民主政治》下以整版篇幅刊登《5月17日蛇口新闻沙龙纪要》，文中称：《人民日报》“4·26社论沿用了‘四人帮’时代打棍子、揪辫子的手法，给学生运动套上了‘动乱’的帽子，而且无中生有地讲动乱是一小撮人煽动起来的，可事实说明，这一百多万人决不是谁能煽动起来的。”文中还引用香港电视台报道的学生喊话：“小平你好，你好糊涂。”还有人提出：“为什么人民在‘四五’运动呼唤出来的领导人，人民现在要他退休?”第三版左上位置还发表了胡绩伟的文章《只有新闻自由才能长治久安》。[86]

《蛇口通讯》报创刊于1984年12月30日。1989年“六四风波”前后刊登了大量煽动性的报道。同年11月27日，该报因再次大量刊登鼓吹动乱、支持“学潮”的报道而被停刊。其后于1990年重组为《蛇口消息报》，并于1991年元旦正式创刊，至今仍在出版。

【《人民日报》在“六四风波”报道中的严重失误及深刻教训】《人民日报》在整个“六四风波”报道中，版面编排上有如下鲜明的特点：①运用“春秋笔法”和自相矛盾的版面编排，旁敲侧击、隐晦曲折地表达自己的观点和情绪，并以此来达到对抗中央的目的。“六四”前后的一段时间内，《人民日报》每天一方面刊登党中央的有关指示、文件，采取阳奉阴违的手法，虚与委蛇，应付中央；另一方面又连篇累牍地报道学生游行、示威、请愿、静坐、绝食的消息，对全国学潮产生了煽风点火、推波助澜、火上浇油的恶劣影响。②蓄意策划新闻，制造热点。或道听途说，捕风捉影，以传闻为新闻，或抓住一点，无限放大，见风就是雨，形成导向性错误。有时甚至乱传谣言，使党报成为谣言的集散地。③标榜“客观”、“公正”、“讲真话”，利用党报的权威性，变相为学潮提供舆论阵地。“对步步升级的游行、静坐、绝食等动乱事态，连篇累牍地加以片面的报道和夸大渲染；极少数‘动乱精英’们纷纷在新闻报道中公开亮相，严家其、包遵信、苏晓康等人的‘紧急呼吁’和《5·16声明》等都在有的报纸上公开发表。”[87]④在文风上语气偏激，缺乏理智；不冷静，不客观，不少文章剑拔弩张、感情冲动。

下面，让我们回顾一下《人民日报》关于“六四风波”的报道历程。

1989年4月15日胡耀邦同志逝世。4月16日，《人民日报》头版头条报道《胡耀邦同志逝世》消息。18日起，在第三版《国际新闻》专刊开辟《沉痛悼念胡耀邦同志》专栏，刊载各国元首及政府领导人的唁电。21日起，头版刊登新华社20日消息《数百人围聚新华门前制造事端》，报道4月19日“300名学生围聚在新华门前并冲击中南海”事件。从此，《人民日报》开始报道“学潮”。4月19日《人民日报》第一版还摘要刊载了新华社播出的评论《维护社会稳定是当前大局》。

4月22日，《人民日报》头版显著位置刊登该报记者孟晓云、王楚写的通讯《11亿中国人民为你送行——耀邦家庭灵堂吊唁活动纪实》，开始炒作民间悼念活动。

4月23日，《人民日报》头版以整版的篇幅报道由中共中央主办的、在人民大会堂中央大厅举行的胡耀邦追悼大会的现场实况。

4月26日，《人民日报》头版头条刊登社论《必须旗帜鲜明地反对动乱》，这篇社论反映了中共中央政治局常委多数同志和邓小平同志的意见，是完全正确的。之后，《人民日报》本应当连续报道上述社论中体现的精神，揭露极少数别有用心的人的阴谋，教育和争取受蒙蔽、受操纵的群众，但《人民日报》并没有这样做。实际上，《人民日报》的许多人是不同意这篇社论的精神的，他们甚至参加了游行活动。他们在游行时喊的口号就说“4·26社论不是我们写的”。此后，随着动乱的不断升级，《人民日报》的错误越来越严重。

4月28日，《人民日报》头版刊登新华社发的消息《北京高校学生上街游行》，开始正式、大规模地报道“学潮”。

4月29日，《人民日报》头版头条刊登社论《维护大局　维护稳定》。

5月3日起，《人民日报》开始连篇累牍地报道学生游行、静坐、绝食的消息，起到了煽风点火、推波助澜的作用，很快就使动乱由北京波及全国。当天，《人民日报》头版刊登新华社电讯《上海高校学生上街游行》、《首都数十大学生递交请愿书》。

5月15日，苏联最高苏维埃主席团主席、苏共中央总书记戈尔巴乔夫首次访华。闹事者企图利用这一机会，进一步促使“学潮”升级，进一步激化矛盾，造成国际影响。当天，《人民日报》头版刊载新华社电讯，报道“首都高校学生仍在（天安门广场）绝食请愿”的消息。

5月16日起，《人民日报》开始刊登该报自己采写的“学潮”新闻。当天《人民日报》头版头条刊登该报记者采写的消息《首都一部分高校学生继续绝食　知识界人士到天安门广场声援》，报道“首都部分高校学生在天安门广场绝食请愿　昨天进入第三天”。“严家其、包遵信、柯云路、王鲁湘等走在游行队伍前面”，声援学生。5月17日，头版仍是刊登该报记者采写的消息《首都高校学生绝食进入第四天》。5月18日，头版头条以竖排大字标题刊登《首都各界百余万人游行、声援绝食请愿的大学生（主题）强烈要求立即对话救人救国（副题）》的文章。同时刊登“新闻特写”《救救学生、救救孩子——天安门广场绝食学生实况录》，进行煽情性报道。

5月19日，《人民日报》头版头条刊登“本报讯”《首都学生绝食请愿进入第六天，各界百余万人昨继续上街游行》，同时刊登新华社电讯《赵紫阳、李鹏等到医院看望绝食病倒学生》。5月20日，《人民日报》头版显著位置刊登该报自己采写的消息《赵紫阳、李鹏昨晨到天安门广场看望绝食请愿的部分高校学生》，消息中报道赵紫阳一段“著名”的讲话云：“赵紫阳恳切地说，你们还年轻，来日方长，你们应该健康地活着，看到我们中国实现‘四化’的那一天。你们不像我们，我们已经老了，无所谓了。……”同版还刊登了“在天安门广场绝食请愿七天的部分高校学生今天晚上宣布停止绝食”的消息。

5月21日，《人民日报》一方面在头版头条刊登由李鹏总理签署的国务院在“北京部分地区实行戒严”的命令（“戒严令”）。另一方面从当天起，在头版用方框围起、以《北京戒严第×天》为题，逐日连续报道戒严情况。如从5月21日刊登《北京戒严第一天》，直至5月30日刊登《北京戒严第十天》，共计10篇新闻特写，故意制造“热点”新闻，吸引读者的注意力。此后，《人民日报》又刊出几篇产生了恶劣影响的特写，如5月31日刊登的《5月30日：天安门广场即景》、6月2日刊登的《“六一”：天安门广场一瞥》、6月4日刊登的《北京这一夜》，等等。这13篇特写式的短讯每篇篇幅极短，均在200字左右；用粗重的黑体字作标题，并围以方框，以示重要。经过这些强势版面编排的处理，格外醒目地吸引着读者的注意力。

从6月2日到6月4日这三天时间里，《人民日报》打着“客观报道”、“平衡报道”的幌子，故意采用“自相矛盾”的版面编排方法，刊登了好几篇影响极坏的文章。如6月2日，《人民日报》头版既刊登《神圣的天安门广场不容亵渎》一文，强烈批评5月30

日晚一些人在天安门广场擅自放置“民主之神”雕像的荒唐行为，但同时又刊登《“六一”：天安门广场一瞥》这样的特写，歌颂占据天安门广场静坐、请愿、绝食的所谓“大哥哥大姐姐们”与到天安门广场举行“庆六一”仪式的少先队员及小朋友们共庆“六一”节的联欢场面。言外之意是天安门广场秩序井然，绝食、静坐示威的学生们都非常理智，以此来否定戒严的必要性。而当时现场真实的情况到底如何呢?《北京日报》作了比较客观、真实、全面的报道。同是“六一”节报道，《北京日报》坚持了正确的舆论导向。5月29日，《北京日报》头版就刊载丰台五中初一年级全体同学给天安门广场“大哥哥大姐姐们、叔叔阿姨们”的一封公开信《“六一”就要到了，请大哥哥大姐姐给我们让出天安门广场吧!》。6月3日，《北京日报》先在当天头版头条刊登《认清动乱的实质和戒严的必要性》的重要文章，接着刊登许多单位、职工给北京市委、市政府及北京日报社的来信摘要《“还我天安门广场!”》。该报道云：“本报讯　近几天，许多单位、职工给市委、市政府和本报来信，对天安门广场被糟蹋得不成样子感到痛心。他们大声疾呼：‘还我庄严的天安门广场!’希望市政府尽快采取措施，彻底清理天安门广场。”“市城市建设开发总公司在来信中说：‘四十年来，天安门广场一直是新中国的象征，是中国人民的骄傲，也是各国朋友向往的庄严场所。但近来，这里被弄得噪音四起、垃圾成堆。对此，每一个正直的中国人都感到非常痛心。前几天，又有人在天安门广场搭设了一个什么“女神”像。把这样一个不伦不类、半土半洋的“女神”强加于全国人民。’他们在信中疾呼：‘天安门广场不是少数人的广场，而是全国人民的广场。’‘还我天安门广场!’”该消息还报道：“昨天下午3时40分，数百名大学生来到本报门前，呼喊辱骂性口号，烧了一些自己带来的《北京日报》。在2时50分左右，有十几名外国及香港记者提前到达，上房上墙，架设了摄影器材。”

到了6月4日，《人民日报》将这种故意的“自相矛盾”的编排手法运用到了极致。当天头版即在头条位置刊登《戒严部队指挥部紧急通告》、转载《解放军报》6月4日社论《坚决拥护党中央决策　坚决镇压反革命暴乱》和极其尖锐、严厉地批评《人民日报》的文章《孙巨同志的一封信》，同时在头版显著位置刊登用花边围起、以黑体字排版的《北京这一夜》的醒目短讯。《孙巨同志的一封信》云：“我们是一批普通共产党员。看了今天（6月3日）《人民日报》头版上花边新闻《“六一”天安门广场一瞥》十分气愤!”“‘一瞥’与《人民日报》的‘戒严第×日’同出一辙，前后呼应；在‘第×日’被迫停止后再现其阴魂。这又是一篇用‘春秋笔法’颠倒黑白、混淆是非，顽固站在中央决策对立面，继续给动乱制造者们撑腰打气，给北京市人民政府戒严令抹黑的恶毒文字。”而《北京这一夜》则云：“本报6月4日凌晨5时讯：《解放军报》6月4日社论说：‘自6月3日凌晨开始，首都发生了严重的反革命暴乱。’”“3日22时左右，军事博物馆一带响起枪声，戒严部队进城。”“从午夜到凌晨，友谊医院、阜外医院、北京市急救中心、铁路医院、复兴医院、协和医院和广安门医院等不断给本报来电话告知收治人员的伤亡情况。”“到截稿时止，戒严部队已突进到天安门广场。”

《北京这一夜》与孙巨来信刊登在同一版，这无疑抵消了孙巨来信的正面影响，而且在当时产生了极其恶劣的负面影响。《北京这一夜》以各医院“不断给本报来电话”的形式，含沙射影、直言不讳地告诉人们：解放军是开着枪打进北京城的，且一直“突进”到天安门；天门广场死了“好多好多”的人。这就给敌对传媒肆意造谣说解放军“屠城”、“血洗天安门广场”作了印证。

在“六四风波”中，《人民日报》不仅在报道中犯了严重错误，该社职工中还有不少人直接参加了上街游行的活动。据统计，在人民日报社部分职工的8次上街游行中，有570人参加了游行。[88]

“六四风波”前后，《人民日报》的总负责人是钱李仁（1985年12月起接替秦川任人民日报社社长，直至1989年6月止）和谭文瑞（1986年6月起接替李庄任《人民日报》总编辑，直至1989年6月止）。“六四风波”中，钱、谭从6月初起借故“因病休假”，主持编委工作的是副总编辑陆超祺等。中共十三届四中全会后，《人民日报》改组，钱、谭“退休”，陆超祺被停职。中央党校常务副校长高狄调任人民日报社社长，《解放军报》总编辑邵华泽调任《人民日报》总编辑。

【深刻的教训和反思】1989年“六四风波”后，针对新闻界存在的一些问题，中宣部于1989年7月中旬召开了“全国宣传部长会议”，1989年11月下旬又举办了“新闻工作研讨班”。

江泽民同志于1989年11月28日在中宣部举办的“新闻工作研讨班”上发表了《关于党的新闻工作的几个问题》的重要讲话。该讲话根据邓小平同志在当年6月9日讲话中，“要求我们‘很冷静地考虑一下过去，也考虑一下未来’”、“要认真总结经验，对的要继续坚持，失误的要纠正，不足的要加点劲”的指示精神，对党的新闻工作中的几个基本问题作了重申，包括党的新闻工作的地位和作用问题、党的新闻工作的基本方针问题、党性原则问题、“新闻自由”问题及“透明度”问题、新闻的真实性问题、党对新闻工作的领导问题，等等。其核心观点是：①舆论导向非常重要；②稳定压倒一切。

在“新闻工作研讨班”上，李瑞环同志在11月25日作了《坚持正面宣传为主的方针》的讲话。该讲话涉及社会主义新闻传播业中一系列重大问题，主要观点有：

（一）第一次正式提出新闻宣传工作的“舆论导向”问题

讲话指出：“新闻舆论工作对人们的思想和行动具有迅速、广泛而深刻的导向作用。”“特别是在今天，随着科学技术的进步、人民群众物质生活条件的改善和文化水平的提高，看电视，听广播，读报纸已经成为人们日常生活的重要组成部分。新闻舆论随时随地都在影响着人们的思想和行动。一条新闻可以启迪人民奋发进取，也可能混淆视听，涣散人心。还必须看到，随着改革开放的深入，国外境外的大批记者进行采访，国外境外的各种声音也通过种种渠道迅速地传递进来，其中有许多新闻报道，或由于作者的政治偏见，或是有意造谣歪曲，往往造成错误的舆论影响。利用舆论蛊惑人心，进行颠覆煽动，已成为敌对势力实行‘和平演变’战略的一个重要手段。因此，正确发挥新闻舆论在当代社会生活中的导向作用，既是正确引导人民群众的需要，也是反对敌对势力反动宣传的需要。对此我们必须有新的足够的认识。”讲话还指出：“新闻引导社会舆论要注意防止片面性。新闻宣传提倡什么、反对什么，旗帜要鲜明；在具体掌握上要防止‘刮风’。当我们宣传某项工作时，要讲清具体情况、政策界限；当我们表扬先进人物、先进经验时，要讲清不同的条件，留有余地；当提倡某种做法、形式时，不要贬低另一种可行的做法、形式；在强调宣传这一面时，对允许存在的另一面也要作适当报道；当社会舆论过分集中在某些‘热点’问题时，要注意适当分流。解决好这个问题，要靠记者有高度的责任心和政治敏感，更要靠总编辑掌握全局，统筹安排。新闻宣传领导机关也要从宏观上及时加以指导。”

（二）第一次正式提出“坚持正面宣传为主的方针”

讲话认为：“是否正确地、全面地理解和执行以正面宣传为主的方针，直接关系到舆论作用的发挥，也关系到社会主义新闻事业的成败。”讲话指出：“我们所说的‘正面’，所说的‘为主’，就是要着力去宣传报道，鼓舞和启迪人们发展社会生产力的东西，鼓舞和启迪人们坚持四项基本原则、坚持改革开放的东西，鼓舞和启迪人们加强社会主义民主和法制建设的东西，鼓舞和启迪人们推进社会主义精神文明建设的东西，鼓舞和启迪人们热爱伟大祖国和弘扬民族文化的东西，鼓舞和启迪人们维护国家统一和民族团结的东西，鼓舞和启迪人们为推动世界和平与发展而斗争的东西。总之，一切鼓舞和启迪人们为国家的富强、人民的幸福和社会的进步而奋斗的新闻舆论，都是我们所说的正面，都应当加以报道。”与此同时，“坚持正面宣传为主的方针，理直气壮地宣传人民群众创造历史、改造社会、建设新生活的英雄壮举，宣传社会主义中国不断前进的历史事实”。“用人民群众自己创造的英雄业绩来教育人民，实质上也是我们党实现领导的一种重要方式。”

关于如何正确处理“正面宣传为主”与“批评报道”的关系，讲话还指出：

报纸、通讯社、广播、电视有没有严肃认真的批评，关系到新闻机构的形象和新闻宣传的效果。新闻报道经常有一点严肃认真的批评，提倡什么，反对什么，态度鲜明，就显得有生气，有战斗性。群众的愿望、意见、要求得到了反映，心情就舒畅，积极性就高涨。群众的情绪能够通过正当渠道得到疏解，就不至于来个“总爆发”，也有助于整个社会的稳定。反之，如果没有一点批评，新闻报道就会显得沉闷、呆板，缺乏生气，缺乏战斗性。这里的关键在于正确处理好正面宣传与批评报道的关系，处理好歌颂与揭露的关系。新闻既要讴歌伟大的成就，也要对存在的问题展开批评；既要赞颂时代的壮举，也要对消极丑恶现象进行揭露。当然，正面宣传必须占主导地位，批评与揭露性的报道只能占次要位置，并且要十分注意把握分寸。批评的东西太多、太集中，连篇连牍，效果肯定不好。我们的批评报道，不是为批评而批评，不是为了展示和渲染落后现象，而是为了改进工作，解决问题，增强人们前进的信心。批评报道要有下文，有实际效果，以充分显示党和人民克服消极现象的决心和力量，从而进一步团结、鼓舞和激励人民，为实现建设有中国特色的社会主义宏伟目标努力奋斗。无论是表扬还是批评，最后都要给人以力量，给人以信心，给人以勇气，给人以希望。对消极的东西如果处理得当，也可以起到积极的作用。这就是我们追求的目的。

（三）重申“正确实行舆论监督”

讲话指出：“坚持正面宣传为主的方针与正确地实行舆论监督是一致的。新闻舆论的监督，实质上是人民的监督，是人民群众通过新闻工具对党和政府的工作及其工作人员进行的监督，不应仅仅看成是新闻工作者个人或者是新闻单位的监督。舆论监督包含批评报道，但不是简单地等同于批评报道，它在我国已成为人民群众行使社会主义民主权利的一种有效形式。人民的利益和愿望、人民的意志和情绪、人民的意见和建议都是党和政府所必须时刻重视和考虑的内容，通过新闻报道把这些反映出来，形成舆论，也就是舆论监督。新闻舆论监督是通过新闻工作者的努力来实现的。”因此，“必须充分重视发挥新闻工作者在新闻舆论中的作用”。“搞资产阶级自由化的头面人物所鼓吹的新闻舆论监督，同我们所说的根本不同。他们要凌驾于党和政府之上，站在党和人民的对立面来进行所谓‘监督’，这种‘监督’往往是他们或他们的小集团对党和人民不满情绪的宣泄，甚至是对党和人民的进攻。人民群众根本不需要这样的‘监督’，而且坚决反对这种所谓‘监督’。”

（四）再次强调“切实增强新闻报道的时效性”问题

讲话云：“新闻姓新。要新就要讲时效。慢三拍，时过境迁，就没有新闻可言了。特别在当今社会，传播工具、通讯手段日益现代化，情况瞬息万变，我们又处在一个开放的条件下，信息四通八达，竞争日趋激烈。新闻的战斗性、吸引力如何，很大程度上取决于传递的速度。一些重大事情和突发事件，如果我们在报道上动作迟缓，往往陷于极大的被动，‘美国之音’在这次动乱和反革命暴乱中起了极其恶劣的作用，除了它大量造谣之外，一个重要原因就是它的报道快，利用了人们‘先入为主’的心理。我们要从增强新闻的战斗力、吸引力、竞争力的高度来认识时效性的问题，尽可能快地提供大量人们迫切需要了解的信息，先声夺人。这就要求我们眼观六路、耳听八方，洞察天下风云；同时又有争分夺秒的工作作风和精神状态。与此同时，也要注意掌握新闻报道的时机。快是相对概念，新并不是猎奇。讲求时效必须从维护国家、人民利益的需要出发，慎重考虑报道的时间、口径和效果，不能为快而快。”[89]

注　释

①引自邓小平：《坚持四项基本原则》（1979年3月30日），载《邓小平文选》（一九七五至一九八二年），人民出版社，1983年版，第144页。

②引自邓小平：《目前的形势和任务》（1980年1月16日），载《邓小平文选》（一九七五至一九八二年），人民出版社，1983年版，第205、213、214页。

③转引自刘黑枷：《应该转变的几个陈旧的新闻观念》，载中国新闻学会联合会秘书处编：《新闻学论文集》，人民日报出版社，1988年版，第94页。

④引文见杜导正：《在改革中闯出自己的路》，载杜导正：《非与是》，第357页。

⑤引自孙旭培、陈崇山、陶涵、谢国明、张西明等：《对党报改革问题的建议》，载《中国新闻年鉴》（1987年卷）第505页。

⑥引自孙旭培、陈崇山、陶涵、谢国明、张西明等：《对党报改革问题的建议》，载《中国新闻年鉴》（1987年卷）第506页。

⑦以上部分参阅孙旭培、陈崇山、陶涵、谢国明、张西明等：《对党报改革问题的建议》，载《中国新闻年鉴》（1987年卷）第503页。

⑧穆青：《文字、摄影两翼齐飞》（1986年2月26日在新华社摄影工作会议上的讲话》）载《穆青论新闻》，新华出版社，2003年版，第270页。

⑨参阅蒋齐生：《更新观念　改革领导体制　加快新闻摄影改革》，载中国新闻学会联合会秘书处编：《新闻学论文集》，人民日报出版社，1988年版，第359页。

⑩安岗：《研究我们的读者》，原载《新闻战线》1981年第8期，后转载于《中国新闻年鉴》（1982

年卷）第173页；安岗《新闻事业的春天》系新中国成立以来出版的第一部《中国新闻年鉴》（1982年卷）的序文。

⑪详见《中国新闻年鉴》（1982年卷）第500页。

⑫⑬引自冯健：《形势呼唤新闻改革》（1987年12月），载冯健：《管窥集——冯健时评选》，新华出版社，1992年版，第238、243页。

⑭⑮⑯引自王忠人：《两位总编把反映群众呼声视为天职——杨西光、杜导正与〈光明日报〉读者来信》，载《炎黄春秋》2007年第2期第49页。

⑰详见《中国新闻年鉴》（1982年卷）第509页。《钱被风刮跑以后》一文又见《梁衡文集》（第5卷）第68页。

⑱参阅朱世龙：《假新闻照片的第一次公开曝光》，载《新闻研究资料》（总第46辑）中国社会科学出版社，1989年版，第19页。

⑲参阅《不倦的探索者——记〈光明日报〉中年女记者樊云芳》，载《中国记者》1987年第1期第33页；樊云芳：《〈追求〉——栾茀报道始末》，载《传媒》2001年第5期。

⑳参阅郭梅尼：《挥笔写人生——郭梅尼人物通讯选》，人民文学出版社，2003年版。

㉑参阅肖玉华：《蒋筑英的发现和报道》，载《新闻记者》2004年第5期；白英权：《关于蒋筑英报道的当初与今天》，载《新闻记者》2009年2月号。

㉒宋熙文：《“一石”之劳——我是怎样发现和认识张海迪这个人物的》，载《新闻业务》1983年第五期第31页。

㉓邓志平、彭洁、葛康同：《邓稼先》，贵州人民出版社，2004年版，第111页。

㉔以上引文俱见肖华：《让典型成为“四化”建设中的向导》，载1983年5月16日《人民日报》第三版。

㉕中共中央文献研究室编：《十三大以来重要文献选编》（上），人民出版社，1991年版，第43、44页。

㉖引自《解放军报》编者述评：《正确对待群众在报纸上的批评》，载1978年11月10日《人民日报》头版显著位置。

㉗1978年4月6日，中共广东省委四届一次会议选举韦国清为省委第一书记、习仲勋为第二书记。1978年12月11日，中央决定韦国清不再兼任省委、省革委会职务，习仲勋任省委第一书记、省革委会主任，杨尚昆任第二书记、省革委会副主任。1980年11月，中共中央调习仲勋、杨尚昆到中央工作，调任仲夷担任广东省委第一书记，梁灵光任省委书记。

㉘引自范以锦：《舆论监督的风雨苍黄》，载《财经》（双周刊）2008年7月7日总第215期第151页。

㉙参阅《“渤海二号”事件报道的意义在哪里——人民日报工商部负责人答本刊记者问》，载《新闻战线》1980年第10期，第8页。

㉚参阅《工人日报》“渤海二号”事故报道组：《要有向群众讲真话的勇气》，载《新闻战线》1980年第10期第10页。

㉛《蛇口通讯》报创刊于1984年12月30日，是一份4开4版的小型报，送广州印刷，属不定期出版的月刊。1985年11月改为半月刊，逢每月15日和25日出版。1987年1月起改为周刊，逢周一出版。1987年9月24日起启用全国统一刊号“CN44—0029”。1988年1月，《蛇口通讯》改为对开4版大报出版。在1989年“六四风波”前的5月19日，《蛇口通讯》用整整四个版的篇幅报道北京“学潮”，煽动蛇口各界声援北京学生运动。直至1989年11月27日，该报因支持“学潮”而被关闭。其后，该报于1990年重组为《蛇口消息报》，于1991年元旦正式创刊，后一直出版发行。参阅鲍灿：《北京风波中部分报纸版面大事记》（上），载《新闻研究资料》（总第50辑），中国社会科学出版社，1990年版，第71页。

㉜引自胡绩伟：《经济改革需要新闻改革——评1985年度全国好新闻评选结果》，载《中国新闻年

鉴》（1987年卷）第309页。

㉝详见童兵：《新闻批评和政治民主——对“党报不得批评同级党委”规定的反思》，载首都新闻学会秘书处编：《新闻学论文集》（1987年），人民日报出版社，1988年版，第55页。

㉞《中宣部关于党报不得批评同级党委问题给广西省委宣传部的复示》（1953年3月），载《中国共产党新闻工作文件汇编》（中），新华出版社，1980年版。

㉟参见杨兆麟：《双城堡归来》，载杨兆麟《寒暑四十的追求——关于广播学的探讨》，中国国际广播出版社，1991年版，第99页。

㊱以上参阅《吉林日报》编辑部：《报纸开展批评的一次成功尝试——〈一桩十年扯皮案〉报道始末》，载《新闻业务》1984年第11期第19页。

㊲以上地方广播电台开展批评报道三例俱见中国人民大学广播电视教研室编：《全国广播新闻优秀作品选评》，中国人民大学出版社，1989年版，第14、210、127页。

㊳梁建增：《〈焦点访谈〉红皮书》，文化艺术出版社，2002年版，第332页。

㊴吴培恭：《重视和开展深度报道》，载《新闻探讨与争鸣》1988年第3期。

㊵引自屈胜文、李润怀：《笔触伸向了改革洪流的“漩涡”》，载《我就是我——中年女记者樊云芳新闻作品选》，长江文艺出版社，1987年版，第223页。

㊶参阅《不倦的探索者——记〈光明日报〉中年女记者樊云芳》，载《中国记者》1987年第1期第33页。

㊷引自冯健：《调查研究永远不会过时》，载冯健：《管窥集——冯健时评选》，新华出版社，1992年版，第258页。

㊸㊹张锡纯、刘鸿基：《他为什么写长征——访美国著名老记者索尔兹伯里》，载《新闻业务》1986年第9期第11页。

㊺㊻引自［美］索尔兹伯里著：《长征：前所未闻的故事》“编后记”，过家鼎、程镇球、张援远译，解放军出版社，1994年版。

㊼［美］索尔兹伯里著：《天下风云一报人——索尔兹伯里采访回忆录》，中国对外翻译公司，1990年版，第254页。

㊽见［美］索尔兹伯里著：《长征：前所未闻的故事》，解放军出版社，1994年版。

㊾参考［美］索尔兹伯里著：《天下风云一报人——索尔兹伯里采访回忆录》，中国对外翻译公司，1990年版，第254页。

㊿51罗开富：《我的二万二千里采访》，载《新闻业务》1986年第1期，第31页。

52罗开富：《二万五千里长征路徒步采访的回顾》，载乔磊、苗家生、王辅捷：《记者之路》，辽宁大学出版社，1987年版，第299页；罗开富：《红军长征追踪》（上下册），经济日报出版社，2005年版。

53引自范荣康：《新闻评论学》，人民日报出版社，1988年版，第160页。

54参见范敬宜：《如果不是〈人民日报〉转载……》，载《新闻战线》1999年第10期；范敬宜：《到实际生活中去找答案——采写〈莫把“开头”当“过头”〉的一点体会》，载《新闻战线》1979年第3期。

55部分参考范敬宜《新闻工作者的社会责任》一文。

56成悦：《警钟重锤，震惊人心》。

57见《今日谈》介绍，载《中国新闻年鉴》（1982年卷）第527页。

58见《巴蜀小议》介绍，载《中国新闻年鉴》（1982年卷）第562页。

59参阅费洪智主编：《集思广益精粹》，中国人民大学出版社，1998年版。

60谢宏主编、于宁副主编：《人民论坛精粹》，中国人民大学出版社，1998年版，第10页。其中云：“《人民论坛》专栏创办于1985年2月3日，由《人民日报》评论部主办，最初叫《每周论坛》，每周末在第一版加框发一篇一千多字的个人署名评论”，“1989年2月22日起更名为《人民论坛》，改在四版发”。此记载不准确。《人民论坛》应为“1989年2月20日”在《人民日报》第二版创刊。

61以上参考于宁：《〈今日谈〉编辑札记》、《〈今日谈〉栏目简介》，二文载谢宏：《今日谈精粹》，中国人民大学出版社，1998年版，第7、17页。

62引自林放：《〈今日谈〉的魅力》（1985年4月），载《人民日报》评论部编：《今日谈》（第四集），人民日报出版社，1985年版，第1页。

63严秀：《宏扬林放　读者同心》，载1992年2月25日《新民晚报》第6版。

64见新民晚报社：《老社长永远活在我们心中——赵超构同志生平事略》，载1992年2月24日《新民晚报》第二版。

65见中共北京市委宣传部：《认清动乱的实质和戒严的必要性》，载1989年6月3日《人民日报》头版。

6667以上引自《人民日报》社论：《必须旗帜鲜明地反对动乱》，载1989年4月26日《人民日报》头版头条。

68引自胡绳主编：《中国共产党的七十年》，中共党史出版社，1991年版，第528页。

69据中共北京市委宣传部：《认清动乱的实质和戒严的必要性》，载1989年6月3日《人民日报》头版、第二版。

70邓小平：《在接见首都戒严部队军以上干部时的讲话》（1989年6月9日），载1989年6月28日《人民日报》，又载《邓小平文选》（第三卷），人民出版社，1993年版，第302页。

71引自1989年1月1日《人民日报》的元旦献词《同心同德，艰苦奋斗》。

72邓小平：《在接见首都戒严部队军以上干部时的讲话》（1989年6月9日），载1989年6月28日《人民日报》。又载《邓小平文选》（第三卷），人民出版社，1993年版，第304页。

73见《龙年的悲怆》，载《文汇月刊》1989年1月号。

74易家言：《〈河殇〉宣扬了什么?》，载1989年7月17日《人民日报》。

75朱育和等：《〈河殇〉与国情》“引言”，高等教育出版社，1991年版。

76详见易家言：《〈河殇〉宣扬了什么?》，载1989年7月17日《人民日报》。以上参阅华砚：《〈河殇〉批判》（附《河殇》脚本），文化艺术出版社，1989年版；《〈河殇〉宣扬了什么?》，中国广播电视出版社，1990年版；李凤祥：《〈河殇〉百谬》，中国文联出版公司，1990年版；朱育和、蔡乐乐、董群：《〈河殇〉与国情》，高等教育出版社，1991年版。

77“美国之音”广播电台（The Voice of America，简称VOA）于1942年2月24日正式开播，总部设在华盛顿。它是第一家由美国政府经营的对外宣传的官办广播电台，是美国政府为适应第二次世界大战的宣传战的需要而创办起来的。“二战”期间，“美国之音”成立之初接受美国中央情报局这类机构的资助。战后改换门庭，1953年8月，美国新闻署成立，“美国之音”遂归美国新闻署管辖，成为该署所属机构中最大和最重要的部门。参阅［苏］拉夫列涅夫撰：《美国之音》，上海潮锋出版社，1950年版；毕波：《美国之音透视》，青岛出版社，1991年版。

78以上引文引自［美］翁绍裘：《美国新闻媒体如此报道北京暴乱》（1989年6月14日于旧金山），载1989年7月1日《人民日报》第三版。

79引自《北京日报》评论员文章：《〈美国之音〉的不光彩行径》（一九八九年六月十二日），载1989年6月12日《北京日报》头版显著位置。

80［美］翁绍裘：《美国新闻媒体如此报道北京暴乱》，载1989年7月1日《人民日报》第三版。

81向前：《要警惕谣言害人害国》，载1992年7月6日《人民日报》第四版。

82据1989年2月27日《世界经济导报》（第三版），载《本报总编辑（钦本立）答〈美国之音〉记者问》一文。

83参见新华社“上海1989年4月27日消息”：《上海市委决定整顿〈世界经济导报〉》，载1989年4月28日《人民日报》头版。

84引自：《市委决定整顿〈世界经济导报〉》，载1989年4月27日《解放日报》头版。

⑧5以上部分参考余晓华：《〈世界经济导报〉被整顿真相》，载香港《信报财经月刊》1989年6月号（总第147期）第31页。

⑧6以上据鲍灿：《北京风波中部分报纸版面大事记》（上），载《新闻研究资料》（总第50辑），中国社会科学出版社，1990年版，第71页。

⑧7引自余自牧：《坚持新闻舆论的正确政治方向》，载1989年10月27日《人民日报》。

⑧8据高狄：《坚持党报的党性原则》（1989年11月15日在全国省、市、自治区党报总编辑新闻工作研讨会上的讲话），载《人民日报》海外版编：《论党的新闻工作》，人民日报出版社，1990年版，第54页。

⑧9江泽民：《关于党的新闻工作的几个问题——在新闻工作研讨班上的讲话提纲》（1989年11月28日），刊登在1990年3月2日《人民日报》；李瑞环：《坚持正面宣传为主的方针——在新闻工作研讨班上的讲话》（1989年11月25日），刊登在1990年3月3日《人民日报》。以上两文后又载《求是》1990年第5期（总第41期），《人民日报》海外版编：《论党的新闻工作》，人民日报出版社，1990年版。

第三章　新时期90年代深化改革中全面发展的新闻传播业（1990年1月—1999年12月）

概　论

1989年“六四风波”后，中国面临的国内外形势非常严峻：1990年春，以美国为首的一些西方国家对我国实行围堵和制裁，包括西方七国首脑会议决定制裁中国，并中断了与中国关于“入世”的谈判。与此同时，1989年11月9日晚，柏林墙被推倒；1989年12月25日圣诞节那一天，罗马尼亚总统齐奥塞斯库被杀害。以这两大事件为导火索，国际上不久又发生了东欧剧变、苏联解体等一系列重大事件，特别是1991年12月25日苏联解体，其15个加盟共和国分道扬镳。当时欧美一些反华势力弹冠相庆，他们想把下一个目标对准中国，认为下一个多米诺骨牌效应的对象就是中国。当时国际上发生的一系列重大事件，对中国产生了重大冲击。

面对当时急剧变化的国际形势，中国共产党和国家领导人的战略决策是：冷静观察，沉着应对；韬光养晦，稳定发展；抓住机遇，有所作为。面对西方的封锁、制裁，邓小平同志坚定地说：“中华人民共和国是打了二十二年仗才建立起来的，是在被封锁、制裁、孤立中成长起来的。经过四十年的发展，特别是经过最近十年的发展，我们的实力增强了，中国是垮不了的，而且还要更加发展起来。这是民族的要求，人民的要求，时代的要求。”①同时，邓小平还指出：“去年以来一些国家对中国实行制裁。我认为，第一，他们没有资格制裁中国；第二，实践证明中国有抵抗制裁的能力。中国经济发展虽然受了一些影响，但影响不大。事实上，制裁正在逐渐消失。中国的特点是成立四十年来大部分时间是在国际制裁之下发展起来的。我们别的本事没有，但抵抗制裁是够格的。所以我们并不着急，也不悲观，泰然处之。尽管东欧、苏联出了问题，尽管西方七国制裁我们，我们坚持一个方针：同苏联继续打交道，搞好关系；同美国继续打交道，搞好关系；同日本、欧洲国家也继续打交道，搞好关系。这一方针，一天都没有动摇过。中国度量是够大的，这点小风波吹不倒我们。”②

1990年12月25日至30日，中共十三届七中全会在北京举行。全会高度评价了党的十一届三中全会以来我国改革开放和社会主义现代化建设所取得的巨大成就，充分肯定十三届四中全会以来各项工作所取得的显著成绩。同时指出，1991年到2000年是我国社会主义现代化历史进程中非常关键的时期。在20世纪90年代要巩固和发展80年代所取得的成就，这直接关系到我国社会主义制度的兴衰成败，关系到中华民族的前途和命运。全会审议通过了《中共中央关于制定国民经济和社会发展10年规划和“八五”计划的建议》。该《建议》确定了今后10年和“八五”期间的奋斗目标、基本指导方针，确定了国民经济和社会发展的重点，确定了深化改革和扩大开放的部署、措施。这标志着我国社会主义现代化建设进入一个新的发展阶段。

20世纪90年代政治、经济改革的最大特点是社会主义市场经济体制的初步确立和不断完善。

1992年初，邓小平在南方谈话中明确指出：“要坚持党的十一届三中全会以来的路线、方针、政策，关键是坚持一个中心、两个基本点。不坚持社会主义，不改革开放，不发展经济，不改善人民生活，只能是死路一条。”“抓住时机，发展自己，关键是发展经济”；“计划多一点还是市场多一点，不是社会主义与资本主义的本质区别。计划经济不等于社会主义，资本主义也有计划；市场经济不等于资本主义，社会主义也有市场。计划和市场都是经济手段”[③]。邓小平的讲话从理论上冲破了多年来对市场经济的束缚，为中国建立社会主义市场经济体制奠定了理论基础。

1992年10月12日至18日，中共十四大召开。十四大报告明确指出：中国经济体制改革的目标是建立社会主义市场经济体制，以利于进一步解放和发展生产力。1993年11月14日，中共十四届三中全会正式作出了《中共中央关于建立社会主义市场经济体制若干问题的决定》，把中共十四大提出的建立社会主义市场经济体制的目标和原则具体化、系统化，勾画出新经济体制的基本框架，对有关的重大问题，都作出了明确的原则性规定，把社会主义市场经济理论和实践大大推进了一步。从此以后，我国社会主义市场经济蓬勃发展，改革开放进入一个新的阶段，改革再次掀起一个新的高潮。

20世纪90年代，随着社会主义市场经济体制的确立，我国工业化、城市化的步伐大大加快，这些都促进和推动了我国新闻传播业的大发展。1993年6月，中共中央、国务院发布的《关于加快发展第三产业的决定》明确将报刊经营管理归入第三产业的范围，从此确立了新闻传播业“行政事业单位，企业化管理”的基本定位。

20世纪90年代我国新闻传播业发展的最大特点是企业化、市场化及其与世界新闻传播业的接轨。具体来说，有如下几个鲜明的特点：

（一）由于工业化、城市化的快速发展，推动了都市报纸（包括晚报、周末报和都市报）的崛起。

（二）由于扩版潮，推动了“厚报时代”的来临。

（三）报业逐步走向市场化，竞争日趋激烈。长期以来，我国的报业，主要是党报形成了这样的办报模式：创办报纸须由国家有关部门严格审批、办报经费由政府财政拨款补贴、印刷物资按计划统一分配供给、发行由邮局代为包揽、订报费由单位公款支付，因此，在相当长的历史时期，党报处于“养尊处优”的环境中。进入20世纪90年代以后，由于国家对报业实行“断奶”政策，把报纸推向市场，让它在市场竞争中搏击风雨。从此，报纸自负盈亏，实行企业化经营管理，开始讲求成本核算及经济效益，原有的办报模式开始有了重大的改变。

（四）报业集团的组建。由于实行“企业化经营”，我国报业规模不断扩大，从1996年开始，各地党报纷纷成立报业集团。报业有了可观的经济效益。截至1999年，我国报纸总数达2 038种、印张总数达630亿份。1998年报纸广告营业额已达

115亿元（人民币）。1999年，我国有33家报纸广告收入超过亿元，其中广告收入最高的前10家报纸是：《广州日报》9.72亿元、《新民晚报》7.5亿元、《羊城晚报》6亿元、《深圳特区报》4.91亿元、《北京晚报》3.6亿元、《北京青年报》3.54亿元、《今晚报》3.2亿元、《扬子晚报》3.1亿元、《计算机世界》3亿元、《深圳商报》2.8亿元。

（五）从20世纪90年代开始，电视的传播影响力逐渐超过报纸，成为四大媒体（报纸、杂志、广播、电视）中影响力最大的媒体。在此期间，我国的广播电视业进行了自创立以来最有价值和具有重大意义的改革。截至1999年，除港澳台地区外，全国共有省辖市以上广播电台298座、电视台374座，县级广播电视台1 273座；有线电视台234座，电视发射和转播台39 991座、卫星地面站177 432座。全国拥有3亿台电视机，电视观众达10亿人以上，电视人口覆盖率提升到89%。④

截至1999年，我国广告总额为622.05亿元。其中，各类媒体的广告经营额如下：电视台156.15亿元，占总额的25.1%；报纸112.33亿元，占总额的18.06%；广播电台12.52亿元，占总额的2.01%；杂志8.92亿元，占总额的1.43%；有线广播0.54亿元，仅占总额的0.08%。⑤

第一节　20世纪90年代初媒体积极参与推动改革开放及经济体制改革的历史进程

20世纪90年代初，由于东欧剧变、苏联解体，一些理论家对中国的改革到底是社会主义改革还是资本主义改革提出了疑问。在他们看来，东欧剧变的直接导火索就是改革。因此，他们对中国的改革产生了怀疑，“左”的思想又开始抬头。此时中国改革开放的步伐有所放缓，经济发展的速度明显下降。针对以上状况，邓小平于1991年初春在上海发表了一系列谈话，提出了继续坚持改革开放和有关“市场经济”的新观点，以及对上海改革开放的新思路。⑥

当时，中共上海市委机关报《解放日报》根据邓小平讲话精神，先后发表了4篇署名“皇甫平”的评论，突破“僵滞”的“思维方式的束缚”，对新一轮的改革开放的深化作舆论上的宣传，从而造就了“上海崭新的改革开放舆论环境”。

1992年1月19日到23日，邓小平视察深圳。《深圳特区报》记者写的长篇通讯《东方风来满眼春》生动地报道了邓小平在深圳的活动及谈话。这篇通讯后来由新华社向全国转发，引起了全国人民的关注。《深圳特区报》还于2月下旬及3月上旬连续发表了总题为“猴年新春评论”的8篇编辑部文章，宣传邓小平南方谈话精神。这8篇评论的标题都是根据邓小平原话拟定的，既通俗易懂、生动形象，又深入浅出、深刻新颖。与此同时，《深圳商报》也发表了“敢闯八论”，同样引起了强烈反响。

1992年2月，“中国质量万里行”大型系列采访报道活动拉开序幕。首都近20家媒体从2月中旬开始采访报道，到5月下旬基本结束活动，历时100多天，途经7省20余市，对群众反映强烈的产品质量问题进行了一次大规模的采访报道，产生了重大影响。

一、"皇甫平"的"羊年新春四评"

1991年2月15日，即农历辛未年（羊年）正月初一，上海《解放日报》头版发表署名"皇甫平"的评论《做改革开放的"带头羊"》。文章开头便云："庚午马年去了，辛未羊年来了。亲爱的读者，当我们称颂'三羊开泰'之际，当我们互祝吉祥如意之时，您是否想到，我们正处在一个意味深长的历史交替点上。"文章接着回顾上一个羊年——1979年以来的伟大成就："12年春风秋雨，12年改革开放，今天，我们又步入了一个战略目标，基本解决了几千年来缠绕着亿万中国人民的温饱问题。抚今追昔，历史雄辩地证明，改革开放是强国富民的唯一道路，没有改革就没有中国人民的美好今天和更加美好的明天!""跨进辛未羊年，我们的改革步伐无疑要比前一个12年更快，我们的开放幅度无疑要比前一个12年更大!"文章最后写道："十年看头年。辛未羊年对于上海来说，应当是一个'改革年'。历史和现实已经反复证明，'何以解忧，唯有改革'"；"我们的各级干部，要以改革的姿态，振奋精神，敢冒风险，敢为天下先，走前人没有走过的路，做改革开放的'带头羊'。我们要在全党、全民中深入开展深化改革意识的再教育，普及社会主义商品经济观念和科学的政治民主观念，形成深化改革、扩大开放的新的全民意识，造就上海崭新的改革开放舆论环境!"这是一篇激情洋溢地宣传深化改革开放的宣言书。

紧接着，3月2日，《解放日报》又在当天头版发表"皇甫平"系列评论之二《改革开放要有新思路》。文章指出：20世纪90年代上海的中心工作是在"贯彻落实党的十三届七中全会精神，完成现代化建设战略目标的过程中，在振兴上海、开发浦东的宏伟事业中，思想解放要进入新境界，改革开放要开拓新思路，经济建设要开创新局面"。"其中最重要的是……要敢于冒一点风险，大胆利用外资进行国营大中型企业的技术改造；要紧紧环绕适应对外开放，提高城市综合功能的需要，调整改造传统工业，重点发展第三产业，努力把上海建成万商云集的商业中心，辐射全国的金融中心、信息化中心，等等。""同前10年相比，九十年代的改革开放将大大拓展和深化。以搞活经济而言，如果前10年我们较多的是发展多种经济成分，包括个体经济、私营经济、合资经济等，那么九十年代的改革则要把重点放到搞活作为社会主义经济脊梁的大中型国营企业上。要打好这一场难度更大、覆盖面更广、意义更为深远的'攻坚战'，没有新思路、新招数不行，简单地套用八十年代改革中的某些做法也不行"，"要敢于创新、敢于开拓，既不把书本上的个别论断当作束缚手脚的教条，也不把实践中已见成效的某些做法看成完美无缺的模式"，要"研究新情况，探索新思路……进一步解放思想"，"防止陷入某种新的思想僵滞"。

3月22日，"皇甫平"第三篇文章《扩大开放的意识要更强些》在当天头版见报。文章针对一些人的担心和顾虑指出："九十年代上海的开放要迈大步子，必须有一系列崭新的思路，敢于冒点风险，做前人没有做过的事，这对于我们的开放意识是一个严峻的考验。例如开发浦东，设立保税区，实行进入自由，免征出口税等带有自由港性质的特殊政策，对于这类被称为造就'社会主义香港'的尝试，如果我们仍然囿于'姓社还是姓资'的诘难，那就只能坐失良机。又如允许外国人在浦东设银行，并且在外滩建金融街，以振上海国际金融中心之雄风，对于这类敢为天下先的探索，如果我们还是陷在'新上海还是旧上海'的迷惘之中，那也只能趑趄不前，难成大事。"

4月12日，"皇甫平"第四篇文章，也是其系列评论的压轴之作《改革开放需要大批德才兼备的干部》又在当天头版刊登。文章指出："政治路线确定之后，干部就是决定的因素。""培养、发现和任用成千上万九十年代的中青年干部，必须毫不动摇地坚持德才兼备的原则和革命化、年轻化、知识化、专业化的方针。""要选好用好大批德才兼备的干部，首先要大胆"，"其次要广泛，要不拘一格用人才。战国时期的思想家荀子在《大略》中说过：'口能言之，身能行之，国宝也；口不能言，身能行之，国器也；口能言之，身不能行，国用也；口言善，身行恶，国妖也。治国者敬其宝，爱其器，任其用，除其妖。'荀子在这里提出的一条基本的治国之道，就是要最广泛地起用各种人才，同时防止坏人混入领导核心。这个思想值得我们各级党委和组织部门重视。敬其宝，爱其器，任其用，说的是各种各样的人才都要广为罗致和各用其长。这里的宝、器、用，乃是指人的才智、才干、才学、才气的不同表现和不同侧面。现在也有这种情况：有的同志'讷于言而敏于行'，虽不善言辞，却颇能实干，这种实干家我们要用。有的同志虽不善于'决胜于千里之外'，却能'运筹于帷幄之中'，善于思考，有见解，有点子，这种羽扇纶巾、出谋划策的智囊型人才我们也应当用。至于有的同志'兼资文武此全才'，既能雄辩滔滔，又能冲锋陷阵，那更是人才难得，求之不得。只有那些'口言善，身行恶'的'国妖'，两面派、骑墙派一类角色，才毫无疑问决不能让他们混进我们的干部队伍中来。"

"皇甫平"所写的四篇评论文章，眼光深邃，视野开阔，文笔犀利，分析透彻，敢于破除"新的思想僵滞"，冲破囿于姓"社"姓"资"的诘难，大胆提出继续深化改革开放、发展市场经济的一系列新举措；打破一段时间以来沉闷压抑的局面，歌颂改革、鼓动改革，吹响了掀起新一轮解放思想、改革开放大潮的号角，开启了中国第二次思想解放运动的进程。

实际上，"皇甫平"是当时上海《解放日报》党委书记兼副总编辑周瑞金等人的笔名。周是"皇甫平"系列评论的主要组织者。"皇甫平"笔名有两层含义：一是"黄浦江评论"的谐字，二是"奉人民之命，辅佐邓小平"。加上"皇甫"又是中国的一个复姓，人们看起来也比较自然。

关于"羊年新春四评"的写作背景，周瑞金回忆云：1989年我国发生"六四风波"。1989年，东欧发生剧变，柏林墙被推倒（1990年两德统一）。波兰老总统雅鲁泽尔斯基向民选总统、工人领导人瓦文萨交出权力。1989年年底最后一幕是罗马尼亚总统齐奥塞斯库被枪杀，罗马尼亚共产党政权垮台。不久，世界上第一个社会主义国家苏联也发生巨变：苏联共产党被强行解散、联盟解体。这时，国内有些人认为，苏东事件都是由"改革"引起的。"他们以为，改革开放必然会导致中国社会滑向资本主义，甚至认为和平演变的主要危险来自经济领域，认为改革开放就是在引进和发展资本主义。由此，他们对中国改革开放中的一系列重大问题提出了疑问和诘难，对每一项改革开放的措施都要'问一问是姓社还是姓资'。有'理论家'公然在报上提出：中国正在进行的改革是社会主义的改革，还是资本主义的改革？"因此，1990年初，中国共产党人面临着一个"向何处去"、中国改革之路还要不要走下去的现实课题。正是在这种环境下，1990年1月28日至2月18日，小平同志到上海过春节。与以前几次过春节不同，这一次他观察工厂、参观企业，在新锦江饭店旋转餐厅听取有关浦东开发的汇报，发表了一系列有关深化改革的讲话。他强调：改革开放还要讲，我们党还要讲几十年。光一个人讲还不够，我们党要讲话，要讲几十年。周瑞金感到邓小平一系列关于深化改革的讲话分量非常重，很有针对性。作为有权威性、有影响力的党报，要把邓小平的讲话精神广泛地传播开来，形成进一步深化改革的舆论氛围。“皇甫平”的“羊年新春四评”就是在这个大背景下产生的。

“皇甫平”文章发表后，曾引起激烈的争论。1991年5月间，已有不少报纸杂志集中火力批判“皇甫平”的文章。“北京一大报”还发表《筑起反和平演变的钢铁长城》的评论员文章，全国绝大多数报纸都转载了。当时上海市委非常开明，同意《解放日报》不转载这篇文章。⑦

周瑞金生平及业绩：著名政论家及新闻评论家，1939年10月生于浙江省平阳县。1957年考入复旦大学新闻系。1962年从复旦大学新闻系毕业后被分配到《解放日报》的群众来信组，一年之后进入该报评论部，历任评论员、评论部副主任、主任，《解放日报》副总编辑、党委书记。1991年以“皇甫平”的笔名主持撰写《改革开放要有新思路》等四篇评论文章，在海内外引起广泛的反响，同时也引发了一场关于改革问题的激烈交锋。系列评论的策划者周瑞金也因之受到连累，他出任香港《大公报》社长的安排随之被取消。直至邓小平南方谈话发表后，周瑞金才于1993年调任《人民日报》副总编辑；1996年起，兼任人民日报华东分社社长，直至2000年退休。2006年初，时年67岁的周瑞金再度“出山”，他又以“皇甫平”笔名在1月23日出版的《财经》杂志上发表《改革不可动摇》一文。该文在一片否定改革的声浪中发出坚持改革的呐喊：“近30年的改革开放实践，已经证明了一条颠扑不破的真理：只有社会主义才能救中国，只有改革才能救社会主义”；“坚持改革开放是人心所向，发展市场经济是大势所趋”。该文发表后，又一次引起强烈反响。旋被贴在2006年2月10日《人民日报》主办的“人民网”《强国论坛》栏目上，在网络上引起了轩然大波。有人统计，网上有关这篇文章的评论共46篇。其中，支持“皇甫平”文章的有4篇，占8.7%，反对的有42篇，占91.3%。

周瑞金曾有多篇作品获“全国好新闻”、“中国新闻奖”一等奖，主编及与人合作编著书籍多部，出版的代表性专著有《宁做痛苦的清醒者》（上海文化出版社，2003年出版）等。《宁做痛苦的清醒者》一书收入周瑞金从20世纪80年代以来发表的涉及政治、经济、文化和社会各领域的时评、政论、经济论文及散文共60篇，其中包括曾在全国舆论界、理论界掀起轩然大波的“皇甫平”系列评论文章。

二、“猴年新春八评”、“‘敢闯’八论”及《东方风来满眼春》的相继发表

1991年7月1日，江泽民总书记在庆祝中国共产党建立70周年大会上发表重要讲话，着重阐述了邓小平同志关于不要把计划经济和市场经济作为社会主义、资本主义的标志，要“建立适应社会主义有计划商品经济发展的、计划经济和市场调节相结合的经济体制和运行机制”的重要思想。1992年春，邓小平同志在退休（1989年11月）两年之后又“出山”了。当年1月18日至2月21日，他以88岁的高龄南巡，明确指出中国的改革就是要搞市场经济，基本路线要管一百年。他提出“三个有利于”的标准，解决了“姓资姓社”的困扰，并用“发展是硬道理”这样简明生动的词句激励全国人民把经济迅速搞上去。小平南方谈话为党的十四大的召开作了充分的理论思想准备。

1992年1月19日至23日，邓小平在深圳视察。8年前的1984年，这位中国改革开放事业的总设计师首次踏足深圳。当他亲眼看到短短几年就发生巨大变化的特区新貌后，便力排种种非议，充分肯定了深圳特区建设的成就，写下了“深圳的发展和经验证明，

我们建立经济特区的政策是正确的”这一重要的题词。8年后的1992年初，邓小平再次视察深圳，对深圳特区第一个十年建设成就表示关注和赞许，对进入第二个十年建设的深圳特区寄予殷切的期望。在深圳期间，邓小平发表了一系列高瞻远瞩的谈话，内容丰富深刻，分析问题精辟透彻。他明确提出改革就是要解放生产力，阐述了社会主义的衡量标准（“是否有利于发展社会主义社会的生产力，是否有利于增强社会主义国家的综合国力，是否有利于提高人民的生活水平”），肯定深圳“特区姓‘社’不姓‘资’”，要求深圳的经济建设要搞得更快一些；鼓励干部要敢闯，改革步子要迈得更快一些，改革开放的胆子要更大一些，强调“两手抓”（“一手抓改革开放，一手抓打击各种犯罪活动”），指出“中国要警惕右，但主要是防止‘左’”等重大问题。

1992年2月4日（壬申年大年初一），《解放日报》在头版显著位置率先发表题为《十一届三中全会以来的路线要讲一百年》的著名社论，这是全国新闻媒体中最早宣传邓小平南方谈话精神的文章。接着，中央和全国各地报纸纷纷发表自己的言论，宣传邓小平南方谈话精神。其中，《深圳特区报》和《深圳商报》刊登的系列评论文章及相关报道影响最大。

1992年2月下旬，《深圳特区报》刊登署名“本报编辑部”写的“猴年新春八评”，开始全面报道邓小平巡视深圳时谈话的精神，系统总结深圳改革开放十年来的经验。“八评”基本上每隔两天刊登一篇，每篇都刊载在当天的头版头条位置；标题套红，显得格外醒目、抢眼，很有气势。如：

①《扭住中心不放——猴年新春评论之一》（载《深圳特区报》1992年2月20日头版头条，标题套红）。文章指出：“1989年春夏之交的那场政治风波之后，国内外的一些舆论曾经担心，中国又要以阶级斗争为纲了。事实怎样呢？我们仍然以坦荡的胸怀向世界敞开大门，坚持改革开放的基本国策，一刻也没有放松经济建设这个中心。这个中心不能变，变了中国就会倒退，就会几亿人没饭吃，中国社会大乱也会影响世界的安宁。”

②《要搞快一点——猴年新春评论之二》（载《深圳特区报》1992年2月22日头版头条，标题套红）。文章一开头便云：“风云变幻，机遇与挑战并存。十多年改革开放，航道已经开通。形势的发展要求深圳要搞快一点，就是说改革开放的步伐要快一些，经济建设要上得快一些，经过若干年努力，带头造一个社会主义的‘香港’。”

③《要敢闯——猴年新春评论之三》（载《深圳特区报》1992年2月24日头版头条）。文章云：“深圳的改革开放事业获得了举世瞩目的成就。如果要问这里有什么经验？那就是：敢闯。”“敢闯，就是在改革开放的实践中，敢于闯不合时宜的政策法规的‘禁区’，敢于闯前人未曾涉足的‘盲区’，敢于闯矛盾错综复杂令人望而却步的‘难区’。最终，闯出有中国特色的社会主义。”

④《多干实事——猴年新春评论之四》（载《深圳特区报》1992年2月26日）。文章云：“一个实际行动胜过一打纲领。言行之间，行重于言。深圳发展这么快，有了这么多高楼大厦，不是靠讲话讲出来的，不是靠写文章写出来的，而是靠实干干出来的。”“空谈泛论、纸上谈兵的形式主义是为人民群众深恶痛绝的。”“有个故事说的是湖北神农架野猪为患。有人想了个办法，在电线杆上装高音喇叭，天天播放狮叫虎吼的录音，吓唬野猪。开始果然有效。后来野猪听多了，总不见狮虎的踪影，识破是假的，便把电线杆拱倒了。当地人说，讲空话、唱高调连野猪也骗不了，何况人呢？这个故事对于那些热衷于讲空话、唱高调的人，是多么辛辣的讽刺。”

⑤《两只手都要硬——猴年新春评论之五》(载《深圳特区报》1992年2月28日头版)。文章云:“走路要两条腿,抓工作要两只手。在推进改革开放的大业中,要一只手抓改革开放,一只手抓打击各种犯罪活动。两只手都要硬。”

⑥《共产党能消灭腐败——猴年新春评论之六》(载《深圳特区报》1992年3月2日头版头条)。文章指出:“篱笆扎得紧,野狗钻不进。反腐败要靠法制,法制靠得住些,能持久地坚持下去。”“法制健全了,腐败分子就陷入了灭顶之灾。”

⑦《稳定是个大前提——猴年新春评论之七》(载《深圳特区报》1992年3月4日)。文章云:“稳定是办好各项建设事业的一个大前提。”“我们提倡的稳定是政治稳定、社会稳定,不是经济工作中的四平八稳、平平静静、一潭死水。”

⑧《我们只能走社会主义道路——猴年新春评论之八》(载《深圳特区报》1992年3月6日)。文章最后云:“深圳在改革开放中,敢用他山之石,坚持社会主义,杀出了一条血路,取得了意想不到的成就。人民高兴,举世瞩目。今天,谁也不会因为深圳多了一些外资,搞了股市,就怀疑其社会主义性质。特区姓‘社’,不姓‘资’。”

紧接着,《深圳商报》也发表“‘敢闯’八论”:

①《为进一步解放思想鸣炮——一论敢闯》(载1992年3月12日《深圳商报》);

②《快马再加鞭——二论敢闯》(载1992年3月13日《深圳商报》);

③《防右更防“左”——三论敢闯》(载1992年3月16日《深圳商报》);

④《实事求是贵在“敢”——四论敢闯》(载1992年3月20日《深圳商报》);

⑤《敢用他山之石——五论敢闯》(载1992年3月24日《深圳商报》);

⑥《险处敢登攀——六论敢闯》(载1992年3月27日《深圳商报》);

⑦《胸怀大局才敢闯——七论敢闯》(载1992年3月31日《深圳商报》);

⑧《借鉴香港 互利共荣——八论敢闯》(载1992年4月3日《深圳商报》)。

1992年3月26日,《深圳特区报》头版头条、标题套红,刊登该报记者陈锡添采写的《东方风来满眼春——邓小平同志在深圳纪实》及邓小平同志视察深圳照片3幅。[⑧]《东方风来满眼春》这篇万言通讯,栩栩如生地记录和传播了邓小平同志在深圳的活动和谈话。作为邓小平视察深圳随行采访的唯一一位文字记者,陈锡添以敏锐的眼光和观察力,用生动的笔触,捕捉到一个个无比生动感人的细节,记录下一句句振聋发聩的谈话,描述出一幅幅鲜活的场景。文章甫发表便被全国各地报纸转载,顿时形成了一个大力宣传、贯彻邓小平南方谈话,加快改革开放步伐的生气蓬勃的舆论环境。

广州三大报中,最早转载《东方风来满眼春》的是《羊城晚报》。《羊城晚报》与《深圳特区报》同步在当天(1992年3月26日)头版右方显著位置登载《深圳特区报》记者陈锡添的《东方风来满眼春——邓小平同志在深圳纪实》(下转第二版)(第二版末附:“原载今天出版的《深圳特区报》,本报有删节”)。3月31日,《南方日报》、《广州日报》两家报纸同一天都在头版头条刊载新华社3月30日转发的这篇通讯。

外地报纸中,最早刊登这篇文章的是上海《文汇报》和北京的《中华工商时报》,两报都在3月28日对该文全文照登。3月30日,新华社转发全文。当天,《光明日报》、《北京日报》也是转载全文。3月31日,包括《人民日报》、《解放军报》、《中国青年报》在内的中国所有主要报纸上都刊登了这篇文章。随后,中共深圳市委宣传部将邓小平南方谈话、《东方风来满眼春》等南巡纪实报道、《人民日报》相关社论及评论、《深圳特区报》“猴年新春八评”、《深圳商报》“‘敢闯’八论”等资料汇编成《一九九二春邓小平与深圳》一书出版，首次发行即达22万多册。[9]

邓小平在南方四城市的谈话和他在深圳视察活动的纪实报道发表后，举国上下人心振奋，反应强烈，犹如汹涌澎湃的春潮激荡在神州大地上，开启了新的一波改革开放大潮的到来。

陈锡添生平及业绩：广东新会县人，1941年2月出生于上海。1966年毕业于中国人民大学新闻系，后在省报当过记者，在大学当过教师。曾任《深圳特区报》副总编辑、总编辑，《香港商报》总编辑，出版过诸如写人物的报告文学专集《风采集》（国际文化出版公司，1991年出版）等类新闻作品集。

陈锡添记者生涯中最精彩的人生经历是采写了长篇通讯《东方风来满眼春》。1992年1月19日至23日，邓小平同志视察深圳。时任《深圳特区报》副总编辑的陈锡添是市委委派的全市唯一全程跟随采访的文字记者。从19日早晨随市领导去深圳火车站迎候到23日送邓小平去珠海的5天时间里，陈锡添和当时深圳市委宣传部主管舆论宣传工作的副部长吴松营白天跟随小平同志采访，近距离敏锐地观察邓小平在深圳的一言一行，并亲耳聆听了这位改革开放总设计师的一系列重要谈话。晚上，陈锡添和吴松营两人同住一室，每天都是凌晨2时以后才入睡，一起整理、核对记录。对临时因故不在小平身边的有些场合，他们还要找在场的有关领导追访，对邓小平的重要言论及时进行补记。陈锡添、吴松营整理的记录文字后来便成了《深圳特区报》“猴年新春八评”的主要内容和论述依据，成了1.1万字的长篇通讯《东方风来满眼春》和深圳电视台所拍电视纪录片《邓小平在深圳》解说词的素材。

1月23日送别邓小平以后，陈锡添、吴松营最大的愿望就是尽快把邓小平在深圳的一系列重要指示精神宣传报道出去。但是，邓小平视察深圳的消息还暂未获准公开发表。在这种情况下，他们在征得市委常委、宣传部长杨广慧的同意后，又经过《深圳特区报》编委会研究，决定先写评论，“用报纸评论文章方式，把邓小平同志重要讲话精神传达出去”。从2月20日至3月6日，《深圳特区报》在每天第一版头条位置连续刊出由陈锡添领衔写作的《扭住中心不放》、《要搞快一点》、《要敢闯》等八篇编辑部文章，将邓小平视察深圳期间的重要讲话，巧妙地穿插在“八评”之中。由于这些文章观点鲜明，文风清新，内容重要，在海内外引起了强烈反响。短短十几天内，海内外多家重要媒体纷纷转载《深圳特区报》的“八评”文章，《人民日报》也转载了其中四篇。香港《文汇报》每天晚上都与深圳特区报编辑部联系，第二天在头版显著位置与《深圳特区报》同时发表每一篇评论，并且在按语中反复说明《深圳特区报》的“八评”“原汁原味”地传达了邓小平视察深圳重要谈话的精神。这些对扩大《深圳特区报》“猴年新春八评”在海内外的影响，起到了重要的推动作用。

3月12日，《深圳特区报》又以头版半个版、第四版一整版的篇幅，推出了《深圳特区报》记者江式高现场拍摄的邓小平视察深圳的图片新闻报道。3月22日，《南方日报》登载了一篇反映邓小平南方视察的千字小通讯《小平同志在先科人中间》。在这种情况下，陈锡添敏锐地意识到，公开发表邓小平视察深圳有关报道的时机已经成熟，这一想法获得当时报社主要领导的支持。为抢时间，由陈锡添执笔，采取边写边发排方式，最后由社长区汇文审阅定稿。25日下午5点，1.1万字的长篇通讯《东方风来满眼春》杀青付印。3月26日，《深圳特区报》头版头条刊出该文。文章发表后，立即引起轰动效应，全国性的中央各大报、省级党报纷纷转载。3月31日，中央电视台在当晚《新闻联播》之后，用45分钟时间全文播发了这篇文章。[10]

三、“中国质量万里行”——新闻界规模最大的联动采访

随着改革开放向纵深发展与经济转型，党中央、各级政府和人民群众都热切希望新闻媒介充分发挥舆论监督作用，对改革中出现的不良社会现象和腐败行为进行揭露和曝光。从1992年2月中旬开始到当年5月下旬结束的“中国质量万里行”活动，就是一次非常成功的舆论监督活动及舆论监督战役。这次活动由中国新闻文化促进会发起，人民日报、新华社等24家新闻单位联合举办，从2月11日起在全国展开。这是我国首次以产品（服务）质量为中心进行的大规模报纸、电视、广播联动采访活动。中央主要新闻媒体相继开辟专栏，对社会关心的产品质量问题的正反事例予以报道，受到全社会的广泛关注和支持。活动有领导小组，制订了缜密的报道方案，拟定了具体的报道题目，规定了稿件见报的时间。

产品（服务）的质量问题是一个非常重要的问题。改革开放前的30年，商品短缺的状况曾长期困扰着中国人，凭票排队买东西成为人们的生活常态。1978年之后，改革开放解放了生产力，经济搞活了，商品极大地丰富了，我国经济开始由卖方市场转向买方市场、由“生产供给型”向“消费引导型”转变。这本来是经济发展、进步的好现象，但随着商品经济的发展，大量的假冒伪劣产品也开始充斥市场，全国消费者对产品质量问题的投诉逐年增加，老百姓怨声载道，质量问题带来了新的矛盾。中央对产品质量问题极为重视，国务院把1991年定为全国“质量、品种、效益年”，1991年底，时任国务院副总理的朱镕基在一次会议上提出，1992年要在转换企业经营机制的基础上抓好质量工作。他说：“质量问题是关系到一个民族能不能生存的大问题。最近内参上报道了一个消息，说外国人讲中国国营企业工人不关心质量，看了令人伤心、痛心。中华民族难道就这样吗？如果我们的产品质量、工作质量大家都不关心，飞机、火车不正点，这种状况继续下去，这个民族怎么能存在下去？”⑪

正是在这样的大背景下，国务院把1991年定为“质量、品种、效益年”，也正是在这样的背景下，“中国质量万里行”活动出台了。其发起单位有两家：一家是中国新闻文化促进会，一家是《人民日报》经济部。当时艾丰是中国新闻文化促进会的常务副会长、《人民日报》经济部主任，他和周围同志从1991年9月起，即开始着手筹备“万里行”活动。他们策划组织中央新闻单位开展一次大规模的集中采访活动，按东北、西北、西南、华南等行政区划兵分几路进行采访，主要是了解1991年我国开展的第一个“质量、品种、效益年”活动的收效，并调查还存在的问题，既进行公开报道，也准备写成内参，送给中央领导参考。因为采访规模很大，涉及的问题可能比较深，因此，不仅新闻界参加，还要争取政府有关主管部门的支持，请这些部门一并参加进来。政府主管部门当时主要有主管企业运行的国务院生产办公室（即后来的国家经贸委的前身）、国家质量技术监督局、国家工商总局等。活动方案中拟请当时的国务院生产办常务副主任赵维臣担任“中国质量万里行”活动组委会主任，艾丰担任副主任，负责常务工作。“万里行”活动方案由国务院生产办综合局副局长王远枝、中国新闻文化促进会副秘书长刘智起草，艾丰审定后于12月14日报给赵维臣，得到他的支持；接着赵维臣又把活动方案呈报当时兼任国务院生产办主任的朱镕基副总理。1991年12月21日，以艾丰为主任的“中国质量万里行”组委会正式成立。12月24日，朱镕基对上报来的活动方案作了批示。在对这一方案表示支持的同时，他提出了四点要求：第一，发挥新闻监督、群众监督的作用，政府部

门不参加组织委员会，可请艾丰担任主任。第二，不要组织声势浩大的集中采访活动，以分散私访、事先不做准备为好，这样才能发现问题。第三，正面报道真正好的典型是必要的，但更多的是要揭露问题，否则会脱离群众。第四，谢绝地方一切招待吃请，严格防止给企业摊派活动经费，不增加企业负担，真正贯彻中央关于搞好大中型企业的精神。另外，薄一波同志不仅为“中国质量万里行”题了词，还担任“万里行”活动组委会名誉主任。

“万里行”组委会主任是《人民日报》经济部主任艾丰，参与的新闻单位各出一名副主任。1991 年 12 月 30 日，国务院“质量、品种、效益年”活动领导小组办公室转发了“万里行”活动实施方案，请各地、各部门将活动方案转发各地、各部门所属新闻单位，要求他们也积极参加并精心组织“中国质量万里行”系列新闻宣传、报道活动。

1991 年 12 月 30 日，“万里行”组委会主任艾丰在中国“质协”会议室主持了组委会第一次全体会议。他说，这次活动意义大、规模大、难度也大。要注意抓好两个方面的典型：一是正面典型，一是反面典型。正面典型要实在，少而精；反面典型重点抓几个大的报道，在全国产生震动——打击面不宜宽泛，抓住一个，就弄彻底。会议确定了发稿程序：各报、台先认领组委会分配的题目或上报本单位的选题，经组委会确认后各自分头采写。重要稿件经本单位审定后，再送组委会编审；组委会编审后，交由新华社统一播发到各单位。这样，重大报道就可能同一天在各报、台刊播，形成轰动效应。关于署名，组委会规定：凡经组委会编审的稿件，方能署“‘中国质量万里行’记者”，否则，只能署“本报（台）记者”。据说，会上还出现了一个小插曲：组委会准备了 10 个正面报道题目、10 个批评报道题目，以“招标”的方式让各家新闻单位认领。结果，10 个正面报道的题目一下子就被抢光，而 10 个批评报道题目却无人问津。针对这种情况，组委会主任艾丰开导、鼓励大家：“搞批评报道，大家有顾虑。我看不要怕。这次批评报道与过去不同，第一是‘打群架’。‘万里行’是首都新闻界的联合行动，所有的大新闻单位都参加了，要把首都新闻界都告下来，我看没有人有这么大的胆子。第二叫‘有后台’。这次活动是有高层领导和政府部门直接支持的，而且这些部门都是直接管理质量的，他们在这方面有权威。所有重要的批评报道一律署名‘中国质量万里行’记者”，“万一出了问题，由组委会承担责任”。经这么一说，各新闻单位都打消了顾虑，10 个批评报道题目很快被认领完了。[12]

1992 年 2 月 11 日，“万里行”活动正式启动。当天《人民日报》头版右上角显著位置刊登“本报讯”《抓质量　促企业经营机制转换——“中国质量万里行”专栏今日开篇》。消息宣布：从 1992 年 2 月开始，为继续 1991 年开展的“质量、品种、效益年”活动，《人民日报》与新华社、经济日报社、中央电视台、中央人民广播电台、工人日报社、中国青年报社、科技日报社、经济参考报社、市场报和国家技术监督局、中国新闻文化促进会、中国工业经济协会、中国企业管理协会、中国质量管理协会、中国消费者协会等单位，经中国新闻文化促进会发起，共同举办“中国质量万里行”新闻宣传报道活动。当天（2 月 11 日），《经济日报》、《工人日报》、《中国青年报》、《科技日报》、《经济参考报》、《市场报》等首都各大报也都在头版头条或头版右上角显著位置刊登了这条消息。同时，首都各大报也宣称：“从今日起，本报开辟专栏，陆续刊登参加这次采访活动的记者深入各地之后所写的报道。这些报道既宣扬抓质量好的典型，也将批评和揭露这方面存在一些问题和质量差的单位，还将探讨如何改进这方面工作，其目的是要把产品质量方面的工作扎扎实实地推向前进。”同时，“通过这次系列新闻宣传活动，在全国进一步造成重视质量的舆论，（这）不仅有助于把经济管理工作的指导思想转到重视产品质量、增加品种、提高经济效益的轨道上来，而且会提高广大消费者的自我保护意识，发动群众参与这项关系我国民族振兴的大事”⑬。

从2月11日起，以上首都各大报先后在头版或第二版开辟“中国质量万里行”或“‘中国质量万里行’系列报道”专栏，不定期陆续刊登共同署名“‘中国质量万里行’记者”采写的报道。如《人民日报》当天（2月11日）就在第二版头条位置开辟“中国质量万里行”专栏，并刊登署名“‘中国质量万里行’记者”姬乃甫、王文杰、叶冰男合作采写的《质量！生命！——来自华北制药厂的报告》。仅2月中下旬，《人民日报》就在“中国质量万里行”专栏发表了5篇很有分量的新闻报道，如2月11日第二版“中国质量万里行”专栏首载姬乃甫等《质量！生命！——来自华北制药厂的报告》，2月17日第二版“中国质量万里行”专栏载“‘中国质量万里行’记者颜建军”《“差一点”，使我们失去什么?》，2月21日第二版“中国质量万里行”专栏下载“‘中国质量万里行’记者罗茂城、范玉章”《郎酒的呐喊》（生动报道了“真‘郎’斗不过假‘郎’，斗不过野‘郎’”现象），2月23日第二版刊登《功夫在“实”——山东江苏企业质量管理见闻》，2月25日第二版刊登“‘中国质量万里行’记者李德来”《放活经营 管住屠宰》。《放活经营 管住屠宰》报道提出了“掺杂、使假、注水、病死畜禽肉上市日益增多……肉食品质量日益引起人们的担心，如何让人们既有肉吃，又吃得放心”的大问题。

“中国质量万里行”活动启动后，第一批关于产品质量的报道同时在报纸、广播、电视上发出，立即引起了强烈的社会反响。尤其是广大消费者的反应非常好，他们纷纷写信给组委会，给各新闻单位、各主管部门，有的甚至直接写信给当时主管经济工作的朱镕基副总理。当时刚刚从国外访问归来的朱镕基同志在看到“中国质量万里行”第一期工作汇报后，即于3月12日给组委会作出批示说，“中国质量万里行”活动一炮打响，效果甚佳，可喜可贺。我已向总书记和李鹏总理汇报。李鹏同志说，干得好，震动不小。希望再接再厉，搞好“质量、品种、效益年”。随后，李鹏总理在全国质量工作会议上再次肯定了这一活动。

“中国质量万里行”活动开展起来后，首都各大媒体的300多名记者不辞辛劳，深入全国各地采访。他们既合作、又竞争，采写、拍摄了大量的报道作品。据统计，截至1992年5月，“万里行”活动开展3个多月，发通稿70篇，发选用稿10多篇，中央各大报刊出400多篇，加上地方报刊选用的稿件，一共有1 000多篇。广播、电视，尤其是电视，在“万里行”报道中发挥了非常重要的作用。“万里行”电视组先后采访了8个省市，行程近万里。广播、电视播出“万里行”节目200多次。其中，中央电视台在《新闻联播》、《经济半小时》、《观察与思考》3个收视率最高的栏目中先后播出“万里行”的消息和评述63条，时间最长的达12分钟，最短的也有2分钟。与此同时，全国约20个省、自治区、市的新闻单位也自发组织了关于产品质量、服务质量的系列报道活动。在以上这些报道中，“万里行”先后表扬了60多个先进单位，批评了20多个产品和厂家，所报道的“正面典型，为企业抓质量提供了可资借鉴的经验；反面典型，又成为中央各部委、局和各省市抓质量整改的实施对象”⑭。

1992年8月，中共中央宣传部、国家新闻出版署、中华新闻工作者协会、“中国质量万里行”组委会联合召开“万里行”第一年活动的总结大会。会上，当时主管新闻工作的中宣部常务副部长徐惟诚同志说，在新时期，新闻工作必须为经济建设这个中心服务，而“中国质量万里行”找到了一个新闻工作为经济建设中心服务的好方式。会上还传达了老一辈经济工作领导人张劲夫同志的意见，他说，新中国成立以来我们就一直重视质量工作，但苦于没有好的方法落实，“中国质量万里行”找到了一个推进质量工作的好方法。此后，原本为一次性、战役性报道的“中国质量万里行”，变成一个持续性的常年开展的活动、变成了一个以“打假、扶优、维权、推广名优品牌”为宗旨的新闻品牌活动。“万里行”组委会成了常设机构，国家经贸委和中宣部成了它的主管机关。为了使“万里行”组委会成为一个合法的常设主体，1994 年之后，又正式注册了一个国家级的社团——“中国质量万里行联合会”，以一套人马两块牌子来开展活动：指挥、筹划每年的“万里行”活动时称为“中国质量万里行组委会”，日常开展活动时称为“中国质量万里行联合会”。

艾丰生平及业绩：男，汉族。1938 年 4 月出生，河北省玉田县人，中共党员。1956 年在北京第十一中学加入中国共产党。1961 年毕业于中国人民大学新闻系，同年分配到北京人民广播电台工作。1966 年担任电台理论时事组（部）组长，1976 年被任命为电台科技组（部）组长。1978 年考入中国社会科学院研究生院新闻系，成为“文革”后及全国恢复高考制度后的第一届研究生。在读研期间，于 1979 年在《人民日报》发表揭露黑龙江省王守信贪污集团的长篇报道《触目惊心，发人深省》，提出要解决“文革”对党风的严重破坏的问题；同年给中央写了《首都城建中的问题》的内参材料，直接促使中央在 1980 年 4 月对北京城建工作作出四条重要批示。1980 年，翻译出版了美国新闻采访学专著《新闻报道与写作》一书。1981 年，在中国社会科学院研究生院毕业并获硕士学位，同年分配到《人民日报》工作。1986 年，担任《人民日报》经济部主任，1990 年担任《人民日报》编委。1991 年 12 月，获我国新闻记者最高奖——由中华全国新闻工作者协会和“范长江新闻奖”基金会主办的“首届范长江新闻奖”。1992 年 2 月，“中国质量万里行”出台，到 5 月结束。作为组委会主任，艾丰发起、策划和组织、指挥了这一大型的新闻采访活动及社会活动，产生了重大影响。1996 年出任《经济日报》总编辑，又策划、组织了一系列大型的采访活动。1998 年，当选为第九届全国政协委员和政协全国经济委员会委员。

40 多年来，艾丰一直辛勤地奋斗在新闻工作第一线。特别是党的十一届三中全会以来，他采写了一些有全国影响的新闻作品，代表作有《王守信贪污集团破灭始末》（1979 年）、《现代化觉悟》、《水，让我们重新认识你》、《重视城市的中心地位和作用》（1982 年）、《已是山花烂漫时》（1984 年）、《理一理思路》（1987 年）、《首钢启示录》（1989 年）、《一个日本朋友的忠告》（1990 年）、《论农业产业化》（1995 年《人民日报》社论，曾在全国引起强烈反响），等等。

在新闻理论及新闻学学术研究方面，艾丰也有很深的造诣。他的《新闻采访方法论》（人民日报出版社，1982 年出版）、《新闻写作方法论》（人民日报出版社，1993 年出版）、《时代的艺术》（与人合著，1985 年出版）等新闻学著作出版后均引起新闻学界及业界的强烈反响。其中，《新闻采访方法论》受到普遍好评，并于 1988 年获我国社会科学成果最高奖——吴玉章奖金优秀奖。此外，他还出版多本经济方面的论著和新闻作品集。[15]

第二节　都市报纸的大发展

“都市报纸”是一个比较宽泛的概念，主要包括城市晚报、周末版、周末报及都市报。

改革开放以来，我国城乡经济发展迅速，大大推动了城市化进程。据统计，1979年，我国100万人以上的大城市只有13座；到1996年底，我国100万人以上的城市达32座。20世纪80年代，我国城镇人口平均每年增加1 000万人以上，90年代平均每年增加1 500万人以上。到21世纪，城镇人口平均每年增长接近2 000万人，规模进一步扩大。截至2006年，全国城镇人口5.77亿人，占全国总人口比重的43.9%。到2009年，我国城市数量达655个，比改革开放初期的1978年增加462个，其中百万人口以上特大城市118座、超大城市39座。城市经济实力不断增强，2008年地级及以上城市创造了全国GDP的63%。⑯

工业化、信息化及城市化的发展，刺激了对科学文化知识、新闻资讯及文体、休闲娱乐的需求和消费，为新闻传播业的发展提供了巨大的潜在市场。同时，发达的城市经济也为传媒业提供了广告支撑和物质基础。

一、20世纪90年代晚报业的再度繁荣

20世纪90年代以来，在社会主义市场经济体制逐步确立的条件下、在广大市民读者精神生活需求日益增长的情况下，以贴近时代、贴近生活、贴近家庭为宗旨和以“短、广、软”版面风格见长、以社会新闻及副刊为内容特色的我国晚报业如雨后春笋般，再度蓬勃发展。20世纪90年代，晚报业在我国报业中占据举足轻重的地位。截至1999年，全国报纸期发行总量达4 000多万份，其中晚报的期发行总量占到2 000多万份；同年广告收入前10名排位中，晚报占了5家。有人描述新时期我国晚报发展轨迹时云：“在中国报业的市场化进程中，最先市民化的报纸是晚报，最先与市场接轨的是晚报，最先火起来的报纸也是晚报。进入20世纪90年代，在世界各地晚报纷纷衰落之时，中国晚报却逆向而动悄悄火起来。”⑰

“文化大革命”前夕，我国共有晚报13家左右。“文化大革命”期间，晚报被全部打成“毒草”而停刊。从此，中国内地13年没有晚报。1978年12月十一届三中全会召开后，改革开放的政策给晚报的复兴并蓬勃发展提供了有利条件。我国晚报业的春天终于来临，一批老晚报纷纷复刊。

1979年11月1日，《南昌晚报》复刊，它是“文革”后全国重新恢复出版的第一家晚报。该报复刊时发表《致读者》云，它主要面向城市，面向基层，为社会主义四个现代化建设服务。

接着，一批新晚报相继创刊。最先创刊的是云南昆明的《云南日报》晚刊《春城晚报》，它于1980年1月1日创刊，被最早形象地称为“报春的燕子”。它明确提出：“报

纸要寓思想于知识性、趣味性之中，要给人以思想，以知识，以情趣。”

紧接着，1980年2月15日，《北京晚报》和《羊城晚报》同日复刊。1982年1月1日，被迫停刊15年多的《新民晚报》复刊。1984年7月1日，天津《今晚报》创刊。

到1989年，全国有晚报47家。

到1991年，全国晚报达到51家。

1992年后，在邓小平南方谈话精神的激励下，晚报业又迎来了改革开放后的第二个春天，全国晚报业再度空前繁荣。

1992年，全国有晚报78家；1993年猛增至104家。[18]1994年，全国晚报又增加到128家，到1997年已达144家。[19]据1997年初中国晚报协会的统计，全国144家晚报平均期发2 000多万份。其中，期发100万份以上的有3家：《新民晚报》、《扬子晚报》、《羊城晚报》。期发50万至100万份的有4家，期发10万至50万份的27家，5万至10万份的27家，其余均在1万至5万份之间徘徊。

与内地晚报业形成巨大反差的是香港地区晚报业。1997年7月26日，当时香港地区唯一的一份晚报——《新晚报》在当天出版的报纸上发表“停刊启事”。“启事”宣布：因经济困难等原因，该报董事会决定从7月27日起停刊，从而结束了这份存在了47年的晚报的历史。[20]而中国内地晚报业仍在继续发展。

1998年5月18日，羊城晚报报业集团宣告正式成立。1998年7月25日，上海《新民晚报》与《文汇报》强强联合，成立了“文汇新民联合报业集团”。另外，随着晚报业的繁荣，出现了在同一城市出版发行两家晚报的现象。如长春有《长春晚报》和《城市晚报》、上海有《新民晚报》和《新闻晚报》、南京有《扬子晚报》和《金陵晚报》、沈阳有《沈阳晚报》和《辽沈晚报》、合肥有《合肥晚报》和《新安晚报》，等等。此外，一家晚报出版多种报纸及多种专刊的现象也普遍存在，如广州羊城晚报报业集团除出版《羊城晚报》外，还出版《新快报》、《新闻周刊》、《羊城体育》、《粤港信息日报》、《广东建设报》、《羊城晚报网络版》（金羊网）6家子报。上海新民晚报社除出版《新民晚报》外，还主办有《漫画世界》（半月刊）、《新民体育报》（周报）、《新民围棋》（月刊）、《新闻记者》（月刊）和《萌芽》（月刊）等报刊。新民晚报还在美国设立了记者站，1996年11月9日起，《新民晚报·美国版》正式创刊发行。

另外，有些省的地级市、省辖市也纷纷创办晚报，像江苏省一些省辖市相继创办的晚报：先有《金陵晚报》，后有《江南晚报》、《姑苏晚报》、《常州晚报》、《彭城晚报》、《淮海晚报》、《盐城晚报》，再有《江海晚报》、《扬州晚报》和《京口晚报》等。

90年代中后期是中国晚报发展的最辉煌时期，在当时的中国晚报界有“四大龙”和“四小龙”之说。“四大龙”指“新民”、“羊城”、“北晚”、“今晚”四大晚报；“四小龙”指“扬子”、“武汉”、“钱江”、“深圳”（1994年创刊）四家晚报。据统计，截至1999年，全国有晚报146家，其中有133家是改革开放以来创办的。这133家晚报中，又有近100家是90年代以来问世的。1999年全国146家晚报无论期发行总数，还是广告营业额，几乎都占当时全国报纸（2 038家）的半壁江山：全国各类报纸平均期发行量4 000多万份，晚报的占了2 000万份，其中，《羊城晚报》1999年平均期发数为130万份、《新民晚报》1999年平均期发数超过140万份，都在当年平均期发数最高的报纸之列（见《中国新闻年鉴》2000年卷第572页）；全国报纸广告总额约112亿元，其中晚报的占50亿元，在全国广告收入前10名排行榜中，晚报也占了5家。

古语云：物极必反，盛极而衰。90年代晚报业在蓬勃发展的同时，也面临非常严峻的形势：90年代后期，在迅速崛起的以都市报为代表的社会文化生活类报纸的冲击面前，一些城市晚报遇到了强劲的竞争对手，其发展受到了有力的挑战，个别晚报甚至出现了岌岌可危的局面。为了同都市报竞争，不少晚报也改为早晨出报，失去晚报的特色。

据中国晚报协会统计，到2001年底，141家晚报中，已有108家是上午出版。其中，较早改"晚报早出"的是《齐鲁晚报》，改后发行量上升10万份左右。随后众晚报纷纷效仿，但有些晚报改早（上午）出后效果不明显。坚持下午出版的是"四大晚报"和我国南方及东南沿海某些晚报。不少晚报社的老总认为这种"晚报早出"的做法在理论上站不住脚，不宜提倡，但又认为各地情况不同，出于竞争的考虑，这样做也未尝不可，而且效果不错。实际上这都是迫于生存的无奈之举。另外，在香港最后一家晚报《新晚报》宣告停刊后，内地晚报界一些人对晚报的前途开始担忧，对晚报还能风光多久产生忧虑，还有个别日报甚至"幸灾乐祸"地发出"晚报是夕阳工程"的断语。[21]

二、周末版、周末报的新发展与《南方周末》的转型及三次改版

我国现代最早出现的报纸周末版是《申报》1919年8月31日（星期天）（"第一万六千七百十五号"）创刊的《申报星期增刊》。当天《申报》共出7大张28版。其中，正刊5大张20版、《星期增刊》2大张8版。《星期增刊》的报道内容主要是一周来的中外新闻的综述及经济商业信息，以及刊登大量的广告。《星期增刊》2大张8版篇幅中，3个版刊登文字，5个版刊载广告。看来，增刊广告是《星期增刊》创办的主要目的。《星期增刊》办到1924年8月24日出版最后一期后停刊。1924年9月7日（星期日），《申报》首载《本馆启事》云："本馆以日来新闻过多，星期增刊暂停出版，希望读者注意。"

新时期80年代初，周末版、星期刊又开始在报纸上露面。

1981年1月4日，《中国青年报》首家推出新时期第一个周末版《星期刊》，并率先把周末版独立出来，作为一个特殊的园地来经营。

1982年1月2日，南京日报社主办的社会生活服务报纸——《周末》创刊，4开4版，周六出版。这是新时期创办的最早的周末报。

1984年2月11日，《南方周末》创刊。刚创刊时，发行量只有7 000份。它当时标明是"南方日报·星期六增刊创刊号"。在80年代中后期，《南方周末》只是一份娱乐、休闲小报。到90年代初，该报成功转型成为一份反映社会、服务改革，贴近生活、关注民生，激浊扬清、实行舆论监督的有全国性影响的综合性大报。

1991年1月，《北京日报》创办《京华周末》。

1992年1月，《北京青年报·青年周末》正式创刊。它以其独特的报道题材和粗犷大胆的版面风格脱颖而出。90年代初期，《青年周末》和《南方周末》被人们称为"南北二侠"，伯仲之间，一时瑜亮。在它们成功经验的启示下，报界出现了家家争办周末版、周末报的热潮。

据不完全统计，到1994年，当年全国2 000多家正式注册出版的报纸中，就有400多家办有周末版，其中包括中央的7家大报。有的还办了单独注册出版的周末报，如《南方周末》，南京日报《周末》、《楚天周末》等。周末版、周末报在报业市场上深受读者的欢迎。1992年2月28日在中国记协举办的一次周末版座谈会上，当时《北京日报》

主管周末版的副总编辑谈起这样一件事：在报摊上，卖报人把《北京日报》的正刊抽出扔到一边，单卖它的《京华周末》，报价不变，买报人也毫不介意。“你看，市场经济和报贩就是这么无情。”

1994年新年伊始，中共中央宣传部和新闻出版署即于13年前《中国青年报》创办《星期刊》的1月4日，在广西南宁联合召开全国报纸周末版座谈会。当时的中宣部副部长龚心瀚在讲话中指出，周末版、周末报是经济发展、社会进步的产物，是在改革开放形势下、市场经济环境下应运而生、应运而长的。由于周末版、周末报内容丰富、编排新颖、形式多样、贴近生活、贴近实际，因此在扩大信息量、增强服务功能、丰富群众文化生活、引导社会舆论等方面，又有着明显的优势和积极的作用。[22]另外，周末版、周末报又是在90年代初期大报探索新闻改革之路时形成热潮的。因此，周末版、周末报又担负起了为新闻改革探路的职责，起到了“导夫先路”的作用。

（一）《北京青年报·青年周末》的创刊

《北京青年报》原本是共青团北京市委主管下一家名不见经传的小报，曾屡刊屡辍。该报的前身是北平解放初期《北平解放报》（原《人民日报》北平版）第五版的一个专版——《北平青年》，该专版创刊于1949年3月21日。《北平解放报》终刊后，《北平青年》则单独出版，在出版了第38期（1949年12月5日）之后暂时停刊。1950年1月16日，《北京青年》第39期以双周刊的形式复出。到1950年7月10日，为向筹建中的《中国青年报》输送干部，《北京青年》遵照上级指示停刊。1955年7月1日，《北京青年》正式改名为《北京青年报》，为周刊，每份定价3分钱。1957年9月27日，《北京青年报》第3次停刊，部分干部参加《北京晚报》的筹建工作（《北京晚报》于1958年3月15日创刊）。1958年7月1日，《北京青年报》再次复刊，并由停刊前的周二刊改为周三刊，每份定价2分钱。1960年7月29日，因国家进入三年困难时期，《北京青年报》宣布第4次停刊，这一停便停了20来年之久。新时期开始后，1981年7月1日，经中共北京市委批准，《北京青年报》正式复刊，是一份面向全国发行、周二刊的四开小报。当时报社只有10多个人，规模很小，不久增加到36人，其中行政人员6人。报纸发行量6万多份。[23]1983年，时任北京市石景山区委办公室副主任的崔恩卿调入《北京青年报》担任社长。80年代，和所有报社一样，《北京青年报》按照计划经济体制划定的模式运行。1986年以前，《北京青年报》每年的广告收入只有一两万元，1987年至1991年广告年收入也只有10万—35万元。90年代开始，《北京青年报》在崔恩卿的谋划下进行大刀阔斧的改革。首先是筹划创办《青年周末》和《新闻周刊》。1991年10月4日，《北京青年报·青年周末》出版试刊第一期，4开8版，小报形式；1992年1月正式创刊，逢星期六出版。1992年12月22日，《北京青年报·新闻周刊》出版试刊号，4开16版；1993年1月5日正式出版第一期，当时的报纸是周四出版。崔恩卿创办这两个周刊的初衷主要有两个：一是先办周刊，然后不断增加刊期，逐步过渡到出日报。二是在我国由计划经济向市场经济转型伊始，培育品牌。通过创办可读性强、“可卖性”强的新闻副刊型报纸先行进入市场，然后带动《北京青年报》整体进入市场。《青年周末》在内容上将新闻性、知识性、服务性融于一体，以新闻副刊的方式应对市场新变化，以满足不同层次读者的需求。在报道题材上，以轻松题材为主，但亦不排斥严肃题材。对严肃题材往往用轻松的形式来表现，同时要求富有新意，包括新的角度和新的表现手法。《青年周末》、《新闻周刊》曾以《社会大特写》、《人物大特写》、《记者行动》、《人在旅途》、《星光灿烂》、《青春译丛》等一大批名牌专版专栏，迅速赢得大量读者的喜爱。在编排方面，大胆地采用无中缝连版编排方式，头版往往刊登大幅图片、大字标题，强调“视觉冲击”，吸引读者眼球。有新闻学者对《青年周末》内容及形式上的改革给予充分肯定云：《青年周末》“将人间万象的扫描和社会焦点的透视集于一身，既形象又富思辨色彩，使人喜也使人思，为广大青年的周末提供了一种有趣而又有益的消闲方式”。“它的版面浓眉大眼，构图明快……创造了自己鲜明的风格。”㉔

《青年周末》创办后，很快在京城“一纸风行”，第3期的单期零售量达4.8万份。不久，销量直线上升，到1992年3月28日，第13期的《青年周末》的单期零售量达到23.4万份，总发行数达到33.4万份（包括订阅部分）。短短两年时间，《北京青年报》的广告营业额从35万元飙升到1993年的2 221万元，而《青年周末》的广告收入占《北京青年报》广告总收入的60%。到1997年，《北京青年报》的广告总收入已超过1.4亿元。㉕

《北京青年报》在崔恩卿主持的整整13年（1983年9月至1996年9月）中，有了长足的发展。其间的1994年7月1日，《北京青年报》由一份小报型周报成功改版变成了一份日报、主流大报。崔恩卿因此而担任中国青年报刊协会经营管理工作委员会主任，并两度获全国报业经营管理先进工作者奖。2000年10月，《北京娱乐信报》创刊，崔恩卿又兼任该报社长及北京信报文化发展有限公司董事长、总经理，直至2004年10月离任。

（二）90年代《南方周末》的成功转型

从1984年2月11日正式创刊一直到1989年底的5年多时间里，《南方周末》基本上是一份以追逐报道“三星”（歌星、影星、体育明星）为主的文化娱乐休闲型周报。1991年，《南方周末》提出“激浊扬清，注重文采”的办报理念，1992年又提出了“大雅大俗，雅俗共赏”的办报方针。此后，《南方周末》进行了90年代的三次改版、扩版，影响力越来越大，发行量急剧上升，1993年5月突破90万份（见1993年5月21日《南方周末》头版），到1995年期发行数突破100万份大关，1999年又突破130万份大关，读者700多万人次（根据当时调查显示，《南方周末》每份报纸传阅率为5.8人）。90年代的《南方周末》先后三次被评为“全国十佳报纸”之一。

【1992年前后的第一次改版、扩版】《南方周末》1992年前后第一次改版的最大成绩是扩大了篇幅，创办了《人与法》、《经济与人》两大专刊。不久又成立了“机动记者组”，以加强第一版的新闻性与社会性。

1991年7月26日，《南方周末》刊登《致读者》，宣布即将第一次全面改版：此次改版是为了满足读者不断增长的阅读需要，而长远的目的是“把《南方周末》办成一张有全国影响的综合性大型周报”。1991年10月4日（第399期），《南方周末》改版方案出台。根据这一方案，《南方周末》将在第405期试刊8版。

1991年11月15日，《南方周末》（第405期）按计划出了一期扩版试刊，由原来对开一张4版扩大为对开两张8版，“是明年改版的雏形”（见当天头版载《本报今天公开试版》）。1992年1月3日（第412期）起，《南方周末》在创刊8年后第一次全面改版，正式扩版为对开两张8版。当天头版《周末茶座》栏刊登《新年拜“上帝”》短文云：“从今天起，敝报每期出对开八版，以新的面貌呈献给每位读者。从四版到八版，这标志着《南方周末》登上了一个新的台阶。此时此刻，我们思绪万千。最难忘在筹备改版的那些日子里，各地读者寄来了数以千计的来信，为《南方周末》改版献计献策。”从对开4版扩大为对开8版，新增的4个版的内容为：第五版首辟《人与法》专栏，专门刊登各种刑事案件的长篇新闻报道及有关同性恋、艾滋病等敏感新闻题材的报道文章。此后，《人与法》专版与头版一起，成为随后4年刊登大量社会新闻的主要载体和平台。第六版为《寰宇》专栏，追踪报道世界“热点”新闻。第七版为“长篇连载”专版，当天连载权延赤《服务员眼中的领袖们（6）》。[26]第八版为《芳草地》专栏，专门刊登小品文章。改版首期期发行数即达48.564 9万份。扩版后的《南方周末》对版面进行整合与创新，在内容上开始重视对独家新闻、重大事件、社会问题的报道，如抨击腐败、揭露社会问题、探讨环保问题、关注弱势群体等。

1992年12月11日（星期五）（第461期）起，《南方周末》在第二版首辟《经济与人》专版，取代原来的《文海撷英》专栏（该栏目撤销），以进一步充实版面内容和加强深度报道。《经济与人》是《南方周末》继《人与法》之后创办的第二个非常重要的专版。当天《经济与人》专版刊登《〈经济与人〉告读者》云：“本报从今期起，撤销《文海撷英》，改出《经济与人》专版。这是因为党的十四大提出了建立社会主义市场经济；经济，将渗透到人们生活的各个领域之中，作为一张在改革开放试验区出版的周末报，当然不能再将经济生活置于办报的视野之外。”“但是，周末报办经济专版，尚无先例可循，无经验可鉴。我们设想，《经济与人》应当及时抓住当前经济改革、经济建设、经济生活中新鲜的人和事，尤其是由社会主义计划经济向社会主义市场经济转换过程中的热点、难点、疑点和人们普遍关心的敏感话题，力求做到经济与文化、经济与生活的有机结合，做到深度与文采兼备、思辨性与可读性兼备。”《经济与人》专版还设有《实业之星》、《国产大亨》、《长袖善舞》、《都市新潮》、《黄金海岸》、《经济经纬》、《过江猛龙》、《消费者之声》、《中午茶》、《八面风》、《西洋镜》等20多个栏目。从1993年起，《经济与人》专版开始创登经济类长文，增加了对经济事件、经济人物的分析与评论，对经济热点进行探讨，所载文章涉及经济领域的方方面面。到1997年后，《经济与人》专版更趋成熟。

1993年1月8日，《南方周末》头版刊登《77万：本报再度开门红》一文，总结1992年改版所取得的成就云：

> 去年（1992年）1月，本报从对开四版扩大为对开八版，首期印数485 649份，在报价提高一倍的情况下，发行量不但没下降还略有上升，这事曾引起新闻界的广泛注意。而今年（1993年）本报的首期印数已上升到777 333份，比去年的首期印数增加了291 684份，获得了再度开门红的可喜成绩。
>
> 去年邓小平南方谈话之后，全国新闻出版事业出现空前繁荣局面，报刊的竞争异常激烈。本报编辑部在严峻的挑战面前清醒地认识到，从长远的角度看，报刊的竞争是总体质量的竞争，用降低报纸格调的办法招徕读者，最终将被读者淘汰。因此，我们坚定地坚持原有的办报方针，认真编好每一篇稿件。去年12月，我们经过认真的筹备后新创办了《经济与人》专版，使报纸的广度和深度都有了进一步的提高；我们还调整采编力量，成立机动记者组，加强第一版的新闻性和社会性。今年首期的发行数字，再次证明我报所走的道路是完全正确的。

【1993至1994年间的《南方周末》】1993年至1994年期间，《南方周末》头版新闻性、社会性大大增强，“深圳火灾纪实”（1993年12月3日《南方周末》第512期头版）、“大邱庄命案”（1993年4月30日《南方周末》第481期头版）、“长江‘2·1’特大海难”（1994年3月4日《南方周末》第525期头版），“西安空难”（1994年6月10日《南方周末》第539期头版）、“‘十·二’天湖水难”（1994年10月7日《南方周末》第556期头版）等突发性事件第一时间呈现在读者面前。从1994年1月14日（第518期）起，《南方周末》第三版《医药与卫生》专版又开辟《性与你》性知识专栏，开始连载刊登性学专家潘绥铭与社会学者吴宗健撰写的性知识文章。这一连载此后持续了两年多时间，这是《南方周末》“启蒙”理念的一种凸现。

1993至1994年间发生的几件大事：1993年在《南方周末》发展的历史上是具有重要意义的一年。从这一年起，《南方周末》开始跨越式的大发展。1993年2月5日（第469期）起，原来在《南方周末》报头下署明的“南方日报增刊”改署为“南方日报社主办”（篇幅仍是对开两张8版）。[27]这一变化昭示《南方周末》的身份由附属变为主体，由“补充”、“附庸”转为独立大报。身份的变化为1994年后的崛起奠定了基础。

1993年发生的“《袭警案》事件”，在《南方周末》前期发展史上有重大影响。所谓“《袭警案》事件”是指：1993年7月30日，《南方周末》在当天第五版的《人与法》专版上以几乎整版篇幅刊登一篇外来稿——《袭警案》。事后查明，该文严重失实，是一篇由作者凭空虚构写出来的假新闻。文章发表后，曾受到中宣部有关领导及相关部门的严厉追查。1993年10月29日，《南方周末》（第507期）头版头条刊登该报编辑部文章《沉痛教训——对〈袭警案〉一文严重失实的反省》。1993年11月5日，《南方日报》头版显著位置又刊登该报编辑部文章《就新闻真实性问题——致读者》，希望向《南方周末》投稿的作者“凡寄给本报的新闻稿件，都要遵循新闻的真实性原则，所写的事件要绝对真实，不得杜撰，不得夸大，不得歪曲。涉及案件的作品，如条件许可，最好附寄与案件内容相关的文件、判决书等资料，以便审编稿件时查核”。1993年11月26日，《南方周末》头版又载《袭警案》一文作者写的《我的检查》。至此，这一事件才告平息。“《袭警案》事件”从某种程度上来看，它宣告了《南方周末》“大特写”体的终结，同时也给该报编辑部带来深刻的教训和反思。它提醒编辑部：外稿难以核实，不足取信，必须以“我”为主。于是，1993年底，“《南方周末》机动记者组”成立，目的是进一步加强头版的新闻性与社会性，增加“独家新闻”，保障新闻的“真实性”和增强新闻的时效性。此后，“本报记者”署名的报道逐渐扩大增多，到1997、1998年间，该报新闻报道基本上采用“本报记者”原创作品。[28]

与“《袭警案》事件”相似的还有有关“刘秋海案件”的报道。对这一案件的报道持续了好几年时间：1995年10月27日，《南方周末》刊登《做好事招来的横祸》，开始报道这一事件（1995年12月8日第617期第五版续载）。到2000年1月14日，《南方周末》（第831期）第二版及第五、六、七、八版又作了大量报道。其中，第二版刊登郭国松《“刘秋海事件”的来龙去脉》，第五版刊登《刘秋海案的证言证据分析》，第六、七版两版连载《刘秋海事件法律论证会》，第八版刊登《媒体关于刘秋海事件的报道》等。《南方周末》前后刊登有关“刘秋海事件”的报道文章近20篇，篇幅超过10万字。最后，《南方周末》被告上法庭，被判败诉。

【1996年前后第二次全面改版】1996年1月，《南方周末》的第二次改版、扩版成

为该报前后期发展的分水岭。此前的《南方周末》以文化副刊起家，以社会新闻为主打，10多年来，副刊版面占据优势。1996年改版以后，在文化副刊版块稳定发展的基础上，扩充新闻、社会、经济等报道的内容，加大政经新闻报道的力度，不断扩大关注度及影响力，从而进一步实现了从文化休闲型周末报到以报道时政性新闻为主的综合性大型新闻周报的成功转型。

1995年初，《南方周末》就开始孕育向时政新闻报道方向发展的扩版。1995年2月3日（第573期）《南方周末》"新闻热线"正式开通，标志其"新闻周报"时代的正式到来。1995年1月20日，《南方周末》（第571期）一则《爱心托起明天的太阳》的宣传报道一见报，立即引起轰动全国的强烈反响。同年8月，时事评论专版《时事纵横》问世，使《南方周末》的评论优势凸现出来。1995年8月起，《南方周末》即开始策划1996年的全面改版。1995年10月6日（第608期）《南方周末》头版、第四版刊出1996年的《扩版方案》。紧接着开始出扩版试版，广泛征求专家、读者的意见。

1995年11月3日（第612期），《南方周末》出了一期第二次扩版试刊号，由原对开8版扩为对开16版。当天头版所载《试版告读者》云：

> 孕育已久的扩版理想今天终于付诸版面。从对开8版扩为对开16版，并不仅仅是量的增加，我们所期待的是质的新变，是将《南方周末》发展成为一张具有全国影响的综合性大型周报；我们新辟了一些国内未曾有过的版面或专栏，力图在扩版的进程中有所创新，为中国的报业改革尽一份力；而这种思路的着眼点则是，在以往我们一贯遵循的"大雅大俗"的基础上提高《南方周末》的品位与档次，同时又不失去它的可读性与群众性。我们把以上三个扩版原则尽力体现在今天的试版中，但不知到位与否，敬请新闻界的专家同行和广大读者来信畅谈你们的意见和要求，我们将珍视这难得的建议，争取在明年的正式扩版中融进更多"上帝"的声音。尽管目前纸价飞涨，全国80%的报刊提价，但考虑到读者的利益，本报明年内容增加一倍，报价也是由现在的0.50元增到1.00元，实际上不涨价。……全年定价52元。

1995年12月15日，第618期《南方周末》头版载《我们的扩版、试版怎么样——专家谈本报扩版、试版》一文中，新华社高级编辑、原《瞭望》周刊总编辑李耐因云："我赞成你们的主张，大雅大俗。俗，不是庸俗、下流、迁就，而是通俗、普及，适应多个层次普遍性要求。让高层次读者看来不俗，普通读者看来不高深莫测。雅，不是孤芳自赏，而是指言之有物，文章耐读，发人深思。俗和雅都为一宗旨服务，曰：增进知识，开阔眼界，陶冶性灵，引导情趣。"

1996年1月5日（第621期）起，办了11年，发行数已突破百万份大关的《南方周末》正式进行第二次扩版，从对开8版扩大为对开16版。《南方周末》第二次改版的最大意义在于成功地实现了该报的转型：开始脱离原周末报模式，真正成为包容经济、社会、文化等重要内容的综合性大型周报，逐渐树立起严肃大报的风范。《南方周末》由8版扩为16版后，版面比以前增加一倍，信息量大大增加，报道面也得以拓宽，除了对原有的头版和《经济与人》、《消费广场》、《艺林》、《寰宇》、《人与法》、《信息时代》、《连载》、《家庭生活》、《芳草地》等栏目，以及8个版面加以充实和提高外，又新增《时事纵横》、《社会观察》、《域外经济》、《众生相》、《体育天地》、《时尚》、《写真》

（摄影版）、《五羊角》（漫画版）8 个专版。第647 期《南方周末》刊出《告读者》，再度宣布改版，又在小范围内对版面进行了调整，即每期增加一个新闻性的《周末消息》专版和服务性的《消费广场》专版，及时报道百姓关注的社会问题和生活话题；原有的《世界经济》专版和《经济与人》合并、每周两版的《信息时代》改为每周一版、《时尚》则由每周一版改为两周一版。为了这次改版，《南方周末》还专此开了为期 3 天的业务讨论会，探索改版模式。到第 673 期，《南方周末》头版下端新增《每周数据》栏目，提供官方权威的统计数据。1997 年 10 月，《南方周末》再次宣布“刷新版面”，对部分版面作较大调整，其中最引人注目的变化是把有十多年历史的《连载》版取消，推出《百姓茶访》版和《阅读》版。

从版面及内容来分析，第二次改版后的《南方周末》呈现出如下鲜明的特色：

（1）“深入成就深度”。第二次改版后，《南方周末》的深度报道逐渐增多，主要体现在以下几方面：①头版头条的新闻性、时效性增强，注重详细深入地报道重大的新闻事件，并与第二版结合起来，以挖掘“新闻背后的新闻”及冷峻的分析见长。如 1996 年有关奥运会的报道、反贪污腐败报道、1997 年对一代伟人邓小平逝世的报道，都是做得非常出色的。尤其对“97”香港回归的报道，更是《南方周末》对重大事件报道的大手笔。当时，《南方周末》于 5 月即派记者赴港采访。从 6 月 6 日起，便在第二版、第三版开始《“你好！香港”》的系列报道。此后，连续用四期 18 个专版进行了大篇幅报道。第 699 期又以《一个时代的终结与另一个时代的开始》、《改变香港的 24 小时》为主题，以八个版的篇幅作重点报道。一系列重点报道的推出，彰显了《南方周末》的整体实力，其内容以“全面”、“有深度”吸引了读者的注意，提高了报纸的美誉度。②开启了经济报道的新模式。新增的《经济与人》、《信息时代》（1996 年 3 月 1 日创刊）等专版，对经济新闻的报道以深度见长，成为《南方周末》经济版最大的特色。1997 年《经济与人》栏目更趋成熟，往往对经济新闻进行深入挖掘，重在揭示经济事件发生的背景、经济行为的意义及由此可能带来的影响，颇具学术价值。③言论力度加大，重视不同声音的表达。最有影响的是 1996 年设立的《时事纵横》专栏。该栏由鄢烈山主持，每期撰写一篇评论，名曰《阅报札记》（1997 年改为《纵横谈》）。鄢以一支健笔，针对社会问题，以犀利的文风、独特的视角，深入剖析、主持正义、抨击时弊，树立了《南方周末》批判的风格。

（2）关注弱势群体，宣扬人文关怀。《南方周末》常为弱势群体鼓与呼，让弱势群体获得话语权。1996 年第 623 期《百姓茶坊》名栏的设立，主要就是为了充分表达普通百姓的声音。《南方周末》还高举人文关怀的旗帜，把目光投注于社会底层，关注弱势群体的现实生活。

（3）加大对社会问题的关注，营造“公共空间”。1996 年后，《南方周末》不仅报道社会问题，而且探讨问题的解决之道。从 1996 年起，《南方周末》努力把报纸营造成知识分子集中发言的“公共空间”。通过新版面、新栏目的设置，对转型期中国面临的深层次问题作全面深入的探讨。参加讨论的主要是学界专家、社会名流，反映出浓厚的学术气氛。所以，《南方周末》往往被视为一份精英报纸，为知识分子所倚重，与广大知识分子结下了“精神缘”。

【从 1998 年底开始的第三次改版】 从 1998 年 3 月 13 日（第 735 期）起，《南方周末》第三次扩版，从对开 16 版扩至 20 版（后增至 24 版）。第三次改版的最大成就是新闻专业化及版块式运作方式的形成。

“三新”（《新生活》、《新经济》、《新文化》）版块的形成：1998年起，《南方周末》在中国主流媒体中的权威地位被广大读者及业界、学界所公认，当时的口碑是“北有‘北青’，南有‘南周’”、“北有‘中青’，南有‘南周’”、“‘南周’是报纸中的‘焦点访谈’”等。1998年底，《南方周末》期发行数突破130万份大关。1999年是20世纪最后一年，也是《南方周末》创刊的第15个年头。为迎接新世纪，从1998年底开始，《南方周末》进行大刀阔斧的第三次改版：将报纸架构作大的调整，报纸版面采取“版块式”运作方式，除新闻版外，将专版整合为《新经济》、《新文化》、《新生活》三大版块。1998年11月6日（第769期），《南方周末》在当天的第17—20版（共4版）推出全新的《新生活》版块。1999年5月21日（第797期），《南方周末》的“财经特刊”从第3期起，以“全新内容”、“全新包装”统合为《新经济》版块（第25—28版），内分“财经”、“来论”、“业界”等分版。

1999年6月18日（第801期），《南方周末》又在当期的第21—24版（共4版）推出《新文化》版块，内分“文眼”、“视野”、“专题”等专栏性专版。此后，这三大版块（《新生活》、《新经济》、《新文化》）在《南方周末》上轮番刊出。到2000年5月12日（第848期）起，“三新”完成。当天“三新”三大版块在报纸上同时刊出：《新生活》在第17—20版、《新文化》在第21—24版、《新经济》在第25—28版。此后，“三新”版块在每期都同时刊出，成为常态。

【“年末特刊”及“元旦特刊”、“新年特刊”的成功策划】1997年12月26日，《南方周末年末特刊·再见，一九九七——你们现在还好吗?》（共16版）问世。此后每年年末最后一期都是“年末特刊”，或每年元旦一期都是“新年特刊”、“元旦特刊”，这成为《南方周末》每年年终或每年元旦的巨献。特刊内容主要是对当年精彩新闻报道的盘点和回顾，其固定的版块内容包括编辑部署名文章“新年献词”、年度人物评选揭选、年度记者行动、年度回访、年度传媒事件回顾等。为读者交口称赞并成为年末特刊或新年特刊、元旦特刊象征符号的，首推编辑部署名文章“新年献词”，如《总有一种力量让我们泪流满面》、《让无力者有力　让悲观者前行》（两文俱载1999年1月1日“元旦特刊”，系1999年新年献词）、《我们从来没有放弃，因为我们爱得深沉》（1999年12月29日“年末特刊”所载2000年“新年献词”）、《愿新年的阳光照亮你的梦想》（2000年12月28日“年度特刊”所载2001年“新年献词”）、《我们走在中国的大地上》（2001年12月27日“年度特刊”所载2002年“新年献词”）、《我们不说，他们说》（2002年12月26日“年末特刊”所载2003年“新年献词”）、《这梦想，不休不止》（2004年1月1日“新年特刊”所载2004年“新年献词”）。2004年12月30日（第1090期），《南方周末》推出2005年“新年特刊”共34版，头版首载“本报编辑部”文章《这是你的光荣之路》；2005年12月29日（第1142期），《南方周末》推出2006年的“新年特刊”，共40版，头版载“本报编辑部”文章《一句真话能比整个世界的分量还重》，等等。以上历年的“新年献词”标题凝练生动、简洁明了。作者们秉承梁启超式“笔锋常带情感”的政论风格，以饱含深情的笔致、火一般的激情、诗一样的语言、极为煽情的手法，叩击着广大读者的心弦，形成了强烈的感染力和震撼力，是时代高亢激越的最强音，也是《南方周末》评论文章中的经典之作。其代表作如1999年1月1日（第777期）《南方周末》头版头条刊载的新年祝词《总有一种力量让我们泪流满面》，就写得十分动情与感人：

> 阳光打在你的脸上，温暖留在我们心里。有一种力量，正在你的手尖悄悄袭来，有一种关怀，正从你的眼中轻轻放出。在这个时刻，我们无言以对，唯有祝福：让无力者有力，让悲观者前行，让往前走的继续走，让幸福的人儿更幸福；而我们，则不停为你加油。总有一种力量它让我们泪流满面，总有一种力量它驱使我们不断寻求“正义、爱心、良知”。这种力量来自于你，来自于你们中间的每一个人。阳光打在你的脸上，温暖留在我们心里。为什么我们总是眼含泪水，因为我们爱得深沉；为什么我们总是精神抖擞，因为我们爱得深沉；为什么我们总在不断寻求，因为我们爱得深沉。爱这个国家，还有她的人民，他们善良，他们正直，他们懂得互相关怀。

当天第九版还刊登主编江艺平《让无力者有力　让悲观者前行》云：“回望逝去的365个日日夜夜，我们所有的努力都是为了证明‘我是一个记者’。”“记者所履行的职责，何尝不是对公众的一种‘还债’……他要告诉人们世界上发生的新闻，他还要告诉人们新闻背后的真相。对于这样一项职责，我们当然时时力有不逮，但我们愿意为此而竭尽全力。”

20世纪90年代是《南方周末》的黄金时代及最为辉煌的时期。截至1998年，其期发行数已达130万份，成为中国发行量最大的周末报，在海内外享有广泛而深刻的影响。进入21世纪后，《南方周末》渐趋平淡，尤其2005年中央办公厅、中宣部关于媒体不得进行异地监督的指示下达后，《南方周末》优势不再，开始走下坡路。为了重新奋起，进入21世纪的《南方周末》又进行了两次改版。

【2002年《南方周末》的第四次改版】2002年10月4日（第976期），《南方周末》第四次全面改版，推出“瘦身”后“挺拔”的“黄金报型”。当天头版刊登《改版致读者》云：“此次改版，主要是对报纸的外形结构进行调整——启用‘黄金报型’。在历时五个月的筹划过程中，我们成立了专门小组，查阅资料，实测国际著名大报的报型比例，联系能够生产这种特殊比例新闻纸的厂家和遍布全国14个大中城市的印点，逐一落实卫星传版和印刷等事宜，以及对版式设计进行细微调整，做了大量烦琐和细致的工作。”“终于面目一新的《南方周末》站到了您的眼前。”

【2004年《南方周末》的第五次改版】2004年1月1日（星期四），《南方周末》（第1038期）于创办20周年之际第五次扩版：从24版、28版扩为32版，向全国发行。并将版面再次全新整合为新闻、经济、文化三大板块，内容紧扣时代发展的热点和焦点，承担“记录时代进程”的使命。2004年2月12日（第1044期），《南方周末》创办20周年（1984年2月11日至2004年2月11日）之际，当天报纸头版头条位置套红推出“一纸风行二十年”的口号。同时，《南方周末》出版全面总结该报经验、成就的《20周年特别珍藏版》其为对开一大张四版，内部发行。从此，《南方周末》开始朝下一个20年的核心战略目标——“从百万大报走向百年大报”迈进。

三、都市报的勃兴

（一）20世纪90年代中后期都市报的勃兴及“都市报现象”

从近、现代新闻史的角度考察，我国都市报的发展渊源甚早。如早期出现的北京《京话日报》（1904年8月16日创刊，由彭翼仲创办）、《实报》，上海的《立报》（1935

年9月创刊，由成舍我创办），南京的《南京人报》（1936年4月8日创刊，由张恨水、张友鸾等主办）等一批报纸，可以说是中国新闻史上早期都市报的代表。

在改革开放的新时期，我国报业在经历了日报潮、晚报潮和扩版潮之后，90年代中后期又兴起了都市报热。特别是1997年，国家有关部门对报刊实行治散治滥，停止新批报刊——新闻出版署不再批准一个城市办两张晚报，于是具有晚报性质的都市报迅速崛起。据统计，到1999年，全国已有近30家有相当规模的都市报。其中如《三秦都市报》期发行数20万份、年广告收入1 600万元，《三湘都市报》期发行数也达20万份、年广告收入2 700万元，《燕赵都市报》期发行数35万份、年广告收入2 000万元，《大河报》期发行数46万份、年广告收入6 800万元，《华西都市报》期发行数52万份、年广告收入高达1.3亿元。[29]

到2002年，都市报又有新的发展，全国共有70多家。其中，有的都市报发行量和影响力在全国日报中遥遥领先，有几家都市报发行量都突破百万份大关，有的年广告收入突破5亿元大关。[30]

【第一份都市报——《贵州都市报》】都市报的兴起，是从90年代初期开始的。最早用“都市报”这个称谓的是《贵州都市报》，其由贵州日报社主办，于1993年8月1日（星期日）创刊。该报创刊时名曰《今日都市》报，4开4版一张，周报形式。8月1日创刊“第一期”，头版首载“本报编辑部”文章《让它都是新闻——发刊词》云：“《今日都市》今日创刊。”“它是市民报，又是新闻报。专门报告市民关心的新闻——从天下大势到身边琐事，从政治经济到生活娱乐，只要它牵动了市民的喜怒哀乐思，只要它是真正的新闻！”“无论‘大官’、‘大款’还是平头百姓，生活在城里，总是市民。读累了洒洒鸿篇，读烦了凶杀艳情，上班路上、买菜途中，顺便叫张《今日都市》，品一客‘新闻快餐’。几十条信息，10分钟溜完，然后或包早点或揩手，让它物尽其用。”“《今日都市》拟尽快办成日报。先出周报练兵，试试反应，再逐步改进、伺机迈进。”“《今日都市》奉读者为上帝，竭尽全力满足市民的新闻、信息需求，让您掏出的两毛钱物有所值。”该报是中国报业史上第一份用“都市报”命名的报纸，也是当时第一份进入市场的报纸，标志着中国报业一个新时代的到来。以后，《贵州都市报》成为贵州地区发行量最大的报纸。到1999年，《贵州都市报》每日出4开24版至40版，彩色印刷，全省发行。《贵州都市报》创刊后，《贵州日报》又主办了《贵州商报》，该报也进入市场。1999年7月，《贵阳晚报》也从党报系统脱离出来，以纯市民报的面目进入报业市场。此后，贵州报业市场的竞争和“厮杀”便主要在这三份报纸之间展开。

【《华西都市报》】《贵州都市报》创刊后一段时间影响并不大，真正引领都市报潮流的报纸是《华西都市报》。1995年1月1日，由四川日报社主办的《华西都市报》创刊，该报日出4开8版，1996年7月1日扩为日出4开16版。关于取名“都市报”，还有一段“掌故”。据原新闻出版总署副署长梁衡回忆审批《华西都市报》创刊手续时的情景说：“当1994年第四季度《四川日报》要创办一份省级晚报时，当时新闻出版署考虑到一个城市不宜办两张晚报，以避免报纸市场人为竞争，于是，《华西都市报》诞生了。”[31]

《华西都市报》是《四川日报》在同《成都晚报》的激烈竞争中创办起来的。在《华西都市报》创办之初，该报总编辑席文举跑遍全国搞调研，先后考察了15家报社。在分析了全国较有名气的晚报的成功之道后，《华西都市报》借鉴、汲取《扬子晚报》的市民生活版、《成都晚报》的社会新闻、《今晚报》的夜间新闻、《羊城晚报》的副刊版、

《钱江晚报》为市民排忧解难的系列报道等方面的经验，并将这些经验综合起来，再从宏观和微观上加以革新，形成《华西都市报》"按读者的需求办报"的宗旨和"实、快、短、热、活、宽"的风格。作为四川日报社主办的一张省级城市晚报，《华西都市报》可以说有点"生不逢时"，当时报业竞争早已进入"战国"时代。要想在报业市场中分一杯羹，必须大胆改革，锐意创新，走新型晚报的发展之路。在办报实践中，席文举非常重视报纸的策划，尤其是对要闻版的策划。《华西都市报》的版面策划主要有两大方面：一是对要闻版的策划，让市民的生活要闻在一版唱主角。同时，席文举将《新闻追踪》（连载）确定为报纸的"拳头产品"，打响全国。《新闻追踪》选择政府和市民都关心的热点事件跟踪报道，尤其重视大的新闻追踪报道，每天一整版。二是重视副刊版、专刊版的策划。席文举原在《四川日报》分管"副刊"和"周末"，具有丰富的办副刊的经验。《华西都市报》的副刊版有鲜明的特色：创刊以来，一直为市民读者津津乐道的副刊版定名曰《街坊》，专门反映百姓寻常之事；《街谈巷议》为其副刊之魂，发表小杂文、小言论，对都市时尚、市井风气等作出观点鲜明的评论，这些文章从不无病呻吟；《盖碗茶》介绍成都历史沿革、民俗民风、饮食礼仪等文史掌故；《家经难念》对家庭矛盾中心的夫妻关系、婆媳关系、家庭教育及邻里关系等烦恼进行倾诉和评说；《市民沙龙》则采取诸人圆桌对话形式，针对普通市民关心的、涉及大众生活某方面的问题，组织相关市民谈看法、体会，或释疑解惑等。在办报理念上，《华西都市报》始终坚持"读者第一"的宗旨。在发行上，实行"敲门发行"，上门服务。总编辑席文举认为：办报人的心目中要永远装着读者，为他们提供周到、贴心的服务。他概括一句话：《华西都市报》是"市民的公仆"。他还常常提醒大家：就像鱼儿离不开水，报纸不能没有读者；只有赢得最广泛的读者，报纸才能立于不败之地。[32]

《华西都市报》创刊后不久就取得良好的经济效益。初创时是支用其母报《四川日报》的300万元作为开办费而办起来的。创办第一年的发行量即达10万份、广告收入达700多万元，打破新办报纸"一年亏损、二年持平、三年赢利"的惯例。1996年发行量逾25万份，1997年达40万份，1999年超过52万份，成为西部地区发行量最大的报纸之一。在经济效益方面，1997年广告收入达9 000万元，1998年又跃升至1.3亿元。2001年的广告营业额2.9亿元，2002年为3.2亿元，日发行量达62万份。2003年广告额突破4亿元。2004年，该报跻身全球日报发行100强、中国报业20强之列，创造了令人瞩目的成就。2002年7月底，主持《华西都市报》工作7年的知名报人席文举辞职，北上担任辽宁《经济时报》总编辑一职。

与《华西都市报》同时创刊及以后陆续创刊、出版的著名都市报还有如下诸种。

【《三秦都市报》】该报原名《三秦晚报》，由陕西日报主办，1994年1月1日创刊，1995年4月更名为《三秦都市报》出版。

1996年，《三秦都市报》凭借《阳光下的罪恶》系列报道名噪一时，势头直逼当时西安报业市场实力最强的《西安晚报》。90年代后期，西安报业市场主要有《华商报》、《三秦都市报》、《西安晚报》、《今早报》等几张报纸出版，竞争激烈。2003年5月15日，《三秦都市报》与《今早报》合并，出版新版的《三秦都市报》，四开加长型32版，其中多版彩印。

【《华商报》】西安《华商报》是由陕西省归国华侨联合会主管主办的一份综合类城市生活报。其前身为1998年出版的《华侨艺术报》，1991年9月更名为《侨声时报》。

1995年1月1日，再度更名为《华商报》。1997年以前，由于报纸定位与市场存在一定距离，《华商报》亏损累计近千万元。1997年6月，报社调整了领导班子，将报纸定位为“综合类城市生活报”，以“全心全意为市民服务”为办报宗旨，确定通俗化、大众化的发展路子和“发展、合作、规范”的企业发展三原则，于7月1日起对报纸进行全面改版，采取一系列举措，迅速打开市场。到21世纪初，《华商报》快速崛起，成为西北地区首屈一指的都市报。2003年，该报跻身全国平面媒体广告收入前10名。到2004年入选“全国都市报竞争力20强”，当年广告收入升至4.8亿元，累计上缴国家税金2亿多元。2005年8月，“2005年度全国晚报都市类报纸二十强”在北京揭晓，《华商报》雄居全国第三位。

【《燕赵都市报》】《燕赵都市报》由河北日报主办，于1995年9月30日出试刊第一期。1996年1月8日正式创刊，当天首登发刊词《我们永远是朋友》。该报以周末版形式出版，周一刊。在《燕赵都市报》草创的1996年，河北省11个地级市已有9张晚报，读者市场已被分割，可谓“诸侯割据”。在这种不利形势下，《燕赵都市报》喊出“突围”、“超车”的口号，谋求超常规发展，出奇策制胜。为此，《燕赵都市报》于1997年1月改版增刊为4开8版周六刊。1997年10月又在全省报界抢先扩为4开16版，周七刊，以“天天十六版，只卖三角钱”为发行口号，还在全省11个城市建立30多个发行站，从此走上迅速发展的快车道。此后，该报又从16版扩到每期发行48版彩印厚报（2005年）。

《燕赵都市报》一直秉承“为市井人家办报、让平民百姓爱读”的方针，坚持正确的舆论导向，服务市民大众，创造了良好的社会效益和经济效益。其发行量2003年已达100万份，年广告收入逾3亿元，是华北地区（除北京外）发行量最大的报纸，名列世界报业百强、中国报业20强。

【《大河报》】该报由河南日报社主办，于1995年8月1日创刊。初创时为4开8版，经过十年的发展，到2005年日均64版，日发行数突破100万份大关。该报以自办发行为主，兼顾邮发和零售（其中在郑州市发行40万份），是河南省发行量最大的报纸。

【《楚天都市报》】该报由湖北日报社主办，于1996年11月12日发行试刊号，1997年1月1日正式出版。创刊当年期发行数即达18万份，第二年激增至43万份。1998年夏季武汉洪水报道中，《楚天都市报》表现出色。另外，对一些重大事件如香港、澳门回归祖国、三峡大坝大江截流、国庆50周年等的报道中，《楚天都市报》都有精彩的策划。该报在创刊仅3年多时间里，在湖北省及武汉地区报业竞争中创下了多项第一：发行量第一、阅读率第一、广告营业额第一。进入新世纪以后，《楚天都市报》日出4开16—32版，发行量也超过百万份。21世纪初，武汉地区报业市场的主角有《湖北日报》、《长江日报》、《武汉晚报》、《楚天都市报》、《楚天金报》、《武汉晨报》六家。这六家报纸分属两大报业集团：湖北日报报业集团有党报《湖北日报》，以及《楚天都市报》和《楚天金报》两家都市报；长江日报报业集团有党报《长江日报》和《武汉晚报》、《武汉晨报》。[33]

【《南方都市报》】《南方都市报》由南方日报社创办，南方报业集团系列报之一，于1997年1月1日正式创刊。仅仅五六年时间，《南方都市报》便发展成为开中国报业一代风气的新时代主流媒体。到2004年，该报日均发行96版上下，日均发行量140万份，年广告营业额达到12.85亿元，比1997年初创时增长160倍，员工达3 000人（含发行人员）。[34]

实际上，《南方都市报》早在1995年3月30日即创刊了。当时是一张每期出对开8版的周报，报名“南方都市报”5字系从魏碑中集出，古朴、刚劲、有力，红底白字，分外醒目。该报由《南方日报》社会生活部主任关健主持筹办，初期骨干有关健、张志光、程益中等。该报初创时，曾得到南方日报社社长刘陶的大力支持，由关健任主编，程益中、张志光分任副主编。早期的《南方都市报》是在1994年南方日报处于“繁荣背后感到深重的内外危机”的情况下创办起来的。当时，《南方日报》处于内有在市场经济热潮中因投资不慎造成的巨额亏损，外有同城媒体（如《羊城晚报》、《广州日报》）的步步紧逼、虎视眈眈，其“老大哥”的地位岌岌可危。为了摆脱困境，打开新的局面，《南方日报》才创办了这份子报。由于创刊时尚未拿到全国统一刊号，故办不了日报，只得先用广东省内部刊号办周报。因此，1995年3月30日至1996年12月31日期间，《南方都市报》都是以对开8版的周报形式试刊出版的。

1996年8月，李孟昱担任南方日报社长、范以锦任总编辑。为了应对竞争，新一任社委会在报社经济十分困难的情况下，果断决策：投资3 500万元，进行《南方日报》的再度扩版（1998年从对开12版扩为16版、20版）；继续支持《南方都市报》的发展，允许它“一年大亏、两年小亏，三年平，四年开始有利润”。[35]

1997年1月1日，《南方都市报》“凤凰涅槃”，由周报正式改为日报出版，版面也由对开8版大报改为4开16版小型报形式。创刊号别出心裁，以广州地区新年零点零分第一个新生儿呱呱诞生的通栏大照片作头版头条，寓意“南都”的新生，令人耳目一新。当天的“南都”没有发刊词，这张照片成为它的创刊宣言。《南方都市报》初创时期，另辟蹊径，大胆创新。由于该报当时还是一份籍籍无名的小报，采访重大时政新闻比较困难，他们便将突发新闻和社会新闻报道作为主打，放在报纸的封面版，而且大胆推出整版乃至多个版的联动报道及连续报道。如《变性丽人的情爱悲歌》（载1997年4月1日至29日的《南方都市报》）就是当时引起轰动的专题报道；1997年9月，有关英国王妃戴安娜车祸事件报道也是“南都”当时的“典范”之作。与此同时，“南都”放手做起暗访新闻、揭露性报道。如后来常见的追踪暗访伪劣产品、追查私宰肉等揭黑打假题材的报道方式，都是“南都”早期最早搞起来的。1999年10月20日至27日，《南方都市报》推出揭露以广州火车站为中心的流花区一带地方治安问题的系列报道，曾产生了重大影响。另外，有关娱乐新闻、民生新闻的报道，暗访追踪报道、系列专题报道等，也是当时“南都”的强项。其揭露广州一些地下黑作坊用潲水油提炼花生油的报道（1998年3月16日）、有关城中村的报道就是这类新闻报道的代表作。进入新世纪后，“南都”快速发展成为主流大报，其暗访追踪、揭黑打假的报道更多。如《血头染指无偿献血牟暴利》（2000年8月21日头版头条到9月27日）、《四龄女惨遭黑井吞噬》（2001年4月）、《暗访揭开医托黑幕》（2001年7月9日A5—A8版到7月14日）、《地下“黑豆腐”堂皇进超市》（2001年7月11日头版头条到2002年2月9日）、《致癌大米惊现羊城》（2001年7月30日头版头条到8月4日）、《“ABA”是个惊人大骗局》（2001年9月5日A12版）、《剧毒狗肉大量流入广东》（2001年12月7日头版头条）等，其中影响最大的是广州“毒大米”曝光事件。事情起因于2001年7月26日一位热心读者的投诉电话：在天平架“真实惠”货仓商场买到了劣质大米。编辑部暗访和送检相结合，发现是有毒大米。7月29日，广东省卫生厅、公安厅等有关部门查处有毒大米400吨，随后引起全国的注意。“广州毒大米”事件成为2001年全国整顿和规范市场经济的十大案件之一。

2003年，是“南都”创刊6年来业绩最为辉煌的一年。这年年初，“南都”推出《深圳，你被谁抛弃?》大型系列报道，引发争议；2月至3月，“南都”本着求真、务实的态度多次努力冲击传统的信息封闭体制，公开报道SARS（“非典”）；4月25日，最早报道孙志刚案。这一系列重大报道在国内外产生了重大影响。尤其在2003年4月25日，《南方都市报》在当天A6—A7版头条连载刊登该报记者陈峰、王雷采写的通讯《被收容者孙志刚之死》。同一天，该报A2版还配发“社评”《谁为一个公民的非正常死亡负责》。通讯首次独家披露了27岁的大学毕业生孙志刚于2003年3月20日在广州收容站内被殴打致死，一个多月无人过问的前后经过。文章发表后，立即引起极为强烈的反响，最终促成国务院和民政部颁布《城市生活无着的流浪乞讨人员救助管理办法（草案）》和《实施细则》，于8月1日起正式施行，同时废止原施行了21年的《城市流浪乞讨人员收容遣送办法》。这一报道后来成为报纸进行舆论监督的经典案例。

从20世纪90年代末到21世纪初，《南方都市报》对其报纸的版面及内容先后进行了多次重大改革。如：

1999年11月18日起，“南都”扩版为48版，头版全版改用大幅新闻照片和“导读”，形成著名的“主图+导读”的头版版面风格，以增强封面版的视觉冲击力及厚报的易读性、悦读性。

从2000年6月28日开始，“南都”又把常规版面48版扩为72版，由要闻、经济、娱乐和生活四大元素组成，共分A、B、C、D四大叠：A叠为要闻类，由区域新闻部编；B叠为经济类，由经济部编；C叠为娱乐新闻·体育类，由专刊部、体育部编；D叠为生活类，有《广州杂志》、《深圳杂志》、招聘广告之类的专刊专版。

2002年3月4日起，“南都”在进行大规模改版中，推出第一个《时事评论·社论》专版。从2003年4月起，“南都”时评版从每天一个版扩充到两个版，分别为“社论”、“个论”版。当时有关对孙志刚事件及收容制度的系列评论、对深圳新形象及网民与市长对话的系列评论等，都在社会上产生过重大影响，堪称“南都”时评的精品。2004年6月1日，“南都”增设评论部。[36]

（二）都市报的贡献及其存在的问题

20世纪90年代中期出现的“都市报现象”，有其深刻的时代背景：

（1）都市报是在省级党报出现危机的情况下创办起来的。20世纪90年代中期，由于市场经济的发展，工业化、城市化进程的加快，各地省委机关报沿袭多年的办报模式和套路难以适应现代城市生活信息多、节奏快，需求多样化的特点。特别是机关报办报观念落后、经营机制僵化不活，市场适应能力差，难以满足读者多层次多方面的阅读需求。由于以上种种原因，再加上各省省会城市晚报及市委机关报的强有力竞争，终于导致各省省委机关报在市场经济条件下发行量锐减，经济效益、广告收入普遍比省会城市的晚报和市委机关报差。因此，在这种严峻的形势下，一些省委机关报为改善自身经济状况，完善报业结构，扩大读者层面，便先后办起了一种介于机关报与晚报之间，既嫁接两者的优势，又有自己的创造和发展的独特报纸——都市报。

（2）都市报是在计划经济向市场经济转型过程中创办起来的。1987年，财政部批转《人民日报》等首都8家报纸要求试行企业化管理的报告。同年12月，国家出版局在全国报纸经理会议上正式宣布了报社实行企业化管理的决定。从此，“事业单位，企业化管理”开始成为具有中国特色新闻媒体性质和特色的代名词。紧接着，1988 年 3 月 16 日，国家新闻出版署和国家工商行政管理局又出台了《关于报社、期刊社、出版社开展有偿服务和经营活动的暂行办法》，正式规定报社等新闻出版实体可以兼营广告，可以利用经济、科技、文化、教育、法律、卫生、生活等方面的信息，为社会提供有偿服务，报业经营范围进一步扩大。此后，许多省委机关报都办起了信息咨询公司、图片社等，有的甚至办实体、投资办工厂及房地产开发。但由于缺乏经验，不熟悉实业的经营，大部分的投资都以失败告终。在此情况下，全国各省省级党报的领导者们才意识到办报纸才是自己的所长，才开始集中精力、心无旁骛地办好都市报。再加上行政补贴取消，“皇粮断奶”，各省省委机关报不得不自己开辟财源，求生存图发展，另辟蹊径办都市报。

在中国当代新时期新闻改革的进程中，都市报的出现具有标志性意义。它扭转了由机关报形成的“官报官办，官订官看”的传统做法，实现了报纸面向社会传播的回归。都市报定位于社会生活报，特别强调新闻性和服务性，采取市场化经营的策略和方式，对我国媒体从事业型转向产业型、从公益型转向经营型都起了很大的推动作用。同时，都市报借鉴晚报的思路和做法，在报纸版面内容及采编业务的改革创新与经营管理模式的创新等方面都作出了重要贡献，其特色如下：

（1）重视新闻“追踪报道”，即抓住正在发展、进行中的新闻事件、社会热点和读者普遍关心的问题，组织策划连续、追踪式报道。尤其是《华西都市报》，它把当时许多报纸都搞过的追踪报道变为《新闻追踪》栏目，其特点是“天天搞，数量多，版面大，时间长，形成了规模效应”。

（2）重视“特别报道”，即“每天一个长篇故事”，这也是由《华西都市报》所首创，后成为该报最具特色的“拳头”栏目。其“特别报道”涉及案件、人物、事件、热点四大题材，文章集故事性、可读性、真实性、政策性于一体，故深受读者的欢迎。由此也引发了国内都市报、晚报的特稿大战。

（3）重视批评报道，主要是针对社会上的歪风邪气、不良倾向、贪污腐败等问题，抓住市民关心、领导关注的事件案件，开展批评报道与舆论监督。

（4）重视开展群众性讨论，启发、引导读者参与对焦点、热点新闻的讨论，并在报上有选择性地刊登，以形成气势，增强亲和力。

（5）硬新闻软处理、软新闻多样化，增强文章的可读性、悦读性，为读者提供精彩的“信息快餐”。

（6）拓宽信息渠道，增强服务内容，把触角延伸到市民生活的方方面面及各个角落。[57]

（7）尤其重视封面版的编排创新，大胆采用“黑体大标题”＋“主图加导读”＋彩色印刷的封面版编排方式，既吸引读者目光、强化了头版的视觉冲击力，又增强了报纸的易读性，方便读者的“选择性阅读”，降低了读者的阅读“成本”。在这方面，《南方都市报》做得最出色。

（8）坚持报纸既是“新闻纸”又是“观点纸”的理念，突出“时评”地位，扩大“时评”版面。多元化、理性化的时评往往能起到启迪智慧、开阔视野、引导舆论的作用。

（9）在经营手段上进行大胆创新。如在发行上，采取“敲门发行，送报上门”的措施，为订户读者提供周到、贴心的服务。同时将商品营销领域的促销手段运用到报纸销售及发行中，形成了“以自费市场为主、以零售为主，以自办发行为主”的发行方略。

（10）在用人机制中，大胆采用全员合同聘用制的市场化管理模式，引入竞争机制，逐级聘用、工效挂钩。对职工实行激励机制、约束机制和内部竞争上岗机制、优胜劣汰机制，较好地形成了多劳多得、少劳少得、不劳不得、能上能下、能进能出的状况。

都市报在20世纪90年代后期及21世纪初的发展进程中，由于竞争过于激烈，导致了一些弊端的产生。一是在办报思想上出现误区。当时有一些比较流行的说法，叫做“大报抓导向，小报找市场”，“主报交给党，子报找市场”，“主报讲导向，子报找卖点”，“党报要满足党的需要，都市报只满足市民的需要”，等等。因此，不少都市报的内容刊登、题材的选择都过于市场化，一切皆以市场为依归。只要市场有需要，什么内容都刊登。二是由于报业的过度竞争，导致一系列负面影响的产生。竞争本来是好事，因为良性竞争可以给报业带来活力。各都市报锐意改革、大胆创新，使报纸的内容更丰富，所刊登的文章更深刻、更耐看了，报纸的版面也更生动、更好看了，更吸引眼球了，服务也更周到了，读者得到了实惠。但发展到后来，由于过度竞争，甚至恶性竞争，导致报纸内容的严重滑坡和退步，品位下降，也导致报业市场的无序和混乱。都市报的竞争主要包括都市报与晚报的竞争、都市报与都市报之间的激烈竞争。一时间，都市报与晚报、都市报与都市报之间大打新闻战、发行战、价格战与服务战。以发行为例，每当每年征订的时候，各都市报都采用商业营销及商品促销手段，各出奇招，如在征订时或送食物油、米、矿泉水，或送洗衣粉、伞，或送圆珠笔、签字笔等日常生活用品。在服务方面，羊城晚报发行公司还充分利用自己的发行网络，代理销售和配送矿泉水、蒸馏水等产品。特别是在报道内容上，各报大打新闻战，或跟风起哄，肆意炒作，或格调低下，媚俗、庸俗、低俗，一味迎合市场和读者。特别是有些都市报在报道社会新闻及娱乐新闻方面，打着“人情味”、“趣味性”的旗号，贩卖庸俗的东西，使报纸的内容明星化、绯闻化和炒作化。有些晚报在与都市报的竞争中，特色尽失。90年代后期及21世纪初期，“晚报早出”现象非常普遍。据统计，当时中国晚报协会130家会员中，有69家晚报早出。晚报的最大特点和优势就是它报道当天新闻。报道当天的新闻才能叫“晚报”，没有当日新闻就不能称作“晚报”。赵超构曾说：为什么要办晚报？就是要把从凌晨到当天上午发生的新闻，当日晚就能告诉读者。这就是说，从凌晨到中午这一时段发生的新闻，晚报必须报道、必须抢，这是晚报的优势。而不少晚报却开始丢掉晚报的这一特性，改出早报、晨报去争上午市场，从内容到发行都与日报趋同。“晚报早出”虽不是愚不可及，但实在是无奈之举。

“南都”在深圳的发行风波：都市报在发行上、在争取市场份额上的恶性竞争更是严重。最典型的例子莫过于《南方都市报》在深圳的“发行风波”。1999年，《南方都市报》成功打入深圳，异地发行。2000年6月6日和2000年12月27日，深圳市报刊发行局两次与《南方都市报》深圳发行站签订《协议书》，由发行局1 300多家邮政报刊亭代理发行“南都”。据发行局称：自签约以来，发行局投入了大量人力、物力，克服种种困难，使“南都”在深圳的日零售量从发行局代理前的5万份增加到2000年4月的12万份。尽管如此，“南都”仍不满意深圳报刊发行局限制“配发”该报的状况。这样，“南都”便采取在广州等地的成功做法，撇开发行局，取消中间商，私自派送报纸到各邮政报刊亭。2001年5月8日，“五一”长假过后上班第一天，深圳市报刊发行局突然发出一纸通知，要求“从5月10日起，严禁（深圳市）报刊亭销售未与发行局签订代理销售协议的‘外埠非党报党刊’”。第二天，深圳街头1 300多个报刊销售亭普遍出现了《南方都市报》无报、少报和退报现象。对此，“南都”立即反弹。5月10日，《南方都市报》头版头条以通栏大标题《深圳有人悍然封杀本报》报道深圳市“报刊发行局与当地两家报刊发行部门禁止全市千余报刊亭销售《南方都市报》”。也是从5月10日开始，该报连续两天（5月10日、11日）共动用17个整版篇幅（5月10日A6—A11版整6版；5月11日A2—A9版，A11、A13、A14版整11版）和其网站，将“南都”与深圳市报刊发行局的矛盾纠纷公开见报上网。同时，抓住这一事件大做文章，谩骂、指责深圳发行局的行为是“封杀”该报，甚至含沙射影，把矛头直指深圳市政府，称这是“属于典型的地方保护主义”、“禁令是深圳的耻辱”、“这种赤裸裸的垄断行为和不正当竞争行为与市场经济规律背道而驰，这种丑事出现在作为经济特区和改革开放前沿阵地的深圳，实在是深圳市民的不幸，是深圳特区的奇耻大辱”，公然指责“深圳有关部门公然推行地方保护政策，顶风违纪”。“南都”这些极具煽动性的语言严重损害了深圳市市政府的社会形象，并被一些媒体所利用，成为他们攻击政府的依据。香港《东方日报》5月10日以“《南方都市报》反击当局”为题，称“封杀是地方保护主义行为”；香港《明报》5月11日也以“不满垄断及地方主义色彩”为题，指责“当局滥用行政权力，是妨碍出版自由的不正当行为”。《南方都市报》的不理性做法，已严重地误导了舆论，混淆了视听，造成了极其恶劣的国内、国际影响。

这一事件迅速引起了国家、省、市相关部门的高度重视。广东省工商行政管理局组织调查组对该事件进行调查，深圳方面也发表了绝无“封杀”之意的声明。6月16日，在停售一个月后，《南方都市报》在当天报纸的头版头条以通栏大标题刊登“南方都市报编委会”《向深圳市郑重道歉》一文，承认自己“言辞过激，炒作过度，随意指责对方为‘地方保护主义’，违反了新闻宣传纪律，损害了深圳特区的良好形象，给深圳市工作和经济发展带来不应有的负面影响”，“特向深圳市和深圳报刊发行局及深圳市民作出深刻检讨，并郑重道歉”。随后，该报再度开始在深圳恢复上摊零售。此后，2002年4月，“南都”开始进军东莞；2003年4月，“南都”向佛山和珠海扩张。

南京等地两败俱伤的价格战：除了发行大战，价格战也是都市报之间竞争的重要武器。1999年5月，《江苏商报》以当时南京报业市场的最低价2角钱一份打入该市早报市场，从而点燃了南京报界价格战的导火线。同年9月起，同处一城的《江南时报》、《现代快报》、《每日侨报》、《南京日报》也纷纷降价出售，一场价格战开始。2000年1月10日，《服务导报》全面改版，“买一份《服务导报》，送一份《每日侨报》”的促销方式不变。当时，《江苏商报》每份2角，《现代快报》每份1角，《金陵晚报》则是：“144元订一年报纸，返回144元礼品。”南京报界顿时展开了一场“割喉之战”。低价倾销使各家报社两败俱伤，损失惨重，从而背上了沉重的经济包袱。2000年2月，江苏省委出面主持调停，南京报纸的各位老总们终于坐到了一起，共同签署了《关于调整报纸价格的协议》，规定自2000年3月1日起执行每份0.3元的最低限价，停止“买一送一”。

南京的这场价格战刚刚平息，其他地方的这种同城媒体同质化竞争又开始上演。2000年下半年，报业价格战的硝烟蔓延到了成都、昆明和武汉，甚至包括经济并不发达的南昌。1999至2001年间的价格血战让都市报成本剧增、利润锐减，损失惨重，有的报纸甚至停办。

第三节　报纸改版、扩版潮与报业集团化

一、改版、扩版潮与厚报时代的来临

（一）党报的改版、扩版潮

【《广州日报》引领地方党报改版、扩版潮】新中国成立以来，我国的报纸不论日报还是晚报，一般为4个版，多的也只有6个版或8个版，如《人民日报》。经历“文革”的严重摧残和打击后，中国报业一片萧条。到1980年初，全国中文日报中，对开8版的报纸只有《人民日报》一家，对开4版的也只有42家。各省、自治区、市党委机关报基本上都是对开4版，其余各报不论是中央行业报、专业报，还是地方报纸，几乎全部是4开4版的小报形式。当时，由于经济不够发达，社会信息需求量有限，而且纸张由国家统一调拨定量供应，因此，即使有些报纸想扩版，也没有条件。到1987年元旦，《广州日报》由原日出对开一张4版，扩版为日出对开两张8版。这是中国内地新时期第一家日出对开两大张8版的省市级地方报纸。当天该报头版显著位置刊登总编辑黄永湛写的《致读者》云：

> 本报为何改出对开八版？简单地说，是为了扩大报道内容和报道空间，增加信息量；提供学术、艺术探索与争鸣的园地；增设知识性、趣味性、服务性的专版专栏。这是形势的需要，读者的需要，新闻改革的需要。改版后的广州日报的编辑方针、报道内容和报纸特色将是怎样的呢？概括地说是：“立足广州，面向沿海开放城市，面向全国，兼顾海外，把广州日报办成既有指导性，又有社会性、群众性的开放型的、多功能的、适合多层次读者需要的中心城市报纸。”特别是要在“开放型、多功能”六个字上下工夫，使之成为本报的鲜明特色。

《广州日报》的扩版改革举措在全国引起了强烈反响，在它首创地方报纸日出8版之后，全国省、市报纸中效仿者也开始慢慢增加，例如1987年7月，《天津日报》改为对开8版；1988年1月，上海《解放日报》改为对开8版；1989年1月，《海南日报》、《深圳特区报》也改为对开8版。在以上4家扩版的报纸中，数《解放日报》影响最大。

1988年1月1日起，上海《解放日报》改为日出对开两大张8版。当天报纸头版显著位置刊登时任上海市市长江泽民的《元旦献辞》。同时在头版左下角刊登《敬告读者》云：“经中共上海市委批准，本报从今天起扩大版面，每天出版两大张共八个版。为了搞好扩大版面的工作，本报曾于去年10月间试版六次，征求广大读者的意见。根据读者提出的意见和建议，八个版的内容安排如下：第一版：要闻版……。第二版：上海新闻版……。第三版：上海经济区和国内各地新闻版……。第四版：上海经济系列专刊版……。第五版：国际新闻版和体育新闻版……。第六版：专刊副刊及连载小说版。第七版：专刊副刊版……。第八版：专刊副刊版……。”“扩大版面是本报推进新闻改革的一个重要步骤，我们这一步改革的基本出发点是：尽可能增加报纸的新闻信息量；尽可能提

高整张报纸的可读性；尽可能使报纸更贴近实际，贴近群众。在党的十三大精神的指引下，我们还将努力提高新闻报道的开放程度，努力发挥舆论监督的作用。”

到1989年底，全国对开8版的地方报纸主要有以上5家，它们打破了中国内地地方报纸近40年只有对开4版的格局。

20世纪90年代初，我国报纸才真正掀起改版、扩版潮。1992年1月1日，《广州日报》又在内地千百种报纸中脱颖而出，首次实现每天出版对开3大张12版。这是该报自1987年元旦由4版改为8版之后的第二次扩版。当天头版刊登该报总编辑黄景仁写的《为本报改出十二版敬告读者》云：“经中共广州市委和广东省有关领导部门批准，本报从今天起由对开两张八版扩大至对开三张十二版。本报扩版后不提高报价，十二版的报纸仍按原有八版每份三角收费；为了使这次扩版以较大幅度增加新闻报道的版面，我们将会注意恰当掌握刊登广告的比例。”

1993年1月起，《广州日报》开始第三次扩版，由每天12版扩为每周星期一、星期二两天各12版，星期三16版，星期四12版，星期五20版；8月起，扩为4天16版、3天12版；12月1日起改为天天出16版，成为我国内地第一份对开16版的大型综合性日报，引发了全国第二波扩版潮。当时，上海的《解放日报》、深圳的《深圳特区报》也都扩为对开12版。全国有130多家报纸卷入这次扩版潮中。

1994年，全国又有150多家报纸扩版增张，仅首都就有46家之多，形成了第三次扩版潮。

1995年1月1日（星期天）起，《广州日报》又由天天出16版扩为除周末外天天出20版的大报。当天头版刊登《元旦致读者》云：“从1987年起，广州日报已经连续多次在全国率先扩版。1995年，广州日报又将再次率先扩版。从1月1日起，每周除周六、周日外，天天出20版。版面扩大，不仅仅是多印几张纸的问题，而是一个报社采编水平、印刷能力、广告业务、发行渠道等多个方面综合发展的结果。”这是《广州日报》在90年代前期的第四次扩版。当时，《深圳特区报》改为每周3天20版、4天16版，《深圳商报》改为每天16版，《人民日报》改为每天12版。另外，加入12版行列的还有《南方日报》、《羊城晚报》、《文汇报》等。[38]

1996年广州日报报业集团成立后，《广州日报》大举扩张。当年7月，《广州日报·珠江三角洲新闻》版创刊，该报迈出了立足广州、进军珠三角的第一步。此后到2006年的10年间，《广州日报·佛山新闻》、《广州日报·东莞新闻》等地方版次第开辟，《东莞杂志》版（2002年8月创刊）、《佛山杂志》版（2003年8月创刊）、《江门杂志》版（2004年8月创刊）先后创刊。《广州日报》终于深入珠三角的千家万户。

1997年12月1日是广州日报创刊45周年纪念日。12月13日起，《广州日报》推出每周六出5叠（A、B、C、D、E）对开40个大版的周末版；不久又增加到48版，仍分5叠出版。此举不仅改变了我国日报长期以来平日厚、周末薄，平日内容火爆精彩、周末平淡无味的惯例，而且是全国第一家分叠出版的报纸。

到1999年，《广州日报》日出对开32版（共分A叠16版，B、C叠各8版），而当年同城的《南方日报》、《羊城晚报》均为日出对开16版。

进入新世纪，《广州日报》从2003年10月13日起再次进行大规模的改版、扩版。其中，向全国发行版为32大版，珠三角地区版为80版，广州地区版为84版。《广州日报》的改版、扩版开启了中国报业的“厚报时代”，也为其带来了良好的经济效益和丰厚的回报。截至2004年12月31日，《广州日报》2004年广告收入再创新高，达17.17亿元（人民币），连续11年稳居中国报业广告收入的第一位。

《广州日报》从1987年元旦开始，由一张4版扩为两张8版及日后的一系列改版、扩版，对广东地区乃至全国都产生了重大影响，形成了一波又一波改版、扩版潮。以广东为例，1987年以后到20世纪90年代，广东省从省会广州到各地市县，凡有报纸的均先后进行改版、扩版，绝大多数由对开1张4版增加到对开2张8版、3张12版、4张16版，乃至20版。也有的由4开4版小报形式扩大为对开4版大报，更有新创刊的报纸“一步到位”，一创刊就是对开8版。[39]再以《南方日报》为例，在与《广州日报》的激烈竞争中，《南方日报》也于1993年开始大规模改版、扩版。从当年1月份起，《南方日报》从对开4版扩大为对开8版；从4月份起，又扩大为对开12版，即每天出版3大张，其中第3张彩色印刷，这在广东新闻业史上是具有重要历史意义的改革。到1998年初，《南方日报》日出16版。从1998年3月份起，《南方日报》再次扩版：1998年3月13日至3月27日、4月17日至5月1日，《南方日报》由原对开16版试刊扩为对开20版。1998年5月15日起，正式稳定为每期出对开20版。这在当时全国的省委机关报中，应为日出版版数最多的报纸。

从20世纪90年代初开始，全国党报中绝大多数都进行了版面数量上的扩张。据统计，到1995年6月，全国省市以上报纸由一大张4版扩大为两大张8版的已占80%，每天经常出3大张12版的报纸已占到16%；全国300余家地方报中，已有70%由4版小报扩为对开大报形式。[40]

党报在90年代以来的版面扩张进程中，呈现出较为明显的阶段性，大致以1995年为界：1990年至1994年，多数党报完成了从对开4版扩至对开8版的进程；1995年至1999年，一部分发展较快的党报扩为对开16版至92版不等。党报扩版成为20世纪90年代10年间我国报业如火如荼发展的重要标志之一。[41]

【90年代《人民日报》的改版及扩版】《人民日报》的最早几次改版是从20世纪50年代开始的。1956年1月1日，《人民日报》由竖排版改为横排版，汉字也由繁体改为简体，汉字的书写顺序也由右起竖写改为左起横写，版数仍为6版。改版前一天——1955年12月31日，《人民日报》第四版右下角《刊登启事》云：“本报从一九五六年一月一日起，改用老五号字横排。报纸容纳的字数，比原来用新五号字直排减少了四分之一，大约减少一万五千字。因此，希望各方面的作者供给本报的文章和新闻都必须写得短些。”

1956年7月1日起，《人民日报》由6版扩为8版。当天的《人民日报》在头版左上角横排首载题为《致读者》的著名社论。社论指出，《人民日报》从当日起改出8版。同时，在编辑工作上也作一些改变，并着重从三个方面改进工作：第一，扩大报道范围；第二，开展自由讨论；第三，改进文风。

1961年11月1日，由于经济困难，《人民日报》又由8版缩减为6版。这是《人民日报》改版史上的第一次缩版。

“文革”开始后不久，1966年9月1日，《人民日报》再次缩版，由6版减为4版。3天后（9月4日）又“恢复”为每日6版。从此，每日6版的定数一直延续到1979年12月31日，前后历时13年。

1980年1月1日起，《人民日报》由6版扩为8版。直至1994年12月底，该报8版的规模前后持续将近15年之久。

1985年7月1日，《人民日报·海外版》创刊（参见《中国新闻年鉴》1996年卷，第498页）。

1995年1月1日（星期日）起，经中共中央批准，《人民日报》由日出8版增加到日出12版（逢星期日和元旦、春节、五一国际劳动节、国庆节等节假日仍只出8个版）；当天创刊的《人民日报》第一个地方版——《人民日报·华东版》每日出16版（逢星期日和元旦、春节、五一节、国庆节等节假日也是只出8个版）。其中，10个版与其他地区发行的《人民日报》完全一样，另外6个版内容不同，由《人民日报》华东分社编辑，其内容主要是报道华东地区地方新闻和刊登广告（参见《中国新闻年鉴》1996年卷，第505页）。从原来8个版扩为12个版后，《人民日报》各版区内容是这样安排的：前面8个版集中刊登国内外新闻，其中第一版要闻，第二版经济，第三版政治·法律·社会，第四版要闻，第五版教育·科技·文化，第六版、七版国际，第八版体育；后面4个版第九版至十二版是各种专刊版，其中包括第九版的《读者来信》、《理论专刊》、《读者之友》、《各地传真》专栏，第十版的《农村经济》、《文艺评论》、《文艺作品》、《经济生活》专栏，第十一版的《党的生活》、《法制纵横》、《科技园地》、《文化学术动态》、《当代青年》、《民族大家庭》、《文件·报告·回忆录》、《台港澳》、文摘及摄影专题，第十二版的《大地》副刊。广告则散载于除头版外的各版下版位。

1995年1月1日改版当天，《人民日报》头版右上角显著位置刊登《致读者》云：

> 扩版后，在宣传党的理论、路线、方针、政策上，将增加力度，更深入、更有针对性；在贴近实际、贴近群众方面，将下更多的工夫，力求多从实际生活中提出读者关心的问题，增加深度报道和新闻评论；在扩大报道面，增加信息量，传递各个领域的新事物、新成就、新经验和新知识方面，将更及时更丰富，并加大国际报道的分量；我们还将在保持已有的好的风格的同时，进一步改进文风，在新闻的采访写作和编辑上，不断进行新的探索，努力使我们的报道、言论、图片、版面多出佳作，多出精品，以不辜负广大读者的关心和期望。

2003年1月2日起，《人民日报》继续扩版，由12个版扩为16个版，与上次扩版相隔整整8年。当天，《人民日报》头版刊登《敬告读者》启事云：“为了适应新世纪、新阶段、新形势、新任务的要求，满足广大读者的愿望，本报今起扩版，由原来的12个版扩为16个版（周六、周日仍为8个版），华东、华南地区分别为20个版。这是人民日报历史上的第三次扩版。”关于这次扩版的宗旨，《人民日报》社长王晨云指出：“报社编委会以这次改版、扩版为契机，融保持优势、发扬传统同与时俱进、开拓创新为一体”。“全面贯彻党的十六大精神……适应新世纪新阶段的新要求，坚持正确的舆论导向，增强《人民日报》的权威性和指导性；坚持新闻的改进创新，把体现党的意志和反映人民心声统一起来；坚持贴近实际、贴近生活、贴近群众，努力把《人民日报》办出新水平、新优势、新特色、新面貌。”[42]中央希望扩版后的《人民日报》要提高质量，发挥优势，博采众长，办出新特色，办出新水平，更好地发挥党中央机关报在全国报纸中的排头兵作用。在新闻报道及版面内容改革方面：一是要进一步增强新闻报道数量，提高新闻报道质量。要增加信息量，扩大报道面，调整版面结构，丰富报道内容，力求在报道形式、文章写作、版面安排、栏目设置等方面都有所创新。二是要进一步加强对党和国家重大工作的深度报道，加强面向基层、贴近实际、反映人民群众心声的现场报道，让中央满意，让群众爱看。三是要进一步发挥评论、理论宣传的优势，不断提高舆论引导水平。评论、理论是《人民日报》的特色，是半个多世纪以来在人民群众中形成的独特的品牌优势，《人民日报》要充分看到这个优势，充分发挥这个优势，按照中央的要求，认真研究选题，精心撰写社论、评论员文章，多发表一些有分量的理论文章，深刻阐述党的方针政策，不断提高评论和理论文章的指导性、权威性、说服力、战斗力，努力做到高出一筹。[43]第三次改版后的《人民日报》还有一个鲜明特点是增加了彩图，每天在第一版和第四版都能看到大幅高质量的彩色照片。

2009年7月1日起，《人民日报》第四次改版、扩版，由16个版扩为20个版。

【其他几份大报的改版与扩版】从90年代初开始，由《广州日报》带头，我国报业掀起了改版、扩版潮。1992年元旦，《广州日报》扩为12大版，《文汇报》、《福建日报》、《黑龙江日报》等报则扩为8版。1992年6月30日，《北京日报》亦由对开4版扩为8版。1993年12月1日，《广州日报》扩为16版，而在同一年，《解放日报》由两大张8版扩为三大张12版。《经济日报》、《光明日报》、《中国青年报》、《辽宁日报》、《大众日报》、《沈阳日报》等报也纷纷扩为8版。据统计，1993年，全国有130家报纸卷入扩版潮，1994年则有150家报纸扩版。

1995年后，又有不少报纸开始改版、扩版或继续扩版，其中有较大影响的有《解放军报》和《经济日报》。

《解放军报》的扩版：《解放军报》创刊于1956年1月1日，对开4版。从1987年元旦起，《解放军报》在创刊30周年之际，由在部队内部发行转变为向国内外公开发行。当时依然是每日出对开一张4版（不登广告），星期天也照常出版。

1990年冬开始，《解放军报》进行改版，从内容到形式都作了较大的改进，创造了横题横文、浓眉大眼、大胆留白、整体错落的军报版式。后又经过1993年9月和1995年1月的两次改版，从以前每天出4个版扩到周一至周六每天出8个版（此前只有每逢星期六出“周末版”才有8版），其中周五的五版和八版为彩色版，周日出4个版。

军报扩版后，有了更充裕的版面来突出特色，强化“军味”。除了以往因特色鲜明而深受读者喜爱的专版有所扩充外，还开辟了一批新的“军字号”专版或专栏。“这些在别的报刊上难得一见的内容，散发着浓郁的军营气息，展示着军人的阳刚之美，既有令人向往的神奇天地，又有引人入胜的军事谋略。”[44]《解放军报》改版和扩版以后，其宣传内容和编排形式都有了新的面貌，受到了读者的好评。[45]

1995年1月4日起，《解放军报》开始“破天荒”地在该报第8版下半版刊登广告，当天刊载的是一则感冒药广告。从此以后，《解放军报》也开始刊登广告、办理广告业务。

1999年7月起，经中央军委批准，《解放军报》再次扩版，每周一、周三两天各出12个版，周二、周四、周五三天各出8个版，周六、周日仍为4个版。与此同时，推出三个周刊版，其中周一出版《时事周刊》版、周三出版《军事科技》周刊版、周五出版《文化周末》周刊彩色版。

《经济日报》的扩版：《经济日报》创刊于1983年1月1日，对开4版，是党中央、国务院直接管理和领导的一张权威性的经济类报纸。1993年，《经济日报》由日出对开4版改为对开8版。该报当时在《经济日报改版大思路》中，提出了办好报纸的三个方面的要求：①贯彻“三贴近”的方针，即“同中央精神贴得更近些、同实际工作贴得更近些、同群众脉搏贴得更近些”；②新闻报道要增强“四个意识”，即“宏观意识、理论意识、国际意识和批评报道的建设意识”；③突出“三性”，即“权威性、实用性、可读性”。《经济日报》由4版扩为8版后，版面扩大一倍，栏目增多，扩大了信息量，拓宽了经济报道的领域。[46]1998年6月8日，经济日报报业集团在北京正式成立。1999年元旦起，《经济日报》大幅度改版、扩版，由日均8版扩大到日均16版，“形成了综合要闻版、产经透视版、各种周刊版、企业证券信息版等四个单元齐头并进的崭新格局，完成了一次宣传规模的整体扩张。”[47]

20世纪80年代、90年代党报扩版的动机主要有以下三个方面：

（1）扩大新闻版面，增强报纸的信息量；

（2）增强报纸的可读性、耐读性；

（3）扩大广告版面，增加广告容量。

如在扩大新闻版方面，《经济日报》由4版扩为8版后，前4版几乎全是新闻版，后4版既有新闻版，又有专刊版。《光明日报》扩为8版后，新闻版也占了一半，对新闻的要求“不仅要新，而且要深，要有跟踪报道，要有深度分析，要有背景交代，要有发展预测”。1993年《解放日报》由8版扩为12版后，新闻占了7个版面，副刊只占4个版面，广告占1个版面。《辽宁日报》扩为8版后，有6个新闻版。《大众日报》、《沈阳日报》扩为8个版后，有5个新闻版。

（二）特刊热

20世纪90年代，每逢重大节庆或遇到重大新闻事件及突发性大新闻报道，各地报纸出于竞争的需要，都精心策划、组织出版版数众多的专刊、特刊，以吸引读者的注意力，扩大影响，造成轰动效应。

新时期报纸出特刊，从20世纪80年代就开始了。1984年10月1日，为庆祝新中国成立35周年，《中国日报》当时出版了28版（包括彩色画刊12版）的特刊，创当时我国报纸日出版数的纪录。当时，全国报纸普遍日出4版，只有《人民日报》日出8版。日出28版确是当时的“破天荒”之举，这也是新时期最早出现的报纸特刊。

到了20世纪90年代中后期，我国报界才真正出现了“特刊热”。1996年3月2日，《经济日报》首次推出《两会特刊》。这在当时的中国报界尚属首例。《经济日报·两会特刊》是专为报道“两会”（第八届全国人民代表大会第四次会议3月5日开幕、全国政协八届四次会议3月3日开幕）而创办的；在正刊之外，每天增出特刊对开4版。《两会特刊》不再刊登一般的会议消息和通稿，而是大量刊登代表、委员的建议发言，描述发生在两会的生动故事，报道两会上的花絮新闻。这次出《两会特刊》是《经济日报》对每年的“两会”报道的一次重大突破和创新，为党报报道重大新闻事件提供了新的经验。由于《两会特刊》只在北京地区发行，全国大多数地区未能看到，因此未能产生重大影响。

到1997年，我国报纸才真正出现特刊热。

1997年7月1日，香港回归庆典在香港会展中心隆重举行。这一天，全国各大报都精心策划、出版富有创意的特刊。如：

《人民日报》推出丝绸版和缩微金报，7月25日在北京首发。

《解放军报》推出中国第一张彩色缩微金报。

上海《劳动报》也于1997年7月1日推出中国第一张丝绸彩报（4开8版）。

《浙江日报》出版的“七一”特刊丝绸版也卖得十分红火。据统计，共出丝绸报1 997份，每份1 997元，到当年8月已卖出1 600多份。

【《广州日报》精心策划的几期特刊】正是通过不断扩版与不时推出各种特刊，《广州日报》开创并引领了中国报纸的“厚报时代”。1997年7月1日，《广州日报》在当天隆重推出庆祝“97”香港回归“七一”特刊。这期特刊多达97版，创造了当时中国内地报纸印张数量最多的纪录。97个版中，有66个版刊登文字及图片、30个版刊登广告，最后一版第97版整版刊载一幅油画《良辰》。这期报纸一上报摊，立即引起强烈的反响和轰动效应，读者纷纷排起“长龙”抢购，将其作为收藏品留作纪念，一时传为佳话。

《广州日报》“97”香港回归“七一”特刊分上午版、中午版、下午版三次出版。其中，当天即编的版面就有24个，以滚动报道的方式全方位报道香港回归祖国这一世界瞩目的历史事件。另外，还提前制作了30多个新闻背景材料专版，如《帝国斜阳》、《落日帆影》、《环球同庆》、《明珠生辉》、《香港回眸》等，图文并茂地介绍香港的历史及回归的历程。特刊上街后，不到两小时便被抢购一空。在读者的强烈要求下，在7月1日之后的10天时间里，报社再次重印，创造了新闻史上的一个奇迹。《广州日报》“97”特刊是经过精心策划后才出炉的，同时也反映了该报强大的采写编评实力、印刷出版能力。为了打好采访仗，早在1997年初，《广州日报》就确定了采访回归大典记者人选，并且组成三个采访团梯队，进行“车轮战”。第一采访团于6月上旬进驻香港，这个团全部由编辑组成，在十余天时间里，编辑们先“踩点”，遍访香港本岛、九龙和新界，尤其是香港会展中心。6月16日起，《广州日报》推出每天一期的《回归大典新闻实录》，拉开“97”香港回归特刊战的序幕。第二采访团于6月中旬赴港，这个团的最大目的是让采写7月1日交接仪式新闻的记者“热身”。第三采访团于6月下旬陆续出发。采访团团长由该报副总编担任，团员包括文字记者、摄影记者、版面记者、电子通讯工程技术人员等。采访团甫抵香港，即建立采访中心，开通专用通讯通道，建立远程采编工作站，配备了高清晰度摄影机、高精度扫描仪、多媒体便携式电脑、卫星传送及接收系统、全球通移动电话等全套现代化新闻采编专用设备。三个采访团一个月来发回报社的稿件字数超过100万字。

《广州日报》“97”特刊还是冒着风险出版的。改革开放初期，报纸扩版或出特刊须先向新闻出版主管部门提出申请，经过批准后才能出版，未经同意而擅自出版者将受处罚。《广州日报》为了抓住机遇“铤而走险”，在香港回归当天即出增刊97版，被处以98.5万元罚款，最后讨价还价，只付了9万元。

通过“97”特刊，《广州日报》积累了办特刊的经验。凭着其强大的经济实力，人力、设备实力，该报此后又多次策划出版了引起轰动效应的特刊。如：

1999年12月20日，澳门回归庆典在澳门举行。《广州日报》又推出“澳门回归特刊”，一共50大版，分为回归篇、血缘篇、人物篇、风物篇和旅游篇等版块，全面系统报道了澳门回归庆典的现场新闻及历史背景。

2000年元旦，《广州日报》隆重推出新千年200版特刊。这一期特刊又刷新了中国报业史上的多项纪录：共用去纸张2 200吨、油墨39吨，共扫描图片超过4 000张、上版图片2 942张，录入文字176万个、采用文字146万个；一天之内出版版数最多、采版最多、使用新闻纸张最多、刊登图片最多、同一厂内印刷份数最多、自办发行份数最多，等等。

2001年7月13日，北京申奥成功，《广州日报》又推出特刊报道，详尽报道了整个申奥过程中幕前幕后鲜为人知的新闻。同年11月，中国加入“世贸”组织，国人长达15年的“入世”梦终于实现。《广州日报》为了全面深入地报道这一具有历史意义的事件，除派记者到多哈全程采访报道我国加入“世贸”的现场新闻外，还抓住热点问题、抓住贴近性强的话题、抓住“入世”最受冲击的行业、“入世”对老百姓生活的影响等热门话题，进行深入解读。从11月10日起到14日，连续5天出版了“中国入世全纪录”特辑，全方位介绍中国“入世”的详情及“入世”对中国的影响。

广州地区的报纸向来以善于策划特刊而著称，除《广州日报》外，《羊城晚报》、《南方都市报》、《新快报》等也都是策划特刊的高手。如自1999年1月1日开始，《南方都市报》推出世纪特刊《一日看百年》。该特刊以每天一期两个彩印版的篇幅，贯穿全年地对整个20世纪的政治、军事、文化、科技、艺术等方面作了全面的回顾。《一日看百年》就是一部20世纪的编年史。

2000年1月1日，即新千年元旦当天，广州地区的《广州日报》、《羊城晚报》、《南方都市报》、《新快报》等纷纷推出筹划多时的“千禧特刊”，免费随报附送。其中，《羊城晚报》派出7名记者分赴美洲、欧洲、非洲、亚洲和大洋洲，在世界各地展开日夜兼程的跨世纪采访活动，为读者献上了内容丰富的环球采访见闻。该报的“创世纪金版”多达236版，每日分别以“赤、橙、黄、绿、青、蓝、紫”套色印刷出版，从1999年12月27日至2000年1月3日连续7天推出。另两家日报《新快报》和《南方都市报》，也分别以前瞻21世纪的“漂向21世纪的21个漂流瓶”和读者“泼墨留言”的“世纪留言簿”为卖点，推出了自己的“千禧特刊”。其中，《新快报》的“千禧特刊”为4开52版，装帧十分精美，封面还镶有一片24K镀金的千禧龙纹金箔。《南方都市报》除25版的正报之外，又推出了75个整版的“世纪留言簿”，让普通读者倾诉世纪心愿……当天羊城的报摊上，几家报纸的“千禧特刊”争奇斗妍、精彩纷呈，令读者目不暇接。

（三）都市报及晚报改版、扩版潮加快厚报时代的来临

【中国报纸开始进入厚报时代】我国报纸真正与国际报纸形态接轨、进入厚报时代，是从20世纪90年代中后期及21世纪初都市报、晚报的多次扩版开始的。1991年《广州日报》、《新民晚报》扩增为16版，由此拉开了中国报业扩版潮的序幕。紧接着，一些有条件的党报、晚报都进行了程度不同的扩版增张。

1997年，随着全国各地都市报的崛起，都市报与晚报的竞争加剧。由于竞争，从1998年起，都市报与晚报纷纷扩版，其扩版的力度远远大于此前党报的历次扩版。与此同时，大部分生活服务类报纸、专业报纸更是厚上加厚。如北京周二刊的《精品购物指南》每星期二出88版，星期五推出100版。版面最多的专业性周刊报纸《计算机世界》每期多达160多版。因此可以说，1998年是中国厚报时代的启动之年。进入21世纪，都市类报纸（包括晚报）又掀起了一轮轮的扩版潮。如2002年初，羊城晚报报业集团属下的《新快报》也加入了扩版的行列，从日出对开16版扩为对开32版全彩版，创造了广州报业扩版增幅的又一高峰。原本以报道娱乐新闻为主的《新快报》扩版之后，在加大力度报道广州本地新闻和财经新闻的同时，又结合报纸和杂志的特点，开辟了《成功周刊》、《健康周刊》、《买楼王》、《时尚星期六》、《新快时尚》等杂志型专版，广大读者争

相购买。

大量扩版一直是《广州日报》在竞争中运用的重要手段。2002年5月15日，广州日报报业集团属下的《信息时报》在改版一周年（2001年该报全新改版）之际，以160版的大量版数，掀起新一轮的扩版大潮，随后该报把其版面稳定在日均64版的常态。同时，把报价从5角提高到8角。这时的中国报业已完全进入厚报时代了。

【都市报、晚报的大幅度扩版】20世纪90年代中后期及21世纪初，以《南方都市报》为代表的都市报、以《羊城晚报》和《新民晚报》为代表的晚报都大幅度扩版增张，进一步加快了中国厚报时代的到来。

“南都”的扩版历程：1997年元旦《南方都市报》正式创刊时才4开16版，1998年3月2日开始，借助世界杯足球赛报道，“南都”扩为4开24版，并推出“消费周刊”。

1999年7月5日起，《南方都市报》扩为4开32版，并开始分A、B两叠，增加社会新闻与经济报道。1999年9月27日，“南都”编辑部推出52版“国庆50周年特刊”。

1999年11月18日起，“南都”扩为4开48版，其中广州新闻由6个版扩为8个版、中国新闻由2个版增加到6个版。

2000年3月1日起，“南都”由4开48版扩为4开56版。

2000年6月28日起，“南都”又从56版扩为4开72版，并按要闻、经济、娱乐、生活四大元素分成A、B、C、D四大叠。其中，A叠头版为导读版，也刊登短消息。2000年10月20日（星期五）起，逢周五扩至100版，新闻信息量大幅度增加，成为当时中国综合类日报版数最多的报纸。

2001年5月8日起，扩为4开80版（广州、深圳地区），定价1元。拓展消费新闻信息的领域，扩大生活版块（包括《广州杂志》与《深圳杂志》等专版），还有《主流生活画报》、《黄金楼市》等增刊，成为一份“全息性”日报。

2002年3月4日起，《南方都市报》正式扩为日均4开88版。当天刊载的《笑傲江湖——〈南方都市报〉发展白皮书（1997—2002）》（共32版），对其历次改版、扩版作了总结。在扩版的同时，内容更加充实。2002年初，“南都”在第二版率先推出“时评”专版。在取得良好的社会反响后，2003年4月5日起，原载于A2版的“时评”专版又扩为“社论”和“来论”两整版。“社论”代表本报观点，“来论”反映读者的声音（看法与观点），分别刊登在A叠的第二版及第三版上。以两个整版的篇幅来发表对国内外重大新闻事件的解读和对时局的评论，这在中国报业史上是前所未有的。以后，“南都”日均超过4开100版，成为名副其实的厚报。与此相对应的是急剧增长的广告额，从创刊之初的800万元年广告额激增到2006年的13亿元（人民币）。

“羊晚”的改版、扩版：《羊城晚报》于1957年10月1日创刊于广州，1966年12月停刊。1980年2月15日复刊后，一直是对开4版，版面风格“大气典雅”。

1987年元旦，《广州日报》由原对开1张4版，扩为对开2张8版。《羊城晚报》为了同《广州日报》竞争，从1988年12月9日起，开始进行复刊以来的第一次“有限度的扩版”，即逢周五出8大版。从1992年1月1日起，改为逢周一、三、五出8大版。从1993年1月1日起，正式确定每天出8大版。

1994年9月1日起，《羊城晚报》扩为每天出3大张12个版。当年10月开始在一些娱乐版块中使用彩印。

1997年4月1日起，扩为16版。同年10月1日起，“羊晚”第一次大改版，向国际流行版式靠拢，采用呈矩形结构的模块化版面编排方式，即每篇文章呈长方四边形编排，各自独立成块，不与其他文章交错编排。这些版块可以是单篇新闻、图片、图表等，也可以是几"块"新闻的组合。文章与文章之间以单线相间隔，一般不破栏，不再采用花边作装饰。版面简洁、明快、疏朗。模块化版面方便阅读，读者视线比较集中稳定，它避免了以往穿插式版面编排到处寻找文字的麻烦。同时，编辑起来也容易组合稿件。标准、规范体现了工业化生产的特征。

1998年11月1日起，"羊晚"扩为24至28版。2002年1月起，正式确定为日均出报28版。

2001年8月1日起，"羊晚"正式形成最新版面格局——每日出版32版（外埠24至28版）。当天，"羊晚"宣布开始新一轮"全新改版"。改版宣言称"羊晚"的"老品牌，要换新面孔"：取消中缝、改传统8栏为国际流行的6栏。[48]

进入新世纪，在经过2001年8月1日、2002年12月23日和2003年9月6日的三次大改版之后，《羊城晚报》打造出以及时报道当天新闻与本地新闻相结合的、富有"粤味"的新晚报特色这一核心竞争力，并确定以"我家的报纸"为品牌定位，使该报成为深入华南地区主流家庭的具有影响力的大报。其间，2003年是农历癸未羊年，是年元旦，"羊晚"抓住机遇，推出"羊城晚报，领跑羊年"的108版的节日特刊。

截至2003年底，"羊晚"的期发行量上升至160万份，在世界报业协会发布的全球日报发行量排行榜上位列全球日报发行量第20名，广告年收入达9.7亿元人民币。

《新民晚报》的改版、扩版：《新民晚报》是我国晚报业界的"老大哥"，其前身是《新民报·晚刊》，1958年4月1日正式改名为《新民晚报》。"文革"开始后，于1966年8月22日被迫停刊，1982年元旦复刊。复刊初期日出4开1张半共6版。1986年1月1日，《新民晚报》第一次扩版，由4开6版扩为4开2张8版，其版面风格"小巧精致"。到80年代末，"新民"期发行量达184.3万份（1988年），超过了《羊城晚报》，居全国晚报发行量第一位；在全国日报中，继《人民日报》和《经济日报》之后，名列第三。

1992年，在邓小平南方谈话精神的鼓舞下，"新民"从7月1日起开始第二次扩版，从8版扩为16版，新增《国际新闻》、《浦江风采》等专版专刊。虽然每份售价从8分涨到1角，但还是保持了155.8万份的期发行量，到下半年又达到167万份，仅次于《人民日报》，成为全国发行量第二的报纸。

1995年1月，《新民晚报》开始出彩色版，《七彩周末》版创刊，并随报附送。

1996年1月1日，《新民晚报》开始第三次扩版，由4开4张16版扩为4开6张共24版，新增加了4个新闻版，同时，专刊、副刊也扩大了篇幅。扩版后的5个月内，发行量又上升了15万份。到1997年11月份，其发行量达到185万份，创下该报历史最高纪录。

对于1996年初的这次改版，《新民晚报》党委会、编委会是经过反复研究、审慎考虑后才作出决定的。他们认为，这一两年的报纸扩版成功的例子不多，多半不尽如人意，有的甚至是失败的。原因是不少报纸扩版不是主要扩新闻版，没有在强化时效性上下工夫，而是急于去扩专刊版、副刊版，实际上是陷入了报纸杂志化的误区。虽然也有报纸扩的是新闻版，但由于内容不充实，思想跟不上，产品跟不上，使一杯牛奶再掺一杯水，含金量反而降低了。鉴于以上教训，《新民晚报》要达到扩版的预期目的，必须在晚报的新闻报道及副刊专刊方面具有“四性”：

> ①强烈的时效性。凡是当天凌晨到中午的国内外发生的群众关心的新闻，都应该进入我们的报端。我们要求新闻版特别是第一版，要“先声夺人”，应该力求都是当天的新闻。日报、广播、电视报道过的新闻，基本上不重登，必须重登的要“后发制人”，做到“人无我有”、“人有我新”。②广泛的社会性。报道的新闻不能太专业化、太技术性。应该多报道大家都关心的、有普遍兴趣的新闻。即使报道的是大事、要事，也要尽可能抓出其中与普遍读者特别相关的内容，把文章做足。报道的角度千万不能高人一等，而要以普遍读者的视角来撷取新闻素材，评说新闻事件。③竭诚的服务性。服务性的概念很广泛，其中包括提供信息、传播知识、鉴赏娱乐的服务，也包括为读者办实事的服务。我们每天推出的各种新闻版包括专刊副刊，都应尽力为读者提供各种服务，让他们在业余时间里能够得到最新的信息，得到较多的知识，得到有益的休闲，从而充实自己的头脑，陶冶自己的情操，提高认识价值和审美情趣，完善自己的素质。④浓厚的可读性。这首先与内容有关，但表达方式很重要，赵超构强调要“短些，短些，再短些；广些，广些，再广些；软些，软些，再软些”，强调“寓特殊性于普遍性之中”，要“通过生动的个别来反映普遍的一般”，都是增强可读性的重要条件。[49]

与此同时，《新民晚报》还制定了扩版的“三定”原则：①“定位”。每个版面要“定位”，要有质的界定。要按照办报方针确定版面语言，每个版都要有所区别，各有特色，不可混同。②“定型”。每个版面的基本宗旨、主要内容、风格特色、栏目设置，都要规范化，以保持版面风格的连贯性、继承性。③“定人”。根据扩版后的需要，在用人机制上实行人才流动、优化组合。每个版面的采编人员相对稳定，让每一位同志都各得其所、各显其能、发挥所长。由于进行了周密的策划，《新民晚报》的第三次改版是成功的。

1998年1月1日，《新民晚报》又进行第四次扩版，日出4开8张32个版面，成为当时中国内地版面最多的报纸之一，也是当时上海期发行量和版数居第一位的报纸。到1998年6月30日，该报期发行数高达176万份。但随着报纸成本的攀升，扩版后每份报纸的成本已经提高到9角4分，而零售仍然只卖5角，这无疑给报社带来沉重的经济负担。

1998年7月25日，中共上海市委宣布成立“文汇新民联合报业集团”。同一天出版的该报第13306号“新民晚报”报头下，出版者由以往的“新民晚报社”改署为“文汇新民联合报业集团”。《新民晚报》独立经营的历史就此结束。同年11月1日，《新民晚报》的零售价从每份5角提高到1元。这一提价，导致期发行量狂跌27万份。11月22日，零售价再作调整，从每份1元降至7角。

1999年春节，《新民晚报》期发行量跌至130万份。同时的《羊城晚报》、《扬子晚报》的期发行量都在130万份以上。春节前后，《新民晚报》的广告量也开始下跌。

【厚报的特征、意义及其存在的问题】从20世纪90年代中后期开始，我国报纸进入厚报时代。进入21世纪后，广东的报纸又在全国率先掀起新一轮扩版潮。例如，《南方都市报》从2001年开始，日出70余版，号称“中国最厚的报纸”。2004年，《广州日报》日均56版，《南方日报》日均24版，《羊城晚报》日均36版，《南方都市报》日均88版。到2008年，《南方都市报》日均100版以上，全国都市类报纸中日均70版以上的报纸已经比比皆是。这些报纸表现出高成本运行，大量的广告版面成为报纸的重要组成部分，各类专刊专版不断涌现等鲜明特点。

细分起来，厚报有以下重要特征：

（1）信息量扩大，新闻版数明显增多、新闻版的容量加大，使报纸新闻报道力度显著增强。扩版最重要的是扩大新闻版，这是新时期报纸面对同行残酷的竞争、满足快速变化的受众需求，以及应对新兴媒体带来的挑战的重要举措。报纸新闻版多了，才能容纳大量的深度报道、追踪报道、连续报道等“大块头”文章。以《羊城晚报》为例，1993年1月，“羊晚”每天总版数为8版，其中新闻版仅4版。1998年11月，“羊晚”扩至日出24至28版，其中新闻版有14版，占整个报纸版面比例的50%至58%。2001年8月，“羊晚”再扩至日出32版，其中新闻版（含4个娱乐新闻版）多达24版，占总版面的75%。[50]

（2）广告版大量增加。我国报业发展到20世纪90年代末及21世纪初，已从过去“大投入，大产出；小投入，小产出”转变为“大投入，大产出；小投入，不产出”的时代。厚报是大投入、高成本的运营模式，一份报纸日出版数越多、日发行量越高，其成本必然大量增加，亏损便越严重。如《羊城晚报》在2000年时，每增加4个版的成本，一年的成本就增加将近8 000万元。因此，只有大量扩大广告版数，大量刊登广告，才能弥补发行上的重大亏损，并取得良好的经济效益。再以《羊城晚报》为例，扩版前的1980年，“羊晚”日出4版，年广告收入只有区区80万元；1988年仍是日出4版，但周五扩为8版，年广告收入1 900万元；1993年正式扩为日出8版，年广告收入超过1亿元；1994年扩为日出12版，年广告收入达3亿元；1997年扩为日出16版，年广告收入达4亿元；2000年扩为日出28版，年广告收入高达6.5亿元。广告版数与广告收入成正比例增长。[51]

（3）厚报带动报纸版面从内容到编排方式的全面改革。以前的报纸，“官办官订官看”，几十年面孔不变。新时期经过改版、扩版，变成厚报以后，报纸秉承亲民作风，千方百计吸引读者、留住读者。因此，在版面上进行了全面改革，包括：①对头版（封面版）大刀阔斧地改革。头版是报纸的“脸面”，厚报时代的报纸，尤其都市报的头版，经过改版、扩版后面目一新：有的报纸头版“浓眉大眼”（大标题、大图片），如《北京青年报》、《南方都市报》；有的“眉清目秀”、疏朗雅致，如广州地区的《新快报》（《新快报》还曾是全国第一家全彩印的报纸）。与此同时，为了吸引读者、方便阅读，厚报时代的报纸头版更趋封面化、橱窗化，更具索引功能和导读功能。如《南方都市报》的“主图+导读”的封面版编排方式曾在业界及读者中产生过重大影响。2004年8月5日，《羊城晚报》开始采用双报名、双头版、双头条的版式刊登广州新白云机场正式启用的新闻。当天横跨头版和最后一版的两个版上刊登了一幅飞机升空的巨幅照片，很有气势。这种双头版、双报名的版式设计此后成为该报策划重大报道的常用版式。2006年9月8日起，《广州日报》在中国报界首创“导读与索引”版，主要采用图片、标题、内容提要三种方式“导读”，为读者在厚报时代的“易读”、“速读”、“悦读”提供了方便。“《广州日报·导读与索引》每日两个版，每天作为外包封面随报附送，使之成为读者在新闻与信息海洋中航行的导航仪。”[52]据《广州日报》负责人介绍，采用“导读与索引”版做封面后，该报发行量节节攀升。到2006年底，《广州日报》的日均发行量达到185万份。另外，从内容上看，厚报时代的都市报一版一般都按新闻价值的大小来选用稿件，不拘一格地让新闻价值高的新闻上头条。因此，社会新闻、突发新闻往往成为报纸头版的头条。②对传统版面编排的突破和创新。进入厚报时代后，报纸往往采用“厚题薄文”的编排方式，标题字号大，而文章则短小精悍。标题是“一瞥的艺术”，必须简洁、明快、生动、传神，最好是一行题。都市报纸的编辑们对新闻标题的制作格外用心，这样才能“抓”住人，吸引读者的注意力。③版面编排渐渐与国际流行版式接轨，有不少报纸开始采用横式矩形及模块化方式编排，反映出工业化、标准化生产的特色。④版面更重视图片，更强调视觉冲击。图片大量增加，而且往往以大图片为视觉中心，“一图胜千言”，读图时代来临。

（4）选择式阅读。厚报引起读者阅读行为和阅读方式的改变。以前信息资源匮乏时期，报纸版面少，对开一张4版的报纸往往从头看到尾。现在报纸版数多，不可能一版一版全读完。因此，看报往往是“翻”着看或“跳”着看，各取所需、各有所好，进行有目标的阅读。

厚报的缺陷、弊端和存在的问题也是显而易见的：

（1）抬高了成本，给报社带来巨大的经济压力。

（2）浪费资源、消耗能源。每期动辄数十版甚至上百版的厚报，除消耗大量的新闻纸外，还要消耗大量的电能、油墨、胶片、PS版。

（3）导致报纸杂志化。增设的大量专刊使报纸时效性大大降低，新闻性弱化。

（4）“泡沫版面”、粗放编排的版面增加。现在报纸厚了，读者看报纸的时间反而缩短了。有的报纸版数虽多，但内容质量不行，“不耐读”、“不经看”。有的厚报的大量材料都是为了填充版面而塞进去的，难免有“卖大包”之嫌。有的“萝卜快了不洗泥”，编排粗放。

二、报业集团化

（一）报业集团的孕育及首家报业集团的诞生

【90年代初期报业集团开始孕育】 20世纪90年代初，随着改革开放的深化，我国的新闻传播业也加快了走向市场化的进程。早在1987年，财政部就批准人民日报社实行“事业单位，企业化经营”的方针。1993年6月，中共中央、国务院发布了《关于加快发展第三产业》的决定，明确把报刊经营管理正式划入第三产业，把报刊社划出了党政机关的行列。从此，报刊社由机关型转入企业型。中央的决定表明，报纸既是政治宣传的舆论工具，又是信息产业；“事业性质，企业管理”的模式决定了中国报业既要在政治上恪守党性原则，又要在经济上遵循市场经济规律办事，按企业化经营。我国报业面临两难的处境。

到1994年，我国报社的经济实力普遍增强。看一个报社的经济实力，首先要看这个报社的广告收入，因为广告是报社的经济支柱，是报社经济的主要来源及经济命脉。90年代前期，我国报纸广告收入有了迅猛的发展。1991年，全国报社广告营业额为9.63亿元；1992年为16.2亿元，比1991年增长68.2%；1993年为37.7亿元，又比1992年增长132.7%。更令人振奋的是在1993年，我国有8家报社的广告营业额突破了亿元大关，这是我国报纸广告历史性的突破。1994年是我国报纸广告持续发展的一年，当年我国报纸广告营业额达到50.5亿元，比1993年增长34%；这一年，我国有两家报社年广告收入均超过3亿元。[53]同在1994年，中国报纸数量已经急升到2 108种，规模迅速扩张。随着社会主义市场经济的建立，我国报业在报纸内容、报道形式、新闻时效、报业人才、报纸发行和广告等方面都展开了激烈的竞争。在这样的背景下，越来越多的报纸冀望通过组建报业集团，实行规模化经营，做大做强，实现自身的扩张发展。截至当年5月，包括《人民日报》、《经济日报》、《深圳特区报》、《解放日报》等在内的20余家报纸都抢着申报成立报业集团。其中，《中国经营报》宣布成立“中国经营报联合体”，《北京青年报》索性直接挂出“北京青年报报业集团”的牌子。很快，这种混乱无序的状况便引起政府管理部门的重视。经过调查研究，国家新闻出版署于1994年5月18日发出《关于书报刊音像出版单位成立集团的通知》，明确规定组建报业集团是改革的尝试，不能一哄而起，并通知相关报社必须取消自行宣布的“报业集团”称号。与此同时，《通知》还作出了几条具体规定：①目前，报业集团只能作少量试点，不能一哄而起；②不组织股份制报业机构；③不吸收与报纸无关的企业、商业单位参加报业集团；④不组织跨省区报业集团；⑤报社组建报业集团要先写出论证报告，报新闻出版署审批。

1994年6月10日至12日，新闻出版署在杭州举办了全国首次报业集团问题研讨会，光明日报、经济日报、浙江日报、四川日报、解放日报、南方日报、北京日报、湖北日报、辽宁日报、新华日报等10家报社总编辑参加研讨，就组建报业集团的必要性、可行性、基本条件等问题展开讨论，达成了共识。这次研讨会提出了组建报业集团的5个条件及标准：①报纸的实力及规模。除一张有影响的主报外，至少应有4家子报子刊，以组成系列报刊。②经济实力和广告收入。根据不同地区经济发展的差异，沿海地区报社年税利在5 000万元以上，中西部地区报社年税利在3 000万元以上。③人才实力。报社在职采编人员中，具有副高以上新闻专业职称者，占总人数的20%以上；经营管理和技术人员中，有各类专业中级职称以上者占总人数的15%以上，并要有高级职称者。④印刷及技术实力。要拥有独立的印刷厂，拥有现代化的照排、胶印设备，具有彩色胶印能力。除保证本报社所属报刊正常印刷装订外，还能承接一定数量的代印业务，每日总印刷能力在对开200万份以上。⑤发行实力。主报及子报期发行总数在60万份以上，或在本地区每150人中拥有一份该报；有畅通的发行渠道，有逐步建立自办发行网的可能。

具备以上这5个条件才可以申报组建报业集团。同时必须明确，报业集团要以传播信息、引导舆论为目的，以报纸、杂志等出版物的出版发行为经营主体，而不能打着报业集团的旗号，却以主要精力去经营炼钢、制药、办化肥厂等与报刊业无关的企业。报业集团要姓“报”，要为发展中国的报业作出贡献，而不能跑题。[54]

【我国首家报业集团的诞生】1996年1月15日，经中央宣传部同意，国家新闻出版署批准了广州日报社进行报业集团试点。1996年5月29日，广州日报报业集团挂牌，中国首家报业集团正式成立。此举距1889年世界上第一个报业集团“斯克里普斯——麦克雷报业联盟”正式成立有107年之久。从此，中国报业走上了集团化发展的道路，传媒规模经济和范围经济效益逐渐发挥出来。

中央及国家新闻出版署选择广州日报作组建报业集团的试点单位，是经过深入调查研究和审慎考虑后才作出的决定。当时组建报业集团的5条标准虽然不低，但能达到标准的报社也有上十家；其中实力较强的有南方日报、浙江日报、四川日报等报社，它们都有这方面的强烈要求，而且这三家报社都在参加1994年6月杭州会议制定“游戏规则”的十家报纸之列。本来这三家报纸作报业集团的试点应是顺理成章的，但是，中央及新闻出版署没有选择以上几家省级党报，却出人意料地选中广州日报这家市级党报作为中国首家报业集团的试点单位。当时，中央和新闻出版署领导认为，组建报业集团要以党报为龙头，谨慎试点，取得经验，再逐步推开。以谁为点？中央决定先在省以下党委机关报作试点，待取得经验后再扩大范围。为此，新闻出版署派出调查组，通过对10家省报和15家市报的调查，决定选定当时全国地方党报中实力最强的广州日报作组建报业集团的试点。

广州日报在1995年时就已经具备了组建报业集团的5个条件：

（1）从规模上看，《广州日报》是中共广州市委机关报，期发行量已突破60万份，另外还有6张子报，具有较强的传播能力。6张系列子报是《足球报》、《岭南少年报》、《交通旅游报》、《广州文摘报》、《老人报》和《现代育儿报》（1996年3月15日又创刊《广州日报》英文版）。其主报《广州日报》从1987年1月1日起，由对开4版扩为8版，首开地方报扩版的先河。其后又进行了3次扩版：1992年1月1日起率先由对开8版扩为对开12版；1993年1月起，改为每周2天16版、5天12版，这年8月起扩大为4天15版、3天12版，12月1日起正式扩为天天出16版；1995年伊始又由16版改为日出对开20版，成为当时全国第一份除周六、周日外天天出20版的大型综合性日报。[55]

（2）从经济实力看，广州日报90年代初以来收入日益增多，1995年广告收入为5亿元，其属下其他8个公司经济效益也很好，具有雄厚的经济实力。其系列公司有广州日报印务中心、大洋房地产开发公司、广州日报连锁店总公司、广州彩色印务有限公司、广州新闻服务中心、大洋广告公司、广州新闻纸张供应公司、广州市报刊发行公司、大洋多媒体信息网络有限公司、广州日报（香港）有限公司、香港华兴盛国际有限公司等实业群体。此外，还以大股东身份参与组建了广州产权证券联合交易公司。1994年总营业收入达6.2亿元，广告收入3亿多元；1995年又有所发展，前者达到约8亿元，后者突破4亿元，这些都居于全国报业的领先地位。[56]

（3）从人才实力上看，广州日报当时拥有一支300人的采编队伍，其中正高职称5人，副高职称78人，中级职称107人，还涌现出“韬奋新闻奖”获得者、“范长江奖”提名奖获得者等一批全国、省、市先进报业人才，具有较充实的人才实力。

（4）从印刷能力上看，广州日报成立有印务中心，设备先进，技术人才众多，具有过硬的技术实力。

（5）从发行能力上看，广州日报自办发行，拥有一个自成系统、效率较高的发行网络，成立有报刊发行公司和连锁店公司，具有通畅的发行渠道。自1985年《洛阳日报》率先脱离邮局、自办发行以来，全国有不少报纸也采用“自办发行”的方式。《广州日报》是从1991年开始“自办发行”的，在市内各区及市属各县、珠江三角洲各主要城市以至省内外部分中心城市都建立了发行站。到1995年底，已拥有400多名专业投递员和1 000多名报贩，近100辆发行车。除此之外，还委托市内186家工商银行储蓄所代理收订报纸，此后还增加电话预约上门订报业务。

（6）广州日报在当时还有一个非常重要的条件，那就是该报基本上是自费订阅。时任新闻出版署副署长的梁衡后来透露，他们通过调查发现，广州日报基本上是靠“自费订阅”，“不用靠红头文件发行……它与市场合拍了”。

由于具备了以上条件，1995年12月6日，广东省新闻出版局向国家新闻出版署上报了《关于建立广州日报报业集团试点的请示》。国家新闻出版署派员赴广州日报实地考察，回京后又召集首都16家报社老总座谈、论证，才于1996年1月15日正式批准广州日报作为报业集团试点单位。[57]

广州日报报业集团成立后，首先在管理体制上进行大的改革。以前，该报与全国省市党报一样，实行编委会统管报社内部一切事务的“单轨制”。成立报业集团后，开始实行社委会领导下的社长负责制，下设编辑委员会和经营管理委员会，由黎元江任社长兼总编辑，负责报社全面工作，其余5位副总编分工抓采编业务、三位副社长抓经营管理。报社的经营管理在集团工作中得到高度重视和强化。报社原设负责经营管理的经理部和发行处两个处级部门，后扩大为计财处、发行处、广告处、管理处、经营处、技术处6个处级部门，从而保证了报纸由过去单纯讲求社会效益的宣传工具向社会效益和经营效益并重的特殊企业的转型。

广州日报报业集团成立后产生了一系列重大影响，对本省同行业及全国报业的改革、发展起到了示范作用和激励作用。到1998年，南方日报报业集团、羊城晚报报业集团、文汇新民联合报业集团、经济日报报业集团、光明日报报业集团等先后成立。1999年6月9日，无锡广播电视集团正式挂牌成立，成为全国第一家广电集团。

广州日报报业集团自身在发展中也在不断改进和完善，每年都有进步，产生了良好的社会效益和经济效益。1996年7月16日起，《广州日报·珠三角新闻》版创刊，该报开始向珠三角地区大扩张。1996年12月1日，广州日报印务中心奠基；到1998年11月，一期工程投产。2002年3月28日，印务中心二期工程投产，成为当时亚洲地区最先进的印务中心。

1997年起，广州日报报业集团实施跨世纪人才工程，为新世纪报业竞争储备人才，开始每年从名牌大学招收毕业生（包括硕士、博士）。1997年7月1日，香港回归祖国，香港特区成立庆典在香港会展中心举行。《广州日报》经过精心策划，当天推出97大版纪念香港回归特刊。此后，纪念特刊、节庆特刊成为中国报界广泛运用的一种形式。1997年12月13日，《广州日报》开始周末大扩版，推出每期周末版40大版；不久又增至48版，分五叠，这在国内报纸中首创了分叠出版的形式。

1998年11月，《广州日报》发行量突破100万份，到2001年又升至165万份，成为广东地区发行量最大的报纸。

2000年1月1日，《广州日报》经过精心策划，隆重推出新千年200版纪念特刊，刷新中国报业史上的多项纪录。

2002年12月1日，广州日报报业集团隆重纪念其旗舰报纸《广州日报》创刊50周年（1952年12月1日至2002年12月1日）。

2003年10月13日，《广州日报》又开始新一轮大规模的改版、扩版行动。

2004年起，广州日报报业集团与上海文广新闻传媒集团、北青传媒股份有限公司合作，集广播、电视、报纸三大传统传媒的力量，在上海联合主办《第一财经日报》。该报于2004年11月15日创刊，首开我国新闻单位跨地区、跨媒体经营之先河。2004年底，广州日报报业集团体制改革启动。截至2001年12月31日，《广州日报》2004年度广告收入再创新高，达17.17亿元，连续11年稳居中国报业广告收入第一位。[58]

（二）报业集团的纷纷成立

以1996年广州日报报业集团成立为起点，我国各地大报纷纷组建报业集团，我国报业开始向规模化、集约化的方向发展。经过6年的发展，到2002年，我国报业集团总数已达39家。到2006年，经过10年的发展，据不完全统计，我国报业集团共有50家。

广东省：广州日报报业集团（1996年1月15日成立）、羊城晚报报业集团（1998年5月18成立）、南方日报报业集团（1998年5月18日成立，是我国首家省级党委机关报报业集团）、深圳报业集团（2002年9月30日成立，由深圳特区报业集团与《深圳商报》社合并组建）、佛山日报传媒集团（2003年12月28日成立）、中山日报报业集团（2006年8月28日成立）。

北京：光明日报报业集团（1998年6月8日成立）、经济日报报业集团（1998年6月8日成立）、北京日报报业集团（2000年3月28日成立）。

上海：文汇新民联合报业集团（1998年7月25日成立）、解放日报报业集团（2000年10月9日成立）。

辽宁省：辽宁日报报业集团（1999年12月15日成立）、沈阳日报报业集团（1999年12月15日成立）。

黑龙江省：哈尔滨日报报业集团（1999年9月9日成立）、黑龙江日报报业集团（2002年12月8日成立）。

吉林省：长春日报报业集团（2001年7月13日成立）、吉林日报报业集团（2001年9月20日成立）。

浙江省：浙江日报报业集团（2000年6月25日成立）、杭州日报报业集团（2001年7月16日成立）、宁波日报报业集团（2002年8月20日成立）、温州日报报业集团（2004年9月6日成立）。

四川省：四川日报报业集团（2000年9月12日成立）、重庆日报报业集团（2001年10月18日成立）、成都日报报业集团（2002年9月26日成立）、成都传媒集团（2006年11月28日成立，由成都日报报业集团与成都广播电视台合并而成）。

湖北省：湖北日报报业集团（2001年7月8日成立），长江日报报业集团（2003年12月28日成立）。

湖南省：长沙晚报报业集团（2001年9月26日成立），湖南日报报业集团（2001年10月31日成立）。

江苏省：新华日报报业集团（2001年9月28日成立），南京日报报业集团（2002年12月17日成立），苏州日报报业集团（2003年10月8日成立），无锡日报报业集团（2003年11月28日成立）。

河南省：河南日报报业集团（2000年7月28日成立）。

云南省：云南日报报业集团（2001年9月13日成立）。

山东省：大众报业集团（2000年9月28日成立），济南日报报业集团（2002年10月15日成立），青岛日报报业集团（2003年11月28日成立），烟台日报传媒集团（2005年9月成立）。

甘肃省：甘肃日报报业集团（2002年10月26日成立）。

天津：天津日报报业集团（2002年8月21日成立）。

河北省：河北日报报业集团（2002年9月28日成立）。

福建省：福建日报报业集团（2002年8月25日成立）。

江西省：赣南日报报业集团（2004年9月24日成立）。

安徽省：安徽日报报业集团（2003年8月12日成立），芜湖日报报业集团（2006年6月6日成立）。

山西省：山西日报报业集团（2002年6月成立）。

海南省：海南日报报业集团（2004年7月6日成立）。

贵州省：贵州日报报业集团（2004年11月28日成立）。

新疆：新疆日报报业集团筹委会（2003年4月28日成立）。

宁夏：宁夏日报报业集团（2006年7月26日成立）。[59]

从2007年到2009年底，又有一些报业集团成立。其中内蒙古地区的内蒙古日报传媒集团于2008年12月29日成立。

第四节　深化改革、全面发展的广播电视业

20世纪90年代是我国广播电视业深化改革、全面发展的时期。尤其从1992年到1999年，中国广播电视业有了突飞猛进的大发展。这一时期，由于中国以市场经济为导向的经济体制改革取得了突破性的进展，国民经济总量迅速增长，国家实力大大增强，人民生活水平显著提升。加上世界科技的不断进步，特别是数字压缩技术和卫星通讯技术的迅猛发展，我国广播电视业，尤其是电视业，开始了从无线电视到有线电视，再到数字化电视的大发展。

据统计，1991年3月15日，我国第一家省级有线电视台——湖南电视台开播，从此，全国各地迅速掀起兴建有线电视台的热潮。1992年有线电视用户总数达2 000万户。到1994年10月底，全国批准建立的有线电视台1 100座，用户总数3 000万户。到1995年底，全国有线电视台已达1 178座，用户3 980万户。

1985年8月1日，我国为传送电视节目租用的国际卫星转发器开始使用，中央电视台首先通过通信卫星传送电视节目。1991年9月1日，经李鹏总理批准，中央电视台通过“亚洲一号”卫星用NTSC制式全天转播第一套节目，覆盖包括台湾在内的我国31个省、自治区、直辖市以及港澳地区。从此，“卫星电视”在我国迅猛发展。到1999年10月海南的电视节目上星播出，我国所有省级电视台电视节目全部通过卫星电视播出。

从1995年11月起，我国又开始进行卫星电视节目模拟技术向数字技术过渡的实验性播出。从1997年元旦起，中央电视台和省级电视台开始先后正式采用卫星数字压缩技术进行电视节目的传送。[60]

另据统计，到1995年底，全国共拥有无线广播电台1 202座，比1994年增加95座。其中中央级2座，省级50座，地、市级260座，县级890座。到1995年底，全国市、县广播站2 592个，比1994年增加250个。

到1995年底，全国有电视台837座，比1994年增加71座。其中中央级1座，省级35座，地、市级300座，县级501座，电视发射台和转播台40 987座，比1994年增加2 070座。全国有线电视台共计1 178座，比1994年增加123座。

到1995年底，我国收音机社会拥有量约1.87亿台，电视机社会拥有量约2.86亿台。

到1995年底，全国广电系统职工人数达42.3万，比1994年增加2万。[61]

经过1997、1998年的治理、整顿，截至1999年初，我国广播电视播出机构有2 216座。其中，省会城市、地级市的广播电台294座、电视台343座；另外，还有217座有线台、1 287座县级广播电视台、75座教育台。[62]

在90年代，中央电视台得到快速的发展：频道数量由1978年的两套，增加到1998年的八套；节目播出时间由1978年的平均每天播出10多个小时，到1998年的平均每天播出160多个小时；对外宣传从寄送录像带发展到卫星覆盖全球；技术装备已接近世界先进水平，播出系统由模拟改为数字化播出，播出方式由半自动转为全自动播出；电视队伍不断壮大，1978年中央电视台职工总数400人，1992年增加到2 300人，2000年初达5 000人；经营收入大幅度提高，由主要靠国家财政拨款到自给有余、向国家缴纳税收，1997年向国家上交税收和各项资金12亿元。到1999年底、2000年初，中国电视观众总数达11亿人。[63]

一、20世纪90年代初，知识性、娱乐性电视综艺节目的兴办及发展

20世纪90年代初，中国电视节目的改革是从中央电视台创办知识性、娱乐性综艺节目开始的。1990年3月14日，中央电视台在《周末文艺》、《文艺天地》栏目的基础上创办的《综艺大观》栏目开播；1990年4月21日，《正大综艺》开播。此后，引发了中国电视的娱乐节目潮。一时间，以“开心”、“娱乐”冠名的娱乐性栏目在各省台纷纷涌现。

【《综艺大观》的兴办】《综艺大观》由中央电视台文艺中心（主任邹友开）主办，每两周一期，每期播出50分钟，在第一套节目周六8：05黄金时段现场直播。该节目是将相声、小品、歌舞、杂技、魔术等融为一体的综艺栏目，实际上是80年代春节晚会的缩影。

《综艺大观》把20世纪80年代春节联欢晚会的成功模式直接导入电视娱乐栏目之中，创办晚会型电视栏目，这在当时是一个创举。因此，节目主持人成为栏目成功与否的关键。《综艺大观》最早的主持人是王刚、成方圆；从第18期起，倪萍加入。从此，《综艺大观》成为中央电视台最重要的娱乐性栏目、成为各省台学习的楷模。倪萍等人也从《综艺大观》走向主持明星之路。《综艺大观》把当时走红的小品、歌曲、舞蹈、相声等艺术形式串联在一起，每两周给全国电视观众一台小晚会。1996年后，主持人倪萍急流勇退。从101期开始，由周涛主持，直至第200期止。第201期由曹颖接任主持人。到2004年10月8日，走过了14年风雨历程的《综艺大观》因收视率不断走低而最后停办。14年中，《综艺大观》培养了倪萍、周涛、曹颖等一大批出类拔萃的电视晚会主持人，同时也培养了一大批优秀的电视综艺节目编导人才及一支优秀的表演队伍。另外，还推出了无数的优秀文艺作品，其中包括许多脍炙人口的小品。主题歌《今宵情》由毛阿敏演唱，深情感人。

【《正大综艺》的兴办】《正大综艺》是中央电视台与泰国正大集团合作创办的一档综艺栏目。这是中央电视台第一次同外国公司联合制作大型的知识性、娱乐性综艺栏目。该栏目采用主持人、嘉宾、观众三位一体的形式，将异域风情与现场竞答紧密结合，在轻松愉快的气氛中增长知识，每周一期，是一种大型的知识性电视综艺益智节目。1990年

刚推出时,《正大综艺》围绕“不看不知道，世界真奇妙”做文章，将异域风情展现在电视观众眼前。1997年1月,《正大综艺》改版，对节目作了较大的调整。节目采用竞赛机制，播出时间延长为97分钟。2002年7月，栏目再次大规模改版，突出旅游文化定位，强调观众“零距离感受”。新版栏目改变过去单一问答的游戏规则，形成精谜闯关、制造悬念、淘汰筛选的游戏娱乐模式。与《综艺大观》相似,《正大综艺》也是由一对黄金搭档即赵忠祥、杨澜主持的。不久后又由杨澜、姜昆担任主持人。《正大综艺》在赵忠祥、杨澜主持时期达到了鼎盛。1994年，正当《正大综艺》风行一时的时候，正大集团总裁谢国民却提出资助主持人杨澜出国学习。就这样，刚刚获得首届“金话筒奖”的杨澜辞职离开中央电视台，负笈远赴美国哥伦比亚大学国际传媒专业留学。学成归国后，她创办了自己的“阳光传媒集团”。杨澜之后，《正大综艺》进入程前和王雪纯联袂主持合作时期。

【《快乐大本营》及各地综艺节目的创办】20世纪90年代，除中央电视台《综艺大观》、《正大综艺》外，地方电视台也纷纷开始创办娱乐综艺节目。如1993年，东方电视台开办了全民参与的游戏类节目《快乐大转盘》，开启了以“游戏+搞笑”为特色类综艺娱乐节目的先河。7年之后，因内容老化、形式缺乏新意等问题，该节目终于在2000年停办。1994年11月，北京电视台也推出《午夜娱乐城》。但是，真正引起业界争相追捧的游戏娱乐综艺节目是湖南卫视推出的《快乐大本营》。

1997年7月11日，湖南卫视的《快乐大本营》开播，由李湘、何炅主持。节目播出时间为100分钟，每周一期。该节目最早由李湘主持，后由何炅、谢娜等主持。节目游戏样式新奇多样，游戏奖品丰厚诱人，节目中的游戏可分三种类型：一是动作类游戏，二是知识性游戏，三是综合判断游戏。游戏的目的是为了充分调动参与游戏的明星和现场观众的积极性。同时，在紧张刺激的游戏节目间隙,《快乐大本营》还穿插文艺节目，使观众在优美的歌声中放松心情。

《快乐大本营》开播不到一年，即在全国引起巨大反响，并于1998年10月荣获第16届电视金鹰奖，同时也引发了全国电视界的一场“快乐旋风”。1998年，湖南卫视又推出《玫瑰之约》，这是一档“克隆”台湾《非常男女》的婚恋节目。该节目播出后，又在全国迅速掀起电视娱乐节目的“玫瑰风”。短时间内，全国有近40家电视台到湖南卫视“取经”。在追逐高收视率的冲动下，各地电视台出现了近百档类似节目，其中较有影响的有：1999年初，由上海、北京、杭州三地10余家有线电视台联手推出并联播的《欢乐总动员》（由已经成名的程前和张延主持)、上海东方台的《相约星期六》、浙江卫视的《假日总动员》、江苏卫视的《非常周末》、云南卫视的《快乐周末》、福建东南台的《开心一百》、安徽卫视的《超级大赢家》等。中央电视台第二套节目也于1998年11月推出《幸运52》（由李咏主持)。2007年7月又在周末黄金时段推出由王小丫主持的《开心辞典》。[64]

二、广电新闻节目的改革

“新闻立台”、“新闻主打”是广播、电视节目改革的根本原则。

20世纪90年代，我国广播、电视的新闻节目有了一系列重大改革。其中，改革力度最大的是中央人民广播电台的《新闻和报纸摘要》节目和中央电视台的《新闻联播》节目。“在全国广播电台所有节目中，影响最大、收视率最高的是中央人民广播电台的《新闻和报纸摘要》；而在全国电视台所有节目中，影响最大、收视率最高的是中央电视台的《新闻联播》。”[65]这两大新闻栏目是中国广播、电视节目中的核心品牌栏目。人们常说：“早晨听广播，白天看报纸，晚上看电视。”所谓“早晨听广播”，主要就是听中央人民广播电台的《新闻和报纸摘要》节目；所谓“晚上看电视”，就是每晚必须看中央电视台的《新闻联播》节目，它是人们获取重大新闻信息的重要渠道。

【中央人民广播电台《新闻和报纸摘要》节目的改革】《新闻和报纸摘要》（简称《新闻报摘》）节目是中央人民广播电台的核心新闻节目，创办于1950年4月10日，当时名为《首都报纸摘要》，1955年5月4日改为《中央报纸摘要》，1967年1月26日改名为《新闻和报纸摘要》。该节目主要由国内外要闻、有关广播评论和报纸版面要闻介绍等方面组成。90年代，《新闻报摘》节目有了一系列重大的改进，主要表现在以下几方面：

（1）加强了对典型人物的报道。中央人民广播电台于1990年后在《新闻报摘》节目中陆续推出专题系列报道《奉献者之歌》、《共产党员风采》、《中华英模》和《劳模之声》等，宣传了在各条战线作出出色成绩的几百位先进模范人物，其中《中华英模》系列报道连续报道了152位敬业爱岗、创业精神突出的全国劳动模范及先进人物的感人事迹。90年代后期，《新闻报摘》又重点组织了精神文明建设典型的报道与宣传，其中产生了重大影响的新时期典型人物主要有孔繁森、李国安、徐洪刚、吴天祥、王廷江、韩素云、李素丽、徐虎、包起帆等。

（2）加强了对典型单位、对在现代化建设中成就突出的省市和地区的报道。其主要作品有《边城行》、《九十年代看浦东》、《深圳之路》、《改革大潮看神州》、《大西北的脚步》、《中国大西南》、《架起通向共同富裕的金桥》、《再就业，大上海再写辉煌》、《走进阿里》、《我看改革二十年》、《继二十年辉煌、创世纪伟业》以及国庆50周年系列报道《长江巨浪》等。其中，26集系列报道《边城行》反映众多边陲小城镇在改革开放中的显著变化，收听后使人深受鼓舞。

（3）大规模地增加信息量、扩大报道面，使“扬独家之优势，汇天下之精华”（1983年3月第11次全国广播电视工作会议上提出）的号召，进一步得到落实。1994年起，《新闻报摘》节目开辟《介绍地方电台播出部分内容》专栏，大量采用全国各地省级电台和各省省会城市电台、地方级电台的稿件，这就大大拓宽了新闻源。在这方面，中央人民广播电台有得天独厚的优势。一直以来，我国广播系统有明文规定：各省、自治区、直辖市的广播电台为中央台的集体记者，有责任有义务向中央台提供新闻；各省、自治区、直辖市电台及各地市台必须转播《新闻联播》及《新闻报摘》节目。因此，各地电台大量的来稿无疑极大地丰富了《新闻报摘》的报道内容。1995年起，《新闻报摘》的“报摘”范围急剧扩大，它选用来进行摘编介绍的全国各地报刊从80年代初的30多家增加到110多家。《报纸版面介绍》是《新闻报摘》中很有特色的栏目，它不仅可以选用首都各大报刊最有新闻价值及导向意义的信息、言论，而且享有在报刊发行之前、早于所有媒体播出报刊文章的特权。[66]

（4）广播评论的加强。90年代初起，中央人民广播电台的评论力度加强。1993年4月8日、23日，中央台《新闻和报纸摘要》节目分别播出记者胡占凡采写的述评《拜金主义要不得》、《再谈拜金主义要不得》，在社会上引起了热烈而广泛的反响。至4月28

目，收到全国20多个省、自治区、直辖市各方面听众来信近70封，新华社、《人民日报》、《光明日报》等20多家报刊争相转载。

【中央电视台《新闻联播》节目的改革】《新闻联播》是中央电视台每天报道国内外大事及要闻的重要节目，它通过微波和通信卫星传送，全国各地电视台同时转播。90年代，中央电视台《新闻联播》的影响力大大超过中央人民广播电台的《新闻和报纸摘要》，成为该台的王牌节目。

1976年7月1日，当时还叫"北京电视台"的中央电视台开始试播《新闻联播》节目，每天晚上7点播出，每次15分钟，内容全是国内新闻。1978年1月1日，北京电视台恢复播音员出图像向观众报告节目，新闻节目也正式定名为《全国电视台新闻联播》(后简称《新闻联播》)。1978年5月1日起，"北京电视台"正式改名为"中央电视台"。1980年4月1日起，《新闻联播》开始播出国际新闻，每期节目的时间由15分钟增加到30分钟。1980年7月，中央电视台全部新闻节目开始由原来的用胶片直播改为录像带录播。1988年12月30日，中央电视台新闻中心正式成立。

90年代，《新闻联播》在80年代不断改进的基础上又进行了一系列重大改革，主要表现在以下几方面：

(1) 采、编、播的现代化。中央电视台自1988年3月迁入新落成的彩电中心后，基本实现了采、编、播"一条龙"的体制和采、编、播设备的更新换代，从而大大增强了新闻的时效性和信息量。在采编方面，90年代中期，《新闻联播》的记者开始配备了笔记本电脑；中央电视台记者在偏远地区采访时，开始使用移动卫星地面站往《新闻联播》传送当天的新闻报道。1998年2月，中央电视台派出记者赴伊拉克报道武器核查问题，首次使用了便携式海事卫星电话，进行现场报道。同年10月，中央电视台7名记者又随身携带3台便携式海事卫星电话，随雅鲁藏布大峡谷科学探险考察队采访。他们通过海事卫星传送电话报道、电子照片、文件稿和图像资料。在播出方面，1996年1月1日，《新闻联播》的播出方式发生了从它播出以来最重要的一次变化，即重新恢复并采用世界电视新闻报道通行的直播方式播出。《新闻联播》的前身、1978年1月正式开办的《全国电视台新闻联播》开播时是采用胶片直播的方式播出的。1980年7月开始改用录像录制播出，这种播出方式一直持续了15年半（186个月），后于1996年1月1日恢复为现代电视的直播方式播出。从此，中央电视台第一套节目的全天13次新闻报道全部实现直播。在此前后，中央电视台对一些重要的新闻栏目进行改进，如1993年3月1日，中央电视台开始实施重要新闻的滚动播出，把新闻播出的次数由每天4次增加到12次。1993年5月1日早晨7点整，《东方时空·早间新闻》开播，专门报道过去一天发生的要闻大事及昨夜今晨最新发生的新闻事件及有关消息，此举改变了中国人早晨不看电视新闻的习惯。不久，又对《新闻联播》播完后播出的《晚间新闻》节目也进行改进，因为中央电视台原《晚间新闻》节目自1983年3月1日开播以来，收视率一直上不去。该节目每天晚上10点播出，每次10分钟，其内容主要为未能赶上《新闻联播》的当天重要新闻及一些外事、会议及经济新闻。1994年4月1日，中央电视台对《晚间新闻》进行改版，以贴近生活、贴近老百姓为宗旨，播出与老百姓生活及衣食住行密切相关的新闻，同时在社会新闻、法制新闻、灾害事故以及问题报道方面加大报道力度，使栏目显现出生动鲜活的特色。1995年4月3日，中央电视台新闻中心在第一套节目推出午间新闻新栏目《新闻30分》，该栏目是由1984年3月1日开播以来的《午间新闻》（每天一次，每次15分钟）

改进而成的。《新闻30分》播出的都是一些时效性较强的国际新闻。由于时差的关系，中午是每天获取国际新闻的最佳时机之一，《新闻30分》抓住这一有利时机，及时播出国际新闻。至此，中央电视台第一套节目在早、中、晚三个时段都有新闻版块节目播出。1996年5月17日，中央电视台又正式推出《新闻调查》栏目。与此同时，该台领导还大胆改革，开始在《新闻联播》和《天气预报》之间第一次插播30秒钟的高价位广告。由于这一系列新闻改革的举措为中央电视台带来了巨大的经济效益，1996年中央电视台的广告总收入高达35亿元人民币。

（2）揭露性、批评性报道在《新闻联播》中频繁出现，新闻监督功能大大增强。其中影响较大的如1992年12月12日起，《新闻联播》播出八集系列报道《长治久安之路》；1996年12月16日，播出新闻《生猪私屠滥宰贻害无穷》；1996年8月29日披露的云南省会泽县特大假酒中毒事件和1998年2月5日播出的新闻《不法分子制售毒酒导致山西27人中毒死亡》等。这些揭露性新闻播出后，引起中央领导及广大群众的高度关注。

（3）《新闻联播》受到中央领导和人民群众的高度重视。从1990年起，按照中央领导人的意见，对一些重大新闻，《新闻联播》有优先发表权——可以先在《新闻联播》中发布，第二天再见报。这就大大提高了《新闻联播》节目的权威性和收视率。

三、1993年起电视新闻评论节目及深度报道栏目的创办

【电视新闻评论的缘起——从《观察与思考》到《观察思考》】电视新闻评论（包括电视新闻述评）是新闻评论中的一个重要品种和组成部分。什么是“电视新闻评论”？有学者为其下定义云：

“电视新闻评论是电视台对国内外新近发生的重大新闻事件，以及当前社会生活中存在的思想倾向、公众普遍关注的现象和问题发表看法，表明立场、观点、态度的节目形式，是电视新闻的重要组成部分。”[67]

“电视新闻述评是一种集新闻报道和新闻评论为一体的电视评论形式，它虚实结合，有说有评，既有对事件的介绍，又有对事件的分析和评论。它以典型事件为基础就事论理，从而实现正确的舆论指导。”[68]

关于电视新闻评论的特点，有研究者云：

“电视新闻评论不同于靠文字符号传播的报刊评论，也不同于靠声音符号传播的广播评论，而是综合运用画面、音响、屏幕文字和解说、论述性语言等多种传播手段的声画合一、视听结合的新闻评论，是一种真正意义上的‘形象化的政论’。它晚于报纸、广播评论，可以说是后起之秀，但其影响却是深远而广泛的。”[69]

中国的电视新闻评论起步较晚。在十一届三中全会以前，中国还没有真正意义上的电视新闻评论，只是在新闻节目中由播音员口播《红旗》杂志、《人民日报》、新华社等中央媒体发表的评论。80年代初起，中央电视台从模仿报纸广播的评论开始，经过创办《观察与思考》及《观察思考》的探索，到1993年，终于开办了具有电视特色的评论节目。

从《观察与思考》到《观察思考》：1979年，中央电视台成立专题部，开始筹划创办一个电视新闻评论栏目，专题部成员都是从新闻部调过来的有丰富经验的记者、编辑。

1980年7月12日，我国第一个既有新闻性，又有政论性及时评性的电视专题评论栏目——《观察与思考》诞生了。该栏目的宗旨是通过对具有普遍意义或群众关心的事件、问题和人物进行分析和评论，说明某种道理，引起观众的思考。初期的《观察与思考》题材相当广泛。如第一期的节目《北京居民为什么吃菜难》反映的是民生问题，当天电视屏幕上出现的北京市民起大早冒着凛冽寒风、排着长队买大白菜的画面，曾在社会上引起极大的反响。创办初期较有影响的节目还有反映安徽滁县实行包产到户，使农村发生巨大变化的《包产到户之后》等。此后在《观察与思考》这个栏目中，"既有反映社会主义人与人之间新型关系的《师徒之间》，也有歌颂我国人民拾金不昧优良品质的《谁是失主》；既有通过一只白天鹅的遭遇，引导人们热爱自然、保护自然、遵守社会公德的《白天鹅之死说明了什么》，也有用'再现'手法叙述几个女青年上当受骗的《似梦非梦》的真实故事，尤其是1981年9月3日播出的《冯大兴的下场》这一节目，紧紧抓住冯大兴进入大学后，不注重政治学习和思想改造，最后走上杀人犯罪道路这一（典型）事件进行宣传教育"[70]。

1982年，《观察与思考》曾播出一期节目叫《瓶塞大王》，评论上海老城隍庙豫园商场内一个专门销售瓶塞、瓶盖的商店。这个商店全心全意为顾客服务，做好不起眼的小生意，最终办成了闻名遐迩的名优特色商店。这期节目选题从小角度切入，反映大问题，被有的电视行家称为"电视新闻评论的经典"之作。[71]

从1986年起，随着全社会改革的深入发展，《观察与思考》节目以社会重大问题和群众关心的热点问题作为报道和评论的主要题材。与此同时，为了进一步办好新闻评论栏目，1988年11月，中央电视台将《社会瞭望》与《观察与思考》合并，栏目名称改为《观察思考》，并开始设立了固定的节目主持人（肖晓琳）。《观察思考》每周播出一次，固定在星期日晚上黄金时段，每期20分钟（后改为15分钟）。节目方针在原有基础上进一步明确：要熔新闻性、社会性、评论性于一炉。[72]《观察思考》后来播出的《温州之路》、《从一家工厂停产所想到的》等节目都在全国范围内产生了较大影响。同时，《观察思考》栏目开始采用调查性深度报道的形式、运用系列评论与连续评论方式，对新闻事件进行持续追踪报道和深度剖析。

【《东方时空》的创办】1992年1月18日至2月21日，邓小平同志在武昌、深圳、珠海、上海等地视察，并发表了重要讲话，发出了"思想要解放一点，改革开放的胆子要更大一点，建设步子要更快一点"的号召。他提出：要进一步解放思想、转变观念，抓住当前有利时机，加快改革开放步伐。在邓小平改革开放思想的鼓舞下，我国的电视业开始了快速、全面的大改革。

1993年3月1日起，中央电视台开始实施重要新闻的滚动播出，把新闻播出次数由每天4次增加到12次。

1993年5月1日早晨7点，中央电视台第一个集新闻性、社会性、知识性、娱乐性于一体的板块结构式新闻杂志性栏目《东方时空》开播（重播时间是下午1点）。《东方时空》每次节目总长60分钟，子栏目有"纵览天下事"的《早新闻》、迅速且详细报道国内外热点事件的《焦点时刻》、"浓缩人生精华"的《东方之子》、"讲述老百姓的故事"的《生活空间》、富有时代气息和民族特色的《东方时空金曲榜》等。《东方时空》的开播，标志着中央电视台建台35年来终于有了自己的早间节目，改变了中国人早晨不看电视的习惯。

早期的《东方时空》除“早间新闻”外，由4个子栏目即4大板块构成。其中，《东方之子》属人物访谈类节目，它将电视镜头聚焦在精英人物身上，紧扣“浓缩人生精华”的主题，将一大批“学界名流、商界奇才、文体精英”请进《东方之子》演播室，与观众进行心贴心、面对面的交流。通过屏幕，“观众既看到一些人物的今日辉煌，分享成功的喜悦，又能了解一些人物的昨夜蹉跎，体味人生的波折。通过众多人物的透析，使观众看到了七彩光环后面的酸甜苦辣”。在表现形式上，《东方之子》采用三种制作方式：①访谈式。由主持人与人物进行交谈，背景多以演播室为主。②访谈加现场实录式。主持人与人物对话过程中，不断切入同期记录的人物活动。③访谈加现场实录加解说式。在访谈现场实录的基础上，适当使用解说。由于《东方之子》是人物访谈节目，采访和谈话无疑是节目的最重要的两个环节，主持人在节目中起着极为关键的主导作用。他（她）一方面要与被采访者进行对话，还要控制场面、把握话题的流向，特别要注意挖掘与展示人物未曾被发现的、有价值的独特的“那一面”。《东方之子》播出后，深深地吸引了观众，产生了强烈的名人效应。[73]《生活空间》本来是服务类节目，在此基础上又提炼出“讲述老百姓的故事”的主题，把镜头对准普通老百姓及社会基层的人们，讲述老百姓身边的人和身边发生的事，记录下“一部由小人物构成的历史”和社会生活图画，并力求“在平凡中见惊奇”。《生活空间》贴近实际，贴近群众，观众看了感到亲切自然，容易产生共鸣。《东方时空金曲榜》主要是为青年观众而设置，同时也兼顾老观众的喜好。因此在节目安排上，“金曲榜”每次既安排一首民歌，也安排一首流行歌曲。同时，考虑到推动中国流行歌曲的发展，“金曲榜”还注重推介内地歌坛新人。《焦点时刻》是个话题专栏，它将上下普遍关注的国内外热点问题进行聚焦报道。它贴近生活、贴近实际，播出了大量真实、尖锐、鲜活的新闻内容，特别是一些揭露性、批评性的现场报道，“回答和聚焦了‘广大群众最关心的各种热点、难点和疑点问题’，并涉及一些尖锐的社会现象”，播出后，往往产生强烈的社会反响，引人瞩目。[74]以上4个子栏目从内容上看，既各具特色、各有侧重、各有个性，又互为补充、互相呼应，产生了重大影响力。

1996年1月，《东方时空》进行大改版，设立总主持人，并对节目进行统一串联、统一包装，使栏目的整体风格更加突出，同时各个小栏目的定位与内容设置也有很大变化。如1996年1月1日起，《焦点时刻》改名为《时空报道》；《金曲榜》更名为《音乐电视》，这是中国第一个MTV栏目，它时尚、前卫，充满活力和激情，吸引了众多观众，尤其深受中学生和大学生年龄层观众的喜爱。1996年3月16日，《东方时空》周日版《实话实说》正式开播。

《东方时空》在运营机制上的改革：《东方时空》是我国电视史上第一个早间新闻杂志型栏目，在运营机制上也进行了一系列改革。如它是第一个全面实行制片人制度的栏目，第一个向全社会公开招聘人员的栏目，也是第一个以栏目广告收入“自己养活自己”、实行经费承包制及制片人制的栏目。该栏目创办伊始，就在运营机制上实行大刀阔斧的改革，其创办人孙玉胜最早在栏目中引入“制片人”概念，并在经费承包制的基础上，实行制片人负责制，使制片人不仅是负责栏目创作的核心人物，而且拥有独立的人、财、物的管理、经营、支配权。孙玉胜是《东方时空》第一任总制片人。

中央电视台对《东方时空》实行经费承包制，即用5分钟的广告收入维持该节目的运转。《东方时空》开播后，每天要办40分钟的节目，工作量较大。刚开始时，其价格是15秒钟广告费2 500元，大约半年后提高到1.25万元，栏目开办的第一年就做到了经费自给。此后，栏目制作的经费都从5分钟的广告收入中支出。《东方时空》开播之后，制片人制在我国电视业界得到广泛应用，截至2003年5月，中央电视台共有387个栏目，其中完全自制的栏目有342个，而实行制片人制的栏目有278个，制片人总数为359人。[75]另外，栏目招聘制也在中央电视台全面铺开。

《东方时空》第一任总制片人——孙玉胜：孙玉胜于1984年7月毕业于吉林大学经济系，被分配到中央电视台工作。从1984年到1993年的9年间，他通过勤奋的工作、广泛的学习和借鉴，以及对电视创作规律的不断探索、实践，一步步完成了从一个学经济学的大学生到一个懂经济的电视工作者的转变。期间，他独立采制了《夏连富的胆与识》、《一条马路隔断了两个企业的产需联系》（1987年）（获全国电视新闻评选特等奖第一名）等作品，参与主创及编辑中央电视台推出的《时代的大潮》（1987年）、《广东行》等电视系列片。在做新闻编辑的9年中，他还参与策划、编辑过几十个系列报道和近千条新闻，大部分作品都受到台内外的好评。1993年初，中央电视台进行新闻报道的重大改革，时年31岁、担任中央电视台采访部主任的孙玉胜负责早间新闻节目的改革策划工作。他团结一批对电视很有见解的年轻人，立志要"办好这个栏目，改变中国人早晨不看电视的习惯"，于1993年5月1日在中央电视台推出早间节目《东方时空》，并且很快成为全国家喻户晓的名牌栏目。当年，孙玉胜获首届中国新闻界编辑最高奖——"韬奋新闻奖"，成为中央电视台第一位获韬奋奖的编辑人员。从1994至1996年，孙玉胜又分别参与策划并创办了《焦点访谈》、《新闻调查》和《实话实说》等重要栏目。1997年参与策划、实施72小时大型直播"香港回归特别报道"。1999年参与策划、实施"国庆50周年庆典"、"澳门回归"、"相逢2000"等特别节目。[76]

【中央电视台新闻中心"新闻评论部"的成立】中央电视台"新闻评论部"滥觞于1979年成立的专题部。由于专题部的成立，导致我国第一个电视新闻评论专栏《观察与思考》的诞生。此后，为了更好地发挥新闻评论的舆论引导功能，1988年7月，中央电视台组建了评论组。1993年又将评论组扩大为评论部。

1993年12月1日，中央电视台筹划决定对《东方时空》进行实质性的改革，在新闻节目中心成立一个新部门——"新闻评论部"。当时中央电视台的决策者认为，评论是一个媒体的"号角"和"旗帜"，面对社会变动引发的社会失范行为，新闻媒体应对这些社会热点问题进行舆论监督。

1993年12月21日，中央电视台新闻中心召开新闻评论部成立大会。台领导杨伟光、沈纪以及新闻中心各级领导与《东方时空》、《观察与思考》、《今日世界》的全体工作人员参加了会议。杨伟光台长在会上讲了话。他说，新闻评论部的成立意味着中央台的整体节目要上一个新台阶，改变过去认为电视是短平快、浅层次的观念。新闻评论节目是《新闻联播》的延续，是新闻性节目的深化，每天在黄金时间播出，沟通政府与观众的联系，对观众关心的热点问题加以深入的剖析和认识，正确引导舆论。现在上评论节目的条件已经具备，中央支持，社会承受力增强，有了一支骨干队伍。评论节目要有利于加强安定团结，化解社会矛盾。节目要有特色、要深入，与《新闻联播》有一定联系，形式上要有更多的纪实性。要培养国家台自己的评论员。[77]杨伟光的这一番讲话，初步拟定了新闻评论部的运作思路，奠定了新闻评论部发展的基础，勾画出该部日后发展的蓝图。新闻评论部隶属于中央电视台新闻节目中心，第一任主任是孙玉胜，副主任袁正明。该部由四个记者组和一个编辑部组成：记者一组制片人张步兵、记者二组制片人梁建增（后任新闻评论部主任）、记者三组制片人李小平、记者四组制片人张海潮；编辑部负责节目的整体统筹管理，由孙克文任制片人。[78]新闻评论部后来开辟了许多好栏目，制作了大量的好节目。该部成立时，只有100多人。到2000年，队伍壮大到近300人。

【《焦点访谈》的创办】1994年4月1日晚间19点38分，由中央电视台新闻评论部主办的《焦点访谈》节目开播。以后每次13分钟。

《焦点访谈》每晚7点38分在中央电视台第一套节目黄金时段播出，又在第二天第一套节目的早上8点25分重播。该栏目是一档集新闻报道与新闻评论于一身，融画面、音响、同期声、屏幕文字（字幕）与解释、论述性语言、主持人叙述、“解说词”介绍及记者现场报道于一体的电视述评节目。播出后，在全国引起轰动效应，曾与《东方时空》一起连续两届（1995、1996年）被中宣部评为“中央主要新闻单位名专栏（节目）”，从而成为我国电视栏目中的名牌栏目、经典栏目。其中，三届国务院总理都曾充分肯定《焦点访谈》的贡献。如1997年12月29日，当时的李鹏总理视察中央电视台时，特地到《焦点访谈》演播室，同编导们亲切交谈，并题写了16个字：“焦点访谈，表扬先进，批评落后，伸张正义。”1998年10月7日，朱镕基总理视察中央电视台时，同《焦点访谈》编导、主持人进行了两个小时的座谈，也题写了16个字：“舆论监督，群众喉舌，政府镜鉴，改革尖兵。”2003年8月26日，温家宝总理视察中央电视台时，在《焦点访谈》演播室赠言：“与人民同行、与祖国同在、与世界同步、与时代同进。”2004年4月，在《焦点访谈》创办10周年之际，温家宝总理再次写信给《焦点访谈》栏目组的全体同志，对该栏目为国家、为社会、为人民的高度责任感给予了充分的肯定，并指出：人民的意见、要求和呼声，是对政府工作最好的批评和监督。[79]

《焦点访谈》脱胎于《东方时空》的子栏目《焦点时刻》。《焦点时刻》在播出近一年时间里，追踪报道社会热点、焦点问题，“开辟了一条逐步进行舆论监督的路子，但是它有许多的先天不足”，主要表现在：①它只是《东方时空》的一个子栏目，被“包裹在整个《东方时空》播出板块之中，因而无法凸现其独特的影响力”；②《焦点时刻》虽然已进入舆论监督的领域，但力度和深度还不够；③由于《焦点时刻》在早晨播出，不是在晚间黄金时段播出，故收视率不高，节目的影响力大打折扣。“因此，在晚间黄金时段推出一个新闻深度评论报道的栏目，便成为中央电视台呼之欲出的必然选择。”[80]

《焦点访谈》最早是由当时的中央电视台台长杨伟光提议并领导创办起来的。1993年底，中央电视台领导层在研究1994年节目改革问题时，时任中央电视台台长的杨伟光找主管新闻的副台长沈纪、新闻中心主任李东生商量，能否在《新闻联播》之后开办一档抓热点问题的栏目。后经过审慎研究，台领导决定把《东方时空》栏目组、《观察思考》栏目组和《今日世界》栏目组（该栏目是中央电视台于1984年7月开办的第一个国际时事专栏节目）合并，成立新闻评论部，由孙玉胜任主任，开始筹办新栏目。因此，1994年4月1日，由评论部主办的《焦点访谈》正式在当天晚上黄金时段播出。

《焦点访谈》是一个用事实说话的评论性栏目，内容涉及面广、题材丰富。该栏目的主要内容诚如节目片头辞中所说的“时事追踪报道、新闻背景分析、社会热点透视、大众话题评说”四大类。但其中影响最大的还是揭露社会问题和行政弊端，尤其是滥用权力等方面的批评性报道，特别是对重大事件和热点问题的评述。这个栏目开办后的第一个节目是《94国债发行第一天》。开播后第3天，也就是1994年4月3日便开始播出第一期批评性报道及舆论监督节目《北京郊区：耕地上修建起一座座坟茔》。节目反映了北京市顺义县一个村子违反政策，毁坏耕地建陵园，向外出售赚钱牟利。之后又陆续播出了《血汗白流——两万多钢铁耗子蚕食武钢》（1994 年 4 月 14 日播出）、《从教不仁——全国升学受贿第一案报道》（上、下集）（1994 年 4 月 16、17 日播出）、《乱摊派何时了》（1994 年 4 月 20 日播出）、《触目惊心假发票》（1994 年 6 月 21 日播出）、《让棉花不再沉重——对棉花掺杂使假现象的调查》（1994 年 8 月 5 日播出）、《惜哉文化——吉林市博物馆遭受严重火灾》（1994 年 11 月 19 日播出）、《洋垃圾也敢进口》（1995 年 8 月 28 日播出）、《咸宁工商，取财有“道”》（1996 年 4 月 29 日播出）、《巨额粮款化为水》（1996 年 12 月 7 日播出）等一大批产生了重大影响的优秀节目。[81]

1998 年，国务院出台粮食收购补贴政策。1998 年 5 月 22 日，朱镕基总理前往安徽省南陵县视察时，在鹅岭粮站看到粮食满仓的情景。但是，朱总理离开南陵不久，就有群众来信反映其中有假。《焦点访谈》记者组看到这封来信后，敏锐地掂出了它的分量，果断地派出记者赴南陵采访。经过艰难的明察暗访，记者了解到，在朱总理到来之前的五天之内，南陵县从其他五个粮站紧急调运了1 031吨粮食到鹅岭粮站，借以虚报骗领国家粮食收购补贴资金。1998 年 11 月 12 日，披露南陵县调粮充库骗总理的这一事件的《焦点访谈·粮食满仓的真相》节目播出后，在社会上引起了巨大反响。[82]

从 1998 年开始，《焦点访谈》的定位语为“用事实说话”。它准确地描述了《焦点访谈》对事实的尊重态度和事实在节目中的地位及作用。2000 年 4 月 1 日为《焦点访谈》开播 6 周年纪念日，当天的《焦点访谈》开始正式使用新制作的片头，片头赫然打上 5 个金色大字：“用事实说话。”

《焦点访谈》在长期的节目制作实践过程中，形成了自己鲜明的特色和风格，其特色和创新之处主要有以下几点：

（1）始终不渝地坚持正确的舆论导向。办好舆论监督节目的首要条件是要有正确的心态及出发点、着眼点。新闻评论部首任主任孙玉胜早在筹办《焦点访谈》节目时就明确表态：“《焦点访谈》要突出舆论监督的特色，不过有一点必须明确，尽管我们是做舆论监督的，但我们的位置要摆得非常正，我们不能以在野党的位置来看待监督出来的问题，向政府发难；也不能像时下粤派比较流行的‘生猛’海鲜，搞得那么‘生猛’，过把瘾就死。而是要本着一种建设者的思维，抱着解决问题的态度帮助政府来工作，绝不是添乱。”[83]由于《焦点访谈》能将正面报道与舆论监督结合起来，在舆论监督过程中，达到了“解疑释惑”、“平衡心态”、“缓解矛盾”、“团结鼓劲”的效果和目的。

（2）敢为天下先——招聘选才。在中央电视台的人事制度改革中，《焦点访谈》栏目组走在了前列，它最早采用竞争和激励机制，全面实行招聘制。《焦点访谈》筹办初期的采编人员，基本上是《观察思考》这个每周只有 20 分钟栏目的班底，一共有 10 多人。而《焦点访谈》是一个长度为 13 分钟的新闻评论栏目，每天都播出。对于这样一个制作规模，仅有 10 多人的班子显然是远远不够的，但台里又抽调不出更多的人员。于是，中央电视台历史上第一次大规模地向社会招聘编辑、记者的活动开始了。1993 年底进行报名，有 800 多名应聘者。先进行笔试，从 800 多人中筛选出 80 多人，又对 80 多人进行面试。1994 年 1 月 19 日，在梅地亚中心由新闻评论部领导和新栏目筹建组的负责人、《东方时空》各栏目的负责人主持面试，从 80 多人中挑选出 50 名。其中有近 20 人被分到了新筹办的《焦点访谈》节目组。[84]同时在人才的进一步开发过程中，多渠道发现人才，全天候选拔人才。这些外聘人才中，不少人制作的节目都曾获得过中国新闻奖和中国广播电视新闻奖。

（3）全面贯彻制片人制，即制片人负责制。早在1993年5月1日中央电视台推出早间板块节目《东方时空》时，当时的评论部负责人孙玉胜就开始在该栏目中推行“制片人制”，所以栏目结尾滚动字幕第一行便署名“制片人×××”。到《焦点访谈》时便全面贯彻实行制片人制了。该栏目有总制片人，也有各档节目的制片人。栏目制片人有充分调度使用人、财、物的权力，通过优化人、财、物生产要素节约成本，获得最大化的经济效益和播出后产生的社会效益。

（4）将“隐性采访”发挥到了极致。“电视记者的隐性采访主要是指运用隐藏摄像设备的拍摄行为”（梁建增语），具体包括“偷拍”、“秘拍”、“偷录”、“暗访”等手段。《焦点访谈》记者能在特殊环境下冒着很大风险，充分运用“隐性采访”的手段拍到了许多珍贵的镜头和细节，录下了许多“精辟的语言”和同期声，从而揭开了一些重大事件中一层层的黑幕，实录下一个个贪腐分子、官僚主义者和渎职官员的嘴脸，充分发挥了电视媒体“用事实说话”，即用画面说话、用声音说话的特长。2004年4月1日，《焦点访谈》开播6周年纪念日，从这一天起，《焦点访谈》开始使用新制作的片头，那是五个闪闪发光的金色大字：“用事实说话。”这句话成为该栏目经典的定位语。

（5）倾力打造中国的“电视新闻评论主持人”明星。从《焦点时刻》到《焦点访谈》，两个“焦点”节目都有意识、有计划地培养和打造中国第一代电视新闻评论节目主持人（初期叫“记者主持人”）明星。其中如敬一丹、方宏进、水均益、白岩松、崔永元、董倩等都曾获代表中国主持人最高水平的“十佳金话筒”奖及其提名奖。

【《新闻透视》与90年代各省市继起的一批电视焦点类节目】上海电视台的《新闻透视》：《新闻透视》栏目于1987年7月5日晚开播，在中国电视焦点类节目中是办得最早的。该栏目由上海电视台新闻部主办，大栏目下又分《纵与横》、《长焦距》、《当代人》、《社会广角》、《观众中来》、《快节奏》等若干小板块。该节目模仿美国CBS名牌栏目《60分钟》节目，每周一期，定于星期日晚上8点半至9点播出。每期播出时间为30分钟。该节目播出后，深受观众的欢迎。

《新闻透视》早期播出时，是一档综合性电视新闻深度报道栏目。办了7年之后，即从1994年6月19日起，为适应新的电视竞争环境、为加强时效性和评论性，《新闻透视》进行大胆改版，定为每天播出5分钟的电视新闻评论栏目，对当天的重要新闻和社会关注的热点、难点问题进行追踪报道和新闻评述。播出时段为每天傍晚的黄金时段，其收视率居于上海台自办类电视节目的第一位，逐渐形成“题材广泛、深入及时、针砭时弊、仗义执言”的节目特色及注重现场感、参与感，夹叙夹议、评述结合的采编风格。

成都电视台的《今晚8：00》：《今晚8：00》栏目于1992年10月2日晚8点开播，由成都电视台新闻评论部主办。每周播出两期，每期15分钟。该栏目的节目定位以报道本市社会生活中的新闻事件为主，兼及一些改革新事物的报道和人物访谈报道。到1994年“扩版”为每周4期，节目形态也由时政新闻板块型改为主题型单一事件或人物专题深度报道及评述性报道。1995年，《今晚8：00》又由每周4期扩版为每周5期，成为一个地区性电视新闻评论类名牌栏目。

江苏电视台的《大写真》：《大写真》栏目于1995年元旦开播，是以中央电视台的《焦点访谈》为模式，依样“照葫芦画瓢”而办起来的。该节目定位于“跟踪焦点新闻、关注热门话题、展现时代风采、透视人间万象”，引导热点，化解热点，进行舆论监督；

将镜头对准社会基层，反映群众心声，褒扬先进、针砭时弊。开播后，很快受到观众欢迎，并成为江苏电视台黄金时段重点名牌节目。

河北电视台的《新闻广角》：《新闻广角》栏目创办于1998年3月30日晚间19时52分。该栏目以“关注社会生活、评论社会话题”，实行舆论监督为宗旨，是一档电视新闻评论栏目。曾播出过一些反响比较大的“社会批评曝光”节目。

此外，在电视“焦点”类节目的启示下，1994年10月1日，中央人民广播电台也开始在早上7点、晚上8点推出《新闻纵横》栏目。该栏目“集新闻、评论、热点为一体，在新闻方面强化深度报道和背景分析，释疑解惑；在评论方面避免说教，力求评述结合，权威点评；对热点问题坚持正确引导，旗帜鲜明，以理服人”[85]。其主要内容包括对重大新闻事件作深入报道与背景分析，对党和政府的重大方针政策加以阐释与解读，对热点问题作跟踪报道，揭露抨击假丑恶现象，等等。

【《实话实说》栏目的开办】1996年3月16日，《东方时空》周日版特别节目《实话实说》试播，首期议论的话题是《谁来保护消费者?》。该栏目于4月28日起正式定期播出，以后每周日上午7点20分至8点在中央台一套节目中首播，次周一、六重播。该栏目借鉴国际电视界流行的“脱口秀”（talk show）形式，结合中国观众的欣赏心理和习惯，采用群体现场交谈的节目形式，通过现场主持人、嘉宾、观众参与对话，展开对社会生活或人生体验的某一话题的探讨，达到各抒己见、增进交流和理解的目的。

《实话实说》“每周一个话题，每题一个热点，每点一次舌战，每战一道火花”[86]。谈话节目模拟日常谈话的情景，即兴发挥；节目主持人崔永元和4位嘉宾及现场观众“侃”新闻、“侃”时事、拉家常。在话题的选择上注意贴近民生，贴近实际，贴近生活，再加上谈话气氛平等、轻松、幽默、诙谐、有趣，娓娓而谈，使得这一档节目在短时间内就赢得了全国广大观众的喜爱。

《实话实说》的制片人、总导演是时间。每次邀请“现场嘉宾”4人，初期主持人为崔永元（1996年3月16日至2002年9月4日），以后历任主持人有和晶（2002年9月4日至2004年11月3日）、阿忆（2004年11月9日至2005年6月7日）、和晶（2005年6月7日至2009年上半年）。《实话实说》话题题材相当广泛，如《谁来保护消费者?》、《为什么吸烟?》、《子女眼中的父母》、《不打不成才》、《该不该减肥?》、《夫妻是否需要一米线》、《喝酒的利与害》，等等。

中央电视台《实话实说》开播后，各地方电视台也都创办了一些有影响的谈话节目，如上海台的《有话大家说》、北京台的《国际双行线》、黑龙江台的《北方直播室》、广东台的《岭南直播室》、广州台的《夜谈》、山东台的《午夜相伴》、重庆台的《龙门阵》，等等。据统计，到2000年，全国各地有这类电视谈话节目70多个，一时形成谈话节目的开播热潮。

我国电视谈话节目的兴起，有一个很重要的原因是受西方电视节目的影响。电视谈话节目（talk show）源于美国，港台译作“脱口秀”：“脱口”即指没有脚本，脱口而出，即兴发挥；“秀”即表演。电视史学者一般把NBC在1954年9月推出的《今夜》（*Tonight*），看作是电视“脱口秀”节目的开山之作。它是美国最早的谈话节目，当时由喜剧演员斯蒂夫·阿伦担纲主持。《今夜》节目模式是：有大量现场观众参与互动，以主持人的幽默独白和他与知名嘉宾的轻松对话为主线，中间穿插娱乐演出，强调娱乐性和喜剧色彩。谈话节目的关键是主持人。主持人要幽默感强、有敏锐机智的反应能力，同嘉宾及现场观众进行看似漫无目的的交谈，随时制造大批的笑料，让现场的观众和电视机前的观众都乐不可支。[87]经过半个多世纪的发展，谈话节目已成为欧美国家电视节目的主要样式之一。新时期，我国的电视谈话节目最早在上海出现。1993 年 1 月 18 日，上海东方电视台开播国内最早的谈话节目——《东方直播室》。这是一档涉及社会、家庭、法律、经济、文化、历史等方面热点问题的谈话节目，采取直播形式播出，首次将西方电视谈话节目模式介绍到中国。

到 1998 年，中国内地的电视观众又通过“凤凰卫视”收看到台湾制作的电视谈话节目《非常男女》（胡瓜主持），终于领略到另一种风格的谈话节目。

1998 年 4 月，由窦文涛主持的、完全体现个人风格的凤凰台“脱口秀”栏目《锵锵三人行》开播。

据有关方面统计，截至 2004 年，我国内地的电视“脱口秀”类节目已达 180 多个。[88]

【《新闻调查》栏目的开办】在《焦点访谈》开播两年后，中央电视台领导决定再办一个大型的、主要是进行深度报道的新闻评论栏目。它要比《焦点访谈》容量更大、更有深度，能对当前的新闻热点和广大观众所关注的重大事件、社会现象，在深入调查的基础上作出权威的评述。于是，在 1996 年 5 月 17 日，中央电视台《新闻调查》栏目开播。首期节目是《宏志班》，播出后引发社会强烈的反响。开播时，该栏目打出的口号是：“正在发生的新闻，新闻背后的新闻。”

《新闻调查》每周播出一期，每期 45 分钟。这是当时国内每期播出时间最长的电视深度报道和述评性栏目。其播出时段作过调整，开播时每周五晚上 21 点播出，后来每周一晚 22 点 35 分播出。《新闻调查》以记者调查为主要叙述形式，以具有社会性和新闻性的事件、人物、舆情、言论为调查对象，以社会转型期出现的有普遍意义的事件和现象为选题标准，将电视的调查、采访、述评结合为一体，跟踪记录和剖析新闻事件或社会现象本身发生、发展的过程，是中国最具权威性和影响力的调查性深度电视报道栏目。

《新闻调查》也是在借鉴美国哥伦比亚广播公司（CBS）《60 分钟》节目的基础上办起来的。《60 分钟》是由 CBS 新闻部著名编辑唐·休伊特于 1968 年 9 月创办起来的，是一档在黄金时段播出的一小时节目。它起初播出时段不固定，1975 年起，定在每周日晚 7 点至 8 点的黄金时段播出。唐·休伊特是《60 分钟》的创始人和总制片人，曾长期在该节目工作。丹·拉瑟、麦克·华莱士也曾长期担任《60 分钟》的采访记者和主持人。到 1978 年，为了同 CBS 竞争，美国广播公司（ABC）也模仿《60 分钟》而创办了《20/20》电视新闻杂志栏目。

《60 分钟》可以说是美国调查性电视新闻报道及“调查性纪录片”的鼻祖和先驱，也是美国唯一一个定期播出时间长度为一小时的电视新闻杂志专栏。它以其独特的风格和具争议性的报道引人瞩目，成为享誉全球的电视新闻杂志栏目。《60 分钟》最具影响力的特点是其独立调查和批判精神，以及善于“使用技巧讲故事”（“真实的故事就像电视剧和电影那样具有吸引力”）、报道“正在发生的新闻”和“同时发生的新闻”。《60 分钟》一直通过独立调查来挖掘故事，因致力于报道负面新闻、揭露丑行、伸张正义而闻名遐迩。该节目的前制片人唐·休伊特说：“我们做得最好的事情是用探照灯照亮黑暗的角落，如果躲在黑暗中的人正在做着他们不应该做的事情，我们能做的就是将探照灯照过去。”（［美］唐·休伊特：《60 分钟：黄金档电视栏目的 50 年历程》（序言），清华大学出版社，2004 年出版）。

中央电视台《新闻调查》栏目创办伊始，时任新闻评论部主任的孙玉胜和副主任袁正明就明确提出："我们要做中国的《60分钟》。"因此，无论是节目形态、选题风格、表现手法，还是叙述方式，《新闻调查》都借鉴了《60分钟》，并根据中国的实际情况作了开拓和创新，形成了以下鲜明特色：

（1）纪实性。《新闻调查》在节目制作上，采用双机拍摄、同步录音的制作方式，同步记录记者调查的实施过程，以突出进行时态，为观众提供真实、生动的可视信息和丰富的视角。

（2）故事性。《新闻调查》的节目形式是每期一个故事，其主要特色就是擅长讲故事。是故事，就必须有人物、有情节、有冲突、有悬念。在故事中，人最重要。同时要注重情节的挖掘和对冲突的表现、细节的抓取，以及悬念的设置。总之，情节要一波三折、富于变化。《新闻调查》的节目形态与制作模式是：首先，在开始曲中出片头，色彩稳重、旋律昂扬；接着通过撷取节目中精彩画面和同期声制造悬念、吸引观众；然后由演播室中主持人扼要介绍本期节目内容，一般是一分钟以内的导语——或交代播出由头，或简单勾勒背景，或关注人物命运，或预先提出问题，但是不作结论；紧接着正式进入主题——出镜记者现场调查的画面、同期声、解说词与旁白；偶尔配乐，以悬念重重的结构和曲折的故事情节来引人入胜。在长达45分钟的节目中有数处固定的片花隔断、再现片名，让观众有3—5秒的短暂的歇息时间。节目结尾时，一般在记者现场调查内容结束后，由主持人在演播室作简单总结，最多不超过一分钟：或归纳事件的意义和启示，或报告事态的最新进展，或提醒观众继续关注，但不下结论。最后在片尾出监制和制作人员名单、联系方式。

（3）培养和造就了一批具有专业精神的调查型深度报道记者及节目主持人。如该节目的著名主持人有敬一丹、柴静、杨春等；著名的调查型记者兼主持人王志敢于碰"硬"，敢于提问、善于提问，尤其敢于提出非常尖锐的"真问题"，挖掘出事实真相，形成了他自己独特的采访风格和主持风格。

四、凤凰卫视的创办与湖南电视产业的改革

（一）十年磨一剑，打造"金凤凰"

2006年3月31日是"凤凰卫视"十周年纪念日。十年中，凤凰卫视以惊人的速度迅速发展起来，它从单一的电视频道发展成为拥有5个电视频道（包括凤凰卫视中文台、凤凰卫视电影台、凤凰卫视欧洲台、凤凰卫视美洲台及凤凰卫视资讯台），覆盖亚太54个国家和地区、欧洲及北美40多个国家的卫星电视平台；从一家名不见经传的娱乐电视台，快速发展成为颇具公信力的商业电视媒体。与此同时，它还办有凤凰网和《凤凰周刊》。

2000年6月30日，凤凰卫视控股有限公司在香港创业板挂牌上市。凤凰卫视无疑是商业机制下媒体成功运营的典范。其总部最初设在香港九龙红磡德丰街18号海淀广场一座9楼，在内地的深圳、北京等地也设有节目制作基地，如在北京海淀区海淀南路就设有"凤凰会馆"。

【十年实现"三级跳"】凤凰卫视于1996年3月31日正式开播，其办台宗旨是：立足香港，以沟通大陆、港澳台两岸三地及亚洲乃至全世界华人为宗旨，将历史悠久、博大

精深的中华文明传播给世人，并帮助同一血脉的华人同胞认识纷纭复杂、多姿多彩的世界。“凤凰卫视”脱胎于“香港卫星广播有限公司”属下的香港卫视中文台。1991年4月19日，香港卫星广播有限公司开始通过亚洲卫星一号，向亚洲地区试播包括音乐、体育及娱乐节目资讯在内的卫星电视节目。9月份，“香港卫视”又开播两个英语频道（内容主要是音乐与体育），以及用普通话广播的一个中文频道。亚洲卫星一号是亚洲第一枚地区性通讯卫星，于1990年4月7日由中国长征3号火箭发射升空。这颗卫星由英国大东电报局、中国国际信托投资公司及和记黄埔有限公司共同拥有。香港卫视中文台的节目主要依赖“亚洲卫星一号”传输，其接收范围遍及亚洲区内所有主要城市，包括亚洲38个国家和地区——占全球半数的人口都可以收看到该台节目。[89]

1996年凤凰卫视有限公司正式成立时，刘长乐旗下的“今日亚洲有限公司”和默多克的“香港卫星电视有限公司”（STA RTV）各占其全部股份的45%，华颖国际有限公司占10%。这样的资本构成决定了凤凰卫视商业电视台的性质。凤凰卫视董事局主席兼行政总裁刘长乐曾总结说：凤凰卫视必须以财务为中心、成本核算为先导，外部以受众为核心来发展。概括为一句话，就是以经济效益为中心，同时兼顾社会效益。

短短十年（1996—2006），凤凰卫视完成了它从一个“娱乐台”到“新闻台”，再到有一定国际影响力的“国际台”的“三级跳”。

凤凰卫视的前身“香港卫视中文台”是一家以娱乐为主的城市商业电视频道。因此，凤凰卫视在开播初期也延续了此前的风格，定位于“城市青年台”，以“娱乐性、服务性、资讯性和不断增强的新闻性”作为其功能，其中又以“娱乐性”为主打功能。凤凰卫视刚开办时只有一个中文频道，每天播七八个小时，自制节目不到一个小时。它借助于香港地区成熟的娱乐文化环境，每天提供大量缺乏冲击力的娱乐节目，如《相聚凤凰台》、《音乐无限》、《人间万象全接触》、《非常男女》等，并经常连播长篇电视连续剧。此时的凤凰卫视中文台只是一个以娱乐为主、辅以时事报道及资讯服务的“中文娱乐台”。另外，在其创办的第一年中，凤凰卫视中文台还以转播大型颁奖典礼和晚会来制造声势、扩大影响。如1996年4月28日，凤凰卫视中文台独家向亚太地区现场直播“第十五届香港电影金像奖”颁奖典礼；5月11日，该台首度与内地重要媒体北京电视台合作，向亚太地区现场直播“96北京国际电视周”闭幕晚会盛况；9月21日，该台独家向亚太地区播出“1996年亚洲小姐竞赛决赛”；12月27日，为庆祝云南玉溪红塔集团40周年“诞辰”，凤凰卫视在玉溪推出一场集中国内地、香港、台湾两岸三地歌星、演员及电视节目主持人于一台的综艺晚会。在早期众多的从境外落地内地（主要在广东沿海一带、珠江三角洲地区）的电视台中，凤凰卫视淹没在诸如香港“亚视”台（包括翡翠台、明珠台）、香港无线电视台等众多境外电视台当中，它并没有在观众中树立起鲜明的品牌现象，公众影响力乏善可陈。此时的凤凰卫视几乎没有较有影响的新闻节目，只有如1996年第4季度节目改版时推出的《今日看台湾》、《香港看真点》、《汽车行动》等几个时事资讯栏目。

从1997年起，凤凰台不断加强新闻报道的力度，并开始从“娱乐台”到“新闻台”的转型，以此强化自身的影响力，提高媒体的地位。1997年中国发生了两件大事：邓小平去世、香港回归。凤凰卫视抓住机遇，于当年1月份就在香港及亚太地区首播了12集有关邓小平生平及业绩的大型文献纪录片《邓小平》。2月19日，邓小平逝世，此时按常规、按部就班地去播娱乐节目显然不合时宜。凤凰台抓住这个机遇，从当天起直至2月

26日，该台连续7天用直播方式报道了中国内地及香港人士深情悼念邓小平的情景，其正面的评价和真实客观的立场，使凤凰卫视在众多的新闻媒体中脱颖而出。1997年3月，凤凰卫视适时开办了第一个时事新闻节目——《时事直通车》。同年6月，凤凰卫视与中央电视台联手合作，对柯受良“飞越黄河”的壮举进行直播，开创了中国电视在野外进行大型现场直播的先河。“凤凰卫视”台台标在亿万中国电视观众面前首次亮相。

1997年7月1日，香港回归大典举行之际，凤凰卫视又抓住时机，做了60小时的专题节目连续直播——《97回归的世纪报道——60小时播不停》。在这次报道战役中，凤凰卫视利用其总部在香港的地理优势，分别在会展新闻中心、交接仪式大厅、天马舰英军总部、落马洲关口、凤凰卫视总部等多点现场直播，派出多支摄影、摄像队伍，空中、地面全方位出击。主持人吴小莉、窦文涛等40小时不卸装、“60小时播不停”，在时事类新闻及重大新闻报道中崭露头角。这次超大规模的电视时事新闻报道，锻炼了凤凰卫视年轻的队伍，也积累了对重大新闻事件全方位报道的宝贵经验。此后，凤凰卫视更舍得投入，进一步加大重大新闻直播的力度。例如，1997年10月26日至11月2日，中国国家主席江泽民访问美国，凤凰卫视全程直播；英国黛安娜王妃的葬礼举行，凤凰卫视也作了《英国王妃戴安娜葬礼的现场直播报道》；此外还有《97世行年会特别直播报道》、克林顿访华的直播报道等。这一系列重大新闻事件的现场直播报道，使凤凰卫视知名度大大提高。1998年，吴小莉被朱镕基总理点名表扬后，凤凰卫视不失时机地推出了一档时事新闻节目《小莉看时事》。同年先后相继开办的节目还有《凤凰早班车》、《杨澜工作室》、《锵锵三人行》等资讯、访谈及评述性电视节目。从1999年开始，凤凰卫视逐渐加大新闻评论性节目的力度，同时，新闻专题如《周末皇牌大放送》、新闻特别报道等不同类型的节目也都出现在凤凰中文台中。截至2001年11月底，凤凰卫视新闻节目每天播出近10个小时（包括首播和重播），占每天节目播出总量的三分之一多，与1996年相比增加了10倍。至此，凤凰台终于全面完成了从以娱乐为主打的“娱乐台”到以新闻为主打的“新闻台”的战略转型。

2001年1月，“凤凰卫视资讯台”开播，这是当时世界上唯一全天候24小时滚动播出时事、财经新闻的华语卫星频道，也是唯一覆盖海峡两岸与香港的华语资讯频道。同月，“凤凰卫视美洲台”开播，并成功地在美国落地。其实，在此前的1999年8月21日，“凤凰卫视欧洲台”就在英国伦敦正式开播，全面覆盖欧洲25个国家的200多万华人观众，它标志着凤凰卫视向国际化媒体目标迈出了坚实的第一步。到2001年，仅四年多一点的时间，“凤凰卫视”这个华人受众最广泛的华语卫星电视台，就从单一频道扩张为多频道的华语国际卫星电视平台，覆盖了亚太、欧美、北非等75个国家和地区。凤凰卫视开始向国际化媒体的大目标迈进。2004年11月25日，凤凰卫视资讯台在新加坡正式落地；2005年1月19日，该台又在马来西亚落地，成为新加坡、马来西亚两地华人中影响最大的华语电视媒体。同在2005年，凤凰卫视旗下的“凤凰网”被评为“2004年度中国最具影响力网站”之一。凤凰网于1998年6月1日开通，它以电视节目上网传播为基本内容，紧密依靠电视媒体，展开新闻报道，与凤凰卫视形成良好的互动、联动效应。2000年3月，《凤凰周刊》创刊，此举显示了凤凰卫视拓展平面媒体的意图，也显示了该台向电视、网络、平面媒体综合性传媒集团发展的大目标。

进入新世纪后，凤凰卫视的国际新闻采访能力、对重大突发事件的快速反应能力及对重大新闻事件的报道能力大大增强。如2001年“9·11”美国纽约恐怖袭击事件发生之后的几个小时内，地处香港的凤凰卫视成为千千万万中国人唯一的电视新闻信息来源。当时只有5年历史的凤凰台对此重大新闻事件进行了36小时的直播和连续报道。此后，凤凰台在重大国际新闻事件报道方面屡占先机，并形成了该台的最大卖点和竞争优势，成功地培养了中国内地观众“有大事、看凤凰”的收视心理，与此同时也奠定了凤凰台的国际影响力。2002年12月，在美国对伊拉克开战之前，美国国务卿鲍威尔破例两次接受凤凰卫视记者赵一力的独家专访，解释美国攻打伊拉克的立场和动机。2003年3月20日，美伊战争打响，美军方批准凤凰卫视记者分两路随美军作战地报道。这说明美国官方已经意识到凤凰卫视在华语世界的重要性和影响力。

在报道伊拉克战事中，凤凰卫视战地女记者闾丘露薇，冒着战火硝烟深入巴格达现场直播报道，在华语世界电视观众中产生了重大影响。2003年5月下旬，阿拉法特的官邸被解除包围，凤凰台《风云对话》节目组得到了采访阿拉法特的机会。5月24日深夜10点，凤凰卫视著名记者阮次山在阿拉法特的办公室和他长谈40分钟，这是全球华人电视台首次被允许进入阿拉法特那个只有20平方米的小办公室对其进行面对面现场采访。2003年8月，由俄罗斯政府新闻局组织，邀请全球16家主流媒体去车臣采访，华语媒体中仅凤凰台一家被邀。在安排去一个营区采访时，俄罗斯方面给予凤凰台极大的特权，只允许凤凰台的记者进去拍摄，其他国家的记者都不能进去。2004年9月1日，俄罗斯北奥塞梯共和国别斯兰市一所中学发生劫持大量人质的恐怖事件，凤凰卫视资讯台反应快捷，成为第二家到达现场的非俄罗斯媒体，在赶到现场的全世界数百名记者中，凤凰台记者卢宇光是唯一一位华人媒体记者。他一到现场就立即进行现场直播，随后又进行了一系列现场跟踪报道，在电视观众中造成震撼性影响。

在对重大新闻事件，尤其是重大突发事件的报道中，美国CNN是靠对伊拉克战争的大量现场报道打出天下，凤凰卫视资讯台也是靠对突发重大新闻事件的及时报道而赢得了广泛的观众群。因此，有人称其为“全球华人的CNN”。

【凤凰卫视的成功经验及运作模式】凤凰卫视的成功经验及运作模式主要包括以下几方面：

（1）坚持以人为本的价值观念，形成系统、科学的人力资源管理模式。办好电视台，关键是人才，凤凰卫视的迅猛发展离不开其强大的节目采编制作阵容和团队。在用人机制上，凤凰卫视采取了高薪聘才、环境引才、岗位育才、大胆用才、重奖英才等一系列重大举措，吸引、培养、成就了一大批“三名”（名节目主持人、名评论员、名记者）人物。其中，名主持人有吴小莉、窦文涛、陈鲁豫、许戈辉、李辉、谢亚芳、陈晓楠、周瑛琦、曾子墨等；年富力强、老成持重的评论员及主持人有阮次山、曹景行、何亮亮、杨锦麟、马鼎盛等；著名的电视采访记者有闾丘露薇、卢宇光、董嘉耀、郑浩等。对这些著名的主持人、评论员，凤凰台大胆借鉴外国电视台的“造星机制”，根据他们各自的特点，首先进行外形“包装”，接着让这些主持人、评论员在电视屏幕上频频曝光；同时再由凤凰卫视公关部负责在平面媒体（报纸杂志等）上大量推介主持人评论员的形象，或采取召开记者会、观众见面会、演示会、报告会、拍宣传片、建立专门网页等进行推介。在打造“明星”品牌中，最重要的举措是为明星主持人、名评论员度身打造适合其个性、风格、特长的电视栏目，让栏目适合主持人而不是让主持人来迁就栏目。

此外，凤凰卫视在“制造”明星的同时，也充分利用社会资源办电视，借助社会各界名人来打造自己的品牌。具体来说，一是邀请名人主持节目。比如邀请媒介名人杨澜加盟，主持《百年叱咤风云录》和《杨澜工作室》；邀请名战地记者唐师曾主持《打开历史之门》；邀请文化界名流余秋雨主持《千禧之旅》、《欧洲之旅》和《秋雨时间》；邀请著名学者王鲁湘主持《文化大观园》，等等。二是邀请名流、专家、学者参与节目的制作。如邀请著名学者葛剑雄等做嘉宾，借助于专家学者开办《世纪大讲堂》，等等。

（2）精心打造一系列名牌栏目。在节目制作上，凤凰卫视采取由明星主持带动名牌栏目，最终实现以名牌栏目提升频道形象的战略决策。凤凰卫视名牌栏目有《凤凰早班车》、《凤凰午间特快》、《今日头条》（以上栏目由陈鲁豫、周瑛琦、陈晓楠、刘芳等主持）、《鲁豫有约》（2001 年 11 月开播，由陈鲁豫主持的访谈节目——“说出你的故事”）、《小莉看世界》（仿效《60 分钟》而开办，由吴小莉主持）、《时事直通车》（由吴小莉、董嘉耀、萨文、谢亚芳等主持）、《凤凰大视野》（2004 年推出，主持人窦文涛、陈鲁豫、许戈辉、吴小莉、胡一虎、曾子墨等）、《风云对话》（由阮次山主持，本访谈节目围绕国际焦点事件，采访国际重量级人物，属“高端访谈节目”类）、《完全时尚手册》（李辉主持）、《娱乐风暴》（尉迟琳嘉等主持，属综艺与娱乐节目）、《冷暖人生》（由陈晓楠主持，讲述社会各方人士“生存与生活”的故事）、《锵锵三人行》（由窦文涛主持，集两岸三地传媒界精英名嘴针对每日热门新闻事件各抒己见）、《时事开讲》（主讲曹景行、何亮亮、董嘉耀，是每天一期的时事评论节目）、《军情观察室》（由马鼎盛、董嘉耀主持，2003 年 3 月美伊战争爆发，凤凰台开播《军情观察室》）、《文涛拍案》（由窦文涛主持）、《香港故事》（简福疆主持）、《名人面对面》（许戈辉主持）、《凤凰冲击波》、《财经节目》（曾子墨等主持）、《一虎一席谈》、《纵横中国》（均由胡一虎主持）、《有报天天读》（2003 年创办，由杨锦麟主持，资讯丰富）、《口述历史》、《社会能见度》、《世纪大讲堂》（王鲁湘主持，2001 年 1 月开播）、《周末大放送》、《凤凰太空站》（姜声扬主持），等等。

（3）始终坚持“内容为王”、“新闻立台”的理念。新闻报道、新闻评论永远是凤凰台的主打内容，“新闻是建立具有影响力的主流电视传媒的基础”（刘长乐语）。所谓“新闻立台”，主要是指电视新闻类节目应该成为电视台所有节目，特别是主频道的骨干，让电视观众通过新闻节目来了解和掌握国际风云变幻、国内政治经济大政方针、社会发展变化轨迹等各类资讯。作为一个重要理念，它要求电视台必须保证新闻节目播出的黄金时段，保持节目内容、节目形态精益求精的高质量。凤凰卫视在频道建设中，一直坚持把新闻（时事）节目放在重要位置，新闻（时事）类节目已成为凤凰台的核心内容和核心竞争力。

（4）形成了充满活力及可持续发展的创新机制。这一机制包括观念的创新，运营机制如组织管理的创新，节目制作如节目形态、话语风格及传播策略的创新，等等。[90]

（二）90 年代初，湖南电视产业的改革

1993 年初，湖南省广播电视厅领导班子新旧交替。当年 3 月，魏文彬上任，任厅长兼党组书记。新党组对全省的广播电视工作状况作了全面分析后，制订了“一二三四一”的整体改革方案，并确定了发展思路。具体说，就是围绕一个中心（宣传中心）、实行两个转变（由计划型向产业型转变、松散型向紧密型转变）、搞好三大建设（省广播电视中心、卫星节目上行站、广播电视传输覆盖网络）、实现四大目标（大广播、大电视、大宣传、大产业）、造就一支队伍。[91]

新班子上台后，大胆改革，“引入竞争机制，激活电视荧屏”。1994年，省厅党组果断决策：改革现有的广播电视体制，创建一个新机制、新运作、高起点的全新电视台——湖南经济电视台（简称“经视台”）。初步设想是“给一个频道、选一个台长、定一套政策”。对于台长人选，改变过去行政委任制，面向全省公开招聘，竞争上岗。1994年12月，原湖南电视台国际部副主任欧阳常林经过报名考试、方案答辩，从77名应聘者中脱颖而出，受聘为“经视台”台长。从此，湖南电视业界在当时的湖南省广播电视局局长魏文彬、湖南经济电视台台长欧阳常林的主持下，开始了大刀阔斧的改革。省厅充分放权，业务上只管导向，人事上只管台长一人，其余一切皆由电视台自主：人事聘任权下放、干部任免权下放、节目设置权下放、收入分配权下放，充分发挥第一线工作者的积极性和创造性。

尤其在人事制度上，“经视台”从台长到员工实行全员招聘，用人“不唯资历、不唯学历、不唯职称”，打破“铁饭碗、铁交椅、铁工资”，每年签一次合同，并推行3%—5%的滚动淘汰率；对于干部选拔，“经视台”任人唯贤、唯才是举，干部能上能下。在节目及节目内容的改革上，以新闻、电视剧和娱乐节目作为频道的三大支撑点，同时加强对频道的整体策划和包装，确定了“人无我有，人慢我快；人有我优，人优我新”的竞争策略。经过9个月筹备，湖南经济电视台于1996年1月1日正式开播。此后，“经视台”的1996年抗洪报道，以及一系列电视游戏娱乐节目（包括《幸运3721》、《幸运1997》、《幸运1998》、《幸运1999》、《幸运2000》等“幸运系列”节目），“火爆三湘”。到1998年10月，借鉴“经视台”频道机制、节目运作模式，湖南省广播电视厅又创办了“湖南生活频道”。

1997年1月1日，湖南电视台第一套节目“上星”。它通过亚洲2号卫星传送，呼号为“湖南卫视”，“湖南卫视”台正式诞生。从此，全国观众都能看到湖南电视台的节目了，其覆盖面及影响力迅速扩大。

湖南电视台以“频道上星”为契机，进行全面改革。改革内容包括进行内部机构调整、用人机制改革、推行栏目制片人制、栏目淘汰制、从节目形式到内容的全面改革等。“湖南卫视”上星播出后，不断探寻专业化、特色化的道路，以其自身独特的定位来吸引观众，接连推出了《快乐大本营》、《玫瑰之约》、《晚间新闻》、《新青年》、《音乐不断》、《今日谈》等一系列名牌栏目，在全国产生了广泛影响，确立了频道品牌的强势地位。在以上著名栏目中，办得最精彩、影响力最大的应当是该台的娱乐节目《快乐大本营》和《玫瑰之约》。

1997年7月，经过一年精心策划的大型娱乐栏目《快乐大本营》走上湖南卫视荧屏。如果说此前“经视台”《幸运》系列节目开创了湖南电视娱乐节目先河的话，那么《快乐大本营》则博采众长，向全国电视观众展示了湖南电视娱乐节目的魅力。《快乐大本营》以其全新的样式，轻松、自然的风格和极强的娱乐性、参与性而迅速蹿红。一年以后，以《玫瑰之约》、《真情对对碰》为代表的谈话类节目又相继推出，特别是《玫瑰之约》再次引爆了婚恋求偶话题，产生了轰动效应。《快乐大本营》和《玫瑰之约》成为1998年中国电视屏幕上最亮丽的风景线。[92]

在自制娱乐节目的同时，湖南卫视还不断引进大片，频频热播《金枝欲孽》、《大明王朝》、《大长今》等电视连续剧，在全国造成轰动效应。另外，湖南卫视还出品、摄制传奇电视剧，如《还珠格格》、《雍正王朝》一度风靡全球。

到1999年初，湖南省广播电视厅直属的电视媒体有卫视台、经视台、有线台、文体台、生活台5家。此时，经湖南省人民政府批准，湖南省广播电视厅对湖南广播电视发展中心改组，吸纳其他几家经济实体，成立“湖南省电广实业股份有限公司”。

1999年11月，“湖南省电广实业股份有限公司”更名为“湖南电广传媒股份有限公司”（简称“湖南电广传媒”）。旋经中国证监会批准，“湖南电广传媒”于2000年10月31日起在深交所上市发行股票，正式成为上市公司。

2000年12月27日，湖南影视集团正式挂牌成立，这是我国第一家省级广播影视集团。该集团实行企业化管理、独立核算，具有独立事业法人地位，行政上直属省政府，由广播电视局归口领导。其下辖湖南卫视台、湖南经视台、湖南有线广播电视台（1990年4月18日开始试播，系全国首家省级有线电视台，从而打破了无线电视一统天下的局面）、湖南人民广播电台等合并组成的湖南广播电视总台等。[93]

进入新世纪后（到2003年），由于改革中出现的一系列问题，导致“电视湘军”陷入一场前所未有的危机，当时社会上纷纷传言：“电广集团”很多部门发不出工资，一些人已到他处谋生；兴建国际会展中心完全耗掉了电广集团的资金元气，公司的资金链彻底断裂。在这种情况下，魏文彬、欧阳常林等开始启动第二轮改革。如果说第一轮改革是“放开”，那么第二轮改革就是“整合”，即重新整合资源，强化集团强制性管理，搞紧密型捆绑，把“经视台”的三个频道全部撤掉，组成新“经视台”；部门合并，三个总编室合成一个，三个新闻部也合成一个，所有二级部门，全部合并；干部重新竞聘上岗，裁员200多人。同时在“湖南卫视”确立了“娱乐立台”的战略定位和三个锁定：锁定全国、锁定年轻人、锁定娱乐。实现这一战略定位的方式是“四轮”驱动：一是抓节目，二是办好栏目，三是抓电视剧，四是抓明星主持人。[94]

2003年，湖南电视台娱乐频道模仿美国真人秀节目《美国偶像》，推出了《超级男声》。节目没有引起多大反响，却为后来制作《超级女声》积累了宝贵的经验。2004年2月19日，湖南卫视娱乐频道举行的“2004年湖南大众歌会——《超级女声》大选”活动正式开播。节目连续播到2005年，湖南卫视又联合其他省市电视媒体共同打造了《超级女声》全国版，隆重推出“快乐中国超级女声”“海选”活动。节目形式为电视歌手大赛，先由歌手参赛演唱30秒，然后大众参与、大众评判、大众“海选”。其间，百态情趣，强力互动，成为极富创意的TV秀。2005年夏，“超女”热潮顿时席卷全国，形成全国大狂欢，其收视率竟打破了中央电视台春节联欢晚会最高收视率的纪录，从而把电视娱乐节目推向了极致。

第五节　传播技术的现代化

20世纪90年代，在全球范围内，新闻传播技术突飞猛进。这个时期，中国经济快速增长，科学技术迅猛发展，这就为新闻传播技术的现代化提供了坚实的基础和有利的条件。

一、报纸的激光照排和彩色印刷

1985年5月8日，国家重点科研攻关项目——“计算机激光汉字编辑排版系统”首次研制成功，并正式通过国家级鉴定和验收。这个系统的研制成功是中国及中文印刷技术发展史上的一次重大技术革命，它意味着中国发明的、沿袭千年的活字排版将被现代先进技术取代，标志着中国的印刷业跨越了第二代和第三代，直接进入第四代——计算机激光照排时代。这一杰出的科研成果跨越国界，带动了整个华文世界告别“铅与火”而进入“光与电”的时代。

《经济日报》是全国最早采用激光照排技术印刷出版的报纸。1987年5月22日，当时条件简陋的《经济日报》印刷厂的激光照排车间里，诞生了世界上第一张用激光照排印刷、整版输出的中文报纸，为全国报业和印刷业的迅速现代化作出了贡献。同年12月2日，《经济日报》在国内第一次正式用国产激光照排系统排版成功。从此，“告别铅与火，迎来光与电”终于成为现实。

此事与当时《经济日报》总编辑安岗同志有密切的关系。1983年1月，《经济日报》创刊后，尽管条件简陋，但在安岗的擘画下，该报内容却有一系列重大改革与创新。与此同时，在印刷技术现代化方面，早在1984年初，安岗就给当时的电子工业部部长江泽民同志写信，请求派人到报社调查研究，探讨采用现代电子技术出版报纸。结果在1987年5月实现了这一目标。[95]

在《经济日报》运用计算机组版、用激光照排整版输出获得成功后，1988年，北京大学教授王选又来到广州羊城晚报社，专门来推销、介绍他领导开发的电脑照排系统。当时，北京大学的激光照排系统虽然首先在《经济日报》取得了成功，但王选认为：《经济日报》的版面模式是典型的“人民体”，新闻的条数少，文章的篇目少，版块较为方正、正规，四平八稳，而《羊城晚报》的版面文章条数多，版块编排纵横交错、版面安排丰富多彩。因此，《羊城晚报》版面编排技术也必然要比《经济日报》复杂得多、难度也大得多。北大的汉字激光照排系统只要《羊城晚报》能用，其他的报纸便不在话下，一定能用。王选想用在国内外读者中享有盛誉的《羊城晚报》作“试验田”，并由此向全国各地的报纸推广。于是，1988年，《羊城晚报》的电脑照排系统也在王选的亲自指导下上马了，从而告别了“铅与火”的旧的报纸排版工艺，而采用“光与电”的激光照排。这项工作直至1990年7月才全部完成。[96]与此同时，广州地区另一家著名大报《广州日报》也在王选的指导下，于1988年10月15日开始电脑排字。1993年7月1日，《广州日报》首次实行彩色照排技术印报。

到1990年底，我国报纸普遍采用王选教授领衔研制的“北大方正排版系统”。王选教授曾总结云：

> 1986年底全国所有的报纸（简化字）均为铅排，而短短四年以后，即1990年底省级报纸基本上普及了国产激光照排系统，今天在中国的大、中城市已不易找到铅排报纸了。[97]

从20世纪90年代初开始，彩色报纸也在我国逐步流行起来。1992年1月，“北大方正”彩色报纸编排系统在《澳门日报》投入生产，首次实现了中文与彩色照片文图合一的处理和输出，效率大大提高。从此，时效性要求高的新闻版也能出彩色报了。

中国内地地区最早采用彩色激光照排的报纸是《科技日报》。1992 年 6 月 1 日，《科技日报》一改往日的黑白面孔，披上了艳丽的衣装，成为我国内地采用彩色激光照排、实现图文合一整版输出的第一张彩色报纸。它也是由北京大学计算机研究所和北大新技术公司科研人员研制开发的方正彩色电子出版系统提供的技术印刷出来的。当天，《科技日报》头版刊登《告读者》云：

> 本报从今日起采用彩色激光照排出版彩色版。这就改变了使用电子分色机出彩版的传统工艺，是国内应用北大方正彩色激光照排系统出版的第一张彩报。今年内本报将不定期出版彩色版，报纸价格不变。明年元旦起，每周“星期刊”和重大节日改为彩色印刷。由于各地印刷单位的彩色激光照排系统尚未建立，目前本报的武汉代印点暂不能彩印，请读者原谅。

1992 年 6 月 3 日，《人民日报》、《经济日报》等中央大报均在头版要闻版刊登了由新华社采写的《科技日报首用彩色激光照排》这一重要消息。

到了 20 世纪 90 年代中期，我国中央级大报及各地省委机关报基本上建成了彩色印务系统，实现了天天出彩报。彩报的出版，尤其是彩照的大量刊登，大大增强了报纸的可读性、可视性及吸引力和视觉冲击力。与此同时，报纸版面的远程传输技术也取得了重大突破。20 世纪 50 年代，我国北京的一些中央级大报及上海、广州出版的面向全国发行的报纸，在各地的分印点的版面传输一般都采用纸型航寄的方法，时效性差；到了 60 年代末期，随着微波通信技术的发展，报纸版面远程传输改用微波传真方法传送。传真方法输出数量大，且有失真，版面质量难以得到保证；到了 80 年代，随着卫星通信系统的建立，报纸的远程版面传输出现了重大的转机；90 年代初，我国报纸开始使用卫星传版技术。以前，用传真技术传版，工作量大，且易失真。采用卫星传版后，工作量比用传真方法传版减少几十倍，只用两分钟就能传完一版，且毫无失真。1990 年 8 月 30 日，《经济日报》又成为全国首家使用卫星传版的报纸。1991 年初，《人民日报》建立了自己的专用卫星版面传送系统；1992 年 5 月起，正式启用。1995 年以后，《光明日报》、《工人日报》、《羊城晚报》等面向全国发行的报纸都完成了卫星传版系统的全面技术改造，比《人民日报》的远程传版又前进了一大步，有效保证了其各地分印点报纸的同步及时出版。

王选生平及业绩：王选（1937 年 2 月 5 日至 2006 年 2 月 13 日），江苏无锡人。少年时期生长于上海，1954 年考入北京大学数学系，1958 年毕业后留校任教，1975 年开始投入“汉字精密照排系统”项目的研究中。王选是中国新一代科学工作者的杰出代表，同时具有强烈的市场判断力和前瞻意识，是具有经济头脑、市场头脑的科学家。1981 年，由他主持研制成功我国第一台计算机汉字激光照排系统原理性样机华光Ⅰ型。1985 年至 1993 年，王选又先后主持研制并推出华光Ⅱ型，到方正 93 系统，共开发 5 代产品，以及方正彩色出版系统。在此期间，他又努力促使科技成果转化为生产力，开展致力于科学研究成果的商品化工作，并从 1985 年起，开始把中文激光照排系统推向市场。王选的研究成果，引起了中国报业和出版印刷业的一场深刻的革命。后来，他主持开发的华光和方正电子出版系统占据国内 99% 的报业出版印刷市场和 90% 的书刊（黑白）出版业市场，以及海外 80% 的华文报业市场，并打入日本、韩国，取得了巨大的经济效益和社会效益。由于王选是激光照排系统的创始人，故人们称他为

"当代毕昇"。

王选于1991年当选中国科学院学部委员（院士），1994年当选中国工程院院士，1994年后任电子出版新技术国家工程研究中心主任。早在1987年即获首届毕昇奖，2001年获国家最高科学技术奖。他还先后担任过北京大学计算机研究所所长、方正控股有限公司董事局主席、九三学社中央委员会副主席、第八届政协委员、第九届全国人大常委会委员、全国人大科教文卫委员会副主任委员、第十届全国政协副主席等职。

二、有线电视的推广及中央台、省台电视节目的"上星"传播

【有线电视】有线电视（cable television，简称CATV）是以电缆、光纤为信号接收、传递载体，向用户传送电视节目的电视广播系统。初期的有线电视传输线都采用电缆，所以又称电缆电视。20世纪70年代光纤问世后，采用光缆作为传输线的又称为光缆电视。有线电视又称为共用天线电视系统，它由若干或大量电视机用户共用一副或一组天线来接收电视信号的成套电子设备构成，有高质量（影像清晰、色彩谐调鲜明）、高增益、方向性强、抗干扰能力强和有避雷装置等特点。天线一般安装在最佳位置上。

我国的有线电视在20世纪60年代中期（1964年）至70年代末期开始研制，到80年代进入推广阶段：1982年，国家规定，在高层建筑及电视信号不好的区域，试行安装共用天线电缆电视系统。自90年代初进入全面发展阶段。

1990年11月16日，经国务院批准，广播电影电视部第2号令《有线电视管理暂行办法》发布，国务院授权广电部及全国各级广播电视行政部门对本行政区域内的有线电视实行行业管理，并负责开办各行政区域有线电视台。这一法规的颁布为各行政区域有线电视的发展提供了政策上的保证和法律上的依据。

1991年3月15日，我国第一家省级有线电视台——湖南有线电视台试播。此后不久，全国各地迅速掀起了兴建有线电视台的热潮。据不完全统计，1992年我国有线电视用户总数达2 000万户。到1994年10月底，全国批准建设的有线电视台达1 100座、用户总数达3 000万户。到1995年底，全国有线电视台已经达到1 178座、用户达3 980万户。[98]到2000年，全国有线电视网络基本形成，有线电视遍布城乡，有线电视用户达到8 000万户。

【卫星电视】卫星电视是指卫星电视系统，它通过地面发射站将电视信号传递给卫星上的接收机，然后再利用卫星上的发射机将接收到的电视节目信号发回地面。我国从1985年起，开始利用通信卫星向全国传送中央电视台的节目，从此开创了中国卫星广播电视传播的新纪元，从根本上解决了我国中央台广播电视节目和省级台广播电视节目过去完全依赖地面无线传输各种方式（微波、差转、短波等）的弊端。

1985年8月1日，我国为传送电视节目而租用的国际卫星转发器开始启用，16个省、自治区中过去看不到中央电视台节目的某些地区，现在可以看到经卫星传送来的电视节目了，这标志着我国卫星电视开始起步。

1991年9月1日，中央电视台《新闻联播》通过国际卫星频道走向世界，覆盖全球。到1993年，中央电视台已经可以利用卫星向新疆、西藏、云南、贵州、四川等地区传送电视节目。与此同时，这些边远地区也可以通过通信卫星传送自己的电视节目，此即所谓"省台上星"。

我国省级电视台中，最早“上星”的是新疆电视台。1986年7月1日，新疆电视台开始利用每晚中央电视台卫星转播结束的空隙，通过卫星地面站上行站传送该台电视节目，成为我国第一个使用国际卫星传送节目的省（区）级电视台。1989年11月1日，西藏自治区拉萨卫星上行站正式开通，西藏电视台的藏语节目首次使用卫星传输。同年，云南电视台的节目也上星传送。由此可以看出，我国卫星电视发展的路径与我国无线电视、有线电视的发展路径完全不同。我国无线电视、有线电视的发展都是从我国经济发达的中央直辖市和东南部省份开始的，而我国卫星电视的传送则与之相反，首先是从新疆、西藏、云南、贵州等经济欠发达省份开始的。这体现了国家对老、少、边、穷地区人民群众的关怀。

从20世纪90年代中期起，我国各省电视台纷纷“上星”：1994年1月1日，我国东部地区省级电视台山东电视台、浙江电视台的电视节目上星播出；1995年，中国教育电视台1、2套节目和山东电视台节目一起通过“亚太一号”卫星传送；1996年6月1日，河南电视台上星播出，同年，广东电视台也上星播出。

1997年起，我国出现省台“上星”热。如1997年元旦开始，辽宁台、青海台、福建台、江西台、湖北台、湖南台、内蒙古台一频道（蒙古语）和二频道（普通话）、广西台、安徽台、江苏台、陕西台、黑龙江台、山西台等省级电视台纷纷通过卫星向其本省（直辖市）、全国乃至周边国家传送电视节目，极大地扩大了各自电视台节目的影响力。

1998年初，北京电视台等台上星。1998年10月起，宁夏、重庆、上海、甘肃、河北、天津、吉林等省级电视台也开通了卫星电视。到1999年10月，海南卫视开播，这标志着全国31个省级电视台节目全部上星传送。[99]

省台上星带来的好处及特点：一是扩大了上星台各省的影响。有不少上星省台台长表示，省台上星后，本省在省外、甚至在国外的影响扩大了。二是扩大了电视覆盖率，特别是对山区、岛屿、边远地区的有效覆盖。三是广告收入大幅增加，特别是外省广告明显增多。以山东电视台为例，上星后该台60%的广告是外省的，而这在上星前是做不到的。该台1993年的广告收入是7 000万元，1994年上星后为1.2亿元，1997年则达到2.5亿元。北京电视台是1998年1月1日上星的，这使得该台1997年年底广告招标时，招标额首次突破10个亿。即使是一些经济并不发达的省份，其电视台上星后广告额也有了大幅的上升。四是带来了竞争，从而激活了地方电视业，给各省区电视台带来了活力和生机。上星前，各省省台的节目相对封闭、垄断。省台上星后，全国各省台一起大比拼，各省台想方设法抓节目质量（包括新闻、深度报道及专题报道、文艺节目及电视剧等），力求出新、出奇，办出特色、办出个性，以扩大收视率。[100]

三、网络的兴起与中国媒体的第一波“上网”潮

【我国网络传播兴起的国际背景】互联网是20世纪后期最伟大的发明，它产生在美国。据专家考证：1969年10月29日，美国加州大学洛杉矶分校计算机系的研究人员，首次把该校一台电脑与一家研究机构的另一台电脑连接起来，让它们“交谈”，这成为互联网的雏形。同在1969年，美国国防部的国防高级研究计划局（Advanced Research Projects Agency）建立了全世界第一个分组交换网——阿帕网（ARPNET，通常称为ARPA网），此即互联网——因特网（Internet）的前身。他们用阿帕网发送和接收了第一份信

息。1969年到1983年间是计算机网络的试验阶段，开始只有4台计算机联网。为了改变这种范围狭小的链接方式，1983年，主要用于民用目的的美国国家科学基金会（National Science Foundation）的NSFNET被允许加入阿帕网（ARPNET）。为此，专家们制定了传输控制协议和国际互联协议（TCP/IP），以便成千上万的计算机用户能够进入互联网络，由此形成了“因特网”的基础。

1983年到1994年是Internet的实用阶段。尤其在20世纪90年代，随着WWW（World Wide Web，万维网）的加入，“因特网”增加了容量巨大的可以超文本链接的浏览服务器。从此，网络在美国和一部分发达国家的大学和研究部门中得到广泛应用。它是主要用于教学、科研和通信的学术研究网络。从1994年以后，Internet开始进入商业化阶段。此后，互联网开始在全世界普及开来。其间，1987年，美国有一家位于高科技中心硅谷的报纸——《圣何塞信使报》（*San Jose Mercury News*，亦译作《圣何赛水星报》，1851年创办），率先在尚处于试验阶段的Internet上传送该报的文字内容及有关信息。这是世界上最早上网的报纸，也是人类有史以来的第一张报纸电子版。

互联网研制开展起来后，我国一些有远大眼光的科学家们便奋起直追，紧紧跟踪世界网络技术发展的前沿。1987年9月，北京计算机应用技术研究所内正式建立了我国第一个互联网电子邮件节点；1987年9月20日22时55分，我国最早研究网络技术的科学家钱天白教授（1945年至1998年5月8日）向世界发出我国第一封电子邮件，邮件内容“越过长城，走向世界”，此举揭开了中国人使用互联网的序幕。钱天白因此被誉为“中国上网第一人”。1990年11月28日，钱天白教授代表中国正式在国际互联网信息中心（Inter NIC）的前身DDN-NIC注册登记了我国顶级域名CN，并从此开通了使用中国顶级域名CN的国际电子邮件服务。由于当时中国尚未正式连入互联网，故委托德国卡尔斯鲁厄大学运行CN域名服务器。

1991年8月6日，世界上第一个网站——“万维网”在互联网上首次露面，获得了极大的成功并被广泛推广应用。万维网的设计者是时年37岁的英国计算机科学家蒂姆·伯纳斯·李。1992年，由柳传志领导的中国联想公司开始引进“万维网”概念，制作成功了“高频高速调制解调器”，并在深圳科技拍卖会上拍卖成交。

1993年，美国“信息高速公路”（NII）计划出台后，立即引起世界各国普遍的关注和跟进，在全球掀起了建设“信息高速公路”的浪潮。中国从1993年起，也开始实施以“三金”工程（指金桥、金卡、金关工程）为代表的涉及国民经济信息化的一系列重大信息系统工程。在这一背景下，国内学术界迅速形成了对“信息高速公路”的评介、研究的热潮，其中不乏新闻传播学者对此投入关注的目光。在媒体方面，1993年12月6日，《杭州日报·下午版》通过该市的地区联机服务网络——展望咨询网进行传输，从而拉开了中国报纸电子化的序幕。由于当时中国尚未与国际互联网连接，这份区域网络报纸在技术上还不成熟，影响不大。1994年4月，世界上第一种中文网络电子期刊《华夏文摘》在网上出版，这标志着中文网络电子期刊的诞生。

20世纪90年代中期之后，互联网（Internet）快速扩张，成为全球最大、最流行的计算机信息网络系统。至新旧世纪交替之际，互联网已将世界各国、各地区一“网”打尽。它打破了传统的地缘政治、地缘经济、地缘文化的概念，形成了虚拟的以信息为主的跨国界、跨语言、跨文化的全新空间。1995年，中国开始向社会各界用户提供互联网接入服务，从此，中国的互联网进入市场化的高速发展阶段。1995年起，国内的报刊社、广播电台、电视台、通讯社纷纷上网并建立网站，商业门户网站亦在新闻传播领域产生重大影响。网络传播时代来临。

1998年起，互联网作为继报刊、广播、电视之后的又一新兴的大众传播媒体的概念被提出，于是从传播学的角度，互联网有了“第四媒体”的称谓。进入2000年之后，“网络媒体”的名称开始普遍使用。于是，新闻传播学者自然而然地将“网络媒体”纳入自己的研究领域，成为媒介研究中的一个新的分支。

【1995至1999年中国大陆媒体的几次“上网”潮】 从20世纪90年代初起，以钱华林为首的中国科学院计算所从事计算机与网络研究的一批专家们，就开始筹划和申请中国加入国际互联网事宜。1994年初，在中美双边科技会议召开之际，中国科学家代表团与负责主管国际互联网的美国国家科学基金会官员会面，正式敲定此事。1994年4月20日，中国与国际互联网相连的64K网络信道开通，这标志着中国正式接入国际互联网、正式加入互联网国际大家庭。1994年5月21日，中国科学院计算机网络信息中心完成了中国国家顶级域名（CN）服务器的设置。从此，中国在国际上被正式承认有国际互联网的国家。[101]

1995年起，我国的大众传播媒体开始上国际互联网。在1995年最早上网的媒体是报刊，其中《神州学人》是1995年最早上网的杂志，《中国贸易报》是1995年最早上网的报纸。到1995年底，国内尝试上网的报刊有七八家。此外，1995年4月，中国新闻社也以www. chinanews. com域名在香港上网。据统计，到1999年，我国上网的报纸总数达273种，占1998年全国报纸总数2053种的13.2%。其中，上网的全国性报纸56种，占全国性报纸总数211种的26.5%；上网的地区性报纸和地方性报纸213种，占全国此类报纸总数1 842种的11.6%；上网的省级机关报14家，占省级机关报31家的45.2%；上网的晚报28家，占全国晚报总数118家的23.7%；上网的都市报一共有48家。就地区而言，除青海、云南、西藏外，其他28个省、市、自治区均有报纸上网；其中，上网报纸最多的是广东省，共计40家，占全国上网报纸总数的14.7%。[102]

1996年起，广播电视节目开始上网。1996年10月、12月，广东人民广播电台和中央电视台先后建立网站，这标志着中国广播电视媒体在网络传播领域中迈出了第一步。

在我国两大通讯社中，1997年11月7日，新华社在其建社66周年之际正式开通了自己的新闻网站——新华网。中国新闻社简称“中新社”，是中国以对外报道为主要新闻业务的国家级通讯社，也是以台港澳同胞、海外华侨华人和与之有联系的外国人为主要服务对象的国际性通讯社。1999年，中新社总社在北京开办“中国新闻网”，简称“中新网”。中新网也是中国重要的新闻网站。

从1994年起到2001年初，我国一些著名网站先后创办起来。其中，1994至1996年建立起4个骨干网：中国科技网（CSTNET，1994年4月创办）、中国公用计算机互联网（CHINANET，1995年5月创办）、中国教育和科研计算机网（CERNET，1995年11月创办）、中国金桥信息网（GBNET，1996年9月创办）。1998年又产生了两家著名的商业门户网站：1998年2月15日，中国国内第一家全中文的网站搜索引擎——搜狐（时英文名SOHOO，效仿YAHOO）成立；同年11月30日，国内首家引进国际高科技风险资金的四通利方公司宣布，将与海外华人互联网站企业美国华渊资讯公司合并，建立全球最大的华人网站——新浪网。10年后，以新浪、搜狐为代表的门户网站已经成为中国媒体市场上的一方诸侯。

1999年2月10日，由马化腾创办的深圳腾讯公司正式推出第一个即时通讯软件“腾讯QQ”。经过9年的发展，到2008年，腾讯“企鹅”由最初的ICQ模仿者成长为国内即时通讯市场的龙头老大。

20世纪末、21世纪初，我国又建立起6个著名的骨干网站：中国联通公用计算机互联网（UNINET，1999年4月创办）、中国网通公用互联网（CNCNET，1999年7月创办）、中国移动互联网（CMNET，2000年1月创办）、中国长城网（CGWNET，2000年1月创办）、中国国际经济贸易互联网（CIETNET，2000年1月创办）、中国卫星集团互联网（CSNET，2000年10月创办）。[103]

2000年1月1日，“百度”创立，之后迅速占领中国搜索引擎市场，成为全球最大的中文搜索引擎。

另据统计，从1995年到1999年，全国建立独立域名的新闻宣传单位网站已达700多家。“也就是说，形成规模数量的新闻媒体网站，在互联网传播领域中已占有重要的地位，使中国声音在互联网世界中的传播力度得到加强。”[104]特将1995至2000年间中国媒体上网及创建网站的情况胪列如下：

1995至1996年间尝试性上网的各类媒体：1995—1996年是中国网络媒体的起步期。1995年1月2日，中国国内第一份上网的中文电子刊物《神州学人》正式发刊，该刊由当时的国家教委投资200多万元创办，是一个文摘性的新闻周刊，主要为海外留学生们了解祖国情况提供资讯。该刊每周五由“中关村地区教育与科研示范网络”（NCFC，中国科技网前身，于1993年12月创办）送上互联网。《神州学人》创刊于1987年5月，它以“全程报道留学动态，全面服务留学人员”为宗旨，主要面向海外留学生，在海外发行。

1995年10月20日，《中国贸易报》电子版上网发行。该报不仅是国内第一家正式在互联网上发行的电子日报，而且揭开了中国大陆媒体大批上网的序幕。该报每天上网文字量为1.5万字，其中中文1万字，英文5 000字。到1995年底，国内尝试上网的报刊已有七八家。与此同时，北京新闻界的记者、编辑们兴起“换笔热”，用笔写作变成敲键盘打字写作，电脑成为报社的新设备。

1995年12月，英语报纸《中国日报》（*China Daily*）亦创办了网络版，以后发展成为中国重点媒体网站之一。

1996年1月2日，《广州日报》电子版通过新加坡报业控股的服务主站“亚洲一号站”正式进入互联网络。电子版上网第一天就有了反馈，《广州日报》编辑部当天就收到来自世界各地的大量中英文电子邮件，对能在网上及时看到中国《广州日报》感到兴奋和激动。同一天，《中国证券报》电子版也面世了，该报还最早开设《公众论坛》栏目，使读者可以随时将自己的信息以最快捷的方式反馈到编辑部。1月13日，人民日报社综合数据库国际平台在经过3个多月的调试后，开始尝试把当天的《人民日报》、《人民日报·海外版》、《市场报》的全文约20万字和部分图片送上互联网刊出。到1996年底，在互联网上发行电子版的报纸有《中国贸易报》、《经济日报》、《金融时报》、《中国经营报》、《中国消费者报》、《中国质量报》、《国际商报》、《农民日报》、《解放日报》、《新民晚报》、《南方日报》、《广州日报》、《粤港信息日报》、《珠海特区报》、《深圳商报》、《北京日报》、《北京青年报》、《星星火炬报》；英文报纸则有*China Daily*、*Shanghai Star*；计算机类专业报纸则有《国际电子报》、《计算机世界报》、《中国计算机报》、《中国电脑教育报》、《产业信息报》等。总计30余种。

1996年杂志上网也开始起步。3月14日，已有15年历史、发行到世界60多个国家和地区的《中国集邮》（月刊）的电子版开始在网络上出版。该刊是中国集邮联合会会刊，其电子版充分利用该刊中英文双语出版的特点及传播优势，使海内外广大读者都能及时阅读到它图文并茂、资讯丰富的内容。据统计，1996年发行电子版的文化、娱乐类杂志还有《大众摄影》、《旅游》等；信息类杂志有《经济与信息》、《中国科技信息》、《桌上时代》等；经济类杂志有《战略与管理》、《证券市场》、《经济导报》等；综合时政类杂志有《中国青年》、《北京周报》、《今日上海》等。总计近20家。[105]

1996年起，广播、电视台也开始上网。1996年10月、12月，广东人民广播电台和中央电视台的部分节目先后上网传播，这标志着中国广播电视媒体在网络传播领域迈出了第一步。

总体而言，1995—1996年间中国媒体上网还处在最初探索阶段。由于资金、技术、人员等方面因素的制约，上网媒体总体制作水平不高，上网信息少而慢，有的甚至长期不更新信息。另外，大多数尚未上网的报刊社都还处在对上网所知不多或持观望态度的状态。

1997至1998年间的网络媒体：1997至1998年间是中国网络媒体的发展期。这一阶段的最大特点是，一些中央级大媒体先后纷纷上网，如《人民日报》、《光明日报》、新华社、中国新闻社、中央电视台等。这些大媒体的上网，无形之中便提高了我国网络媒体的层次。与此同时，一些重要的商业"门户网站"也开始创办起来，如新浪网、搜狐网等。

1997年1月1日，中共中央机关报《人民日报》正式推出系列网络版。其内容包括《人民日报》、《人民日报·海外版》、《人民日报·华东版》、《市场报》、《讽刺与幽默》(画刊)、《环球时报》、《新闻战线》、《中国质量万里行》、《大地》、《时代潮》等报刊，以及《证券时报》等。《人民日报》网络版在短短10个月内就改版4次，不断改进内容和形式，以吸引读者、方便读者阅读。到11月底，其网络版访问人数已超过4 000万人次，影响力不断扩大；同时也产生了良好的经济效益，1997年当年网络版广告收入即突破30万元。《人民日报》网络版编辑部是该报编委会下属的一个局级部门，编制规模有40人，这在当时来说，应是上网媒体中规模最大的网络版编辑部了。

1997年5月25日，中国新闻社《华声报》月刊电子版以5个专栏10多万字的篇幅正式上网出版。7月，该刊开始向全球用户提供免费电子邮件传送新闻服务。不论用户身在何地，只要他用电子邮件发出要求订阅的信息，《华声报》电子版就会将《本周新闻》、《全球华人》、《华声视角》这3个新闻专栏的内容发送到用户的电子信箱中。这是国内首家以电邮方式向用户免费提供新闻信息服务的媒体网站。

1997年11月7日，新华社在其建社66周年之际，正式开通自己的网站，开始利用其自身"全球信息总汇"的优势，向用户提供及时丰富的新闻资讯。此后，新华社逐步建构了一个由其130多个国内外分社组成的庞大新闻信息采集网。

1997年起，中央电视台一些著名的栏目，如《东方之子》、《实话实说》、《3·15特别节目》等，与国内的网络公司合作推上了互联网，并且在当年注册了顶级域名：www. CCTV. com。

在1997年的网络媒体发展中，还有两个重要的事件：一是1997年1月1日，国务院新闻办公室建立的政府外宣网站"中国互联网络新闻中心"（CNNIC，即"中国网"）开通。此后，该网站成为中国政府进行对外新闻宣传报道的重要平台。与此同时，从1997

年开始，中国互联网信息中心还每年一次或一年两次对我国互联网发展情况进行调查统计，发布有关网民的、比较权威的网民统计数据。二是从1997年起，中央明确规定，国务院新闻办公室为对外网络新闻宣传的归口管理机构。3月，国务院新闻办公室下发《利用国际互联网开展对外新闻宣传暂行规定》，这是我国政府对新闻媒体上网实施管理的第一个文件。《规定》指出：

> 国务院新闻办公室对利用国际互联网开展对外新闻宣传实行归口管理，统筹协调新闻宣传进入国际互联网（以下简称“入网”）的有关问题。对外发行的新闻报刊和其他对外出版物（包括文字印刷品和音像制品），原则上可以入网。新闻宣传单位入网须提出申请，报国务院新闻办公室审批。

1998年1月1日，《光明日报》网站开通。1998年10月7日，《中国青年报》在复刊20周年之际，创办了网络版。1998年12月26日，中国国际广播电台网站正式推出，该台将华语（普通话、粤语）、英语、德语和西班牙语4种语言的节目送上了互联网。

1998年起，在互联网传播领域中商业网站异军突起，并开始涉及新闻业务。由于“门户网站”概念的提出，国内一些商业网站在1998年底迅速整合，如四通利方公司于12月1日宣布成功并购了海外最大的华文网站公司——华渊资讯，同日名为“新浪网”的网站正式开通。该网站以后发展成为全球华人区中最大的门户网站。1998年2月，由张朝阳创立的搜狐（Sohoo，后改为Sohu）公司成立，它是国内第一家中文搜索引擎。其发展及经营策略为——“搜狐不仅仅是一个网站，它更是一种媒体，并将超越媒体，成为人们生活中不可或缺的电子商务市场。”到当年9月底，“搜狐”推出全新主页，内容除时事新闻、引擎外，还增添了财经、体育、多媒体、外国资讯、企业集锦、搜狐调查等特色栏目，以及追随国际潮流的标准广告。

1999至2000年间的网络媒体：1999—2000年间是中国网络媒体的成熟期。1999年，中国网络媒体仍然处在高速发展的时期。1999年1月1日，中央电视台国际互联网站经过两年的试运行正式推出。此前，1996年12月10日，中央电视台国际互联网站（CCTV. com）建立并试运行。同在1999年1月1日，中国内地仅有的两家通讯社之一的中国新闻社（简称“中新社”）的北京总社正式开通“中国新闻网”。此前的1995年4月，中新社香港分社以www. chinanews. com域名在香港上网，成为亚洲地区上网最早的中文媒体。

1999年10月，《解放军报》网络版创刊。到2003年3月，该报推出网络英文版。2004年网站扩容升级，当年10月1日正式定名为“中国军网”。

伴随着一批全国性媒体上网的高速发展，众多的地方新闻媒体也开始出现上网热潮，地级甚至县级新闻媒体也纷纷进军网络传播领域。以四川省为例，1998年该省仅有《四川日报》、《华西都市报》和《成都商报》3家媒体上网；到1999年底，“四川新闻网”上就汇集了90家上网媒体，包括综合类报纸5家、专业类报纸29家、地市州报纸11家、杂志16家、广播电台电视台（含频道）29家。

与此同时，电视媒体上网的速度也进一步加快。1996年12月，中央电视台正式建立网站。此后不久，电视上网热兴起。1999年6月，北京电视台互联网站开始启动，并开通了中国第一个网络频道——http：www. btv-5. com。到1999年底，我国有上网电视台

128家。其中，申请了独立域名的有110个，18家电视台在不同网站上设有主页，另有3家电视台只有IP地址而尚未申请域名。拥有独立域名的电视台中，共拥有国际顶级域名的有43家（其中.com下37家，.net下5家，.org下1家）、拥有国家顶级域名的有68家（其中.com.cn下64家，.net.cn下3家，.org.cn下1家）（以上统计包括同时拥有两个或两个以上域名、主页的电视台）。未上网的省级电视台中，除青海和西藏外，其他省台均有部门或栏目上网，或申请有独立域名，或设置了主页。到1999年底，我国网上电视的发展呈现出东快西慢、南快北慢、东多西少的局面。在网上电视内容及服务方面，大多数电视台网站的页面内容设置主要包括：电视台概况、电视节目表、主要频道、主要栏目、主持人（个别台有主持人照片或主页）、电视剧情介绍和新闻报道等。上网电视在表现形式上以文字性介绍居多，对网络的音频、视频资源开发不够。在电视台网站提供的服务方面，主要有天气预报、软件下载、股市资讯、彩票获奖信息、论坛、聊天室等服务性内容。

到1999年底，全国建立独立域名的新闻宣传单位已达700多家，其中一些形成规模数量的新闻网络媒体，在互联网传播领域中已占有重要的地位。[106]

1999至2000年间著名网站改名热：在1999至2000年间，网络媒体中出现了一个重要现象，即一些报纸网站已不再称自己是某报网络版或电子版，而是不约而同地“更名改号”、以“某网”、“某某在线”自称。这一重要变化首先是从《电脑报》网站改制为“天极网”、《中国计算机报》改制为“赛迪网”开始的。随后，综合类报社网站也开始将自己的网站改名，如上海文汇新民联合报业集团网站改称“申网”，《广州日报》网站改称“广州日报大洋网”、《深圳商报》网站改称“深圳新闻网”，《浙江日报》网站除该报网络版外，还包括“浙江在线”地方门户网站。到2000年，新华社网站改称“新华网”。2000年8月21日，于1997年1月1日创办的“人民日报网络版”正式更名为“人民网”，新域名为http：//www.people.com.cn。“人民网”是互联网上最大的综合性中文新闻网站之一，其“强国论坛”是当时最著名的中文网站论坛。2000年12月26日，中央电视台国际互联网站正式更名为“央视国际网络”（CCTV.com，简称“央视国际”），并正式启用新首页。名称的改变意味着传统媒体对网站的理解发生了质的变化、认识产生了新的飞跃，即媒体网站不应只是传统媒体的“翻版”、“克隆”，它完全是一种有着自身特点的、有着更大发展前景的新媒体；在新世纪，网站必将成为媒体竞争中举足轻重的重要“角色”。同时，名称的改变意味着新闻媒体网站经营理念的提升，反映出一些有实力的地方新闻媒体网站已将自身今后的发展定位于综合性新闻网站上。

2000年5月8日和5月28日，在北京和上海两地又相继成立了“千龙新闻网”和“东方网”。前者得到北京地区传统强势媒体的支持，把9家新闻媒体的资源整合发布，内容更丰富、更翔实，表现手段更先进、更多样；后者则由解放日报、文汇新民报业集团牵头，集中上海市14家主要新闻单位的信息资源，把“新闻导入、服务衔接、电子商务拓展”作为发展策略。

2000年8月3日，由国务院新闻办公室（主任赵启正）主办的“中国互联网新闻中心”推出了全面改版的“中国网”（www.china.org.cn）。中国网作为最重要的对外新闻宣传网站之一，借助外文局强大的资源与人才队伍优势，提供了丰富多样的新闻信息，并相继开通了简体中文、繁体中文、英文、法文、德文、日文、西班牙文、阿拉伯文和世界语共8种语言、9个文版。2000年11月24日，经过近4年运行的“中国互联网新闻中心”正式挂牌。

到2000年年底，我国以中央5大网站即人民网、新华网、中国国际广播电台网站、中国日报网站、中国互联网新闻中心（中国网）为龙头，以中央其他重要媒体网站为第二梯队，以省市大型联合网站如千龙网、东方网、大洋网、浙江在线等为第三梯队，再加上行业性报纸建立的专业性垂直网站群，这样，一个多层次、全方位的网络传播结构及体系已初现雏形，国内多层次、全方位网络传播格局逐渐形成。[107]

同是在2000年即将结束之际，《互联网站从事登载新闻业务暂行管理规定》出台，这使得中国的网络新闻传播业开始有章可循、有法可依，将进一步促进网络行业的健康发展。

第六节　新闻传播业管理机制的一系列改革

一、奖励机制

（一）“全国好新闻”评选活动的开展

新时期“全国好新闻”评选活动始于1980年，为新中国成立以来首次，当时首先由北京新闻学会和人民日报《新闻战线》编辑部共同发起，开展了对1979年年度好新闻的评选。到1984年，中国新闻学会联合会成立后，这一活动转由中国新闻学会联合会主办，逐渐发展为全国好新闻评选、省（直辖市、自治区）级好新闻评选和各系统各新闻单位好新闻评选三级评选形式。在“全国好新闻”评选活动的激励、推动下，全国各报社、广播电台和电视台相继开展了本单位的每年一届的好新闻评选活动，并在本单位评选、奖励的基础上，选拔最好的作品参加“全国好新闻”评选活动。“全国好新闻”评选的程序分初评、复评、定评三级进行，做到反复评选、严肃认真。初期评选的标准主要以习仲勋同志1981年11月在纪念新华社五十周年大会讲话中提出的“真、短、快、活、强”五个字为依据：“真，就是事实必须真实，既不允许虚构，又要杜绝片面性，保证全面正确；短，就是文字必须短小精悍，长短适宜；快，就是实效性必须强，力争多发‘今日新闻’或‘昨日新闻’；活，就是内容要活泼，情节要生动，文字要朴实生动；强，就是思想性、战斗性、指导性必须强，内容要有针对性，能够回答现实生活提出的种种问题，给人以启示和教育。在评选中，又特别强调新闻的新颖和社会效果两条。新颖，就是不仅要时间新，还要主题新，内容新，表现手法新；社会效果，是指对工作的指导性，对群众的教育性，对生活的引导性。”[108]评选的总的条件又分为四个方面：①题材新颖，新闻性强；②用事实说话，实事求是；③文字精湛，语言朴实生动；④主题好，有明显社会效果。

1980年8月30日，“全国好新闻”奖（1979年度）在北京揭晓。好新闻评选范围及项目，仅限于“消息”一个项目，参评单位也仅限于省（市、自治区）以上的报社、广播电台和通讯社。全国有26个省（市、自治区）报、9个省级电台、17个新华社分社和11个中央新闻单位参加了这一评选活动。在“全国好新闻”评选委员会的领导与组织下，经过初评、复评、定评三级程序，共评出好新闻作品（消息）31篇，其中一等奖6篇、二等奖25篇（获奖篇目见《中国新闻年鉴》1982年卷，第500—501页）。

1981年，第二届“全国好新闻”评选（1980年度）项目扩大，包括消息、通讯、评论、标题、新闻照片5个项目；参评的单位也增多，不仅有省（市、自治区）以上的报社、广播电台和通讯社，还有地（市）一级的报社和广播电台。共评出好新闻作品121篇（幅）（获奖篇目见《中国新闻年鉴》1982年卷，第508—510页）。

1982年，第三届“全国好新闻”评选（1981年度）除原来的5个项目外，又增加了“来信”（包括读者来信和记者来信）和“版面”两项。

1983年，第四届“全国好新闻”奖评选（1982年度）除原来的7个项目外，又增加“典型报道”、“专题报道”、“专题纪录片”、“新闻漫画”4项，共计11项。参评的单位中增加了各地电视台，共评出好新闻作品280件。

从1980年（评1979年度作品）第一届好新闻评选到1983年（评1982年度作品）的第四届，在评选出的诸多好新闻作品中，有两篇揭露性、批评性报道，即舆论监督报道影响很大。一篇是对“渤二”沉船事故的报道，即《渤海二号在拖航中翻沉》；一篇是对“西水东调”“蠢事”的批评，即《昔阳“西水东调”工程决定缓建》。1982年度（第四届）“全国好新闻”获奖作品中，有两篇“典型报道”最为突出，一篇是陈禹山、肖玉华、刘飒、余长安等采写的《蒋筑英》（《光明日报》1982年8月27日起刊登），一篇是邱伟仲、刘军、庞文清、唐正学等采写的《罗健夫》（《工人日报》1982年11月5日起刊登）。郭玲春的《金山同志追悼会在京举行》（新华社国际部1982年6月26日播发），罗文锦、张琳、骆士正等的《大寨也不吃大锅饭了》（载《羊城晚报》1982年12月21日）也是两篇富有新意和特色的好消息。

1981年以后，中华全国新闻工作者协会（全国记协）也作为发起者参与进“全国好新闻”评选活动中来。从1983年第四届起，评选地点也发生了变化。前三届“全国好新闻”评选活动由三家发起单位负责，在北京举行。从第四届起，为了调动中央和地方新闻单位“两个”积极性，把这一活动搞得更好，评选活动便由全国各省轮流举办，并吸收当届参办的省（市、自治区）为发起单位之一。如1983年第四届（1982年度作品）“全国好新闻”评选由全国新闻学会、中国记协《新闻战线》编辑部同湖北省新闻学会暨省记协四家发起，在武汉举办。1984年第五届（评1983年度作品）则由黑龙江省主办，评选活动在哈尔滨举行。

“全国好新闻”评选活动意义深远，它不仅为新闻战线建立了激励机制，也为广大新闻工作者树立了“标杆”，对不断提高报道水准、多出“精品”，对调动广大新闻工作者参与新闻改革的积极性，都起到了很大的推动作用。

1989年7月17日，第十届“全国好新闻”奖评选结果在北京揭晓，共评出1988年度“全国好新闻”作品206篇（件）。

此后，“全国好新闻”奖被“中国新闻奖”所取代。[109]

（二）当代中国新闻界三大奖：“中国新闻奖”、“范长江新闻奖”、“韬奋新闻奖”

【“中国新闻奖”】　从1991年起，正式开始“中国新闻奖”评选活动。该奖项每年举办一次，由中华全国新闻工作者协会（“全国记协”）主办，是全国新闻媒体（包括报纸、电视、广播等）综合性年度优秀作品的最高奖。首届“中国新闻奖”于1991年11月在江苏南京揭晓，12月10日在北京举行颁奖仪式。第一届中国新闻奖从全国新闻单位选送的449件参评作品中，评选出1990年度的优秀新闻作品153件，其中包括通讯《人民呼唤焦裕禄》（新华社穆青、冯健、周原，1990年7月8日）、评论《稳定压倒一切》（《人民日报》李德民，1990年6月4日）、广播评论《黄河大桥贪污案引出的问号》（河南广播电视新闻中心杨诚勇，1990年8月30日）、电视消息《亚运圣火火种在西藏采集》（中央电视台曹玉春，1990年8月9日）等。获奖作品中，荣誉奖一件、一等奖17件、二等奖49件、三等奖86件。这次评选是对十三届四中全会以后及1990年新闻作品的一次大检阅。在评选中，坚持正面宣传为主的方针，故在获一、二等奖的优秀作品中，有关国家重点建设工程的报道、各条战线先进典型的报道、领导干部廉洁奉公关心群众的报道等都占有很大的比例。同时，也有一些批评性的作品获奖，如《黄河大桥贪污案引出的问号》、《市长：可否改改垃圾车?》、《假冒商品为何屡禁不止？不拆保护伞，难除造假窝》、《别再难为孩子和家长们》等。[110]

从1991年起设立的“中国新闻奖”每年一届，每届获奖数目基本为150多篇（件），5 000多家新闻单位参与角逐，竞争异常激烈。因此，评选“中国新闻奖”成为新闻界的一大盛事。该奖项的设立，对增强广大新闻工作者的精品意识，对加强新闻工作者的社会责任感和历史使命感，对培养新闻工作者的良好的职业道德修养，对锻炼人才、提高素质，鼓励开拓、创新意识等，都有重要意义。

【“范长江新闻奖”】1991年12月10日，由中华全国新闻工作者协会和范长江新闻奖基金会主办的“首届范长江新闻奖”颁奖大会在北京人民大会堂隆重举行。

范长江是我国现代杰出的新闻记者，为学习、继承和发扬范长江献身新闻事业的崇高精神，培养更多的长江式优秀中青年新闻工作者，表彰、鼓励那些在新闻战线上作出重要贡献的新闻记者，于1988年2月设立“范长江新闻奖”基金会。1989年9月24日正式设立“范长江新闻奖”，并开始受理申报工作。1990年6月，中国记协和范长江新闻奖基金会公布《范长江新闻奖评选办法》。1991年7月起，首届“范长江新闻奖”评选活动开始进行，由21名评委组成的评委会对全国各地推荐来的102名候选人进行了严肃、认真、公正、公平的评议和遴选，最后通过投票选出获奖者9名（空缺1名）、提名荣誉奖30名。

首届“范长江新闻奖”9名获奖者是：

艾丰：男，《人民日报》编委、经济部主任，高级记者。

江志顺：男，《解放军报》主任记者。

刘效礼：男，中央电视台军事部副主任。

杨登榜：男，四川省金堂县广播电台编辑部主任。

南振中：男，新华社总编室总编辑，高级记者。

俞新宝：男，《解放日报》美术摄影组副组长。

郭梅尼：女，《科技日报》编委，高级记者。

曹仁义：男，中央人民广播电台地方部主任，高级编辑。

樊云芳：女，《光明日报》湖北记者站站长，主任记者。

这9名“范长江新闻奖”得主是从全国6 000多家新闻单位、50万名新闻工作者中脱颖而出的，殊为难得。尤其来自基层的四川省金堂县广播电台编辑杨登榜荣获全国中青年新闻工作者最高奖——“范长江新闻奖”，一时在新闻界传为佳话，这是首届“范长江新闻奖”的一大亮点。其后，“范长江新闻奖”基金会编辑出版了《首届范长江新闻奖文集》（新华出版社，1993年出版），另9名获奖者事迹俱载《中国新闻年鉴》（1992年卷）第292—298页。

“范长江新闻奖”基金会名誉会长吴冷西，会长穆青，副会长邵华泽（人民日报）、郭超人（新华社）、马庆雄（广播电影电视部）、宋木文（国家新闻出版局）、范敬宜（经济日报）、张常海（光明日报）、吕梁（解放军报）、赵超构（新民晚报）、杨奇（香港大公报）。“范长江新闻奖”每届从全国范围内推荐参评者120名左右，从中评选10名获奖者、30名提名荣誉奖获得者；每三年评选一次，自2000年起改为每两年评选一次。

【“韬奋新闻奖”】“韬奋新闻奖”设立于1993年，由韬奋基金会委托中国记协主办，是奖励中国新闻编辑、评论员及通联、校对、资料工作者的最高荣誉奖。1985年10月，由胡愈之、沈兹九、张友渔、张仲实、萨空了、夏衍、叶圣陶、陆定一、胡绩伟、王炳南、巴金、沈粹缜等倡议成立韬奋基金会。1987年6月25日正式成立韬奋基金会，并规定“韬奋新闻奖”每届评选出获奖者10名、获提名奖者30名。每届从全国范围内推荐参评者120人左右。1993年11月，第一届“韬奋新闻奖”揭晓，从中央新闻单位和各地推荐的107名参评者中，评选出获奖者10名、提名荣誉奖者30名。

首届韬奋奖10名获奖者如下：

朱承修：男，63岁，新华社副总编，高级记者。

李济国：男，54岁，《人民日报》总编室副主任，主任记者。

杨青：女，56岁，中央人民广播电台高级编辑。

黄景仁：男，59岁，《广州日报》副总编，高级编辑。

额尔德尼：男，蒙古族，45岁，内蒙古电视台副台长，主任编辑。

郭景哲：男，57岁，中国国际广播电台听众联络部主任，主任编辑。

孙玉胜：男，32岁，中央电视台采访部主任，编辑。

陈礼章：男，59岁，天津《今晚报》副总编，高级编辑。

陆小娅：女，40岁，《中国青年报·生活周刊》副主编，编辑。

金福安：男，49岁，《解放日报》副总编，主任编辑。

《首届韬奋新闻奖获得者事迹简介》载于《中国新闻年鉴》（1994年卷）第393—396页。同范长江奖一样，韬奋奖也是每三年评选一次，从2000年起改为每两年评选一次。

【“长江韬奋奖”】2005年6月，根据中央关于《全国性文艺新闻出版评奖管理办法》（2005年3月6日正式颁布）的精神，对文艺新闻出版系统的奖项进行全面整改、压缩。其中，原有全国性新闻评奖奖项14个，经整改、合并后，主要奖项精减为两项：“中国新闻奖”保留、将范长江奖和韬奋奖合并为“长江韬奋奖”。从2006年起，“长江韬奋奖”每年评选一次，分别评选出长江系列和韬奋系列各10名优秀个人。[111]合并后的“长江韬奋奖”由原来的每两年评选一次改为每年评选一次。每届评选获奖者共20名，其中长江系列10名、韬奋系列10名。2006年11月8日，举行第16届“中国新闻奖”、第7届“长江韬奋奖”颁奖大会。到2009年10月30日，第19届“中国新闻奖”和第10届“长江韬奋奖”评选结果揭晓。来自全国报社、通讯社、电台、电视台和新闻网站的276件作品荣获“中国新闻奖”，其中，特别奖2件、一等奖44件（含11个新闻名专栏）、二等奖86件、三等奖144件。19位先进新闻工作者获得“长江韬奋奖”，其中，长江系列获奖者10名、韬奋系列获奖者9名。[112]

另外，也是从2005年起，其他新闻奖项如科技部、中国科协、中国记协主办的“中国科技新闻奖”，中国残联、中国记协主办的“中国残疾人事业好新闻奖”，综治委、中国记协主办的“全国社会治安综合治理好新闻奖”，团中央、中国记协主办的“五四新闻奖”，人口计生委、中国记协主办的“中国人口新闻奖”，全国人大主办的“人大好新闻奖”，全国政协主办的“政协好新闻奖”等俱合并到“中国新闻奖”中。

（三）“全国百佳新闻工作者”及“金话筒奖”的评选

【“全国百佳新闻工作者”的评选】“全国百佳新闻工作者”奖创办于1994年，是中共中央宣传部委托全国记协主办的高层次、常设的全国性新闻奖。1995年3月24日上午，首都和来自全国各地新闻界的老前辈、知名人士和资深记者200多人欢聚在人民大会堂广西厅，为首届“全国百佳新闻工作者”举行隆重的颁奖仪式。当时的中共中央宣传部常务副部长徐惟诚、首届全国“百佳”评委会主任吴冷西在颁奖会上作了讲话。

根据中央领导和中宣部的指示精神，全国记协于1994年10月开始开展“全国百佳新闻工作者”的评选活动。在全国新闻界热情支持和积极参与下，这一活动历时近6个月，到1995年3月中旬圆满结束。中央新闻单位、各地记协、专业记协一共推荐参评人员139名，经过严格的评选，100名人品、文品俱佳的新闻工作者获得“百佳”殊荣。其中，记者55人，编辑35人，评论员10人。[113]

在全国新闻界开展评选“百佳”活动，目的是为了表彰先进、弘扬正气，促进新闻人才队伍的建设，激励新闻界多出精品、多出人才，以“培养和造就一大批政治强、业务精、作风正的人品和文品俱佳的名记者、名编辑、名评论员、名主持人，提高我们新闻队伍的整体素质，以适应建设有中国特色的社会主义伟大事业的需要。”[114]“百佳”参评的条件有如下规定：“百佳”参评者必须是60周岁以下、5年以上新闻工龄的在职新闻工作者，并在当届评选年度中有一件以上作品在省级或全国性评奖活动中获奖。第一届“百佳”评选的是记者、编辑和评论员，之后“百佳”评选活动每两年评选一次。第二届全国“百佳”于1997年6月颁奖。

【“金话筒奖”】“中国播音主持金话筒奖”是由中国广播电视学会节目主持人委员会于1993年创立的，该奖项是专为表彰优秀广播电视节目主持人而设，它是广播电视节目主持人的最高荣誉奖。1997年，该奖项被纳入广播电视业界最高级专家奖——“中国广播电视学会奖”。

“金话筒奖”是经国家广电总局上报中宣部批准设立的中国播音主持界级别最高的专业大奖，也是此类奖项中唯一的全国性奖项，由中国广播电视学会主办（“中国广播电视学会节目主持人委员会”成立于1990年6月16日，是研究广播电视主持人节目和节目主持人的专业学术组织）。

“金话筒奖”的参评者为我国（暂不包括台、港、澳地区）各广播电台、电视台在编或聘用的具有3年以上主持经历的专职主持人。该奖项每两年评选一次，先面向全国广泛征集参评者及其作品，然后历经初评、复评、终评等严格程序，于当年9月中下旬结束评选工作。

“金话筒奖”终评由广电业界有关领导、专家及受众代表组成的终评委员会评定。终评委员会按照评奖章程和评奖细则（《“中国播音主持金话筒奖”评选实施细则》共七章二十四条）进行评定，经过认真评审、公正投票，最终有40个（件）人物和作品当选“金话筒奖”。其中包括播音作品10件（广播5件、电视5件），主持作品10件（广播5

件、电视5件)，广播播音员主持人10名，电视播音员主持人10名。前四届每届评选出广播、电视节目主持人各10名，分别授予“十佳广播节目主持人”和“十佳电视节目主持人”称号；另有100位节目主持人分别荣获银奖和铜奖，授予“广播电视百优节目主持人”称号。从第五届起，改为每届评选广播、电视“金话筒奖”各10名，广播、电视“金话筒奖”提名奖各10名，另设“百优广播节目主持人”和“百优电视节目主持人”各100名。

据不完全统计，到2000年，我国广播、电视播音职称系列的播音员及节目主持人即有17 000多人，此外还有大量编制在编辑、演员等专业职称系列的节目主持人。历届“金话筒奖”得主就是从我国数以万计的节目主持人中经过激烈竞争、层层选拔而产生的。其中，中央电视台已获得“金话筒奖”的节目主持人有赵忠祥、沈力、邢质斌、宋世雄、陈铎、鞠萍、倪萍、孙正平、赵赫、杨澜、水均益、白岩松、崔永元、朱军、王志、董卿等。中央人民广播电台已获“金话筒奖”的节目主持人有徐曼、张之、虹云、雅坤、傅成励、曹山等。此外，获奖者还有上海电视台的叶惠贤、上海东方电视台的袁鸣、湖南卫视的李湘等。他们代表了我国在各个时期的广播电视节目主持人的最高水准。

2009年11月14日，“2009年中国播音主持‘金话筒奖’”颁奖典礼在北京电视台举行。中央电视台张泉灵、杨锐、董浩，北京电视台刘文燕，河北电视台于辉等10人获得电视播音员主持人奖；中国国际广播电台学青、北京人民广播电台孙怡（小雨）等10人获得广播播音员主持人奖；中央电视台李修平、张宏民主持的《新闻联播》，四川广播电视集团宁远主持的《汶川地震特别报道》，深圳广播电影电视集团章艳主持的《直播港澳台》等10件作品获得电视播音主持作品奖；中央人民广播电台郭静、梁悦主持的2008年5月12日《汶川紧急救援》（开篇）、宁波人民广播电台何谨主持的《一位绝症母亲的奥运梦想》等10件作品获得广播播音主持作品奖。

二、打假机制

新中国成立以来，我国报纸上曾出现过一些非常有名的“经典”假新闻。如1954年4月2日《工人日报》刊登的《生产战线上的黄继光》，凭空杜撰王玉中的“模范事迹”，在当时造成很坏影响。1962年5月16日，《人民日报》转载了《解放日报》记者杨志豪所写的通讯《姑娘的亲事》，这也是一篇典型的虚假报道。1980年2月9日，《吉林日报》在当天刊出由卢长林写的《钱被风刮跑以后》一文，这篇文章情节曲折、细节生动，实际上也是一篇假新闻，但它居然在1981年8月被评选上1980年度“全国好新闻”（“通讯”类）奖，后被取消。

1992年下半年以来，随着市场经济的发展，报纸上的假新闻越来越多。为了加强管理并引起社会各方面的注意，1993年由时任国家新闻出版署报纸管理司司长兼《中国报纸月报》杂志总编的梁衡策划，在该刊年末一期登出“本年内十大假新闻”[115]。此举一时引起颇大震动，1994年1月23日的《人民日报》还为此专门刊发了评论《新闻也要打假》（作者：马立诚），该文较为深入地剖析了假新闻出笼的深层次原因及其危害性。

1993年报纸十大假新闻篇目如下：

①《她告别了令她耻辱的世界》（载1月12日《深圳法制报》）；

②《六元钱摸奖喜中摩托　六天后外出车毁人亡》（载3月4日《钱江晚报》）；

③《两司机拾遗多方觅失主　三十万元巨款不贪占》（载3月23日《羊城晚报》）；
④《邓小平谈新闻改革》（载4月6日《采风报》）；
⑤《吃熊掌风波迭起》（载6月12日《中国建材报》）；
⑥《正义改写的熊掌风波》（载7月18日《工人日报》）；
⑦《中宣部关于合资办报的建议》（载7月20日《信息日报》）；
⑧《袭警案》（载7月30日《南方周末》）；
⑨《高考试卷诈骗案引起的悲剧》（载8月17日《北京青年报》）；
⑩《报到手续繁复　留学生归而复返》（载9月2日《组织人事报》）。[116]

以上十条假新闻中，数《南方周末》刊登的那一篇影响最大。1993年7月30日，《南方周末》在《人与法》专栏中刊登了将近一个整版的题为《袭警案》的长文。事后查明，该文作者是南昌铁路分局文联的刘玉顺，文章署名为“于洋”。这起曲折离奇的案件，竟是作者虚构和编造出来的。为此，《南方周末》在10月1日刊登了《重要声明》。10月9日，该报又发表了《沉痛的教训》，对刊载《袭警案》作了检查，谈了教训。

从2001年起，上海《新闻记者》杂志开始组织每年评选年度“十大假新闻”活动，把假新闻曝光示众，这种做法以后一直坚持下来。《新闻记者》编辑部每年在其杂志上组织、策划一次评选上一年年度“十大假新闻”的活动。到2009年底，《新闻记者》杂志已评选了9届年度“十大假新闻”，引起了社会的广泛关注。[117]

三、行业自律机制

“自律”，是相对于“他律”（法律、法规）而言的，属道德范畴。新闻业界的行业自律、专业自律是指新闻工作者加强自身道德修养，按照一定的道德标准、专业伦理及专业精神来要求自己、约束自己。在新闻伦理学涉及的诸多问题中，自律是个核心问题，也是“以德治业”的关键所在。自律一般又是通过建立一定的组织和制定新闻道德自律信条、规范来实现的。在世界上许多新闻业自律与他律机制完备的国家中，新闻法规与新闻业自律信条又是并行不悖、相辅相成的。据专家考证，世界上最早制定新闻法规的国家是瑞典。1766年，瑞典议会通过了《报业自由法案》。另外，瑞典又是世界上第一个实行新闻道德自律的国家，1874年，瑞典政治家俱乐部成立后就制定职业守则，对报业行为进行规范。但是，在西方新闻界，最具影响力的还是美国某些著名报人、学者和新闻团体制定的新闻道德自律信条。其中比较著名的有：一是密苏里大学新闻学院院长瓦尔特·威廉（Walter Willams）手订的《报人信条》（今译《报人守则》，1911年手订）。《报人信条》总共8条，后被译成几十个国家的文字，在世界上广为流传。二是美国报纸主编人协会制定的《报业信条》。该协会成立于1922年，次年就通过了由《纽约地球报》总编辑、美国报纸主编人协会伦理标准委员会主席瑞特起草的《报业信条》。《报业信条》于1975年修订，除前言外，共计7条，要点是责任、新闻自由、独立精神、诚信、公平、正直、庄重。《报业信条》在世界上也广为传播，被许多新闻学者所引用。

在我国，马星野仿照其老师威廉的《报人信条》，也亲手起草制定了《中国新闻记者信条》（12条），于1942年9月1日在重庆举行的中国新闻学会首届年会上公布。不久，国民党政府又制定了《新闻记者法》（共计31条，1943年2月15日公布）。[118]

新中国成立后，我国大陆地区一直尚未正式制定新闻工作者道德准则。直至1981年

5月，中宣部新闻局与中央各新闻单位共同研究，制定了新中国成立以来第一份《记者守则》（试行草案），发给各新闻单位试行。1991年1月，全国记协颁布了我国第一个正式的《中国新闻工作者职业道德准则》，它较《记者守则》更完善和全面，为我国新闻工作规定了应遵守的职业道德原则。[119]

1993年7月31日，中共中央宣传部、新闻出版署联合发布《关于加强新闻队伍职业道德建设，禁止"有偿新闻"的通知》，共提出了五条规定。其中第二条规定云："新闻单位和新闻工作者不得接受被采访或被报道者以任何名义给的礼金和有价证券，不得向被采访或被报道者索要钱物。"第三条规定："新闻与广告必须严格分开，不得以新闻报道的形式为被报道单位做广告。"第四条规定："新闻报道与经营活动必须严格分开。记者、编辑不得从事广告业务，从中牟利。"[120]

1994年4月，全国记协第四届理事会第二次全体会议对《中国新闻工作者职业道德准则》作了修订。修订后的《准则》共计八条：一、全心全意为人民服务；二、以社会效益为最高准则；三、遵守法律和纪律；四、维护新闻的真实性；五、坚持客观公正的原则；六、保持廉洁奉公的作风；七、发扬团结合作精神；八、增进同各国新闻界的友谊与合作。[121]

1997年1月，全国记协又组织了对《准则》的第二次修订，将1994年版的8条概括调整为6条。经过两次修订的《准则》根据我国的国情和我国新闻传播业界的实际情况，制定出一套比较科学、全面、系统，且具有很强可操作性、具有中国特色的中国新闻传播行业及新闻传播工作者职业道德规范考量体系和标准。修订后的《准则》规定：中国的新闻工作者要坚持"四以"、"五为"，即"坚持以科学的理论武装人，以正确的舆论引导人，以高尚的精神塑造人，以优秀的作品鼓舞人，牢牢把握正确的舆论导向，为人民服务，为社会主义服务，为全党全国工作大局服务，为推进社会主义物质文明建设和社会主义精神文明建设，为实现我国社会主义现代化的宏伟目标努力奋斗"；要"继承和发扬党的新闻工作优良传统，树立良好的职业道德，维护新闻工作的严肃性和声誉"，"发挥新闻舆论的引导作用"；要"建设一支政治强、业务精、纪律严、作风正的新闻队伍"，每一个新闻工作者要"树立正确的世界观、人生观、价值观，自觉遵守新闻职业道德"，做一个"有道德、有抱负、有操守和富于敬业精神的新闻工作者"。为此，新《准则》提出了六条标准：一是全心全意为人民服务。作"党和政府同人民群众联系的桥梁、纽带"；及时、准确、广泛地宣传党和政府的方针政策。"为人民群众提供参与政治、经济、文化等社会生活以及了解世界所需要的新闻和信息"。"准确反映他们的愿望、呼声和正当要求。积极、正确发挥舆论监督作用"。二是坚持正确的舆论导向。"增强政治意识、大局意识、责任意识，坚持正确的舆论导向"。"坚持团结稳定鼓劲、正面宣传为主的方针"。"坚持真善美，抵制假恶丑的舆论"，"新闻报道不得宣扬色情、凶杀、暴力、愚昧、迷信及其他格调低劣、有害人们身心健康的内容"。三是遵守宪法、法律和纪律。"新闻工作者必须在宪法和法律的范围内活动，自觉遵守宪法、法律和宣传纪律"。维护、尊重"宪法规定的公民权利，不揭人隐私，不诽谤他人"。"要通过合法和正当的手段获得新闻，尊重被采访者的声明和正当要求"。"维护司法尊严"，"对于司法部门审理的案件不得在法庭判决之前作定性、定罪和案件的报道"。涉及民族问题、宗教问题的新闻报道，要"严格遵守和正确宣传国家的民族政策和宗教政策"。要"严守党和国家的机密"。四是维护新闻的真实性原则。"要坚持发扬实事求是的作风，深入基层、深入实际、深入群众，加强调查研究”；要“报实情，讲真话，不得弄虚作假，不得为追求轰动效应而捏造、歪曲事实”；要“力求全面看问题，防止主观性、片面性，努力做到从总体上、本质上把握事物的真实性”；“采写和发表新闻要客观公正”；“工作要认真负责，避免报道失实”，“如有失实，应主动承担责任，及时更正”。五是保护清正廉洁的作风。“要坚持发扬清正廉洁的作风，自觉抵制拜金主义、享乐主义、个人主义思想的侵蚀，坚持反对‘有偿新闻’等不正之风”；“不得以任何名义”受贿、勒索，“不得利用职务之便谋取私利”；“新闻报道和经营活动要严格分开”。六是发扬团结协作精神。“新闻界同行之间应建立平等、团结、友爱、互助的关系”；“提倡互相学习，相互支持，开展正当的业务竞争”。[122]

与此同时，中共中央宣传部、广播电影电视部、新闻出版署、全国“记协”又联合发出《关于禁止“有偿新闻”的若干规定》。[123]

1997年1月23日，全国“记协”又发布《关于建立新闻工作者接受社会监督制度的公告》。《公告》宣布：中国“记协”“决定建立新闻工作者接受社会监督制度”，规定新闻工作者要“自觉地接受党和人民群众的监督，约束自己的行为，切实纠正‘有偿新闻’等不正之风”；鼓励“社会各界人士”，“凡发现新闻单位和新闻工作者有违反新闻职业道德、搞‘有偿新闻’等不正之风的行为”，“均可向违规人员所在新闻单位或主管部门举报、投诉”，也可向全国“记协”及各地、市“记协”投诉。

四、治理整顿机制

从20世纪90年代初开始，我国有关主管部门加大了对新闻传播业治理整顿的力度，主要表现在以下几方面：

（一）在1990年主要进行记者站的整顿及记者证的换发

此前几年，由于报纸盲目发展和管理工作未能跟上，建立记者站和发放记者证没有统一规定，导致记者站林立、记者证满天飞。据1990年4月调查统计，全国共有记者站、办事处等报社派出机构3 520个，在社会上使用的记者证约20万份以上。许多记者站和记者的主要精力不是放在采访上，而是专门拉广告、拉赞助，搞经营。有的假记者利用记者证行骗敛财。有鉴于此，国家新闻出版署和中宣部于1990年5月发出对全国各地记者站清理整顿和重新登记的通知，对记者站的设置和建站程序作了严格规定。当年9月又发出重新核发记者证的通知，并从11月15日起全国统一使用新闻出版署签发的记者证。截至1990年年底，全国已有重新登记的记者站939个，发出记者证74 254份、特约记者证6 335份，这是对新闻机构及新闻队伍进行的一次非常必要的整顿。经过整顿，记者站的设置更加规范合理，新闻队伍的整体素质明显提高。

（二）加强对报刊业的治理整顿

1990年，针对报刊业大发展中出现的一些新问题，国家有关部门开展了两次整顿，并由新闻出版署于当年12月公布了《报纸管理暂行规定》，该《规定》是新中国成立以来制定的第一部报纸管理法规。同时，针对近年来新闻职业道德滑坡，一些新闻单位和新闻工作者利用采访和报道大搞“有偿新闻”，有的甚至直接向被采访单位和个人索要财物等问题，1993年7月31日，中共中央宣传部、新闻出版署又联合发出《关于加强新闻队伍职业道德建设，禁止“有偿新闻”的通知》。1997年，中宣部、广播电影电视部、新闻出版署、中国记协又联合发出了《关于禁止“有偿新闻”的若干规定》。与此同时，对报刊的治理整顿力度加大。截至1995年，我国报纸多达2 200多家。为了有效控制这种失衡扩张的趋势，从1996年起，为期3年的报刊业治散、治乱、治滥工作在全国范围内展开。1996年，中共中央办公厅、国务院办公厅发出《关于加强新闻出版广播电视业管理的通知》（厅字〔1996〕37号）。《通知》下发后，各地区各部门根据《通知》中关于压缩行业报刊、逐步取消省市行业报刊的精神，进行为期两年的集中治理整顿，使中央国家机关和各省、自治区直辖市的厅、局、委、办所办报刊（简称厅局报刊）大幅减少。据1998年3月16日《新闻出版报》报道，报刊治散治乱工作达到了预期的阶段性目标，截至1997年12月底，全国已有22个省、自治区、直辖市共压缩报纸227种，占全国报纸总量的10.4%；已有4 356种内部报纸（内刊）完成了转化，占6 453种内部报纸的67.5%，其中停办的有1 186种、转化为内部资料的有3 170种，另外还有9种被批准转化为正式报纸；已有6 165种内部期刊停办或转化为内部资料，占全国10 263种内部期刊的61.1%。尽管压缩力度很大，但问题还未得到彻底解决。到1999年上半年，中央国家机关仍有行业报150种、行业刊物200种，各省、自治区、直辖市的厅局级报纸535家、厅局级刊物868种。这些行业报和厅局报刊一般都是实行公款订阅和行政摊派发行，特别是行政摊派发行，加重了群众负担，损害了政府形象。为此，1999年8月29日，中共中央办公厅、国务院办公厅又共同发出《关于调整中央国家机关和省、自治区、直辖市厅局报刊结构的通知》（中办发〔1999〕30号）。本着“控制总量，调整结构，提高质量，增进效益”的原则，《通知》提出了“政报分离”的方针，指出各级报刊都要面向市场，自负盈亏，不再由党政部门发文征订，真正解决公款订报刊和行政摊派发行等问题，以切实减轻群众经济负担，提高报纸质量。《通知》还规定，对中央国家机关各部门所办报刊，各省、自治区、直辖市厅局及地（市）以下的局、部、委报刊，都一律实行“关”、“停”、“并”、“转”。1999年11月11日，新闻出版署发出《关于落实中央“两办”30号文件，调整报刊结构的意见》（新出报刊〔1999〕1299号），再次重申：“凡中央‘两办’30号文件规定范围内要求调整的报刊必须压缩、划转、停办，不得再保留”；“全国报刊调整工作于2000年6月底前结束。届时属调整范围的报刊，如仍未调整，一律撤销”。从1996年至2000年上半年三年多时间的报刊业治散、治乱、治滥，使我国报刊业的盲目膨胀势头有所减弱，并逐步向法制化、规范化方向迈进。从1996年至2000年，全国报纸总量历年递减，但平均期印数和总印数持续上升，如1996年全国报纸总数为2 202种、1998年为2 053种、1999年底为2 038种、2000年为1 944种，但历年期印数及总印数都有大幅增加。[124]

（三）对广播电视业的治理整顿

20世纪80年代以来，全球范围内兴起的卫星电视为世界各国间的电波战、舆论战、宣传战提供了有效的手段。卫星电视等新兴传播技术和接收手段为人们广泛、迅速进行跨国信息传播提供了良好的物质条件。美国及一些西方国家往往利用卫星电视节目的输出和频道的开播向“第三世界”及发展中国家施加影响，甚至颠倒黑白、混淆是非、推波助澜、制造动乱。为此，1993年10月5日，国务院发布了《卫星电视广播地面接收设施管理规定》（129号令），宣布对境外电视接收实行严格的管制，并明确规定：对卫星地面接收设施的生产、进口、销售、安装和使用实行许可制度，并且规定个人不得安装和使用卫星地面接收设施；安装和使用卫星地面接收设施必须符合国务院广播电视行政部门规定的许可条件，并且经过相关单位的审批。

1994年2月3日，广播电影电视部又发布第22号令——《〈卫星电视广播地面接收设施管理规定〉实施细则》（广电部第22号令）。《细则》共六章三十一条，其中第六条稍微放开了对个人接收卫星电视的限制，准许“在收不到当地电视台、电视转播台、电视差转台、有线电视台（站）的电视节目的地区，个人可申请安装卫星地面接收设施接收境内的电视节目”。此后，全国绝大部分行政区域的电视台、有线电视台、电视差转台都停止了直接转播境外卫星电视节目，一度存在的混乱局面得到初步的治理。[125]

到1999年，对广播电视业实行治理整顿的最重要举措就是停止持续了15年多的“四级办台”政策。自1983年3月召开的第十一次全国广播电视工作会议提出“四级办台”（中央、省、地市、县）的方针后，我国的广电业得到了突飞猛进的大发展。截至1997年，中国内地已拥有电视台约923座。与此同时，广播媒介的数量也急剧增长，从1984年的167家广播电台增长到1997年的1 363家。随着广播电台、电视台数量的大幅度增长，同时也出现了“散”、“乱”、“滥”等问题，造成了资源的分散和浪费。有鉴于此，1999年11月，国务院办公厅转发了信息产业部和国家广播电影电视总局《关于加强广播电视有线网络建设管理的意见》（国办82号文件）。其主要内容包括：①网台分离；②电视与广播、有线与无线合并；③停止四级办台；④避免（广电）网络重复建设，保持广播电视网的相对完整性和专用性；⑤广播电视业务（包括广告业务）和经营单位不得上市；⑥保持电信和广电部门的分工，彼此业务不得交叉。以上这些规定中，最重要的是停止“四级办台”。嗣后，经过治理、整顿、压缩，到2000年，全国有电视台354座，有广播电台304座。[126]

注　释

①引自邓小平：《振兴中华民族》（一九九〇年四月七日），载《邓小平文选》（第三卷），人民出版社，1993年版，第357页。

②引自邓小平：《中国永远不允许别国干涉内政》（一九九〇年七月十一日），载《邓小平文选》（第三卷），人民出版社，1993年版，第359页。

③引自邓小平：《在武昌、深圳、珠海、上海等地的谈话要点》（一九九二年一月十八日至二月二十一日），载《邓小平文选》（第三卷），人民出版社，1993年版，第370页、373页、375页。

④据黄勇：《新中国电视事业50年》，载《中国新闻年鉴》（2000年卷）第55页。

⑤据《1999年我国各类广告媒体经营额》（表），载《中国新闻年鉴》（2000年卷）第314页。

⑥详见邓小平：《视察上海时的谈话》（一九九一年一月二十八日至二月十八日），载《邓小平文选》（第三卷），人民出版社，1993年版，第366页。

⑦以上参考陆幸生：《“皇甫平”文章发表的前前后后——访人民日报副总编辑周瑞金》，载2003年2月27日《南方周末》C22版；周瑞金：《“皇甫平”文章的背景与论争》，载《炎黄春秋》1999年第3期第8页。

⑧李贺诗《三月》：“东方风来满眼春，花城柳暗愁煞人。复宫深殿竹风起，新翠舞衿净如水。”见《李贺诗集》，人民文学出版社，1959年版，第35页。

⑨中共深圳市委宣传部编：《一九九二春邓小平与深圳》，海天出版社，1992年版。

⑩据吴松营、陈锡添：《春风化雨润神州——1992年邓小平南方谈话报道追忆》，载《新闻战线》1999年第10期第73页。

⑪转引自成思行：《一个记者能走多远？——艾丰评传》，北京大学出版社，2007年版，第30—31页。

⑫以上参阅成思行：《一个记者能走多远？——艾丰评传》，北京大学出版社，2007年版，第32—33页。

⑬以上参阅成思行：《一个记者能走多远？——艾丰评传》，北京大学出版社，2007年版，第32—33页。

⑭引自成思行：《一个记者能走多远？——艾丰评传》，北京大学出版社，2007年版，第35页。

⑮以上参阅《中国新闻年鉴》（1992年卷）第296页所载"艾丰"小传；《艾丰大事年表》，载成思行著：《一个记者能走多远？——艾丰评传》，第14页。

⑯数据引自李培林：《民生为先》，载2009年9月22日《光明日报》第6版。

⑰孙燕君：《报业中国》，中国三峡出版社，2002年版，第179页。

⑱据《中国新闻年鉴》（1994年卷）第40页。

⑲据杨步才：《新时期中国晚报发展趋势初探》，载《中国新闻年鉴》（1999年卷）第181页。

⑳《新晚报》停刊消息又见1997年7月27日《人民日报》第二版。

㉑丁法章：《在新旧世纪的交接点上——对我国报业未来改革与发展的探讨》，载《新闻记者》2001年第1期第3页；李炳仁（中国晚报协会副主席）：《我国晚报的发展与态势》，载《中国新闻年鉴》（2003年卷）第79页。

㉒以上参阅斯通：《周末版：探索远行的路》（1994年2月），载祝晓虎主编：《〈新闻战线〉文萃·业务卷》，人民日报出版社，1997年版，第366页。

㉓以上据赵俊宏：《透视崔恩卿——崔恩卿报业实践探秘》，台海出版社，2005年版，第8—9页。

㉔引自郑兴东：《新闻冲击波——北京青年报现象扫描》（《前言》），中国人民大学出版社，1994年版。

㉕赵俊宏：《透视崔恩卿——崔恩卿报业实践探秘》，台海出版社，2005年版，第13—14页。

㉖改版后第七版上刊登的连载文章有：1992年3月6日《南方周末》第七版《长篇连载》专版开始连载司马南《伪气功揭秘》（一）；1992年3月27日《南方周末》第七版《长篇连载》专版刊登郭金荣：《晚年时期的毛泽东》（一）等。

㉗《南方周末》1984年2月11日正式创刊时，报名下署"南方日报星期六增刊"。1986年7月11日（第126期）起，报名下改署"南方日报社增刊"。1993年2月5日起，改署"南方日报社主办"。

㉘参阅《成长关键回放》一文，载2004年《南方周末·20周年特别珍藏版》第二版。

㉙据农秋蓓、柳婷婷、沈毅兵：《都市报调查报告》，载《中国新闻年鉴》（2000年卷）第262页。

㉚据消息《全国都市报总编辑会议举行》，载2002年12月28日《中国新闻出版报》。

㉛梁衡为《都市报现象研究》一书所作"序"，载中国记协国内部、华西都市报编：《都市报现象研究》（论文集），新华出版社，1998年版。

㉜祝晓虎：《华西都市：向一流晚报迈进》，载《〈新闻战线〉文萃·业务卷》，人民日报出版社，1997年版，第357页。

㉝以上参阅祝晓虎：《极目"楚天"谱新篇——楚天都市报的探索与实践》，载《新闻战线》2000年第2期第39页。

㉞王春芙：《传媒品牌与价值分析》，载《中国报业》2005年第8期第45页。

㉟引自梅志清等：《南方日报社原社长李孟昱感慨当年风雨兼程路——组建报业集团让党报成"旗舰"》，载2009年10月21日《南方日报》A08版。

㊱以上参阅2004年12月31日出版的《南方都市报》创办日报八周年（1997—2004）百版纪念特刊《八年》。

㊲以上参阅王田良、张仲彩：《都市报的挑战与晚报的对策》，载《新闻知识》2001年第2期第17页。

㊳以上参考黄永湛《试论对开八版报纸在中心城市出现的必然性及其发展趋势》，载中国新闻学会联合会秘书处编：《新闻学论集》，人民日报出版社，1988年版，第294页；黄景仁：《竹节年华》，广州出版社，1997年版，第24页；黄景仁：《从广州日报的实践看报纸的扩版改革》，载周文华主编：《〈新闻战线〉文萃·征文卷》，人民日报出版社，1997年版，第205页。

㊴刘陶：《1995年广东省报业发展概况》，载《中国新闻年鉴》（1996年卷）第96页。

㊵据《中国新闻年鉴》（1996年卷）第503页。

㊶据韩建新：《关于党报版面数量变化的调查报告》，载《中国新闻年鉴》（2000年卷）第265页。

㊷王晨：《用“三个代表”重要思想统领新闻宣传工作的几点思考》（2004年9月21日），系内部文件。

㊸参考吉炳轩：《深入人心　开拓创新　力求实效——在新闻界领导干部学习贯彻十六大精神培训班上的讲话》，载《中国记者》2004年第2期。

㊹见《解放军报》征订广告，载1995年12月27日《解放军报》第8版。

㊺黄朝文：《〈解放军报〉扩版一年的读者调查》，载《中国新闻年鉴》（1996年卷）第379页；于顺昌（解放军报总编辑）：《解放军报坚持党性原则办出军报特色》，载《中国新闻年鉴》（1999年卷）第374页。

㊻以上参阅杨尚德（《经济日报》总编辑）：《权威性、实用性、可读性——《经济日报》扩版讨论中的发言》、《进一步办好《经济日报》的几个问题——在《经济日报》1994年全国记者会上的讲话》，载杨尚德《办报随想录》，经济日报出版社，1998年版，第119、219页。

㊼《中国新闻年鉴》（1999年卷）第376页。

㊽参阅谭世耀：《〈羊城晚报〉的厚报进程》，载《中国记者》2002年第1期第25页。

㊾引自丁法章：《树立责任意识　强化报纸特色——谈谈搞好〈新民晚报〉第三次扩版》，载周文华主编《〈新闻战线〉文萃·征文卷》，人民日报出版社，1997年版，第224、225页。

㊿51据谭世耀：《〈羊城晚报〉的厚报进程》，载《中国记者》2002年第1期第24页。

52引自《创版的话》，载2006年9月8日《广州日报·导读与索引》第一版。实际上，报纸出“导读”的做法，早在20世纪50年代初就开始了。如《人民日报》早在1956年7月改版（竖排改横排）之前，就每天在报眼位置刊登带有“导读”性质的“内容提要”。到90年代，不少报纸也辟有导读，但像《广州日报》这样专出两版作“导读”尚无先例。

53统计数据见连福寅：《改革开放以来中国报业的变化与问题》，载许中田等编著：《面向21世纪的中国报业经济》，人民日报出版社，1998年版，第509页。

54据刘波：《关于报业集团》，载《中国新闻年鉴》（1999年卷）第156页。

55据黄景仁：《从广州日报的实践看报纸的扩版改革》，载《新闻战线》1995年第8期第26页。

56见广州日报社务委员会：《建设社会主义现代化报业集团　为中国报业的改革和发展探索新路》，载1996年1月16日《广州日报》第三版。

57刘波：《1996年中国报纸事业发展概况》，载《中国新闻年鉴》（1997年卷）第37页；刘波：《关于报业集团》，载《中国新闻年鉴》（1999年卷）第156页。

58广州日报报业集团成立十周年纪念特刊《奋进（1996—2006）》，2006年1月12日刊出。

59以上部分参阅《中国传媒集团概览表》，载《中国新闻年鉴》（2005年卷）第58页；《中国传媒集团概览表》，载《中国新闻年鉴》（2006年卷）第139页。

60以上数据均引自刘习良主编：《中国电视史》，中国广播电视出版社，2007年版，第393、399、400页。

61据中华人民共和国广播电视简史编辑部编：《当代中国广播电视大事记（1984—1995）》，中国广播电视出版社，1997年版，第470—472页。

⑫据刘习良主编：《中国电视史》，中国广播电视出版社，2007年版，第310页。

⑬中央电视台台长杨伟光：《中央电视台坚持正确导向　不断深化改革》，载《中国新闻年鉴》（1999年卷）第376页。

⑭以上部分参阅张同道：《媒介春秋：中国电视观察》，中国电影出版社，2002年版，第236页。

⑮徐光春主编：《中华人民共和国广播电视简史（1949—2000）》，中国广播电视出版社，2003年版，第384页。

⑯见徐光春主编：《中华人民共和国广播电视简史（1949—2000）》，中国广播电视出版社，2003年版，第386、395页。

⑰据高占祥：《电视新闻的理论与实践》，中国社会科学出版社，2002年版，第209页。

⑱何勇：《由事物的逻辑到理性的逻辑》，载《大众传播》1998年第1期。

⑲见刘习良主编：《中国电视台》，中国广播电视出版社，2007年版，第327页。

⑳引自《观察与思考》栏目介绍，载《中国新闻年鉴》（1982年卷）第529页。

㉑见蔡照波、萧枞著：《中国电视新闻评论类节目发生和发展探微》，中国广播电视出版社，2003年版，第61页。

㉒章壮沂：《电视新闻的改革与发展》，载《中国新闻年鉴》（1994年卷）第87页。

㉓中央电视台《东方时空》组：《〈东方时空〉栏目简介》，载《中国新闻年鉴》（1994年卷）第204页。

㉔梁建增：《〈焦点访谈〉红皮书》，文化艺术出版社，2002年版，第6页。

㉕据中央电视台编：《中央电视台的第一与变迁（1958—2003）》，东方出版社，2003年版，第242页。

㉖《首届韬奋新闻奖获奖者事迹简介》，载《中国新闻年鉴》（1994年卷）；《第一位韬奋新闻奖获得者孙玉胜》，载中央电视台编：《中央电视台的第一与变迁（1958—2003年）》，东方出版社，2003年版，第183页。

㉗据中华人民共和国广播电视简史编辑部编：《当代中国广播电影电视大事记（1984—1995）》，中国广播电视出版社，1997年版，第380页。

㉘孙玉胜：《十年：从改变电视的语态开始》，三联书店，2003年版，第81—82页。

㉙据杨伟光：《电视评论的标志性栏目——〈焦点访谈〉》，载《新闻战线》2004年第6期第8页。

㉚引自梁建增：《〈焦点访谈〉红皮书》，文化艺术出版社，2002年版，第9页。

㉛详见李东生、孙玉胜主编：《焦点访谈精粹》，中国人民大学出版社，1998年版。

㉜梁建增：《用事实说话》，载《中国广播电视年鉴》（2001年卷）第248页。

㉝引自梁建增：《〈焦点访谈〉红皮书》，文化艺术出版社，2002年版，第10页。

㉞以上参阅袁正明、梁建增主编：《用事实说话——中国电视焦点节目透视》，上海人民出版社，2000年版，第6—8页。

㉟引自邓斌：《焦点类节目的定位——〈新闻纵横〉节目的理论与实践》。

㊱引自时间主编、中央电视台新闻评论部撰稿：《实话实说》，华龄出版社，1997年版。

㊲苗棣等著：《美国经典电视栏目》，中国广播电视出版社，2000年版，第9页。

㊳参见于丽爽、宋茜著：《脱口成风》，中央编译出版社，2004年版，第35页。

㊴以上据新华社发自香港消息：《香港试播卫星电视》，载上海1991年4月20日《解放日报》第三版。

㊵以上主要参考刘长乐：《凤凰卫视追求专业主义激情的历程》，载《现代传播》2005年第1期；朱光烈主编：《火凤凰》，现代出版社，1999年版；钟大年、于文华主编：《凤凰考——建构一个新传媒》，北京师范大学出版社，2004年版；师永刚：《解密凤凰》，作家出版社，2004年版。

㊶鞠侃彬主编：《改革中国电视》，工商出版社，2002年版，第70页。

㊷沙城：《电视湘军一虎将——记湖南省广播电视局副局长、湖南电视台台长欧阳常林》，载《中国

记者》2002年第4期第41页；鞠侃彬主编：《改革中国电视》，工商出版社，2002年版，第75—76页。

㉓黄晓明：《解密魏文彬和他的电视湘军》，新华出版社，2006年版。

㉔吴建升：《魏文彬：电视湘军的"带头大哥"》，载2008年10月30日《晶报》A18版。

㉕据杨尚德：《王府井十年——我在经济日报的片断回忆》，载杨尚德：《办报随想录》，经济日报出版社，1998年版，第289页。

㉖宋守山编著：《传媒三十年》，南方日报出版社，2009年版，第119页。

㉗王选：《中国报纸将进入"告别纸与笔"的新时代——祝贺新闻综合业务网在〈光明日报〉投入使用》，原载1995年9月20日《光明日报》。又见张之华主编：《中国新闻事业史文选（公元724—1995）》，中国人民大学出版社，1999年版，第701页。

㉘数据引自刘习良主编：《中国电视史》，中国广播电视出版社，2007年版，第393页。

㉙以上参阅刘习良主编：《中国电视史》，中国广播电视出版社，2007年版，第397—399页。

⑩⓪曹亚宁：《电视节目上星意味着什么》，载1999年3月3日《新闻出版报》第二版。

⑩①彭兰：《中国网络媒体的第一个十年》，清华大学出版社，2005年版。

⑩②以上统计数据互有重复计算，引自唐绪军：《对网上中国报纸的调查与分析》，载《中国新闻年鉴》（2000年卷）第259页。

⑩③参考闵大洪：《中国网络媒体发展轨迹（1995—2002）》，载《中国新闻年鉴》（2003年卷）第522页。

⑩④引自闵大洪：《中国网络媒体发展轨迹（1995—2002）》，载《中国新闻年鉴》（2003年卷）第526页。

⑩⑤据闵大洪：《中国网络媒体发展轨迹（1995—2000）》，载《中国新闻年鉴》（2003年卷）第522页。

⑩⑥据闵大洪：《中国网络媒体发展轨迹（1995—2002）》，载《中国新闻年鉴》（2003年卷）第526页。

⑩⑦栗国安：《网站建设与省级党报发展》，载《中国记者》2000年第12期第68页。

⑩⑧何光先：《我国好新闻评选活动的兴起与发展》，载《中国新闻年鉴》（1984年卷）第319页；习仲勋：《进一步搞好报纸宣传——纪念〈陕西日报〉创刊四十五周年》，原载《新闻知识》1986年第12期，后载《中国新闻年鉴》（1987年卷）第39页。

⑩⑨参见《中国新闻年鉴》（1990卷）第299—313页。

⑪⓪首届"中国新闻奖"获奖作品见《中国新闻年鉴》（1991年卷）所载"1990年重要评论"栏，《中国新闻年鉴》（1992年卷）所载《首届"中国新闻奖"获奖作品名录》、《获荣誉奖与一等奖18篇新闻作品》等篇。

⑪①详见《全国性新闻评奖整改情况一览表》，载《中国新闻年鉴》（2006年卷）第496页。

⑪②据2009年10月30日"新华网北京10月30日电"；另据《第十九届中国新闻奖、第十届长江韬奋奖评选揭晓》，载2009年10月31日《光明日报》第四版。

⑪③据《首届全国"百佳"新闻工作者名单》、《首届全国"百佳"新闻工作者简介》，载《中国新闻年鉴》（1996年卷）第555—574页。

⑪④引自吴冷西：《像"百佳"那样工作——在首届"全国百佳新闻工作者"颁奖会上的讲话》，载《中国新闻年鉴》（1996年卷）第554页。

⑪⑤参见梁衡：《苦果嚼后有思索》，载《梁衡文集》（第五卷），人民教育出版社，2002年版，第70页。

⑪⑥以上十条假新闻载《中国报纸月报》1993年6月号。转引自梁衡著：《梁衡文集》（第五卷），人民教育出版社，2002年版，第85页。

⑪⑦贾亦凡、陈斌：《2009年十大假新闻》，载《新闻记者》2010年第1期。

⑪⑧《新闻记者法》（1943年2月15日公布），见余润棠著：《新闻学手册》，纵横文化事业公司行，

1947年版，第112页。

⑲《中国新闻工作者职业道德准则》（全国记协第四届理事会第一次全体会议通过）（1991年1月19日），载《新闻战线》1991年第5期，又见《中国新闻年鉴》（1991年卷）第12页。

⑳《通知》载《中国新闻年鉴》（1994年卷）。

㉑《中国新闻工作者职业道德准则》（1994年4月修订），载《中国新闻年鉴》（1995年卷）。

㉒《中国新闻工作者职业道德准则》（1997年1月修订），载1997年1月27日《人民日报》。

㉓《关于禁止有偿新闻的若干规定》，载1997年1月24日《人民日报》。

㉔中共中央办公厅、国务院办公厅：《关于调整中央国家机关和省、自治区、直辖市厅局报刊结构的通知》（1999年8月29日）、新闻出版总署《关于落实中央“两办”30号文件调整报刊结构的意见》（1999年11月11日）等，这些重要文件俱载于新闻出版总署办公室编：《新闻出版工作文件选编（1999）》（内部文件），2004年版。

㉕广播电影电视部令：《〈卫星电视广播地面接收设施管理规定〉实施细则》（1994年2月3日发布），载《中国新闻年鉴》（1995年卷）第20页。

㉖统计数据见刘习良主编：《中国电视史》，中国广播电视出版社，2007年版，第309页。

第四章　21世纪头十年稳健发展的新闻传播业
（2000年1月—2009年12月）

概　论

1999年12月31日深夜到2000年1月1日凌晨，“首都各界迎接新世纪、新千年庆祝活动”在北京中华世纪坛隆重举行。这标志着新世纪、新千年的开始。

从2000年1月至2009年12月的10年间，我国在不断深化经济体制改革的同时，又不断深化政治体制、文化体制、社会体制以及其他各方面体制的改革，社会基本和谐稳定，经济繁荣发展，年年跨上新台阶，如：

2001年，我国国内生产总值（GDP）达到9.593 3万亿元人民币，居世界第6位。①

2005年，我国国内生产总值（GDP）已达18.3万亿元人民币，约合2.235万亿美元，占世界经济总量的5%。世界排位仅次于美国、日本和德国，居第4位。

2007年，我国GDP为24.95万亿元人民币，约合3.28万亿美元，相当于美国的23.7%、日本的74.9%、德国的99.5%，世界排位仍为第4位。

到2008年，我国GDP为31.404 5万亿元人民币，约合4.6万亿美元；我国经济总量占世界经济总量的6.4%，超过德国，成为世界第三大经济体。

到2009年10月，中国不断积累的外汇储备已超过2.2万亿美元。②2009年我国的GDP总量为34.050 7万亿元人民币（据新华社北京2010年7月2日电），按2009年的平均汇率计算为4.98万亿美元；与日本2009年的国内生产总值（GDP）5.08万亿美元相比，差距微小。

经济的繁荣、综合国力的进一步增强为新闻传播业的稳步发展奠定了坚实的物质基础。到2007年，中国报业稳步增长，全国共出版报纸1 938种，其中全国性报纸221种、省级报纸830种、地市级报纸872种、县级报纸15种。报纸总印数438.7亿份，总印张1 674亿个。

到2006年底，全国出版期刊9 468种，总印数28.5亿册，总印张134.7亿印张。期发行量超过100万册的共14种，其中，《读者》年发行总量1.04亿册，月均发行量870万册；《知音》年总发行量7 500万册，月均发行量625万册；《故事会》年总发行量5 871万册，月均发行量489万册；《家庭》年总发行量3 432万册，月均发行量286万册，《家庭》期刊集团年总收入达9 289万元。③

21世纪头十年，电视业仍是我国新闻传播业的主体产业。到2007年底，全国有广播电视播出机构2 587个，其中，广播电台263座、电视台287座、教育电视台44座、广播电视台1 993座。全国有线电视用户达到1.53亿户，全国广播电视人口综合覆盖率分别达到95.43%和96.58%。

2007年，全国全年广播电视电影产业总收入为1 196.7亿元人民币。其中，广播电视广告收入600.56亿元、有线电视网络收入306.71亿元、付费数字电视收入8.34亿元。广播电视产业收入过50亿元的省份达到7个。截至2007年底，全国广播电视电影系统从业人员57.955 7万人（不含电影发行放映人员），比2006年增加1.488 1万人。全国广播影视系统共有专业技术人员31.282 2万人，其中采编人员12.039 1万人；播音、主持人员2.465 5万人；艺术创作人员1.321 4万人；科研、工程技术人员11.261 8万人。[④]

21世纪初，网络媒体迅速崛起。互联网传媒虽然未能撼动广电媒体的主导地位，但其发展趋势快速惊人，全国网民人数逐步攀升：2005年6月达1.03亿人，同年12月达1.16亿。2006年6月达1.23亿人，同年12月达1.37亿人。2007年6月达1.62亿人，同年12月达2.1亿人（其中宽带网民达到1.63亿人，占网民人数的77.6%），比2006年同期增长7 300万人，年增长率为53.3%，平均每天增加网民20万人。[⑤]2008年6月达2.53亿人，首次大幅度超过美国网民人数，跃居世界第一位；同时，宽带网民数达到2.14亿人，也跃居世界第一位。[⑥]2009年6月底，中国网民规模达到3.38亿人，较2008年底增长13.4%，半年增长了4 000万，其中，宽带网民规模达3.2亿，占总网民的94.3%。我国网民普及率达25.5%。[⑦]截至2009年9月底，我国互联网用户已达3.6亿，普及率达到27.1%。与此同时，互联网基础资源规模不断扩大，IP地址达到1.23亿个，为全球第二；CN域名注册量达500万，为全球第一。[⑧]互联网的发展，催生了一个新的行业——互联网产业。数据显示，2008年，中国互联网从业人员达到55.7万，与此同时带动的间接就业人员超过了十万。[⑨]

我国互联网的迅猛发展，使网络媒体成为继报纸、广播、电视等传统媒体之后又一重要的传播形式，成为人们了解新闻、获取信息、增长知识的又一重要渠道。而不断增长的网民又为网络媒体的发展提供了源源不断的动力支持。2006年7月，在第16届（2005年度）“中国新闻奖”评选活动中，网络新闻作品第一次纳入评选范围。此届“中国新闻奖”参评作品共659件，其中网络参评作品18件。18件网络作品中中奖作品12篇，网络评论《我们怎样表达爱国热情》（人民网，作者：丁刚）、网络专题《网民感动总理 总理感动网民——总理记者招待会网上答问》（新华网，作者：康晶、林明、刘媚）、网络专题《中部崛起》（作者：阎思甜等）、网络专题《中国国民党主席连战访问大陆》（作者：秦欣）、网络新闻名专栏“焦点网谈”（河南大河网）等网络作品分获一、二、三等奖。[⑩]

21世纪初，传媒集团也有了很大的发展。1996年1月15日，经中共中央宣传部和国家新闻出版总署批准，广州日报报业集团成为中国大陆第一家报业集团。同年5月29日，广州日报报业集团挂牌。5年以后，即到2000年底，全国已有16家报业集团。这16家报业集团共拥有报刊138种和8家出版社，各集团报刊发行量都在200万份以上，所有集团都已创建了新闻网站。2000年，全国16家报业集团的资产总额达178亿元；广告总收入61.5亿元，约占全国的50%；利润总额18.85亿元。有9个报业集团建立了固定资产超过亿元的大型印务中心。规模迅速扩大，实力明显增强。[⑪]此后，报业集团又有大发展。如2002年6月20日一天，新闻出版总署就批复成立报业集团的文件12件，其中包括关于同意组建福建日报报业集团、济南日报报业集团、海南日报报业集团、甘肃日报报业集团、宁波日报报业集团、山西日报报业集团、青岛日报报业集团、安徽日报报业集团、天津日报报业集团等报业集团的文件。2002年7月12日，又批复同意深圳特区报业集团、深圳商报合并改名为“深圳报业集团”的文件。2002年12月6日又批复成立南京日报报业集团的文件等。2002年8月2日，新闻出版总署印发《报业集团组建基本条件和审批程序》，使组建报业集团工作更规范更有章可循。⑫到2004年初，经中宣部和新闻出版总署批准，我国先后组建了85家传媒集团，分为5类，其中报业集团39家、广电集团18家⑬、出版集团14家、电影集团6家、音像出版集团8家。⑭在8年多的发展实践中，传媒集团的改革取得了很大成就，同时也出现了一些问题，如“翻牌集团”、“跟风集团”、“集权集团”等，但总的发展趋势是好的。以39家报业集团为例，其经济实力普遍大大增强，其规模效益大大提高。到2004年，这39家报业集团共拥有271家报纸，平均每家报业集团7种；39家报业集团共有员工总数6.904 9万人，平均每家报业集团约1 771人。从经济状况看，39家报业集团的总资产共计384.46亿元，平均每家报业集团9.86亿元。⑮不少报业集团还建立了技术、设备先进，印刷能力强大的印务中心，如广州日报印务中心、羊城晚报印务中心等。从竞争力来看，各报业集团所属晚报、都市类报纸在全国同类报纸中占有绝对优势，在2004年和2005年两次全国晚报、都市报竞争力监测中，报业集团所属晚报、都市报在竞争力前20强中占有18席。⑯再从发行量及广告收入来看，以广州日报报业集团主报《广州日报》为例，其日均发行量均保持在165万份以上，其中自费订阅比重达80%以上；2005年报业“寒冬”中，《广州日报》单张报纸的年广告收入仍然保持在17.08亿元的水准，与2004的17.17亿元的水平相比，只有很小的波动。2006年，该报的广告营业额达18.03亿元人民币。连续13年在全国报纸广告量排行榜中名列第一。⑰

第一节　新世纪新闻传播业十年发展的大背景

21世纪初的头十年是极不平凡的十年。十年间，中国人民历经世界风云变幻的激荡、天灾人祸的严峻考验，以及完美举办奥运会的空前盛举、世界金融危机的冲击，不断克服前进道路上的艰难险阻和挑战，终于取得一个又一个举世瞩目的新的伟大成就。新闻传播业反映了这个伟大的时代，也记录下历史的进程，推动着社会的进步和发展。下面，让我们以高屋建瓴的眼光，全面、系统、概括地回顾一下新世纪头十年所发生的一系列带标志性的重大政治事件和新闻事件。

一、2000—2001年：江泽民“三个代表”重要思想的提出、美国突发“9·11”事件、中国加入“WTO”

2000年1月1日，全国各大报都在当天推出制作精美的“新世纪特刊”。1月4日，《人民日报》报道：江泽民总书记在有关宣传思想工作的一份报告上作重要批示，强调指出宣传思想工作和精神文明建设，事关建设有中国特色社会主义事业的大局。越是深化改革、扩大开放，越是发展社会主义市场经济，越要重视和加强这方面的工作。要深入进行邓小平理论和党的基本路线教育，深入进行马克思主义的唯物论、无神论教育和科学精神教育，树立正确的理想信念，树立正确的世界观、人生观、价值观，在全党形成“讲学习、讲政治、讲正气”等“三讲”的良好氛围，在全社会形成反对迷信愚昧、抵制各种歪理邪说的健康环境。2月25日，江泽民在广东考察党建工作，提出了“三个代表”重要思想。他指出：我们党所以赢得人民的拥护，是因为我们党在革命、建设、改革的各个历史时期，总是“代表着中国先进生产力的发展要求，代表着中国先进文化的前进方向，代表着中国最广大人民的根本利益”。5月14日，江泽民在江苏、浙江、上海党建工作座谈会上发表讲话，进一步指出：始终做到“三个代表”是我们党的“立党之本、执政之基、力量之源”；贯彻“三个代表”重要思想，关键在坚持与时俱进，核心在坚持党的先进性，本质在坚持执政为民。12月30日，国家统计局宣布，2000年国内生产总值（GDP）首次突破一万亿美元（89 404亿元人民币）。

2001年1月8日至11日，全国宣传部长会议在北京举行。10月，江泽民总书记与参加全国宣传部长会议的同志座谈时指出，进入新世纪，宣传思想工作要继续宣传抓住机遇、加快发展的思想。要积极、全面、准确、深入地宣传贯彻中央的这一重要指导思想，为抓住机遇、加快发展提供强有力的思想保证和舆论支持。要继续唱响主旋律，打好主动仗，牢牢掌握舆论工作的领导权和主动权。一切思想文化阵地，一切精神文化产品，都要努力宣传科学理论，传播先进文化，弘扬社会正气，倡导科学精神，不断提高全民族的思想道德素质和科学文化素质。在依法治国的同时，坚持不懈地加强社会主义道德建设，以德治国。1月23日，天安门广场发生几名“法轮功”痴迷者的自焚事件，新华社当天播发了长篇通讯《邪教“法轮功”又一滔天罪行》，以详尽的事实，揭露了几名“法轮功”痴迷者除夕在天安门广场制造自焚事件的始末。7月13日，在莫斯科举行的国际奥委会第112次全体会议上，北京获得2008年第29届奥运会主办权。9月11日上午，美国纽约世界贸易中心和华盛顿五角大楼接连遭到“基地”组织恐怖分子驾驶飞机撞击而引发爆炸，一些地方受到严重袭击，造成重大人员伤亡，此即震惊全球的“9·11”事件。全世界媒体聚焦报道“9·11”事件，我国媒体也以极快的速度报道此次突发事件。在恐怖袭击发生不到10分钟，香港凤凰卫视就予以报道，之后连续直播超过30多个小时。新浪网在事发10分钟后也予以报道，网络媒体的威力第一次显现出来。9月12日，《人民日报》、《光明日报》、《解放军报》、《参考消息》等中央大报都在当天头版显著位置刊登“新华社北京9月11日电”通稿，及时全面报道“9·11”恐怖袭击事件。11月10日，世界贸易组织（WTO）第四届部长会议在卡塔尔首都多哈举行，会议通过中国加入世界贸易组织的决定。12月11日，中国正式成为世贸组织（WTO）第143个成员，这标志着中国对外开放进入了一个新的阶段，也标志着中国经济加入世界经济运行的大体系，这是我国改革开放以来具有历史意义的一件大事。此后，中国的产业结构发生重大变化，即从农业到制造业的转变，逐渐成为“世界工厂”，出口贸易总额逐年大幅度增加。

二、2002—2003年：中共十六大召开、胡锦涛当选为中共中央总书记、胡锦涛提出"三贴近"、"三服务"原则；"非典"报道的教训、孙志刚案的报道

2002年11月8日至14日，中共第16次全国代表大会在北京举行。15日，在中共十六届一中全会上，胡锦涛当选为中央委员会总书记。

2003年3月28日，中共中央政治局召开会议，专门研究进一步改进会议报道和领导同志活动报道等工作，胡锦涛主持会议。会议讨论了《关于进一步改进会议和领导同志活动新闻报道的意见》。胡锦涛在会议上指出：新闻单位要坚持正确的舆论导向，大力宣传党的理论路线、方针政策，多报道对工作有指导意义、群众关心的内容，力求准确、鲜明、生动，努力使新闻报道贴近实际、贴近群众、贴近生活，更好地为人民服务、为社会主义服务、为党和国家工作大局服务。

2003年，我国南方新闻界发生了两起轰动全国的重大新闻事件：2003年早春，一场"非典型肺炎"（SARS，以下简称"非典"）的传染病突然袭击广州城，并波及周边地区，一时引起广州市民的极大恐慌。广东"非典"最早于2002年12月中旬就在河源市和中山市发生了，《羊城晚报》、《新快报》和《南方都市报》都对此作过报道，但尚未引起广州市民的普遍关注。2003年2月8日，是人们经过春节7天长假后重返工作岗位的日子，然而一条"广州发生致命流感"的消息在人群中迅速蔓延传播开来，它以手机短信和口耳相传的形式传播。随后三天，广东移动的短信流量与日俱增：8日达到4 000万条、9日上升到4 100万条、10日增加到4 500万条。由于长期受"新闻、旧闻、不闻"宣传策略的制约和影响，广东媒体对这一后来称为SARS或"非典型性肺炎"爆发的消息迟迟不报、集体"失语"，再加上地方政府有意掩盖，封锁信息传播和控制所谓"负面新闻"的报道，终于导致信息传播的主渠道不畅通，而通过手机短信形式传播的谣言、小道消息及不准确信息满天飞的状况。这些不准确信息经过手机短信形式传播及人际传播后进入千家万户，引起公众强烈的心理恐慌，造成巨大的社会震荡。2月19日，广州市开始流传"熏白醋、喝板蓝根能预防怪病"的传言。2月10日，大量居民上街抢购白醋、板兰根及日常生活用品，终于导致一些商品脱销。迟至2月中旬，广东省及广州市政府才公开宣布广东流行的怪病不是"禽流感"，而是"非典"。此后，广东媒体才开始从"集体失语"到连篇累牍地对"非典"进行报道。2003年2至6月间，广东新闻界对抗击"非典"的报道是改革开放以来全国少有的规模宏大的宣传报道战役之一。期间，产生重大影响的报道有以下几篇：

2003年2月10日，《羊城晚报》发表未署名记者写的消息："广州市发生非典型肺炎病例，该病有一定传染性，专家提醒市民做好预防措施。"这是著名大报发表的最早关于非典型肺炎的报道，由此揭开了广东乃至全国新闻界报道抗击"非典"事件宣传战役的序幕。

2月15日至2月18日，《羊城晚报》开辟《反思"两大事件"》专栏，分别请广州地区有关专家学者就如何满足人民群众的知情权，如何理性地对待信息、解读信息，如何遵守职业道德，如何抵制谣言、不传谣等问题发表意见。

2月16日，《广州日报》发表署名"闻过"的本报评论员文章《百姓知情，天下太平》。评论指出："非典型肺炎尚未攻克，抢购大米、食盐风潮又起，但仅仅两三天之后，广州及广东许多地方迅速由恐慌回归平静，由混乱转为秩序……这件事生动地说明了一个

道理，这就是政府开明，天下太平；百姓知情，天下太平。”

2月19日，《南方日报》发表该报记者段功伟采写的消息《非典型肺炎病原是衣原体?》，对新华社发布的消息“经中国疾病预防控制中心和广东省疾病预防控制中心的共同努力，引起广东省部分地区非典型肺炎的病原基本可以确定为衣原体”表示质疑。消息披露：广东专家对此持保留意见，认为病毒引起的可能性极大。实践证明，广东专家的意见是正确的。《南方日报》实事求是、坚持真理的勇气，讲求科学的态度令人敬佩。这条消息后来获得第十四届中国新闻奖一等奖。[18]

与抗击“非典”报道同时，《南方都市报》关于“孙志刚事件”的报道也是2003年度发生的另一起重大的新闻事件。2003年4月25日，《南方都市报》刊登一篇6 000字的调查性深度报道《被收容者孙志刚之死》（作者：陈峰、王雷）。文章发表后，国内各大门户网站如新浪、网易、搜狐等都在显著位置转载，全国各地报纸也纷纷转载。一时间，“孙志刚事件”成为全国舆论关注的焦点。所谓“孙志刚事件”是指：2003年3月17日晚，27岁的大学生孙志刚在广州的大街上行走时因没有暂住证，被天河区黄村派出所警察拦住询问后，遭强行“收容”。3月20日上午9点多钟，孙志刚被毒打后死于“收容人员救治站”。3月底，刚来《南方都市报》做深度报道的记者陈峰从“私人渠道”及网站西祠胡同“桃花坞”讨论区一个帖子里发现了这条新闻线索。他冲破重重阻力，冒着风险，深入采访了派出所、医院太平间及医院等单位及个人，写出了《被收容者孙志刚之死》。文章发表后，引起了广泛而强烈的社会反响。嗣后，6月4日，广州市政府宣布：24名政府官员对孙志刚事件负有责任而受到撤职和记过等不同程度的处分。6月9日，18名涉案者分别被判处死刑、死缓及无期徒刑。6月20日，国务院令：1982年5月国务院发布的《城市流浪乞讨人员收容遣送办法》废止，重新出台《城市生活无着的流浪乞讨人员救助管理办法》。此后，各地“收容遣送站”被人性化的“流浪乞讨人员救助站”所取代。《被收容者孙志刚之死》成为深度调查报道、揭露性报道及舆论监督的经典案例。[19]

三、2004—2005年：“三项学习教育”活动的开展、报刊整顿初见成效、广东报界的变故；报业“拐点”、“寒冬”说、电视节目“超级女声”的空前火爆

【“三项学习教育”活动的开展】2004年初，根据中央的部署，全国新闻战线开始广泛深入地开展“三个代表”重要思想、马克思主义新闻观、职业精神与职业道德“三项学习教育”活动，这是中央加强宣传思想工作队伍建设的一项重要举措。各省、市新闻战线的领导机关、各媒体单位通过学习，纷纷召开座谈会。他们深深体会到：新闻工作者承担着用正确舆论引导人的重要使命，要深入学习“三个代表”重要思想，牢固树立马克思主义新闻观，坚定自觉地与党中央保持一致，在大是大非问题上立场坚定，旗帜鲜明；要弘扬职业精神，恪守职业道德，改进工作作风，做到敬业奉献、实事求是、艰苦奋斗、清正廉洁、严谨细致、勇于创新。“三项学习教育”活动开展近一年后，2004年12月24日至26日，中宣部在北京组织、主持了“三项学习教育”活动经验交流会。中宣部部长刘云山在会上作了重要讲话。[20]

【新时期开展的规模最大的报刊治理整顿活动】2004年，新时期以来规模最大的一次全国报刊治理整顿工作初见成效。在2003年7月15日，中共中央办公厅、国务院办公厅就发出了《关于进一步治理党政部门报刊散滥和利用职权发行，减轻基层和农民负担的

通知》（中办发［2003］19号）（以下简称《通知》），着手重点治理一些单位、部门报刊利用职权，强行推销征订、摊派发行的行为。到2003年10月，基本上实现了“停办一批、划转一批、管办分离一批”的目标。特别是将停办、划转、管办分离、免费赠阅的报刊名单陆续在媒体上公布以后，赢得了社会各界及基层群众的广泛拥护（2003年11月28日《人民日报》第二版载《全国停办报刊名单》，共677种，其中期刊395种、报纸282种）。2003年10月22日起，中央报刊治理工作协调领导小组派出督查组，赴河南、湖北、辽宁等20个省（自治区、直辖市）开展督查工作。在2003年11月22日举行的中央报刊治理工作协调领导小组会议上，中宣部部长刘云山宣布治理工作取得阶段性成果。全国纳入本次治理的党政部门报刊1 452种，其中停办673种，划转302种，实行管办分离的289种，改为免费赠阅的87种。

2004年2月4日，中共中央宣传部、新闻出版总署又联合发出《关于对管办分离和划转报刊加强管理的通知》（新出联［2004］5号）。该《通知》再次强调：

> 认真实施管办分离。管办分离是在坚持主管主办制度的前提下，让党政部门退出报刊经营活动，解决利用职权摊派发行的一项重要措施。报刊实行管办分离的具体要求是：
>
> （1）人员分离。报刊社的工作人员不得与党政部门公务员混岗。党政部门现职领导干部一律不得兼任报刊社社长、总（主）编等职务。已在报刊工作或兼职的党政部门公务员，必须辞去公务员或辞去报刊社的工作和兼职。党政部门工作人员一律不得兼任报刊社记者工作。报刊社不得将编辑部或记者站设在或变相设在党政部门。党政机关工作人员不得以党政部门名义参与协办报刊等。
>
> （2）财务分离。报刊社实行自主经营、独立核算。党政部门不得以任何名目向报刊社收取管理费、发行费和其他费用，也不得以任何名目将部门资金转入报刊社。
>
> （3）发行分离。党政部门及其工作人员不得为报刊发行和承揽广告业务提供各种便利，不得参与报刊的经营活动。报刊社也不得利用党政部门的职权摊派或变相摊派发行。不得采取电话通知、利用系统工作会议提要求、下发文件、下发报刊订阅“建议表”等工作渠道和手段变相摊派报刊，一律改由市场渠道发行。
>
> （4）报刊实行管办分离以后，主管单位要切实履行主管责任，加强对报刊舆论导向、出版质量的监管；监督国有资产的保值增值，防止国有资产流失；加强报刊社领导班子建设，任免报刊社主要负责人。实行管办分离的报刊社要自觉接受主管单位的监督和管理，坚持正确舆论导向，对其出版内容和政治导向负责；建立和完善法人治理结构，实行独立经营、自负盈亏、自我发展。“认真落实报刊划转”，“做好人员编制和机构以及法人变更等划转工作”。

2004年2月5日，中共中央宣传部、国务院纠风办、新闻出版总署又联合发出《关于进一步规范党政部门报刊征订工作的通知》（新出联［2004］6号）。该《通知》云：中共中央办公厅、国务院办公厅发出《关于进一步治理党政部门报刊散滥和利用职权发行，减轻基层和农民负担的通知》以后，经过整顿，初见成效。“但是，仍然有少数报刊主管单位和报刊社有令不行、有禁不止，利用各种途径继续搞摊派发行，基层单位和人民群众对此很有意见。为巩固报刊治理成果，坚决防止出现反弹，现就规范党政部门征订发行的有关问题通知如下”：

> 一、中央和地方党报党刊（《人民日报》、《求是》杂志，省委机关报、省委机关刊，地方委机关报）可以通过党的组织系统开展征订，但要严格执行《中央办公厅国务院办公厅关于进一步治理党政部门报刊散滥和利用职权发行，减轻基层和农民负担的通知》（中办发［2003］19号）（以下简称《通知》）规定，不得任意扩大征订范围。党报党刊所办子报子刊不得随党报党刊搭车发行。党报党刊的订阅数量要合理确定，不得层层加码。除规定用定额管理的公费订阅外，个人订阅党报党刊必须坚持自愿的原则，不得采取组织和行政手段强迫个人订阅。
>
> 二、中央和地方政府部门所办公报、政报和文告，除境外发行实行收费订阅外，国内一律实行免费赠送。赠送办法要通过适当途径予以公布。
>
> 三、其他报刊一律通过邮政系统或报刊社自办发行渠道公开征订，由基层单位和人民群众自愿选择、自费订阅。

2004年12月7日，中央治理党政部门报刊散滥和利用职权发行工作协调领导小组办公室再次发出《关于切实纠正报刊发行中存在的问题，进一步巩固报刊治理成果的通知》（中央报刊治理办［2004］546号），再三强调要“坚决制止有关部门、单位继续利用职权摊派或变相摊派征订报刊，切实纠正报刊征订发行中存在的问题，以实际行动巩固报刊治理成果，切实减轻基层和农民负担”，“把这项得民心、顺民意的工作一抓到底”。

在治理整顿党政部门报刊散滥和利用职权摊派发行的同时，2004年1月8日，国家新闻出版总署发出《关于开展报刊记者站清理整顿工作的通知》。该《通知》云：“为了进一步贯彻落实《中共中央办公厅、国务院办公厅关于进一步治理党政部门报刊散滥和利用职权发行，减轻基层和农民负担的通知》（中办发［2003］19号）精神，规范报刊社记者站的正常工作秩序，加强对记者站的管理，坚决制止违规建站以及擅自扩大记者站工作范围，从事强行或变相摊派发行报刊、拉广告、赞助或与新闻采访业务无关的经营活动等违规违纪行为，根据中央治理党政部门报刊散滥和利用职权发行工作协调领导小组（以下简称“报刊治理协调领导小组”）的要求，从即日起，对全国报刊社记者站开展清理整顿工作”，“清理整顿工作于2004年3月31日前结束。”实际上，这项工作直到当年秋季才完成。9月30日，新华社发布了一条消息，称全国各地开展了大规模的记者站清理整顿活动并取得了巨大的成效，“据31个省（区、市）统计，经过清理整顿，共停办和注销登记642家记者站，查处撤销73家非法设立的记者站及其他以办事处、联络站、记者分站等名义开展活动的机构”[21]。

【广东新闻界发生的两起事件】2003至2004年间，广东新闻界先后发生两起轰动一时的事件，一起是“广州日报黎元江事件”，另一起是“南方都市报事件”。

黎元江毕业于中国人民大学，曾担任中共广州市委宣传部长、广州日报报业集团董事长、《广州日报》社长兼总编辑。在担任《广州日报》社长的10年间（1991年8月至2001年6月），他锐意进取、开拓创新，不断改版、扩版，终于把《广州日报》办成了全国年广告量第一的大报。同时，在他的主持下，于1996年1月15日组建了我国第一家报业集团——广州日报报业集团。其后，他因犯有“严重的贪污受贿腐败行为”，于2002年6月30日被广东省纪委列为大案要案的查处对象，并被实行“双规”。2004年9月10

日，广州市中级人民法院对黎元江受贿案作出一审判决，以受贿罪判处被告人黎元江有期徒刑12年，并处罚金10万元。[22]早在尚未正式判决前的2003年2月26日，《南方都市报》就在当天头版头条报道：《广州日报》原社长、市委原常委黎元江因严重经济违纪被查处。当天该报第三版还刊登黎元江的照片及简历，大肆炒作，确有“幸灾乐祸”之嫌疑。针对《南方都市报》的报道，第二天（2月27日），《广州日报》报业集团属下子报《信息时报》在头版刊登“本报评论员”文章《〈南方都市报〉如此恶炒意欲何为》，指出：《南方都市报》别有用心，恶意炒作黎元江被查处一事，其用意“是借宣传反腐败成果之名，滥用自己做传媒之便，以达到诋毁和抹黑《广州日报》形象、误导读者”。《南方都市报》对《信息时报》的指责不屑一顾，2月28日，该报又在当天头版头条报道：《广州日报》原总编辑何向芹因严重经济违纪被查处。接着又在第三版刊登何向芹的照片和简历，并继续刊登黎元江的照片和简历。《南方都市报》的这一系列作为，一方面是借机炒作，吸引读者眼球，扩大影响，另一方面也是为了落井下石，乘势贬损自己的竞争对手《广州日报》。这也从侧面反映出当时广州报业竞争之激烈及无序。

2004年上半年，广东报界在发生“黎元江事件”后，又发生了“《南方都市报》事件”。2004年4月至6月间，广州市人民检察院以贪污罪、行贿受贿罪提起公诉，先后逮捕了《南方都市报》的主要领导人副总编程益中、总经理喻华峰和分管“南都报”的南方日报社委委员李民英。4月9日，程益中首先被逮捕，据检查部门称，程益中在任《南方都市报》副主编、全面主持该报工作期间，于2001年6月利用职务便利，与该报副主编兼广告部经理喻华峰等人提取公款155万元，并将其中58万元与喻及李共同私分，程将其中10万元占为己有，已构成贪污罪（以后未被起诉，释放）。6月15日，据南方网报道：《南方都市报》原副主编喻华峰被广州市中级人民法院二审判处有期徒刑八年；原《南方日报》社委兼《南方都市报》总编辑李民英被判处有期徒刑六年（两人后来都有减刑，提前释放）。“南都报事件”背景复杂，当时全国新闻界部分人士曾发起一场所谓“救助”运动，签名记者达2 300多人，一些学者也参与了“声援”行动，他们在互联网上发表了联合署名的公开信。

【“寒冬”、“拐点”与报、网之争】2005年起，中国报业在经历了20年的突飞猛进的大发展后，陷入了一场深刻的经营危机。由于网络媒体的迅猛崛起（2004年底，我国网民已达1.2亿，其中60%是30岁以下的年轻人），导致报纸媒体大量年轻读者的流失和发行市场的急剧萎缩，广告增长率也从持续了20年的高位跌落下来，“进入一个抛物线般的下滑轨道。”一时间，“报纸寒冬”论、“报业拐点”论沸沸扬扬，呼声四起。以“北青传媒”为例：2005年8月26日，“北青传媒”公布截至6月底的半年业绩，上半年净利润17万元人民币，较去年同期的6 630.9万元下降99.7%；营业收入总计3.683亿元，较上年同期的5.138亿元下跌28.32%。北京青年报的困境，是报业经营危机的一个缩影。这场报业经营危机是全国性的，另据抽样调查结果显示，国内报业集团2005年上半年营业额大幅下滑，广告实际收入大都下跌10%—30%，跌幅在40%以上的也为数不少，平均跌幅超过15%；多家过去经营状况良好的报业集团和报社也出现亏损。[23]另据有关部门统计资料显示，全国报业2005年1—9月营业额数据中，不少著名大报，包括都市报及晚报2005年的营业额与上年同期相比，都呈现负增长的态势。截至2005年9月，广告营业额呈负增长的著名报纸如下表：

报纸名称	总计（万元）	同期总计（万元）	同比增长率
广州日报	119 916.75	128 186.9	-6.45%
北京晚报	110 663.45	111 546.77	-0.79%
南方都市报	91 435.92	92 852.86	-1.53%
北京青年报	90 819.91	119 910.82	-24.26%
半岛都市报	85 486.46	105 056.5	-18.63%
羊城晚报	43 439.73	47 491.41	-8.53%
无锡日报	37 488.84	39 305.58	-4.62%

报纸名称	总计（万元）	同期总计（万元）	同比增长率
青岛早报	35 816.45	40 821.39	-12.26%
北京娱乐信报	32 919.26	42 717.78	-22.93%
燕赵都市报	32 428.18	35 120.07	-7.66%
深圳商报	32 018.15	33 708.31	-5.01%
兰州晨报	31 933.65	36 015.81	-11.33%

鉴于上述情况，2005年10月28日至11月1日，“2005年中国都市报研究会总编辑年会”在南京隆重召开。会上，与会的20余家都市报总编辑回顾都市报十年发展历程，就都市报面临的形势和挑战，以及如何应对新媒体竞争等课题进行了深入的交流与探讨，形成了广泛共识，并发表了《南京宣言》。《南京宣言》针对网络媒体的竞争向全国报界发了三点呼吁：

（1）坚决捍卫舆论导向的正确性和新闻事实的准确性。近年来虚假新闻屡禁不绝，尤其是一些互联网站在转载平面媒体过程中屡屡歪曲异化，导致舆论导向偏差、新闻失实，严重损害了新闻事业严肃性和报纸的权威性及公信力，这种现状必须引起报界同行高度警醒。

（2）积极创新报业主体业务与新兴业务共同发展的新模式。随着媒体竞争日趋激烈，以互联网为代表的新媒体快速成长，报业形势正经历复杂而深刻的变化。传统平面媒体应当与时俱进，积极探索适应数字化生存与挑战的策略与模式，加强合作，整合资源，形成合力，联手发展，共同应对传媒数字化时代的到来。

（3）坚决维护报纸的新闻知识产权。全国报界应当联合起来，积极运用法律武器，加强知识产权保护，维护自身合法利益，改变新闻产品被商业网站无偿或廉价使用的现状。[24]

【2005年《超级女声》的火爆登台】2005年夏季，“电视湘军”湖南卫视模仿美国著名节目《美国偶像》（2002年开始举办）而创办的第二届《超级女声》节目火爆登台，在全国引起轰动效应。节目播出期间，几乎成了全民大狂欢的节日。《超级女声》把电视

的娱乐功能几乎发挥到了极致。它广受全国人民的欢迎，其经济效益也相当可观，据北京市地税部门有关人士分析称，《超级女声》一栏节目观众达4亿，手机投票时，单场手机短信收入即超过1 500万元。按照税法规定的税率收税，单场短信税收即可达45万元。该节目8月26日总决赛的收视率甚至超过了中央电视台的“春节晚会”。当晚总决赛的冠军李宇春得到的短信投票多达352万份。前3名一晚就获得约900万份选票。《超级女声》与《美国偶像》的表演模式及运营模式基本相同，这类节目开创性地将大众参与选秀和文艺表演竞赛结合在一起，让“选秀”成为一种电视时尚。这类节目有两大特点：①该类节目是一个“造星”工程，它让很平凡的草根歌手，通过观众长时间的关注、选择和民主投票，成为娱乐明星。如2002年《美国偶像》节目的孔庆祥、2005年第二届《超级女声》节目中的李宇春，他们都是在节目中“海选”出来的。②高度重视群众的参与性，让观众自己在“造星”运动中付出精力、情感、激情，同时成为节目或某个参赛选手最忠实的“拥趸”和支持者（所谓“粉丝”）。

【2005年对媒体进行“异地监督”的管控】2005年，中央出台了各种针对媒体跨地区经营及“异地监督”的相关政策。如2005年1月10日，新闻出版总署发布《报社记者站管理办法》；4月，中共中央办公厅印发《关于进一步加强和改进舆论监督工作的意见》（中办发［2005］11号）。这两份文件严格要求各地地方媒体、专业类媒体及中央新闻单位所办的子报子刊等，都要按办报宗旨和自身定位来履行报道职责，不得跨地区、跨行业进行舆论监督，不得跨地区、跨行业采访报道突发事件。2005年5月10日，国家广电总局又印发《关于切实加强和改进广播电视舆论监督工作的要求》，其中第三部分第十二条更加明确地提出：“要严格把握跨地区舆论监督。各地广播电台、电视台，不得跨地区进行舆论监督采访报道。”[25]这一系列政策对珠江三角洲地区报纸跨地区经营及“异地监督”产生了很大影响。尤其是《南方周末》及《南方都市报》等以“异地监督”为其重要特色的报刊，受到的影响更大。

四、2006—2007年：“构建和谐社会”理论的提出、“落实科学发展观”主题宣传活动的展开、网络传播影响力的迅速扩大、保障人民的“知情权”及《政府信息公开条例》的发布

2006年10月11日，中共十六届六中全会召开。会上作出了《关于构建社会主义和谐社会若干重大问题的决定》，这是中共中央在推动经济高速增长、基本解决十三亿国民温饱之后，为增进全民福祉、建设公平公正的社会，实现经济、社会的可持续发展而采取的重大战略举措。从“文革”时期的所谓“斗争哲学”，到改革开放后的“建设哲学”，再到当前的“和谐哲学”，这反映了中共执政理念的根本转变。这一理念从概念的提出到理论的形成，再到实践政策的制定，是有一个孕育、形成和完善的过程的。早在2002年11月党的十六大阐述全面建设小康社会的奋斗目标时，就提出了建设“社会更加和谐”的发展要求。2004年，十六届四中全会完整提出“构建社会主义和谐社会”的概念。十六届六中全会对“和谐社会”进行专题研究，制定政策、措施。“和谐社会”理论无疑对新闻传播理论研究和新闻传播的内容产生了重大影响。

与此同时，2006年“落实科学发展观”大型系列主题宣传活动自当年3月中旬启动，到12月底结束，历时9个多月。人民日报、新华社、光明日报、经济日报、中央人民广

播电台、中央电视台、科技日报、工人日报、中国青年报、农民日报、法制日报等中央新闻单位都在重要版面、重要时段开辟专栏，刊播各类报道3 700多篇。人民网、新华网、中国经济网、光明网、央视国际网、中国广播网等新闻网站开设专题，访问量总计达6.24亿次，通过电子邮件、热线电话、受众短信等渠道传回的反馈意见70多万条，形成了较长期的声势浩大的宣传战役。[26]

2006年8月，新闻出版总署发布《全国报纸出版"十一五"发展纲要（2006—2010)》。《纲要》进一步明确了报刊业控制总量、优化结构、合理布局的思路，同时提出了"十一五"期间我国报业发展的14项行动计划。与此同时，《国家"十一五"时期文化发展规划纲要》也相继出台。该《纲要》第四部分"新闻事业"主要内容有："推进新闻媒体建设"，"加大对新闻媒体的扶持力度"，"加大对中央和省级主要新闻媒体的扶持力度"；"办好新闻网站"，"发展新闻传播载体"等。

【网络媒体的兴起】2006至2007年毫无疑问是中国网络传媒迅速崛起的标志性年份。2006年7月，"中国新闻奖"评选首次将网络新闻作品纳入评奖范围。人民网的原创网络评论《我们怎样表达爱国热情》(2005年4月16日在"人民网"刊出，4月24日的《人民日报》的《人民论坛》专栏转载了这篇评论)、新华网的原创网络评论《网民感动总理总理感动网民》等荣获一等奖。这对提高网络新闻公信力、推动新闻网站规范化运作、促进网络向主流媒体方向发展具有重要意义。此后，主要新闻网站如人民网、新华网、千龙网等，通过网络传播积极参与"两会"报道及重大宣传战役、重大典型的报道活动，使网络影响力日益增强。特别是2007年，网络传播显示了强大的威力。当年发生的重庆"最牛钉子户"事件、山西"黑砖窑"事件、陕西"华南虎假照片"事件、厦门"PX项目"事件等，最初都是经过网络传遍天下的。同时，随着传统媒体（报纸、电视）的跟进报道和深度报道，使这些原本属地方性质的公共事件演变成全国性的公共事件。

【信息公开机制的建构】2007年10月，胡锦涛同志在中共十七大报告《高举中国特色社会主义伟大旗帜 为夺取全面建设小康社会新胜利而奋斗》中提出要"坚定不移地发展社会主义民主政治"，指出"人民当家做主是社会主义民主的本质和核心"；要"依法实行民主选举、民主决策、民主管理、民主监督，保障人民的知情权、参与权、表达权、监督权"。这"四权"中，"知情权"处于首要地位。如果人民不清楚、不了解政府行政的内容、形式、程序、结果，不了解事实真相，那么人民的参与权、表达权、监督权就无从谈起，特别是对政府、对执政党的监督权无从谈起。正是基于此，早在2003年5月7日国务院第7次常务会议审议通过的《突发公共卫生事件应急条例》中就明确提到"第一时间公布信息尊重公众知情权"。该《条例》规定：突发公共事件的信息发布应当及时、准确、客观、全面。要在事件发生的第一时间向社会发布简要信息，随后发布初步核实情况、政府应对措施和公众防范措施等，并根据事件处理情况做好后续发布工作。信息发布形式主要包括授权发布、散发新闻稿、组织报道、接受记者采访、举行新闻发布会等。2005年8月8日，民政部、国家保密局联合发布《关于因自然灾害导致的死亡人员总数及相关资料解密的通知》。从此，因自然灾害导致的死亡人数不再作为国家机密而保密，并第一时间向社会公布。这不仅扭转了救灾工作的被动局面，更体现了对公民知情权的尊重。2006年1月8日，国务院发布《国家突发公共事件总体应急预案》，对迟报、谎报、瞒报和漏报突发公共事件重要情况及其他失职、渎职行为要依法处分有关责任人员；构成犯罪的，要依法追究刑事责任。2007年4月24日，正式公布了《中华人民共和国政府信息公开条例》（自2008年5月1日正式实行），从法规层面上把政府决策公开、行政信息公开作为一种强制性的职责和义务而确定下来，同时进一步从法律层面上规定了公众的知情权。至此，中国的信息公开制度基本建立，公民知情权也有了最基本的法律依据和保障。

2007年8月30日，《中华人民共和国突发事件应对法》颁布，并于当年11月1日起施行。《突发事件应对法》对“突发事件”的概念做出了界定：所谓突发事件，是指突然发生，造成或者可能造成严重社会危害，需要采取应急处理措施予以应对的自然灾害、事故灾难、公共卫生事件和社会安全事件。“突然发生”、“社会危害”决定了突发事件必然成为舆论焦点，并且亟须引导。同时，该法还规定：对“迟报、谎报、瞒报有关突发事件的信息，或者通报、报送、公布虚假信息，造成后果的”，要“根据情节对直接负责的主管人员和其他直接人员依法给予处方”；对“违反本法规定，编造并传播有关突发事件事态发展或应急处理工作的虚假信息，或者明知是……虚假信息而进行传播的，责令改正，给予警告”，“造成严重后果的”，依法处理。

五、2008—2009年：非凡的2008年——南方雪灾报道、汶川地震报道、奥运会报道；2009年对全面应对世界金融危机的报道

【南方雪灾报道与西藏突发事件报道】2008年是极不平凡的一年，是大悲大喜的一年。2008年春节（2月7日）前后，我国南方部分地区发生50年一遇的严重低温、雨雪和冰冻灾害。1月13日起，我国铁路每年一度的“春运”拉开序幕。但就在这时，湖南、粤北沿京广线一带普降大雪。到1月下旬，民航停飞，公路瘫痪。不久，铁路沿线电网倒塌，在全国铁路网中举足轻重、贯通南北的电子化大动脉京广线遭受重创，火车严重受阻。广州火车站顿时滞留了几十万北上的旅客。这段时间，广州铁路局的广大员工、广州市政府与媒体共同努力，抗击雨雪、冰冻灾害，谱写了一曲感天动地的凯歌。广东媒体在报道南方抗击冰雪灾害的战役中，表现非常出色。

2008年3月14日，在西藏拉萨突然爆发了一伙“藏独”势力煽动的打砸抢烧暴力犯罪事件。暴徒放火焚烧商店，追打、杀害普通汉族群众和执勤民警，造成10多人被害。与此同时，在四川藏族聚居地、在我国一些驻外使馆门前也发生了“藏独”分子的骚乱。紧接着在奥运圣火传递的过程中，“藏独”分子又不停地捣乱、破坏。围绕这一突发事件，我国媒体展开了一场重大的战役报道、一场激烈的舆论斗争。事件发生后，中央主要新闻媒体反应迅速敏锐，快速抢占舆论先机。新华社在当天17时12分即对外播发快讯，美联社、路透社、法新社等西方主要通讯社立即转发。中央电视台在15日早上8点向全球播出暴徒打砸抢烧的现场画面，BBC、CNN等西方广电媒体予以采用。紧接着精心组织深度报道，深入揭批达赖集团策划暴力活动、分裂国家的本质面目。如新华社组织采写了《拉萨“3·14”打砸抢烧事件真相》、《达赖集团操纵“西藏人民大起义”内幕》等综述性报道，《人民日报》发表署名“何振华”写的系列评论，中央电视台摄制了《拉萨“3·14”打砸抢烧暴力事件纪实》、《受害者的控诉》等专题片。与此同时，中央电视台滚动播发相关新闻400多条次，《焦点访谈》、《东方时空》、《今日关注》等栏目推出专题节目10余期。广大网民通过发帖子、写邮件、写网评等多种形式，揭露西方媒体移花接木、歪曲事实真相的报道手法，并表达了强烈的愤慨。强大的舆论压力终于迫使美国

CNN、英国BBC、德国RTL电视台网站等西方媒体不得不作出道歉。

【非常成功的汶川特大地震报道】 2008年5月12日14时28分，我国发生了震惊世界的四川省汶川特大地震。在党中央、国务院的坚强领导下，全国各族人民特别是灾区人民万众一心、众志成城，人民解放军舍生忘死、冲锋在前，展开了我国历史上规模最大、救援速度最快、动员范围最广、投入力量最大的抗震救灾斗争。全国各媒体单位的新闻工作者冒着余震危险，深入一线采访，深入震中采访，写出了许多震撼人心、感染力很强的新闻作品。在整个事件的报道中，网络媒体充分发挥了它“快”及“时效性强”的优势。在地震发生的第一时间——5月12日14点46分，新华网最早发出快讯，随后跟进报道。紧接着，多家报纸、广播电台、电视台纷纷以最快的速度向全世界播报地震信息。各类媒体关于汶川地震报道之迅速全面、信息透明度之高，是历史上罕见的。中央电视台的表现最为突出，在危机发生的第一时间、第一现场传出了灾区的真实影像和声音，为人们了解地震灾情提供了第一手资料。“央视”在获得权威消息后在15点的整点新闻时段即以头条播出，并很快开始了规模空前的《抗震救灾众志成城》主题现场直播。中央电视台的这次直播，反映了我国媒体对灾害报道的突破，显示了新闻传媒在重大自然灾害救助中发挥的巨大的影响力。由于媒体及时、准确、透明、全面的报道，让人们了解灾情的真实情况，充分满足了公众在危机发生时刻的信息需求和知情权，从而让真相抑制了谣言的滋生，媒体掌握了话语的主动权，避免了因灾民的不知情而导致恐慌和混乱的发生。与此同时，境外媒体也几乎是无条件地被允许进入灾区采访，它们向世界发出来自第一线的翔实报道，这反映出我国政府对外媒的高度的开放度。

汶川地震报道中，我国媒体第一次在世界性的报道中掌握了舆论的主动权，甚至“一直认为‘中国媒体不可信’的西方媒体，比如CNN、BBC等，在此次地震报道中都大量使用中国媒体的电视画面和文字报道，这十分少见。……民众、媒体评论人，总体上都正面评价中国政府组织抗震救灾，以及赞扬中国人民在灾难面前表现出来的勇气”[27]。不仅如此，公开透明的信息环境进一步提升中国媒体的公信力。事实表明，在这次地震报道中，中国媒体始终掌握着新闻发布的话语权，及时、准确、丰富的资讯使某些带偏见的西方媒体失去了想象和创造负面新闻的空间和机会，并在全世界营造出对中国抗震救灾同情和支持的舆论氛围。

重大事件推动中国媒体新闻报道的大突破。汶川地震报道无论是传播观念、报道理念、报道内容（包括对灾情的翔实披露），还是报道形式和报道手法，都有一系列重大的突破和创新，积累了宝贵的经验。如“抢时效，时间越快越主动”；“重细节，情节越细越感人”；“抓策划，议题越准越出彩”。[28]与此同时，由于灾情及有关信息的公开透明及对赈灾款项及灾后重建的全程监督，充分保障了人民的知情权、表达权、参与权、监督权，推动了中国社会的文明进步。

【对“无与伦比”的奥运会的全媒体报道】 2008年8月8日至8月24日，第29届奥运会在我国首都北京隆重举办，来自全球204个国家和地区的2万多名运动员、教练和有关官员参加了这次“无与伦比”的盛会；接着又成功地举办了残奥会，成功完成“神舟七号”载人飞船载人航行飞天任务。媒体一次又一次组织报道战役，中国人民又迎来新一波爱国热潮。

2008年的奥运会报道分报纸报道、广播电视报道和网络报道三大类。报纸奥运报道的最大特点是特刊化。全国各报都精心策划了富有创意、各具特色的“奥运特刊”，且从规模上看，有的多达二三十版。在报道手法上，一是从体育比赛的专业角度，深入浅出地为读者报道赛事，分析赛情提供背景资料、预测比赛发展趋势；二是采用娱乐化的方式来报道赛事，充分运用报纸娱乐新闻报道“追星”的手法来报道运动员及比赛场面。在电视报道方面，自北京奥运会开幕以来，电视担当了百姓观看奥运赛事的主渠道。AGB尼尔森媒介研究的收视数据显示，8月8日晚，全国超过九成的家庭通过电视收看了奥运会开幕式。8月9日起，奥运会正式开赛，超过96%的家庭收看了比赛节目。中央电视台启动国际广播中心（IBC）、中央台新址、现址三个报道中心，投入7个赛事转播开路频道（CCTV－1、CCTV－2、CCTV－3、CCTV－5、CCTV－7、CCTV－12、高清频道）、2个赛事转播付费频道（足球、高尔夫网球频道）、1个奥运资讯频道（新闻频道）及央视网新媒体平台（网络电视、手机电视、IP电视和公交电视），全面转播比赛情况。另据“央视”索福瑞收视调查，奥运期间，“央视”收视率高达52.19%。从奥运会开幕到闭幕，收看“央视”奥运转播及相关报道的观众人数累计达11.2亿。收视率最高的奥运会开幕式有8亿多观众，这也打破了此前“春节晚会”保持的3亿人的收视纪录。从经济效益上看，奥运期间，“央视”的广告收入高达20亿元。在网络报道方面，网络等新兴媒体也有非常精彩的表现。网络等新媒体发布奥运信息的最大特点是速度快、时效性强，内容丰富。如搜狐网联合北京电视台独家制作了《冠军面对面》、《搜狐北京播报》、《搜狐鸟巢直播间》等王牌视频节目。新浪网则凭借其自身上万的名人博客，充分利用体育明星、奥运冠军、社会名人、行业专家和“草根”等博客资源，撰写大量精彩的奥运评论和对精彩比赛的点评。

在奥运会刚刚结束不久，当人们还沉浸在奥运的喜庆氛围中时，却发生了“毒奶粉事件”。2008年9月9日，甘肃《兰州晨报》刊发了《14名婴儿同患“肾结石”——患儿来自我省不同地区农村但在食用某同一品牌奶粉》一文。这篇报道迅速被新浪、搜狐等各大门户网站转载，在全国引起强烈反响，全国各地的读者以至媒体同仁纷纷打电话给《兰州晨报》，询问引发患儿结石的奶粉是什么牌子。9月10日，《兰州晨报》记者通过采访省卫生厅，又刊发了《14名婴儿同患“肾结石”一事引起相关部门重视 省卫生厅已展开调查》。9月11日，《兰州晨报》连续刊登了3篇文章和多幅图片，公开点出了毒奶粉生产厂家及毒奶粉名称——三鹿集团生产的“三鹿”牌奶粉。在其后的近一个月时间里，《兰州晨报》又陆续报道“三鹿问题奶粉”事件相关新闻上百篇。[29]但“三鹿”问题奶粉成为社会舆论的热点，却始于新华网等网络媒体的报道。9月12日，“三鹿毒奶粉”终于被新华网等网络媒体曝光。当天的新华网转载了上海《东方早报》记者写的《甘肃14名婴儿同患肾病疑因喝“三鹿”奶粉所致》。这篇文章原载于9月11日《东方早报》A20版。文章经新华网转载后，影响剧增，一石激起千层浪，顿时在全国范围内引起了一场食品质量问题问责风暴。

【2009年媒体对金融危机的报道及中央媒体改革的亮点】2009年，我国媒体开始全面报道美国爆发的金融危机。早在2007年，美国“次贷”危机就开始出现。到2008年7月，美国房贷两大巨头——房利美、房地美被政府接管；9月，世界最大公司美国国际集团公司寻求政府保护；紧接着，美国五大投资银行遭受重挫，雷曼兄弟公司破产，这标志着2007年开始的次贷危机终于将美国拖入自1929年以来罕见的严重金融危机。在美国金融危机的冲击下，发达国家经济陷入衰退，世界多数国家经济也不同程度地受到影响。美国金融危机也对我国经济产生了一定程度的影响，特别是商品出口急剧下降。从2009年

起，我国媒体开始全面报道世界金融危机及我国各级政府应对金融危机的一系列重大举措，包括4万亿元的巨额投资、国家产业政策调整、经济转型产业升级等，同时也大量报道各地企业应对金融危机的经验。

2009年10月1日，是新中国成立60周年华诞。“十一”前后，全国各地的媒体组织策划了一系列特刊、专版及专题节目，对60年的辉煌成就作了具有一定深度和广度的报道。另外，从2009年下半年起，以人民日报为首的三家中央级媒体“国家队”——人民日报、新华社、中央电视台有了一系列重大的改革、创新举措。其中，2009年7月1日起，《人民日报》进行改版、扩版，由16版扩为20版；2010年1月初起，《人民日报》再次扩版，由20版扩为24版。2010年起，《光明日报》也开始改版。[30]2009年12月28日，依托中央电视台、在“央视网”基础上创办的国家网络电视机构——“中国网络电视台”（英文简称CNTV，域名wwwt. cntv. cn），在北京正式开播。此举标志着“央视”开始从电视业界正式向网络进军。2010年1月1日起，由新华社主持创办的“中国新华新闻电视网”（CNC）正式开播。它采用上星及网络电视的传播方式，向亚太地区、欧洲地区、北美地区及非洲地区开播网络电视新闻频道。2010年7月1日，中国新华新闻电视网（CNC）又启动每天24小时播出的全球英语电视新闻服务。CNC将其英文电视台通过卫星电视、有线电视、手机电视、网络电视，在亚太地区、欧洲地区及非洲地区播出。CNC借助新华社遍及130多个国家和地区的海外分社，使新华社成为全球首家开办新闻电视网的世界性通讯社。这是新华社网络时代对外传播的重要举措，其主要目的是“让国际受众更好地了解中国这个快速发展的国家”，扩大“政府的海外影响力”；提升国家形象，争夺国际话语权。[31]

第二节 报业的改革与创新

一、新世纪头十年一批新型的财经类、国际新闻类、都市类报纸的创刊

【一批新型财经类报纸的创办】早在20世纪80年代至90年代，我国报业市场曾出现一批很有影响的综合性财经类报纸，如《世界经济导报》、《经济日报》、《经济参考报》、《中华工商时报》等。另外，还创办了一批专业性财经报纸，如《中国财经报》、《中国税务报》、《金融时报》、《中国证券报》等。

《世界经济导报》由中国世界经济学会和上海社会科学院经济研究所主办，1980年6月21日创于上海，4开16版、周刊，1989年4月停刊。

《经济日报》是国务院领导下的全国性经济类报纸。初创刊时叫《财贸战线》，1981年改名为《中国财贸报》，1983年1月1日改名为《经济日报》。早期对开4版、日刊，是20世纪80年代及90年代在全国影响最大的经济类报纸。

《经济参考报》是新华社较早主办的经济类报纸，1981年7月1日在北京创刊。先为4开8版，后改为对开4版，日刊（每周一至五出版）。1984年，该报刊办3周年之际，邓小平为该报题词云：“开发信息资源，服务四化建设。”1985年，85岁高龄的邓小平再次为《经济参考报》题写报名。2000年元月一日起改版，2009年11月5日再度进行全新

改版。

《金融时报》由中国人民银行、中国工商银行、中国农业银行、中国银行、中国建设银行、中国人民保险公司、交通银行、中信实业银行八大金融机构本着“共同出资、共同办报”原则合资创办。该报于1987年5月1日创刊，日出对开12版，邓小平为其题写报名。

《中华工商时报》是全国工商联主办的经济类报纸，1989年10月6日在北京创刊，初为对开8版周二刊，旋改为日报（周一、二、四出对开8版，周三出对开24版；周五、六、日出对开4版），总编辑丁望。该报曾经盛极一时，但后在市场化过程中渐渐落伍。该报曾为财经报界培育了一大批人才，被业界称为“财经媒体的黄埔军校”。

《中国财经报》是由财政部主办的经济类报纸。1991年7月3日在北京创刊，对开4版，周二刊。

《中国证券报》，由新华社主办，1993年1月3日创刊。初为对开四版周二刊；1994年1月1日改为周六刊，同时扩为对开8版；1997年1月1日起扩为对开12版。

21世纪的头十年，一批新型的财经类报纸先后创办，成为新世纪初中国新闻传播业界一支充满活力和创新精神的生力军、“新生代”。这批新兴的财经类报纸以21世纪头十年创办的《21世纪经济报道》、《经济观察报》和1985年创刊、21世纪初成功转型的《中国经营报》三份财经周报为代表，再加上21世纪头十年中期创办的两份日报类财经报纸《第一财经日报》和《每日经济新闻》，组成了新世纪初财经报纸的强大方阵。这批新兴财经报纸是在对报业市场及读者群体进行充分调研后创办起来的。它们以新闻和财经双重视角审视财经新闻，尤其在新闻理念、市场意识、报道方式、版面编辑、营销模式及经营机制等方面都有别于传统经济类报纸，具有鲜明的时代特征和创新精神。

《21世纪经济报道》：《21世纪经济报道》于2001年1月1日正式创刊于广州，由南方日报报业集团主办。创办资金除南方报业集团1 000多万元的投资外，还引入了上海复星集团1 500万元的参股资金。该报是由南方报业集团以全新模式打造的一份财经周报，每期出对开36至40版。2003年1月1日起，该报由一周一期改为一周两期；2006年1月1日起，改为一周三期；2008年1月1日起，再度全新改版，由一周三期改为一周五期，从周一到周五每个工作日都为读者提供及时、准确、丰富的财经商业资讯。该报创办初期的骨干人物是沈颢和刘洲伟。在市场定位上，《21世纪经济报道》把目标读者群锁定在商务人士、企业经理人和专业人士。在营销策略方面，该报未出版即先造声势，一方面利用强势媒体的招聘广告发布信息，一方面利用人际传播放风，挑起业界舆论的焦点话题，先声夺人。该报先试刊4期，搭《南方周末》顺风车，每期随“南周”附送40万份，成功实施了“铺货策略”。正式创刊后，该报继续借力于《南方周末》的发行渠道，逐步形成自身的发行网络和发行终端。它还通过《南方周末》在全国的分印点进行卫星传版，与《南方周末》同步印刷，同时在全国建立强大的零售、批销代理网络。《21世纪经济报道》创刊不久，于2001年8月18日在被誉为“亚洲的达沃斯”的海南岛博鳌水城举办“21世纪房地产论坛”，当时潘石屹、冯仑、任志强等房地产巨头悉数到场，建设部前部长、经济学家樊纲及民营企业家刘永好等也都与会。这是《21世纪经济报道》很成功的一次广告及营销策划。在内容传播上，该报记者以善挖“内幕新闻”和善抓重大新闻著称业界。同时，尤其注重对全球经济的报道和宏观分析，并将世界经济与中国经济联系起来报道。例如，2001年美国“9·11”恐怖事件发生后，《21世纪经济报道》作了比较深入的报道，它特别关注在世贸大厦的中国公司、中国人的命运，世贸大厦里有多少中国人、多少人会因此受影响、中国人会受什么样的影响，等等。在报道手法上，该报遵从“深入浅出”的原则，力避一般经济报道中大量枯燥的数字和专业术语使人读起来沉闷疲乏的现象，往往采用散文的手法，把文章写得通俗、生动、活泼，跌宕起伏和具有美感。另外，为了强化新闻的权威性和消息来源渠道的权威性，他们还经常请权威人士出来说话，或请权威人物写稿，如请美国经济学泰斗保罗·萨缪尔森和权威经济学家詹姆士·弗拉尼甘、前政要基辛格以及国内香港经济界名家张五常、林行止等为该报名牌栏目撰稿。有这些名家的支持，报纸的权威性确实提升不少。在版面的编排上，该报也富有营销意识，讲求“卖相”好。内容编排以模块式的横列排版为主，色彩语言上以比较鲜亮颜色为主，而且每个版块色彩各不相同，以形成视觉冲击。头版参考《华尔街日报》头版深度报道转版特点。除此以外，为了达到资讯的国际化运作，《21世纪经济报道》与美国《洛杉矶时报》集团、道琼斯公司及《华尔街日报》集团、时代公司、英国《金融时报》等国际财经传媒公司进行长期的策略性合作，购买了大量的海外资讯版权，从而使《21世纪经济报道》内容更具国际化视野。与此同时，《21世纪经济报道》以《华尔街日报》为参照系，鼓励和督促该报记者学习及借鉴英美一流财经媒体的写作手法。[32]

《经济观察报》：《经济观察报》于2001年4月16日创刊，也是一份财经类周报，由三联集团投资创办。社长赵力，原为《中华企业家》总编助理；总编辑何力，原为《中华工商时报》总编助理；总经理张忠，原为《中国经营报》总编助理；副总经理李清飞，原为广东中山市爱多电器公司策划部总监；主笔许知远。该报是一张全彩色印刷、设计精美的经济类周报，每期出对开32版，2002年“十一”后改为40版。该报提出“以工业标准建设报纸”的质量管理口号，坚持走职业化、专业化报道的道路。该报创刊不久，2002年的期发行量即突破37.9万份，平均传阅率为3.4人；与《21世纪经济报道》、《中国经营报》一样，每期售价2元。

《经济观察报》和此前创办的《中国经营报》及刚刚创刊不久的《21世纪经济报道》错位发展，将自己的读者定位为“有财富、有权力、有理想、有未来”的四有新人，将“理性、建设性”作为自己的最高办报理念和口号。对此，《经济观察报》总编何力解释云：

> 我们的理念是“理性、建设性”，它意味着不冲动、不破坏、不媚俗、不虚伪、不偏激、不炒作、不盲从、不骄傲，以务实、开放的心态冷静地观察经济走势，以全新的视野报道经济新闻。我们知道，一个主流媒体负有正确传播社会价值观的责任。因为它必须选择立场，它不能因为有可能谁都不得罪而去试图左右逢源。我们深信，一个媒体对新闻原则的执著态度就是它的公信力，也将是它的最佳卖点。[33]

《中国经营报》：《中国经营报》于1985年1月5日正式创刊于北京。初创时名叫《专业户经营报》，于1984年10月试刊发行，主办单位是中国科学技术协会。当时该报经济窘迫，开办费只有5 000元。其后两易报名、五易主办单位：《专业户经营报》创刊一年多以后的1986年8月，由胡耀邦题写报名，改名为《中国农村经营报》，对开4版，周报；1989年1月，经薄一波题写报名并更名为《中国经营报》，由中国社会科学院主管、社科院工业经济研究所主办。1993年1月8日，《中国经营报》创刊了当时国内第一份时尚生活服务类报纸——《精品购物指南》。该报是借鉴美国生活服务类报纸而创办起来的，每逢周一、周四出版。这张报纸一创刊就采用豪华版印刷——采用重磅铜版纸作外封设计。这在当时其他报纸都还是黑白版面、“素面朝天”的情况下，很快便赢得了广告商的青睐。1997年，其广告收入即超亿元。与此同时，该报率先将每期报纸版数提高到100版以上，成为中国报业市场一种全新的时尚媒体形态，被业内人士誉为“中国时尚生活服务类报纸的第一品牌”。子报《精品购物指南》良好的经济效益为母报《中国经营报》的改版提供了资金来源。1996年1月16日，《中国经营报》改为对开彩色周报。1998年1月，《中国经营报》扩版，改为对开24版，开始实质性改革。此后，《中国经营报》逐渐成为一份在全国财经类周报中广告收入和发行量都处于领先地位的报纸。整个20世纪90年代中后期的财经周报市场几乎是《中国经营报》和《精品购物指南》“父子”的天下。“《中国经营报》的成功，也引爆了全国财经类周报市场，开创了一个财经周报的‘黄金时代’。”[34]

进入新世纪后，2001年1月，《中国经营报》改为周二刊，其中周一出对开40版，周二出对开24版。当年该报广告收入居全国综合类报纸第一名。2003年1月，《中国经营报》再次实行改版，由此前的周二刊恢复为周一刊，版数也由对开64版减少为对开48版，每份报纸价格却由1元增加到2元。截至2003年底，《中国经营报》、《21世纪经济报道》和《经济观察报》年度广告额分别达到1.73亿元、1.51亿元和1.29亿元。无论是经济效益，还是社会影响力，《中国经营报》在三大财经周报中都处于龙头老大的地位。

《东方早报》：该报是一份由上海文汇新民联合报业集团主办的综合性财经类日报，于2003年5月28日开始试刊，7月7日起在苏、浙、沪三地同时上市发行。该报日出48版，周五出100版（其中52版为周刊）。该报立足上海、辐射长江三角洲、面向全国，全方位深度报道财经新闻、时事新闻和长三角地区新闻等丰富的资讯内容。

《第一财经日报》：2004年11月创刊，是中国第一份全国性综合财经日报。创刊初期，每日出对开24版，周五出36版；主要在北京、天津、长三角、珠三角等地区发行，后发行至全国主要的经济区域。

《每日经济新闻》：2004年12月9日创刊，也是由新闻出版总署批准创办的一张向全国公开发行的财经类报纸，周六刊，每日出16版，分为两叠出版。该报由解放日报报业集团和成都日报报业集团合资主办。2008年5月12日，《每日经济新闻》全面改版。其发行也从上海出发，逐步覆盖北京、深圳、成都、广州等城市。

【国际新闻类报纸《环球时报》与《国际先驱导报》的创办】21世纪头十年间，在报业中有较大影响的除了上述财经类专业报纸外，还有报道国际新闻类的报纸，《环球时报》和《国际先驱导报》便是21世纪头十年中影响较大的两份侧重报道国际新闻的报纸。

《环球时报》：《环球时报》是由《人民日报》国际部主办的一份国际时事新闻类报纸，以对国际事件全面、详细、深入的报道而深受读者喜爱。该报原名《环球文萃》，创刊于1993年1月3日，周报，每期4开8版。1997年1月5日第207期起改名为《环球时报》，并由原来的4开8版扩大为4开16版，仍为周报。1999年再扩为24版，彩色印刷。2000年起，改为每周出两期；2003年起，又改为每周出三期。2004年，《环球日报》期发行量达到200万份，年广告收入1.2亿元（广告收入从刚创刊时的50多万元增加到

2003年的1.2亿元)。从2006年1月2日(第1069期)起,《环球时报》由以前的周三刊(一、三、五出版)正式改为日报,每星期一至星期五出版。其中,星期一至星期四每天出16版,星期五出24版。改为日报后,《环球时报》既有日报“快”的特色,又保持了原周报“深”的传统。

《国际先驱导报》:2001年,北京地区相继创刊了《京华时报》、《北京娱乐信报》、《经济观察报》,2002年上半年又创刊了《北京现代商报》、《国际先驱导报》,其中《国际先驱导报》是新华社《参考消息》报社创办的一份子报。该报创办于2002年6月6日,周报,对开16版,是依托《参考消息》报社丰富的信息资源和雄厚的采编实力而创办起来的。它贯彻“以中国的视角看世界、以世界的视角看中国”的编辑理念,以前瞻性、全球性的视野,纵览天下大势,观察国际新动向,引领新潮流,传播新观念。2005年6月20日起,《国际先驱导报》第一次改版,由对开大报16版改为4开小报32版,以方便读者在公共交通工具上阅读。报型改小了,但该报仍坚持大报的办报理念。2007年元月,《国际先驱导报》第二次改版:搬走报头下面的“导读”,把封面故事的图片和标题上移,以形成最大的视觉冲击力;刊期也由每周一期、周五出版改为每周两期、逢周一周四出版。同时,由每期4开32版改为4开16版,版数虽然减少,但增强了时效性。2008年5月6日,该报第三次改版。2010年1月7日,该报第四次改版:由2009年的每期出4开16版、逢周一周四出版、零售价1元,改为每期出4开32版,每周一期,逢周四出版,零售价2元。

【都市类报纸《每日新闻》、《北京娱乐信报》、《京华时报》、《晶报》、《东方今报》等的创办】21世纪头十年还创办了一批新的都市报,其中比较重要的有天津的《每日新报》,北京的《北京娱乐信报》、《京华时报》、《法制晚报》,深圳的《晶报》,郑州的《东方今报》,等等。

天津《每日新报》:《每日新报》于2000年1月1日创刊,是天津报业集团旗下的一份子报。该报创刊以来,成功策划了一系列重大事件的报道。其中,“既有申奥成功时激动人心场面的集中写照,也有‘非典’岁月催人泪下的关爱情景的连续报道;既有‘神舟五号’太空遨游时激发国人豪情的场景,也有三峡库区万众搬迁感人肺腑的大局意识的体现;既有伊拉克的战火硝烟,也有美国‘9·11’的悲怆;既有对子牙河英雄群体的颂扬,也有对好民警王书臣的褒奖;既有对五胞胎诞生的爱怜,也有对张静不幸遭遇的同情。总之,无论国际发生的大事,还是国内出现的要闻,《每日新报》都能精心策划,震撼推出,并力求产生轰动效应。无论是影响国家大计的政策,还是牵涉百姓生活的事件,《每日新报》都能细心捕捉,深入开掘,力求反映出人民内心的愿望”。[35]2004年12月31日,为了庆祝该报创刊5周年、天津建城600年,以及2005年新年的来临,《每日新报》当天特别推出规模宏大的《新报五周年纪念特刊》。该特刊以516版、31沓(叠)(重逾1.5公斤)的巨大篇幅,浓缩反映天津全面协调可持续发展的脚步,反映天津日报报业集团做大做强的思路和成就,记录《每日新报》创刊5年近两千期的发展历程。如此多的版面,创造了国内报纸日出版数之最。《每日新报》一创刊就受到天津市民的追捧,当年该报最高发行量即达35万份,创刊第二年的发行量就突破了百万份大关。到2004年,该报已经跻身“世界日报发行量百强”的行列。从2000年1月至2009年12月的10年间,《每日新报》前后8次改版。

《北京娱乐信报》:《北京娱乐信报》的前身是已创办20多年、向全国发行的《戏剧电影报》。2000年10月9日，《戏剧电影报》正式更名并改、扩版为《北京娱乐信报》出版。《北京娱乐信报》由原《北京青年报》社社长、时任北京市文联党组副书记的崔恩卿担任社长。2001年9月，该报由实施资本扩张的北京广播影视集团注资2 500万元主办，北京昆明网城、北京电台、北京电视台协办，并由北京市文学艺术界联合会主管。该报于2001年4月由周三刊改为周五刊、2002年1月改为周六刊（日报），是一张轻松有趣、可读性强、颇具特色的城市早报。它以“新闻一条是一条”的原则为口号，在内容上坚持四个基本点：时政新闻是支点，娱乐新闻是亮点，社会新闻是卖点，经济新闻是看点。它集新闻性、实用性和可读性于一体，由综合新闻、娱乐新闻、深度报道和生活服务四大版块数十个栏目构成。其发行：北京为主，辐射全国；零售为主，邮发为辅。2007年11月27日，《北京娱乐信报》由都市报改为地铁报，免费发行。

北京《京华时报》：2001年5月28日，以创办“北京人的都市报”为口号的《京华时报》创刊。该报由北大文化发展集团出资5 000万元和人民日报社联合创办。北大文化发展公司只是提供资本，运营由人民日报社管理。该报由曾任新闻出版署音像司副司长的吴海民、原《南方周末》及《南方都市报》报人朱德付、原《南方都市报》报人谭军波等人创办。从版面到内容，《京华时报》都一概模仿已经成熟的《南方都市报》。该报创刊首日发行30万份，创新报纸创刊号销售的新纪录。创刊才一个月，日发行量即达30万份，在北京地区卖得很“火”。有人描述：“当时的北京报业市场上，除了《北京青年报》、《北京晚报》、《北京晨报》的三足鼎立，还呈现出《京华时报》、《北京娱乐信报》二马奔腾的局面。”[36]

深圳《晶报》：《晶报》是深圳特区报业集团创办的一份综合性日报，于2001年8月1日创刊。当天创刊号四开40版彩印，下午2点上街发行，发行量37万份，其中零售1.5万份。《晶报》创刊伊始，日均32版，随《深圳特区报》附送。9月1日起，改为早报出版；10月22日起，不再随《深圳特区报》附送，开始独立发行。在版式上，该报有两点创新之处：一是导入国际流行的版面设计风格，以清秀疏朗、简洁易读和标准化制式为版式设计原则，与当时国内报纸中已有的风格不同；二是在国内报纸中率先统一使用宋体字标题，尊重传统，恢复了汉字庄重典雅的气质和精神面貌。当时国内报纸标题一般清一色使用黑体字，而把宋体字作为标题字体使用的几乎没有。在以后近10年的发展中，《晶报》逐渐形成了自己的风格，有着鲜明的特色：一是步履稳健，理性办报。该报本着服务大局、服务民生、服务社会的自觉意识，持续、稳健地发展，靠内容取胜，不像有些都市报，喜欢不停张扬和炒作。二是在办报观念、内容、形式、办法、手段诸方面不断创新，发展速度快，经济效益好。《晶报》创刊不到两个月，便创下中国报业史的“深圳速度”，日均零售量突破20万份大关，半年后日发行量一度超过50万份，成为当时深圳发行量最大的报纸。创刊两周年时，其广告收入突破亿元大关；创刊三周年时，广告收益增至2亿元以上。从2002年12月16日第500期起，《晶报》实行改版，先推出《晶报·环球》和全新包装的体育版块。随后陆续推出《晶周刊·社会》、《晶周刊·理财》、《晶周刊·学习》、《晶周刊·生活》、《晶周刊·文娱》、《晶周刊·时尚》以及《服务》等专刊专版。2003年9月1日起，《晶报》再度扩版，增设财经、热线、粤港旅游、新浪潮版面，增加港澳台、讲坛、体育、副刊等板块版面，同时优化本地新闻、广告等版面。2007年上半年起，《晶报》第三次大幅度改版、扩版。在广告方面，2003年，《晶报》正式成立广告部，当年实现广告刊登额3.9亿元。到2007年，广告刊登收入达4.8亿元。到

2008年，《晶报》日均出61版、日均发行量47万份，全年广告收入5.94亿元，广告份额占深圳报纸广告总量的17.66%。三是注重文化品位。《晶报》的读书及阅读栏目办得相当不错。从2002年8月1日起，该报每年在创刊日前后举行的“晶报名人演讲周”活动也办得很成功。2008年3月27日起，《晶报》推出改革开放30年特刊《先导》。该特刊在2007年即开始筹划，经过半年多的案头工作和充分的前期准备才隆重推出。从3月27日开始，《晶报·先导》特刊逢周二、周四逐期刊出两个整版的大型系列报道——“岭南百杰：影响中国近现代化人物”。该系列报道选取岭南地区170余位近现代杰出人物，进行史料翔实、评析深刻的历史人物报道，产生了重大影响。2008年12月，由深圳报业集团出版社以《先导：影响中国近现代的岭南著名人物》书名结集（上、中、下卷）出版。[37]

北京《法制晚报》、郑州《东方今报》：北京《法制晚报》由《北京青年报》主办，于2004年5月18日正式出版。该报前身是北京市政法委主办的《北京法制报》，在2003年的报刊治理整顿中划转给北京青年报社。《北京青年报》本身就是一份都市特色的综合类报纸，为了避免旗下两份报纸产生撞车的现象，该报接手《北京法制报》后，对这份报纸重新定位：改报纸名为《法制晚报》，日出4开56版、分A、B两叠，以社会新闻及法制新闻为主要内容，主打晚报市场。《法制晚报》出版后，以“打造一张离你最近的报纸”、“大案要案全知道、市情市政早知晓”为口号，以突出法制报道、做大都市新闻，避免新闻同质化为特色，大力报道发生在老百姓身边的新闻。一年后，该报发行量即达25万份，零售稳居北京都市类报纸第3位，零售与订阅比例为2∶1，其发展速度创下当时北京新办都市报的纪录。与此同时，也打破了老牌《北京晚报》一报独霸京城晚报市场的局面，形成了两张晚报竞争的态势。以前北京街头报摊上“晚报”、“晚报”的叫卖声，现在则变成了“晚报，晚报，北京晚报，法制晚报”。[38]

2004年9月1日，郑州《东方家庭报》改名为《东方今报》，并采用国际流行的“瘦”报形式出版发行。此后，该报平均日出4开48版，日发行量达58万份。《东方今报》由河南电视台主管、河南电视台和大象出版社联合主办。甫一创刊，便气势夺人。创刊第一个月，其征订量就突破15万份；11月8日，即创刊后的第69天，经河南省公证处公证，发行量突破30万份，具体为311 074份；创刊100多天后（2005年1月28日），发行量突破40万份，覆盖全省17个省辖中心城市，成为居《大河报》之后、郑州市乃至河南全省发行量第二大报。该报与老牌的《郑州晚报》及河南省发行量最大的《大河报》展开激烈的竞争，使原本比较平静的郑州报业市场进入了全国媒体竞争最激烈的城市，如北京、广州、南京、成都的行列。[39]

二、报业从最初的“资本运营”到跨地区、跨行业、跨媒体办报的兴起

【新闻媒体资本运营的背景】早在改革开放初期的1978年，财政部就批准人民日报等新闻单位实行“事业单位，企业化管理”；1979年4月，再次发文重申并在全国新闻媒体中推广“事业单位、企业化经营”。1988年后，有关规定允许新闻媒体开展多种经营。同时，国家对新闻媒体的投入从以前的财政包干到逐年递减，直至“断奶”。新闻媒体最后发展成为独立法人，经济上独立自主、自负盈亏、自我约束、自我发展。

到了20世纪90年代中期，我国传媒业进入“采编和经营两个轮子一起转”的发展

新阶段。早在1985年，国家有关部门就把广播电视列入“第三产业”进行统计。1996年，国家有关部门把广播电视和报刊的经营管理俱列入需要加快发展的第三产业行列。1996年9月26日，江泽民总书记在视察人民日报时明确指出：“过去我们的传媒只讲宣传，如今在市场经济条件下，新闻媒体既要宣传，又要经营。”1996年10月，党的十四届六中全会决议又强调：“要适应社会主义市场经济的要求，建立规范有效的筹资机制，逐渐形成对精神文明建设多渠道投入的体制。”这为以后新闻媒体的资本运营提供了政策依据。1997年提出的到2000年底国家将不再对多数新闻媒体实行税收“先征后退”的政策，使得众多新闻媒体普遍面临发展资金不足的困难，从而促使新闻媒体进行资本运营，以吸纳社会资金、发展壮大媒体实力。[40]

【从最初的资本运营到跨区域、跨行业、跨媒体办报的兴起】早在1994年初，上海广电局下属的东方明珠股份有限公司就开始上市。1999年，第一支媒体股——“电广实业”（后更名“电广传媒”）在深圳挂牌上市。

2001年1月1日，由南方日报报业集团与上海复星集团合办的《21世纪经济报道》创刊。上海复星集团为这家报纸投入了1 500万元资金。

2001年4月16日，《经济观察报》创刊。该报由山东省新闻出版局和山东省委宣传部主办，山东省三联集团投资4 000万元启动资金创办。

2001年5月28日，《京华时报》创刊。该报由北大文化发展集团出资5 000万元和人民日报社联合创办。

2001年9月8日，北京广播影视集团与《北京娱乐信报》举行签约仪式，最早打出“跨媒体经营”的概念。由北京广播影视集团实施资本扩张，注资2 500万元主办《北京娱乐信报》。

2002年5月，新闻出版总署为贯彻落实《中央宣传部、国家广电总局、新闻出版总署关于深化新闻出版广播影视业改革的若干意见》，制定了《关于贯彻落实〈关于深化新闻出版广播影视业改革的若干意见〉的实施细则》。《实施细则》指出：“试点报业集团、出版集团、期刊集团、音像集团和内涵式发展的名社、大社，经批准，可兼营报纸、图书、音像制品、电子出版物和网络出版业务。实行多媒体兼营”；“积极支持有关试点集团和试点单位与其他媒体经营单位进行跨媒体的兼并、重组和合作联营”；“积极鼓励试点出版集团、期刊集团、音像集团、发行集团和内涵式发展的名社、大社进行跨地区经营，有条件的中央及省级报业集团经批准可实行跨地区经营”。[41]与《实施细则》同时发出的还有八个配套文件。其中，《关于规范新闻出版业融资活动的实施意见》云：“经省、自治区、直辖市新闻出版管理部门同意并报新闻出版总署批准，试点集团可以项目合作的方式，吸纳国有企事业单位的资金。投资方不得介入编辑业务，所吸纳的资金严格限制在经批准的项目内使用。”

在中央政策的鼓励和促进下，2003年11月11日，由南方日报报业集团与光明日报报业集团合作创办的《新京报》正式创刊。双方商定的合作模式是：由光明日报报业集团提供刊号资源、办公场所以及部分股本金，由南方日报报业传媒集团提供部分股本金和流动资金，以及《南方都市报》的版面资源、经营资源和人力资源。为了办好这张报纸，受集团委托，《南方都市报》抽调了165名采编、经营和行政管理骨干前往北京参与创办工作，其中社委7名、采编44人、广告48人、发行45人、行政21人。《新京报》是全国首家得到中宣部同意和新闻出版总署批准的跨区域经营的报纸。该报采用4开版式，日均出版80版，周五112版，是北京地区出版版数最多、信息量最大的综合性日报和新型时政类主流媒体，影响广泛。同时，也是当时北京报业市场最贵的报纸（报价零售1元）和广告价格最高的报纸之一。到2009年，该报日均发行达72.5万份。其经济效益显著，2006年《新京报》广告额达6.12亿元、2007年达7.1亿元、2008年达8.61亿元。近年，《新京报》已经稳定赢利。另外，2007年南方报业传媒集团又与云南出版集团签署合作协议，通过股份制合作，由南方报业传媒集团控股，合办《云南信息报》。从报纸形态、采编理念、管理模式、经营运作等全方位打造新的《云南信息报》。该报经过改版后，经济效益显著。据称：2007年《云南信息报》经营收入仅3 700多万元，2008年改版第一年经营收入突破1亿元，零售量在昆明稳居第二。[42]

2004年9月1日，由河南电视台与大象出版社联手主办的《东方今报》创刊，这是第一份由广电系统主管主办的综合性都市类报纸。

2004年9月21日，新闻出版总署批准《上海经济报》改名为《第一财经日报》，其主管单位由原来的上海市工业经济联合会转为上海文广新闻传媒集团，主办单位也变更为上海文广新闻传媒集团、广州日报报业集团、北京青年报社三家。2004年11月15日，经新闻出版总署批准，由上海文广新闻传媒集团与广州日报报业集团、北京青年报社在上海合作主办的《第一财经日报》正式创刊。这张报纸的创刊比《新京报》的创刊更有意义：它不仅跨地区办报，而且跨媒体办报。该报完全采用现代传媒企业管理模式进行运作，在资讯采集、广告刊登、人才管理、资本运营等方面力求实现完全的市场化运作。

2004年12月9日，经新闻出版总署批准，由解放日报报业集团主管，并与成都日报报业集团联合主办的《每日经济新闻》也在上海正式创刊。《第一财经日报》和《每日经济新闻》这两家财经类日报的诞生，适应了把上海建设成为全国金融中心的要求，是上海在新闻传播体制改革中跨地区、跨行业、跨媒体发展报业的新探索。

总之，以上这几张报纸的合作出版成为2004年的亮点和热点，由报纸之间的合作延伸到报纸与广播、报纸与电视之间的联合办报，真正实现了跨地区、跨行业、跨媒体的办报模式，形成了优势互补、资源共享的局面。

从21世纪初开始，资本运营成为报业发展的重要动力。2003年6月，北京青年报社被确定为全国35个文化体制改革试点单位之一。经过2004年6月至12月共半年的筹备，2004年12月22日，由北京青年报社控股的"北青传媒股份有限公司"（简称"北青传媒"，香港股票代码1000）在香港联交所挂牌交易，成为国内首家在香港直接通过IPO上市的平面媒体。短短一个多月，公司融资就超过10亿元人民币，市值达到47.5亿元人民币。这一举措进一步促进了资本与媒介的有效结合，是中国媒介产业化发展的初步尝试。

三、免费报纸开始创办

【繁荣兴旺的香港、台湾免费报纸】免费报纸最早叫"地铁报"，起源于瑞典。1995年，瑞典首都斯德哥尔摩诞生了世界上首份免费发行的报纸*Metro*（《地铁报》），该报由瑞典Metro International（国际地铁报公司）创办。很快，《国际地铁报》迅速向外扩张，到2008年，该报已在全球23个国家的100多个城市里发行。该报采用19种语言出版，每日读者人数高达2 300万，成为著名的跨国报业集团。

2001年，香港地铁公司就"在地铁范围内发行免费报纸"项目进行招标，结果由全球最大的免费报业集团Metro International中标，取得在香港独家出版及发行免费报纸的合约，于2002年4月15日创刊了《国际地铁报》在亚洲的第一份免费报纸——《都市日报》。《都市日报》是由瑞典的Metro International和香港地铁公司合作创办的，每日发行30万份（2007年每日发行量达35万份）。该报在香港刚刚推出时，并没有被看好。然而到2003年6月，创刊仅14个月的《都市日报》宣布实现收支平衡，于是引起同行的广泛关注和跟进。故从2005年起，香港地区又相继有两份免费报纸面世：一份是《头条日报》，于2005年7月12日创刊，它由星岛报业集团创办，每日发行达40万份；一份是《am 7:30》，于2005年7月30日创刊，每日发行约30万份，它由房地产公司中原地产公司老板施永青创办。

除了以上三份地铁报外，星岛报业集团继创办《头条日报》之后，又推出《头条日报》的周末版《快线周报》（2005年9月27日创刊）。《快线周报》是香港地区首份周末免费报纸，每逢周六于地铁沿线派发。《英文虎报》（*HONG KONG SANDER*）是香港一份提供商务及财经资讯的英文报纸，也属于星岛新闻集团。该报于2007年9月10日起，由付费报改为免费报纸，于星期一至星期六免费派发，成为星岛新闻集团旗下继《头条日报》、《快线周报》之后的第三份免费报纸，也是香港第一份发行量最大的免费英文报纸。其派发地点一般在中环、金钟、尖沙咀等商业区的商厦和酒店。截至2008年上半年，香港共有6份免费报纸，分别是《都市日报》、《头条日报》、《am7:30》、《快线周报》、《英文虎报》、《大纪元报》。香港报纸每日发行总量超过220万份，其中传统付费中文报纸不过100万份，而《都市日报》、《头条日报》、《am7:30》和《快线周报》4份免费报纸的日发行量已经达到120万份，夺取了香港纸质媒体的半壁江山。

台湾地区管“地铁报”叫“捷运报”，著名的有《联合报》系出版的英文*Your Paper*（《你的报》）。该报自称为“独家捷运免费报”，“周一至周五发行”。《苹果日报》报系于2006年10月23日推出的《爽报》也是台湾著名的“捷运报”（地铁报），日发行数达16.5万份。2007年3月26日，台湾第一份官方核准的免费报纸*Upaper*正式创刊，并抢占台北69个捷运站内的300个报架，与《苹果日报》推出的《爽报》正式展开针尖对麦芒式的肉搏战，从而使台湾报界免费报纸间的竞争进入白热化。

【中国大陆免费报纸的创办】中国内地最早创办的免费报纸甚至比欧洲最早的免费报纸还要早两年。据《中国新闻年鉴》（2001年卷）第49页记载：“1993年2月8日，我国第一家以免费赠送形式发行的报纸《巴士信息》在江苏无锡出版发行。”我国大陆地区正式发行免费报纸是从21世纪初才开始的，那就是由上海解放日报报业集团和上海地铁运营公司共同合作创办的《I时代报》。该报是我国大陆地区在新世纪创办的第一家地铁报，于2004年3月16日创刊，并开始在上海地铁沿线免费发行。地铁报完全依赖广告生存，要增强广告效果，就必须抓好报纸的内容，增加信息量，尽力延长读者的阅报时间，甚至让读者把报纸带回办公室，让他们阅读后产生消费冲动而直接跟广告商联系。与此同时，又要避免报纸还没有流通就被送进废品回收站的状况，因此，必须着力加强发行中的监管，以便有效地保障广告商的利益。

2005年1月6日起，《中国广播电视报》开始实行免费发行的尝试，即每周免费向北京五环以内的城区家庭赠送一期报纸。此举顿使该报的发行量陡然增加到240万份，成为北京地区发行量第一的大报。但由于印刷及纸张成本的巨大膨胀，加上240万户居民非常分散，发行任务艰巨、繁重，勉强维持到4月初，该报不得不在头版以一封致读者信的形式结束了这场“免费的午餐”，宣告免费发行试验失败。[43]

到2006年，又有两份免费报纸诞生。一份是由南京地区免费发行的地铁报《东方卫报》。该报由南京日报报业集团和南京地铁公司于2006年5月15日联手创刊，周一到周六出版，到2008年日发行量达33万份。另一份是广州地区免费发行的地铁报《羊城地铁报》。2005年11月1日，广州地铁总公司与广州日报报业集团举行联合创办地铁报的签约仪式。根据合作协议，双方共同投资合作创办地铁报。2006年10月1日（星期日，农历八月初十），广州日报与广州地铁总公司合作创办的《羊城地铁报》创刊。该报四开版面，日出24版，全彩印刷。版面内容包括新闻资讯、流行消费资讯和大副刊三大板块。日发行量达20万份，在每天有50万左右客流量的广州地铁内免费发行。该报系周五刊，星期六、星期日停刊。报上标明售价0.5元，实际免费。因当时新闻出版总署为防止报纸间的不正当竞争行为的发生，故不允许办免费报纸。《羊城地铁报》发刊词《开创快速阅读新时代》云：

> 金秋十月，伴着共和国五十七岁生日的欢庆锣鼓，《羊城地铁报》横空出世。
>
> 广州地铁建设发展迅猛。目前已开放线路59.3公里，日均乘客80万人。到2010年，广州将建成9条地铁线路，总长度达到255公里，每天乘客将达到250万人，这是一个巨大的传媒受众市场。与此同时，广州报业也在飞速发展。广州日报在《中国500最具价值品牌》排行榜中，位居平面媒体第三名。现在世界上拥有地铁的现代大都市都办有地铁报，在地铁网络越来越发达的广州，《羊城地铁报》的诞生便是符合世界报业发展潮流的顺理成章之举。
>
> 《羊城地铁报》是广州日报报业集团和广州市地下铁道总公司联手打造的产物。广州日报报业集团是我国第一家报业集团，综合实力位居全国媒体前列；广州市地下铁道总公司是广州市实力雄厚的国有企业。“两强”联手，使《羊城地铁报》有了众多的资源、资金的支持，有了更大的发展空间。
>
> 《羊城地铁报》是个新生儿，她呱呱落地便声震全城。
>
> 《羊城地铁报》是个幸运儿，她甫一诞生便具有与众不同的“特异功能”。
>
> 她是一张快餐式的报纸，以短小、活泼的形式，提供全面、准确、权威的新闻信息，让读者二十分钟内了解天下大事，开创了快速阅读的新时代。
>
> 她是一张实用性的报纸，以读者所需为目标，提供众多的居住、交通、餐饮、娱乐、零售、时尚消费等生活资讯，为读者当顾问、当导购，是市民的好朋友。
>
> 她是一张精英型的报纸，以地铁乘客为目标读者，以上班一族、白领一族为主要对象，既可轻松消磨坐车的寂寞，又可轻易获得有用的信息。两全其美，快哉乐哉。
>
> 她是一张性价比最高的报纸，以超乎寻常（少）的时间和金钱的付出，获得大量的有益有用有趣的信息，绝对是一个超值的享受。
>
> 《羊城地铁报》将以“导向正确、格调高雅、信息全面、服务周到、经营有方”为办报宗旨和追求目标，在高起点上冲刺向前，不断创新内容、创新形式、创新手段，增强新闻的传播效果，求得自身的更大发展。

《羊城地铁报》创刊号的栏目分为：第1—3版为《城事》、第4版为《国事》、第5—6版为《天下事》、第7—8版为《财富》、第9版为《职场》、第10版为《汽车》、第

11版为《数码》、第12—13版为《读城记》、第14版为《潮流》、第15版为《购物》、第16版为《逍遥》、第17版为《健康》、第18版为《博客热贴》、第19版为《休闲》、第20—21版为《体育》、第22版为《声色》、第23—24版为《娱乐》（《娱乐》后改为《星动》）。

针对“免费报纸”这一新生事物，2006年9月5日，新闻出版总署报刊司相关负责人指出，从我国目前报业市场、广告市场以及城市社区建设等方面实际情况来看，办免费报的时机还不成熟，故决定暂不批准办免费报纸。

2007年11月27日，《北京娱乐信报》（2000年10月9日创办）也由都市报转型为地铁报免费发行，周一至周五出版，上午7—9点发行，日发行数25万份到30万份。每期16至32版。该报由信息报公司与北京地铁运营公司合作创办，委托地铁公司发行（把报纸放在售票区派发给乘客）。

2008年7月3日，当时国内仅有的4家地铁报《北京娱乐信报》、上海的《I时代报》、广州的《羊城地铁报》和南京的《东方卫报》联合在北京举办“全国地铁媒体联盟高峰论坛”，并正式宣布成立“全国地铁媒体联盟”，这标志着地铁报作为新兴力量正式登上了国内报业大舞台。

四、新世纪初中国报纸的改版、扩版

（一）新世纪初再度兴起的改版、扩版潮

从21世纪初开始，我国各地报纸在20世纪90年代改版、扩版的基础上，又掀起了一波又一波的改版潮，其涉及面非常广泛。其中，包括报纸内容的“扩版增容”（如增设各种专栏、专版、特刊、专刊等），头版即封面版、要闻版的改版，报纸形态的改版（如瘦报型及小报化），以及报纸版数的再度扩张。从21世纪初起，我国报纸真正走进了厚报时代。

【2000至2003年间的几次重要改版】先以北京地区为例。进入21世纪后，北京地区的报纸又开始了新的一轮改版、扩版潮，其中，较为典型的如《经济日报》。1998年6月8日，经济日报报业集团正式成立。1999年元旦起，《经济日报》开始改版扩版，由日均8版增扩为日均12版以上，其中5个工作日为16个版，形成了综合要闻版、产经透视版、各种周刊版、企业证券信息版等四个单元、四大板块齐头并进的崭新版面格局，完成了一次宣传规模的整体扩张。[44]从2000年起，《经济日报》继续改版，把新闻板块的第二版辟为《宏观资讯》，宣传报道国家的总体经济形势和产业、行业动态；在头版开辟了《经济时评》、《深度探析》等有宏观视野的言论和深度经济新闻报道专栏。同时，还设置了《产经透视》、《财经报道》、《县域经济》、《今日视点》、《理论周刊》等小栏目，强化了对国家重要产业政策、经济走势的深层分析和解读，受到读者的广泛好评。

90年代中、后期，《中国青年报》曾创办“经济蓝讯”、“社会周刊”、“生活特刊”等“大周刊”，引起报界的关注和效仿。2000年起，具有不断改革、勇于创新传统的《中国青年报》为了增强新闻性及新闻的时效性，拓宽报道面，毅然舍弃“大周刊”模式，改为“7+1”格局，即每日出7个新闻版、1个副刊版。改版后，读者反应很好。

2000年初，《农民日报》也开始改版。该报结合调整农业结构和增加农民收入这个农村工作的主要目标，创办了“中国种业”、“农资农药”、“农业高科技”、“特种养殖”、

“农业装备”等专刊。同时，把相类似的专刊整合成较大的“优质农产品”、“市场消费信息”等周刊，加上原有的“现代农业”周刊，该报的专刊、周刊每周有19版。经过改版以及对报纸版面结构的调整，《农民日报》的信息服务功能和实用性大大增强。

再以上海地区报业为例。2000年10月9日，解放日报报业集团成立。从10月23日起，《解放日报》进行全新的、大规模的改版：①增加了新闻版面的比重，前12版均为新闻版；②对新闻版面进行整合，形成三个板块，即第一块为要闻，第二块为热点追踪、科教文新闻、社会新闻、体育新闻，第三块为经济新闻；③设置分报头，使板块结构更为明晰；④开设热点新闻版，把读者关注的热点，经过选择加以报道。从2002年8月30日起，《解放日报》又对其专刊、副刊进行全面的改版。2000年11月20日起，《文汇报》也开始调整版面，提出了“优化本市新闻”，“强化各地报道”，“抓好重点、热点和独家报道”，“抓好国内国际新闻报道的聚集”的改版原则。《新民晚报》也在2000年11月进行了三次改版的试刊，在广泛听取读者意见后又作了进一步的改进，将24个版面集约成新闻、专副刊和证券三大板块，改变了过去版面分散、零乱和重复的缺陷。

在南京地区，2000年起，南京市的各类报纸普遍进行了改版，形成了各自的特色，也初步形成了差异化竞争。当年，《扬子晚报》日发行量突破了168万份，成为当时全国发行量最大的晚报。[45]

在杭州地区，2000年6月25日，浙江日报报业集团成立。当天，《浙江日报》实行改版、扩版，由原来的每周出60版扩至每周出72版。同时优化版面结构，使信息量大增。2000年起，《钱江晚报》也先后两次扩版改版，实现了4开32个彩版一体化印刷，并续办和新辟了一批特色专版、专栏。

2001年1月1日起，《天津日报》全面改版，以突出新闻强势、提高副刊品质和提升整体形象为重点，每天出彩报，版面由原来的12版扩至14版、双休日为8版。同日，《北京日报》改为彩色印刷，每周一、二、六、日出24版，每周三、五日为32版，每周四出40版。

2001年8月1日，广州《羊城晚报》取消中缝，改传统的8栏为国际流行的6栏，并在事前发表的《改版宣言中》中对新版式进行大规模的宣传和解释。同月，北京地区的《科技日报》为适应当时新闻宣传工作的发展趋势，也对报纸进行大幅度的改版。改版后的《科技日报》进一步明确了从经济、社会和生活需要报道科技，以科技的视角报道经济、社会和生活的办报思想和新闻理念，积极宣传党和国家科技政策和重大科研部署，报道科技及其产业最新进展及动态，弘扬科学精神，传播科技知识和最新信息。

2001年10月8日起，上海的海派报纸版式典范《文汇报》在已改用模块式编排的基础上，再次全面改版。改版后，该报定位为一张立足上海、面向全国的大型综合性日报，在全面报道政治、经济、社会和国际新闻的基础上，突出科、教、文、卫、体、理论学术和旅游等领域报道的特色。读者对象锁定为“成熟、成功及成长中的知识分子”。

2001年12月3日，《北京青年报》在21世纪率先与国际潮流接轨，隆重推出比传统报纸宽度窄了1厘米、高度长了1.5厘米的“瘦报”，成为新时期以来的第二份“瘦报”。早在1999年1月1日，杭州日报报业集团旗下的《都市快报》创刊时，就开国内“瘦报”的先河。该报是一份4开版的“瘦报”，采用1:1.629比率的报型，这几乎与国际报型完全接轨（美国报纸出版商协会规定的比率为1:1.63）。《都市快报》版芯高38.5厘米、宽24厘米，比传统4开版报纸报芯的宽度窄了5厘米、高度长了3厘米。为此，杭州日报报业集团还斥巨资引进专门设备出版“瘦报”。《都市快报》与《北京青年报》“瘦身”以后，为方便读者阅读计，又有不少报纸以“瘦报”的形式出版，我国报纸开始从“宽肥”型报纸版面向“窄瘦”、“修长”、“挺拔”型报纸版面转变。

另外，2001年新创刊的《21世纪经济报道》和《经济观察报》打从诞生起，其版面设计就基本上国际化了。它们学习借鉴外国报纸如《纽约时报》、《今日美国》、英国《金融时报》的版式，一改我国传统报纸将报名置于头版左上角一边的作法，而将报名横排在头版顶上居中位置。在版面编排上，采用模块化版面的编排方式，横列编排，整齐行文。模块化版面编排起源于20世纪60年代的美国报纸；70年代初，已成为美国报纸版面的主流版面。这种版面的特点是：每条新闻的所有要素（包括标题、正文、图片及美化手段等），都按能形成或纵或横长方形的规则矩形来编排。美国新闻传播学者认为，使用模块式版面有以下优点：①模块式版面是一种更为简洁的版式，方正、规则、清晰，符合现代人的审美观；②模块式版面中，稿件与稿件之间的区分明显，读者在阅读过程中不会发生串行、误读现象，这极大地方便了读者阅读，增强了报纸的“易读性”；③模块式版面方便编辑操作，因为矩形可以放在版面的任何位置，编辑的排版工作更为简捷、灵活。同时在必要时，如有突发新闻或更换搞件，编辑可以快速地进行调换。特别是电脑排版时代，模块式编排更便于编辑快速“组装”版面，大大提高了工作效率。

到2002年8月6日，《南方日报》改版，在全国省级党报中第首次采用国际通行的“瘦报”报型。2001年4月创刊的《经济观察报》一出世就标新立异，在国内率先采用了橙色新闻纸印报，摆放在报摊上便与众不同，格外抢眼。到2002年10月，该报也改为“瘦报”出版。2002年6月6日创刊的《国际先驱导报》也采用了与《今日美国》相同的“瘦报”报型，即比传统大报每一对开张窄了15厘米、高了3厘米，成为当时国内报业市场上最“瘦”、最长的一份报纸。

2003年5月18日，《新民晚报》开始实行新一轮版面改革。首先在版式上有所突破，注意吸收现代报纸的版面元素，包括多登精彩图片，从视觉上争取年轻读者；其次在内容上保持传统特色的基础上，增强对青年大学生、白领人士的报道面。

2003年7月14日，《经济日报》再次进行改版。到2004年，《经济日报》在2003年改版的基础上又进行了3次大规模的版面改进和创新。

【2004至2006年间的几次重要改版】2004年到2005年，我国报纸再次掀起了改版、扩版潮。2004年1月5日，英文《中国日报》改版，推出全新的版面，并将原有12版扩大为16版。5月，上海《新民晚报》改版，其版式由7栏改为6栏，并采用“文鼎超粗宋”的新字体排版，字体清晰，方便阅读。6月1日，《中国青年报》将原来的每日对开8版扩为对开12版，同时也对版面设置作了初步地改革。11月1日，《工人日报》经过充分地酝酿和准备后，再次大规模改版：对现有的专刊、副刊进行整合 ，推出了《维权周刊》、《社会周刊》、《企业周刊》、《科技周刊》和《文化周刊》等一大批周刊，以及《工会特刊》。12月1日起，《工人日报》在全国范围的分印点都实现一、四版彩色印刷，终于告别黑白报的历史。

从2004年开始，《北京晚报》的新闻版面从原来的24版扩大至40个版。

《参考消息》是中国日发行量最大的报纸。1979年初，该报日发行量达906万份；2004年前后，日发行量340万份左右。2004年4月，《参考消息》实施扩版，这是该报从1992年以来的第5次扩版：①20世纪90年代初，原来4开4版每天只有2万字左右篇幅的《参考消息》已不能适应形势发展的需求，于是从1992年开始创办4开4版的《周末增刊》，这样，每周五便变成了4开8版；《周末增刊》共出版52期，主要目的是为全面扩版探路。②1993年1月1日起，《参考消息》正式扩版为4开8版。从此，该报信息量增加了一倍，标志着它跨上了一个新台阶。③1999年起，又增加4版的《周三副刊》。④2001年起，又创办以港澳台内容为主的《周二专刊》和以新华社驻外记者自写稿为主的《周四特刊》。至此，《参考消息》在8个正版的基础上，形成了各具特色的“增刊系列”。⑤2004年4月2日起，《参考消息》再次扩版，每周二、三、四出16版，每周总篇幅突破40万字，从而形成全方位的国际新闻规模报道。

从2004年8月份开始，《北京晨报》也进行全面的改版。改版后的《北京晨报》版式清晰、内容丰富、角度独特，成为北京市民读者的一份精美的“信息早餐”。

2004年12月22日，《南方日报》以“实践‘三贴近’，创新走市场”为指导思想，实施该报有史以来规模最大的一次改版、扩版。

2004—2005年，《河南日报》连续两次进行大幅度的改版、扩版。

2004年12月31日，《人民日报》刊登了《新年致读者》，从而拉开了2005年中国报纸改版大潮的序幕。《新年致读者》宣布：在2005年里，《人民日报》要“把原来的国民经济版、政治法律社会版、教育科技卫生环境版、文化新闻版，整合为经济新闻版、政治新闻版、文化新闻版”。2005年1月4日，《人民日报》正式改版。同时改版的还有《人民日报（海外版）》、《人民法院报》、《甘肃日报》、《南通日报》、《平顶山日报》、《都市时讯》等。此外，《中国企业报》、《金融时报》也从2005年1月起实施改版。到5月间又掀起新一轮报纸改版的热潮，如《法制日报》、《河北日报》、《大庆日报》、《贵阳日报》、《成都晚报》、《南方日报》等先后改版。7月份，《市场报》改版。11月1日，海口《南国都市报》从24版扩为40版。据不完全统计，2005年全年改版的报纸约60余种。[16]

2006年1月1日起，《北京青年报》改版，由该报此前及20世纪90年代的“浓眉大眼”向“眉清目秀”转型发展。改版后的《北京青年报》在版面编排上，标题多用横排，文、图也多采用模块化方式编排。同时，将以前的正报28版A（每日新闻，24版）、B（天天副刊，4版）两叠整合为A（要闻、评论、本市新闻共8版）、B（国内、国际财经新闻共8版）、C（文化、体育新闻共4版）、D（天天副刊共4版）四叠，以方便读者阅读。

2006年3月30日起，广州《羊城晚报》的子报《新快报》实行全面的改、扩版——报型由“大对开”版改为“小四开”版，日常出版规模由以前的36版扩为80版，而且是广州市内唯一一家全彩印出版的4开日报。

【新世纪初《人民日报》的改、扩版】2003年1月2日起，《人民日报》由12个版扩大为16个版（周六、周日仍为8个版）（华东、华南地区分别为20个版），这是新时期以来人民日报的第四次扩版。此前，《人民日报》曾三次扩版：1980年1月1日起，《人民日报》由日出6版扩为日出8版；1993年10月1日起，每周二、周五增加4版，周二、周五各出12版；1995年1月2日起，由8版正式扩为12版（周末仍为8版或4版）。

2008年1月1日，《人民日报》当天发行量达232.55万份。

2009年7月1日，《人民日报》实施该报历史上的第13次改版，也是改革开放新时期以来的第五次扩版：由原16个版扩为20个版（周六、周日仍为8个版）。其中，第1—5版为要闻版，第5—16版主要为新闻版，第17—20版为周刊、专刊及副刊版。此次改版，加强了要闻版、社会建设新闻版（版名“社会”，属社会新闻、民生新闻版）、国际新闻版报道的力度；每周增加了一个理论版、一个文艺评论版、一个文艺作品版；原“科教周刊”和“社会观察”版改为“文教周刊”和“民生周刊”。此次改版的重心，一是再次强调“新闻立报”的办报理念，强调报纸的新闻性，追求有时效性的深度报道，周刊专刊也要推出有专题研究性质的深度报道。二是关注民生问题，突出民生新闻报道，开辟“民主”、“民智”、“民声”版块。三是推出更多报网融合、报网互动的栏目和活动，扩大《人民日报》与“人民网”的覆盖面和影响力。

2010年1月初，《人民日报》再度扩张，由20版扩至24版。此前，2009年12月31日《人民日报》头版刊登《致读者》云：“2010年1月起，本报周一至周五每天的版面由20版扩至24版；周六、周日版面不变，每天仍为8版。”“本报这次改版，是2009年7月1日实施扩版的延续，目的在于更深入地贯彻胡锦涛总书记在人民日报社考察工作时的重要讲话精神，提高舆论引导能力、增强国内国际传播能力，也是为了更好地贯彻‘三贴近’，丰富报道内容，创新报道方式，顺应时代发展要求和广大读者期待。”“这次扩版的同时将对版面结构进行适当调整，形成四个相对集中的板块，进一步增强报纸的整体感，更好地发挥党报作用，方便读者阅读。其中，第1—6版为要闻板块，第9—15版为国内新闻板块，第17—20版为周刊及专刊板块，第21—23版为国际新闻板块。此外，第7版为理论版，第24版为副刊。扩版后，每天增加1个要闻版、1个国际新闻版；每周增加1个观点版、一个新兴媒体版；周刊和副刊的版面也有所增加。”“扩版后，本报价格不变。”2010年1月4日起，《人民日报》开始从周一至周五每天出24版，版面内容一如上述。另外，头版要闻版下，新设导读与索引，方便读者对重要文章的选择性阅读。

（二）新世纪头十年广东地区报纸的改版、扩版潮

改革开放以来的新时期，广东地区报业极为发达，始终走在全国报业的前列。进入21世纪后，广东报界仍然充满活力与生机，继续不断改革、创新、开拓、发展，又掀起了一波又一波的改版、扩版潮。

【新世纪《羊城晚报》的改版、扩版】《羊城晚报》于1957年10月1日创刊，1966年12月因受“文化大革命”冲击而停刊，后于1980年2月15日复刊，到1988年，该报一直都是每天出对开4个版。新闻版的综合新闻、国际新闻、体育新闻为其三大支柱，其中头版的要闻又是重中之重。1988年12月9日起，《羊城晚报》逢周五出8大版，这是该报第一次进行有限度的扩版。从1992年1月1日起，改为逢周一、三、五出8大版；又从1993年1月1日起，确定每天出8大版；1994年9月起，每天出12版；1997年4月1日起，扩为16版；1998年11月1日起，扩为24—28版。

进入新世纪，《羊城晚报》从2000年1月起，扩为每日出28版。2001年8月起，形成每日对开32版（外地24—28版）的最新格局，从而使“羊晚”进入厚报时代。在版面编排及设计上，整张报纸在保持老“羊晚”风格的基础上又有所创新，如版面从8栏改为6栏，每个版因此可增加200字的容量；规定不许破栏，基本采取横排方式，不许直排、直题，保持版面的规整、清晰、美观；使用的字号也有新的规定。[47]

2004年12月1日起，《羊城晚报》增加了其“时评”版的刊出频率，扩大了“时

评”版的版面，将原来只有周六才有的“时评”版改为一周6版，即从周一到周六每天刊出，使时评版形成规模经营态势，凸显了“时评”的重要性。

2005年9月5日，《羊城晚报》又一次全新改版，在版面数量、编排、包装上都作了较大的调整。内容方面，重点放在增加信息量。整体强调编排年轻化，新闻本地化、社区化，观念主流化。

2006年3月30日是《羊城晚报》子报《新快报》创刊8周年（《新快报》于1998年3月30日创刊）。《新快报》抓住这次机遇实施全新改版，由对开大报形式改为4开小报形式，日均出版数由36版扩为80版。此举在业界及读者中引起很大的反响。

【新世纪初《南方都市报》的改版、扩版】 1997年元旦，《南方都市报》正式出日报，每日报纸常规出版4开16版。1998年3月2日起，《南方都市报》扩至24版。1999年7月5日起，扩版至32版；同年11月18日，由32版扩至48版。此时，“南都”的经济新闻版已初具规模。当年（1999年）每天跨越两版的《一日看百年》专栏，成为我国当代报纸专栏中的经典栏目。

进入新世纪，“南都”改版、扩版步伐迈得更大。

2000年3月1日起，《南方都市报》在48版的基础上，又增加了8个版，开始主打深圳市场。

2000年6月28日起，《南方都市报》正式开始由两叠48版扩张为72版，比以往增加了24版。72版的《南方都市报》在国内首创分叠出版的模式，每天出A、B、C、D四大叠，分门别类，各叠相对独立，这是“分众传播”理念在报纸编排上的具体体现。其中，A1叠以时政和社会新闻为主，A2叠以国际新闻为主，B叠以娱乐和体育新闻为主，C叠以经济新闻为主，D叠以生活消费资讯为主。《南方都市报》不少富有特色的专刊、副刊主要集中在C、D两叠中。

2002年3月4日起，《南方都市报》正式扩版至每日常规出版4开88版，从而真正进入大报、厚报时代。当天除正报88版外，还随送全彩32版的特刊《笑傲江湖——南方都市报五年发展白皮书（1997—2002）》。该特刊是研究“南都”早期5年历史的重要资料。

也是从2002年3月4日起，《南方都市报》在版面改革上作出了一个重大举措，那就是在国内日报中，率先推出“时评版”，开始向其“有厚度，更有深度”的战略目标迈进。以后，“南都”每天一个专版的评论，一周发到7个版。到2003年4月2日，“时评版”又扩展为“社论”和“来论”两个版。其中，“社论”版针对近期重大新闻事件发表看法，要求文风统一、庄重大方；“来论”版则包括视点、观点交锋、议论交锋、议论风生、众说纷纭和时事漫画等栏目，并在报纸版面下方注明“本版言论不代表本报立场”，意在为读者提供具有启示意义的多视角、多元化观点。

以后，“南都”时评版又多次改版、扩版，越办越精彩。如2004年3月1日，“南都”对“时评版”进行调整，除保持“社论”版外，将“来论”改为“个论”，并对这两个时评版进行重新定位：“社论版”包括《社论》、《街谈》、《媒体之音》、《来信/来论》等栏目；“个论版”则采取了栏目式专栏与个人专栏相结合的形式，包括《中国观察》、《经济人》、《媒体思想》、《法的精神》等栏目，每个栏目都有若干作者定期供稿。到2004年3月9日，“南都”成立社论委员会；6月1日设立评论部，专门负责言论的策划、组稿与编辑工作。2004年8月3日，“南都”又推出每周一期的“宏论”版，“不定期邀请国内外知名专家学者与公共知识分子撰文，针对时事新闻背后的纵深与时局，放言畅谈中国的大转型、大趋势与大命题”。“宏论”版开篇之作是中国社科院农村发展研究所研究员党国英的长文《民工荒是我国经济结构改革的契机》。经过多次改版、不断完善及机制改革，此时的“南都”时评版日趋成熟，逐渐形成了自身独特的气势和风格。它虽然是一家地方性报纸，但其“时评版”在全国产生了很大影响。

到2006年初，“南都”的言论及时评版已基本形成了特色鲜明的言论板块群，如二版为“社论”版、三版为“个论”版，此外，在 A_2 叠各城市新闻的二版还设有都市言论平台，从而形成了以《社论》、《街谈》、《个论》为主打产品，以《宏论》、《来信/来论》、《推荐》等栏目为补充的多层次架构，从而反映了不同层次群体的声音、吸引了不同层次读者的注意，产生了广泛的社会影响力。

2008年4月13日，“南都”又创刊了《南方评论周刊》，逢周日出刊。《南方评论周刊》设置在A2叠，共8个版。其中，AⅡ1、AⅡ2版为“讲坛”（Forum），AⅡ3版为“访谈”，AⅡ4版为“国际评论”（Internationalanaysis）；AⅡ5版为“快评”版（Comment），类似于平时的“个人”版；AⅡ6版为“漫议”（Casual Talk），相当于随笔型文字；AⅡ7版为“宏论”版；最后一个版为“视觉评论”版（Cartoon），主要运用漫画的形式来批评、讽刺一些不良社会现象。到2010年元月，《南方评论周刊》新开“民间版”，专门用来刊登“在场时评”。所谓“在场时评”是指“评论的事情不一定是重大公共事件”，评论作者“身边发生的小事情也可，但不管大事小事，都必须是你亲自参与体验过的，或者与你切身相关的（比如你是当事人的邻居、亲友、报道该事件的记者、处理该事件的官员，乃至经过类似事件的人）”[48]。

在发行方面，2003年8月，《南方都市报》日均发行量已达141万份以上，是当时广东省内发行量最大的综合类日报。在经济效益方面，“南都”2002年度广告额即达8.2亿元人民币、2003年上半年广告收入即达5.1亿元。

【新世纪头十年《广州日报》的改、扩版】在20世纪80年代末及90年代期间，《广州日报》一枝独秀，曾引领新时期中国报纸改版及扩版潮。如：

（1）1987年1月1日，《广州日报》由对开4版扩为对开8版，是中国内地地方报纸中率先实行每天出8大版的日报。

（2）1992年1月1日，《广州日报》在内地千百家报纸中脱颖而出，首次实现了每天出对开12大版，而报价不变，仍按8版收费。

（3）1993年12月1日，《广州日报》进一步扩版，成为全国第一家对开16版的大型综合性日报。

（4）1995年1月，《广州日报》由天天出16版扩大为除周六、周日外，天天出20版。以后，《广州日报》很快突破日出30版大关。

在21世纪头十年的改版潮中，《广州日报》的最有意义的改版是对报纸要闻报，即头版封面版的改革与创新。

进入新世纪后，《广州日报》仍然通过不断扩版与不时推出特刊，继续开创并引领中国报纸的厚报时代，如：

2000至2001年，《广州日报》在广州地区发行日出40版左右。

2002至2003年，《广州日报》日出50版左右。其间的2003年10月13日，《广州日报》再次宣布大改版，当天，广州地区发行84版，头版发表《引领主流 永立潮头——广州日报改版致读者》云："从今天起，本报的新闻版面进一步扩充，资讯内容更丰富了；同时视野更开阔，新闻触角更敏锐：全新的'要闻·特稿'版横空出世，淋漓尽致透视焦点新闻、解读社会大热点；'说法'版面闪亮登场，对典型案例作充分报道和点评，在解剖'麻雀'中为您的法制知识充电；五洲风云人物、焦点人物，在'国际人物'中'恭候'着您，与您近距离接触。""每天的'实用新闻'，从天气变化、出游导引到大型比赛、娱乐演出，都有具体的报道，或作简要的提示。""'版面更醒目、靓丽'……从今天起，本报全彩亮相，从报头到报尾，我们都'变阵'、'变脸'，耳目一新：导读让您对国内外大事一目了然，标题更能吸住'眼球'，图片更加生猛、别致，版次更加合理有序，版式更加大方高雅，色彩更加和谐提神。我们在保持端庄大方基调的同时，融汇了新潮的理念，洋溢着现代的气息……""而这，只是我们年内系列改版迈出的第一步"。"'变阵'、'变脸'不变心，一心一意为读者。"

2004至2005年，《广州日报》在广州地区日出60—70版；2006年起，日出80版左右。随着报纸越来越厚，《广州日报》在"解决了报纸新闻与资讯的丰富性与可读性问题"后，"但在易读性与便利性上则有欠缺"。为了从根本上解决厚报给读者带来的阅读不便问题，从2006年9月8日起，《广州日报》推出全新的导读封面版——《广州日报·导读与索引》。"导读"封面版选用一幅幅精美的图片与标题作"目录"及"索引"——刊登大图片、大标题，并标明有关报道的所在版面。《导读与索引》"每日出两个版，每天作为外包封面随报附送，使之成为读者在信息海洋中航行的导航仪"。"这种方便读者阅读的创新作法，在中国报纸中是第一家。"[49]

报纸头版封面化、广告化的大趋势：实际上这种"导读与索引"的做法早在2004年就有报纸开始尝试。如2004年8月5日，在当天报道新白云机场正式启用的报道中，《羊城晚报》就开始用一封一底双头版（两版均印报头）及跨版头条来全面报道新白云机场新闻。其横跨两版刊登的新白云机场飞机起飞升空的巨幅照片，给人留下非常深刻的印象。这种双报头、双头版式的版式设计成为报界"破天荒"之举。几乎与此同时，2004年8月14日，《广州日报》当天在报道广州大学城全部竣工的新闻时，也采取了带封面性质的两版通版编排的版式；在报道雅典奥运会结束新闻时，《广州日报》再次使用这种两版通版编排的版式。2006年9月8日开始的《广州日报》封面导读版式实际上也是以上两种版式的改进与完善。

报纸头版编排的改革与创新，是新时期及新世纪初我国报纸版面改革与创新活动的一项重要内容。早在1997年《南方都市报》创刊时，该报就以"主图+导读"的头版吸引读者；《北京青年报》头版以"浓眉大眼"的大字号黑体字作标题、刊登大幅照片，同样形成视觉冲击作用。从20世纪末到21世纪初，我国报纸、特别是都市类报纸头版普遍封面化、广告化：从"浓眉大眼"（《北京青年报》）到"主图+导读"（《南方都市报》）；从"双版头"（《羊城晚报》）到"导读与索引"（《广州日报》），这都是我国报纸头版改革发展的大趋势。它使我国报纸头版的广告功能、宣传功能、吸引眼球的功能及导读提示功能几乎发挥到了极致。

头版是报纸的旗帜和"脸面"，是含金量最高的版面，它通过对新闻的取舍、编排及风格的确立等方式，起着统帅整份报纸的作用，正所谓"提纲挈领"、"纲举目张"。头版又是极具个性化特征的载体，一张报纸要想让读者过目不忘，"抓"住读者，就应该注意强化头版的个性。以上所云报纸头版的广告化有两层含义：一是在头版刊登商业广告，二是利用“主图”、黑体字大标题、“导读”等手段来吸引读者阅读、购买报纸，以起到广告宣传效应。我们这里所说的报纸头版的“广告化”主要是指第二种情况，即通过头版的“出彩”产生“封面效应”，先声夺人，“抢眼”吸引人，激发读者的阅读欲和购买欲。

【新世纪头十年《南方日报》的七次改版】 21世纪头十年，《南方日报》在20世纪90年代先后四次改版的基础上，[50]与时俱进，继续坚持改革与创新，不断加大改版的力度和加快改版的频率，以应对和适应快速变化的媒介生态环境。新世纪头十年，《南方日报》先后七次改版：

（1）2002年8月6日，《南方日报》开始新世纪头十年的第一次改版。《南方日报》第一次改版的最大收获是提出了“高度决定影响力”的办报理念，并在全国省级党报中第一家采用“720”“瘦”报型。当时中国大陆地区采用这类瘦报形态的只有《北京青年报》（该报于2001年12月3日起改为“瘦”报出版）。当天《南方日报》头版显著位置刊登《本报今起全新改版：致读者》宣布：“《南方日报》今天起，全新改版。”“改版后的《南方日报》，定位为区域性、国际化的权威政经大报”；“我们追求更出色的主流新闻，我们要办中国最好的党报，我们的口号是：高度决定影响力”。“新版的《南方日报》周一至周四每日增加到20版，周五增加到32版。”“在内容上，新版的《南方日报》更权威、更专业化”，“以政经新闻为主体，分为时政、经济、文体三大版块，按报道领域、地域和阅读顺序，从新闻到专题层层深入，突出党报特色、广东特色”；“新增‘政策解读’、‘要人谈话’和‘观点’三大模块，并在要闻版开辟‘时评’专栏，紧扣主流话题、时代主题”；“在版式上，新版《南方日报》”采用“国际通行的‘黄金报型’”、“将中国传统的八栏走文方式变为五栏”，并用宋体字作为标题字体。

（2）2003年8月6日，《南方日报》推出24版的改版周年特刊——《高度决定影响力》。从2003年8月6日起，《南方日报》开始新世纪以来的第二次改版，每天由20版扩至24版。这次改版的重点是增加了投资、汽车等六大行业周刊，使经济报道的版面更专业、更实用、更市场化。

（3）2003年12月12日，《南方日报》开始新世纪以来的第三次改版，又增加每天8版的“珠三角新闻”版块，以此来与广州各大报争夺“珠三角”“广告粮仓”。同时强化必读民生新闻报道，进一步贴近都市、贴近生活、贴近市民。

（4）2005年5月30日起，《南方日报》开始第四次改版——“变身智慧型资讯提供者”。这次改版，让《南方日报》从过去单纯的资讯提供者的角色，转变为“资讯管家、时事顾问、意见领袖”这种智慧型资讯提供者的角色，发挥“领跑主流，主导舆论”的作用。当天头版发表的南方日报编辑部文章《本报再度改版致读者——从可读到易读 从易读到悦读》云：“今天开始的第四次改版，将继续坚持‘三贴近’原则，秉承‘高度决定影响力’的办报理念，用‘高度的贴近’进一步梳理整合新闻资源，以‘高度＋本土＋整合’的思路进一步提升信息加工的档次，以更及时的时评分析、更权威的时政新闻、更专业的经济新闻、更贴近的民生新闻，以及更到位的行业观察、区域观察，更好地服务于主流目标读者。”

从2002年8月6日第一次改版到2005年5月的近三年时间里，《南方日报》发行量持续稳中有升；截至2005年，该报连续19年高居全国省级党报发行量之首位。

（5）2006年3月28日起第五次改版。这次改版的最大亮点是加强了评论的力度，进一步提高主导舆论的能力，将“A2”版设置为“评论·要闻”专版，其中，把“时评”

的篇幅扩大到每天半版。当天头版刊登“本报编辑部”文章《成熟的力量——南方日报第五次改版致读者》云：“今天开始的第五次改版，力求展现成熟的政经大报形态，强化新型报业市场主体地位。从内容上看，更多的时评激浊扬清，更多的时政报道紧贴实际，更多的经济报道紧接市场，更多的文体报道紧扣生活。而在珠三角区域内，以广州、深圳、佛山、东莞等发达城市为着力点，实施更精准的本土化服务。”

（6）2007年10月26日起，开始第六次改版。这次改版的最大特点是：应对新媒体的挑战，成立媒体发展部，打造南方报网站，实现报网互动、新旧媒体融合。在报纸形态及版式上，这次改版是《南方日报》“继2002年在全国党报中率先改为720瘦报之后”，“再一次主动应变，启用国内外最通行的680黄金报型，更加挺拔和方便阅读”。此举在全国省级党报中又是第一次。另外，从10月29日起，《南方日报》连续5天推出半个版的《改革五年经典作品回顾》。

（7）2009年10月23日，在新中国成立及南方日报创刊60周年之际，《南方日报》实施第七次改版，规划新世纪该报发展的蓝图。当天封二“评论”版首载社论《新的世界，新的南方》。社论首先精练地概括了《南方日报》的辉煌历史：“60年前的今天（1949年10月23日——引者注），《南方日报》在新中国成立的欢呼声中诞生！”“从那一刻起，《南方日报》就站在了时代的前列。老一辈南方报人写就了气势恢宏的发刊词《新的中国，新的广东》，他们豪情万丈地向世界宣告：‘除了中国人民与华南人民的利益之外，我们没有别的利益。’60年来，《南方日报》真实而生动地记录了新中国、新广东一个个珍贵的历史瞬间，无论是胜利或曲折，奋发或低迷，还是喜悦与艰辛，南方报人始终与广东这片热土休戚与共，守望着广东在新历史中的蜕变与成长，伴随着广东一步一个脚印走来。”社论接着抒发了新世纪南方报人的抱负、信念与追求：“传承新闻理想、追求公平正义、讴歌社会进步、鞭笞腐败邪恶，既关心公共的权力文明，也关心个体的权利文明，让真理的阳光照耀每一寸土地，这是南方报人的坚守；从裂变式发展到聚变式发展，通过聚合战略打造中国最有活力的跨媒体、跨行业、跨地域的传媒集团，实现传统媒体向全媒体的嬗变。”

2009年10月23日是《南方日报》创刊60周年纪念日，该报当天共出138版，其中史料翔实的96版“特刊”是研究“南方”报史的重要资料。

第三节 广电业的发展、改革与创新

21世纪初的头十年，我国的广播、电视业稳健发展。其中，广播尽管是弱势媒体，但也有长足的进步。如从20世纪90年代初开始的广播频率专业化，到21世纪初更是如火如荼地开展起来，像交通频率、音乐频率、经济频率等都拥有比较广泛的听众群体。与此同时，在“新闻立台”改革理念的指导下，各地广播电台专业化的“新闻频率”也应运而生，成为新世纪初中国广播业改革的亮点。此外，各地交通台也蓬蓬勃勃地发展起来，并成为新世纪初广播业界的生力军。

电视业作为主流媒体及强势媒体，在21世纪的头十年更是有了突飞猛进的发展。从黑白电视到彩色电视、从无线电视到有线电视、从模拟电视到数字化电视、从免费频道到付费频道，我国电视业的发展几乎每两三年便上一个新台阶。我国电视台总数2003年为363座，后经历年整合与合并，到2008年底为277座。到2008年前后，我国已经建立了无线、有线和卫星等多技术多层次混合的、现代化的、世界上覆盖人口最多的电视传播网络，并且中央电视台的卫星传输信号基本上实现了全球覆盖。同时，我国也是世界上受众最多的国家，据央视—索福瑞媒介研究（CSM）2004年基础调查结果显示，当年全国4岁以上的电视观众达11.88亿，占4岁以上人口总数的95.6%。我国也是全球电视机大国，无论其生产量，还是拥有量均居全球之首。又据央视—索福瑞媒介研究（CSM）2004年对全国84个样本市（县）基础调查数据显示，我国家庭电视机拥有率已达98.1%。其中城市家庭的电视机拥有率达到98.5%，农村家庭的电视机拥有率也达96.1%；拥有两台及两台以上电视机的家庭比例已达32.6%，城市居民家庭彩色电视机的拥有率达96.4%。

在电视信号接收方面，城市以有线接收为主，在农村以室内外天线接收为主。89.5%的城市家庭和58.1%的农村家庭可以收看到卫星电视节目。[51]有线电视数字化的进程也进一步加快，据统计，2008年全国100多个城市实现模拟电视向数字电视的整体转换，其中50个城市已经完成。另据统计，到2009年初，我国数字电视用户规模已达4 766万户，约占全国有线电视用户总数的三分之一。[52]

一、21世纪初广电业的集团化

从21世纪初开始，由于受国内报业集团化及国际传媒业大环境的影响，部分省市级广播电视台也开始建广电集团，其中较有规模的有湖南广播影视集团、山东广播电视总台、深圳广电集团、上海文化广播影视集团、北京广播影视集团，等等。

我国较早的广电集团是在以下大环境的影响下创办起来的：

一是国际大环境的影响。从20世纪90年代起，美国新闻传媒业界掀起了一股规模空前的并购和整合浪潮。传媒业界通过强强联合及并购，形成了一批超级传媒集团，有的并购金额高达两千亿美元，并购后的年收入即达数百亿美元。美国的新闻传媒集团很多是跨国集团，他们凭借其强大的经济实力、传播能力和品牌影响力，加快其全球扩张的步伐，千方百计抢占新的市场，从而引起国际竞争的日趋激烈。我国正式加入WTO前后，为了应对虎视眈眈的西方大型传媒集团的挑战并与之抗衡，必须加快组建自己传媒集团的步伐。

二是国内环境的影响。早在1983年4月召开的第十一次全国广播电视会议上，我国广电业主管部门就确立了“四级（中央、省、地市、县）办广播、四级办电视、四级混合覆盖”的发展广播电视事业的方针。此后，全国广播、电视台的数量急剧增加。其中，广播电台从1984年的167座增加到1997年的1 363座；电视台的数量也猛增，由于“四级办电视”，一级政府一级电视台，到20世纪末，我国已有3 000多家电视台。有人统计，当时我国电视台的总数比欧美12个发达国家电视台的总数还要多500多座。这些量大、规模小的广播电台、电视台的弊端越来越突出，主要表现为：“小而散、分而滥，各自为政和重复建设。”同时，由于“小而滥”，往往造成资源浪费、管理混乱，相互之间为了生存往往恶性竞争。鉴于以上情况，1998年10月，国家广电总局82号文件下达“停止四级办台”的政令，对广电行业“治散”、“治乱”。1998年底，全国广播电台数量一下减少到298家，电视台数量也急剧减少。1999年9月17日，国务院办公厅转发了信息产业部和国家广播电影电视总局《关于加强广播电视有线网络建设管理意见的通知》。其中第一次明确提出：在省、自治区、直辖市组建包括广播电台和电视台在内的广播电视集团，并在此基础上把广播、电视、网络传输公司纳入集团。从此，在这条主导意见的推动下，我国广播电视业开始了产业化进程。

2000年8月11日至14日，国家广电总局在甘肃召开全国广电局长会议。会上，根据中央精神，明确提出了广播电视体制集团化的意见。不久，广电总局下发了2000年第284号文件，规定了广电集团化的具体内容，其基本精神概括为三句话：广播、电视、电影三位一体；无线、有线、教育三台合并；省级、地级、县级三级贯通。2001年8月，中共中央宣传部、广电总局、新闻出版署下发了《关于深化新闻出版广播影视改革意见》，提出媒介不仅可以实行多媒体兼营，而且还可以跨地区跨行业兼并。这就为媒介集团做大做强提供了政策依据和保障。

实际上，早在1999年6月，我国就成立了第一家广播电视集团——无锡广播电视集团。2000年12月27日，我国第一家省级广播影视集团——湖南广播影视集团在长沙正式挂牌成立。

2001年，又有好几家广电集团先后成立，如1月19日，山东省广播电视总台成立；4月19日，上海文化广播影视集团宣告成立；5月28日，北京广播影视集团宣告成立；6月，江苏省广播电视总台成立。12月6日，国家级的大型传媒集团——中国广播影视集团宣告成立。该集团是以中央电视台、中央人民广播电台、中国国际广播电台和中国电影集团等有相当实力和影响力的传媒为主体组建而成的，是一家拥有广播电视、电影、传输网络、互联网站、报刊出版、影视艺术、节目制作销售、科技开发、广告经营、物业管理等业务的一个大型国家级综合性传媒集团，属于事业性质，实行企业化管理。中国广播影视集团由中共中央宣传部领导，国家广电总局党组代管。集团实行党组领导下的管委会负责制。[53]12月26日，浙江广播电视集团宣告成立，该集团由原浙江人民广播电台、浙江电视台等20个单位联合组成。

以上这些大型广电集团的先后成立，拉开了新世纪中国广播电视业改革的序幕。以后成立的广电集团有：

2002年10月28日成立天津广播电视电影集团；

2002年12月17日成立南京广播电视集团；

2003年1月成立长沙广播电视集团；

2003年3月28日成立宁波广播电视集团，这是我国第一家计划单列市广电集团；

2003年11月28日成立广东南方广播影视传媒集团；

2003年12月26日成立四川广播影视集团；

2004年2月8日成立福建省广播影视集团；

2004年6月28日成立厦门广播电视集团；

2004年11月8日成立重庆广播电视集团；

2005年1月成立杭州文化广播电视集团，等等。

据统计，截至2004年年初，全国共批准成立广电及广电影视集团18家。除中国广播电影电视集团外，省级广电集团有11家，即湖南广播影视集团、北京广播影视集团、山东广播电视总台、上海文广集团、江苏广播电视总台、浙江广播电视集团、天津广播电视电影集团、四川广播影视集团、广东南方广播影视传媒集团、重庆广播影视集团、福建广播影视集团；市级广电集团有6家，即杭州广播电视集团、南京广播电视集团、长沙广播电视集团、宁波广播电视集团、厦门广播电视集团、深圳广播电影电视集团等。[54]

二、广播业的改革

【从“娱乐立台”到“新闻强台”】我国广播事业在20世纪六七十年代曾辉煌一时，成为当时的主流媒体，甚至可以说是处于“第一媒体”的地位。到了20世纪80年代后期，随着电视的普及，广播的地位一落千丈，有人因此而认为广播已步入衰落期，沦为“夕阳媒体”。这从广播与电视广告收入的彼此消长上就能看出二者地位的变化。如1983年，全国电视广告营业额为1 624万元，市场份额占6.9%；广播广告的营业额为1 807万元，市场份额占7.7%。广播广告额明显高于电视。此后，电视的广告收入增长速度明显快于广播，每年几乎都以翻番增长的速度推进，到1986年，二者的差距已相当悬殊。当年，电视广告营业额已达1.151 4亿元，市场份额占13.7%，而广播广告营业额仅为3 563万元，市场份额下降到4.2%。到了1997年，广播的市场份额只有2.3%。此后，广播媒介一直在2%这个市场份额上徘徊不前。[55]但从20世纪90年代初起，广播界开始思考问题，寻找出路。为了在竞争中求生存、图发展，广播业界开始着手从内容到形式对广播媒体进行改革和创新。首先是实行广播频率的专业化，从20世纪90年代中期起，全国各地广播电台的交通频率、音乐频率、经济频率等专业化频率纷纷出现，成为广播媒体复兴的生力军。与此同时，在“新闻立台”和“频率专业化”办台理念的指导下，各地广播电台的专业“新闻频率”应运而生，并成为中国广播媒体的中坚力量。到21世纪初，以新闻资讯类节目为主打内容的新闻专业频率在全国各地广播电台中继续蓬勃兴起，其中的佼佼者有上海人民广播电台的990新闻频率、北京人民广播电台的新闻广播频率、天津人民广播电台的新闻频率等。据有关方面统计，到2002年，全国30多个省级广播电视台中，已经有27家开办了专业的新闻频率。同时，如南京、福州等省会城市和大连、青岛等地市的市级广播电台也都开通了自己的新闻频率，并取得了非常好的效果。据国家广播电影电视总局统计，2004年全国公共广播电台新闻资讯类节目的播出时间为202.841 9万小时，占节目播出总量的20.63%。[56]

近几年来，各地广播电台的新闻频率都在不断地进行改革和创新，总体来看，呈现出以下鲜明特色：

一是充分发挥了广播报道“快”的特色，大大增强了新闻的时效性。广播媒体的最大特点是“快”、便捷，新闻一到就能即时播出来。广播新闻的制作周期短、成本低，在资金、时间和技术上的要求比电视和报纸等媒体低很多，因而在时效性及经济性方面拥有得天独厚的优势。为了同电视、报纸竞争，大部分广播电台的新闻频率都开通了整点滚动新闻报道。其中如上海人民广播电台990新闻频率的《990整点播报》、天津人民广播电台新闻频率的《新闻时讯》、北京人民广播电台新闻频率的《新闻时间》、重庆人民广播电台的《正点新闻》等都是整点滚动新闻报道的著名栏目。

二是注重对重大事件的连续报道和对新闻背景资讯的挖掘。如2003年3月，中央人民广播电台一套节目和北京电台新闻广播栏目就曾借鉴CNN、半岛电视台等国际知名媒体对重大事件连续报道的经验，对伊拉克战争进行了较长时间的连续报道，产生了很大影响。此外，还有些电台非常重视对新闻背景信息的挖掘，以满足听众对新闻事件意义的深层次了解。

三是采取多种播放形式，以增强节目的“可听性”。新闻频率一改过去“宣读新闻”的作风，而变为说新闻”。往往通过直播、模拟当事人语气再现新闻现场、给新闻配乐、使用特殊音响效果、变换主持人搭配等方式来增强广播新闻的生动性，改变了过去新闻频率呆板、沉闷的形象。这些播报方式的改革在听众中都受到广泛的欢迎。

四是增强节目内容的服务性功能，为老百姓的日常生活提供帮助。

【交通台的兴起与发展】在改革开放的新时期，我国的公路交通业迅猛发展。到2001年底，中国公路通车总里程已达169.8万公里，居世界第四位，其中高速公路1.9万公里，居世界第二位。道路交通的发达为汽车数量的快速增长创造了必要的条件。自2001年底中国加入世界贸易组织起，我国的汽车消费，尤其是私人小轿车消费突飞猛进大发展。据国家统计局2007年2月28日发布的《国民经济和社会发展统计公报》公布的数据显示：自2006年起，中国取代日本成为仅次于美国的世界第二大新车消费市场；到2006年底，全国私人轿车保有量达1 149万辆，比2005年的860.67万辆增加了33.5%。又据国家统计局2008年2月28日发布的《国民经济和社会发展统计公报》统计：至2007年，我国全国民用汽车保有量达到5 697万辆。其中私人小轿车拥有量达到1 522万辆，比上年增长32.5%。2010年1月11日，中国汽车工业协会发布2009年国产汽车产销量统计：2009年中国国产汽车产、销量分别达到1 379.10万辆和1 364.48万辆，再次超过美国，成为全球汽车产销量第一的国家。随着车辆的增加，尤其是私人小轿车的增加，城市道路交通面临严重的拥堵状况。由于塞车越来越严重，导致车辆走走停停，驾车的人们花在路上的时间增加，收听广播的时间也随之增加，广播交通台的业务便日趋兴旺发达。人们边等边听广播，或边开车边听广播已成为我国汽车文化的一个重要组成部分。

我国广播交通台最早从20世纪90年代初兴起，到21世纪初已形成较大规模。其中比较著名的有如下几家：

（1）我国新时期最早开办的广播交通台是上海人民广播电台的交通台。该台于1991年9月28日诞生，是中国内地第一家以交通信息为主导的广播媒体。2002年7月，上海文广新闻传媒集团对上海交通台进行重组。2004年1月1日，上海交通台改版，实施全天24小时播出，其声音传遍上海每一角落，有效覆盖人群近一亿，有效收听群达253.8万人。

（2）广东人民广播电台羊城交通广播台，于1993年7月30日正式开播，是全国第一批、华南地区第一家专业交通电台。该台尽管是省级电台的频率，但主要在广州地区发射信号，用粤语播报广州的路况信息。该台2006年在广州地区的收听率一直居于前三名，同时也是珠三角地区收听率最高的电台之一，在听众中享有较高的声誉。2007年1月8日，该台全新改版，正式亮出“换新装上新路”的口号，以增强服务性、欣赏性和娱乐性为目标。

（3）北京人民广播电台交通台——“北京交通广播”从1993年12月8日起正式开播。该交通频率由北京人民广播电台与北京市交通管理局合办，每天24小时不间断播音。全天节目内容有新闻、服务信息，知识性、服务性、娱乐性专题，整点报告天气情况，重要信息随时插播等，其名牌栏目有《一路畅通》。该台的经济效益相当不错，2000年起，“北京交通广播”连续4年刷新了全国广播媒体单一频率广告年收入的纪录。2004年，“北京交通广播”的广告收入为1.7亿元，占北京人民广播电台收入的近一半。[57]

（4）天津人民广播电台交通台于1994年1月1日创办。它以驾驶员、乘车人及出行市民为主要目标受众。天津交通台使用当时国内现代化水平最高的广播数字化播出系统，全天24小时播出。2004年1月1日起，天津交通台节目大改版。

以上广播交通台在内容上一般辟有天气预报、交通信息及路况播报、本埠新闻播报，同时转播CCTV的《新闻联播》、《焦点访谈》，还办有读报、音乐节目、在线收听、谈话节目等，以及书场、故事会、车友会、汽车文化、红绿灯等专题栏目。交通台的广播节目都办得比较“活”、生动，信息量大，收听率高。在广播媒体整体并不景气的情况下，交通台可谓一枝独秀。

【“央广”第一套频率节目的改版】谈话节目是广播媒体优势之一。2001年1月1日，经过长达半年之久的调研、酝酿和筹备，中央人民广播电台在第一套节目（12：00—13：00）推出大型谈话节目《午间一小时》。作为国家广播电台，在中午黄金时段开办一个以社会热点话题为主的谈话节目，这是前所未有的。《午间一小时》具有以下鲜明的特色：①严把选题关。所谈话题保持高品位，不猎奇，真正体现国家电台的导向和权威性。充分利用谈话体形式，积极配合重点宣传。②背景材料翔实，对问题的探讨、剖析有深度。谈话主持人广泛搜集资料，有充分准备。编辑与所邀请的谈话节目的主角——嘉宾（各方面的专家）之间有充分的沟通，使嘉宾了解编辑的意图和目的，让嘉宾充分发挥作用。③强调、鼓励创新，使谈话节目丰富多彩、生动感人，增强可听性。[58]

中央人民广播电台第一套频率中的节目都是该台历史最悠久、覆盖面最广的新闻节目。2004年1月1日，“央广”第一套频率经过重新打造，以“中国之声”的呼号在当天正式开播。改版后的“中国之声”保留了原第一套频率中在全国拥有广大听众的名牌节目，如早上6点30分及9点播出的《新闻和报纸摘要》、《全国新闻联播》，早间名牌节目《新闻纵横》、《晚间浏览》、《新闻背景》、《世界报道》、《法制中国》、《国际时空》、《体育直播间》等，同时又全新推出《第一报告》、《新闻直播间》、《财经在线》、《传媒要览》、《人物春秋》、《要案调查》等强档节目，使其内容更丰富、更全面。

2009年元旦起，“中国之声”再次大改版。改版宗旨是“快字当头，策划为先”。改版后，一是进一步加强了新闻的时效性，对随时发生的新闻，作随时跟进的报道，这样便使“第一时间、第一现场、第一话语权的报道多了”；二是邀请专家、学者对新闻作及时深入的解读和点评。

【“中国广播联盟”的成立】2009年6月18日，由中央人民广播电台发起的“中国广播联盟”（CBU）在北京正式成立，首批成员台132家。该联盟是一个专业性、非营利性的全国广播界合作组织，以“自愿、平等、互利、共赢”、“权利与义务对等”为原则，以期达到广播业界“五大平台”共享、品牌推广及加快与新媒体相融合步伐等目的。所谓“五大平台”系指节目共享平台、中国广播网“中国广播联盟官方网站”平台、《中国广播》杂志平台、《中国广播报》平台、“中国之声”《直播中国》栏目平台。

三、新世纪“央视”的改革与“凤凰卫视”的崛起

（一）“央视”的改革与创新

【《东方时空》的改版】1993年5月1日，中央电视台新闻中心推出全长40分钟的新闻杂志型栏目《东方时空》，每天7点20分在第一套节目中首播。1993年10月间，中央

电视台新闻中心在《东方时空》、《观察思考》（其前身是“央视”第一个评论性专栏《观察与思考》，于1980年7月12日开播）节目组的基础上，正式成立“新闻评论部”。该部成立后，在《东方时空》栏目中推出了不少优秀的电视节目。如1994年4月1日起，在“央视”第一套节目黄金时段19点38分的《新闻联播》之后，推出新闻述评性专题节目《焦点访谈》；1996年3月16日起，又在“央视”第一套节目推出大型主持人谈话节目《实话实说》；1996年5月17日起，再次推出大型新闻评论性栏目《新闻调查》。

进入21世纪后，中央电视台新闻评论部开始对《东方时空》进行大刀阔斧的改革。2001年10月10日，中央电视台作出决定，对150分钟的《东方时空》进行改版，压缩成40分钟。这一次改版最大的创新亮点是出台了一个新的子栏目《时空连线》。这个节目的形态是由演播室的主持人连接不同地方的嘉宾，对一个新闻事件的兴趣点进行背景式的分析。而被采访的各地嘉宾有的本身就是新闻事件的当事人或亲历者，也有的是权威人士，他们对新闻事件进行由表及里、由此及彼的深度分析，这样，对新闻事件的解读就有了深刻性和全面性。另外，《时空连线》还有一个重要特色就是时效性强。该栏目有不少节目给人的感受是有“露水感”、“鲜活”。有很多节目都是说近日发生的事情，有的甚至说当天的新闻。比如说中国人“入世”签字这个节目，前方凌晨采访，后方7点多就播出了。此外，对《东方时空》中原有的节目如《东方之子》、《百姓故事》也进行了改革。改革后，这两个节目都进一步增强了新闻性，如《东方之子》更加关注新闻人物，选取带有新闻性的“时代骄子”作为报道对象；《百姓故事》本来是制作周期比较长、带有纪录片色彩的节目，改革后也要求它有新闻感，注重在时代和新闻事件大背景下选取人物。同时，《百姓故事》改版后改进了叙述手法，讲究故事性和悬念，“拍事中人”、“先有事再拍人”，从而使节目更加吸引人。[59]

【《面对面》节目的创办】2003年1月11日晚7点15分，《面对面》作为《东方时空》的周末版在中央电视台一套正式开播，由著名电视节目主持人王志主持。第一期节目是《胡润：为中国富豪排行》，节目选择的人物是一位带争议性的美国小伙子胡润。到了4月，《面对面》开始进行“非典”系列报道，如4月19日，《面对面》“非典”系列报道的第一期节目《李立明：“非典”报告》与观众见面，接下来的十多天里，《钟南山：直面“非典”》、《张积慧：前线日记》、《姜素椿：生死试验》、《王岐山：军中无戏言》相继在中央电视台一套黄金时间播出。这段时期关于“非典”系列报道节目的热播，让观众认识了《面对面》、记住了《面对面》，也终于使该节目一举成名。

2003年下半年，《面对面》节目的策划者们又一次抓住机遇，进一步扩大了该节目的影响力，那就是对“神舟五号”载人飞船发射成功的报道。

2003年10月15日至16日，中国第一位航天员杨利伟乘坐飞船遨游太空，实现了中华民族的“飞天”梦想。

早在2003年8月4日，《面对面》就采访了“神舟五号”载人飞船总设计师戚发轫，提前进入对“神五”的报道。9月3日，王志又采访了航天员杨利伟和聂海胜。接着在正式对“神舟五号”升空这一重大新闻事件的报道中，《面对面》在10月18日开始播出《杨利伟：飞天圆梦》，10月19日播出《戚发轫：解读神舟》，10月25日播出《霍志刚聂海胜：等待飞翔》，10月26日播出《吴川生：航天员的故事》，10月27日播出特别节目《伴你飞翔》。连续两个星期，《面对面》对“神舟五号”的成功发射作了系统的、多侧面的全景式报道，尽管影响不及“非典”报道，但仍收到了良好的效果。

到2004年3月27日，《面对面》在《东方时空》栏目中播出最后一期节目《吴青：代表人民》后，从此退出了该栏目，也退出了在一套首播、四套重播的平台，改在新闻频道播出。

中央台《面对面》节目是借鉴20世纪50年代美国最负盛名的电视新闻节目 *Face to Face*（或 *Person to Person*，翻译成中文叫“面对面”）而创办起来的。早年主持 *Face to Face* 这一节目的是美国CBS电视台（哥伦比亚广播公司）前广播明星主持人爱德华·默罗。默罗从广播转行电视，成为CBS第一代电视节目主持人后，创办了这档节目，以后影响巨大。由默罗创办的这个带有新闻性的访谈节目开播于1953年，直至1959年6月26日停播。在此期间，默罗先后邀请了500多位嘉宾参与该节目。“央视”的《面对面》在借鉴CBS《面对面》的基础上又进行了一系列创新。该节目的最大特点就是一对一访谈的节目主持方式，即主持人与被访者一对一访谈的形态。一档节目，只有两个人面对面地说话，这样的节目难免单调，它靠什么来吸引观众呢？王志说：“没有任何修饰的谈话节目，只能靠语言吸引观众，让观众在听到这些语言的时候感到刺激，想接着往下听。”王志的采访风格被同行称作“质疑”风格。王志也说：“质疑是我提问的方法，我和被采访人之间，我永远是个配角。我首先要倾听，再提出问题，我还要在倾听时想办法用我的问题配合他讲出他们内心的故事。我认为质疑是揭示真相的捷径。”

中央电视台《面对面》节目开播后，几周内它的收视率便在《东方时空》新闻栏目中名列前茅。节目开播伊始，正值“非典”肆虐，《面对面》节目组记者们深入抗击“非典”第一线，采访了钟南山、北京市代市长王岐山以及奋战在医疗前线的医务工作者。节目报道抗“非典”战役及时深刻，播出后，社会反响强烈，全国的电视观众也因此很快认识了《面对面》节目制作者以及主持人王志等。[60]

王志生平与业绩：王志1986年毕业于湖南师范大学中文系，3年后又在该校文艺美学专业研究生毕业。1989年被分配到湖南电视台新闻节目中心做新闻记者。在湖南电视台工作期间，曾到郴州地区电视台锻炼一年半，并被借调到深圳有线电视台做记者。1994年2月进中央电视台，在《东方之子》节目中任记者和主持人；1996年2月进入中央电视台新闻评论部，在《新闻调查》栏目中任记者和主持人。2002年5月开始筹建《面对面》栏目，2003年1月起在《面对面》栏目中任制片人、主持人和出镜记者。

在《东方之子》工作期间，王志分别于1994年、1995年、2002年三次获得中国电视新闻一等奖，1996年在“金士明”杯全国电视节目主持人大赛中获得新闻奖的金奖，1999年王志参与制作的电视节目《生命》获得亚广联特别奖。

【“感动中国”：典型报道的创新】《“感动中国”·年度人物评选》是由中央电视台精心策划、倾力打造的一档宣传精神文明建设的品牌栏目。该栏目起初由中央电视台新闻评论部创办，后由“央视”新闻中心社会专题部活动直播组承办。从2002年10月起到2009年2月，该栏目已成功举办了七届颁奖典礼，创造了一种新型的典型人物宣传模式。它以评选出当年具有震撼人心、令全国人民感动的十位典型人物（包括少量的集体典型）为主要内容，在过去的7年间，共推出了60多位先进典型人物和好几个先进典型集体（如三峡移民、中国女排等）。在先进典型人物中，有徐本禹、高耀洁、田世国、丛飞、王顺发等来自民间的杰出人士，也有成龙、濮存昕、刘翔、姚明等光彩照人的影视文体明星，还有季羡林、钟南山、钱学森、黄昆、袁隆平、桂希恩、黄伯云等睿智学者及科学家，以及郑培民（湖南省委副书记）、牛玉儒、任长霞、张瑞敏（海尔集团首席执行官）

等"百姓孺子牛"式的"人民公仆"及企业家，这充分显示了新世纪典型报道的平民化和多元化趋势。"感动中国"具有强烈的感染力，每个先进典型人物身上都有一种让观众感到心灵震撼的精神力量。观众说："看完'感动中国'，真像是经历了一场灵魂的洗礼。"

2002年10月，中央电视台新闻评论部首次启动"感动中国·2002年年度人物"评选活动，这是国内媒体第一次以"感动中国"为主题评选年度人物。

2003年2月14日，举行第一届"感动中国·2002年年度人物评选"颁奖典礼。

2004年2月12日，举行第二届"感动中国·2003年年度人物评选"颁奖典礼。

2005年2月17日，举行第三届"感动中国·2004年年度人物评选"颁奖典礼。奥运冠军刘翔、"杂交水稻之父"袁隆平、人民公仆牛玉儒、女公安局长任长霞、青年志愿者徐本禹、为母换肾的田世国、飞机试飞员梁万俊、缉毒警察明正彬、艾滋病防治专家桂希恩、驻伊拉克前大使孙必干等当选"感动中国个人"，中国女排则当选"感动中国团体"。晋岭《〈感动中国〉给我们的启迪》（载2005年3月17日《人民日报》第九版）一文中云："中央电视台用了短短三年时间就树起了一个让整个民族动容的'精神品牌'，在观众中产生了广泛影响。"

2006年2月9日，举行第四届"感动中国·2005年年度人物评选"颁奖典礼。

2007年2月26日，举行第五届"感动中国·2006年年度人物评选"颁奖典礼。

2008年2月17日，举行第六届"感动中国·2007年年度人物评选"颁奖典礼。张晓明《〈感动中国〉，铸造精神品牌》（载2008年2月20日《人民日报》第11版）一文中云："每一年颁奖盛典的播出，都是举国上下难以平静的时刻。今年的《感动中国》再度唱响了让整个民族为之动容的精神史诗。"

2009年2月5日，举行第七届"感动中国·2008年年度人物评选"颁奖典礼。

在前后七届"感动中国·年度人物评选"及颁奖活动中，中央电视台创造了一种全新的典型报道及先进人物宣传模式。整个活动分为两个阶段进行：一是推选并确定"十大人物"，二是现场直播颁奖典礼。在推选阶段，推选前首先确定"年度人物"的定义，即人物事件发生在本年度，或人物在本年度引起社会广泛关注。同时确定推选标准：

（1）为推动社会进步、时代发展作出杰出贡献，获得重大荣誉并引起社会广泛关注。

（2）在各行各业具有杰出贡献或重大表现，国家级重大项目主要贡献者。

（3）爱岗敬业，在平凡的岗位上做出了不平凡的事迹。

（4）以个人的力量，为社会公平正义、人类生存环境作出突出贡献。

（5）个人的经历或行为，代表了社会发展方向、社会价值观取向及时代精神；个人在生活、家庭、情感上的表现特别感人，体现中国传统美德和良好社会风尚。

推选活动开始后，先由组委会在广泛搜集一些人物资料的基础上，推出候选人物及推荐人选，并写出推举理由及他们的先进事迹材料；然后再经公众投票和组委会最终评议，确定年度"十大人物"。

颁奖典礼在著名电视节目主持人白岩松和敬一丹的主持下，由四段式程序完成：①播放获奖人物的短片。短片编辑从获选人物大量的先进事迹素材中，提炼出最能凸显人物个性特征和精神世界、最容易打动人心的细节和闪光点，通过短片呈现在观众面前。这些典型细节往往具有感人至深、催人泪下的力量，给观众留下深刻的、难以磨灭的印象。②获奖人物登场亮相。这时"感动中国"安排了主持人敬一丹或白岩松对获奖者现场采访的环节。这一环节虽然只有短短两三分钟，却让获奖人物在与主持人的真诚交流中倾吐心声，使观众加深了对获奖人物的了解，亲眼看到给他们的心灵带来强烈震撼的获奖者的风采。③由主持人朗读推荐词和颁奖词。这些推荐词和颁奖词都是组委会为每位获奖人物“量身”撰写和打造的。推荐词和颁奖词往往采用简洁凝练、优美生动的语句，高度概括人物的主要事迹和精神内涵，并借助文字的修辞手法，将感性的情感凝结为理性的总结。在句式上，长短结合，骈散并施，描写、议论、抒情各有侧重，比喻、排比、连环等修辞手法综合运用，再加上诗文警句的不时引用，使整篇颁奖词文辞优美、意趣深远，从而产生很强的感染力。④为获奖者颁奖。此时，由少先队员组成的仪仗队，排列整齐、鼓声阵阵，针对每一位获奖者的特点而制作的颁奖音乐也响了起来。两个小朋友各自把手中的奖杯和鲜花献给获奖者。七届“感动中国”典礼的颁奖人往往不是官方领导、学界权威，而往往是天真的儿童、佩带红领巾的少先队员、身着白色衣裙的少女，或是节目主持人、上一届的获奖者。在这些平凡的颁奖者的背后，往往隐含着这样的信息：“感动中国”是民间的、朴素的、公正公平的，这些最终的获奖者都是百姓们公推公选出来的、具有深厚群众基础的先进典型人物。同时，儿童、少年和少女代表着纯洁、代表着“感动中国”获奖人的感人精神带来了民族明天的希望。而奖杯由主持人及上一届获奖者来颁发，则象征着获奖人感人精神的年年传递、生生不息。

“感动中国”节目虽然前后仅两个小时，但无论从内容到形式都极富创意。

【《百家讲坛》的成功举办】21世纪初，曾有两档讲坛式电视节目风靡全国，影响巨大，一是“凤凰卫视”的《世纪大讲堂》，二是“央视”的《百家讲坛》。《世纪大讲堂》于2001年1月开讲播出，该讲堂就国内外社会各界所关心的议题作专题性的讲座，展示新世纪人文和自然科学的最新动向。此后，该栏目成为凤凰卫视的经典栏目，同时也造就了一批“名嘴”。

在《世纪大讲堂》开讲播出半年后，2001年7月9日中午，“央视”《百家讲坛》这个汇集各路文史专家、学者，如同“开放式大学”的讲坛也正式开讲播出。该讲坛的宗旨是：“传统文化、服务大众、深入浅出，雅俗共赏。”主讲者们往往采用“电视说书”的形式，把中国古典文史著作、古代历史、古代文化用现代词汇来诠释和解读。故事化+通俗化+现代化的演绎，生动传神。主讲人各有个性，各有风采，深受观众喜爱，收视率顿时飙升。早期影响较大的讲座有学者阎崇年的《清十二帝疑案》、著名作家刘心武的《揭秘〈红楼梦〉》等。2005年4月，厦门大学教授易中天在《百家讲坛》开讲的《汉代人物风云》、《品三国》更是轰动一时。接着，北师大教授于丹在2006年“十一”黄金假日期间，也在“百家讲坛”连续七天解读《论语》，同样获得满堂喝彩。与此同时，出版界也善于跟风借势，他们又将《百家讲坛》讲稿结集出版，进行文史资源的第二次开发利用。在编辑出版过程中，出版社又对讲坛内容一些现场表述进行了补充、考订和完善，对一些不足之处进行了修改、错误之处进行了改正。讲坛内容整理出版后，深受读者欢迎，如中华书局出版的于丹的《〈论语〉心得》一下就卖了290万册；《〈庄子〉心得》第一次印刷100万册，才3天就卖了80万册。香港“凤凰卫视”的《世纪大讲堂》的讲稿很早就被出版社编成《世纪大讲堂》文集（1—3卷）出版发行（辽宁人民出版社，2002年9月出版）。

专家学者利用媒体传播各种知识和思想，并以其独特的视角和通俗生动的表达，引领大众走向文化的殿堂，这无疑是有积极意义的。同时，此举也大大提升了电视节目的文化品位。

【电视频道专业化与“央视”全英文频道、专门新闻频道的开播】 20世纪末起，随着中国新闻传播体制的改革和人们关于电视传播观念的改变，1999年5月23日，福建电视台新闻频道开播，这是中国内地第一家电视专业新闻频道，全天24小时滚动播出新闻资讯。与此同时，江苏电视台也开始开办专门的城市新闻频道，紧接着，各省电视台也相继推出以专业化形式命名的各类专门频道。从此，我国电视传播业由“节目竞争时代”进入群雄并起的“专业频道竞争时代”。21世纪初起，国家广电总局在关于广播电视集团化发展的相关文件中规定：“无线台与有线台必须合作。有线不设台，主要职能是传输，同时继续保留节目频道，实行频道化管理，逐步实现频道的专业化、对象化。”这就为我国电视频道专业化改革提供了制度上的保障和支持。

“央视”全英语频道的开播：2000年，CCTV－9频道正式开播，后发展成为一个24小时向海内外观众播出的全英文频道。CCTV－9频道成立时，将自身定位为“让世界了解中国的窗口”，着重突出传播中国文化的功能。因此，在频道的整体包装上呈现出浓郁的中国文化的特色。如频道台标以中国围棋为创意主题，由9个棋子围成方形的“9”字，代表CCTV－9频道。再从频道宣传片来看，着重运用了中国传统文化中的“琴棋书画”元素，表现中华文化的博大精深，并采用了水墨画、京剧人物脸谱等具有中国特色的手法来演绎画面，给人以强烈的美感和浓厚的文化气息。在栏目的包装上，新闻类节目借鉴当时国际上流行的简洁原则，放弃了那种烦琐的多画面叠加的方法，采用简洁、平实、直观的包装手段，并采用单一的蓝色色调，以表现新闻报道冷静客观的特点。而在专题节目方面，则更加强调了中国文化的气息，以和频道的整体形象相配合。2002年，CCTV－9频道开始改版，从频道定位、包装及表现手法，甚至台标设计、片头制作和整体编排都作了重大改变。首先，频道定位在保持“让世界了解中国的窗口”的基本口号下，从“文化”向“新闻”转变。在具体内容上，从传播中国文化、树立文化中国的形象，转变为传播中国资讯、树立现代中国的形象，同时更加强调宣传中国的经济发展和国际化。在频道宣传片中，不再像以前那样融入强烈的中国文化元素，取而代之的是改变中的中国城市景观、农村画面和重大新闻事件的现场画面片断和具有新时期时代特征的人物形象。在表现手法上更加与国际接轨，大胆采用新颖的创意，并运用Flash动画、三维等手段来丰富效果。在音乐和节拍上也更加强调快节奏，以适应人们新的审美观。2003年5月，为了响应中宣部“打造真正的国际化频道”的要求，CCTV－9频道再次改版。通过改版，9频道重新调整定位为“了解中国和世界的窗口”，将报道国际新闻与报道中国新闻放在同等重要的地位。同时，逐渐淡化频道的国家色彩，努力塑造国际化的频道形象。此外，尤其值得注意的是，9频道还大胆借用“外脑”来调整自身形象的打造，邀请了福克斯集团的资深电视人John Torrenzio作为海外特别顾问，让他定期提供全面的咨询和改进建议。如频道吸取了他提出的“谨慎使用中国元素”、“从受众的需求和收视习惯出发”、“考虑海外观众的不同审美标准”等建议。在改进整体音乐包装时，聘请了海外资深音乐人来专门谱曲并录制更加原创的国际化的频道标志性音乐。以上举措体现了CCTV－9频道的开放意识、国际化大视野和创新精神。[61]

专门新闻频道的开播：国际传媒大亨默多克曾经断言：“一个没有新闻频道的电视媒体毫无价值。”20世纪90年代，世界上不少国家和地区的电视媒体纷纷从娱乐媒体向新闻媒体转型，如美国的CNN、FOX，香港地区的“凤凰卫视”，台湾地区的东森、民视等都是这类转型成功的电视台。

2003年1月6日，香港凤凰卫视资讯台在中国内地按境外媒体管理方式准许有限落地——获准在内地广东及内地三星级以上宾馆等处有限落地。这是当时海外第一个落地内地、全天24小时滚动播出时事、财经新闻的中文频道。

在凤凰卫视资讯台的影响下，2003年5月1日清晨6点整，中央电视台新闻频道（第13频道）也开始试播，这是国内首个通过有线电视网络覆盖中国全境绝大部分地区的纯新闻频道。该新闻频道是在中央电视台成立45周年（1958年5月1日至2003年5月1日）之际开始试播的，每天24小时播出。2003年7月1日起，该频道正式开播。它号称是一个"更多、更快、更全面"的专业化新闻平台，节目内容有与重大新闻事件同步的"现场直播"，也有对国内、国际重大新闻的权威解读，全天24小时滚动播出新闻。这是作为国家电视台的"央视"践行"新闻立台"理念的重大举措。

【"电视漫画"、"植入式电视广告"的出现】据研究者考证：Flash（本义是"闪光"、"闪耀"，引申为"动画"）技术诞生于1996年，是由著名的多媒体公司Macromedia开发的网络动画工具。其诞生之初主要被用来设计制作网络广告、产品展示、片头动画、网络游戏、卡通动画以及教学片等。随着Flash技术从Flash3、Flash4到Flashmx的日益发展和完善，该技术已经从单纯的网络动画工具演变为功能强大的多媒体编辑软件。这些网络动画的创作者及制作高手往往被称为"闪客"，甚至在互联网上形成了"闪客文化"。进入21世纪以后，我国电视媒体大胆借鉴网络媒体的长处，将网络动画移植到电视荧屏上，这无疑丰富了电视综艺节目及电视娱乐节目的表现手法和表达方式。2003年1月12日，"旅游卫视"与著名Flash网站"闪客帝国"率先推出国内第一档周播Flash动画节目《闪客阵线》；2004年7月18日，西安电视台推出的新闻娱乐综合节目《西安零距离》，其中《新闻也娱乐》版块也容纳了Flash作品。这些都是最早的一批电视漫画及电视动画节目。

2004年10月8日起，中央电视台"综合频道"（第3套节目）全新改版，原有的34个栏目被缩减至22个，包括《综艺大观》在内的曾经在中国电视界风靡一时的名牌栏目都被砍掉了。而新设的6个栏目中，一个全新的动漫娱乐节目——《快乐驿站》令观众耳目一新，深受欢迎。该节目开播后，收视率一路攀升。《快乐驿站》以"电视漫画"、"电视动漫"的形式向观众讲述人情世故、世俗百态，生动活泼，充满活力和魅力。同时，《快乐驿站》还对原有的著名相声、小品作品进行再创作式的"翻拍"，如姜昆的相声精品节目《虎口遐想》和赵本山的著名小品《心病》、《卖拐》、《昨天、今天和明天》等都曾被重新"翻拍"。此外，中央电视台还开始创作和播出电视动漫连续剧。

《快乐驿站》在运营机制上采用"制播分离"的方式，主要向民间网络闪客高手征集原创的动漫作品，保证日播栏目所需的庞大的节目供给。[62]

在2005年"春节晚会"节目中，中央电视台最早引入"植入式广告"。所谓"植入式广告"（Product Placement）是指一种把产品形象"植入"电视节目、电影片等媒介中进行宣传的广告形式，也就是把产品当作表演道具、背景来作广告宣传。在2005年"春节晚会"中，太子奶第一个祝贺全国人民新的一年幸福安康；NCE手机能报时；在小品"祝寿"中，"娃哈哈非常可乐"、"珍奥核酸"等饮料被当成礼品；在小品《浪漫的事》中，演员把蒙牛牛奶举到身前数次，他的"儿子"还特意端起一大瓶蒙牛牛奶在镜头前晃动；在小品《男子汉大丈夫》中，"娃哈哈矿泉水"作为道具摆在桌上，演员特意说要喝口水，镜头一下子又转到“娃哈哈矿泉水”上，还说“再带上一瓶……”；另有小品《笑谈人生》中，两位对坐的演员喝的是“喜力啤酒”，桌子上摆的也是“喜力啤酒”等。由于“春晚”聚焦了全国十多亿人民群众和千百万海外华裔、华人注意力，其“植入式”（或称“置入式”）广告产生了无法估量的影响力。[63]

（二）“凤凰卫视”的崛起

1996年3月31日，凤凰卫视中文台在香港诞生，其总部设在香港九龙红磡德丰街18号海滨广场1座9楼。该台以服务大中华地区为主，其前身是卫星电视（现时的“星空传媒”）旗下的卫视中文台。卫视中文台于1991年开播，其后被默多克的新闻集团收购，随即进行改组，并引入刘长乐和陈永祺等人作为投资者。直到1996年3月31日，“凤凰卫视中文台”从“卫视中文台”中独立出来，专门对大陆和香港进行电视广播（“卫视中文台”则继续对台湾地区广播），并于日后又陆续开播了电影台、资讯台、欧洲台、美洲台。凤凰卫视的主持人和编辑、记者来自中国大陆、香港和台湾。“凤凰卫视”（凤凰卫视控股有限公司）于2000年6月30日在香港创业板挂牌上市。2001年，国家广电总局批准凤凰卫视中文台进入珠江三角洲地区的有线网，成为成功进入中国内地市场的主要卫星电视经营商。

【新世纪，“凤凰卫视”与“央视”的竞争】进入21世纪后，凤凰卫视迅速崛起，其标志性的活动是对几次重大的国际新闻及突发事件的采访报道，从而奠定了它在新世纪初中国电视业界显赫地位的基础。

“凤凰卫视”对“9·11”恐怖事件的报道：2001年9月11日上午，美国纽约世界贸易中心和华盛顿五角大楼接连遭到飞机撞击而引发爆炸——这就是震惊全球的“9·11”恐怖事件。恐怖事件发生后的几个小时内，总部设在香港的凤凰卫视台是千千万万中国人唯一的信息来源。央视只在恐怖袭击发生后作了简单的播报，其后直至午夜之前都没有提供任何其他的信息，而开播只有短短5年历史的凤凰台却对此次突发事件进行了36个小时的直播和连续报道。

凤凰卫视自从抢得了全程直播“9·11”事件的先机后，又频频在国际重大新闻事件及突发事件报道方面得手，并形成了它最大的卖点和竞争优势。他们以独具风格的新闻与及时、全面、快速、深入的报道吸引了大批观众，尤其在中国内地的观众中产生了广泛的影响，形成了深刻的印象，并成功培养了内地观众“有大事、看‘凤凰’”的收视心理。而“央视”在国际重大新闻报道上的疲软和缺席，又给凤凰卫视争夺内地观众提供了可乘之机。

“凤凰卫视”对伊拉克战争的报道：2003年3月2日上午，美国发动的对伊拉克的战争爆发。凤凰卫视中文台和资讯台便同时迅速进入直播状态。播出24小时后，中文台暂停直播，而资讯台则继续对伊拉克战争进行24小时滚动报道。到3月24日下午，凤凰卫视资讯台的伊战连续直播报道已突破100个小时，创下了华语电视直播时间最长的纪录。到3月25日，凤凰卫视已有5路记者在战地前线各个新闻点进行报道。其中闾丘露薇和蔡晓江已到达伊拉克首都巴格达，在战争的核心位置进行现场报道；莫乃倩则登上了美军罗斯福号航空母舰，进行嵌入式报道；隗静则在科威特采访，随后也进入了伊拉克边境；沈玫琦赴卡塔尔首都多哈，在美军前线中央指挥部作报道；严明进入土耳其，旋到伊拉克北部进行报道……[64]有人评价凤凰卫视的伊战报道云：最强大的记者阵容＋最快捷的报道+最亲切的评论+最具独创性的栏目组合=凤凰卫视的再次腾飞。

在伊战报道中，凤凰卫视积累了宝贵的战地报道经验：在突发事件到来之前，他们就未雨绸缪，排兵布阵，做好了预案；战争真正爆发的时候，他们便以最强大的能量冲击受众的视线。像伊拉克战争爆发的时候，凤凰卫视马上停止正在播出的固定节目，改播伊战消息；其在内地落户的两个频道中文台和资讯台，在战争爆发的第一时间，便以最快的速度同步推出了一个唯一的节目（而且是后来10多个小时内播出的唯一一个节目）——《海湾最前线》。与此同时，早已驻扎在世界各地，尤其是海湾地区的凤凰卫视的记者们，马上行动，抢新闻、抢速度、抢独家、抢内幕，并将此"四抢"发挥得淋漓尽致，令西方媒体的记者们叹为观止。凤凰卫视在这次伊战报道中，着实为华语世界的媒体争了一口气，将中国电视媒体记者的形象推向了世界。当"央视"正大量转播CNN、FOX的新闻，为西方媒体价值观大做免费广告宣传时，凤凰卫视的突起，无疑为我们树立了一个新的榜样，即中国电视媒体的新形象。

"凤凰卫视"对别斯兰人质事件的报道：2004年9月1日，在俄罗斯北奥塞梯共和国别斯兰市第一中学，发生了恐怖分子劫持上千名人质的事件。凤凰卫视驻莫斯科特派记者卢宇光第一时间赶到现场，并在现场出镜作独家报道。

凤凰卫视是最早报道别斯兰事件的华语媒体，其驻俄记者卢宇光在现场进行的报道，使中国媒体第一次达到与CNN同一水平的境界。早在2002年莫斯科人质事件发生时，卢宇光就被凤凰卫视临时请来担任凤凰卫视特邀记者。卢宇光因当天鲜活的一线报道赢得了好评，到第二天出镜时，他已是凤凰卫视驻莫斯科记者了，不久便成为凤凰卫视驻莫斯科首席记者。

卢宇光，1983年毕业于辽宁师范大学外语系，他参过军，在国内期间同样是做记者工作。1994年赴莫斯科求学，1997年获得莫斯科莱蒙诺索夫大学新闻学硕士学位、2003年又获该校博士学位。一段时间里，他先后在俄罗斯公共电视台（OPT）和俄罗斯东方电视台的新闻评论部工作，现为凤凰卫视驻莫斯科首席记者。当年，卢宇光和"无薇不至"的闾丘露薇同是凤凰台记者群中最为有名的两位战地电视记者。

【"造星"、创新与强大的品牌效应】善于"造星"、创新是凤凰卫视的最大优势和特色。1998年3月19日，九届人大一次会议举行记者招待会，当时的朱镕基总理在回答记者提问时，亲自点名吴小莉，使她和凤凰卫视声名远播。凤凰卫视始终注重明星战略，注意全方位"包装"、宣传自己的编播人员及节目主持人、时事评论员，并为他们量身定做了一系列节目。随着《时事直通车》、《凤凰早班车》、《非常男女》、《锵锵三人行》、《文涛拍案》、《小莉看时事》、《冷暖人生》、《风云对话》、《时事评论》、《有报天天读》、《军情观察室》等节目的日益风靡，吴小莉、陈鲁豫、窦文涛、陈晓楠、曹景行、阮次山、杨锦麟、董嘉耀、马鼎盛等节目主持人也都成了中国内地家喻户晓的电视明星。

媒体是创意产业，必须不断创新，才能在激烈的竞争中立于不败之地。凤凰卫视的节目从内容到形态，都不断创新，永不停步。如《凤凰早班车》最早开始"说"新闻而不是"播"新闻的尝试，《锵锵三人行》是华语电视媒体中较早"移植"借鉴美国电视"脱口秀"的节目，《文涛拍案》则采用"评书"的形式"讲"新闻，《有报天天读》天天"读"报信息量大。此外，如《DV新时代》、《时事评论》、《军情观察室》等也都是一些富有创意的栏目。再如凤凰卫视的专题节目及电视纪录片节目《冷暖人生》、《凤凰大视野》等都富有深度和厚重感、历史感，具全球眼光，故视野广阔。凤凰卫视推崇人才第一，内容为王。每一栏节目、栏目都会有自己的“生命周期”，终究会由盛而衰并逐渐淡出，而有了充满活力和创新精神的人，节目就可以常办常新。正是有了善于创新的“凤凰人”，凤凰台才有了持续发展的动力和源泉。

凤凰卫视还擅长策划大型的采访活动。1997年6月30日起，凤凰台用60小时连续报道香港回归前后实况，直播中英政府交接仪式全过程。2001年5月14日起，凤凰卫视与内地电视台合作拍摄《寻找远去的家园》，途经十三个省市，行程22 000公里，历时135天。此外，其他可圈可点的大型采访活动还有行程4万多公里、途经八个国家的《千禧之旅》、《欧洲之旅》、《穿越风沙线》、《两极之旅》等。几乎每一个焦点时刻、每一次重大事件发生都会留下凤凰台的印记，从黛安娜王妃葬礼、江泽民访美、克林顿访华到1998年的抗洪救灾、北约轰炸中国驻南联盟使馆、“9·11”事件等重大历史时刻，凤凰台在记录历史的同时也成就了自己。

凤凰台还特别善于运用自身品牌的影响力来大力开发广告资源。凤凰台的不少名牌栏目都冠以企业名，为它们作广告宣传。如“‘长虹’特约之《鲁豫有约》”、“‘新天’葡萄酒特约之《娱乐王国》”、“‘格力’《凤凰气象站》”、“‘大红鹰’之《大红鹰剧场》”、“‘潍柴动力’《凤凰大视野》”、“‘瑞麒’《风云对话》”、“‘天力士’特约之《今日看世界》”等，都是出售冠名权的经典栏目。像海尔、红塔山、康佳、长虹、茅台、徐工、玉柴、潍柴等内地大企业都曾是凤凰台的广告客户。[65]

四、各省市电视台的改革

（一）电视民生新闻节目的兴起

所谓“电视民生新闻”是指用电视的形式，关注、报道人民群众的生活、生命、生存状态，反映、报道老百姓的衣、食、住、行、吃、喝、玩（旅游等）、乐（娱乐等）、生、老、病、死等生存、生活、生计方面的诸多问题。我国的电视民生新闻节目，是从20世纪90年代中后期及21世纪初陆续兴办起来的。早在1995年，北京电视台就开播了《点点工作室》（1998年改名为《元元说话》、1999年后改名为《今日》）。1997年，北京电视台又开办了《北京特快》。1999年，黑龙江电视台首开《新闻夜航》专栏，福建电视台新闻频道开播《现场》栏目（1999年5月23日开播），成都电视台开播《今晚8:00》。到21世纪初，电视民生新闻节目蓬勃兴起，其中最著名的是江苏电视台的《南京零距离》。其他较为著名的电视民生新闻栏目（节目）有河南电视台的《民生大参考》（2001年4月1日开播）、湖南经济电视台的《都市一时间》（2001年5月18日开播）、吉林省电视台的《守望都市》（2001年9月3日开播）、昆明电视台的《街头巷尾》（2002年3月开播）及《晚间关注》（2003年开播）、陕西电视台的《都市快报》（2002年1月1日开播）及《都市热线》（2006年1月1日开播）、江苏卫视台的《1860新闻眼》（2003年11月28日开播）、安徽经济卫视台的《第一时间》（2003年7月28日开播）、成都电视台第五频道的《成都全接触》（2004年4月26日开播）、海南电视台的《直播海南》（2004年7月12日开播）、天津电视台的《都市频道60分》、山东电视台的

《民生直通车》（2004年7月1日开播）、湖北经视台的《经视直播》（2004年12月18日开播）、重庆卫视台的《天天630》（2004年初开播）、吉林市电视台的《直播江城》（2005年开播）、河南电视台8频道的《DV观察》（2007年2月5日开播），等等。同时，还出现了两档著名的方言电视民生新闻栏目，它们是广州电视台用粤语播报的《新闻日日睇》和杭州电视台“西湖明珠”频道用杭州本地方言播报的《阿六头说新闻》（2004年元旦正式播）。另外，还出现了专门的民生新闻频道，如2008年元旦，经国家广电总局批准，“河南电视台经济生活频道”正式改名为“河南电视台民生新闻频道”。该频道为全国第一家以“民生”命名的、专门的电视民生新闻频道，《民生大参考》乃其品牌产品。

【黑龙江省电视台：《新闻夜航》】1999年6月28日，时长30分钟的晚间新闻节目《新闻夜航》在黑龙江省电视台卫星频道首播。该节目坚持把“体现党的意志与反映人民心声有机结合起来”，其宣传词云：“关注您生活中的世事百态，讲述您身边的大事小情”，“关注民生，反映民意”。这是让平凡普通的人成为节目的主角；运用百姓朴实无华的语言，报道百姓的故事，让普通观众在观看节目时产生深深的共鸣；尤其关注弱势群体，注重人文关怀。《新闻夜航》报道百姓生活的方方面面，与百姓“贴心贴肝”，反映他们的酸甜苦辣、喜怒哀乐，关注老百姓的“生活、生命、生存”，成为黑龙江省收视率和观众满意度最高的新闻栏目。该栏目每晚至少有500万观众观看，曾多次获奖，包括五一劳动奖状、中国电视新闻一等奖、全国十佳电视栏目、中国广播影视大奖“荣誉新闻栏目”等奖项。2006年，《新闻夜航》还荣获第17届中国新闻奖名专栏称号。

2007年1月1日，黑龙江省电视台“都市频道”成立，《新闻夜航》改在都市频道播出；同年3月12日，《新闻夜航》改版。改版后的《新闻夜航》全新亮相，整个节目扩为60分钟，推出了“夜航调查”、“有事您说话”、“夜航相册”、“夜航气象”、“飞机时刻”等版块。节目包装更现代、节目内容更丰富，更加强调贴近性、创新性；更注重在舆论上倡导和谐、报道上促进和谐，更注意从建设性的视角报道民生新闻，并总结出“六不”原则：不偏激、不冲动、不破坏、不炒作、不盲从、不骄傲。改版后的《新闻夜航》还有两个最明显的变化：一是配备了SNG直播系统，把对新闻事件的现场直播作为日常的报道手段，观众可在电视荧屏前同步了解正在发生的重大新闻；二是增加了观众互动的环节，观众可以借助电视台新建成的SP短信平台、通过短信和电话的方式，直接参与到节目中来。这样，观众想说的话、想咨询打听的问题都可以及时地出现在节目中。

【江苏电视台：《南京零距离》】2002年1月1日晚间18:50至19:50，江苏广播电视总台城市频道推出了一档直播的大型民生新闻栏目——《南京零距离》。其宣传口号是：“南京零距离，就在你身边。”节目一播出，便引起了广大市民的关注，并逐渐火爆起来。据报道，《南京零距离》播出后，收视率一路走高，且拉动了整个频道的收视率。如开播第二周就进入AC尼尔森南京地区电视榜，开播第28周进入AC尼尔森南京地区排行榜前5名，从第36周起名列AC尼尔森南京地区电视节目排行榜第1名。到2003年7月，《南京零距离》平均收视率为8.3%，最高点收视率达到惊人的17.7%。[66]不久，各地电视台也纷纷推出民生新闻栏目，一时间，民生新闻成为各台之间激烈竞争的利器。这是一场从地方电视台开始，在两年内波及全国的电视新闻改革。

《南京零距离》在报道民生新闻方面有如下几条成功的经验：

一是在内容及题材方面有了很大的拓展和创新，包括：①大量报道发生在老百姓市民身边的新闻故事，报道老百姓的柴米油盐、衣食住行、生老病死、喜怒哀乐等。总之，关注市民生活、关怀市民疾苦，这是《南京零距离》一贯的报道重点，而政府活动、会议新闻则经常被压缩在屏幕下方，以滚动字幕的形式出现。②敢于批评、勇于呼吁，为老百姓说话、代言，帮老百姓解决问题。如《装个电话咋这么难》、《侵占盲道何时休》、《空调大巴该不该降价》、《经济适用房离市民还有多远?》、《救救这片雪松林》等。③对于政府出台的各项政策、召开的各项会议，《南京零距离》栏目一般都精选和老百姓密切相关的内容加以报道。④视角独特。比如《南京零距零》策划直播"空中看南京"大型活动——租用飞机空中航拍南京，以全新的视角展示南京自改革开放以来所取得的经济建设和社会发展的巨大成就。该节目刚播出就取得了意想不到的成功。现场就有不少观众给电视台打电话，向主持人表达他们收看直播时的激动心情，深感做一名南京人的自豪感和喜悦。

二是节目形态与运作方式的创新。这方面包括：①别出心裁，启用了一个"形象很特别的光头主持人"——孟非，其特殊的外形一下子就把观众吸引过来。节目开播不久，"光头孟非"便成了南京地区最受观众欢迎的主持人。《南京零距离》是一档没有提示器的新闻直播节目，在60分钟的播出时间里，主持人手中只有一份新闻串联单。他要把记者写的简洁扼要的串联词用自己的话说出来，有时必须即兴发挥。因此，机智、调侃、嘲讽、幽默以及简洁、精到的评论就成了主持人孟非的鲜明特色。《南京零距离》中还有一个每天播出的小栏目叫"孟非读报"，主持人一改往日"播新闻"的方式而采用"说新闻"的方式来读报，成为别具特色的电视新闻"说书人"。②开门办电视，充分利用社会人力资源来办节目。如请市民提供新闻报道线索，并招收了百名有偿信息员，形成了信息提供网络，同时还聘请特约摄影记者为节目提供现场画面。对于突发新闻，限于设备和人手，电视台记者有时很难拍到第一手画面，因此，《南京零距离》在栏目中表示欢迎观众用特定型号的家用摄像机把遇到的突发事件新闻及时拍摄下来提供给《南京零距离》栏目选用，当然这是有偿的。另外，《南京零距离》栏目每天60分钟节目至少要"消耗"（播出）25至30条新闻，而该栏目只有几十位记者，为了弥补专业摄像记者人手之不足，栏目组特聘请了不少影楼及婚礼摄影师担任栏目的编外摄像师。据《南方周末》报道，与《南京零距离》栏目签约的固定摄影师就有百余人，注册人员近千人。一个勤奋尽职的百姓摄像师一个月可获得六七千元的报酬。[67]

《南京零距离》开播后，顿时引发了南京地区省台与市台两大阵营之间的激烈竞争。2002年4月1日，南京电视台在教科频道也推出60分钟的栏目《法治现场》，播出时间也是18:50—19:50；2002年7月8日晚间18:00—19:00，南京台又推出《直播60分》；2003年3月23日，南京台再推出90分钟大型新闻直播杂志《直播南京》。2003年5月，江苏教育台播出《服务到家》；2003年10月28日起，江苏广播电视总台一档节目《1860新闻眼》也开播。一时间，南京地区电视界在民生新闻报道上展开了一场如火如荼的激烈竞争，各地电视台也纷纷起而仿效。此后，电视民生新闻报道以全新的节目样式，一路走高的收视表现，引发了业界和学术界的热烈讨论，"民生新闻报道"甚至被称为"中国电视界的第三次革命"。[68]

2009年5月1日起，江苏广电总台城市频道《南京零距离》正式改版，栏目名称简化为《零距离》。改版特点：突破地域限制，走出南京，甚至走出江苏省，而到全国范围采集民生新闻。同时，将《零距离》的发展方向确定为报道"大民生"新闻，与"小民生”主要关注老百姓的柴米油盐、衣食住行等寻常生活信息不同，“大民生”首先关注与百姓息息相关的国家宏观政策及其走势，并从民生角度进行分析和解读。

【广州电视台：《新闻日日睇》】《新闻日日睇》（“新闻天天看”）是广州电视台新闻频道一档以读报为主的新闻述评栏目。该栏目于2004年2月2日开播，播出初期，该节目是一档电视读报节目，逢周一至周五由主持人陈扬在演播室内用粤语说新闻，解读、评说当日有影响力的主流平面媒体（报纸和新闻时政类杂志）的头版头条新闻及重要时评，关注社会热点话题，特别是广州地区本土题材的热点话题和社会新闻。周六邀请市民嘉宾加入“说”新闻，这时该节目又成为一档在演播室进行、邀请普通百姓加入的由众人说新闻的谈话类节目。该栏目特别重视快节奏、大信息量。从2004年10月11日起，该档节目全面改版，整个节目播出时间从20分钟扩为60分钟。内容上，除保留原20分钟的读报节目外，又新增一组专门报道民生新闻的短消息。这组短消息采用集纳式的方式，用“读报”、“G4（新闻特工小组）出动”、“DV特工”、“DC报道”、“广州影像”、“有乜讲乜”、“活在广州”等环节串联起来播出，信息量很大。从报道范围来看，街头巷尾、街坊邻里、市民生活、市井动态、柴米油盐、衣食住行、生老病死、家长里短等生活、生计琐事都成为节目的题材。

《新闻日日睇》一推出，立即受到广大观众，尤其是广州本地市民的热烈追捧，其收视率一路上扬，产生了广泛的社会影响，已经成为广州本土电视民生新闻名牌栏目。主持人充分发挥方言的魅力，以其“平民视角、平民语言、平民态度、平民立场”来评说新闻事实，对广州市民来说有很强的亲和力和认同感。改版后，《新闻日日睇》节目主持人除用不同形式“讲述一个城市发生的故事”外，他还经常深入街头巷尾的新闻现场，出镜报道民生疾苦，想群众之所想、急群众之所急，为群众排忧解难，成为广大市民百姓的“喉舌”和代言人。该栏目的口号是“新闻日日睇，日日倾下偈”（意即“新闻天天看，天天拉家常”），给人留下深刻的印象。

2009年1月1日，由于诸多原因，陈扬“被停止”《新闻日日睇》节目的主持工作。1月4日，《新闻日日睇》再度改版。

（二）电视“真人秀”节目及娱乐类节目的竞争

【我国最早的“真人秀”节目——广东电视台的《生存大挑战》】“真人秀”（Reality Show）是继“脱口秀”之后风靡全球的一种电视节目形态。据有人考证，“真人秀”节目始创于1973年美国公共广播公司电视台制作的《一个美国家庭》，该节目追踪拍摄了一个美国家庭一年内的真实生活，而后在电视台播出。1999年，荷兰的电视台推出《老大哥》节目，大受观众追捧。紧随其后，2000年，英国版的《老大哥》更是把“真人秀”节目全面推向高潮。2000年5月，美国的《生存者》节目开拓创新，再次使“真人秀”节目大放异彩。

2000年6月起，广东电视台受国外电视台的启发，并借鉴他们的经验，也开始制作大型“真人秀”节目——《生存大挑战》。这一全新形态的电视节目播出后，在全国乃至国外都产生了较大的影响。媒体对该节目连篇累牍的大量报道，引起观众的收视热情和强烈兴趣。随后，中央电视台及上海、湖南、四川、贵州、浙江等省级电视台也先后策划筹办这类“真人秀”节目，顿时，一股“真人秀”节目浪潮席卷全国。其中著名的有贵州电视台的《峡谷生存营》、中央电视台的《金苹果》、湖南经视的《完美假期》以及《走进香格里拉》(2002年开播，由全国20多家电视台联手举办)等。

广东台的《生存大挑战》节目主要是受美国“真人秀”节目的启发而创办起来的。美国本土较早最著名的“真人秀”节目当推CBS(哥伦比亚广播公司)的《幸存者》(*Survivor*)。2000年夏天，在NBC(全国广播公司)热播电视剧和ABC(美国广播公司)热播《谁想成为百万富翁?》的两面挤压下，CBS独辟蹊径，推出一档“真人秀”节目——《幸存者》。该节目主要是在一个热带荒岛上拍摄的。它以优厚的奖金(一百万美元)为卖点，把节目组人员拉至荒岛、沙漠或其他陌生的环境，让“十六个参赛者、两支队伍”进行“三十二天野外求生存”，最后决出一个“幸存者”。于是，为了成为最后一个“幸存者”，这些来自各行各业的人，或结盟或分化，钩心斗角、尔虞我诈、竞争淘汰，为的只是让自己留到最后独得这份百万美元的巨额奖金。为此，节目参加者们创造了全新短句:“(通过)票选滚出小岛(Voted off the island)。”《生存者》用奇特的热带自然景观、野外生存考验、人与人之间复杂的社会关系与冲突、竞争激烈的比赛，把观众带入一个极富戏剧性的情境之中。它不仅是一场游戏，更是一场戏剧，只是这场戏事先没有脚本，不用职业演员表演，完全由游戏参加者遵照游戏规则自主行动。节目播出后，轰动一时，不仅创造了美国电视夏季收视纪录，而且在全世界掀起“真人秀”节目的高潮。2000年8月，《幸存者》在中央电视台2套的《地球故事》栏目中亮相，“真人秀”由此进入中国电视观众的视野。

广东电视台的《生存大挑战》节目从2000年6月16日起正式开拍，到当年12月关机，前后历时共计6个半月、195天。该节目的形态是一部属于旅游、探险性质的大型纪实电视片，由该台社教部策划拍摄。纪录片策划者安排三位挑战者(吕岛、王樱、张钧)每人怀揣4 000元人民币，在没有任何特殊援助的情况下，用半年时间走完中国陆路边境。《生存大挑战》真实、全面地追踪记录了三位探险者历经千辛万苦、千难万险，途经广西、云南、四川、甘肃、青海、西藏、新疆、内蒙古、黑龙江、吉林、辽宁等十一个省(区)，在3 800多公里的陆路边境线上长途跋涉的生存故事。节目连续播出后，曾引起了强烈的反响。[69]至2007年，《生存大挑战》已连续举办了7届，成为广东电视台的经典栏目。

【最火爆的“选秀”节目:湖南卫视的《超级女声》】2004年2月，湖南卫视频道娱乐栏目开始推出《超级女声》综艺“选秀”节目。当年“五一”长假期间，湖南卫视将“超级女声”节目向全国播出，反响热烈。于是，在已完成长沙唱区选秀的基础上，湖南卫视又增加了武汉、南京、成都三个唱区，使“超女”成为一个全国性的活动。到2005年8月27日，“超女”总决赛结束。《超级女声》节目前后历时一年半，成为我国电视界有史以来最具影响力的电视娱乐节目。据统计，参加比赛的全国报名人数达15万、每周收视该节目的观众超过2 000万，收视率突破10%，居全国同时段所有节目第一名；其决赛期间的平均收视率竟超过了中央电视台“春节晚会”，收视份额创国内第一。在节目的整个决赛期间，全国掀起了一场声势浩大的大众狂欢潮。

《超级女声》的操作程序:《超级女声》节目是经过主办方精心策划和缜密组织后举办起来的，由魏文彬(湖南省广电局局长兼湖南广播影视集团董事长)、欧阳常林(原湖南经视台长，后任湖南卫视台长兼湖南广电局副局长)、张华立(湖南台娱乐频道总监)、王鹏(上海“天娱传媒”有限公司董事长)四人担任总策划及总导演。该节目主要按以下几个阶段或环节进行:

一是“报名及海选”阶段。《超级女声》被主办方称为“大型零门槛音乐选秀活动”，亦即一场全民参与的歌唱比赛，任何女性都可参加。节目主办方宣称：“不分唱法、不计年龄、不论外形、不问地域，均可免费报名参加。”这就意味着凡是有意愿参加比赛的人就可以上电视充分表现自己，事实也确实如此。在《超级女声》的“海选”中，各色各样的选手站在镜头面前，无伴奏、无话筒、无道具，清唱参赛歌曲，接受评委近似吹毛求疵式的点评。此时的“超女”节目的确是一场名副其实的“真人秀”综艺节目。

二是“初选及PK（比赛与竞争）”阶段。这一阶段是从大量选手中，经过一轮又一轮的比赛，淘汰了绝大部分选手，让优胜者进入决赛阶段。

三是“决赛”阶段。这时，胜出的平民选手走到观众面前，成为电视明星，而观众则成为“上帝”——淘汰权掌握在观众手中，由观众的手机短信投票决定选手的去留，甚至决定“超女”决赛的冠、亚、季军三甲的归属。这些追捧“超女”的观众，便成为一个个狂热的“粉丝”（“超女”迷）。2005年8月26日，“超女”节目进入总决赛阶段。经过历时半年左右的激烈比拼，空前火爆的“2005超级女声”终于在当天晚上落下帷幕：选手李宇春以短信票352.830 3万票夺冠，周笔畅和张靓颖分别以短信票327.084 0万票及135.390 6万票分获亚军和季军。

四是“全国巡演”阶段。2005年10月1日，由总冠军李宇春领衔的“超级女声”演唱会在成都开演，接着开始了在全国十大城市的巡回演出活动，从而再次在全国各地广大青少年中掀起了“超女热”。

《超级女声》的背景分析：“超级女声”的成功举办与以下几方面的原因是分不开的：

一是省级电视台之间激烈竞争的媒介生态环境。20世纪90年代末及21世纪初，全国省级电视台上星频道在激烈竞争的环境下，纷纷寻找办台特色、开办具有创新内容的节目，全力打造自己个性化的形象，“超级女声”就是在这种大背景下脱颖而出的。

二是湖南卫视贯彻“娱乐立台”理念的结果。湖南电视台一套节目于1997年1月1日上星播出，当时正式通过亚洲2号卫星传送，呼号为“湖南卫视”。湖南卫视上星播出后，便充分利用卫星频道资源，适应市场竞争的需要，开始走“娱乐立台”之路，于1997年当年推出《快乐大本营》节目，开创了我国电视综艺节目“明星+游戏”的新形态；接着又创办了《玫瑰之约》（后来停播）。1999年起，又创办《欢乐总动员》、《真情》、《金鹰之星》等节目。2003年7月，湖南卫视再接再厉，隆重推出《快乐中国·超级男声》节目，首开“大众娱乐大众”之先河。该节目参赛门槛低，全民参与，到2005年形成高潮。在电视剧方面，2003年，湖南卫视以重金买下韩剧《大长今》在内地的独播权，创下全国平均收视率超过14%的骄人成绩。此外，湖南卫视出资“出品”摄制并独家播出的传奇大戏《还珠格格》系列电视剧也风靡全球。到2004年2月《超级女声》开播时，“湖南卫视”已发展成为一个时尚的电视娱乐文化品牌。因此，欧阳常林云：“我们利用《快乐大本营》、《玫瑰之约》等名牌栏目所形成的娱乐优势，进行了面向全国的内容定位、受众定位和市场定位。所以我们提出了‘锁定娱乐、锁定年轻、锁定全国’的发展目标。”

三是成功借鉴了国外“选秀”娱乐节目的经验，特别是《美国偶像》（*American Idol*）的经验。《美国偶像》是一个从英国移植到美国的电视节目。2001年，音乐制作人西蒙·考威尔（Simon Cowell）和他的伙伴带着英国“选秀”节目《流行偶像》（*Pop Idol*）来到美国推销。默多克新闻集团旗下的FOX（福克斯电视网）引进了这个节目模板并演变成

《美国偶像》播出。这个节目在2002年6月“火”了起来。《美国偶像》节目开创性地将大众参与和文艺表演竞赛二者结合在一起，让“选秀”成为一种电视时尚。诚如专家分析：“这类节目大体上是一个造星工程，让本来很平凡的普通人，通过群众长时间的关注和选择，成为娱乐明星。这类节目更重视群众的参与性，让观众自己在造星运动中付出精力、付出情感，同时也成为节目和某个选手最忠实的支持者。”[70]

（三）“上海东方卫视”开播

2003年10月23日晚6时，经国家广播电影电视总局批准、由创办于1998年10月的“上海卫视”改版改制后重新组建的“上海东方卫视”正式开播。该台由上海文化广播影视集团属下全资子公司——“上海东方卫视”传媒有限公司主办。它开办伊始即提出“中国都市旗帜、国际传媒标准、社会制作窗口、全国城市平台”的口号，在节目内容定位上以“新闻见长、影视支撑、娱乐补充、体育特色”为目标。上海东方卫视开播头一年的总投入就远远超过一个亿。到2004年，其员工总数即达300多人，平均年龄仅30岁左右，其中多数为大专以上学历，不少主持人及记者还有海外留学的背景。

在电视节目及内容方面，上海东方卫视走新闻及资讯节目与娱乐及综艺节目全面均衡发展之路。在新闻及资讯方面，“东方卫视”每天有6个小时新锐的新闻直播节目。其中，全天整点播出的5分钟滚动新闻《东方快车》创全国省市电视台即时新闻之先河；每天早晨长达两小时的《看东方》是国内最大型的晨间节目，五六位主持人在轻松侃谈中传递时事新闻及生活资讯；傍晚6点开始陆续播出《城际连线》、《环球新闻站》、《直播上海》和《今日新观察》等新闻栏目。这些栏目立足上海、依托长江三角洲地区的新闻资源，关注全国和全球新闻。以上新闻节目全部由东方卫视自己采、编、制、播，一举改变了过去上海卫视以编串为主的节目制作格局。著名电视主持人方宏进、骆新等分别出任东方卫视新闻评论员和大型节目策划、主持。由方宏进主持的早间新闻节目《看东方》和报道长三角地区新闻的《城际连载》是东方卫视办得较好的两档重要新闻栏目。在娱乐及综艺节目方面，东方卫视与社会上的制作公司合力打造的娱乐信息总汇《娱乐星天地》（由吉雪萍、陈辰、王梓等出任主持），也办得有一定特色，并一度与湖南卫视的《娱乐无极限》展开竞争。2007年5—7月，当湖南卫视《超级女声》及《快乐男声》正火爆登场的时候，东方卫视为了同其竞争，也搞起了“男人秀”节目《加油！好男儿》。该节目各赛区决赛于“五一”黄金周期间举行，7月中旬进行总决赛。另外，在2007年1月12日开播的《非常有戏》，采用演艺界明星学唱戏曲的形式，表演戏曲节目“真人秀”。2007年初开播《群星耀东方》，每周日播出，是中国首个嘉年华式大型娱乐互动歌会（全年52辑）。此外，《影视剧场》也是东方卫视比较重视的栏目。

第四节 网络等新媒体的兴起

一、飞速发展的网络传播业

1987年9月，在德国卡尔斯鲁厄大学维纳·措恩教授带领的科研小组的帮助下，中国兵器工业计算机应用技术研究所所长李澄炯博士和王运丰教授等在北京计算机应用技术研究所（ICA）建成一个电子邮件节点，并于9月14日向德国成功发出一封电子邮件："Across the Great Wall we can reach every corner in the world（越过长城，走向世界）."6天后的9月20日，德国方面收到邮件。此举揭开了中国人使用互联网的序幕。

1990年11月28日，钱天白教授（1945—1998）代表中国正式在国际互联网信息中心（Inter NIC）的前身DDN—NIC正式注册登记了我国的顶级域名CN，开通国际电子邮件服务。从此，中国在国际互联网上有了一席之地及自己的身份标识。

1994年4月20日，64K网络信道开通，中国真正接入国际互联网（Internet）。1994年5月21日，在钱天白教授和德国卡尔斯鲁厄大学的协助下，中国科学院计算机网络信息中心完成国家顶级域名CN服务器的设置。

1995年起，中国开始向社会开放网络和提供全面服务。

新闻媒体上网——开启网络传播新时代：1995年1月12日，由国家教委主管主办的《神州学人》杂志经中国教育和科研计算机网（CERNET）进入Internet，向广大在外留学人员及时传递新闻及有关信息，成为中国国内第一家进入国际互联网的中文媒体，也是中国国内第一份电子杂志。

1995年10月20日起，《中国贸易报》也推出网络版；11月间，《中国日报》信息中心正式推出《中国日报》网络版。到1995年底，尝试上网的纸质媒体达到七八家。由于没有自己的域名、网速慢、服务功能少、资金不足、技术不成熟，当时的报刊网络版显得很幼稚，尚处在试验阶段。

1996年12月26日，中共中央机关报《人民日报》与中网公司合作，推出《人民日报》网络版进行内部演示。1997年1月1日，《人民日报》网络版正式开通。以后，"人民网"成为中央主要新闻单位最早创办的重点新闻网站之一。同日（1997年1月1日），国务院新闻办建立"中国互联网新闻中心"，成为第一个走上国际互联网的中国网络新闻媒体综合平台。

1998年1月1日，《光明日报》网站开通。

1998年10月7日，《中国青年报》网络版开通。

1999年1月1日，《解放军报》网络版创办。

在通讯社中，最早上网的通讯社是中国新闻社香港分社，该分社于1995年4月上网。1997年11月7日，新华社在该社成立66周年之际正式开通了自己的网站。1999年1月1日，中国新闻社（北京总社）网站正式开通。

在广播电视方面，我国广播电视媒体的上网几乎与国外同行同步。如在广播方面，1996年12月15日，广东珠江经济广播电台开通网上实时广播，成为我国最早上网的广播媒体。1997年，中国国际广播电台设立网站，到1998年12月26日正式开通（以后改名为"国际在线"）。1997年，上海人民广播电台也开始网上直播。据有人统计，到2001年底，全国已有120多家中央、省、地、县级广播电台上网，其中近1/3的电台开通了网上音频乃至视频直播。在电视方面，1996年12月，中央电视台国际因特网站建立，这是当时国内最早成立的新闻信息网站之一。1997年，中央电视台一些著名节目，如《东方之子》、《实话实说》、《3·15特别节目》等开始上网，并注册了顶级域名：www. CCTV. com。地方电视台中，广东电视台和上海电视台上网较早。到2001年底，全国已有电视台网站、有线电视台网站、网络电视及其他视频网站共145家。其中包括20

多家省级电视台网站。[71]

到1999年底，全国建立独立域名、形成一定规模网站的新闻宣传单位已达700多家。[72]其中有些著名报纸的网站日后形成了富有特色的品牌网站。

进入21世纪以来，网络媒体的发展步伐更快，被称为继报刊、广播、电视之后的“第四媒体”。1999年到2000年，一些新闻媒体网站加大投入，纷纷调整、充实、改版，从而掀起中国新闻媒体的第二次上网热潮。如2000年4月14日，《人民日报》网站改版；6月16日，中央电视台网站改版；7月12日，新华社网站改版；9月18日，上海东方网改版，等等。与此同时，一些中央级的主流媒体网站和一些地方著名报纸网站在改版前后纷纷改名为“××网”、“××在线”，逐渐形成了富有特色和影响力的品牌网站。如1999年元旦，中央电视台网站改名为“央视国际”网，2000年12月20日改版后正式开通；2000年3月，新华社网站改名为“新华网”，随后成立新华网络公司；2000年5月15日，《中国青年报》网站改名为“中青在线”；2000年8月21日，《人民日报》网络版改名为“人民网”，并建立了中、英、日、法、西班牙5种语言版本。还有一些地方著名报纸网站改名后也成为品牌网站，如《电脑报》的“天极网”、《中国计算机报》的“赛迪网”、上海文汇新民联合报业集团的“申网”、《广州日报》的“大洋网”、《深圳商报》的“深圳新闻网”、《浙江日报》的“浙江在线”，等等。

一批有影响的新闻宣传网站的建立：2000年5月9日，中宣部、中央外宣办发布《国际互联网新闻宣传事业发展纲要（2000—2002）》，提出了互联网新闻宣传事业建设指导原则和奋斗目标，并确定了首批国内五大重点新闻宣传网站。它们是：①“中国网”（www. china. org），由中国互联网新闻中心主办。该网站是由国务院新闻办公室直接领导、中国外文出版发行事业局（中国国际出版集团）管理的网站，于1997年1月1日正式开通，是中国对外报道的一个重要平台。②“人民网”（www. people. com. cn），由人民日报创办，于1997年1月1日正式开通，当时称《人民日报》网络版，2000年8月21日改名为“人民网”。③“新华网”（www. xinhuanet. com），由新华社创办，于1997年11月7日正式开通，当时叫“新华社网站”，2000年3月改名为“新华网”。④“中国日报网”（www. china daily. com. cn），由中国日报社主办，1995年12月正式开通，是国内最早上网的新闻媒体之一。⑤“国际在线”（www. cri. com. cn），初为中国国际广播电台网站，于1998年12月26日开通；2002年2月14日改版，改名为“国际在线”。与此同时，有较大影响的网站还有“央视国际”网（www. cctv. com）（中央电视台网站，于1999年1月1日正式开通；2000年全面改版，并于当年12月20日正式改名为“央视国际网络”，简称“央视国际”）、“中国广播网”（www. cnradio. com）（中央人民广播电台网站，1998年8月注册开通，2000年4月正式投入运行，2002年1月1日正式更名为“中国广播网”）、“中新网”（www. china. news. com. cn）（中国新闻社网站，1999年1月1日开通），等等。

2000年至2003年间，一些省、自治区、直辖市也陆续开通一批地方重点、综合性新闻宣传网站。其中，直辖市网站有：北京“千龙网”（www. qian long. com）（由北京日报、北京晚报、北京人民广播电台、北京电视台、北京有线广播电视台、北京青年报、北京晨报、北京经济报、北京广播电视报9家媒体与北京四海华仁国际文化传播中心、北京实华开信息技术公司等企业联合创办，于2000年5月25日正式开通）、上海“东方网”（www. eastday. com）（由上海解放日报报业集团、文汇新民联合报业集团、上海人民广播电台、东方广播电台、上海电视台、东方电视台、上海有线电视台、青年报、劳动报、上海教育电视台与上海东方明珠股份有限公司等单位联合组建，于2000年5月28日开通）、天津“北方网”（2000年12月19日在天津正式开通）。各省、自治区著名网站有：湖南省的“红网”（2001年5月3日起正式开通运行）、安徽省的“中国安徽新闻网”（2001年2月7日试运行）、黑龙江省的“东北网”（2001年7月17日正式开通）、青海新闻网、中国西部十二省区政府新闻办创办的“中国西部网”（2001年9月12日开通）、福建省的“东南新闻网”（2001年10月19日开通）、广东省的“南方网”（2001年12月13日正式开通）、新疆维吾尔自治区的“天山网”（2001年12月18日开通）、江苏省的“中国江苏”网（2001年12月开通）、河北省的“长城在线”网（2002年1月21日正式开通）、西藏新闻网（2002年10月1日正式开通）、内蒙古自治区新闻网（2002年11月26日开通）、浙江省的“浙江在线新闻网”（2002年12月28日正式开通）、辽宁省的“东北新闻网”（2003年1月1日开通）、宁夏新闻网（2003年8月6日开通）等，总数达20多家。[73]

五大商业门户网站的创建：我国五大商业门户网站也在20世纪末先后创办，21世纪初具规模。它们是：①新浪网，由四通利方公司创办，于1998年12月1日正式开通，2001年12月18日全面改版。②搜狐网（原名sohoo，后改名为sohu），由张朝阳创立，于1998年2月正式开通，2001年12月12日正式改版。③网易网，由从成都电子科技大学毕业的宁波青年丁磊在广州创办，于1997年5月开通；2000年6月，“网易”在美国纳斯达克上市；2002年8月起，开始经营网络游戏业务。④腾讯网，由从深圳大学计算机专业毕业的潮汕青年马化腾在深圳创办，于1998年11月正式注册成立公司。以后，腾讯QQ成为中国规模最大的即时通讯软件。到2009年底，QQ的注册用户已达5亿。⑤百度网，由山西阳泉青年李彦宏创办。李彦宏于1991年从北京大学图书馆学系图书情报专业毕业，旋赴美国留学，专攻信息检索技术，于1998年回国，2000年1月1日在北京海淀中关村创办“百度”公司。此后，“百度”成为中国人最常使用的中文网站，也是全球最大的中文搜索引擎及全球最大的中文网站之一。

到2003年底，经国务院新闻办公室批准具有新闻刊登权的网站已达150多家。“经过4年多的大力发展，一个以中央重点新闻网站为龙头、地方重点新闻网站为骨干、商业门户网站发挥积极作用的中国互联网新闻报道体系的格局已经形成。”[74]

从20世纪90年代中期以来，我国政府网站建设速度明显加快，截至2009年1月，全国已开通的政府门户网站有4.5万多个。其中，县级以上政府机构的网站拥有率达80%以上。[75]

【网民规模统计】关于全国网民人数，据中国互联网信息中心（CNNIC）调查结果显示：中国互联网用户在1996年底只有十万户左右，到1998年6月底增加到117.5万户，1999年12月31日止为890万户。进入新世纪后，互联网在中国得到突飞猛进的大发展。到2000年6月30日，全国网民增加到1 960万户；到2002年底，增加到5 910万户，在美国（1.67亿户网民）和日本（6 942万户网民）之后，居世界第三位。[76]

又据CNNIC（中国互联网信息中心）报告显示：到2007年，我国网络用户达到2.34亿；到2008年底，网络用户达到2.98亿；到2009年6月底，网络用户达到3.38亿，超过整个美国的人口（大约3.07亿）三千多万户，我国成为世界上网民最多的国家。到2009年底，经过十年的高速增长，中国网民规模已达3.84亿。其中，随着3G业务的开展，手机网民达 2.33 亿。[77]与此同时，随着宽带的不断普及，中国使用宽带上网的网民规模达到 3.46 亿人，占整体网民的绝大多数。

【“三网融合”的大趋势】所谓“三网融合”主要是指通信网、互联网和有线电视网三大网络的业务整合。“三网融合”后，仅需一条线，即可同时实现看电视、打电话、上互联网的全套服务。据统计，截至 2009 年底，我国共有 3.84 亿网民、7.4 亿手机用户、4.6 亿台电视机及难计其数的电视观众。三网融合后，将给数以亿计的网民、手机用户和电视观众带来极大的方便和实惠（资费下降），从而改变他们的生活方式。

2010 年 1 月 3 日，国务院总理温家宝主持召开国务院常务会议，决定加快推进电信网、广播电视网和互联网三网融合。会议指出，推进电信网、广播电视网和互联网融合发展，实现三网互联互通、资源共享，为用户提供话音、数据和广播电视等多种服务，这对于促进信息和文化产业发展，提高国民经济和社会信息化水平，满足人民群众日益多样的生产、生活服务要求，拉动国内消费，形成新的经济增长点，具有重要意义。会议还明确提出了推进三网融合的阶段性目标及时间表：2010 年至 2012 年重点开展广电和电信业务双向进入试点，探索形成保障三网融合规范有序开展的政策体系和体制机制；2013 年至 2015 年，总结推广试点经验，全面实现三网融合发展，并基本形成适度竞争的网络产业格局及新型的监管体系。

2010 年 6 月 6 日，三网融合试点方案出台，6 月 28 日起开始试点运作。

二、网络新闻报道与传播

（一）网络媒体对重大新闻事件及突发事件的报道

从 20 世纪 90 年代末、21 世纪初起，网络新闻传播的巨大影响力逐渐显示出来。与传统媒体相比，网络新闻报道的最大特点是“快”、时效性强。尤其在对重大新闻事件、突发事件的报道中，网络媒体表现尤为出色。与此同时，在报道中，网、报联动，往往能达到最佳的传播效果：网“快”、报“深”，网络以“快”制胜、报纸以“深”（深度报道）见长，各有特色，优势互补。

网络对重大新闻事件及突发事件的报道早在 20 世纪末即开始崭露头角。如 1999 年 5 月 8 日凌晨，以美国为首的“北约”轰炸了中国驻南联盟大使馆。《人民日报》及《环球时报》驻南记者吕岩松于 8 日清晨 6 点即通过电话将此事报告了《环球时报》副总编辑胡锡进，并在以后时间里不断向报社发回有关消息。9 点 25 分，《人民日报》网络版就发布了我使馆被炸的第一篇报道。11 时 55 分，网络版又将电话采访吕岩松的现场目击记上网发表，这是中国新闻媒体较早报道中国使馆遭袭击事件最为详细的一篇。商业网站“新浪网”在得到中国驻南使馆被炸消息后，也立即成立专题报道组，编辑们分成两班次，全天 24 小时轮流值班守候，随时把世界各大新闻媒体对事件报道的材料第一时间放到网上。

1999 年 12 月，在对澳门回归祖国的报道中，网络媒体再次发挥了威力。如中央电视台一方面从 19 日 9 点至 21 日 9 点进行连续 48 小时的回归仪式现场电视直播，另一方面又在该台网站上同步进行网上直播。其他如《人民日报》网络版、《光明日报》网络版也对澳门回归进行了详细报道。

进入 21 世纪后，网络媒体在报道重大新闻事件及突发事件时的“快捷”特征进一步凸显出来。如2001年4月1日，中美撞机事件发生。在对该事件的报道中，“人民网”庞大的记者群体资源体现出它的实力和影响力，《人民日报》驻华盛顿记者在第一时间发回了撞机事件的报道，在通过其驻海南记者站查证后，又第一时间在“人民网”上登载了这条消息。

2001年7月17日，广西南丹发生特大矿难。矿难发生后，矿主与南丹县委及县政府主要负责人订立攻守同盟，对所有遇难者家属给予“经济补偿”，并进行威胁“封口”。《人民日报》驻广西记者站记者运用各种采访手段，深入调查，千方百计挖掘事实真相。7月31日下午3点多，记者站记者以“任桂瞻”（“人民日报驻广西桂林记者站”简称的谐音）的集体笔名，在“人民网”发表第一篇原创性报道《广西南丹矿区事故扑朔迷离》，这是全国所有网站中最早刊发的、由新闻记者采写的第一篇有关南丹矿难的报道。此后，“人民网”前后推出150多篇有关南丹矿难的报道。在整个报道战役中，《人民日报》采取“报网结合，以网为主”的策略，收到良好的效果。

2001年9月11日，美国遭受前所未有的恐怖袭击（“9·11”事件）。在对该事件的报道中，当国内的传统媒体尤其是电视媒体受到制约无所作为时，网络媒体几乎是在第一时间报道了这一震惊世界的新闻。如当恐怖分子劫持第一架飞机撞击纽约世贸大楼时，是北京时间9月11日20点45分，10分钟后（20点55分），“新浪网”就发布了第一条消息，并随即推出专题“美国遭遇恐怖主义袭击”；在随后的24小时内，共发出90余条有关信息。事发14分钟后（20点59分），“新浪网”又以手机短信的形式发布这一消息。

从2001年起，网络媒体开始网上直播新闻发布会。如2001年2月28日，“新华网”再次全面改版，推出“发展论坛”和“统一论坛”，并从3月1日起，对中央各部委及地方政府的新闻发布会等活动进行网上直播。3月6日，“新华网”获独家网上直播朱镕基总理在“两会”闭幕式后的中外记者招待会上答记者问的采访权，此举开网上直播的新领域。

2003年，国际国内又发生了一系列重大新闻及突发事件，网络媒体又有极为出色的表现。如2003年3月20日上午10时30分（北京时间），美国对伊拉克发动空袭，举世瞩目的伊拉克战争爆发。10点33分，新华社巴格达报道员贾迈勒向全世界发出第一条英文快讯；10点34分，“新华网”据此又迅速发出中文快讯，在全球互联网站中率先播发伊战消息。“新浪”、“搜狐”也不约而同把网站首先改换成美伊战争报道的专题页面，进行滚动式播出战况信息。在对伊战的报道中，我国网络媒体又一次抢占了先机。

2003年春夏之交，中国发生“非典”（SARS）疫情。从4月23日起，至6月24日宣布旅游解禁，北京各大网站在北京市政府新闻办公室的指导下，及时发布新闻辟谣，迅速稳定了社会和民心，在舆论引导上发挥了重要作用。“搜狐网”还郑重宣布：“当疫情猖獗时，当谣言作乱时，当恐惧开始滋生时，当下一个未知的困难狞笑时，搜狐希望做一个负责任的平台。”“搜狐”在关键时刻表现出网络媒体的社会责任意识。[78]与此同时，“非典”期间，网络媒体上也曾传播了不少的“小道消息”，甚至谣言。有网络传播研究者认为：“网络媒体在大道消息与小道消息传播中的双重作用，使人们喜忧参半。”[79]

2003年10月15日至16日，我国“神舟”5号载人航天飞船成功发射和回收，这是轰动全球的大事件。10月15日上午9点，“新华网”在全球互联网站中第一家播报中国首次载人航天飞船发射成功的消息，并以中、英、法、俄文及西班牙文、阿拉伯文不断滚动播报，各大网站纷纷转载。

由于网络媒体报道快捷、及时、敏锐，信息来源多、消息灵通、报道面广，往往可以为传统媒体提供新闻线索。传统媒体据此做大做深，终于产生了广泛的社会影响。如 2003 年 3 月 17 日至 3 月 20 日，大学毕业生孙志刚因无暂住证而被强制收容并遭毒打致死。惨剧发生后，网络上最早披露了相关信息。《南方都市报》记者陈峰、王雷根据网络提供的线索，经过深入调查，写出了《被收容者孙志刚之死》（载 2003 年 4 月 25 日《南方都市报》），详细披露了孙志刚惨死于广州收容遣送站的内幕。同时该报还发表了评论《谁为一个公民的非正常死亡负责?》。随后，全国不少知名媒体及各大网站又纷纷转载了这篇报道及评论文章，终于使该事件产生重大影响，引起了社会各阶层的广泛关注，这充分显示网络媒体在民意表达及舆论形成方面发挥了极其重要的作用。

正是从 2003 年起，中国人逐渐加深了对网络的认知，并对网络媒体产生了深厚的感情，越来越多的人开始认识到网络的重要性。特别是在重大事件及突发事件发生时，互联网往往成为受众，尤其是年轻受众了解事件与事件相关信息的首选媒体。这是受众在接收信息渠道上的一个重大转变。

（二）汶川大地震报道再次见证网媒的崛起

2008 年 5 月 12 日 14 点 28 分，我国四川汶川发生历史上罕见的 8.0 级大地震。突然爆发的大地震一下子聚焦了全国所有媒体的视线，这其中反应最快的则要属网络媒体了。据报道，当天地震刚爆发一分钟，即 14 点 29 分，“天涯”社区网页上就出现了首条关于地震的帖子，这条帖子只有短短一句话：“非常紧急!!! 哪里发生了大地震???”在“天涯”方面加了一个有震感的网友的地震地理位置的调查后，这个帖子很快挂上了“天涯”头条。“天涯”是我国拥有 1.1 亿用户，其中活跃用户达 2 900 多万的国内最大的博客社区网站。其有关地震的信息一发布，便很快引起强烈反应，14 点 30 分后的短短两个小时内，就已经有 20 多万次点击和 2 000 多个回复，上万人参与调查。[80]

“百度”也是最早报道地震消息的网站之一。地震一爆发，“百度”网友就在“百度网吧”发出一篇题为《“地震了”》的帖子，内容简明扼要：“四川地区发生地震。”发帖时间是 14 时 35 分，距地震发生时间仅相隔 6 分钟。

相比之下，传统媒体的反应则相对迟缓了许多。如电视媒体中反应最快的中央电视台在 15 点 02 分播出第一条关于地震的消息，这比“天涯”晚了整整半个小时。

传统媒体的网站报道地震消息也是非常快的。如 5 月 12 日 14 时 46 分，在地震发生 18 分钟后，官方媒体新华社通过“新华网”发布了第一条快讯：“12 日 14 时 35 分左右，北京地区明显感觉到有地震发生。”紧接着，14 时 53 分，“新华网”又发出第二条快讯：“四川汶川发生 7.8 级地震。”与此同时，新浪网、搜狐网、千龙网、腾讯网等各个网站也都迅速作出反应。在接下来的一段时间里，各大网站都即时滚动播出有关地震的信息，几乎每分钟都有新的消息发出。

网络新闻是一种“公民新闻”、“公众新闻”，在“人人都是记者”埋念的推动下，网络媒体先后通过博客、论坛、帖子、视频等多种多样的方式，让网民写出各自的所见、所闻、所思，并与网友及时产生互动，激发了网友对受灾群众的同情与担忧，并创造性地开创了“为灾区网友寻亲”这一全新的互动模式。著名的门户网站“新浪网”在主页上赫然打出两行通栏大标题《“新浪”携亿万网友：对汶川大地震遇难同胞表示深切哀悼》，“搜狐网”也在主页上打出通栏大标题《2008 年 5 月 12 日 14 时 28 分 01.0 秒：让这一刻在国家记忆中永存!》，两大网站开始对大地震进行集中、全面、深入的报道。更难能可贵的是，网络媒体，尤其是重点门户网站，在地震发生后都能以高度的政治责任感积极主动地组织网评工作，引导网民理性而正确地看待发生的地震，抢占了舆论引导的先机和主动权，最大限度地压缩了小道消息、政治谣言和攻击性言论在网上的传播空间。“新浪”、“搜狐”、“百度”、“网易”、“51. com”等一大批重点新闻网站全力以赴投入汶川大地震的报道，稳定了民众的恐慌心理，极大地配合了政府部门的抢险救灾工作，充分体现了重点新闻网站的影响力、权威性和公信力。在紧接着的后续报道中，不少重点网站又开始策划、组织企事业单位职工、网民的募捐活动，以后又大力报道灾后重建工作。总之，汶川地震让人们充分见证了中国网媒的力量，看到了中国网媒的崛起。正如“天涯”主编所云：

> 事实再一次证明，在突发事件面前，网络，尤其是网络论坛，发挥了信息第一传播渠道的作用，而作为需要层层审批的传统媒体，显然无法做到人人都可以参与的网络论坛这种即时响应。[81]

据统计，截至2008年5月29日，在四川“5·12”抗震救灾报道中，人民网、新华网、中国新闻网、中央电视台网共计发布抗震救灾新闻（含照片、文字、音视频）约123 000条，充分发挥了中央新闻网络媒体的主导作用。新浪网、搜狐网、网易网、腾讯网也整合发布新闻共计133 000条。上述8家网站新闻点击量达116亿次、跟帖量达1 063万条。互联网在新闻报道，以及寻亲、救助、捐款等抗震救灾活动中发挥了重要作用。我国网络媒体的发展从此进入了一个新的阶段。[82]

三、网络评论及网络言论的兴起

（一）“网评”的两大系统

从20世纪末21世纪初开始，网络评论在我国兴起。此后，我国的网络评论主要分两大系统发展：

一是重点专业新闻网站创办的“网络时评”专栏系统。这些网络时评专栏一般都起到了正确引导舆论导向的重大作用。其中比较著名的网评专栏有：东方网的《今日眉批》（2001年1月1日起开设，2004年初改名为《东方评论》）、《每日快评》（2006年3月创办）；新华网的《发展论坛》、《统一论坛》（2001年2月28日推出）。2002年1月8日，新华网又推出《焦点网谈》栏目。《焦点网谈》是一个独家报道及深度报道栏目，也是一个网络述评栏目，其少时每天一两个主题，多时每天三四个主题，每周还推出周末版或特刊版，显示了新华网的报道实力和评论实力。人民网则开设有《强国论坛》、《人民时评》两大名牌网评专栏。河南日报报业集团的河南报业网也开设有《焦点网谈》栏目，该栏目创设于2004年10月。2006年7月18日第16届中国新闻奖评选中，河南报业网《焦点网谈》被评为著名的网络评论专栏。[83]另外还有千龙网的《千龙时评》、搜狐网的《在线时评》（2001年12月12日开办）和《搜狐在线》（2003年创办）、新浪网的《新浪时评》、网易的《第三只眼》（后发展为《网易时评》专栏）、湖南红网的《红辣椒评论》、四川在线网的《零点评论》等，也都是比较著名的网评栏目。以上这些网评专栏发表了大量的评论文章，具有以下鲜明的特色：①每天一篇甚至数篇，新、快而及时，时效性强，是名副其实的“网络时评”；②题材广泛，涉及众多领域和新闻事件，针对性强，尤其是针对一些社会热点问题、国内外重大事件所发表的评论，影响力大；③网评往往置于网站首页显著位置，格外抢眼，浏览及阅读率高；④具有短小精悍、角度新颖、论述精辟、内涵丰富，以及语言表达尖锐泼辣、幽默机智的特点和新的文风；⑤由个人署名，带有鲜明的富有特色的个人风格；⑥各网站都具有一定规模的网评编辑队伍及写作高手，他们负责网评选题的策划及网评的组稿、写作及编辑工作；⑦这些网评文章凭借网络媒体传播快、读者（特别是年轻读者）多的优势，影响大。

二是民间网评系统。主要是广大网民通过 BBS、博客、播客、论坛、新闻跟帖、个人网页、手机上网等方式及网络平台发表言论与有关信息。这类评论又具有以下鲜明特色：①作者的“草根性”。民间网评的作者大多数来自社会基层和民间，准入门槛低，他们利用网络发表言论，享有充分的自由，纯粹是一种非组织的个人行为。②舆论的广泛性。民间网评具有强大的聚合效应，特别是对一些热点问题、焦点问题的议论，往往能形成强大的舆论力量，影响广泛。这体现出网络媒体及网络舆论的“双刃剑”性质：健康的网络舆论可以促进社会的和谐和稳定，片面的、偏执的、过激的、非理性的网络舆论又成为社会动荡和分裂的导火索、鼓动风潮的催化剂。③内容的复杂性。民间网络评论内容上往往精华与糟粕并存，如长江大河，泥沙俱下。④网络舆论功能不断扩大、网络舆论威力不断扩张。其中包括网络打假、“网络曝光”反腐、网络舆论监督、网络参政议政等。同时，民间网络评论也逐渐成为民意诉求的新渠道。政府部门及各级领导也往往通过网络来了解社情民意，作为执政及决策时的参考。⑤匿名性。民间网评一般都是采用笔名、代名等方式匿名发表。匿名一方面使网评作者有了最大的自由度，他们可以“为所欲为”、毫无顾忌地发表自己的见解，说出自己的心里话，反映出真正的民意。另一方面运用笔名、化名又为某些不负责任的作者提供了隐蔽身份的假面具。因此，到 2006 年 10 月，中国互联网协会有关人士向全社会发出推进博客实名制的建议。此后，博客“实名制”的利弊一度成为争论的焦点。

民间网络评论主要通过网络 BBS、博客、播客、个人网站、跟帖等网络平台及网络形式来发表。所谓“BBS（Bulletin Board System 的简称）中译应当是“电子公告牌”或“电子公告栏”，任何用户都可以在上面发表言论及各种信息。所谓“博客”一词乃从英文 Blog 翻译而来，意为“网络日志”，是继 E-mail、BBS 之后，互联网新的交流方式。“博客”通常是由简短且经常更新的 Post（邮件）所构成。这些张贴的文章往往按年份和日期排列，这就形成了“网络日记”、“网络日志”的形式，实际上应是一种网络随笔。“博客”分个人博客和媒体博客。媒体博客指网络留言媒体，是一种组织化内容模式；个人博客指博客型个人网站，是一种非组织内容模式。一般所说的“博客”主要是指个人博客。普通人上网后，到相关网站申请空间，然后不时上传个人信息，包括文字、图片和录音文件。这一网络平台不仅可以用来发泄自己的情感，而且还可以借此平台吸引别的网友来参观，赢得共鸣。这就迎合了现代人通过发泄情感以求心理平衡、通过吸引他人关注以求彰显自我的心理需求。另外，这种新兴的“网络日志”只可以上传文字和图片的叫“博客”，还可以上传照片、录像及录音文件的叫“播客”。不论“博客”还是“播客”，都是人们倾诉自我和与人交流的一种流行的网络传播方式。

据有人考证：1994 年起，“博客”开始在美国出现；1998 年起，博客才在美国流行起来。我国在2005年才开始流行博客。此前的2001年11月间，“博客”（“网络日记”）概念传入中国。2002年7月，中文“博客”一词诞生。此外，早在1998、1999年间，孙坚华就开始研究“博客”现象，他于2002年8月完成了《博客论》的文章。另一为博客进入中国作出重要贡献者是方兴东，他在2002年8月建立“博客中国”网站。2003年8月，方兴东还出版了他与王俊荣合著的国内第一本介绍博客发展的书籍《博客：e时代的盗火者》，而方兴东本人也被网民尊称为“中国博客之父”。从2003年8月方兴东全面引入“博客”概念到“博客中国”网站的成立和开通，是中国博客史萌芽期的标志。

2004年，博客在中国得到了稳步的发展，并正式商业化。2004年11月底，“任何人都可以自由撰写新闻并投稿，任何人都可以随时对撰写的报道进行修改与润色”的“维基新闻”网开始运营。2004年12月3日，“博客中国”网站开通移动博客服务。2005年7月7日，“博客中国”在获得1 000万美元风险投资后改版为“博客网”，全力打造博客门户网站，全方位提供各种博客服务。不久，各门户网站亦纷纷进入博客领域，并展开多种推广活动，如新浪网就推出了“名人博客”。

2006年，人民网、中国网、中经网等中央及地方重点新闻网站也推出博客服务。一时间，精英、名人纷纷开博，普通网民也开博，一些政协委员、人大代表也开通个人博客。我国博客发展进入了“井喷期”。

2006年2月，网友胡戈根据电影《无极》剪辑制作成《一个馒头引发的血案》，首开“播客”恶搞文化的先河。之后，当时脍炙人口的歌曲《吉祥三宝》、电视剧《乌龙山剿匪记》、电影《闪闪的红星》等也都先后被“播客”们作了另类改编，进行了“恶搞”。顿时，“恶搞”作品风行网上。[84]

“博客”属于“自媒体”、“公众媒体”性质，是一种具有个性化特点的传播手段，短短几年就取得了骄人的业绩。据中国互联网络信息中心统计：到2007年底，中国网民群体中就有4 698.3万人注册有自己的博客空间，“博主”占网民总数的26.1%，产生了广泛而深刻的媒介和社会影响力。[85]

（二）“人民网”《强国论坛》和《人民时评》的创办

1997年1月1日，“人民日报网络版 ”正式接入国际互联网；2000年8月21日，“人民日报网络版”改为“人民网”。作为我国权威媒体《人民日报》创办的国家重点新闻网站——“人民网”一创办就担当起主流媒体的责任，以后逐渐形成了新闻、互动和服务三大系统：以文图、音视频、动漫 、无线、直播等多种形式进行立体化报道，建立留言、论坛、博客、社区等多种互动渠道，提供电子邮件、手机短信、资料检索、电子出版等多种网络服务，成为名副其实的“网上主流媒体”、“权威大众网站”。

人民网在创办两年多时间里，先后成功打造了两个著名的网络评论平台——《强国论坛》和《人民时评》。这两大网评栏目不久发展成为网上传播健康舆论的阵地，表达民意、反映民众心声的平台，产生了广泛的影响。2005年12月27日，在由国务院新闻办公室互联网新闻研究中心、中国互联网协会互联网新闻信息服务工作委员会联合主办的“2005年中国互联网站品牌栏目（频道）”推荐活动中，人民网的《强国论坛》和《人民时评》双双入选“中国互联网站品牌栏目（频道）”（此次共评出20家著名网站的22个网络品牌栏目及频道）。

【“五八”事件与《强国论坛》的创办】1999年5月8日，以美国为首的“北约”使用导弹袭击我国驻南联盟大使馆，这一暴行激起中国政府和中国人民的最强烈抗议。经过严正交涉，美国政府公开道歉，并作出赔偿，史称“五八”事件。北京时间1999年5月8日9时20分，《人民日报》网络版在中国内地媒体中首发北约袭炸中国驻南使馆中文消息。网络版一方面迅速推出独家重大消息，另一方面又迅速组织网友的网络抗议论坛。5月9日，《人民日报》开设了“强烈抗议北约暴行BBS论坛”。在此后的一个多月时间里，论坛上网友发帖9万条。到6月19日晚，“抗议论坛”改版，正式易名为“强国论坛”，这是中国网络媒体创办的第一个网上时政论坛。《强国论坛》开办初期只是附属在“人民网”总编室下的一个小栏目，没有固定的版主，以后发展成为一个有广泛影响的品牌栏目。

《强国论坛》是一个网络在线嘉宾访谈栏目。1999年5月14日，《强国论坛》开通几天后即推出了第一期嘉宾访谈节目——邀请中国社会科学院世界经济与政治研究所学者王逸舟到“论坛”与网友进行在线交流，主题是讨论“北约”暴行。截至2006年10月19日，《强国论坛》的“嘉宾访谈”在近7年半的时间里共举办了883场（其中2005年更是达到219场）访谈专场，被邀请的嘉宾达1 470人。[86]这些嘉宾在平等的氛围下与在线网友坦诚交流，激烈交锋，不断碰撞出思想的火花。2004年，在《强国论坛》开通五周年之际，曾出版《强国论坛这五年》一书，选编、收入了8场精彩访谈的内容。2007年又出版了《强国路上的对话》，这本文集又从《强国论坛》开办7年多来的1 200多场次、1 900多人次的访谈中，精选出35场访谈出版。

《强国论坛》又是一个网友在线沟通交流的平台，新闻、观点及民声的集散地。正如人民网副总裁官建文所云：

> 每天，成千上万的网民（各种身份、地位的人）在此纵论时事、共商国是，他们或围绕一个热点、一个话题，或各设主题，自弹自唱，各抒己见，或争论、争执、交锋。他们雄辩，他们诡辩，他们自辩，他们群辩。当然，更多的人——同时在线数万人，最高超过20万人，在浏览、“坐山观虎斗”，分享讨论者的思想。每天，《强国论坛》上人声鼎沸，热烈而嘈杂，混乱而有序，帖如流水，精彩纷呈，独到见解、深思熟虑、博学睿智的帖文俯拾皆是。[87]

从内容上看，《强国论坛》有以下特点：①以时政为主体，访谈内容广泛。嘉宾访谈页面的分类主要有强国、时政、国际、外交、两岸、地方、经济、法制、科技、环保、传媒、文化、健康、旅游、女性、情感等，是一个综合性的访谈栏目。其中，关于国际关系和外交方面的热门话题最多。②紧扣热点问题，突出强国主旋律。尤其重视对国际、国内新近发生的重大新闻事件进行评述。如1999年的“北约炸我大使馆事件”、“澳门回归”，2000年的“美国大选”，2001年的“撞机事件”、“印巴局势”、美国“9·11事件”，2002年的“台海危机”，2003年的“伊拉克战争”、“SARS危机”，2004年的“陈水扁5·20演说”，2005年的印尼“海啸灾难”、“日本历史新教科书”事件、“神舟六号”发射成功、“连（战）宋（楚瑜）访大陆”等，都成为嘉宾访谈的主题。③对网民普遍关心的一系列重大问题，以及热点问题进行探讨。如对全球化、WTO问题的解读，对国家颁布的政策、法规的解释与讨论；对关系到民众切身利益的教育、医疗、住房、三农问题，以及互联网的发展与管理、生态环境保护等都进行探讨，有效地引导了网上舆论。同时，论坛突破“舆论一律”

的限制，充分尊重网友对国际国内大事的“表达权”，成为社会主义民主化进程的一个有说服力的窗口。④影响广泛，实际效果明显。如2001年3月，有位叫“城山村人”的网民在《强国论坛》发帖，讲述他在重庆火车站买票时遭遇的不愉快经历。《强国论坛》特将此帖作重点推荐，很快引起铁道部门上自部长、下到重庆站站长的重视，并对相关问题、人员作了调查处理。这是《强国论坛》实行舆论监督比较成功的案例。又如，2002年11月16日，一位署名“我为伊狂”的网民，也在《强国论坛》“深入讨论”区发一帖，题为《深圳，你被谁抛弃?》，全文18 000字，后被各大网站转载，很快便引起深圳市政府的注意，从而引发了广州地区报纸上关于深圳发展问题的一场大讨论与争鸣，产生了广泛的社会影响。[88]

【《人民时评》的创办】2001年3月21日，人民网推出原创网络评论专栏《人民时评》。该栏目每天在人民网主页显著位置刊发一至两篇署名时事评论文章，使其母体《人民日报》的评论优势在互联网上得以延伸和发展。2001年之前，严格意义上的网络评论很少。《人民时评》创办后，人民网把《人民时评》的稿件一般都放在要闻区发表，有时还放在头条位置，其地位相当于过去《人民日报》经常刊登的“社评”。这无疑在网络媒体界起到了示范、带头作用，促进了网评的开展与繁荣。此后，许多网站也都向人民网看齐，先后开办了评论性栏目。

2004年4月14日起，《人民时评》又在《人民日报》第五版“落地”开栏，成为《人民日报》和“人民网”共同拥有、共同经营的一个品牌评论栏目，也成为报网互动、优势互补的一个成功范例。几年来，《人民时评》栏目围绕“舆论关注的焦点、百姓关心的热点、党和政府工作的重点”开展评论工作，针砭时弊、激浊扬清、击恶扬善，发表了大量的评论文章。据统计，截至2006年11月底，《人民时评》已发表原创评论2 660余篇。2007年，由何加正及《人民日报》评论部主任唐维红编辑的《第e种声音：人民时评》评论文集出版。该书精选2001年至2006年9月间《人民时评》栏目刊发的作品150篇，代表了人民网时评的整体水平。此前，《人民时评》专栏组曾及时将2001年的评论文章精选后编成《网上第一评》（“人民时评”2001年卷）出版，后又再次将2002年的评论文章精选后结集成《人民时评》（2002年卷）出版。

《人民时评》一直是人民网上点击率、转载率、网友热评率最高的栏目，在网友中及业界都享有很高的知名度，它也是人民网发挥正确舆论引导作用的重要平台。在2005年12月中国首届互联网品牌栏目推荐活动中，人民网的《人民时评》当选为22个网络品牌栏目之一。在2006年第16届中国新闻奖评比中，《人民时评》发表的《我们怎样表达爱国热情》（作者丁刚）荣获一等奖，这是网络原创评论首次荣获中国新闻大奖。

《人民时评》具有以下鲜明特色：①贴近实际、贴近生活、贴近群众，每天刊发一篇围绕时事热点、重要新闻事件的评论文章，反应敏捷，时效性强。②题材广泛，涉及众多领域和各种新闻事件，家事、国事、天下事均可为题，评论具体，有的放矢，具有很强的针对性。③形成了平易近人、短小精悍、言之有物、尖锐泼辣、以理服人的新文风，同时少了以前报纸社论那种盛气凌人、居高临下拿架子，装腔作势唱高调的旧文风。④其写作队伍以人民日报评论部、国内政治部、国际部、经济部、记者部等部门的资深编辑记者为主，从而保证了评论文章的高质量、高水平。同时采取个人署名制，建立相应的个人专栏，体现了严谨负责的精神。⑤树立了报、网互动的榜样。《人民日报》的许多重头评论、即时新闻，常由人民网及其《新闻时评》栏目先发表、先在网上传播。另外，人民网的精华部分又落地在报纸上，如《人民时评》的一些精彩评论和《强国论坛》一些高层人士访谈的文字稿也经常刊登在《人民日报》的重要版面上。与此同时，人民网还把网友对《人民日报》报道的评论及意见及时反馈给编辑部，落地在报纸版面上，加强了报纸与读者之间的沟通与交流，如《人民日报》第五版“视点新闻”就专门开辟了《人民网网友留言板》专栏。人民网还为《人民日报》一些特色专栏如《人生境界》、《体验》等开辟了专栏博客，让栏目编辑通过博客与网评作者交流。另外，每年的“两会报道”，人民网也比报纸早介入，往往提前在网上进行一些相关的调查，广泛征集网民的意见。报纸会根据网上调查结果，锁定一些热点问题，或采访代表委员，或请专家解读，这些深度报道一般会在网上和报纸上同时推出，成为《人民日报》和人民网每年“两会”报道的亮点。在运作机制上，为了保证报网联动配合，人民网有关负责人每天按时参加《人民日报》社的编前会。总之，在一系列宣传报道中，人民网和《人民日报》充分发挥各自的优势和特性，既“快”又“深”，优势互补，相得益彰，实现了报、网单独报道所不能产生的良好的传播效果。[89]

四、从手机报到“3G”传播

【手机的媒体化趋势】手机最早叫“无绳电话”，俗称“大哥大”。自1983年摩托罗拉（Motorola）公司制造的全球第一部手机诞生起，到2008年12月，全球手机拥有量已达40亿部，世界上几乎60%的人口都用上了手机。手机以其小巧、便携、随手、贴身、方便的特性，风靡全世界。据2009年10月6日国际电信联盟（简称“ITU”）发布报告称：到2009年底，全球手机用户数量将突破46亿、移动宽带用户将超过6亿。另据统计，截至2009年9月底，中国手机用户已达7.2亿、通过手机上网的用户已达1.81亿；到2010年，中国的手机用户数量预计将达到7.4亿，习惯用手机阅读的用户将占两成多。而2009年6月，中国互联网用户则超过了3.38亿，其中手机用户1.55亿。

经过17年的发展，手机终于完成了从通信工具到新媒体、从人际传播到大众传播的转变。最早用手机传递文字信息滥觞于手机短信。据媒体报道，1992年12月里，英国有一位叫“尼尔·帕普沃思”的人，通过手机给他在英格兰纽伯里沃尔丰公司总部参加一个预祝圣诞节晚会的朋友发出一条“圣诞快乐”的短信，这条短信是在沃尔丰公司的Gsm网络上通过PC向移动电话发送成功的。由于当时手机的设计还没有输入和发送英文字母的功能，当年22岁的Airwide公司信息技术工程人员“尼尔·帕普沃思”便只能用电脑键盘向他朋友的手机上发送了这条节日祝福短信。[90]10年后，用手机发短信成为世界各地人们广泛使用的联系方式，尤其用手机短信传递节日问候，已成为手机的一大功能。中国一年一度的春节，往往是手机短信业务最繁忙的一天，动辄数十亿条手机短信通过电波传递，成为电信公司收入和赢利的一大重要来源。据统计，2000年，我国短信量是10亿多条；2001年激增至189亿条；2002年竟达到900亿条，按发送每条短信收费1角计算，当年电信部门有90亿元收入进账。截至2004年10月，我国手机短信发送量已达1 760.6亿条，预计收入超过176亿元。“拇指经济”这个新概念也在一夜之间成为社会的时尚词汇。与此同时，我们也看到，短信在信息化建设中已经发挥出了其他传统媒体所无法比拟的优势，并逐步成为信息传播的主要渠道之一。

2003年农历初一，美国哥伦比亚号航天飞机突然失事，传统媒体还没来得及报道，而各大门户网站却在10分钟之内已把这一消息发送到了广大用户手机上。据统计，通过航天飞机失事事件，新浪网“新闻短信”新增订户近10万，直接收益近300万元。传播业界人士评价说：手机短信起到的作用不只在收入上，其更深层的意义在于“发掘出了一种新的新闻传播方式”，“可称作继报刊、电视、广播、网站之后的‘第五媒体’”。[91]

在世界上第一条短信发出8年后——2000年5月17日，中国移动通信有限责任公司正式开通了手机短信（SMS）服务业务，发出了中国内地第一条短信。喜欢新潮的年轻人很快就爱上了这种费用便宜、简单易学的交流方式，短信流量越来越大。当年，中国短信发送量即达10多亿条，此后呈井喷式发展状态。2001年，中国短信发送总量达189亿条。2002年12月，中国移动国际短信业务正式开通，国内用户可以发送短信到全球63个国家和地区。当年中国手机短信发送总量迅速攀升至900亿条，2003年中国手机短信发送量突破2 000亿条，2004年全年达到2 177亿条。手机短信为信息传播注入新的活力，使信息沟通更加方便快捷，尤其是手机与互联网的结合，进一步扩展了手机短信的交流空间，使短信传播由“点”对“点”的人际传播模式向“点”对“面”（群发）的大众传播模式转变。[92]

【手机报、手机电视、手机上网等传播形态的产生与发展】从2004年起，我国手机报、手机电视、手机上网等手机传播形态开始出现。以后不断发展、完善，手机被一些传播学者正式称为继报纸、广播、电视、互联网之后的“第五媒体”。

手机报的诞生与发展：2004年7月18日，北京“好易时空”网络科技有限公司和《中国妇女报》社联手推出全国第一份“手机报”——《中国妇女报·彩信版》，从而掀开了手机与报纸联姻的序幕。《中国妇女报·彩信版》每天通过“好易时空”的彩信平台向用户传送两个版本的《中国妇女报》的内容：一个是“精粹版”，它以5 000字的容量，通过图、文的形式，向用户发送当天《中国妇女报》的精华内容；一个是“全文版”，读者在阅读了“精粹版”后，若还想了解更详细的内容，可以通过发送相关代码，阅读当天《中国妇女报》的全部内容。[93]

《中国妇女报·彩信版》开通后，有不少报社及媒体网站也开始尝试探索这一业务，并在2005年掀起了一个小高潮。如在2005年开通的手机报有《浙江手机报》、《南方手机报》、《辽宁手机报》、《江西手机报》、《深圳晚报彩色版手机报》、《鲁中手机报》、《华西手机报》声讯版、《青岛手机报》、《泉州手机报》等。[94]

其中，《浙江手机报》于2005年5月17日开通上线运营，该手机报由浙江日报报业集团、浙江在线网站联手打造，是全国第一份省级手机报。

又如，2005年8月8日，羊城晚报报业集团和“广东移动”联手合作创办的《羊城晚报》“手机报纸”正式开通。“广东移动”的手机用户只要通过简便的手机WAP上网、“彩信”、“短信”等操作方式，就可以随时随地地浏览到当天《羊城晚报》的内容。8月18日起，《羊城晚报》“手机报纸”开始正式收费，最高收费不超过一元一天。[95]

2006年，手机报数量不断增加，全国已接近100家，国内有影响的报业集团和主要报社都开通了手机报业务。[96]当年新创办的手机报有：2006年1月16日，解放日报报业集团与中国联通上海分公司、上海移动通信公司共同签署了手机“I-news’《早点新闻》合作协议，共同启动了I-news手机报的WAP版。一年后，I-news用户达到20万，成为上海地区最大的手机报纸。同月，南京日报报业集团与南京移动公司共同主办《南京手机报》。2月22日,《宁夏手机报》正式开通。宁夏报业集团旗下《宁夏日报》、《新消息报》、《华兴日报》、《现代生活报》、《法治新报》、《新资讯报》、《小龙人报》等报上刊发的消息都成为手机报的主要新闻源，经过整合编辑后以彩信的形式发送到用户手机上。手机用户只需每月5元钱即可包月订阅。同月（2月），华商报也推出手机报、深圳报业集团也推出《深圳手机报》。3月2日，广东三大报业集团——南方日报报业集团、羊城晚报报业集团、广州日报报业集团联合创办的“手机报纸”开通。3月23日，由红网、潇湘晨报和湖南移动共同打造的湖南首家手机报《湖南手机报》开通、创刊。这份WAP版手机报的内容由新闻、资讯、休闲、评论、互动五大版块16个栏目组成，集中了红网、潇湘晨报及全省54家媒体的原创新闻。3月26日，湖北省首家利用手机作为载体的新媒体——“楚天无线”开通。“楚天无线”首批上线的有《湖北日报》、《楚天都市报》、《楚天金报》、《特别关注》、《可乐》、《前卫》等报刊，开设栏目达50多个、日更新量300条。同月（3月），文汇新民报业集团和上海移动通信有限责任公司共同打造了“News 365——上海手机传媒”。5月17日（“世界电信日”），广州日报报业集团和广东省移动、广州“加瓦科技”三方联合，再次在全省率先推出手机多媒体报纸——《广州日报·手机炫报》，并发布免费体验版。5月18日，羊城晚报报业集团金羊网在广东省深圳文博会上推出新一代手机报——《金羊掌讯》，它是由金羊网、广东移动、广州“加瓦科技”三方合作推出来的。同月（5月），湖南日报开通《华声手机报》。6月1日，由环球时报社和浙江移动通信公司联手打造的《环球时报手机版》在浙江地区开通上线。6月16日，由云南日报报业集团推出的《春城手机报》正式开通。6月21日，广州日报社及其大洋网与中国移动广东公司联合正式推出广东省首家英文手机报——*Life of Guang Zhou*(《广州生活》)。同月（6月),《惠州日报手机报》面市。7月4日，北京青年报社和北京移动通信公司联合推出的手机报《北京彩信报》开通。9月16日，国家重点新闻网站人民网、新华网、千龙网联合推出“掌上天下”手机报网站。11月7日，新华社开通《新华手机报》。新华社将所属的《新华每日电讯》、《参考消息》、《中国证券报》、《半月谈》等知名的报纸、杂志内容浓缩、融汇于《新华手机报》上，号称“为4.4亿手机用户带来全新的读报体验”。11月11日，东北地区第一家手机报——由辽宁日报报业集团主办的《辽宁手机》在沈阳正式开通。11月间，湖北日报报业集团推出彩信版的《湖北手机报》。2006年，依托全国4.4亿多手机用户，手机报成为报业新的生长点。[97]

2007年2月28日起，中国最权威的平面媒体、“中国第一大报”《人民日报》也面向全国开通手机报，这成为我国现代通信技术与新闻传媒融合的标志性事件。同年5月15日，贵阳日报社《贵阳手机报》正式面世，并在全国移动网络发行。该报分为上、下午版，每天送两期，资费每月3元。6月12日，由黑龙江日报报业集团与中国移动黑龙江有限公司、中国联通黑龙江分公司共同创办的《黑龙江手机报》开通。8月8日，《新疆手机报》开通，该手机报由新疆天山网和中国移动新疆有限公司共同创办。

2008年2月，《中国日报》（*China Daily*）推出全国第一份中英文双语手机报——《中国日报双语手机报》。2008年8月2日，广州日报报业集团等四家传统媒体联合中国移动广东公司，推出手机多媒体阅读业务——“富媒体”。用户可以使用手机免费浏览广州日报、南方影视传媒集团、央视国际和中央人民广播电台四家传统媒体的视频、音频、图片、文字、动漫等多种形式的丰富的新闻资源，故称之为“富媒体”。

截至2008年底，全国手机报总数超过200家。[98]

手机电视的出现：在推出手机报纸的同时，各电信公司和广电机构也开始联手推出手机电视业务。手机电视的视频内容主要依附于电视媒体，一般有两种形式：第一种是实况转播电视。视频通过网络直接传送到手机上，2004 年 3 月初第 76 届奥斯卡颁奖典礼和 2005 年 10 月 12 日“神舟”六号载人飞船火箭发射过程都是通过“手机直播”直接传送给手机用户的。第二种是根据订户对内容的要求创建或编辑视频片断。“央视”的部分节目和电影片断即通过此方式供用户下载收看。2005 年 1 月 1 日，上海移动与上海文广传媒集团联手推出手机电视业务试点——“东方手机电视”。2 月 6 日，他们推出中国第一部“手机电视短剧”——《新年星事》，共 10 集，每集 3 分钟。4 月，国家广电总局向上海文广新闻传媒集团发出首家 IPTV（网络电视）执照，准许其开办以电视机、手持移动设备为接收终端的视听节目传播业务。9 月底，中国移动全网开通手机电视业务服务。

2006 年 12 月 11 日，在中国“入世”五周年这一天，中央电视台联手中国移动、中国联通两大移动通信运营商，共同签约启动开通 CCTV 手机电视业务。此后，只要拥有一部支持流媒体技术的手机，用户就可以随时随地根据个人喜好，在手机上选择自己喜欢的中央电视台的节目进行收看。[99]

2007 年 2 月，北京电视台获国家广电总局颁发的“信息网络传播视听节目许可证”（俗称“手机电视牌照”），开始与北京移动合作开展手机电视业务，这是广电总局颁发的第 6 张手机电视牌照。此前，从 2006 年 10 月中旬起，广电总局先后向上海文广传媒集团、央视国际、南方广电传媒集团、中国国际广播电台、中央人民广播电台 5 家单位颁发了 5 张手机电视牌照。2007 年 6 月 5 日，中央电视台与中国移动、中国联通在北京签署合作协议，正式推出手机电视业务——“手机视讯”。它将通过直播、点播和下载三种方式，为用户提供视频、音频服务。2007 年 7 月 6 日，上海文广新闻传媒集团与中国移动、中国联通联手创办，由文广集团旗下上海东方龙新媒体有限公司推出的以新闻资讯内容为主的手机电视直播频道“第五媒体”，正式在中国移动和中国联通的手机电视平台上开播。该频道是全球第一个手机电视直播频道。[100]

2009 年 9 月 1 日，新华社也以“新华视讯”名义推出手机电视业务。当天，新华社手机电视台在中国移动、中国电信和中国联通全面上线。此后，新华社将以其大陆 31 个分社和海外 110 多个分社的电视记者为基础，整合全球优秀电视节目，以多媒体融合的理念，把文字、图片、图表等形式的内容整合在手机电视节目中传播。

手机上网及 3G 传播：在手机上网方面，“3G 门户”作为知名的无线互联网门户网站，自 2004 年成立以来，吸引了大量的手机互联网用户。2008 年起，3G 手机用户渐增。到 2009 年，3G 牌照发放，运营商加紧进行 3G 网络铺设，以手机为核心的移动互联网正在影响着人们的生活。众多世界传媒巨头也纷纷加入手机新媒体大战。据中国互联网信息中心统计，至 2009 年 8 月底，中国手机上网用户已达 1.81 亿。用 3G 手机上网的用户数量也逐渐增长。3G 时代的到来，不仅使手机能接收及阅读新闻，而且赋予每一个互联网手机用户发言的权利和渠道。

2009 年可谓“3G”传播的元年。所谓“3G”，其全称为 3rd Generation，中文含义即指第三代数字通信。1995 年问世的第一代模拟手机（1G），其功能只能进行语音通话。1996 年至 1997 年出现的第二代 GSM、TDMA 等数字制式手机（2G），便增加了接收数据的功能，如接收电子邮件或网页。2009 年问世的第三代（3G）手机，与前两代的主要区别是在传输声音和数据的速度上的提升，它能够在全球范围内更好地实现无线漫游，并处理图像、音乐、视频流等多种媒体形式，提供包括网页浏览、电话会议、电子商务等多种信息服务；同时也考虑到与第二代系统的良好兼容性。总之，3G 手机逐步实现了手机与电脑、手机与电视的逐渐融合。3G 手机除了一般手机的通话功能外，它还有上网、邮件收发、进行媒体播放等功能。

中央对“3G”传播非常重视。2008 年 12 月 31 日召开的国务院常务会议上，原则通过了第三代移动通信（3G）生产、经营牌照的发放和正式讨论了对中国 3G 标准 TD — SCDMA 的扶持问题。会议同意工业和信息化部按照程序，启动 3G 牌照发放工作，并在 2009 年 1 月择机发放。2009 年 1 月 7 日，工业和信息化部为中国移动、中国电信和中国联通发放了 3 张第 3 代移动通信（3G）牌照，这标志着中国无线电通信全新时代的开始及 3G 传播时代的来临。

相信在 21 世纪的第二个 10 年里，随着电信、电视、计算机“三网融合”的实现，以及 3G 技术的不断进步和完善，我国的手机电视、手机上网将有非常广阔的发展前景。

五、网络“公民新闻”的兴起及网上舆论的强大威力

（一）2007 年是中国“公民新闻”的元年

21 世纪初，随着互联网技术的发展、Web2.0 时代的到来以及数码相机、DV、摄像手机等新技术的普及，终于催生了我国“公民新闻”的产生。在国外，非专业新闻传播业者，即普通民众，通过网络和个人通信工具向社会发布新闻或提供有关信息——这一现象往往被称为“公民新闻”（Citizen Journalism）现象。“公民新闻”的主要内容不是由传统媒体的专业记者们采写的，而是由非专业的“公民记者”（Citizen Journalists）来提供的。有研究者认为，“公民新闻”最早产生于 20 世纪 90 年代末的美国。如 1998 年，一个叫“德拉吉报道”（drudgereport. com）的个人网站，因为率先揭露克林顿和莱温斯基的性丑闻而一举成名。该网站的日点击率超过一千万次，一时间该网站成为美国家喻户晓的“舆论领袖”。由此，“一个人的网站”、“独立媒体”、“自媒体”等概念也应运而生。

2005 年 7 月 7 日，英国伦敦地铁和公交汽车上发生爆炸案，这成为“公民新闻”发展的重要契机。在爆炸发生很短的时间内，BBC、ITV、《卫报》（*Guardian*）等英国主流媒体就陆续收到了来自公民现场拍摄的有关爆炸现场的图片和录像片断。这些图片和录像片断用手机等现代通信工具拍摄，通过电子邮件的形式传送到这些媒体的网站邮箱中，或者通过有关网站的博客网页直接将这些图片、录像片断以及那些亲历现场的人的所见所闻所感发布到网上，而这些都是当时远离现场的专业媒体及记者们难以办到的。

2007 年是中国公民新闻的元年，也是网络媒体大放异彩的一年。2007 年 3 月初，网上各大论坛开始流传一个帖子，帖子的内容是一张照片，画面显示：一片被挖成 10 余米深大坑的楼盘地基正中央，孤零零地矗立着一栋二层小楼，犹如大海中的一个小弧岛。这幅照片最初是一条反映重庆某一工地有人抗拒拆迁的新闻，标题是“史上最牛的钉子户”。照片在网上登出后，引起了社会的强烈反响，暴露出强行拆迁、暴力拆迁中存在的一些深层次的问题，最终推动了《物权法》的诞生。

2007 年 5 月，山西洪洞警方破获一起黑砖窑场虐待民工案，并解救出 31 名民工，其中部分是童工。6 月 5 日，“大河网”论坛出现了一个题为《罪恶的“黑人”之路！孩子被卖山西黑砖窑　400 位父亲泣血呼救》的帖子。帖子以 400 位河南籍父亲的口吻，在网

上联名发帖寻子。帖子反映的情况令人触目惊心、惨不忍睹。案件引起中央震动，胡锦涛总书记作出批示，最后逃逸工头落网受到严惩，山西省省长于幼军公开道歉。

2007年五六月间还发生了“厦门PX”事件。PX工程因涉及环境污染及厦门市民的健康，在2007年3月全国人大及政协两会上，105位政协委员联名签署提案，建议厦门PX项目迁址，但并没有引起有关方面的重视。到5月下旬，一则提醒厦门市民关注PX项目建设的手机短信在厦门用户手机和网络上广为流传，随即广大网友在网络上发表了大量的跟帖和讨论文章。5月29日，奥一网报道了“百万短信”事件，网易、腾讯等著名网站也在显著位置转载了这则新闻，随后传统媒体也纷纷跟进报道、评论此事。6月1日和2日，数千厦门市民用手机短信（“‘六一’儿童节，大家一起去‘散步’”）组织上街游行，集体抵制PX工程，要求停建PX项目。在强大的网络舆论压力下，厦门市政府宣布暂缓“海沧PX”项目建设。12月19日，《人民日报》发表文章称专家认为PX项目“迁址是上上之选”。

2007年10月12日，陕西省林业厅公布了该省镇坪县文彩村村民周正龙于10月3日拍摄到野生华南虎照片的消息，并声称这是43年来陕西秦巴山区发现华南虎的首次纪录。10月15日，互联网上开始对照片真实性表示质疑。陕西省林业厅予以驳斥，周正龙也宣称“拿人头担保”。此后，随着网上年画虎的出现，六方专家鉴定虎照作伪。原来，照片是当地政府与周正龙合谋造假——把画虎的年画放在树丛中拍摄而成，“周老虎”原来是“纸老虎”。

（二）2008年网络舆论、网络监督与网络反腐经典案例

2008年1月下旬开始到春节期间，全国21个省（区、市）遭受严重的冰雪灾害，造成铁路公路交通阻滞，滞留人员达192.7万人。同时，电力设施严重受损，农作物受灾面积1.77亿亩、森林受损面积2.6亿亩，直接经济损失1 117亿元。全国上下，万众一心，共同抗击雨雪冰冻灾害。网络媒体与传统媒体一起，在抗灾救灾新闻报道及舆论宣传中发挥了巨大作用。

2008年3月14日，在藏独集团的操纵下，少数不法分子在拉萨制造了打砸抢烧严重暴力犯罪事件。与此同时，西方媒体借西藏“3·14”事件大肆反华，鼓励藏独分子干扰奥运火炬传递。中国网友空前团结，纷纷自发在网上反击西方政要及带偏见媒体歪曲诋毁中国的言行，反击CNN、抵制家乐福。在中国网络民间舆论的巨大压力下，西方政要及媒体向中国人民道歉。

2008年8月8日至24日，北京奥运会成功举办；9月，“神舟”七号飞船成功发射，航天员首次进行太空行走。网络在这一系列重大事件的报道中发挥了重大作用。

2008年5月12日，四川省汶川县发生百年一遇的8级大地震。“汶川大地震”发生之后，网络成为组织救灾的大平台，同时也发挥了监督救灾物资流向的重要作用。成都当地网友自发组织了一个名为“抓鬼团”的活动，针对救灾帐篷挪作他用进行了跟踪调查。5月21日上午，一名化名“安心”的网友在成都“全搜索”网发表了题为《现场直播：全搜索捉鬼行动，谁在住救灾专用帐篷?》的帖子，对这次活动进行了详细的介绍，并贴出了大量救灾帐篷可能被挪用的图片，此帖发出后随即被转至各大论坛。22日，有网友在网上揭露：有人将捐赠物资运送到自己的商店。后来，此案被警方查实，相关当事人被判刑。

2008年9月，在奥运会刚开完不久，甘肃等地报告多例婴幼儿泌尿系统结石病例。2008年9月8日，甘肃《兰州晨报》等媒体最先以“某毒奶粉品牌”为题，爆料“毒奶粉”事件。9月11日，“三鹿毒奶粉”终于被新华网直接提名曝光。

经调查发现，患儿多有食用三鹿集团生产的三鹿牌婴幼儿配方奶粉的历史。进一步调查发现，奶粉系受到一种叫做“三聚氰胺”——在世界被称为“假蛋白”的化学品的污染。消息一经证实，立刻在整个网络上传开来。以后，网络媒体上铺天盖地发表有关三聚氰胺的报道和揭露讨伐无良企业的报道。毒奶粉事件之后，内地整个食品行业，特别是奶制品业遭遇前所未有的质量及安全信任危机。

2008年9月，山西霍宝干河煤矿发生矿难。为封锁矿难消息，该煤矿领导为前来采访的真、假记者发了数额不等的“封口费”。9月25日，《西部时报》记者将数十名各路真假记者向矿方领取“封口费”的现场场面偷偷拍下来，放到网上，顿时在社会上引起强烈反响，并成为全新闻界感到耻辱和蒙羞的“封口费事件”。后领取“封口费”的记者受到国家新闻出版署的惩处。

2008年10月间，深圳一名醉酒的中年男子在酒楼内借着向11岁女生问路之机，将其强行拖进洗手间内欲行猥亵。有人将酒楼内的监视录像发布上网，网友展开“人肉搜索”后发现，此人疑为深圳海事局一位林姓领导。“我是交通部派来的，级别和你们市长一样高，敢跟我斗，你们这些人算个屁呀!”该男子的嚣张言论，随即传遍网络。后来，交通部对该林姓领导作了免职处分。

2008年12月，南京发生的“局长抽天价烟”事件，为年度网络监督大戏拉下了帷幕。当时，南京市江宁区房产局局长周久耕在开会时的照片被挂在网络上。经网友分析显示，周久耕手边的烟是南京卷烟厂生产的“南京”牌系列“九五之尊”香烟，每条售价1 500元至1 800元之间。同时，网友从照片上还发现，周久耕所戴的手表也是名牌货“江诗丹顿”，售价约在10万元。周久耕的公务员身份与其消费能力，引起了网友的广泛兴趣。网友甚至发起了一场“看看当官的戴的是什么表”的“人肉搜索”。[101]后经查实，周久耕确有贪污受贿行为。2009年10月10日，周久耕被南京市中级人民法院一审判处有期徒刑11年。

（三）2009年“网络舆论监督”及“网络反腐”案例

2009年2月12日，24岁的云南玉溪男子李乔明因盗伐林木被刑事拘留，并被关押在晋宁县看守所受伤后死亡。关于李某的死因，公安机关的人说他是与狱友在看守所天井里玩“躲猫猫”游戏时，不小心撞墙而受伤，导致死亡。实际上李乔明系因被牢头狱霸以玩游戏为名殴打致死。一时间，“躲猫猫”成为网络流行热词。

同是在2009年2月12日，在上海工作的河南青年王帅在网上发了一篇《灵宝老农抗旱绝招》的帖子，揭发家乡灵宝市政府违法征地搞工业园建设，损害当地农民利益。随后，灵宝市警方以涉嫌诽谤罪，跨省追捕到上海将王帅抓回，并拘留8天。《法制日报》等媒体介入此案后，灵宝警方才认错。河南省公安厅厅长、灵宝市委、市政府在网上（4月16日人民网）道歉，灵宝市公安局长赴上海向王帅道歉并宣布撤案，还给予其783.93元的国家赔偿费。灵宝市政府将征用的土地重新退还给当地农民。

2009年6月，中央人民广播电台记者就某经济适用房用地违规建别墅一事采访时任郑州市规划局副局长的逯某时，遭到逯某的质问：“你是准备替党说话，还是准备替老百姓说话?”事件经报道后引起广泛关注和舆论的一致谴责，“为谁说话”迅速成为网络热词。在巨大的网络舆论压力下，6月22日，郑州市人民政府新闻办公室发布消息称：郑州市规划局副局长逯某已被停止工作，深刻反思，接受调查。

2009年6月27日清晨5时30分左右，上海闵行区梅陇镇莲花南路一小区一栋在建的13层住宅楼因质量问题突然全部倒塌，所幸由于高楼尚未竣工交付使用，故未酿成特大居民伤亡事故。网络上称之为“楼脆脆事件”。在追踪这场楼房倒塌案件中，网络监督的影响力再次得到充分证明。楼房于清晨倒塌，上午照片就在互联网上流传开来。在追问楼房倒塌原因的同时，开发商的背景吸引了媒体与网民的关注，房地产公司的股东名单被网民张贴，网友针对他们发起“人肉搜索”，查出企业股东的身份，终于将房地产领域官商勾结、以权谋私、权转化为钱的过程曝光。

2009年5月10日，湖北恩施州巴东县野三关镇一间宾馆发生的“邓玉娇案”，在网络舆论的强大压力下，终以“有罪免罚”判决结案。

2009年10月24日，湖北荆州长江大学三名大学生为拯救落水儿童英勇献身，而打捞三名大学生遗体的打捞船主却“挟尸要价”，行径卑劣。其照片在网上传播开来，悲愤的网民在网上一致谴责打捞船主的见利忘义行为，同时反思政府工作的缺位。

2009年10月28日，中纪委、监察部开通全国纪检监察举报网站www.123888.gov.cn。举报网站受理群众对党员、党组织和行政监察对象违反党纪政纪行为的检举控告，以及对党风建设和反腐工作的意见建议。从此，“网络反腐”、“网络舆论监督”终于有了机制上的保证。

第五节　21世纪头十年对新闻传播业的监管与治理

一、对报刊、广电媒体的监管与治理

（一）控制报刊总量、优化报业结构、治理小报小刊

从20世纪90年代中期开始，以四川日报主办的《华西都市报》为代表的一大批社会文化生活类报纸或称都市类报纸异军突起，发展迅猛。作为新闻改革的产物，都市类报纸继承和借鉴日报、晚报的传统与特色，走出了一条既不同于日报，又不同于晚报，也不同于专业性较强的文化生活类报纸的创新之路。都市报绝大多数是省、市党委机关报的子报，它们以主报——省、市党委机关报为靠山和依托，充分利用主报丰富的新闻资源和人才、资金优势，再加上比主报更灵活的办报机制，到20世纪90年代末，越办越多，越办越红火。

与此同时，20世纪90年代中后期，以贴近时代、贴近生活、贴近家庭为宗旨和以“短、广、软”版面风格见长的我国晚报业也如雨后春笋般蓬勃发展。据统计，1999年，全国各类报纸平均期发行量约4 000多万份，其中晚报占了一半；广告总额112亿元，晚报占了50亿元，而且在全国报纸广告收入前10名中，晚报占了5家。总之，无论是发行，还是广告，晚报都占全国报业的半壁江山。到20世纪90年代末，21世纪初，晚报

仍在大肆扩张中，越办越多，如2000年就有6家晚报宣告诞生。

由于各地都市报、晚报以及各种小报小刊越办越多，导致报业市场竞争白热化。当时不少都市报主办者都抱有“大报抓导向，小报找市场”、“大报交给党，小报交给市民”的观念。为了吸引读者、扩大发行量，为了吸引广告主，不少都市报在版面上经常刊登一些品位不高、格调低下的文章和图片。有时对一些社会新闻大肆炒作，以追求轰动效应。在发行上，各报之间的竞争更是激烈，往往不惜血本，以低于成本价销售，形成恶性竞争，导致各地报刊市场的无序和混乱。针对以上情况，1999年9月，中央办公厅和国务院办公厅联合下发了《关于调整报刊结构的通知》，明确提出了“控制总量、合理布局、优化结构、提高质量”的要求。为此，从2000年起，新闻出版署重点加强了对小报小刊的审读和管理。同时，结合全国扫黄打非活动的开展，也对全国的出版物市场上的非法报刊进行重点清理。为了规范报刊出版工作，新闻出版总署又印发了《关于进一步加强社会文化生活类报刊管理的通知》等文件。为了优化报刊结构，新闻出版署于2000年底开始启动审批县级市党报工作。截至2002年8月，总署按照审批县级市党报的条件和程序，总共批准创办县级市党报168家。

2005年1月15日，全国新闻出版局局长会议在长沙闭幕。会上，新闻出版总署署长石宗源说，近一段时间内原则上不再批准新建出版社、期刊、报纸，提倡用经济手段和调整结构的方式实现新闻出版单位的优胜劣汰（《京华时报》2005年1月17日）。此后，报纸刊物的刊号遂成为稀缺资源。

（二）从2003年开始对报刊实施大规模的治理整顿

2003年下半年起，我国报刊业经历了一场新中国成立以来规模最大的治理整顿。

为了治理党政部门报刊的散滥，为了减轻农民负担，治理党政部门报刊利用职权搞发行、乱摊派，2003年7月15日，中共中央办公厅、国务院办公厅联合发出《关于进一步治理党政部门报刊散滥和利用职权发行，减轻基层和农民负担的通知》（中办发〔2003〕19号）。《通知》指出：“改革开放以来，我国报刊业取得了长足发展，规模实力明显增强，质量效益不断提高，在宣传党的理论路线方针政策，促进改革发展，维护社会稳定，丰富人民群众精神文化生活等方面，发挥了积极作用，作出了重要贡献。同时，伴随着报刊业的快速发展，结构不合理、忽视质量等散滥现象日益凸现。党中央、国务院对此高度重视，各级党委、政府和有关部门多次进行治理，取得了一定成效，但问题并没有得到根本解决。特别是党政部门报刊散滥和利用职权摊派发行、增加基层和农民负担现象仍然十分严重。有的利用职权强行推销、滥拉广告，有的变换手法隐形摊派，有的赠钱赠物提成回扣，等等。这种状况不仅扰乱报刊发行秩序，妨碍报刊业健康发展，挤压重要党报党刊市场空间，更为严重的是助长了不正之风，影响党同人民群众的关系。对此，社会反映强烈，群众意见很大。”为此，中央决定进一步治理党政部门报刊散滥和利用职权发行，减轻基层和农民负担。《通知》又提出了治理工作的具体措施：“党政部门办报刊过多，是摊派发行问题屡禁不止的重要原因之一。总结以往的经验教训，解决这个问题必须从源头抓起。要停办一批，减少党政部门报刊数量；分离一批，切断部门权力与报刊经营之间的利益纽带；整合一批，解决党政部门报刊结构不合理、质量不高等散滥问题。”“省、自治区、直辖市党委统一办好一份党报和一份党刊，政府办好一份免费赠阅的政府公报”；“党政各部门所办报刊原则上划转到省级党报集团、广电集团、出版集团或有实力的报刊社”；“对质量低劣、主要靠摊派发行的报刊予以停办，对内容相近、交叉重复的报刊进行合并，个别确因指导工作需要保留的报刊，可转为内部资料性出版物，免费赠阅”；“要严格程序，严守规定，所有保留、分离、划转、合并和停办的报刊，都要报新闻出版总署办理手续，合并和停办报刊的刊号由新闻出版总署收回”。

2003 年 7 月 25 日，新闻出版总署制定出台《关于落实中办、国办〈关于进一步治理党政部门报刊散滥和利用职权发行，减轻基层和农民负担的通知〉的实施细则》。《细则》指出，此次报刊治理的主要范围是：各级党政机关等主管主办的报刊，省级和省级以下行业组织主管主办的报刊以及利用职权摊派发行报刊的各种行为。据统计，被纳入治理范围的 1 452 种报刊中，有 677 种报刊停办（其中期刊 395 种，报纸 282 种），还有 325 种从党政部门划转到报业集团或出版集团，310 种实行了管办分离，94 种公报、政报改为免费赠阅，基本上实现了中央确定的“停办一批，分离一批，划转合并一批”的预期目标，直接减少全国基层和农民年报刊征订费用 18 亿元。2003 年 11 月 28 日，中共报刊治理工作协调领导小组办公室在当天的《人民日报》、《光明日报》上，以大半版的篇幅向社会公布 677 种停办报刊的名单，希望社会各界和广大群众予以监督，防止反弹。并再次重申，凡利用职权搞摊派发行的报刊将一律严肃查处。[102]

2004 年，党政部门报刊治理工作在取得阶段性成果的基础上，工作重点转到了巩固报刊治理成果、防止报刊依靠行政权力摊派发行的回潮与反弹上。同时又开展了对连续性内部资料出版物和报刊社记者站的专项清理整顿工作，加强了报刊治理督查工作，推进了报刊治理工作深入开展。如 2004 年 1 至 2 月间，新闻出版总署下发了《关于开展连续性内部资料出版物专项治理工作的通知》（新出报刊〔2004〕18 号）（2004 年 1 月 8 日）、《关于开展报刊社记者站清理整顿工作的通知》（2004 年 1 月 8 日），“中央治理党政部门报刊散滥和利用职权发行工作协调领导小组办公室”下发了《关于切实纠正报刊发行中存在的问题—进一步巩固报刊治理成果的通知》（中央报刊治理办〔2004〕546 号）（2004 年 12 月 7 日），等等。[103]

在内部资料出版物专项治理工作中，各省、自治区、直辖市新闻出版管理部门采取积极措施，严肃查处大量内部资料出版物收费征订、利用职权摊派发行和刊登商业广告的行为。据当时 31 个省（自治区、直辖市）的统计，全国共停办了 388 种内部资料，注销登记的内部资料有 304 种，责令整改的有 403 种，暂缓登记的有 131 种，查处非法出版的内部资料性出版物近 200 种。

在对记者站的清理整顿工作中，新闻出版总署下发了《关于开展报刊社记者站清理整顿工作的通知》后，各省、自治区、直辖市新闻出版管理部门又严肃查处了一些记者站超越新闻业务活动范围而从事其他经营活动等行为。据 31 个省（区、市）统计，经过治理整顿，全国停办和注销登记的记者站共有 642 家，查处和撤销非法设立的记者站及其他以办事处、联络处、记者站分站等名义开展活动的非法机构共 73 家。与此同时，新闻出版总署完善有关新闻记者管理规定，制定了《新闻记者证管理办法》，修订了《报社记者站管理办法》。此外，为改进新闻记者的管理方式和办法，2004 年 1 月 1 日，新闻出版总署报刊司正式开通“中国记者网”，对新版新闻记者证的申请、审核、发放等日常管理工作全部通过网络进行；所有合法新闻记者证全部上网，供社会各界随时查验监督。2004 年，共有 109 377 名报社新闻采编人员通过“中国记者网”领取了新版记者证；由于记者退休、调离工作岗位和遗失记者证等原因，共有 296 个记者证通过“中国记者网”被注销。利用网络对新闻记者证进行动态管理，提高了工作效率和监管力度。新版记者证全部上网向社会公开，公众可直接通过“中国记者网”了解新闻机构（包括各地记者站）和记者的情况。此举不但有效地打击了假记者的违法犯罪行为，维护了基层单位和广大群众的利益，而且保障了新闻记者的正常采访活动。[104]

（三）废止旧章、制定新规

2001年12月11日，我国正式成为世界贸易组织第143个成员国。此后，为适应我国加入“世贸”组织的需要，新闻出版总署开始对以前及现行部门规章、规范性文件进行全面清理。如2003年7月，新闻出版总署正式发出通知，停止审批报纸出版地方广告版，相关规定停止执行。2003年8月26日，署长石宗源签署第21号中华人民共和国新闻出版总署令，决定废止《关于严禁以书号出刊的通知》等70件规章及规范性文件，其中涉及报刊管理方面的规章和规范性文件近20个。同时，依据《出版管理条例》，结合报刊管理的实际情况，提出报刊变更刊期、社会科学类期刊出版增刊等部分报刊审批项目委托省级出版行政部门审批。

2004年6月16日，新闻出版总署第二次署务会议通过《新闻出版总署废止第二批规章、规范性文件的决定》。《决定》废止的规章、规范性文件多达103项，时间跨度从1955年12月12日颁布《关于书籍杂志使用字体的原则规定》、1955年12月30日颁布《关于汉文书籍、杂志横排的原则规定》起，到2000年7月27日发出《关于进一步加强出版物发行管理的通知》止，前后达45年之久。这些被废止的规章、规范性文件中，有的是完成历史使命后被废止的，有的是因时过境迁，不能适应时代进步、社会变迁和国际环境的变化而被废止的。[105]

2003年前后，在酝酿、实施废止旧规章、规范性文件的同时，新闻出版总署又出台了一系列新的规章和规范性文件。如为了参与国际竞争，做大做强中国的新闻传播业及文化产业，2002年6月3日，新闻出版总署一连出台了《关于新闻出版业集团化建设的若干意见》（新出办〔2002〕714号文）、《关于规范新闻出版业融资活动的实施意见》（新出办〔2002〕715号文）、《关于新闻出版业跨地区经营的若干意见》（新出办〔2002〕716号文）、《新闻出版行业领导岗位持证上岗实施办法》（新出办〔2002〕717号文）、《关于进一步加强社会文化生活类报刊管理的通知》（新出办〔2002〕719号文）5个文件。2002年8月2日，新闻出版总署又出台了《报业集团组建基本条件和审批程序》（新出办〔2002〕914号文）；8月8日，国家新闻出版总署、全国“扫黄打非”工作小组发出《关于清理整顿内部资料性出版物的通知》（新出联〔2002〕15号文）；11月20日，新闻出版总署、中共中央宣传部、广播电影电视总局联合发出《关于开展新闻采编人员资格培训工作的通知》（新出联〔2002〕19号文）；12月27日，中共中央宣传部、中央文明办、国家工商总局、国家广电总局、新闻出版总署联合发出《关于进一步做好公益广告宣传的通知》（工商广字〔2002〕289号文），等等。[106]

2004年1月、2月间，为配合开展专项治理、巩固党政部门报刊治理成果，新闻出版总署会同中宣部、国务院纠风办下发了《关于开展连续性内部资料出版物专项治理工作的通知》（2004年1月8日）（新出报刊〔2004〕18号文）、《关于开展报刊社记者站清理整顿工作的通知》（2004年1月8日）和《关于进一步规范党政部门报刊征订工作的通知》（2004年2月5日）（新出联〔2004〕6号文）、《关于对管办分离和划转报刊加强管理的通知》（新出联〔2004〕5号文）。与此同时，国家广电总局也先后发布了《广播电视广告播放管理暂行办法》（2004年1月1日起施行）、《广播电视编辑记者、播音员主持人资格管理暂行规定》（2004年6月18日）（国家广电总局令第26号发布）、《境外卫星电视频道落地管理办法》（2004年6月18日）（国家广电总局令第27号发布）、《境外机构设立驻华广播电视办事机构管理规定》（2004年6月18日）（国家广电总局令第26号发布）、《境外卫星电视频道落地管理办法》（2004年6月18日）（国家广电总局令第27号发布）、《境外机构设立驻华广播电视办事机构管理规定》（2004年6月18日）（国家广电总局令第28号发布）、《广播电视视频点播业务管理办法》（2004年7月6日）（国家广电总局令第36号发布。本办法于2004年8月10日起施行，原广电总局《有线电视视频点播管理暂行办法》和《宾馆饭店视频点播管理暂行办法》同时废止）、《城市社区有线电视系统管理暂行办法》（2004年8月10日）（国家广电总局令第36号发布。本办法自2004年9月10日起施行，原广电总局《城市社区有线电视系统管理暂行办法》同时废止）、《广播电台电视台审批管理办法》（2004年8月18日）（国家广电总局令第37号发布。本办法自2004年9月20日起施行，原广电总局《广播电台、电视台设立审批管理办法》同时废止）。[107]

2005年，新闻出版总署加大了管理观念、管理重心、管理行为改革的力度，结合我国新闻传播业及报刊出版业发展的实际情况，相继修订完善了一批有关新闻记者管理及报刊出版管理方面的法规规章。如2005年上半年，为规范新闻记者证的发放、使用及管理，保障新闻记者的正常采访活动，维护新闻记者和社会公众的合法权益，维护记者站的工作和管理秩序，新闻总署于2005年1月发布了《新闻记者证管理办法》（本办法自2005年3月1日起施行）和《报社记者站管理办法》（本办法自2005年3月1日起施行，1992年3月2日新闻出版总署颁布的《报社记者站暂行办法》同时废止），明确了新闻记者证的审核与发放、使用与更换、监管与责任等内容，以及报社记者站的设立、管理和监督、罚则等内容。2005年下半年，新闻出版总署又公布了《报纸出版管理规定》（2005年9月30日公布，12月1日起施行）和《期刊出版管理规定》（2005年9月30日公布，12月1日起施行）和《期刊出版管理规定》（2005年9月30日公布，2005年12月1日起施行）两个非常重要的规章。[108]《报纸出版管理规定》和《期刊出版管理规定》是对《报纸管理暂行规定》和《期刊管理暂行规定》的修订。新闻出版署制定的《报纸管理暂行规定》于1990年12月25日颁布实施，《期刊管理暂行规定》于1988年11月24日颁布实施。这两个暂行规定10多年来对加强报刊管理起了重要作用，但随着各方面情况不断变化和形势的发展，它们已经不适应报刊出版业改革、发展和管理的实际情况和客观要求了，必须予以修订、完善。修订后颁布施行的《报纸出版管理规定》共计六章69条、《期刊出版管理规定》共计六章67条，这两个十分重要的报刊出版管理规章是规范报刊出版活动的基本法规依据。

在2005年8月，为制止各地报刊发行中的恶性竞争，中共中央宣传部、国务院纠风办、新闻出版总署联合发出《关于开展规范报刊发行秩序工作的通知》（新出联〔2005〕14号文）。另外，在广电管理方面，2005年4月，为贯彻落实中宣部、国家广电总局、新闻出版总署联合颁布的《关于新闻采编人员从业管理的规定（试行）》，结合广播影视工作实际，加强新闻职业道德建设、规范广播电视采编播人员的行为，国家广电总局制定并发布了《广播影视新闻采编人员从业管理的实施方案（试行）》。2005年5月，为贯彻落实中共中央办公厅《关于进一步加强和改进舆论监督工作的意见》和中宣部《加强和改进舆论监督工作的实施办法》，国家广电总局又制定和发布了《关于切实加强和改进广播电视舆论监督工作的要求》。2005年9月7日，国家广电总局又批转了中国广播电视协会制定的《中国广播电视播音员主持人自律公约》。[109]

2007年10月31日，国家新闻出版总署发出《关于保障新闻采编人员合法采访权利的通知》。《通知》明确表明"任何组织和个人不得干扰、阻碍新闻采编人员合法的新闻采访活动"。《通知》要求有关党和国家机关及其工作人员要为新闻机构合法的新闻采访活动提供便利和必要保障；新闻单位要按照2008年1月1日起实施的《劳动合同法》的有关规定，与所属新闻采编人员订立书面聘用合同，缴纳社会保险金，完善各项保障制度，保护新闻采编人员的各项合法权益。

同在2007年，国务院、全国人大党委会通过了两项非常重要的法律、法规，这两项法律、法规都与新闻传播业有密切关系。一是2007年1月17日，国务院第165次常务会议通过的《中华人民共和国政府信息公开条例》（自2008年5月1日起施行）。新闻媒体是公民实现知情权的主渠道，该条例的通过，使新闻媒体在行使舆论监督权，公开与人民群众生产、生活密切相关的社会公共信息方面有法可依，有利于更好地保障广大人民群众获取信息、利用信息的合法权益。二是2007年8月30日，中华人民共和国第十届全国人大常委会第29次会议通过的《中华人民共和国突发事件应对法》（自2007年11月1日起施行）。此前的6月24日，全国人大常委会审议修改了《突发事件应对法草案》，删除了先前有关新闻媒体不得"违法擅自发布"突发性事件信息的规定。新法将突发事件所在地政府"对新闻媒体的相关报道进行管理"的规定，改为"任何单位和个人，不得编造、传播有关突发事件事态发展或应急处置工作的虚假信息"。这实际上是默认了新闻媒体及时、客观报道突发事件的合法性。

2008年，针对近年来个别政府部门未认真履行政府信息公开义务、一些企事业单位及社会组织为规避舆论监督而拒绝新闻单位及记者的采访，以及少数记者故意编造假新闻以谋取不正当利益、一些社会人员假冒记者名义敲诈勒索等问题，新闻出版总署办公厅于11月7日下发了《关于进一步做好新闻采访活动保障工作的通知》（新出报刊〔2008〕1260号）。[110]《通知》指出："新闻机构对涉及国家利益、公共利益的事件依法享有知情权、采访权、发表权、批评权、监督权，新闻机构及其派出的采编人员依法从事新闻采访活动受法律保护，任何组织或个人不得干扰、阻挠新闻机构及其采编人员合法的采访活动。各新闻机构及其主管部门有责任和义务为所属新闻记者从事新闻采访活动提供必要保障，保护他们的合法权益。""新闻机构及其新闻采编人员进行新闻采访活动，应坚持正确的舆论导向，维护国家利益和公共利益。对报道的事实和内容，必须认真核实，不得编发未经核实的信息，不得刊播未经本新闻机构核实的来稿，不得徇私隐匿应报道的新闻事实，严禁借新闻采访活动搞有偿新闻、索贿受贿，严禁借舆论监督搞敲诈勒索。"

2009年，为了保障新闻采访活动的正常开展，维护新闻记者的合法权益，切实加强对新闻记者证件的管理，做好监督和服务工作，新闻出版总署又修订出台了新的《新闻记者证管理办法》和《报刊记者站管理办法》。《新闻记者证管理办法》（2009年修订，2009年8月24公布）共计六章40条，自2009年10月15日起施行，同时废止2005年1月10日新闻出版总署颁布的《新闻记者证管理办法》。《报刊记者站管理办法》（2009年修订）共计六章42条，自2009年10月1日起施行，同时废止2005年1月10日新闻出版总署颁布的《报刊记者站管理办法》。

2009年11月9日，中华全国新闻工作者协会第七届理事会第二次全体会议修订，通过了《中国新闻工作者职业道德准则》。该《准则》是中国新闻传播业界实行自律的重要条例，共计7条28款。11月27日，新华社受权播发了这一《准则》。[111]

二、对网络媒体的监管与治理

（一）中央高层对网络文化建设及网络传播管理的高度重视

1994年4月20日，我国正式接通国际互联网。到1999年，互联网作为“第四媒体”的称谓开始广泛流传。2001年起，“网络媒体”的称谓取代“第四媒体”，在业界和学界流传开来。

我国政府高度重视利用互联网进行新闻传播活动。早在1997年5月，国家有关部门就明确提出了“积极支持、促进发展、宏观指导、归口管理”的方针，并授权国务院新闻办公室为归口管理单位，负责全国互联网站的管理工作。各省、自治区、直辖市人民政府新闻办公室则负责本行政区域内互联网站从事登载新闻业务的管理工作。2004年4月，国务院新闻办公室又成立“网络新闻管理局”，负责统筹协调全国互联网络新闻宣传工作。

2000年起，我国就出现了“网络媒体热”。当年，中共中央总书记、国家主席江泽民先后在党的会议上、在接受外国记者的采访中、在计算领域国际会议上，就网络媒体的管理问题发表了一系列重要讲话。如2000年5月17日，江泽民在北京接受美国《科学》杂志主编埃利斯·鲁宾斯坦独家专访；6月28日，他在中央思想政治工作会议上发表重要讲话；8月15日，他在北戴河接受美国哥伦比亚广播公司《60分钟》节目主持人麦克·华莱士的专访；8月20日，又在第16届世界计算机大会开幕式上发表讲话。在这些讲话中，江泽民表达了如下重要观点：人们现在直接面对来自各界的信息，但要确保一点，即所有的事实都不应被歪曲，互联网也应如此；互联网上也有许多不健康的东西，特别是“黄赌毒”，这对青年一代是十分有害的，这一点我们要有选择性；我们希望从互联网中接收有益于中国发展的信息，尽可能地限制不利于中国发展的信息；我们主张制定国际互联网公约，共同加强信息安全管理，充分发挥互联网的积极作用。[112]

2001年是国家“十五”计划第一年，对于未来五年中中国发展的战略安排，其中一个重大的变化是将网络及信息文化建设摆放到极其重要的位置，明确了以信息化带动工业化的大政方针。国家领导人也在不同场合多次强调信息化的重要性，如在2001年7月11日中共中央举办的法制讲座上，江泽民总书记再次指出中国应努力在全球信息网络化的发展中占据主动地位，并重申信息网络化建设的基本方针——“积极发展，加强管理，趋利避害，为我所用”。同时指出：“当今世界，科技进步突飞猛进，特别是信息技术和网络技术发展迅速，对世界政治、经济、军事、科技、文化、社会等领域产生了深刻的影响。这必须引起我们的高度关注。”他还说：“近几年来，我国信息技术和信息产业的发展是很快的，其中计算机信息网络尤为突出。信息网络的发展，不仅为我国经济增长提供了新的动力和支撑点，而且为群众丰富文化生活，为党和国家机关改进工作，提供了新的手段和途径。但必须看到，信息网络化的发展也给我们政府管理和社会管理提出了新的问题。比如，网上一些迷信、色情、暴力和其他有害信息的传播，对人民群众尤其青少年的身心健康造成很大危害；网络违法犯罪行为日益突出，网上诈骗等种种违法活动，干扰了市场的有序运行。对保证我们国家的信息安全等问题，必须进一步研究和采取切实有效的措施，在加强网络安全保障体系建设的同时，更要注意充分运用法律手段，搞好对信息网络的管理工作，以推动信息网络的快速健康发展。”江泽民还强调：“要制定管理性的法律规范，也要制定促进信息技术和信息产业健康发展的法律法规，还要有促进信息网络从业单位行业自律的规定”；“要建立和完善信息网络安全保障体系的法规及有效防止有害信息通过网络传播的管理机制，制定通过信息网络实现政务公开和拓宽公民参政议政渠道的法律规范，制定通过信息网络引导和鼓励全社会弘扬中华优秀文化的激励机制等。”[113]

党的“十六大”以来，以胡锦涛总书记为首的党中央根据互联网发展的新情况，采取了一系列切实有效的措施，加强互联网的建设、发展和管理工作。

中共中央对网络传媒的监管工作高度重视，2004年9月19日十六届四中全会通过的《中共中央关于加强党的执政能力建设的决定》中指出：“高度重视互联网等新型传媒对社会舆论的影响，加快建立法律规范、行政监管、行业自律、技术保障相结合的管理体制，加强互联网宣传队伍建设，形成网上正面舆论的强势。”同年，中共中央除对互联网管理工作提出“法律规范、行政监管、行业自律、技术保障”16字方针外，中共中央办公厅、国务院办公厅“两办”还于11月8日下发了《关于进一步加强互联网管理工作的意见》（2004年中央“两办”32号文件）。政府加大对网络传媒的管理力度，成为2004年中国网络传媒界的显著特点。

2006年3月15日，全国人大十届四次会议在京闭幕。在会议闭幕后举行的记者招待会上，国务院总理温家宝会见此次参加两会报道的中外记者，并就记者们感兴趣的问题进行回答。当记者问及“如何看待中国在互联网方面进行的审查”时，温家宝表示，中国对互联网进行管理的做法是国际通行的做法，中国非常重视吸收国际有关互联网的管理经验。他还说，中国的互联网一直保持着很快的发展，现在网民已经超过1亿。中国政府支持互联网的发展和广泛的应用。作为人民的政府，应该接受群众的民主监督，也包括在网上广泛听取意见。因为只有人民监督政府，政府才不敢懈怠；只有人人负责起来，各项事业才能顺利发展。按照《宪法》的规定，每一个公民都有利用互联网的权利和自由。但是同时每一个公民又要自觉地遵守法律和秩序，维护国家的、社会的和集体的利益。中国对互联网实行依法管理，同时也倡导互联网业界自律，实行自我管理。他还指出，网站要传播正确的信息，不要误导群众，更不能对社会秩序造成不良的影响。这些规范作为职业道德，应该得到遵守。[114]

2006年10月8日至11日召开的党的十六届六中全会再次强调：“加强对互联网等的应用和管理，理顺管理体制，倡导文明办网、文明上网，使各类新兴媒体成为促进社会和谐的重要阵地（见《十六届六中全会中共中央关于构建社会主义和谐社会若干重大问题的决定》）。”党中央两次全会都把网络作为“新型传媒”、“新兴媒体”来看待，说明了对网络传媒的高度重视。

2007年1月23日，中共中央政治局进行第38次集体学习，主题为“世界网络技术发展和我国网络文化建设与管理”。中共中央总书记胡锦涛主持了会议并发表了讲话。他指出：各级党委要从加强规划、完善制席、规范管理、充实队伍等方面采取措施，加强信息产业发展和网络文化发展的统筹协调，切实把一手抓发展、一手抓管理的要求落实贯彻到网络技术产业、内容、安全等各方面；必须以积极的态度、创新的精神大力发展和传播健康向上的网络文化，切实把互联网建设好、利用好、管理好。此后不久，2007年6月1日，中共中央办公厅、国务院办公厅又下发《关于加强网络文化建设和管理的意见》（2007年中央“两办”16号文件），这是继2004年中央“两办”32号文件之后又一关于互联网建设和管理的重要文件。6月3日至4日，全国网络文化建设管理工作会议在北京召开，这是全面落实中央部署的重要会议。

在2007年10月召开的中共“十七大”上，“加强网络文化建设和管理，营造良好网络环境”又一次被写入大会报告，党中央对这一领域再次给予高度重视。

2008年6月20日，胡锦涛同志在人民日报社考察工作时指出：“互联网已成为思想文化信息的集散地和社会舆论的放大器，我们要充分认识以互联网为代表的新兴媒体的社会影响力，高度重视互联网的建设、运用、管理，努力使互联网成为传播社会主义先进文化的前沿阵地、提供公共文化服务的有效平台、促进人们精神生活健康发展的广阔空间。”在以互联网为标志的信息时代，重视并加强党对新媒体的建设、运用和管理，对推进科学执政、民主执政、依法执政具有重要意义。当天胡锦涛总书记还专门来到人民网，通过《强国论坛》同网友在线交流。胡锦涛说：“网友们提出的一些建议、意见，我们是非常关注的。我们强调以人为本、执政为民，因此做事情、作决策都需要广泛听取人民群众意见，集中人民群众的智慧。通过互联网来了解民情、汇聚民智，是一个重要的渠道。”

（二）依法循章管理网络

互联网在全球范围的兴起和发展，是世界20世纪90年代到21世纪初发生的大事件，它彻底改变了传统的信息流通及传播形态，全面地改变了人们的生活方式，也极大地改变了新闻传播业的传统格局。与此同时，随着网络传播的迅猛发展，网络的负面影响也日益凸显出来。如大量色情网站、传播有害有毒信息的网站及网络暴力的出现，网络犯罪与网络侵权行为的大量增加；利用网络实施危害国家安全、公共安全的行为时有发生，甚至恐怖分子利用互联网传递情报、进行鼓动宣传、组织实施犯罪活动，等等。为此，一些西方国家及网络发达国家，纷纷成立专门的机构，制定或拟定相关法律法规及规章制度，来监管、规范网络行为。[15]我国亦不例外。1996年2月1日，《中华人民共和国计算机信息网络国际联网管理暂行规定》正式出台，共计17条。其中规定：计算机信息网络直接进行国际联网（含台湾、香港、澳门地区）必须使用邮电部国家公用电信网提供的国际出入口信道，任何单位和个人不得自行建立或者使用其他信道进行国际联网；新建立互联网络必须报经国务院批准；从事国际联网业务的单位和个人，应当遵守国家有关法律、行政法规，严格执行安全保密制度，不得利用国际联网从事危害国家安全、泄露国家秘密等违法犯罪活动，不得制作、查阅、复制和传播妨碍社会治安的信息和淫秽色情等信息；违反有关规定的将受到警告、通报批评、责令停止联网的处分，同时可并处1.5万元以下的罚款。1997年5月30日，国务院对此《暂行规定》作了若干修改后，又重新发布。

从1997年起，中央明确规定：国务院新闻办公室为网络新闻宣传归口管理机构。3月，国务院新闻办下发《利用国际互联网络开展对外新闻宣传暂行规定》，《规定》指出：“为了加强对利用国际互联网络开展对外新闻宣传的管理，保障对外新闻宣传的健康发展，国家实行‘积极支持、促进发展、宏观指导、归口管理’的方针。”1998年10月，国务院新闻办公室和国家新闻出版署再次联合发出《利用国际互联网络开展对外新闻宣传补充规定》。《补充规定》指出："一年多的实践证明，统一进入中央外宣网站虽可增大中央外宣网站的信息量，但网址单一，不利于查找；信息拥挤、容易形成瓶颈，影响信息传递速度。因此，今后各新闻宣传单位获准入网后，将信息链接中央外宣信息网站的同时，可以申请独立的域名，建立自己的网站。"到1999年底，全国建立独立域名的新闻宣传单位达700多家。

1999年10月16日，中共中央办公厅转发中央宣传部、中央对外宣传办公室《关于加强国际互联网络新闻宣传工作的意见》的通知（中办发〔1997〕33号文），这是中央关于网络新闻宣传工作的第一个指导性文件。

在2000年一年里，政府对网络传播的管理基本上形成了比较完整的法规体系，先后出台了7个法规文件：①国家保密局制定并发布了《计算机信息系统国际联网保密管理规定》(2000年1月1日发布)；②国家广播电影电视总局发布的《信息网络传播广播、电影、电视类节目监督管理暂行办法》(2000年4月7日发布)，该《暂行办法》提出了通过信息网络，向公众传播广播电影电视类节目的业务应当具备的条件和监督管理办法；[116]③国务院第31次常务会议审议通过的《互联网信息服务管理办法（草案）》(2000年10月1日发布)；④国务院新闻办公室、信息产业部制定的《互联网站从事登载新闻业务管理暂行规定》(2000年11月7日发布)；[117]⑤信息产业部制定的《互联网电子公告服务管理规定》(2000年11月7日发布)；⑥最高人民法院审判委员会第1144次会议通过的《关于审理涉及计算机网络著作权纠纷案件的适用法律若干问题的解释》(2000年12月20日发布)；⑦九届全国人大常委会第十九次会议通过的《全国人民代表大会常务委员会关于维护互联网安全的决定》(2000年12月28日发布)，等等。其中，《互联网站从事登载新闻业务管理暂行规定》是涉及网站登载新闻最直接的法规，明确指出对网络新闻传播主体尤其民营商业网站采取的是许可制，而且还制定了一系列资质条件。该《暂行规定》是2000年11月7日公布的，到12月12日，人民网、新华网、中国网、央视国际网、国际在线网、中国日报网、中青网等获得国务院新闻办公室批准可以进行登载新闻业务，率先成为获得登载新闻许可的重点新闻网站；12月27日，新浪网和搜狐网也获得登载新闻业务的资格，成为首批正式获准刊发新闻的商业网站。到2001年，一大批商业门户网站也陆续获得新闻刊载权。另外，2000年4月，国务院新闻办网络新闻管理局成立，开始由该局负责统筹协调全国互联网新闻宣传工作。此后，各省、自治区、直辖市新闻办也陆续设立了相应机构，形成了自上而下的管理体制。

2002年，又出台了两个重要文件：①3月9日，中共中央办公厅、国务院办公厅发出《关于进一步加强互联网新闻宣传和信息内容安全管理工作的意见》(8号文件)；②6月27日，国家新闻出版总署和信息产业部联合发布了《互联网出版管理暂行规定》(第17号)(8月1日起正式施行)。《暂行规定》共计30条，对互联网出版的行政审批、监督管理等都作了详细的规定。[118]

2003年7月1日，由文化部制定的《互联网文化管理暂行规定》正式施行。当年10月23日，首届中国国际网络文化博览会在北京中华世纪坛隆重开幕，从而迈出了我国网络文化建设的重要一步。

2004年，由主管部门制定出台的行政法规，有国家广播电影电视总局制定的《互联网等信息网络传播视听节目管理办法》(国家广电总局第39号令)(2004年7月6日发布、2004年10月11日起施行)。[119]中共中央办公厅、国务院办公厅也于11月8日下发了

《关于进一步加强互联网管理工作的意见》。在2004年，政府加大了对互联网管理的力度，一批违规的网站、频道、论坛被关闭。6月10日，互联网“违法和不良信息举报中心”网站在北京开通。该网站由中国互联网协会互联网新闻信息服务工作委员会主办，其宗旨是“举报违法信息，维护公共利益”。7月16日起，中宣部、公安部、信息产业部等14个部门和单位在全国范围内组织开展了声势浩大的打击淫秽色情网站专项行动。

2005年，对互联网传播及网络媒体监管与治理的总体态势是进一步趋于严格。3月初，众多高校的BBS纷纷以“系统维护”的名义，对外实行关门制，对内实行实名制。3月30日，信息产业部发布了《非经营性互联网信息服务备案管理办法》，宣布至年末未登记备案的网站将予关闭。4月，在国内一些城市连续发生反日游行示威。4月21日，公安部新闻发言人指出：“未经公安机关批准，通过互联网和手机短信发起组织游行示威的，也是违法行为。”5月30日，《互联网著作权行政保护办法》实施。7月20日，腾讯公司发布通告，将对QQ群创建者和管理员进行实名登记。

2005年9月25日，国务院新闻办和信息产业部联合发布《互联网新闻信息服务管理规定》。《规定》共分六章33条，主要包括：互联网新闻信息服务管理对象的界定，互联网新闻信息服务单位的设立条件及审批、备案程序，互联网新闻信息服务规范、日常监督管理，以及法律责任等。《规定》明确界定：互联网新闻信息服务包括通过互联网登载新闻信息、提供时政类电子公告服务和向公众发送时政类通信信息。《规定》自发布之日起施行，同时废止2000年11月发布的《互联网站从事登载新闻业务管理暂行规定》。[120]11月1日起，公安部联合信息产业部、银监会在全国范围统一开展手机违法短信治理工作。11月初，新闻出版总署启动“互联网出版违规警告制度”。12月，手机实名制确定并实行。[121]

2006年5月18日，由国务院总理温家宝签署、国务院制定的《信息网络传播权保护条例》发布（自2006年7月1日起施行）。《保护条例》共计27条，为“保护著作权人、表演者、录音录像制作者的信息网络传播权”，制定了详细全面的条例。[122]

2007年6月1日，中共中央办公厅、国务院办公厅下发《关于加强网络文化建设和管理的意见》，这是今后一段较长时间内指导我国网络文化建设和管理的纲领性文件。[123]2007年12月29日，国家广播电影电视总局与信息产业部联合发布《互联网视听节目服务管理规定》，加强包括播客、视频网站等网络视听传播形态管理，引导网络传播健康文明而有序地发展，从而引发了业界和网络的强烈关注。另外，在2007年，有关部门还作出有关禁止外商投资新闻网站的规定。如2007年12月1日起，国家发改委和商务部联合颁布并施行《外资投资产业指导目录（2007年修订）》，在“禁止外商投资产业目录”中新增了新闻网站、网络视听节目服务、互联网上网服务营业场所和互联网文化经营等项目。

2008年，全国大力开展清理整治网上低俗之风的活动。2008年5月起，国家有关部门组织各地各网站开展了整治网上低俗之风的工作：一是立案查处一批影响恶劣的淫秽色情网站，二是清除淫秽色情网站链接和广告，三是清除色情图片和视频。经过对全国具有新闻信息服务资质的网站进行拉网式排查，共删除赤裸、半裸、露点、偷拍、“走光”之类图片22万多幅，删除低俗视频信息6 046条。据不完全统计，各地共查处网站569家、关闭低俗栏目504个、博客57个，清除各类低俗信息35万多条。“经过清理整治，网站传播低俗内容的行为明显收敛，网上低俗之风得到进一步遏制。”[124]

（三）网络媒体的行业自律

2001年5月25日，中国互联网协会在北京正式成立。它是全国性的互联网行业组织，由国内从事互联网行业的网络运营商、服务提供商、设备制造商、系统集成商，以及科研、教育机构等70多家单位互联网从业者共同发起成立。现有会员200多个，绝大部分为团体会员。该协会的业务主管单位是国家信息产业部，其宗旨是：团结互联网行业的相关企业、事业单位和学术研究团体，组织制定行规、行约，实行严格的行业自律；维护行业整体利益，保护互联网用户的合法权益，反对不正当的竞争和侵权行为；加强互联网企业与政府间的交流、合作与沟通，促进相关政策与法规的实施；积极参与国际互联网领域的交流与合作，促进中国互联网事业的健康发展。

2002年4月24日，中国互联网协会主持制定了《中国互联网行业自律公约》，共计四章三十一条。其中第一章为“总则”（第一至第五条）、第二章“自律条款”（第六条至第十八条）、第三章“公约的执行”（第十九至第二十五条）、第四章“附则”（第二十六至第三十一条）。《自律公约》体例完备，自律内容全面充实。

2003年12月8日，中国互联网协会又在北京成立了中国互联网协会行业自律工作委员会。为推动和加强行业自律，人民网、新华网、中国网、新浪网、搜狐网、网易网等参加会议的30多家互联网新闻信息服务单位共同签署了《互联网新闻信息服务自律公约》，承诺：自觉接受政府管理和公众监督，学习国家的法律法规，建立和完善自律机制；提高从业人员的素质和社会责任感，坚决抵制淫秽、色情、迷信等有害信息的网上传播，抵制与中华民族优秀文化传统和道德规范相违背的信息内容。

2004年，中国互联网协会互联网新闻信息服务工作委员会在年内通过并公布了两个自律规范：6月10日，公布了《互联网站禁止传播淫秽色情等不良信息自律规范》；12月22日，又公布了《互联网搜索引擎服务商抵制淫秽色情等违法和不良信息自律规范》。2004年9月15日，为积极响应2004年中国互联网大会“构建繁荣、诚信的互联网”和“坚决抵制互联网上有害信息”的号召，中国三大门户网站——新浪、搜狐、网易正式成立“中国无线互联网行业诚信自律同盟”。新浪CEO汪延、搜狐CEO张朝阳、网易创始人丁磊一同参加了成立会议。2004年10月26日，“北京网络媒体协会”成立，其宗旨是建立网络新闻信息传播行业“自我约束、互相监督、公平竞争、健康发展”的自律机制，同时发挥桥梁和纽带作用，向政府相关主管部门提出建议，反映行业愿望和合理要求，为行业发展提供更多的服务。

2005年起，为了建立治理网络淫秽色情等违法和有害信息的行业自律长效机制，增强正面宣传和舆论引导的吸引力和感染力，大兴网络文明之风，促进我国互联网行业和谐健康发展，表彰在实施互联网自律中作出突出贡献的网络从业单位和个人，中国互联网协会特设了年度“中国互联网行业自律贡献奖”。2005年9月1日举行首届颁奖典礼。该奖项嗣后每年举行一次，由中国互联网协会行业自律工作委员会主办。

2006年4月初，“大兴网络文明之风”活动拉开帷幕。全国各地网络媒体积极响应。中央和地方重点新闻网站每天在首页突出刊载“大兴网络文明之风”相关文章和评论，并开设专题，组织网民调查、网上征文等活动。4月19日，中国互联网协会公布《文明上网自律公约》，提出要树立正确网络道德观念，促进互联网行业自律行为。

2007年5月18日，中国记协召开全国新闻网站负责人研讨会，会后签署了《全国新闻网站坚持文明办网，净化网络环境自律公约》。8月21日，中国互联网协会在北京正式发布了《博客服务自律公约》，并组织多家知名博客服务提供商联合签署该《公约》。人民网、新浪网、搜狐网、网易网、腾讯网、MSN 中国网、千龙网、和讯网、博客天下网、天极网、中国雅虎、华声在线、博联社等十多家知名博客服务提供商都在发布现场共同签署了该《公约》。2006 年 10 月以来，是否推行“博客实名制”一直争论不休。“博客实名制”的利弊成为争论焦点，赞成实名制者认为：实行博客实名制，一是有助于保证网络环境纯净而有序；二是有助于规范网络用户的行为，促进网络文明；三是有助于架设网络安全屏幕，加强防范和治理网上不良信息和不法行为。而反对者则认为：实行博客实名制，一是会导致对网络言论的限制，使人们不敢畅所欲言，二是会导致个人隐私在虚拟世界的泄露；三是会堵塞人们健康有效的心理宣泄渠道。而新出台的《中国博客自律公约》对“博客实名制”的明确方针是：不会强制实行博客的实名制，但会鼓励实名制。[125]

2008 年 12 月 6 日，“第八届中国网络媒体论坛”在重庆举行。中宣部副部长、国务院新闻办主任王晨在主题发言中强调，10 种网络失信行为已受到社会关注，而互联网的前途在于诚信，互联网的健康发展也依赖于诚信。王晨在讲话中比较全面、系统地概括了网上不诚信问题的 10 种表现：①发布虚假信息，扩散小道消息，发表不负责任言论；②热衷于打擦边球，靠哗众取宠吸引点击；③传播赌博、淫秽色情等有害和低俗信息；④网上恶搞、网络暴力、人肉搜索等情绪化和非理性行为；⑤违规开展增值服务，设置用户消费陷阱；⑥运行不健康网络游戏，采取不恰当手段吸引玩家；⑦发布虚假广告，进行虚假商业宣传；⑧破坏电子交易规则，从事网络仿冒、网络钓鱼等欺诈行为；⑨发行垃圾邮件和垃圾短信；⑩传播网络病毒，恶意进行网络攻击等。与此同时，在这届论坛上，全国一百多家网站的代表签署了《建设诚信互联网宣言》，决心做到：①践行科学发展观，宣传科学真理，传播先进文化，倡导和谐理念，塑造美好心灵，弘扬社会正气；②像爱惜生命一样，爱惜新闻的真实性；③将法律法规、公众监督和行业自律结合起来，建立和完善网络诚信体系，形成以诚信为本、守信光荣的良好风尚；④规范管理互联网新技术、新业务；⑤加强服务和引导，为网民提供丰富的文化信息内容，以满足他们日益增长的文化需求；⑥严格遵守互联网领域的有关法律法规，增强法律意识；⑦自觉接受公众监督，把互联网新闻信息服务置于广大网民的监督之下；⑧切实加强网络媒体的队伍建设。[126]

（四）网络媒介素养教育的起步

网络媒介素养教育是媒介素养教育的重要组成部分。何谓“媒介素养”（Media Literacy）？美国媒介素养研究中心在 1992 年提出：“媒介素养”人们面对媒介各种信息时的选择能力、理解能力、质疑能力、批判能力、评估能力、创造能力、制作能力，以及思辨的反应能力，等等。具体说来，即一个生活在现代社会的公民必须具有能够主动获取信息、正确理解及解读信息、批判地思考信息的能力，让信息为己所用。所谓“媒介素养教育”，简要地说，就是指导学生（包括中小学生、大学生、研究生等）正确理解和解读、建设性地运用大众传播资源的教育。通过教育培养学生具有健康的媒介评判能力，使其能够充分利用媒介资源来完善自我、参与社会发展进程。广义上讲，媒介素养教育包括对传播者和受众两方面的教育，尤其对传者的教育。传播人才和媒介从业人员的传媒素养最终会影响受众的价值取向和社会取向，因此，加强传者的媒介素养教育尤为重要。

20 世纪 30 年代初期，英国学者就开始倡导媒介素养教育。据有关学者考证，“媒介素养教育”问题最早是由英国学者 ER. 利维斯于 1933 年在《文化和环境——培养批判意识》一书中提出来的。当时的社会环境是以电影为首的大众传媒所导致的流行文化给传统的社会生活带来巨大冲击。在这种背景下，利维斯开始提出了“媒介素养教育”问题，其目的是维持传统价值观念和传统文化，抵制大众传媒中的流行文化，实质是一种文化保守主义的思潮。

到20世纪下半叶，媒介素养教育在欧洲（如英国）、北美洲（美国、加拿大）和大洋洲（澳大利亚），以及拉丁美洲、亚洲（日本、印度、韩国）部分地区兴起。尤其在电子媒介飞速发展的情况下，欧美发达国家在20世纪70年代以来，纷纷将媒介素养教育纳入国家课程体系，由政府部门发起并联合相关机构成立专门的媒介素养教育机构，制定媒介素养教育规划，实施媒介素养教育的普及和推广，从而形成全社会的媒介素养教育网络。如英国在20世纪70年代就开始开展“媒体素养教育运动”。到80年代，媒介素养教育已陆续进入英国部分地区的中小学必修课程中。截至2000年，英国全部学校都开设媒体教育课程。英国因此而成为全球开展媒介素养教育最为成功的国家。美国的媒介素养教育运动从20世纪60年代开始起步。到1989年，美国成立了“媒介素养研究中心”，成为全美媒介素养教育研究的重要机构。到21世纪初，美国媒介素养教育联盟（AMLA）和媒介教育行动联合会（ACME）这两个全国性的组织成立，“标志着媒介素养教育运动进入高涨期”[127]。成立于2001年的AMLA为个人和团体机构提供媒介素养教育网络和课程。20世纪90年代以来，日本、印度、韩国等亚洲国家也纷纷结合自身的国情，开始推广和普及媒介素养教育。

相对于国外媒介素养教育的发展，我国媒介素养教育严重滞后和缺失，在很长一段时期内几乎是一片空白。直至1997年，当时的中国社会科学院副研究员卜卫在《现代传播》当年第一期发表了中国内地第一篇系统介绍国外开展媒介素养教育情况的文章《论媒介教育的意义、内容和方法》。此后，对媒介素养教育的研究才开始在我国起步。经过几年的发展，中国内地媒介素养教育研究自2003年起进入快速成长期，2004年更被誉为“媒介素养教育年”，研究论文急剧增加。据不完全统计，1997—2007年的10年间，全国范围内发表有关研究媒介素养（素质）教育的论文近300篇（297篇）、书籍上十本。但到2009年为止，正式的媒介素养教育课程在我国的学校教育中尚未开设，尤其对传者的媒介素养教育更是付之阙如。

我国已是一个网络大国，据中国互联网信息中心2010年1月发布的第25次《中国互联网络发展状况统计报告》的数据显示，截至2009年底，中国网民规模达到3.84亿人，网络在全国人口中的普及率已增至28.9%，超过了25.6%的世界平均水平。其中18岁以下网民所占比例为33%，这一百分比在呈上升趋势。另据《中国统计年鉴数据》，从1980年到1989年的10年中，中国约有2.04亿人出生，这就是著名的“80后”一代。他们年龄在20—30岁之间，他们已经成为各个城市、各个岗位的新中坚力量。“80后”也是网络化的一代人，他们中间有不少人是大学生、研究生和博士生。网络媒体成为他们每天接触的第一媒体、获得信息的首选渠道。因此，培养和提高青少年，包括大学生们的网络媒介素养，显得尤为重要。

网络媒介是一把“双刃剑”，其正负面影响都非常突出：一方面，网络媒体传播的信息量无比丰富，信息传播快捷，时效性强，极大地拓展了青少年及大学生们的信息空间；但另一方面，海量信息泥沙俱下，鱼龙混杂和垃圾信息的泛滥，很容易使青少年及大学生们迷失在信息的海洋中，成为信息的奴隶。一方面，多媒体技术的广泛使用和其强大的实时传播功能，让网络媒介具有无穷魅力，看新闻、听音乐、看电视、下载电影、看戏剧、发“伊妹儿”、上QQ聊天等，让青少年及大学生群体走进网络媒体带来的丰富多彩的新生活；但另一方面，又导致有的青少年及大学生们往往片面追求网络媒介的娱乐功能，把它变成“玩具”，沉溺其中而不能自拔，甚至患上“网络成瘾症”。更有甚者，有的无良网站为追求点击率，以各种形式发布、传播淫秽色情及低俗信息，严重败坏社会风气、污染社会环境，严重危害未成年网民的健康成长；有的网民采用匿名方式，在网上谩骂、攻击别人，实施网络暴力和网络审判；有的在网上大肆进行“人肉搜索”的侵权行为，把人家的隐私曝光；更有甚者，西方媒介通过互联网向我国网民不断进行意识形态渗透，特别是每逢重大事件发生时，西方媒体往往通过互联网，或进行污蔑、诽谤、煽动，或无中生有、移花接木、张冠李戴、造谣惑众，唯恐中国不乱，想方设法遏制中国的发展。因此，对网民开展网络媒介素养教育，提升广大网民尤其青少年网民的网络媒介素养，培养网民选择信息、解读信息、参与媒介传播信息的能力，培养网民有效利用媒介完善自我、辨别媒介拟态环境和现实世界的能力，增强网民抵御负面信息的能力及抗“网络病毒”的“免疫力”——这在现阶段来说显得非常必要和紧迫。

三、对外国记者在华采访活动的依法照章管理

我国新时期对外国新闻传播机构及外国记者在华从事新闻采访、信息传播活动的依法管理，从20世纪80年代初就已经开始。到21世纪初，有关对外媒在华采访活动的管理，逐渐走向全面、开放、完善、科学。在近30年的时间里，在管理外媒在华采访活动方面，我国政府出台了一系列规章、条例，也成立了相应的机构。

1981年3月9日，国务院发布了《关于管理外国新闻机构常驻记者的暂行规定》（共计14条）。

1990年1月11日，国务院第53次常务委员会会议通过了《外国记者和外国常驻新闻机构管理条例》（共计22条），并以此代替1981年的《暂行规定》。

从20世纪90年代开始，新华社根据国务院授权进一步加强对外国通讯社在华活动的管理。1996年4月15日，新华社发布《外国通讯社及其所属信息机构在中国境内发布经济信息的管理办法》。

从21世纪初开始，我国就成立了“外国记者新闻中心”，为来华采访的外国记者提供服务。外国记者新闻中心隶属于外交部新闻司，于2000年5月成立，面向所有常驻中国的外国记者、临时来华采访的外国记者及驻华使团新闻官。其工作职能及服务项目包括：①办理外国记者的注册、证件发放，延期和注销手续；②提供介绍中国情况的文字、音像资料及有关信息；③组织和安排旨在帮助外国记者和驻华使馆新闻官了解中国内外政策的吹风会；④组织外国记者赴中国各地采访；⑤为外国驻华和短期来华采访记者的工作、生活提供方便和咨询，等等。

2006年9月10日，新华社发布《外国通讯社在中国境内发布新闻信息管理办法》（共计22条）（本办法自发布之日起施行，1996年新华社发布的《外国通讯社及其所属信息机构在中国境内发布经济信息的管理办法》同时废止）。[128]新版《管理办法》发布仅一年，到2007年9月，已有7家境外通讯社按照《管理办法》的规定，与新华社涉外信息管理中心签订了代理协议。

2007 年 1 月 1 日，专门针对北京奥运会期间外国记者的采访问题，我国政府有关部门又颁布了《北京奥运会及其筹备期间外国记者在华采访规定》（共计 9 条）（本规定自 2007 年 1 月 1 日起施行，2008 年 10 月 17 日自行废止）。[129]与以前的几个规定比较，北京奥运会的外国记者采访规定则对外国记者采访放宽了限制，给予了较大的自由度，这充分显示了中国的开放与进步。与此前的条例相比，北京奥运会外国记者采访规定主要有如下几方面的突破：一是境外记者采访不再需要中国国内有关单位的“接待”与“陪同”；二是境外记者赴外地采访，“只需征得被采访单位和个人的同意”即可，无须向地方外事部门申请（第六条）；三是“外国记者可以通过外事服务单位聘用中国公民协助采访报道工作”（第七条）；四是简化了相关器材、设备的入关手续，“外国记者来华所携带的合理数量的自由采访器材可以免税入境，有关器材应当在采访活动结束后复运出境”（第四条）、“外国记者因采访报道需要可以履行例行报批手续后，临时进口、设置、使用无线电通信设备”（第五条）。

2007 年 7 月 13 日，新华社根据国务院授权，批准法国颐德雅图片集团在中国发布伽玛图片新闻。至此，已有日本时事社、俄新社等 12 家外国新闻信息机构获得在中国境内发布新闻信息的准入证。同时，新华社与国家有关主管部门建立联动机制，依法查处了一些外国新闻机构的违规行为，维护了我国的主权、安全和利益。

2008 年 10 月 17 日，国务院公布《中华人民共和国外国常驻新闻机构和外国记者采访条例》（共计 23 条）（本条例自 2008 年 10 月 17 日起施行；1990 年 1 月 19 日国务院公布的《外国记者和外国常驻新闻机构管理条例》同时废止）。[130]新版外国新闻机构及外国记者《采访条例》最重要的规定有如下几条：“第四条　外国常驻新闻机构和外国记者应当遵守中国法律、法规和规章，遵守职业道德，客观、公正地进行采访报道，不得进行与其机构性质或者记者身份不符的活动”；“第六条　外国新闻机构在中国境内设立常驻新闻机构、向中国派遣常驻记者，应当经外交部批准”；“第十七条　外国记者在中国境内采访，需征得被采访单位和个人的同意”，“外国记者采访时应当携带并出示外国常驻记者证或者短期采访记者签证”；“第十八条　外国常驻新闻机构和外国记者可以通过外事服务单位聘用中国公民从事辅助工作。外事服务单位由外交部或者外交部委托的地方人民政府外事部门指定”。

注　释

①见朱镕基：《政府工作报告——2002 年 3 月 5 日九届人大五次会议上》。

②数据引自张卓元：《从百年积弱到经济大国的跨越》，载 2009 年 8 月 27 日《光明日报》第十一版。

③据贾三陵：《2007 年全国期刊管理工作综述》，载《中国新闻年鉴》（2008 年卷）第 66 页。

④据《2007 年中国广播电视业发展综述》，原载《2007 年中国广播电影电视发展报告》，新华出版社，2008 年版。转引自《中国新闻年鉴》（2008 年卷）第 69 页。

⑤据《2007 年中国网络媒体发展综述》，载《中国新闻年鉴》（2008 年卷）第 73 页。

⑥据中国互联网络信息中心（CNNC）于 2008 年 7 月 24 日发布的《第 22 次中国互联网络发展状况统计报告》。

⑦据中国互联网络信息中心（CNNC）于 2009 年 7 月 16 日发布的《第 24 次中国互联网络发展状况

统计报告》。

⑧据2009年11月2日召开的“2009中国互联网大会”公布的数据。中国互联网大会自2002年开始，每年举办一次。

⑨据郭丽君、李金桀：《互联网：催生新的业态》，载2009年11月26日《光明日报》第十一版。

⑩据《第十六届（2005年度）中国新闻奖获奖作品篇目》，载《中国新闻年鉴》（2007年卷）第432页。

⑪据柳堤：《无愧于我们的时代——来自报业集团的报告》，载2001年7月30日《中国新闻出版报》。

⑫以上文件俱载中国新闻出版总署办公厅、中国出版杂志社编：《新闻出版工作文件选编》（内部文件，2002年），中国ISBN中心出版，2004年版。

⑬《中国新闻年鉴》（2007年卷）第499—500页收录报业集团39家、广播电视集团15家，共计54家。

⑭据杨驰原、查国伟：《传媒业改革与发展走势研讨会在京召开》，载《传媒》2005年第4期第11页；唐绪军：《从统计数据看报业集团现状》，载2004年8月25日《中国新闻出版报》。

⑮参阅唐绪军：《从统计数据看报业集团现状》，载2004年8月25日《中国新闻出版报》。

⑯据新闻出版总署副署长石峰：《总结经验　深化改革　全面推进报业集团建设的新阶段》，载《传媒》2006年第2期第4页。

⑰据《（广州日报报业集团成立十周年）报业巨头齐聚广州热议发展》，载2006年1月13日《广州日报》A2版。

⑱参见蔡铭泽：《新时期广东报业发展大事记（1978. 1—2004. 12）》，载《新时期广东报业发展研究》，福建人民出版社，2006年版，第417页；蔡铭泽：《广东三大报“非典型肺炎”事件报道研究》，载《新闻大学》2003年夏季号。

⑲以上参阅陈峰：《我是怎样采写〈孙志刚之死〉的》，陈志华：《〈孙志刚之死〉的报道技巧及“孙志刚事件”的意义》，两文载《南方新闻研究》2003年9月5日出版的“总第27期”第48、55页。

⑳消息《刘云山同志在“三项学习教育”活动经验交流会上强调：深化“三项学习教育”活动增强引导舆论本领》，载2004年12月27日《人民日报》，又载《中国新闻年鉴》（2005年卷）第13页。

㉑以上4个重要《通知》载《中国新闻年鉴》（2005年卷）第25—29页。

㉒见《中国新闻年鉴》（2005年卷）第538页；杨晓萍：《黎元江——从红色报人到黑色囚徒》，载《党风》2004年10月号第4页。

㉓以上数据据吴海民：《媒体变局与报业未来走势》，原载《中国报业》2005年第11期。

㉔以上资料引自王平：《报纸出路在何方》，黄枫：《范以锦：南方报业比较安全》，两文载《今传媒》2005年第12期第54、57页。

㉕《关于切实加强和改进广播电视舆论监督工作的要求》，载《中国新闻年鉴》（2006年卷）第42页。

㉖陶韬：《2006年“落实科学发展观”主题宣传活动综述》，载《中国新闻年鉴》（2007年卷）第60页。

㉗郑永年：《中国表现让西方无话可说》，载2008年5月19日《国际先驱导报》第十一版。

㉘杜耀峰：《中国媒体新闻创新的突破——“5·12”汶川大地震新闻报道的思考》，载《新闻战线》2008年第7期第22页。

㉙甘肃省资料中心：《兰州晨报是这样揭开乳业黑幕的》，载《中国新闻年鉴》（2009年卷）第397页。

㉚见《新年告读者》，载2009年12月30日《光明日报》头版。

㉛《新华社英文电视台“瞄准”世界》，载2010年7月2日《参考消息》头版。

㉜伍雪华：《21世纪经济报道——沉稳、大气、权威的营销传播之路》，载《中国新闻年鉴》（2003年卷）第246页。

㉝引自查国伟：《财经报纸的盛宴之后期待理性回归》，载《传媒》2005年第11期第19页。

㉞查国伟：《一张报纸与一个时代——中国经营报20年市场搏击之路》，载《传媒》2005年第2期第19页。

㉟引自杨晓春等：《〈每日新报〉的震撼力方略》，载《传媒》杂志。

㊱宋守山：《传媒三十年》，南方日报出版社，2009年版，第227页。

㊲以上参阅《晶报》编辑部：《以人为本，矢志不渝——〈晶报〉创刊7周年致读者》，载2008年8月1日《晶报》A4版，2009年11月17日《晶报·晶报3 000期纪念特辑》。

㊳查国伟：《想离你最近——〈法制晚报〉一周年》，载《传媒》2005年第5期第36页。

㊴尹景羽：《中原报业格局风云突变〈东方今报〉震撼面市》，载《传媒》2005年第2期第8页；《东方今报》总编辑梁延耀：《办老百姓信赖的都市报——〈东方今报〉的创办和发展思路》，载《传媒》2005年第4期第22页；梁延耀：《〈东方今报〉如何直面郑州报业竞争的挑战》，载《传媒》2005年第7期第22页。

附注：《郑州晚报》系原郑州市委的机关报，于1949年7月1日创刊。1963年10月22日，《郑州日报》改为《郑州晚报》出版发行，至1967年1月停刊。1981年1月1日正式复刊，2002年5月全面改版。

《大河报》系河南省委机关报《河南日报》的子报，于1995年8月1日创刊，后曾日均发行140万份。

㊵农秋蓓、柳婷婷：《我国新闻媒体运营情况初探》，载《中国新闻年鉴》（2002年卷）第382页。

㊶引自《关于贯彻落实〈关于深化新闻出版广播影视业改革的若干意见〉的实施细则》，载《中国新闻年鉴》（2003年卷）第31、36页。

㊷详见杨兴锋主编：《南方报业之路》，南方日报出版社，2009年版，第266页。

㊸详见《中国新闻年鉴》（2006年卷）第538页。

㊹详见《中国新闻年鉴》（1999年卷）第376页。

㊺据《中国新闻年鉴》（2001年卷）第102页。

㊻据唐绪军、于洪奇：《2005年中国报业关键词》，载《中国新闻年鉴》（2006年卷）第650页。

㊼谭世耀：《〈羊城晚报〉的厚报进程》，载《中国记者》2002年第1期第24页。

㊽见《征稿》启事，载2010年1月3日《南方都市报》AⅡ叠08版。

㊾引自《创刊的话》，载2006年9月8日《广州日报》“导读与索引”版。

㊿《南方日报》在20世纪90年代先后四次扩版：①1993年1月1日起正式扩版，从对开4版扩为对开8版。②1993年4月1日起扩为12版。③1997年1月1日起，开辟“广州新闻”版；12月1日起，开辟“珠三角纵横”版。④1998年1月1日起，珠三角地区新闻版扩为对开16版。

51以上据《中国电视收视年鉴》（2005年卷）第3—7页。

52据《中国电视收视年鉴》（2009年卷）第3页。

53徐光春：《在中国广播影视集团成立大会上的讲话》（2001年12月6日），原载《决策参考》2001年第12期，又载《中国新闻年鉴》（2002年卷）第21页；陈信凌：《媒介版图与生态意识》，载《新闻与传播》2004年第10期。

54《中国广播电影电视集团的现状和发展战略——朱虹在2002年北京国际电视周上的发言（摘要）》，载《中国广播电视年鉴》（2002年卷）第29页；《中国广电集团发展概述》，载《中国新闻年鉴》（2004年卷）第104页；《中国传媒集团概览表》，载《中国新闻年鉴》（2005年卷）第58页；《中国传媒集团概览表》，载《中国新闻年鉴》（2006年卷）第139页。

55据《中国广播收听年鉴》（2005年卷）第5页。

56据《中国广播收听年鉴》（2005年卷）第131页。

㊼据《中国广播收听年鉴》（2005 年卷）第 160 页。

㊽高岩：《如何确保谈话节目的质量——中央人民广播电台〈午间一小时〉运作规程初探》，载《中国广播电视年鉴》（2002 年卷）第 359 页。

㊾参阅中央电视台：《〈东方时空〉改版的收获和体会》，载《中国广播电视年鉴》（2002 年卷）第 358 页。

㊿王志等编著：《面对〈面对面〉》，文化艺术出版社，2006 年版。

(61)王从卉：《CCTV－9 频道的整体包装之路》，载《传媒》2005 年第 9 期第 51 页。

(62)任中峰：《网络“花”结出的电视“果”》，载《传媒》2005 年第 9 期第 47 页。

(63)莫梅峰、刘潆檑：《透析春节联欢晚会中的“植入式广告”》，载《传媒》2005 年第 3 期第 40 页。

(64)参阅张玉洪的《凤凰卫视伊拉克战争报道特色及与 CCTV 的比较》。

(65)王兰柱：《“凤凰”开讲：雨点小何以雷声大——谈凤凰卫视两级传播的影响力》，载《中国电视收视年鉴》（2005 年卷）第 194 页。

(66)据《南京零距离：现在报纸抄我们》，载 2003 年 8 月 28 日《南方周末》C24 版“电视”版。

(67)以上参阅左顺荣执笔：《电视新闻栏目〈南京零距离〉开播成功的经验》，原载《视听界》2002 年第 3 期，又载《中国广播电视年鉴》（2003 年卷）第 318 页；景志刚：《我们改变了什么？——〈南京零距离〉及其民生新闻》，载《视听界》2004 年第 1 期；王贵平：《提高民生新闻质量之年》，载《新闻前哨》2005 年第 12 期；《〈南京零距离〉：现在报纸抄我们》，载 2003 年 8 月 28 日《南方周末》C24 版。

(68)陈正荣：《电视第三次流潮——解析“南京现象”》，中国传媒大学出版社，2006 年版。

(69)吕岛：《生存日记》，广东人民出版社，2001 年版。

(70)引自苗棣等著：《美国经典电视栏目》，中国广播电视出版社，2006 年版，第 19 页。

(71)参见《广播电视网站概述》，载《中国广播电视年鉴》（2002 年卷）第 315 页。

(72)据闵大洪：《中国网络媒体发展轨迹（1995—2002）》，载《中国新闻年鉴》（2003 年卷）第 526 页。

(73)详见《中国主要网络媒体介绍》，载《中国新闻年鉴》（2003 年卷）第 533 页。

(74)闵大洪：《2003 年的中国网络媒体》，载《中国新闻年鉴》（2004 年卷）第 103 页。

(75)肖国忠：《下大力气建设好政府部门网站》，载 2009 年 12 月 16 日《光明日报》第四版。

(76)以上数据引自闵大洪：《中国网络媒体发展轨迹（1995—2002）》，载《中国新闻年鉴》（2003 年卷）第 522 页。

(77)据中国互联网络信息中心发布的《第 25 次中国互联网络发展状况统计报告》。

(78)引文引自闵大洪：《2003 年的中国网络媒体》，载《中国新闻年鉴》（2004 年卷）第 130 页。

(79)引自彭兰著：《中国网络媒体的第一个十年》（第五章），清华大学出版社，2005 年版。

(80)详见《地震见证网媒崛起》一文，载《小康·财智》专刊 2008 年第 6 期第 48 页。

(81)转引自《地震见证网媒崛起》一文，载《小康·财智》专刊 2008 年第 6 期第 48 页。

(82)据中国互联网信息中心发布的《中国互联网发展大事记》（1987—2008）。

(83)详见“第十六届中国新闻奖新闻名专栏获奖栏目简介”《河南报业网——〈焦点网谈〉》，载《中国新闻年鉴》（2007 卷）第 444 页。

(84)孟威：《中国网络新媒体传播发展综述（1993—2007）》，载《中国新闻年鉴》（2008 年卷）第 487 页。

(85)据中国互联网络信息中心发布的《2007 年中国博客市场调查报告》（2007 年 12 月 26 日）。

(86)据何加正、刘红主编：《强国路上的对话》，中国传媒大学出版社，2007 年版，第 322 页。

(87)引自官建文：《沟通思想交换智慧的平台》，载何加正、刘红主编：《强国路上的对话》，中国传媒大学出版社，2007 年版，第 1 页。

(88)参阅孙光海等：《人民网·十年影响》，载《网络传播》2007 年 1 月号第 24 页；刘瑞生：《“嘉宾访谈”之传播形态解读》，载何加正、刘红主编：《强国路上的对话》，中国传媒大学出版社，2007年版，第321页；南兆旭：《我用思想的力量热爱深圳》，载2010年10月8日《晶报》A12、A13版。

⑧⑨参阅吴恒权主编《人民时评》（2002年卷），中国书籍出版社，2003年版；蒋萌：《蒋萌网评》，福建人民出版社，2006年版；何加正、唐维红主编：《第e种声音：人民时评（2001—2006年）》，中国传媒大学出版社，2007年版；孙光海等：《人民网：10年影响》，载《网络传播》2007年第1期第24页。

⑨⓪据《手机短信走过十五年》，载2007年12月12日《参考消息》。

⑨①引自王丽辉：《漫谈“第五媒体”及其传播特性》，载2005年7月19日《中国新闻出版报》第三版。

⑨②宋维山、成文胜：《中国短信全扫描》，载《传媒》2005年第5期第17页。

⑨③详见周明顺：《2004年中国妇女报概说》，载《中国新闻年鉴》（2005年卷）第170—172页。

⑨④参阅闵大洪：《2005年中国网络媒体综述》，载《中国新闻年鉴》（2006年卷）第80页。

⑨⑤“金羊”：《〈羊城晚报〉手机报纸正式开通!》，载2005年8月11日《羊城晚报》。

⑨⑥安立春：《2006年报刊管理工作综述》，载《中国新闻年鉴》（2007年卷）第67页。

⑨⑦以上部分参考《中国新闻年鉴》（2007年卷）第67页、第675—681页；《中国新闻年鉴》（2009年卷）第288页。

⑨⑧据《中国新闻年鉴》（2009年卷）第286页。

⑨⑨孙海光、吴明玮：《央视国际布局手机电视》，载《网络传播》2007年第1期第62页。

⑩⓪据《科技与新媒体纪事》，载《中国新闻年鉴》（2008年卷）第685页。

⑩①《“天价香烟”事件》，载《中国新闻年鉴》（2009年卷）第497页。

⑩②参阅成文胜、汪家驷：《关于我国报刊治理整顿的几点思考》，载《当代传播》2004年第5期第15页；《六百七十七种停办报刊公之于众》、《全国停办报刊名单》，载2003年11月28日《人民日报》第二版。

⑩③以上三个重要《通知》载《中国新闻年鉴》（2005年卷）第27—29页。

⑩④以上参阅安立春：《2004年报刊管理工作综述》，载《中国新闻年鉴》（2005年卷）第122页。

⑩⑤详见《新闻出版总署决定废止的第二批规章、规范性文件目录》，载《中国新闻年鉴》（2005年卷）第16页。

⑩⑥以上文件载《中国新闻年鉴》（2003年卷）第35—46页。

⑩⑦以上文件载《中国新闻年鉴》（2005年卷）第25—40页。

⑩⑧以上文件载《中国新闻年鉴》（2006年卷）第23—36页。

⑩⑨以上文件载《中国新闻年鉴》（2006年卷）第51页。

⑪⓪载《中国新闻年鉴》（2009年卷）第32页。

⑪①《中国新闻工作者职业道德准则》，载2009年11月28日《光明日报》第三版。

⑪②据《中国新闻年鉴》（2001年卷）第55页，《中国新闻年鉴》（2003年卷）第527页。

⑪③引自2001年7月12日《人民日报》，又见《中国新闻年鉴》（2002年卷）第3—4页。

⑪④据2006年3月15日《中国新闻出版报》，又载《中国新闻年鉴》（2007年卷）第3页。

⑪⑤可参阅冉维等：《西方国家对网络监管毫不手软》，载2010年7月22日《参考消息》第十二版；《警惕美国“网络帝国主义”》，载2010年7月28日《参考消息》第九版。

⑪⑥国家广播电视总局：《信息网络传播广播电影电视类节目监督管理暂行办法》，载《中国新闻年鉴》（2001年卷）第45页。

⑪⑦《互联网站从事登载新闻业务管理暂行规定》（共计19条），载《中国新闻年鉴》（2001年卷）第42页。

⑪⑧《互联网出版管理暂行规定》，载《中国新闻年鉴》（2003年卷）第39页。

⑪⑨《互联网等信息网络传播视听节目管理办法》（共计29条），载《中国新闻年鉴》（2005年卷）

第43页。

⑳《互联网络新闻信息服务管理规定》，载《中国新闻年鉴》（2006年卷）第59页。

㉑参见《中国新闻年鉴》（2006年卷）第81页。

㉒详见《中国新闻年鉴》（2007年卷）第47页。

㉓详见《中国新闻年鉴》（2008年卷）第663页。

㉔以上引自《中国新闻年鉴》（2009年卷）第77—78页。

㉕孟威：《中国网络新媒体传播发展综述（1993—2007）》，载《中国新闻年鉴》（2008年卷）第492页；《科技与新媒体纪事》，载《中国新闻年鉴》（2008年卷）第693页。

㉖引自国务院新闻办网络局朱吕：《中国网络媒体2008年发展综述》，载《中国新闻年鉴》（2009年卷）第78页。

㉗王文科、赵莉：《美国媒介素养教育的现状与启示》，载2010年7月15日《中国社会科学报》第十二版。

㉘载《中国新闻年鉴》（2007年卷）第30页。

㉙载《中国新闻年鉴》（2007年卷）第29页。

㉚原载2008年10月18日《人民日报》，转见《中国新闻年鉴》（2009年卷）第29页。

后 记

这部近一百二十万字的《新中国新闻传播60年长编》终于完稿告竣。在书稿杀青付梓之际，我身心俱疲，如释重负。

这部书稿成书艰辛，是一个“难产儿”。从2000年暑期草创体例、“搭架子”构思起，到2010年9月完稿，十年间，笔者在繁重的行政事务、教学工作占去大量时间的情况下，只能充分利用节假日及晚上的时间。特别是白天太忙，只能“透支”生命，晚上常常挑灯夜战至凌晨两三点。有很长一段时间，基本上每天只睡四五个小时，当时的“座右铭”是“生前少睡，死后长眠”。

新中国新闻传播60年是伟大辉煌、波澜壮阔的60年，也是艰难曲折、坎坷崎岖的60年，在世界新闻传播史上理应占有一席之地。她的经验、教训是世界新闻传播史的一笔宝贵财富。正是基于这样的理念，笔者发奋要让《新中国新闻传播60年长编》体现以下三大特色：一是叙事宏大、体例完备，忠实记录新中国新闻传播业60年来的变迁；二是内容丰富全面，史料翔实精确，文风朴实，学风谨严，分析客观、理性、深刻；三是表述生动，可读性强，力求写出鲜活的历史。

以上三条只能是笔者秉持的学术抱负和学术追求，囿于学力及学术功底的浅薄，很可能都未达到。知我罪我，见仁见智，一切都付诸亲爱的读者了。

在本书付梓之际，特向方汉奇先生、陈业劭先生、张隆栋先生、赵玉明先生、张之华先生、丁淦林先生表示由衷的感激。正是在1983年，在你们的提携、指导下，鄙人开始走上中国新闻史研究的“不归之路”。感谢林如鹏教授、董天策教授，两位对我精神上的鼓励和支持，我将永志不忘。感谢徐义雄社长、胡跃生书记两位深具战略眼光的出版社领导。感谢本书的责任编辑史学英，这近一百二十万字的庞大篇幅，一字一句都经过他细心的编校，耗费了他大量的心力。最后，感谢内子黄玉兰女士，我无年无节、没日没夜地投入工作，是她在生活上给予我诸多的照拂。再次鸣谢诸位支持、帮助我的师友。

刘家林

2010年9月1日

于暨南大学羊城苑34栋102室